2018 福建社会发展年鉴

FUJIAN SOCIAL DEVELOPMENT YEARBOOK

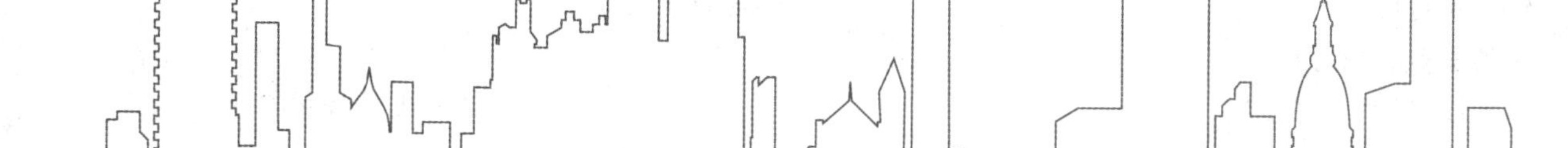

福建社会发展年鉴编委会 编

海峡出版发行集团 THE STRAITS PUBLISHING & DISTRIBUTING GROUP | 福建科学技术出版社 FUJIAN SCIENCE & TECHNOLOGY PUBLISHING HOUSE

特 别 致 谢

下列单位为本书编撰提供了翔实的资料和数据、大量的信息和稿件，海峡出版发行集团福建科学技术出版社为本书出版进行了精心的审读与编校，在此一并致以真诚的谢意！

福建省人民政府、各设区市、县（市、区）人民政府

福建省发展和改革委员会
福建省卫生健康委员会
福建省工业和信息化厅
福建省文化和旅游厅
福建省人力资源和社会保障厅
福建省统计局
福建省住房和城乡建设厅
福建省财政厅
福建省公安厅
福建省民政厅
福建省科学技术厅
福建省教育厅
福建省应急管理厅
福建省生态环境厅
福建省司法厅
福建省民族与宗教事务厅
福建省自然资源厅
福建省水利厅
福建省审计厅
福建省农业农村厅
福建省商务厅
福建省交通运输厅
福建省林业局
福建省海洋与渔业局
福建省新闻出版局
福建省体育局
国家税务总局福建省税务局
福建省市场监督管理局
福建省医疗保障局
福建省药品监督管理局
福建省粮食和物资储备局
福建省精神文明建设指导委员会办公室
福建省人民防空办公室
中共福建省委老干部局
中国人民银行福州中心支行
中华人民共和国福州、厦门海关
中华人民共和国福建、厦门出入境检验检疫局
福建社会科学院
福建省总工会
中国共产主义青年团福建省委员会
福建省妇女联合会
福建省社会科学界联合会
福建省文学艺术界联合会
福建省残疾人联合会
福建省老年人体育协会
福建省扶贫基金会（福建省扶贫开发协会）
福建省统计学会

（以上单位排名不分先后）

《2018 福建社会发展年鉴》
编　委　会

《2018 福建社会发展年鉴》
编　辑　部

编 辑 说 明

一、《2018福建社会发展年鉴》是系统汇集福建社会发展基本情况和重要文献的地方性、综合性和资料性年刊，内容涵盖上年度福建社会发展的各项事业。正式出版，国内外公开发行。

二、编辑出版《2018福建社会发展年鉴》旨在宣传福建社会发展的目标任务，反映福建社会事业的新进展、新成就和新情况、新问题，总结经验，提供信息，承载历史，服务当今。

三、《2018福建社会发展年鉴》所录资料的起止时限为2017年1月1日至12月31日，部分收录资料上溯至上年度，内容分为：文献特载、综合发展、热点透视、探索实践、区域概览、统计数据、政策选编、生态文明和发展纪事，共九篇，比较客观、详实地记载2017年福建社会事业发展的实际情况。

四、《2018福建社会发展年鉴》中的一些论述仅代表作者观点，所引用的数据和资料均采用政府各部门正式发布的数据和资料。由相关单位提供的稿件，因统计口径不尽相同，个别数据可能有差异。读者如需引用数据和资料，请向相关单位查证，以相关单位提供的数据和资料为准。

五、《2018福建社会发展年鉴》的编辑出版工作，得到了福建省委、省政府和各市、县（区）党委和政府、省直各有关单位、各有关社会组织和社会各界人士的关心指导和大力支持，在此一并致以衷心的感谢。在本书编撰过程中，参考、引用了一些专著或资料，因联系渠道的制约，无法一一与原作者取得联系，请有关作者看到本书后与编委会联系，我们将支付稿酬并致以谢忱。限于经验和水平，工作难免存在疏漏和欠妥之处，谨请广大读者指正，以期进一步改进和完善。

目　录

第一篇　文献特载

第二篇　综合发展

第三篇　热点透视

第四篇　探索实践

第五篇　区域概览

第六篇　统计数据

第九篇　发展纪事

第一篇
文献特载

中共福建省委关于认真学习宣传贯彻党的十九大精神的通知

各市、县（区）党委，平潭综合实验区党工委，省委各部、委、办，省直各委、办、厅、局、总公司党组（党委），各人民团体党组，各大学党委：

学习宣传贯彻党的十九大精神，是当前和今后一段时期的首要政治任务。根据《中共中央关于认真学习宣传贯彻党的十九大精神的决定》（中发〔2017〕28 号）的要求，现就我省学习宣传贯彻党的十九大精神有关事项通知如下：

一、深刻认识学习宣传贯彻党的十九大精神的重大意义

党的十九大是在全面建成小康社会决胜阶段、中国特色社会主义进入新时代的关键时期召开的一次十分重要的大会。大会高举中国特色社会主义伟大旗帜，以马克思列宁主义、毛泽东思想、邓小平理论、“三个代表”重要思想、科学发展观、习近平新时代中国特色社会主义思想为指导，分析了国际国内形势发展变化，回顾和总结了过去五年的工作和历史性变革，作出了中国特色社会主义进入了新时代、我国社会主要矛盾已经转化为人民日益增长的美好生活需要和不平衡不充分的发展之间的矛盾等重大政治论断，深刻阐述了新时代中国共产党的历史使命，确立了习近平新时代中国特色社会主义思想的历史地位，提出了新时代坚持和发展中国特色社会主义的基本方略，确定了决胜全面建成小康社会、开启全面建设社会主义现代化国家新征程的目标，对新时代推进中国特色社会主义伟大事业和党的建设新的伟大工程作出了全面部署。

大会批准了习近平同志代表十八届中央委员会所作的《决胜全面建成小康社会，夺取新时代中国特色社会主义伟大胜利》的报告。报告深刻回答了新时代坚持和发展中国特色社会主义的一系列重大理论和实践问题，描绘了决胜全面建成小康社会、夺取新时代中国特色社会主义伟大胜利的宏伟蓝图，进一步指明了党和国家事业的前进方向，是全党全国各族人民智慧的结晶，是我们党团结带领全国各族人民在新时代坚持和发展中国特色社会主义的政治宣言和行动纲领，是马克思主义的纲领性文献。大会审议通过了《中国共产党章程（修正案）》，将习近平新时代中国特色社会主义思想写入党章，确立为我们党必须长期坚持的指导思想，充分体现了党的十八大以来党的理论创新、实践创新、制度创新成果，充分体现了党的十九大报告确立的重大理论观点和重大战略思想，对推进党的事业和党的建设必将更好发挥规范和指导作用。大会批准了中央纪律检查委员会的工作报告。大会选举产生了新一届中央委员会和中央纪律检查委员会。在随后召开的党的十九届一中全会上，又选举产生了以习近平同志为核心的新一届中央领导集体，充分显示出中国特色社会主义事业蓬勃兴旺、充满活力。

认真学习宣传贯彻党的十九大精神，事关党和国家工作全局，事关中国特色社会主义事业长远发展，事关最广大人民根本利益，对于动员全党全国各族人民更加紧密地团结在以习近平同志为核心的党中央周围，高举中国特色社会主义伟大旗帜，坚定道路自信、理论自信、制度自信、文化自信，为实现推进现代化建设、完成祖国统一、维护世界和平与促进共同发展三大历史任务，为决胜全面建成小康社会、夺取新时代中国特色社会主义伟大胜利、实现中华民族伟大复兴的中国梦、实现人民对美好生活的向往继续奋斗，具有重大现实意义和深远历史意义。全省各级党组织和广大党员干部要自觉用党的十九大精神统一思想、明确方向，用党的十九大精神指导实践、凝聚力量，用党的十九大精神统揽全局、谋划工作，不断开创新福建建设新局面。

二、全面准确领会和把握党的十九大精神

学习宣传贯彻党的十九大精神，首先要原原本本认真研读党的十九大报告，准确把握其思想精髓、核心要义。同时，要认真学习修改后的党章，把学习党章作为学习宣传贯彻党的十九大精神的重要内容，作为推进“两学一做”学习教育常态化制度化的重要举措。着重领会和把握九个方面：

一要深刻领会和把握党的十九大的主题。不忘初心，牢记使命，高举中国特色社会主义伟大旗帜，决胜全面建成小康社会，夺取新时代中国特色社会主义伟大胜利，为实现中华民族伟大复兴的中国梦不懈奋斗。这是党的十九大的主题，明确回答了我们党在新时代举什么旗、走什么路、以什么样的精神状态、担负什么样的历史使命、实现什么样的奋斗目标的重大问题。中国共产党人的初心和使命，就是为中国人民谋幸福，为中华民族谋复兴。这个初心和使命是激励中国共产党人不断前进的根本动力。中国特色社会主义是改革开放以来党的全部理论和实践的主题，在未来的征程上，要高举中国特色社会主义伟大旗帜，更加自觉地增强道路自信、理论自信、制度自信、文化自信，确保党和国家事业始终沿着正确方向胜利前进。决胜全面建成小康社会是到2020年必须完成的奋斗目标，要举全党全国之力，为实现第一个百年奋斗目标而奋斗。全面建成小康社会是党和国家事业发展的一个阶段性目标。这个目标实现后，我们要在新的历史起点上夺取新时代中国特色社会主义伟大胜利，为实现中华民族伟大复兴的中国梦不懈奋斗。

二要深刻领会和把握习近平新时代中国特色社会主义思想的历史地位和丰富内涵。习近平新时代中国特色社会主义思想，系统回答了新时代坚持和发展什么样的中国特色社会主义、怎样坚持和发展中国特色社会主义这一重大理论和实践课题，以全新的视野深化了对共产党执政规律、社会主义建设规律、人类社会发展规律的认识，是党的十九大的最大亮点和最重要的历史贡献。习近平新时代中国特色社会主义思想，是对马克思列宁主义、毛泽东思想、邓小平理论、“三个代表”重要思想、科学发展观的继承和发展，是马克思主义中国化最新成果，是党和人民实践经验和集体智慧的结晶，是中国特色社会主义理论体系的重要组成部分，是全党全国人民为实现中华民族伟大复兴而奋斗的行动指南，必须长期坚持并不断发展。报告用“8个明确”概括了习近平新时代中国特色社会主义思想的主要内容，提出新时代坚持和发展中国特色社会主义的基本方略，并概括为“14个坚持”。习近平新时代中国特色社会主义思想，是指导思想层面的表述，在行动纲领层面称之为中国特色社会主义基本方略。我们要以习近平新时代中国特色社会主义思想统一思想和行动，全面贯彻党的基本理论、基本路线、基本方略，更好引领新福建建设。

三要深刻领会和把握党的十八大以来党和国家事业发生的历史性变革。党的十八大以来的5年，是党和国家发展进程中极不平凡的5年。5年来，以习近平同志为核心的党中央科学把握当今世界和当代中国发展大势，顺应实践要求和人民愿望，举旗定向、运筹帷幄，统揽伟大斗争、伟大工程、伟大事业、伟大梦想，统筹推进“五位一体”总体布局、协调推进“四个全面”战略布局，以巨大的政治勇气和强烈的责任担当，提出一系列新理念新思想新战略，出台一系列重大方针政策，推出一系列重大举措，推进一系列重大工作，解决了许多长期想解决而没有解决的难题，办成了许多过去想办而没有办成的大事，推动党和国家事业发生历史性变革，党的创造力、凝聚力、战斗力和领导力、号召力显著增强，国家经济实力、科技实力、国防实力、综合国力、国际影响力和人民获得感显著提升。5年来的成就是全方位的、开创性的，5年来的变革是深层次的、根本性的。之所以能取得举世瞩目的成就，最重要最关键的是有习近平总书记作为领袖核心的掌舵领航，有以习近平同志为核心的党中央的坚强领导，有习近平新时代中国特色社会主义思想的科学指导。5年的实践充分证明，习近平总书记是全党拥护、人民爱戴、当之无愧的党的领袖。在任何时候任何条件下，我们都要牢固树立“四个意识”，坚决维护以习近平同志为核心的党中央权威和集中统一领导。

四要深刻领会和把握中国特色社会主义进入新时代的重大政治论断。通过长期努力，中国特色社会主义进入了新时代，这是我国发展新的历史方位。进入新时代，意味着近代以来久经磨难的中华民族迎来了从站起来、富起来到强起来的伟大飞跃，迎来了实现中华民族伟大复兴的光明前景；意味着科学社会主义在二十一世纪的中国焕发出强大生机活力，在世界上高高举起了中国特色社会主义伟大旗帜；意味着中国特色社会主义道路、理论、制度、文化不断发展，拓展了发展中国家走向现代化的途径，给世界上那些既希望加快发展又希望保持自身独立性的国家和民族提供了全新选择，为解决人类问题贡献了中国智慧和中国方案。这个新时代，是承前启后、继往开来、在新的历史条件下继续夺取中国特色社会主义伟大胜利的时代，是决胜全面建成小康社会、进而全面建设社会主义现代化强国的时代，是全国各族人民团结奋斗、不断创造美好生活、逐步实现全体人民共同富裕的时代，是全体中华儿女勠力同心、奋力实现中华民族伟大复兴中国梦的时代，是我国日益走近世界舞台中央、不断为人类作出更大贡献的时代。我们要适应新时代中国特色社会主义的发展要求，提高战略思维、创新思维、辩证思维、法治思维、底线思维能力，增强工作的原则性、系统性、预见性、创造性，奋力谱写中国特色社会主义新时代的福建篇章。

五要深刻领会和把握对新时代我国社会主要矛盾的新概括。中国特色社会主义进入新时代，我国社会主要矛盾已经转化为人民日益增长的美好生活需要和不平衡不充分的发展之间的矛盾。我国稳定解决了十几亿人的温饱问题，总体上实现小康，不久将全面建成小康社会，人民美好生活需要日益广泛，不仅对物质文化生活提出了更高要求，而且在民主、法治、公平、正义、安全、环境等方面的要求日益增长。同时，我国社会生产力水平总体上显著提高，社会生产能力在很多方面进入世界前列，更加突出的问题是发展不平衡不充分，这已经成为满足人民日益增长的美好生活需要的主要制约因素。我国社会主要矛盾的变化是关系全局的历史性变化，必将对我国发展全局产生广泛而深刻的影响，对党和国家的工作重心提出全新要求。我国社会主要矛盾的变化，没有改变我们对我国社会主义所处历史阶段的判断，我国仍处于并将长期处于社会主义初级阶段的基本国情没有变，我国是世界最大发展中国家的国际地位没有变。我们要牢牢把握社会主义初级阶段这个基本国情，牢牢立足社会主义初级阶段这个最大实际，牢牢坚持党的基本路线这个党和国家的生命线、人民的幸福线。

六要深刻领会和把握新时代中国共产党的历史使命。实现中华民族伟大复兴是近代以来中华民族最伟大的梦想。中国共产党一经成立，就把实现共产主义作为党的最高理想和最终目标，义无反顾肩负起实现中华民族伟大复兴的历史使命。今天我们比历史上任何时期都更接近、更有信心和能力实现中华民族伟大复兴的目标。要实现伟大梦想，我们必须进行具有许多新的历史特点的伟大斗争，必须推进党的建设新的伟大工程，必须推进中国特色社会主义的伟大事业。伟大斗争，伟大工程，伟大事业，伟大梦想，紧密联系、相互贯通、相互作用，其中起决定性作用的是党的建设新的伟大工程。我们必须牢记新时代中国共产党人的历史使命，在新时代中国特色社会主义的伟大实践中，在党的坚强领导下，凝聚起同心共筑中国梦的磅礴力量。

七要深刻领会和把握实现第一个百年奋斗目标和向第二个百年奋斗目标进军。改革开放之后，我们党对我国社会主义现代化建设作出战略安排，提出“三步走”战略目标和“两个一百年”奋斗目标。从现在到2020年，是全面建成小康社会决胜期。要按照全面建成小康社会各项要求，紧扣我国社会主要矛盾变化，突出抓重点、补短板、强弱项，特别是要坚决打好防范化解重大风险、精准脱贫、污染防治的攻坚战，使全面建成小康社会得到人民认可、经得起历史检验。党的十九大对第二个百年奋斗目标进行了战略规划，将全面建设社会主义现代化国家的新征程分为两个阶段来安排。第一个阶段，从2020年到2035年，在全面建成小康社会的基础上，再奋斗15年，基本实现社会主义现代化；第二个阶段，从2035年到本世纪中叶，在基本实现现代化的基础上，再奋斗15年，把我国建成富强民主文明和谐美丽的社会主义现代化强国。我们要坚定信心，立足新起点，把握新目标，努力为全面建设社会主义现代化国家作出福建贡献。

八要深刻领会和把握新时代中国特色社会主义建设的重大部署。党的十九大围绕实现“两个一百年”奋斗目标、实现中华民族伟大复兴的中国梦，对当前和今后一个时期新时代中国特色社会主义经济建设、政治建设、文化建设、社会建设、生态文明建设以及国防和军队现代化建设、港澳台工作、外交工作等方面的主要任务作了全面部署，提出了一系列重要政策和举措。我们要不折不扣地贯彻落实党的十九大的重大决策部署，结合实际统筹推进，努力实现党的十九大确定的各项目标任务。

九要深刻领会和把握坚定不移全面从严治党的新要求。党要团结带领人民进行伟大斗争、推进伟大事业、实现伟大梦想，必须毫不动摇坚持和完善党的领导，毫不动摇把党建设得更加坚强有力。要坚持和加强党的全面领导，坚持党要管党、全面从严治党，以加强党的长期执政能力建设、先进性和纯洁性建设为主线，以党的政治建设为统领，以坚定理想信念宗旨为根基，以调动全党积极性、主动性、创造性为着力点，全面推进党的政治建设、思想建设、组织建设、作风建设、纪律建设，把制度建设贯穿其中，深入推进反腐败斗争，不断提高党的建设质量，把党建设成为始终走在时代前列、人民衷心拥护、勇于自我革命、经得起各种风浪考验、朝气蓬勃的马克思主义执政党。我们要以改革创新精神不断推进新时代党的建设新的伟大工程，不断提高党的建设科学化水平，使党始终成为中国特色社会主义事业建设的坚强领导核心。

三、结合实际抓好党的十九大精神的贯彻落实

学习宣传贯彻党的十九大精神，要大力弘扬马克思主义学风，紧密联系福建发展实际，紧密联系本地区本部门实际，紧密联系广大干部群众思想实际，坚持学以致用、用以促学，切实提高推动发展、解决问题的能力，把党的十九大精神落实到推动我省经济社会发展各方面，不断开创各项事业新局面。

一要坚决维护以习近平同志为核心的党中央权威和集中统一领导。要全面加强党的领导，推动广大党员干部牢固树立政治意识、大局意识、核心意识、看齐意识，坚决维护习近平总书记在党中央、在全党的核心地位。坚定执行党的政治路线，严格遵守政治纪律和政治规矩，在政治立场、政治方向、政治原则、政治道路上同以习近平同志为核心的党中央保持高度一致，坚定自觉地把以习近平同志为核心的党中央决策部署落到实处。习近平总书记在福建工作了近18年，我们有条件有优势也更应该把党的十九大精神学懂弄通做实，更好地武装头脑、指导实践、推动工作。

二要以党的十九大精神指导推动新福建建设。把学习贯彻党的十九大精神和落实省第十次党代会的部署结合起来，以习近平新时代中国特色社会主义思想为指导，全面落实习近平总书记对福建工作的重要指示精神，深化供给侧结构性改革，不断改善和保障民生，切实加强生态环境保护，扎实推进全面从严治党，推动各项事业发展再上一个新台阶，实现全面建成小康社会目标，努力建设机制活、产业优、百姓富、生态美的新福建。

三要始终坚持以人民为中心的发展思想。带领人民创造美好生活，是我们党始终不渝的奋斗目标。必须始终把人民利益摆在至高无上的地位，让改革发展成果更多更公平惠及全体人民，朝着实现全体人民共同富裕不断迈进。我们要时刻不忘为人民谋幸福的初心，全面落实省委十届三次全会部署，紧盯薄弱、对接需求，突出重点、精准发力，加快补齐教育、卫生与健康、养老和城乡民生基础设施等社会事业短板，不断增强经济社会发展的全面性平衡性协调性，让人民群众有更多的获得感、幸福感、安全感。

四要坚定不移全面从严治党。要按照新时代党的建设总要求，始终绷紧从严从紧这根弦，认真履行管党治党的政治责任，坚持问题导向，把党的政治建设摆在首位，全面推进党的政治建设、思想建设、组织建设、作风建设、纪律建设，把制度建设贯穿其中，推动全面从严治党向纵深发展。特别要紧紧抓住政治建设这项党的根本性建设，引导党员干部加强党性锻炼，不断提高政治觉悟、政治能力、政治担当，营造风清气正的良好政治生态。要推进“两学一做”学习教育常态化制度化，按照中央部署扎实开展“不忘初心、牢记使命”主题教育，推动广大党员干部深入理解和把握习近平新时代中国特色社会主义思想的科学体系、精神实质、实践要求，更加自觉地为实现党的历史使命而不懈奋斗。

五要统筹做好当前各项工作。党的十九大确定的目标任务有近期的，有中期的，也有长期的，要分清轻重缓急，有计划有秩序加以推进。当前，各级各部门要对照年度目标任务，全面梳理差距，对未达到序时进度的项目逐一分析、逐项推进，确保全年各项目标顺利完成。切实维护社会安定稳定，严密防范重点领域风险隐患，特别是要加强风险排查和监测预警，落实属地责任，坚决守住不发生系统性金融风险的底线。结合贯彻落实党的十九大精神，做好人大、政府、政协换届工作，切实加强领导，精心组织实施，充分发扬民主，严格按照法律和章程办事，确保人心稳定、工作有序。及早谋划明年工作，力争明年有良好的开局。

四、加强对学习宣传贯彻党的十九大精神的组织领导

全省各级党组织要以强烈的政治责任感加强领导、精心组织，推动全省形成学习宣传贯彻党的十九大精神的热潮并不断引向深入。学习宣传贯彻党的十九大精神，既要整体把握、全面系统，又要突出重点、抓住关键，把着力点聚焦到习近平新时代中国特色社会主义思想是党必须长期坚持的指导思想上，聚焦到5年来党和国家事业取得历史性成就和发生历史性变革上，聚焦到作出中国特色社会主义进入了新时代、我国社会主要矛盾已经转化为人民日益增长的美好生活需要和不平衡不充分的发展之间的矛盾等重大政治论断的深远影响上，聚焦到贯彻落实党的十九大的重大决策部署上，聚焦到以习近平同志为核心的新一届中央领导集体是深受全党全国各族人民拥护和信赖的领导集体上，聚焦到习近平总书记是全党拥护、人民爱戴、当之无愧的党的领袖上。

一要切实抓好学习培训。紧密结合党中央即将开展的“不忘初心、牢记使命”主题教育，面向全体党员开展多形式、分层次、全覆盖的学习培训。党委（党组）中心组要把学习党的十九大精神作为重中之重，制定系统学习培训计划，列出专题进行研讨，力求学深学透、融会贯通。各级基层党组织要通过举办座谈会、研讨会、报告会和观看电视专题片等形式，组织广大党员干部认真学习、全面掌握党的十九大精神。各级党校、干部学院、行政学院要有计划分层次地对各级党员领导干部，特别是县处级以上党员领导干部进行培训和轮训，将学习党的十九大精神作为教育培训的必修课。各大中专学校要抓好党的十九大精神进教材、进课堂、进头脑的工作，把学习党的十九大精神作为学校思想政治教育、课堂教学和党团组织活动的重要内容。工会、共青团、妇联等人民团体要充分发挥自身优势，开展各具特色的学习教育活动。

二要集中开展宣讲活动。从现在起到明年初，在全省范围内集中开展党的十九大精神宣讲活动。要精心组织中央宣讲团在我省的宣讲活动。省委将组织学习宣传贯彻党的十九大精神宣讲团，赴全省各地开展巡回宣讲。各地各系统要积极组建不同层次、不同类别的宣讲队伍，抽调政治素质强、理论水平高的专家学者和实际工作部门的同志组成宣讲团，深入到基层工作一线开展宣讲活动，推动党的十九大精神进企业、进农村、进机关、进校园、进社区、进军营、进网站，让老百姓听得懂、能领会、可落实。开展面向党外人士的宣讲工作，增进党外人士对党的十九大精神的认知认同。

三要坚持领导干部率先垂范。切实发挥好“关键少数”作用，坚持从我做起、以上率下。全省各级党员领导干部要率先垂范，把学习贯彻党的十九大精神作为政治必修课，带头学、带头讲、带头干，带头强化“四个意识”、坚定“四个自信”，全面把握中国特色社会主义进入新时代的新要求，全面贯彻新时代中国特色社会主义思想和基本方略，全面完成决胜全面建成小康社会各项任务，全面推进各领域各方面改革，全面落实以人民为中心的发展思想，全面推进党的建设新的伟大工程，真正在学习宣传贯彻中为全省广大干部群众当好表率。

四要精心组织新闻宣传。全省各级党报、党刊、电台、电视台和网络媒体要精心策划、集中报道，大力宣传党的十九大精神。要注重宣传各地区各部门学习贯彻的具体举措，注重反映基层干部群众学习贯彻的典型事迹和良好风貌。要认真组织广大专家学者开展研究阐释，深入解读党的十九大提出的重大理论观点、重大方针政策、重大工作部署，着力推出一批有分量有深度的报道、综述、社论、评论和理论文章，增强学习宣传的理论深度、实践力度、情感温度，增进人们的政治认同、思想认同、情感认同。要积极开展网络宣传，用好"两微一端"等新技术新应用，增强网络宣传的实效性和影响力。

各级各部门要及时将学习宣传贯彻党的十九大精神的情况报告省委。

中共福建省委

2017年11月2日

中共福建省委关于加快社会事业发展补齐民生短板确保如期全面建成小康社会的决定

——2017 年 8 月 3 日中国共产党福建省第十届委员会第三次全体会议通过

为深入贯彻习近平总书记系列重要讲话精神和治国理政新理念新思想新战略，全面落实中央关于保障和改善民生的重大决策部署，中共福建省委十届三次全体会议就加快我省社会事业发展，补齐民生短板，确保如期全面建成小康社会，进行了深入讨论，并作出如下决定。

一、加快社会事业发展补齐民生短板的重要意义和总体要求

1. 重要意义。党的十八大以来，以习近平同志为核心的党中央坚持以人民为中心的发展思想，坚持五大发展理念，对加快社会事业发展、保障和改善民生作出一系列顶层设计、制度安排和工作部署。省委坚决贯彻中央重大决策，在加快经济发展的同时，持续加大民生投入，有力推动社会事业加快发展，不断提高人民生活质量和水平。但与全面建成小康社会目标和人民群众过上更加美好生活期待相比，我省社会事业领域还有不少薄弱环节，特别是教育、卫生与健康、养老和城乡民生基础设施等领域短板比较明显，主要体现在优质资源供给缺口较大、城乡区域发展不均衡、体制机制不够顺畅，群众反映比较强烈。当前，全面建成小康社会进入决胜阶段，我省正从中等收入经济向高收入经济迈进，群众对过上更加美好生活的要求日益提高，必须把加快补齐社会事业短板摆到更加突出的位置，不断增进民生福祉，让人民群众有更多的获得感，推动“再上新台阶、建设新福建”取得更大成效。

2. 指导思想。全面贯彻党的十八大和十八届三中、四中、五中、六中全会精神，深入学习贯彻习近平总书记系列重要讲话精神和治国理政新理念新思想新战略以及对福建工作的重要指示，统筹推进“五位一体”总体布局，协调推进“四个全面”战略布局，增强“四个意识”，牢固树立和贯彻落实五大发展理念，坚持以人民为中心的发展思想，围绕“再上新台阶、建设新福建”的新要求，紧盯薄弱、对接需求，突出重点、精准发力，加快补齐教育、卫生与健康、养老和城乡民生基础设施等社会事业短板，不断增强经济社会发展的全面性平衡性协调性，让人民群众有更多的获得感，确保如期全面建成小康社会。

3. 发展目标。到 2020 年，社会事业发展水平与经济发展水平基本相适应，公共服务体系更加完善，供给能力显著增强，“学有所教”“病有所医”“老有所养”“宜居宜业”等基本公共服务保障能力和水平迈上新台阶。社会事业重点领域主要指标高于全国平均水平，力争达到东部地区平均水平。

——优质教育公平可及。各类教育资源总量扩大，教育各项主要指标进入全国第一方阵，学前三年入园率超过 98%，义务教育巩固率稳定在 98% 以上，高中阶段毛入学率超过 96%，高等教育毛入学率达到 53%，基本满足人民群众获得更好教育的愿望。

——人民健康水平不断提升。医药卫生体制

改革持续深化，建立覆盖城乡的基本医疗卫生制度，主要健康指标保持在全国前列，每千常住人口医疗机构床位6张，城乡居民国民体质达标率90%以上，人均预期寿命78.29岁，健康福建建设迈上更高层次。

——养老服务体系基本形成。居家社区养老和机构养老协调发展，基本养老服务覆盖全体老年人，每千名老年人拥有养老床位数35张以上，打响“清新福建·颐养福地”养老品牌。

——城乡民生基础设施体系更加完善。堵、涝、污等得到有效治理，城市建成区平均路网密度8公里/平方公里，人均公园绿地面积14.1平方米，市县生活污水、垃圾处理率分别达到94%和98%以上，基本实现乡镇村庄生活污水垃圾处理全覆盖，建成便捷舒适的宜居宜业环境，生态文明试验区建设取得新进展。

4. 基本原则

——坚持问题导向。对标全面建成小康社会目标，以教育、卫生与健康、养老、城乡民生基础设施的短板为着力点，集中力量、精准施策，切实解决人民群众关心关注的难点热点问题，有效保障人民群众日益增长的多样化多层次需求。

——坚持改革创新。正确处理政府作为与市场作用的关系，扎实推进社会事业重点领域和关键环节改革，着力理念创新、工作创新、业态创新和体制机制创新，破除影响社会事业发展的各种障碍，不断增强社会事业发展的动力活力。

——坚持统筹推进。更加注重经济发展与民生改善的内在统一，城乡区域之间的一体推进，保障重点与兼顾全面的有机衔接，当前可承受与未来可持续的全盘筹划，分清轻重缓急，尽力而为，量力而行，推动公共服务资源在空间分布、建设标准、管理水平上更加科学合理。

——坚持共建共享。切实把共建共享理念贯穿和体现到经济社会发展全过程、各领域，既履行政府职责、提供有力保障，又发挥人民群众主体作用、凝聚全社会力量，形成“人人参与、人人尽力、人人享有”的良好局面。

二、加快补齐教育事业短板，办好人民满意教育

5. 扩大普惠性学前教育资源供给。实施幼儿园建设“工程包”，到2020年全省每年新建一批公办幼儿园，按照“社会投资、政府扶持、依法监管”机制，吸引社会资本新建一批普惠性幼儿园，各地再配建、改建一批普惠性幼儿园，确保普惠性幼儿园覆盖率达到85%。坚持地方政府为主、省级通过设立专项奖补资金，鼓励和支持地方通过政府购买服务、补贴租金、培训教师等形式，加快普惠性民办幼儿园发展。建立教育与规划建设等部门会商机制，落实新建住宅小区规划配套建设幼儿园政策，完善配套幼儿园的移交、举办、回收等具体办法。

鼓励用地紧张的县（市、区）在中心区域利用闲置资源改建普惠性幼儿园。改革幼儿园收费标准管理，普惠性民办幼儿园保教费收费标准控制在当地同质公办幼儿园2倍以内。探索建立以幼儿园和妇幼保健机构为依托，面向社区、指导家长的公益性婴幼儿早期教育服务模式。

6. 推动义务教育优质均衡发展。坚持把中小学建设纳入城乡建设发展总体规划，优先保障建设用地。统筹推进县域内城乡义务教育一体化改革，进一步加大对苏区、老区、山区和偏远、落后农村中小学倾斜支持力度，促进优质教育资源均衡配置。实施城镇中小学扩容工程和义务教育提升工程，基本消除义务教育大班额。实施初中“壮腰”工程，补足初中办学条件缺口，缩小城乡、校际办学差异。改革初中考试评价制度，统一初中教育质量要求。规范民办初中招生，加强计划管理，实行公办民办初中同期招生、免试入学。落实义务教育划片就近入学政策，做好随迁子女、留守儿童和残疾儿童入学组织工作，保障不同群体平等享有教育权利。

7. 配足配好高中教育资源。优化高中学校布局结构，力争到2020年90%公办普通高中完成达标建设，省一级达标高中比例达到30%左右、省级高中课改基地达到100所左右、示范性高中达到35所左右。引导和支持符合条件的民办学校争创省级达标高中。实施高中多样化特色发展计划，重点培育一批特色高中，满足不同潜质和兴趣爱好学生的发展需求。加强普通高中教师配备。加大教研教改经费投入，建立基于教学成果的教研人员准入机制。

8. 强化职业教育产教融合。实施职业院校基础能力建设计划，加大财政投入力度，力争全省中等职业学校全部达到教育部设置标准。鼓励企业和民间资本兴办职业教育。坚持把技工教育纳入职业教育体系，加强技工院校的规划和建设。完善协同推进校企合作机制，探索符合现代职业教育特点的绩效考核分配机制。对接产业发展需求，建立“正面清单”“负面清单”制度，建设一批紧密对接产业的特色专业群和品牌专业，推动普通本科高校应用转型发展，培育一批服务产业转型升级品牌职业院校。支持具有实践经验的企业家、专业技术人员和高技能人才兼职任教。

9. 推动高等教育上层次上水平。深化高等教育领域简政放权放管结合优化服务改革，推动“管办评分离”改革，积极探索实行高校人员总量管理，营造办学育人良好环境。支持厦门大学建设成为世界一流大学，支持福州大学、福建师范大学、福建农林大学、华侨大学建设全国一流大学。积极推动教育部、国家卫计委与省政府共建福建医科大学、福建中医药大学，支持与交通部共建集美大学，将闽江学院纳入省重点建设高校。落实好“高峰”“高原”学科建设计划，重点支持一批优势学科成为国际国内一流学科，建设一批对接产业发展和社会需求的特色优势学科。进一步扩大对外办学合作，引进境外优质教育资源举办高水平中外合作大学，争取国内著名高校、中科院、工程院、中国社科院等来闽设立研究生院、研究中心和新型智库。

三、加快补齐卫生与健康事业短板，有力维护和保障人民健康

10. 加紧解决产儿科供给不足和精神科建设滞后问题。科学规划全省儿童医疗资源布局，新建省儿童医院，所有设区市原则上建设1所儿童医院，提高县级综合医院儿科建设水平，采取措施增加儿科医务人员数量，到2020年实现每千名儿童儿科床位数达到3张，每千名儿童儿科执业（助理）医师配置高于全国平均水平。进一步完善妇幼保健体系，新建省妇产医院，推进市、县妇幼保健机构标准化建设，继续抓好市、县妇幼保健机构功能建设，到2020年保障每千分娩量产科床位数达到21张，基本满足辖区内孕产妇住院分娩需求。高度重视精神疾病防治能力建设，新建省精神卫生中心，进一步完善省、市、县三级精神卫生防治服务网络，力争精神卫生床位每万人口达到5.64张，精神科执业（助理）医师每10万人达到3.8名。

11. 集中力量推进医疗“创双高”建设。持续深化省立医院、协和医院、附一医院与北京协和医院、上海瑞金医院和华山医院的合作共建，力争成为国家区域医疗中心，进入国家百强医院行列。鼓励支持各地各类医院与国内知名医院开展多种形式的交流合作，引领我省医疗技术高水平发展。整合调动医疗系统资源，加快建设一批高水平临床医学中心和临床重点专科，配置与临床新技术应用密切相关的高精尖医疗设备，增强疑难急危重症救治能力。加强专科医院建设。支持建设省级开放共享的高水平临床医学实验平台和高水平医学实验动物中心，鼓励参与国家医学研究中心和一流大学的科研项目，鼓励举办高层次的国际性和全国性医学学术研讨活动。

12. 着力夯实基层医疗卫生基础。进一步深化医药卫生体制改革，建立“基层首诊、双向转诊、急慢分治、上下联动”的分级诊疗体系，建设紧密型城市医联体和县域医疗共同体，推动跨区域医联体和专科联盟建设，推动优质医疗资源向基层流动，力争到2020年基层医疗卫生机构诊疗量占总数比例65%以上，县域内就诊率达90%以上，将家庭医生签约服务扩大到全人群，基本实现家庭医生签约服务制度的全覆盖。加快医疗信息化建设，逐步建立居民健康档案。加快建设远程影像诊断、心电诊断、会诊等系统，远程医疗服务覆盖到80%以上的县（市、区）。全面加强县级医疗中心诊疗服务能力建设，切实发挥好县级医院在农村医疗服务体系中的龙头作用。实施基层中医药服务能力提升工程，力争每个市县办好1所中医医院。推进全省康复机构网络建设，提升中医特色康复服务能力。加强乡镇卫生院基本能力建设，合理设置公立村卫生所，实现全省基层医疗卫生机构基础设施、基本设备100%双达标。推进以病种收（付）费为主的医保复合付费方式改革，适当扩大重大疾病患者用药目录范围，加大对重大疾病患者及家庭的救助力度，增强基本医疗保障能力。

13. 完善预警及时、处置有力的疾病预防控制体系。完成省疾控中心迁建，力争整体建设水平达到东部省份先进水平。鼓励设区市提升检测能力，支持23个省级扶贫开发工作重点县疾控中心业务用房建设和仪器设备配置，推进全省疾病预防控制机构达标建设。开展重大疾病和突发急性传染病联防联控，提高对传染病、慢性病、地方病、职业病和出生缺陷等的监测、预防和控制能力。以预防为主，加强健康教育、治未病等前端服务，推动卫生工作由“以治病为中心”向“以健康为中心”转变。组建国家级紧急医学救援队伍，加强突发事件紧急医学救援、突发公共卫生事件监测预警和应急处理。加强预防接种能力建设，确保到2020年以乡镇（街道）为单位适龄儿童免疫规划疫苗接种率达到95%以上。

四、加快补齐养老服务短板，有效保障老年人服务需求

14. 提升居家社区养老生活品质。结合城乡发展总体规划，统筹建设城乡养老服务设施，推进网格化布局、标准化建设，力争到2020年城市社区每万人拥有养老服务设施达到500平方米以上，居家社区养老服务照料中心功能齐全，并覆盖全省所有街道和中心城区乡镇。建立支持家庭养老的政策体系，鼓励成年子女与老年父母共同生活，履行赡养义务和承担照料责任。创新居家社区养老服务模式，实施“互联网+”养老工程。探索互助式养老等新模式，引导老年人开展结对帮扶养老。采取政府补助、社会捐赠、老年人缴费等办法，保障养老服务设施可持续运营，继续建设并管理好农村幸福院。加大对失独、残疾老年人的关爱帮扶力度，建立健全经济困难的高龄、失能老年人补贴制度，80周岁以上老年人居家社区养老基本服务纳入政府购买服务范围。加强居住区无障碍改造，完善适老化配套设施。

15. 推动机构养老服务提质增效。加快公办养老机构改革，推动符合条件的公办养老机构转制为企业或开展公建民营，实行老年人入住评估制度，优先保障特困人员集中供养需求和孤寡、失独、失能、高龄老年人的服务需求。鼓励支持民间资本和社会力量申办养老机构，完善和落实对民办养老机构的优惠政策，力争到2020年民营养老床位占全社会养老床位总数比例达到50%以上。鼓励通过公建民营、民办公助等方式举办养老机构，鼓励整合改造企业厂房、商业设施、存量商品房等用于养老服务。盘活用好乡镇敬老院，鼓励有实力的企业或社会服务机构规模化承接、连锁化运营，着力提升敬老院床位使用率。加强异地养老机构互助合作，开展异地养老、候鸟式养老等服务。

16. 深入推进医养融合发展。建立健全医疗卫生机构与养老机构合作机制，搭建双向转诊绿色通道，深入开展医养结合试点，确保到2020年护理型床位数占养老床位总数比例达到30%以上。医疗卫生机构和医保部门要在养老机构开展医疗服务，创造条件将养老机构纳入基本医疗保险定点范围。加快发展服务老年人专业医疗卫生机构，积极构建集老年病医院、护理院、康复医院和综合医院老年病科等于一体的老年病医疗服务体系，推动省、市、县三级综合性医院设立完善老年病科。推进医疗卫生服务延伸至社区、家庭，支持社区医疗护理和养老服务机构整合资源，为老年人提供紧急救援、医疗护理、生活照料等一站式专业服务。重视老年人的心理健康、精神慰藉、临终关怀等安宁养护服务，营造舒心养老环境。

17. 积极培育壮大养老产业。支持养老服务企业连锁化、规模化、专业化、品牌化经营，加快培育养老产业集群。引导养老与医疗、保险、教育、健康、旅游、文化等产业融合发展，形成一批具备成熟运营模式、在全国具有较大影响力的龙头企业，建设老年用品研发生产、中医养生、旅居养老等一批富有特色的产业基地。加强与港澳台地区、“一带一路”沿线国家和地区交流合作，积极引进养老新技术、新业态、新模式。

18. 促进养老服务健康有序发展。坚持“放管服”相结合，全面放开养老服务市场，限时完成已建养老机构安全达标和设立许可，对无法完成整改或不具备整改条件的养老机构予以搬迁。依法依规加强对从事养老服务的机构和社会组织的全过程监管，推动养老服务规范化、标准化。大力推行养老服务合同制度，明确养老服务过程中各环节当事人双方的责、权、利关系，严格按合同约定提供服务、支付费用，切实保护当事人的合法权益。鼓励养老机构投保责任保险，降低养老机构运营风险。全面启动养老机构、居家社区养老服务照料中心、农村幸福院等服务的星级评定工作，建立全省统一的服务质量标准和评价体系。

五、加快补齐城乡民生基础设施短板，创建便捷舒适的宜居宜业环境

19. 持续改善交通出行条件。加快完善城市综合交通体系，强化铁路站点、高速公路、机场与城市内部路网的衔接，加快推动城市快速路网建设，完善中心城区主次干道路网。加快福州、厦门地铁和泉州现代有轨电车项目建设。持续推进交通治堵行动，打通“断头路”，加快主干道交叉路口渠化或立交改造，整治完善支路小巷，加快重要拥堵节点治理，强化交通智能管理，挖潜提高现有道路通行能力。挖掘利用地上地下空间，加快建设公共停车设施和停车泊位智能诱导系统，规范共享单车停放，有效缓解停车难和无序停放问题。加快推进公交、地铁等公共交通建设，提高公共交通分担率。改造提升自行车道、人行道和过街系统，并与城市公园和绿道联通，构建完善舒适的城市慢行系统。规划完善普通国省道网建设布局，深入实施交通惠民工程，推进“四好农村路”建设，重点支持53个“老少边”县的县乡道联网提级和旅游路、资源路、产业开发路建设，实施“百乡千村”公路提升计划、海岛交通运输精准扶贫工程，进一步完善基层交通基础设施。加快电动汽车推广和充电设施建设。完善城乡物流配送网络。加强水、气、电、通信等地下管线建设改造，推进地下综合管廊建设试点，减少城市“马路拉链”对道路畅通的影响。

20. 着力构建内涝防治体系。持续推进城市内涝防治行动，统筹实施蓄排结合的雨洪防御措施，大力推进海绵城市试点建设。加快江河流域防洪治理，实施高水高排等大型防洪排涝工程、调蓄设施建设。强化城市河道、排水管渠系统改造和定期清障清淤，限期完成易涝点排查整治。推进城区水系联排联调系统建设，加强汛前汛期城市上下游水系综合调度，配备充足的应急抢险队伍和设施设备，提高科学排水防涝水平。各市县应对暴雨灾害能力明显提高，实现中小雨不积水、大雨暴雨不发生严重内涝、特大暴雨城市运转基本正常。

21. 有效提升城乡环境质量。持续推进生态环境治理，深化水、大气、土壤污染防治，加大小流域环境综合整治力度，健全“有专人负责、有监测设施、有考核办法、有长效机制”的治理模式，实现流域治理向纵深、源头、治本方向发展。实施一批城市山体修复、黑臭水体综合治理、老城空间整治和功能修补项目，提升城市生态环境和空间品质。积极完善城市污水垃圾处理设施，抓紧完善污水配套管网，实施源头雨污分流改造，强化违法排污执法，提升城市污水垃圾收集处理能力。厦门市全市、福州市城区范围内先行实施生活垃圾强制分类，其他设区市、平潭综合实验区和有条件的县（市）推行生活垃圾分类。加快农村生活污水垃圾治理，到2020年所有乡镇建成生活污水处理设施、垃圾转运系统并有效运行，所有行政村生活污水处理及生活垃圾收运处理全覆盖。推进城乡公厕改造建设。加紧提高危险废物处置能力。加快城市应急备用水源建设，推动城镇老旧水厂工艺升级和老旧管网改造，巩固提升农村饮水安全。坚持低维护、节约型园林绿化理念，着力建设园林城市、森林城市。

22. 加快建设公共文化等社会事业设施。弘扬优秀传统文化，抓紧落实《福建省优秀传统文化传承发展工程实施方案》的各项任务。加快推进省图书馆改扩建、海峡演艺中心等省级重点文化设施建设，改造提升一批县（市、区）公共文化服务设施，鼓励引导社会资本参与建设市县文体中心。统筹建设集宣传文化、党员教育、科学普及、普法教育、体育健身等功能于一体的基层综合性文化服务中心。实施公共文化数字化建设工程，建设“福建文化记忆”等地方特色数字文化资源数据库和非遗数据库，推进建设全省公共文化服务供需信息平台。加强中小型公共体育设施建设，广泛开展全民健身活动，到2020年全省人均体育场地面积高于全国平均水平。充分依托现有条件和政府综合服务场所，完善省、市级社会保障服务设施，推动800个乡镇（街道）劳动就业和社会保障服务设施建设。探索建立优抚安置对象社会化服务平台，将优抚安置对象优先纳入社区、养老、医疗卫生等服务体系。加大对残疾人以及因遭遇突发事件、意外伤害、重大疾病导致基本生活陷入困境的家庭和个人救助保障力度。加强城乡无障碍设施、信息无障碍建设。

六、切实强化各项保障措施

23. 强化责任落实。各级党委政府要把加快社会事业发展、补齐民生短板摆上重要位置，加强研究部署，科学规划布局，细化落地措施，明确量化目标和时间表、路线图、责任人，确保取得实实在在的成效。教育、卫计、民政、住建、文化、交通、体育等职能部门要加强统筹协调，细化任务分工、实施步骤，各参与单位要各司其职、积极配合，共同推动各项工作任务落实。要加强督查和考核，把补短板惠民生的实绩作为各级领导班子和领导干部绩效考评的重要内容，确保责任到位、工作到位、投入到位、见到实效。对于工作领导不力、工作开展不到位的要严肃问责。

24. 加大投入力度。完善公共财政投入体制，优化财政支出结构，重点保障全省民生和各项社会事业支出。优化转移支付结构，增加一般性转移支付规模和比例，重点加大对欠发达地区的转移支付力度，促进城乡区域间基本公共服务均等化。健全正向激励机制，对补短板惠民生成效明显的要加大激励支持力度。加强与国家有关部委的对接，用好用足国家有关优惠支持政策。完善金融政策，落实税收优惠政策，加强对社会事业发展的引导和扶持。积极盘活闲置资产资源，加强相关公共服务设施整合利用，防止一边加大投入、一边低效浪费。发挥行业协会作用，鼓励倡导社会各界、海内外乡亲捐赠助推社会事业发展。鼓励支持公共服务投资主体和投资模式多样化，大力引进社会资本，加快培育市场主体，推进政府购买服务，形成多方参与、多元供给格局，增强社会事业可持续发展能力。

25. 创新体制机制。加快推进社会事业领域立法，制定或修订有关法规制度，形成加快社会事业发展、补齐民生短板的法制保障和长效机制。深化“放管服”改革，加快事业单位分类改革，逐步将有条件的事业单位转制为企业或社会组织。鼓励探索社会事业项目建设、运营、管理新机制。加强社会事业发展规划与城乡规划、土地规划、人口规划等多规融合，推动社会事业与相关产业的合理布局、协调发展。完善支持社会事业发展的配套政策，优先保障公益事业用地、用海、用林、污染物排放总量指标以及用水、用电、用气等指标需求。建立健全基本公共服务标准体系，发展“互联网＋”益民服务，提升基本公共服务信息化、智能化水平，推进省会城市与省级公共服务设施共建共享。

26. 加强人才建设。加大社会事业专业人才培养培训力度，支持高等院校和中等职业学校开设与社会事业相关的学科专业，扩大专业服务和管理人才的培养规模，加大急需紧缺人才培养力度。主动对接国家“千人计划”“万人计划”，实施高校高层次人才培养引进“三项计划”和“闽江学者奖励计划”，继续实施“有突出贡献中青年专家激励、医学领军人才引进、中青年骨干人才培养、高级管理人才能力提升”等四个高层次卫生人才队伍建设项目，积极汇聚一批一流科学家、学科领军人才和创新团队。完善师资补充机制，全面推进教师“县管校聘”改革，实施乡村教师支持计划，落实沿海带山区、城市带农村的人才对口支持政策。加强基层卫生人才队伍建设，加大全科医生培养力度，开展村医规范培训，着力解决基层卫技人员短缺问题。加大养老服务专业培训力度，着力培育护理专业人才。提高基层一线人员待遇，完善工资收入、职称评定、医疗保险、养老保障等激励政策，加大对山区具有高级职称的教师、医务人员等专业人才的奖励力度，鼓励和引导各类人才向基层流动。

27. 营造良好氛围。加强民生政务公开，及时向社会公布社会事业补短板项目实施进度，创新群众参与的载体、渠道和方法，大力发展慈善事业、志愿服务等。坚持正确舆论导向，加强公民教育和行风建设。合理引导社会预期，培育奋发进取、理性平和、健康向上的社会心态。总结宣扬民生工作先进典型和经验，调动广大群众积极性、主动性和创造性。

28. 弘扬务实作风。坚持质量引领、标准为先，设计、施工、验收等各个环节都要高标准严要求，确保每个项目都经得起历史检验。坚持规范运作，切实抓好廉政建设，严肃查处各类违法违规案件，防止出现劳民伤财，避免出现贪污腐败和侵犯群众利益的不正之风，真正把实事办实、好事办好，凝聚合力共建共享幸福美好生活。

福建省人民检察院工作报告

——2018 年 1 月 28 日在福建省第十三届人民代表大会第一次会议上

福建省人民检察院检察长　何泽中

各位代表：

现在，我代表福建省人民检察院向大会报告工作，请予审议，并请省政协各位委员和其他列席人员提出意见。

过去五年检察工作回顾

省十二届人大一次会议以来的五年，是新福建建设取得显著成效、八闽大地焕发生机活力的五年，也是检察工作在改革中创新发展、发生深刻变化的五年。在省委和最高人民检察院坚强领导下，在省人大及其常委会有力监督下，全省检察机关认真学习贯彻党的十八大、十九大精神，坚持以习近平新时代中国特色社会主义思想为指导，紧紧围绕“五位一体”总体布局和“四个全面”战略布局，主动服务新福建建设，忠实履行法律监督职责，全面推进司法改革和队伍建设，各项检察工作不断发展进步。五年来，共办理各类案件 1152664 件，其中，审查逮捕各类案件 145481 件 204919 人，审查起诉各类案件 255518 件 350705 人，立案侦查职务犯罪案件 5470 件 7166 人，办理刑事、民事、行政诉讼监督案件 746195 件次。

一、加强思想武装，坚定检察工作正确方向

坚持用新理念、新精神、新要求武装头脑、统一思想，强化政治意识、法治思维和职业良知，确保检察工作正确方向。

讲学习，固根本。深入学习党的十八大、十九大精神，学习习近平新时代中国特色社会主义思想。坚持日常学习、个人自学与集中研讨相结合，领导带头宣讲与分层分类学习相结合，省检察院分 25 个专题学习研讨 31 次，院领导作辅导报告、讲党课近百次，检察干警在“讲亲和立公信”“初心责任担当”学习讨论中，触及灵魂谈认识、写体会，深化价值认同和思想共识。广大干警进一步养成学习自觉，坚定理想信念，强化责任担当，锤炼忠诚品质。

讲政治，顾大局。旗帜鲜明坚持党对检察工作的绝对领导，增强“四个意识”，坚定“四个自信”，坚决维护习近平总书记党中央的核心、全党的核心地位，坚决维护以习近平同志为核心的党中央权威和集中统一领导。党组围绕加强党对检察工作绝对领导、加强检察机关党的建设、落实向党委请示报告重大事项等作出具体规定。贯彻省党代会和省委全会部署，制定服务福建科学发展跨越发展、自贸区建设、生态文明建设、产权司法保护、非公经济发展等一系列意见措施，与省政府建立依法行政与检察监督工作互动机制，全面推行司法办案“五个界限”“五个不轻易”，确保党的路线方针政策不折不扣落实到检察工作中。

讲亲和，立公信。落实习近平总书记关于提升政法工作亲和力、公信力重要指示精神，以公信为生命线，以亲和为高境界，持续五年抓理念

培育、文化熏陶、实践养成。立足人民性讲亲和，倡导视民如伤，注重人文关怀，完善便民利民措施，推行人性司法、柔性司法、阳光司法。强化公正廉洁立公信，突出问题导向开展专项打击、专项查办、专项监督，坚守防止冤假错案、防范办案安全事故、廉洁自律三条底线，理性平和文明规范司法。亲和检察、公信检察逐步深入人心，司法办案质量效果提升，生态检察、民生检察、涉台检察、民事行政检察、未成年人检察形成特色，群众对检察工作满意度逐年上升。

二、围绕中心服务大局，提供有力司法保障

围绕建设机制活、产业优、百姓富、生态美新福建，贯彻新发展理念，细化落实服务保障措施，营造良好发展环境。

服务对外开放先行先试。成立平潭综合实验区检察院，在福建自贸区福州、平潭、厦门片区设立派驻检察室，依法办理涉外贸易相关案件。成立两岸检察制度研究中心并定期开展研讨，编撰涉台法律服务手册，在台商投资区、台湾农民创业园建立检察联系点，聘请88名台商担任联络员。开展对台司法互助二级联络窗口试点，开展司法互助调查取证、返还赃款赃物、代送法律文书549件次，推动两岸检察官常态化交流互访。重视维护香港同胞、澳门同胞、台湾同胞和归侨侨眷合法权益，依法妥善办理涉港澳台和涉侨案件。

服务非公有制经济发展。深入企业调研，制定服务保障非公经济发展十条措施，与省工商联建立日常协作配合七项机制，实行同等对待、同等保护、同等服务。积极参与整顿和规范市场经济秩序，重视防控金融风险，批捕非法吸收公众存款、集资诈骗等涉众型经济犯罪3717人，起诉7289人，推动互联网金融、证券期货、网络传销等专项整治。依法妥善处理历史形成的产权案件，严厉打击侵害企业产权犯罪，批捕侵犯知识产权和制售假冒伪劣商品犯罪1967人，起诉4994人。产权司法保护工作得到全国政协、最高检和省委省政府领导同志批示，在中央政法工作会上推介。

服务生态文明建设。立足福建生态优势，从林业检察拓展为生态检察，实行“捕、诉、监、防”一体化办案，全面保护山、水、林、田、气、矿等生态环境资源。批捕破坏生态环境犯罪2386人，起诉8079人，查办生态领域职务犯罪843人。践行恢复性司法理念，全面推行“补植复绿”机制，督促补种林木20多万亩，探索治污、还林新方式，率先实行生态修复令机制。积极参与流域、植被、水源等综合治理，在全国率先设立驻省河长制办公室检察联络室，全省70多个市县紧紧跟进。“专业化法律监督+恢复性司法实践+社会化综合治理”生态检察模式，纳入《国家生态文明试验区（福建）实施方案》，在全国推广。

三、忠实履行法律监督职责，推进平安福建法治福建建设

坚持以司法办案为中心，履行宪法和法律赋予的职责，切实维护社会大局稳定、促进社会公平正义、保障人民安居乐业。

坚决维护国家安全和社会大局稳定。全省共批准逮捕各类刑事犯罪172729人，提起公诉311939人。深入开展反渗透、反恐怖、反间谍、反邪教等工作，严惩“法轮功”等邪教组织犯罪。加大对黑恶势力、涉爆涉枪、盗抢骗、制贩毒品等犯罪打击力度，配合公安机关开展专项行动，批捕故意杀人、绑架、强奸等严重暴力犯罪25901人，起诉38744人；批捕暴力伤医、拐卖妇女儿童、拒不支付劳动报酬等侵害特殊群体犯罪614人，起诉972人。批捕“2015.12.22”特大跨国电信网络诈骗案239人，起诉331人。全面推行刑事和解、非羁押诉讼、羁押必要性审查等机制，对轻微案件不批捕12911人，不起诉13655人，提出释放或变更强制措施建议6409人。

创新检察环节社会治安综合治理，参与城乡接合部、学校、医院等重点部位治安防控，配合做好党的十九大、厦门金砖会晤等重大会议活动期间安保维稳工作。密切关注未成年人犯罪问题，倡导带着感情和温度做好未检工作，推行合适成年人到场、分案起诉、犯罪记录封存等做法，依法不批捕2121人，不起诉1345人。加强案前预防、案中帮教、案后跟踪，设立涉罪未成年人观护帮教基地389个，开展“法治进校园”巡讲

2310 场，覆盖学校 1719 所。

积极查办和预防职务犯罪。坚决贯彻中央和省委关于反腐败斗争决策部署，惩治预防两手抓，共立案侦查贪污贿赂犯罪 4484 件 5844 人、渎职侵权犯罪 986 件 1322 人，内有处级以上干部 386 人，其中厅局级以上干部 48 人，查办涉案金额百万元以上案件 478 件。根据最高检指定管辖，侦查、起诉周本顺、李嘉、艾宝俊等原省部级以上干部 10 人。加强追逃追赃，敦促或抓获在逃职务犯罪嫌疑人归案 179 人，其中从境外劝返 18 人。追缴赃款赃物计 23.8 亿元。推进行业性廉政风险防控，同步介入 503 个重点工程项目开展预防，提供行贿犯罪档案查询 466535 件次，帮助 2400 多个单位建章立制。三级检察院每年开展年度预防报告，广泛设立警示教育基地、创作廉政微电影、展播公益广告，受教育面不断拓展。

整治群众身边腐败，开展系列专项查办。针对扶贫领域虚报冒领、截留私分等问题，开展集中整治和预防职务犯罪专项工作，查办职务犯罪 202 人。针对惠民补贴资金跑冒滴漏问题，查办专项补贴资金背后渎职犯罪 375 人，涉及农机购置、家电下乡、生猪规模化养殖等补贴 40 多种。针对执法司法领域以权谋私、徇私枉法问题，查办执法司法人员 1393 人。针对“天灾”背后的“人祸”问题，完善同步介入调查机制，查办重大责任事故背后职务犯罪 93 人。及时介入山东问题疫苗事件，批捕非法经营犯罪 32 人，查办背后职务犯罪 40 人。

加强对诉讼活动法律监督。坚持惩治犯罪与保障人权并重、实体公正与程序公正并重，全面加强刑事立案、刑事侦查、刑事审判、刑事执行、民事行政诉讼监督。对应当立案而不立案的监督立案 3735 件，对不应当立案而立案的监督撤案 2973 件；追加逮捕 5104 人，追加起诉 4529 人；对认为确有错误的刑事裁判提出抗诉 825 件，对民事行政裁判提出抗诉或再审检察建议 664 件。

针对执法不严、司法不公突出问题开展系列专项监督。为防止有案不移、以罚代刑，与有关部门建立行政执法与刑事司法衔接机制，建设信息共享平台，全省已有 2388 家单位接入平台，录入行政执法案件信息 114.1 万件，检察机关建议移送涉嫌犯罪案件 1264 件，监督立案 1050 件。连续 5 年开展对破坏环境资源和危害食品药品安全犯罪“两个专项”立案监督，监督立案 774 件。为防止冤假错案，监督纠正滥用强制措施、违法取证等侦查违法情形 5200 件次，依法排除非法证据 735 件，因证据不足不批捕 16172 人、不起诉 4407 人。对不服死缓判决长期申诉的重大案件，或提出再审检察建议，或配合法院重审，依法改判无罪。为防止“以权赎身”“提钱出狱”等问题，开展对特赦、减刑、假释、暂予监外执行、社区矫正、财产刑执行等专项监督，纠正处理不当 1901 件。开展的审前未羁押判实刑未交付执行专项检察，引起中央政法委和最高检重视，在全国开展专项清理。为遏制“假官司”现象，开展专项监督，查处民间借贷、离婚财产分割等虚假诉讼 195 件。主动保障军队和武警部队全面停止有偿服务工作，依法妥善办理相关民事、行政纠纷案件。

针对一些行政机关违法行使职权或不作为问题提起公益诉讼。牢牢把握公益核心，以生态环境和资源保护、食品药品安全、国有财产保护、国有土地使用权出让领域为重点，统筹诉前程序和提起诉讼手段，督促行政机关或社会组织履行职责。2015 年 9 月试点以来，共办理公益诉讼案件 1095 件，其中履行诉前程序 1012 件，提起公益诉讼 83 件，促成恢复林地、耕地 400 多公顷，督促关停、整治污染企业 50 家，督促挽回国有资产损失价值 8.4 亿余元。

四、坚决落实各项改革任务，推动检察工作创新发展

统筹推进司法体制和检察机制改革，以落实司法责任制为核心的四项改革基本完成，检察权运行新机制初步建立。干警普遍拥护改革、支持改革，职业荣誉感、工作积极性增强。

全面推进司法体制改革。围绕司法责任制核心，将检察人员划分为检察官、检察辅助人员、司法行政人员三类，遴选员额内检察官 3212 人，占中央政法专项编制 37.6%；制定检察官权力清单，检察官在授权范围内独立办案，对案件质量终身负责。将市县检察院原1463个内设机构整合为1076个，设置独任检察官2110人、检察官办案组342个，一线办案力量增加。配合有关部门稳步推进省以下检察院人财物统一管理，健全职业保障，加强案件管理和绩效考核，出台相关配套制度19项。

扎实推进检察工作机制改革。推进以审判为中心的刑事诉讼制度改革，全面贯彻证据裁判规则，完善审查逮捕、公诉证据规范，与省法院、省公安厅就20类常见犯罪统一证据证明标准。推进刑事案件速裁程序和认罪认罚从宽制度试点，探索建立轻罪案件快速办理机制，推行被告人认罪与不认罪案件相区别的公诉模式。推进涉法涉诉信访改革，建立涉法涉诉信访导入、纠错、退出机制，建成联接四级检察机关的远程视频接访系统，依法办理群众信访145627件。探索建立律师参与化解和代理涉法涉诉信访，代理刑事申诉、国家赔偿案件制度，促进息诉罢访。依法办理国家赔偿案件184件，为1069名生活困难的刑事被害人及其近亲属提供司法救助。

全力配合国家监察体制改革试点。按照中央和省委部署，层层落实责任，推进案件侦结、线索移送、涉案财物处置，做好反贪、反渎、预防部门机构、职能和人员整体转隶，全省共划转政法编制2115个。坚持把思想政治工作贯穿始终，对转隶干警逐一谈心，凝聚思想共识。改革试点以来，队伍思想稳定，各项工作有序推进，得到了中央领导同志的肯定。

积极创新检察工作特色。创新服务大局工作。福州市检察院实行侵犯知识产权刑事案件集中管辖，泉州市检察院探索“理念先行、服务靠前、履职延伸”服务非公经济发展和产权司法保护模式，漳州市检察院推行“三问四先”涉台检察工作机制，平潭综合实验区检察院推动国际旅游岛滨海环境专项整治。创新法律监督方式。厦门市检察院完善经济特区多元化纠纷解决机制，莆田市检察院聚焦“五个一批”工程查办群众身边职务犯罪，南平市检察院推动刑事执行监督办案模式转变。创新保障民生载体。宁德市检察院构建“四下基层”立体式为民服务机制，三明市检察院建设“一站式”检察服务大厅，龙岩市检察院推行“田间调查”“民情日记”等工作法。

五、建设过硬检察队伍，提升队伍素质能力

始终把过硬队伍建设作为检察事业发展的保证，坚决贯彻全面从严治党、从严治检要求，坚持不懈加强教育、管理、监督，推进队伍正规化专业化职业化建设。

坚持从严治党、从严治检引领队伍建设。切实加强检察机关党的建设，推进党组建设、党支部建设、机关党委建设、党员队伍建设。贯彻落实民主集中制，完善党组会、检察委员会、检察长办公会决策机制和决策程序。切实履行党组主体责任，建立抓党建责任清单，每年逐级签订党风廉政建设责任状。落实“1263”机关党建工作机制和支部书记“一岗双责”，在办案一线建立临时党支部。持续正作风、严检风，严格落实中央八项规定精神，对9个设区市检察院巡视全覆盖，对37个基层检察院开展巡察，落实巡视整改，开展专项督察，整治不规范司法行为，查处违纪违法检察人员64人。

持续开展“两提升五过硬”带动队伍建设。从2013年起，在全省开展“两提升五过硬”建设，作为党的群众路线教育实践活动、“三严三实”专题教育、规范司法行为专项整治的自选动作，与“两学一做”学习教育有机结合，带动队伍建设。坚持问题导向，着力解决司法理念、司法能力、司法行为、司法作风等方面存在的突出问题。加强职业道德教育和检察文化建设，开展大规模教育培训、岗位练兵和实战实训，培养评选检察业务专家，促进理念提升、能力增强。累计培训检察人员10345人次，364名干警在全国性业务竞赛中荣获“十佳”“业务标兵”“业务能手”等称号，全国和全省检察业务专家从11人增加到56人，检察理论研究成果获奖数量近两年位居全国检察机关首位。制定实施对“一把手”监督、落实“两个责任”、坚守“三条底线”、开展“四项谈心谈话”等系列制度，做到制度管人、管事、管案，促进行为规范、作风严实。

抓基层强基础促进整体提升。争取和依靠党委、政府重视支持，解决人财物突出问题，基层检察院人力资源、基础设施、科技装备和经费保障全面加强，办公办案条件明显改善。完善基层院建设考评机制，组织基层院抽样评估，引导基层院科学履职。实施科技强检战略，推进电子检务工程“六大平台”建设，从2014年起三级检察院案件全部网上流转、办理、监督。推进“智慧检务”建设，探索大数据和人工智能运用，提升检察工作科技水平。

六、自觉接受人民监督，确保检察权依法正确行使

坚持把检察权置于人民监督之下，依靠人民监督和人民支持做好检察工作。

自觉接受人大及其常委会监督。落实各级人大及其常委会决议和决定，及时报告全面工作、重要部署和重要事项，配合开展专题调研和执法检查495次。省检察院就侦查监督、反贪污贿赂等工作，5次向省人大常委会作专项报告。认真办理人大代表建议、批评和意见502件，办理人大常委会转交案件和事项560件，推行“双见面”制度，及时办结反馈。重视与人大代表经常性联系，建立领导干部定向联络代表制度，通过微信短信、寄送材料等通报工作，邀请代表专题视察检察工作、观摩业务竞赛、参与检务活动8900人次。

自觉接受政协民主监督和社会监督。每年向政协通报检察工作，认真办理政协委员提案。健全与各民主党派、工商联和无党派人士联系机制，广泛听取意见建议。支持人民监督员、特约检察员、专家咨询委员履职，选任人民监督员492人，对职务犯罪案件开展监督。依法保障律师执业权利，建立检律联席会议制度和保障律师执业五项机制。深化检务公开，推进门户网站建设，全面开通检察官方微博、微信和新闻客户端。公开案件程序性信息261597件、法律文书129771件，开展公开审查、公开听证1321件次。

五年来，全省检察工作全面发展，21个专题专项工作在全国会议上介绍经验或受到表彰，办理的67个案件入选全国检察机关指导性案例、优秀案例、典型案例。全省检察机关有1033个集体和个人获省级以上表彰，涌现出刘龙清、颜煜群、吴美满、李华等一批先进典型。14个院被授予“全国先进检察院”和“全国模范检察院”，77个院被评为全国和省级文明单位，省检察院被评为第四届、第五届全国文明单位。

五年来的成绩，是全省各级党委、人大、政府、政协、社会各界和人大代表、政协委员关心、支持、帮助的结果。在此，我代表全省检察机关表示衷心感谢和崇高敬意！

五年来的发展，我们深切体会到，做好检察工作，必须坚持把政治建设摆在首位，自觉坚持党对检察工作的绝对领导，坚决维护以习近平同志为核心的党中央权威和集中统一领导；必须坚持紧扣经济社会发展大局，做到检察工作与经济发展新常态相适应，敢于办案与善于办案相结合，适用法律与执行政策相衔接，法律效果、政治效果和社会效果相统一；必须坚持以亲和公信为价值追求，运用法治思维、法治方式开展工作，做到敢于监督、善于监督、依法监督、规范监督，努力让人民群众在每一个司法案件中感受到公平正义；必须坚持改革创新贯穿检察工作始终，突出问题导向，通过专题专项带动全盘工作，通过创新机制平台载体激发法律监督活力；必须坚持监督者更要自觉接受监督，以过硬队伍为保证，以人民监督为动力，不断加强和改进检察工作。

我们也清醒认识到，检察工作仍然存在一些不足和问题：一是贯彻新时代新发展理念，准确把握职能定位，服务新福建建设的能力有待提升。二是法律监督的一些职能落实不到位，不敢监督、不愿监督、不善监督问题仍有存在。三是司法改革配套制度还不健全，个别干警思想观念、工作方式不能适应改革需要。四是队伍专业化水平有差距，专业人才缺乏，信息化建设和应用水平有待提升。五是司法不规范问题尚未根治，全面从严治党、从严治检还有薄弱环节，极少数检察人员违纪违法仍有发生。对这些问题，我们将紧盯不放，下大气力解决。

2018 年检察工作安排

2018 年是深入贯彻落实党的十九大精神的开局之年，全省检察机关将坚持以习近平新时代中国特色社会主义思想为指导，按照中央和省委、最高检部署，认真做好各项检察工作，创造新时代检察新业绩。

一是深入学习贯彻党的十九大精神，努力实现检察工作理念新提升。认真开展习近平新时代中国特色社会主义思想大学习、大培训，重点学习领会习近平新时代中国特色社会主义政法思想。坚持党对检察工作的绝对领导，坚持以人民为中心的发展思想，深入推进平安福建、法治福建和过硬队伍、智能化建设，维护国家政治安全、确保社会大局稳定、促进社会公平正义、保障人民安居乐业，努力为新福建建设创造安全的政治环境、稳定的社会环境、公正的法治环境、优质的服务环境。

二是围绕中心服务大局，努力实现服务经济社会发展新作为。服务打好防范化解重大风险、精准脱贫、污染防治三大攻坚战，提供有力司法保障。依法惩治和预防经济领域犯罪，积极参与经济领域风险防控和矛盾化解，推动供给侧结构性改革。深入开展反恐怖反分裂斗争，积极开展扫黑除恶专项斗争，着力强化民生检察、涉农检察工作，不断满足人民日益增长的美好生活需要。加强生态司法保护，促进山更青水更秀天更蓝。

三是融入深化依法治国实践，努力实现强化法律监督新作为。坚持检察机关的宪法定位，努力在深化依法治国实践中发挥特殊作用。坚持敢于监督、善于监督、依法监督、规范监督，全面加强刑事诉讼、民事诉讼、行政诉讼监督，坚决纠正执法不严、司法不公突出问题，努力让人民群众在每一个司法案件中感受到公平正义。紧紧抓住教育、就业、医疗、社会保障、食品药品等群众最关心最直接最现实的利益问题，加大法律监督力度。

四是深化司法体制综合配套改革，努力实现改革创新新作为。全面落实司法责任制，完善配套制度体系，创新检察工作和队伍建设机制方式。落实以审判为中心的刑事诉讼制度改革，推进认罪认罚从宽制度试点，抓好现代科技在司法改革和检察工作中的应用。积极配合推进国家监察体制改革试点工作，建立健全检察机关与监察委员会的协调衔接机制。

五是坚持全面从严治党，努力实现队伍建设新作为。全面贯彻新时代党的建设总要求，认真开展“不忘初心、牢记使命”主题教育，以“两提升五过硬”建设为载体，推进检察机关党的建设和队伍建设。严格执行党的各项纪律，健全检察权监督制约体系。创新教育监督管理方式，推进正规化专业化职业化建设，增强工作本领，提升履职能力。

各位代表，新的一年，我们将更加紧密团结在以习近平同志为核心的党中央周围，认真落实本次省人大会议部署，忠实履行宪法和法律赋予的法律监督职责，扎实工作、奋发有为，为决胜全面建成小康社会、加快推进新福建建设作出新贡献！

福建省高级人民法院工作报告

——2018 年 1 月 28 日在福建省第十三届人民代表大会第一次会议上

福建省高级人民法院院长　马新岚

各位代表：

现在，我代表福建省高级人民法院向大会报告工作，请予审议，并请省政协各位委员和其他列席人员提出意见。

过去五年的主要工作

2013 年以来的五年，是党和国家发展进程中极不平凡的五年，也是人民法院工作取得重大发展进步的五年。省法院在省委领导和省人大监督、最高人民法院指导下，以习近平新时代中国特色社会主义思想为指导，全面贯彻党的十八大、十九大和省第十次党代会精神，认真落实省十二届人大历次会议决议，紧紧围绕司法工作目标主线，大力加强司法为民、公正司法，努力让人民群众在每一个司法案件中感受到公平正义，为建设机制活、产业优、百姓富、生态美的新福建提供了有力司法保障。

五年来，全省法院受理各类案件 3439825 件，办结 3337434 件，分别比上五年上升 52.88% 和 49.16%；其中，省法院受理 46591 件，办结 44286 件，上升 82.79% 和 75.37%。2017 年，全省法院受理案件 979161 件，办结 876770 件，比 2016 年上升 7.11% 和 17.21%。其中，省法院受理 18621 件，办结 16316 件，上升 54.21% 和 79.00%。“政治建院、从严治院、公信立院、科技强院、人才兴院”深入推进，司法公信、司法规范化、司法信息化、司法品牌建设和过硬队伍建设成效明显，司法服务保障大局积极有为，司法体制改革取得突破，司法质量、司法效率和司法公信力进一步提升，人民群众的公平正义获得感进一步增强，各项工作在多年来基础上实现新发展新进步。

一、依法履行职责，为加快建设新福建提供有力司法保障

五年来，全省法院办结刑事案件 266019 件；民商事案件 1865143 件，标的总额 7832.81 亿元；行政案件 34327 件，非诉行政案件 81643 件，国家赔偿案件 471 件；执行案件 902518 件，标的总额 1050.26 亿元；申诉、申请再审及其他案件 59122 件；减刑、假释案件 128191 件。

着力保障推进我省重大改革试验。省法院先后出台 70 余份指导性意见，深入开展“四行动”“两硬仗”“一工程”，健全案件审判、司法服务机制，促进发挥司法服务保障新福建建设的职能作用。围绕“一带一路”和海丝核心区、自贸试验区等建设，审结涉外、涉港澳、涉侨、海事海商和铁路运输案件 57786 件，办理国际和涉港澳司法协助案件 28353 件，设立自贸区法庭和审判庭。加强涉台司法工作，办结涉台案件 12209 件、司法互助案件 28353 件，海峡两岸司法实务研讨会连续成功举办 9 届。平潭综合实验区人民法院成立。厦门、漳州法院创新涉台案件审判机制受到台胞台商赞誉，福州法院创设台胞权益保障法官工作室、

平潭法院共建涉台涉自贸区多元化纠纷解决机制被评为自贸区创新成果。积极为创新驱动战略实施和福厦泉国家自主创新示范区建设提供司法服务保障，审结知识产权案件22757件，成立跨区域管辖的福州知识产权法庭。加强生态司法保护，审结生态环境案件13259件，责令补种管护林木5.7万亩，生态司法保护“福建样本”得到推广运用，漳州、南平、龙岩等法院生态司法保护模式产生良好效应。最高人民法院专门出台意见，支持我省加快建设国家生态文明试验区。

全力维护社会安定稳定。坚持总体国家安全观，严惩危害国家安全和社会治安犯罪，审结案件242251件。审结非法集资、金融诈骗、走私等经济犯罪案件17414件，挽回经济损失28.75亿元。审结贪污、贿赂等职务犯罪案件6354件，其中原中管干部重大职务犯罪案件7件、原省管干部案件36件。坚持宽严相济，生效判决的289243名罪犯中被判处五年以上有期徒刑直至死刑23513人，判处缓刑、管制等非监禁刑93111人。坚持寓教于审，判处未成年犯10613人，做好轻罪记录封存、帮助复学就业等工作。参与打击黄赌毒黑拐骗和制假售假、危害食品药品安全、网络新型犯罪等专项斗争，推进减刑、假释和社区矫正等工作，促进社会治理创新与平安和谐。

依法促进经济持续健康发展。以服务供给侧结构性改革为重点，依法妥善审理涉及产业转型升级、重大项目建设、实体经济发展等纠纷案件，促进建设现代化经济体系。完善金融和企业破产专业化审判机制，审结金融、借贷案件696017件、标的总额5426.11亿元，强制清算与破产案件345件。福州、泉州、三明、莆田等法院着力化解金融纠纷，有效帮助困难企业实现重整。审结投资、买卖等合同案件646154件，公司、股权等纠纷案件33950件，制定出台加强产权司法保护、服务非公有制经济发展等实施意见，为各类市场主体和企业家创新创业营造良好法治环境。审结涉农案件80010件，为推进“三农”工作提供司法服务保障。

切实支持和促进依法行政。加强行政行为合法性审查，维护行政相对人合法权益。改革完善行政案件异地管辖模式。健全省、市、县（区）三级府院联席会议机制，省政府与省法院召开四次府院联席会议。加大行政争议实质性化解力度，行政机关负责人出庭应诉率逐步上升。加强对非诉行政案件的审查和执行，推进“裁执分离”。完善国家赔偿审判工作机制，保障赔偿请求人依法获得国家赔偿的权利。

二、积极回应人民群众司法新需求，切实维护社会公平正义

大力加强民生司法保障。密切关注教育、就业、医疗、住房等基本民生诉求，审结劳动争议、房地产、征地拆迁、医疗纠纷等案件183824件。妥善审结权属、侵权纠纷案件346690件，强化对人身权财产权人格权的司法保护。深化家事审判方式和工作机制改革，保障妇女儿童老人合法权益，审结婚姻家庭纠纷案件341410件。省法院与15家单位建立家事审判方式和工作机制改革联席会议制度，南平等法院创新少年与家事审判工作。完善国家司法救助制度，为困难当事人缓减免交诉讼费1.34亿元，对8240名刑事被害人、申请执行人和涉诉信访人提供司法救助1.4亿元。加强司法服务保障脱贫攻坚工作，宁德等法院完善精准扶贫保障措施。加强涉军维权和司法拥军，审结涉军案件1053件，为军队和武警部队全面停止有偿服务提供司法保障。

加大力度解决执行难。不断加强执行工作，完善执行联动机制，规范执行行为，提高执行质效。尤其是2016年部署开展“用两到三年基本解决执行难”工作以来，先后组织开展了执行难专项治理、执行大会战和春夏秋冬“四大战役”等，落实“十个一批”，破解“十大难题”，执行案件535935件、标的总额368.87亿元，同时全面清理历年积案50.78万件，发放执行款64.4亿元。贯彻中办、国办意见和我省实施意见，推动形成综合治理执行难大格局。完善失信被执行人信用监督、警示和惩戒机制，及时发布失信被执行人信息，实现失信被执行人“一处失信、处处受限”。对拒不执行判决、裁定的188人依法追究刑事责任。率先建立执行信息化模式并在全国法院推广，完善执行指挥中心建设，网络查控系统覆盖十大类100个协执单位。全面推行网络司法拍卖，成交金额299.42亿元，为当事人节约佣金8.9亿元，实现“零佣金、零投诉”。

完善和落实司法为民举措。强化诉讼服务中心建设，构建诉讼服务大厅、ITC自助服务终端、网上诉讼服务平台、掌上诉讼服务帮手、12368诉讼服务热线“五位一体”诉讼服务体系。厦门法院率先推行“诉讼与公证协同创新”并在全国法院推广，三明法院司法服务标准化走在前头。推进人民法庭和巡回审判点、法官工作室、便民服务站等建设，完善多样化司法服务网络。推进涉诉信访法治化，完善诉访分离、依法终结等制度，试点推进律师参与化解和代理申诉信访案件，涉诉进京访持续处于全国法院低位。推进基层社会治理，龙岩、宁德法院深化村居“无讼”“无访”建设，厦门海事法院推行海上巡回审判，平潭法院打造海岛诉讼综合服务体系，取得良好效果。落实普法责任制，健全以案释法、司法建议和审判白皮书等制度，组织主题开放日2145场、新闻发布会660场，弘扬法治精神，促进全民守法。

坚守维护公平正义最后一道防线。贯彻执行民法总则、刑法修正案和新修订的刑事、民事、行政诉讼法，促进社会主义核心价值观融入法治建设，确保法律正确实施。坚持罪刑法定、疑罪从无、证据裁判等法律原则，依法宣告125名被告人无罪，完善防范冤假错案工作机制，稳妥审理多起在全国有重大影响的复杂敏感案件，让正义最终得到实现。加强审级监督，全省法院审结一审案件1974422件，二审案件185509件；审结再审案件5558件，其中检察机关抗诉再审案件395件。加强审判管理、质效评估、案例指导等，统一司法尺度，促进严格公正司法。全省法院法定审限内结案率为97.87%，年均结案递增13%，一审、二审后当事人服判息诉的占98.60%。

三、全面深化司法体制改革，提高司法质量效率和公信力

积极推动司法改革落地见效。贯彻中央和省委、最高人民法院部署，作为全国第二批改革试点省份，扎实稳妥做好司法体制改革各阶段各方面工作。2015年9月在福州、厦门、南平9个法院启动改革试点，2016年在全省法院全面推开。省法院认真履行主体责任，积极争取有关方面支持配合，加强统筹协调、宣传引导、督查落实，出台司法改革各类文件193件，开展4轮专项督察，推动全省法院司法改革多点突破、全面发力、取得实效。截至2017年底，中央和省委部署的各项改革任务全面推进，司法权力运行机制发生变革，队伍活力进一步迸发，司法质量效率和公信力持续提升。

全面推进司法责任制改革。落实司法人员分类管理改革，85%以上法院人员向办案一线集中。开展两批员额法官遴选，严格考核、退出机制，全省法院现有员额法官4072人，占中央政法专项编制的38.2%。组建新型审判团队1448个，制定法官、审判辅助人员、司法行政人员权责清单和工作指引，建立院长庭长办案刚性约束和监督保障机制，改革审判委员会制度，成立专业法官会议，完善法律文书签署签发机制等，落实“让审理者裁判、由裁判者负责”。2017年，全省法院院长、庭长直接主审案件390920件，占结案总数的44.59%，比上年增长42.04%；员额法官人均结案186.5件，增长15.77%。推进法官单独职务序列改革和工资制度改革，完善和落实司法人员职业保障制度。推进聘用制书记员管理制度改革，开展人民法院内设机构改革试点，配合推进省以下法院人财物统一管理改革。

大力加强诉讼制度和审判机制改革。深入推进以审判为中心的刑事诉讼制度改革，落实庭前会议、非法证据排除、法庭调查操作规程，完善证人、鉴定人、侦查人员出庭制度，发挥律师辩护作用，推进庭审实质化，扩大量刑规范化，加强人权司法保障。坚持有案必立、有诉必理，全面实行立案登记制，在全省范围推行“跨域”立案和诉讼服务司法协作，当场登记立案率达98.83%。泉州法院首创的“跨域”立案模式在全国法院推广。大力推进“分调裁”机制改革，做到繁简分流、多元调解、简案速裁。省法院与26个部门和行业建立诉调对接平台，莆田法院推进大调解体系建设，厦门海事法院加强海事诉讼与仲裁良性互动。五年来，全省法院以调解、撤诉方式办结各类案件890394件；一审案件适用简易程序的占69.69%；福州、厦门18个试点法院适用刑事速裁程序和认罪认罚从宽制度审结案件11881件。深化人民陪审员制度改革试点，完成

"倍增计划"，健全选任、参审和履职保障等机制。全省6628名人民陪审员参审案件510356件，占一审普通程序案件的91.12%。

四、加强信息化支撑和创新引领，构建司法运行新模式

加快信息化和智慧法院建设。率先提出和创新推进智慧法院建设，主动运用科技生产力提升司法公信力、增强人民获得感。建成福建智慧法院管理中心，推进电子卷宗随案同步生成，完善全省三级法院司法大数据集控管理平台。围绕全业务网上办理、全流程依法公开、全方位智能服务，普及网上立案、远程开庭、在线调解、视频接访等司法信息化服务，构建审判流程、庭审活动、裁判文书、执行信息、监督管理"五大公开平台"，并为法官办案提供类案推送、文书纠错、数据分析等智能服务，实现信息化与审判执行、司法政务事务警务的融合。全省法院建成互联网站、官方微博微信、新闻客户端集群，实时发布34类司法信息，直播庭审23704场，公开裁判文书1641463份。"福建智慧法院ITC诉讼服务自助终端"入选"砥砺奋进的五年"大型成就展，省法院被评为全国"智慧法院"建设先进单位。

全面推进基层基础建设。加强对基层法院的监督指导、帮助支持、挂钩联系等，人财物和信息化等基础建设向基层倾斜，为基层办实事。把更多法官员额配置到基层，加大基层干警培训力度。健全经费保障机制，实现法庭专用设备、业务交通工具等标准化规范化。加快"两庭"建设，新建改建审判法庭36个、人民法庭39个，并建成高清科技法庭515个。通过多年来持续推进、全面覆盖，全省基层法院和人民法庭呈现出新的面貌，基层一线作用得到有效发挥。全省基层法院办结案件2868141件，占全省法院的85.94%，其中209个人民法庭办结案件665771件。

创新和深化司法品牌建设。司法品牌是实践创新的结晶和抓手。省法院紧密结合区域特色和工作优势，抓典型推全盘，拓展深化新一轮司法品牌建设，全省法院创新形成了25个司法品牌成果和110个司法品牌项目，涵盖审判执行、便民利民、党建队建等各领域各方面。涉台司法、生态审判、防范冤假错案、跨域诉讼服务、执行信息化、法院党的建设、先进典型培树等一批亮点工作写入最高人民法院工作报告或在全国法院会议上介绍经验、受到表彰。有86个案例入选最高人民法院发布的典型案例。培树詹红荔、黄志丽和陈少华、陈群等一批全国先进典型，广泛开展典型领跑行动，1007个集体和2028名个人受到省级以上表彰奖励，推动形成"荔丽八闽、先模成群"的生动局面。

五、坚持全面从严治党，不断提升队伍素质和司法形象

始终把政治建设摆在首位。旗帜鲜明讲政治，组织干警深入学习贯彻习近平新时代中国特色社会主义思想，增强"四个意识"，坚定"四个自信"。加强法院领导班子建设，贯彻党组工作条例，认真落实政法机关党组织向党委请示报告重大事项规定，加强和规范党内政治生活，落实意识形态工作责任制。深化党的群众路线教育实践活动和"三严三实"专题教育，推进"两学一做"学习教育常态化制度化，开展向廖俊波同志学习活动，进一步坚定理想信念。完善党组中心组学习和周学习教育例会、月思想作风分析会、集中学习教育等，强化经常性思想政治工作。

加强正规化专业化职业化建设。完善干部选任和业绩考评机制，加大专业化、精准化、网络化教育培训力度，省法院举办各类培训班144期、培训77844人次。持续深入推进司法能力提升行动和"四个人才工程"建设，与高校共建"法学教育实践基地"，加快高层次审判人才培养和司法人才库、法院新型智库建设。推进法官逐级遴选、双向挂职锻炼和岗位练兵、传帮带等，加强审判理论研究和法院文化建设，开展审判技能竞赛、司法警务技能演练等，规范职业操守、职业行为，提高队伍素质形象。

狠抓正风肃纪和反腐败斗争。深入学习贯彻党章和准则、条例，严格执行中央八项规定精神，坚持不懈整治"四风""不严不实""差错漏失拖"等，抓早抓小、严管厚爱，完善作风建设长效机制。健全大督察机制，开展网上督察、明察暗访、效能检查等，充分发挥人民法院监督员、廉政监察员作用。抓好巡视、司法巡查等的整改落实，全省法院第二轮司法巡查全覆盖。开展廉洁司法集中教育，加强廉政风险防控，落实谈话提醒、述职述廉、防止干预过问案件等制度，运用监督执纪“四种形态”，“三不腐”机制工程建设取得成效。坚持有案必查、有腐必惩，五年来全省法院查处干警违纪违法案件170件172人。

大力推进基层党组织建设。落实党建工作主体责任，深化“三级联创”“五联三创”，完善“1263”机关党建工作机制，坚持“三会一课”制度，创新“互联网+机关党建”，做到“支部建在庭上、先锋亮在岗上、党旗红在院上”。抓好党建带群建，加强省法官协会、省女法官协会和工青妇工作，推进党员先锋岗、青年文明号和文明行业、综治平安创建等。做好关爱干警和老干部工作，建设“和谐机关、温馨家园”。2017年，省法院被评为“全国文明单位”、全省“平安先进单位”。全省法院广大干警积极应对日益繁重的审判执行任务，全身心、高负荷投入执法办案，团结拼搏，不懈奋斗，努力用奉献和担当诠释忠诚、守护正义。

六、坚持党的领导，接受人大监督，推动法院工作发展进步

坚持党对法院工作的领导，坚持法院工作和重要事项向党委报告制度，每年开展贯彻执行党的政治纪律情况专项督查，确保法院工作正确方向。依法接受人大及其常委会监督，坚持大会报告和专项报告制度，坚决贯彻人大及其常委会决议决定。省法院先后就涉台审判、人民陪审员、规范司法行为、行政审判、执行工作向省人大常委会作了专项报告，并抓好常委会审议意见的贯彻落实。认真办理代表意见、建议和来信，全省法院办复代表建议690件，其中省法院办复97件，及时把代表意见建议吸纳转化为公正为民司法措施。健全代表定向联络、座谈走访等制度，邀请代表参加重要会议、专项视察、旁听庭审、参与调解、见证执行等，并通过微信短信平台、手机报等，通报工作、听取意见，真诚服务代表履职。接受政协民主监督，加强与各民主党派、工商联、无党派人士和人民团体的密切联系，完善通报工作、联席会议、走访调研等机制，全省法院办复委员提案359件，其中省法院办复55件。加强民意沟通，接受社会监督，改进法院工作。

五年来的砥砺奋进，开创了全省法院工作新局面。我们深深体会到，做好人民法院工作，必须坚持以习近平新时代中国特色社会主义思想为指导，坚定维护以习近平同志为核心的党中央权威和集中统一领导，毫不动摇地把坚持党的绝对领导作为人民法院工作的最高原则，做到维护核心、绝对忠诚、听党指挥、勇于担当；必须坚持以人民为中心，抓好依法公正审判、释法说理取信“两篇文章”和公正司法、亲和司法、认同司法“三项司法”，依靠人民司法，司法服务人民；必须坚持围绕党和国家工作大局，贯彻新发展理念，充分发挥审判职能，推进平安福建、法治福建建设，服务改革发展稳定；必须坚持依法独立公正行使审判权，守住维护社会公平正义的最后一道防线，确保宪法法律正确实施；必须坚持深化司法体制改革，把理念思路提升、体制机制创新、现代科技应用和司法品牌创建结合起来，促进审判体系和审判能力现代化，让司法更加公正高效权威；必须坚持全面从严治党，着力“抓党建、带队伍、促审判、树形象、创一流”，创建正气充盈的法院机关，打造高素质过硬法院队伍。

各位代表，全省法院工作的发展进步，是省委坚强领导和省人大有力监督、最高人民法院监督指导的结果，是政府大力支持、政协民主监督及社会各界、广大人民群众关心支持帮助的结果。我代表全省法院表示衷心的感谢和崇高的敬意！

同时，我们清醒地看到，法院工作还有不足和差距，面临困难和挑战。我们在司法理念、机制、方法上与新时代新任务新要求还存在不适应，服务保障、维护权益、解决纠纷、防范风险的职能作用需进一步强化，人民群众日益增长的司法需求与不平衡不充分的司法工作发展之间的矛盾对法院工作提出了新的更高要求；全省法院案件总量不断攀升，审判压力持续加大，办案质量效率、审判监督管理和司法资源配置有待进一步优化，便民利民、基层基础和法官职业保障等仍需强化；司法体制综合配套改革、信息化建设需加快推进，执行难和涉诉信访化解还需下力攻坚；有的干警能力不强、作风不正、裁判不公、办案不廉，甚至违纪违法，队伍自身建设需进一步加强。对此，我们将在各方面关心支持下，采取措施认真加以解决。

关于今后工作

党的十九大描绘了决胜全面建成小康社会、夺取新时代中国特色社会主义伟大胜利的宏伟蓝图，全面依法治国催人奋进。全省法院要以习近平新时代中国特色社会主义思想为指导，全面贯彻党的十九大精神，紧紧围绕“五位一体”总体布局和“四个全面”战略布局，认真贯彻落实中央和省委、最高人民法院决策部署，大力加强法院各项工作，依法履行好维护国家政治安全、确保社会大局稳定、促进社会公平正义、保障人民安居乐业的主要任务，为奋力谱写新时代福建发展新篇章创造安全的政治环境、稳定的社会环境、公正的法治环境、优质的服务环境。

（一）坚持以习近平新时代中国特色社会主义思想为指导，推动新时代法院工作实现新发展。增强“四个意识”，坚定“四个自信”，在政治立场、政治方向、政治原则、政治道路上同以习近平同志为核心的党中央保持高度一致。全面贯彻党的基本理论、基本路线、基本方略，坚定不移走中国特色社会主义法治道路。坚持党的领导、人民当家作主、依法治国有机统一，自觉接受人大及其常委会监督，更好履行党和人民赋予的职责使命。

（二）坚持服务发展大局，为加快建设新福建提供司法保障。坚持稳中求进工作总基调，紧扣社会主要矛盾变化，按照高质量发展与实现赶超有机统一的要求，依法促进稳增长、促改革、调结构、惠民生、防风险。加强对防范化解重大风险、精准脱贫、污染防治三大攻坚战的司法服务保障，依法保障供给侧结构性改革和乡村振兴等战略实施。依法惩治各类犯罪，深入开展扫黑除恶专项斗争，加强人权司法保障和产权司法保护，强化多元化解矛盾纠纷，推进平安福建和法治福建建设。

（三）坚持以人民为中心，依法保障实现人民美好生活需要。依法审理涉及民生领域的各类案件，解决好人民群众最关心最直接最现实的利益问题。与时俱进创新司法便民利民机制和举措，进一步解决执行难、涉诉信访等问题，更好满足人民群众在民主、法治、公平、正义、安全、环境等方面的多元司法需求。充分发挥基层法院和人民法庭作用，从日常小事、身边小案抓起，不断增强人民获得感、幸福感、安全感。

（四）坚持深化司法改革，提高司法质量效率和公信权威。深化司法体制综合配套改革，全面落实司法责任制，加快构建权责统一的司法权运行新机制。深化诉讼制度改革，推进严格规范公正文明司法，在更高层次上实现公正和效率相统一。落实司法改革主体责任，加大改革督察、评估力度。做好向省人大常委会专项报告深化司法改革工作。加快智慧法院建设，促进司法工作信息化智能化现代化。巩固发展司法品牌、司法公信建设成果。

（五）坚持全面从严治党，建设新时代高素质过硬法院队伍。把政治建设摆在首位，开展“不忘初心、牢记使命”主题教育，营造清朗政治生态。按照既政治过硬又本领高强的要求，推进正规化专业化职业化建设，打造信念过硬、政治过硬、责任过硬、能力过硬、作风过硬的法院队伍。创新完善党建工作机制，推动法院党的建设持续走前头。深入推进作风纪律建设和反腐败斗争，构建不敢腐、不能腐、不想腐的长效机制，确保司法公正廉洁。

各位代表，新时代开启新征程。我们要紧密团结在以习近平同志为核心的党中央周围，在省委领导和省人大监督、最高人民法院指导下，认真落实本次大会提出的各项任务，开拓进取、忠诚履职，奋力推动新时代法院工作新发展，为决胜全面建成小康社会、加快建设新福建、实现人民对美好生活的向往作出新的更大贡献！

关于福建省2017年预算执行情况及2018年预算草案的报告

——2018年1月26日在福建省第十三届人民代表大会第一次会议上

福建省财政厅

各位代表：

受福建省人民政府委托，现将福建省2017年预算执行情况及2018年预算草案提请省十三届人大一次会议审议，并请省政协各位委员和其他列席人员提出意见。

一、2017年预算执行情况

全省各级各部门以习近平新时代中国特色社会主义思想为指导，认真贯彻落实省委省政府的决策部署，坚持新发展理念，深化财税改革，加强财源建设，创新支持方式，提升管理绩效，着力推动供给侧结构性改革和创新驱动，促进经济提质增效和民生改善，圆满完成年度预算任务。

（一）落实省人大及其常委会有关决议情况

财政部门强化预算法治意识，积极发挥职能作用，认真落实省十二届人大五次会议关于2017年预算草案的决议、审查报告和省人大常委会第二十九次会议关于省级预算调整方案的决议、审查报告，精心组织预算执行，扎实推进财政各项工作。

1. 有效落实积极财政政策。一是支持实体经济发展。落实“三去一降一补”重点任务，推进供给侧结构性改革。巩固全面营改增试点成果，落实小微企业增值税优惠政策与所得税减半征收扩围政策，继续实施失业、工伤保险费阶段性降费。取消、减免、暂停征收行政事业性收费和政府性基金50项。在2016年减税降费370亿元的基础上，全省新增减税降费260.1亿元。通过贷款贴息、风险补偿、担保代偿补偿等方式，引导金融加大服务实体经济力度。利用多双边国际金融组织等贷款5亿美元，支持清洁能源、交通等项目。创新财政培训方式，变财政政策内部培训为对外宣讲，省级共举办7期，累计参加人数约2300人，提高惠企财税政策知晓度。二是推动产业转型升级。落实提高科技型中小企业研发费用加计扣除比例、固定资产加速折旧等所得税优惠政策，制定实施企业研发经费分段补助办法，支持新一轮企业技改专项行动计划，提高科研经费绩效支出比例，激发企业和科研主体创新创造活力。新增高新技术企业519家，完成年初计划的148.3%。统筹整合各类资金，综合运用财政贴息、奖补、基金等方式，支持化解钢铁煤炭行业过剩产能，加大对新能源汽车、集成电路、新型显示、物联网等重点企业重点项目的支持，落实军民融合发展战略，推动工业稳增长调结构，促进三大主导产业做大做强，传统产业转型升级，新兴产业、现代服务业加快发展。落实外经贸发展资金，鼓励发展贸易新业态新模式。圆满完成金砖国家领导人厦门会晤经费保障任务。落实优势特色农业财政奖补政策，推进农业综合开发和农村综合改革。修订进一步促进总部经济发展的指导意见，鼓励引进总部、扶持现有总部、促进职能总部设立以及鼓励知识产权成果转化等。三是支持扩大有效投资。围绕交通、市政、民生、环保、水利、信息网络、新型城镇化等重点领域，建立正向激励机制促进有效投资，通过财政贴息、补助、政府和社会资本合作（PPP）等方式，支持补短板工程包实施，发挥财政资金引导和杠杆作用，带动社会资本扩大有效投资。四是积极争取中央支持。2017 年，中央对我省税收返还和转移支付补助 1284.81 亿元，增长 8.1%，其中，均衡性转移支付、县级基本财力保障、加快原中央苏区和革命老区发展以及支持生态文明建设等方面的补助力度持续加大。首次给予我省民生政策托底保障阶段性财力补助 6.02 亿元。争取我省新增债务限额 585 亿元，比上年增加 166 亿元，增长 39.6%。平潭综合实验区企业所得税优惠目录获批增列七类有关旅游产业项目。晋华、三安、联芯、福顺微、福联等 5 家重点集成电路生产企业自用生产性原材料、消耗品享受免征关税和进口环节增值税优惠政策。

2. 注重优化财政支出结构。一是优先保障重点支出。认真落实中央八项规定精神和厉行节约反对浪费要求，压缩一般性支出，集中财力用于保障省委省政府重大战略决策部署和重点项目支出。二是加大财政民生投入。全省民生相关支出 3505.44 亿元，增长 10.8%，占一般公共预算支出的 74.3%，持续保持在七成以上。省级财政下达省委省政府为民办实事 25 个项目资金 100.45 亿元，完成计划的 102.2%。三是转变财政支持方式。全省累计落地 PPP 项目 148 个，引入社会投资 1686 亿元；已启动和正在筹备的省级政府投资基金共 9 只，已投资 103 个项目，带动项目总投资 1840 亿元；全省政府购买服务金额 106.04 亿元，增长 118%，购买项目数 7101 项，增长 41%，其中购买基本公共服务 78.19 亿元，占购买总额的 73.7%。

3. 重视加强预算执行管理。一是加快预算执行进度。制定省对市县区财政收支考核暂行办法，强化支出进度通报和约谈机制，支出进度进入全国中上水平。提前谋划做好债券资金项目筛选、规划、方案制定和项目评审等各项工作，加快形成实际支出。加大结转结余清理力度，全省共盘活财政存量资金 265.46 亿元，其中省级 84.86 亿元，盘活财政存量资金考核排名全国第 10 位，较上年提升 13 个名次。二是强化预算绩效评价。省级专项资金全部编制绩效目标，建立半年一次专项资金使用绩效评估机制。省级预算部门绩效自评项目资金占本部门专项预算总额的比例，在 2016 年 50% 的基础上再提高 10 个百分点。省级财政重点评价涉及 21 个专项资金、88.84 亿元。三是加大财政监管力度。制定省级国库现金管理操作实施办法、省级财政专户资金定期存款管理办法以及 20 项专项资金管理办法。加快推进全省统一的政府采购网上公开信息系统建设，在全国率先实现政府采购全流程在线运行，电子化开评标省、市、县三级全覆盖，2017 年全省在线运行采购项目金额 540.17 亿元。加强扶贫资金精准监管，开展中央和省级财政扶贫资金专项检查以及教育扶贫专项资金“最后一公里”督查，推进扶贫资金在线监管系统建设。推行“双随机一公开”财政监督检查。完善厉行节约制度建设，开展落实中央八项规定精神" 1 + X" 专项督查。推动行政事业单位内部控制自我评价，促进内部控制规范实施。开展政府资产报告试点和省级行政事业单位资产配置检查。四是认真落实审计整改。按照省十二届人大常委会第三十次会议对《2016 年省本级预算执行和其他财政收支的审计工作报告》提出的审议意见，对同级审计以及稳增长、债务、扶贫等审计报告反映的问题逐条抓好整改。

4. 扎实推进财税体制改革。一是深化预算管理制度改革。新增建设用地土地有偿使用费等 3 项政府性基金项目转列一般公共预算并统筹使用。省国资委监管企业利润上缴比例提高到 13.5%。281 个省级一级预算部门全部公开本部门预决算，实现应公开范围全覆盖。制定预决算公开操作规程，实现政府预决算和部门预决算信息在省级统一平台上集中公开。建立专项资金管理清单目录，省级财政专项资金数量清理整合压减为 278 项。积极稳妥清理规范重点支出挂钩事项，完善重点支出保障机制。二是落实税收制度改革。落实简化增值税税率政策，将增值税税率从四档简并至三档。全面推开商业健康保险个人所得税试点。组织做好环境保护税我省适用税额和应税污染物项目数研究制定工作，在全国率先通过省人大常委会审定。三是稳步开展财政体制改革。根据中央部署，出台《福建省省与市县财政事权和支出责任划分改革实施方案》，明确2017－2020年改革目标、职责分工、实施步骤。将省以下法院检察院经费上收省级统一管理，并做好省以下法院检察院收支基数上划以及监察体制改革涉及收支基数下划的衔接工作。印发并实施《武夷山国家公园试点区财政体制方案》。完善省对市县均衡性转移支付办法，制定农业转移人口市民化奖励办法，继续加大县级基本财力保障力度。出台《关于对促进经济社会发展和落实有关重点工作成效明显地区给予激励支持的意见》，加大正向激励力度。

5. 规范地方政府债务管理。一是完善债务管理制度。省政府成立地方政府性债务管理领导小组，出台全省土地储备专项债券管理办法、政府性债务风险应急处置预案等制度办法，将政府债务管理纳入省政府对设区市的绩效考核。强化债务限额管理和预算管理，截至2017年底，我省地方政府债务余额5467.86亿元，其中：一般债务余额2783.96亿元、专项债务余额2683.9亿元，全省债务余额控制在财政部核定的限额之内，政府综合债务率低于警戒线。二是组织做好债券发行。债券发行总规模1539.49亿元，发行方式实现银行间市场和交易所市场全覆盖，进一步促进地方政府债券投资主体多元化，提高债券二级市场流动性。按债券存续期与银行贷款利差测算，共节省各级政府融资成本约78.52亿元。三是加强政府债务风险防控。组织开展政府举债融资行为摸底排查，对存在不规范的举债行为分门别类提出整改措施，督促各级做好分类整改。加强债务风险统计监测，实行风险预警提示通报。选取20个高风险市县开展债务风险防控督导，及时清理整改不规范举债融资。

2017年，省财政厅改进和加强服务省人大代表、政协委员工作。认真办理建议提案，全年承办人大代表建议184件、政协委员提案138件，办结率100%。加强与代表委员沟通交流，积极听取和吸纳代表委员提出的意见建议，进一步改进预算管理和财政工作。

（二）2017年预算收支情况

1. 一般公共预算

省十二届人大五次会议通过的2017年地方一般公共预算收入2787.52亿元，全省财力预算为3928.66亿元，相应安排全省一般公共预算支出3928.66亿元。

全省一般公共预算总收入4603.85亿元，增长7.2%，完成预算的101.9%。其中，地方一般公共预算收入2808.7亿元，同口径增长8.7%，完成预算的100.8%。全省一般公共预算支出4719.29亿元（含中央专款、上年结转和新增债券安排的支出，下同），增长9.9%。

省级一般公共预算收入258.08亿元，同口径增长4.9%，完成预算的99.6%。省级一般公共预算支出490.85亿元，增长4.3%。中央税收返还和转移支付补助1284.81亿元，增长8.1%。省对市县税收返还和转移支付补助1163.52亿元，增长7.4%。

2. 政府性基金预算

全省政府性基金收入1993.08亿元，增长23.5%，完成预算的122%。全省政府性基金支出1988.10亿元，增长30.5%。

省级政府性基金收入28.76亿元，增长3.8%，完成预算的105.8%。省级政府性基金支出18.02亿元，下降7.5%。

3. 国有资本经营预算

全省国有资本经营收入76.31亿元，下降11.5%，完成预算的118.8%。全省国有资本经营支出91.51亿元，增长88.5%。

省级国有资本经营收入46.66亿元，下降18%，完成预算的100.8%。省级国有资本经营支出70.1亿元，增长137.9%。

4. 社会保险基金预算

全省社会保险基金收入1382.45亿元，增长10.3%，完成预算的105.2%。全省社会保险基金支出1150.1亿元，增长9.5%。全省社会保险基金滚存结余1838.88亿元。

省级社会保险基金收入401.47亿元，增长10.9%，完成预算的103.8%。省级社会保险基金支出377.44亿元，增长6.5%。

5. 地方政府债务

财政部核定我省2017年新增债务限额585亿元（含厦门市97亿元），其中：新增一般债务限额480亿元、新增专项债务限额105亿元。全省发行新增地方政府债券582.8亿元，发行置换债券956.69亿元。

根据省人大常委会第二十九次会议批准的2017年省级预算调整方案，增加省级一般公共预算收入462亿元，相应增加支出462亿元，其中：省级支出13.09亿元，转贷市县支出448.91亿元；增加省级政府性基金收入26亿元，全部用于转贷市县支出。省级一般公共预算还本付息支出5.43亿元，其中，还本支出2.6亿元，付息支出2.83亿元。

以上快报数在决算编制中可能还会有所变动，决算编成后再按规定报省人大常委会审批。

（三）2017年主要支出政策落实情况

2017年，按照省人大及其常委会有关决议要求，在保运转的基础上，加强四本预算统筹，切实保障省委省政府确定的各项支出政策落实。

支持供给侧结构性改革和创新驱动。下达工业企业结构调整专项奖补资金4.78亿元，推动化解过剩产能。下达科技经费16.78亿元，增长10%，支持福厦泉国家自主创新示范区建设，实施科技计划项目，推进科技创新平台建设，培育高新技术企业和科技小巨人领军企业，引进新型研发机构。省级筹集4.5亿元，实施企业研发经费投入分段补助，采取基础补助与增量补助相结合的方式，引导企业加大研发投入。优化财政科技计划设置管理，提高科研经费绩效支出比例。建立促进以“用”为导向的产学研结合和科技成果转移转化的激励机制，财政资金投向逐步转变为满足产业和企业创新需求。深化人才发展体制机制改革，支持实施“海纳百川”高端人才聚集计划。

推动现代农业发展。下达8.1亿元，支持打造茶叶、蔬菜、水果、畜禽、水产、林竹、花卉苗木等七大优势特色产业。下达3.58亿元，支持安溪国家现代农业产业园、8个省级现代农业产业园、6个国家级台湾农民创业园、16个福建农民创业园和50个省级农民创业示范基地等“一区两园”平台建设。下达2.21亿元，用于增加省农业信贷担保公司资本金及开展农户生产性贷款担保机构风险补偿金，解决新型农业经营主体贷款难、贷款贵问题。下达4.6亿元，支持农田水利基础设施建设。下达农业综合开发专项资金12.3亿元，积极推进高标准农田建设，在全国率先开展田园综合体项目试点。

支持脱贫攻坚。按上年地方一般公共预算收入的2‰筹集资金，并从一般性转移支付、专项扶贫资金、相关涉农资金等多渠道筹集75亿元，用于精准扶贫精准脱贫。全面落实产业、就业、搬迁、金融、健康、教育、低保兜底等扶贫措施。在全国率先开展精准扶贫医疗叠加保险救助工作，每年筹集2.4亿元，为全省建档立卡农村贫困人口构建多层次医疗保障体系。筹资4.5亿元，在750个贫困村开展扶持村级集体经济发展试点。加大对下转移支付力度，支持原中央苏区、革命老区和省级扶贫开发工作重点县加快发展。

促进教育发展。下达110所公办幼儿园建设资金4.5亿元，增加3万个学位。下达民办幼儿园教育省级奖补资金2.2亿元，扩大普惠性学前教育资源供给。下达义务教育阶段中小学生均公用经费转移支付资金20.15亿元，小学每生每年从650元提高到750元，普通初中每生每年从850元提高到950元。下达改善义务教育薄弱学校基本办学条件资金11.14亿元和中小学校舍安全保障长效机制建设资金8.67亿元，切实改善中小学办学条件。下达普通高中生均公用经费省级奖补资金1.86亿元，推进普通高中优质特色发展。下达职业教育资金12亿元，提升现代职业教育质量。下达16亿元用于高校实施“双一流”建设，推动高等教育上层次上水平。下达学生资助经费17.71亿元，建立健全从学前教育到研究生教育阶段全覆盖的学生资助政策体系。

加快医疗卫生事业发展。下达4亿元，统筹用于开展我省创建高水平医院、高水平临床医学中心和重点专科工程。下达4.27亿元，建立健全基层医疗卫生财政补偿机制和服务体系，持续推进基层医药卫生体制综合改革。统一城乡居民医保政策，整合医疗保障信息系统，建立统一的城乡居民大病保险和城乡医疗救助制度，推动基本医保、大病保险、医疗救助设区市统筹。推进医保支付方式改革和药品联合限价阳光采购，实施医保窗口前移，建立派驻公立医院医保服务站制度。

提高社会保障水平。机关、企事业单位退休

人员养老金标准按总体水平5.5%的幅度调整提高，城乡居民基本医疗保险财政补助从每人每年420元提高到450元，基本公共卫生服务项目财政补助标准从45元提高到50元，农村居民最低生活保障省定最低标准由家庭年人均收入2650元提高到3000元。下达2.78亿元，落实困难残疾人生活补贴和重度残疾人护理补贴制度。从省级福彩公益金中筹集资金5100万元支持300个农村幸福院建设，对非营利性养老机构给予一次性开办费和床位补贴。下达5.44亿元，支持各地向常住居民提供均等的就业创业基本公共服务。下达22.86亿元奖补资金，支持各地推进保障性安居工程建设。全省保障性安居工程累计完成投资439.47亿元，占年度计划投资的117.2%，各类棚户区改造项目超额完成国家下达的年度目标任务。

推动文化体育事业发展。下达省级文化产业发展专项资金1.72亿元，推动文化产业投资基金加快投资进度，促进我省重大文化产业项目建设和重点文化企业做大做强。下达2.68亿元，支持公共文化服务体系建设。下达9000万元，加大文化遗产保护力度。下达1.38亿元，支持重点文物修缮和国家级非遗代表性重点项目保护。下达2900万元，扶持文化精品创作生产和人才培养。下达5.8亿元，推动群众体育和竞技体育全面发展。

支持生态文明建设。争取并新增纳入国家重点生态功能区转移支付补助县（市）7个，总共20个，获中央转移支付补助17.88亿元，比上年增加4.75亿元，增长36.2%。修订完善生态保护财力转移支付办法，扩大补助范围，优化激励指标，下达19.01亿元，引导市县加大生态保护力度。修订完善福建省重点流域生态保护补偿办法，筹集流域生态保护补偿资金11亿元。下达4.67亿元，积极推进汀江-韩江流域跨省横向生态补偿试点。下达小流域省级“以奖促治”资金5亿元，对水质类别达到考核要求、水质有提升的市县予以奖励。争取中央将我省纳入重点流域水污染防治资金支持范围，获得中央补助资金1.72亿元。闽江流域山水林田湖草生态保护修复项目列入全国第二批山水林田湖草生态保护修复试点，财政部已下达我省首批基础性奖补资金10亿元。下达造林绿化及森林生态效益补偿资金16亿元，水土保持资金3.34亿元、美丽乡村建设资金8亿元。在全国率先开展重点生态区位商品林赎买等改革试点工作，持续支持推进集体林权制度改革。

回顾本届政府的五年，财政部门坚决贯彻落实省委省政府决策部署，围绕中心、服务大局，财政“十二五”规划圆满完成，“十三五”规划顺利实施。一是财政实力不断壮大，一般公共预算总收入由2012年的3008.88亿元提高到2017年的4603.85亿元，年均增长8.9%，一般公共预算支出由2012年的2607.5亿元提高到2017年的4719.29亿元，年均增长12.6%。二是财政政策积极有效，集中财力支持经济社会发展的关键环节和重点领域，减税降费、PPP、政府投资基金等调控手段对稳增长调结构发挥了重要作用。三是民生保障稳步提升，按照“坚守底线、突出重点、完善制度、引导预期”的原则，优化财政支出结构，建立健全民生投入长效机制，民生支出五年累计达1.4万亿元，占财政支出比重每年均超过七成。四是财税改革深入推进，预算管理制度改革取得决定性进展，强化预算绩效管理，促进财政资金精准滴灌。营改增试点改革全面推开，累计减税568.6亿元。积极稳妥推进省与市县财政事权和支出责任划分改革，建立正向激励机制，财政转移支付体系不断健全。地方政府债券实现自发自还，地方政府债务管理更加规范。五是财政管理持续加强，法治财政建设步伐加快，依法行政依法理财水平进一步提高。财政信息化建设深入推进，财政管理一体化信息系统建成。国库管理、资产管理、会计管理和财政监督等财政管理基础进一步夯实。

五年来财政工作取得的成绩，是省委省政府科学决策、正确领导的结果，是省人大、省政协以及代表委员们加强监督、有力指导的结果，是各级各部门以及全省人民艰苦奋斗、共同努力的结果。同时，我省财政经济运行中仍然存在着一些困难和问题，主要是：财政收入增速趋缓，持续增长压力较大，收支矛盾仍较为突出；区域发展不平衡问题依然存在，省级转移支付压力较大；部分专项资金使用不规范、资金沉淀的现象仍然存在，资金使用效率有待进一步提高；局部市、县（区）负债率较高，隐性债务风险不容忽视。我们将高度重视这些问题，认真听取各位代表、各位委员的意见和建议，研究采取有力措施逐步加以解决。

二、2018 年预算草案

2018 年是贯彻党的十九大精神的开局之年，是改革开放 40 周年，是决胜全面建成小康社会、实现赶超目标的关键一年。做好预算编制和财政工作，要全面贯彻习近平新时代中国特色社会主义思想和党的十九大精神，加强党对财政工作的领导，坚持稳中求进工作总基调，坚持新发展理念，按照高质量发展的要求，统筹推进“五位一体”总体布局和协调推进“四个全面”战略布局，以供给侧结构性改革为主线，把高质量发展与实现赶超有机统一起来，全力支持打好防范化解重大风险、精准脱贫、污染防治攻坚战，落实积极的财政政策，继续实施减税降费，培育创新环境，支持实体经济发展和产业转型升级；调整优化支出结构，控制一般性支出，突出保基本、抓重点、补短板、强弱项，提高保障和改善民生水平；深化财税体制改革，完善预算管理制度，全面实施绩效管理，加强地方政府债务风险防控，增强财政可持续性，为建设“机制活、产业优、百姓富、生态美”新福建提供坚实的财力保障。

（一）2018 年预算编制原则

1. 积极稳健，量力而行

收入预计，既综合考虑全省经济基本面回暖、企业效益持续向好的积极因素和我省主要经济指标预计增幅以及“十三五”规划财政收入目标增幅要求，又充分考虑贯彻落实减税降费、加大房地产市场调控力度对短期财政收入的影响，实事求是，合理确定全省财政收入增幅。支出预算，既全力保障省委省政府部署的改革任务的支出需要，充分考虑可能的增支因素，保持必要的支出强度，又结合财力情况，合理评估，适当控制支出标准或提标幅度，做到有保有压，确保财政综合平衡。

2. 统筹兼顾，突出重点

加强预算统筹协调，加大政府性基金预算、国有资本经营预算与一般公共预算的统筹力度，能够通过政府性基金预算和国有资本经营预算安排的项目，优先从政府性基金预算和国有资本经营预算安排。加大结转结余等各类存量资金盘活整合力度，对于结转结余规模较大且暂时无需使用的资金，收回并用于其他亟需安排的领域。调整优化财政支出结构，确保对重点领域和项目的支持力度，严控一般性支出，推动高质量发展。突出问题导向，尽力而为、量力而行，精准施策，保障和改善民生，确保教育、科技、农业领域投入只增不减，文化领域投入持续加大，医疗卫生领域投入稳步增加。

3. 改革创新，约束有力

完善中期财政规划管理，硬化中期财政规划对年度预算的约束。推动财政事权和支出责任划分改革，逐步建立起权责清晰、财力协调、标准合理、保障有力的基本公共服务体系和保障机制。突出绩效导向，提高绩效目标编制质量。推进支出经济分类科目改革。顺应国家监察体制和司法体制改革，做好省检察院和省监察委的经费划转和预算安排，完善审计制度改革经费保障，确保改革顺利进行。创新补短板资金筹集方式和保障机制，有效调动社会力量共同参与民生社会事业发展。

（二）2018 年全省代编和省级一般公共预算

1. 全省代编一般公共预算

在汇总各设区市和征管部门经济财政预测情况的基础上，结合 2018 年全省生产总值、固定资产投资等经济社会发展主要预期目标，2018 年，全省一般公共预算总收入按 4939.93 亿元编制，比上年增加 336.08 亿元，增长 7.3%，其中：税收收入 4144.38 亿元，增长 7.7%。地方一般公共预算收入按 3005.31 亿元编制，比上年增加 196.61 亿元，增长 7%，其中：税收收入 2209.76 亿元，增长 7.7%。

地方一般公共预算收入加预计中央体制净补助 989.98 亿元、调入预算稳定调节基金 199.08 亿元，全省总财力预计为 4194.37 亿元，比上年增加 198.53 亿元，增长 5%。按照收支平衡原则，相应安排全省一般公共预算支出 4194.37 亿元，增长 5%。其中：教育支出 748.93 亿元，增长 5.3%；科学技术支出 76.49 亿元，增长 5.2%；文化体育与传媒支出 69.03 亿元，增长 5.1%；社会保障和就业支出359.88亿元，增长5.2%；医疗卫生与计划生育支出371.45亿元，增长5.2%；节能环保支出105.72亿元，增长4.8%；农林水支出355.92亿元，增长5.1%。

2. 省级一般公共预算

省本级一般公共预算收入按259.1亿元编制，与上年基本持平，主要是受营改增收入划分体制调整和银行业非保本理财产品免征增值税政策翘尾，以及房地产宏观调控契税减少等影响。省本级一般公共预算收入加中央税收返还和转移性收入961.5亿元、市县财政上解收入286.84亿元、调入预算稳定调节基金70亿元和调入其他资金6.29亿元后，省级预算收入1583.73亿元，比上年增加70.17亿元，增长4.6%。按收支平衡原则，相应安排省级一般公共预算支出1583.73亿元。

省级主要支出项目安排情况：教育支出137.68亿元，增长6.3%；科学技术支出19.07亿元，增长12.9%；文化体育与传媒支出18.04亿元，增长11.9%；社会保障和就业支出117.24亿元，增长11.8%；医疗卫生与计划生育支出151.31亿元，增长5.2%；节能环保支出69.23亿元，增长17.2%；农林水支出166.82亿元，增长16.6%。

省级一般公共预算支出扣除应上解中央支出以及对市县的税收返还和补助支出972.71亿元、地方政府一般债务还本支出4.69亿元，省本级财力预计606.33亿元，比上年增加7.38亿元，增长1.2%。省本级一般公共预算支出按606.33亿元编制。

（三）其他三本预算

1. 政府性基金预算

全省政府性基金收入按1996.18亿元编制，比上年增加3.1亿元。全省政府性基金支出按1996.18亿元编制。

省级政府性基金收入按24.1亿元编制，比上年减少3.33亿元，主要原因是：根据财政部规定，2017年4月起取消新型墙体材料专项基金；2017年7月起将国家重大水利工程建设基金征收标准降低25%；经省政府同意，2018年至2019年暂停征收小型水库移民扶助基金。加上中央提前下达专项转移支付12.88亿元，调入省广电集团专项债券付息资金0.11亿元，合计37.09亿元。按照预算法规定，以收定支，相应安排支出37.09亿元。

2. 国有资本经营预算

全省国有资本经营收入按69亿元编制，比上年减少40.4亿元，下降36.9%。全省国有资本经营支出按69亿元编制。

省级国有资本经营收入按38.95亿元编制，其中，动用上年结转收入1.85亿元，比上年减少35.6亿元。主要是：一是省国资委监管企业国有资本利润上缴比例从13.5%提高到19%，增加2.39亿元；省国资委监管企业动用结转结余资金1.85亿元；二是省属文化企业海峡出版发行集团从2018年开始编制国有资本经营预算，增加0.22亿元；三是受2017年一次性将收回的兴业基金资产管理计划本金及投资收益缴库影响，省级金融企业国有资本经营预算减少40.06亿元。按照预算法规定的收支平衡原则，调出3.84亿元用于地方一般债券还本付息后，省级国有资本经营支出按35.11亿元编制，比上年减少38.56亿元，下降52.3%。

3. 社会保险基金预算

全省社会保险基金收入按1451.15亿元编制，比上年增加68.7亿元，增长5%。全省社会保险基金支出按1262.37亿元编制，比上年增加112.27亿元，增长9.8%。

省级社会保险基金收入按423.17亿元编制，比上年增加21.7亿元，增长5.4%。省级社会保险基金支出按413.66亿元编制，比上年增加36.22亿元，增长9.6%。

（四）省级重点支出安排情况

2018年，省级全口径预算统筹安排支出2069.59亿元，其中：一般公共预算支出1583.73亿元、政府性基金支出37.09亿元、国有资本经营预算支出35.11亿元、社会保险基金预算支出413.66亿元。省级通过增加均衡性转移支付、城乡居民医疗保险转移支付、基本养老金转移支付、县级基本财力保障机制奖补等进一步提高一般性转移支付的规模和比重，加大对包括原中央苏区、革命老区和重点生态功能保护区域在内的市县财力性转移支付，推进地区间基本公共服务均等化。

除保运转支出外，重点保障五个方面的支出：

——在支持创新发展方面，安排231.92亿元，增长9%

重点用于：做大做强主导产业，改造提升传统产业，培育高成长性企业和高新技术企业，培育壮大新兴产业，大力提升现代服务业，加快推动产业转型升级。支持办好首届“数字中国”建设峰会，加快建设数字福建，推动互联网、物联网、大数据人工智能和实体经济深度融合，做大做强数字经济。推进特色农业现代化建设，积极发展设施农业，加快现代农业产业园建设，做强做优做大七大优势特色产业，实施农产品质量安全行动计划，打响“清新福建·绿色农业”品牌。支持投资工程包推介实施，进一步激发民间有效投资活力。推进人才强省战略实施和创新型省份建设，注重引进高层次人才，打造良好人才生态。支持福厦泉国家自主创新示范区建设，落实企业研发经费投入分段补助等惠企政策，引导全社会加大科技研发投入，更好发挥科技创新对经济社会发展的引领作用。

——在支持协调发展方面，安排201.15亿元，增长3.4%重点用于：缩小市县财力差距，促进城乡区域协调发展。实施区域和产业相结合的财政激励政策，支持各地发挥资源禀赋优势，发展特色区域经济。落实山区专业技术人才队伍建设十条措施，鼓励人才向山区、革命老区和基层一线流动。支持海洋经济重点项目实施，促进海洋经济一二三产业融合。支持实施乡村振兴战略，促进农业农村优先发展，支持发展品牌农业、生态农业、数字农业。巩固提高粮食产能，注重农产品质量安全。支持培育农村新产业新业态，促进农业转型升级。深入推进“农村四好路”建设，支持实施农村人居环境整治三年行动方案。推动军民融合深度发展，支持驻闽部队改革与建设，切实保障复退军人待遇。支持闽藏、闽疆、闽宁帮扶协作。

——在支持绿色发展方面，安排117.7亿元，增长12.6%重点用于：加快国家生态文明试验区建设，落实生态文明体制改革任务。健全多元化生态补偿机制，开展综合性生态保护补偿试点，推进武夷山国家公园试点，支持自然资源资产管理体制改革试点。加快淘汰落后产能，稳妥处置“僵尸企业”，完善绿色生产、绿色消费政策，推进资源全面节约和循环利用，培育绿色发展新动能。支持打好污染防治攻坚战，持续实施“清新水域”“洁净蓝天”“清洁土壤”三大工程。支持完善河长制、落实湖长制，加强重点流域治理和小流域环境整治，提升危险废物处置能力。加强农村人居环境整治，持续推进高标准农田建设，因地制宜打造美丽乡村。支持植树造林、森林抚育，推进水土流失综合治理，推进矿山生态环境修复治理。加强生态系统保护，推进闽江流域山水林田湖草保护修复试点。支持实施环保机构监测监察执法垂直管理制度。

——在支持开放发展方面，安排16.6亿元，增长0.4%

重点用于：支持加快建设21世纪海丝核心区，推动对外经贸文化交流，搭建、完善合作平台。支持建设高质量的自贸试验区，推动通关便利改革创新。稳定外贸增长，支持企业打造出口品牌、开拓国际市场和外贸产业转型升级，培育贸易新业态新模式。坚持引进来和走出去并重，精准对接世界500强、台湾百大企业、行业龙头企业，支持企业开展海外并购。推进闽台深度融合发展，深化闽台经贸合作，支持平潭加快开放开发，加强闽台经贸文化交流合作，支持台湾青年来闽就业创业和学习生活，深化两岸民间基层交流交往。

——在支持共享发展方面，安排962.92亿元，增长7.7%重点用于：支持打好精准脱贫攻坚战，加大对原中央苏区、革命老区、省级扶贫开发工作重点县、民族地区以及贫困村扶持力度，落实城乡低保、医疗救助、危房改造等扶贫兜底措施，实施扶持村级集体经济发展试点、扶贫小额贷款贴息等扶贫拓展提升项目。加快补齐教育、卫生与健康、养老、城乡民生基础设施等社会事业短板。扩大普惠性学前教育资源供给，推动义务教育优质均衡发展，配足配好高中教育资源，强化职业教育产教融合，推动高等学校内涵式发展，办好人民满意教育。加紧解决产儿科供给不足和精神科建设滞后问题，集中力量推进医疗“创双高”建设，加大医疗保障体制改革力度，提高城乡居民基本医保和基本公共卫生服务财政补助标准，完善全科医生培养与使用激励机制，加快健康福建建设步伐。深入推进医养融合发展，积极培育壮大养老产业，有效保障老年人服务需求。加快城乡民生基础设施建设，支持实施交通畅通、水环境治理、供水安全、防洪防涝、城乡洁净、管网建设、景观提升、配套服务和智慧城市等9大工程。支持公共文化设施建设。支持开展“厕所革命”专项行动，新建、改建城乡公共厕所2100座。完善社会保障，将农村居民最低生活保障省定最低标准由家庭年人均收入3000元提高到3350元，健全优抚对象等人员抚恤和生活补助标准体系，提高困难残疾人生活补贴和重度残疾人护理补贴。加大对就业困难人员就业的帮扶力度，促进农民工、高校毕业生等人员返乡就业创业。加快建立多主体供应、多渠道保障、租购并举的住房制度。落实棚户区改造税费优惠和贷款贴息政策，推进棚改货币化安置和政府购买棚改服务，支持棚户区改造和农村危房改造。支持打好防范化解重大风险攻坚战，坚决防范化解金融风险，坚决防范化解房地产风险，切实维护公共安全，深化司法体制综合配套改革，完善社会治安防控体系建设，加快建设更高水平的“平安福建”。

三、切实抓好2018年预算执行

2018年，我们将围绕上述预算安排，坚持依法理财，加强财源建设，提高资金绩效，推进深化改革，强化财政监管，重视从源头上防范化解债务风险，努力提高财政管理效能，确保全年预算目标顺利完成。

（一）加强财源培植，强化收入组织

一是优化财源结构。继续实施减税降费政策，引导金融加大服务力度，推动政府投资基金加快运营，促进产业转型升级和实体经济高质量发展，壮大财源基础。支持培育大数据、物联网、垂直电商平台等新业态，加快数字经济发展，培植更多财源增长点。完善正向激励政策，支持开发区提档升级，增强园区承载力，促进项目集中、财源集聚。完善自然资源有偿使用制度，推进行政事业单位资产优化配置、有效利用，挖掘潜在财源。二是调动市县培育财源积极性。整合财政专项资金，优化扶持重点，引导市县注重行业税收贡献分析，提高产业投资在固投中的比重，选准产业、选好项目、扶好实体，做大做强各自特色的产业集群，培育壮大财源，增强财政可持续发展能力。三是加强财政收入组织。抓重点税源，强化财税部门收入协调工作机制，落实总部经济政策，强化对重点企业的跟踪服务、政策指导。盯流动税源，主动适应网络经济、共享经济等新业态成长和营改增、结构性减税等税制调整，靠前做好跨地区经营企业的税源服务工作。防空转虚收，推进非税收入收缴电子化和财政电子票据管理改革，规范财政收入核算和缴库管理。

（二）保障重点支出，提高资金绩效

一是优化支出结构。盘活存量，用好增量，厉行节约，严控一般性支出，集中财力保障供给侧结构性改革和创新驱动、脱贫攻坚、生态文明建设等重点领域支出。做好省委十届三次全会补短板和2018年为民办实事项目资金筹措工作。二是整合专项资金。在现有清理整合的基础上，建立动态评估清理机制，逐步减少资金使用绩效较差、没有完成绩效目标以及支出进度严重滞后的专项资金，并推动专项资金实质性整合。三是加快支出进度。严格按照省对市县区财政收支考核暂行办法，进一步强化财政存量资金盘活、支出进度通报和约谈机制。推动项目库建设，提高年初预算到位率，细化到具体项目，减少资金沉淀，尽快形成实物支出。四是强化绩效管理。实行分类绩效管理，不同项目和资金类型，逐步采取不同评价方式。强化绩效目标管理，省级所有专项资金都要对照省委省政府确定的工作目标和任务，进一步细化2018年度绩效目标管理，制定相应的资金管理办法，对逾期未按要求制定绩效目标的，暂不批复专项资金预算。加强绩效评价结果运用，建立预算安排与绩效目标、资金使用效果挂钩的激励与约束机制。五是改进支持方式。继续规范推广运用政府和社会资本合作（PPP）模式，加强监督管理和示范引领，加快项目落地实施。促进政府投资基金健康发展，通过基金服务平台等信息化手段，实现对基金的审核监管和对资金投放的“穿透式”管理。完善政府购买服务指导性目录，规范政府购买服务行为。

（三）推进财税改革，健全激励约束

一是推进财政体制改革。根据中央改革进程，推进省与市县财政事权和支出责任划分改革，选取基本就业服务、社会保险、基本生活保障、住房保障、公共文化体育和残疾人服务等共同财政事权领域开展试点。密切跟踪中央与地方收入划分总体方案进展，加强信息研判，提前做好政策应对。将符合条件的基本公共服务领域专项转移支付转列为一般转移支付，逐步提高省级一般转移支付比例，以正向激励为导向，进一步完善转移支付体系。二是完善预算管理制度改革。加紧研究制定我省划转部分国有资本充实社保基金的实施方案，继续提高国有资本收益上缴比例。滚动编制2018－2020年中期财政规划，逐步构建支出规划约束年度预算、年度预算以项目库为基础的管理架构。继续完善专项资金清单管理制度，建立动态评估清理机制。按照中央部署，落实涉农资金统筹整合。开展综合性生态保护补偿试点，对不同类型、不同领域的生态保护补偿资金进行统筹整合，加大对重点生态功能保护区域的补偿力度。三是落实中央税制改革部署。落实完善增值税制度。认真组织实施环境保护税开征工作，做好分析与策应。密切关注个人所得税改革动态，跟进房地产税、消费税等税种的立法进程以及地方税体系建设相关工作。做好创业投资企业和天使投资个人税收优惠政策试点以及个人税收递延型商业养老保险试点政策落地前期准备工作。

（四）加强债务管理，强化风险管控

一是强化风险源头管控。开展债务投资项目清理，强化审批管理，控制新增债务规模。加强中长期支出责任事项的审核与评估，对未经财政部门评估债务风险或项目总投资无法落实、资金来源不明确的，不合规定的，建议不予立项，强化财政约束。对上年隐性债务梳理结果，开展再核实再排查，夯实底数，建实台账。二是落实限期化债计划。督促市县制定降低债务风险的工作方案和分年度隐性债务消化计划，通过控制项目规模、压缩公用经费、统筹政府收入、处置存量资产、引入社会资本等方式，鼓励以市场化、法治化手段稳妥推进存量债务化解，实现债权人、债务人合理共担风险，同时，注意防范“处置风险的风险”。建立覆盖所有市、县（区）的地方政府债务风险应急处置机制。督促各地对尚未置换的存量政府债务进行再梳理，倒排工期，理清置换程序和通道，确保按期完成置换工作。三是健全风险防控机制。继续对高风险地区实行债务风险预警提示通报制度和债务风险防控督导制度。将债务风险化解情况与新增债务限额分配挂钩，对提前完成债务风险化解目标的给予奖励，对未完成目标或风险加剧的予以扣减。四是保障合理融资需求。坚持地方政府债务限额不破这条红线，积极争取中央加大对我省新增债务特别是专项债券的支持。引导市县在住建、交通、海事、旅游、文化、教育、医疗卫生等领域，做早做细做实项目盈亏平衡方案，积极争取项目收益与融资自求平衡的专项债券发行试点。

（五）加强监督检查，严肃财经纪律

一是把握监督重点。重点抓好政府债务风险、资金安全、财政收入质量和支出规范等方面检查，并选择扶贫、涉农涉企、生态环境保护等社会关注度较高的专项资金领域开展检查。推进落实中央八项规定精神“1＋X”专项督查常态化，重点对“三公”经费、会议费、培训费、差旅费支出情况开展检查。二是规范执法监督。实施《省财政厅关于加强和规范执法监督检查工作的实施意见》，完善“双随机一公开”，严格规范执法监督检查、审理等程序，推进执法监督检查信息化，加大违法行为惩处力度，推进执法监督检查成果有效运用。三是加强内控建设。深化财政“放管服”改革，落实权责清单制度。推广运用财政管理信息一体化系统，建设全省财政数据中心。建立覆盖各级财政的预算执行动态监控体系。推动国库集中支付电子化管理向县级延伸。加强内部控制信息化建设，强化财政业务全流程监控，实现过程留痕、责任可追溯。积极推动行政事业单位内部控制建设。

各位代表、各位委员，新的一年我们将紧密团结在以习近平同志为核心的党中央周围，在省委、省政府的领导下，自觉接受省人大监督，虚心听取省政协意见建议，不忘初心，牢记使命，改革创新，真抓实干，认真做好财政各项工作，奋力为谱写新时代福建发展新篇章作出更大的贡献。

2017年福建省国民经济和社会发展统计公报

福建省统计局（国家统计局福建调查总队）

2018年2月22日

一、综合

初步核算，全年实现地区生产总值32298.28亿元，比上年增长8.1%。其中，第一产业增加值2442.44亿元，增长3.6%；第二产业增加值15770.32亿元，增长6.9%；第三产业增加值14085.52亿元，增长10.3%。第一产业增加值占地区生产总值的比重为7.6%，第二产业增加值比重为48.8%，第三产业增加值比重为43.6%。全年人均地区生产总值82976元，比上年增长7.1%。

图1　2013—2017年地区生产总值(GDP)及其增长速度

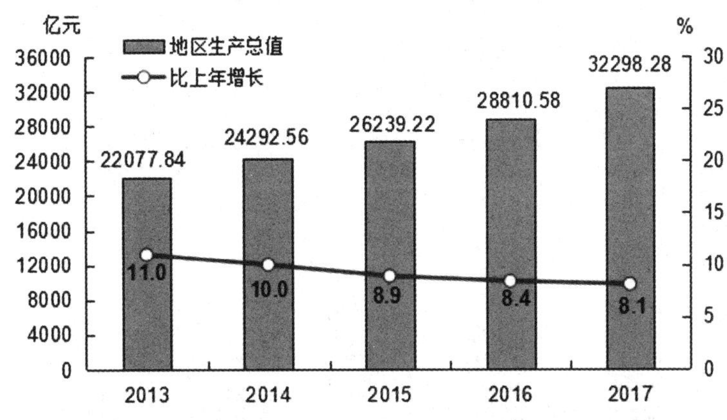

图2　2013—2017年三次产业增加值占地区生产总值比重

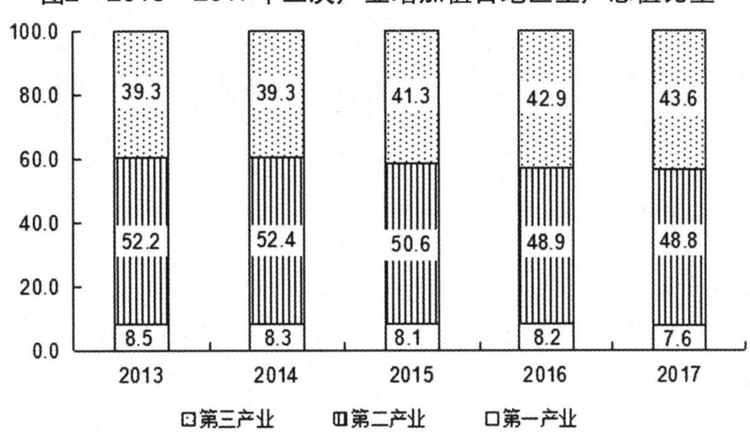

全年全省互联网重点企业实现互联网业务收入530亿元，比上年增长24.5%。

初步统计，全年全省电子商务交易总额14168亿元，比上年增长39.0%。限额以上批发和零售企业实现网上零售额835.69亿元，增长56.5%。“正统网”入驻企业8198家。

年末全省常住人口3911万人，比上年末增加37万人。其中，城镇常住人口2534万人，占总人口比重（常住人口城镇化率）为64.8%，比上年末提高1.2个百分点。户籍人口城镇化率为47.78%，比上年末提高2.25个百分点。全年出生人口58.4万人，出生率为15.0‰；死亡人口24.1万人，死亡率为6.2‰；自然增长率为8.8‰。

表1　2017年年末人口数及其构成

指　　标	年末数（万人）	比重（%）
常住人口	3911	100.0
其中：城镇	2534	64.8
乡村	1377	35.2
其中：男性	1997	51.1
女性	1914	48.9
其中：0－14岁	645	16.5
15－64岁	2922	74.7
65岁及以上	344	8.8

全年城镇新增就业60.49万人，有19.96万名城镇失业人员实现了再就业。年末城镇登记失业率为3.87%，比上年末上升0.01个百分点。

图3　2013—2017年城镇新增就业人数

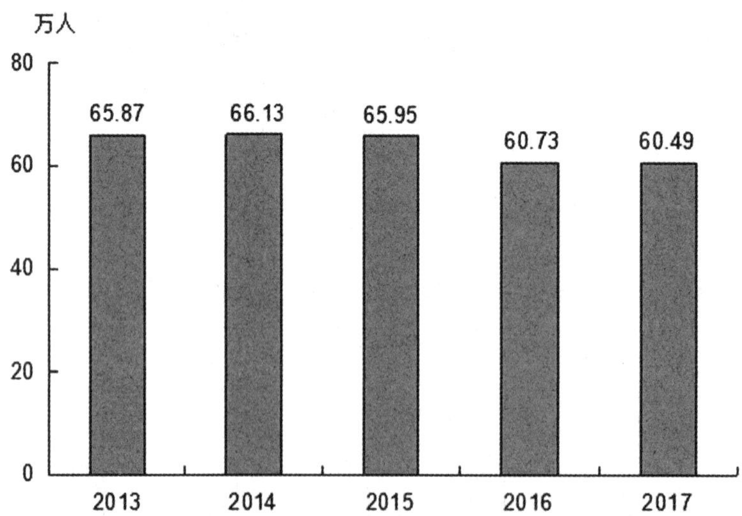

全年居民消费价格比上年上涨1.2%。工业生产者出厂价格上涨4.1%。工业生产者购进价格上涨5.3%。固定资产投资价格上涨5.6%。农产品生产者价格下降1.1%。12月份，福州市新建商品住宅销售价格同比下降1.7%，厦门市、泉州市新建商品住宅销售价格同比分别上涨2.2%和1.4%。

图4　2017年居民消费价格月度涨跌幅度

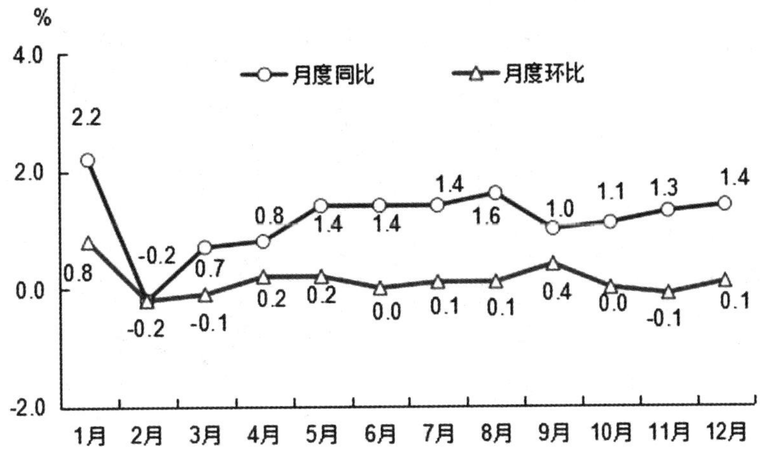

表2　2017年居民消费价格比上年涨跌幅度

指　　标	全　省（%）	城　市	农　村
居民消费价格总水平	1.2	1.3	0.8
食品烟酒	-1.0	-0.8	-1.5
衣着	0.6	0.4	1.2
居住	2.4	2.7	1.3
生活用品及服务	1.2	1.2	1.1
交通和通信	0.9	0.8	1.4
教育文化和娱乐	2.3	2.4	1.8
医疗保健	3.0	3.1	2.7
其他用品和服务	7.4	7.1	8.6

表3　2017年福州、厦门、泉州市新建商品住宅销售价格涨跌幅度（月度同比）

月份	1月	2月	3月	4月	5月	6月	7月	8月	9月	10月	11月	12月
福州	25.7	24.0	21.3	17.6	15.6	14.1	12.0	7.1	1.5	-1.1	-1.8	-1.7
厦门	38.8	36.9	32.3	25.7	19.5	14.7	9.8	5.7	2.6	1.9	2.3	2.2
泉州	10.0	10.3	10.1	8.6	8.6	9.6	8.7	7.2	4.7	4.0	1.5	1.4

全年全省一般公共预算总收入4603.85亿元，比上年增长7.2%，其中，地方一般公共预算收入2808.70亿元，同口径增长8.7%；一般公共预算支出4719.29亿元，增长9.9%。全省国税总收入（含海关代征）2942.2亿元，增长19.1%；全省地税系统组织各项收入2429.19亿元，下降1.3%，剔除营改增因素可比增长13.3%。

图5 2013—2017年一般公共预算总收入及其增长速度

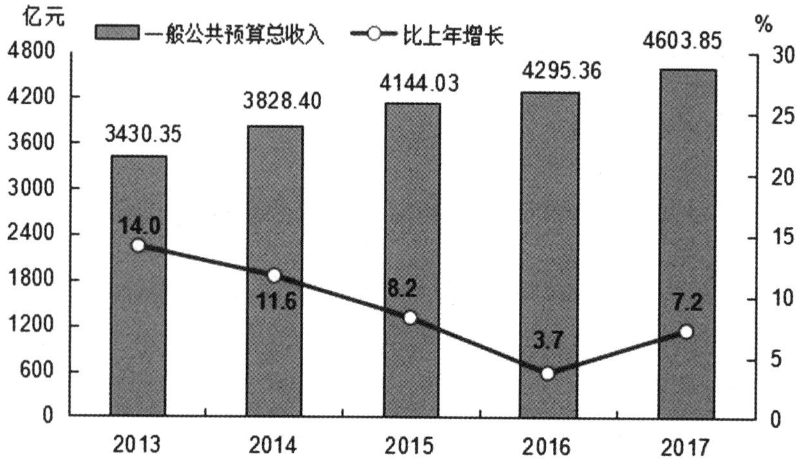

二、农业

全年农林牧渔业完成总产值4302.44亿元，比上年增长3.7%。粮食种植面积1769.09万亩，比上年增加3.99万亩，其中稻谷面积1149.85万亩，减少4.23万亩；烟叶种植面积96.49万亩，减少5.96万亩；油料种植面积177.73万亩，减少2.35万亩；蔬菜种植面积1155.04万亩，增加3.96万亩。

全年粮食产量665.40万吨，比上年增加14.53万吨，增长2.2%。其中，稻谷产量479.50万吨，增加8.03万吨，增长1.7%。

图6 2013—2017年粮食产量及其增长速度

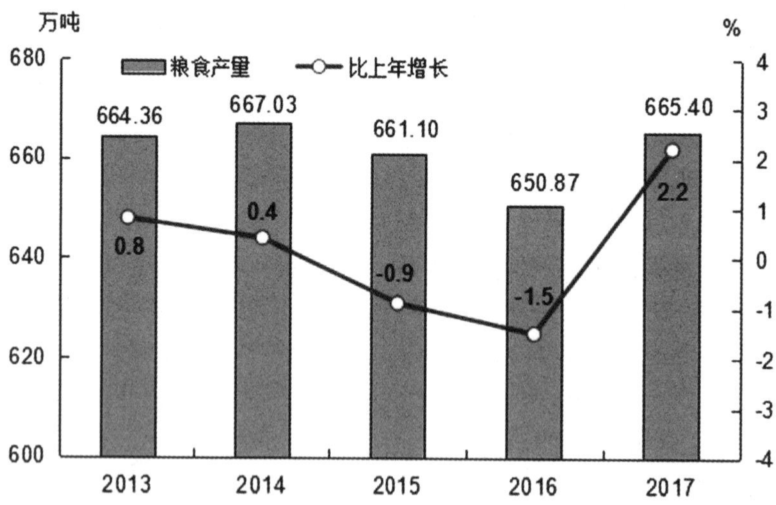

表4 2017年主要农产品产量

产品名称	产量（万吨）	比上年增长（%）
粮食	665.40	2.2
春收	39.36	1.9
夏收	116.70	-10.1
秋收	509.35	5.6

续表

产品名称	产量（万吨）	比上年增长（%）
油料	31.29	0.8
其中：花生	29.08	0.7
油菜籽	1.99	2.1
糖料	33.86	-8.5
甘蔗	33.86	-8.5
烤烟	14.11	-1.6
茶叶	45.20	5.9
水果	914.41	7.1
蔬菜	1879.81	2.5
食用菌	123.16	4.2

全年肉蛋奶总产量280.67万吨，比上年增长4.2%。肉类总产量232.70万吨，增长3.1%。其中，猪肉产量131.24万吨，下降3.5%；禽肉产量91.68万吨，增长13.9%；牛肉产量3.52万吨，增长9.6%；羊肉产量2.60万吨，增长3.0%。年末生猪存栏963.52万头，下降2.0%；生猪出栏1624.17万头，下降5.6%。牛奶产量15.65万吨，增长1.3%。

全年水产品产量802.55万吨，比上年增长4.5%。其中，淡水产品产量108.06万吨，增长5.4%；海洋捕捞231.65万吨，下降0.6%；海水养殖462.85万吨，增长7.0%。

全年新增、恢复有效灌溉面积15.87万亩，新增节水灌溉面积81.13万亩。

农业产业化持续推进，774家省级以上重点龙头企业销售收入3254.63亿元，比上年增长2.6%，带动农户443.23万户。

三、工业和建筑业

全年全部工业增加值13091.85亿元，比上年增长7.5%。规模以上工业增加值增长8.0%。在规模以上工业中，分经济类型看，国有控股企业增长9.7%；国有企业增长49.3%，集体企业增长3.2%，股份制企业增长8.5%，外商及港澳台商投资企业增长7.1%；私营企业增长8.5%。分轻重看，轻工业增长9.3%，重工业增长6.5%。分门类看，采矿业增长2.0%，制造业增长7.8%，电力、热力、燃气及水生产和供应业增长12.5%。工业产品销售率96.90%，比上年提高0.37个百分点。

图7　2017年规模以上工业增加值增长速度（月度同比）

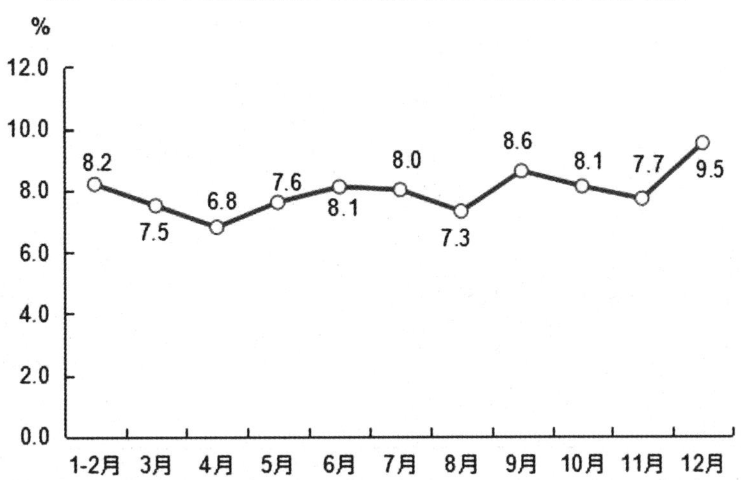

图8 2013—2017年全部工业增加值及其增长速度

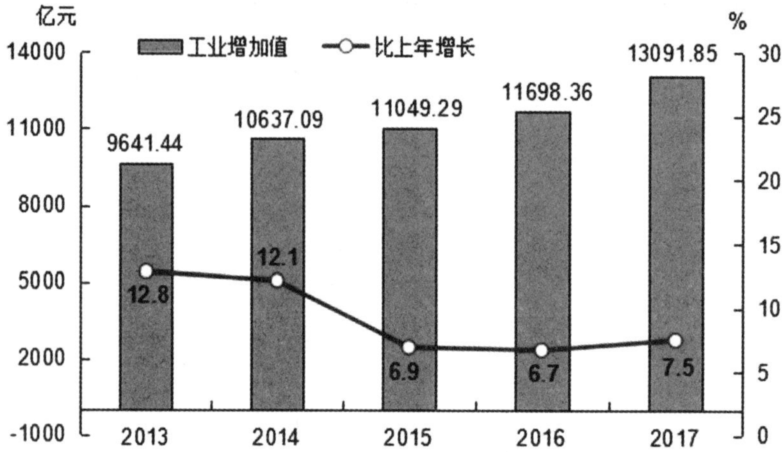

规模以上工业的38个行业大类中有13个增加值增速在两位数。其中，燃气生产和供应业比上年增长38.6%，仪器仪表制造业增长15.1%，文教、工美、体育和娱乐用品制造业增长14.1%，家具制造业增长13.4%，有色金属矿采选业增长13.0%，食品制造业增长12.9%，汽车制造业增长12.3%。规模以上工业中三大主导产业实现增加值4294.41亿元，增长8.5%。其中，机械装备产业实现增加值1925.18亿元，增长9.8%；电子信息产业实现增加值909.63亿元，增长10.9%；石油化工产业实现增加值1459.60亿元，增长5.4%。六大高耗能行业实现增加值2956.10亿元，比上年增长6.0%，占规模以上工业增加值的比重为24.3%。工业战略性新兴产业增加值2673.64亿元，增长4.8%，占规模以上工业增加值的比重为22.8%。高技术制造业实现增加值1340.78亿元，增长12.5%，占规模以上工业增加值的比重为11.0%。装备制造业实现增加值2840.15亿元，增长9.4%，占规模以上工业增加值的比重为23.4%。

表5 2017年规模以上工业企业主要工业产品产量

产品名称	单位	产量	比上年增长（%）
纱	万吨	484.67	10.4
纱	万吨	522.64	8.2
布	亿米	90.88	11.2
化学纤维	万吨	674.38	-1.8
卷　烟	亿支	832.02	0.0
彩色电视机	万台	953.30	-7.4
原　煤	万吨	1107.00	-16.2
发电量	亿千瓦时	2185.58	9.0
其中：火电	亿千瓦时	1139.16	24.5
水电	亿千瓦时	415.96	-34.0
粗　钢	万吨	1882.85	10.9
钢　材	万吨	2725.74	-4.4
十种有色金属	万吨	46.21	1.4

续表

产品名称	单位	产量	比上年增长（%）
其中：精炼铜（电解铜）	万吨	31.90	-3.3
原铝（电解铝）	万吨	14.06	13.4
水　泥	万吨	8444.19	3.5
硫　酸（折100%）	万吨	187.83	0.3
纯　碱（碳酸钙）	万吨	25.57	57.5
烧　碱	万吨	37.95	4.1
农用氮、磷、钾化学肥料（折纯）	万吨	24.01	-36.6
发电设备	万千瓦	2.67	-86.9
汽　车	万辆	28.12	27.7
其中：轿车	万辆	1.22	-23.1
集成电路	亿块	2.24	35.3
移动通信手持机	万台	578.25	2.8
微型计算机设备	万台	998.42	17.8

注：发电量为全社会口径。

全年规模以上工业企业实现利润3208.55亿元，比上年增长20.2%；其中国有及国有控股企业354.26亿元，增长72.9%；国有企业6.42亿元，增长70.3%，集体企业4.12亿元，增长10.5%，股份制企业1943.19亿元，增长22.4%，外商及港澳台商投资企业1217.26亿元，增长17.2%；私营企业945.27亿元，增长15.9%。规模以上工业企业资产负债率51.7%，比上年下降0.5个百分点；每百元主营业务收入中的成本为86.34元，主营业务收入利润率为6.68%。

全年全社会建筑业实现增加值2707.82亿元，比上年增长3.9%。全省具有资质等级的总承包和专业承包建筑业企业完成建筑业总产值9993.65亿元，增长17.1%；实现利润329.16亿元，增长17.6%；税金总额336.21亿元，增长17.5%。

图9　2013—2017年全部建筑业增加值

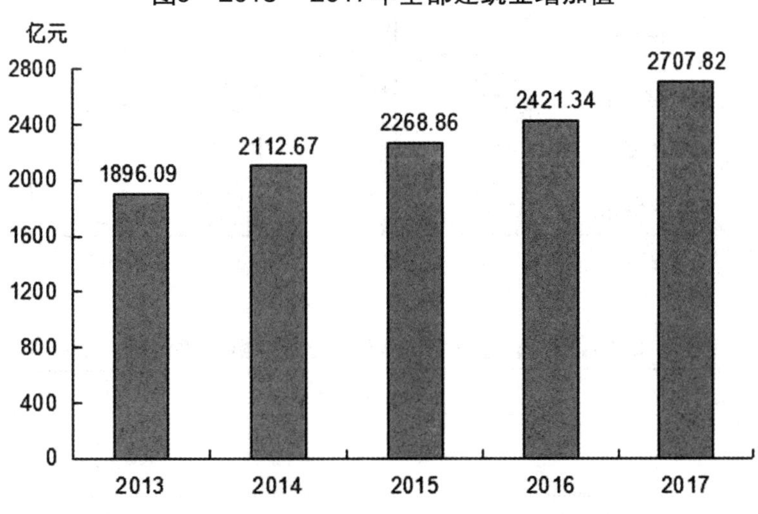

四、固定资产投资

全年固定资产投资26226.60亿元，比上年增长13.5%。在固定资产投资中，第一产业投资980.25亿元，比上年增长36.0%；第二产业投资8846.49亿元，增长12.3%，其中，工业投资增长12.6%；第三产业投资16399.87亿元，增长13.0%。基础设施投资8705.64亿元，增长13.8%，占固定资产投资的比重为33.2%。民间投资15788.59亿元，增长18.6%，占固定资产投资的比重为60.2%。高技术产业投资1667.05亿元，增长10.6%，占固定资产投资的比重为6.4%。从到位资金情况看，全年到位资金25554.77亿元，比上年增长12.5%。其中，国家预算资金下降4.5%，国内贷款增长5.9%，利用外资增长28.7%，自筹资金增长14.9%，其他资金增长15.2%。

图10 2017年固定资产投资增长速度(累计同比)

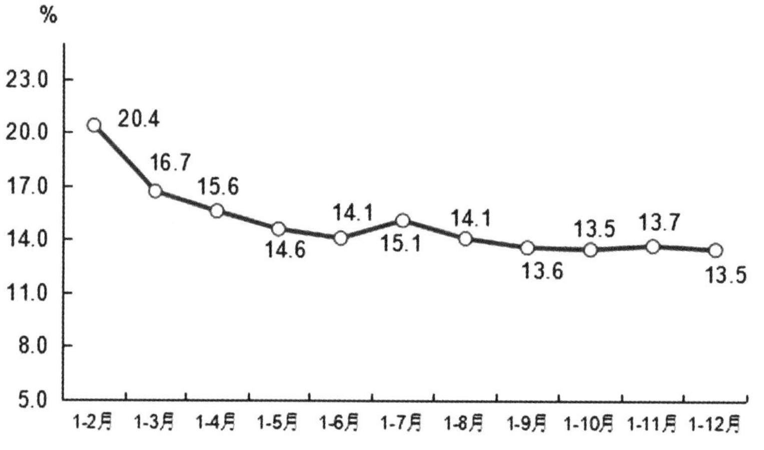

图11 2013—2017年固定资产投资及其增长速度

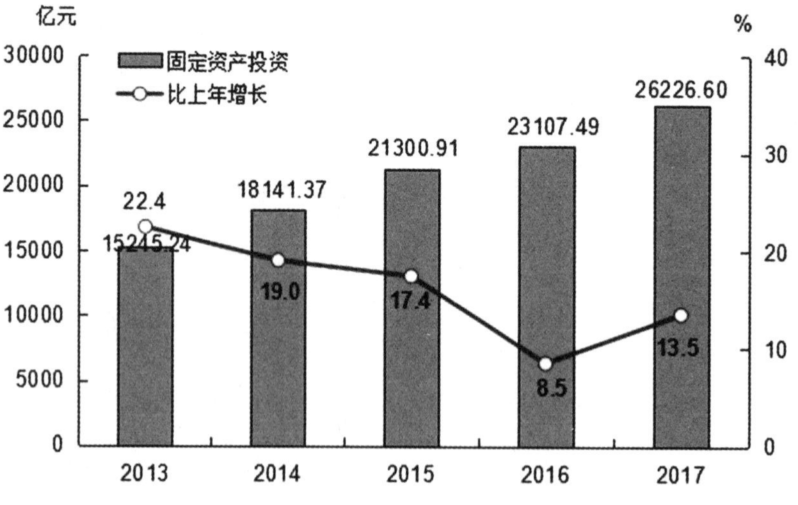

表6 2017年分行业固定资产投资（含跨区项目）情况

行业	投资额（亿元）	比上年增长（%）
农、林、牧、渔业	1079.62	31.9
采矿业	172.51	-21.4
制造业	7565.69	17.2

续表

行　　　业	投资额（亿元）	比上年增长（%）
电力、燃气及水的生产和供应业	1062.49	-7.1
建筑业	64.06	-20.5
批发和零售业	706.32	70.7
交通运输、仓储和邮政业	2921.78	9.1
住宿和餐饮业	213.11	11.3
信息传输、软件和信息技术服务业	364.51	17.2
金融业	17.60	-65.2
房地产业	5577.94	2.1
租赁和商务服务业	333.61	-0.7
科学研究和技术服务业	115.58	-0.3
水利、环境和公共设施管理业	4486.65	25.0
居民服务、修理和其他服务业	97.70	93.9
教育	369.64	12.6
卫生和社会工作	265.32	33.5
文化、体育和娱乐业	432.40	33.5
公共管理、社会保障和社会组织	380.08	11.3

全年房地产开发投资4794.23亿元，比上年增长4.5%。其中，住宅投资3236.51亿元，增长7.9%；办公楼投资282.37亿元，下降16.7%；商业营业用房投资555.87亿元，下降5.9%。年末商品房待售面积2079.59万平方米，比上年末增加21.09万平方米。年末商品住宅待售面积643.78万平方米，比上年末减少210.65万平方米。

全年新开工建设城镇保障性安居工程住房7.7万套（户），基本建成城镇保障性安居工程住房10.8万套。

表7　2017年房地产开发和销售主要指标完成情况

指　　　标	单位	绝对数	比上年增长（%）
投资完成额	亿元	4794.23	4.5
其中：住宅	亿元	3236.51	7.9
其中：90平方米及以下	亿元	980.31	-0.1
房屋施工面积	万平方米	31939.55	2.8
其中：住宅	万平方米	20378.76	4.8
房屋新开工面积	万平方米	5528.75	13.4
其中：住宅	万平方米	3826.31	20.8
房屋竣工面积	万平方米	4266.69	16.4
其中：住宅	万平方米	2891.33	19.5
房屋销售面积	万平方米	5854.05	19.1
其中：住宅	万平方米	4526.13	9.5

续表

指　　标	单位	绝对数	比上年增长（%）
本年实际到位资金	亿元	6426.29	5.9
其中：国内贷款	亿元	780.62	-3.5
其中：个人按揭贷款	亿元	1202.70	4.8
本年土地购置面积	万平方米	916.44	-5.5
土地购置费	亿元	1404.15	26.8

1102个在建省重点项目完成投资4745.94亿元。全年建成或部分建成200个项目，新开工200个项目。

五、国内贸易

全年社会消费品零售总额13013.00亿元，比上年增长11.5%。按经营地统计，城镇消费品零售额11681.91亿元，增长11.2%；乡村消费品零售额1331.09亿元，增长14.2%。按消费形态统计，商品零售额11683.58亿元，增长11.8%；餐饮收入额1329.42亿元，增长8.9%。

图12　2017年社会消费品零售总额增长速度（月度同比）

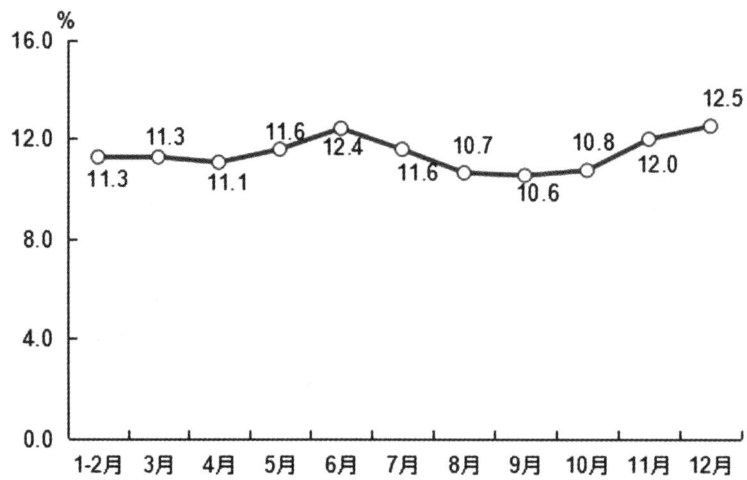

图13　2013—2017年社会消费品零售总额及其增长速度

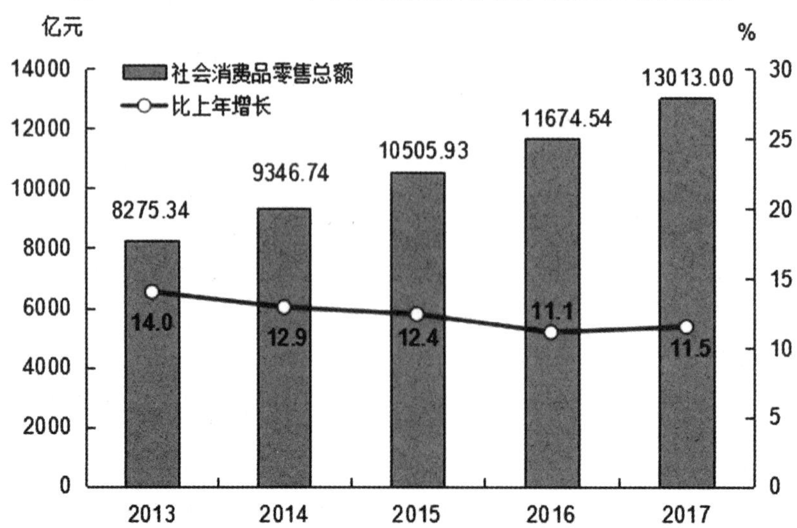

在限额以上企业商品零售额中，通讯器材类零售额比上年增长53.0%，体育、娱乐用品类增长38.7%，化妆品类增长34.1%，建筑及装潢材料类增长25.8%，家用电器和音响器材类增长23.9%，粮油食品类增长21.3%，日用品类增长18.7%，文化办公用品类增长18.3%，服装鞋帽针纺织品类增长17.7%，家具类增长13.9%，汽车类增长12.2%，金银珠宝类增长12.0%，石油及制品类增长6.2%。

六、对外经济

全年进出口总额11590.78亿元，比上年增长12.0%。其中，出口7114.08亿元，增长4.1%；进口4476.70亿元，增长27.5%。进出口顺差2637.38亿元。

新设外商直接投资企业2041家，比上年下降13.3%。实际利用外商直接投资573.17亿元（折85.77亿美元），增长8.2%。

表8　2017年进出口主要分类情况

指　　标	绝对数（亿元）	比上年增长（%）
进出口总额	11590.78	12.0
出口额	7114.08	4.1
其中：一般贸易	5135.69	2.1
加工贸易	1625.38	10.1
其中：机电产品	2587.80	8.6
其中：高新技术产品	999.75	21.4
进口额	4476.70	27.5
其中：一般贸易	3241.81	34.0
加工贸易	778.80	3.5
其中：机电产品	1398.08	15.8
其中：高新技术产品	1062.96	17.1

表9　2017年对主要国家和地区进出口情况

国家和地区	出口额（亿元）	比上年增长（%）	进口额（亿元）	比上年增长（%）
美国	1441.65	8.8	481.14	33.2
欧盟	1263.27	5.4	349.86	22.5
东盟	1209.52	7.2	715.97	41.1
日本	388.12	4.5	277.32	17.9
香港地区	475.05	-13.6	4.35	-36.0
台湾地区	295.06	16.3	479.54	19.6
韩国	204.48	-7.5	224.75	8.8
沙特阿拉伯	83.42	-14.0	269.08	39.6

图14 2013—2017年货物进出口总额

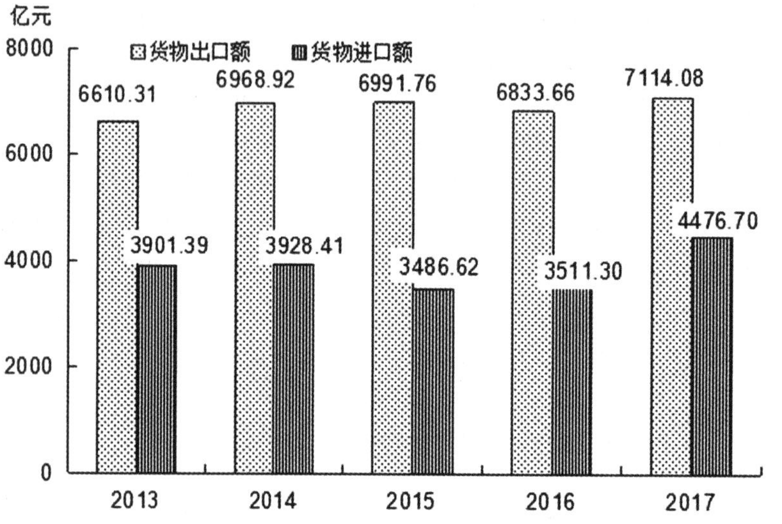

表10 2017年分行业外商直接投资情况

行业	实际利用金额（万元）	比上年增长（%）
总计	5731707	8.2
其中：农、林、牧、渔业	286651	30.4
制造业	3353347	19.5
电力、燃气及水的生产和供应业	179528	155.8
交通运输、仓储和邮政业	192317	186.7
批发和零售业	310564	-65.6
房地产业	400313	128.9
租赁和商务服务业	268933	-6.7
居民服务、修理和其他服务业	216	-94.5

备案和核准对外直接投资项目148个，中方协议投资额35.14亿美元，分别比上年下降75.6%和68.5%。对外直接投资额16.66亿美元，下降69.5%。

全年对外承包工程完成营业额11.32亿美元，增长19.1%；对外劳务合作劳务人员实际收入总额8.90亿美元，增长26.3%。

七、交通、邮电和旅游

全年交通运输、仓储和邮政业实现增加值1889.68亿元，比上年增长8.3%。公路通车里程108011.61公里，比上年增长1.2%。其中海西高速公路网通车里程5227.75公里，增长4.1%。铁路营业里程3187.1公里，下降0.3%。全年货运量132252.06万吨，比上年增长9.9%。货物周转量6785.16亿吨公里，增长11.7%。

全年客运量54117.63万人，比上年下降0.2%。旅客周转量1086.22亿人公里，增长10.0%。

全年沿海港口新增货物通过能力2391.5万吨；沿海港口完成货物吞吐量5.20亿吨，比上年增长2.4%。其中外贸货物吞吐量2.04亿吨，与上年持平。集装箱吞吐量1564.85万标箱，增长8.7%。

年末全省汽车保有量558.23万辆（含三轮汽车和低速货车），比上年末增长12.8%，其中私人汽车保有量492.88万辆，增长12.9%。全省轿车保有量341.91万辆，增长13.0%，其中私人轿车保有量318.04万辆，增长13.0%。

全年完成邮电业务总量1289.86亿元，比上年增长45.7%。其中，邮政业务总量392.86亿元，增长 30.7%；电信业务总量 897.00 亿元，增长 53.4%。邮政业全年完成邮政函件业务 11564.56 万件，包裹业务 64.08 万件，快递业务量 16.61 亿件。年末全省电话用户总数 5072 万户，其中：固定电话用户 777 万户；移动电话用户 4295 万户，其中 4G 电话用户 3115 万户，净增 548 万户，移动宽带用户普及率为 90.2%，比上年提高 11.6 个百分点。全省电话普及率为 130.9%，其中：固定电话普及率 20.1%，移动电话普及率 110.9%。全省互联网用户 4882 万户，增加 470 万户，其中：固定宽带用户 1374 万户，增加 229 万户，固定宽带家庭普及率为 90.1%，比上年提高 12.9 个百分点；移动互联网用户 3508 万户，增加 241 万户。全省互联网用户普及率为 126%，提高 11 个百分点。

表 11　2017 年各种运输方式完成货物运输量情况

指　　标	单位	绝对数	比上年增长（%）
货运量	万吨	132252.06	9.9
铁路	万吨	3175.38	8.8
公路	万吨	95598.83	11.5
水运	万吨	33453.13	5.7
民航	万吨	24.72	5.7
货物周转量	亿吨公里	6785.16	11.7
铁路	亿吨公里	135.90	5.0
公路	亿吨公里	1214.05	10.9
水运	亿吨公里	5429.82	12.0
民航	亿吨公里	5.39	27.2

表 12　2017 年各种运输方式完成旅客运输量情况

指　　标	单位	绝对数	比上年增长（%）
客运量	万人	54117.63	-0.2
铁路	万人	11624.18	10.8
公路	万人	37584.83	-4.0
水运	万人	1924.64	-4.6
民航	万人	2983.98	15.3
旅客周转量	亿人公里	1086.22	10.0
铁路	亿人公里	373.61	10.3
公路	亿人公里	227.83	-9.6
水运	亿人公里	2.78	2.4
民航	亿人公里	481.99	22.3

图15　2013—2017年快递业务量

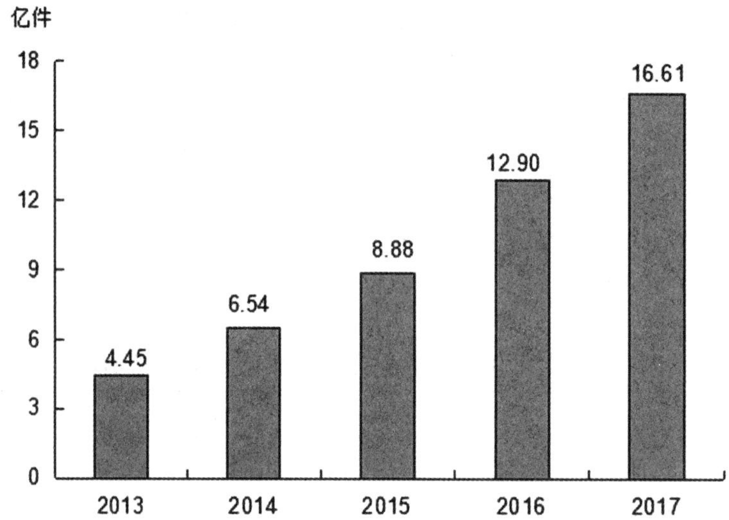

图16　2013—2017年末电话用户数

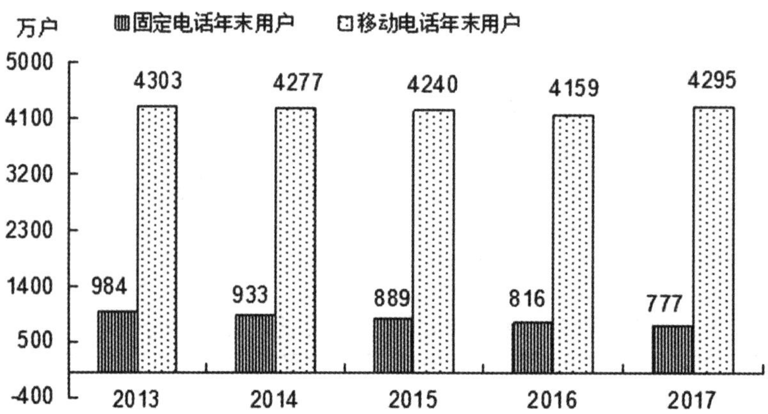

全年接待入境游客775.41万人次，比上年增长13.9%。其中，接待外国人292.87万人次，增长15.3%；台湾同胞313.27万人次，增长17.2%；港澳同胞169.26万人次，增长6.1%。在入境旅游者中，过夜游客691.74万人次，增长13.1%。国际旅游外汇收入75.88亿美元，增长14.5%。全年接待国内旅游人数37534.06万人次，增长21.6%；国内旅游收入4570.77亿元，增长30.8%。旅游总收入5083.10亿元，增长29.2%。

八、金融

年末全省金融机构本外币各项存款余额44086.83亿元，比上年末增长8.9%；金融机构本外币各项贷款余额41899.68亿元，增长10.9%。

全年农村合作金融机构人民币各项贷款余额3450.42亿元，比上年末增长11.4%。中资金融机构人民币个人消费贷款余额14230.73亿元，比上年末增长25.4%。

表 13　2017 年全部金融机构本外币存贷款情况

指　　标	年末数（亿元）	比上年末增长（%）
各项存款余额	44086.83	8.9
其中：住户存款	16853.15	9.3
非金融企业存款	14730.29	4.6
其中：人民币存款	42794.79	9.0
各项贷款余额	41899.68	10.9
其中：短期贷款	14457.14	10.7
中长期贷款	25570.20	16.6
其中：人民币贷款	40484.93	11.4

年末境内 A 股上市公司 131 家，比上年增加 25 家，总市值 16538.96 亿元，增长 13.3%；B 股上市公司数量为 1 家，总市值 7.98 亿元，下降 31.4%。

全年内外资保险公司保费收入 1032.1 亿元，比上年增长 12.5%，其中：财产险保费收入 301.4 亿元；人身险保费收入 730.7 亿元（寿险保费收入 545.3 亿元，健康险和意外伤害险保费收入 185.4 亿元）。支付各类赔款及给付 325.7 亿元，其中：财产险赔款 161.6 亿元；寿险业务给付 113.4 亿元；健康险和意外伤害险赔款及给付 50.7 亿元。

九、人民生活和社会保障

全年全省居民人均可支配收入 30048 元，比上年增长 8.8%；扣除价格因素，实际增长 7.5%。按常住地分，农村居民人均可支配收入 16335 元，比上年增长 8.9%，扣除价格因素，实际增长 8.0%；城镇居民人均可支配收入 39001 元，比上年增长 8.3%，扣除价格因素，实际增长 6.9%。

全省居民人均生活消费支出 21249 元，比上年增长 5.4%，扣除价格因素，实际增长 4.1%。按常住地分，农村居民人均生活消费支出 14003 元，增长 8.5%，扣除价格因素，实际增长 7.6%；城镇居民人均生活消费支出 25980 元，增长 3.9%，扣除价格因素，实际增长 2.6%。

年末参加城镇基本养老保险人数 1022.31 万人，比上年增加 54.45 万人。其中参保职工 840.29 万人，参保的离退休人员 182.02 万人。全省企业参加基本养老保险离退休人员为 135.91 万人，全部实现养老金按时足额发放。全省参加基本医疗保

图17　2014—2017年居民人均可支配收入及其实际增长速度

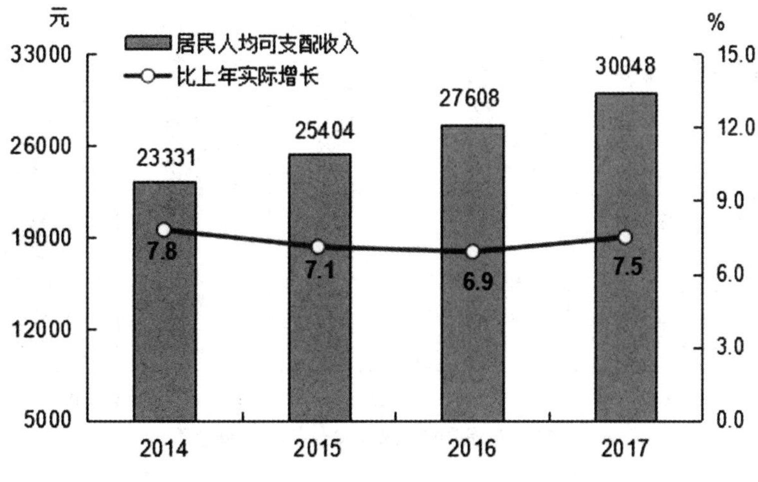

险人数3768.22万人，其中参保职工818.96万人，参保的城乡居民2949.26万人。全省参加失业保险人数612.33万人，增加36.81万人。

年末全省领取失业保险金人数4.93万人，比上年减少0.25万人；全省纳入城市最低生活保障的居民6.82万人，减少1.76万人；纳入农村最低生活保障的居民39.08万人，减少7.05万人；城乡特困人员7.14万人。全年全省脱贫20万人，“造福工程”搬迁11.2万人。

年末全省养老机构床位数增至17.8万张，每千名老人拥有养老床位32张。全省建立社区服务中心（站）2266个。全年销售社会福利彩票50.65亿元，筹集福利彩票公益金14.91亿元。

十、教育和科学技术

全年研究生教育招生1.76万人，在校生4.76万人，毕业生1.20万人。普通高等教育招生21.38万人，在校生75.10万人，毕业生20.44万人。高校毕业生就业率为97.26%。中等职业教育（不含技工校）招生11.65万人，在校生34.55万人，毕业生11.78万人。全省普通高中招生20.89万人，在校生63.71万人，毕业生19.65万人。初中招生43.27万人，在校生121.57万人，毕业生36.09万人。普通小学招生53.04万人，在校生307.09万人，毕业生43.82万人。特殊教育招生0.41万人，在校生2.51万人，毕业生0.40万人。学前教育在园幼儿165.49万人。九年义务教育巩固率为98.15%，高中阶段毛入学率为95.78%。

全年研究与试验发展（R&D）经费支出预计520亿元，比上年增长14.5%，占全省生产总值的1.61%。全省已布局建设30个省级产业技术重大研发平台、22个产业技术公共服务平台和30个省级产业技术创新战略联盟，拥有国家重点实验室10个、省级重点实验室204个、国家级工程技术研究中心7个、省级工程技术研究中心521个、省级新型研发机构30家。建设国家专业化众创空间示范3家、国家备案众创空间52家、省级众创空间178家。科技企业孵化器备案165家，孵化面积261万平方米，在孵企业4549家、创造就业岗位7.86万个。新认定高新技术企业519家，总数3054家；新认定省级企业技术中心37家；新认定省科技小巨人领军企业649家，总数1304家。全省专利申请受理128079件，专利授权68304件，分别比上年增长6.6%和1.1%。其中，发明专利申请26460件，增长10.5%，发明专利授权8718件，增长22.2%。截至2017年底，全省共拥有有效发明专利31006件，比上年增长30.3%；每万人口发明专利拥有量8.004件，比上年增加1.806件。全年共登记技术合同6008项，成交额103.28亿元。

图18 2013—2017年各类学校招生人数

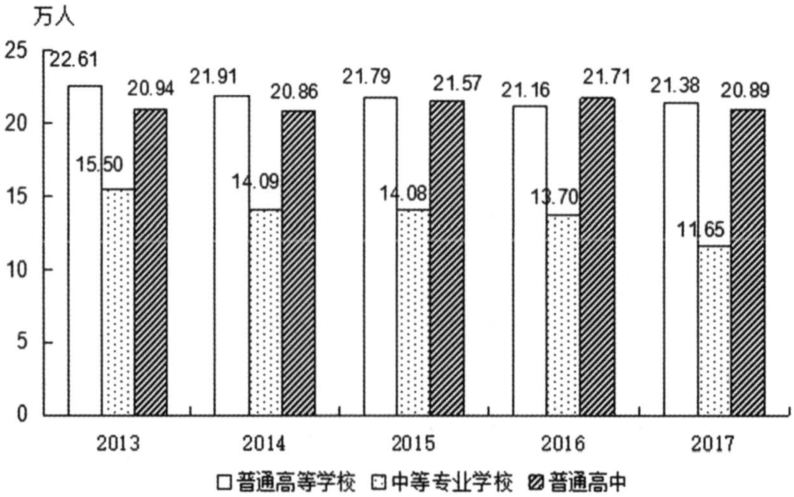

图19　2013—2017年研究与试验发展（R&D）经费支出及增长速度

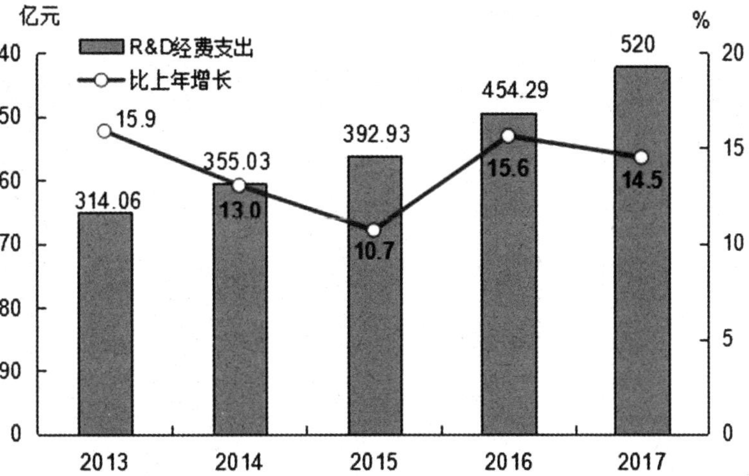

年末全省共有1352家机构通过检验检测资质认定，比上年增加203家，国家产品质量监督检验中心22个，省级产品质量监督检验中心38个。全省现有独立的认证机构3个、分支机构19个，累计获得52276张产品及管理体系认证证书。全省共有法定计量技术机构68个，全年强制检定工作计量器具144.49万台（件）。全年制修订国家标准34项、行业标准42项、地方标准108项，累计全省共制修订国家标准984项、行业标准1151项、地方标准1176项。

年末全省共有国家级地面气象观测站70个，高空气象观测站4个，天气雷达站9个，风廓线雷达站15个，大型海洋气象浮标站5个。共有地震前兆台站（点）43个，前兆测项401个，测震台站（点）120个，强震动观测站位（点）123个，GPS观测基准站61个。共有783个海洋环境监测站位、13个重点监测区域、17个重点海域的17个生物质量样品、2个海漂垃圾监测区域，共有24个海上水文气象观测浮标站位、36个沿海自动验潮站、1对中程高频地波雷达站、2套卫星遥感监测系统、1套海床基观测系统、5套船基自动站、1套海岛基站。测绘地理信息部门审批通过了公开出版地图189件。

十一、文化、卫生和体育

年末全省文化系统共有国有艺术表演团体70个，公共图书馆90个，文化馆97个，博物馆98个，非国有博物馆23个。文化系统各类艺术表演团体演出1.22万场，本年度首演剧目128个，观众608.34万人次，其中：政府采购公益性演出5587场，观众222.26万人次；各级公共图书馆组织各类讲座2203次，书刊文献外借3252.03万册，总流通人数2779.44万人次；各级文化馆组织举办展览1385个，组织文艺活动3880次、培训班14286期和公益性讲座832次，服务1055.48万人次；博物馆举办283个基本陈列和667个临时展览，共有2726.73万人次参观，其中：未成年人参观896.2万人次。举办社会教育活动1605次，共有352.96万人次参加。

年末共有影院278个，银幕1504块，年度电影票房18.75亿元。广播电台4座，电视台4座，广播电视台67座，教育电视台1座。有线电视用户726.74万户，均为有线数字电视用户。年末广播节目综合覆盖率为99.01%；电视节目综合覆盖率为99.15%。

全年出版图书4376种，总印数1.07亿册；报纸45种（不含校报、副版），总印数9.06亿份；期刊176种，总印数0.30亿册；音像电子出版物4.9万盒（张）。年末全省共有各级各类档案馆114个。

年末全省共有各级各类医疗卫生机构2.74万个，其中医院604个，卫生院881个，村卫生室18683个。年末共有卫生技术人员23.21万人，其中执业（助理）医师8.44万人，注册护士10.22万人。年末共有医疗机构床位18.37万张，乡村医生和卫生员2.6万人。

图20　2013—2017年卫生机构床位数和卫生技术人员数

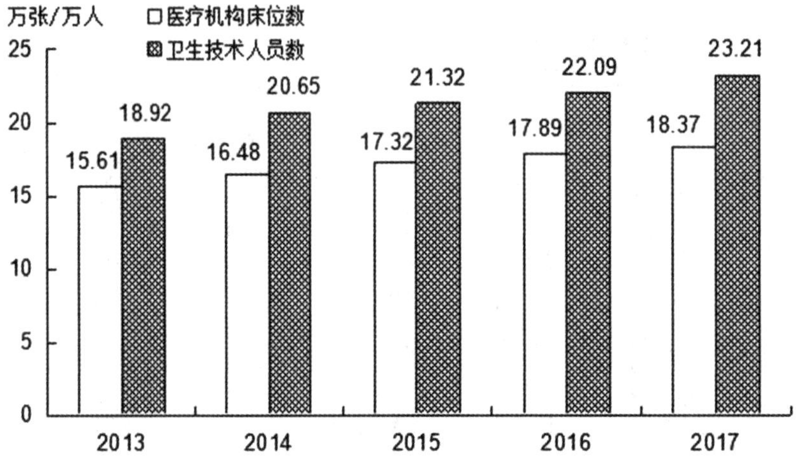

全年我省运动员在世界三大赛中共获得4金5银4铜，在全国最高级别比赛中获得33金42银31铜。在第十三届全运会比赛中获得17.5金15.5银20铜，创历史新高。共有体育场地约10.1万个，总面积约8110万平方米。共有体育社会组织1920个。为民办实事项目新建120个城市社区多功能运动场、50个社区室内健身房、60个笼式足球场和30个门球场。开展全民健身运动会3200场，共有160万人次参加。获评国家体育产业示范基地1个、示范单位2个、示范项目2个，新增省级体育产业示范基地2个、特色基地（小镇）5个、示范单位14个、示范项目7个。全年销售体育彩票106.46亿元。

十二、资源、环境和安全生产

初步核算，全年能源消费总量12889.97万吨标准煤，比上年增长4.3%。其中，全社会用电量增长7.3%。万元地区生产总值能耗下降3.50%。

全年植树造林总面积133.9万亩，占任务的133.9%，其中，人工荒山造林12.1万亩（含非规划林地造林3.5万亩）；人工迹地更新面积69万亩，低产低效林改造20.3万亩。全省商品材产量533.9万立方米，比上年减少7.4%。全省竹材产量8.49亿根，增长13.7%。全省城市（县城）新增建成区绿地面积3348公顷，建成区绿地率39.96%；全省城市（县城）新增公园绿地面积1055公顷，人均公园绿地面积14.06平方米。

图21　2013—2017年万元地区生产总值能耗降低率

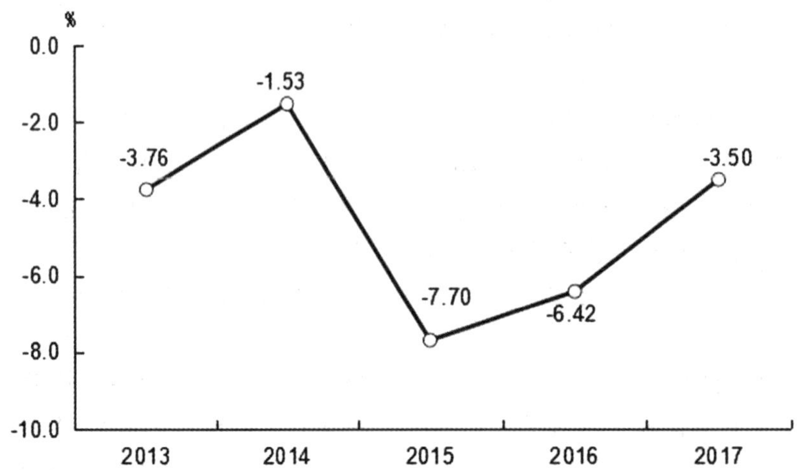

全省森林覆盖率65.95%。共有国家湿地公园8处。永泰县、海沧区、泰宁县、德化县、长汀县等5个县（区）获得第一批国家生态文明建设示范县（区）称号。截至2017年底，厦门、泉州获得国家生态市命名，福州通过国家生态市考核验收，漳州、三明获得省级生态市命名；64个县（市、区）获得省级以上生态县（市、区）命名，其中32个县获得国家级生态县命名；519个乡镇（街道）获得国家级生态乡镇（街道）命名。共建立自然保护区93个，其中国家级17个、省级22个，自然保护区总面积45.5万公顷。有风景名胜区53处，其中国家级风景名胜区19处、省级34处，风景名胜区总面积23.6万公顷，占全省土地面积的1.9%。

全省12条主要河流整体水质为优，Ⅰ类－Ⅲ类水质比例为95.8%；119个县级以上集中式生活饮用水源地水质达标率为99.2%。近岸海域一、二类海水水质面积占比88.9%。

全省9个设区市、平潭综合实验区、12个县级市和长乐区、建阳区城市空气质量达到国家《环境空气质量标准》（GB3095－2012）标准。上述24个城市中，区域声环境质量“较好”的城市13个；道路交通声环境质量“好”的城市12个，“较好”的城市11个。

市县生活垃圾无害化处理率97.5%，市县污水处理率91.27%。

全省地质灾害造成直接经济损失828万元。全省共发生森林火灾52起，其中一般火灾10起，较大火灾42起；受害面积318.6公顷；森林火灾发生率和受害率分别为0.58次/十万公顷和0.04‰，未发生重特大森林火灾和人员伤亡事故。全年海洋灾害造成直接经济损失约1.26亿元，减少92.2%。全年发生（现）海洋赤潮7次，比上年减少1次；累计赤潮面积120.2平方公里，比上年增加11.2平方公里。

全省发生各类生产安全事故1782起、死亡1021人，分别比上年下降21.5%和13.5%，其中较大以上事故21起、死亡81人，分别下降8.7%和9.0%；没有发生重特大事故，是全国15个没有发生重特大事故的省份之一。亿元地区生产总值生产安全事故死亡人数0.032人，比上年下降22.0%。

注：1. 本公报未包括金门县和连江县的马祖列岛。

2. 本公报所列数据为初步统计数，部分合计数或相对数由于单位取舍不同而产生的计算误差，均不做机械调整。

3. 本公报福建省地区生产总值、各产业增加值按现价计算，增长速度按可比价格计算。

4. 本公报卫生机构数含村卫生室。

资料来源：

本公报中城镇新增就业、登记失业率、社会保障数据来自省人社厅；财政数据来自省财政厅；国税数据来自省国税局；地税数据来自省地税局；重点项目投资数据来自省发改委；新建公路里程、公路运输、水运、港口货物吞吐量数据来自省交通运输厅；铁路数据来自中国铁路南昌局集团有限公司；户籍人口城镇化率、民用汽车数据来自省公安厅；保障性住房、城市污水处理、公园绿地面积数据来自省住建厅；货物进出口数据来自福州海关；外商直接投资、对外直接投资、对外承包工程、对外劳务合作等数据来自省商务厅；邮政业务数据来自省邮政管理局；互联网业务收入、电话用户、电信业务总量等数据来自省通信管理局；旅游数据来自省旅发委；货币金融数据来自人行福州中心支行；上市公司数据来自福建证监局；保险业数据来自福建保监局；省级企业技术中心数据来自省经信委；产业技术重大研发平台、工程技术研究中心、技术合同等数据来自省科技厅；教育数据来自省教育厅；专利数据来自省知识产权局；质量检验数据来自省质监局；气象数据来自省气象局；地震数据来自省地震局；测绘数据来自省测绘局；各类地质灾害数据来自省国土厅；水产品产量数据、海洋数据来自省海洋渔业厅；艺术表演团体、博物馆、公共图书馆、文化馆数据来自省文化厅；广播、电视、电影、报纸、期刊、图书数据来自省新闻出版广电局；档案数据来自省档案局；体育数据来自省体育局；卫生数据来自省卫计委；低保数据来自省民政厅；扶贫、造福搬迁工程数据来自省农业厅；环境监测数据来自省环保厅；水资源数据来自省水利厅；安全生产数据来自省安监局；林业数据来自省林业厅；其他数据来自福建省统计局和国家统计局福建调查总队。

第二篇
综合发展

福建省社会事业稳步发展

2017年，福建坚持“创新、协调、绿色、开放、共享”的发展理念，以党的十九大报告精神为指引，紧紧围绕全面建成小康社会目标，深入推进社会各领域改革，着力补齐民生短板，不断改善人民生活。

一、社会领域改革持续推进，公共服务能力进一步提高

（一）教育改革有序开展

1. 资源配置改革不断深化。加大普惠性学前教育资源供给，2017年，全省新增各类幼儿园200所、学位近6万个，普惠性幼儿园在园幼儿占比达65%。优化义务教育资源配置，完成中小学办学标准化建设，新增义务教育学位50多万个，“大校额”“大班额”得到有效缓解。完善招生计划调控，2017年安排的医学、学前等紧缺专业招生计划比上年增长11.4%，急需紧缺、就业率高的专业和学校优势特色专业招生规模进一步扩大。

2. 人才培养模式加快转变。建立课程改革任务驱动机制，创建高中、义教、学前三大学段课程基地建设体系，遴选省级高中课改基地31所。健全职业教育育人机制，开展企业学校双主体的人才培养模式改革，共确定99个省级现代学徒制试点，对50个高职生产性实训基地进行奖励补助。推动创新创业教育融入人才培养体系，全省共建成30所创新创业学院、6所全国深化创新创业教育改革示范校，各级高校建设完成77个创新创业园区。

3. 教育精准扶贫稳步推进。制定行业精准扶贫工作方案，对23个贫困县按最高档次和标准进行补助；实施贫困地区定向招生等三大计划，累计安排计划7280人；实施农村义务教育学生营养改善计划，惠及学生约180万人次；学生资助体系实现从学前教育到研究生教育全覆盖，全省平均每年发放各类资助金超20亿元。

（二）医药改革迈向纵深

1. 公立医院改革取得新突破。实行公立医院院长目标年薪制。制定出台《公立医院总会计师管理暂行办法》，推行全面预算管理和全成本核算，推进医院精细化管理。推动医疗服务价格改革，理顺医疗服务比价关系，医疗收入结构持续优化，全省公立医院药品耗材收入占比不断下降，医疗服务收入占比持续上升。

2. 基层综合医改不断深入。一是提升县域医疗服务能力，完善分级诊疗服务体系。二是推动医联体建设，组建各级各类医联体302个，覆盖医疗机构856个，全省所有公立三级医院均实现参与医联体建设。三是推进家庭医生签约服务，截至2017年11月，有62.1%的老年人、高血压、糖尿病等重点人群签约了家庭医生服务，建档立卡农村贫困人口签约率95.0%。

3. 社会办医加快推进。鼓励和引导社会资本办医的各项优惠政策不断加紧落实，多元化医疗机构发展迅速。2017年，全省批准设置社会办医疗机构326家，已开业189家，其中医院24家，新增床位1651张。新增血液透析中心，医学检验实验室、病理诊断中心等第三方检验、检查机构8所。2017年，全省社会办医院病床数占全省医院病床总数的18.0%，比上年提高0.8个百分点。

（三）社会保障体系不断健全

1. 坚持积极就业政策。鼓励大众创业、万众创新。先后出台《关于进一步做好新形势下就业创业工作十五条措施》《关于支持农民工等人员返

乡创业十二条措施》《关于推进精准就业扶贫六条措施》等文件、推出30余项创新举措。2017年，全省新增城镇就业人数60.49万人、城镇失业人员再就业19.96万人、转移农村劳动力33.32万人，城镇登记失业率3.87%。

2. 养老改革不断深化。一是为破解制约养老服务发展的瓶颈，先后制定出台《关于加快推进居家养老服务十条措施》《关于进一步促进养老机构健康发展十条措施》等法规文件，加快养老服务“补短板”进程。二是推进医养融合发展，建立医疗卫生机构与养老机构合作机制，鼓励养老机构引进或内设医疗机构，厦门、漳州、三明等3个设区市成为国家级医养结合试点城市。三是养老专业化服务组织实现县级全覆盖，通过政府购买服务、政府补贴和市场化运作等措施，各县（市、区）均实现引进或培育1-2家居家养老专业化组织，为老年人提供康复护理、日间照料等服务。

3. 社会保险日益完善。医疗保险方面，相继出台增加医保药品名录、调整扩大门诊特殊病种适用范围、延长慢性病患者处方用量、实现省内异地就医即时刷卡结算等政策，增强医疗保障能力、扩大保障范围。养老保险方面，实施机关事业单位养老保险制度改革，统一企业和机关事业单位退休待遇调整办法；实现新农保和城乡居民养老保险合并，率先启用养老金人脸识别服务系统；实现部、省、市、县四级养老基金联网，提升基金抗风险能力。

二、持续发展各项社会事业，提升民众获得感

（一）教育事业不断进步，文化事业持续繁荣

1. 素质教育与普及教育同步推进。2017年，全省学前教育三年毛入园率97.5%，高中阶段毛入学率94.9%，高等教育毛入学率46.7%，主要劳动年龄人口受过高等教育的比例超过19.6%。高等教育综合实力不断增强，高校承担国家级科技项目和经费数量均占全省80%以上；现代职业教育加快发展，中高职毕业生就业率均保持在95%以上。

2. 文化惠民和传统保护全面展开。公共文化服务网络不断完善，服务能力和普惠水平不断提高。2017年，全省共有文化馆（艺术馆、群艺馆）97个，乡镇（街道）文化站1125个，村（社区）文化活动室1.51万个，公共图书馆、博物馆、文化馆和乡镇综合文化站等公共文化服务设施全部免费开放。建设全省公共文化服务对接平台，推出“文化体验消费卡”，以政府补贴奖励的方式鼓励群众参与文艺演出、讲座、展览等活动。历史文化遗产保护力度不断加大，一批重要文物获得修缮保护、非物质文化遗产得到传承。鼓浪屿申报世界文化遗产于2017年获得成功，72个村庄入选中国传统村落名录，35人入选第五批国家级非物质文化遗产代表性项目代表性传承人的名单。

3. 广电出版成果显现。坚持开展全民读书活动，通过“书香八闽”读书月的形式，以互联网、移动手机图书馆等载体为公众提供免费阅读服务，引导社会各界发扬热爱读书的优秀传统。文艺精品不断涌现，电视剧《彭德怀元帅》《绝命后卫师》、高甲戏《大稻埕》、歌曲《爱国之恋》《幸福少年》（组歌）和长篇报告文学《谷文昌》入选第十四届全国“五个一工程”获奖榜单，舞剧《丝海梦寻》、芗剧《保婴记》等精品剧目获得持续好评。加大农村文化惠民力度，2017年全年完成农村公益电影放映18.05万场，观影1471.98万人次，超额完成计划安排；对全省农村有线广播“村村响”进行提质增效，全省80%以上的县农村实现每周定时播放。数字电影建设进一步提速，全国已有22条城市电影院线在福建落地，已加入院线可统计票房的影院共有278家、银幕1504块（其中IMAX影厅21个），座位21.18万个。

（二）医疗服务水平提升，体育健身均衡发展

1. 公共卫生服务体系不断完善。实施改善医疗服务三年行动计划，实现全省范围内就诊“一卡通”应用，全省三级医院的自助服务设备覆盖率和优质护理服务病房覆盖率均达到100%。基本公共卫生服务项目政府补助标准提高到每人每年50元。2017年，全省各类卫生机构床位数18.37万张，每千人拥有卫生机构床位4.7张、医生2.2人，均比上年有所增加；全省累计为65岁以上老年人建档371.32万份，178万名老年人接受健康管理，高血压、糖尿病患者规范化管理率分别达69.7%和68.9%；实施新修订的《疫苗流通和预防接种管理条例》，全省适龄儿童免疫规划疫苗报

告接种率保持在95%以上。

2. 群众体育与竞技体育亮点纷呈。创新开展“全民健身百村行”品牌系列活动，运用“体育+”理念，以“村跑、村运、村游、村宴”为载体，融合当地文化，打造面向农村的全民健身新平台，活动举办21站，参加活动的人数超过3万人次。体育竞技水平不断提高，全省有467名运动员，149名教练员参加第十三届全运会，共获得金牌17.5枚、银牌15.5枚、铜牌20枚的优异成绩，实现了历史性的突破。

（三）社会救助兜底作用增强，养老服务成效显现

1. 增强对城乡低保对象、特困人员以及重度和生活困难残疾人等的社会基础保障兜底作用。建立了城乡低保标准自然增长机制，2017年，全省城镇和农村低保平均标准达到7080元/年和5049元/年，比上年分别增长15.0%和31.0%。积极推进社会救助城乡一体化，26个县（市、区）实现低保标准城乡一体化，49个县（市、区）实现特困供养标准城乡一体化，将符合条件的因病致贫家庭、成年无业重度残疾人均纳入了低保范围。临时救助制度全面实施，临时救助平均救助水平达1433元/人次，比上年提升14.1%。帮助农村留守儿童落实监护责任，有2218名无人监护的留守儿童得到落实。

2. 着力加强设施建设，提升基本保障水平。全省各县（市、区）社会福利中心覆盖率达97.0%，城市社区居家养老服务中心（站）和乡镇敬老院基本实现全覆盖，建制村养老设施覆盖率达42.0%。2017年，全省共有养老床位14.81万张，比上年增长13.1%。高龄补贴制度全面建立，对全省80周岁以上低保老人每人每月加发100元高龄补贴。对低保对象、计生特殊家庭中的完全失能老年人，按每人每月不低于200元的标准发放护理补贴。对特殊困难老人以及80周岁以上老年人，按每人每月不低于20元的标准，购买居家社区养老服务。

三、加速发展社会新兴产业，助推经济结构转型升级

（一）文化产业欣欣向荣

至2017年，福建已连续成功举办十届海峡两岸文博会，已成为大陆地区台湾企业参展最多、台湾文化产业界影响力最大的综合性文化产业博览会。文化创意发展迅猛，举办福建文创（西湖）市集、台湾文创周、海峡两岸文化创意节等活动，整合两岸优质文化创意产业资源，促进文化创意行业走向专业化、品牌化和产业化。文化消费市场繁荣发展，歌舞娱乐和游戏游艺行业转型升级效果明显，传统演出市场基本稳定，艺术品市场发展总体向好。2017年，全省电影票房18.75亿元、放映291.55万场次、观影5268.88万人次，分别比上年增长17.6%、29.5%和12.9%。

（二）体育产业发展打开新局面

2017年，福建有5个项目入选新增国家体育产业基地名单，占比超过10%，体育产业增加值总量及占GDP比重持续保持在全国前列。体育经济供给侧结构性改革取得成效，以项目带动为抓手、招商引资为动力，体育产业逐步向集群方向发展；以消费升级为契机，培育自主品牌赛事，抢抓战略先手，极大的带动了体育消费。体育产业从单一的用品制造业，逐步转型为以体育用品业为支柱，以体育场馆为依托，综合体育健身、竞赛表演、体育旅游、体育中介和培训市场等协调发展的产业结构体系。

（三）旅游产业保持良好态势

旅游消费热度不减，周边游、乡村游、周末游、都市休闲游带热旅游市场，主题公园、研学旅游等消费升级类产品受市场追捧。“清新福建”旅游品牌成为福建的金字招牌，根据中国旅游目的地品牌声誉指数，福建综合排名居全国第6位，2017年，全省共接待国内外游客3.75亿人次，比上年增长21.6%；实现旅游收入5083.10亿元，比上年增长29.2%。以“旅游+”产业融合为载体，推动文化创意、体育健身休闲等融合发展战略，打造上下杭历史文化街区、永定区土楼体育旅游精品景区、建阳建盏文化街等一批文旅融合、体旅融合项目，构建丰富的新业态产品体系。

（执笔：廖捷）

福建生态文明建设和环境保护形势分析与对策

2017年福建省紧紧围绕决胜全面建成小康社会，树立和践行绿水青山就是金山银山的理念，坚持节约资源和保护环境的基本国策，坚定走生产发展、生活富裕、生态良好的文明发展之路，以改善生态环境质量为目标，以深化生态文明体制改革为动力，以解决突出环境问题为导向，深入实施生态省战略，加快建设国家生态文明试验区，积极探索人与自然的和谐共生之道，努力打造山清水秀、碧海蓝天的“清新福建”，生态文明建设和环境保护取得新进展，环境质量继续位居全国前列。

一、2017年福建生态文明建设和环境保护主要进展

（一）着力保障生态环境安全，生态保护和修复持续加强

全面落实主体功能区规划，推行“多规合一”，建立经济社会、自然资源和环境保护协调发展的总体格局，加强规划环评与项目环评的联动，促进产业布局和结构优化，实行环境质量和减排总量双控管理制度，从源头上最大限度减少污染物排放。实施生态保护与修复工程、农村环境综合整治工程、重点领域环境风险防范工程建设。推进“万里安全生态水系建设”项目，围绕小流域整治重点，开展河道拆违、生态清淤、河面漂浮物清理等专项行动，实施河道修复。强化海洋生态环境保护，实施“碧海银滩”工程，合理开发和保护岸线和海湾资源，全力推进侵占沿海湿地、无序海水养殖等问题整治，加强近岸海域典型受损生态系统修复。严格执行林地保护利用规划，实行严格的林地用途管制制度，继续推进林地占补平衡试点，完善森林生态效益补偿机制，建立省级生态公益林与国家公益林补偿联动调整机制。严格落实植树造林“三个必造”要求，加大珍贵乡土阔叶林树种造林力度，强化森林抚育，改善林分结构，着力提高森林蓄积量和生态功能。加快森林城市建设，重点抓好沿海基干林带、生物防火林带、森林生态景观带建设和重点生态区位林分修复等“三带一区”建设。2017年，全省共完成植树造林112.2万亩，占任务的112.2%。其中“三带一区”造林38.57万亩，占任务的107.1%；列入省委、省政府为民办实事项目——沿海基干林带建设完成36.01万亩，占任务的100%。在顺昌县等7个县（市、区）实施6万亩森林质量精准提升示范项目，全省共完成森林抚育152.6万亩、封山育林187.5万亩。坚持人工治理与自然修复相结合，强化水土流失重点区域治理，加大矿山生态环境恢复力度，强化对重点生态功能区和生态环境敏感区域、生态脆弱区域的有效保护，加强自然保护区、森林公园、湿地公园等重点生态功能区的建设和管理，提高森林、湿地生态系统功能，维护生物多样性和生态安全。2017年，国家环保部公布首批46个国家生态文明建设示范市县，我省永泰县、海沧区、泰宁县、德化县、长汀县等5个县（区）入选，成为全国入选数量最多的省份之一，其中长汀县还被命名为“绿水青山就是金山银山”实践创新基地。国家林业局批准授予我省福州市、泉州市“国家森林城市”荣誉称号，至此，我省已有厦门、漳州、龙岩、三明、福州、泉州6个设区市被授予“国家森林城市”称号，新增省级森林城市（县城）4个、累计达38个。

（二）着力抓好污染防治“三大工程”，生态

环境质量持续改善

福建省坚持把大气、水、土壤等环境质量"只能更好，不能变坏"作为地方各级政府环保责任的红线，坚持问题导向，着力抓好"清新水域"、"洁净蓝天"和"清洁土壤"三大工程，切实解决突出环境问题，补齐生态环境治理短板，有力推动了生态环境质量的持续改善。

一是着力抓好"清新水域"工程。深入实施水污染防治行动计划，以巩固和提升水环境质量、确保饮用水安全为核心，强化源头管控，水陆统筹、河海兼顾，对江河湖海实施分流域、分区域、分阶段科学治理，系统推进水污染防治、水生态保护和水资源管理。针对中央环保督察指出的部分地区污水收集率低、城乡污水处理不配套的问题，以全面开展污水管网和排放源头排查，建立管网信息档案，强化源头截污，推进雨污分流和老旧管网改造，建立常态化清淤养护机制，确保管网连通，进一步提高污水收集率，实现污水应接尽接、应收尽收，改建扩建一批已经满负荷的生活污水处理厂，建设一批城市新区生活污水处理设施，加快推进生活污水处理厂污泥安全处置为主要措施，推进城市污水治理。2017 年，对沿海 6 个设区市和平潭综合实验区 54 座生活污水处理厂进行提标改造，新建、改建污水管网 1500 公里。大力加强农村污水治理。科学布局乡镇生活污水处理设施，合理确定污水处理设施规模和工艺，因地制宜推进乡镇生活污水处理设施，在确保已建成的乡镇生活污水处理设施全面运营的基础上，启动 365 个未建成的乡镇生活污水处理设施建设。采取截污纳管集中处理、配建小型污水集中处理站、三格化粪池分散处理等方式，加快推进行政村生活污水处理，新建、改造三格化粪池 50 万个。加快黑臭水体治理进度。将城市黑臭水体治理纳入河长制实施范围，落实水环境治理属地责任，采取控源截污、垃圾清理、清淤疏浚、生态修复等措施，全力推进侵占行洪河道、生猪养殖污染、城市黑臭水体等"三项全面清理"行动，强化生活污水截污纳管，重点加强城中村、老旧城区和城乡结合部污水截流、收集，落实排污许可管理，强化对餐饮、洗涤等行业废水直排以及环保设施建设、运营的监管，加大违法违规排污处罚力度，系统整治城区污水横流、河湖水系污染严重等黑臭水体问题。加强水源地保护，开展集中式饮用水环境保护规范化建设，依法清理饮用水源保护区违法建筑、排污口和网箱养殖，严厉查处饮用水源保护区违法违规排污行为。强化水源地水质监测，提高监测频率，落实应急预案。以推进供水工程规模化和标准化为重点，加强农村饮用水安全建设，保障农村饮用水安全。

二是着力抓好"洁净蓝天"工程。全面落实大气污染防治行动计划，强化多污染物协同控制、多污染源综合防控，加强对重点区域、重点行业、重点时段的环境监管，推进区域联防联控和预警预报。加强石化、化工制药、包装印刷、工业涂料等行业重点整治，加快火电行业节能环保和超低排放改造，加强移动污染源治理，深化淘汰落后产能专项整治，严控高耗能、高排放项目，坚决取缔小造纸、小铸造、小钢铁、小煤矿等落后产能、工艺、设备，深化建筑饰面石材行业专项整治，深化"散乱污"企业专项整治，深入开展城乡洁净工程。新建、改建、扩建一批无害化处理设施，推进生活垃圾分类投放、收运、利用、处置，实现减量化、资源化、无害化。

三是着力抓好"清洁土壤"工程。认真落实土壤污染防治行动计划，完善土壤环境质量监测网络，建设土壤环境质量监测平台，实行农用地、建设用地分类管理，落实土壤污染风险管控措施，推进全省危险废物规范化管理，加强重金属污染防治，严格控制重金属排放总量，严肃查处环境违法行为。推进乡镇垃圾转运系统建设，加快农村生活垃圾治理步伐。2017 年，完成 247 个乡镇垃圾转运系统建设，3000 个行政村生活垃圾治理，实现全省乡镇垃圾转运系统全覆盖，全省 70% 以上的行政村生活垃圾得到有效治理。

通过综合施策，主要污染物排放总量得到有效控制，环境质量保持稳定并有所改善。2016 年，福建 12 条主要河流水质整体保持为优，Ⅰ类至Ⅲ类水质比例为 96.5%，比全国平均水平高约 25 个百分点，同比提高 3.2 个百分点，其中Ⅰ类至Ⅱ类水质比例为 60.1%，同比提高 16.4 个百分点。9 个设区市空气质量平均达标天数比例为 98.4%，同比提高 0.5 个百分点，比全国平均水平高 19.6

个百分点；PM2.5年均浓度27微克每立方米，比全国平均水平低42%；厦门、福州空气质量在全国74个重点城市中分别居第4位和第5位。森林覆盖率达65.95%，持续位居全国第一。根据福建省环保厅公布的《福建省主要流域水环境质量状况（2017年7月—8月）》和2017年8月《福建省城市环境空气质量通报》，2017年7月～8月，全省12条主要河流143个水质评价断面总体水质保持优。优良水（Ⅰ类～Ⅲ类）比例为97.9%，同比提高1.4个百分点；优质水（Ⅰ类～Ⅱ类）比例为60.8%，同比提高8.4个百分点。9个设区市及平潭综合实验区的环境空气质量达标天数比例平均为95.5%

（三）着力体制机制创新，建设国家生态文明试验区持续推进

贯彻落实党中央、国务院关于生态文明建设和生态文明体制改革的总体部署，按照《国家生态文明试验区（福建）实施方案》提出的6个方面重点任务和38项改革成果要求，积极推进国家生态文明试验区建设。一是坚持保护优先，严格生态红线管控。按照“源头严防、过程严管、后果严惩”的要求，划定并严守生态保护红线，做到应划尽划、应保尽保，确保生态保护红线功能不降低、面积不减少、性质不改变。并根据国家要求，完成生态保护红线调整划定工作，配套出台管理办法，为生态保护红线的长效管控提供制度保障。二是深入推进重点领域改革探索。将中央项层设计与我省地方实践相结合，以社会关注度高、涉及人民群众切身利益的生态文明建设领域突出问题为重点，在国土空间规划和用途管制制度、环境治理和生态保护市场体系、多元化生态补偿机制、环境治理体系、自然资源资产产权制度、绿色发展绩效评价考核等改革重点领域持续探索创新，取得了一批制度性成果，如在全国率先建立流域上下游生态补偿机制，让绿水青山的守护者有更多获得感。积极推进环境权益交易，建立了碳排放权交易市场、排污权交易市场，开展用能权交易试点，成为全国唯一同时建设碳排放权、排污权、用能权交易市场的省份。又如深化集体林权制度改革。开展重点生态区位商品林赎买等改革试点。通过改革，林农收入增长率达10.9%，森林覆盖率65.95%，保持全国第一，实现了“社会得绿、林农得利”。三是创新环境管理机制，完善环保目标责任机制。落实地方环保“党政同责”、“一岗双责”，健全地方党政领导的生态环境保护目标责任制考核办法，坚持目标导向、问题导向和责任导向，强化正向激励，建立更具刚性的考核机制，切实加强地方党政领导的生态环境保护责任意识。按照“谁主管、谁负责、管行业必须管环保”的要求，明确部门环保职责，建立各相关职能部门环保“一岗双责”工作推进机制。加强环境保护督察监察，健全责任追究体系，建立完善体现生态文明建设要求的党政领导干部政绩差别化考核机制，突出绿色发展指标和生态文明建设目标完成情况，加大资源消耗、环境损害、生态效益等指标权重。推进党政领导干部自然资源资产离任审计试点，探索编制自然资源资产负债表，对领导干部任期内履行自然资源资产管理和生态环境保护责任情况进行审计评价，评价结果作为领导干部考核、任免、奖惩的重要依据，强化党政领导干部的生态环境和资源保护职责。四是完善法律法规标准体系，持续加大执法力度。强化环境风险防范。组织开展重点区域、流域、行业的环境安全隐患排查整治，积极预防和应对突发环境事件。以打击恶意违法排污和造假行为、工业污染源达标排放为重点，实施日常监管与专项整治相结合，保持严厉打击环境违法行为的高压态势，推动形成环保守法新常态。健全完善环保厅、公安厅、法院、检察院四部门联席会议制度和沟通会商机制。积极探索生态环境公益诉讼，运用司法之力加大对生态环境的保护力度，形成符合省情，可复制、可推广的生态司法保护的“福建样本”。依托各地已划分的城乡社区网格，将环保监管网格纳入综治网格，探索“互联网+环保执法”新模式，构建“一网二微一终端”的发布平台，在全社会推动形成党政主导、部门联动、企业施治和社会参与的共治大格局。

二、福建省生态文明建设和环境保护面临的机遇和挑战

（一）福建生态文明建设和环境保护面临的新机遇

党的十九大明确提出了把我国建成富强民主

文明和谐美丽的社会主义现代化强国的奋斗目标，把坚持人与自然和谐共生作为坚持和发展中国特色社会主义基本方略之一，并对加快生态文明体制改革，建设美丽中国作出重大决策部署，为在更高起点上推进我省生态文明建设和环境保护指明了前进的方向，提供了根本遵循。同时，自2000年时任省长习近平提出建设生态省战略构想以来，我省持之以恒抓生态文明建设，取得了显著成效。生态环境基础较好，生态环境资源承载能力较强，特别是在体制机制创新上进行许多卓有成效的探索。人民群众对生态环境问题也十分关切，生态意识日益增强，生态环境质量持续位居全国前列，"清新福建"成为享誉全国的金字招牌。这些都为在更高起点上推进我省生态文明建设和环境保护奠定了良好基础。我省完全有条件在体制机制创新上先行一步，为全国生态文明体制改革探索路径、积累经验。我省生态文明建设和环境保护面临难得的战略机遇。

（二）福建生态文明建设和环境保护面临的挑战

我省生态环境质量总体良好，生态优势比较明显，但资源能源瓶颈制约仍然突出。环境容量有限，也面临着加快发展与资源环境约束趋紧的压力。特别是"十三五"时期，我省仍处在工业化加速发展时期，工业化仍然是一个重大任务。我省经济要保持一个较快的增长速度，经济社会发展要上一个新的台阶，能源资源消耗还要增加，环境容量有限的基本省情不会改变，经济社会发展与资源环境的矛盾依然尖锐。福建产业结构适度重型化的趋势在"十三五"期间仍将延续，现有产能释放出来的污染物压力还很大，新上项目还可能带来新的排放，局部地方污染还比较严重，局部地区生态环境依然脆弱，不少地区环境改善遇到了瓶颈。特别是我国进入中国特色社会主义新时代，人民群众对干净的水、清新的空气、安全的食品、优美的环境要求越来越强烈。面对这些问题，我省在生态文明体制机制方面还一定程度上存在着缺失和缺位，在人民群众感受最强烈、最直观的空气、水、土壤等方面，还存在着许多问题，在环保基础设施、环境管理服务，基层环境执法监管力量，应对突发环境污染事件等方面还存在不少短板，如城镇污水处理设施建设滞后，市县污水处理率、乡镇污水处理率低于东部地区和全国平均水平。2016 年，我省市县污水处理率分别为 91.3% 和 86.8%，低于全国平均水平 93.3% 和 87.9%，东部地区平均水平 93.8% 和 90.1%；乡镇污水处理率我省为 46.6%，低于全国 52.6% 和东部地区 56.8% 的平均水平。多数地市老城区和山区县污水收集管网严重滞后，生活污水直排问题突出。近岸海域汇水区域除厦门、平潭和晋江、石狮、东山等1市1区3县外，其余6市1区只有23座城镇污水处理厂能够执行一级A排放标准，处理能力 218.5 吨/日，仅为总处理能力的一半。生活垃圾无害化处理能力有待提升。按照《十二五全国城镇生活垃圾无害化处理设施建设规划》要求，我省 2015 年生活垃圾总处理能力应达到 3.06 万吨/日，但到 2016 年我省生活垃圾总处理能力只有 2.77 万吨/日。2017 年中央环保督查发现，全省县级及以上地区仍有 49 个非正规垃圾堆场和不达标处理设施，存量垃圾 1651 万吨；乡镇在用简易垃圾填埋场和焖烧炉等设施有483个，无渗滤液处置设施，焖烧炉无废气处理设施；全省县级及以上地区的53个垃圾填埋场中，8个未建设渗滤液处置设施，16个渗滤液超标排放；生活垃圾焚烧飞灰等危险物处置能力存在缺口近4万吨/年。另外，一些地方部分小流域整治不力，河水发黑发臭；水电开发造成的减水断流问题、矿山生态修复治理不力造成的植被破坏和水土流失问题、局部海域高密度养殖造成的局部海域富营养化、围海养殖造成的湿地面积减少、局部生态系统遭受破坏问题等还不同程度地存在。因此，如何顺应生态文明发展的新要求和人民群众对环境安全的新期待，如何正确处理加快发展与提高环境质量的关系，坚持绿色发展理念，在体制机制改革上加大力度，实行标本兼治，在治本上下功夫，构建起促进绿色发展的体制机制，增强绿色发展的动能，形成绿色发展的核心优势；如何加快补齐生态环境短板，构建以改善环境质量为导向的环境治理体系和生态保护机制，解决好人民群众感受最直观、反映最强烈的突出生态环境问题，让福建的天更蓝、地更绿、水更净，让人民群众享受更多的绿色福利，实现绿色富省，绿色惠民，仍需长期不懈的努力。

三、推进生态文明建设和环境保护的对策建议

（一）坚持绿色发展，推动形成绿色发展方式和生活方式

建设生态文明是中华民族永续发展的千年大计。习近平总书记指出：生态资源是福建最宝贵的资源，生态优势是福建最具竞争力的优势，生态文明建设也应当是福建最花力气的建设。我们要建设的现代化是人与自然和谐共生的现代化，既要创造更多物质财富和精神财富以满足人民群众日益增长的美好生活的需要，也要提供更多优质生态产品满足人民群众日益增长的优美生态环境的需要。这就要求我们必须紧紧围绕绿色发展，不断强化绿水青山就是金山银山的理念，像保护眼睛一样保护生态环境，像对待生命一样对待生态环境，加快建立绿色生产和消费的法律制度和政策导向，建立健全市场导向的绿色技术创新体系，发展绿色金融，强化资源环境倒逼机制，以环境容量优化区域布局，以环境管理优化产业结构，以环境成本优化增长方式，以环境标准推动产业升级，按照集约节能、低碳的生态环保标准，加快改造提升传统产业，要把动力转换作为根本出路，坚持创新驱动，充分发挥科技支撑作用，强化环境经济政策激励作用，加快发展绿色、循环、低碳产业，增强我省绿色发展的动能，形成绿色发展的核心优势。要坚决摒弃损害甚至破坏生态环境的发展模式，坚决摒弃以牺牲生态环境为代价换取经济一时发展的做法，倡导简约适度、绿色低碳的生活方式，反对奢侈浪费和不合理消费，推动形成节约资源和保护环境的空间格局、产业结构、生产方式和生活方式。

（二）坚持绿色惠民，着力打好污染防治攻坚战

良好的生态环境是最公平的公共产品，是最普惠的民生福祉。人民群众对清新空气、清澈水质、清洁环境等生态产品的需求越来越迫切，良好的生态环境越来越珍贵。这就要求我们必须顺应人民群众对良好生态环境的新期待，把环境保护作为供给侧结构性改革的重要领域和内容，以改善生态环境质量为核心，以解决人民群众最关心的水、大气、土壤污染等突出问题为重点，着力打好水、大气和土壤污染防治攻坚战。要坚持全民共治，源头防治，深入实施水污染防治行动计划，严格水质目标管控，实施流域环境和近岸海域综合治理，突出重点，加快城镇污水处理设施建设与改造，全面加强配套管网建设，加快黑臭水体治理进度，推进小流域和农村水环境综合整治，完善流域治理机制，全面落实“河长制”，强化水资源保护、水域岸线管理、水污染防治、水环境治理等工作属地责任，健全河岸生态保护、饮用水水源地保护、地下水警戒保护三条蓝线制度，实现水清、河畅、岸绿、生态。要全面落实大气污染防治行动计划，深化火电、钢铁、水泥、建材、石化等行业的污染治理，淘汰落后产能，严控“两高”行业新增产能，强化对道路、施工扬尘、露天焚烧的监管力度等，推进大气污染防治。要加强农业面源污染防治，统筹抓好涉重金属行业污染整治、持续性有机化合物治理、危险化学品管理、固体废物减量化、资源化、无害化等，加快推进土壤污染防治，既要做好风险防控，不让污染进一步恶化，又要做好治理修复，使已污染的逐步减轻。要坚持尊重自然保护自然、发展与保护相统一、绿水青山就是金山银山、自然价值和自然资本、空间均衡、山水林田湖是一个生命共同体的理念，把构建良好生态系统作为治本之策，实施“山水林田湖草”系统保护，严守生态保护红线，强化海洋生态保护，严格生态敏感区监管，确保生态环境质量得到改善，确保绿水青山常在，自然生态系统安全，为人民群众创造良好的生产生活环境，让人民群众共建共享更多绿色福祉。

（三）坚持先行先试，加快生态文明体制机制改革

改革是推进生态文明建设和环境保护的根本动力。设立统一规范的国家生态文明试验区并在福建省率先实施，这是中央赋予福建省的光荣使命和重大责任，也是我省深化生态省战略，加快绿色发展，增进绿色福利、实现绿色惠民的迫切需要和重要路径。我们必须牢固树立生态文明观，以建设国家生态文明试验区为契机，把制度创新作为内生动力，积极探索绿水青山与金山银山有机统一的发展路径，加快推进生态文明试验区改

革任务，尽快形成更多可复制、可推广的经验和成果，为完善全国生态文明制度探索路径，积累经验。要坚持问题导向，突出时间节点，以强化地方党委、政府及其有关部门环保责任和企业环保守法责任为主线，以整合提升生态环境质量改善效果和提升全社会生态文明素养为目标，深入推进重点领域改革探索，强化改革试验经验的总结推广，增强群众的改革获得感，引导公众将生态环保意识转化为保护生态环境的意愿和行动，推动形成政府、企业、公众共同参与的绿色行动体系，努力打造生态文明试验区建设的“福建样板”，为建设机制活、产业优、百姓富、生态美的新福建，为实现人与自然和谐共生，建设美丽中国，为保护生态环境作出我们这代人的努力。

（撰稿：福建社会科学院　黎昕）

福建社会保障事业发展状况及对策建议

2017年以来，福建省按照兜底线、织密网、建机制的要求，继续完善各项社会保险制度，实施全民参保计划，率先在全国实施全省范围的精准扶贫医疗叠加保险政策，社会保障水平稳步提高，多层次社会保障体系建设取得进一步发展。

一、2017年福建社会保障事业发展状况

（一）实施新的被征地农民养老保障政策，进一步提高养老金待遇

实施新的被征地农民养老保障政策。将被征地农民划分为三个年龄段，未成年年龄段按照规定领取安置补助费，不作为被征地农民保障对象。劳动年龄段在企业等用人单位全日制就业的，按照规定参加企业职工基本养老保险；从事非全日制工作或者灵活就业且符合规定的，按照灵活就业人员身份参加企业职工基本养老保险；不属于企业职工基本养老保险覆盖范围的，按照规定参加城乡居民基本养老保险。养老年龄段的被征地农民保障对象从征地补偿安置方案批准次月起，按照当地农村最低生活保障标准按月领取被征地农民养老保障金，之前已参加城乡居民基本养老保险的，叠加享受被征地农民养老保障金。

出台机关事业单位基本养老保险关系和职业年金的转移接续政策，解决职工在机关事业和企业之间流动就业时基本养老保险和补充养老保险关系的转移接续问题，跨制度、跨地区转移接续基本养老保险的政策体系基本形成。

进一步提高养老金待遇。继续同步提高企业和机关事业单位退休人员基本养老金水平。从2017年1月1日起，为2016年底前已按规定办理退休手续并按月领取基本养老金的企业和机关事业单位退休人员提高基本养老金水平，此次调整统一采取定额调整、挂钩调整与适当倾斜相结合的调整办法，总体调整水平为2016年退休人员月人均基本养老金的5.5%左右。这是国家继2016年顺利实施首次统一调整企业和机关事业单位退休人员基本养老金以来，再次同步安排适当提高企业和机关事业单位退休人员养老金水平，进一步体现了机关事业单位和企业养老保险制度的“并轨”，企业退休人员养老金待遇也就此实现“十三连涨”。全省城乡居民基本养老保险基础养老金省定最低标准也提高了15元，这是城乡居民保待遇标准的第三次提高。

截至9月底，全省城镇基本养老保险参保人数（含离退休）1004.04万人，同比增加90.71万人，增长9.93%。城乡居民社会养老保险参保人数1493.91万人，同比增加6.22万人，增长0.42%。

（二）坚持医疗、医保、医药“三医联动”，进一步提高基本医疗保障水平

充分发挥福建省城镇职工、城镇居民和新农合管理经办体制三保合一，医疗保障管理要素充分整合的优势，按照“专门的机构、专业的队伍，精细化管理”理念，着重推动医疗、医保、医药“三医联动”。一是实行以医保支付结算价为基础的药品联合限价阳光采购和医保阳光结算制度改革，按照“按需而设、为用而采、去除灰色、价格真实”的原则启动药品联合限价阳光采购工作，完善药品采购目录阳光遴选机制，统一药品目录编码，实施药品最高销售限价和医保支付结算价。二是改革医院按项目收费方式，进一步推行按病种收费和支付改革，在2016省属公立医院实施100个病种的基础上，2017年新增500种，并同步完善临床路径，进一步扩大按病种收费和支付改

革范围。三是全面推进城乡居民基本医疗保障制度建设，继续巩固和完善城镇居民医保与新农合“六统一”（覆盖范围、筹资标准、政策待遇、医保目录、定点管理、基金经办），并实行市级统筹；推进城乡居民医保与城镇职工医保的政策统一，实现“四统一”（覆盖范围、医保目录、定点管理、基金经办）。

提高筹资标准，增强保障能力。一是提高财政补助标准。2017 年居民医保各级财政人均补助标准在 2016 年基础上新增 30 元，平均每人每年达到 450 元。二是强化个人缴费征缴。2017 年城乡居民医保人均个人缴费标准在 2016 年基础上提高 30 元，平均每人每年达到 180 元。三是进一步加强医疗救助与城乡居民大病保险的有效衔接和经办协作，全面落实资助困难群众参保政策，确保将特困人员、低保对象、建档立卡贫困人口等困难人员纳入居民医保和大病保险，加强支付政策衔接，落实大病保险倾斜性支付，通过“一降”（降低困难群众的起付线，确保其能够进入大病保险的支付范围）、“一提”（适当提高在合规范围内的报销比例）、“一扩”（进一步明确合规医疗费用报销范围），提高重特大疾病医疗救助水平。四是进一步实施城乡医保基金整合，明确将城镇居民医保和新农合基金合并为城乡居民医保基金，基金从县级统筹提高到设区市统筹管理。加强医保基金及其结余的预算管理，以收定支，统筹资金盘子，合理划分药品支付、医疗服务项目支付和服务设施支付的基本盘，提高医保基金的使用效率。

截至 9 月底，全省基本医疗保险参保人数 2481.33 万人，其中，城镇职工人数 781.54 万人，城乡居民参保人数 1699.79 万人。

（三）充分发挥失业、工伤、生育保险功能

发挥失业保险预防失业、稳定就业的功能，实行失业保险支持参保职工提升职业技能新政，对于依法参加失业保险，同时符合累计缴纳失业保险费 36 个月（含 36 个月）以上和自 2017 年 1 月 1 日起取得初级（五级）、中级（四级）、高级（三级）职业资格证书或职业技能等级证书两个条件的企业职工，可申领技能提升补贴。继续阶段性降低失业保险费率，减轻企业负担，促进就业稳定。全省失业保险费率由 1.5% 降至 1%，单位缴费部分再降 0.5%，即用人单位按照与之建立劳动合同关系职工的月工资总额的 0.5% 缴纳失业保险费，职工按照其月工资总额的 0.5% 缴纳失业保险费。截至 9 月底，全省失业保险参保人数 591.17 万人，同比增加 35.88 万人，增长 6.46%。领取失业保险金人数 5.15 万人，同比减少 0.25 万人，下降 4.63%。

进一步完善工伤政策，保障工伤职工合法权益。出台福建省工伤职工停工留薪期管理办法，进一步规范全省工伤职工停工留薪期的管理。规范工伤预防费的使用和管理，促进用人单位做好工伤预防工作，降低工伤事故伤害和职业病的发生率。省本级部分工伤认定明确由各设区的市级社会保险行政部门管辖，方便职工就近就地进行工伤认定。截至 9 月底，全省工伤保险参保人数 767. 68 万人，同比增加 64.78 万人，增长 9.22 %。

进一步加强生育保险管理工作。截至 9 月底，全省生育保险参保人数 602.97 万人。

（四）加大社会救助力度，发展扶老助老事业

继续完善低保政策。推进农村低保制度与扶贫开发政策有效衔接，全面实施特困人员救助供养新政策。一是适度扩大低保政策覆盖范围，调整完善家庭收入核算方式，适当放宽因病致贫家庭、生活困难成年无业重度残疾人纳入低保的条件，将符合相关条件的残疾人家庭、因病致贫家庭和成年无业重度残疾人纳入低保，并享有医疗、教育、住房等专项救助及临时救助，从制度安排上实现低保救助从“收入型”贫困向“支出型”贫困适度延伸。二是再次提高城乡低保标准，加大兜底保障力度。2017 年农村低保省定最低标准由家庭年人均收入 2650 元提高到 3000 元，高于 2952 元的国家扶贫标准。城市低保标准按当地最低工资标准 36% －42% 的区间，也随各地最低工资标准的提高按较高比例及时调整提高。

完善医疗救助体系，加大医疗救助力度。一是扩大医疗救助范围，在继续做好资助低保对象、特困人员参加基本医疗保险的基础上，将建档立卡贫困人口全部纳入资助范围，医疗救助对象从既有的特困人员和低保对象拓展到低收入家庭中

的四类人和因病致贫家庭中的重病患者。二是提高医疗救助水平，率先在全省范围实施精准扶贫医疗叠加保险政策，为建档立卡农村贫困人口构建基本医疗保险、大病保险、医疗救助、精准扶贫医疗叠加保险等多层次医疗保障体系：即针对2016年已建档立卡的农村贫困人口、新增建档立卡的农村贫困人口这两类对象，在省、市、县、乡四级定点医疗机构发生的属于基本医保支付范围内的门诊特殊病种和住院医疗费用（“目录内”医疗费用），在原有的基本医疗保险、大病保险和医疗救助的基础上，另由精准扶贫医疗叠加保险对“目录内”医疗费用予以补助。精准扶贫医疗叠加保险政策充分发挥医疗和保险叠加政策效应，进一步减轻了他们的医疗费用负担。

积极发展扶老助老事业。一是建立救助对象需求与公益慈善组织、社会工作机构的救助资源对接机制，实现政策救助与社会帮扶的有机结合，开展“八闽幸福养老”慈善公益系列活动，调动群团组织参与扶老助老慈善事业的主动性，构建全社会扶老助老的良好社会环境。二是把推进建设100个标准化居家养老服务照料中心、完善提升200个社区居家养老服务站，建设300个农村幸福院列入2017年为民办实事项目。三是出台福建养老“双十条”措施，明确入住医保定点养老机构的参保人员符合要求的医疗费用、床位费可使用医保个人账户按标结算；提供失能老年人照料服务的民办居家养老服务照料中心，以实际入住的失能老年人数统计，享受每年每床1200元的护理型床位运营补贴；对2017年底前，乡镇敬老院床位使用率达到50%以上的县（市、区），省级财政按30万元标准给予一次性奖补；明确省级补助政策由“补砖头”向“补人头”转变，对符合要求的老年人每月发放不低于200元的护理补贴。

二、新时代福建社会保障建设的新要求

随着中国特色社会主义进入新时代，社会主要矛盾转化为人民日益增长的美好生活需要和不平衡不充分的发展之间的矛盾。社会主要矛盾的变化对福建社会保障工作提出了更多新的要求。特别是在当前福建面临经济发展新常态、人口老龄化加快、城镇化进程提速、人民诉求多元化等等复杂多变的新形势下，要不迷失方向，少走弯路甚至不走弯路，福建必须在社会保障工作中始终坚持以人民为中心的发展思想，把增进人民福祉、促进人的全面发展作为工作的出发点和落脚点，在继续深化社会保障制度改革，积极建设覆盖全民、城乡统筹、权责清晰、保障适度、可持续的多层次社会保障体系的过程中，牢记“把人民对美好生活的向往，作为政府的奋斗目标”这一基本方向，按更加公平更可持续的追求，不断提升社会保障的能力和质量，既尽力而为、又量力而行，进一步提升人民群众的获得感、幸福感、安全感，在社保工作中抓住三个重点，即多解民生之忧、多谋民生之福、创民生之新福祉。

（一）多解民生之忧，需要抓住人民最关心最直接最现实的利益问题，积极应对人口老龄化带来的社会问题，切实解决好病有所医、老有所养的问题，让人民有更加充实的获得感、幸福感、安全感

福建省从1996年开始进入老龄化社会。截至2016年底，全省60周岁及以上老年人口532万，占总人口的13.8%；80周岁及以上老年人口86.55万人、占总人口的2.25%；空巢老人约114.31万人、占老年人口的22.2%。据预测，2020年60岁及以上老年人口将达到615万人，占总人口的15.02%。与老龄化趋势加剧伴随的是孤寡、残障、高龄、空巢等老人日益增多，养老及医疗照护需求日益增强。但福建目前面临着养老医疗服务有效供给不足——一方面养老医疗服务资源供给不足，无法满足老年人多层次多样化服务需求，另一方面现有养老医疗服务的质量效益不高、养老医疗机构作用发挥不足、服务不到位、人才队伍短缺；养老保险和医疗保险基金的收支压力越来越大；城乡、区域老龄事业发展和养老体系建设不均衡等等问题。人口老龄化涉及社会均衡发展，十三五”时期是福建全面建成小康社会决胜阶段，也是老龄事业改革发展和养老体系建设的重要战略窗口期。满足数量庞大的老年群众多方面需求、妥善解决人口老龄化带来的社会问题，事关民人民福祉，需要下大气力来应对。

（二）多谋民生之福，切实增加人民的获得感，需要找准人民群众对民生需求的新变化，回应好民生新问题，即知民情、顺民意。而解民忧、

增民利则需要在社会保障工作中把握好尽力而为和量力而行的度，让改革发展成果不仅更多而且也更公平地惠及全体人民，也让人民的获得感、幸福感、安全感更有保障更可持续

既尽力而为，又量力而行，需要对“力”的边界做到心中有数。这就要求加强精算技术在社保工作中的运用，建立社保精算制度。社保精算制度的建立一方面可以监测社会保险制度的运行情况，对基金收支及变化趋势做出长期预测，及时发现社会保险运行中存在的问题，另一方面也能在发现问题后，及时调整政策，调整社会资源的分配，因此它也是社会保障能够更加公平更可持续的关键。但由于《社会保险法》尚未明确规定社会保险领域需应用精算技术，对论证社保政策决策、社保基金运行监控及评估，并无相关的具体要求，因此当前社会保险管理中的所有政策参数，包括缴费年限、缴费率、领取养老金年龄、预期寿命、余命和替代率水平等，都缺少精算平衡的支撑，同时，精算机构和人员设置也严重滞后。随着社保制度规范化、科学化水平的提高，建立并实施社会保险精算制度势所必然。

（三）创民生之新福祉，必须坚持把让人民群众共享改革发展成果作为社会保障事业发展的落脚点，着力破解影响社保事业发展的体制机制障碍，有效调动民间资源，扩大社会保障总投入，全面提高社会保障水平，让人民群众在共建共治共享中有更多获得感、幸福感、安全感

十九大报告提出提高社会治理的智能化水平，打造共建共治共享的社会治理格局的理念。随着国家信息化推进，“互联网＋人社”的发展为创民生之新福祉提供了新引擎和可行路径。“互联网＋人社”通过大数据、云服务等互联网＋基础建设，让人社信息化，让人社大数据流动起来，通过构建人社统一电子档案，将社保卡、金融服务、移动互联网和大数据捆绑起来，使人社系统的业务模式发生全新的变化，也提高了社会保障公共服务能力，满足了在城镇化进程不断提速、新业态迅速发展、多元化就业模式的背景下，劳动者在城乡、产业、地域之间自由流动的需要。另一方面，劳动力的自由流动和“数字围墙”的跨越对地区利益、群体利益固化藩篱的冲击，也反过来有助于破解影响社保事业发展的体制机制障碍，进一步深化社会保障体制改革，真正实现促进制度公平，提高制度运行的效率。更重要的是，互联网开放、合作、共赢的思维，将改变公共服务只是“公家”服务的旧思维，能让有能力的行业、企业参与到公共服务，与政府部门协作服务老百姓，逐步构建老百姓、政府、企业共同参与的新形态的“互联网＋人社”生态圈，最终实现共建共治共享，增加社会保障总投入，让社会保障改革发展成果更多更公平更无障碍地惠及广大人民群众，让人民群众有更多获得感。

但目前对“互联网＋人社”的建设主要着眼于技术手段的运用和社保业务模式的提升，许多平台建设还只是筹备或刚开始中，“互联网＋人社”的建设大有可为，也是在今后的工作中必须加以特别重视的。

三、以人民为中心，全面深化福建社会保障制度改革

（一）以社会保障制度的创新完善为驱动力，医养结合，切实解决好病有所医，老有所养问题

一是积极探索建立老年人长期护理保险制度。老年人长期护理保险制度旨在为失能失智老人的基本生活照料、医疗护理、康复服务等提供保障。它以服务为核心，给付以需求为基础，与其他各项社会保险的制度目标、保障范围、待遇给付条件、支付方式有区别，但同时在参保范围、筹资渠道等方面也有很多一致的地方，因此，制度设计上应预先考虑如何与其他社会保险制度做好政策衔接、管理配套、机制协同。坚持互助共济、责任共担的原则多渠道筹资，在收入的制度设计上，可以以养老保险作为参照，在测算出长期照护支出规模的基础上，规划保费费基与费率和保费分担、政府补助形式及比例，平衡个人与社会责任，避免医疗资源浪费；在支出的制度设计上，明晰相关的各种条件与规范，例如保险给付请求要件的设立、给付项目与水平的定义、给付调整的可能与机制等。

二是实现“养”和“医”对接，让医疗卫生和养老服务资源实现有序共享。充分利用福建养老“双十条”政策，积极引导和推动医疗机构和养老机构合作共建，做好养老机构内设医疗机构

纳入医保定点范围的工作，鼓励养老机构、医疗机构一院一策，自主选择医养结合的具体形式，制定个性化的服务给付方案，通过“养中有医”“医中办养”，逐步提高医养结合水平。打通健康服务“最后一公里”，在城市，推行家庭医生签约服务试点，以高血压、糖尿病等慢性病为突破口，建立健全慢性病患者健康管理新机制；在农村，以三明公立医院改革为模板，强化县（区）级政府办医责任，由县公立医疗机构管理委员会统筹管理县、乡、村三级公立医疗卫生机构，推行乡村卫生服务一体化，通过在行政村延伸举办公益性的村卫生所，把医保开通到村。结合各地区现有的社区居家养老服务、志愿服务发展网络、照护服务人力规划及培训，将既有的相关策略与资源做有效的垂直与水平连结整合，建构整合式社区医养服务体系。

三是建立并完善各项制度，进一步提高医疗养老保障能力。积极实施商业健康保险个人所得税试点政策，必要时对承保税优健康险的险企在一定年限内给予一定的税收减免政策，以鼓励更多险企参与进来，鼓励保险公司有针对性地、分层次地开发潜在市场，研发出更多的产品，建立职工医保省级调剂金制度。在巩固职工医保市级统筹的基础上，逐步提高基金统筹层次，增强基金抗风险能力，提高医保基金整体使用效率。进一步完善大病医保政策，探索研究制定职工医保、城乡居民医保大病保险省级统筹方案，实行全省统一政策、统一经办、统一组织实施，逐步实现省级统筹，适当提高大病医保赔付比例，扩大规定病种范围和规定用药目录范围。推动全省建立养老服务补贴、高龄津贴和护理补贴制度，切实解决经济困难的高龄、失能等老年人的后顾之忧。探索建立老年人意外伤害保险制度，减少因老年人意外伤害引发的矛盾和纠纷。

（二）坚持精准平衡，让社会保障工作既尽力而为又量力而行

一是坚持精算平衡，实现养老保险制度的可持续性发展。精算技术在养老保障工作中的运用，是养老保险制度在人口老龄化加速发展、养老负担越来越重的压力下能够平稳可持续运行的重要保证。坚持养老保险基金收支平衡精算，规避有可能出现的养老保险基金巨额收支缺口，防患于未然；坚持养老保险基金隐性债务精算，逐步消化隐形债务，降低未来养老金的支付兑现风险；坚持养老保险替代率精算，模拟不同经济发展水平、个人收入水平、物价水平、生活水平条件下的养老保险替代率，把握养老保险基金收支动态规律；坚持养老保险影响因素敏感性分析，研究若干重要因素的微小变动对养老保险基金收支的影响，及时发现并优化影响养老保险制度平稳运行的制度参数；坚持养老保险基金投资精算，选择投资方式、设计投资组合方案，实现养老保险基金的保值增值。

二是加强精算技术在社保工作中的运用，充分发挥各类社会保险的功能。将精算科学运用到社会保障各项目中，加强对各类保险基金运行情况的监测和评估，分析其成本水平、年度收支水平及差额、长期综合收支水平及差额、长期资产积累水平、财务偿付能力……，在综合考虑基金运行情况、经济社会发展情况、就业形势等多种因素，科学测算和论证的基础上对现有保险政策进行适度调整，使其既能减低企业成本，激发企业活力，又能确保待遇发放和基金的平稳运行。如失业保险，在阶段性降低保险费率时间到期后，是否还能继续降低费率及是否仍具备降费空间，就需要具体分析在三次降低费率，基金征缴收入大幅下降后，失业保险待遇水平能否仍保证不降低和按时足额发放、未来需要应对的失业风险的可能性及规模和目前的累计结余和可支付月数能否积极应对此类风险、以及当一些统筹地区出现收不抵支的情况时，历年滚存结余和省级调剂金是否足以解决等等问题，然后再综合当下的经济形势就业状况决定后续政策。工伤保险也一样，需认真测算工伤保险基金收支情况，不同风险程度行业的工伤发生率、工伤保险费使用情况等，才能按“以支定收、收支平衡”的原则来确定费率并区别出不同的费率档次，以此平衡好降低企业成本与保发放之间的关系。再如三明对大病患者实施第三次精准补助，这是一种有益尝试，但各地能否推广实施第三次精准补助政策，则要具体分各地区的医保基金的年度结余和累计结余。

三是尽快建立社保精算报告制度，加强精算

队伍建设。编制社会保险精算报告，从养老金精算报告编制开始，逐步编制医疗保险及其他社会保险的精算报告，包括当年制度运行情况分析；未来10年的基金收支进行中期预测；在研究人口和宏观经济走势的基础上，对未来50年的基金收支进行长期精算预测；需进行参数假设和敏感性分析，说明精算评估中主要参数假设确定的依据，分析主要参数变化对基金和制度运行的影响；在分析预测结果的基础上，提出精算评估结论和保持制度平稳运行的政策措施。建立社保精算报告公开制度，社保精算报告向社会公开，以此推动社会保险精细化管理，推动社保数据集成共享，也保障参保人权益，使人民心中有数，放心参保。及时建立一支业务熟练的精算队伍。可以在寿险精算和非寿险精算两个方向之后，增加社保精算方向，把社保精算师考试认证纳入中国精算师认证体系；强化各级社会保障部门的社保精算人员培训，提高社保精算人员业务水平；探索与国内外大学和精算机构合作培养社保精算人才等。

（三）以“互联网＋人社”为引擎，提高社会治理的智能化，共同助力“互联网＋人社”开放生态的繁荣

一是充分应用“黑科技”创新人社服务模式。打造智慧服务体系，构建网络全覆盖、数据全共享、线上线下同推进的信息化体系和窗口平台、基层平台、网上平台、移动平台共同组成的“互联网＋人社”公共服务体系，实现全业务、多渠道的便捷服务。提升服务效率和体验，如创新支付手段，通过移动医保支付手段简化就医流程，使用微信医保支付打通挂号、诊间的缴费场景，打破智能线下刷卡进行医保支付结算的现状，有效解决“三长一短”中挂号排队长、缴费排队长问题，优化患者就医体验。挖掘服务深度和广度，如深化以电子病历系统为核心的医院信息系统建设，推动智能化医疗系统平台和互联网医疗平台的构建，普遍开展影像、心电、检查检验、门诊、会诊等远程医疗服务，使医生能通过对数据的分析推进个性化医疗和精准医疗，实现临床医疗诊断借鉴与参考、疾病监测与流行病追踪的应用，进而提升医疗服务质量；患者能从线上获取医疗资源，实现医疗资源合理分配和有效下沉，提高医疗服务可及性。

二是借力“互联网＋人社”推动社保决策科学化和管理与服务精准化。提高社保服务的科学性和针对性，如发展人脸识别技术、电子社保卡等创新技术，结合生物特征识别技术，进一步提高身份认证的准确度与方便性，实现远程认证，降低人社部门每年身份核验的工作压力，也免去群众来回奔波之苦。变被动服务为主动服务，利用大数据技术，通过对服务诉求的实时感知与动态分析，为各类服务对象提供更具个性化的主动服务，变“服务对象找我”为“我找服务对象”。如利用旅行、医疗、消费等生活轨迹信息，动态掌握人员状态，辅助判断参保人员的待遇享受资格，实施分类帮扶和精准扶持。借力“互联网＋”守护基金安全。利用大数据处理快、应用广、挖掘深、分析准的特点，构建公安、地税、工商等行政部门的数据共享机制，通过社保各险种之间的数据比对，以及与就业、公安、税务等数据进行关联分析，实现对社会保险业务、基金财务及相关数据资源的比对核查，实现对全省数据的实时动态监测。如通过对“对死亡后继续领取养老金监控”“重复领取养老金监控”“因病提前退休监控”等场景的模块构建，对重复领取待遇、死亡冒领养老金、违规提前退休等问题进行有效监管，将事后纠正向事前预警、事中监控转变。

三是共同助力“互联网＋人社”开放生态的繁荣。以开展全民参保计划和全国异地居住人员领取社会保险待遇协助认证、“五证合一”登记制度改革为契机，积极推动数据共享和互联互通，建立统一的数据交换共享指标体系，实现跨部门、跨区域的业务协同和信息资源共享。如以社会保障卡作为医养结合金融信息服务的载体，探索推进养老保险金、高龄津贴、失能补贴、特困老年人生活补贴、抚恤优待金等社会保障性资金领取“一卡通”；实现老年人就医、购药、医疗项目记录、医疗处方记录、实时医疗费用联网结算、在线金融服务等功能，节约社会投资，提高工作效率。建设统一的数据开放平台，公开资源目录和应用规范，在保证信息安全和个人隐私的前提下，逐步推动非涉密非敏感的公共数据资源和服务资源向社会合规开放。跨越“数字围墙”，打破“信

息孤岛”，减少信息的不对等，实现以技术促公平，让市场力量和社会公众获得参与社会治理的可能性，并由此转变对社会保障服务需求的满足方式，建言献策，主动提出改进民生服务的创新项目和创意点子，政府进而借民智推动民生服务资源应用，形成协作共创的良好生态。建设“人社众筹众包”的共同生态繁荣圈。积极吸纳社会力量参与“互联网 + 人社”建设，有效调动民间资源，让有能力的行业、企业参与到公共服务中，与政府部门协作服务老百姓。如利用“互联网 +”的机会，加大互联网企业企业参与公共服务的积极性；如抓住智慧健康养老产业发展的契机，推动企业、健康养老机构和各种养老服务资源加入这个大产业中，开发衍生服务产品，共同培育健康养老服务新业态等。最终形成政府释放权利，引入企业参与治理，企业开放资源及能力，相辅相成，共同助力“互联网 + 人社”开放生态的繁荣局面。

（撰稿：福建社会科学院　肖艳）

福建省科技投入问题与对策建议

近年来，福建省认真贯彻落实《中华人民共和国科学技术进步法》和《福建省科学技术进步条例》，切实把科技事业放在优先发展的战略地位，严格按照有关规定安排科技经费，保证了科技投入的较大幅增长，科技对经济社会发展的引领和支撑作用更加显著，但科技投入仍存在一些问题和不足。要健全创新引导支持机制，加大科技创新投入力度，优化科技投入结构和方式，深化产学研合作，推进科技成果转化。

一、福建省科技投入的基本情况

（一）财政科技支出情况

近几年，福建省财政科技经费从纵向比较来看，还是得到较大增长。2016 年财政科技支出量是2010 年的2.6 倍（参见表1）。

（二）R&D 经费支出情况

据统计，2015 年福建省全社会 R&D 经费投入392.93 亿元，从资金来源看，规模以上工业企业占 88.31%，高等院校占 3.91%，科研机构占3.94%，其他资金占 3.84%，规模以上工业企业是福建省 R&D 经费投入主体（参见表2）。

（三）R&D 经费横向比较

R&D 经费横向比较表明，R&D 经费支出总量与高校、院所 R&D 经费支出比重，福建省均倒数第二（比福建省低的是江西）；而规上工业企业R&D 经费支出比重位次，福建省居全国第二位（比福建省高的是山东）（参见表3）。

表1　2010－2016 年福建省财政支出和财政科技支出情况

年　份	全省财政支出（亿元）	全省财政科技经费（亿元）	全省财政科技经费占财政支出比重（%）
2010	1695.09	32.31	1.91
2011	2198.18	40.67	1.85
2012	2607.05	49.47	1.90
2013	3068.8	60.62	1.98
2014	3306.99	67.40	2.04
2015	4001.58	76.60	1.91
2016	4287.41	83.37	1.94

表2　2015 年福建省和全国 R&D 经费内部支出构成情况表

单位：亿元、%

地区	R&D 经费内部支出合计	规上工业企业		科研机构		高等院校		其他	
		总量	占比	总量	占比	总量	占比	总量	占比
全国	14169.9	10013.9	70.67	2136.5	15.08	998.6	7.05	1020.9	7.27
福建	392.93	346.98	88.31	15.48	3.94	15.37	3.91	15.1	3.84

表3　2014年全国和华东省市R&D经费内部支出结构构成情况

地区	R&D经费内部支出	高等学校	比重（%）	研究与开发机构	比重（%）	规上工业企业	比重（%）	其他	比重（%）	规上工业企业R&D经费支出比重位次
全国	13015.63	898.15	6.90	1926.18	14.80	9254.26	71.10	937.05	7.20	
上海	861.95	71.60	8.31	232.23	26.94	449.22	52.12	108.91	12.63	27
江苏	1652.82	88.44	5.35	12.11	7.33	1376.54	83.28	66.75	4.04	9
浙江	907.85	49.76	5.48	27.12	2.99	768.15	84.61	62.83	6.92	5
安徽	393.61	26.58	6.75	47.21	11.99	284.73	72.34	35.09	8.91	18
福建	355.03	11.40	3.21	12.91	3.64	315.38	88.83	15.34	4.32	2
江西	153.11	10.07	6.58	11.42	7.46	128.46	83.90	3.15	2.06	8
山东	1304.07	33.15	2.54	45.77	3.51	1175.55	90.14	49.60	3.80	1

综上所述，近年来，在省委、省政府的领导下，全省各级财政认真贯彻落实《中华人民共和国科学技术进步法》和《福建省科学技术进步条例》，切实把科技事业放在优先发展的战略地位，严格按照有关规定安排科技经费，保证了财政科技投入的较大幅增长，有力地促进了我省科技事业的发展。R&D经费是全社会的研究和试验发展投入，被称为衡量科技发展水平的尺子，是科学技术经费投入的核心，在科技研发中具有非常重要的地位，其支出量对经济发展起着非常大的推动作用。因此，研究R&D经费内部支出对于分析财政科技投入的效果也有着相当重要的作用。数据显示，规模以上工业企业是福建省R&D经费投入主体。

二、福建省科技投入存在的问题

（一）科技创新投入强度有待提高

从财政对科技投入量的角度可以发现，2010－2016年间，福建财政科技支出总量逐年增加，但福建财政科技支出占财政支出的比重几乎不变，都维持在2%上下浮动。这表明福建省财政支出在科技投入的强度上出现了疲软甚至减弱的态势。

R&D经费占GDP的比重是衡量一个国家科技创新所处发展阶段的通用指标，R&D经费投入占GDP的比重小于1%为使用技术阶段，大于1%小于2%为改造技术阶段，大于2%为创造技术阶段。尽管福建省R&D经费内部支出占GDP比重呈逐年递增趋势，但福建省R&D经费内部支出占GDP比重仍然偏小，甚至长期低于全国平均水平，且呈现出差距逐步扩大的迹象。2015年全省R&D经费占GDP的比例为1.51%，比全国平均水平2.07%少0.56个百分点，也低于邻省浙江的2.33%、安徽的1.96%。改造技术是指对现有设施及生产工艺进行的改造和优化，而非本质意义上的创新，创造技术才是能够形成自有知识产权的经济活动。福建省目前仍处于改造技术阶段，需要进一步增大研究与试验发展经费投入，为科技创造提供充足的资金基础。

（二）科技投入结构和方式有待优化

2015年福建省规上工业企业R&D经费内部支出占全省R&D经费内部支出达88.31%，比全国的高出17.64%，规上工业企业是福建省R&D经费投入主体。国际经验表明，企业对于科技创新投入的资金一般在工业化后期才开始显现出来，以全社会R&D经费构成看，工业化中期阶段政府的科技投入应占到40%左右，进入后期阶段，政府与企业的资金投入比例保持在35：60左右较为适宜。目前福建省处于工业化的中后期阶段，财政科技投入相对于企业研发资金存在明显弱势，因此提高福建省R&D经费应当通过进一步增大政府投资来实现。从目前来看，福建省财政政策在作用发挥上还缺乏一个有力的作用点，最主要原因在于如何有效界定政府财政与市场投入之间的边界，这也导致了科技创新的投入上出现了一些薄弱环节。从这两年来看，虽然福建省加大了对科技创新基础设施、基础研究以及基础平台的建设，但在支持力度上还没有达到理想状态。

同时，随着福建省科技计划、专项、基金增多，科技计划（专项、基金等）呈现门类过多、多头管理的现象，资金投入分散重复，造成同质化竞争、碎片化发展。科技投入方式单一，仍以前资助、后补助等直接投入方式为主，而政府采购服务、跟进投资和风险投资等间接方式较少，尚处于探索和初步发展阶段。

（三）企业自主创新能力有待强化

虽然福建省规模以上工业企业投入经费占比较高，但企业创新能力并不强。企业研发意识、研发机构、研发投入仍然不适应创新发展要求，高端产品不多，核心技术受制于人的局面尚未根本转变。2015 年全省规模以上工业企业有 R&D 活动的 3038 家、建有研发机构 1389 家，仅占总数的 17.6% 和 8.1%。2014 年规上工业企业的 R&D 经费支出 315.38 亿元，仅为江苏的 22.9%、浙江的 41.1%、广东的 22.9%。规上企业中新产品开发投入强度为 0.77%，低于全国的 0.91%、江苏的 1.24%、浙江的 1.39%、广东的 1.41%。这种现象与科技投入制度不完善和科技投入的方式不够科学有必然的关系。

由于科技投入较多采取直接投入方式，较少采用贴息、担保、风险投资等方式支持科技创新的融资，一些科技开发项目和企业受到融资的制约。民营企事业、高技术企事业和科研成果产业化等科技项目财政投入回报机制尚未建立。对企业技术创新的资金引导支持机制不够完善。

（四）产学研合作机制有待完善

从表 2 可见，在科技活动经费投入的构成中，福建的高校和科研院所 R&D 经费的比重偏低，这说明福建省在产学研结合方面做得还不够，未实现产学研的紧密结合。企业参与产学研合作、提升创新能力还停留在较低水平，企业产学研合作主要采用的是合作开发模式，委托开发、共建开发机构和技术转让等所占比重仅在 10% 以下。由于风险规避机制不健全，作为产学研合作的主体——企业，不仅要加大对产学研合作的投入，又必须独自承担产学研合作过程中的风险，承担更大的压力，这大大影响企业参与产学研合作的积极性。

与此同时，高校和科研院所的科研成果难以得到有效转化。高校和科研院所科研的市场意识不强，与企业的互动和合作不畅，科技成果与产业化的要求有较大差距等；企业参与产学研合作的主体意识不强，信息不对称，短期倾向较严重，对合作中的利益让渡有较多顾虑，二次开发能力较弱；产学研合作的外部统筹协调机制不够健全，政策法规不够完善等。

三、优化福建省科技投入的对策建议

党的十九大报告强调，“创新是引领发展的第一动力，是建设现代化经济体系的战略支撑”。要“深化科技体制改革，建立以企业为主体、市场为导向、产学研深度融合的技术创新体系，加强对中小企业创新的支持，促进科技成果转化。”

（一）加大科技创新投入力度

科技投入能够为科技创新提供稳定的资金来源，对基础研究和应用研究、技术研究与开发、科技重大事项等予以更充分的支持。福建省应确保财政科技投入稳定增长，充分发挥财政科技投入的引导作用，优化财政科技投入模式，提高财政科技投入绩效，加快构建多元化科技投入体系，确保全社会研究与试验发展经费投入（R&D）年均增长 20% 以上。加强科技投入统计工作，切实把科技统计数据作为技术创新活动分析和决策的重要依据，激励各类创新主体加大研发投入。

建立科技多元化投入模式。以财政投入为引导，企业投入为主体，其他金融体系与第三方联合的科技多元化投入模式是科技投入改革的方向。要厘清政府与市场界线，充分发挥财政引导作用，确保财政科技投入法定化增长在将企业培育为真正的创新主体方面提供相应的鼓励和支持措施。要进一步提升政府资金在 R&D 经费中所占比重，不断巩固以企业为主体的技术创新体系。实施大中型工业企业研发机构广覆盖行动，鼓励企业研发机构参与政府支持的技术研发项目，强化企业研发机构运行绩效评估和补助奖励，鼓励企业普遍设立研发准备金，建立研发管理标准体系，吸收更多企业参与研究制定技术创新规划、计划、政策和标准。

建立企业主导产业技术研发新机制。市场导

向明确的科技项目由企业牵头，联合高等学校和科研院所实施。政府更多运用财政后补助、间接投入等方式，支持企业自主决策、先行投入、开展重大产业关键共性技术、装备和标准的研发攻关。鼓励企业普遍设立研发准备金，对建立研发准备金制度的企业，根据企业研发投入实行普惠性财政补助。

建立政府企业创新对话、咨询制度。扩大企业在创新决策中的话语权，吸收更多企业参与研究制定科技发展规划、计划和政策、标准。支持有条件的企业开展基础性、前沿性创新研究，建立健全技术储备制度。为进一步引导和激励企业加大研发投入，建议根据税务部门提供的企业研发投入情况，给予5%－10%的普惠性财政奖励。归根结底，就是要舍得给创新以优惠，真正建立起适应创新驱动发展的新导向、新动力、新机制，最大限度释放创新创业活力。

（二）优化科技投入结构和方式

政府科技投入方式要多元化，调整财政支持产业发展的资金投向，设立自主创新专项资金，综合运用财政补助、贷款贴息、政府采购等多种方式，促进优化创新环境，搭建创新平台，围绕福建省重点产业链，扶持一批重点创新项目，提高企业自主开发和技术创新能力。

丰富完善产业类基金体系。变拨款为投资，变资金为基金，通过股权投资引导社会资本支持重点产业建设，构建财政资金“投入—运营—退出—再投入”循环机制，实现即期撬动、长期积累的效果。建立经营性财政资金股权投融资机制，更多采取基金等模式支持产业发展，形成股权投资引导基金、PPP发展基金、直投基金、产业基金等多元化基金发展格局。目前福建已组建产业股权投资基金、文化产业投资基金、技改基金、现代服务业产业发展基金、PPP引导基金、科技成果转化基金等各类产业股权投资基金，要加强基金治理结构、运作方式的调整规范，进一步理顺政府与市场关系，加快推进基金充分融入市场。

完善财政资金投入方式。一要强化稳定性和持续性支持。对基础前沿类研究，完善稳定支持和竞争性支持相协调的机制，鼓励科研人员开展原创性自由探索，进一步推进产学研合作。对新型产业技术研发组织，探索实施符合创新规律、以结果为导向、激励与约束并重的科研投入管理方式，通过签订战略合作协议等方式，明确建设任务和考核目标，给予稳定支持和经费使用自主权。二要探索引导性支持方式。对市场需求明确的技术创新活动，发挥好市场配置技术创新资源的决定性作用、企业技术创新的主体作用和财政资金的杠杆作用，通过风险补偿、后补助、创业投资引导基金、天使投资引导基金等引导性为主的方式，支持企业自主决策、先行投入，促进创新决策和组织模式调整完善，推进科技成果转移转化和资本化、产业化。三要围绕当前企业创新短板还需要进一步创新“点穴式”政策设计。比如鼓励享受研发投入补助的企业设立研发准备金制度，财政采取事前备案、事后补助的方式，按其上一年度实际研发投入新增部分的10%予以补助。为降低企业创新风险，激发其创新活力可以采取创新产品与服务远期约定政府购买以及科技企业孵化器后补助等措施为企业技术创新提档加速消除体制机制障碍。

（三）创新产学研合作体制机制

探索建立组织多元化、形式多样化、内容特色化、机制科学化、合作长效化的产学研深度合作的制度，促进各类创新要素向企业、优势领域和特色产业聚集。

强化以用为导向的政产学研用协同创新机制。逐步将科技财政资金重点投放去向由高等院校、科研院所转为企业，使企业真正成为接受科技财政资金的主体和开展研发活动的主力。建立以创新成果应用为导向的评价标准，形成“企业出题、政府立题、协同解题”的政产学研用协同创新机制。省科技计划每年安排不少于50%的科技项目经费用于支持企业牵头开展产学研联合创新，并鼓励企业通过招标、委托研发等形式，将承担的计划任务与高校、科研院所进行产学研合作创新。设立产学研用合作专项引导资金，建立健全以政府投入为引导、企业投入为主体、社会投入为补充的多元化产学研用结合投入体系。

探索建立“以奖代补”的产学研合作长效机制。改革对高校、科研院所的考核标准，将财政投入与高校、科研院所的产学研绩效适当挂钩，激励高校、科研机构主动重视科技成果的转化，主动与企业建立合作关系，开展协同创新；改变对生产力促进中心、技术成果转移中心等公共机构给予直接补贴的传统做法，适当使用“以奖代补”的形式激励这类机构开展产学研合作业务。鼓励高校、科研机构贴近产业、贴近企业、贴近市场，整合创新资源，建立行业技术开发基地、产学研“双创”平台等创新服务平台，加强产学研发创新和产业重大关键技术、共性技术攻关。逐步完善产学研合作项目的立项、项目监理、经费使用的审查、过程监督、验收评审等制度，并严格予以执行。

建立区域科技资源开放共享机制。推动企业与地方高校、科研机构共享相关数据库资源及重大科研项目中的设备资源；鼓励基础性研发平台建设与企业产业技术研究实现有效对接，构建“产学研合理分工、优势互补、利益共享、风险共担”的合作模式，为产业技术创新提供强有力的支撑。构建政府、企业、社会的信息沟通机制，加强科技成果供求衔接环节建设。政府要主动了解企业发展需求，及时发布相关领域国内外发展情况及对科技创新成果的需求，合理地规划和引导企业技术创新项目，以减少科技成果供求双方的信息不对称，提高科技成果转化率。

（四）积极推进科技成果转化

深化科技成果使用、处置和收益管理改革，完善政策措施，充分发挥市场对技术研发方向、路线选择、创新要素配置等的导向作用，推动科技成果产业化、资本化。

创新科技成果转化支持政策。设立科技成果转化引导基金，完善财政补贴政策，探讨科技成果转化的后补助机制，开展科研项目融资贴息试点。在全省高校和省级科研机构中选择若干试点单位，试行科研项目牵头人（单位）先行自主融资开展科研活动。省财政按照同期银行贷款利率对自主融资给予全额贴息。建立财政、融资单位与金融机构风险共担制度，因科研失败或科研成果收益不足以偿还融资的，经认定后，由省财政给予一定补偿。建立融资项目后补助奖励制度，对融资成功并用科研成果收益足额还贷的，经认定后，由省财政给予补助奖励，主要用于奖励项目主要完成人和作出重要贡献的科技人员。完善政府采购支持科技成果转化的立法体系，同时健全政府采购支持科技成果转化的实施细则。完善支持科技成果转化的税收优惠政策体系。

构建技术转移和创新服务体系。大力支持高校建立独立的技术转移组织和基金，支持专业化、国际化的技术转移机构，支持社会化的中介、咨询、专利、法律、会计、审计服务组织和机构，支持技术经理人或技术经纪人队伍建设，逐步形成市场化、专业化、社会化的技术转移创新服务体系。加快建设多层次的技术（产权）交易市场体系，拓展提升“中国·海峡项目成果交易会”、“6·18虚拟研究院”、国家技术转移海峡中心及其公共服务平台功能，加快建立覆盖全省、服务企业的技术转移网络。支持民营资本参与建设网上技术交易市场，探索社会化运营模式。

探索建立政社合作“PPP"新模式。PPP项目是实现公共项目建设资金的融资模式，也是公共产品的一种供给方式。具体可从几个方面考虑：（1）建立科技成果转化的“PPP"新模式，引入多方利益共享机制。选择一些重大科技成果转化项目，借鉴PPP项目的做法，引入政府和社会多方利益共享机制，可有效解决科技成果转化的资金瓶颈。（2）构建引导型的政府风险投资体系，分散科技成果转化的风险。在PPP模式下，科技成果转化由政府、社会多方利益主体参与，政府少量投入即可引导诸多社会资金，分散风险、共享利益。（3）构建规范合理的科技成果转化项目支持对象的遴选机制。PPP模式尝试阶段，由于经验不足，可通过构建合理的项目遴选机制，政府择优支持和引导。

（撰稿：福建社会科学院　魏澄荣）

福建教育发展形势分析与对策建议

2017年，福建教育领域深入学习贯彻习近平总书记系列重要讲话精神和治国理政新理念新思想新战略，以迎接党的十九大胜利召开为主线，紧扣“机制活、产业优、百姓富、生态美”深化教育综合改革，协调各级各类教育发展，围绕把方向、促公平、提质量、调结构、抓改革、创品牌、强保障等重点任务，以提高教育质量为战略主题，加快推进教育现代化，使全省的教育事业发展取得了新进展。

一、福建省教育发展的主要进展

（一）各级各类教育事业发展的总体态势

2016至2017年，福建省各级各类教育事业稳步发展，教育供给能力与教育质量不断提升。根据《福建统计年鉴（2017）》的相关数据统计，目前福建省学前教育在园幼儿156.61万人；特殊教育招生0.40万人，在校生2.55万人，毕业生0.37万人；普通小学招生53.08万人，在校生298.67万人，毕业生41.56万人；初中招生40.89万人，在校生115.48万人，毕业生37.51万人；普通高中招生21.71万人，在校生63.47万人，毕业生19.70万人；中等职业教育（不含技工校）招生13.70万人，在校生38.05万人，毕业生13.17万人；普通高等教育招生21.16万人，在校生75.64万人，毕业生19.95万人；全日制研究生教育招生1.41万人，在学全日制研究生4.27万人，毕业生1.20万人。此外，各级各类学校升学与就业情况分别为，学龄前儿童毛入学率99.99%，小学毕业生升学率98.38%，初中毕业生升学率87.8%，九年义务教育巩固率为98.1%，高中阶段毛入学率为94.9%，高校毕业生就业率为96.28%。教育财政投入方面，福建省级以上教育财政专项经费投入比2010年增长188%，其中职业教育增长806%、高等教育增长243%。

在招生录取方面，2017年，福建省普通高考计划招生181500人，其中本科计划83500人，高职专科98000人；本科一批招生院校共有276所，本一批常规志愿投档率达99.4%，录取率高达96.1%，实际录取3.54万人，其中文史类录取0.54万人，理工类录取2.77万人，特殊类型招生共录取0.23万人；本科二批招生院校748所，录取6.12万人，其中文史类1.93万人、理工类4.19万，本二批常规志愿满足率为91.8%；文史、理工类高职（专科）批招生院校共495所，实际录取4.54万人，其中，文史类录取1.53万人，理工类录取3.01万人。此外，2017年高校农村专项计划录取249人，比2016年增加33人，省属农村专项计划录取1411人，比上年增加209人，进一步增加了贫困地区农村学生上重点高校的机会。在全面改善义务教育薄弱学校基本办学条件项目进展上，截至2017年8月，福建省五年规划校舍面积279.57万平方米，已开工学校3647所，开工项目4396个，面积253.23万平方米，占规划建设校舍总面积的90.58%；已竣工学校3221所，竣工项目3988个，面积206.05万平方米，占规划总面积的73.7%；已完成设备购置项目的学习6314所，完成设备购置289437.27万元，占规划购置总金额的103.73%。各项教育类改革与投资项目按规划平稳推进。

（二）推进考试招生制度改革

2017年，福建省继续积极稳妥地推进考试招生制度改革，增强教育发展动力。一是2017年起实施全省统一中考，统筹推进初中课程教学和考试评价制度改革，实行初中学生毕业和高中阶段学校招生考试“两考合一”方式，考试成绩作为学生毕业和升学的基本依据。为便于各地和学校组织实施，按照国家课标，结合我省实际，省教育厅于2017年1月18日制订出台《福建省初中学科教学和考试指导意见》（语文、数学、英语、思想品德、历史、地理、物理、化学、生物九门），加强考试命题和教学评价指导，促进各地和学校深化课程改革，落实立德树人根本任务。二是普通高中学业水平考试和学生综合素质评价制度改革。为深化考试招生制度改革，加快推进素质教育，此前颁布的《福建省普通高中学业水平考试实施办法（试行）》和《福建省普通高中学生综合素质评价实施办法（试行）》，在福州、厦门、泉州、三明等4个设区市的2016－2017年高一新生中推行学生综合素质评价改革试点，随后滚动推进。2017年秋季，全省入学的高中新生全面试行综合素质评价改革。《学业水平考试办法》将从2018年秋季入学的高一新生开始全面实施。三是深化中等职业教育考试招生制度改革。《福建省中等职业学校学生学业水平考试实施办法（试行）》和《福建省中等职业学校学生综合素质评价实施办法（试行）》颁布后，全省围绕职业教育培养目标，实施文化素质与专业技能全面评价，促进学生全面发展。在对2016级学生开展试点考试工作后，2017年及以后入学的学生，开始正式实施学业水平考试。2017年起，对2016级学生实行试点评价；对2017年及以后入学的学生，开始正式实施综合素质评价。四是探索高职院校分类考试改革。2017年高职招考按招生对象，分为面向普通高中毕业生的招生考试和面向中等职业学校（含技工学校）毕业生的招生考试两类。相应地，2017年省高职招考政策也相应调整，不再安排本科计划面向普通高中生，提高了中职生技能测试成绩的权重，进一步规范了报考条件和中职生技能大赛加分政策。

（三）进一步完善教育公平保障体系

2017年，福建省采取多项举措完善教育保障体系，促进教育公平。一是改善义务教育薄弱学校基本办学条件，促进均衡发展。近年来，福建省高度重视全面改善义务教育薄弱学校基本办学条件工作，连续将“全面改薄”列为为民办实事项目。2016年，福建省通过“国检”，成为全国第七个全面通过国家义务教育发展基本均衡县督导检查的省份。2017年，福建省完善“全面改薄”督导机制，加强精细化管理，进一步推动“全面改薄”各项工作的落实。二是保障基础教育阶段平等受教育权利。2017年4月5日，省教育厅印发《福建省教育厅关于做好2017年义务教育招生入学工作的通知》，从依法实施义务教育、加强城乡招生政策统筹、合理确定招生范围、严格规范招生行为、加强招生入学工作的管理等五方面提出具体要求，引导生源合理流动，按不低于50%的比例将优质高中招生指标合理分配到初中校，并向薄弱学校、农村学校倾斜。针对教育资源配置不够均衡、群众择校愿望强烈、“学区房”问题突出等问题，提出坚持义务教育免试就近入学，积极稳妥开展“小升初”多校划片招生改革，统筹推进县域内城乡教育一体化改革。2017年福建省继续组织实施公办幼儿园建设项目，加快学前教育资源供给，力图缓解人口密集区域公办学前教育资源不足问题。三是多措并举实施教育精准扶贫。为落实《教育部教育扶贫攻坚“十三五”规划》《中共福建省委福建省人民政府关于推进精准扶贫打赢脱贫攻坚的实施意见》等精神，福建省级教育专项经费向23个重点县、老区、少数民族地区倾斜，实施省属本科高校招收农村学生专项计划，2017年安排计划1500人。2017年继续安排民族教育提升工程专项补助资金400万元，重点扶持民族中小学校改善办学条件、教学课程改革、培育民族教育特色等，进一步提高办学质量，缩小民族地区和民族学校教育差距。四是健全贫困学生就学就业帮扶体系。2017年，福建省进一步完善资助政策体系，健全精准资助机制，推动生源地助学贷款工作。在高校学生资助方面，注重由过去保障性资助向发展性资助转变，着力提升学生自我实践和创新能力。2017年5月，颁布《关于全面开展高校学生资助育人工作的通知》，通过开展“金融知识校园行”、“资助政策乡村行”、“家校关怀万里行”等资助活动，强化资助育人功能。

（四）大力加强师资队伍建设

师资队伍是学校内涵发展的核心要素，是提高办学水平和人才培养质量的关键。2017年，福建省继续实施科教强省和人才强省战略，加强师资队伍建设，各地教育部门也出台各类师资建设激励机制，取得了明显成效。一是表彰先进树立典型，弘扬尊师重教氛围。2017年4月，出台《关于开展全省优秀教师和优秀教育工作者评选表彰工作的通知》，开展“福建省优秀教师”、“福建省优秀教育工作者”评选活动，共表彰福建省优秀教师731人、福建省优秀教育工作者117人。2017年3月，在全省范围内开展首届“最美教师”寻访工作，共寻访10位福建省首届“最美教师”。二是深化教师教育综合改革。2017年5月，福建省教育厅、省委编办、省财政厅、省人社厅联合出台《关于加强教师进修院校建设的意见》，提出实施“县级教师进修学校标准化建设工程”，并将进修院校建设情况纳入“对县督导”评估体系，完善省、市、县三级中小学骨干教师培养体系。深化“县管校聘”管理改革，泉州市泉港区入选教育部遴选的30个第二批义务教育教师队伍“县（区）管校聘”管理体制改革示范区，加上2015年入选首批示范区的福州市闽侯县，截止目前福建省共两地入选。三是实施职业院校教师素质提升计划和师资闽台联合培养计划。2017年6月，福建省教育厅发布《关于申报职业院校教师素质提高计划项目任务承担基地的通知》，开展省级职校师资培养培训基地、省级职业院校教师企业实践基地、职业院校教师远程培训机构申报工作，确定福建师范大学等23家单位为省级职教师资培养培训基地，福建省华渔教育科技有限公司等13家单位为省级职业院校教师企业实践基地，福建幼儿师范高等专科学校等2家单位为省级职业院校教师远程培训机构。同时，进一步落实师资闽台联合培养计划，发布《关于下达2017年师资闽台联合培养计划的通知》，优化培训时间安排，规定在台培训时间不少于2周。四是继续开展高层次人才培养、引进和交流。继续实施台湾全职教师引进计划，截止目前，全省38所本科高校中已有26所引进了台湾全职教师，主要为具有博士学位的中青年骨干教师。

（五）着力提升职业院校办学能力

为贯彻落实“现代职业教育发展推进会”精神，福建省紧紧围绕让职业教育“香起来、亮起来、忙起来、强起来、活起来、特起来”的要求，加快构建具有福建特色的现代职业教育体系。一是深入推进产教融合。新组建一批省级行业职业指导委员会，2017年9月，发布《关于推荐第二批福建省行业职业教育指导委员会成员的通知》，推进福建省医药卫生行业职业教育指导委员会等12个行业职业委员会及其成员的组建，加快建立行业指导制度，充分发挥行业指导作用。紧跟区域产业发展态势，发布高职专业“正面清单”和“负面清单”，完善专业动态调整机制，引导高职专业设置紧密对接产业发展需要。二是打造在全国排得上、叫得响的福建职业教育品牌。2017年1月，福建省教育厅发布《关于做好2017年省级职业教育重点建设项目申报工作的通知》，遴选福建省职业院校服务产业特色专业群建设项目高职类48项、中职类23项，第三批现代学徒制试点项目高职类61项、中职类28项，福建省第二批多元投资主体职教集团培育建设项目10项。根据《关于做好2017年“二元制”技术技能人才培养模式改革试点项目申报工作的通知》要求，遴选确定2017年“二元制”技术技能人才培养模式改革试点项目86个。三是健全职业教育管理制度。2017年3月，福建省教育厅印发《福建省五年制高等职业教育管理办法（试行）》，明确提出促进五年制高等职业教育健康发展，加快现代职业教育体系建设步伐。

二、当前福建教育改革发展的主要问题

（一）普惠性学前教育资源的规模与质量严重不足

学前教育是国民教育体系的重要组成部分，也是一项重要的社会公益事业。十二五以来，福建省出台了一系列促进学前教育的政策措施，有力推动了学前教育的普及发展，学前教育入园率、每万人口在园幼儿等指标连续处于全国前列。但是，学前教育仍然是基础教育的薄弱环节，尤其是普惠性学前教育资源短缺问题比较突出，主要表现在：一方面规范化的普惠性学前教育供给仍然不能满足需要，幼儿园布局结构不够合理。普惠性学前教育资源，特别是优质的学前教育资源

仍然是福建省基础教育的薄弱环节，全省普惠性幼儿园占比仍然比较低，提高普惠性学前教育资源覆盖面将是今后一段时期内福建省的重要民生工程。此外，由于省域内和城乡间经济社会发展的不平衡，幼儿园布局上存在地区差异和城乡差异，城区公办园“大班额”问题还比较突出，农村幼儿园、部分民办园相对薄弱。另一方面是投入保障机制不够健全，有关扶持政策贯彻落实不够彻底。近年来，福建省出台了一系列学前教育政策措施，如《福建省第二期学前教育三年行动计划（2015－2017）》《福建省学前教育三年行动计划（2011－2013）》等，但由于各种主客观原因，在实际执行上存在一定偏差。在加大普惠性学前教育投入、完善普惠性民办幼儿园扶持政策，鼓励地方通过政府购买服务、补贴租金等方式发展普惠性幼儿园方面进展相对迟缓。

（二）本科院校转型改革面临困境

当前，福建高等教育已经步入结构调整和内涵提升的发展阶段。创新驱动发展、中国制造2025、21世纪海上丝绸之路核心区建设、中国（福建）自由贸易试验区、推进福州新区开发开放等重大战略推进落实，以新业态和新模式为特征的现代产业体系正在形成。为此，福建省加快高等教育结构调整步伐，推进本科院校应用型转型发展。福建省教育厅《关于公布本科高校向应用型转变试点项目的通知》发布后，遴选确定18所本科高校、143个专业群为转型改革试点项目，以提高服务区域、行业需求能力为引领，转变发展模式。2017年10月，福建省教育厅下发《福建省教育厅办公室关于遴选示范性应用型本科高校及专业群的通知》，遴选5所本科高校和20个专业群作为省级示范项目。本科院校转型取得了阶段成效，同时在实际推进过程中面临一些困境，主要表现在：一是对本科院校转型发展的认识有待深入。转型发展是高校办学思路的彻底转变，是服务面向的准确定位，是人才培养模式的深刻变革，要与建立现代职业教育体系相融通。一些高校在这方面的认识还不够深刻，停留在局部要素改革，没有将转型发展与整体办学相结合系统地谋划与设计。二是转型发展所需的运行机制、管理保障机制、评价机制建设推进缓慢，转型实际成效提升不够明显。转型发展意味着办学机制、培养流程、科研导向、教学模式以及评价方式等的系统变化，还涉及拨款在制度、招生制度等现有高等教育行政管理体制的调整。这些配套机制的系统改革还比较滞后，不能适应部门联合、产教融合、校企合作需要。三是专业设置、课程建设等与产业结合度不高，高素质“双师双能型”教师队伍、实践教学资源等人才培养的关键要素与应用型人才培养还有较大差距。

（三）研究生教育发展相对滞后

2017年，福建省持续加快推进研究生教育事业发展，推荐厦门大学申请自主审核单位，按需推荐厦门理工学院申请新增硕士学位授予单位，推荐华侨大学哲学等12所高校64个博士硕士学位点申请新增博士硕士学位授权点（其中6个博士专业学位授权点、11个硕士专业学位授权点）。虽然研究生培养规模稳步扩大，但与区域经济社会发展需要和国内先进省份相比，福建省研究生教育仍然相对滞后，主要表现在：一是研究生教育规模相对滞后。福建省具有研究生教育资格的高校数量比较少，在全国研究生培养高校总数中的占比较低。研究生教育培养规模与经济发展规模不相匹配，在东部沿海省份中仅高于海南省。二是研究生教育结构有待进一步优化。目前，全省博士、硕士学位授权点已涵盖了除军事学外的12个学科门类，基本覆盖了福建经济社会发展的主要领域。但是工学类学位点及博士、硕士专业学位点发展仍比较滞后，不能有效适应经济社会发展多元需求。三是研究生教育整体水平尚需大力提升。高水平的成果不多，近年全国优秀博士学位论文数量落后于其他东部沿海省份。一流学科数量偏少，特色、优势学科数量不够多，学科发展对高质量研究生教育的支撑能力仍显不足。

三、推进福建教育事业发展的对策建议

（一）深化义务教育学校管理机制改革，扩大优质教育资源覆盖面

义务教育学校管理机制改革一直是近年来福建教育改革的重要方面，其不仅关系到义务教育学校内部教育活力的激发和办学效益的提升，还直接影响到教育资源分配的有效性与公平性，是涉及福建省经济社会和谐发展与人民群众满意度

的重要一环。目前，福建省不断探索出一系列义务教育学校管理机制改革经验，如义务教育学校“小片区管理”捆绑考核机制，农村薄弱校“委托管理”、名校集团化办学等措施相继落实，对于扩大优质教育资源覆盖面取得了阶段性成效，但同时存在配套管理措施跟不上、管理创新能力不足、改革精细化程度不够等问题。要从根本上提高改革实效，必须进一步拓宽义务教育学校管理机制改革的深度和广度，充分发挥义务教育学校的主体作用，处理好学校自身优质发展与教育资源均衡统筹之间的矛盾，理顺学校微观、中观与宏观管理机制之间的关系，促进义务教育学校管理实现制度化、规范化、科学化与公平化。

为此，一要将义务教育学校管理机制改革理念从传统的管理理念转变为治理理念，即更多地强调多元主体的参与、改革权力的上下融通互动、合作治理的包容性以及社会参与的深入，从而调动政府、义务教育学校、市场、社会团体等都能积极参与讨论并建构良性的合作与竞争机制，推动义务教育资源的共享与均衡发展。二要将改革实践从强势推进转变为合作共赢，义务教育学校管理机制改革是一项十分复杂的系统工程，既需要各级教育部分与学校系统的纵向合力，也需要教育、财政等诸多部门协同各类义务教育学校、市场及第三部门的横向配合，单一地通过自上而下的行政推动会导致政府权力介入过度、学校办学自主权缺失等一系列教育生态问题，政府应将权力适度让渡于学校自身，鼓励学校、企业、高校、社会团体等发展合作共赢的伙伴关系，自主建立起城乡均衡的区域性教育共同体。三是深入反思现有改革模式的优点与局限，推动义务教育学校管理机制改革的创新发展。目前发展较为迅速的学校管理机制改革模式如名校集团化已发展多年，应及时总结其改革过程的经验与不足，细致分析该模式下各分支样本的异同，通过扬弃与改良催生更具实践性与创新力的现代教育治理模式，比如研究普通校升级为优质校的转换模式、尝试探索“跨体制学校联姻”，深化教育督导模式改革等等，推动义务教育学校管理机制焕发新机。

（二）加快打造教育示范品牌，以精品带动教育整体质量提升

在教育资源总量不足、教育投入有限的情况下，如何快速提升福建教育的整体质量一直是困扰福建教育发展的难题。通过各类教育示范品牌的建设，能够探索出更具特色与实用性的教育经验，能够有效发挥精品的示范引领作用和辐射效应。教育示范品牌需要能够在教育改革创新、教育公平示范、优质教育资源集聚和教育开放合作等诸多领域走在全省教育建设前列，为全省乃至全国教育改革与发展探索经验、提供示范。教育示范品牌的打造至少可分为三个层面。一是教育示范区建设，即打造具有鲜明区域发展特色的教育先导区，比如各地普遍开展的教育现代化示范区、义务教育均衡发展示范区、社区教育示范区等，除此之外还应挖掘福建各地特色教育资源，在教育信息化、教学与课程改革、民族教育、乡村教育等领域打造一批具有创新理念与特色竞争力的教育实验区和示范区。二是教育示范校建设，主要是在职业教育、高等教育、成人教育等领域遴选一批示范校或教育联盟品牌，探索适于经验改良和推广的教育典型院校，发挥其先进带后进的引领作用。三是教育示范项目建设，主要是在教育发展的重点难点领域启动并完善一批示范项目建设，特别是在教师发展、校企合作、创新创业、教育开放等方面挖掘典型，树立精品，通过动态评比、资金倾斜、荣誉授予等手段以示范项目带动教育领域的竞争与合作。

同时，在教育示范品牌的建设过程中应注意几项基本原则。一是以先行先试、创新发展为理念，勇于鼓励实验区和示范项目的大胆探索和深化改革。二是以提升质量、内涵发展为目标，引导各类教育示范品牌强化内涵建设和特色发展，把提高教育质量作为品牌建设的核心任务。三是充分发挥率先发展、示范引领的作用，积极探索具有复制推广和引领示范意义的教育发展模式与经验。四是注重统筹兼顾，促进各类教育间、区域间、学校间的协调发展，防止教育资源过度集中造成新的教育失衡，推动福建教育的可持续发展。

（三）加强教育信息化基础支撑能力，发挥对福建教育现代化的引领作用

教育信息化是实现教育现代化的重要前提和

基础保障。自我国提出“加快教育信息化进程”的发展战略后，福建教育信息化建设进入快车道，特别是“三通两平台”建设取得了重要进展。目前，福建省完小以上中小学100%接入20M以上宽带网络，实现了宽带网络“校校通”；配备多媒体教学设备的班级数占比达99.7%，基本实现多媒体设备“班班通”；提前一年实现全省所有中小学专任教师和中学生拥有实名制网络学习空间，实现网络学习空间“人人通”。与基础设施建设成就形成对比的是，福建教育信息化之路存在的深层问题一直未得到足够重视，比如信息化设施的维护与实践成效问题、教育信息化理念的贯彻与落实问题、硬件建设与课程教学的深度融合问题、优质教育信息化资源的挖掘问题、职业教育与高等教育的信息化模式创新问题等等都亟待厘清与解决。只有不断推动信息技术与教育教学的全面深度融合，以信息化引领教育理念和教育模式的创新，才能充分发挥教育信息化在福建教育改革和发展中的支撑与引领作用。

首先要进一步明确教育信息化的发展目标，深入贯彻习近平同志提出的“坚持不懈推进教育信息化，努力以信息化为手段扩大优质教育资源覆盖面”，“通过教育信息化，逐步缩小区域、城乡数字差距，大力促进教育公平，让亿万孩子同在蓝天下共享优质教育、通过知识改变命运”，“积极推动信息技术与教育融合创新发展，共同探索教育可持续发展之路”等重要理念，切实提高教育信息化建设的重要地位。其次要加强教育信息化的分类指导，针对基础教育、职业教育、高等教育、成人教育的不同特点和需求因地制宜地开展有重点的教育信息化应用与推广。第三要在教育信息化硬件普及的基础上，逐渐将建设重点转移至教育信息化的软件实力上去，特别是要深入研究信息技术与教育教学的融合途径、方法和模式，着力加强教师队伍的信息技术应用能力和学生的信息素养，使信息化理念与实践切实渗透到教育教学工作的方方面面。最后要加强教育信息化建设的保障措施。除了政府投入以外，倡导民间资本参与教育信息化资源配置，鼓励专业第三方机构与政府、学校、企业一道提供教育信息化资源与服务。同时，加强教育信息化建设的配套机制建设，进一步完善相关管理机制、市场机制、激励机制等，确保福建教育信息化的稳步发展。

（撰稿：福建社会科学院　谭敏）

2017年福建文化工作情况

2017年，在省委、省政府的正确领导和文化部的指导下，全省文化系统认真学习贯彻习近平新时代中国特色社会主义思想和党的十九大报告精神，紧紧围绕省委、省政府中心工作，以文化强省建设为目标，坚定文化自信，坚持中国特色社会主义文化发展道路，坚持以人民为中心的工作导向，采取更加扎实、更加有效的创新举措，艺术创作繁荣发展，公共文化服务水平不断提高，文物保护利用和文化遗产保护传承成果丰硕，文化产业加快发展，文化市场规范有序，对外和对台文化交流成效显著，进一步打响福建文化品牌，福建文化影响力大幅提升。2017年，国家组织对我省的申遗工作、文化生态保护区建设、公共文化服务体系示范区（示范项目）创建、红色文化保护、戏曲普查、艺术创作等专项检查，都获得好评。

一、强化政治担当，全面从严治党深入推进

一是认真学习贯彻习近平新时代中国特色社会主义思想和党的十九大精神。十九大胜利闭幕后，厅党组迅即召开省直文化系统党员干部大会和中心组（扩大）学习会，传达学习贯彻党的十九大会议精神、省委常委会（扩大）会议精神和省宣传思想文化系统学习宣传贯彻十九大精神专题会议精神，研究贯彻落实具体措施和工作重点。同时结合持续推进“两学一做”学习教育常态化制度化，进一步提升省直文化系统党员干部素质，举办省直文化系统学习贯彻党的十九大精神培训班，邀请专家作专题辅导讲座。推进省直文化系统牢固树立“四个意识”，坚定“四个自信”，坚决以习近平新时代中国特色社会主义思想和党的十九大精神为指导推动文化事业和文化产业发展。二是坚决落实全面从严管党治党要求。深入贯彻落实习近平总书记关于推进“两学一做”常态化制度化的重要指示精神和中央、省委的部署要求，出台《关于推进“两学一做”学习教育常态化制度化工作的实施方案》并抓好落实。召开厅党组中心组学习会、省直文化系统党员干部大会专题传达学习贯彻党的十九大精神和省委十届四次全会精神，并在省直文化系统作了部署安排。加强党风廉政建设和反腐败工作，持续查纠“四风”和贯彻落实中央八项规定精神，全年党政纪立案7起，通报批评7起14人。积极配合省委巡视五组开展巡视工作，认真抓好巡视反馈问题的整改，切实履行主体责任。三是打造廉政文化品牌。发挥文艺演出、文化展览等优势，组织开展系列廉政文化活动。会同省纪委等部门举办以“坚定信念·廉政先行——喜迎十九大”为主题的廉政文艺活动，开设廉政文艺周、党校专场演出、走基层巡演、精品戏曲演出和廉政楹联书法展等五个专题；启动优秀廉政题材闽剧《曲判记》巡演；举办学习宣传廖俊波同志先进事迹、“八闽清风”廉政文艺走基层等活动。四是抓好文化导向管理。制定并印发《中共福建省文化厅党组落实意识形态工作责任制实施办法》《福建省文化厅落实意识形态工作责任清单》。抓好各类文艺演出、文博展览展示、文化论坛、文化讲座等意识形态导向把关。加强对相关省级文化类社会组织的监督指导，把63个文化类社会组织纳入意识形态导向管理，保证了文化阵地建设、文化活动开展、文化内容传播、文化市场监管等导向正确。

二、聚焦时代要求，艺术创作生产精彩纷呈

一是文艺精品创作生产有新突破。创立艺术

精品策划论证“火花茶会”新机制，每月组织一次以上专家、剧团研究精品创作，全年共举办16次。实施“福建省舞台艺术精品工程”和“福建戏曲保护传承弘扬工程”。着力抓红色历史、推进改革、扩大开放、生态省建设、效能建设、文化遗产保护、传统文化传承发展、海峡两岸交流合作、精准扶贫等9个方面的现实题材创作，精心创排大型舞剧《望海》、歌剧《松毛岭之恋》《与妻书》和话剧《县委书记廖俊波》等。排演拍摄国家京剧电影工程项目《大闹天宫》，中央电视台现场录制舞台版首场演出并在戏曲频道播放，是我国京剧电影工程的唯一武戏。高甲戏《大稻埕》获“五个一工程”奖。闽剧《双蝶扇》入选文化部2017年度“国家舞台艺术精品创作扶持工程”10部重点扶持剧目，为我省第一部入选该工程剧目；闽剧《双蝶扇》、南音《凤求凰》入选“2017年度全国舞台艺术重点创作剧目名录”。歌剧《松毛岭之恋》入选文化部“中国民族歌剧传承发展工程”9部重点扶持剧目。莆仙戏《踏伞之后》、平讲戏《马匹卜驳妻》入选文化部2017年度剧本扶持工程“整理改编剧本”项目。福州市闽剧院演员吴则文获第28届中国戏剧梅花奖。高甲戏《大稻埕》荣获第22届曹禺剧本奖。杂技《竹林欢歌——抖杠》获得莫斯科“偶像——2017”国际马戏艺术节比赛银奖和组委会特别奖。歌剧《松毛岭之恋》入选第三届中国歌剧节，京剧《赵武灵王》、折子戏《武松打虎》入选第八届中国京剧艺术节，闽剧《苏秦还乡》入选全国基层院团戏曲会演，高甲戏《大稻埕》入选全国地方戏曲南方会演，高甲戏《大稻埕》和闽剧《双蝶扇》入选第十五届中国戏剧节。木偶戏《施公案》、南音《钗头凤》等8个节目入选2017年全国曲艺、木偶剧、皮影戏优秀剧（节）目展演。10部作品获福建省第八届百花文艺奖。18个项目入选国家舞台艺术基金年度扶持立项资助、1个项目获滚动资助，资助总额2295万元，增幅居全国前列。圆满完成我省承担、历经两年的全国地方戏曲剧种普查工作，全国共有348个剧种，福建有23个剧种，文化部雒树刚部长、董伟副部长分别作出重要批示、给予高度评价，文化部专门致函感谢我省圆满完成全国地方戏曲剧种普查任务。去年7月，《福建艺术》由双月刊改为单月刊，连续出版4期，反响良好。二是重大文艺活动取得新成效。圆满完成省委、省政府交办的“金砖国家领导人厦门会晤”“金砖国家政党、智库和民间社会组织论坛”等重大活动文艺演出任务，舞剧《丝海梦寻》精华版在福州“三合一”论坛精彩献演，得到国外嘉宾的盛赞和中联部的高度评价。芗剧现代戏《谷文昌》片断和梨园戏《董生与李氏》片断两个节目入选国家2018年新年戏曲晚会。举办第七届福建艺术节暨第27届戏剧会演剧本征文活动，征集到104部作品。举办福建省第九届青年演员比赛，全省有590名青年演员参赛，有339名选手进入决赛，荟萃戏剧、声乐、器乐、舞蹈、杂技等艺术门类；以第九届青年演员比赛获奖选手的获奖节目为主体举办汇报演出，集中展示近年来我省精心培育优秀青年文艺人才的成果。在晋江举办由文化部和省政府主办的全国曲艺、木偶剧、皮影戏优秀剧（节）目展演，全国80多个优秀曲艺、木偶、皮影剧目参演。开展送戏进乡村、进校园、进社区、进军营等文化惠民演出活动，省属六院团全年演出1200多场。扶持47个基层文艺院团开展免费或低票价演出，全年演出2000多场。三是文艺演出形成新模式。党的十九大胜利召开后，充分利用文化资源和文化阵地，迅速组织文艺工作者创造性地将理论宣讲和文艺演出融为一体，紧贴十九大报告创排了一批文艺节目，赴全省各地开展“新时代新风采”党的十九大精神宣讲文艺巡演，推动省市县三级联动开展十九大精神文艺巡演进乡村、进校园、进社区、进企业等，创新以艺术形式系统解读、宣传十九大精神。不到2个月时间，省市县三级巡演近300场。巡演体现宣讲式特点，小制作紧扣大主题、小节目宣讲大道理、小分队形成大联动、小阵地发挥大作用。

三、围绕为民惠民，公共文化服务日益完善

一是推进公共文化基础设施建设。贯彻落实《公共文化服务保障法》和我省出台的《关于加快构建现代公共文化服务体系的实施意见》，协调省财政等部门制定《福建省基层综合性文化服务中心建设以奖代补方案》，推进公共文化服务标准化、均等化建设和科学化布局。对接各地需求建

设特色化文化设施，促进特色化与针对性有机组合。启动县级文化馆图书馆总分馆制建设，全省确定15个县（市、区）的11个图书馆、8个文化馆试点建设。推进图书馆法人治理结构工作，组建首届福建省图书馆理事会。福州市、古田溪山书画院创建第三批国家公共文化服务体系示范区、示范项目通过国家中期督查。加快重点文化项目建设进度，海峡演艺中心项目完成工程投资近2亿元，海峡文化广场项目调整后的可研方案报送省发改委审核，省图书馆改扩建项目完成项目预算、人防设计审查等工作，福建大剧院改造升级项目评审确定中标单位。二是提高公共文化服务实效。加强公共文化服务供需对接，出台《关于进一步加强我省公共文化服务供需精准对接的实施方案》，建立“福建省公共文化服务供需对接信息平台”，明确公共文化服务对接内容。制定公共文化服务信息发布工作机制，向社会发布15批各类文艺演出、文化展览展示、文化讲坛讲座等信息1000多条。文化部“公共数字文化大数据实践基地——福建重点实验室”落户福建。创新公共文化服务方式，实施一县一品、一乡一品文化品牌创建，依托民间民俗文化和非物质文化遗产开展特色文化活动，组织民营文艺院团层层汇演。推动文化场馆和文艺院团“联盟合作”，实现不同门类的文化资源互联互通、共建共享。建立“全省公共文化服务志愿者联盟”，根据基层群众需求，开展多类型多形式的文化志愿服务。建设“西湖文化主题公园”文化惠民项目。三是创新群众文化惠民活动。打造“百姓大舞台”品牌，组建开展公益演出。建设（提升）1000多个地方戏台、541个非遗传习场所及一批文化村史馆、小型特色博物馆、宗祠文化场所、农民文化小公园等，让广大群众共享文化改革发展成果，实现公益演出常态化。推进福建戏曲进乡村、进校园工作。举办5期“全国农民画创作群体漆画技艺实验班”，培训人数150多人，来自全国26个农民画乡的30名学员完成漆画作品60幅；编制《建设农民漆画示范（福建）基地规划纲要》。省文化厅、省教育厅、省文联、省总工会联合主办的第十三届福建音乐舞蹈节，有89个作品进入决赛，举办了第十三届福建音乐舞蹈节优秀节目汇报演出。省图书馆全年接待读者221万人次、建立公共服务网点102个，“闽图大学堂”“东南周末讲坛”“作家讲坛”共面向社会举办讲座、展览、阅读推广活动等200多场，加强正谊书院“中华优秀传统文化实践基地”建设并发挥作用。省艺术馆开展群文、非遗等各类活动26项，举办6期文化惠民非遗专题展演，组织群文业务培训9期、共培训学员653人次，接待参观群众70万人次。

四、注重历史传承，文物和文化遗产保护成效明显

一是世界文化遗产申报取得重大成果。厦门鼓浪屿成功列入《世界遗产名录》，习近平总书记对鼓浪屿保护管理上的积极探索和取得的显著成绩作出批示给予充分肯定，我省出台《中共福建省委、福建省人民政府关于认真学习贯彻习近平总书记重要指示精神进一步加强文化遗产保护利用传承工作的通知》；全面推进古泉州（刺桐）史迹申遗工作，顺利接受了国际古迹遗址理事会专家的现场考察评估。实施武夷山、福建土楼世界遗产保护工程，继续推动海上丝绸之路、闽浙木拱廊桥、万里茶道等文化遗产保护和申遗前期工作。二是文物保护利用工作取得新进展。省委、省政府召开全省文物工作会议，出台《福建省人民政府关于加强文物工作的实施意见》。实施全国重点文物保护单位、世界文化遗产、涉台文物和传统村落等一批文物保护利用重点工程。启动革命文物保护利用五年行动计划，重点做好中央苏区（闽西）革命旧址保护规划和项目实施。《南平市朱子文化遗存保护条例》《龙岩市红色文化遗存保护条例》和《三明市红色文化遗址保护办法》先后出台。抓好历史文化名城名镇名村保护工作，实施国保省保集中成片传统村落文物保护利用工程。省政府公布第二批省级历史文化街区11个，会同省住建厅公布2017年重点改善提升15个历史文化名镇名村和传统村落。启动“文物保护单位数字化平台”和“文物保护单位在线监控平台”建设，建设省级以上文物保护单位安全监控系统，开展“福建省文物安全状况大排查行动”。纪念建军90周年全省文物联展获选国家文物局推荐的十大主题展览，福建博物院举办“福建省纪念中国人民解放军建军九十周年大型展”“福建省第一次全国可移动文物普查成果展”“福建考古成就展”等30大型展览多个，全年观展人数达113.6万人次。在北京故宫博物院举办“严复书法特展”。“福州市不可以移动文物洗银营27号案”入选“2017年度文物行政执法指导性案例”。非国有博物馆建设发展取得了新的成效。三是大遗址保护取得新突破。三明万寿岩成功列入国家考古遗址公园名单，实现了我省国家考古遗址公园零的突破。实施武夷山城村汉城遗址本体工程，基本完成三明万寿岩遗址本体保护和环境整治工程。结合申报国家考古遗址公园立项工作，推进漳平奇和洞遗址、明溪南山遗址保护工程。“永春苦寨坑原始青瓷窑址”考古荣获2016年度全国十大考古新发现称号，成为我省第五个列入年度全国十大考古新发现的项目。四是非物质文化遗产保护利用水平不断提高。推进《福建省非物质文化遗产保护条例》立法工作。闽南文化生态保护实验区建设10周年成效显著，推进重点区域保护工作和保护区数据库、数字文化馆建设。客家文化（闽西）生态保护实验区获文化部批准设立为国家级。推进妈祖文化、朱子文化等省级文化生态保护区建设，推动朱子文化生态保护区申报国家级。国际遗产日期间举办“福建省非遗传统工艺精品大展”等系列活动。组织我省非遗项目赴北京参加“中国共产党的故事——绿色发展”专题宣介会、在“金砖国家领导人厦门会晤”和福州“三合一”论坛等重要活动期间展示。继续实施“闽籍书画名家抢救工程”，举办谢义耕书法篆刻作品展、伊秉绶书法艺术展及研讨会、周哲文金石书法艺术展，为研究我省美术书法史提供史料。推进实施福建传统工艺振兴工程。开展第四批省级非遗项目代表性传承人评审，台湾地区和香港地区首次参评并各有1人通过评审。新增89项省级非遗名录代表性项目。举办14期中国非遗传承人群研培计划培训班。

五、紧扣转型升级，文化产业和市场体系逐步完善

一是着力推动文化产业加快发展。精心打造文化产业发展平台，举办第十届海峡两岸（厦门）文博会、第十二届海峡两岸（莆田）艺博会等重点文化展会，签约项目、订单金额、参观人数等再创新高。一批文化创意产业园集聚发展，闽江学院漆艺家孵化基地、海峡两岸龙山文化创意产业园入围文化部“双创”服务体系建设扶持计划，中国动漫集团在泉州设立“国家动漫创意研发中心分中心”。积极培育壮大龙头文化企业，评选第十一批省级文化产业示范基地13家，全省国家级、省级文化产业示范基地达148家。加大数字创意产品开发和服务力度，运用VR、AR等现代科技手段，建设省图书馆VR数字阅读体验厅、福建博物院VR体验中心等9个VR体验中心，开发《绚丽多彩的福建文化》《海峡梦·五缘情》等12部VR应用宣传片。开展2017年度国家动漫企业认定和年审工作，目前有44家动漫企业获文化部认定，40家通过年审。印发《福建省扶持发展营业性演出市场低价票补贴办法（试行）》，补贴演出经纪机构高雅艺术低票价近40万元。全省600多家民间职业剧团年演出1万多场、演出收入5亿多元。制订《促进闽台文化产业合作发展实施方案》，吸引台湾创意人才来闽创业，创建两岸青年创客基地。积极争取2017中央财政文化产业发展专项资金810万元，对全省特色文化、创意融合、项目贴息等16个项目予以扶持。二是着力保障文化市场规范有序。加强文化市场重要时间节点、重点领域监管，围绕党的十九大、金砖国家领导人“厦门会晤”、福州“三合一会议”、香港回归20周年等重大节点和重要活动，在全省范围深入开展文化市场安全检查和生产经营秩序监管。落实文化市场省级行政许可事项，完善行政审批制度改革，建立以游艺游戏、网络文化产品和营业性演出活动等为重点的精准事前管理审批机制，演出经纪机构、经营性互联网文化单位设立和营业性演出、艺术品进出口经营活动审批稳妥有序。强化“双随机一公开”制度，严格文化产品内容审查制度，成立游戏游艺设备内容审查专家委员会，举办全省互联网文化单位内容自审培训班。加强对经营性演出活动、城乡结合部及边远农村各类流动搭台大棚非法演出活动的监管巡查力度；针对影响范围大、社会关注度高的互联网文化、艺术品市场、网络直播表演等违法违规行为开展专项整治。省两办印发《关于进一步深化全省文化市场综合执法改革的实施意见》，文化市场综合执法领导体制机制和信用体系建设、信息化建设、综合执法队伍建设等工作稳步推进。制定《福建省文化市场警示名单管理规定（试行)》。全省有6家剧团、6家演出经纪公司、4家演出场所经营单位获评“中国演出行业协会诚信经营单位”称号。三是着力拉动文化消费有效提升。制订《特色文化文物示范村镇建设项目实施方案》，首批扶持10家文化文物示范村镇，发挥文化艺术、文化遗产、工艺美术、传统戏曲等在乡村文化旅游产业融合中的作用，提高乡村文化消费水平。推进福建博物院、福建省图书馆、闽台缘博物馆3家国家级文化文物文创开发试点单位开发文创产品130多种，确定福建省昙石山遗址博物馆等15家单位为首批省级试点单位。启动福建文创（西湖）市集，支持福州“宜夏榕城艺术季”、厦门“文化艺术周”、泉州“文化惠民卡”等一批创新文化消费项目，扩大文化产品和服务的有效供给。推进歌舞娱乐场所、游戏游艺场所转型升级，15家转型升级示范点带动全省相关市场经营主体改进服务、转变形象、扩大消费群体、培育新型业态。

六、推进民心相通，文化交流传播成效凸显

一是落实部省合作项目和工作部署。由文化部和省政府主办、省文化厅和泉州市政府等承办的第三届海丝国际艺术节在泉州成功举行。分别组织省实验闽剧院、省歌舞剧院等艺术团组赴新加坡、缅甸和菲律宾参加“欢乐春节”演出活动。做好文化部与泰国国家旅游局共同主办的“澜沧江——湄公河文化行”福建境内参访活动。积极推动“海丝”文化精品走出去，配合金砖会晤系列活动，面向俄罗斯、南非、印度、巴西等金砖国家开展文博和文化艺术等展览展示活动；组织福建非遗展演团参加哈萨克斯坦世博会。二是拓展对外文化交流渠道。积极融入“一带一路”建设，创新人文交流方式和对外文化交流机制，策划在海丝沿线国家建设“福建文化海外驿站”，打造富有福建特色的对外文化交流阵地，推动福建文化、中华文化“走出去”。2017年8月份在马来西亚马六甲设立首家“福建文化海外驿站”，集专题图片展、“非遗”精品展、“非遗”传承人技艺展演与教学培训以及文艺表演为一体。第二家“福建文化海外驿站”在菲律宾建设运行。“丝路帆远——中国海上丝绸之路文物精品图片展”受邀参加“一带一路”北京国际合作高峰论坛和“博鳌亚洲论坛2017年年会”，并赴阿根廷、巴西、智利三国展览。三是深入开展对台文化交流。组织南词戏“朱子之歌”、畲族歌舞及闽剧赴台湾实践大学等19所院校巡演，“福建文化宝岛校园行”活动完成福建文化5年入台湾100所学校交流的计划。“海峡杯”闽台少儿歌手赛部分获奖选手赴台湾校园举办“音乐交流演唱会”。组织我省非遗传承人入岛开展交流讲座、举办“福建非遗文化进金门”交流活动。在福州举办第九届“海峡论坛”分论坛——“海峡两岸书院实践与发展论坛”和“匠心·意蕴——台湾工艺美术精品大展”。搭建“台湾实习生来闽进驻文创产业实习平台”，邀请25名台湾青年来闽实习交流。邀请从未到过大陆的台湾同胞（“首来族”）127人来闽参访。

（来源：福建省文化厅网站）

2017 年福建省卫生计生事业发展情况

2017 年，全省卫生计生系统在国家卫生计生委和省委省政府的坚强领导下，积极调整生育政策，强化健康福建战略实施，持续深化医改，加强组织实施“十三五”卫生计生事业发展规划和医疗卫生服务体系规划，加大医疗卫生补短板力度，全省医疗卫生服务体系更加完善，卫生计生服务能力得到进一步提升。

一、卫生资源情况

（一）卫生机构

全省卫生计生机构总数 27217 所，比上年减少 441 所；其中：各级各类医院 608 所，比上年增加 18 所；社区卫生服务机构 676 所（社区卫生服务中心 223 所，社区卫生服务站 453 所），比上年增加 121 所（社区卫生服务站增加 120 所）；乡镇卫生院 881 所（中心卫生院 224 所，一般卫生院 657 所），比上年增加 1 所；村卫生室 18609 所，比上年减少 336 所；门诊部和诊所 5908 所，比上年增加 98 所；疾病预防控制机构 96 所，与上年持平；专科疾病防治机构 25 所，卫生监督所 87 所，均比上年增加 1 所；妇幼保健机构 89 所，比上年增加 2 所；计划生育技术服务机构 158 所，比上年减少 341 所。（详见表 1）

表 1　2017 年福建省卫生机构变动情况表

单位：所

机　构　类　别	2017 年	2016 年	增　减
总　计	27217	27658	-441
一、医院	608	590	18
综合医院	361	356	5
中医医院	80	80	0
中西医结合医院	10	10	0
民族医院	1	1	0
专科医院	154	141	13
护理院	2	2	0
二、基层医疗卫生机构	26074	26190	-116
社区卫生服务中心（站）	676	555	121
社区卫生服务中心	223	222	1
社区卫生服务站	453	333	120
乡镇卫生院	881	880	1
中心卫生院	224	224	0

续表

机　构　类　别	2017年	2016年	增　减
乡卫生院	657	656	1
村卫生室	18609	18945	-336
门诊部	781	615	166
诊所、卫生所、医务室	5127	5195	-68
三、专业公共卫生机构	471	808	-337
疾病预防控制中心	96	96	0
专科疾病防治院（所）	25	24	1
妇幼保健院（所）	89	87	2
急救中心（站）	7	7	0
采供血机构	9	9	0
卫生监督所	87	86	1
计划生育技术服务机构	158	499	-341
四、其他卫生机构	64	70	-6

1. 全省各级各类医院按床位数分类情况

全省608所医院中，床位在99张及以下的320所，比上年增加6所；100-499张的200所，比上年增加7所；500-799张的54所，比上年增加4所；800张及以上的34所，比上年增加1所。

2. 疾病预防控制机构按地市分类情况

全省疾病预防控制机构96所，其中省级1所，设区市级9所，县（区、县级市）级84所，另有2所分别为南昌铁路局福州疾病预防控制所和莆田市湄洲岛疾病预防控制中心。

3. 卫生监督机构按地市分类情况

全省卫生监督所（独立设置）87所，其中省级1所、设区市级9所、县（区、县级市）级77所。

4. 妇幼保健机构按地市分类情况

全省89所妇幼保健机构，其中省级1所，设区市级8所，县（区、县级市）级80所。

（二）医疗机构床位

全省医疗机构床位总数183418张，比上年增加4516张，同比增长2.52%；全省每千人口医疗机构床位数达4.69张，比2016年的4.62张增加0.07张。

1. 按类别分类情况

全省医院床位140231张，比上年增加5423张，占医疗机构床位总数的76.44%，其中：综合医院床位95248张，比上年增加2055张；中医类医院（含中医医院、中西医结合医院、民族医院）床位21444张，比上年增加608张；专科医院床位23421张，比上年增加2740张。社区卫生服务机构床位3455张，比上年增加78张，占医疗机构床位总数的1.88%；卫生院床位30227张，比上年减少160张，占医疗机构床位总数的16.48%。妇幼保健院（所）床位6015张，比上年减少21张，占医疗机构床位总数的3.28%。专科疾病防治院（所）床位1709张，比上年增加54张，占医疗机构床位总数的0.93%。疗养院床位1761张，比上年减少839张，占医疗机构床位总数的0.96%。（详见表2）

表2　2017年福建省医疗机构床位变动情况表

单位：张

机　构　分　类	2017年	2016年	增　减
总　计	183418	178902	4516
一、医院	140213	134790	5423
综合医院	95248	93193	2055
中医医院	18576	17965	611
中西医结合医院	2808	2811	-3
民族医院	60	60	0
专科医院	23421	20681	2740
护理院	100	80	20
二、基层医疗卫生机构	33689	33790	-101
社区卫生服务中心	3455	3377	78
乡镇卫生院	30227	30387	-160
中心卫生院	14393	14498	-105
乡卫生院	15834	15889	-55
门诊部	7	26	-19
三、专业公共卫生机构	7755	7722	33
专科疾病防治院（所、站）	1709	1655	54
妇幼保健院（所、站）	6015	6036	-21
急救中心（站）	31	31	0
四、其他卫生机构	1761	2600	-839

2. 按经济类型分类情况

公立医疗机构床位157094张（国有123931张，集体33163张），比上年增加1549张，增长1.00%，占医疗机构床位总数的85.65%；民营医疗机构床位26324张，比上年增加2967张，增长12.70%，占医疗机构床位总数的14.35%。

3. 按设置主办单位分类情况

政府办医疗机构床位153655张（其中卫生计生部门办148293张），占医疗机构床位总数83.77%；个人办医疗机构床位20116张，占医疗机构床位总数的10.97%；其他社会机构办医疗机构床位9647张，占医疗机构床位总数的5.26%。

（三）卫生人员

全省各级各类医疗卫生计生机构共有人员总数300972人，比上年增加11196人，增长3.86%；其中卫生技术人员231546人，比上年增加10657人，增长4.82%，占卫生人员总数的76.93%；其他技术人员11469人，比上年增加492人，增长4.48%，占卫生人员总数的3.81%；管理人员9103人，比上年增加706人，增长8.41%，占卫生人员总数的3.02%；工勤人员23593人，比上年增加582人，增长2.53%，占卫生人员总数的7.84%；乡村医生和卫生员25261人，比上年减少1241人，占卫生人员总数的8.39%。

从卫生技术人员构成分析：执业（助理）医师84045人（其中：执业医师73377人），比上年增加3914人，增长4.88%，占卫技人员的36.30%；注册护士101285人，比上年增加5035人，增长5.23%，占卫技人员的43.74%；药剂、检验等其他卫技人员46216人，比上年增加1708人，占卫技人员的19.96%。全省每千常住人口卫技人员5.92人、执业（助理）医师2.15人、注册护士2.59人，分别比上年增加0.22人、0.08人和0.11人。（详见表3）

表3 2017年福建省卫生机构人员变动情况表

单位：人

类 别	2017年	2016年	增（减）
一、卫生人员	300972	289776	11196
1. 卫生技术人员	231546	220889	10657
执业（助理）医师	84045	80131	3914
注册护士	101285	96250	5035
药师（士）	14597	14410	187
技师（士）	12348	11466	882
其 他	19271	18632	639
2. 乡村医生和卫生员	25261	26502	-1241
3. 其他技术人员	11469	10977	492
4. 管理人员	9103	8397	706
5. 工勤人员	23593	23011	582
二、每千常住人口卫生技术人员	5.92	5.70	0.22
三、每千常住人口执业（助理）医师	2.15	2.07	0.08
四、每千常住人口注册护士	2.59	2.48	0.11

从卫生技术人员学历、技术职称（聘任）和年龄构成分析：

1. 学历构成：具有大专及以上学历占比65.02%，同比提高2.02个百分点，其中本科及以上占31.96%、大专占33.06%、中专占33.13%、高中及以下占1.85%。

2. 技术职称（聘任）构成：高级占8.16%，同比下降0.16个百分点；中级占18.11%，同比下降0.29个百分点；初级占57.16%，同比下降0.03个百分点；待聘占16.57%，同比提高0.48个百分点。

3. 年龄构成：35岁以下卫技人员占比提高了3.37个百分点，55岁及以上卫技人员占比下降了0.93个百分点。其中25岁以下占9.08%、25－34岁占41.54%、35－44岁占24.18%、45－54岁占16.72%、55－59岁占3.28%、60岁及以上占5.19%。

（四）基层医疗卫生组织

1. 乡镇卫生院。全省共有乡镇卫生院881所，床位30227张，卫生技术人员31122人。其中执业（助理）医师10229人，占卫技人员总数的32.87%；注册护士10824人，占卫技人员总数的34.78%。其中中心卫生院224所，床位14393张，占卫生院床位数的47.62%，平均每院拥有床位64.25张；卫生技术人员13631人，平均每院卫技人员60.85人。

2. 社区卫生服务机构。全省共有社区卫生服务中心（站）676所，床位3455张，卫生技术人员11788人。其中社区卫生服务中心223所，床位3455张，卫生技术人员9331人，执业（助理）医师3616人，注册护士3346人。

3. 村卫生室。全省共有村医疗点18609个，其中村办占62.41%。共有执业（助理）医师3731人，注册护士373人，乡村医生和卫生员25261人。

二、医疗服务情况

（一）门诊服务工作量情况

1. 诊疗人次。全省医疗机构诊疗人次22569.9万人次，比上年增加742.9万人次，增长3.40%。其中医院诊疗人次9881.5万人次，比上年增加238.8万人次，增长2.48%，占医疗机构诊疗人次的43.78%；社区卫生服务中心（站）诊疗人次为1933.9万人次，比上年增加255.1万人次，增长15.19%，占医疗机构诊疗人次的8.57%；卫生院诊疗人次为 2968. 1 万人次，比上年增加 290. 1 万人次，增长 10. 83%，占医疗机构诊疗人次的 13. 15%；其他基层医疗机构（含村卫生室、门诊部、诊所）诊疗人次为 6626. 1 万人次，比上年减少 98. 6 万人次，下降 1. 47%，占医疗机构诊疗人次的 29. 36%；妇幼保健机构诊疗人次 1040. 5 万人次，比上年增加 61. 8 万人次，增长 6. 32%，占医疗机构诊疗人次的 4. 61%；专科疾病防治机构诊疗人次 101. 0 万人次，比上年减少 0. 3 万人次，下降 0. 29%，占医疗机构诊疗人次的 0. 45%。（详见表 4）

2. 门急诊人次。全省医疗卫生机构门急诊人次为 21922. 2 万人次，比上年增加 683. 0 万人次，增长 3. 22%，门急诊占总诊疗人次的 97. 13%；其中门诊人次数为 20513. 57 万人次，占门急诊人次的 93. 57%。医院门急诊人次为 9775. 3 万人次，比上年增加 205. 9 万人次，增长 2. 15%，其中门诊人次数为 8621. 93 万人次，占门急诊人次的 88. 20 %；社区卫生服务机构门急诊人次为 1877. 0 万人次，比上年增加 245. 1 万人次，增长 15. 02%，其中门诊人次数为 1838. 24 万人次，占门急诊人次的 97. 93%；卫生院门急诊人次为 2902. 0 万人次，比上年增加 278. 62 万人次，增长 10. 62%，其中门诊人次数为 2780. 25 万人次，占门急诊人次的 95. 80 %；其他基层医疗机构门急诊人次数为 6244. 1 万人次，比上年减少 92. 0 万人次，下降 1. 45%；妇幼保健院（所）门急诊人次数为 1004. 0 万人次，比上年增加 49. 8 万人次，增加 5. 22%，其中门诊人次数为 927. 61 万人次，占门急诊人次的 92. 39%；专科疾病防治机构门急诊人次为 101. 0 万人次，比上年减少 0. 3 人次，下降 0. 29%，其中门诊人次数为 92. 67 万人次，占门急诊人次数的 91. 75%。（详见表 4）

表 4　2017 年福建省医疗机构诊疗工作量情况

单位：万人次

	诊疗人次数			其中：门急诊人次数		
	2017 年	2016 年	增（减）	2017 年	2016 年	增（减）
总　计	22569. 9	21827. 0	742. 9	21922. 2	21239. 2	683. 0
一、医院	9881. 5	9642. 7	238. 8	9775. 3	9569. 4	205. 9
综合医院	7256. 5	7062. 5	194. 0	7197. 7	7010. 6	187. 1
中医医院	1601. 4	1574. 1	27. 3	1588. 4	1560. 7	27. 7
中西医结合医院	216. 0	219. 8	-3. 8	212. 2	214. 0	-1. 8
民族医院	6. 3	6. 5	-0. 2	6. 3	6. 5	-0. 2
专科医院	799. 0	778. 6	20. 4	768. 7	776. 5	-7. 8
护理院	2. 3	1. 2	1. 1	1. 9	1. 2	0. 7
二、基层医疗卫生机构	11528. 1	11081. 5	446. 6	11023. 1	10591. 5	431. 6
社区卫生服务中心（站）	1933. 9	1678. 8	255. 1	1877. 0	1631. 9	245. 1
社区卫生服务中心	1549. 7	1347. 3	202. 4	1496. 6	1304. 5	192. 1
社区卫生服务站	384. 1	331. 5	52. 6	380. 5	327. 4	53. 1
乡镇卫生院	2968. 1	2678. 0	290. 1	2902. 0	2623. 4	278. 6
中心卫生院	1365. 9	1241. 4	124. 5	1329. 8	1213. 4	116. 4
乡卫生院	1602. 2	1436. 6	165. 6	1572. 2	1410. 0	162. 2
村卫生室	4272. 4	4370. 7	-98. 3	3981. 8	4048. 8	-67. 0
门诊部	690. 2	622. 6	67. 6	612. 2	568. 8	43. 4

续表

	诊疗人次数			其中：门急诊人次数		
	2017 年	2016 年	增（减）	2017 年	2016 年	增（减）
诊所、卫生所、医务室	1663.6	1731.4	-67.8	1650.0	1718.5	-68.5
三、专业公共卫生机构	1151.4	1089.6	61.8	1114.9	1065.1	49.8
其中：专科疾病防治院（所）	101.0	101.3	-0.3	101.0	101.3	-0.3
妇幼保健院（所）	1040.5	978.7	61.8	1004.0	954.2	49.8
四、其他机构	8.9	13.3	-4.4	8.9	13.1	-4.2

（二）住院人数及病床使用情况

1. 入院人数。全省医疗机构共有入院人数550.9万人次，比上年增加15.7万人次，增长2.94%。其中医院入院人数446.1万人次，比上年增加20.8万人次，增长4.89%，占医疗机构总入院人数80.97%；社区卫生服务中心（站）入院人数5.6万人次，比上年减少0.3万人次，下降5.12%，占医疗机构总入院人数的1.02%；卫生院入院人数76.4万人次，比上年减少5.8万人次，下降7.08%（中心卫生院下降5.58%，乡镇卫生院下降8.70%），占医疗机构总入院人数的13.86%；妇幼保健院（所）入院人数21.5万人次，比上年增加1.3万人次，增长6.27%，占医疗机构总入院人数的3.90%。

从每百门急诊的入院人数情况来看：医院为4.56人，比上年增加0.11人；卫生院为2.63人，比上年减少0.50人；妇幼保健院（所）为2.14人，比上年增加0.02人。

2. 病床使用率。全省医疗机构病床使用率74.7%，同比提高0.6个百分点。其中医院病床使用率82.6%，同比提高1.1个百分点；社区卫生服务中心（站）病床使用率32.5%，同比下降2.4个百分点；卫生院病床使用率45.1%，同比下降2.9个百分点；妇幼保健院（所）病床使用率62.3%，同比提高2.2个百分点。

从各类医院病床位使用率情况来分析：综合医院83.5%，同比提高1.1个百分点；中医类医院（中医医院、中西医结合医院、民族医院）77.2%，同比下降1.4个百分点；专科医院84.1%，同比提高3.8个百分点。

从省、市、县级公立医院病床位使用率情况分析：省级医院病床使用率为99.5%，同比提高1.3个百分点；市级医院病床使用率为94.7%，同比提高0.3个百分点；县级医院病床使用率为80.4%，同比提高0.8个百分点。

3. 出院者平均住院日。全省医院出院者平均住院日8.6天，与上年持平；卫生院出院者平均住院日6.1天，比上年增加0.1天；妇幼保健院（所）出院者平均住院日5.3天，与上年持平。（详见表5）

表5 2017年福建省医疗机构住院及病床使用情况

机构类别	入院人数（万人次）			病床使用率（%）			出院者平均住院日（天）		
	2017 年	2016 年	增（减）	2017 年	2016 年	增（减）	2017 年	2016 年	增（减）
总　计	550.9	535.2	15.7	74.7	74.1	0.6	8.2	8.2	0.0
一、医院	446.1	425.3	20.8	82.6	81.5	1.1	8.6	8.6	0.0
综合医院	342.4	328.2	14.2	83.5	82.4	1.1	7.9	8.0	-0.1
中医医院	52.5	50.7	1.8	76.5	77.5	-1.0	9.2	9.3	-0.1
中西医结合医院	8.5	8.5	0.0	81.7	85.3	-3.6	9.7	10.1	-0.4
民族医院	0.2	0.2	0.0	71.7	68.8	2.9	8.0	6.1	1.9

续表

机构类别	入院人数（万人次）			病床使用率（%）			出院者平均住院日（天）		
	2017 年	2016 年	增（减）	2017 年	2016 年	增（减）	2017 年	2016 年	增（减）
专科医院	42.1	37.6	4.5	84.1	80.3	3.8	14.0	12.9	1.1
护理院	0.3	0.0	0.3	71.7	59.5	12.2	5.2	52.7	-47.5
二、基层医疗卫生机构	82.0	88.2	-6.2	43.9	46.7	-2.9	6.2	6.1	0.1
社区卫生服务中心（站）	5.6	5.9	-0.3	32.5	34.9	-2.4	6.9	6.6	0.3
乡镇卫生院	76.4	82.2	-5.8	45.1	48.0	-2.9	6.1	6.0	0.1
中心卫生院	40.3	42.7	-2.4	52.6	55.5	-2.9	6.3	6.3	0.0
乡卫生院	36.1	39.5	-3.4	38.5	41.5	-3.0	5.9	5.8	0.1
门诊部	0.1	0.1	0.0	—	—	—	—	—	—
三、专业公共卫生机构	22.2	20.8	1.4	61.3	59.6	1.7	6.2	6.2	0.0
专科疾病防治院（所）	0.8	0.6	0.2	57.2	57.2	0.0	32.1	39.8	-7.7
妇幼保健院（所）	21.5	20.2	1.3	62.3	60.1	2.2	5.3	5.3	0.0
四、其他机构	0.6	0.9	-0.3	91.7	83.6	8.1	73.3	53.8	19.5

（三）分级诊疗

2017 年，全省三级医院诊疗人次 5587.51 万人次，比上年增加 313.95 万人次，占全省诊疗人次数的 24.76%，同比提高 0.60 个百分点；二级医院诊疗人次 3725.88 万人次，比上年减少 74.57 万人次，占全省诊疗人次数的 16.51%，同比下降 0.90 个百分点；基层医疗卫生机构诊疗人次 11528.13 万人次，比上年增加 446.63 万人次，占全省诊疗人次数 51.08%，同比提高 0.31 个百分点。

全省三级医院入院人数 233.03 万人，比上年增加 20.37 万人，占全省入院人数的 42.30%，同比提高 2.56 个百分点；二级医院入院人数 174.13 万人，比上年减少 3.22 万人，占全省入院人数的 31.61%，同比下降 1.53 个百分点；基层医疗卫生机构入院人数 82.05 万人，比上年减少 6.12 万人，占全省入院人数 14.89%，同比下降了 1.59 个百分点。（见图 4）

（四）服务效率

全省医师每人每天担负诊疗人次为 9.4 人次，比上年减少 0.1 人次；医师每人每天担负住院床日 1.6 日，比上年减少 0.1 日。

从各类医疗机构分析，医院医师每人每天担负诊疗人次为 8.6 人次，比上年减少 0.3 人次；每人每天担负住院床日 2.4 日，与上年持平。社区卫生服务机构医师每人每天担负诊疗人次 16.0 人次，比上年增加 0.6 人次。卫生院医师每人每天担负诊疗 11.6 人次，比上年增加 0.8 人次；每人每天担负住院床日 1.3 日，比上年减少 0.1 日。妇幼保健院医师每人每天担负诊疗 12.0 人次，比上年减少 0.3 人次；每人每天担负住院床日 0.9 日，比上年减少 0.1 日。

从省、市、县级医院分析，省级医院医师每人每天担负诊疗 7.9 人次，比上年减少 0.7 人次；每人每天担负住院床日 2.2 日，比上年减少 0.1 日。市级医院医师每人每天担负诊疗 9.2 人次，比上年减少 0.4 人次；每人每天担负住院床日 2.5 日，比上年减少 0.1 日。县级医院医师每人每天担负诊疗 10.0 人次，与上年减少 0.1；每人每天担负住院床日 2.7 日，比上年增加 0.2 日。

三、居民主要死亡原因情况

据部分县（市、区）死因监测统计，2017 年城市居民前十位死因顺位分别为：恶性肿瘤、心脏病、脑血管病、损伤和中毒、呼吸系病、内分泌营养代谢病、消化系病、神经系病、精神障碍、泌尿生殖系病，前十位死因合计占死亡总数的 91.90%，同比下降 0.33 个百分点。农村居民前十位死因顺位分别为：恶性肿瘤、脑血管病、心脏病、损伤中毒、呼吸系病、内分泌营养代谢病、消化系病、精神障碍、神经系病、泌尿生殖系病，前十位死因合计占死亡总数的92.50%，同比提高0.03个百分点。恶性肿瘤仍然是全省城乡居民死亡的首要原因。

从恶性肿瘤的死因情况来分析，城市居民因恶性肿瘤导致死亡的人数约占总死亡人数的30.18%，同比提高0.97个百分点；农村居民因恶性肿瘤导致死亡的人数约占总死亡人数的30.88%，同比提高0.87个百分点（详见表6）。

表6　2017年福建省疾病监测系统城乡居民前10位死因

位次	城市			农村		
	死因	死亡率（1/10万）	构成（%）	死因	死亡率（1/10万）	构成（%）
1	恶性肿瘤	171.03	30.18	恶性肿瘤	168.14	30.88
2	心脏病	98.97	17.46	脑血管病	96.60	17.74
3	脑血管病	93.30	16.46	心脏病	79.34	14.57
4	损伤和中毒	51.77	9.13	损伤和中毒	61.33	11.27
5	呼吸系病	50.10	8.84	呼吸系病	55.42	10.18
6	内分泌营养代谢病	22.90	4.04	内分泌营养代谢病	13.29	2.44
7	消化系病	13.07	2.31	消化系病	11.29	2.07
8	神经系病	7.87	1.39	精神障碍	6.49	1.19
9	精神障碍	6.08	1.07	神经系病	6.38	1.17
10	泌尿生殖系病	5.73	1.01	泌尿生殖系病	5.33	0.98
11	前10位合计	520.82	91.90	前10位合计	503.60	92.50

注：本表数据来源于部分县（市、区）死因监测。

（来源：福建省卫生和计划生育委员会规划与信息处）

第三篇
热点透视

2017年福建省推进简政放权放管结合优化服务工作

2017年4月25日福建省人民政府下发《福建省人民政府关于印发2017年福建省推进简政放权放管结合优化服务工作要点的通知》（闽政〔2017〕14号），要求各市、县（区）人民政府，平潭综合实验区管委会，省人民政府各部门、各直属机构认真组织实施。要点如下：

全面贯彻党的十八大和十八届三中、四中、五中、六中全会精神，深入贯彻习近平总书记系列重要讲话精神和治国理政新理念新思想新战略，统筹推进“五位一体”总体布局和协调推进“四个全面”战略布局，认真落实中央和省委有关部署，以精准放权、降低制度性交易成本为着力点，以推进行政审批“三集中”改革、加强政府监管职能为突破口，以改进政务服务、优化营商环境为抓手，大力培育发展新动能，充分发挥“放管服”改革在推动供给侧结构性改革中的服务保障作用。

一、进一步推进行政审批制度改革

（一）推进“两单合一”，完善清单管理。全面实现省、市、县、乡四级权责清单管理，在完成乡镇政府权责清单编制的基础上，推进省、市、县三级权力清单和责任清单融合。制定出台权责清单管理办法，建立动态调整机制，实现政府部门职责的精细化管理，确保权责一致。

责任单位：省审改办、法制办，省直相关单位，各市、县（区）人民政府和平潭综合实验区管委会，10月底前完成

（二）推进重点领域、关键环节减权放权。进一步精减工业生产、工程建设领域行政审批，进一步深化企业设立、投资建设、生产经营等各个环节的改革。针对医疗、教育、文化、养老、体育等领域，再削减一批行政审批事项，放宽垄断行业和社会民生领域市场准入，吸引更多社会资本投资社会服务行业。全面清理调整各种行业准入证、生产许可证、经营许可证和职业资格证，研究建立“黑名单”、从业禁止等制度。继续清理、取消前置审批和行政审批中介服务事项。继续清理精简证照年检和证明办理事项，最大限度为企业减负松绑。

责任单位：省审改办、发改委、经信委、人社厅、工商局，省直相关单位，各市、县（区）人民政府和平潭综合实验区管委会，12月底前完成

（三）提高放权、承接协同度。坚持问题导向原则，进一步落实2016年行政审批制度改革“回头看”提出的意见和措施，抓好整改，推动近年来省政府取消、下放行政审批事项的承接落实，推动关联、相近类别审批事项“全链条”取消、下放或委托。有关部门不得以统发许可证、事先审查等方式“明放暗不放”，同时加强对基层指导，对放权事项在人才、经费、技术装备等方面予以保障，增强基层承接能力。基层要主动对接，积极创造条件，确保接得住、接得好。探索各种审批后置事项“串改并”，探索各种审查与验收“单改综”，探索各种检验、检测、认定、认证事项“多变少”，不断提高办事效率。

责任单位：省审改办，省直相关单位，各市、县（区）人民政府和平潭综合实验区管委会，持续推进

（四）开展“减证便民”专项行动。按照“五

个一律”的要求，对涉及企业、群众办事的各种证照和奇葩证明、循环证明进行全面清理，凡没有法律法规依据的一律取消，能够通过个人有效证照证明的一律取消，能够采取申请人书面承诺方式解决的一律取消，能够由行政机关及相关机构调查核实的一律取消，能够通过部门之间信息共享解决的一律取消，切实提高企业和群众的改革获得感。

责任单位：省审改办、效能办、法制办，省直相关单位，各市、县（区）人民政府和平潭综合实验区管委会，12月底前完成

二、进一步推进投资审批制度改革

（五）深化投资体制改革，创新联评联审。出台我省贯彻落实中央关于深化投融资体制改革的实施意见。对接国务院《政府核准的投资项目目录（2016年本）》，做好落实衔接，修订形成全省统一的投资核准事项目录。研究出台我省落实国务院《企业投资项目核准和备案管理条例》的实施办法，进一步规范对企业投资项目的核准、备案工作。推动工程建设领域审批服务建立“多评合一”“多图联审”“区域评估”“联合验收”等新模式，大力精简评估事项。

责任单位：省发改委，省直相关单位，各市、县（区）人民政府和平潭综合实验区管委会，12月底前完成

（六）推进市场准入负面清单制度改革试点。按照国家“试清单、试机制、强监管、出经验”的要求，认真组织实施我省市场准入负面清单制度改革试点总体方案，探索建立试点工作落实机制，总结试点经验做法，提出调整修订的意见建议。

责任单位：省发改委、商务厅，省直相关单位，各市、县（区）人民政府和平潭综合实验区管委会，12月底前完成

（七）完善投资项目在线审批监管平台。依托投资项目统一代码，推动项目办理审批和建设全过程信用信息共享。加强事中事后监管，创新监管方式，推行“双随机、一公开”监管、企业信用信息归集公示、守信联合激励和失信联合惩戒等机制，提高监管效能。

责任单位：省发改委，省直相关单位，各市、县（区）人民政府和平潭综合实验区管委会，12月底前完成

三、进一步推进职业资格改革

（八）严格执行国家公布的职业资格目录清单。在国家职业资格框架内，健全完善职业资格制度，加强事中事后监管，建立科学设置、规范运行、依法监管的职业资格管理体系。

责任单位：省人社厅，省直相关单位，各市、县（区）人民政府和平潭综合实验区管委会，12月底前完成

（九）开展减少职业资格许可和认定工作“回头看”。重点开展国务院已经取消职业资格许可和认定事项落实情况、职业资格管理中存在的突出问题和整改情况的督查，确保清理到位，防止反弹。

责任单位：省人社厅，省直相关单位，各市、县（区）人民政府和平潭综合实验区管委会，6月底前完成

四、进一步推进商事登记制度改革

（十）推进“多证合一”和“证照分离”改革。在“五证合一、一照一码”的基础上，探索推进“多证合一”。推进“证照分离”试点，除涉及国家安全、食品安全、安全生产、环境保护的以外，原则上实行“证照分离”，切实解决企业“准入不准营”问题。

责任单位：省工商局、审改办，省直相关单位，各市、县（区）人民政府和平潭综合实验区管委会，12月底前完成

（十一）推进企业便利注册和简易退出。实行企业名称登记自助查重、自主申报，放宽企业名称行业特征和经营范围表述。实行住所（经营场所）申报承诺制度，探索推行集群登记，放宽住所（经营场所）条件限制。加快推行工商登记全程电子化。推行简易退出机制，开展未开业企业、无债权债务企业简易注销登记。试点开展个体工商户简易注销登记工作。做好商标注册代理点申报，推进商标注册便利化改革。

责任单位：省工商局，省直相关单位，各市、县（区）人民政府和平潭综合实验区管委会，12月底前完成

五、进一步推进收费清理改革

（十二）开展清费减费行动。继续清理和取消各种不合理的涉企收费，力争实现我省省定涉企行政事业性收费项目零收费，进一步为企业减负松绑。落实国家相关收费优惠政策，对企业反映强烈、社会影响恶劣的乱收费行为开展专项监督检查。

责任单位：省财政厅、物价局，省直相关部门，各市、县（区）人民政府和平潭综合实验区管委会，12 月底前完成

六、进一步推进教科文卫体领域改革

（十三）深化高校和科研体制改革。完善高校自主开展教师等专业技术人员聘任和自主公开选聘教学、科研、学生辅导员、教辅等各类人才工作。完善高校绩效工资政策和经费政策，启动高校绩效工资改革，建立健全重实绩、重贡献、向高层次人才和一线教学岗位倾斜的分配激励机制，切实扩大学校分配自主权，提高高校教师的待遇。健全符合科研规律的省级科研项目经费管理机制，简化预算编制，下放预算调剂权限；提高间接费用比重，加大绩效激励力度；明确劳务费用开支范围，不设比例限制；改进结转结余资金留用处理方式。加快构建以增加知识价值为导向的分配激励机制，推动落实高校、科研院所在项目经费使用、成果处置、职称评审、人员聘用、薪酬分配、设备采购、建设项目审批等方面的自主权。

责任单位：省教育厅、科技厅、人社厅，各市、县（区）人民政府和平潭综合实验区管委会，12 月底前完成

（十四）深化文体和养老领域改革。推进公共文化机构法人治理结构建设；推动公共图书馆、文化馆总分馆制，开展试点工作；实施经营类文化事业单位转企改制。深化体育领域的供给侧结构性改革，清除体育产业发展的政策性障碍，创新体育场馆运营管理方式，实现体育产业发展的新突破；以足球改革为突破口，打通职业体育、专业体育和业余体育有机衔接、协调互动的“快车道”，促进群众体育、竞技体育互动发展。着力建设以居家为基础、社区为依托、机构为补充、医养相结合的养老服务体系，加快发展养老服务业。降低准入门槛，设立营利性养老机构，按“先照后证”简化程序执行。在民政部门登记的非营利性养老机构，可以依法在其登记管理机关管辖范围内设立多个不具备法人资格的服务网点。

责任单位：省文化厅、民政厅、体育局，各市、县（区）人民政府和平潭综合实验区管委会，12 月底前完成

（十五）深化医药卫生体制改革。推进公立医院综合改革，落实医院运营管理自主权；改革工资总额核定办法，完善绩效考核机制，调动医务人员积极性。推进临床路径管理和以按病种付费为主的复合式付费改革，激发医疗机构规范行为、控制成本的内生动力。深入实施改善医疗服务行动计划，简化服务流程，提升服务效能。积极推进分级诊疗工作，扩大家庭医生签约服务覆盖面，增强人民群众就医获得感。推进社会办医、医养结合、医疗旅游等健康服务业发展，推动落实医师多点执业政策，更好满足多层次、多样化服务社会需求。

责任单位：省政府办公厅（医改办）、卫计委、医保办，各市、县（区）人民政府和平潭综合实验区管委会，12 月底前完成

七、进一步加强事中事后监管

（十六）实现“双随机一公开”监管全覆盖。全面推动“双随机一公开”监管，健全和完善“两单两库一细则一平台”，2017 年底前实现省、市、县全覆盖。推行“双随机一公开”跨部门联合检查，实现“一次抽查、全面体检、综合会诊”。大力推进市场监管领域综合执法改革，完善细化抽查制度，优化抽查方式，统一规范标准，公平抽查监管。结合企业信用风险分类，增加高风险企业抽查概率和频次。加快建立完善巨额惩罚性赔偿、失信联合惩戒等制度，严厉惩处相关违法行为。

责任单位：省审改办、工商局、法制办，省直相关单位，各市、县（区）人民政府和平潭综合实验区管委会，12 月底前完成

（十七）推进省级行政审批“三集中”改革。进一步推进行政审批“三集中”改革，实现省直各部门 80% 以上审批事项集中审批，促进政府更好地履行监管职能。完善“一个窗口”对外，优化内部职责分工，健全行政审批运行机制，进一步简化优化权力运行流程，提高行政效率，强化

内部监督，加强和完善事中事后监管。

责任单位：省审改办、效能办，省直相关单位，11月底前完成

（十八）大力推进“互联网+监管”。建立网上行政审批电子监督制度，积极运用大数据、云计算、物联网等信息化手段，强化信用监管体系建设，全面推行企业信用分类监管，对看得准的基于“互联网+”和分享经济的新业态，量身定制监管模式。加强行业自律和社会监督，建立一张线上线下结合、无时不有、无处不在的监管网络。

责任单位：省工商局、发改委、审改办，省直相关单位，各市、县（区）人民政府和平潭综合实验区管委会，12月底前完成

八、进一步简化优化政务服务

（十九）加快推进审批标准化。贯彻落实国务院审改办、国家标准委部署，推进《政府工作部门行政许可规范（DB35/T1630-2016）》地方标准的贯彻实施，加快行政审批标准体系建设，推进事项名称、申报材料、办理环节、办理时限和审查工作细则的标准化，建立环节标准、时限标准、材料标准，推行统一编码管理。

责任单位：省质监局、审改办、效能办，省直相关单位，各市、县（区）人民政府和平潭综合实验区管委会，12月底前完成

（二十）大力推进“互联网+政务服务”。提升省网上办事大厅功能，全省行政审批和服务事项入驻省网上办事大厅，实现全省“一张网”管理，逐步推进全省网上政务服务实现“一号申请、一窗受理、一网通办”。加快完善电子证照系统，促进行政审批服务全程网办。积极推行多点办理、网上预约、全程代办、政务服务APP等模式，让企业和群众办事省时、省心、省力。

责任单位：省发改委、审改办，省直相关单位，各市、县（区）人民政府和平潭综合实验区管委会，12月底前完成

（二十一）深化“马上就办”。进一步精简行政审批环节，抓住审批授权、现场踏勘、技术审查三个关键环节，全面压缩审批自由裁量空间。突出服务重大重点项目，推行分阶段会商会审、项目代理代办、跨层级联动等审批机制。进一步落实“马上就办、真抓实干”精神，依托市、县行政服务中心及乡镇便民服务中心，推行便民服务事项“就近办、马上办”，实现常态化受理，实实在在提高群众的获得感。

责任单位：省审改办、效能办，省直相关单位，各市、县（区）人民政府和平潭综合实验区管委会，12月底前完成

（二十二）推行“一趟不用跑”和“最多跑一趟”办事清单。以群众和企业到政府办事“一趟不用跑”和“最多跑一趟”为目标，以切实增强群众和企业获得感为衡量标准，全面梳理公布“一趟不用跑”和“最多跑一趟”办事清单，成熟一批、公布一批，推动各级各部门进一步简政放权、优化服务。

责任单位：省审改办、效能办，省直相关单位，各市、县（区）人民政府和平潭综合实验区管委会，12月底前完成

（二十三）开展对标活动。总结有关部门和地方推进“放管服”改革工作的好经验、好做法，印发各级各部门学习借鉴，开展对标活动。各级各部门要主动学习先进经验，查找自身存在的差距和不足，采取针对性措施改进工作，提升“放管服”改革水平，比学赶超，实现良性循环。

责任单位：省审改办，省直相关单位，各市、县（区）人民政府和平潭综合实验区管委会，12月底前完成

（二十四）打造“双创”综合服务平台。为“大众创业”和“万众创新”提供“点对点”的政策、信息、法律、人才、场地等全方位服务，建立新生市场主体统计调查、监测分析制度，密切跟踪新生市场主体特别是小微企业的经营发展情况。完善并运用好小微企业名录系统，指导企业通过小微企业名录享受创业扶持政策。

责任单位：省发改委、经信委、工商局，省直相关单位，各市、县（区）人民政府和平潭综合实验区管委会，12月底前完成

（二十五）加强政务信息互联互通。贯彻落实国务院《政务信息资源共享管理暂行办法》和《福建省政务数据管理办法》，以共享为原则，不共享为例外，对各部门信息系统进行整合，建设省政务数据开放平台，依法有序向市、县政府和

社会开放政务数据，推动政务信息跨地区、跨层级、跨部门互认共享。

责任单位：省发改委（省数字办），省直相关单位，各市、县（区）人民政府和平潭综合实验区管委会，12 月底前完成

（二十六）加大政务公开力度。全面推进政府决策、执行、管理、服务、结果“五公开”，紧紧围绕涉及群众切身利益、影响市场预期和突发公共事件等重点事项，加大政务公开力度，加强政策解读，积极主动回应社会关切。

责任单位：省政府办公厅，省直相关单位，各市、县（区）人民政府和平潭综合实验区管委会，12 月底前完成

九、进一步加大特殊区域行政审批改革创新力度

（二十七）加大自贸试验区改革创新力度。自贸试验区要加大在商事登记、投资审批、事中事后监管和联合审批、综合执法等方面改革创新力度，完善“一口受理、一表申报、并联审批、统发证照”等机制，形成可复制、可推广的改革经验。对授权自贸试验区实施的省级行政许可事项承接情况进行评估，健全相关衔接机制。在自贸试验区探索开展“证照分离”改革，加快形成更具吸引力的国际化、法治化、便利化营商环境。

责任单位：省审改办、自贸办、法制办，省直相关单位，自贸试验区各片区管委会、福州新区管委会，12 月底前完成

（二十八）开展相对集中行政许可权改革试点。推动省级经济社会管理权限下放特殊经济发展区域，在部分经济技术开发区和县（市、区）开展相对集中行政许可权改革试点，推进试点区域在行政审批、投资审批、商事登记等方面的改革创新，在项目投资、通商贸易等重点领域取得改革突破。

责任单位：省审改办、发改委、工商局、法制办，省直相关单位，各设区市人民政府，12 月底前完成

十、进一步加强改革成效评估和督查落实

（二十九）每季度公布“放管服”措施。对近年来已出台的改革举措进行盘点，及时公布公开各级各部门改革推进情况和实际成效。各级审改办每季度汇总公布一次“放管服”改革的具体措施和改革成效，重点是精简审批、优化服务、方便企业办事的情况。

责任单位：省审改办，省直相关单位，各市、县（区）人民政府和平潭综合实验区管委会，12 月底前完成

（三十）健全督查督导机制。进一步健全和完善督查机制，加强对“放管服”改革的督查督导，把各级各部门推动职能转变情况纳入年度绩效考评。完善督查和通报制度，对督查情况及时进行通报。

责任单位：省监察厅、省政府督查室、省效能办、省审改办，省直相关单位，各市、县（区）人民政府和平潭综合实验区管委会，12 月底前完成

（三十一）健全社会监督机制。加大“放管服”改革宣传力度，健全社会参与监督改革相关机制，规范“12345”便民服务平台管理，通过省网上办事大厅和各级行政服务中心开展“群众满意度”调查活动，深入基层和企业调研，问政于民，问计于民，问需于民，以群众和企业“满意不满意”“高兴不高兴”“受益不受益”作为检验简政放权成效的根本标准，进一步激发市场和社会活力。

责任单位：省审改办、省政府新闻办，省直相关单位，各市、县（区）人民政府和平潭综合实验区管委会，12 月底前完成

（摘编：赵旭东）

福建省2017年法治政府建设重点工作

2017年3月28日福建省人民政府办公厅下发《福建省人民政府办公厅关于印发福建省2017年法治政府建设重点工作安排的通知》（闽政办〔2017〕36号），要求各市、县（区）人民政府，平潭综合实验区管委会，省人民政府各部门、各直属机构结合实际，认真组织实施。要点如下：

为深入推进依法行政，加快建设法治政府，根据中共中央、国务院印发的《法治政府建设实施纲要（2015－2020年）》，中共中央办公厅、国务院办公厅印发的《党政主要负责人履行推进法治建设第一责任人职责规定》，以及省委、省政府印发的《福建省法治政府建设实施方案》（以下简称《实施方案》），按照省委省政府的工作部署，对2017年法治政府建设重点工作作如下安排：

一、依法全面履行政府职能

（一）加快推进相对集中行政许可权工作，在福州、厦门、平潭三个自贸试验片区以及有关县（市、区）开展试点工作。

责任单位：省编办、省政府法制办牵头，各市、县（区）人民政府，平潭综合实验区管委会和省直各有关部门按职责分别负责

（依据《实施方案》第9条规定）

（二）在全省范围内推广市场准入负面清单制度，形成可复制、可推广的制度性经验。

责任单位：省发改委、省商务厅牵头，省工商局、人行福州中心支行参加，各市、县（区）人民政府，平潭综合实验区管委会和省直各有关部门按职责分别负责

（依据《实施方案》第12条规定）

（三）实行行政事业性收费和政府性基金清单制度，严格执行收费目录清单，清理取消不合法、不合规、不合理的收费基金项目，推动市、县政府公布本级行政事业性收费、政府性基金目录清单，清单之外的收费一律不得执行。

责任单位：省财政厅、省物价局分别牵头，省经信委参加，各市、县（区）人民政府，平潭综合实验区管委会和省直各有关部门按职责分别负责

（依据《实施方案》第13条规定）

（四）修订《福建省行政事业性收费管理条例》。

责任单位：省财政厅、省物价局分别牵头，省政府法制办参加，各市、县（区）人民政府，平潭综合实验区管委会和省直各有关部门按职责分别负责

（依据《实施方案》第14条规定）

（五）完善主要由市场决定价格机制，大幅缩减政府定价种类和项目，及时修订和公布《福建省定价目录》，并实施动态管理，全面放开竞争性领域商品和服务价格。

责任单位：省物价局牵头，各市、县（区）人民政府，平潭综合实验区管委会和省直各有关部门按职责分别负责

（依据《实施方案》第20条规定）

（六）健全完善事中事后监管制度，全面推行“双随机一公开”监管方式，健全完善“两单两库一细则”，年内实现省市县全覆盖。创新市场监管方式，完善市场监管体系，建立透明、规范、高效、协同监管机制，实行综合监管，探索信用监管、智能监管。

责任单位：省编办、省工商局、省食品药品监管局分别牵头，省发改委、省质监局参加，各

市、县（区）人民政府，平潭综合实验区管委会和省直各有关部门按职责分别负责

（依据《实施方案》第23条规定）

（七）建立健全社会组织登记管理相关制度，按照政社分开、权责明确、依法自治的原则实现社会组织与行政机关在人员、机构、财务、资产、职能等方面分离。完善政府向社会组织购买服务的操作办法和监督机制。

责任单位：省民政厅、省财政厅分别牵头，各市、县（区）人民政府，平潭综合实验区管委会和省直各有关部门按职责分别负责

（依据《实施方案》第27条规定）

（八）完善应急管理地方性法规规章、体制机制和预案建设，出台《福建省突发事件应对办法》。

责任单位：省应急办牵头，省政府法制办参加，各市、县（区）人民政府，平潭综合实验区管委会和省直各有关部门按职责分别负责

（依据《实施方案》第30条规定）

（九）建立健全政府购买公共服务的制度体系，明确政府购买服务范围，公开政府购买服务目录，完善购买服务实施办法，推动政府部门规范购买服务。行业主管部门要进一步完善购买服务的服务质量评价办法，积极推动形成提供主体多元化、提供方式多样化的公共服务新格局。

责任单位：省财政厅、省机关管理局分别牵头，各市、县（区）人民政府，平潭综合实验区管委会和省直各有关部门按职责分别负责

（依据《实施方案》第33条规定）

（十）建立健全福建省生态环境损害责任追究制度和生态环境损害赔偿制度，制定福建省党政领导干部自然资源资产离任审计实施方案。

责任单位：省监察厅、省环保厅、省审计厅分别牵头，各设区市人民政府，平潭综合实验区管委会和省直各有关部门按职责分别负责

（依据《实施方案》第37条规定）

二、完善依法行政制度体系

（十一）健全政府立法起草机制，重要行政管理法规规章草案由政府法制机构牵头组织起草。专业性、技术性较强的地方性法规规章草案探索引入第三方起草、评估机制，建立健全多方参与的第三方评估制度。

责任单位：省政府法制办牵头，各设区市人民政府，平潭综合实验区管委会和省直各有关部门按职责分别负责

（依据《实施方案》第40条规定）

（十二）完善政府立法协调机制，加强政府与人大的立法沟通协商，建立健全立法协作机制。对部门间争议较大的重要立法事项，可以引入第三方评估，充分听取各方意见，按程序协调解决，提高立法效能。

责任单位：省政府法制办、各设区市人民政府牵头，平潭综合实验区管委会和省直各有关部门按职责分别负责

（依据《实施方案》第41条规定）

（十三）新取得立法权的设区市人民政府应加强立法工作机构、队伍和能力建设，配齐立法工作人员，确保地方立法权的行使。研究平潭综合实验区在城乡建设与管理、环境保护、历史文化保护等方面立法需求的保障途径，积极向上争取赋予平潭综合实验区相当于经济特区立法权工作。

责任单位：省政府法制办、省编办、各设区市人民政府分别牵头，平潭综合实验区管委会和省直各有关部门按职责分别负责

（依据《实施方案》第43条规定）

（十四）坚持稳中求进工作总基调，加强重点领域立法，围绕省委、省政府工作大局和深化改革的重点任务，按照全面推进我省经济、政治、文化、社会、生态文明建设的要求，突出供给侧结构性改革、保障民生、扶贫攻坚、先行先试、对外开放、政府职能转变、生态文明、涉台涉侨等立法工作重点，尽早安排，加快推进，不断提高立法质量和效率，为我省改革发展稳定大局做好法治服务和保障。

责任单位：省政府法制办牵头，各设区市人民政府，平潭综合实验区管委会和省直各有关部门按职责分别负责

（依据《实施方案》第44条规定）

（十五）完善规范性文件制定程序和备案审查机制，研究修订《福建省行政机关规范性文件备案审查办法》。

责任单位：省政府法制办牵头，各市、县

（区）人民政府，平潭综合实验区管委会和省直各有关部门按职责分别负责

（依据《实施方案》第49条规定）

（十六）建立定期清理和专项清理地方性法规、规章和规范性文件相结合的长效机制，省直有关部门和省、市、县三级政府要完成对现行地方性法规、规章、规范性文件的清理，清理结果向社会公布。

责任单位：省政府办公厅、省政府法制办牵头，各市、县（区）人民政府，平潭综合实验区管委会和省直各有关部门按职责分别负责

（依据《实施方案》第51条规定）

三、推进行政决策科学化、民主化、法治化

（十七）建立健全福建省重大行政决策程序规定，县级以上政府及部门和乡镇政府健全和完善重大行政决策程序规定。

责任单位：省政府办公厅牵头，省政府法制办参加，各市、县（区）人民政府，平潭综合实验区管委会和省直各有关部门按职责分别负责

（依据《实施方案》第53条规定）

（十八）健全完善重大行政决策公众参与机制。事关经济社会发展全局和涉及群众切身利益的重大行政决策事项，应当听取广大群众、利害关系人、人大代表、政协委员、人民团体、基层组织、社会组织的意见。对社会关注度高的决策事项、应当公开信息、作出解释说明，及时对征求的意见作出反馈。

责任单位：省政府办公厅牵头，省政府法制办参加，各市、县（区）人民政府，平潭综合实验区管委会和省直各有关部门按职责分别负责

（依据《实施方案》第54条规定）

（十九）积极推行法律顾问和公职律师公司律师制度，县级以上人民政府工作部门要普遍设立法律顾问、公职律师、乡镇政府根据需要设立法律顾问、公职律师。

责任单位：省政府办公厅牵头，省司法厅、省政府法制办参加，各市、县（区）人民政府，平潭综合实验区管委会和省直各有关部门按职责分别负责

（依据《实施方案》第58条规定）

（二十）健全完善重大行政决策集体讨论相关制度。建立集体讨论情况和决定记录、存档制度。

责任单位：省政府办公厅牵头，各市、县（区）人民政府，平潭综合实验区管委会和省直各有关部门按职责分别负责

（依据《实施方案》第59条规定）

四、坚持严格规范公正文明执法

（二十一）研究制定《福建省行政执法条例》，进一步健全规范行政处罚、行政强制、行政许可、行政征收、行政收费、行政检查等执法行为。

责任单位：省政府法制办牵头，各市、县（区）人民政府，平潭综合实验区管委会和省直各有关部门按职责分别负责

（依据《实施方案》第68条规定）

（二十二）健全行政执法立案、调查取证、告知、罚没收入管理等制度，明确听证、集体讨论决定的适用条件。开展执法案卷评查、案件质量跟踪评判。

责任单位：省政府法制办牵头，具有行政执法权的省直机关（事业单位）参加，各市、县（区）人民政府，平潭综合实验区管委会和省直各有关部门按职责分别负责

（依据《实施方案》第69条规定）

（二十三）建立健全重大行政执法决定法制审核制度，未经法制审核或者审核未通过的，不得作出决定。

责任单位：省政府法制办牵头，各市、县（区）人民政府，平潭综合实验区管委会和省直各有关部门按职责分别负责

（依据《实施方案》第71条规定）

（二十四）完成全省网上行政执法平台改造升级扩容，加强互联网 + 行政执法，完善网上执法办案及其他执法业务办理信息查询系统。推广实现行政执法案卷电子化、生成自动化、智能化。

责任单位：省数字办、省政府法制办牵头，各市、县（区）人民政府，平潭综合实验区管委会和省直各有关部门按职责分别负责

（依据《实施方案》第72条规定）

（二十五）建立健全市场主体诚信档案、行业“红黑名单”制度和市场退出机制。

责任单位：省工商局、人行福州中心支行牵头，各市、县（区）人民政府，平潭综合实验区

管委会和省直各有关部门按职责分别负责

（依据《实施方案》第 74 条规定）

（二十六）加强执法监督，建立健全投诉举报、情况通报等制度，查处执法工作中的违法行为、不文明行为，惩治执法腐败行为。开展行政执法效果评估，提高执法效率。

责任单位：省监察厅、省政府法制办牵头，各市、县（区）人民政府，平潭综合实验区管委会和省直各有关部门按职责分别负责

（依据《实施方案》第 76 条规定）

（二十七）健全完善行政执法人员持证上岗和资格管理制度，完成行政执法证件换发工作。

责任单位：省政府法制办牵头，省编办参加，各市、县（区）人民政府，平潭综合实验区管委会和省直各有关部门按职责分别负责

（依据《实施方案》第 77 条规定）

（二十八）行政机关履行执法职责所需经费，由各级政府纳入本级财政预算予以保障。改善执法条件，加大执法装备配备、科技建设、基础建设等方面的投入。

责任单位：省财政厅牵头，各市、县（区）人民政府，平潭综合实验区管委会和省直各有关部门按职责分别负责

（依据《实施方案》第 81 条规定）

五、强化对行政权力的制约和监督

（二十九）健全行政权力运行制约和监督体系，形成决策权、执行权、监督权相对独立、相互制约又相互协调的机制。

责任单位：省政府办公厅牵头，省监察厅、省政府法制办参加，各市、县（区）人民政府，平潭综合实验区管委会和省直各有关部门按职责分别负责

（依据《实施方案》第 83 条规定）

（三十）建立公务员诚信档案，依法依规将公务员个人有关事项报告、廉政记录、年度考核结果、相关违法违纪违约行为等信用信息纳入档案，将公务员诚信记录作为干部考核、任用和奖励的重要依据。

责任单位：省公务员局、省监察厅牵头，各市、县（区）人民政府，平潭综合实验区管委会和省直各有关部门按职责分别负责

（依据《实施方案》第 85 条规定）

（三十一）贯彻新修改的《行政诉讼法》、国务院办公厅《关于加强和改进行政应诉工作的意见》，规范我省行政应诉工作。

责任单位：省政府办公厅、省政府法制办牵头，各市、县（区）人民政府，平潭综合实验区管委会和省直各有关部门按职责分别负责

（依据《实施方案》第 89 条规定）

（三十二）完善政府内部层级监督，改进上级行政机关对下级行政机关的监督，建立健全常态化、长效化监督机制。完善审计监督制度，对公共资金、国有资产、国有资源和领导干部履行经济责任情况，实行有重点、有步骤、有深度、有成效的审计全覆盖。

责任单位：省监察厅、省审计厅分别牵头，各市、县（区）人民政府，平潭综合实验区管委会和省直各有关部门按职责分别负责

（依据《实施方案》第 90 条规定）

（三十三）县级以上政府应建立健全对行政机关违法行政行为投诉举报登记制度，充分发挥网上信访服务平台、政府门户网站、“12345”热线、“省（市）长信箱”等监督渠道，推动网络舆情规范化、法治化，依法及时调查处理违法行政行为。

责任单位：省政府办公厅牵头，省监察厅、省公安厅、省信访局、省效能办、省政府法制办参加，各市、县（区）人民政府，平潭综合实验区管委会和省直各有关部门按职责分别负责

（依据《实施方案》第 92 条规定）

（三十四）健全完善纠错问责制度，完善问责方式和程序，增强行政问责的针对性和时效性。

责任单位：省监察厅、省公务员局牵头，各设区市人民政府，平潭综合实验区管委会和省直各有关部门按职责分别负责

（依据《实施方案》第 96 条规定）

六、依法有效化解社会矛盾纠纷

（三十五）建立健全社会矛盾预警机制、利益表达、协商沟通、救助救济等机制，引导和支持公民、法人和其他组织依法表达诉求、维护权益、解决纠纷。

责任单位：省信访局牵头，省公安厅、省司法厅参加，各市、县（区）人民政府，平潭综合

实验区管委会和省直各有关部门按职责分别负责

（依据《实施方案》第98条规定）

（三十六）加强行政复议能力建设，相关机构设置、人员配备应与法律规定和所承担的工作任务相适应。行政复议人员应当具备与履行行政复议职责相适应的专业知识和业务能力。

责任单位：省编办、省政府法制办、各市、县（区）人民政府，平潭综合实验区管委会和省直各有关部门按职责分别负责

（依据《实施方案》第103条规定）

（三十七）健全完善人民调解、行政调解、司法调解联动工作体系，开展多元化纠纷解决机制相关立法工作。

责任单位：省信访局、省司法厅、省政府法制办牵头，各市、县（区）人民政府，平潭综合实验区管委会和省直各有关部门按职责分别负责

（依据《实施方案》第109条规定）

（三十八）健全网上受理信访制度，进一步推动阳光信访系统建设，建成联通国家的视频接访系统。完善信访信息发布制度，公开信访工作规程规范。

责任单位：省信访局牵头，省公安厅、省数字办参加，各市、县（区）人民政府，平潭综合实验区管委会和省直各有关部门按职责分别负责

（依据《实施方案》第111条规定）

（三十九）对依法应当通过复议、仲裁、诉讼等法定途径解决的信访事项，有效引导群众通过法定途径解决。严格实行诉访分离，推进通过法定途径分类处理信访投诉请求，完善涉法涉诉信访依法终结制度。

责任单位：省信访局牵头，省公安厅参加，各市、县（区）人民政府，平潭综合实验区管委会和省直各有关部门按职责分别负责

（依据《实施方案》第112条规定）

七、全面提高政府工作人员法治思维和依法行政能力

（四十）健全完善干部考核指标体系，把干部尊法守法、依法办事能力纳入考核指标体系，作为考察干部的重要内容。

责任单位：省公务员局牵头，省法制办参加，各市、县（区）人民政府，平潭综合实验区管委会和省直各有关部门按职责分别负责

（依据《实施方案》第113条规定）

（四十一）严格落实领导干部学法制度，县级以上政府及政府部门要通过常务会（厅、局、委、办务会）坚持学法。加强对政府工作人员特别是领导干部的法治教育培训，县级以上政府每年至少举办一期领导干部法治专题培训班，举办两期以上法治专题讲座。

责任单位：省政府办公厅、省政府法制办、省公务员局牵头，各市、县（区）人民政府，平潭综合实验区管委会和省直各有关部门、各级党校、行政学院、社会主义学院按职责分别负责

（依据《实施方案》第115条规定）

（四十二）建立健全领导干部任职前法律知识考查和依法行政能力测试机制，要将考查和测试结果作为领导干部任职的重要参考。

责任单位：省公务员局牵头，省政府法制办参加，各市、县（区）人民政府，平潭综合实验区管委会和省直各有关部门按职责分别负责

（依据《实施方案》第119条规定）

八、落实法治政府建设保障机制

（四十三）提出加强全省政府法制机构工作力量建设，进一步提升全省政府法制机构在推进依法行政和建设法治政府过程中的组织、协调和保障能力的意见，上报省委、省政府。

责任单位：省编办、省政府法制办牵头，各市、县（区）人民政府，平潭综合实验区管委会和省直各有关部门按职责分别负责

（依据《实施方案》第125条规定）

（四十四）各级各部门要把法治建设成效作为衡量各级领导班子和领导干部工作实绩的重要内容，纳入政绩考核指标体系。

责任单位：省政府法制办、省效能办牵头，各市、县（区）人民政府，平潭综合实验区管委会和省直各有关部门按职责分别负责

（依据《实施方案》第128条规定）

（四十五）加强我省法治政府建设理论研究，推进政府法制研究机构建设，通过委托研究、合作研究等方式，加强事关法治政府建设全局性、战略性、前沿性课题的研究。

责任单位：省政府法制办、省法学会、省政

府法制研究中心牵头，各市、县（区）人民政府，平潭综合实验区管委会和省直各有关部门按职责分别负责

（依据《实施方案》第 130 条规定）

（四十六）加大开展建设法治政府宣传工作力度。搭建经验交流平台，加强各地各部门经验学习交流，推动全省法治政府建设水平整体提升。

责任单位：省政府法制办、省司法厅牵头，各市、县（区）人民政府，平潭综合实验区管委会和省直各有关部门按职责分别负责

（依据《实施方案》第 131 条规定）

各级政府及其部门要组织制定本地区本部门法治建设年度工作计划，落实好法治政府建设的各项任务。省政府办公厅要加强对法治政府建设进展情况的督促检查，结合法治政府建设年度重点工作任务，开展定期检查和专项督查，省政府法制办要提出督促检查建议方案。各地各部门要健全工作督查落实机制，对已明确时间进度安排的，要对工作完成或进展情况进行检查和通报。对需要持续推进的，也要有布置、有督促、有检查，确保工作任务逐步推进、如期完成。

（摘编：杨立群）

福建省实施政务信息系统整合共享方案

2017年10月25日福建省人民政府办公厅下发《福建省人民政府办公厅关于印发福建省政务信息系统整合共享实施方案的通知》（闽政办〔2017〕126号），要求各市、县（区）人民政府，平潭综合实验区管委会，省人民政府各部门、各直属机构，各大企业，各高等院校认真贯彻执行。主要内容如下：

为贯彻落实国务院办公厅《关于印发政务信息系统整合共享实施方案的通知》（国办发〔2017〕39号）精神，加快推进全省政务信息系统整合共享，提高社会治理和公共服务水平，制订本方案。

一、工作目标

按照统一工程规划、统一标准规范、统一备案管理、统一审计监督、统一评价体系等“五个统一”的总体原则，有效推进全省政务信息系统整合共享。

2017年底前，完成编制全省政务信息资源目录，建成省级政务数据汇聚共享平台，完成60%政务信息资源汇聚，并与国家数据共享交换平台实现对接。完成省直部门数据中心整合，启动市县和事业单位信息系统整合共享工作。

2018年底前，基本完成省直部门和设区市（含平潭综合实验区，下同）政务系统清理和整合工作；完成事业单位数据中心整合；建成市级数据中心和政务数据汇聚共享平台，全省各级政务部门整合后的信息系统接入政务数据汇聚共享平台，常态化向政务数据汇聚共享平台汇聚数据；建立完善项目运维统一备案制度，加强信息共享审计、监督和评价，政务信息化建设模式进一步优化，政务数据共享和开放在重点领域取得突破性进展。

二、主要任务

（一）深入推进省直部门信息系统整合共享。加快省直部门数据中心整合工作，2017年底前，实现工商、人社、交通、财政、地税等五个省直部门数据中心整合，向数字福建云计算中心迁移，完成省直部门数据中心整合工作。（省工商局、人社厅、交通运输厅、财政厅、地税局负责）实施部门内部信息系统整合，2017年底前，摸清省直各部门各类政务信息系统使用情况，掌握信息系统数量、名称、功能、使用范围、使用频度、审批部门、审批时间、经费来源等。（省审计厅牵头，省直各部门负责）2018年2月底前，省直部门完成僵尸信息系统消除，大量精简信息系统数量；2018年6月底前，省直部门完成内部信息系统整合，将分散的、独立的信息系统整合为一个互联互通、业务协同、信息共享的“大系统”。部门新建政务信息系统要依托统一的应用支撑平台建设，不再单独建设基础支撑功能模块。（省直各部门负责）实施部门数据汇聚，2017年底前，建成省级政务数据汇聚共享平台，省直各部门整合后的政务信息系统接入省级政务数据汇聚共享平台，并实现数据汇聚。（省数字办，省直各部门负责）

（二）扎实推进市县信息系统整合共享。2018年6月底前，各设区市建立市级政务数据中心，为市、县政务信息系统提供统一的计算、存储和网络基础设施。完成市、县各部门僵尸信息系统消除，完成全市信息系统整合。2018年底前，建成市级政务数据汇聚共享平台，实现市级部门政务信息系统接入，并与省级平台互联互通，支持数

据的上传和回流。（各设区市人民政府、平潭综合实验区管委会负责）

（三）启动事业单位信息系统整合共享。2018年6月底前，全省事业单位参照省委、省政府《关于整合省直部门数据中心及信息中心的实施方案》要求，制定本单位数据中心迁移整合计划，财政资金全额拨款的事业单位数据中心要向数字福建云计算中心或市级数据中心迁移，高校、医院等自收自支事业单位可依托数字福建社会企业云建设数据中心。2018年底前，省直属事业单位的数据中心完成迁移整合；市、县属事业单位数据中心向市级数据中心迁移整合；部门下属事业单位数据中心整合到相应的省、市数据中心，相关信息系统纳入所属部门政务信息系统整合工作。2018年底前，所有事业单位信息系统接入政务数据汇聚共享平台，并完成存量政务数据汇聚。（省直各事业单位，各设区市人民政府、平潭综合实验区管委会，省经济信息中心负责）

（四）推进形成统一的非密电子政务网络。2017年底前，加快制定政务外网扩容改造方案，保持与国家二期建设同步。2018年6月底前，改造升级电子政务外网，提升纵向网和横向网带宽，逐步满足业务量大、实时性高的网络应用需求，基本具备跨层级、跨区域、跨系统、跨部门、跨业务的支撑服务能力。构建统一有效的政务网络运维管理平台，提高网络资源管理运维水平；整合各部门非密业务专网，除极少数特殊情况外，一律向电子政务外网或内网迁移。（省经济信息中心牵头，省直各相关部门，各设区市人民政府、平潭综合实验区管委会负责）建设政务信息网与政务外网边界安全接入平台。（省网安办负责）

（五）加快公共数据开放平台建设。2017年底前，基于政务信息资源目录体系，编制并公布全省第一批公共信息资源开放目录，逐步涵盖各部门各单位职能范围内的数据资源，并依据法律法规或行政职能变化及时更新。2018年上半年，建立省级公共信息资源统一开放平台，提供目录编制、数据注册、集中发布、便捷检索、统计分析、多样接口、安全存储等功能。在通过省里组织的连通性和安全性测试的前提下，有条件的个别地市经批准可建设开放子平台。（省数字办牵头，省直各部门，各设区市人民政府、平潭综合实验区管委会配合）

（六）强化部门间业务协同。2018年6月底前，政务数据汇聚共享平台实现对外提供信用、公共资源交易、投资、价格、自然人（基础数据以及社保、民政、教育等业务数据）、法人（基础数据及业务数据）、能源、空间地理、交通、旅游等主题数据共享服务。各部门整合后的信息系统将共享服务嵌入到业务流程，支持在业务过程中从各级政务数据汇聚共享平台获取共享数据，强化跨部门间、跨层级的业务协同。（省数字办，省直各部门负责）

（七）编制政务信息资源目录。2017年底前，全省政务信息资源目录编制采取“两级主体、系统导向”的方式，省直部门从现有信息系统数据库中提取数据表字段，对照权责清单，编制形成省直部门政务信息资源目录，设区市部门在省级目录基础上编制本地区部门政务信息资源目录，加快构建全省统一、动态更新、共享校核、权威发布的政务信息资源目录体系。（省数字办牵头，省直各部门，各设区市人民政府、平潭综合实验区管委会负责）加快升级现有政务信息资源目录管理系统，与国家目录系统对接，支撑全省目录编制。（省数字办负责）

（八）完善数据标准。建立健全政务信息资源数据采集、数据质量、目录分类与管理、共享交换接口、共享交换服务、多级共享平台对接、平台运行管理、网络安全保障等方面的标准，推动标准试点应用工作。2018年6月底前，完成政务数据元数据、政务数据质量管理、政务信息系统整合等标准的组织申报和立项。（省质监局、数字办负责）

（九）全面推进“互联网＋政务服务”。构建网上政务服务平台体系，2018年6月底前，依托省政府门户网站、省网上办事大厅、闽政通APP，构建全省一体化的网上政务服务平台。各部门要将整合后的系统与网上政务服务平台对接，实现部门政务服务网上协同。（省经济信息中心，省直各部门负责）积极推进“一号一窗一网”工作，2018年6月底前，各设区市建成社区综合受理平台和网上政务服务门户等，形成本市范围内跨部门、跨层级的政务服务，普遍推行“一号一窗一网”服务，普遍接入市级各部门政务服务。（各设区市人民政府、平潭综合实验区管委会负责，省直各部门配合）

三、保障措施

（一）加强组织推进。依托省市信息化建设领导协调机制，统筹政务信息系统整合和政务信息资源汇聚共享开放管理工作，明确各项任务目标、责任、牵头单位和实施机构，加强各项工作协调落实。各地各部门要把政务信息整合共享工作列入重要日程，按照本方案要求统筹推动本部门、本地区政务信息系统整合共享工作，抓紧制定推进落实的时间表、路线图，加强台账和清单式管理，精心组织实施，每年底前向省数字办报送政务信息资源共享情况。强化落实责任，原则上部门主要负责人为第一责任人，对责任不落实、违反《政务信息资源共享管理暂行办法》《政务数据管理办法》规定的部门和地方，将予以通报并责令整改。（省数字办牵头，省直各部门，各设区市人民政府、平潭综合实验区管委会负责）加强经费保障，政务信息资源整合共享相关项目建设资金纳入各级各部门预算统筹安排。（省发改委、财政厅等相关部门，各设区市人民政府、平潭综合实验区管委会负责）

（二）强化评价考核。每年定期开展两次全省政务信息系统整合共享工作检查，督促落实政务服务平台体系建设、政务信息系统统筹整合和政务信息资源汇聚共享等各项工作，坚决避免政务系统出现分散建设的返潮。加强政务数据汇聚考核，制定政务信息汇聚共享工作评价规则，每年对各部门提供和使用共享信息情况进行评估，并公布评估报告和改进意见。（省数字办负责）加强审计监督，审计部门要依法履行职责，加强对政务信息系统的审计，保障专项资金使用的真实性、合法性和效益性，推动完善相关政策制度。探索政务信息系统审计的方式方法，2018 年 2 月底前形成具体工作方案。（省审计厅负责、省数字办配合）

（三）优化建设模式。优化部门内部政务信息系统建设模式，新建系统均要依托部门应用支撑平台建设，不再建设分散、孤立的信息系统。推动政务信息化建设投资、运维和项目建设模式改革，鼓励推广云计算、大数据等新技术新模式的应用与服务，提升集约化建设水平。（省数字办负责）

（四）完善运维制度。2018 年上半年，建立部门信息化项目运维经费管理机制，项目经电子政务管理部门认定符合整合共享要求后，财政部门作为项目运维经费拨付依据，对不符合汇聚共享要求的项目，相关部门不予审批，不拨付运维经费，同时加大对政务数据共享交换平台、政务数据汇聚共享平台、网上政务服务平台等公共性基础性平台的运维经费保障力度，逐步减少直至取消信息孤岛系统和利用程度低的专网的运维经费。加强项目运行维护信息采集，掌握项目名称、建设单位、投资额度、运维费用、经费渠道、数据资源、应用系统、等级保护和分级保护备案情况等内容。［省数字办、省委编办（省审改办）、省财政厅，各设区市人民政府、平潭综合实验区管委会负责］

（五）加强安全保障。强化政务信息资源共享网络安全管理，推进政务信息资源汇聚共享风险评估，参照国家有关法律法规推动制定完善我省个人隐私信息保护的法律法规，切实按照相关法律法规要求，保障政务信息资源使用过程中的个人隐私。（省网信办负责）加强政务信息资源采集、共享、使用的安全保障工作，凡涉及国家秘密的，应当遵守有关保密法律法规的规定。（省直各部门，各设区市人民政府、平潭综合实验区管委会负责）加强政务数据共享交换平台、政务数据汇聚共享平台安全防护，切实保障政务信息资源共享交换的数据安全。（省网信办、数字办负责）

（摘编：张海生）

福建省建立健全减权放权事项监管责任清单

2017年8月9日福建省人民政府办公厅下发《福建省人民政府办公厅关于建立健全减权放权事项监管责任清单的通知》（闽政办〔2017〕96号），主要内容如下：

为深入贯彻党中央、国务院关于加快转变政府职能，使市场在资源配置中起到决定性作用和更好发挥政府作用的部署要求，进一步落实“谁审批、谁监管，谁主管、谁监管”的监管责任，加强事中事后监管，切实解决减权放权过程中出现的“放而不管”“一放了之”和承接落实不到位等问题，经省政府同意，现就建立健全我省减权放权事项监管责任清单有关工作通知如下：

一、建立健全取消行政审批事项的监管责任清单

对2013年以来取消的行政审批事项，省直原审批部门除不再进行事前审批外，要按照“宽进严管”要求，建立健全事中事后监管机制，依法履行监管职责，逐项列出具体监管责任清单，有针对性地制定监管计划或举措，通过强化日常监管，确保被取消审批事项运转有序。

二、建立健全下放行政审批事项的监管责任清单

对2013年以来下放的行政审批事项（包括国务院直接下放设区市实施的事项和省里下放给自贸试验区各片区、福州新区等特殊区域实施的事项），省直有关部门要对照法律、法规、规章和部门“三定”规定等，明确衔接方式和监管职责等，逐项列出具体监管责任清单，加强事中事后监管；承接部门要依法履行审批和监管责任，积极创造条件，确保承接到位。

（一）相关事项下放时，省直有关部门要制定具体可操作的衔接落实方案，明确具体承接对象、指导培训计划、工作时限、经费保障和技术支持等，下放事项原则上要在文件下发之日起2个月内承接落实到位。下放事项承接落实到位前，省直有关部门要继续配合做好审批业务受理工作，避免工作脱节。承接部门要认真研究制定承接方案，明确具体承接机构和人员，加强相关业务学习，做好相关技术和设备的准备。

（二）相关事项承接过程中，省直有关部门要做好审批政策、注意事项等审批要件的移交工作；对于一些专业性较强、承接条件要求较高的审批事项，要在技术人才、经费保障和技术装备等方面，为基层实施审批创造必要的条件。承接部门要进一步梳理事项设定依据、办理流程、申报材料、审查规则、办理时限等，及时更新和公布办事指南；对承接过程中遇到的问题，要及时向省直有关部门报告。

省直有关部门要组织开展审批业务专项培训，为基层实施审批提供完整、统一的审查工作细则、办事指南等审批必备材料，并对审查环节、审查内容、审查标准、审查程序和办理时限等审批要素一一予以指导和明确。对于基层承接落实确有困难的，应给予适当过渡期。一般事项，过渡期为3～6个月；较为复杂事项，过渡期为6～12个月。过渡期内，省直有关部门要继续做好审批和服务工作，切实负起事中事后监管责任；承接部门可派人到上级主管部门进行跟班学习，并积极创造条件落实承接工作。过渡期结束后，下级机关确实无法承接的少数审批事项，上级主管部门要在征求下级承接部门意见的基础上，研究提出整改意见。

（三）相关事项承接到位后，在承接审批部门确认承接到位后半年（复杂事项1年）内，省直有关部门要继续做好下放事项的跟踪指导工作，组织开展下放事项承接落实情况的专项检查或抽查，发现下级承接部门存在违规、不按章审批等问题的，省直有关部门要及时予以纠正，情节严重的按有关规定问责。承接部门要进一步健全完善审批和服务机制，强化责任意识，依法依规行使审批职权，承担相应的后续监管职责。审批事项下放1年（复杂事项2年）内，因承接落实不到位导致审批出现问题的，主管部门和审批部门要分别承担相应责任。

三、有关工作要求

（一）加强领导。省直有关部门要高度重视，对2013年以来取消、下放的行政审批事项，逐项建立健全相应的监管责任清单和工作机制，不断强化“放管结合、放而不乱、管而有效”的责任意识。各设区市、平潭综合实验区要参照省里做法，建立健全本地区减权放权事项的监管责任清单。

（二）有序推进。对取消、下放的事项，省直有关部门要按照工作要求，逐项明确责任单位、监管职责、应当承担的责任等，运用“双随机”“互联网+”和日常检查等监管方式，持续加大监管力度，确保取消、下放事项监管不漏项、不缺位、不脱节。委托基层实施的事项应按照《福建省行政审批事项委托实施规定》（福建省人民政府令第140号）等有关规定，加强监管工作。

（三）加强监督。各级各部门要建立健全线上线下相结合的监督投诉服务平台，完善投诉信息的处理和反馈工作机制。在省、市、县网上办事大厅以及行政服务中心办事大厅设置群众监督投诉专栏，及时反馈监督投诉的处理结果，强化社会监督，做到“有呼必应、有诉必理、有理必果”。

（四）按时报送。省直有关部门减权放权事项的监管责任清单（见附件）请于8月30日前报送省审改办。减权放权事项监管责任清单根据简政放权推进情况实行动态调整，调整情况应于行政审批事项取消、下放后3个月内报送省审改办。对市、县（区）政府和省直有关部门建立健全减权放权事项监管责任清单工作落实情况，省效能办、省审改办将适时组织督查并将督查情况予以通报。

（摘编：王诗诚）

福建省开展“证照分离”改革试点工作

2017年12月18日福建省人民政府下发《福建省人民政府关于印发福建省开展“证照分离”改革试点工作方案的通知》（闽政〔2017〕55号），要求各设区市人民政府、平潭综合实验区管委会，省人民政府各部门、各直属机构，中央驻闽各机构认真组织实施。主要内容如下：

开展“证照分离”改革，是党中央、国务院全面深化改革的重大决策部署，是释放企业创新创业活力和推进营商环境法治化、国际化、便利化的重要举措。为贯彻落实《国务院关于在更大范围推进“证照分离”改革试点工作的意见》（国发〔2017〕45号），结合我省实际，现就复制推广上海市“证照分离”改革试点经验开展我省改革试点工作，提出如下方案：

一、总体要求

深入贯彻落实党的十九大精神，以习近平新时代中国特色社会主义思想为指导，转变政府职能，深化简政放权，创新监管方式，积极复制推广上海市浦东新区“证照分离”改革的具体做法，通过改革审批方式和加强综合监管，进一步破解“准入不准营”的问题，降低企业制度性交易成本，营造稳定公平透明、可预期的营商环境。

二、试点范围和内容

（一）试点范围

福建自贸试验区福州、厦门、平潭三个片区，8个国家级经济技术开发区（福州经济技术开发区、福清融侨经济技术开发区、福州元洪投资区、漳州招商局经济技术开发区、东山经济技术开发区、泉州经济技术开发区、龙岩经济技术开发区、东侨经济技术开发区），7个国家级高新技术产业开发区（福州高新技术产业开发区、厦门火炬高技术产业开发区、漳州高新技术产业开发区、泉州高新技术产业开发区、三明高新技术产业开发区、莆田高新技术产业开发区、龙岩高新技术产业开发区），1个国家级新区（福州新区）。

试点期为本工作方案印发之日起至2018年12月21日。

（二）改革试点内容

参照《国务院关于上海市开展“证照分离”改革试点总体方案的批复》（国函〔2015〕222号）和《国务院关于在上海市浦东新区暂时调整有关行政法规和国务院文件规定的行政审批等事项的决定》（国发〔2016〕24号）所批复的116项行政许可等事项，具体确定98项行政许可等事项（详见附表）。

三、改革重点任务

（一）清理规范各类许可

一是直接取消审批，实行行业自律管理，允许企业直接开展相关经营活动。二是由审批改为备案，企业将相关材料报送政府有关部门后，即可开展相关经营活动，政府部门不再对备案材料进行核准或许可。三是实行告知承诺制，企业承诺符合审批条件并提交有关材料，原则上应当场作出行政审批决定。四是提升透明度和可预期性，公开行政审批事项目录和程序，明晰具体受理条件和办理标准，列明审查要求和时限，实现服务事项标准化。大力推广并联审批、证照联办，切实打通企业办事环节。五是对涉及国家安全、公共安全、生态安全和公众健康等重大公共利益的，加强风险控制，强化市场准入管理。由各行业主管部门在清理规范行政审批事项的同时，全面加强行业规范建设，制定明确具体的行业经营标准，建立自律惩戒机制，督促企业对照标准进行备案或实行告知承诺。培育壮大行业组织，发挥行业自律和规范的引导作用。

责任单位：各设区市人民政府、平潭综合实验区管委会，福建自贸试验区福州、厦门、平潭片区管委会，省审改办，各相关部门

（二）加强事中事后监管

坚持“谁审批谁监管、谁主管谁监管”原则，对于取消审批或审批改为备案、实行告知承诺制等事项，要逐项研究细化自律准则和标准，强化日常监管，做到放开准入和严格监管相结合，确保无缝衔接、不留死角。对提高透明度、严格准入的，要逐项制定操作规程，明确办事依据、申报材料、申报程序、办理时限和事中事后监管措施，优化办事流程、缩减自由裁量空间、提高工作效率。实行相对集中行政许可权的，要厘清审批部门、主管部门、监管部门在审批与监管方面的各自权责。各行业主管部门要从对市场主体的审批监管转变为合规监管，通过抽查、指导行业协会自查、信用评级等事中事后监管方式，督促指导企业严格执行行业规范，守法守规守信经营。

责任单位：各设区市人民政府、平潭综合实验区管委会，福建自贸试验区福州、厦门、平潭片区管委会，各相关部门

对办理涉及工商登记后置审批的事项，市场主体设立和经营范围变更登记时，对市场主体选定的经营范围根据各部门确认的许可项目与经营范围表述的对应关系，在内部业务系统自动生成明确对应的审批部门的，及时将市场主体登记信息通过国家企业信用信息公示系统（部门协同监管平台—福建）推送给对应同级审批部门；对经营项目的审批部门不明确或不涉及行政审批的，将市场主体登记注册信息自动及时在国家企业信用信息公示系统（福建）发布，相关审批部门应及时查询、接收及反馈，并根据职责做好后续监管工作。各相关部门在办理完毕相关许可证后，及时归集到国家企业信用信息公示系统（福建）向社会公示，并统一记于企业名下，实现企业统一社会信用代码的“一码贯通”。

责任单位：各设区市人民政府，平潭综合实验区管委会，福建自贸试验区福州、厦门、平潭片区管委会，省工商局、发改委，各相关部门

健全企业信息公示制度和公示信息抽查制度，完善企业经营异常名录制度和严重违法失信企业名单制度。加强跨部门联动响应，实现工商部门、审批部门、行业主管部门以及其他相关部门间的信息实时共享和工作联动，构建“一处违法、处处受限”的联合惩戒机制。整合区域内行政执法力量，在有条件的领域推进“双随机、一公开”监管和综合执法改革，打造综合监管模式，充分运用大数据等现代信息技术，提高监管效率，积极解决多头执法、重复执法问题，营造公平竞争的市场环境。

责任单位：省工商局，各设区市人民政府、平潭综合实验区管委会，福建自贸试验区福州、厦门、平潭片区管委会，各相关部门

（三）加快推进信息共享

针对行政审批中申报材料重复提交、重复审查、重复证明等问题，加快推进公民、企事业单位和社会组织基本信息共享。进一步完善我省信用信息共享平台、国家企业信用信息公示系统（福建）等政府统一数据共享交换平台，探索实现部门间企业基础信息和相关信用信息共享、业务协同，方便企业和群众办事创业。

责任单位：省发改委、工商局，各相关部门

各改革试点地区要加快推进现有业务平台与作为企业信用信息公示和部门协同监管主平台的国家企业信用信息公示系统（福建）的对接融合和数据共享交换工作，尽快实现跨部门、跨层级、跨区域信息共享。

责任单位：各设区市人民政府、平潭综合实验区管委会，福建自贸试验区福州、厦门、平潭片区管委会，省工商局

（四）统筹推进“证照分离”和“多证合一”改革

全面梳理、分类处理各类涉企证照事项。对市场机制能够有效调节、企业能够自主管理的事项以及通过事中事后监管可以达到原设定涉企证照事项目的的，要逐步取消或改为备案管理。统筹推进“证照分离”改革和“多证合一”改革。对于“证照分离”改革后，属于信息采集、记载公示和管理备查类的各种证照，只要符合“多证

合一”整合原则，可以进一步按照“多证合一”标准和要求整合到营业执照上，做到“成熟一批、整合一批”，对于“证照分离”改革后取消审批的事项，不再纳入“多证合一”范围。

责任单位：省工商局、审改办，各相关部门

四、工作要求

（一）加强组织实施

“证照分离”改革试点工作由省政府负总责，各设区市人民政府和平潭综合实验区管委会负责“证照分离”改革的具体组织实施。省审改办、自贸办、工商局牵头负责改革推进和相关协调、指导、培训等工作。省各相关部门要主动指导各试点地区与复制上海经验做好衔接，确保试点工作落实到位。试点过程中的重大困难和问题，及时报省审改办、自贸办和工商局。

（二）加大创新力度

各改革试点地区在复制推广好上海市 98 项行政审批事项的基础上，对不涉及修改法律和行政法规、国务院文件的行政审批事项，可以通过发挥行业自律、规范或事中事后监管解决的，鼓励大胆探索，加大改革创新力度。结合“证照分离”改革，进一步复制推广行政审批制度改革中对关联性行政审批事项实行“一表申报”“合并核准”简化优化审批流程、对投资项目实行“四个一”“多规合一”审批模式等的经验做法，进一步复制推广实行“一枚印章管审批”“一支队伍管执法”“政策兑现一窗办”等的经验做法。

（三）加大督查力度

省相关部门要加强对“证照分离”改革工作的督促检查，对积极落实、有效作为的典型予以通报表扬，对敷衍塞责、延误改革、工作不力、刁难市场主体的严肃问责，对基层遇到的困难和问题要积极帮助协调解决。各试点地区和省相关部门要将实施情况于 2018 年 10 月底前报省审改办、工商局和自贸办，由省审改办、工商局和自贸办组织评估后汇总报省政府。

（四）坚持依法推进

按照重大改革于法有据的要求，依照法定程序开展相关工作，确保改革在法治轨道上推进。省相关部门对照已出台的“放管服”改革措施和修改法律法规的相关决定，结合改革工作情况，按照法定程序加快推进地方法规、规章的立改废释工作，为推进“证照分离”改革提供及时有效的制度支持；需要修改国家有关法律、行政法规或规章的，要及时向国家有关部门反映，做好沟通对接工作。

（摘编：黄万良）

福建省推行“一趟不用跑”和“最多跑一趟”办事清单

2017年4月26日福建省人民政府办公厅下发《福建省人民政府办公厅关于推行“一趟不用跑”和“最多跑一趟”办事清单的通知》（闽政办〔2017〕44号），主要内容如下：

为贯彻落实党中央、国务院和省委、省政府关于深化“放管服”改革部署要求，以群众和企业办事“一趟不用跑”和“最多跑一趟”为目标，进一步推进简政放权、优化服务，加快政府职能转变，提升行政效能，增强企业和群众的改革获得感，现就我省推行“一趟不用跑”和“最多跑一趟”办事清单有关工作通知如下：

一、总体要求

“一趟不用跑”事项是指可以全流程网上办理的事项，申请、受理、审查、批准、办结全部实现网上通办。“最多跑一趟”事项是指最多需要一次到窗口申请或取件的事项，包括：即办事项，通过网上预审或受理、窗口领取证照或批文时核验材料的事项，其他可以通过简化优化流程实现“最多跑一趟”办理的事项。

各级各部门（含乡镇、街道）要按照加快推进服务型政府建设的要求，以群众和企业到政府机关和企事业单位办事“一趟不用跑”和“最多跑一趟”为目标，全面梳理公布本级本部门行政审批和服务事项以及相关便民服务事项，对符合“一趟不用跑”和“最多跑一趟”办理要求的事项，成熟一批、公布一批。对暂时达不到要求的事项，应研究提出进一步简化优化办理流程和申报材料的具体措施。

——坚持“马上就办”。按照“能简则简、能快则快”要求，大力践行“马上就办”，建立健全“审批手续最简、办事效率最高、服务质量最佳”的政务服务工作机制。

——坚持公开透明。规范“一趟不用跑”和“最多跑一趟”事项的办事指南，做到标准明确、条件清楚，让群众和企业明白办事、放心办事。

——坚持协同配合。重点围绕与群众和企业生产生活联系紧密的关键领域和突出环节，进一步减少办事环节；对涉及跨层级、跨部门事项，要加强上下级之间、部门之间协同配合，避免让群众和企业来回跑、往返跑。

——坚持便民利企。以便捷服务行政相对人为出发点和落脚点，对涉及企业、群众办事的各种证照和奇葩证明、循环证明进行全面清理，做到申报材料明显精简、办理时限明显缩短、政府效能明显提升，进一步优化营商环境。

二、主要任务

（一）进一步规范细化形成操作性强的办事指南

对外公布“一趟不用跑”和“最多跑一趟”办理事项，要同步在省网上办事大厅更新相关信息，主动接受社会监督，切实按照“一趟不用跑”和“最多跑一趟”的办理要求，明确办事指南，列明事项名称、事项类别、办理依据、受理机构、审批机构、申请条件、申请材料、办理流程、办理时限、发放证照情况（包括证照名称和样式、相关的年检、政府指定培训和收费等情况）、表格下载、填表示例、监督检查、咨询渠道、办公时间和地址、乘车路线、状态查询等要素，方便群众和企业办事。尤其是申请条件和申请材料，要按照“一次性告知”的要求，做到通俗易懂、翔实具体可操作。针对申请人在办事过程中容易出现的问题应予以详细说明和解答，并提供申请材料示范文本、常见错误示例以及咨询服务热线。办事服务指南要通过行政服务中心、省网上办事大厅以及政府（部门）门户网站等渠道向社会公开，方便群众和企业查询、知悉。

（二）持续提升“一趟不用跑”和“最多跑一趟”事项办理效率

按照我省《政府工作部门行政许可规范（DB35/T 1630－2016）》要求，精简办事材料、减少办事环节、缩短办理时限，实现立等可取，大幅提高各级行政服务中心“一趟不用跑”和“最多跑一趟”办理事项中即办事项比例。推进各地行政服务中心“一窗受理、集成服务”改革，实行前台综合受理、后台分类审批、统一窗口出件。对涉及多个部门的复杂事项，建立部门联办机制，探索推行全程代办制。加强乡镇（街道）便民服务网点建设，完善服务体系，加快移动客户服务终端建设，推进行政审批和服务事项就近能办、同城通办、异地可办。

（三）全面推进网上受理和网上审批

围绕“全程网办、一趟不用跑”目标，进一步提升省网上办事大厅功能，完善网上实名身份认证体系，加强电子证照、电子印章应用，积极推行多点办理、网上预约、全程代办、政务服务APP等模式，提供便捷的申报材料电子化、在线申报、办结结果查询等服务，推进多卡融合公共平台、非税收入网上缴费平台与省网上办事大厅的衔接工作，支持申请人通过智能卡、网上银行、第三方网上支付平台等方式，缴纳网上行政审批和服务事项涉及的费用；积极对接物流快递信息平台，提供审批结果邮递服务，方便群众查询纸质审批文件或证照的物流信息，进一步提高全流程网上办理事项和网上受理事项比例，推进全省网上政务服务实现“一号申请、一窗受理、一网通办”，让网络多跑路，群众少跑腿。

（四）深化统一政务咨询投诉举报平台建设

依托“12345”便民服务平台，进一步加大非紧急类热线整合力度，健全完善运行机制，发挥统一政务咨询投诉举报平台在解答群众和企业办事中的咨询、投诉和监督作用。凡是群众和企业到政府机关和企事业单位办理的行政审批和服务事项，均可通过“12345”政务服务热线电话或网络系统，进行咨询、投诉、建议和求助，做到“有呼必应、有诉必理、有理必果”。

三、职责分工

各级审改办、行政服务中心牵头负责推行“一趟不用跑”和“最多跑一趟”办事清单工作，制定相应实施方案。省级“一趟不用跑”和“最多跑一趟”办理事项清单由省审改办负责汇总审核公布；各市、县（区）清单由同级行政服务中心会同审改办汇总审核公布；乡镇（街道）清单由县（区）级行政服务中心会同审改办汇总审核公布。

省直相关部门推行“一趟不用跑”和“最多跑一趟”办事清单工作分工如下：

省发改委、经信委、商务厅进一步清理规范企业投资项目，优化立项、报建、施工、竣工验收等各环节的审批流程，健全并联审批机制；在工业生产等领域，进一步简化优化需要企业跑多趟的重点和关键环节，实现各个审批环节提速增效。

省财政厅、国土厅、环保厅、住建厅、交通运输厅、林业厅、海洋渔业厅等单位，要加大对工程建设等领域行政审批改革力度，加强部门协同配合，减少企业往返次数，提高“一趟不用跑”和“最多跑一趟”办理事项比例。

省教育厅、公安厅、民政厅、司法厅、人社厅、商务厅、地税局等单位，对涉及社会组织机构登记管理、户口办理、出入境有关证件办理、职业资格认定、医社保办理、税务缴纳、身份认定、外商投资和自贸试验区事务等办证办事相关事项，改“群众往返跑”为“部门协同办”，避免群众在不同部门之间来回奔波，对多数办理事项实现“立等可取”或“一次办结”。

省工商局积极探索推进商事登记“多证合一”“证照分离”改革，探索推行电子营业执照、推进证照联办等工作。

省质监局负责推进“一趟不用跑”和“最多跑一趟”事项标准化等工作，制定群众和企业到政府办事“一趟不用跑”和“最多跑一趟”地方标准。

省属各企业和中央驻闽各机构负责梳理公布本单位涉及群众、企业办理的相关便民服务事项。

省法制办负责对省审改办转来的“一趟不用跑”和“最多跑一趟”改革事项的合法性进行审查。

省政府督查室、省效能办负责“一趟不用跑”和“最多跑一趟”改革督查落实工作。

四、组织实施

（一）加强组织领导。全面推行“一趟不用跑”和“最多跑一趟”办事清单，是我省深化“马上就办”、推进“放管服”改革向纵深发展的重要举措。各级各部门要高度重视，树立强烈的使命感、责任感，统一思想，提高认识。各级政府和省直有关单位主要领导作为第一责任人，要切实加强组织领导，做到工作方案亲自部署、关键环节亲自协调、落实情况亲自督查，加快推动工作落实。

（二）全面部署推进。按照全面部署、分步推进、重点突破的要求，认真开展“一趟不用跑”和“最多跑一趟”办理事项梳理公布工作，尤其是行政审批和服务事项较多且与群众、企业办事创业紧密联系的部门，要作为重点改革部门率先突破，进一步精简办事环节，优化办事流程，加快形成“一次办结”长效机制。各级各部门于2017年4月底前公布第一批“一趟不用跑”和“最多跑一趟”事项，于2017年7月底前公布第二批“一趟不用跑”和“最多跑一趟”事项，2017年10月底前基本完成所有“一趟不用跑”和“最多跑一趟”事项公布，并实行动态管理。

（三）强化宣传督查。通过多种渠道、广泛宣传全面推行“一趟不用跑”和“最多跑一趟”办事清单工作的重要意义，及时发布改革信息和政策法规解读，营造良好氛围，主动接受社会监督。“一趟不用跑”和“最多跑一趟”办事清单工作列入各级各部门绩效考核内容。

（摘编：杨立群）

福建省对促进经济社会发展和落实有关重点工作成效明显地区给予激励支持

2017年9月30日福建省人民政府办公厅下发《福建省人民政府办公厅关于对促进经济社会发展和落实有关重点工作成效明显地区给予激励支持的意见》（闽政办〔2017〕118号），主要内容如下：

为贯彻落实《国务院办公厅关于对真抓实干成效明显地方加大激励支持力度的通知》（国办发〔2016〕82号）精神，进一步激发和调动各方积极性、主动性和创造性，鼓励为“再上新台阶、建设新福建”作出更大贡献，省政府决定对促进经济社会发展和落实有关重点工作成效明显地区给予激励支持，有关意见如下：

一、经济增长方面

（一）支持各设区市（含平潭综合实验区，下同）积极推进供给侧结构性改革，努力提高综合经济实力，有效增强对稳增长的拉动力，对各设区市按照当年经济增长排名，由省级财政给予分档奖励。

责任单位：省财政厅、统计局

（二）深化推进“五个一批”项目，按季度对设区市固定资产投资增速、“五个一批”新开工产业项目数及总投资、“五个一批”新开工战略性新兴产业项目数及总投资等五项指标进行综合考评，对位居全省前三名的设区市各奖励500万元前期工作经费；对县（市、区）固定资产投资增速、“五个一批”新开工项目数、“五个一批”新开工产业项目数及总投资等四项指标进行综合考评，对位居全省前十名的县（市、区）各奖励100万元前期工作经费。

责任单位：省发改委

（三）市、县（区）新引进或增资的符合产业发展导向且投资额超过一定规模的项目，由省级财政给予各市、县（区）前期工作经费奖励。其中，投资额超过50亿元的项目，实施“一事一议”奖励政策；投资额超过5亿元的项目和战略性新兴产业投资额超过1亿元的项目（省扶贫开发工作重点县和原中央苏区县新引进或增资的项目投资额按减半计），按项目投资额的千分之一给予前期工作经费奖励，最高500万元。

责任单位：省财政厅、发改委、经信委、商务厅

（四）按照工业增加值、技改投资、工业用电等全省工业主要指标完成情况，对各项指标排名前三位的设区市分档进行奖励。

责任单位：省经信委、财政厅

（五）按照年度设区市服务业固定资产投资对全省服务业固定资产投资贡献率增幅，对年度服务业领域投资完成情况位列前三位的设区市，省级服务业发展引导资金各安排300万元奖励。

责任单位：省发改委、财政厅

（六）继续推进“放管服”改革，培育良好市场环境，按照实际利用外资规模占全省份额、实际利用外资增幅、合同外资到资比例3项指标，对各市、县（区）利用外资情况进行评价，省级财政对利用外资工作成效突出的市、县（区）给予奖励。

责任单位：省商务厅、财政厅

（七）按照出口额占全省份额、出口增长等指标考核情况，对各设区市实行外贸出口绩效奖励。支持各地促进外贸转型升级，按照出口规模、出

口增量、生产型企业出口规模占比等指标和工作情况实行综合评价，每年选择10个外贸转型升级示范县（市、区）给予最高500万元的奖励扶持。

责任单位：省商务厅、财政厅

（八）对各地商贸发展情况进行绩效评价，省级商务发展资金总计安排1000万元对设区市进行奖励。其中，社会消费品零售总额实现正增长的设区市总计奖励700万元，社会消费品零售总额增速超过全国或全省平均水平的设区市总计奖励300万元。

责任单位：省商务厅、财政厅

（九）对现代农业产业园创建、特色优势产业发展、品牌农业建设成效明显的县（市、区），以及农民创业园及示范基地、林业经济绩效评价成效明显的县（市、区），省级相关专项资金分别给予奖励补助。

责任单位：省农业厅、林业厅、财政厅

（十）支持各设区市加大财源培植力度、提升财政收入质量，对各设区市当年收入增长、预算完成、质量提高等实行奖励，按照地方一般公共预算收入增长率、税性比重、完成全省代编预算分解任务数比率和一般公共预算总收入增长率、完成全省代编预算分解任务数比率进行分项排名，省级财政根据排名情况给予分项分档奖励。

责任单位：省财政厅

（十一）以各设区市当年缴入省级收入增量比率、体制上解省级增量比率分别占80%和20%的权重进行考核，省级财政对各设区市上缴省级财力增量给予奖励。

责任单位：省财政厅

（十二）新发行企业债券用于城市公用设施和特色小镇公用设施等项目建设的，按债券当年发行规模给予发债企业1%的贴息。对通过定向增发、发行债券等方式募集资金用于增资扩产，符合一定条件的，省级预算内投资给予相关部门工作经费倾斜支持。

责任单位：省发改委、财政厅

二、民生事业方面

（十三）对扶贫开发工作综合评价好的设区市，在省级以上专项扶贫资金分配上给予奖励。对落实鼓励和支持就业创业政策措施工作力度大，以及促进城镇失业人员再就业、就业困难人员就业等任务完成较好的地区，省级就业专项资金根据绩效评价情况给予倾斜支持。

责任单位：省农业厅、人社厅、财政厅

（十四）推动实施PPP工程包，2017—2018年省级财政对乡镇及农村生活污水处理、生活垃圾处理、城市公共停车场、养老服务四个领域PPP工程包，按照推出的工程包规模给予每个市、县（区）每个领域最高100万元的前期经费补助。对乡镇及农村生活污水处理、生活垃圾处理PPP工程包项目，省级专项资金补助上浮10%。对公共停车场PPP工程包项目，2020年前按符合条件的公共停车位数量给予补助。对养老服务PPP工程包，按2017年底前落地项目引入社会资本金额，省级财政按每个项目最高500万元对市、县（区）进行分档奖励。

责任单位：省住建厅、民政厅、财政厅

（十五）对加快补齐教育事业、医疗卫生事业、养老服务、民生基础设施短板成效明显地区，预留省级配套奖励资金，根据考核评估结果，给予资金奖励。

责任单位：省教育厅、卫计委、民政厅、人社厅、环保厅、住建厅、交通运输厅、水利厅、文化厅、体育局、财政厅等

（十六）开展小流域“以奖促治”，按照小流域水质提升年度目标、长效机制、管理体制和污染整治工作完成考核情况，省级财政专项资金给予奖励。

责任单位：省环保厅、水利厅、财政厅

三、创新驱动方面

（十七）对符合条件的规模以上企业、高新技术企业，根据企业研发投入情况，按企业年度研发经费支出额给予分档补助，并对支出额较上年增长部分给予6%的奖励。对初创期新型研发机构，按照非财政资金购入科研仪器、设备和软件购置经费的25%给予奖励补助，最高500万元。对科技小巨人领军企业，在享受企业研发费用税前加计扣除政策的同时，按企业享受加计扣除政策实际减免的所得税额，在一定范围内给予同量资金奖励。

责任单位：省科技厅、发改委、经信委、财

政厅、国税局、地税局

（十八）对符合条件的技术改造项目完工的企业，从完工投产当年起连续三年，在一定范围内给予奖励。

责任单位：省经信委、财政厅、国税局、地税局、统计局

（十九）对福厦泉国家自主创新示范区建设情况进行奖励，按照各片区工业总产值、全社会研究与试验发展经费投入占地区生产总值的比重、每万人口发明专利拥有量、科技进步贡献率、高新技术产业增加值占地区生产总值比重等创新指标，根据绩效评价情况给予奖励。

责任单位：省科技厅、财政厅

四、生态保护方面

（二十）构建落实生态环境保护责任长效机制，实行最严格水资源管理制度，全面推行河长制工作，结合上年度地方党政领导生态环境保护目标责任书考评结果，对各设区市生态保护给予激励奖励。以地表水质优良比例、森林覆盖率、空气质量达标天数比例等指标进行考核排名，省级财政根据考核情况给予分档奖励。

责任单位：省财政厅、环保厅、林业厅、水利厅

五、效能建设方面

（二十一）健全机关效能建设正向激励机制，按照省对各设区市年度绩效考评结果排名情况，省级财政给予分档奖励。

责任单位：省效能办、财政厅

有关部门要认真落实激励政策措施，制定具体实施办法，于2017年10月底前报送省财政厅，由省财政厅汇总报告省政府。各市、县（区）可结合本地经济社会发展情况和自身财力，制定相应的配套措施，加大激励力度，增强工作实效。对市、县（区）的奖励资金由各市、县（区）用于促进经济社会发展，不得用于发放个人补贴及一般性支出。

（摘编：林学军）

福建省加强个人诚信体系建设

2017年9月27日福建省人民政府办公厅下发《福建省人民政府办公厅关于印发福建省加强个人诚信体系建设实施方案的通知》（闽政办〔2017〕111号），要求各市、县（区）人民政府，平潭综合实验区管委会，省人民政府各部门、各直属机构，各大企业，各高等院校认真组织实施。主要内容如下：

为贯彻落实《国务院办公厅关于加强个人诚信体系建设的指导意见》（国办发〔2016〕98号）精神，按照国家发展改革委办公厅印发的《〈国务院办公厅关于加强个人诚信体系建设的指导意见〉重点任务分工及进度安排的通知》（发改办财金〔2017〕333号）的要求，加快推进我省个人诚信体系建设，褒扬诚信，惩戒失信，提高全社会诚信意识和信用水平，营造优良信用环境，制定本实施方案。

一、总体要求

（一）指导思想

全面贯彻落实党的十八大和十八届三中、四中、五中、六中全会精神，深入贯彻习近平总书记系列重要讲话精神，特别是关于推进社会信用体系建设的重要指示精神，按照党中央、国务院的决策部署和省委、省政府关于加快建设“信用福建”的总体要求，以培育和践行社会主义核心价值观为根本，弘扬诚信文化，加快个人诚信记录建设，完善个人信息安全、隐私保护、信用修复机制，健全跨地区、跨部门、跨领域的守信联合激励和失信联合惩戒机制，使守信者受益、失信者受限，让诚信成为全社会共同的价值追求和行为准则，积极营造“守信光荣、失信可耻”的良好社会氛围。

（二）基本原则

一是政府推动、社会共建。充分发挥政府在个人诚信体系建设中的组织、引导、推动和示范作用。规范发展征信市场，鼓励社会力量广泛参与，形成个人诚信体系建设合力。

二是健全法制、规范发展。健全个人信息安全、隐私保护、信用修复等法律法规、规章制度和标准规范，严格保护个人隐私和信息安全。

三是全面推进、重点突破。以重点领域、重点人群为突破口，推动建立各地区各行业个人诚信记录机制。依托全省各级公共信用信息平台、金融信用信息基础数据库与个人征信机构，分别实现个人公共信用信息、个人征信信息的记录、归集、共享、处理和应用。

四是强化应用、奖惩联动。积极培育个人公共信用信息产品应用市场，推广个人公共信用信息社会化应用，拓宽应用范围。建立健全个人诚信奖惩联动机制，加大个人守信激励与失信惩戒力度。

二、重点任务及分工

（一）加强个人诚信教育

1. 大力弘扬诚信文化

将诚信文化建设摆在突出位置，培育和践行社会主义核心价值观，组织编写信用知识读本，大力普及信用知识，制定颁布公民诚信守则，将诚信教育贯穿公民道德建设和精神文明创建全过程。动员媒体、社会组织等各界力量，大力宣扬道德模范、诚信企业、优秀志愿者，选树、推介各类诚信典型和无不良信用记录者，推动实施跨部门、跨领域的守信联合激励。加强社会公德、职业道德、家庭美德和个人品德教育，营造“守信者荣、失信者耻、无信者忧”的社会氛围。（省委宣传部、省委文明办、省网信办，省发改委、省教育厅、省人社厅、省文化厅、省新闻出版广电局、团省委、各有关部门，各设区市人民政府、平潭综合实验区管委会；持续实施）

2. 广泛开展诚信宣传

结合春节、劳动节、儿童节、国庆节、网络诚信宣传日、诚信兴商宣传月、国际消费者权益日、全国信用记录关爱日、国家宪法日暨全国法制宣传日等重要时间节点和法定节假日，深入开展诚信主题宣传活动，集中宣传信用政策法规、信用知识和典型案例。组织各类网站开设网络诚信专题，深入挖掘和剖析诚信典型案例，加强失信案例警示教育。融合中华传统诚信文化与时代价值观，创作形式多样、内容丰富、传播载体广泛的诚信文艺作品、公益广告、影视宣传片等，增加诚信宣传频次，提升诚信宣传水平。（省委宣传部、省委文明办、省网信办，省发改委、人行福州中心支行、省教育厅、省司法厅、省人社厅、省商务厅、省工商局，各有关部门，各设区市人民政府、平潭综合实验区管委会；持续实施）

3. 全面开展诚信教育培训

在基础教育、高等教育、职业教育和成人教育等相关教育教学活动中增加诚信教育内容，支持有条件的高校、院所开设信用管理等相关专业。推动学校加强信用管理，建立健全18岁以上成年学生信用档案，依法依规归集优秀志愿者等诚信行为信息，以及考试舞弊、学术造假、不履行助学贷款还款承诺、伪造就业材料等失信行为信息，并推送至各级公共信用信息平台，将学生个人诚信作为升学、毕业、评先评优、奖学金发放、鉴定推荐等环节的重要考量因素。落实信用管理职业培训与专业考评制度，制定信用服务机构及其从业人员从业准则。鼓励各类社会组织和企业建立信用管理和教育制度，组织签署入职信用承诺书和开展信用知识培训活动，培育企业信用文化。针对诚信建设需求迫切的重点领域和人群，开展专项教育和治理活动。（省教育厅、省发改委、省人社厅、省民政厅、各有关部门；持续实施）

（二）加快推进个人诚信记录建设

1. 推动完善自然人统一社会信用代码制度

落实以公民身份号码制度为基础的公民统一社会信用代码制度，加强公民身份信息及指纹信息的采集、更新，实现公民统一社会信用代码全覆盖。规范身份信息使用和基础信息共享，运用信息化技术手段，不断加强个人身份信息的查验核实工作，确保个人身份识别信息的唯一性。（省公安厅、省发改委；持续实施）

2. 推动完善实名制登记制度

落实国家关于实名登记制度相关要求，以交通运输、互联网、邮寄递送、教育考试、危险物品流通、电信、金融、就业和社会保障、特种行业等领域为重点，依法依规推进建立相关领域实名登记制度，为准确采集个人公共信用信息奠定基础。（省网信办、省卫计委、省交通运输厅、省经信委、省邮政管理局、省通信管理局、省教育厅、省工商局、人行福州中心支行、福建银监局、福建证监局、福建保监局、各有关部门；持续实施）

3. 加快推进人口基础信息归集共享

建立完善省级人口基础信息库，加快推进省级人口基础信息库与省公共信用信息平台的对接，加强个人身份基础信息共享，实现信息动态更新。（省公安厅、省发改委；持续实施）

4. 建立重点领域个人诚信记录

各有关部门要以食品药品、安全生产、消防安全、交通安全、环境保护、生物安全、产品质量、税收缴纳、医疗卫生、劳动保障、工程建设、金融服务、知识产权、司法诉讼、电子商务、志愿服务等领域为重点，以公务员、企业法定代表人及相关责任人、律师、教师、医师、执业药师、评估师、税务师、注册消防工程师、会计审计人员、房地产中介从业人员、认证人员、金融从业人员、导游等重点职业人群为主要对象，加快建立和完善个人信用记录常态化归集、共享、使用机制，及时归集有关人员在社会活动中形成的诚信信息，并推送至各级公共信用信息平台，确保信息真实有效，实现及时动态更新。鼓励行业协会、商会等行业组织建立健全会员信用档案，并将相关信息推送至各级公共信用信息平台。（省食品药品监管局、省安监局、省公安厅、省环保厅、省质检局、省国税局、省地税局、省卫计委、省人社厅、省住建厅、省交通运输厅、人行福州中心支行、省知识产权局、省法院、省检察院、省网信办、省发改委、省商务厅、省工商局、省民政厅、团省委、省公务员局、省司法厅、省教育厅、省财政厅、福建银监局、福建证监局、福建保监局、省旅发委、省经济信息中心；持续实施）

（三）完善个人信息安全、隐私保护与信用修复机制

1. 保护个人信息安全

各地各部门要严格按照规定建立健全并严格执行保障个人信息安全，以及信息记录、归集、交换、使用等相关标准规范和规章制度，加强全流程信用信息安全管理，做好数据库安全防护工作，防止信息泄露。个人公共信用信息原则上不对外公示和共享，需对外公示的应严格按规范隐藏部分信息；有关部门查询、共享、使用公共信用信息平台的个人公共信用信息资源应严格依法依规按程序进行。严格按照相关法律法规，加大对征信机构的监管力度，确保个人征信业务依法合规开展，保障信息主体合法权益，确保国家信息安全。（省公安厅、省发改委、省工商局、人行福州中心支行、各有关部门；2017 年 12 月底前完成并持续实施）

2. 加强隐私保护

未经法律法规授权不得采集个人公共信用信息，严禁采集法律法规规定应当保密或禁止采集的信息。加大对泄露、篡改、毁损、出售或非法向他人提供个人信息，以及非法窃取个人信息等行为的查处力度，对个人公共信用信息征集工作人员的信息外泄、倒卖等违法违规行为要依法依规惩处。制定、完善有关监管措施，强化个人信息隐私保护，对电子商务平台、金融机构、征信机构、互联网企业、房地产企业、快递物流企业、大数据公司、移动应用程序开发企业实施重点监控，规范其个人信息采集、提供、使用等行为。（省发改委、省网信办、省邮政管理局、省经信委、省工商局、人行福州中心支行、各有关部门；2018 年 12 月底前完成并持续实施）

3. 建立信用修复机制

各地各部门要建立健全个人公共信用信息纠错、修复机制，按照《福建省公共信用信息管理暂行办法》进行异议处理、修复符合条件的相关主体的信用信息，依法依规处理行政复议申请等相关诉求。公共信用信息主管部门应按照《福建省公共信用信息管理暂行办法》及相关法律法规和国家有关工作部署，明确各类公共信用信息展示期限，不再展示和使用超过期限的公共信用信息。畅通信用修复渠道，丰富信用修复方式，探索通过事后主动履约、申请延期、自主解释等方式减少失信损失，通过按时履约、志愿服务、慈善捐助等方式修复信用，重塑诚信形象。（省直各有关部门，各设区市人民政府、平潭综合实验区管委会；持续实施）

（四）规范推进个人诚信信息共享使用

1. 推动个人公共信用信息共享

各部门要严格按照统一的分类标准和共享交换规范，梳理各行业领域个人公共信用信息征集目录，报送省社会信用体系建设领导小组办公室汇总形成《福建省自然人公共信用信息征集指导目录》，根据机构职能变化及国家有关要求进行动态调整，并及时、持续将信息归集至省公共信用信息平台。各设区市、平潭综合实验区信息归集目录和路径原则上参照设置。依托各级公共信用信息平台建立省、市自然人公共信用信息数据库，各地各部门要及时采集、动态更新个人公共信用信息并归集至省公共信用信息平台，逐步建立跨区域、跨部门、跨行业的信息互联、互通、互查机制。（省直各有关部门，各设区市人民政府、平潭综合实验区管委会；持续实施）

2. 积极开展个人公共信用信息服务

各地各部门要依法依规向社会提供个人公共信用信息授权查询服务，明确查询使用权限和程序，建立个人信息查询使用登记和审查制度，要求企业、金融机构、征信机构等社会主体在查询个人公共信用信息时需经自然人本人授权，要求自然人查询本人公共信用信息应出具本人有效身份证明，逐步依靠信息化手段向自然人本人提供公共信用信息平台线上查询服务。探索依据个人公共信用信息构建分类管理和诚信积分管理机制，支持有条件地区、行业在保护个人信息安全的前提下创新性推出“公民信用卡”等服务。推动省

级个人公共信用信息数据库与金融信用信息基础数据库的共享，并向有资质的个人征信机构提供服务。（省发改委、人行福州中心支行，各设区市人民政府、平潭综合实验区管委会，各有关部门；2017 年 12 月底前完成并持续实施）

（五）完善个人守信激励和失信惩戒机制

1. 为优良信用个人提供更多服务便利

各有关部门应制定本领域个人守信行为认定、等级划分和分类监管标准规范，将有关部门和社会组织实施信用分类监管确定的信用状况良好的行政相对人、诚信道德模范、优秀志愿者，社会组织推荐的诚信会员，以及新闻媒体挖掘的诚信主体的相关信息共享至联合奖惩信息系统，实施守信联合激励。包括但不限于以下措施：对具有优良信用记录的个人，在教育、就业、创业、社会保障等领域给予重点支持，尽力提供更多便利服务；在评先评优、资格荣誉、奖励扶持等方面予以优先考虑。在办理行政许可、审批等过程中，对具有优良信用记录的个人和连续三年以上无不良信用记录的行政相对人，可根据实际情况依法采取“绿色通道”和“容缺受理”等便利服务措施。鼓励社会机构依法使用征信产品，对具有优良信用记录的个人给予优惠和便利，使守信者在市场中获得更多机会和收益。（省委宣传部、省发改委、人行福州中心支行、省民政厅、团省委、省教育厅、省人社厅，各有关部门，各设区市人民政府、平潭综合实验区管委会；2018 年 12 月底前完成并持续实施）

2. 对重点领域严重失信个人实施联合惩戒

各有关部门应制定本领域个人失信行为认定、等级划分和分类监管制度，依法依规将存在严重危害人民群众身体健康和生命安全、严重破坏市场公平竞争秩序和社会正常秩序、拒不履行法定义务严重影响司法机关和行政机关公信力以及拒不履行国防义务等严重失信行为的个人相关信息共享至联合奖惩信息系统，采取联合惩戒措施。将恶意逃废债务、骗取财政资金、行贿受贿、非法集资、电信诈骗、网络欺诈、金融欺诈、交通违法、不依法诚信纳税、骗取就业创业和社会保险相关优惠政策及基金等严重失信个人列为重点监管对象，依法依规采取行政性约束和惩戒措施。在对失信企事业单位进行联合惩戒的同时，依照法律法规和政策规定对相关责任人员采取相应的联合惩戒措施，将联合惩戒措施落实到人。（省发改委、省网信办、省法院、省公安厅、省财政厅、省交通运输厅、省经信委、省国税局、省地税局、人行福州中心支行、福建银监局、福建证监局、福建保监局、各有关部门；2017 年 12 月底前完成并持续实施）

3. 推动形成市场性、社会性约束和惩戒

建立健全个人严重失信行为披露、曝光与举报制度，依托各级政府门户网站、政府部门门户网站、信用门户网站，依法依规向社会公开披露各级政府掌握的个人严重失信信息，并汇总到“信用福建”网站集中展示。鼓励市场主体对严重失信个人采取差别化服务。支持有资质的第三方信用服务机构采集严重失信行为信息，纳入信用记录和信用报告。（各有关部门，各设区市人民政府、平潭综合实验区管委会；2017 年 12 月底前完成并持续实施）

三、强化保障措施

（一）加强组织领导

各地各部门要按职责分工细化制定本地、本部门具体工作方案，明确工作任务和时间节点，部署实施本地和本领域个人诚信体系建设工作。有条件地区、有关重点行业领域要研究出台配套实施方案，相关单位应加强协作配合，确保各项任务落到实处。省发改委会同有关部门负责对本实施方案落实工作的统筹协调、跟踪了解、督查指导，委托第三方机构对相关工作执行情况进行评估，确保各项工作平稳有序推进。（省发改委、人行福州中心支行，各有关部门，各设区市人民政府、平潭综合实验区管委会；持续实施）

（二）健全信用法律法规和标准体系

逐步建立和完善个人诚信体系建设法规制度，加强对个人信息安全和个人隐私的保护，有力维护个人信息的主体权利与合法权益，完善个人公共信用信息记录、归集、处理、查询和应用等各环节的规范制度，为个人诚信体系建设创造良好的法制环境。（省发改委、人行福州中心支行、省

政府法制办、各有关部门；持续实施）

（三）加大资金支持力度

各地各部门要加大社会信用体系建设的资金投入，对个人诚信体系建设组织工作、管理工作积极予以经费支持。加大对各级个人公共信用信息数据库建设、信息应用、宣传教育和人才培训等各方面的资金支持力度，确保各项工作落到实处。（省财政厅，各有关部门，各设区市人民政府、平潭综合实验区管委会；持续实施）

（摘编：赵旭东）

2017年福建省治理“餐桌污染”建设“食品放心工程”

2017年3月13日福建省人民政府办公厅下发《福建省人民政府办公厅关于印发2017年全省治理“餐桌污染”建设“食品放心工程”工作方案的通知》（闽政办〔2017〕28号），要求各市、县（区）人民政府，平潭综合实验区管委会，省人民政府各部门、各直属机构，各大企业，各高等院校认真组织实施。主要内容如下：

为贯彻落实中共福建省委、福建省人民政府保障人民群众食品安全的决策部署，实施好我省创建食品安全放心省战略，做好今年治理“餐桌污染”、建设“食品放心工程”为民办实事工作，制定本方案。

一、总体要求

深入贯彻落实党的十八大、十八届三中、四中、五中、六中全会和习近平总书记关于食品安全系列重要指示精神，按照省委、省政府有关食品安全工作的决策部署，持续推进治理“餐桌污染”、建设“食品放心工程”工作，重点加强源头综合治理，强化监督管理和专项整治，健全体制机制，全面完成工作目标任务，进一步提高食品农产品质量安全水平，防范发生区域性、系统性食品安全事故，切实保障人民群众食品安全。

二、目标任务

（一）种植养殖环节

治理指标：本地产蔬菜、水果、茶叶、畜禽等主要食用农产品质量安全抽检总体合格率稳定在97%以上。

工作任务：

1. 加强产地环境保护

（1）做好产地环境基础工作。严格落实农产品产地环境监测制度，建立长期定位监测点5000个，加强农产品产地环境监控和预警，开展粮食生产禁止区划定试点工作。启动我省农用地土壤污染状况详查和农用地土壤环境质量类别划定，摸清底数，为后续土壤污染防治打好基础。（省农业厅、环保厅、国土厅）

（2）开展专项治理。实施农产品产地土壤污染防治、畜禽养殖污染防治、化肥使用量零增长、农药使用量零增长四个专项行动。推广科学用药、测土配方施肥、绿色防控和统防统治技术，全省示范推广及辐射带动绿肥种植100万亩、商品有机肥100万亩、农作物病虫专业化统防统治服务面积500万亩次。（省农业厅、环保厅）

2. 推进农业标准化生产

（1）继续创建农产品质量安全县。2017年再新增7个国家级创建试点县、10个省级创建试点县，省级以上试点县累计达到40个。（省农业厅）

（2）加强示范园区建设。组织创建省级以上园艺作物标准园、畜禽养殖标准化示范场各100个，大力示范推广农业标准化生产技术，带动建设农业标准化生产基地2870个，其中果树300个、茶叶400个、蔬菜300个、畜禽1800个、食用菌70个，提高农业标准化生产水平。（省农业厅）

（3）加快农产品品牌培育。大力发展无公害、绿色、有机和地理标志农产品，强化证后抽检监督和标志使用管理，全年新增“三品一标”获证产品165个以上，争取保持在全国前列。（省农业厅）

3. 加强农业投入品监管

（1）推进农资监管信息平台建设与应用。在已将3300多家农药兽药企业纳入平台监管的基础上，推动符合平台监管的农药兽药生产经营企业全部纳入平台管理，并进一步拓展平台应用，将

肥料纳入平台监管，开展平台线上巡查，实施农药、兽药、肥料全程动态监管。（省农业厅）

（2）强化监督管理。加强农业投入品市场监督检查，严格农药、兽药、饲料及饲料添加剂市场准入管理，落实农业投入品生产经营诚信档案及购销台账规定，严格实行高毒农药定点经营、一瓶一码、实名购买、终身追溯制度，全面落实严管严控措施。开展农业投入品质量常态化监测，对县域内主要生产基地、交易市场的投入品实施定期监督抽查，严厉打击农业投入品生产环节非法添加行为，取缔无证无照农业投入品生产企业。严格实施兽药良好生产经营规范，强化养殖环节自配饲料监管。（省农业厅、工商局）

4. 加强种植养殖监管

（1）强化执法检查。加大执法检查力度，重点针对巡查检查、监督抽查、群众举报等发现的违法违规行为，坚持“零容忍”、露头就打，发现一起，查处一起。加强行政执法和刑事司法衔接，采取挂牌督办、集中办案等形式，查办一批大案要案，曝光一批典型案例，严惩一批违法犯罪分子。（省农业厅）

（2）开展突出问题专项整治

①农药及农药使用专项整治。加大农药专项监督检查，深入农药生产销售单位，严厉查处无证（假证）生产农药的行为，严厉查处生产经营假劣农药的行为，严厉查处非法添加（或搭售）隐性农药成分的行为，对农药中非法添加氟虫腈等禁限用农药成分的行为进行重点打击。公开曝光不合格农药及其生产经营单位，对生产经营禁用农药和假劣农药的单位列入“重点监控名单”。（省农业厅）

②“瘦肉精”专项整治。在全省生猪定点屠宰场、年出栏生猪万头以上规模的养殖场100%实施“瘦肉精”监管，组织开展生猪盐酸克伦特罗、莱克多巴胺、沙丁胺醇抽检，重点打击饲料生产、养殖饲喂、收购贩运等环节添加“瘦肉精”的行为。（省农业厅）

③兽用抗菌药专项整治。集中清缴非法兽药产品，集中力量对兽药（渔药）经营、使用环节实施检查，清查出的非法兽药（渔药）全部收缴销毁，实施追根溯源，依法严惩非法生产、经营和使用行为。（省农业厅、海洋渔业厅）

④生猪屠宰专项整治。开展生猪定点屠宰场清理整顿，加强日常监管，监督企业严格执行牲畜进场验收交接登记、肉品品质检验、肉品销售台账、病死猪病害肉无害化处理记录制度，确保屠宰企业出厂肉品质量。以规范乡镇小型屠宰点、屠宰环节病害猪无害化处理和代宰行为为重点，组织开展集中执法行动，严厉打击私屠滥宰等违法行为。2017年底前，对整改后仍达不到法定条件的小型生猪屠宰点予以关闭，取消其生猪定点屠宰资格。（省农业厅）

⑤茶叶农残超标专项治理。以禁限用农药的违法违规使用为重点，以26个现代茶业项目县市级以上龙头企业、省级以上农民合作社示范社和列入省级规范社名录的农民合作社的茶叶初制加工厂为重点对象，组织开展专项抽查，重点打击违法违规使用三氯杀螨醇、氰戊菊酯等禁限用农药的行为，推进统防统治，积极发展生态茶园。（省农业厅）

（3）推进质量安全可追溯体系建设。在2200多家市级以上农业产业化龙头企业、省级农民合作社规范社生产的食用农产品已纳入平台监管的基础上，推进重点生产经营主体落实备案管理、生产记录和诚信档案制度，进一步扩大平台追溯管理范围，将具有一定规模、品牌和包装销售的茶叶企业和“三品一标”农产品生产主体全部纳入平台管理。积极引导生产经营者对农产品进行包装、粘贴追溯码标识销售，逐步做到进入批发市场、大型超市的农产品质量即时可查、远程追溯、责任可究，实现放心消费。（省农业厅）

5. 加强农产品质量安全监测

（1）开展监督抽检。全面落实“两检合一”、“检打联动”机制，突出重点区域、重点产业、重点品种，加大监督抽查力度，在福州、宁德、莆田、泉州、漳州、三明、龙岩、南平等8个设区市和平潭综合试验区，对全省生产的蔬菜、食用菌、茶叶、水果、生鲜乳、禽蛋和禽肉等农产品进行质量安全监督抽查4次3000个样品以上。发现不合格样品严格追踪溯源、严肃责任倒查，始终保持严管重打态势。（省农业厅）

（2）开展快速检测。严格落实县乡快检预警

制度，年度快检20万个样品以上，发现不合格样品严格依法处置，严防流入市场。(省农业厅)

(3) 开展风险监测。在福州、宁德、莆田、泉州、漳州、三明、龙岩、南平等8个设区市和平潭综合实验区，按季度对全省生产的蔬菜、食用菌、水果、茶叶、生猪、生鲜乳、禽蛋和禽肉等农产品进行质量安全抽样监测，抽取样品3387份。(省农业厅)

6. 做好粮食质量安全管理。加强粮食收购、储存和政策用粮购销活动各环节的质量安全监管，督促粮食收购者经营者、承储企业和政策用粮经营企业严格执行相关质量安全制度；定期对粮食收购、储存活动和政策用粮购销中的粮食质量和原粮卫生进行抽查与监测，省级抽检1250份样品；组织开展收获粮食质量安全监测。(省粮食局)

(二) 水产养殖环节

责任单位：省海洋渔业厅

治理指标：主要水产品养殖环节药物残留抽检合格率达97%以上，水产品药物残留超标案件查处率达100%。

工作任务：

1. 推进渔业标准化生产

(1) 加强渔业标准制修订。重点围绕海洋生态保护、水产种业、设施渔业养殖技术、20大渔业品牌产业化体系、“9+1”特色品种超百亿全产业链和水产品质量安全等重点领域，开展标准制修订，全年力争制修订各级渔业标准6个以上。成立海洋与渔业标准委员会，统筹指导全省海洋与渔业标准申报、编制工作。

(2) 加快标准推广应用。推行“标准上墙、技术落地、记录入档、质量安全”的标准化要求，建设6万亩水产养殖标准示范基地；组织开展农业部水产健康养殖示范场和省级标准化示范区创建，督促生产经营主体按标准生产，从源头管控水产品安全生产。

2. 创建水产品质量安全示范县。继续推动连江县开展水产品质量安全示范县创建，加强创建工作指导，开展宣传培训，营造创建良好氛围，力争9月份完成示范县验收工作。积极争取扩大农业部水产品质量安全示范县规模。

3. 完善水产品质量安全追溯体系建设。进一步扩大追溯企业和品种，全年新增追溯企业40家。鼓励和引导追溯企业建立专卖店或销售摊位，推动可追溯水产品进入超市销售，方便市民选购。同时加大对列入追溯企业的宣传力度，进一步提升渔业品牌和可追溯水产品的影响力，扩大市场占有率。

4. 全面强化执法监管

(1) 加强日常监督检查。指导养殖生产者科学养殖，合理用药，严格执行休药期制度，推进水产标准化生产。督促养殖生产单位落实质量安全主体责任，建立健全生产日志、用药和销售三项记录。加强养殖单位生产诚信体系建设，落实水产品质量安全黑名单制度。

(2) 开展专项整治行动。围绕大黄鱼、罗非鱼、对虾、石斑鱼、草鱼、鲫鱼等重点品种，以水产养殖企业特别是规模化养殖企业、获“三品一标”认证的水产养殖场、健康养殖示范场为重点，严厉打击使用硝基呋喃、孔雀石绿、氯霉素等禁用药物的违法行为。

(3) 强化质量安全执法。加大执法力度，强化检打联动、联合执法和案件督办的机制，开展水产养殖执法专项行动，确保省级以上水产品药残超标案件查处率达100%。推进水产品质量安全违法案件的行政执法与刑事司法衔接工作，杜绝有案不移、以罚代刑，严厉打击养殖过程违法用药行为。

(4) 配合推动农（渔）药监管平台建设。将执法检查中发现的未纳入农资监管平台的渔药生产企业的情况通报农业行政主管部门，完善监管信息库，实现信息共享。建立联合执法和违法违规案件相互移送制度，加强对外省生产渔药在我省销售、使用的联合监管。

5. 加强监督抽查和风险检测

(1) 监督抽查。全年安排部省级产地水产品质量安全监督抽检780个样品、水产苗种样品120个，检测项目为孔雀石绿、氯霉素、硝基呋喃类代谢物、甲基睾酮、己烯雌酚等，监督抽查的程序按照《产地水产品质量安全监督抽查暂行规定》执行。

(2) 风险监测。开展海水贝类卫生风险监测工作，全年安排海水贝类产品卫生监测样品510

个，监测项目为腹泻性贝类毒素（DSP）、麻痹性贝类毒素（PSP）、大肠杆菌（N）、菌落总数、铅、镉、多氯联苯等指标。开展水产品质量安全风险监测，重点对藻类、甲壳类、软体动物类等水产品的质量安全水平进行摸底，全年监测样品1190个，监测项目为重金属、贝类毒素、禁用药物（硝基呋喃代谢物、氯霉素、孔雀石绿）等指标。开展市场例行监测，在我省主要水产批发市场、农贸市场和超市开展市场水产品质量安全监测，监测数目200个。

（3）快速检测。强化快速检测设备的应用和推广，全年计划完成水产品质量安全快速检测5000批次，并按季度通报各地工作进展情况。

6. 扩大渔业品牌规模。持续深化渔业区域品牌宣传，鼓励水产企业争创中国驰名商标、地理标志商标、福建省名牌产品、福建省著名商标，形成品牌集群。加快无公害水产品产地认定和产品认证步伐，年度完成无公害水产品产地面积1.5万亩以上。

（三）饮用水环节

治理指标：市县市政供水管网末梢水抽检合格率达95%以上，瓶（桶）装水质量安全评价性抽检不合格样品检出率稳定在5%以下。

工作任务：

1. 加强饮用水水源保护。全面开展城市水源环境状况评估和乡镇级集中式饮用水水源环境基础信息工作，加强集中式水源地环境监管，继续强化饮用水水源地的环境执法检查。（省环保厅）

2. 加强市政供水安全管理

（1）加强城市供水企业安全生产管理，继续开展供水企业运行评估考核，持续规范供水企业生产管理。（省住建厅）

（2）开展水质督查，继续对所有市县区公共供水企业水厂的出厂水、管网水进行106项指标检测分析进行抽查。（省住建厅）

（3）加快供水设施改造，2017年改造供水管网400公里以上，指导各地加快供水厂区工艺技改。（省住建厅）

3. 开展生活饮用水水质卫生监测。组织开展城乡集中式供水、管网末梢水、二次供水水质卫生监测，及时通报水质监测结果。（省卫计委）

4. 加强瓶（桶）装饮用水生产企业监管。组织开展瓶（桶）装饮用水质量安全监督抽查，严厉查处非法添加行为，提高瓶（桶）装饮用水安全卫生水平。（省食品药品监管局）

（四）食品生产环节

责任单位：省食品药品监管局

治理指标：全省加工食品质量安全评价性抽检总体合格率稳定在97.5%以上，成品粮、食用油、调味品、肉制品、蛋制品、酒类、乳制品、腐竹等不合格样品检出率稳定在3%以下，原粮卫生抽检合格率90%以上。

1. 严格食品生产许可。启用生产许可信息化系统，加强国家、省、市、县间的系统衔接，强化许可数据管理，实现许可数据的适时更新。加强企业指导，配合做好婴幼儿配方乳粉和特殊医学用途配方食品的注册工作。严格保健食品生产许可审查，做好许可现场核查，把好准入关。

2. 整治食品生产突出问题

（1）整治重点产品。整治蜂蜜、婴幼儿配方乳粉、糕点、饼干、调味品、桶装饮用水、蜜饯、酒等8类食品，以及本省企业生产在售的改善睡眠类、减肥类等易非法添加化学物质的保健食品。

（2）整治重点问题。整治掺杂掺假、滥用食品添加剂、虚假宣传、产品不合格、标签标识不规范等问题。督查保健食品生产企业能否按照注册或者备案的技术要求组织生产、生产过程是否存在违法添加、食品标签、说明书以及宣传材料中有关功能宣传是否合法合规。

（3）整治重点区域。以问题为导向，省市两级分别针对辖区情况确定重点区域，组织开展整治，防范区域性食品安全风险。

3. 打击滥用食品添加剂和非法添加。在食品添加剂生产环节，组织对变性淀粉、复配食品添加剂、明胶等重点食品添加剂产品生产企业开展检查，着重检查原辅材料是否符合要求，标签标识是否规范，是否在产品中违规添加非食用物质。在食品添加剂使用环节，着重治理饼干、糕点、蜜饯、酒类等产品存在的超范围、超限量使用食品添加剂问题。

4. 提高生产企业食品安全保障能力

（1）加强日常监督检查。加大飞行检查、“双随机”检查力度，严格行政执法，监督企业持续保持生产必备条件，严格建立实施从原料进货查验、生产过程控制、出厂检验到贮存运输管理的全过程管理制度，提高食品生产加工企业的质量管控水平。

（2）推进诚信体系建设。督促食品生产者落实法定责任和义务，落实索票索证台账管理制度，逐步实现销售食品（保健食品）的可追溯和召回。强化食品安全失信约束和惩戒，及时公示违法失信企业，推动食品生产者落实主体责任。

（3）落实保健食品生产企业主体责任。对保健食品生产企业100%实施证后检查，督促已获证企业按照《保健食品生产许可审查细则》的要求进行自查自纠，规范生产行为。创建6家保健食品生产企业为质量受权人示范企业。

5. 加强食品小作坊管理

（1）修订小作坊核准办法。修订食品生产加工小作坊核准办法，进一步完善核准条件、申请材料、办理流程等要求。

（2）创建一批新的小作坊示范点。组织各地继续开展小作坊示范点创建活动，扩大示范品种、示范对象、示范范围，规范小作坊生产，提升小作坊食品安全保障能力。

（3）推动小作坊持证生产经营。指导小作坊完善生产条件、加强原辅材料管理、规范生产加工过程，依法办理核准证书。加强食品生产加工小作坊检查，监督其依法生产，查处违法违规的小作坊。

6. 开展不合格食品召回工作。完善召回工作机制，启用食品召回管理系统，调整召回公告、召回情况、处置情况的上传流程、上传通道，提升企业依法召回及依法处置时效。加强重点企业、重点产品的召回时效、召回数量、处置情况、记录情况的监督，依法查处不主动召回、不按规定时限启动召回、不按照计划召回、不按规定处置不安全食品的违法违规行为。

7. 开展名优特地方食品质量标准体系建设。完善名优特食品名录管理办法，健全并推广应用我省地方特色食品、传统食品质量标准体系，提升传统食品行业的产业化水平。

（五）食品流通环节

工作目标：通过规范市场流通行为和专项治理，进一步提高食品经营单位主体责任意识，促进食品经营单位自觉遵守食品安全法律法规。

工作任务：

1. 严格食品经营许可。规范食品经营许可审核，依法取缔无证经营食品行为，推进食品经营许可数据库建设，加快国家、省、市三级食品经营许可数据库的对接，开展经营许可情况检查。（省食品药品监管局）

2. 加强食品经营日常监管。加大飞行检查和“双随机”检查力度，严格行政执法，监督企业持续保持食品经营必备条件，严格落实索证索票制度和进货查验制度，提高企业食品安全保障水平。加快推进监督检查电子化管理系统与数据库建设，推进监管工作信息化，实现“一企一档”，提高监管效率。（省食品药品监管局）

3. 整治食品经营突出问题。梳理监督抽查、风险监测、执法办案情况，以问题为导向，重点整治畜禽水产品、掺杂掺假、滥用食品添加剂、虚假宣传、产品不合格、标签标识不规范等问题。省市食品监管部门根据实际情况确定重点区域，开展专项整治，防范区域性食品安全问题。（省食品药品监管局）

4. 加强网络食品经营监管

（1）规范网络食品经营主体资质。多渠道开展网络食品经营主体摸排，完善全省经营主体数据库。落实第三方平台责任，督促平台提供者履行法定义务，推进与第三方平台的沟通合作机制。（省食品药品监管局、通信管理局）

（2）严惩网络食品安全违法行为。开展网络食品安全专项整治，加强执法力度，努力查办一批警示作用较强、影响力较大的典型案件。加强网络食品安全监测抽检，在网络集中促销时段，以省内第三方平台入网经营者及国内大型第三方平台我省入网食品生产经营者为重点开展定向监测和监督抽检。（省食品药品监管局、通信管理局）

（3）构建网络食品安全监管技术支撑。推进福建省食品药品互联网交易监管系统建设。主动介入、规范指导、鼓励支持我省区域性、特色化第三方平台的发展。（省食品药品监管局）

5. 支持冷链物流项目建设。安排省级专项资金，支持建设改造冷库设施、批发市场建设低温物流专区、零售企业建设终端低温设施，提升冷链物流技术与装备水平，降低食品农产品腐烂损耗，保证农产品新鲜消费。(省商务厅)

6. 推动食品物流设施升级改造。组织实施省级示范物流园区创建工作，支持农产品冷链物流园区列入省级物流园区；加大资金扶持力度，对符合条件的冷链物流中心、冷链信息化建设项目给予扶持。(省经信委)

（六）餐饮服务环节

治理指标：餐馆、小吃店、快餐店、食堂、集体用餐配送单位、中央厨房等单位的餐饮服务经营行为符合《餐饮服务食品安全操作规范》要求。

工作任务：

1. 加强餐饮服务日常监管。全面落实《食品生产经营日常监督检查管理办法》，推行日常监督检查结果公示制度。开展餐饮服务单位食品安全风险等级首次评定和管理工作，增加对高风险餐饮服务单位的日常监督检查频次。在A级大型以上餐饮服务单位、中央厨房、集体用餐配送单位、高校食堂推行餐饮服务食品安全可追溯管理。突出重大节日等重要时段，组织开展旅游景区、旅游接待宾馆等餐饮服务单位的监督检查，严厉查处旅游食品经营违法违规行为。(省食品药品监管局)

2. 深入开展量化分级管理工作。组织指导各地推进餐饮服务量化分级管理工作，规范餐饮服务量化分级等级评定行为，统一等级公示样式，引导消费者寻找“笑脸”就餐。制定出台《餐饮服务单位食品安全自查自评管理规定》和《餐饮服务单位主体责任清单》，严格落实餐饮服务食品安全主体责任。(省食品药品监管局)

3. 强化学校及周边餐饮服务监管。围绕春秋两季开学、中高考等重要时段，组织开展校园及其周边餐饮服务食品安全专项检查，做好校外学生托管机构提供餐饮服务单位的食品安全评分评级工作，督促学校（托幼机构）及其周边餐饮服务提供者落实食品安全第一责任人责任。加大学校及其周边餐饮食品安全日常监管和监督抽检力度，加强风险排查和整治，防控学校食物中毒等食品安全事故。推进学校食堂“明厨亮灶”建设。(省食品药品监管局、教育厅)

4. 持续开展餐饮服务示范创建活动。继续开展2条省级食品安全示范街、100家“明厨亮灶”示范店的创建工作，全面推进餐饮服务示范创建工作提档升级、提质扩面，切实通过示范带动，典型引领，提升我省餐饮服务食品安全保障水平。(省食品药品监管局)

5. 建立健全“小餐饮”长效监管机制。加快研究制定我省《“小餐饮”监督管理办法》和现场审查标准等配套措施，全面推行“小餐饮”核准管理，按照“提升一批、规范一批、淘汰一批”的原则，切实强化监管，全面提升“小餐饮”持证率，进一步建立健全“小餐饮”长效治理工作机制，把“小餐饮”治理纳入制度化、规范化的管理轨道。(省食品药品监管局)

6. 指导做好农村集体聚餐管理。督促各地制定农村集体聚餐食品安全监管措施和办法，强化对农村集体聚餐食品安全工作的指导，进一步明确农村集体聚餐的环境与设备、食品采购和贮存、加工过程控制、食品留样、加工制作人员体检和培训等基本要求，防控农村集体聚餐食物中毒事件发生。(省食品药品监管局、县（市、区）政府)

7. 加强餐厨垃圾处理设施建设。福州、漳州、泉州、莆田、南平、龙岩、宁德7个设区市和平潭综合实验区建成餐厨垃圾处理厂，提高城市餐厨垃圾处理水平。(省住建厅、有关地方政府)

（七）食品安全风险监测工作

1. 开展食品污染及有害因素监测。在全省所有县级行政区域开展食品污染及有害因素监测，并逐步向乡镇延伸；监测环节覆盖种养殖、生产、流通、餐饮、进出口等。根据社会热点，加强对网络购物、学校周边、流动摊点等食品的监测。(省卫计委、农业厅、海洋渔业厅、食品药品监管局、质监局、粮食局，福建检验检疫局、厦门检验检疫局)

2. 开展食源性疾病监测。在所有二级及二级以上医院开展食源性疾病监测，哨点医院平均病例信息报告数达到80例以上。在10家哨点医院开展生物样本的采集和检验，全年样本检验数量达1000份以上。在各级疾控机构开展食源性疾病暴发事件监测。在省疾控中心开展致病菌的分子分型、药敏实验等工作。(省卫计委)

3. 开展核电站周边食品放射性监测。继续在福清、福鼎核电站周边开展食品放射性监测，覆盖粮食、乳制品、畜禽肉、蔬菜、茶叶、水产品等13个类别，监测75批次。（省卫计委）

（八）相关工作

1. 福州、厦门、莆田市继续开展国家食品安全示范城市创建工作。（福州、厦门、莆田市政府）

2. 组织开展打击食品安全犯罪行动。通过主动摸排、抽样检测、群众举报、行政移送等渠道，侦办一批涉及工业盐、走私冻肉制品、水产品等新领域案件，以城中村、城乡结合部、乡镇、偏远山区村落的集贸市场、赶圩、收购站、农村中小学校及其周边等区域为重点，联合有关部门排查整治一批非法屠宰点、黑工厂、黑作坊、黑仓库，严厉打击制售假劣食品违法犯罪活动，全省破获不少于400起食品犯罪案件。（省公安厅）

3. 保障进口食品安全。严格执行进口食品准入制度，严把进口关；加强进口食品进出口备案管理，严格落实进口和销售记录制度，完善进口食品追溯体系；组织开展进口婴幼儿配方乳粉、食用植物油、大米等重点敏感食品专项检查，依法处置不合格进口食品；加强进口食品后续监管。（福建检验检疫局、厦门检验检疫局）

4. 开展出口食品农产品质量安全示范区建设。继续推进出口食品农产品质量安全示范区建设，发挥已有16个国家级示范区引领作用，扩大示范区覆盖面和示范效应，力争全部通过年度复审。（福建检验检疫局、厦门检验检疫局）

5. 做好食品相关产品监管工作。组织做好食品相关产品生产许可证核发、现场监督检查、实物质量抽查、实施风险监测四项工作，提高食品相关产品质量，防止出现食品相关产品质量安全事故。（省质监局）

6. 加强食品安全监管能力建设。启动县级食品安全快检车配置工作，635个乡镇所快检设备配备全面完成，加强基层执法装备配备。加快推进食品安全监管信息化项目建设，提升我省食品安全监管信息化水平。加强对基层监管人员的教育培训，力争年培训率达80%以上、人年均培训学时达60学时以上，提升基层执法队伍综合素质和业务能力。（省食品药品监管局）

7. 做好食品安全应急管理工作。组织一次全省食品安全应急演练，提高应急处置能力；抓好舆情的监测与处置工作，掌握舆情动态，搞好舆情识别、初核、分析与研判，及时发布权威信息回应社会关切，防止炒作虚假信息。（省食品药品监管局）

8. 加强师生食品安全教育培训。将中小学《公共安全教育》地方课程在全省范围内投入使用，每学期开展食品安全知识教育不少于2课时。组织全省中小学校校长和幼儿园园长安全管理培训班两期，把食品安全管理纳入培训计划，邀请有关专家开展学校食品安全管理专题讲座。（省教育厅）

三、保障措施

（一）加强组织领导。各市、县（区）政府、省直有关部门要按照本方案的工作目标任务要求，结合实际，制定本地本部门年度治理“餐桌污染”工作实施方案，实化细化目标任务，周密组织部署，严格落实责任，科学安排工作进度，按时保质保量完成工作目标任务。

（二）加强经费保障。省级财政要安排专项资金用于食品安全监管能力建设、执法检查、检验检测、风险防控、宣传培训等工作。省直有关部门要及时调整预算支出结构，保障工作经费。各市、县（区）政府要将食品安全工作经费纳入本级财政预算安排，加大资金投入，保障治理“餐桌污染”工作的开展。

（三）加强协调配合。各地、各有关部门要认真履行职责，加强支持配合，形成上下联动、部门联动、地区联动的工作机制，提高工作合力。各级食安办要充分发挥综合协调作用，及时协调明确监管职责分工，消除监管盲区死角，防止推诿扯皮。

（四）加强监督检查。上级政府要将治理“餐桌污染”、建设“食品放心工程”工作成效纳入对下级政府的绩效考核，加强监督检查，促进工作落实。加大行政监察和行政问责力度，严格责任制和责任追究，坚决查处监管工作中的失职渎职行为。

（摘编：林学军）

2017年福建省实施宜居环境建设行动计划

2017年3月1日福建省人民政府办公厅下发《福建省人民政府办公厅关于印发2017年全省宜居环境建设行动计划的通知》（闽政办〔2017〕25号），要求各市、县（区）人民政府，平潭综合实验区管委会，省人民政府各部门、各直属机构，各大企业，各高等院校认真组织实施。主要内容如下：

为补足城乡基础设施短板，积极扩大城乡建设领域有效投资，提升福建省城乡环境面貌，现就2017年全省实施宜居环境建设行动计划提出如下工作方案。

一、主要目标

2017年力争全省宜居环境建设行动落实项目8000个，完成市政基础设施建设投资2300亿元、美丽乡村建设投资260亿元。抓好新一批市政线网“六千工程”，新改扩建城市道路、雨水管网、污水管网、供水管网和绿道各1500公里、燃气管网1000公里，开工建设地下管廊100公里。加快治理停车难，新增城市及乡镇公共停车泊位4万个以上，路灯节能改造2万盏以上。加快58条城市内河黑臭水体治理，抓好新一批百个乡镇生活污水处理设施建设，完成农村50万户标准三格化粪池新建改造、3000个行政村生活垃圾常态化治理。省级重点整治提升城镇“三边三节点”20个。实施新一轮“千村整治、百村示范”美丽乡村建设工程，全省整治村庄1000个以上，树立美丽乡村示范村100个，打造美丽乡村景观带30条以上，改善提升历史文化名镇名村和传统村落15个，继续推进公路铁路沿线绿化整治。福州市要加快城区水系和交通拥堵治理，推进“全民动员、绿化福州”专项行动。厦门市要重点围绕保障金砖会晤，以“三线四片”重点区域为核心打造一批园林绿化、夜景亮化、立面美化精品工程。泉州市要实施城市综合交通提升、历史文化名城保护、生态景观建设提升、公共配套设施提升、城市管理提升5个专项行动。其他地市也要立足加快补齐民生短板，深入推进宜居环境建设，不断增强人民群众对幸福生活的“有感度”。

二、加快市政基础设施建设

（一）投资目标

全省力争完成年度投资2300亿元，其中福州市360亿元、厦门市260亿元、泉州市480亿元、漳州市330亿元、莆田市170亿元、三明市170亿元、南平市130亿元、龙岩市190亿元、宁德市150亿元、平潭综合实验区60亿元。

（二）重点任务

1. 城市轨道交通。福州市重点推进地铁2号线和1号线二期工程续建，全线开工地铁6号线，尽快批复开工地铁5号线，完成地铁4号线前期。厦门市重点推进地铁1号线和2号线工程续建，全线开工地铁3号线，开工建设地铁6号线。泉州市重点推进有轨电车一期工程续建，力争批复城市轨道交通近期建设规划。

责任单位：有关设区市人民政府，省发改委、住建厅、交通运输厅

2. 城市道路桥梁。优化路网结构，提升城市的通达性和微循环能力，建设畅通城市，重点完善主干道、打通断头路和加密建成区路网。全省完成新改扩建城市道路1500公里以上，包括“白改黑”等既有道路改造提升、背街小巷拓宽改造、开发区（新区）道路建设等，其中福州市190公里、厦门市300公里、泉州市290公里、漳州市

140公里、莆田市70公里、三明市110公里、南平市130公里、龙岩市110公里、宁德市100公里、平潭综合实验区60公里。推动中心城市的交通拥堵节点综合整治，福州、厦门市等主要城市各开展10条重要干道交通治堵改造，试点创建主线连续流交通，福州市完成二环路乌山路口等13个路口改造治堵项目。完善、创建舒适的步行系统，每个市县区都要建成一个以上慢行示范片区，并与城市绿道衔接。推进中心城区路灯合同能源管理，完成路灯节能改造2万盏以上，其中福州、厦门市各5000盏，漳州、南平、龙岩市各1500盏，三明、宁德市各1000盏，泉州市3000盏，莆田市500盏。

责任单位：各市、县（区）人民政府，省住建厅

3. 城市公共停车设施。全省建成区新增路外公共停车泊位3万个，分别是福州市8000个，厦门市5000个，泉州市3600个，漳州市2500个，南平、三明、龙岩、宁德市各2200个，莆田市1600个，平潭综合实验区500个；其中2万个列入省委省政府为民办实事项目（福州、厦门市各4000个，泉州市3000个，漳州市2000个，莆田市800个，平潭市200个，其他设区市各1500个）。

责任单位：各市、县（区）人民政府，省住建厅、发改委、财政厅，省直有关单位

4. 市政线网及绿道

——雨水管网。全省新建改造城镇雨水管网（渠）1500公里以上，包括城市市政及小区、乡镇、农村、工业区、开发区的新建改造雨水管网（渠）、城市与乡村绿道配建的排水管沟（渠），其中福州市281公里、厦门市80公里、泉州市293公里、漳州市156公里、莆田市94公里、三明市160公里、南平市180公里、龙岩市148公里、宁德市83公里、平潭综合实验区25公里。

——污水管网。推动负荷率低、进水浓度低、管网覆盖不到位的老城区管网扩面工作，全省新建改造城镇污水管网1500公里以上，包括城市市政及小区、乡镇、农村、工业区、开发区新建改造污水管网，其中福州市270公里、厦门市120公里、泉州市330公里、漳州市150公里、莆田市90公里、三明市136公里、南平市130公里、龙岩市122公里、宁德市113公里、平潭综合实验区39公里。

——供水管网。加强供水管网产销差率和管网漏损率控制。全省新建改造城镇供水管网1500公里，包括城市市政道路及小区、工业区、开发区、乡镇新建改造供水管道、一户一表改造的管道、市政供水管网改造的临时过渡管，其中福州市275公里、厦门市110公里、泉州市300公里、漳州市184公里、莆田市93公里、三明市153公里、南平市130公里、龙岩市116公里、宁德市117公里、平潭综合实验区22公里。

——燃气管网。全省新建改造燃气管网1000公里，推动未建设管道燃气项目的18个县（市）和有条件的中心镇开工建设LNG卫星站和配套管道，其中福州、泉州、龙岩、宁德市各150公里，漳州、三明市各100公里，厦门、南平市各80公里，莆田市、平潭综合实验区各20公里。

——绿道建设。全省新建提升绿道1500公里以上，其中福州市215公里、厦门市60公里、泉州市130公里、漳州市195公里、莆田市70公里、三明市155公里、南平市295公里、龙岩市160公里、宁德市190公里、平潭综合实验区30公里。设区市和主要城市要建成1～2个绿色慢行区域或“绿线”，打造连续的林荫大道和生态绿廊，推动重要街头绿地、公园与慢行系统的“联网”，推进沿城镇外围的自然河流、小溪、海岸及山脊线的生态型绿道连点成线，其中生态型绿道、郊野型绿道可按实物工作量计算。

责任单位：各市、县（区）人民政府，省住建厅、水利厅

5. 地下综合管廊。重点抓好厦门市、平潭综合实验区两个国家管廊试点任务项目建设，厦门市23公里考核验收，平潭综合实验区31公里基本完成。福州市申报第三批国家地下综合管廊试点城市。以试点示范带动向城市新区、产业园区拓展，争取新开工福州新区、厦门马銮湾新城等一批建设项目，力争全省在建管廊达100公里以上，并建成30公里。

责任单位：有关设区市人民政府，省住建厅、发改委、通信管理局、电力公司

6．黑臭水体治理。全面推进58条黑臭水体整治，厦门市要在金砖会晤前完成6条黑臭水体整治任务，福州市要在年底前完成43条黑臭水体整治、其他设区市要基本完成已摸排出的黑臭水体整治项目建设，实现河面无大面积漂浮物，河岸无垃圾，无违法排污口。

责任单位：各市、县（区）人民政府，省住建厅、环保厅、水利厅

7．海绵城市建设。厦门市完成国家海绵城市试点建设，236个试点项目基本完成，海沧马銮湾片区和翔安区南部新城初现成果；福州市加快推进国家海绵城市试点，试点项目完成50%以上。推动各市、县开展海绵城市试点项目建设。

责任单位：各市、县（区）人民政府，省住建厅、环保厅、水利厅

8．城市污水处理。扩建诏安（二期）、平和、石狮、永春、三明列东、建阳、建瓯、浦城、上杭城区、福鼎10个满负荷运行的城市污水厂，新建永泰东部新城、武夷山马厂洲、宁德东区、福安湾坞西片区、平潭坛南湾等5个污水处理厂，有效提高城市污水处理率。

责任单位：各市、县（区）人民政府，省住建厅、环保厅

9．城市供水设施。新改扩建龙岩新罗雁石、南平江南片区、漳州第二、漳州常山开发区等4座供水厂，建设应急备用水源，重要场所争取做到双回路供水。

责任单位：各市、县（区）人民政府，省住建厅、水利厅

10．城市垃圾处理。福州、泉州、莆田、南平、宁德市和平潭综合实验区开工建设餐厨垃圾处理厂。莆田市、建阳区2个垃圾焚烧厂建成飞灰处理设施；晋江市要通过周边飞灰处理设施实现飞灰安全处置，2017年开工建设飞灰处理设施。从大件垃圾分类、干湿垃圾分类入手，采取分时分类等措施，启动全省强制垃圾分类试点，制定城市垃圾强制分类办法。

责任单位：各市、县（区）人民政府，省住建厅

11．城镇公厕建设。全省新增2001座城镇公厕（县市城区1270座；乡镇所在地731座），其中福州市298座、厦门市331座、泉州市321座、漳州市206座、莆田市117座、三明市149座、南平市170座、龙岩市168座、宁德市203座、平潭综合实验区38座。积极推动选用造价低、建设周期短的移动式公共厕所，可结合公厕配套城市工人休息屋。

责任单位：各市、县（区）人民政府，省住建厅

12．城市园林绿化。仙游、武平、德化等县积极创建国家园林县城，诏安、平和、华安、浦城、顺昌、屏南等县在2017年要达到省级园林县城标准。每个设区市要筹建一个城市植物园和一个国有主导的苗圃、花圃，广植市花市树和乡土树种，打造连续的林荫大道和生态绿廊。各设区市和平潭今年起要开展城市公园建设竞赛，全省每年力争动建1个100公顷以上城市公园或郊野公园。福州、厦门、泉州等市各完成450公顷园林绿地建设，莆田市、平潭综合实验区各100公顷园林绿地建设，其他设区市各300公顷园林绿地建设。各市、县要力争新建或改造提升1个城市公园、1条道路、1处重要节点、2个小区、2个单位庭院园林绿化，完成5处以上立体绿化、5片以上城市片林（单片面积在700平方米以上并种植2排以上乔木的城市园林绿地）、5处以上旧城区街头小绿地，在城市公园或郊野公园建设时适当配置全民健身设施。

责任单位：各市、县人民政府，省住建厅、体育局

13．整治提升城镇“三边三节点”。重点推进山体、水系、湿地、海岸的生态保护修复，实施老城区有机更新、历史文化街区保护、沿街立面整治、公共空间品质提升等城市修补工作。各设区市和平潭综合实验区整治2个以上，各县（市）整治1个以上项目（含续建项目）。全省通过竞争性选拔方式确定20个作为省级重点跟踪项目。

责任单位：各市、县（区）人民政府，省住建厅、交通运输厅、文化厅、林业厅、水利厅、铁办

14．推进特色小镇工程包和乡镇所在地环境综合整治建设。全面推进28个省级特色小镇工程包建设，并向5个国家级特色小镇、48个综合改革

建设和15个小城市培育试点镇拓展。大力推进特色小镇及试点镇污水垃圾处理、供水、燃气、排水管网等设施建设，完善市政基础设施，不断提升市政道路水平，建立完善道路网系统；推进产业发展，继续提升住房保障、文教卫生、商贸等公共服务设施建设水平；每个镇开展一条以上街道景观环境综合整治；提升园林绿化水平，每个镇新建一个以上供居民休闲活动的公园（大于0.5公顷），或建成一条以上绿道（大于1公里）。全省乡镇建成1万个公共停车设施。启动其它乡镇所在地环境综合整治，重点抓好沿街立面、道路街巷、杆线缆线、农贸市场、交通秩序、污水垃圾、“两违”治理、园林景观等方面整治建设，并推进地域文化保护传承、生态环境修复等方面工作。

责任单位：有关设区市人民政府，省住建厅、发改委

15. 其他。除以上14方面重点任务外，棚户区（安置房）配套基础设施、城市街景综合整治以及城市“双修”等其他项目。

三、加快美丽乡村建设

结合“精准扶贫”“一事一议”工作，2017年“千村整治、百村示范”美丽乡村建设工程（“千百十”工程）重点推进污水治理、垃圾处理、裸房整治，抓好环境整理、文化遗产保护、村庄绿化、村道硬化等相关工作，结合实际、量力而行发展乡村休闲旅游、特色产业，进一步完善村庄公共配套服务设施。

（一）投资目标

全省力争完成年度投资260亿元（不含造福工程、旅游景区周边环境整治等项目），其中福州市33亿元、厦门市14亿元、泉州市33亿元、漳州市32亿元、莆田市18亿元、三明市32亿元、南平市31亿元、龙岩市32亿元、宁德市32亿元、平潭综合实验区3亿元。

（二）重点任务

1. 村庄环境整治。全省要完成1000个村庄环境整治，其中创建100个美丽乡村示范村，打造30条美丽乡村景观带，具体名单由省住建厅、省财政厅另文公布。各地要在开展环境整治的同时，强化村庄风貌管控，突出乡土气息，建立农村人居环境管护长效机制，注重典型示范、连线成片。

责任单位：各市、县（区）人民政府，省住建厅、财政厅

2. 农村污水垃圾治理。全面启动全省未覆盖污水处理设施的365个乡镇污水处理设施建设，力争建成100个。通过新建垃圾转运站或者购买垃圾压缩运输车的方式完成全省未建成垃圾转运系统的247个乡镇垃圾转运系统建设，实现全省乡镇垃圾转运系统全覆盖。全省村庄推广标准三格化粪池分户处理，新建改造村庄三格化粪池50万户（整村推进）；新增3000个行政村实现垃圾常态化治理，使全省70%以上行政村垃圾得到有效治理。

责任单位：各市、县（区）人民政府，省住建厅、农业厅、财政厅、环保厅

3. 改善提升历史文化名镇名村和传统村落。省级重点扶持邵武市金坑村、东山县铜陵镇、永定区初溪村、霞浦县半月里村、明溪县肖家山村、将乐县良地村、宁化县石壁镇、顺昌县上湖村、长泰县林溪村、三元区忠山村、南靖县石桥村、福鼎市仙蒲村、屏南县双溪镇、荔城区后黄村、新罗区竹贯村等15个历史文化名镇名村和传统村落开展保护整治。各地要兑现配套“奖补”资金，抓紧编制完善保护规划，认真制定传统建筑修缮保护和环境整治实施方案，明确年度修缮和整治项目清单，精心选择专业的设计和施工单位，依照《历史文化名镇名村保护和整治导则》要求，有序推进保护和整治工作，确保年底取得明显成效。

责任单位：各市、县（区）人民政府，省住建厅、财政厅、文化厅、旅游局

4. 引导新村建设。加强村民建房监督管理，推进村镇规划与土地利用规划融合，提高审批效率，严格执行审批时限要求。抓好建筑工匠培训，发挥其在村民建房中的主导作用。结合土地整理增减挂钩、灾后重建、地灾搬迁、村庄征地拆迁和库区移民安置等工作，抓好村民安置房建设，建设一批农村示范房和村民集中住宅小区，扭转抢建乱建行为，打造新农村整体风貌和地域特色。

责任单位：各市、县（区）人民政府，省住建厅、国土厅、移民局

5. 农村危房改造。根据《福建省农村危房改造“十三五”专项规划》，2017年全省开工改造

25309户农村危房改造，竣工1万户，省级财政安排补助1.18亿元，以修缮加固为主，降低成本，减轻困难农户经济负担。

责任单位：各市、县（区）人民政府，省住建厅、财政厅

6. 铁路沿线绿化整治。继续推进温福、合福、向莆铁路沿线绿化整治，重点抓好高铁、铁路车站到城区沿线重点区域环境景观整治。

责任单位：各市、县（区）人民政府，省铁办、林业厅、住建厅

7. 公路沿线整治。抓好高速公路互通口至城区、城镇连接新区和风景名胜区、国道省道沿线环境整治提升。

责任单位：各市、县（区）人民政府，省交通运输厅、住建厅

四、保障措施

（一）加快组织实施

一是落实项目。各设区市要按照省里下达的任务指标，细化分解到县市区，梳理筛选形成具体项目清单，制定实施方案，排出进度计划，明确各责任单位、责任人。同时要建立项目调整更新机制，及时调整新生成项目，调减无法形成有效投资的前期项目。二是简化审批。省直相关部门和各市、县要采取“并联审批”“集中协调调度”等办法，优化宜居环境建设项目审批前置条件和审批环节。三是强化指导。加强专家指导、标准指导和示范带动。省宜居办要组织省级专家团加强对“三边三节点”、美丽乡村、污水垃圾处理等的技术指导；筛选30个村庄进行规划整治、保护传承、生态环境保持修复等方面重点指导和服务；推广省里制定出台的宜居环境建设相关技术导则和规范标准，指导和规范各地项目实施；及时总结新的理念和典型经验做法，适时召开现场会予以推广。四是严把质量。落实项目参建各方主体责任，强化项目建设全过程管理，严把设计、施工、验收关，推行安全生产和质量管理标准化，严格控制施工扬尘、现场污水排放、建筑垃圾对环境的污染等，提升项目建设质量安全水平，建设精品工程。

（二）落实资金保障

一是做好财政资金保障。今年安排的宜居环境建设省级“以奖代补”资金中的补助资金已下达各地。各市、县（区）要明确年度筹资方案，对重点改善提升的历史文化名镇名村、美丽乡村示范村等要按照不少于省级补助资金的规模落实建设资金，并于4月底前拨付到位。省级财政每年安排2亿元专项补助乡镇污水处理设施建设；省级财政每年安排3亿元补助资金对每个三格化粪池补助600元，市、县财政按不低于省级补助标准配套；省级财政每年安排1.2亿元“以奖代补”资金补助乡镇污水处理设施运营，市、县财政按不低于省级补助标准配套；2017年省级安排9000万元用于乡镇生活垃圾转运系统建设；省级每年安排1.5亿元（2017年安排1亿元），按农村人口每人每年10元，补助农村垃圾治理运行费用。通过“一事一议”或完善村规民约等方式动员村民缴纳保洁费，对未足额向村民收缴垃圾处理费的，省级财政不予奖励。省财政、发改、住建等部门要积极争取国家资金、政策的支持。

二是重点推行PPP模式。采用PPP模式的乡镇及农村污水处理、生活垃圾处理工程包项目，省级专项资金补助上浮10%。省级预算内投资对23个省级扶贫开发工作重点县新增日焚烧处理垃圾每百吨补助440万元，其他市、县220万元，同时按照新增处理能力计算补助金额低于110万元的项目按110万元给予补助。对采用厂网一体化运营的乡镇及农村污水处理PPP工程包项目，根据项目达标处理的污水处理量给予运营专项补助上浮20%；省级预算内投资对23个省级扶贫开发工作重点县每新增1万吨/日处理污水能力的，补助标准从400万元提高至440万元，其他县（市、区）从100万～150万提高至220万，同时按照新增处理能力计算，补助金额低于100万的项目按照110万元给予补助，从省级宜居环境建设专项资金中统筹安排。省级财政安排乡镇生活垃圾转运系统建设“以奖代补”资金，补助标准按照原有补助标准上浮10%。对以县（市、区）域为单元，实施农村垃圾治理（含阳光垃圾堆肥房建设运行管理）的PPP工程包项目，根据打捆村庄数量，超过（含）50个行政村的给予每个行政村村民每人每年补助标准上浮20%，从省级宜居环境建设专项资金中统筹安排。2017－2018年，按照推出的

乡镇及农村污水处理、生活垃圾处理、公共停车场PPP工程包规模，省级财政对县（市、区）PPP工程包安排总额不超过100万元的前期经费补助。示范项目奖补扶持政策，按就高原则不重复奖励。PPP工程包项目依法享受税收优惠、行政事业性收费减免等政策。

三是做好债券发行工作。筛选一批适合发债的城市公用设施项目，申请发行专项债券、项目收益债券和永续债券。2017年底前新发行企业债券用于城市公用设施项目建设的，按债券当年发行规模给予发债企业1%的贴息，贴息资金由省级财政和项目所在地财政各承担50%，省级财政分担部分由省发改委和省财政厅各承担50%。对重点领域PPP工程包项目，各商业银行和政策性银行在合理防范风险的前提下，适当下放审批权限，对符合条件的工程子项目先行审核放贷。在自主决策、风险可控的前提下，支持银行业机构开展收益权质押融资和发行资产证券化产品等，为PPP项目提供多种融资支持。允许投资企业用项目预期收益权向金融机构质押贷款，用于污水处理、垃圾处理和公共停车设施的建设和运营，地方政府可采取相应增信措施或给予贷款贴息补助。

（三）加强督促检查

宜居环境建设行动中多项任务已列入2017年省委省政府为民办实事项目，省效能办要将各级各部门工作进展情况纳入效能考核，对工作不落实、严重影响项目进度的单位予以督办和通报。省宜居办要按照“拉清单、对进度、问责任、提要求”的要求，实施“月通报、季考核”，采取购买服务方式组织第三方进行全省农村污水垃圾处理项目验收，考核结果作为分配“以奖代补”资金和第二年相关项目安排的依据。各市、县（区）要建立市每季、县（市、区）每月政府分管领导向主要领导汇报工作机制和督查考核制度，确保宜居环境建设项目按计划顺利推进。

责任单位：各市、县（区）人民政府，省宜居环境建设指挥部各成员单位等

（摘编：苏建平）

福建省大力促进城乡居民增收

2017年7月3日福建省人民政府下发《福建省人民政府关于促进城乡居民增收的实施意见》（闽政〔2017〕25号），主要内容如下：

为贯彻落实《国务院关于激发重点群体活力带动城乡居民增收的实施意见》（国发〔2016〕56号），增强居民收入增长的可持续性，进一步强化收入分配政策激励导向，分群体施策，扩大中等收入群体比重，实现收入差距缩小，全面建成小康社会，结合我省实际，提出以下实施意见。

一、总体要求

（一）指导思想

全面贯彻落实党的十八大和十八届三中、四中、五中、六中全会精神，深入贯彻习近平总书记治国理政新理念新思想新战略，紧紧围绕“五位一体”总体布局和“四个全面”战略布局，牢固树立和落实五大发展理念，把提高人民生活水平作为转变经济发展方式的出发点和落脚点，使人民群众在发展中有更多的获得感。按照“机制活、产业优、百姓富、生态美”的要求，适应经济发展新常态，把富民放在更加突出的位置，力争居民收入增长和经济发展同步、劳动报酬增长和劳动生产率提高同步，朝着共同富裕方向稳步前进，为实现“再上新台阶、建设新福建”提供有力支撑。

（二）基本原则

坚持优化收入分配结构。建立与经济增长相适应的收入增长机制，在发展中实现增收，在富民中促进发展，持续提高居民收入在国民收入分配中比重、劳动报酬在初次分配中比重，保障民生支出占财政支出比重有所提升。

坚持夯实居民增收基础。推动居民收入与经济发展良性互动，以创新动力助推经济增长，助力各类市场主体轻装上阵，切实将居民收入提高建立在经济发展质量效益提升、劳动生产率提高、企业综合成本降低的基础上。

坚持持续拓宽增收渠道。健全各类要素由市场决定的报酬机制，提高城乡居民的工资性收入、经营性收入、财产性收入和转移性收入，鼓励居民投资、创业、置业，依法保障居民的财产权，增加居民财富的保值增值途径。

坚持不断缩小收入差距。加快形成合理有序的收入分配格局，着力提高低收入者收入，扩大中等收入者比重，合理调节过高收入，切实保障困难群众基本生活，加大对农民增收扶持力度，不断缩小不同群体间不合理的收入差距。

（三）发展目标

“十三五”时期，城乡居民人均收入年均增长8%，提前实现2020年比2010年翻一番；城镇就业规模逐步扩大，劳动生产率不断提高，就业质量稳步提升；城乡、区域、行业收入差距持续缩小，中等收入者比重上升；到2018年现行国定扶贫标准贫困人口全部脱贫，2020年现行省定扶贫标准贫困人口全部脱贫，基本公共服务均等化水平稳步提高。

二、实施七大群体激励计划

瞄准技能人才、新型职业农民、科技人员等增收潜力大、带动能力强的七大群体，深化收入分配制度改革，在发展中调整收入分配结构，推出差别化收入分配激励政策。持续推动大众创业万众创新，创造更大市场空间和更多就业岗位，着力营造公开公平公正的体制机制和竞争环境，不断培育和扩大中等收入群体，逐步形成合理有序的收入分配格局，带动我省城乡居民实现总体增收。

（一）技能人才激励计划

建立健全薪酬激励机制。优化职业技能标准等级设置，向上增加等级级次，拓宽技术工人晋升通道。鼓励和引导企业建立与职业技能等级相挂钩的工资收入分配制度，在关键岗位实行特岗特薪，对做出突出贡献的优秀高技能人才实行股权和期权激励机制。加大对技能要素参与分配的激励力度，完善技高者多得的技能人才收入分配政策。

责任单位：省人社厅、财政厅、国资委

完善人才评价使用机制。统筹考虑技能培训、职业教育和高等教育，建立职业资格与相应的职称、学历可比照认定制度。建立和完善职业资格与职业教育学历“双证书”融通制度，打通技工院校学历的上升通道。完善技能人才评价办法，健全一般水平评价类实施技术等级评价，分工细化的工种实施模块化专项职业能力评价制度。

责任单位：省人社厅、教育厅

树立崇尚技能社会导向。积极开展全省性或区域性技能大赛或岗位练兵，大力宣传优秀高技能人才和技术创新人才。弘扬新时期工匠精神，形成全社会崇尚技能的良好氛围。完善优秀高技能人才表彰制度，研究制定在津贴等待遇方面针对高技能人才的优惠政策。鼓励社会各界和海外人士对技能人才培养提供捐赠和培训服务。

责任单位：省人社厅、省委人才办

（二）新型职业农民激励计划

加强新型职业农民培育。支持职业院校办好涉农专业，定向培养新型职业农民，完善国家助学和培训补贴政策，鼓励农民通过“半农半读”等方式就地就近接受职业教育培训。继续实施新型职业农民培育工程、现代青年农场主计划等项目，启动新型农业经营主体带头人轮训计划，努力提高青年、妇女参训比例。

责任单位：省农业厅、人社厅、教育厅、林业厅、海洋渔业厅，团省委、省妇联

提高农村家庭经营水平。因地制宜发展特色农业，培育家庭农场、专业大户、农民合作社等新型经营主体，充分利用现代信息技术推销特色农产品。加强基础设施建设，落实定向减税和普遍性降费政策，为支持返乡下乡人员创业创造良好条件。大力发展农产品加工业、休闲农业，创新乡村旅游休闲产品，促进农民更多地分享农村一二三产业融合发展的增值收益。

责任单位：省农业厅、发改委

充分实现农村土地价值。推进土地经营权入股发展农业产业化经营试点，发展多种形式的农民股份合作，壮大农村集体经济。推进集体土地房地一体不动产登记发证工作，推进农民住房财产权抵押贷款试点和晋江市农村集体经营性建设用地入市试点。推动城乡建设用地增减挂钩工作。促进农村产权流转交易规范运行，着力增加农村居民财产性收入。

责任单位：省农业厅、国土厅、住建厅

（三）科研人员激励计划

完善工资水平决定机制。赋予科研单位更大的人财物支配权，保障科研人员的合理工资待遇水平。在保障基本工资水平正常增长的基础上，逐步提高体现科研人员履行岗位职责、承担政府和社会委托任务等的绩效工资水平。支持高校、科研院所和国有企业等企事业单位依托重大科技创新项目，探索建立合同管理、协议薪酬、异地工作等用人模式。

责任单位：省人社厅、财政厅、科技厅

改进科研项目资金管理。发挥科研项目资金对科研人员的激励引导作用。明确劳务费开支范围，不设比例限制。改进项目结转结余资金留用处理方式。项目实施期间，年度剩余资金可以结转下一年度继续使用。项目完成任务目标并通过验收后，项目结余经费按规定在2年内由单位统筹安排用于科研活动的直接支出，并将使用情况报项目主管部门备案。

责任单位：省科技厅、人社厅、财政厅

健全绩效评价奖励机制。坚持长期产权激励与现金奖励并举，探索对科研人员实施股权、期权和分红激励。实施国有科技型企业股权和分红激励。鼓励社会资本设立专项奖励基金，补偿优秀科研人员的智力投入。多渠道募资，加大对基础性和前沿性科研课题的长期资助力度，加大对青年科研人才的创新奖励力度。对社会科学研究

机构和智库推行政府购买服务制度。

责任单位：省科技厅、人社厅、财政厅、国资委

（四）小微创业者激励计划

支持创新强化核心实力。按照成本价向创新企业开放科技基础设施和重大科研仪器设备，鼓励企业建立研发准备金制度，试行企业研发经费投入分段补助。实施培育科技小巨人领军企业行动计划，对在我省转移转化的重大成果项目给予资金资助，以科技创新增强企业竞争力。搭建区域技术转移服务平台，通过共享创新成果提升企业发展效益。

责任单位：省科技厅、经信委、财政厅

创新发展个体经济业态。支持发展以互联网为载体、线上线下互动的新兴服务业，简化住所（经营场所）等登记手续，实行住所（经营场所）申报承诺制度。适应市场需求个性化、多样化、高端化发展新趋势，促进个体经济发展领域不断拓展。围绕旅游文化等新型消费热点，鼓励发展适宜个体经营的新业态，让经营性收入成为居民增收的重要支撑。

责任单位：省商务厅、工商局、旅发委、文化厅

加大税收金融扶持力度。落实股权激励和技术入股、固定资产加速折旧、研发费用加计扣除等方面的税收减免规定，做到应减尽减。银行业金融机构要设计期限、利率合理的信贷产品，不得在发放贷款时通过设置附加条件变相提高企业融资成本。支持培育企业上市融资，对在新三板和海峡股权交易中心挂牌交易的小微企业，在挂牌当年给予不超过30万元的补助。

责任单位：省国税局，省地税局、发改委、经信委、财政厅、金融办，福建银监局

（五）企业经营管理人员激励计划

科学设置长期激励模式。进一步推动企业股权和分红激励，完善企业经营管理人员长期激励机制，对部分薪酬实行延期支付。稳妥推进我省国有企业负责人薪酬制度改革，将负责人任期激励收入与经营业绩合理挂钩。有序推进企业员工持股试点，对符合条件的企业落实相关所得税优惠政策，探索通过实行员工持股建立激励约束长效机制。

责任单位：省国资委、财政厅、人社厅、地税局，省国税局、福建证监局

营造良好市场发展环境。废除各种形式的不合理规定和隐性壁垒，鼓励民营企业家扩大投资，深化国有企业改革。梳理涉企收费目录，落实收费目录清单管理制度，严禁继续收取国家和我省已公布取消或停止征收的收费项目。减少对企业点对点的直接补助，增加普惠性政策，营造公平、公正、透明、稳定的法治化环境。

责任单位：省经信委、国资委、物价局、财政厅

（六）基层干部队伍激励计划

完善工资正常调整制度。推进建立公务员工资正常增长机制，定期开展公务员和企业相当人员工资水平的调查比较，提高基本工资在工资性收入中的比重，完善作为激励手段和收入补充的津贴补贴制度。按照国家部署，实行地区附加津贴制度，根据经济社会发展、物价消费水平等因素，将规范后的工作性津贴和生活补贴纳入地区附加津贴，实现同城同待遇。

责任单位：省人社厅、财政厅

健全绩效考核激励机制。根据国家部署，建立健全公务员绩效考核体系，考核结果与工资收入挂钩。完善公务员奖金制度，强化省级政府统筹调控责任。赋予地方一定的考核奖励分配权，重点向基层一线人员和业绩突出人员倾斜。积极稳妥推进公务员职务与职级并行制度，充分发挥职级对基层公务员的激励作用。

责任单位：省人社厅、财政厅

巩固扩充多元福利待遇。明确应享有的各项福利待遇名称、发放标准及发放范围。全面落实医疗社会保险政策待遇，完善失业、工伤、生育保险制度。推进公务员职务消费和福利待遇货币化改革，规范改革性补贴，形成以货币福利为主，实物福利为补充的福利体系，实现阳光透明操作，接受社会监督。

责任单位：省人社厅、医保办、总工会

（七）有劳动能力的困难群体激励计划

发展特色产业扶贫济困。支持贫困户因地制宜发展种养业和手工业。强化贫困地区农民合作

社、龙头企业与建档立卡贫困户的利益联结机制。实施乡村旅游扶贫工程，扶持有条件的贫困村兴办乡村旅游。引导和支持贫困地区青年通过发展电子商务增收致富。

责任单位：省农业厅、商务厅、旅发委

增强困难人员就业动力。落实就业扶持政策，探索建立就业援助长效机制，鼓励引导具备就业能力的困难人员积极就业，增强其就业动力。对实现就业的低保对象，在核算其家庭收入时，可按其就业收入或当地最低工资标准的20%～30%扣减必要的就业成本。以就业为导向实施职业培训，鼓励引导具备就业能力的困难人员积极就业，通过自身努力增加收入。

责任单位：省人社厅、民政厅

完善相关专项救助制度。加强专项救助制度与低保救助制度的统筹衔接，在重点保障城乡低保对象、特困人员的基础上，将医疗、教育、住房等专项救助向建档立卡贫困户家庭、低收入家庭或其他有特殊困难的家庭延伸，形成阶梯式救助模式。全面实施临时救助制度，提高对城乡生活无着人员及需要救助流动人员的安置保障水平。

责任单位：省民政厅、卫计委、教育厅、住建厅

（八）其他群体激励计划

在激发重点群体增收的同时，积极推进其他群体的增收，倡导以富带贫，以强帮弱，推动重点群体与其他群体的同步增收。

保障合理预期劳动收入。落实强农富农政策，对财政资金投入农业农村形成的经营性资产，鼓励各地探索将股权量化到村到户特别是贫困户，保障农民合理收益。持续完善农业政策性保险，进一步增加险种，提高补贴标准，扩大覆盖面，稳定农业生产预期收入。稳妥推行企业工资集体协商和行业性、区域性工资集体协商，促进低收入职工工资合理增长。

责任单位：省农业厅、财政厅、林业厅、海洋渔业厅、金融办、人社厅、总工会，福建保监局

完善落实就业扶持措施。完善公益性岗位补贴、社会保险补贴等政策，促进以高校毕业生为重点的青年、农村转移劳动力、登记失业人员、退役军人就业。加强职业技能培训，完善职业培训政策，鼓励城乡劳动者参加职业技能培训，符合条件的可享受职业培训补贴。鼓励发展灵活多样的就业方式，支持劳动者通过新兴业态实现多元化就业，符合条件的可享受灵活就业扶持政策。加强精准就业扶贫，完善帮扶举措，支持农村贫困家庭劳动力就近就地就业。

责任单位：省人社厅、教育厅、财政厅

稳步提升养老保障待遇。按照国家部署做好退休人员的养老金待遇调整工作，继续推进机关事业单位养老保险制度改革。健全多缴多得激励机制，鼓励参保人积极缴费。进一步完善企业职工基本养老保险省级统筹制度，增强基金统筹调剂能力。对经济困难的高龄老年人，逐步给予养老服务补贴；对生活长期不能自理、经济困难的老年人，逐步给予护理补贴，并做好与长期护理保险相衔接的准备。对无劳动能力的特殊人员实行政策性保障兜底。

责任单位：省人社厅、民政厅、财政厅

三、实施六大支撑行动

坚持按劳分配为主体、多种分配方式并存，坚持初次分配和再分配调节并重，完善劳动、资本、知识、技术、管理等要素按贡献参与分配的初次分配机制，健全以税收、社会保障、转移支付为主要手段的再分配调节机制，以创业就业促进、人力资本提升、困难群体帮扶、财产保值增值、收入分配规范、监测能力提升为重点，制定综合配套政策，为实现城乡居民增收提供服务支撑、能力支撑和技术支撑。

（一）创业就业促进行动

积极推进创业带动就业。深化商事制度改革，实施“五证合一”“一照一码”登记制度改革，依法取消公司注册资本最低限制。培育创业创新公共平台，鼓励提供成本较低的场所，对符合条件的互联网创业园给予补助。完善落实创业扶持政策，落实创业投资企业应纳税所得额抵扣优惠、促进重点群体创业就业定额扣减税款及附加优惠政策，对明显提升吸纳就业能力的企业，加大担保贷款财政贴息。

责任单位：省工商局、人社厅、财政厅、地税局，省国税局

持续稳步扩大就业规模。统筹产业政策和就

业政策，鼓励新型劳动密集产业发展，提升人力资源市场流动能力，创造高质量的就业机会。以新型工业化和城镇化为引领，保障城镇常住人员享有同等就业权利，每年新增城镇就业55万人以上。实施现代产业工人培养等促进就业重大工程，推动更高质量就业。

责任单位：省人社厅、发改委、经信委、农业厅

健全就业创业服务体系。提高就业创业服务效能，切实将公共就业创业服务机构或服务平台经费纳入同级财政预算。组织实施基层就业和社会保障服务设施建设方案，支持建设基层就业创业服务平台，完善服务设施。逐步实现就业创业服务全程信息化，增强就业创业服务覆盖范围，全面提供及时有效的就业创业信息。

责任单位：省人社厅、发改委、财政厅

（二）人力资本提升行动

全面提升个体综合素质。大力培育和践行社会主义核心价值观，广泛开展群众性精神文明创建活动，以城乡居民素质的提升促进本职工作开展。完善公共文化设施免费开放的保障制度，推动文化惠民项目与群众文化需求有效对接。引导大众培养健康生活方式，加强便捷适用的城乡公共健身设施建设，广泛开展全民健身。

责任单位：省委宣传部，省文化厅、体育局

引导增强科研工作能力。实行以增加知识价值为导向的分配政策，提高科研人员成果转化收益分享比例，激发科研人员的积极性和创造力。加大学术交流强度，追踪世界科技前沿，不断开拓国际视野以提升科技创新能力。

责任单位：省科技厅、教育厅

切实加强职业技能培训。分类指导建设一批布局合理、功能突出、高效实用兼具生产与培训功能的职业技能实训基地，改善实训条件，提高实训效能。推动现代学徒制，利用校企联合培养、订单培养等模式将职业技能提升和劳动者就业有机结合。搭建高技能人才培养平台，探索高技能人才与工程技术人才的贯通职业发展，提高技能人才收入水平。

责任单位：省人社厅、教育厅

（三）困难群体帮扶行动

提高工资收入增长标准。完善最低工资保障制度，适时调整最低工资标准。每年定期发布企业工资指导线，引导企业合理增长职工工资水平。建立健全与劳动力市场基本适应，与企业经济效益和劳动生产率挂钩的工资决定和正常增长机制。

责任单位：省人社厅、财政厅

稳步提高社会保障水平。完善基本医保、大病保险、医疗救助等制度的衔接机制，最大限度减轻困难群体的医疗费用负担。按照国家统一部署提高退休人员养老金待遇，完善失业保险待遇调整机制，提升工伤保险待遇水平。

责任单位：省人社厅、医保办

提升精准兜底保障能力。健全低保对象认定办法，探索将支出型贫困家庭纳入救助范围。推进城乡低保标准一体化。完善跨部门、信息共享的救助申请家庭经济状况核对机制，提升救助精准度和公信力。落实社会救助和保障标准与物价上涨挂钩联动机制，健全扶贫与低保工作联动机制，将无法通过开发性扶贫实现脱贫的建档立卡贫困人员纳入低保给予兜底保障，到2020年实现农村低保标准与省定扶贫标准相衔接。全面实施城乡统筹、分类定标、政策衔接的城乡特困人员救助供养制度。落实公益性捐赠税前扣除政策，支持慈善力量参与脱贫攻坚，促进慈善信托参与脱贫领域活动。

责任单位：省民政厅、农业厅、物价局、地税局，省国税局

（四）财产保值增值行动

拓宽城乡居民投资渠道。支持金融机构研发收益稳定、风险适度的理财产品，丰富理财产品种类，为不同风险承受能力的投资者提供适合的理财产品。推动直接融资健康发展，依法依规引导符合合格投资者资格的城乡居民投资区域性股权市场挂牌交易的企业股权、可转换债券等。规范发展民间金融，鼓励金融机构与城乡居民依法依规合作，以城乡居民的自有股权、债权、知识产权等作为标的，研发理财产品，丰富城乡居民投资选择。

责任单位：省金融办，人行福州中心支行、福建银监局、福建证监局

依法保护公民财产权利。在房屋征收、征地、

征用公民财产过程中，要依法确保公民财产权利不受侵犯。强化投资理财渠道监管和规范交易方式，完善上市公司信息披露、财务管理和分红制度，重视保护投资者特别是中小投资者合法权益。严厉打击非法集资犯罪，加强预警风险提示，保护民间投资的合法权益。

责任单位：省国土厅、住建厅、公安厅，福建证监局

（五）收入分配规范行动

加强社会信用体系建设。将按时足额支付工资作为用人单位信用等级评价的重要考量因素，并纳入省公共信用信息平台、省征信业务综合平台、国家企业信用信息公示系统（福建）等。大力打击失信被执行人，有关部门依据各自职责及相关规定，落实联合惩戒制度，保障农民工等群体薪资收入。

责任单位：省发改委、人社厅、工商局，人行福州中心支行

强化对知识产权的保护。依托我省知识产权公共服务包平台，指导建立健全知识产权管理制度，依法维护自主知识产权。强化知识产权维权援助中心作用，提升面对重大知识产权纠纷的预警及应对能力。加大执法保护力度，建立日常监督和重点检查相结合的机制，保障知识产权拥有者获得与其智力付出相匹配的合理回报。

责任单位：省知识产权局、工商局、版权局

发挥税收调节收入作用。配合推进个人所得税制改革，认真落实结构性减税等政策措施，进一步减轻中等以下收入者税收负担，对高收入者加强税收监管。加强财税制度改革，推进税收负担公平。

责任单位：省国税局，省地税局、财政厅

（六）监测能力提升行动

构建个人收入信息系统。在确保信息安全和规范利用的前提下，多渠道、多层级归集居民收入、财产等相关信息，加强中等收入者标准研究。加快建立电子化居民收入调查统计系统，运用大数据、云计算等技术，创新收入监测方式方法。推行非现金结算，推广银行代发工资、电子支付等模式，为居民收入监测提供数据支持。

责任单位：省统计局，人行福州中心支行、福建银监局、福建调查总队

建立收入分配评估体系。逐步完善各级居民收入统计数据库，引入收入分配微观模拟模型，科学分析我省城乡居民收入水平。建立城乡居民收入和经济波动指数挂钩机制，探索收入增幅随经济发展在合理区间运行。综合宏观经济、政策传导和微观数据建立评估体系，跟踪评价政策的执行情况和效果，为宏观决策提供支持。

责任单位：省统计局、人社厅，福建调查总队

四、组织实施

（一）加强统筹协调。我省促进城乡居民增收工作由省发改委、人社厅牵头组织推动落实，各部门要按照职责分工，密切协作配合，抓紧研究出台相关配套政策，形成推动城乡居民增收工作落实的整体合力。各地区要结合本地实际，研究制定促进居民增收的具体实施方案，细化目标任务，明确工作分工，强力扎实推进。

（二）强化督查评价。各部门要加强服务指导，定期检查工作推进情况，加强督查督办，确保各项政策措施落到实处。各地区要建立健全评估评价机制，将增加城乡居民收入落实到年度计划中，纳入目标绩效管理考核范围，提升落实增收工作的执行力。

（三）注重宣传引导。积极创新宣传形式，切实做好政策解读，引导社会正确预期，弘扬勤劳致富精神，回应群众关切问题。宣传构建和谐劳动关系、创业致富先进典型，推广落实增收政策的好做法好经验，为促进城乡居民增收营造良好的社会环境。

（摘编：彭金龙）

福建省实施生活垃圾分类制度

2017年12月16日福建省人民政府办公厅下发《福建省人民政府办公厅转发省发改委 省住建厅关于福建省生活垃圾分类制度实施方案的通知》（闽政办〔2017〕148号），要求各市、县（区）人民政府，平潭综合实验区管委会，省人民政府各部门、各直属机构，各大企业，各高等院校认真组织实施。主要内容如下：

根据国务院办公厅《关于转发国家发展改革委、住房城乡建设部生活垃圾分类制度实施方案的通知》（国办发〔2017〕26号）要求，结合我省实际，制定本实施方案。

一、总体目标

（一）总体要求

深入贯彻党的十九大精神，以习近平新时代中国特色社会主义思想为指导，牢固树立新发展理念，按照我省建设国家生态文明试验区的要求，加快建立生活垃圾分类管理机制，大力推进终端处理设施建设，建立完善分类投放、分类收集、分类运输、分类处置的生活垃圾处理系统，着力形成以法治为基础、政府推动、全民参与、城乡统筹、因地制宜的垃圾分类制度，努力提高生活垃圾减量化、资源化、无害化处理水平，不断改善全省人居环境。

坚持政府推动，落实主体责任；坚持因地制宜，合理确定实施路径；坚持立法先行，建立完善垃圾分类法规体系；坚持教育引导，动员全民参与；坚持党政机关、企事业单位带头示范，以设区市辖区为单元，带动居民小区连线成片整体推进，逐步扩大垃圾强制分类范围。

（二）目标任务

加快出台垃圾分类实施办法，福州市、厦门市2017年底前出台生活垃圾分类办法；其他设区市和平潭综合实验区2018年底前出台生活垃圾分类办法或实施方案。

加快实施生活垃圾强制分类，厦门市、福州市城市建成区分别于2018年、2019年全面推行生活垃圾强制分类；除厦门外，福州、泉州、漳州、莆田、三明、龙岩等6个获得“全国文明城市”的设区市2018年至少选择1个区开展生活垃圾强制分类；其他设区市和平潭综合实验区城市建成区于2020年前开展生活垃圾强制分类。到2020年，全省基本形成可复制、可推广的生活垃圾分类模式，实施生活垃圾强制分类的城市生活垃圾回收利用率达到35%以上。

二、实施生活垃圾强制分类

（一）主体范围。全省到2020年前在设区市建成区实行生活垃圾强制分类，以设区市辖区为单元，居住区域、单位区域、公共区域连线成片推进生活垃圾强制分类，建立政府、社区、企业和居民“四位一体”机制。

居住区域，包括居住小区、公寓区、别墅区等生活住宅区域，一般分为可回收物、厨余垃圾、有害垃圾、其他垃圾四类；单位区域，包括政府机关、学校、企事业单位、大厦等办公场所，有集中供餐的一般分为可回收物、厨余垃圾、有害垃圾、其他垃圾四类；无集中供餐的一般分为可回收物、有害垃圾、其他垃圾三类；公共区域，包括车站、公园、体育场馆、商场等公共场所，一般分为可回收物、其他垃圾两类。有条件区域，可在此基础上进行精分、细分。

（二）强制分类要求。设区市和平潭综合实验区要结合本地实际，制定生活垃圾分类办法，细化生活垃圾分类类别、品种、投放、收运、处置等方面要求。其中，有害垃圾必须作为强制分类的类别之一，同时参照生活垃圾分类及其评价标准，再选择确定易腐垃圾、可回收物等强制分类的类别。未纳入分类的垃圾按现行办法处理。

1. 有害垃圾

（1）主要品种。包括：废电池（镉镍电池、氧化汞电池、铅蓄电池等），废荧光灯管（日光灯管、节能灯等），废温度计，废血压计，废药品及其包装物，废油漆、溶剂及其包装物，废杀虫剂、消毒剂及其包装物，废胶片及废相纸等。

（2）投放暂存。按照便利、快捷、安全原则，设立专门场所或容器，对不同品种的有害垃圾进行分类投放、收集、暂存，并在醒目位置设置有害垃圾标志。对列入《国家危险废物名录》（环境保护部令第39号）的品种，应按要求设置临时贮存场所。

（3）收运处置。根据有害垃圾的品种和产生数量，合理确定或约定收运频率，定时收运。危险废物运输、处置应符合国家有关规定。有害垃圾分类收集后，由相应资质的单位进行运输、处置。鼓励环保企业全过程统筹实施生活垃圾分类、收集、运输和处置。

2. 易腐垃圾

（1）主要品种。包括：单位食堂、宾馆、饭店等产生的餐厨垃圾，农贸市场、农产品批发市场产生的蔬菜瓜果垃圾、腐海鲜产品（水产品）、腐肉、肉碎骨、蛋壳、畜禽内脏等。

（2）投放暂存。设置专门容器单独投放，除农贸市场、农产品批发市场可设置敞开式容器外，其他场所原则上应采用密闭容器存放。餐厨垃圾可由专人清理，避免混入废餐具、塑料、饮料瓶罐、废纸等不利于后续处理的杂质，并做到“日产日清”。按规定建立台账制度（农贸市场、农产品批发市场除外），记录易腐垃圾的种类、数量、去向等。

（3）收运处置。易腐垃圾应采用密闭专用车辆运送至专业单位处理，运输过程中应加强对泄露、遗撒和臭气的控制。相关部门要加强对餐厨垃圾运输、处理的监控。

3. 可回收物

（1）主要品种。包括：废纸，废塑料，废金属，废包装物，废旧纺织物，废弃电器电子产品，废玻璃，废纸塑铝复合包装等。

（2）投放暂存。根据可回收物的产生数量，设置容器或临时存储空间，实现单独分类、定点投放，必要时可设专人分拣打包。

（3）收运处置。可回收物产生主体可自行运送，也可联系再生资源回收利用企业上门收集，进行资源化处理。

三、积极引导居民开展生活垃圾分类

各地应结合实际制定居民生活垃圾分类指南，引导居民自觉、科学地开展生活垃圾分类。根据试点情况完善立法，逐步扩大生活垃圾强制分类的实施范围。

（一）*单独投放有害垃圾*。实施居民生活垃圾中有害垃圾分类投放。居民社区应通过设立宣传栏、垃圾分类督导员等方式，引导居民单独投放有害垃圾。针对家庭源有害垃圾数量少、投放频次低等特点，可在社区设立固定回收点或设置专门容器分类收集、独立储存有害垃圾，由居民自行定时投放，社区居委会、物业公司等负责管理，并委托专业单位定时集中收运。

（二）*分类投放其他生活垃圾*。居住社区可探索按照有害垃圾、可回收物、厨余垃圾和其他垃圾实施“四分类”。结合当地情况，采取灵活多样、简便易行的分类方法，实行社会分类与专业分类相结合，引导居民将“湿垃圾”（滤出水分后的厨余垃圾）与“干垃圾”分类投放。“湿垃圾”由环卫部门、专业企业采用专用车辆运至餐厨垃圾处理场所，做到“日产日清”。鼓励居民和社区对“干垃圾”深入分类，将可回收物交由再生资源回收利用企业收运和处置。根据垃圾产生量采取定时定点分类收运方式，引导居民将分类后的垃圾直接投入收运车辆，逐步减少固定垃圾桶。

大件垃圾和装修垃圾临时堆放场所单独设置，有条件的地方要探索推动建筑垃圾和园林绿化垃圾的资源化利用处置。

四、加强生活垃圾分类配套体系建设

（一）*建立与分类品种相配套的收运体系*。完善生活垃圾分类相关标志，配备标志清晰的分类收集容器。环卫主管部门要加快组织改造城区内的垃圾房、转运站、压缩站等设施，有条件的增加大件垃圾破碎、分拣设施，适应和满足生活垃圾分类要求。更新老旧垃圾运输车辆，配备满足垃圾分类清运需求、密封性好、标志明显、节能环保的专用收运车辆。鼓励采用“车载桶装”直运、定点定时等收运方式，避免垃圾分类投放后重新混合收运。建立符合环保要求、与分类需求相匹配的有害垃圾收运系统。

（二）建立与再生资源利用相协调的回收体系。健全再生资源回收利用网络，合理布局布点，提高建设标准，清理取缔违法占道、私搭乱建、不符合环境卫生要求的违规站点。强化产品制造企业与销售企业的产品及包装物回收再利用责任，通过“以旧换新”“押金退换”等方式，利用现有物流体系，推进垃圾收运处置系统与再生资源回收利用系统衔接，建设兼具垃圾分类与再生资源回收功能的交投点和中转站。鼓励在公共机构、社区、企业等场所设置专门的分类回收设施。建立再生资源回收利用信息化平台，提供回收种类、交易价格、回收方式等信息。鼓励定时定点开展大件垃圾、园林垃圾收集和再生利用工作，有条件的鼓励建设收集处置专用场所。

（三）完善与生活垃圾分类相衔接的终端处理设施。加快危险废弃物终端处理设施建设，建立健全非工业源有害垃圾收集、运输、处置系统，确保分类后的有害垃圾得到安全处置。鼓励利用易腐垃圾生产工业油脂、生物柴油、饲料添加剂、土壤调理剂、沼气等，或与秸秆、粪便、污泥等联合处置。有条件的大型农贸市场、果品批发市场、机关事业单位、学校和大型企业等有机易腐垃圾产生量较大的单位自行建设相对集中的处理设施，避免分类后易腐垃圾直接进入城市焚烧厂或填埋场。严厉打击和防范“地沟油”生产流通。严禁将城镇生活垃圾直接用作肥料。加快培育大型龙头企业，推动再生资源规范化、专业化、清洁化处理和高值化利用。鼓励回收利用企业将再生资源送钢铁、有色、造纸、塑料加工等企业实现安全、环保利用。

2018年底前，设区市和平潭综合实验区应建立健全餐厨垃圾和非工业源有害垃圾收集、运输、处置系统。2020年底前，按照《福建省城乡生活垃圾无害化处理设施建设“十三五”规划》要求完成具体项目建设，对即将饱和的垃圾填埋场要实施新建扩建。

（四）积极建立生活垃圾分类协同处置基地（产业园区）。统筹规划建设生活垃圾终端处理利用设施，积极建立集垃圾焚烧、餐厨和建筑垃圾资源化利用、再生资源回收利用、垃圾填埋、有害垃圾处置于一体的生活垃圾分类协同处置基地，促进各类基础设施共建共享，实现生活垃圾分类处理、资源利用、废物处置的无缝高效衔接，提高土地资源节约集约利用水平，缓解生态环境压力，降低“邻避”效应和社会稳定风险。2020年底前，福州、厦门、漳州、泉州、龙岩要力争建成生活垃圾分类协同处置基地（产业园区）。

五、保障措施

（一）加强组织领导。省政府建立生活垃圾分类工作联席会议制度，办公室设在省住建厅，定期研究相关工作。设区市人民政府和平潭综合实验区管委会要切实承担起推动生活垃圾分类工作的主体责任，加快制定辖区生活垃圾强制分类工作方案并组织实施；建立协调机制，统筹协调区域内生活垃圾分类收运、处置设施建设和工作推进，研究解决重大问题；加强监督检查，将垃圾强制分类工作作为年度考核的重要内容，建立季通报、年考核制度，对年度目标任务未完成的通报批评，对工作力度大、成效明显的单位和个人给予通报表扬。省直有关部门要密切配合，加大对城市生活垃圾分类工作的指导协调力度，强化督促检查，将城市生活垃圾分类和治理工作纳入省文明城市、生态城市、卫生城市、环保模范城市、园林城市、食品安全创建城市、人居环境奖和全域旅游示范区等各类创建活动的考核评价体系。

（二）明确部门职责。各级相关部门根据各自职责加强对生活垃圾分类工作的指导、督促和检查，共同做好工作。

环卫主管部门负责对本辖区内生活垃圾分类工作的指导、考核和监督，推进生活垃圾分类设施建设，组织协调解决生活垃圾分类中的重大问题。

发改部门负责做好生活垃圾分类处理项目审

批、核准等相关工作，积极争取国家资金，发挥省预算内基建资金的引导带动作用，支持相关城市建设生活垃圾分类收运、处理系统。

经信部门负责推进再生资源的综合利用，推动新技术、新设备的推广应用和产业化示范等工作。

商务部门负责推进生活垃圾中可回收物的回收管理，制定和实施再生资源回收行业发展规划、产业政策工作。

环保部门负责有害垃圾的运输、处置监督管理，督促加快危险废弃物处置设施建设，依法对违反环境保护法律法规的行为进行处罚。

宣传、教育部门负责垃圾分类宣传教育工作。宣传部门负责协调、组织和指导各类媒体和志愿者开展垃圾分类工作的宣传教育和引导，开展公益广告宣传，将垃圾分类纳入创建文明城市、文明社区的评测内容。教育部门负责将生活垃圾分类相关知识纳入幼儿园、小学、中学以及其他教育机构教学内容。

其他相关部门按照各自职责和本办法的规定，督促指导本行业系统做好生活垃圾分类工作。

（三）完善政策法规。各地要加快推进立法，明确生活垃圾强制分类要求，发布生活垃圾分类指导目录，完善生活垃圾分类及站点建设相关标准。加大公共财政投入，制定完善引导政策和收费政策，保障垃圾分类、收运处理等所需经费。按照污染者付费原则，完善垃圾处理收费制度，探索开展垃圾“计量收费”。积极争取中央基建投资政策，采取投资补助、贷款贴息等方式，支持相关城市建设生活垃圾分类收运处理设施。严格执行城市生活垃圾处理税收优惠政策，鼓励企业投资生活垃圾、建筑垃圾等资源化和再生产品应用项目。出台相关市场推广引导机制，促进低值废品回收。

（四）创新体制机制。实行生活垃圾投放管理责任人制度，明确各类型区域管理责任人及其职责，制定相关考评激励办法。鼓励社会资本参与生活垃圾分类收集、运输和处理。积极探索政府和社会资本合作（PPP）、特许经营、承包经营、租赁经营、政府购买服务等方式，引入专业化服务公司。加快城市“智慧环卫”系统建设，通过“互联网＋”等模式提升垃圾分类回收整体水平。逐步将生活垃圾强制分类主体纳入环境信用体系，推动建设一批以企业为主导的生活垃圾资源化创新战略联盟及技术研发基地，提升分类回收和处理水平。通过建立居民“绿色账户”“环保档案”等方式，对正确分类投放垃圾的居民给予可兑换积分奖励。探索“社工＋志愿者”等模式，推动企业和社会组织开展垃圾分类服务。探索引入第三方专业机构实施监管。

（五）动员社会参与。充分发挥报刊、广播、电视、网络等新闻媒体的作用，开展多种形式的宣传教育活动，及时报道垃圾分类工作实施情况和典型经验，形成良好社会氛围。引导公众树立垃圾分类人人有责的绿色环保理念，普及垃圾分类知识，从身边做起，从点滴做起。共青团、妇联要动员团员青年、基层妇女积极参与垃圾分类工作，发挥党支部、居委会、老人会、志愿者协会等基层力量，建立垃圾分类督导员及志愿者队伍，引导公众分类投放。强化国民教育，着力提高全体学生的垃圾分类和资源环境意识，建设一批生活垃圾分类示范教育基地，开展垃圾分类专业知识和技能培训。

（摘编：郭　虹）

福建省推动非户籍人口在城市落户

2017年1月4日福建省人民政府办公厅下发《福建省人民政府办公厅关于印发推动非户籍人口在城市落户实施方案的通知》（闽政办〔2017〕1号），要求各市、县（区）人民政府，平潭综合实验区管委会，省人民政府各部门、各直属机构，各大企业，各高等院校认真贯彻执行。方案主要内容如下：

促进有能力在城镇稳定就业和生活的农业转移人口举家进城落户，是全面小康社会惠及更多人口的内在要求，是推进新型城镇化建设的首要任务，是扩大内需、改善民生的重要举措。为落实国家《推动1亿非户籍人口在城市落户方案》（国办发〔2016〕72号），推动我省农业转移人口和其他常住人口等非户籍人口在城市落户，根据《福建省新型城镇化规划（2014—2020年）》、省政府《关于进一步推进户籍制度改革的意见》（闽政〔2015〕6号）和《关于深入推进新型城镇化建设的实施意见》（闽政〔2016〕24号），特制定本方案。

一、总体要求

（一）指导思想。全面贯彻党的十八大和十八届三中、四中、五中、六中全会精神，深入贯彻习近平总书记系列重要讲话精神和对福建工作的重要指示，紧紧围绕“五位一体”总体布局和“四个全面”战略布局，牢固树立和落实五大发展理念，以人的城镇化为核心，以理念创新为先导，以体制机制改革为动力，围绕推动非户籍人口在城市落户目标，深化户籍制度改革，加快完善财政、土地、社保等配套政策，为我省“再上新台阶、建设新福建”提供持久强劲动力。

（二）基本原则。统筹设计，协同推进。统筹推进本地和外地非户籍人口在城市落户，实行相同的落户条件和标准。统筹户籍制度改革与相关配套制度改革创新，优化政策组合，形成工作合力，确保城市新老居民同城同待遇。

存量优先，带动增量。优先解决进城时间长、就业能力强、能够适应城市产业转型升级和市场竞争环境的非户籍人口落户，形成示范效应，逐步带动新增非户籍人口在城市落户。

因地制宜，分类施策。充分考虑城市综合承载能力，实施差别化落户政策，赋予地方更多操作空间，鼓励地方创造典型经验。充分尊重群众自主定居意愿，坚决打破“玻璃门”，严格防止“被落户”。

省负总责，市县主体。省政府层面负责全省总体方案编制和组织实施，加强工作指导和监督考核。市县政府要负起主体责任，细化制定实施方案，建立健全相关配套措施。

（三）主要目标。“十三五”期间，城乡区域间户籍迁移壁垒加速破除，配套政策体系进一步健全，户籍人口城镇化率年均提高1个百分点左右，努力实现2020年全省户籍人口城镇化率达到48%左右，居住证制度覆盖全部未落户城镇常住人口。实现国家下达我省2013—2020年农业转移人口落户城镇528万人的预期目标。

二、进一步拓宽落户通道

（四）全面放开放宽重点群体落户限制。与用人单位依法签订劳动（聘用）合同或者依法持有工商营业执照的高校毕业生、取得就业地认证的初级工以上《岗位技能资质等级证书》的人员、职业院校毕业生、取得国（境）外学历学位证书或者高等教育文凭且经中国留学服务中心认证的留学归国人员，可以按照本人合法稳定住所（含租赁）、就业单位集体户、就业所在地乡（镇、街道）公共地址的顺序，将本人户口迁入就业地。城市综合承载能力压力小的市、县（区），可以进一步放宽落户条件，研究制定“先落户、后就业”的落户政策。实行农村籍高校学生来去自由的落户政策，省内高校和职业院校学生可以根据本人意愿将户口迁至院校学生集体户，毕业后可以根据本人意愿将户口迁回原籍或者迁入就（创）业地。

责任单位：省公安厅牵头

（五）调整完善重点城市落户政策。要优先解决农村学生升学、参军进入城镇的人口、在城镇就业居住5年以上和举家迁徙的农业转移人口以及新生代农民工的落户问题。除超大城市和特大城市外，其他城市不得采取积分制等方式设置落户限制，以合法稳定职业、合法稳定住所（含租赁）、参加社会保险年限、连续居住年限等为依据，合理确定落户条件。福州、厦门、平潭综合实验区要在2017年3月底前制订出台具体户口迁移政策。

责任单位：省公安厅牵头

三、制定实施配套政策

（六）加大对农业转移人口市民化的财政支持力度并建立动态调整机制。建立财政转移支付与农业转移人口市民化挂钩机制，在分配县级基本财力保障机制奖补等转移支付资金时，切实将农业转移人口纳入保障范围，鼓励农业转移人口就近城镇化，加大对吸纳农业转移人口较多且民生支出缺口较大的困难县的财力保障。适时研究建立市、县（区）农业转移人口市民化奖励机制，向吸纳跨地区流动农业转移人口较多的市、县（区）倾斜。

责任单位：省财政厅牵头

（七）建立财政性建设资金对吸纳农业转移人口较多城市基础设施投资的补助机制。积极争取国家城市基础设施建设和运行维护、保障性住房等各类资金。支持吸纳农业转移人口较多的城镇发行城投债和公共停车场、配电网建设改造、绿色债券等专项债券。

责任单位：省住建厅、财政厅、发改委牵头

（八）建立城镇建设用地增加规模与吸纳农业转移人口落户数量挂钩机制。在土地利用总体规划编制和调整完善时，对进城落户人数净增的地区，适当增加规划建设用地规模。设区市应根据所辖县（市、区）上一年度进城落户净增人口数量，专项安排进城落户人口相应的新增建设用地计划指标。提高土地利用效率，盘活存量建设用地，优化城镇土地利用结构和产业布局。推进城乡建设用地增减挂钩，增加耕地面积。对节余的建设用地指标，在满足农民安置、农村发展用地的前提下，可用于城镇建设。

责任单位：省国土厅牵头

（九）完善城市基础设施项目融资制度。推行政府和社会资本合作（PPP）模式，鼓励社会资本参与投资建设运营城市基础设施项目。大力发展直接融资，支持城市基础设施项目通过发行债券、引入基金投资等方式拓宽融资渠道，引导相关债券承销主体和基金管理机构加大对城市基础设施项目的支持力度。

责任单位：省财政厅、发改委、金融办牵头

（十）建立进城落户农民“三权”维护和自愿有偿退出机制。加快推进农村土地承包经营权、宅基地使用权确权登记颁证。积极推进农村集体资产确权到户和股份合作制改革，探索建立进城农户对土地承包经营权和集体收益分配权的自愿有偿退出机制，不得以退出农村土地承包权、集体收益分配权和宅基地使用权作为农民进城落户的条件。结合农村宅基地制度改革，鼓励进城落户人员在原集体经济组织内部自愿有偿退出或转让宅基地。

责任单位：省农业厅、国土厅牵头

（十一）将进城落户农民完全纳入城镇住房保障体系。加快完善城镇住房保障体系，已进城落户农民在住房保障准入条件、保障标准、保障方式等方面享有与当地城镇居民同等待遇、同等权利。转变住房保障方式，采取实物与租赁补贴相结合，并逐步转向租赁补贴为主。加快推广租赁补贴制度，采取市场提供房源、政府发放补贴的方式，支持符合条件的进城落户农民通过住房租赁市场租房居住。落实放宽住房公积金提取条件等政策，做好全国住房公积金转移接续平台的接入使用工作，支持缴存职工异地转移接续。

责任单位：省住建厅牵头

（十二）落实进城落户农民参加城镇基本医疗保险政策。依法将与用人单位建立稳定劳动关系的进城落户农民工纳入城镇职工基本医疗保险。未稳定就业的进城落户农民或居住证持有人，可按规定参加户籍所在地或居住地的城乡居民基本医疗保险。加快整合城镇职工、城镇居民、新农合和医疗救助职责和管理机构，推进医保基金市级统筹、垂直管理。落实基本医疗保险关系转移接续办法，加强医保关系转移接续管理服务。完善全省联网异地就医费用结算管理，积极推动医保跨省异地就医直接结算。

责任单位：省医保办牵头

（十三）落实进城落户农民参加城镇养老保险等政策。落实基本养老保险关系转移接续政策，为符合条件的进城落户农民办理当地城乡居民养老保险或企业职工基本养老保险的参保或转移接续手续；对符合条件领取基本养老金待遇的人员，各级社保经办机构按规定及时办理领取养老金待遇手续。进城落户的农民享受与当地城镇居民同等的最低生活保障权利。

责任单位：省人社厅、民政厅牵头

（十四）保障进城落户农民子女平等享有受教育权利。制定并实施全省中小学布局规划，努力构建与常住人口分布相适应的中小学布局。将进城落户农民子女义务教育纳入各地教育发展规划和财政保障范畴，足额拨付教育经费，保障进城落户农民子女平等享有受教育权利。应用全国中小学生学籍信息管理系统，为进城落户农民子女学籍变动提供方便快捷的便民服务。落实异地中考、高考政策。

责任单位：省教育厅牵头

（十五）推进居住证制度覆盖全部未落户城镇常住人口。全面实施居住证制度，逐步扩大为居住证持有人提供公共服务和便利的范围，提高服务标准，至少每3年向社会公布一次居住证持有人享受的公共服务和便利的范围。县级以上人民政府要建立健全为居住证持有人提供基本公共服务和便利的机制，并将居住证制作所需费用纳入同级财政预算。建立全省统一的居住证管理信息系统，实现信息资源跨地区、跨部门、跨系统共享。

责任单位：省公安厅、发改委、财政厅牵头

四、强化监测检查

（十六）健全落户统计体系。加快建立健全常住人口城镇化率和户籍人口城镇化率统计指标，准确快捷反映各地区两个指标变动状况，并列入各地区统计公报。

责任单位：省统计局、公安厅牵头

（十七）强化专项检查。对各地区非户籍人口特别是进城农民落户进展情况进行跟踪监测和监督检查，及时向社会公布有关情况。2018年组织开展对非户籍人口在城市落户情况的中期评估，2020年进行总结评估。

责任单位：省公安厅、发改委牵头

（十八）强化政策效果。采取自我评估和第三方评估相结合的方式，对相关配套政策实施情况进行跟踪分析，动态调整完善政策，强化政策实施效果。

责任单位：省推进新型城镇化工作联席会议负责统筹协调，省直有关部门按职责分工负责

（十九）强化审计监督。将非户籍人口在城市落户情况和相关配套政策实施情况纳入省政府重大政策措施落实情况跟踪审计范围，将审计结果及整改情况作为有关部门考核、任免、奖惩领导干部的重要依据。

责任单位：省审计厅牵头

各地区、各部门要高度重视新型城镇化建设各项相关工作，统一思想，提高认识，加大力度，切实抓好本方案实施，确保如期完成非户籍人口在城市落户目标任务。

（摘编：张海生）

福建省深入开展平安交通专项整治行动

2017年6月1日福建省交通运输厅下发《福建省交通运输厅关于印发深入开展平安交通专项整治行动方案的通知》（闽交安〔2017〕21号），要求各设区市（区）交通局（委）、厦门港口局，厅直各单位依据各自职责分工，紧密结合实际，认真贯彻执行。方案主要内容如下：

为全面整治交通运输安全生产领域存在的突出问题，有效防范和坚决遏制重特大事故，为党的十九大等重大活动的顺利召开创造良好交通运输条件。现根据交通运输部《关于印发〈深入开展平安交通专项整治行动方案〉的通知》（交安监发〔2017〕76号）和全省交通运输第二季度安全生产例会的部署及要求，结合我省实际，制定本行动方案。

一、指导思想

深入贯彻中央国务院关于加强安全生产工作的一系列重要决策部署和习近平总书记等中央领导同志关于安全生产工作的重要指示批示精神，认真落实《中共中央国务院关于推进安全生产领域改革发展的意见》，牢固树立安全生产红线意识，坚持问题导向、压实责任，坚持突出重点、标本兼治，坚持依法治理、改革创新，坚持人民利益至上、促进社会和谐，完善道路水路客运、危险货物运输等重点领域的安全管理长效机制，采取有力工作措施，集中有效整治安全生产存在的顽症痼疾，深化平安交通建设，切实增强交通运输安全生产治理能力，着力提升安全生产管理水平。

二、行动目标

通过深入开展平安交通专项整治行动，对安全生产风险和隐患实施动态管理、持续跟踪，有效管控重大风险、切实消除重大隐患，大幅减少一般和较大事故，坚决防范和有效遏制重特大事故，努力实现事故总数、死亡人数和重特大事故数下降，促进全省交通运输安全生产形势总体稳定。

三、整治内容

（一）道路客运

继续推进2017年“道路运输平安年”活动，重点抓好以下专项整治工作。

1. 排查和清理客运管理数据。一是以入闽入厦长途客运车、旅游包车为重点，排查和清理省、市际客运班车企业、车辆、线路、停靠站点等数据信息；二是以三级以上客运站为重点，排查和清理客运站安全检查设备（含行包房安检设备）、实名制管理等数据信息。

2. 严格营运驾驶员管理。一是突出营运驾驶员应急处置知识、处置方法和处置能力的要求，严格营运驾驶员从业资格教育和考试；二是督促指导企业加强驾驶员管理，加大营运驾驶员继续教育和案例警示教育，提升驾驶员突发事件的应急处置能力和技能；三是督促企业严肃查处超载超员超速和疲劳驾驶的驾驶员，对导致事故的驾驶员进行再教育，情节严重的调离驾驶岗位或解除劳动合同。

3. 严格道路客运许可管理。一是暂停审批新的800公里以上长途客运线路，不再审批新的卧铺客车；二是开通新农村客运班线必须符合《农村客运班线安全通行条件审核规则》要求的通行条件；三是组织道路客运企业自行或委托第三方评估机构对夜间通行山区公路的客运线路进行全面安全评估，对存在较大安全隐患的要调整班线运营时间，避免夜间运行；四是严格旅游包车牌证管理，严格落实旅游包车管理信息系统申领派发包车牌证，特别时期和重要活动期间应由人工签发包车牌证。

4. 严格汽车客运站安全管理。一是督促客运站设置专门的安检区域，配备进站和行包房安检设备，安排足够力量，严格落实“三不进站、六不出站”规定，严格执行客车安全例检和出站检查制度，严禁安全例检不合格的客车排班发车；二是督促客运站积极协助公安部门做好客运源头安检凭证发放；三是督促二级及以上客运站售票厅、候车厅、发车区、进（出）站口等重点区域动态视频监控安装率达100%；四是督促指导入站客运车辆发车前，循环播放《道路客运安全告知》《安全带—生命带》宣传片，确保乘客出站前系好安全带、熟悉应急装备器材使用方法。

5. 开展道路客运市场秩序整治。一是建立健全部门联勤、区域联动机制，积极会同相关部门开展联合检查，构建齐抓共管格局；二是突出对客运站、码头、旅游景区、高速收费广场及服务区、省（市）际交界路段等重点区域场所的执法检查力度，严厉打击站外揽客、超范围经营、旅游包车无证经营等违法行为。

6. 严格落实道路客运实名制管理。一是督促相关经营者配备必要的设施设备，完善互联网、电话等实名制购（售）票管理系统并加强人员培训；二是督促相关经营者严格“票、人、证”一致性查验，严禁身份不明或者“票、人、证”不一致的旅客乘车，并做好旅客身份信息及乘车信息保存；三是对拒不落实实名管理的，依法对经营者及责任人予以严厉处罚，造成严重后果的，依法吊销其道路运输经营许可证件。

7. 切实加强动态监控系统应用。一是督促企业严格落实车辆动态监控主体责任，按规定配备专职监控人员，及时纠正超速、疲劳驾驶、超范围等违法行为，对拆除或屏蔽动态监控设备的车辆和驾驶员，严格依法依规处理；二是将全省农村客车、公交车和出租汽车等营运车辆纳入动态监管工作范畴，完善动态监控系统功能、改善数据质量，切实做好事前预防、事中事后监管工作；三是每日抽查一定数量“两客一危”车辆，重点检查车辆上线率、轨迹完整率、超速报警、疲劳驾驶报警等指标，抽查结果及时向各有关部门通报，并督促企业调查整改处理，监管部门依法处罚，形成闭环管理长效机制。

（二）道路货物运输

持续按照省交通运输厅、省公安厅《关于切实加强重大活动期间道路货运物流安全管理工作的通知》（闽交综治〔2017〕14号）部署，督促道路货运及站场经营者严格落实身份查验100%、开箱验试100%。

8. 组织开展道路货物运输业户、货运车辆等再排查、再清理工作，对《道路运输经营许可证》有效期届满超过180天未换证的货运业户、《道路运输证》年审有效期超过180天的营运货车和挂车予以注销相关许可证。

9. 县级道路运输管理机构与物流经营者签订《物流企业落实2个100%制度责任状》，督促辖区物流经营者与每位员工签订《企业员工落实2个100%制度承诺书》，签订的责任状和承诺书要留存备查。

10. 督促物流经营者依法与托运人签订运输合同货运单，对托运人的身份进行人工实名登记或通过信息系统自动识别，落实货物受理环节开箱验试。

（三）道路危险货物运输

11. 扎实推进道路危货运输一体化建设。严格按照省危险物品一体化监管工作的统一部署及要求，进一步健全道路危险货物运输行业管理基础信息，积极调动基层和企业的积极性，实现道路危险货物运输全程受控。

12. 严格落实道路危险货物运输企业安全生产主体责任。一是督促危险货物道路运输企业按照《危险化学品安全管理条例》《道路运输条例》等法律、法规要求，切实强化企业经理人、企业安全生产管理岗位及其他人员工作职责，完善并严格落实各项安全生产管理制度；二是督促企业有效履行对所属人员、运输车辆及设施设备的安全管理责任，严把驾驶员、押运员上岗关，严格车辆安全技术性能检查，严禁从业人员不适岗，严禁营运车辆带病运行。

13. 严格风险隐管控和隐患治理。一是督促企业严格按照公路水路行业安全生产风险管理和隐患治理暂行办法的规定，认真分析本地区、本单位道路危险货物运输情况，特别是从事易燃、易爆、剧毒等道路危险货物运输企业，全面扎实开展风险辨别、评估、管控和隐患治理；二是对构成重大风险、重大隐患的，要列入重点监管对象并强化业务指导和监督检查，对未按要求开展道路危险货物运输企业要实行挂牌督办、约谈、甚至停产停业整顿。

14. 严格道路危险货物运输驾驶人从业资格管理。根据《道路运输条例》和《道路危险货物运输管理规定》要求，严格道路危险货物运输从业人员考试与证件发放管理制度，杜绝考试和发证过程中弄虚作假、徇私舞弊等行为，督促道路危险货物运输企业加强对所属驾驶员的继续教育培训，以提高安全驾驶和应急处置能力。

15. 严格道路危险货物运输企业停车场地安全管理。根据《道路危险货物运输管理规定》要求，加强对道路危险货物运输企业停车场的监督检查，督促道路危险货物运输企业落实停车场封闭并设立明显标志、不得妨碍居民生活和威胁公共安全，必须配备相应的安全防护、环境防护和消防防护设备，对于不符合以上要求的，要立即责令整改。

16. 严格落实电子运单要求。一是督促企业详实掌握承运货物的品名、数量、危害、应急措施等信息，填写电子运单信息，并告知随车驾驶员、押运员，车辆必须携带《道路运输危险货物安全卡》；二是督促企业对所属危险货物车辆进行实时、动态监控，及时纠正超速、疲劳驾驶、不按规定线路行驶等违法违规行为。

17. 健全突发事件应急处置能力。一是进一步健全道路危险货物运输应急救援体系，完善应急预案，强化应急演练，加强应急物资装备的配备，特别是要加强驾驶员、押运员安全应急知识培训，提高现场应急处置技能；二是严格按规定报送安全生产事故和突发事件信息，严禁迟报、谎报、漏报、瞒报。

（四）城市公交和城市轨道交通运营

18. 在福州、厦门两地推广公交车自动灭火、破玻装置，积极推动公共交通工具安全员随车护安措施，督促地铁运营公司配备巡车安保员、巡站安保员、配备通过式安检门和配齐安检人员。

19. 排查城市公共交通行业底数。以城市公交、地铁为重点，摸清具体运营单位、车辆、驾驶员、重点防范目标等基础信息。

20. 严格落实城市公共汽电车安全管理制度。指导、督促企业建立健全企业安全生产管理制度，设置安全生产管理机构，配备专职安全生产管理人员，明确相关从业人员安全操作规程。定期开展安全素质教育、安全应急训练和考核，强化驾驶员安全意识、防御性驾驶能力和突发情况应急处置能力。

21. 确保城市客运服务设施设备安全运行。一是督促城市公共汽电车企业开展运营车辆及附属设备、应急设备全面检查，确保车辆及灭火器、应急锤等应急设备配置齐全、状态良好，坚决杜绝将存在安全隐患、应急设备配置不达规定要求的车辆投入运营；二是指导城市公共汽电车企业落实在公共汽电车主要站点醒目位置、车辆等公布禁止携带的违禁物品目录、设置安全警示标志、安全疏散示意图等相关要求。

22. 强化城市轨道交通运营安全和应急管理。一是指导运营单位按照交通运输部有关运营安全检查要求，对照督查中发现的问通运营单位按照交通运输部有关运营安全检查要求，对照督查中发现的问题及时整改，明确责任人、整改措施、整改限期和整改要求；二是督促城市轨道交通运营单位进一步提高城市轨道交通应急处置能力，完善城市轨道交通突发事件应急预案，细化岗位操作手册，提高应急预案可操作性；三是督促城市轨道交通运营单位进一步健全专业应急救援队伍力量建设，完善应急装备和物资储备，强化实战型应急演练，对演练发现的问题及时进行分析和总结，并整改到位。

23. 摸排水路客运船舶底数。以入闽入厦客船为重点，对全省水路客运企业、船舶、线路、停靠站点等基础信息进行摸排。

24. 严把客运船舶市场准入。严格执行客船强制报废标准，淘汰更新老旧客船。严格客运船舶检验质量，对船舶稳性、乘客定额、重要设备、水密、风雨密和重大改建情况进行核查。

25. 持续推进水路客运实名制。厦门邮轮中心厦鼓码头至鼓浪屿内厝澳、三丘田，厦门嵩鼓码头至鼓浪屿内厝澳、莆田市忠门文甲至湄州岛宫下和所有直达（经停）厦门等水路客运航线，全面实行实名制管理。

26. 加强闽台客运安全监管。督促各对台参航船公司认真落实企业主体责任，健全管理机制，全面排查梳理安全隐患与风险源，认真落实安全措施，自觉遵守国家海上安全法律法规及规定，服从海事管理部门的监督管理，加强应急演练，提高应急反应能力，确保海上对台运输安全。

27. 加强渡口渡船和岛际旅客运输安全管理。督促县、乡人民政府落实安全管理责任，坚决取缔未经审批、非法渡运的渡口，深入推进渡船标准化，加快渡船更新，做到渡船100%配齐应急、消防、救生设施设备。

（六）水路危险货物运输

继续推进船舶载运危险货物安全综合治理行动，重点抓好以下专项整治工作。

28. 严格水路危险货物运输企业及运输船舶准入。严肃查处船舶管理公司“代而不管”和航运公司接受船舶挂靠等违法违规行为。加强危险货物运输船舶检验质量控制，禁止违规检验发证。

29. 禁止通过内河封闭水域运输剧毒化学品；禁止通过内河运输国家规定禁止的剧毒化学品以及其他危险化学品。

（七）港口危险货物储存作业

继续推进危险货物港口作业安全治理专项行动和加强港口危险货物储罐安全管理，重点抓好以下专项整治工作。

30. 排查港口危货底数。摸清辖区港口企业基本信息（含拖轮企业），完善企业信息数据库（包括作业区域范围、品名、储罐、堆场、主要应急物资等信息）。

31. 督促港口危货企业在发货或充装危险货物时，要做到“四必查”：必须查验车辆、人员是否符合资质要求；必须查验压力容器是否合格；必须查验车辆是否悬挂规定的安全标志；必须查验购买剧毒化学品、易制爆化学品是否具有相应许可证件。

32. 继续整治内河重点水域危险货物码头“未批先建”和港口建设项目超期试运行，对逾期未完成竣工验收的危险货物港口建设项目，港口行政管理部门要责令其停止经营，严厉打击无证、超许可范围经营和超量存储等违法行为。

33. 开展在役储罐安全专项整治，督促港口危险货物经营人深入开展自查，强化隐患排查治理。对罐龄长、基础资料缺失、缺乏有效监测记录的高危储罐集中开展定期监测。

34. 开展危险货物集中区域安全风险评估，所在地港口行政管理部门组织专业机构对港口储罐区等危险货物作业集中区域开展一次全面安全风险评估，及时研究制定和采取措施，消除区域系统性风险，加强应急能力建设。

（八）公路安保和治超

按照省交通运输厅《关于分解落实道路交通安全综合整治“三年提升工程”2017年工作任务的通知》（闽交安〔2017〕18号）及国家、省有关治超工作的部署要求，做好公路安保和治超管理，重点抓好以下专项整治工作。

35. 持续推进公路安全生命防护工程建设。7月底前完成全省947处道路交通安全隐患路段整治任务，年内完成农村公路安全生命防护工程3500公里、完成国省干线公路安全生命防护工程500公里、公路危桥改造150座。

36. 严格落实桥梁安全运行“十项制度”。强化公路桥梁、隧道的日常巡查和安全运行监管，加强危桥和隐患隧道整治，持续推进呈街道化的国、省、县道和事故多发路段的中央隔离，临水、临崖防护措施，夜间照明设施建设，完善交通标志、标线，持续开展高速公路桥下隐患排查治理。

37. 严格车辆运输车治理。按照国家三部办公厅《关于做好车辆运输车治理第二阶段工作的通知》的部署及要求，督促强化对不合规车辆运输车的执法检查，督促汽车整车物流企业尽快按计划淘汰退出不合规车辆运输车，2017年12月底，完成60%不合规车辆运输车的更新改造。

38. 稳妥推进治超专项行动。全面落实交警、路政联合派驻和处罚记分制度，严格规范执法文明执法，按照职责分工、规定流程和超限超载认定标准进行处罚、记分，发挥治超不停车检测、综合执法案件系统等科技手段，集中查处三轴及以上货运车辆车货总质量超过限载标准的违法行为，切实做到不消除违法行为不放行。

（九）公路水运建设工程

继续推进公路水运建设工程质量安全隐患大排

查大整治专项行动，重点抓好以下专项整治工作。

39. 严格按照规定编制和审查隧道、桥梁围堰、支架等专项施工方案。严禁没有专项施工方案的工程进行施工，严禁未开展超前地质预报、监控测量和采取支护措施的隧道开挖，严禁深基坑防护措施不足、不满足安全施工条件的桥梁围堰施工建设。

40. 全面开展施工驻地设置和作业现场安全评估，坚决杜绝在陡坡、临崖、危岩以及易发生泥石流、滑坡、洪水、落石等灾害影响地点选址建设。施工现场、生产区、生活区、办公区等防火或临时用电必须满足规范要求。

41. 开展施工风险评估和重大事故隐患清单管理。在建高速公路、长大桥隧等大型构造物工程以及重点水运建设项目，要全面开展施工风险评估。列入今年国家和地方基本建设的公路、水运重点工程，要全面实施重大事故隐患清单管理，严格督促企业认真开展隐患排查建档和整改销号，对发现整改不力的企业，一律依法上限处罚。

三、行动安排

专项整治行动从2017年5月底开始至2017年12月31日结束，分三个阶段进行。

（一）部署阶段（2017年5月）。各单位根据本方案要求，结合工作实际，制定具体实施方案，明确责任，细化措施，认真做好前期准备和动员部署。

（二）整治阶段（2017年6月—11月）。各单位按照具体实施方案精心组织实施，并认真开展督导检查，及时解决专项整治行动过程中发现的问题，确保各项工作有序推进，取得实效。

（三）总结阶段（2017年12月）。各单位对本次平安交通专项整治行动认真总结，发现不足，找出亮点，研究提出相关建议。12月15日前，省高速公路公司、公路局、港航局、运管局、执法总队、质监局要将本单位本系统专项行动工作总结报送厅安委办。

四、组织措施

（一）*着力强化组织领导*。省厅成立深入开展平安交通专项整治行动领导小组，厅党组书记、厅长、厅安委会主任黄祥谈同志任组长，副厅长、厅安委会副主任梁金焰同志任副组长，省高速公路公司、公路局、港航局、运管局、执法总队、质监局以及厅办公室、政法处、建管处、运输处、安监处主要负责同志为成员，领导小组设在厅安委办。各单位要成立领导小组，主要领导任组长，统筹协调本次专项行动与其他整治行动工作，强化责任落实、细化工作任务、实化工作措施，着力推进专项行动工作深入开展。

（二）*着力强化隐患排查*。各单位按照省厅《关于印发安全生产大排查大整治工作方案的通知》（闽交安明电〔2017〕19号）文件部署，加大安全生产隐患排查整治力度，加强跟踪督办、抽查，把发生较大以上事故的企业作为重点抽查对象，对排查出的重大隐患挂牌督办，对隐患整治不力的，依法依规严肃问责，特别是对存在严重问题的企业，要依法停产停业整顿、上限处罚。

（三）*着力强化跟踪督导*。各单位要结合省厅《关于加强交通运输行业风险隐患排查整改督导工作的通知》（闽交安〔2017〕19号）部署，每月定期或不定期地采取明查暗访、“四不两直”等形式开展督查，加大对违法违规企业信息公开曝光力度，利用信用管理加强企业自我约束。对督查中发现的问题和隐患，要及时督促整改；对行动不力的要开展约谈、挂牌督办，情节严重的单位要通报批评、追责问责，问题突出的企业和从业人员要列入黑名单、上限处罚。

（四）*着力强化应急响应*。各单位要科学安排应急力量和物资，保证应急设施设备处于良好状态，遇有突发事件，要迅速赶赴现场，确保突发事件得到快速有效处置，避免险情扩大和次生、衍生事故发生。要加强应急值守，畅通信息渠道，按规定快速准确核实、上报突发事件信息，严禁漏报、谎报、瞒报、迟报

（五）*着力强化舆论导向*。各单位要加强与电视、广播、网络、报刊等新闻媒体的沟通协作，充分发挥新闻媒体的舆论引导作用，对专项整治行动工作的要求及重要意义进行广泛报道宣传，对专项整治行动工作实况进行及时跟踪报道，既要注重总结好的经验，又要曝光反面典型，及时发布权威信息，及时有效应对舆情，为专项整治行动深入工作开展营造良好氛围。

（摘编：赵旭东）

福建省开展清理整顿人力资源市场秩序专项行动

福建省人力资源和社会保障厅、福建省工商行政管理局下发《关于开展清理整顿人力资源市场秩序专项行动的通知》（闽人社文〔2017〕65号），主要内容如下：

为进一步加强人力资源市场监管，维护公平、规范、竞争、有序的就业环境，按照人力资源和社会保障部、国家工商行政管理总局《关于开展清理整顿人力资源市场秩序专项行动的通知》（人社部明电〔2017〕2号，以下简称《通知》）的部署要求，省人力资源和社会保障厅、省工商行政管理局决定即日起至2017年3月20日，在全省范围内继续联合开展清理整顿人力资源市场秩序专项行动（以下简称专项行动）。现将《通知》转给你们并提出如下要求，请一并认真贯彻执行。

一、加强组织领导，周密部署。

各地人力资源和社会保障、工商行政管理（市场监管）部门要高度重视此次专项行动，切实加强组织领导，并结合本地实际，迅速制定专项行动实施方案，明确目标任务、检查重点、检查内容和工作步骤，及时做好专项行动的部署工作。要加强对专项行动的指导、调度和督查，及时研究解决专项行动中遇到的突出问题和矛盾。

二、明确目标任务，确保实效。

各地人力资源和社会保障、工商行政管理（市场监管）部门要以人力资源服务机构、劳务派遣机构、从事职业中介活动的组织和个人和各类招工用人单位为重点，加强对人力资源服务机构的日常监管，严厉查处违法行为；依法取缔非法人力资源服务机构和劳务派遣机构；规范用人单位招工行为，依法维护劳动者就业权利。通过专项行动，进一步规范人力资源市场秩序，完善监管制度体系，为促进劳动者就业营造良好的社会环境。

三、组织联合执法，综合治理。

各地人力资源和社会保障、工商行政管理（市场监管）部门要加强工作协调，实行部门联动，及时沟通专项行动进展情况，研究解决问题。要组成部门联合执法检查组，统一行动，分工协作，采取随机抽查和重点检查相结合的方法，加强对人力资源市场服务和招用工行为的监督检查。进一步加大对违法主体的行政处罚和信用约束力度，依法实施吊销营业执照、吊销注销撤销许可证、列入经营异常名录和黑名单等惩戒措施。要积极争取公安等部门支持配合，对违反治安管理行为或涉嫌构成犯罪的行为，及时移送公安机关依法处理。

四、健全长效机制，落实措施。

各地要落实属地监管责任，形成部门间各司其职、各负其责、相互配合、齐抓共管工作机制。要进一步健全登记注册、行政许可、行政执法相互衔接的人力资源市场监管机制，提升监管效能。要结合本次专项行动，加强对本地区人力资源市场秩序中普遍性、倾向性问题的分析研究，进一步健全监管制度体系。要进一步落实《福建省人力资源劳务中介管理服务暂行规定》，加强对劳务派遣机构、职业介绍机构相关经营信息、信用信息收集，完善建账立档制度，建立健全机构信用档案，并实施分类监管。

请各设区市、平潭综合实验区人力资源和社会保障部门于2017年3月24日前会同工商行政管理（市场监管）部门对本地区此次专项行动情况进行认真总结，并将总结材料（附专项行动情况表）报省人社厅劳动监察处。

在专项行动期间，省人力资源和社会保障厅和省工商行政管理局将组成联合督查组，赴部分地区进行工作督查。

（摘编：王诗诚）

福建省深入推行科技特派员制度

2017年2月8日福建省人民政府下发《福建省人民政府关于深入推行科技特派员制度的实施意见》（闽政〔2017〕5号）主要内容如下：

科技特派员制度源于我省南平市，是一项基层探索、群众需要、实践创新的制度安排。为深入贯彻国务院办公厅《关于深入推行科技特派员制度的若干意见》（国办发〔2016〕32号）和省委、省政府《关于实施创新驱动发展战略建设创新型省份的决定》，建立科技特派员工作长效机制，推动农村科技创新创业和精准扶贫，特提出以下意见。

一、创新选派机制，确保精准对接

（一）明确主要任务。推行科技特派员制度要面向新形势下农村农业发展需求，引导科技、人才、资金、信息、管理等要素向农村聚集，切实提升农业科技创新支撑水平，完善新型农业社会化科技服务体系，推动农村科技创业和精准扶贫，加快推进现代农业发展，促进农村一二三产业深度融合。

（二）拓宽选派渠道。按照省市县三级联动、供需精准对接的原则，鼓励和支持科技人员发挥职业专长，到农村开展创业服务。鼓励和支持高校、科研院所、企业等单位向科技行政主管部门推荐科技特派员选派人选。科技特派员原则上需具有中级（含中级）以上专业技术职称（或硕士以上学历），并有相关农业科技成果和科技服务经验的人员。

（三）改进选认方式。对为农户提供技术公益服务，创办、领办经济实体和星创天地，或与经济实体开展实质性技术合作的个人和团队，经县级科技行政主管部门选拔推荐，设区市科技特派员联席会议办公室审定，报省科技特派员联席会议办公室备案，认定为省级科技特派员。省级科技特派员或团队每年认定一次，可连选连任。市、县可参照此做法，选派认定市、县级科技特派员。

（四）突出精准扶贫。继续实施“省级扶贫开发工作重点县人才支持计划科技人员专项计划”，选派的科技人员作为省级科技特派员，到23个省级扶贫开发工作重点县开展科技扶贫、精准扶贫工作。至2020年，在重点县组织实施100项以上科技特派员项目，支持每个县建成1个以上星创天地等创业服务平台。

二、实行分类扶持，规范项目管理

（五）采取分类扶持方式。科技特派员专项资金采用以奖代补的方式，对科技特派员工作、项目和建设的省级星创天地予以支持。

根据省级科技特派员的工作业绩，每人每年给予一定数量的工作经费，主要用于支付科技特派员在受援地的工作补助、交通差旅费用、保险和培训费用等。工作经费可拨付给所在单位或服务区域县级科技行政主管部门。每年安排2000万元，补助人数1000人。

对科技特派员创办、领办经济实体，或与经济实体开展实质性技术合作的项目，按取得成效给予一次性资金奖励。每年安排2000万元，奖励项目200项。

对科技特派员创办的为大学生、返乡农民工、农村青年致富带头人、乡土人才等开展农村科技创业提供创业服务，并取得成效的省级星创天地给予一次性资金奖励。每年安排800万元，奖励数量20个。

对影响和成效特别重大的科技特派员项目和

平台建设项目，可向省科技特派员工作联席会议办公室提出申请，采取“一事一议”的方式，给予经费支持。

上述经费，从2017年开始，省发改委、科技厅、财政厅每年调整安排1600万元，共同设立4800万元的科技特派员专项资金。专项资金管理办法由省科技厅、发改委和财政厅等部门另行制定。设区市、县政府应切实保障市、县级科技特派员所需资金。

（六）规范项目管理。科技特派员项目和星创天地纳入省科技计划体系。根据省科技厅关于申报科技特派员计划项目和星创天地的年度通知，经县级科技行政主管部门推荐，设区市科技特派员联席会议办公室审核汇总，设区市科技局统一向省科技厅申报。

三、落实双创政策，加强宣传表彰

（七）落实创新创业政策。将科技特派员工作全面纳入省政府《大力推进大众创业万众创新十条措施》（闽政〔2015〕37号）范畴，享受相关优惠政策。全面落实国家和省促进科技成果转化有关政策，鼓励科技特派员以科技成果和知识产权入股企业，取得合法收益。发挥财政资金的杠杆作用，通过引进创投、贷款风险补偿等方式，推动形成多元化、多层次、多渠道的融资机制，吸引社会资金参与科技特派员创新创业。

（八）加强宣传表彰。在福建日报和福建省电视台等主流媒体设立“科技特派员风采”等栏目，定期宣传科技特派员的先进事迹和奉献精神，总结推广典型经验，形成全社会关注、支持科技特派员的良好氛围。

在劳动模范、三八红旗手、先进工作者等各级各类评优评先工作中，对作出突出贡献的科技特派员予以优先推荐。鼓励社会力量设奖对科技特派员进行表彰奖励。

四、完善保障措施，强化组织管理

（九）完善保障政策。对到农村开展技术公益服务的科技特派员，在5年时间内保留其人事关系、职务等，工资、奖金、福利等待遇从优，由原单位发放，其工作业绩纳入科技人员考核体系，作为其评聘和晋升专业技术职务（职称）的重要依据。对深入农村开展科技创业的科技特派员，在5年时间内保留其人事关系，保留原聘专业技术职务，工龄连续计算，并与原单位其他在岗人员同等享有参加职称评定、岗位等级晋升和社会保险等方面的权利，期满后可以根据本人意愿选择辞职创业或回原单位工作。

（十）健全科技信息服务系统。以星火科技12396为依托，开发覆盖全省的科技特派员综合科技信息服务平台，将各级科技特派员纳入平台统一管理。建立科技特派员服务、创业成果数据库，开展科技特派员创业成果展示交流。提供技术供需信息，定期公布高校、科研院所的科技人员专业技术特长和基层需求等情况。

启动科技特派员登记制，经选派认定的省、市、县级科技特派员须登录“国家科技特派员网”进行登记。高校、科研院所、科技成果转化中介服务机构以及龙头企业等企事业法人以及个人，实际从事科技特派员工作的，也可登录“国家科技特派员网”进行登记。

（十一）强化服务管理。成立由省政府分管领导为召集人，省科技厅、人才办、发改委、教育厅、财政厅、人社厅、农业厅等为成员单位的福建省科技特派员工作联席会议，安排部署年度工作。联席会议办公室设在省科技厅，负责联络协调督促落实。各设区市也要建立科技特派员工作联席会议制度，统筹推进本地区科技特派员工作。

各地要认真调查基层的技术需求，加强与高校、科研院所、科技成果转化中介服务机构以及龙头企业的沟通联系，及时做好供需对接和推进工作落实。派出单位要为科技特派员提供技术、人才、信息等方面支持。

各设区市、县（市、区）人民政府要根据本意见，结合本地实际情况，制定具体实施办法。

（摘编：黄万良）

福建省统筹推进县域内城乡义务教育一体化改革发展

2017年11月2日福建省人民政府下发《福建省人民政府关于统筹推进县域内城乡义务教育一体化改革发展的实施意见》（闽政〔2017〕47号），主要内容如下：

义务教育是政府优先保障的基本公共事业，是教育工作的重中之重。近年来，我省义务教育改革发展取得显著成绩，各县（市、区）均已通过义务教育发展基本均衡县国家督导评估认定。在新型城镇化深入推进、户籍制度改革全面实施的新形势下，人口流动给城乡义务教育发展带来新的挑战，区域间、城乡间发展不平衡，“城镇挤”“乡村弱”问题突出，与人民群众“上好学”的新期盼仍然存在差距。为促进我省县域义务教育从基本均衡迈向优质均衡，提升城乡基本公共服务均等化水平，根据《国务院关于统筹推进县域内城乡义务教育一体化改革发展的若干意见》（国发〔2016〕40号），现提出如下实施意见。

一、总体要求

认真学习贯彻党的十九大精神，以习近平新时代中国特色社会主义思想为指导，统筹推进“五位一体”总体布局，协调推进“四个全面”战略布局，按照中央和省委、省政府的决策部署，切实加强党对教育工作的领导，坚持“优先发展、统筹规划、改革创新、提高质量、共享公平，分类指导、有序推进”的原则，把城乡一体化作为义务教育优质均衡发展的重要基础，统筹学校布局规划、统筹经费投入保障、统筹学校标准化建设、统筹教师队伍建设、统筹教育教学改革、统筹特殊群体平等接受教育，整体提升义务教育资源配置和质量水平，实现更大范围、更高层次的教育公平，为我省率先基本实现教育现代化和“再上新台阶、建设新福建”奠定坚实基础。

二、工作目标

到2020年，义务教育与新型城镇化基本协调，城乡学校布局更加合理，城镇“大班额”基本消除，农村小规模学校（含教学点）达到相应要求，义务教育学校标准化建设水平、管理水平显著提升。教师资源配置更加均衡，乡村教师岗位吸引力大幅增强，县域内城乡教师轮岗交流深入推进，教师队伍结构素质进一步优化；学校内涵建设得到加强，乡村学校、薄弱学校教育质量明显改善，优质教育资源覆盖面进一步扩大；特殊群体义务教育水平显著提升；23个省级扶贫开发重点县义务教育基本均衡水平得到巩固提高，条件成熟的设区市实现中心城区范围内基本均衡发展，一批县（市、区）基本达到国家优质均衡发展要求。

三、主要措施

（一）优化城乡学校布局规划

1. 完善中小学校布局规划。各地要根据新型城镇化发展，常住人口、学龄人口变化趋势和省定办学标准，按每1万~1.5万人口设置1所完小、每3万~5万人口设置1所初中的原则，修订完善中小学校布局规划，并纳入土地利用总体规划和城镇规划，做好衔接并严格实施，不得随意变更。重点做好城市新建小区、旧城改造、城乡结合部、成片开发的城市新区、城镇化重点地区的配套学校布局规划。适时调整农村义务教育学校布局，在交通便利、公共服务成型的农村地区合理布局义务教育学校。中小学校布局规划列入上一级政府教育督导的重要内容。

责任单位：各市、县（区）人民政府，平潭综合实验区管委会，省教育厅、发改委、国土厅、

住建厅

2. 优先保障义务教育用地。各地要根据中小学布局规划，采取盘活存量、用好增量等方式，预留足够的义务教育用地。对学校周边长期闲置和待开发土地，要优先规划为教育增容预留用地。严禁未按法定程序，擅自将义务教育用地改变性质用于其他建设项目，或以各种方式挤占、变更教育用地。严格用地环评程序，不得将污染、地质灾害易发等地块及其周边作为教育用地。实行教育用地联审联批制度，城镇新建住宅小区规划和配套学校建设方案，相关部门应征得同级教育行政部门同意。

责任单位：各市、县（区）人民政府，平潭综合实验区管委会，省国土厅、教育厅、环保厅、住建厅

3. 加快消除大班额现象。制定并实施消除大班额专项计划，切实加强义务教育学校建设项目统筹，实施城镇中小学扩容工程，合理扩大办学容量；切实规范义务教育招生，杜绝择校现象，着力消除大班额。2017 年秋季学期起，全面消除 66 人及以上超大班额；到 2020 年，基本消除 56 人及以上大班额、51～55 人班额比例控制在 10% 以内，并逐步使学校规模和班额达到国家标准要求。县级教育行政部门建立消除大班额工作台账，实行销号管理，避免新的大班额产生。省财政按以奖代补方式，支持各地消除大班额。各设区市政府要将消除大班额专项计划报省教育厅备案。

责任单位：各市、县（区）人民政府，平潭综合实验区管委会，省教育厅、发改委、财政厅、国土厅、住建厅

4. 办好必要的村小和教学点。坚持就近入学原则，兼顾适度规模办学，对人口较少、地理位置偏远、交通不便的山区、海岛要保留并办好必要的村小、教学点，方便小学低年级学生就学；对交通较为便捷，但招生难以为继或已“空壳”的乡村小规模学校，在完成“三重一大”决策程序，尤其在征得当地群众同意、落实先建后撤规定的前提下，进行稳慎撤并。因撤并学校造成学生就学困难的，县级政府要采取提供校车、增设公交线路、安排午膳、完善寄宿设施等措施妥善解决；因撤并学校造成校园校舍闲置的，要严格规范权属确认、用途变更、资产处置等程序，并优先用于当地教育事业。要切实提高教育资源使用效益，避免“边建设、边闲置”现象。

责任单位：各市、县（区）人民政府，平潭综合实验区管委会，省教育厅、发改委、财政厅、国土厅、住建厅

（二）提升城乡学校建设和管理水平

5. 提高学校标准化水平。制定城乡统一的《福建省普通中小学校建设标准》，修订完善《福建省普通中小学技术装备标准》。对新建学校，各地要按照省定标准设计建设，确保建成一所、达标一所。对现有学校，要组织全面核查，补齐短板，达到新的建设标准。继续重视乡镇寄宿制学校建设与管理，通过政府购买服务等方式进一步加强后勤保障。到 2020 年，各县（市、区）义务教育学校资源配置综合差异系数基本达到国家“义务教育发展优质均衡县”认定要求。全面推进学校章程建设，落实义务教育管理标准，省级每年认定一批“义务教育管理标准化学校”。

责任单位：各市、县（区）人民政府，平潭综合实验区管委会，省教育厅、住建厅、发改委

6. 建立义务教育学校建设协同机制。依法落实城镇新建居住区配套标准化公办学校建设。规划条件中要求配建学校的项目，地方政府要实施“交钥匙”工程，确保配建学校与住宅首期项目同步规划、同步建设、同步交付使用。未按规划条件要求配建学校的，不得发放建设工程规划核实合格书。老城区改造配套学校建设不足和未达到配建学校标准的小规模居住区，由当地政府统筹新建或改扩建配套学校。新建、改扩建学校的设计、建设、竣工验收等，均应安排学校和教育行政部门全程参与，保证就近入学需要，符合教育教学要求。

责任单位：各市、县（区）人民政府，平潭综合实验区管委会，省教育厅、住建厅、国土厅、环保厅

7. 强化教育信息化建设和应用。在教育信息化建设过程中，统筹城乡义务教育一体化发展，进一步提高中小学“三通两平台”建设水平。制定中小学智慧校园建设标准，积极引导学校创建智慧校园。加快建设省级基础教育数字资源平台，

到2020年“一校带多校”的教学、教研互动网络基本实现全覆盖。深入开展教师信息化应用各项活动，培育建设中小学信息化示范校，加快提升中小学教师应用信息技术能力，增强信息技术与教育教学的深度融合。

责任单位：各市、县（区）人民政府，平潭综合实验区管委会，省教育厅、经信委

8. 规范义务教育学校招生行为。科学划定学校施教区，保证施教区生源数量与学校招生规模基本适应。规范学校招生管理，严格执行免试就近入学、划片招生、阳光招生等政策。在教育资源相对均衡的地方，继续实施单校划片；已经实施初中多校划片的地方，要进一步完善政策措施；教育资源配置不均衡的地方，可根据实际开展多校划片改革探索，改革方案必须按重大决策程序进行论证，并提前向社会公布。规范民办初中招生，加强计划管理，实行公办、民办初中同期招生、免试入学；2018年起对报名人数超过招生计划的民办初中，招生计划的50%采取电脑摇号方式录取，并逐年加大电脑摇号招生比例。

责任单位：各市、县（区）人民政府，平潭综合实验区管委会，省教育厅、物价局

9. 保障校园和学生安全。严格落实学校安全目标责任制，健全学校安全保障体系和运行机制，建立学生意外伤害综合保险制度。创建平安校园，完善学校人防、物防、技防措施，排查整治学校周边环境，依法严厉打击涉校涉生违法犯罪。密切家校联系，及早发现、依法依规处置校园欺凌和暴力事件。加强学校食品卫生安全、传染病防控等，保障学生身体健康。

责任单位：各市、县（区）人民政府，平潭综合实验区管委会，省教育厅、综治办、公安厅、安监局、食品药品监管局

（三）统筹城乡教师队伍建设

10. 完善编制管理机制。按照中央和省委省政府关于严格控制机构编制的要求，依据义务教育学校教职工编制标准、办学规模和教育教学需要，合理核定义务教育学校教职工编制。探索建立城乡义务教育学校教职工编制统筹配置机制，实行教职工编制城乡、区域统筹和动态管理，盘活编制存量。编外聘用教师实行人员总额管理，工资总额核定参照在编教师，所需经费纳入同级财政预算，保障配足配齐师资。

责任单位：各市、县（区）人民政府，平潭综合实验区管委会，省委编办，省教育厅、财政厅、人社厅

11. 深化教师“县管校聘”改革。县级机构编制部门按编制标准适时核定中小学教职工编制总量，县级人社部门按专业技术岗位结构比例核定中小学岗位总量。县级教育行政部门在核定的教职工编制总量和岗位总量内，按照班额、生源等情况，充分考虑乡村小规模学校、寄宿制学校和城镇中小学实际需要，统筹分配各校教职工编制数，细化岗位结构比例，并报同级机构编制、人社、财政部门备案。全面推行教师竞聘上岗制度，建立竞争择优、能上能下的用人机制。推进义务教育学校校长教师交流轮岗，重点组织骨干校长教师向农村学校、薄弱学校流动，超编学校向缺编学校流动。县域内城镇学校、优质学校教师每学年交流轮岗到乡村学校和薄弱学校的比例不低于符合交流条件教师总数的10%，其中骨干教师不低于交流轮岗教师总数的20%。

责任单位：各市、县（区）人民政府，平潭综合实验区管委会，省委编办，省教育厅、财政厅、人社厅

12. 提升师德水平和业务能力。树立优秀教师典型，多形式开展教师职业理想和职业道德教育，构建师德建设长效机制。探索校长职级制改革，健全校长选聘制度和后备人才选拔机制，造就专家型校长队伍。规范新教师岗前培训，加强骨干教师培养，实施名师名校长工程，完善省、市、县、校四级联动的分岗分类分层培训体系，建立教师人才梯队。实施乡村校长助力工程、乡村教师素质提升工程，重点提升乡村教师应用信息技术能力，着力提高乡村学校教学质量。加快推进县级教师进修学校标准化建设，支持各地建设区域性教师发展中心，提高教师研训基础能力。

责任单位：各市、县（区）人民政府，平潭综合实验区管委会，省教育厅、人社厅

13. 完善教师待遇保障机制。健全长效联动机制，各地在核定义务教育学校绩效工资总量时，要统筹考虑当地公务员实际收入水平，确保县域

内义务教育教师平均工资收入水平不低于当地公务员的平均工资收入水平；落实乡村教师生活补助政策，稳步提高标准，确保乡村教师实际工资收入水平不低于同职级城镇教师工资收入水平。依法足额、全面落实教师住房公积金和各项社会保险政策。

学校要根据教学、管理、工勤技能等岗位特点实施分类考核，做到多劳多得、优绩优酬。进一步提高课时工作量在绩效工资分配中的权重，重点向一线教师、骨干教师、班主任倾斜。班主任工作量按当地教师标准课时工作量一半计算。

建立乡村教师荣誉制度，在教育系统各类评比表彰中单列乡村教师指标。合理确定岗位结构比例指导标准，实行岗位总量、等级、结构比例动态管理，职称评聘向乡村学校倾斜，鼓励乡村教师安心从教。加快乡村教师周转房建设，切实改善乡村教师工作生活条件。

责任单位：各市、县（区）人民政府，平潭综合实验区管委会，省人社厅、教育厅、财政厅

（四）深入实施素质教育

14. 培养学生社会责任感、创新精神和实践能力。坚持立德树人，把社会主义核心价值观融入教育教学全过程，推进大中小学德育一体化建设，引导学生逐步形成正确的世界观、人生观和价值观，树立远大理想和崇高追求。系统推进中华优秀传统文化、爱国主义、集体主义、社会主义、公民道德、民主法治、生命安全、心理健康、行为规范、生态文明等方面教育。充分利用福建红色教育资源，传承弘扬红色文化。统筹规划建设地方课程，加强校本课程管理，增强课程对地方、学校的适应性。深化课堂教学改革，倡导启发式、探究式、讨论式、参与式教学，激发学生学习兴趣和潜能，增强创新实践能力。

责任单位：各市、县（区）人民政府，平潭综合实验区管委会，省教育厅、省委宣传部、省文化厅、团省委、省科协

15. 加强体育和美育工作。统筹解决体育、美育师资不足问题，开齐上好体育、音乐、美术、书法等国家课程。创新课外体育活动载体，保证学生每天在校锻炼一小时。全面实施国家学生体质健康标准，规范开展学生体质健康监测，提高学生健康水平。实施中小学美育设施设备补缺提质工程，到2020年全省中小学美育教学条件达到配备要求。支持学校开发有特色的美育校本课程。创建体育、艺术类特色（传统）学校，形成“一校一品”“一校多品”的格局。

责任单位：各市、县（区）人民政府，平潭综合实验区管委会，省教育厅、文化厅、体育局

16. 提高乡村和薄弱学校教育质量。完善乡村小规模学校管理，将村小、教学点教育工作纳入乡镇中心学校年度考核。通过送教、走教、推送数字化课程资源等方式，支持乡村小规模学校开足开好国家课程。实施初中“壮腰”工程，各级政府要加大初中教育投入力度，着力补足初中办学条件缺口，缩小城乡、校际办学差异。支持各地建设义务教育九年一贯制学校，促进小学、初中教育教学有效衔接，努力突破初中教育瓶颈。优质普通高中招生计划按不低于50%的比例向城乡初中分配。加强优质学校辐射带动，深化城区学校“小片区”管理、农村薄弱学校“委托管理”、集团化办学等管理机制改革，实施教学开放制度，帮助薄弱校提升教学质量。

责任单位：各市、县（区）人民政府，平潭综合实验区管委会，省教育厅

17. 深化考试评价制度改革。改革考试评价内容和方式，建立健全初中学业水平考试和初中学生综合素质评价制度，实行全省相对统一的高中阶段学校招生政策，促进城乡初中学校全面实施素质教育，全面提升学生发展核心素养。积极参加国家基础教育质量监测，完善义务教育质量监测制度，每年省级监测县域全覆盖，强化监测结果的反馈运用，更好地服务教育决策、指导改进教学。支持有条件的设区市开展义务教育质量监测试点，构建在国家指导下的省市联动监测机制。

责任单位：各市、县（区）人民政府，平潭综合实验区管委会，省教育厅

（五）精准关爱特殊群体

18. 完善随迁子女就学机制。各地要进一步强化流入地政府为主、公办学校为主的随迁子女义务教育政策，并将随迁子女义务教育纳入城镇发展规划和财政保障范围。以居住证为主要依据，对符合条件的随迁子女，采取自主报名结合随机

派位，或者实行积分制办法安排就读。公办学校学位不足的，可通过政府购买民办学校服务方式安排就读。学校要实行混合编班和统一管理，促进随迁子女融入学校和社区生活。落实好随迁子女接受义务教育后在流入地参加升学考试的配套政策。利用全国中小学生学籍信息管理系统数据，推动“两免一补”资金和生均公用经费基准定额资金随学生流动可携带。

责任单位：各市、县（区）人民政府，平潭综合实验区管委会，省教育厅、发改委、公安厅、财政厅，省妇联

19. 关爱保护农村留守儿童。各地要按照《福建省人民政府关于加强农村留守儿童关爱保护的实施意见》（闽政〔2016〕44号）要求，落实县（市、区）、乡镇（街道）和村居组织属地管理职责，推动家庭与监护人依法尽责，健全留守儿童关爱保护工作体系。每年开展农村留守儿童摸底排查工作，建立详实完备、动态更新的留守儿童信息库。优先改善留守儿童的学习条件、寄宿条件和营养状况，不断完善家校联动、社区关怀和志愿服务等机制，加强心理健康、道德法治和公共安全教育，确保农村留守儿童健康成长。

责任单位：各市、县（区）人民政府，平潭综合实验区管委会，省民政厅，省农村留守儿童关爱保护工作联席会议其他成员单位

20. 重视残疾儿童义务教育。加强特殊教育基础能力建设，加大标准化特殊教育学校创建力度，加快普通学校随班就读资源教室建设，强化随班就读和送教上门工作的指导管理，积极开展“医教结合”实验，完善特殊教育服务体系。落实特殊教育学校生均公用经费标准与普通初中联动机制，提高特殊教育教职工津贴标准。补足配齐特殊教育教职工，加强特教师资培养培训。落实“一人一案”全纳教育，巩固提高残疾儿童少年义务教育普及水平，基本普及残疾少年儿童15年免费教育。

责任单位：各市、县（区）人民政府，平潭综合实验区管委会，省教育厅，省残联，省卫计委、财政厅，省妇联

21. 完善经济困难学生资助体系。在全面实施“两免一补”的基础上，对全省农村义务教育公办寄宿制学校寄宿生和城乡义务教育公办寄宿制学校中建档立卡家庭经济困难、低保家庭（含特困人员）寄午餐学生补助营养餐；对城乡义务教育公办寄宿制学校中建档立卡家庭经济困难、低保家庭（含特困人员）寄宿生补助生活费，帮助贫困家庭子女接受教育。

责任单位：各市、县（区）人民政府，平潭综合实验区管委会，省教育厅、财政厅、民政厅，省扶贫办

（六）保障义务教育经费投入

22. 依法保障义务教育财政投入。健全“城乡统一、重在农村、以县为主”的义务教育经费保障机制。县级人民政府要切实履行主体责任，坚持把教育作为财政支出重点领域给予优先保障，经费投入重点向农村义务教育倾斜。凡未依法履行义务教育经费保障职责的县（市、区），一律列为教育督导重点对象。

责任单位：各市、县（区）人民政府，平潭综合实验区管委会，省财政厅、教育厅

23. 加大转移支付和综合奖补。省级层面加强指导协调，突出精准扶贫，完善市县转移支付制度，继续加大对23个省扶贫开发重点县扶持力度。落实义务教育生均公用经费基准定额，适当提高寄宿制学校、规模较小学校公用经费补助水平。整合省级以上义务教育工程项目和专项资金，探索实行市、县（区）义务教育经费综合奖补。调整优化义务教育经费支出结构，从重点投硬件到软硬件并重转变，逐步加大学校内涵建设投入。

责任单位：各市、县（区）人民政府，平潭综合实验区管委会，省财政厅、教育厅

四、组织保障

（一）加强党的领导。各地要认真落实全面从严治党要求，高度重视义务教育学校党建工作，建立健全党委统一领导、教育行政部门具体负责、有关方面齐抓共管的学校党建工作领导体制，全面加强学校党组织建设，实现党组织全覆盖。严格党组织生活，注重从优秀教师中发展党员，充分发挥学校党组织的政治核心地位和作用，切实抓好学校德育和师生思想政治工作。全面加强学校党组织对少先队、共青团工作的领导，为落实立德树人根本任务提供坚强组织保障。

责任单位：省教育厅、省委组织部、省委宣传部、团省委

（二）强化行政推动。各县（市、区）政府要坚持属地原则，落实主体责任，研究制定统筹推进县域内城乡义务教育一体化的实施方案，明确义务教育优质均衡发展的时间表、路线图。各设区市政府要在县域义务教育基本均衡的基础上，探索市域义务教育均衡发展分步推进的规划与路径。加大省级统筹力度，实行县域义务教育投入、质量监测、均衡发展水平等公告制度。各级教育、发改、财政、人社、编制、国土、住建等部门要各司其职，密切配合，在项目审批、土地供应、资金投入、职称评定、教师编制、人才流动等方面制定出台政策措施，着力破除体制机制障碍，确保本实施意见的贯彻落实。

责任单位：各市、县（区）人民政府，平潭综合实验区管委会，省教育厅、发改委、财政厅、人社厅，省委编办，省国土厅、住建厅

（三）开展督导评估。按照统筹推进县域内城乡义务教育一体化改革发展的目标任务，修订完善对县级人民政府教育工作督导评估、对县（市、区）党政主要领导干部抓教育工作督导考核、“教育强县”督导评估办法和标准，研究制定县域义务教育优质均衡省级督导评估办法和标准，推动开展“义务教育发展优质均衡县”创建工作。结合“对市督导”，开展市域义务教育基本均衡发展督导评估。将督导评估结果作为市、县级政府政绩考核的重要内容，对推进义务教育均衡发展先进市、县（区）给予表彰奖励，对工作滞后的进行问责。

责任单位：各市、县（区）人民政府，平潭综合实验区管委会，省教育厅，省委组织部，省政府教育督导委员会其他成员单位

（摘编：林学军）

福建省进一步加强文物工作

2017年3月27日福建省人民政府下发《福建省人民政府关于进一步加强文物工作的实施意见》（闽政文〔2017〕133号），主要内容如下：

为贯彻落实《国务院关于进一步加强文物工作的指导意见》（国发〔2016〕17号），切实加强文物工作，进一步发挥文物资源在传承和弘扬中华优秀传统文化、实现中华民族伟大复兴中国梦中的重要作用，推进我省海上丝绸之路核心区和文化强省建设，提出如下实施意见：

一、指导思想

全面贯彻中央和省委、省政府决策部署，坚持创新、协调、绿色、开放、共享的发展理念，坚持“保护为主、抢救第一、合理利用、加强管理”的文物工作方针，坚持公益属性、服务大局、改革创新、依法管理的基本原则，强化保护文物就是保护人类文明成果的观念，深入挖掘和系统阐发文物所蕴含的文化内涵和时代价值，统筹协调文物保护与经济发展、城乡建设、民生改善的关系，切实做到在保护中发展、在发展中保护，不断提高我省文物保护利用水平，努力为再上新台阶、建设新福建作出更大贡献。

二、总体目标

到2020年，全面摸清全省文物资源状况，提升一批文物保护单位级别，世界文化遗产数量有所增加；全国重点文物保护单位、省级文物保护单位保存状况良好，市、县级文物保护单位保存状况明显改善，尚未核定公布为文物保护单位的不可移动文物保护措施得到落实。主体多元、结构优化、特色鲜明、富有活力的博物馆体系基本建立，馆藏文物预防性保护水平明显提升，文博创意产业持续发展。文物法律法规、规章制度和行业标准体系更加完备，文物执法督察体系基本完善，执法力量得到加强，文物安全形势明显好转。文物保护机构健全，文物行业人才紧缺状况有效缓解，社会力量广泛参与文物保护利用格局基本形成，革命文物、海丝文物、涉台文物、乡土建筑等文物资源的作用进一步增强，文物保护成果更多惠及人民群众。

三、强化责任

*（一）落实政府属地管理主体责任。*各级人民政府要牢固树立保护文物也是政绩的科学理念，切实履行文物保护主体责任，把文物工作列入重要议事日程，作为地方领导班子和领导干部综合考核评价的重要参考；把文物保护纳入经济和社会发展计划、纳入文明城市测评体系，组织编制文物保护发展规划，推进当地经济社会发展。统筹做好文物的有效保护与合理利用，明确保护是第一责任，努力使文物留下来、活起来、用起来。充分发挥各级文物管理委员会在文物工作中的重要作用，健全由政府领导牵头的文物工作协调机制，研究解决文物保护管理工作中的重大问题。文物保护，基础在县，县级政府要根据本地文物工作实际，设立或明确承担文物保护管理职能的机构，配足专职人员，所需经费列入财政预算。建立文物保护责任评估机制，各级人民政府每年对本行政区域的文物保护法定职责履行、法律法规执行、文物保护及文物安全等情况进行一次全面的检查评估，发现问题及时整改。

责任单位：省文明办、发改委、文化厅，各市、县（区）人民政府

*（二）强化主管部门职责。*各级文物行政部门要不辱使命，守土尽责，提高素质能力和管理水

平，依法做好本级行政区域内的文物工作。省级文物行政部门负责组织、协调、指导、推进和管理全省文物工作；在充分做好统筹规划和宏观研判的基础上，监管、处理全省文物的维修、抢救、发掘、科研、安全、宣传、法制建设以及博物馆发展等重大问题；对市、县（区）人民政府落实文物保护法定责任情况进行督查和评估，指导和支持市、县（区）文物行政部门依法做好本辖区文物工作。市、县（区）级文物行政部门负责本辖区文物工作的实施和监管，切实把文物工作抓实抓细抓具体，指导、监督做好文物保护单位的日常养护；动员、组织文物所在地乡镇（街道）、村和社区，依法落实文物保护责任；指导、检查、督促文物所有人、使用人，承担保护义务，落实保护措施，做好管理利用；组织开展文物巡查，督促整改安全隐患；加大行政执法力度，制止文物违法行为，及时发现、迅速解决文物工作中出现的突发事件和重大问题。

责任单位：省文化厅，各市、县（区）人民政府

（三）落实相关部门共管责任。各级人民政府相关部门要认真履行依法承担的保护文物职责。在有关行政许可和行政审批项目中，发改、财政、住建、规划、国土、文化文物等部门要加强协调配合。建立文化文物、公安、住建、规划、国土、环保、旅游、民族宗教、海洋、司法等部门和单位参加的行政执法联动机制，针对主要问题开展联合检查和整治行动。公安、海关、工商、海洋、文化文物等部门要保持对盗窃、盗掘、盗捞、倒卖、走私等文物违法犯罪活动的高压态势。促进文物行政执法与刑事司法有效衔接，建立文化文物行政部门和公安、司法机关案情通报、案件移送制度。

责任单位：省发改委、教育厅、民族宗教厅、公安厅、司法厅、财政厅、国土厅、环保厅、住建厅、海洋渔业厅、文化厅、工商局、旅游局，省法院、检察院，福州海关、厦门海关，各市、县（区）人民政府

（四）严格责任追究。因不依法履行职责、决策失误、失职渎职导致文物遭受破坏、失盗、失火并造成一定损失的，要依法依纪追究有关人员的责任；涉嫌犯罪的，移送司法机关处理。造成国家保护的珍贵文物或者文物保护单位损毁、灭失的，要依法追究实际责任人、单位责任人、上级单位责任人和当地政府责任人的责任。建立文物保护责任终身追究制，对负有责任的领导干部，无论是否调离、提拔或者退休，必须严肃追责。建立健全文物保护工程勘察设计、施工、监理、技术审核质量负责制，对违反国家法律法规和相关技术标准，造成文物和国家财产遭受重大损失的，要依法追究相关单位和人员的责任。

责任单位：省文化厅、公安厅、监察厅，省法院、检察院，各市、县（区）人民政府

四、加强保护

（一）落实国家文物登录制度。根据国家制定的文物登录制度和文物认定标准，依法开展文物调查、登记、申报、定级、公布工作，建立福建省文物资源总目录和数据资源库，全面掌握文物保护状况和保护需求，建设福建省文物保护单位动态监管系统。建立可移动文物登录常态机制，推进信息资源社会共享。

责任单位：省文化厅，各市、县（区）人民政府

（二）加强不可移动文物保护。各级文物保护单位保护规划由所在地的县级以上人民政府负责组织编制。全国重点文物保护单位保护规划经国家文物局同意后，由省人民政府公布实施；省级文物保护单位保护规划经省级文物行政主管部门同意后，由市、县（区）人民政府公布实施；市、县（区）级文物保护单位保护规划，由市、县（区）人民政府公布实施。全面完成各级文物保护单位保护范围划定公布工作，市、县（区）人民政府负责抓紧完成市、县级文物保护单位保护范围的划定公布工作，并纳入城乡规划实施管理。依法实行确保工程质量的招投标方式和预算编制规范，遵循文物保护工程特殊规律，由省文物部门会同省住建、财政等部门研究确定福建省文物保护工程预算定额。加强不可移动文物的日常保养和巡查监测，对存在重大险情的各级文物保护单位应及时开展抢救性保护，在项目审批上开辟“绿色通道”，在资金安排上予以保障。全力推进鼓浪屿、古泉州（刺桐）史迹申报世界文化遗产

工作，加强中国世界文化遗产预备名单海上丝绸之路、闽南红砖建筑、三坊七巷、闽浙古廊桥的有效管理和合理利用，进一步提升福建土楼和武夷山世界文化遗产的管理水平和影响力，鼓励有申报潜力和意向的地方人民政府开展“万里茶道”等世界文化遗产申报前期准备工作。全面加强革命文物的保护利用，重点实施古田会议旧址群、长汀革命旧址群、才溪乡调查会址等红色文物保护利用工程。继续实施涉台文物保护工程，推动涉台文物的展示利用。加强三明万寿岩遗址、武夷山城村汉城、泉州德化窑遗址、明溪南山遗址、明清海防、万里茶路等大遗址保护，支持三明万寿岩、武夷山城村汉城国家考古遗址公园建设，研究出台设立省级考古遗址公园相关规定。加强海丝史迹和水下文物的保护，争取设立福建水下文化遗产保护和研究机构，支持泉州市建设“中国海上丝绸之路博物馆”。

责任单位：省文化厅、台办、发改委、财政厅、住建厅、旅游局，各市、县（区）人民政府

（三）加强可移动文物保护。实施馆藏文物修复计划，及时抢救修复濒危珍贵文物，注重保护修复馆藏革命文物。实施可移动文物预防性保护工程，完善博物馆、文物收藏单位的文物监测和调控设施，改善博物馆展陈设施和文物库房条件，配备符合标准的展柜和文物专柜，提升可移动文物保护能力。做好第一次全国可移动文物普查成果利用，加强馆藏文物的合理利用，更好地发挥文物资源服务社会的作用。重视经济社会发展变迁物证征藏工作，注重征集新中国成立以来反映福建经济社会发展的重要实物，丰富藏品门类。

责任单位：省文化厅，各市、县（区）人民政府

（四）加强城乡建设中的文物保护。发挥文物资源在丰富城乡文化内涵、彰显地域文化特色、优化社区人文环境的作用，按照文物保护优先原则和“多规合一”要求，将文物保护作为强制性内容纳入城乡规划。高度重视城市改造和新农村建设中的文物保护，加强历史文化名城、街区、名镇、名村、传统村落整体格局和历史风貌的保护；结合创建特色小镇，推动乡土文化遗产的保护利用与传承发展，防止城乡建设中的拆真建假、拆旧建新等建设性破坏行为。进行大型基本建设项目，建设单位应当事先报请省文物部门组织从事考古发掘的单位在工程范围内有可能埋藏文物的地方进行考古调查、勘探。各级文物保护单位保护范围及建设控制地带内的建设项目应在工程可研阶段，依法征得文物行政部门同意，并依法进行必要的考古调查勘探发掘，相关经费纳入建设工程预算。不可移动文物不得擅自迁移、拆除，因建设工程确需迁移、拆除的，应当严格按照文物保护法律法规的规定办理相关手续。

责任单位：省住建厅、文化厅、发改委，各市、县（区）人民政府

（五）加强文物安全防护。把文物安全纳入当地社会治安综合治理，落实博物馆、文物保护单位安全防范制度，提升文物安全防护技术水平，严厉打击盗掘、盗窃、走私文物等各类违法犯罪活动。完善全国重点和省级文物保护单位文物建筑防火和古遗址古墓葬石刻防盗防破坏设施，探索施行水下遗址保护全域监控，重点加强闽北田野遗址、沿海水下遗址和全省古窑址的安全防护，切实改变防护设施薄弱状况，降低文物保护单位安全风险。强化文物管理单位的安全主体责任，健全县、乡、村三级文物安全管理网络，明确文物安全管理人员，逐级落实文物安全责任。发挥乡镇综合文化站和村文化协管员作用，完善文物保护员制度。

责任单位：省综治办、公安厅、海洋与渔业厅、文化厅、工商局、福州海关、厦门海关，市、县（区）人民政府

（六）鼓励社会参与文物保护。各级文物行政部门应建立文物项目储备库，确定文物事业年度发展目标和重点建设项目，及时公开发布社会力量参与文物保护利用的项目清单。研究制定鼓励社会力量参与文物保护机制和优惠政策，拓宽社会资金进入文物保护利用的渠道。指导和支持城乡群众自治组织保护、管理、使用区域内尚未核定公布为文物保护单位的不可移动文物。将国有尚未核定公布为文物保护单位的不可移动文物保护纳入基本公共文化服务范畴，对社会力量自愿投入资金保护修缮市县级文物保护单位和尚未核定公布为文物保护单位的不可移动文物的，可依

法依规在不改变所有权的前提下，给予一定期限的使用权。鼓励捐献文物及捐赠资金投入文物保护的行为。研究制定支持非国有博物馆发展的实施意见，鼓励民间合法收藏文物。培育扶持以文物保护为宗旨的社会组织，发挥文物保护志愿者作用，提高公众参与度，形成全社会保护文物的新格局。

责任单位：省文化厅、民政厅、财政厅、地税局、国税局，各市、县（区）人民政府

五、拓展利用

（一）为培育和弘扬社会主义核心价值观服务。推出一批具有鲜明教育作用、彰显社会主义核心价值观的陈列展览、文物影视节目和图书等多媒体出版物。深入挖掘我省革命文物、海丝文物、涉台文物、乡土建筑和大遗址等特色资源，进行科学展示和合理利用。大力推进红色文化保护、传承和弘扬工程。建立中小学生定期参观博物馆的长效机制，培育富有特色的博物馆社会教育品牌。深入开展“完善博物馆青少年教育功能”试点的相关工作，每年围绕不同主题举办各类专题展览。

责任单位：省文化厅、教育厅，各市、县（区）人民政府

（二）为保障人民群众基本文化权益服务。完善博物馆公共文化服务功能，扩大公共文化服务覆盖面，推动更多的博物馆纳入国家财政支持的免费开放范围。各级政府要安排一定经费用于博物馆免费开放，建立博物馆运行绩效评估管理体系，通过博物馆定级评估，提升博物馆整体水平。加强基层博物馆建设，加大对23个省级扶贫开发工作重点县和原中央苏区、革命老区博物馆建设的扶持力度，提升博物馆基本陈列质量，提高藏品利用效率，促进博物馆公共文化服务标准化、均等化。推进文物保护与现代科技融合创新，借助“互联网+”技术、VR技术和“互联网+中华文明”行动计划，推动智慧博物馆、数字博物馆建设。推动文物保护单位、博物馆与学校、乡镇、社区、企业、部队等开展共建共享。

责任单位：省发改委、财政厅、文化厅、教育厅、民政厅，各市、县（区）人民政府

（三）为促进经济社会发展服务。打造更多具有福建特色的文物旅游品牌，培育以文物保护单位、博物馆为支撑的体验旅游、研学旅行和传统村落休闲旅游线路，开发生产有较高文化品位的文创产品。对传统村落中的文物建筑分别实行整体保护、风貌保护、重点保护，实现文物保护与延续使用功能、改善居住条件相统一。切实加强文物市场和社会文物鉴定的规范管理，积极促进文物拍卖市场健康发展。

责任单位：省发改委、住建厅、文化厅、旅游局，各市、县（区）人民政府

（四）大力发展文博创意产业。深入挖掘文物资源的价值内涵和文化元素，推动以文博单位和文化创意设计企业为主体，开发福建特色的原创文化产品，打造富有福建元素的文化创意品牌，进一步拓展产业发展空间。积极探索文化创意产品开发模式、收入分配和激励机制，文博单位在文化创意产品开发中取得的事业收入、经营收入和其他收入等按规定纳入本单位预算统一管理，可用于加强公益文化服务、藏品征集、继续投入文化创意产品开发、对符合规定的人员予以奖励。鼓励文博单位依托文物资源，采取合作、授权和独立开发等方式进行文化创意产品开发，面向社会提供知识产权许可服务。

责任单位：省文化厅、人社厅、地税局、工商局、知识产权局

（五）为扩大福建文化影响力服务。积极参与双边文物交流和多边合作。拓宽文物对外展示传播渠道，支持优秀展览走出国门以及引进国外高水平展览。推进与港、澳、台以及海上丝绸之路沿线国家文物领域的实质性合作，提升福建朱子文化、海丝文化、茶文化、陶瓷文化等地方特色文化的影响力。

责任单位：省文化厅、台办、外办，福州海关、厦门海关

（六）落实合理适度利用要求。世界文化遗产地以及文物景区景点要合理确定游客承载量，坚决禁止对文物资源的无序、过度、破坏性开发和利用。国有不可移动文物不得转让、抵押，不得作为企业资产经营，不得将辟为参观游览场所的国有文物保护单位及其管理机构整体交由企业管理。

责任单位：省文化厅、住建厅、旅游局，市、县（区）人民政府

六、加强保障

（一）加强法规建设和执法监察。摸清文物工作中存在的突出问题，积极推动立法解决相关问题，适时启动《福建省文物保护管理条例》的修订。拥有立法权的设区市人民政府要积极推动文物保护地方性法规规章制定修订工作，及时制定出台适应形势发展、满足工作亟需的法规规章制度。强化文物保护督查，完善文物保护监督机制，建设文物保护数字化监管平台，畅通社会和群众监督文物保护的渠道。建立重大文物违法案件和文物安全事故督办、曝光、约谈地方政府负责人、后续有效处理等制度。强化预防控制措施，加大执法巡查力度，及时制止违法行为，建立案件分级管理、应急处置、挂牌督办等机制。将《中华人民共和国文物保护法》等文物法律法规的学习宣传纳入普法教育规划，纳入各级党校和行政学院教学内容。

责任单位：省文化厅、公安厅、司法厅，省法院、检察院，各市、县（区）人民政府

（二）加强队伍建设和经费保障。切实加强各级文物行政机构建设，优化职能配置，确保职能落实。着力加强文物执法督察力量，促进各级文物执法职能落实。重视加强省级文物考古科研队伍建设。基于我省海上丝绸之路核心区战略地位以及我省水下文化遗产资源和特点，切实加强水下文化遗产保护研究队伍建设。继续争取国家文物保护经费支持。探索对文物资源密集区的财政支持方式，在土地置换、容积率补偿等方面给予政策倾斜。大力推广政府与社会资本合作（PPP）模式，推行政府购买文物保护服务试点，探索开发文物保护保险产品。鼓励有条件的地区设立公益性文物保护基金，采取社会募集等方式多方筹措保护资金。进一步规范资金管理，加强资金监督审计，提高资金使用效益。

责任单位：省编办、财政厅、文化厅、国土厅、住建厅、审计厅，各市、县（区）人民政府

（三）加强科技和人才支撑。积极对接落实《国家“十三五”文化遗产保护与公共文化服务科技创新规划》和《“互联网+中华文明”三年行动计划》，加强科学技术在文物保护利用中的运用，实施福建省文物保护科技项目，推动文物保护利用与现代科技的深度融合，逐步解决制约文物保护利用的关键技术和瓶颈问题。大力培育扶持文物保护传承专用装备企业，开展文物保护装备研发。针对我省革命文物、水下文物、石质文物的保护，实施重点科研课题和科技示范工程。加大文博专业人才的培养和引进力度，支持厦门大学、华侨大学、福州大学、福建师范大学等高校文物相关专业建设。教育部门要在文物工作急需人才培养方面给予支持。及时修订文物博物专业技术职务任职资格评审标准，适当提高县（市、区）基层文博单位中高级专业技术人员比例。进一步完善文物保护专家咨询制度，重视民间匠人传统技艺的挖掘、保护与传承。

责任单位：省科技厅、发改委、教育厅、人社厅、文化厅

（摘编：周忠志）

福建省2017年深化医药卫生体制改革

2017年4月30日福建省人民政府办公厅下发《福建省人民政府办公厅关于印发福建省2017年深化医药卫生体制改革工作要点的通知》（闽政办〔2017〕50号），要求各市、县（区）人民政府，平潭综合实验区管委会，省人民政府各部门、各直属机构，各高等院校认真贯彻执行。要点如下：

2017年是贯彻落实全国卫生与健康大会精神和“十三五”规划的重要一年。我省医改工作要按照省委、省政府工作部署，坚持医疗、医保、医药“三医联动”，不绕弯子、不回避矛盾，始终将解决群众“看病难、看病贵”作为医改的首要任务，强化体制机制创新，扎实推进各项改革任务。

一、改革完善药品采购制度

（一）开展以医保支付结算价为基础的药品联合限价阳光采购。制定出台药品联合限价阳光采购方案，突出“药价保”联动，完善药品采购目录阳光遴选机制，统一药品目录编码，实施药品最高销售限价和医保支付结算价。巩固扩大高值医用耗材集中采购试点。（省医保办、卫计委、财政厅，各设区市政府、平潭综合实验区管委会负责）

（二）完善药品带量采购激励机制。制定出台公立医疗机构药品联合限价阳光采购考核奖励办法，鼓励各采购片区医疗机构在省级平台挂网价格基础上进行谈判。（省医保办、卫计委、财政厅，各设区市政府、平潭综合实验区管委会负责）

（三）改革完善药品生产流通使用政策。制定出台进一步改革完善药品生产流通使用政策实施意见。各级公立医疗机构全面执行药品购销“两票制”。鼓励实行集团化（各片区分公司、子公司）配送。全面实行医保阳光支付药械货款。（省医保办、医改办、食品药品监管局、卫计委、经信委、财政厅，各设区市政府、平潭综合实验区管委会负责）

二、推进医疗服务价格改革

（四）推进医疗服务价格分类管理。全省公立医疗机构提供的基本医疗服务，由省、市两级分级管理，实行政府定价并动态调整。对市场竞争比较充分、个性化需求比较强的医疗服务，以及公立医疗机构提供的价格项目规范之外的特需医疗服务，实行目录管理，由医疗机构自主制定价格并向社会公开后执行。探索建立由政府主导、利益相关方参与谈判以及通过制定医保支付标准等引导价格合理形成的机制。（省医保办，各设区市政府、平潭综合实验区管委会负责）

（五）推行按病种收费和支付改革。改革医院按项目收费方式，在省属公立医院实施100个病种的基础上，进一步扩大按病种收费和支付改革范围，2017年力争新增500种，同步完善临床路径。各地要同步推进按病种收费和支付改革工作，做好价格数据测算，综合考虑医疗服务成本、医保基金承受能力和患者负担水平等因素，合理确定相应病种的价格及医保付费标准，并根据实际情况及时调整。（省医保办、卫计委，各设区市政府、平潭综合实验区管委会负责）

（六）改进新增医疗价格项目管理。完善新增医疗服务项目价格管理办法，坚持鼓励创新和使用适宜技术相结合的原则，及时梳理新增医疗服务项目需求，促进医疗新技术和新手段推广应用，满足临床需求。（省医保办、卫计委负责）

三、深化医保制度改革

（七）改革医保支付管理。加强医保支付范围和支付比例精细化管理，建立公开科学动态的医保支付范围和比例的调整机制。加强医保基金及其结余的预算管理，以收定支，统筹资金盘子，合理划分药品支付、医疗服务项目支付和服务设施支付的基本盘，提高医保基金的使用效率。（省医保办负责）

（八）统一医保目录。巩固和完善城镇居民医保与新农合“六统一”（覆盖范围、筹资标准、政策待遇、医保目录、定点管理、基金经办），并实行市级统筹。推进城乡居民医保与城镇职工医保的政策统一，实现“四统一”（覆盖范围、医保目录、定点管理、基金经办）。（省医保办、财政厅，各设区市政府、平潭综合实验区管委会负责）

（九）加强医保基金筹资管理。完善职工医保个人账户管理，提高医保基金整体使用效率。研究建立职工医保省级调剂金制度，在巩固职工医保市级统筹的基础上，逐步提高基金统筹层次，增强基金抗风险能力。（省医保办，各设区市政府、平潭综合实验区管委会负责）

（十）推进大病保险省级统筹。探索研究制定职工医保、城乡居民医保大病保险省级统筹方案，实行全省统一政策、统一经办、统一组织实施，逐步实现省级统筹。（省医保办，各设区市政府、平潭综合实验区管委会负责）

（十一）鼓励发展商业健康保险。支持商保机构经办大病保险，研究医保个人账户结余资金部分用于购买个人商业健康保险，发挥商保经办机构专业优势，鼓励和支持其参与医保经办服务，形成多元经办、多方竞争的新格局。（省医保办、福建保监局，各设区市政府、平潭综合实验区管委会负责）

四、推进公立医院管理体制改革

（十二）推进公立医院综合改革全覆盖。巩固提升省属公立医院综合改革，完善内部运行机制，加快建立现代医院管理制度。全面推开市县公立医院综合改革，借鉴三明市公立医院改革经验，以设区市为整体单位，以院长目标年薪制为龙头，全面推进市县公立医院绩效分配、人事编制及财务制度改革，加强医院精细化管理。（省卫计委、编办、财政厅、人社厅、医保办，各设区市政府、平潭综合实验区管委会负责）

（十三）开展公立医院集约化改革试点。分类推进公立医院集约化改革试点，推动三明市全面开展组建县域医疗联合体建设；推动厦门市公立医院发展管理中心进入实质性运作。2017 年底前每个设区市至少要建成一个县（市、区）紧密型的医联体。（省卫计委、医保办，各设区市政府、平潭综合实验区管委会负责）

五、深化基层医药卫生体制综合改革

（十四）建立完善县级办医领导体制。2017 年上半年，各县（市、区）政府成立公立医疗机构管理委员会，研究制定内部工作规程，明确工作职责和履职形式，推动实质性运作。由各县医管委牵头，进一步理顺管理职能，落实办医自主权，完善选拔任用机制。（各设区市政府、平潭综合实验区管委会，省医改办、卫计委负责）

（十五）推进基层医疗机构人事编制分配制度改革。改革工资分配制度，明确基层医疗机构工资总量构成，健全内部分配办法和绩效考核制度。医务性收入（具体比例由各设区市制定），以及扣除成本后的基本公共卫生服务收入可用于绩效分配。全面推进县级卫生计生部门设立基层卫技人员管理服务保障中心，合理核定基层医疗机构编制数，采取入编和占编不入编两种方式聘用人员。（各设区市政府、平潭综合实验区管委会，省卫计委、省委编办、省人社厅负责）

（十六）提升县域医疗服务能力。启动实施世界银行贷款中国（福建）医疗卫生改革促进项目，以县域医疗服务能力提升为重点，实施县级医院综合能力提升工程，推动县域医疗服务技术、协作、信息三大平台建设，发挥县级医院的辐射带动作用，提升县域综合医疗服务整体实力。启动实施基层中医药服务能力提升工程“十三五”行动计划。（省卫计委、发改委、财政厅、医改办、医保办，各设区市政府、平潭综合实验区管委会负责）

（十七）全面推进乡村卫生一体化管理。各县（市、区）政府要加快推动乡镇卫生院在行政村延伸举办一个公益性的村卫生所，开通医保终端服务，2017 年全省实现一体化管理村卫生所设立全覆盖。加强村医队伍建设，建立村卫生所村医聘用与退出机制，落实村卫生所的人员经费保障与机构运行补助政策。（省卫计委、财政厅、人社厅、医保办，各设区市政府、平潭综合实验区管委会负责）

（十八）推进家庭医生签约服务。推行城市家庭医生签约服务试点，以高血压、糖尿病等慢性病为突破口，建立健全慢性病患者健康管理工作，优先覆盖老年人、孕产妇、儿童、残疾人等重点人群，各设区市选择1个市辖区开展慢性病家庭医生签约服务试点，福州、厦门市所有市辖区开展慢性病签约服务。2017年各地家庭医生签约服务覆盖率达到30%以上，重点人群签约服务覆盖率达到60%以上。（省卫计委、财政厅、医保办，各设区市政府、平潭综合实验区管委会负责）

六、加强卫生人才队伍建设

（十九）加强高层次人才建设。围绕医疗“创双高”工程，加大精准引才、柔性引才引智和人才培养力度，选派一批学科带头人和专业骨干到国内外一流医学院校和医院进修学习，并引进一批国内高精尖医学人才。（省卫计委、人社厅、省委组织部负责）

（二十）加快紧缺人才培养。围绕“补短板”，重点加强产科、儿科、精神卫生等人才建设，实行倾斜的绩效工资内部分配政策。继续实施为49个基本财力保障县定向培养本科临床医学人才和为乡镇卫生院定向培养“本土化、直通车”大专学历医学人员培养项目。继续开展住院医师规范化培训、助理全科医生培训和全科医生转岗培训，新招录住院医师规范化培训对象2000人。（省卫计委、人社厅、教育厅、财政厅，各设区市政府、平潭综合实验区管委会负责）

（二十一）加强医教协同。充分发挥福建医科大学、福建中医药大学的龙头作用，提升学科办学水平。鼓励省内医学本科院校增设儿科学、精神医学等紧缺专业，支持莆田学院医学院独立举办，支持有条件的南平、龙岩、宁德等地区卫生中职学校提升办学层次。（省教育厅、卫计委负责）

（二十二）加强医疗保障队伍建设。各地要按照“专门的机构、专业的队伍，精细化管理”要求，配强配齐医疗保障管理工作队伍。加强市级医疗保障机构领导班子建设，2017年上半年完成领导班子、医疗保障管理局、医疗保障基金管理中心组建工作。（各设区市政府、平潭综合实验区管委会，省委编办、医保办负责）

七、强化卫生与健康信息化支撑

（二十三）加强全民健康信息化建设。建立全民健康信息化工作机制，建立省级全民健康信息化工作联席会议制度和专家咨询委员会制度，统筹协调推进全民健康信息化建设。加快推进省级“健康福建”公众服务平台、突发公共卫生事件应急指挥系统和基层医疗信息化建设，提升卫生与健康信息化水平。（省卫计委、财政厅、医保办、数字办，各设区市政府、平潭综合实验区管委会负责）

（二十四）加强省属公立医院监管平台建设。通过云模式统一部署省属公立医院人、财、物管理系统，完善医疗机构质量监测和评价体系，促进省属公立医院精细化、科学化管理。（省卫计委、财政厅、数字办，各设区市政府、平潭综合实验区管委会负责）

八、鼓励和规范社会资本办医

（二十五）鼓励和规范社会资本办医。积极引导社会办医向“专、精、优”方向发展，重点发展专科医院和高端医疗，支持社会办医扩大提供健康服务和创新服务模式。大力支持莆田市建设福建健康产业园区，积极吸引莆籍民资回归，打造全国社会办医改革示范区。力争到2017年全省社会资本举办医疗机构的床位数和服务量占到全社会的20%左右。（省医改办、卫计委、发改委、财政厅、人社厅、医保办、机关管理局，各设区市政府、平潭综合实验区管委会负责）

九、建立健全综合监管制度

（二十六）加强医保基金和定点医疗机构监管。加快建立医保综合运行监测系统，加强医保基金运行、定点医疗机构运行即时监测和统计。落实打击骗取医保基金和侵害患者权益行为的政策措施，完善违法违规的企业、医疗机构和个人“黑名单”制度。建立专门的稽查队伍，强化日常稽核与重点检查。推进定点医疗机构社会化监督。（省医保办、财政厅负责）

（二十七）加强医疗行为监管。加强医保医师代码管理，实行医生医疗行为全过程管理。健全公立医院医疗费用控制监测和考核机制，严格控制医药费用不合理增长，2017年底全省公立医院药品耗材收入占比总体控制在43%以下。（省医保办、卫计委负责）

（二十八）加强药品生产流通监管。采取“招生产企业，实行统一配送”模式，实行生产、流通企业责任连带制。充分发挥电子结算系统功能，实行电子订单交易，通过货款结算对药品采购品种、数量和价格进行监控。加强配送到位率的监管。加强药品质量监管，加大药品抽检力度。（省医保办、食品药品监管局负责）

（二十九）提高行业管理水平。推进卫计行政审批“三集中”改革，简化审批程序和环节，强化便民服务“马上就办”。继续开展大型医院巡查，坚决纠正损害群众利益的行业不正之风。规范发展社会办医，加强卫生计生综合监督执法，严厉打击非法行医。（省卫计委负责）

（摘编：杨立群）

福建省进一步加强职业健康监督管理工作

2017年7月12日福建省人民政府办公厅下发《福建省人民政府办公厅关于进一步加强职业健康监督管理工作的意见》（闽政办〔2017〕77号），主要内容如下：

为贯彻落实“管安全生产必须管职业健康”要求，根据《职业病防治法》等相关法律法规和《福建省安全生产“党政同责、一岗双责”规定》，经省政府研究，现就进一步加强我省职业健康监督管理工作提出如下意见。

一、切实增强抓好职业健康工作的责任感

职业健康工作事关劳动者身体健康和家庭幸福，是维护社会和谐稳定的重要民生工程，是社会文明进步和全面建成小康社会的重要内容，是安全生产的重要组成部分。各级各有关部门要恪守发展决不能以牺牲人的生命和健康为代价这条不可逾越的红线，充分认识做好职业健康工作的重大意义，增强做好职业健康工作的责任感，始终把职业健康摆在重要位置，切实维护人民群众生命财产安全和广大劳动者的职业健康权益。

二、健全落实职业健康监管责任体系

各级政府要将职业病防治纳入本级政府民生工程及安全生产工作考核范围，与安全生产工作同部署、同落实、同检查、同考核，制定职业病防治规划，建立职业病防治工作联席会议制度，明确各有关部门职业健康监管工作职责。各级安监部门要采取有效措施，督促危险化学品、非煤矿山等行业领域存在职业病危害用人单位（以下统称用人单位）规范职业健康管理，切实履行职业健康综合监管职责；卫计、人社、民政、总工会等部门要按照分工履行职业病防治工作职责；各负有安全生产监督管理职责的部门要按照“管安全生产必须管职业健康”和“谁主管、谁负责，谁审批、谁负责”的原则，健全完善职业健康监管工作责任体系，承担本行业和业务范围内职业健康监管工作，督促本行业领域用人单位落实职业病防治主体责任。各类开发区、工业园区管理机构要明确机构和人员负责职业健康与安全生产监管工作，形成政府统一领导、部门依法监管、企业全面负责、群众参与监督、全社会广泛支持的齐抓共管工作格局。

三、严格落实用人单位职业病防治主体责任

（一）*落实用人单位主体责任*。用人单位要全面落实职业病防治主体责任，建立完善职业病防治责任制，用人单位法定代表人和实际控制人同为本单位职业病防治工作的第一责任人。各级各有关部门要督促用人单位严格执行国家有关职业病防治的法律法规和标准规范，履行法定责任，做到职业病防治责任到位、投入到位、培训到位、管理到位、应急救援到位，尤其要保证职业病防治所必需的资金投入。国有企业要发挥职业病防治工作示范带头作用，自觉接受属地监督管理。

（二）*开展用人单位基础建设*。各有关部门要督促用人单位全面开展职业健康基础建设，建立完善职业健康管理规章制度、操作规程和应急救援措施；对可能产生职业病危害的项目，依法落实建设项目职业病防护设施“三同时”制度，加强职业病危害防护设施建设和管理；了解掌握作业场所职业病危害因素种类、分布情况以及接触人数并及时向属地安监等相关部门申报本单位存在的职业病危害项目；严格落实工作场所职业病危害因素日常监测和定期检测并予公布；加大职业健康教育培训力度，提高劳动者职业病防护技能；为劳动者提供符合国家职业健康标准和卫生要求的个体防护用品，减少减轻职业病危害因素对劳动者的伤害；依法全员缴足本单位职工工伤保险，夯实职业健康管理基础。

（三）强化劳动者职业健康保障。各有关部门要督促用人单位依法告知劳动者在工作过程中可能产生的职业病危害、后果、防护措施和待遇，按规定组织接触职业病危害因素的劳动者到具备职业健康检查资质的体检机构进行职业健康体检，并建立健全用人单位职业健康管理基础档案、接触职业病危害劳动者个人职业健康监护档案和职业病报告制度，妥善安置确诊职业病患者、疑似职业病患者及职业健康受损劳动者，保障劳动者的职业病诊断、治疗、康复权利。劳务派遣工、接纳的实习学生应当纳入本单位人员统一管理。

四、加大职业健康监管执法力度

（一）切实加强检查执法。各级各有关部门要加大职业健康监督检查执法力度，通过专项督查、专项执法、联合执法和“双随机”抽查等方式，加强事中事后监管。要针对用人单位职业病危害的不同程度，实行分类分级差异化监管，突出强化对职业病危害严重用人单位的监管，依法严厉查处各类危害劳动者职业健康的违法违规行为，涉嫌构成犯罪的，要移交司法部门追究有关责任人的刑事责任。

（二）加大专项整治力度。各级各有关部门要督促用人单位认真开展以高危粉尘、高毒物质、高噪声为重点的职业病危害专项整治。加快职业病危害严重用人单位的技术改造、转型升级和淘汰退出步伐，坚持以无害替代有害、以无毒替代有毒，大力推广应用有利于职业病危害防治的新技术、新工艺、新材料和新设备，减少高危用人单位从业人员，从源头上遏制职业病高发态势。

（三）推进一体化监管执法。各级各有关部门要认真落实《国务院办公厅关于加强安全生产监管执法的通知》（国办发〔2015〕20号）精神，建立职业健康与安全生产一体化监管执法制度，全面推进职业健康与安全生产在行政审批、部署考核、监管执法、业务培训、宣传教育、达标创建、隐患排查、风险管控和巡查考核等工作的一体化，提高监管效能，推进职业健康监管责任有效落实。

（四）推进监管信息化建设。各有关部门要加快建设福建省职业健康监管和服务系统平台，建立全省用人单位职业健康基本情况基础数据库、用人单位职业健康违法行为基础数据库、接触职业病危害劳动者职业健康电子档案基础数据库。健全完善接触职业病危害劳动者职业健康电子档案，强化职业健康体检信息跟踪管理，实现对职业病危害重大隐患的动态管理和相关信息互通共享，提升职业健康监管、技术服务和用人单位职业病危害防治的信息化管理水平。要积极运用互联网+、物联网、云计算、云服务等现代科技手段，建立安全生产和职业健康监管“大数据”，服务我省安全生产和职业健康监管工作。

五、完善职业健康监管支撑保障体系

（一）加强技术支撑体系建设。各级各有关部门要加强职业病防治技术服务机构队伍和能力建设，健全充实职业健康专家库，积极培育发展职业卫生检测评价、职业病诊断鉴定和职业健康体检等技术服务机构，辖区职业健康体检机构的体检能力（包括体检项目、体检承受量）、检测评价机构技术服务能力要适应当地经济产业发展的需要，要规范对职业健康技术服务机构的监督管理。安监部门要支持各类技术服务机构开展安全生产和职业健康一体化检测、评价等技术服务；卫计部门要督促公立医院承担职业健康体检任务，引导鼓励符合条件的民营医院从事职业健康体检，解决职业健康体检“项目不全、能力不足”等问题，保障职业健康体检及职业病诊断鉴定满足实际需求。要强化职业病危害基础研究，推行职业病危害普查、重点职业病监测、专项调查和职业健康风险评估。鼓励用人单位通过购买技术服务，发挥社会技术力量加强职业病危害隐患排查整治，提升职业健康管理水平。

（二）加强监管队伍建设。各级各有关部门要切实加强职业健康监管队伍建设，配备必要的专业技术人员和执法装备，提高专业监管执法人员比例。人社、卫计、安监部门要加强协调配合，着力解决基层职业健康专业技术人员职称的报考和申报问题，推动职业健康监管执法队伍建设的稳定和发展。

（三）加强经费政策保障。各级政府要将职业病防治监管经费纳入同级财政保障范围，切实保障职业健康监管工作的正常开展。人社部门要牵头会同相关部门，根据国家人力资源社会保障部、财政部等制定的有关工伤预防费管理使用办法，制定我省实施细则，运用工伤保险费率浮动调整政策，积极探索通过工伤预防减少工伤事故和职业病发生，不断扩大工伤预防的覆盖面，加大对职业健康培训和职业健康检查的支持力度。发改、经信、科技部门要加大对用人单位技改项目扶持力度，鼓励引导用人单位进行职业病防治技术革新，提升职业健康管理水平。经信部门要发挥行业管理职能作用，在行业规划、标准规范、技术改造、推动过剩产能退出、产业转型升级、调整产业政策等方面统筹考虑职业病防治工作，促进用人单位提高职业病防治水平。医保、民政部门要进一步强化救助措施，加大救助帮扶力度，使用人单位已经不存在或者无法确认劳动关系的职业病病人能够及时得到医疗和生活等方面的救助。

六、加强宣传教育和舆论监督

（一）加强舆论宣传。各级各有关部门要加大职业健康宣传教育工作力度，以“安全生产月”和“《职业病防治法》宣传周”为载体，大力宣传党中央、国务院关于职业健康的重大决策部署、职业病防治法律法规和职业病危害防治知识，引导用人单位严格遵守《职业病防治法》，掌握常见职业病科普知识，营造全社会关心关注职业病防治工作的氛围。

（二）加强职业健康教育培训。各级各有关部门要加强从业人员职业健康知识的教育培训，让广大劳动者了解职业病危害防护知识，从被动管理转变为主动防护，自觉保障自身的职业健康权益。要加强职业健康人才培养，指导高等院校加强职业健康相关专业建设和人才培养，鼓励职业健康技术服务机构和用人单位培养、聘用职业健康专业技术人才。

（三）加强社会公众监督。各级各有关部门要建立畅通社会公众监督渠道，实施职业病防治违法行为和职业病危害事故举报奖励制度，鼓励社会公众参与监督，通过各种方式和途径反映用人单位涉及职业病危害的情况和问题。职业健康监管部门和有关行业主管部门要及时查处用人单位职业病危害的违法行为，通过新闻媒体公开曝光并公布处理结果，引导舆论正面宣传，防止职业病群体性事件和负面影响。

（摘编：康明辉）

福建省老年体育迈入新时代

老年体育工作入法。2016年，福建省人大常委会启动了对《福建省老年人权益保障条例》修改立法工作。在省委、省人大的关心重视下，省老体协积极参与了《条例》的修改，提出了具体的修改意见并得到了采纳。2017年1月，省人大第二次会议通过的《福建省老年人权益保障条例》将发展老年体育事业作为保障老年人参与社会发展，实现健康养老的重要权益写入其中。该条例第六十四条将老年体育纳入全民健身实施计划，并对增加老年体育经费投入、建立健全老年人体育组织、建设老年人体育设施、加强老年人健身辅导员培养、构建健身服务体系等内容，作出了法律上的规定，为老年人体育事业发展提供法律保障。

8个单位被评为全国先进单位。2017年8月，国家体育总局印发授予“2013－2016年度全国群众体育先进单位”的通知，福建省老年人体育协会和福州市、厦门市、漳州市、泉州市、三明市、宁德市、厦门市翔安区老年人体育协会协等8个单位被评为全国群众体育先进单位。泉州市老年人体育协会原主席林大穆、福鼎市老年人体育协会主席蔡开巧、三明市清流县城关镇老年人体育协会主席巫正根和厦门市老年人体育协会登山专委会主任陈垂康等4位被全国老龄办评为2017年度“老有所为先进典型人物”。福建省老年人体育协会主席王美香出席在天津举行了群众体育先进单位表彰会，并接受习近平总书记的会见。在全国受表彰的老年人体育协会中，福建省占1/3。

组织开展专项调研督查。经省政府领导同意，由省政府办公厅文教处、省体育局、发改委、财政厅、住建厅、民政厅、省老龄办、省老体协的同志组成专项调研督查组，2017年5月下旬至6月上旬在全省九个设区市和平潭综合实验区展开“落实省政府有关加强老年体育工作文件”精神的调研督查工作。

调研督查组认为，通过贯彻落实政府相关文件，我省老年体育工作得到加强并取得积极成效，但与日益增长的老年群众体育健身需求仍不相适应，公共体育服务体系建设尚存在不少短板。主要问题是：党政主导力度不足，部门尽责还不够到位；基层老年人体育组织网络不健全，有效覆盖不足；老年人体育场地设施不足；老年体育工作经费投入不足；老年人体育健身活动城乡不平衡；创建“老年人健身康乐家园”力度不足。

6月28日，在武夷山市召开座谈会，调研督查组向与会同志通报了调研督查情况。在进一步广泛征求意见和建议的基础上，调研督查组向省政府上报了“调研督查报告”，提出了加强和改进老年体育工作的6点建议意见：一是加大“党政主导、部门尽责”力度。二是加强老年人体育组织网络建设。三是加快老年人体育健身场地设施建设。四是加大老年体育事业经费保障力度。五是积极推进“老年人健身康乐家园”创建工作。六是加大老年体育工作的宣传力度。时任中共福建省委书记尤权在省老体协的呈报件上作出重要批示：“我国老年人口在快速增长，老龄事业成为经济社会发展的重要组成部分。老年人的生活关键是健康，多运动、少得病，既有利于个人，也有利于家庭和社会。希望老体协在促进老龄事业发展中更多发挥作用，也希望各级党委政府支持他们的工作，让老年人长命百岁，更多分享社会主义制度给大家带来的幸福生活。”省政府杨贤金副省长批示：“报告对省老年体育工作进行了较为详细的调研，摸清了情况，提出了建议。请组织相关部门对大家建议进行研究，能做的马上就做。要把老年体育工作放在心上。”

*以迎庆党的十九大为主题开展宣传活动。*年初以来，各级老体协按省老体协统一部署，开展以迎接党的十九大胜利召开为主题，组织有利于老年人身心健康的文化体育活动，参加活动的老年人达上百万人次。广大老年人以丰富多彩的文体健身活动表达幸福喜悦心情和对美好生活的向往，展示快乐健康的精神风貌，宣传改革发展、改善民生的累累硕果，为党的十九大胜利召开营造良好的氛围。

10月31日下午，由省老体协主办的“喜迎十九大·开启新征程”文体演出在福建省老干部活动中心金秋剧场举行。演出以“喜庆、幸福、歌颂”为主题，表达老年人为党的十九大胜利召开的喜悦心情，学习宣传贯彻党的十九大精神，唱响迈入新时代，开启新征程，实现新目标的主旋律，激发老年人为“再上新台阶，建设新福建”老有所为。省直机关、福州市机关离退休干部职工，部分参加第三届全国老健会获奖项目的老年队员共380多人参加了演出。来自福州、厦门、泉州、福安、霞浦等地的演出人员以民乐合奏、合唱、诗朗诵、舞蹈、柔力球、健身秧歌、功气球、健身球操、太极拳剑展示等表演形式，歌颂伟大的中国共产党，表达不忘初衷，永远跟党走的真挚情感和决心。省领导和十几位省级老同志观看了演出。

*组团参加第三届全国老年人体育健身大会，并取得优异成绩。*第三届全国老年人体育健身大会于2017年7月2日在天津开幕，10月28日在贵州省兴义市闭幕，历时近半年。福建省人民政府批准成立第三届全国老健会福建省代表团，以省人民政府副省长黄琪玉，中国老体协顾问、省人大原主任袁启彤为名誉团长；以省老体协主席王美香为团长。全团由258人组成，参加本届全国老健会全部项目的展示交流。经过历时半年多的选拔、集训、参赛，我省代表团和单列组团的厦门代表团均取得了举办全国老健会以来的最好成绩。福建省代表团获得团体优胜奖22项、个人优胜奖50人；团体优秀奖7项、个人优秀奖19人。厦门市代表团获得团体优胜奖21项、个人优胜奖35人；团体优秀奖6项、个人优秀奖14人。各代表队均获得体育道德风尚奖。

*在全运会上群众体育柔力球项目进入决赛。*第十三届全国运动会进行改革，增加了群众体育项目18个。福建省老年人体育协会承担了福建省参加第十三届全运会群众体育柔力球项目组队参赛任务。在预赛中，福建队获得网式男子单打第二名、女子单打第四名、混合双打第三名的好成绩，以前八名的身份参加在天津的决赛。

*组织福建省全民健身运动会6个老年人项目的比赛活动。*福建省老年人体育协会承办全民健身运动会柔力球、健身秧歌、健身功气球、台球（斯诺克）、气排球、网球、乒乓球等6个老年人项目的比赛活动。全省通过层层选拔参赛形式，近10万名老年人参加。此外，从4月份在永安市举办“星泰安杯”有氧行进健身操乡村行启动仪式，到11月30日在福清市召开表彰颁奖大会，历时8个多月；全省有62个县（市、区）、1650个村（社区）和50多个机关、企事业单位50多万名老年人参加了培训、推广、展示交流。各地以“喜迎十九大 永远跟党走”为主题，组织了上百场展示交流活动，充分展现了老年人走出来、动起来，追求健康快乐美好生活的精神风貌，也为推动老年健身活动走进基层、走进老年群众，实现普及化发展探索了经验。12月下旬，在厦门市举办了福建省第二届老年人智力运动会（包括中国象棋、围棋、桥牌、80分升级等4个项目上），全省17个代表团参赛，运动员、裁判员共330多人。省老年智力运动会成为我省老年体育的一个新的健身活动品牌平台。

*组队参加全国性和区域性比赛活动。*先后支持组队参加在广西桂林举办的全国老年人第十五届保龄球联谊赛，在湖南娄底举办的全国健身球操之乡联谊赛，在江西九江举办的第十三届华东地区老干部台球（斯诺克）循环赛，在山东济南

举办的华东地区老年人网球联谊赛，在浙江奉化（女队）和江苏太仓（男队）举办的全国气排球之乡联谊赛；让更多的老年健身特色项目走出去学习交流，提高水平。在上述各项赛事中，我省代表队都取得了好成绩。

加强辅导员培训工作。全省各级老体协认真实施省、市、县三级联动的五年培训计划，扩大覆盖面，努力建设一支普及健身知识，传授健身技能，带动健身活动，服务健康养老的志愿者队伍。2017年省老体协举办门球、有氧健身行进操、健身秧歌、竞技柔力球等项目培训班，培训各项目辅导员、教练员、裁判员共925人。此外，依托中国老体协武夷山市、厦门市培训班，培训竞技柔力球、持杖健走高级教练员、裁判员110名。据不完全统计，各设区市老体协按计划举办各类培训班236期，参加培训、复训的老年人健身辅导员15800多人次；省直及行业系统老体协培训健身辅导员2153人次。

加强老年健身辅导站建设。三明会议后，各级老体协加强了辅导站点和健身活动站点的建设和管理，大部分设区市老体协学习借鉴三明经验，按照市级成立辅导（或指导）总站，各县（市、区）设立健身辅导站，各乡镇（街道）设立健身辅导点的模式，建立健全辅导站点网络，制订了站点《管理意见》或《管理办法》，定期或不定期召开辅导员、管理员会议，交流工作经验，提高服务水平。同时依托辅导站，加强对群众自发组织的站点的指导、引导和规范管理。为探索我省老年人健身辅导站、点的网格化管理，服务更多老年人参加健身活动迈出了可喜的一步。泉州市老体协在实施“百千万工程”的基础上，加强老年健身活动辅导站点网络建设，现有站点3800多处，每个行政村有1至3名辅导员。

扎实推进“老年人健身康乐家园”建设。“老年人健身康乐家园”建设对接国家体育总局群众体育的“六个身边工程”，各级党委政府的重视和支持，成为体育部门实施群众体育工作的重要举措，推进基层老年体育工作的重要抓手。加大党政主导力度，扎实推进；建立工作领导小组，加大创建经费投入，纳入工作目标及考核等。福州市制定《老年人健身康乐家园创建规划（2016－2020年）》，明确了总体目标、主要任务和保障措施。厦门市将创建工作纳入文明村镇（社区）、美丽乡村考核，列入市政府督查内容，各区加大创建经费投入。漳州市成立以分管副市长为组长的创建工作领导小组，制定创建计划，增拨创建经费，创建工作扎实推进。泉州市政府把创建“老年人健身康乐家园”列入“十三五”规划。三明市将创建工作列入市政府对各县（市、区）的督查内容，市、县（市、区）增加创建工作经费，创建工作坚持标准，加大力度。南平市把创建纳入文明城市、文明单位的考核。宁德市连续两年将创建工作列入市委、市政府为民办实事项目及相关部门的绩效考核。莆田市“康乐家园”建设由过去单一的健身活动向体育、文化、养生、休闲一体化的复合型转变。新建、改建了一批老年体育健身设施，各项健身项目推广、交流十分热烙，基层老体协工作得到全面加强。

调整老体协社会组织性质。根据中办国办2015年印发了“行业协会商会与行政机关脱钩总体方案”，省老年人体育协会依据国家十二部门出台的文件精神，以及老年人体育协会的工作任务、服务宗旨等，积极向省委、省政府相关部门反映，申明老年人体育协会不是行业协会商会类的社会组织，而是公益类、服务类的社会团体，不应列入脱钩范围。同时致函国家体育总局请求重新划定社会组织类别；并在2017年全国人大会议期间，王美香主席又联合12位全国人大代表提出“关于准确划定老年人体育协会社会组织类别的建议”报送大会秘书处。2017年5月省民政厅、省发改委重新发文，调整了全省行业协会商会名单，将省老年人体育协会从行业协会商会名单中剔除，亦不纳入与行政机关脱钩试点。

加强各级老体协班子和队伍建设。各级老体协认真贯彻中共中央组织部《关于规范退（离）休领导干部在社团兼职的通知》精神，在各级党委的关心重视下，积极稳妥做好班子成员的调整充实。各级老体协加强与同级党委组织部门沟通，充分利用设区市、县（市、区）党委、人大、政府、政协换届机会，动员一批有热情、乐奉献的老同志充实到各级老体协班子中来。目前，全省9个设区市老体协均已换届或调整了领导班子，平潭综合实验区成立了区老体协；46个县（市、区）老体协换届或调整了领导班子。根据老年人健身活动需求，省老体协成立了网球、柔力球、气排球、棋牌、拳剑、门球等6个专委会，积极开展单项健身项目的培训、交流，参加省际赛事。各设区市、省直及行业系统老体协，县（市）区老体协根据各自开展活动的需要，成立了各具特色的专委会或俱乐部，作为老年体育健身项目的专项工作机构，发挥着独特的作用。

（撰稿：兰福生、邓时武）

福建省2017年调整退休人员基本养老金

2017年7月13日福建省人民政府下发《福建省人民政府关于2017年调整退休人员基本养老金的通知》（闽政〔2017〕27号），主要内容如下：

根据人力资源社会保障部、财政部《关于2017年调整退休人员基本养老金的通知》（人社部发〔2017〕30号）精神，以及人力资源社会保障部办公厅、财政部办公厅对我省2017年调整退休人员基本养老金方案的批复意见，经省政府研究，决定从2017年1月1日起，调整企业和机关事业单位退休人员（以下简称退休人员）基本养老金。现将有关事项通知如下：

一、调整范围

2016年12月31日前已按规定办理退休（含退职）手续并按月领取基本养老金的退休人员。

二、调整水平

总体调整水平按照2016年12月退休人员月人均基本养老金的5.5%左右确定。

三、调整办法

此次调整退休人员基本养老金，采取定额调整、挂钩调整与适当倾斜相结合的办法，兼顾企业和机关事业单位退休人员，公平与效率相结合。月增加标准由定额调整和挂钩调整构成，对符合条件的人员予以适当倾斜。

（一）定额调整部分。

退休人员每人按35元调整。

（二）挂钩调整部分。

1. 与退休人员本人基本养老金挂钩部分，退休人员按本人2016年12月发放基本养老金标准的3.33%调整增加。

2. 与退休人员本人缴费年限（含视同缴费年限，下同）挂钩部分，月增加标准按退休人员本人缴费年限每满一年发给1元。

缴费年限累计后剩余月数为6个月以内的，按半年计算；7个月以上、不足1年的，按1年计算。退休人员的入伍时间以退休审批时组织认定的为准。

（三）适当倾斜部分。

1. 在2016年1月1日至12月31日期间达到70周岁的退休人员，在本次定额调整、挂钩调整的基础上每人每月增发40元。

2. 对2016年12月31日以前办理退休手续的企业军转干部，2016年12月的基本养老金低于2330元的，补齐至2330元后，再参加本次基本养老金调整。

四、其他调整政策

（一）已参加企业职工基本养老保险省级统筹的集体企业退休人员和全民合同工等退休人员，1990年底前符合国家、省规定的连续工龄，在本次调整基本养老金时可以按照每年1元的标准增发养老金。本条规定仅适用本次养老金调整，不涉及视同缴费年限的认定及其他待遇问题。对于1990年底前已经补缴养老保险费的年限不重复计发。

（二）“5·12退休干部”、建国前参加革命工作并符合原劳动人事部劳人险〔1983〕3号文规定享受100%退休费的退休工人养老金调整，按以往办法与离休人员同步调整，不纳入本次调整范围。

（三）纳入各设区市、县（市、区）机关事业社会保险经办机构统筹，执行企业职工基本养老保险制度的退休人员，待遇调整参照企业职工基本养老保险省级统筹的标准执行，所需资金由原渠道解决。

五、资金来源

调整基本养老金所需资金，其中：参加企业职工基本养老保险的从企业基本养老保险基金中列支，企业职工基本养老保险省级统筹本次调整养老金所需资金由省级统筹基金统一拨付（厦门市企业退休人员调整养老金所需资金由当地企业基本养老保险基金解决）；参加机关事业单位工作人员基本养老保险的从机关事业单位基本养老保险基金中列支，按分级统筹分别拨付；未参加城镇职工基本养老保险及其他特定人员，调整所需资金由原渠道解决。

各设区市、平潭综合实验区和省直有关部门要通过扩大养老保险覆盖面，加强基金征缴、调整财政支出结构加大对养老保险基金补助力度等措施，提高养老保险基金的支付能力，不得发生新的拖欠。

六、组织实施

调整退休人员基本养老金，体现了党中央、国务院和省委、省政府对广大退休人员的关怀，直接关系各类退休人员的切身利益，涉及面广，政策性强，敏感度高。各设区市、平潭综合实验区和省直有关部门要按照本通知规定的办法和要求，切实加强领导，精心组织实施，正确引导舆论，确保各项工作平稳进行，于2017年7月底前将新增加的基本养老金按时发放到位。

实施过程中遇到的问题，各级人社、财政部门应及时向当地政府请示，并向上级主管部门报告。各设区市政府、平潭综合实验区管委会应在基本养老金调整工作基本完成后，于2017年8月15日前将工作总结报送省人社厅、财政厅。

2017年企业退休人员调整基本养老金支出计划表

（单位：万元）

项目	合计	福州	宁德	莆田	泉州	漳州	龙岩	三明	南平	行业
支出计划	175356	48995	9272	6909	15753	21767	11307	21297	22840	17216

（注：福州市支出计划含平潭综合实验区）

（摘编：王诗诚）

福建省进一步促进养老机构健康发展

2017年6月27日福建省人民政府办公厅下发《福建省人民政府办公厅关于进一步促进养老机构健康发展十条措施的通知》（闽政办〔2017〕68号）主要内容如下：

为进一步加强养老机构规范管理，促进养老机构健康发展，鼓励、引导和支持社会力量参与，满足多层次多样化的养老服务需求，经省政府研究同意，现提出如下措施，请认真贯彻执行。

一、限时完成已建养老机构安全达标和设立许可

（一）全面排查、分类处置。由各市、县（区）政府组织民政、住建、规划、国土、公安消防等部门，对辖区内尚未取得设立许可的已建养老机构，开展一次全面排查，重点检查房屋建筑安全、场所消防安全等情况，经鉴定后实施分类处置。排查鉴定工作在本通知下发之日起3个月内完成。排查鉴定工作完成后，按照“属地管理、业主负责、分类处置、限期完成”的要求，许可一批、整改一批、搬迁一批。

许可一批。通过排查鉴定，对房屋建筑安全、场所消防安全的养老机构，按照优化简化的流程在10个工作日内办理设立许可。

整改一批。通过排查鉴定，对能够通过整改实现安全达标的养老机构，所在地政府要组织并支持其立即整改。整改工作在本通知下发之日起6个月内完成并办理设立许可。整改期间，要妥善安置已入住老年人。

搬迁一批。无法通过整改达标的养老机构，要尽快寻找符合条件的场所搬迁，所在地政府要按照属地原则确定搬迁场所，并督促养老机构按时搬迁。在本通知下发之日起3个月内完成鉴定，鉴定后9个月内完成搬迁并办理设立许可。搬迁期间，要确保已入住老年人的安全。

通过这一轮排查、鉴定、处置后，未经许可和登记的机构不得接收老年人入住。

责任单位：各市、县（区）人民政府，平潭综合实验区管委会，省民政厅、住建厅、公安厅、国土厅

（二）优化简化设立许可手续。在确保房屋建筑安全、场所消防安全的前提下，当地政府组织相关部门按照“两优化、一简化、一提速”的要求，进一步简化前置审批、优化审批流程、缩短审批时限，为已建养老机构申办设立许可提供便利和支持。

“两优化”。一是无法提交建设单位竣工合格验收证明的养老机构，须委托有资质的检测机构对房屋建筑的可靠性出具鉴定报告，并由住建部门审核确认。确认合格的鉴定报告，作为申请设立养老机构的凭证。二是无法提交消防审验合格意见或备案凭证的养老机构，须委托有资质的消防技术服务机构出具消防安全评估报告，并由公安消防部门进行确认。评估报告和公安消防部门的确认意见，作为申请设立养老机构的凭证。

“一简化”。取消场所的自有产权证明或房屋租赁合同，资金来源证明文件、验资证明和资产评估报告，竣工环保验收报告或审查意见三类审批手续。

“一提速”。收到养老机构申请后，民政部门在10个工作日内办结设立许可。

对利用闲置资源改建设立养老机构的，参照已建养老机构办理设立许可。

责任单位：各市、县（区）人民政府，平潭

综合实验区管委会，省民政厅、住建厅、公安厅、国土厅、环保厅等

二、促进新建养老机构健康发展

（三）强化规划设计。各市、县政府要组织民政、规划、发改、住建、国土等部门，依据当地经济社会发展规划、城乡规划和土地利用总体规划，开展养老服务设施建设现状和需求的摸底调查，编制养老服务设施布局专项规划，纳入控制性详细规划实施。新建养老机构原则上要选址在交通便利、临近医疗机构、处于或靠近居住区的区域。

由省民政厅会同省住建厅、省国土厅制定监管办法，明确经济型养老项目的规划设计要求，合理控制容积率、绿地率、房间面积、配套设施等指标，杜绝养老机构变相开发房地产等。

责任单位：各市、县（区）人民政府，平潭综合实验区管委会，省民政厅、住建厅、发改委、国土厅

（四）保障养老用地。经济型养老机构用地土地用途应确定为医卫慈善用地。经民政部门认定的非营利性养老机构，可采取划拨方式供地。属于民间资本举办的非营利性养老机构与政府举办的养老机构，可以依法使用农民集体建设用地。营利性养老机构用地应当采取租赁、出让等有偿方式供应。土地出让（租赁）计划公布后，同一宗养老机构用地有两个或两个以上意向用地者的，应当以招标、拍卖或挂牌方式供地。经济型养老项目用地出让底价可参照工业用地基准地价确定。养老机构取得土地使用权后，应整体自持，不得擅自改变用途，不得分割出租、转让、抵押。

责任单位：各市、县（区）人民政府，平潭综合实验区管委会，省国土厅、民政厅

（五）规范审批手续。对新建养老机构，要整合审批流程，明确牵头部门，进一步规范审批报建手续。

在工商部门登记的营利性养老机构，可设立多个不具备法人资格的分支机构。在民政部门登记的非营利性养老机构，可依法在其登记管理机关管辖范围内设立多个不具备法人资格的服务网点。分支机构、服务网点纳入养老机构统一管理和享受相应扶持政策。

将投资建设养老服务设施工程项目审批流程整合为项目审批（或项目核准、备案）、用地审批、规划报建、施工许可4个阶段。发展改革部门负责牵头项目审批（或项目核准、备案）阶段工作。国土资源部门负责牵头用地审批阶段工作。城乡规划部门负责牵头规划报建阶段工作。住房城乡建设部门负责牵头施工许可阶段工作，公安消防部门负责建设工程消防设计审核（含备案抽查）。打破部门界限，压减和理顺审批事项的前置条件，每个审批阶段由牵头部门统一受理申请材料、统一组织其他审批部门开展并联审批、督促协调审批进度、在流程限定的时间内完成审批并统一告知项目建设单位审批结果。凡是符合已经批复的控制性详细规划的区域，不再对区域内具体养老投资项目进行交通影响、水影响、地震安全性等方面的评估审查。

养老机构的服务价格严格执行现行政策，必须向社会公开收费项目和标准。

责任单位：各市、县（区）人民政府，平潭综合实验区管委会，省民政厅、发改委、住建厅、公安厅、国土厅、环保厅、工商局、物价局等

三、盘活用好乡镇敬老院

（六）推动运营主体多元化。引导和支持社会力量承接运营政府投资建设的乡镇敬老院，鼓励国有企业、民营企业或社会组织规模化承接、连锁化运营。采取公建民营方式的，应向运营单位无偿提供乡镇敬老院的服务场所及附属设施，可以跨区域捆绑打包，并且可以按政策规定的最高年限与运营单位签订协议。运营单位应当优先保障生活不能自理特困人员的入住需求。

责任单位：各市、县（区）人民政府，平潭综合实验区管委会，省民政厅、国资委

（七）完善奖补激励机制。公建民营的乡镇敬老院享受民办非营利性养老机构床位运营补贴政策。对2017年底前，乡镇敬老院床位达到一定规模且使用率达到50%以上的县（市、区），省级财政按每所30万元分档给予一次性奖补；对2018年底前达到50%以上的，按每所20万元分档给予一次性奖补。经第三方评估达标后，奖补资金次年起分两年拨付。奖补资金由县（市、区）统筹用于当地敬老院建设改造和运营补助。

责任单位：各市、县（区）人民政府，平潭综合实验区管委会，省民政厅、财政厅

四、完善扶持政策

（八）加大资金投入。从2018年起，对上一年度投入运营的护理型床位补贴按以下标准执行。非营利性养老机构服务失能老年人的护理型床位运营补贴标准调整为每床2400元/年；营利性养老机构护理型床位达到30%以上的，以实际入住的失能老年人床位数按上述标准给予床位运营补贴。有条件的地方，可适当提高标准。

从2017年起，对入住养老机构的低保对象、计划生育特殊家庭中的完全失能老年人，按照每人每月不低于200元的标准予以补贴，以老年人服务券（卡）的方式发放。所需资金非县级基本财力保障补助县由当地财政承担，县级基本财力保障补助县按省、市、县3∶3∶4比例承担。

责任单位：各市、县（区）人民政府，平潭综合实验区管委会，省民政厅、财政厅

（九）推进医养结合。养老机构内设医疗机构，符合条件的，按规定纳入医保定点范围，可实行单独序列审核管理。参保人员在医保定点养老机构发生的符合基本医疗保险规定的医疗费用，可使用社会保障卡结算。

入住医保定点养老机构的参保人员，属于70岁以上患慢性病行动不便、重度残疾患者发生的床位费，可使用医保个人账户按照基本医疗保险和价格管理政策规定的同档次普通病房床位费标准结算。

养老机构内设医疗机构不符合基本医疗保险定点条件的，就近的医保定点医疗机构要主动与养老机构签订合作协议，开展延伸医疗服务，纳入医保定点范围，就近的医保定点医疗机构由当地医保部门负责确定。符合医保规定的老年参保患者康复医疗费用，可按规定纳入医保报销范围。这项工作当地政府要作出安排，并督促限期尽快落实到位。

责任单位：各市、县（区）人民政府，平潭综合实验区管委会，省医保办、卫计委、民政厅

（十）加强养老服务人才队伍建设。加大对本科高校养老服务相关的学位授权点及本科专业建设的支持力度，在本科高校办学目标考核评价中给予绩效经费奖补，建设一批省级应用型学科。加强职业院校养老服务相关专业建设。将老年服务与管理、家政服务等养老服务相关专业列入普通高考高职院校降分录取专业范围。支持医药卫生类职业院校以健康管理、社区康复等特色优势专业为核心，打造一批养老服务特色专业。推动职业院校与养老机构联合开展现代学徒制试点。建立养老服务实训基地。鼓励养老服务从业人员参加技能培训，对符合条件的给予职业培训补贴。加强养老服务志愿者队伍建设。各地可结合实际探索建立养老从业人员激励机制。

责任单位：各市、县（区）人民政府，平潭综合实验区管委会，省民政厅、教育厅、人社厅、财政厅

（摘编：郭　虹）

福建省简化留学人员身份认定手续

2017 年 1 月 9 日福建省人力资源和社会保障厅下发《福建省人力资源和社会保障厅关于简化留学人员身份认定手续的通知》（闽人社文〔2017〕12 号）主要内容如下：

为贯彻省委《关于深化人才发展体制机制改革的实施意见》，落实关于简政放权、放管结合、优化服务的部署和要求，加强和改进留学人员服务工作，经研究，决定从即日起，不再办理留学人员（含港澳台地区学习人员）来闽工作证；留学人员（含港澳台地区学习人员）来闽工作通知书根据需要正常办理。

（摘编：李　哲）

第四篇

探索实践

福建人力资源建设的现实基础与发展对策

经济发展新常态的背景下，必须尽快实现从要素、投资驱动型增长方式向创新驱动型增长方式的转换。当前，福建省更加注重把经济发展建立在提高人力资源质量的基础上，坚持党管人才原则，加快建设人才强省，进一步促进发展动能的转换，为“再上新台阶、建设新福建”提供有效的智力支持和人才支撑。

一、福建人力资源建设现状

（一）人力资源规模持续扩大，第三产业就业人员比例大幅提高

到2016年底，福建总人口达到3874万人，其中劳动力资源2572万人，数量比上一年略增，但劳动年龄人口在总人口的比例已由2010年的69.3%持续下降到目前的66.4%，显示出劳动力供给增量减少，劳动力低成本现象已经逆转。全省城乡就业人员2797万人，比2000年增加1137万人，比上一年略增29万人；其中，第三产业就业人员比例大幅提高，已大大超出一二产业就业人员比例，第一、二、三产业就业人员比例由2000年的46.8∶24.5∶28.7优化为22.0∶36.0∶42.0。

图1 2000—2016年全省城乡就业人员变化趋势图(单位:万人)

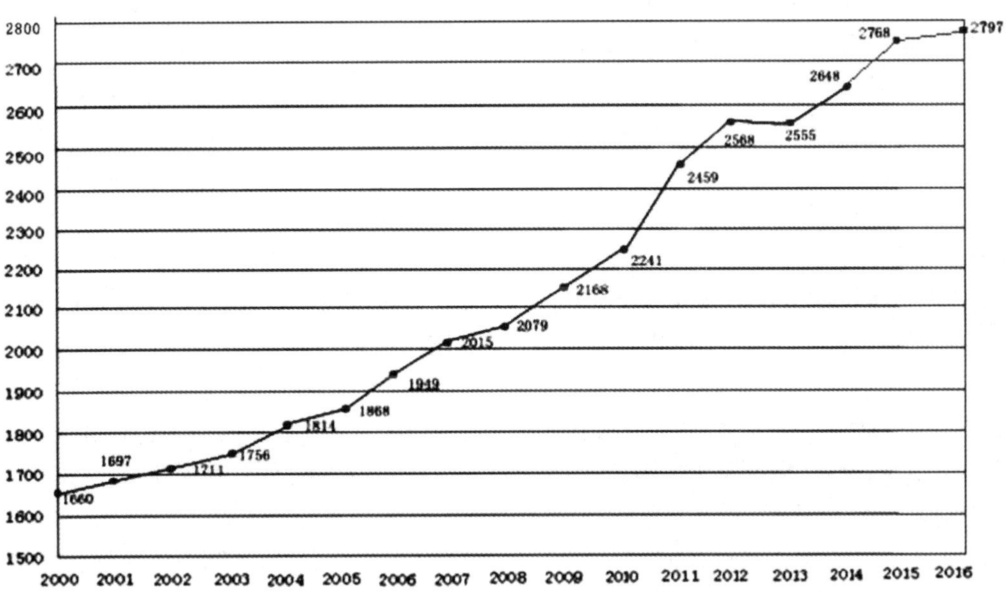

图2 2000—2016年全省就业人员从事产业的比例变化趋势

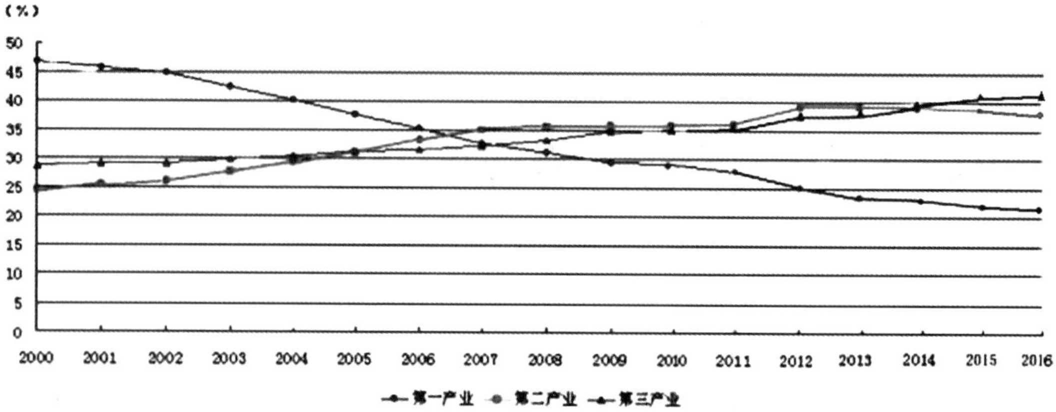

（二）深化人才发展体制机制改革，加快建设人才特区、产业人才聚集基地和企事业人才高地

一是围绕产业转型升级优化人才结构，努力实现产业提升与人才集聚的良性互动，增强产业升级的可持续性内生动力。在发展轻纺、电子、石化、机械等传统主导产业，培育节能环保、信息技术、生物、新能源、新材料等战略性新兴产业的进程中，促进人才引领创新发展。全省自主创新能力实现稳步提升，企业技术创新的主体地位显现。到2016年底，全省R&D经费内部支出占GDP比重（%）提高到1.59%，是2000年的2.8倍，全省R&D人员折合全时人员（人）达到13.2万人，是2000年的5.9倍，全省从事科技活动人员27.3万人，是2000年的4.0倍，人才对经济增长的促进作用显著提升。

二是深入实施“海纳百川”高端人才聚集计划，加快建设人才特区、产业人才聚集基地和企事业人才高地。加快构建科学高效的人才培养、人才引进、人才评价、人才流动、人才激励、成果收益分配、科研经费管理等管理体制，打造具有竞争力的人才制度优势。健全人才项目平台建设，完善博士后站点、专家服务基地、留学人员创业园和高技能人才培训基地、公共实训基地、技能大师工作室等平台建设。支持互联网经济人才、留学人才和台湾人才在闽落地创业，尤其在第三次留学生“归国浪潮”下，有重点地引进并支持一批海外高层次人才回国创新创业，推动福州、厦门、平潭人才特区和中国（福建）自由贸易试验区、福厦泉国家自主创新示范区建设。加强技能人才培养，弘扬工匠精神，加快发展具有福建特色的现代职业教育体系。

三是闽台人才交流合作呈现出规模扩大、层次提高、领域拓展、互利双赢的发展态势。如，省人社厅鼓励闽台两地人力资源机构互设分支机构，培育引进各类专业性社会组织和猎头机构。省教育厅制定《关于进一步深化闽台教育交流与合作的若干意见》，台湾高校可来闽“承包”职校、从联办专业到联办大学，通过借鉴台湾科学的教育顶层设计、先进的职业教育经验，推动我省教育事业发展。计划到2020年，全省将引进1000名台湾优秀教师到大学任全职教师。

（三）政府公共投入逐步增长，人力资源发展的保障条件明显改善

各级政府加大卫生、教育、社会保障、科技等社会事业发展投入，完善保障人力资源发展的基础条件，不断增强人力资源竞争力。全省城乡居民收入实现了稳步增长，到2017年二季度，全省城镇居民人均可支配收入20813元，同比增长8.0%；全省农村居民人均可支配收入7769元，同比增长8.7%。各级政府大力加强公共卫生体系建设，为群众健康水平的提高打牢基础。到2016年底，全省共有卫生技术人员达22.1万人，比2010年增长57.8%，医院和卫生院床位17.9万张，比2010年增长59.8%。此外，全省财政用于教育支出789.1亿元，比2010年增长1.4倍，用于社会保障和就业支出348.9亿元，比2010年增长1.4倍，用于科学技术领域的支出80.3亿元，比2010年增长1.5倍，用于文化体育与传媒的支出81.2

亿元，比2010年增长2.0倍。

（四）统筹人力资源市场建设，切实维护劳动者合法权益

一是统筹人力资源市场建设，加快建立专业化、信息化、产业化、国际化的人力资源服务体系。积极在培训教育、网络招聘、社会化考试、人才测评、人才资信认证、劳务派遣等方面拓展服务范围，完善人力资源市场服务体系，实现公共服务有效保障、经营性服务逐步壮大，服务就业创业与人力资源开发配置能力不断提高。重点培育综合性人力资源服务骨干企业，组建“福建海峡人力资源股份有限公司”，是全国首家在新三板上市的国有人力资源企业。积极探索建设省人才科技资本综合运营平台方案，运用互联网思维和供应链条管理变革模式，高效整合各类政府资源和市场资源。充分发挥市场配置的基础性作用，形成了多元化的市场用人主体。据统计，从2000年至2016年，全省城镇就业人员中，国有单位就业人员的比例从41.05%下降到11.64%；有限责任公司和股份有限公司就业人员的比例从5.14%上升到23.88%；私营和个体从业人员的比例从5.43%提高到50.84%。

二是切实加强构建和谐劳动关系各项工作。进一步健全党委政法委抓总、人社部门牵头、主管部门各负其责的工作机制。加大劳动领域风险防范力度，进一步健全协调劳动关系三方机制，劳动人事仲裁实体化建设覆盖全省市、县（区）。继续推进和谐劳动关系创建活动，在各设区市培育了一批“1118”创建示范点。做好供给侧结构性改革中劳动关系处理，规范企业裁员行为，避免矛盾纠纷。强化劳动标准管理，加强对企业实行特殊工时制度的管理和服务。

三是全面推进实施劳动合同、集体合同制度。高度关注新业态的发展趋势，研究新业态中不同法律关系，厘清政策适用。如，对网约车、电商快递等新业态劳动关系进行重点监控，收集群众反映的普遍性问题。加强企业劳动合同用工管理，重点解决小微企业和农民工劳动合同签订率偏低等问题。推进集体协商和集体合同制度建设，深入开展工资集体协商“要约行动”。全省企业劳动合同签订率达96.83%，集体合同签订率达88%。

图3　2016年底福建省城镇就业人员在不同所有制组织的分布状况

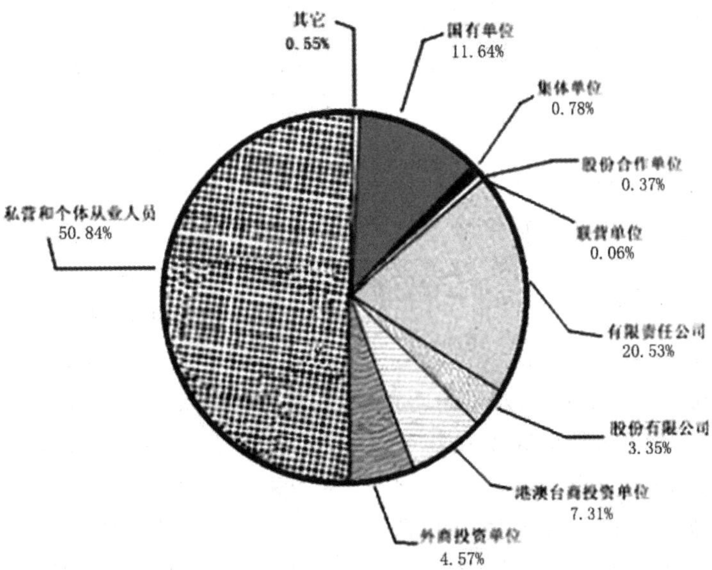

二、福建人力资源建设存在的问题

现阶段福建人力资源发展水平同发达地区相比仍存在较大差距，尤其是高层次、高技能人才队伍仍难满足经济社会发展的需要。高层次人才资源总量偏小，培养、引进、集聚不足，发展平台不够健全；国际人才竞争力水平不高，外国专

家引进工作仍需加强；技能人才特别是高技能人才满足不了产业转型升级需求等。

（一）高层次人才资源总量偏小，国际人才竞争力水平有待提高

一是高层次人才资源总量偏小，成为福建经济结构在新起点上转型发展的制约因素。高层次人才泛指各行业领域人才队伍中的高端部分，是稀缺的人才资源，比如能够突破关键技术、发展高新产业、带动新兴学科的战略科学家和创新创业领军人才。新常态下区域间人才竞争愈加激烈，发达地区对人才的“虹吸效应”明显。福建高层次人才资源总量偏小与社会需求量剧增之间的矛盾凸显，高精尖人才尤其匮乏，人才缺口集中表现在电子信息、装备制造、石油化工等主导产业，建材、冶金、纺织、轻工等传统优势产业，生物及新医药、节能环保、新能源、新材料、海洋工程等新兴产业，生物育种、生态农业等现代农业，信息服务、现代物流、金融业、科研教育、医疗卫生、文化创意等现代服务业。随着高层次人才紧缺成为常态化问题，近几年相继推出系列重大改革政策，但仍然存在不少困难：高层次人才投入增加，但主要集中在人才引进方面，重人才引进、轻人才培养；高层次人才载体建设不足，存在引不来、留不住的问题，难以促成人才聚集效应；人才引进与新旧动能转换需求对接不紧密，对其所具有的自主知识产权或核心技术能否与本地产业对接缺少科学论证和评价；高层次人才政策缺乏相关人才法律的支撑，存在人才管理分散化、人才政策碎片化问题；一些地方政策的落地执行不够有力，人才政策规划多细则少，多以定性为主，缺乏统一的衡量标准等。

二是国际人才竞争力水平有待提高，外国专家引进工作仍需加强。对全球的高层次人才而言，世界已经扁平，人才的自由流动是世界继货物与资本流动大潮后的第三次浪潮。当前国内各地立足全球化视野，从主要面向国内人才市场资源到面向国内国际两种人才资源转型，千方百计从全球范围内吸引和延揽人才。据《2017中国区域国际人才竞争力报告蓝皮书》数据，来华留学（课程）生主要集中在北京和上海，“马太效应”影响明显，广东成为引进外国专家最多的省份，以东部沿海地区为先锋的国际人才政策创新正在形成追赶之势，区域国际人才竞争正在形成新的格局。从国际人才规模指数、结构指数、创新指数、政策指数、发展指数和生活指数六个维度综合评价，福建的国际人才竞争力仍处于第二梯队位置。虽说国家出台了支持福建自贸试验区的10项出入境新政等政策，极大地支持了海外高层次人才来闽创新创业，但仍需进一步发挥国家创新区域先行先试的带头作用，探索城市群国际高端人才的共享模式以及提高省内城市软实力等方面来提升我省国际人才竞争力水平。

（二）构建和谐劳动关系面临新挑战，新兴行业快速发展带来新的隐患

随着经济发展进入新常态，劳动关系主体构成更加复杂，企业用工形式和分配方式更加多样化，劳动者利益诉求及其表达方式更加多元化，劳动关系问题与其他经济社会问题的关联性、传导性不断增强，劳动关系矛盾已进入凸显期和多发期，构建和谐劳动关系面临诸多压力与挑战。一些地方企业生产经营困难增多、利润空间收窄，传统中小企业、小微企业面临困境，劳动关系不稳定性增强。比如，传统电子、服装、制鞋等行业欠薪欠保劳资纠纷隐患显现；随着“三去一降一补”深入推进，企业岗位调整、工资下降、规模裁员等现象增多。此外，随着“互联网+”平台经济、共享经济等新业态快速发展，其用工方式灵活多样，对劳动用工常态管理造成冲击，除少量建立劳动关系外，绝大部分与平台主体之间存在民事关系。一旦出现纠纷，从业人员又要求往劳动关系靠，寻求经济补偿金、工伤待遇等劳动权益。一些众创空间、初创企业生存周期较短，易引发劳资纠纷。劳动关系领域存在的困难还表现在，劳动关系纠纷调处和监察执法机制尚不完善，劳动人事争议仲裁组织机构建设不够健全，仲裁和监察执法人员紧缺，劳动争议案件易发多发，案多人少问题突出等。

（三）职业教育与培训体系建设仍然滞后，技能劳动者数量与产业转型升级需求不相适应

随着全省供给侧结构性改革深入，企业进行转型升级过程中，对技能劳动者的需求量越来越大。但全省技能劳动力数量存在不能适应产业发

展需求的矛盾，适应转型升级的高技能人才严重短缺。目前全省技能劳动者约538万人，仅占就业人员比重的19.2%，其中高技能人才87万人，仅占技能劳动者总数的16.2%，与发达国家相比存在较大差距（发达国家高技能人才一般占比40%以上）。从2017年第二季度全省人力资源市场职业供求状况看，劳动力需求人数128.65万，求职人数116.64万，制造业需求占44.64%，排在第一位。有技能要求的熟练工供求总量为14.85万人次，其中求职登记5.13万人次，岗位需求9.72万人次，市场求人倍率1.89，处于较高位；而无技能要求的一般劳动力供求总量219.95万人次，其中求职登记107.79万人次，岗位需求112.16万人次，市场求人倍率为1.04。数据显示，劳动力需求大于求职缺口最大的前几个职业，仍集中在制造业的裁剪缝纫工、电子器件装配工、纺织针织印染工、鞋帽制作工等。

高技能人才的供需矛盾突出，加之人才年龄结构老化，已成为阻碍产业升级的“瓶颈”。加强职业培训与教育，提高劳动者能力和素质，是缓解矛盾的有效途径。但全省现代职业教育体系建设还比较薄弱，存在不少亟需解决的问题：职业教育与培训机构理论知识、实践经验均丰富的“双师型”教师严重短缺；职业教育基础设施投入不足，资金缺口多；产学结合、校企合作模式尚待进一步建立，学校与企业不能实现有效合作，一些职业院校专业发展设置滞后；企业的职业培训机制不完善，存在技能培训与岗位需求“脱节”现象；技能型人才的技术等级制度不健全，高技术产业化导致劳动分工细化，先进的设备和技术需要有较高技能的劳动者操作，新兴的职业岗位层出不穷，但相应的的职业资格标准的制定和鉴定却跟不上形势发展需要。

三、进一步推进福建人力资源建设的对策思路

当前，中央支持福建加快发展的利好政策不断叠加，福建各项事业正处于难得的机遇期，为人力资源建设打牢了坚实基础。要围绕“再上新台阶、建设新福建”目标，深入实施创新驱动和人才强省战略，实行更加积极、更加开放、更加有效的人才政策，促进全省人力资源综合竞争力的整体提升。

（一）着力优化人才结构，切实把人才作为支撑发展的第一资源

人才强省的基础起步于人才数量，而人才强省的关键则在于人才结构。深入贯彻省委《关于深化人才发展体制机制改革的实施意见》，加快构建现代化的人才发展治理体系，努力打造人才管理体制改革先行区、两岸人才交流合作示范区、海内外人才创新创造创业集聚区。

1．实施人才优先发展战略，推动人才结构战略性调整。建立“一把手抓人才第一资源、各部门协调联动”的工作机制，坚持人才资源优先开发、人才结构优先调整、人力资本优先积累、人才制度优先创新。在人才工作中，主要领导应定期研究、协调推进，实行绩效考核、履职保护、失职问责、创新激励等制度。统筹推进各类人才队伍建设，充分发挥党政人才、企业经营管理人才、专业技术人才、高技能人才、农村实用人才、社会工作人才等领域人才的比较优势，特别是激发技能人才、新型职业农民、科研人员、小微创业者、企业经营管理人员和基层干部队伍等重点群体活力，让各类人才的创造活力竞相迸发、聪明才智充分涌流。人才结构优化方向必须与产业升级需求、布局特色相互契合，根据产业的实际需要来培养和引进人才，实现人才结构与经济社会结构相适应、相匹配。如，精准响应我省高端装备制造、新材料新能源、生物医药等重点产业人才需求，围绕产业链打造人才要素培养链、引进链、集聚链。根据区域发展的现实需要，坚持问题导向，找准人才工作的着力点，推动人才工作深入基层，不能只停留在人才政策的制定上。

2．以体制机制创新为动力，加强高层次人才队伍建设。推进人才发展体制改革和政策创新，最大限度激发人才创新活力，克服创新型领军人才不足、高层次人才缺乏等结构瓶颈。创新人才引进培养政策，依托福州、厦门、平潭人才特区和中国（福建）自由贸易试验区、福厦泉国家自主创新示范区先行试点，用好高等学校、科研院所、重点企业等平台，引进和培养支撑重点学科、新兴产业、支柱企业、重点领域发展的急需紧缺人才。创新人才评价激励政策，树立以能力、实绩、贡献为核心的人才评价导向，建立以知识、

技术、管理、技能等要素参与分配的激励机制。创新人才流动配置政策，发挥市场的决定性作用，培育高水平人才中介服务机构和构建高层次人才创业创新平台，推动人事制度、户籍制度、社保转移接续制度等配套改革。健全人才管理服务的权力、责任清单，以“互联网+”人才服务的理念，发展高端人才猎头服务的专业化人才服务机构，为人才及用人主体提供高效、便捷、个性化服务。

3. 搭建强有力的人才发展载体，切实提高国际人才竞争力水平。平台是集聚人才的硬性指标，是人才发展的“磁力场”。健全以企业为主体、市场为导向、产学研相结合的创新体系建设，以重大项目、创新平台、创新基地等为载体，加强新技术、新装备、新材料、新产品等研究开发。电子信息、装备制造、石油化工、现代服务业等是福建产业建设重点，应积极引导高层次人才向优势产业集聚。支持企业、高校、科研院所建立院士工作站、重点实验室、工程技术研究中心、博士后科研工作（流动）站、博士后创新实践基地等创新平台建设，鼓励企业对各类研发载体的资金投入，推进企业人才和核心科技创新团队建设。实施引进高层次人才、工科类青年专业人才、百千万人才工程、青年拔尖人才等重大人才项目，发挥重大项目对人才发展的引领性，集聚优秀人才、高层次人才扎根福建。此外，现阶段人才流动由北向南流动增加的国际背景，为福建引进海外人才提供了良好机遇。遵循国际人才流动规律，形成既符合国际惯例、又具有福建特色的引进国际人才新模式。探索建立海外人才信息库，编制国际高端紧缺人才开发目录，增强延揽人才针对性。加大柔性引才力度，推进外国专家来华工作许可、外国人入境就业许可“两证整合”，与外国专家建立更加务实的沟通联系机制。推进人才法治环境构建，推动地方性人才法规的制定，打造与国际接轨的人才发展环境。进一步加强自然环境、文化底蕴和生活服务等城市软实力建设，形成有利于吸引国际人才入驻发展的良好环境。

（二）突出强化职业教育和职业培训，提升全省人力资源质量水平

适应产业转型升级需要，加强技能型人力资源的开发是推进我省经济社会发展的当务之急。一是以培养高技能人才为重点，优化高技能人才成才环境。“十三五”期间，福建将培养高技能人才53万人，全省总量目标将达到140万人。要实现这一目标，必须进一步优化技能劳动者成才环境，形成符合福建实际的高技能人才教育培训和管理模式。如，健全完善“以企业行业为主体、职业院校为基础、学校教育与企业培养紧密联系、政府推动与社会支持相结合”的培养体系；加快推进“校企双制、工学一体”模式，实行企业新型学徒制，探索青年高技能人才培养新模式；借鉴发达国家先进经验，选择高职院校与大型骨干企业开展产学合作教育，建立相关专业的模块式职业培训课程体系；加强培养高技能人才的师资队伍建设，选定“双师型”教师进行专门培训；推行职业院校毕业生“双证书”（职业院校毕业证书、职业资格证书）制度，推进职业院校课程设置与职业技能鉴定标准、企业需要相衔接；加快公共实训基地建设，建设一批示范性高技能人才培训基地（如，中德合作智能制造实训基地），并在全省复制推广等。建议有关部门设立专门的“高技能人才开发与研究中心”，加强技能型人力资源开发的顶层设计，完善高技能人才信息交流平台，加快修订完善技师、高级技师职业资格标准等。二是突出强化职业教育和职业培训，全面提高劳动者技能素质。建立覆盖城乡全体劳动者、贯穿劳动者职业生涯、适应劳动者和企业需求的职业培训制度。以终身教育思想为依据，开辟多种入学渠道，推进职业资格证书教育和企业岗位培训并举，丰富终身教育的内涵。职业技能培训强调普惠制，将广大城乡劳动者纳入培训补贴范围，大力实施“百万农业转移人口职业技能提升计划”。加快构建具有福建特色的现代职业教育体系，切实把发展职业教育作为产业转型升级的重要抓手，促进职业教育的规模、结构、布局与经济社会发展的要求协调互动。切实加大政府投入，提高财政预算内教育经费用于职业教育的比重，加快建设已规划的15所办学定位准确、整体实力领先的技工院校。鼓励民办职业教育发展，推进多元投资主体共建技工教育集团改革，努力形成技工教育集团化办学。

（三）完善政府、工会、企业共同参与的协商协调机制，着力构建和谐劳动关系

围绕建立规范有序、公正合理、互利共赢、和谐稳定的劳动关系，完善劳动关系协调机制，高度重视劳动关系矛盾源头治理工作，有效预防和化解劳动关系矛盾。一是突出坚持法治思维，着力解决劳动关系突出矛盾。应把依法治理劳动关系矛盾作为构建和谐劳动关系的重要原则，增强企业依法用工、职工依法维权、政府依法行政的意识。在化解钢铁、煤炭行业过剩产能、处置“僵尸企业”职工安置中，指导企业依法依规处理劳动关系。有关部门应加强“互联网＋”等新业态的劳动关系动态监测，从劳动合同、权益保护等方面分析研判，加快提出立法建议。二是大力完善政府、工会、企业共同参与的协商协调机制。完善协调劳动关系三方机制，建立由同级政府领导担任主任的三方委员会，加强区域性、行业性协调劳动关系三方机制建设，扩大三方机制覆盖面。完善乡镇（街道）、行政村（社区）的劳动关系工作职能，推进劳动关系协调工作向基层延伸。健全以职工代表大会为基本形式的企业民主管理制度，推进劳动关系双方沟通协商制度化、常态化。三是以规范执法、提高效率为着力点，进一步完善劳动保障监察制度机制。切实加强劳动保障监察执法能力建设，加强基层劳动争议调解组织、劳动人事争议仲裁院建设，推进劳动保障监察“两网化”管理，增强全省劳动保障监察执法力量。完善监察执法程序，建立执法裁量权基准制度，健全执法协作机制，进一步落实行政执法与刑事司法衔接机制。健全劳动者举报投诉机制，力争实现省内“一点举报投诉、全网联动处理”目标。

（撰稿：福建社会科学院　赖扬恩）

福建社会公共安全管理形势分析与对策

公共安全连着千家万户，是最基本的民生，确保公共安全事关人民群众生命财产安全，事关改革发展稳定大局。2017年，福建省各地各有关部门继续以提高人民群众安全感和满意度为目标，以理念、体制机制、方式手段创新为动力，以现代科学技术为引领，以基层基础建设为支撑，不断完善立体化社会治安防控体系，提高维护社会公共安全能力水平，社会大局持续平安稳定，居民群众安全感稳步提升，为再上新台阶、建设新福建营造了和谐稳定的社会环境。

一、2017年福建省社会公共安全管理主要进展

（一）坚持党政主导、社会共治，社会公共安全体系更加完善

福建省各地各有关部门坚持以平安建设为抓手，以综治领导责任制为龙头，以社会共治为导向，社会公共安全体系更加完善。首先是强化党政主导。省委、省政府连续19年举行省市党政主要领导综治责任书签字仪式，由省委书记、省长与各设区市党委书记、市长面对面签订责任书、面对面点评通报、面对面提出要求，并以此为据明责知责、履责尽责、追责问责。各设区市均出台综治激励政策，对综治考评优秀的给予相应奖励，最大限度调动齐抓共管的整体合力。其次是强化共建共享。深入开展“平安县（市、区）”和平安家庭、平安医院、平安单位、军地平安共建、平安库区、平安海域等系列创建活动，平安县（市、区）和系列平安创建覆盖面达80%以上。总结推广“平安村居”三级联创建活动，对评为“平安村（社区）”的，辖区群众参加“新农合”、城镇居民医疗保险的个人缴费部分由县财政贴补10%；60周岁以上村居民基础养老金提高10%；实现“八无一好”平安家庭目标的，大病保险报销奖励10%。通过“三个10%”，推动村村创优、户户监督，形成“守法人人夸、违法人人责”的良好氛围。再次是强化民意导向。建立以民意为导向的平安建设测评机制，每半年进行一次全省测评通报，让各地以等不起的紧迫感、慢不得的责任感、坐不住的危机感行动起来，着力解决群众关心关注的问题，群众社会安全感呈现稳步上升态势，从2012年的92.34%上升到2017年上半年的94.33%。

（二）坚持数据引领、“互联网+”运用，社会公共安全治理更加精准

福建省主动适应大数据时代要求，运用现代科技手段，提高情报主导、准确预警、主动防控能力，初步实现在海量信息中锁定可疑人员、准确筛选定位、实施精确打击，有力维护了社会公共安全。在驾驭稳定形势方面，省综治办联合法院、公安、网信、信访、统计等部门，统筹建设福建省社会稳定指数信息系统，以社情、警情、案情、舆情等四大分项指数为基础，自动生成全省社会稳定指数及运行图，对社会稳定总体状况作出定性、定量分析和分级、分色预警。该套社会稳定信息系统通过合理赋权，进行综合计算。综合指数低于70的，进行综合红色预警，环比下降3、4、5个百分点的，分别予以黄色、橙色、红色预警，进行督导整改。目前，该套社会稳定指数信息系统已正式运行。

同时，省综治办建立综治诚信信息系统，发挥综治审核“过滤把关”作用，形成综治诚信信息“大数据”，为实施综治激励惩戒提供全面准确

便捷的信息支撑。在维护公共安全方面，省委、省政府连续多年把“公共安全视频监控建设联网应用”纳入为民办实事重点项目，仅2017年上半年全省就新建公共安全视频监控资源4万路，省级共享平台综治分平台接入公共安全视频监控资源13.6万路。在服务实战应用方面，坚持围绕实战、服务实战、实战引领、实战检验，重点推动一批管用、实用、好用、爱用的“互联网+”项目。针对“执行难”问题，开发网络司法评估管理系统，强化执行联动和案件清积，创新推出“小机器人”自动查询举措，形成部门、系统、行业合力推动解决执行难的局面。针对严重精神障碍患者肇事肇祸问题，推行“一历五单”衔接管理机制，利用国家严重精神障碍信息管理系统和网格化平台，实现了患者信息一键推送、部门责任无缝衔接、救治管理实时跟进。针对电信网络诈骗问题，建成由公安、通信、银行入驻一体化办公的实体化反诈骗中心，电信网络诈骗呈现发案数、被骗金额下降，破案数、刑拘数上升的“两降两升”态势。针对危险物品安全问题，省安监局重大危险源监管平台与九地市全部联网的经验在全国推广，厦门、泉州、三明等地先行探索搭建一批监管平台，有效消除公共安全隐患。

（三）采取措施调处涉众型经济纠纷，努力防控案件风险

近年来，我省相关部门立足自身职能，出台规章制度，强化监督管理，落实打防措施，妥善处置了一大批涉众型经济纠纷和案件。一是规范引导民间借贷。人民银行制定出台一系列文件，加强民间融资及非法金融活动的风险监测和提示，积极配合地方政府引导金融机构正确防范民间融资风险，在泉州试点建立民间融资（借贷）登记备案制度，规范和引导民间融资借贷活动。二是规范交易场所行为。金融监管部门建立交易场所监管制度，推进交易场所清算中心、监管信息系统建设，在交易事前、事中和事后通过对相关重大事项严格审核把关、交易场所现场检查、现场督查责令整改等方式，强化日常监管。三是严厉打击违法犯罪。去年以来先后组织开展严厉打击非法集资案件、恶意逃废债引发经济犯罪和各类传销违法犯罪活动等专项行动。省公安厅大力推进“涉案账户资金网络查控平台”建设，出台情报会商工作机制。各地公安机关探索建立“经侦民警信息员+派出所经侦联络员+企业安全联络员”情报信息搜集机制，及时全面掌握辖区内经济犯罪动态情况。四是多元化解决纠纷。全省各级法院对涉及群体诉讼等可能影响社会稳定的民间借贷系列纠纷案件，及时与相关部门沟通协调，做好维稳预案。认真做好安抚工作，依法缩短办案周期，加大诉讼保全力度。突出抓好涉及人数众多、可能引发群体性事件的诉讼案件的调解工作，引导诉讼双方共渡难关，同时借助行业组织、社会团体等方面力量做好调解工作。省法院还专门设立了集案件审理、调研、指导于一体的金融审判庭，集中受理由省法院审理的民间借贷案件和金融借贷案件，并指导下级法院的审判工作。

（四）食品药品监管力度不断加大，制度建设日趋完善

以全面深入推进《食品安全法》为主线，严格落实“四个最严”和“四有两责”要求，深化食品安全放心省创建，坚持问题导向，聚焦监管风险，破解工作难点，推动食品安全形势持续改善，不断提高人民群众满意度和获得感。首先是加强日常监管。落实经营主体责任。积极指导各地督促食品经营主体认真落实《食品安全法》等法律法规规章及规范性文件要求，强化过程控制，规范食品经营行为，落实经营主体责任。二是加大抽检监测力度。注重发挥监督抽检工作的靶向性和科学性，持续加大对流通环节食品质量监督抽检和风险监测的力度。结合监管工作实际，科学合理制定抽检计划，针对重大节假日、高风险隐患、群众消费量大的食品，加大抽检频次，及时开展对不合格样品和问题样品的市场排查和溯源核查。三是进一步强化网络食品经营监管工作。贯彻落实国家食品药品监督管理总局颁布的《网络食品安全违法行为查处办法》，深入推进食品药品安全“净网”行动，严厉打击网络订餐违法违规行为。通过受理投诉举报和监督抽检等手段，加大对网络食品经营活动的监督检查工作。四是开展农村食品安全治理。各地认真查找和梳理当地农村食品问题多发、易发的重点区域、重点业态、重点场所以及监管工作的薄弱环节，有针对

性地开展对突出问题的专项治理。五是继续推进畜禽水产品专项整治和食用农产品销售监管，严厉打击水产品质量安全违法违规行为。落实食用农产品批发市场主体责任，抓好食用农产品销售监管。

为了保障食品领域的社会公共安全，福建省食药监局还加强了食品安全风险防控。其一，加强食品安全风险研判。加强对食品流通安全监管风险点和难点的研判，制定食用农产品风险品种和项目清单，指导各地有针对性地开展监管工作。其二，落实食品安全风险分级工作。贯彻落实《福建省食品药品生产经营风险分级管理办法》（试行），指导各地按时完成全省食品经营企业首次风险分级工作，依据风险分级情况，制定年度监督管理计划，确定日常监督检查频次，并认真组织实施。其三，督促食品经营企业自查。省食药监局指导各地督促食品经营企业建立食品安全自查制度，认真排查经营过程中存在的风险，并采取相应措施进行防控。其四，继续推进流通环节食品安全责任保险工作。省食药监局于2017年9月制定实施了《福建省食品生产加工小作坊、小餐饮、食品摊贩日常监督检查工作指南》（试行）。这对于规范和细化对“小三”的监管具有重要意义。尤其值得指出的是，《福建省食品安全条例》已由福建省十二届人大常委会第三十次会议表决通过，并于2017年10月1日起施行。该《条例》是我省第一部食品安全地方性法规。它的出台，为破解食品安全难题，创建食品安全放心省，提供了重要的法制保障。

2017年，全省药品生产监管工作以“严格监管保安全、科学监管促发展”为总体目标，建立药品生产日常监管新机制、推进药品生产专项治理新举措、创建药品质量安全管理新模式、探索促进产业快速发展新途径、打造药品生产监管队伍新形象，筑牢全省药品生产质量安全防线。坚持问题导向，把“双随机”抽查和“有因”飞行检查作为日常监管的两大抓手，提高发现问题的效率和监管的有效性、威慑性。充分发挥和综合利用各监管环节发现的各类药品风险信息，加大对问题企业和问题产品的飞行检查力度，提高飞行检查的靶向性、有效性。做到“五个必查”，即新上市的品种前三年必须查，新开办的企业必须查，疫苗、血液制品生产企业必须查，有举报的企业必须查，发生过聚集性不良反应和抽检不合格等质量问题的企业必须查。实施安全风险等级管理。组织做好药品生产企业风险等级首次确定工作。根据药品风险等级评定结果组织实施药品生产监督检查，让“监管跑在风险的前面”，实现药品生产风险可控、药品生产安全责任可追，确实保障百姓用药安全。

2017年，省食药监局共查处“四品一械”（即食品、食品添加剂、药品、化妆品、医疗器械）违法案件5450件，罚款金额17053.09万元，没收所得522.89万元。

（五）筑牢安全生产防线，强化安全风险管理，有效化解隐患

安全生产，重如泰山。2017年2月28日，中共福建省委常委会会议专题研究部署全省安全生产工作。会议强调，要狠抓安全生产监管责任和企业主体责任落实，制定安全生产责任清单，健全安全生产工作机制。要加强重点行业领域安全监管，突出道路交通、矿山生产、消防火灾、海上渔船、危化品生产等重点领域、部位、环节，及时督促整改发现安全隐患，严防重特大事故发生。要夯实安全生产基础，加大安全生产投入力度，强化安全科技、应急管理等基础工作，广泛开展安全教育培训，不断提高全社会安全意识。要加强日常监管检查，持续推进安全生产隐患排查治理和专项整治，强化落实安全防范措施，更好维护广大人民群众生命财产安全。全省各级各部门认真贯彻落实省委的决策部署，紧紧围绕防范遏制重特大事故这个重点，全面落实安全生产责任，扎实推进专项整治、隐患排查治理和大检查，安全生产形势持续稳定向好。

2017年，我省消防工作仍然首先聚焦于防范火灾事故。各地各有关部门狠抓火灾隐患排查整治，推进重大火灾隐患和区域性火灾隐患整治工作，加大重大火灾隐患整治政府分级挂牌督办力度。同时，大力抓好金砖会晤消防安全工作，抓紧开展消防安全基础要素排查整治工作，突出城市运行消防安全风险防范，以人员密集场所、高层地下建筑、易燃易爆危险化学品、“三合一”场

所、居住出租房屋等容易造成群死群伤的场所为重点，建立分区域、分时段安全保障机制，全面排查风险，消除火灾隐患。着力改革创新，推进社会共治。2017 年以来，我省继续推进消防安全社会化服务，建立完善社会化服务综合信息平台，实现服务需求和市场资源的精准对接。

坚持问题导向、紧盯风险隐患，大力开展安全生产专项整治。从 2017 年 6 月至 2018 年春节前在全省集中开展安全生产大检查，并成立由省长担任组长的安全生产大检查领导小组。针对危险化学品、醇基燃料、临建设施、矿山、涉氨制冷等重大行业领域企业存在重大风险隐患情况，组织开展风险隐患大排查大整治大检查。一是强化非法使用醇基燃料整治。二是强化危爆物品监管。三是强化重点行业领域专项整治。煤矿方面，提前完成对全省 164 家煤矿和 14 家煤矿上一级公司全面安全“体检”，累计排查事故隐患 3559 条。尾矿库方面，省政府安委会制定出台了《关于进一步加强“头顶库”事故隐患治理工作的意见》，将 29 座“头顶库”治理纳入 2017 年省政府工程包实施管理。粉尘涉爆方面，紧扣除尘系统、防火防爆等十大重点问题和隐患，组织专家重点核查作业场所 30 人以上的金属粉尘、木粉尘企业，取缔关闭 22 家、停产整顿 14 家、限期整改 35 家。城镇燃气方面，督促实施液化石油气销售实名制，开展打击液化石油气非法充装销售、收缴废旧液化石油气钢瓶行动。道路交通方面，持续开展综合整治，提前完成全省 1017 处事故多发及危险路段整治任务，1.49 万辆“两客一危”车辆全部纳入动态监控平台。大检查开展以来，全省共排查各类隐患 14.7 万项，打击严重违法违规行为 20835 起，整治重大隐患 172 项，关闭取缔企业 935 家，联合惩戒失信企业 165 家，问责曝光工作不力的单位 620 家、个人 30 人。

二、福建省社会公共安全管理面临的新形势新问题

（一）经济社会的转型升级对社会公共安全管理提出更高要求

我省目前处于经济增速换档、结构调整阵痛、新旧动能转换阶段，经济下行压力依然较大，民间投资和制造业投资增速回落，金融、房地产等领域风险因素较为明显，就业压力加大，劳资、工程欠款、民间借贷等纠纷增多，非法集资、金融诈骗等涉众型经济犯罪和群体性事件仍呈上升。随着工业化、信息化、城镇化推进，城市开放性带来的不安全因素不断增多，人员流动性带来的不稳定因素继续增加，社会信息化带来的不可控因素更加突出，利益多元化带来的不和谐因素将长期存在。一些群体间利益磨擦加剧，城中村、城乡结合部、偏远农村地区成为社会治理的薄弱环节，社会自组织日益活跃，传统的社会公共安全管理理念思路、方式方法、体制机制越来越难以适应时代发展。

（二）新技术新业态快速发展给社会公共安全管理带来更多挑战

当前信息技术和其他技术深度融合，互联网和传统行业深度绑定，给人们生产生活带来极大便利的同时，也带来了新的安全风险和犯罪形态变化。当前我国面临的现实安全威胁主要来自网络空间，网络安全的复杂性、影响力远远超过传统安全。传统犯罪向网上蔓延，网络黄赌毒、盗窃、诈骗和窃取公民个人信息等违法犯罪增多，严重影响公共安全。在我国，网络犯罪已占犯罪总数的近三分之一，而且每年还在大量增加。网络对违法犯罪的聚焦放大作用更加明显。特别是互联网的便捷性导致犯罪成本低而防范打击成本高，互联网的虚拟性导致犯罪主体真实身份识别难，互联网多点接入的跨界性导致属地管辖办案难，进一步加剧了社会公共安全问题的复杂性。电信诈骗、金融诈骗等新型犯罪动态化、跨区域特征越来越突出，存在着防范难、取证难、打击难等问题。新业态快速发展，在方便群众生活的同时，社会治理规范、手段跟不上这一进程，也为公共安全带来一些新的风险点，比如出租车行业，出现了网约车这种新生业态。但是，在这些新业态快速发展的同时，监管与规范却往往跟不上、不及时，存在漏洞隐患。物流寄递行业仍存在行业安全监管力量薄弱、实名收寄制度尚未完全落实、无证经营快递业务、地方政府寄递安全属地责任有待落实等问题。

（三）涉众型经济纠纷案件仍呈高发趋势，处置难度较大

一是借贷纠纷持续增长。我省民间资本充裕，而小微企业资金需求大，民间金融市场活跃。民间借贷主体由过去的街坊邻里自有资金转变为个体、私营业主、城乡居民等多种融资主体。近年来，我省各级法院受理的民间借贷纠纷案件数量逐年大幅递增。同时，金融借贷合同纠纷数量与结案标的额也成倍增长，银行不良贷款呈“双升”态势，企业间贷款相互担保引发的问题较为普遍。此外，民间借贷引发的刑事犯罪同比增长，利用虚假信息、虚构投资等手段，通过民间借贷的形式非法吸收公众存款或进行合同诈骗、非法集资等金融诈骗及其他经济犯罪案件大幅上升。二是交易场所、网贷机构违规经营。部分交易场所存在交易模式违规、虚假宣传、过度投机等诸多问题，引发投资者信访投诉。同时，网贷平台出现多种违法违规问题。三是追赃挽损及维稳善后困难。

（四）食品药品安全问题仍然存在，监管体系有待完善

当前，食品和药品问题仍然是困扰社会公共安全管理的重要课题。一方面是食品安全问题。主要包括以下方面：首先，食材安全问题。受生态破坏和环境污染影响，食材生产所需的土地、水、空气等存在污染，种植户和养殖户存在滥用农药化肥和违规使用抗生素等现象，造成初级农产品不达标甚至受污染。其次，食品加工安全。主要表现为食品掺假，超标或者违规使用添加剂或非食用药品，散装食品遭受二次污染等。再次，流通销售环节安全。城乡集贸市场等小餐饮兜售点多，隐蔽且比较分散，呈自发无序状态，存在发现难、监管难、易反弹等特点。最后，食品技术风险。随着现代食品加工业发展，新技术、新材料被广泛运用，转基因、化学、微生物等技术备受市民关注，隐患增加。与此同时，食品安全标准、检测技术经常提升较慢，面临技术上的制约。另一方面是药品安全问题。首先是药品生产环节的安全问题。当前，虽然大多数药品生产企业严格按照国家药品标准生产，但仍存在一定安全问题；另一方面地下生产、伪造盗用生产批号等违法问题仍然存在。其次，流通销售环节的安全问题。储存运输设施和条件差，不能保证基本质量要求，造成药品破损甚至污染；无证照销售，盲目加价或虚假广告，甚至兜售假药劣药等，引发医患纠纷。

（五）安全生产事故仍然时有发生，安全生产监管体系建设仍需加强

随着我省城镇化进程的加快和新一轮城市基础建设的推进，安全生产监管工作也将面临更大挑战。一是安全生产形势依然严峻，事故总量仍然较大，较大事故时有发生，职业病危害仍然严重。二是部分企业安全生产与职业病防治意识淡薄，主体责任不落实，标准化创建水平总体不高，隐患排查治理不彻底，从业人员安全生产技能与自我防护意识薄弱，非法违法生产经营建设行为仍然存在。三是基层安全监管执法力量仍然较为薄弱，监管队伍不稳、能力不足，执法装备落后，与点多面广量大、专业性强的安全生产监管工作要求不相适应。四是区域性安全风险依然较高，大规模的城镇建设和高速铁路、道路交通、城市轨道交通、油气输送管道、人员密集场所等领域的安全风险越来越大。五是经济增长下行压力大，企业安全投入减少、安全管理滑坡、职工队伍不稳等问题容易传导到安全生产领域。六是政府、企业、社会投入机制不健全，安全生产科技支撑和保障能力相对落后。事故应急救援队伍、物资储备和基地建设不完善，应对处置重特大事故灾难的能力不足。

三、进一步做好福建省社会公共安全管理的对策措施

（一）牢固树立安全发展观念，坚持人民利益至上

党的十九大报告强调，要树立安全发展理念，弘扬生命至上、安全第一的思想，健全公共安全体系，完善安全生产责任制，坚决遏制重特大安全事故，提升防灾减灾救灾能力。安全发展要求全社会特别是各级领导干部增强风险意识和忧患意识。安而不忘危、治而不忘乱，要始终保持高度警觉，任何时候都不能麻痹大意。当前，最大的安全风险在于公众的安全法治观念淡化，安全意识普遍不高。个别地区和企业片面追求经济效益，对安全生产工作缺乏足够重视，安全投入不足，安全培训滞后，安全防护保护措施不到位，

安全设备设施老化失效，安全科技和安全生产条件相对落后，安全隐患整治不力。部分群众对安全风险缺少足够重视，安全防范知识和应急避险技能匮乏，对维护公共安全更是“事不关己，高高挂起”。要加强安全意识教育，使安全生产、防灾减灾、自救互救、紧急避险等的知识和技能培训经常化、社区化、学校化，从娃娃抓起、从家庭、社区、学校和单位做起，使公共安全理念深入人心，使公共安全文化成为人们的一种自觉习惯。

（二）加快完善立体化社会治安防控体系，进一步增强人民群众安全感和满意度

党的十九大报告提出，要加快社会治安防控体系建设。社会治安防控体系是社会公共安全体系的核心要素，是驾驭动态社会治安的主要抓手。完善立体化社会治安防控体系，是维护公共安全的骨干工程、建设平安福建的基础工程。要按照2015年4月由中办、国办印发的《关于加强社会治安防控体系建设的意见》的要求，创新立体化社会治安防控体系建设，全面推进平安福建建设。

首先要更加注重统筹设计，不断增强社会治安防控体系合力。要统筹整合资源力量，形成党委领导、政府主导、综治协调、相关部门齐抓共管、社会力量积极参与的格局。要结合“十三五”规划，结合“智慧城市”建设，在更高起点上统筹设计好社会治安防控体系。要围绕增强社会治安防控体系的系统性、整体性、协同性，深入调查研究，因地制宜制定实施方案。要围绕整合资源力量，完善标准体系、统一接口和共享模式，推动各类基础设施互联互通，推进各类数据集成应用，发挥最大效益。要把政府引导和市场力量更好地结合起来，统筹建设大数据、云计算中心和物联网等基础设施。其次，要更加注重完善体制机制，不断增强社会治安防控体系活力。要以改革创新精神，推进打防管控一体化、网上网下一体化，确保社会治安防控形成体系、充满活力。再次，要更加注重解决突出问题和薄弱环节，不断增强社会治安防控体系实效。什么问题突出就重点解决什么问题、哪个环节薄弱就重点加强哪个环节，是社会治安综合治理的基本方法。要深入调查研究，对治安突出问题和薄弱环节做到心中有数，并采取有效措施加以解决。最后，要更加注重基层基础建设，不断增强社会治安防控体系后劲。在社会治安防控体系建设中，基层基础建设既是根本性任务，也是紧迫性工作。要善于运用新思路加强基层基础建设，努力使基层更有活力、基础工作更加扎实、基层队伍更有战斗力。同时，服务和管理是社会治安防控的重要内容。要牢固树立寓管理于服务理念，通过全面、周到的公共服务，有效覆盖专业工作难以触及的领域，有效采集日常管理难以采集的信息，更好地服务社会治安防控体系建设。

（三）有效应对网络社会带来的风险，全力维护网络社会安全

随着移动互联网的普及应用，网上网下问题交织叠加的特点突出，各类风险容易聚积扩散。能否应对好网络社会带来的风险，考验互联网管理能力，更考验社会治理能力。要坚持网上治理和网下管理相统一、专门力量和社会力量相统筹，构建维护网络社会安全新格局。要坚持推进网上实名登记和网下基础管理互补，健全网上网下一体化的打防管控机制。对网络诈骗等新型犯罪，要运用现代信息技术对诈骗信息进行监测、拦截和用户提醒等做法，善于运用互联网思维、方法，破解防范难、破案难等问题。建立多方参与、风险共治格局，是维护网络社会安全的根本保障。网络管理部门要推动完善网络安全基础性法律制度建设，善于调动网站、互联网企业和广大网民积极性，努力形成网络信息人人共享、网络安全人人有责的良好局面。网站和互联网企业要坚持新应用、新业务和安全管理同步发展，依法诚信文明安全办网，自觉做依法办网的模范、行业自律的标兵、履行社会责任的表率。

（四）综合运用各种措施，进一步化解涉众型经济纠纷造成的社会公共安全风险

一是完善法律法规，深化融资体制改革。大力推进金融供给侧结构改革，扭转供需失衡格局，努力压缩非法集资的生存空间，实现源头预防。完善民间借贷相关立法，建立民间借贷登记管理和职业信贷登记备案等制度，明确高利贷者法律责任。培育多层次直接融资市场。推动符合条件的企业到中小板、“新三板”等股权交易市场挂牌

上市；鼓励和指导中小微企业发行集合债券、集合票据，适时拓宽直接融资产品增信服务范围。二是加强沟通协调，建立健全工作机制。完善信息共享机制，加强相关部门和机构信息资源共享和案件线索移交工作。建立金融风险处置协调工作机制和打击恶意逃废债联合惩戒机制。三是强化预警防范，完善情报信息收集掌握机制，加快公共信息系统建设应用。把相关部门、行业协会、基层一线的信息数据、资讯情报纳入统一的公共信用信息系统，加强数据研判分析和日常实时监控。四是强化综合施策，科学应对涉众型经济纠纷和案件。人民法院要依法审理好民间借贷相关案件。要依法严厉打击涉众型经济犯罪。针对危害严重、问题突出的涉众型经济犯罪，深入开展专项治理行动。坚决打击涉众型经济纠纷引发绑架、非法拘禁等暴力性刑事犯罪案件。

（五）进一步做好食品和药品监管工作，确保人民群众安全健康

确保食品药品安全离不开监督管理。要坚持按照习近平总书记“四个最严”的要求巩固完善新的食品药品安全监管体制，严把食品药品安全监管关。要严格落实食品药品安全地方政府属地管理责任、监管部门监管责任、企业主体责任、相关部门协管责任的“四位一体”责任体系，强化协调联动，提高共治共管能力。要构建覆盖从源头到消费全过程的监管格局，针对人民群众反映强烈、严重扰乱食品药品市场秩序的突出问题、重点产品，集中力量开展专项整治，一旦发现问题，予以经济重罚、法律严惩。要实行企业首负责任制，实行质量安全责任追究制度，覆盖食品药品生产流通销售全过程，倒逼生产经营者强化质量安全管理。要建立“黑名单”制度，对不法生产经营者，依法公开其违法信息，使其“一处失信、寸步难行”。要强化科技支撑，加快建设功能完善的食品安全信息平台、电子信息追溯系统和信息化指挥平台，依靠科学技术特别是信息技术改善监管执法条件，提升科学监管水平。药品监管也要构建信息网络，依托大数据和计算机技术，整合现有医药信息系统，促进药品信息网络一体化建设，加快信息共享和公开。

（六）进一步抓好安全生产工作，确保人民群众生命财产安全

一是健全完善安全生产责任体系。健全完善安全监管责任制。明确各级负有安全监管职责部门的执法责任、执法边界和管理范围。督促落实安全生产“党政同责、一岗双责”规定和工作机制，建立安全生产巡查工作制度，推动“党政同责、一岗双责、失职追责”和“管行业必须管安全、管业务必须管安全、管生产经营必须管安全”落到实处。全面落实企业安全生产主体责任。加强企业基层班组建设，建立岗位安全生产责任清单，明确各岗位的责任人员、责任范围和考核标准。完善安全生产目标考核激励约束机制，建立科学的安全生产责任目标考核指标体系，加大督导和考核力度。二是建立健全安全生产预防控制体系。持续推进企业安全生产标准化建设。建立隐患排查治理监督检查机制，完善相关行业领域重大事故隐患挂牌督办和隐患排查标准、整改验收和效果评估工作制度，落实重大隐患挂牌督办和隐患整改不落实追责制度，强化企业隐患自查自纠情况的监督检查。加强源头监管和重点区域安全风险防控。加强有关建设项目规划、设计、施工、竣工等环节的安全把关，防止从源头上产生隐患。建立完善安全生产信用体系。实施信用等级评定、安全生产“红名单”、不良信用记录“黑名单”、行政许可和行政处罚信用信息公示等管理制度，完善安全生产激励和违法惩戒机制。三是深入开展道路交通、煤矿安全、非煤矿山、危险化学品、烟花爆竹、民用爆炸物品、渔业船舶、水上交通、消防、建筑施工、特种设备、农业机械、轨道交通、旅游安全、冶金等工贸行业、电力等重点行业领域安全专项整治。四是加强安全生产基础能力建设。加强安全生产监管监察能力建设，健全完善安全生产监管监察执法机构和队伍，强化基层执法力量，优化监管人员结构。配备先进安全生产监管监察设备。强化安全生产技术与人才支撑体系建设。加强安全生产信息化建设，实施“互联网＋安全生产”工程，对接国家安全生产信息和大数据平台，加强安全生产系统之间互联互通、信息共享，创新事前预警、现场监管、远程监控相结合的执法手段，提高事故风险监测监控、预测预警能力。五是加强安全生

产应急救援体系建设，加强应急管理体制机制建设。强化落实企业应急管理主体责任。完善应急救援体系，大力推进危险物品的生产、经营、储存单位以及矿山、金属冶炼、城市轨道交通运营、建筑施工单位应急救援队伍建设，重形成布局合理、功能完善、保障有力的应急救援队伍体系。六是加强安全宣传教育培训。加强安全生产宣传教育培训基地建设，开展全民公共安全教育、警示教育和应急避险教育，把安全生产宣传纳入社会公益性义务宣传范畴。落实企业安全培训主体责任。

（撰稿：福建社会科学院法学研究所 张学文）

福建省就业总体稳定　服务质量提升

2017年，全省就业工作坚持就业优先战略和更加积极的就业政策，全面推动大众创业万众创新，深化供给侧结构性改革，着力抓好高校毕业生、农村转移劳动力和去产能职工等重点群体就业工作，充分发挥个体私营经济对就业的拉动作用，提升政府公共服务水平，全省就业形势保持稳定，企业用工趋稳向好。

一、就业状况保持平稳

（一）就业目标圆满完成

2017年，全省城镇新增就业60.49万人，完成目标任务的110.0%；城镇失业人员实现再就业19.96万人，完成目标任务的199.6%；城镇就业困难人员实现再就业4.77万人，完成目标任务的159.0%；一至四季度末全省城镇登记失业率分别为3.85%、3.80%、3.91%和3.87%，全年维持较低水平，低于4.2%的年度控制目标。

（二）就业政策落实有效

2017年全省继续实施失业保险援企稳岗计划，发挥其防失业功能。一是完善失业保险降费率政策。继2015年6月实施失业保险降费率政策以来，2016年5月全省阶段性再调低失业保险费率，企业缴费率由1.5%降为1%。为进一步减轻企业缴费压力，降低企业用工成本，从2017年5月起全省再次阶段性调低失业保险费率，企业缴费率降为0.5%，2017年全年减征失业保险费22.03亿元。二是失业保险稳岗补贴力度加大。2017年，全省失业保险基金用于稳定就业岗位的补贴企业数4.14万户，比上年增加1.17万户，增长39.4%，政策补贴面明显扩大。全年全省共落实补贴金额3.79亿元，惠及企业职工236.77万人。

（三）企业用工趋稳向好

根据全省制造业、建筑业、批发和零售业、住宿和餐饮业的217家企业用工调查显示，2017年下半年，调查企业盈利状况好转，用工人数增加，企业招工能力增强。一是增员企业占主体。2017年下半年调查企业中，增员企业数占40.1%，减员企业数占34.1%，用工持平的企业数占25.8%。企业用工以增员为主，扭转了自2016年以来减员企业为主，且减员企业比例持续扩大的局面。调查企业用工人数上半年净减少0.10万人，下半年净增加0.18万人，全年用工有所增长。二是增员企业以利润增加因素为主。从调查企业利润总额看，41.4%的增员企业反映下半年利润总额同比有增加，35.6%的增员企业反映利润同比基本持平，23.0%的增员企业反映利润同比减少，因企业利润提高而增员的因素居主导。三是提薪企业占比稳中有升。2017年下半年，45.6%的调查企业上涨了普工月底薪，比上半年提高4.1个百分点。企业提薪意愿增强，其原因既有整体用工环境影响，也与企业盈利水平紧密有关。有76.8%的提薪企业2017年下半年利润总额同比增加或持平，所占比重比上半年提高13.1个百分点。同时，67.7%的提薪企业认为普工月底薪上涨的压力能够消化。同时，根据主要行业生产经营景气状况调查显示，2017年第一至四季度全省“四上”企业中，工业、房地产业、建筑业、批发和零售业、住宿和餐饮业、服务业企业用工景气指数各季均同比上升。其中，工业、批发和零售业、服务业企业各季用工均维持100以上的比较景气水平。

（四）创业登记增长快速

全省上下认真贯彻落实“大众创业、万众创新”的政策措施，创业创新活力不断激发，各类市场主体继续保持健康快速发展。2017 年，全省工商部门新登记注册的市场主体 68.95 万户，比上年增长 24.8%。其中，新登记注册的个体工商户 46.88 万户，比上年增加 11.13 万户，增长 31.1%；新登记注册的私营企业 20.70 万户，增加 2.38 万户，增长 13.0%，吸引投资者 33.95 万人，带动雇工人数 102.74 万人。个体私营经济发展快速，拉动就业成效明显。

（五）就业市场供需旺盛

2017 年，全省人力资源市场保持旺盛的人气水平，就业岗位供给充足。其中，企业岗位需求登记 517.42 万人次，比上年增长 17.2%；求职登记 438.01 万人次，增长 17.6%。全年人力资源市场求人倍率 1.18，比上年略低 0.01 个点，延续企业用工需求大于求职登记的缺工状况，供需缺口有所缩小。

二、重点群体就业稳定

（一）大学生保持高就业水平

2017 年，全省普通高等院校毕业生 21.64 万人，比上年（19.95 万人）增加 1.69 万人。省委、省政府坚持把高校毕业生就业摆在就业工作首位，统筹实施大学生就业促进计划和创业引领计划、“三支一扶”计划、万名高校毕业生就业见习计划等活动，推进就业信息化建设，促进高校毕业生充分就业。2017 年全省高校毕业生就业率 97.3%，比上年提高 1.0 个百分点，连续七年超过 90%，高于全国平均水平。

（二）“去产能”职工稳妥安置

2017 年，全省共有 36 处煤矿纳入化解过剩产能工作计划，分流安置职工 6668 人。为确保安置工作平稳有序，通过采取职工信息实名制管理、“一企一策”宣传、发放“工业企业结构调整专项奖补资金”等措施，以内部退养、企业转岗、货币补偿安置等方式，多渠道帮扶就业。截至 12 月底，实现了全员分流，其中转岗安置 929 人，内部退养 1643 人，货币补偿并解除终止劳动关系 4096 人。解除终止劳动关系的职工中，大部分人员通过返乡务农、灵活就业、单位就业、自主创业等形式实现了再就业。

（三）农民工转移就业有序

2017 年，全省各地认真落实省委、省政府农业转移人口市民化八条措施，促进农业富余劳动力就地就近转移就业和返乡创业。按照省“十三五”规划明确的“百万农业转移人口职业技能提升计划”，落实“每年组织实施农业转移人口职业技能提升培训 20 万人次”的要求，全年全省共组织农村劳动力技能培训 22.35 万人次，全年新增农村劳动力转移就业 33.32 万人。

（四）困难人员帮扶有效

认真落实省委、省政府精准扶贫的工作部署，加强就业困难人员帮扶，发挥政府托底作用。通过对农村贫困家庭建档立卡，提供“一户一培训、一户一就业”等优惠政策和公共服务。完善社区平台就业服务，困难人员实行实名制的动态管理，帮扶就业。2017 年，全省援助农村贫困家庭“一户一就业”0.74 万人，动态消除零就业家庭 908 户。

三、就业服务质量提升

（一）职业技能培训工作取得成效

继续组织实施“高技能人才培养工程”、“产业技工培养计划”等系列活动，劳动者素质进一步提高，就业稳定性逐步增强。2017 年，全省组织 29.08 万人参加职业技能鉴定，24.1 万人获得职业资格证书，其中，新增中级工 11.88 万人，高级工 6.35 万人，技师（含高级技师）6478 人。

（二）社会保障面继续扩大

2017 年底，全省城镇在岗职工基本养老保险、工伤保险、失业保险参保人数分别为 840.29 万人、798.72 万人、612.33 万人，同比分别增长 5.6%、8.9%、6.4%。

（三）劳动合同签订率进一步提高

深入实施劳动合同法，全面推进劳动用工备案工作。2017 年，全省企业劳动合同签订率达 97.3%，比上年提高 0.48 个百分点，连续六年保持 95% 以上。

四、面临的主要问题

（一）部分行业员工流失高

根据企业用工调查显示，2017 年下半年，制造业、批发和零售业、住宿和餐饮业调查企业中，员工流失比例分别为 24.2%、19.5%、15.7%，处于较高水平；从企业减员原因看，员工因个人原因辞职是首要因素。这些劳动密集型行业要么入职门槛低，员工工资报酬低，要么生产生活环境差、交通位置不便，对员工缺乏吸引力，导致这些行业的企业用工不稳定，员工就业质量也不高。

（二）不同职业供求差距大

全省人力资源市场上劳动力供求关系维持基本平衡，但不同职业岗位供求关系差异较大。2017年，全省熟练工求人倍率接近2，即企业每需要2名熟练工，就只能招到1人，缺口较大。全省人力资源市场上，用工需求大于求职的岗位，如鞋帽制作工、电子器件制造工、裁剪缝纫工的市场登记缺口居前列；求职大于用工需求的岗位，如营业人员及收银员、机动车驾驶员、治安保卫人员的市场登记缺口居前列。

（三）用工结构矛盾较突出

根据企业用工调查显示，2017年下半年，69.1%的调查企业反映存在招工难。从原因构成看，78.0%的招工难企业认为是求职者对薪酬、就业环境等期望过高；50.7%的招工难企业认为是符合岗位要求的应聘者减少。就业者的薪酬意愿、就业期望、技能结构等与市场岗位需求不相适应的结构矛盾依然比较突出。

（执笔：郑盈）

福建省居民收支稳定增长

据住户抽样调查，2017 年，福建居民人均可支配收入 30048 元，比上年增长 8.8%，增幅提升 0.1 个百分点；扣除价格因素实际增长 7.5%，增幅提升 0.6 个百分点。人均生活消费支出 21249 元，比上年增长 5.4%，增幅回落 1.6 个百分点；扣除价格因素实际增长 4.1%，增幅回落 1.1 个百分点。

按常住地分，2017 年，福建城镇居民人均可支配收入 39001 元，比上年增长 8.3%；扣除价格因素实际增长 6.9%，增幅比上年提高 0.6 个百分点。农村居民人均可支配收入 16335 元，比上年增长 8.9%；扣除价格因素实际增长 8.0%，增幅比上年提高 0.9 个百分点。

一、居民收入变化特点

（一）收入增幅持续提高

2017 年，全省居民人均可支配收入比上年增长 8.8%，增幅比前三季度提高 0.2 个百分点，比上年提高 0.1 个百分点。其中，城镇居民人均可支配收入增长 8.3%，增幅比前三季度提高 0.1 个百分点，比上年提高 0.1 个百分点；农村居民人均可支配收入增长 8.9%，增幅比前三季度提高 0.1 个百分点，比上年提高 0.2 个百分点。

（二）收入差距进一步缩小

2017 年，全省城乡居民人均可支配收入分别为 39001 元和 16335 元，城乡收入比由上年的 2.40 : 1 缩小为 2.39: 1，城乡居民收入差距进一步缩小。

（三）工资性收入稳步增长

全省居民工资性收入增长的贡献率居四大项收入之首。2017 年，全省居民人均工资性收入增幅为 8.3%，拉动居民人均可支配收入增长 4.8 个百分点，贡献率达 54.8%。其中，城镇居民人均工资性收入增幅为 7.5%，拉动城镇居民人均可支配收入增长 4.6 个百分点，贡献率达 56.0%；农村居民人均工资性收入增幅为 9.3%，拉动农村居民人均可支配收入增长 4.2 个百分点，贡献率达 47.2%。

（四）经营净收入增长趋缓

2017 年，全省城乡居民人均经营净收入比上年增长 6.1%，增幅比上年回落 1.0 个百分点。其中，城镇居民人均经营净收入比上年增长 4.9%，增幅比上年回落 2.7 个百分点。

（五）财产净收入仍保持两位数增长

房屋租金收入上涨，加之各种互联网理财模式的推广运用，带动全省居民财产净收入的增长。2017 年，全省居民人均财产净收入增幅虽比上年回落 0.5 个百分点，但仍达 10.0%。其中，城镇居民人均财产净收入增幅为 9.1%，比上年回落 0.8 个百分点；农村居民人均财产净收入增幅为 13.4%，比上年提高 3.4 个百分点，增速加快。

（六）转移净收入持续较快增长

各种惠民政策的落实、社会保障水平的提高促进全省城乡居民转移净收入保持较快增长态势。2017 年，全省居民人均转移净收入增长 14.2%，增幅比上年提高 1.8 个百分点。其中，城镇居民人均转移净收入增长 14.8%，比上年提高 2.4 个百分点；农村居民人均转移净收入增长 10.1%，比上年下降 1.3 个百分点。

2017 年福建居民人均可支配收入情况

指标	全体居民		城镇居民		农村居民	
	绝对数（元）	增幅（%）	绝对数（元）	增幅（%）	绝对数（元）	增幅（%）
可支配收入	30048	8.8	39001	8.3	16335	8.9
（一）工资性收入	17380	8.3	23886	7.5	7416	9.3
（二）经营净收入	5600	6.1	5159	4.9	6276	7.8
（三）财产净收入	2885	10.0	4579	9.1	290	13.4
（四）转移净收入	4182	14.2	5377	14.8	2353	10.1

二、城乡居民增收主要因素

（一）积极的就业和增资政策推动工资性收入增长

全省大力实施就业优先战略，认真落实和完善积极的就业政策，促进居民就业和自主创业，就业保持稳定。同时，全省各地提高最低工资标准、落实多项增资政策，共同推动工资性收入稳步增长。

1. 改善就业环境，积极扶持就业。一是落实灵活就业的就业困难人员就业优惠政策，举办各类精准帮扶招聘会，大力开展针对就业困难人员、退伍军人、大中专毕业生为重点的就业援助活动。如厦门市积极推动被征地农民和海域退养渔民转产转业，为农渔民提供点对点招聘求职活动，组织社区招聘活动 207 场，提供岗位数 9.9 万个次，入场人数达 6.22 万人次，达成意向数 10046 个，录用数为 1405 人。二是投资带动居民就业。2017 年，全省基础设施投资保持较高增幅，1 – 11 月，全省固定资产投资同比增长 13.7%，带动就业增长。宁化县电子商务城、小商品城、粮食批发市场建成招商，新增电商从业人员 2675 人、网店 56 家。三是打造特色务工品牌。如顺昌打造“顺昌月嫂”品牌，截至 11 月止，共组织贫困妇女家政服务培训 4 期 202 人次，全县经培训得到上岗资质的月嫂达 6000 余人，同比增长 9%。

2. 全省机关事业单位人员增资因素的影响。从 2016 年 7 月 1 日起，福建省机关事业单位在职人员基本工资标准上调，实际月人均增资 300 元，并于 2016 年 12 月一次性补发 2016 年 7 月 – 12 月的增资额。此外，年底绩效、精神文明奖、应休未休假等奖金发放基数增大，公车改革交通补助金的发放，一些地方按两个月的工资标准发放综治平安奖等，有效促进了工资性收入的增长。

3. 各地不同程度调高最低工资标准。省政府下发《福建省人民政府关于公布我省最低工资标准的通知》（闽政〔2017〕19 号），决定从 2017 年 7 月 1 日起，调整全省各地最低工资标准。如，厦门企业最低工资标准由每人每月 1500 元调整为 1700 元，莆田市区最低工资标准从每月 1350 元调整为 1500 元。

（二）新经济、新业态为居民增收助力

1. 高新产业优化整合，催生高收入群体。随着城市转型和产业链群的延伸壮大，新业态、新模式发展加快，用工需求结构调整趋势加大，管理和运营类的高端人才、制造行业的技术型人才、金融人才以及其他专项技术人才需求加大，催生高收入群体增长。

2. 电商经济拓宽居民增收渠道。近年来全省各地相继出台了一系列政策予以大力推动。福州、莆田、三明等多地市着力发展特色电商经济，将“跨境电商”、“农村电商”作为发展福建省电子商务的突破口，既发展了电商经济，也拓宽了居民的营收渠道，取得良好效果。

3. “清新福建”旅游品牌效应显现。“清新福建”旅游蓬勃发展，乡村旅游、生态旅游、红色旅游、都市休闲游等旅游新兴产品成为旅客消费热点，带动居民第三产业经营性收入进一步增长。

（三）现代农业等产业有序推进，提升农民经营净收入

1. 先进农业技术大力推广。2017 年 1 – 9 月，

省级扶持建设温室大棚1.5万亩，超额完成全年1.4万亩目标，累计推广绿色防控技术2010万亩次，完成年度计划105%；累计完成2728家生猪规模养殖场标准化改造。

2. 气候条件好于去年，特色农产品质好量增。2017年，全省主要特色农产品区未遭受台风、水灾、寒流等较大自然灾害，农业生产态势总体较好，大宗农产品价格稳中有升，葡萄、茶叶、蜜柚、枇杷、杨梅、紫菜等价格均比上年上涨一成以上。如宁德福安的葡萄丰收，价格和产量均出现上涨，价格每斤较上年上涨了1元，特别是山区葡萄面积增加了2000－3000亩；毛茶产量1.25万吨，产值12.6亿元，比上年同期价格增长6%。柘荣茶叶价格平均在每公斤50－150元左右，受晴好天气影响，茶叶产量与上年相比有较大增长。

3. 渔业转型有效推动。全省持续推进大黄鱼、石斑鱼、鳗鲡、鲍鱼、对虾等十大特色品种超百亿产业链建设，改造提升传统养殖设施；渔业产品价格基本保持稳中有升态势。如秀屿区龙须菜和鲍鱼的出售量稳步增加；霞浦鲍鱼每公斤90－100元，比上年的每公斤60－80元，同比增长25%－50%；湿海带每斤0.5元，比上年同期每斤0.36元，增长39%。

（四）健全民生保障，促进居民转移净收入增长

1. 社保工作进一步加强。2016年12月下旬，全省城乡居民基本养老保险基础养老金省定最低标准再次提高15元，就业、养老工作成效良好。

2. 提高最低生活保障标准。福州、厦门、三明、泉州等地均各自提高城乡低保标准，最高提至每人每月610元。如福州五城区农村低保标准统一从每人每月320元提高到570元；三明市农村低保标准从每人每年2300－2820元提高至每人每年2650－3000元。

三、居民消费变化特点

2017年，全省居民人均消费支出21249元，比上年增长5.4%。其中，城镇居民人均生活消费支出25980元，比上年增长3.9%，扣除价格因素实际增长2.6%；农村居民人均生活消费支出14003元，比上年增长8.5%，扣除价格因素实际增长7.6%。

（一）城乡居民主要消费结构趋同

2017年，全省城镇居民人均消费支出金额居前3位的分别是食品烟酒8552元、居住6829元和交通通信3353元，三者合计占消费支出比重达72.1%；农村居民人均消费支出金额居前3位的也分别是食品烟酒5162元、居住3548元和交通通信1555元，三者合计占消费支出比重73.3%，城乡居民的主要消费结构趋同。

（二）城镇居民消费增长乏力

当前经济发展进入新常态，提振实体经济动力有待提升，加上高房价对购房者产生的消费挤出效应，以及城镇居民在就业等问题上面临的压力，都对扩大城镇居民消费及提升消费信心造成了不利影响，削弱了城镇居民的消费能力。

（执笔：张凤园）

福建省居民消费价格温和上涨

2017年，福建省居民消费价格（简称“CPI”，下同）总水平比上年上涨1.2%。其中，城市上涨1.3%，农村上涨0.8%；食品价格下降2.1%，非食品价格上涨2.0%；消费品价格上涨0.3%，服务价格上涨2.6%。全省商品零售价格总水平比上年上涨0.6%。全省农业生产资料价格总水平与上年持平。

一、全省CPI总体运行情况

（一）CPI运行总体平稳

2017年，全省CPI比上年上涨1.2%，涨幅比上年回落0.5个百分点，为2010年以来最低；比全国平均上涨1.6%低0.4个百分点，居全国各省（市、区）第27位。除1、2月因节日效应、春节错月等因素导致价格波动较大外，其余各月价格变动总体平稳。从各月同比看，1月上涨2.2%，2月下降0.2%，3－12月涨幅在0.7%－1.6%间；从各月环比看，除1月和9月价格涨幅较大分别上涨0.8%和0.4%外，其余各月涨跌幅在－0.2%至0.2%间。

图1 2017年福建省居民消费价格月环比、同比走势图

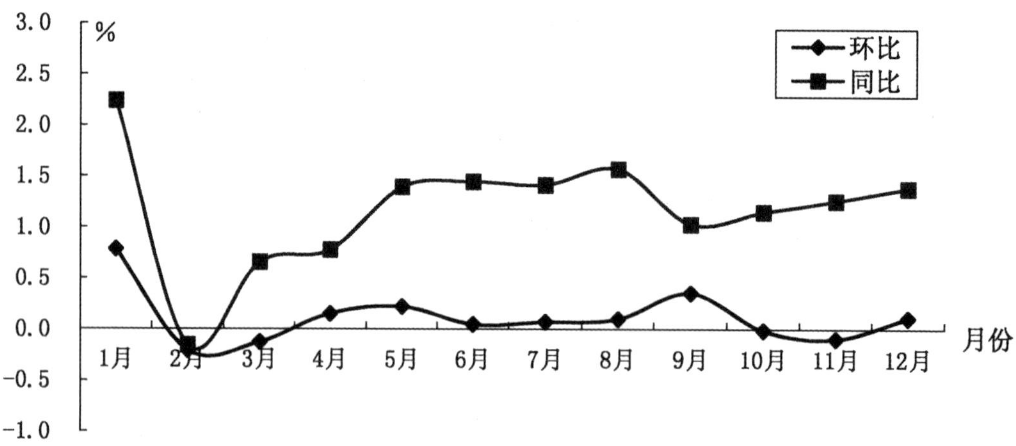

（二）八大类商品和服务价格“七升一降”

2017年，全省衣着类、居住类、生活用品及服务类、交通和通信类、教育文化和娱乐类、医疗保健类、其他用品和服务类分别上涨0.6%、2.4%、1.2%、0.9%、2.3%、3.0%、7.4%；食品烟酒类下降1.0%。

图2　2017年福建省居民消费价格分类别同比走势图

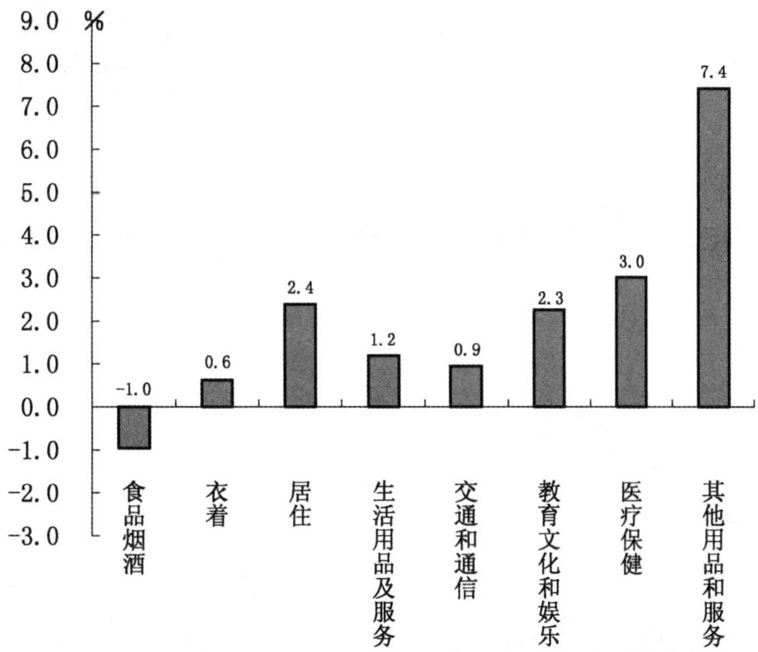

二、全省 CPI 主要类别变动情况及影响因素分析

（一）食品类价格下跌带动全省 CPI 低位运行

2017 年，全省食品烟酒类价格由上年上涨 3.9%转为下降 1.0%。其中，食品类价格下降 2.1%，是 2010 年以来首次出现下降，拉动 CPI 下降 0.42 个百分点；茶及饮料、烟酒和在外餐饮分别上涨 2.1%、0.4%和 1.6%。调查的 14 类食品呈“9 升 5 降”，菜类、畜肉类、蛋类、水产品、鲜瓜果价格波动较大，对食品价格影响较大，其他食品价格波动相对平稳，对食品价格影响较小。

1. 鲜菜价格大幅下降。2017 年，全省鲜菜价格由上年上涨 16.4% 转为下降 15.6%，拉动 CPI 下降 0.42 个百分点。从同比看，1－5 月连续 5 个月下降，2 月降幅最大为 44.4%，3－5 月同比降幅逐渐收窄直至 6 月呈现回升，6－8 月涨幅在 8.7%－12.2% 间，9－12 月又呈降势，降幅在 8.8%－17.5% 间。主要是受上年鲜菜基期价格较高以及气候的影响。2017 年福建省气候总体良好，没有恶劣的霜冻和台风天气，鲜菜供应充足，只是二、三季度时降雨天气有所增多，影响鲜菜市场供应，导致部分月份鲜菜价格上涨。

图3 2017年福建省鲜菜价格月环比、同比走势图

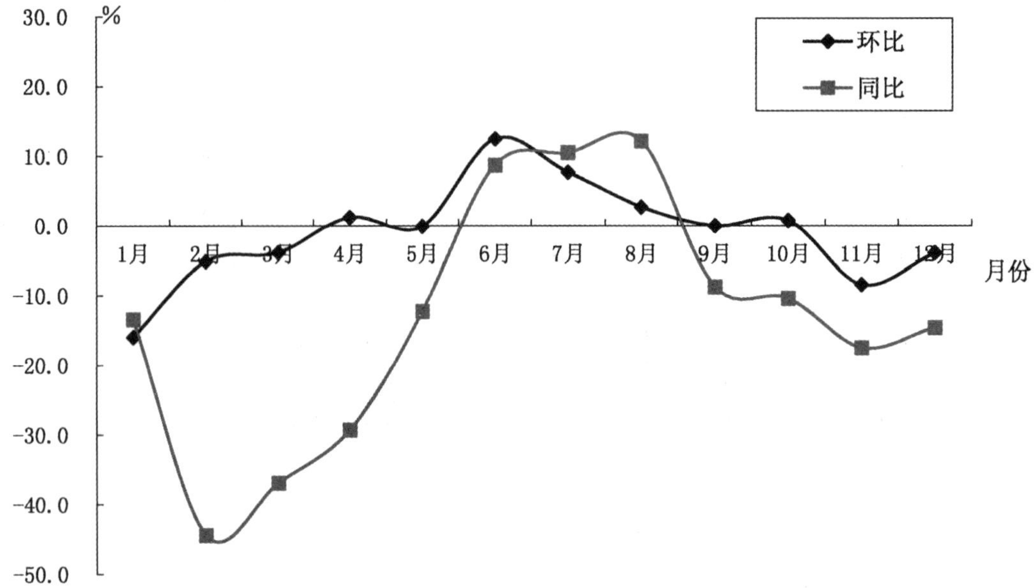

2. 猪肉价格降幅较大。2017年，全省猪肉价格由上年上涨17.0%转为下降6.8%。从同比看，1月、2月分别上涨9.1%、3.7%，之后均呈降势，5－9月降幅均超10.0%；从环比看，1月、10月、12月分别上涨2.7%、0.7%和0.7%，8月持平，其余月份均下降。主要受上年猪肉价格较高、市场供应充足及居民猪肉消费需求减少的影响。

图4 2017年福建省猪肉价格月环比、同比走势图

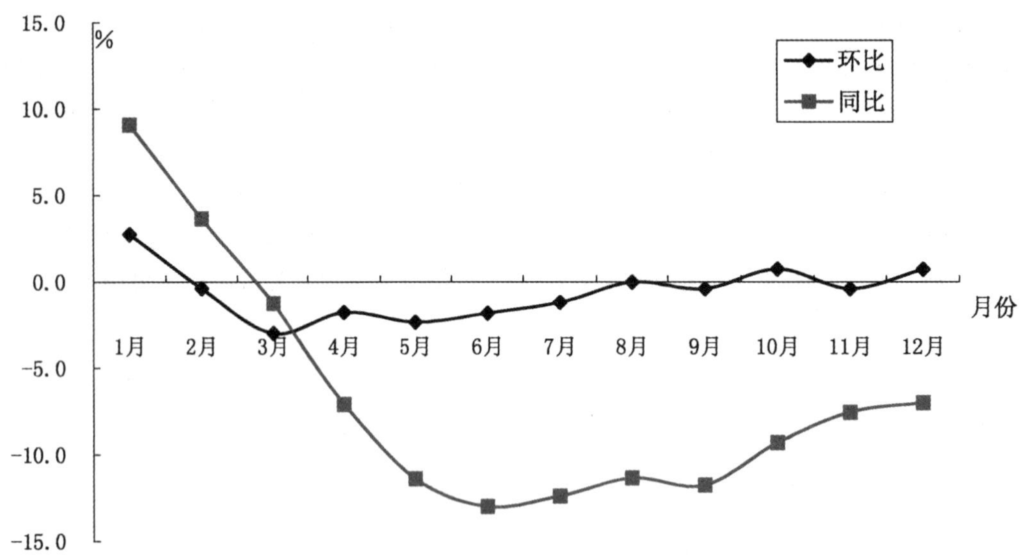

3. 禽肉类价格上涨，蛋类价格下跌。2017年，全省禽肉类价格比上年上涨0.3%、蛋类价格比上年下降3.2%。1－7月禽肉类和蛋类同比价格持续下降，8月止跌回升，9－12月均呈涨势。前期主要受市场供应足、需求淡及“禽流感”的影响，价格处于低位；后随着夏季产蛋量下降、市场供应减少，以及中秋国庆双节效应，助推价格上涨。

4. 水产品、鲜瓜果价格上涨。2017年，全省

水产品、鲜瓜果价格分别上涨 4.9%、2.1%。一是受节日消费需求增加的影响；二是季节和气候因素使市场供应量有所减少，导致价格上涨。

（二）服务价格领涨，成为支撑 CPI 上涨的主要因素

2017 年，全省服务价格比上年上涨 2.6%，涨幅比上年扩大 1.0 个百分点，拉动 CPI 上涨 0.98 个百分点。调查的 65 种服务项目中，有 47 种价格上涨，11 种持平，7 种下降，涨价面达 72.3%。

1. 政策调价影响。如医疗服务价格上涨 2.3%，是受 2016 年部分医疗服务项目调价的翘尾以及 2017 年厦门、三明、漳州、龙岩、永定、连江等市县医疗服务项目调价等的影响；火车票价格上涨 7.4%，是受 4 月 21 日起东南沿海动车组高铁列车调整部分线路票价的影响。

2. 受房地产调控政策及市场供求影响。2017 年，全省私房房租、自有住房价格分别上涨 2.2% 和 2.3%，共拉动 CPI 上涨 0.29 个百分点。

3. 受人工费上涨、经营成本增加、市场供求及节日效应等影响。飞机票、家庭服务、旅游、教育服务价格分别上涨 10.0%、3.9%、2.6%、2.5%。

（三）工业品价格持续上涨

2017 年，全省工业品价格由上年下降 0.2% 转为上涨 1.5%，拉动 CPI 上涨 0.49 个百分点。月同比价格从 2016 年 8 月止跌回升后至 2017 年 12 月已连续 17 个月上涨。

图5　2017年福建省工业品价格月环比、同比走势图

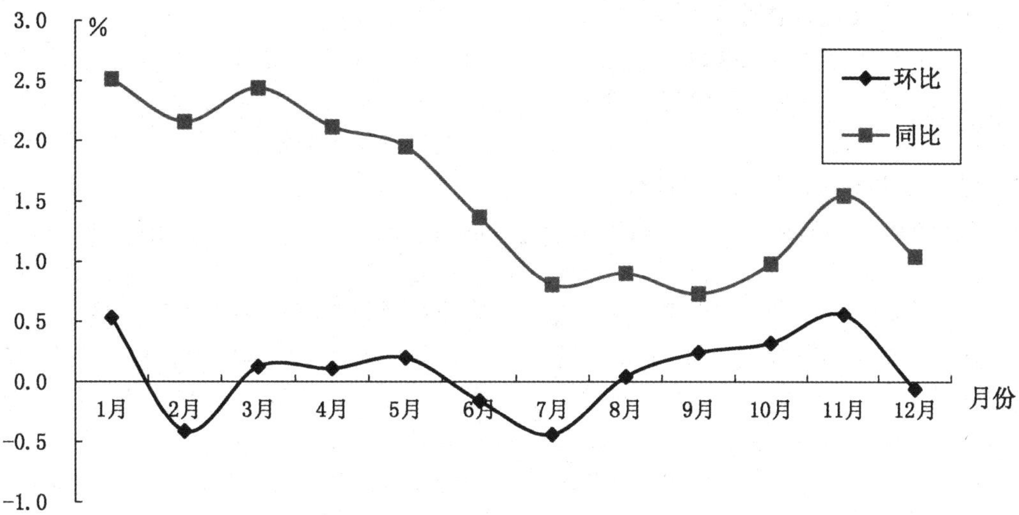

1. 政策调价影响。如因国家多次调整成品油价格，汽油、柴油同比分别上涨 9.1%、10.1%；部分市县上调水价、燃气价格等，水电燃料价格上涨2.8%；国家药品零售价格限价政策取消后，各市县药品陆续调价，药品及医疗器具价格上涨4.5%。

2. 上游工业品出厂价格回升、原材料价格及运输成本增加等因素影响。如教育用品、家具、金饰品、住房装潢材料价格分别上涨 7.3%、3.4%、2.7%、2.5%。

三、农业生产资料价格同比持平

2017 年，全省农业生产资料价格与上年持平，涨幅比上年回落 0.2 个百分点。十大类呈“三升一平六降”，其中，仔畜幼禽及产品畜受上年价格涨幅较大等因素影响，价格由上年上涨 20.7% 转为下降 9.4%，农药及农药器械下降 1.4%，农业生产服务受农业用电调价等影响下降 0.6%，三者共拉动全省农业生产资料价格总水平下降 0.89 个百分点；农机用油、化学肥料分别上涨 7.9%、2.9%，共拉动全省农业生产资料价格总水平上涨 0.88 个百分点。

（执笔：郭晓洁）

人口总量平稳增长　生育水平略有提升

2017年，福建人口继续保持低生育水平，总量平稳增长，劳动年龄人口比重持续下降，城镇化步伐加快。

一、总人口保持低速平稳增长

2017年末，全省常住人口3911万人，其中，男性人口1999万人，占51.11%，女性人口1912万人，占48.89%，男女性别比为104.5。全年净增人口37万人，比2016年末增长0.96%，增幅比上年高0.05个百分点，人口总量继续保持低速平稳增长的态势。

二、人口出生率和自然增长率略有提升

2017年，全省出生人口58.4万人，出生率为15.0‰，比上年提高0.5个千分点；死亡人口24.1万人，死亡率为6.2‰，与上年持平；自然增长人口34.3万人，自然增长率为8.8‰，比上年提高0.5个千分点。

“全面两孩”政策实施两年来，全省人口出生率呈小幅上升趋势，但出生人口结构发生明显变化。在全省出生人口的孩次构成中，二孩占比由2014年的44.1%提高到2017年的59.8%，年均提高5.2个百分点；一孩占比由2014年的53.0%下降到2017年的34.9%，年均下降6.0个百分点。随着一孩出生数的快速下降，从2016年起全省出生人口以一孩为主转变为以二孩为主。生育政策的调整，刺激了二孩出生数的不断增加，弥补了一孩出生数的快速减少，两者此消彼涨的变化，使得全省出生人口总量增加不明显。

三、城镇化进程稳步推进

2017年末，全省城镇常住人口2534万人，比上年末增加70万人，增长2.8%，增幅比上年提高0.3个百分点。全省常住人口城镇化率64.8%，比上年的63.6%高出1.2个百分点，增幅比上年提高0.2个百分点。

四、劳动年龄人口比重持续下降

2017年，全省人口总抚养比为33.9%，比上年提高0.6个百分点，人口负担仍处于轻量化时期（通常将总抚养比在50%以下划定为低抚养比）。在全省常住人口中，0－14岁、15－64岁、65岁及以上三个年龄组人口所占比重依次为16.5%、74.7%和8.8%。与上年比，0－14岁、65岁及以上人口所占比重分别提高0.1和0.2个百分点，15－64岁人口比重下降0.3个百分点。人口年龄结构仍呈青年人口比重大、老年和少儿人口比重小的典型“中间大、两头小”橄榄状。这一方面反映出福建仍处于劳动力供给充足、人口社会负担相对轻、对社会经济发展有利的“人口红利”期；另一方面，15－64岁人口比重持续下降，也反映出劳动力资源呈现减少趋势，尤其是青年劳动力资源减少趋势明显。2017年，全省16－34岁人口的比重由上年的29.5%降为28.5%，下降1个百分点，降幅比上年扩大了0.1个百分点。劳动力资源特别是青年劳动力的减少，对全省经济发展将产生较大影响。

五、省际间流动人口略增，省内流动人口持续增加

2017年，全省流动人口1185万人，比上年增加12万人。其中，本省户籍流动人口724万人，比上年增加11万人；外省户籍流入人口461万人，比上年增加1万人。

六、家庭户规模保持在3以上

全省平均家庭户规模从20世纪80年代以来持续缩小，2012年最低，仅为2.81人。之后这几年家庭户规模逐年小幅度回升，2015 年平均家庭户规模首次回到 3 以上，2017 年继续保持在 3 以上，为 3.02。随着全面二孩政策的实施，今后生育二孩的家庭将逐步增多，平均家庭户规模也将逐步有所提高。

（执笔：李丽精）

福建省贫困县脱贫攻坚的成效分析

扶贫攻坚是第一民生工程，事关全面建成小康社会目标任务的实现。随着时间节点的不断推进，面对“到2018年，福建省现行国家扶贫标准扶贫对象全部脱贫，到2020年，省定扶贫标准扶贫对象全部脱贫”的艰巨任务，全省上下要打赢这场扶贫攻坚战，依然任重而道远。

一、贫困县致贫成因分析

考察造成地区贫困的原因，不外乎自然条件太差、人口数量多、生产技术落后、产业水平不高、基础设施薄弱、劳动力素质低、政策支持缺乏等因素。从全省23个省级扶贫开发工作重点县（以下简称23个县）来看，致贫原因归结起来主要有：

（一）自然条件差

23个县多数位于偏远山区，地形复杂，山峦起伏、沟壑纵横；气候恶劣，自然灾害严重。如，2014年清流县7场暴雨，仅5月22日大暴雨造成的直接经济损失就达2421.5万元，相当于全县当年地方级财政收入的7.25%。

（二）基础设施落后

由于各种原因，23个县基础设施落后，历史欠账较多，特别是交通网络滞后。以高速公路为例，截止2015年底，随着邵光、延顺、莆田莆炎、福州绕城东南段、宁连福州段和宁德段等6个高速公路项目的建成通车，顺昌、光泽才有了辖区内的第一条高速公路。

（三）劳动力素质偏低

一方面是劳动力人口比重低，第六次人口普查资料显示，2010年23个县15－64岁人口占总人口比重为72.2%，比全省平均水平低4.5个百分点，这同时也意味着贫困县人口负担较重。另一方面是家庭主要劳动力文化程度普遍不高，从业以散工、杂工、帮工等为主，收入偏低，如周宁县2010年就业人口中，初中及以上学历的仅占43.2%，比全省平均水平低15.3个百分点，其城镇居民人均可支配收入和农村居民人均可支配收入分别仅相当于全省平均水平的67.6%和84.1%。

二、精准扶贫举措及成效

（一）扶贫举措到位

近年来，全省针对贫困县致贫原因，加大基础设施建设，实施产业扶贫、就业扶贫、旅游扶贫等，扶贫政策有力、举措到位。

政策设计“准”。包括：政策顶层设计加强，近年来，全省相继出台《深入贯彻落实习近平总书记重要批示精神 加快推进科学扶贫精准扶贫的实施方案》《关于推进精准扶贫打赢脱贫攻坚战的实施意见》《福建省“十三五”扶贫开发专项规划》以及扶贫开发工作成效考核、贫困退出等一系列政策文件。坚持省领导挂钩制度，每位省领导挂钩一个省级扶贫开发工作重点县，带头深入调研、带头谋划指导、带头督促检查、带头狠抓落实。建档立卡“回头看”，对不符合条件的对象及时清退，对因病因灾等返贫的重新识别认定为贫困人口，2016年全省精准识别农村贫困人口69.6万人，其中有劳动能力的扶贫开发对象45.2万人。

项目举措“实”。如，农业产业化龙头企业带动作用有效发挥，23个扶贫开发工作重点县拥有国家级、省级农业产业化龙头企业181家，带动贫困户6万多户，覆盖50%以上的贫困户。再如，三明市抓住被国务院扶贫开发领导小组确定为国家扶贫改革试验区的契机，积极探索扶贫资金量化折股增收机制，在5个省级扶贫开发工作重点县建立首批11个扶贫资金量化折股试点，辐射带动了31个村，让402个贫困户、1193个贫困人口享有股权收益。

财政投入“多”。2016年开始，全省每年按上年度地方一般公共预算收入的2‰筹集资金专项用于精准扶贫精准脱贫，2016年便筹集了5.08亿元，全年共下达省级以上财政各类扶贫资金96.2亿元。

总的来说，脱贫攻坚成效显著，2016年全省脱贫260425人，“造福工程”搬迁15.6万人。

（二）发展成效明显

1. 经济规模持续扩大，人均水平不断提高。2016年，23个县实现地区生产总值2729.57亿元，比上年增长8.4%，增速与全省持平；占全省GDP的比重为9.6%，比上年提高0.1个百分点。2016年，23个县有22个县的GDP超过50亿元，其中11个县超过100亿元。23个县人均GDP在2014年突破4万元后进一步增长，2016年达47872元，比上年增长7.5%，相当于全省平均水平的64.7%，比上年提高0.9个百分点，与全省的差距缩小。

2. 经济结构不断优化，城镇化进程持续推进。一产比重较为稳定，三产比重明显提高。2016年，23个县第一、第二、第三产业增加值分别为654.46亿元、1105.58亿元和969.50亿元，分别比上年增长4.8%、8.3%和11.2%。三次产业增加值结构为24.0∶40.5∶35.5，与上年比，第一产业比重提高0.2个百分点，第三产业比重提高0.8个百分点，产业结构不断优化。投资增幅回落，消费拉动作用凸显。2016年，23个县完成固定资产投资2840.17亿元，比上年增长12.9%，增幅比上年回落8.1个百分点；占全省的比重为12.3%，比上年提高0.5个百分点。23个县实现社会消费品零售总额906.40亿元，增长11.2%，比全省高0.1个百分点；占全省的比重为7.8%，比上年提高0.1个百分点。投资消费增速比由2015年1.66∶1缩小为2016年1.15∶1，内需增长更趋协调。城镇化建设步伐加快。2016年，23个县的城镇化率为45.5%，比上年提高1.2个百分点，提高幅度比全省大0.2个百分点，其中长汀、宁化提高幅度分别达到2.1个和2.0个百分点。

3. 发展质量有所提升，居民收入保持增长。地方一般公共预算收入保持增长。2016年，23个县完成地方一般公共预算收入110.42亿元，比上年增长1.9%，增速比全省低5.1个百分点。居民收入继续增加。2016年，23个县城镇居民人均可支配收入和农村居民人均可支配收入均保持增长，有11个县城镇居民人均可支配收入增速高于全省平均水平，有14个县农村居民人均可支配收入增速高于全省平均水平。居民储蓄增长较快。2015年，23个县居民储蓄存款1114.05亿元，比上年增长13.1%，增速比全省高7.8个百分点。

4. 基础设施日趋完善，民生福祉不断改善。公路通车里程增加。2015年23个县公路通车里程29762公里，比上年增加1007公里；公路网密度每万平方公里约为6800公里。一般公共预算支出增长较快。2016年，23个县完成一般公共预算支出495.60亿元，比上年增长9.3%，增速比全省高2.2个百分点。民生相关领域支出大幅增长，2015年，23个县的教育支出、科学技术支出、农林水事务支出分别为91.81亿元、5.37亿元和104.58亿元，分别比上年增长21.4%、54.4%和29.1%；三者支出合计占一般公共预算支出的比重为44.5%，比上年提高0.8个百分点。金融贷款支持有力。2015年末，23个县金融机构人民币各项贷款余额为1188.99亿元，比上年末增加87.78亿元，增长8.0%，为贫困县发展提供了有力的资金保障。教育事业健康发展。2015年，23个县普通高中、普通初中、小学的专任教师数分别为8588人、17379人和28657人，普通高中、普通初中、小学平均每一专任教师负担学生数分别为12.39人、10.49人和14.21人，分别比全省平均水平低0.02人、1.08人和3.53人。医疗卫生条件改善。2015年，23个县拥有卫生机构床位数24947张、卫生技术人员25092人，分别比上年增长5.0%和1.8%；每千人口拥有卫生机构床位数为4.39张，每千人口拥有卫生技术人员数为4.42人，分别比上年增加了0.17张和0.04人。

三、成功经验做法及存在主要问题

（一）成功做法经验

全省贫困地区资源禀赋不一，贫困户生产生

活条件不同，发展路径、发展模式很难协调一致，但一些成功经验做法还是值得总结推广和学习借鉴。

1. 支柱产业牵动型。屏南县紧密结合精准扶贫，发挥产业带动作用。鼓励经营主体吸纳贫困人员务工，与贫困户签订蔬菜生产订单，提高贫困人员从业意愿和产业技能，让贫困户切实从高山蔬菜产业发展中获得收益。全县规划建设30个产业扶贫示范基地，县财政安排1000万元扶持产业扶贫项目，动员60家经济实体参与产业扶贫，重点培育12个精准扶贫示范社，以农业企业、农民专业合作社等经济实体为龙头，通过“基地+经济实体+贫困户”的产业扶贫，带动贫困户700多户。2016年全县高山蔬菜种植面积达15.2万亩，总产量达30.75万吨，产值5.5亿元。以前该县岭下乡岭下村一亩地种植水稻毛收入不过1500元，如今一年种植2－3季蔬菜亩收益最高可达1万元，原来田间务工每天不到20元的收入，如今每天最高200元，极大地提高了农民种植高山蔬菜的积极性，促进农民增收。

2. 村级经济引领型。长汀县古城镇丁黄村依托客家山寨丁屋岭乡村古村落，丁屋岭旅游景区平台，发展旅游产业，直接带动13户贫困户增收致富，占全村贫困户的80%。主要做法是：一是县级投入，盘活资源。县里成立丁屋旅游开发有限公司，对丁屋岭景区进行保护开发，现已流转房屋2600平方米，耕地55亩，山地180亩，由于发展旅游产业。二是支部带动，联社经营。丁黄村支部通过村委会成立丁屋旅游服务专业合作社，与丁屋旅游开发有限公司签订承包合同，合作社负责经营景区保洁、安保、产品销售等工作。三是着力培养，增收脱贫。发动有条件的旅游企业、宾馆饭店、旅游院系到该村建立旅游培训基地，开展导游、解说、产品营销等培训，将贫困人口培育成乡村旅游人才，参与旅游产业发展，获得家庭固定收入。

3. 龙头企业带动型。大田县桃源镇东坂村充分利用东坂畲医传统和药源优势，结合省水土保护生态村建设项目，在村口建设畲药科普园，带动农民发展林下经济，种植金线莲、铁皮石斛、富贵子等名贵药材。同时，发挥东坂村高海拔的畲药种植优势，整村推进富民产业，2016年与福建大闽公司签订合作协议，采用“公司+基地+农户”的订单模式，由公司负责种植技术指导并提供苗木，带动17户村民在东坂村沿面水田种植中药罗汉果130亩，每亩可有4500元纯收益，带动村民增收近60万元。

（二）存在主要问题

1. 经济发展中存在的主要问题：一是县域带动优势减弱。2016年，23个县实现地区生产总值增长8.4%，分别比2015年和2014年回落1.2个和2.1个百分点；23个县中GDP增速高于全省平均水平的仅9个，比上年减少了4个。二是区域分化现象明显。从2014－2016年年均增速看，23个县GDP年均增速最高的云霄县与最低的光泽县相差5.0个百分点；年均增速在10%以上的县有3个，年均增速在9%－10%的县有8个，年均增速在8%－9%的县有9个，年均增速在8%以下的县有3个。三是财政收入增速趋缓。由2011年29.0%、2012年26.7%、2013年24.6%、2014年13.8%、2015年4.6%持续回落至2016年1.9%。地方一般公共预算收入相当于GDP比例为4.0%，比上年下降0.5个百分点。

2. 扶贫工作中存在的主要问题：一是政策合力没有充分发挥。近年来，省里出台了多项扶贫政策，比如《关于进一步做好为农民工服务工作的实施意见》《关于进一步深化旅游业改革发展的实施意见》和《关于进一步扩大有效投资的若干意见》等政策都有扶贫相关内容。但扶贫政策之间存在不衔接，相互重叠，甚至互相打架的现象，很难形成有效的政策合力。扶贫资金基本上是各个部门各自安排、分开使用，有时还比较分散，资金使用效益打了折扣。二是产业整体竞争力不强。由于自然、历史、社会等原因，贫困地区优势特色产业发展水平和产业化程度不高，生产经营方式依然落后，整体竞争力较低，特别是龙头企业和农民合作社规模偏小，带动能力不强，加上贫困户总体劳动技能较低，就业创业能力较弱，影响了产业扶贫的效果。再者，从产业融合发展来看，农产品生产、精深加工的产业链条还没有很好地形成，企业与贫困户利益联接不够紧密，不能有效形成“企业+基地+贫困户”的利益联结机制。

四、若干建议

（一）整合扶贫开发资金，提升使用效益

一要加强政策衔接，有效发挥政策合力。发挥财政扶贫资金导向和杠杆作用，对各部门扶贫资金进行必要整合，形成多条渠道进水、一个龙头出水的项目资金整合机制，不断提高资金的使用效率。二要打好乡情牌，注重引导外出创业成功人士带资金、技术返乡创业，支持家乡建设发展。对所有涉及到村的扶贫资金、项目，做到专款专用，接受群众和社会监督。

（二）因地制宜，增强特色产业竞争力

充分发挥全省各地山多、林多、水多的自然条件和区位优势，以特色种养业、设施农业、特色林业、加工业、传统手工业、休闲农业、乡村旅游等为主要内容，重点选择市场相对稳定、获益期相对稳定的特色产业，着力推进形成“一县一业”“一村一品”产业格局，带动贫困人口增收致富。如，闽西北地区可以以生态农业和绿色农业为重点，着力建成一批水果、茶叶、蔬菜、食用菌、中药材、花卉、畜禽业等山区特色产业优势产区、产业带；闽东南地区要充分发挥农业和农村基础设施较好的优势，引导贫困户因地制宜发展设施农业、特色种养业、特产加工业、休闲农业，提升农业附加值，加快脱贫致富步伐。

（三）完善监测机制，推进精准脱贫

要进一步完善建档立卡贫困户数据库，及时加快查漏补缺，加强贫困收支、致贫原因、脱贫措施、取得成效等动态监测。建立和完善脱贫退出和返贫纳入机制，统一脱贫缓冲期和观察期，真正做到摸底精准、应保尽保、应扶尽扶。对已经出台的扶贫政策措施进一步梳理细化，既要有针对性，也要有长期性，确保扶贫工作的连续性和稳定性。继续做好各地好经验、好做法的发现、总结、推广，确保扶贫政策措施有效、管用。

（执笔：康梅华）

福建公立医院医疗改革情况调查

医疗改革，关系到人民群众切身利益，对医院、医生、居民的收支情况产生重大影响。据对福州、莆田、漳州、三明、宁德5市医改相关单位、部分公立医院医务人员和市民进行调查，近年来，为解决城乡居民“看病难、看病贵”问题，福建各级政府加快医疗改革步伐，取得积极成效，但也存在一些困难和问题。

一、医改初见成效

（一）医院收入构成优化

主要表现为“药占比”下降和服务项目收入比重上升。据省卫计委统计，2016年全省公立医院“药占比”为32.3%，比医改前的2014年下降9.6个百分点；技术劳务性收入占比为27.5%，提高8.7个百分点。三明市22家县级以上医院2016年药品耗材收入为8.6亿元，占总收入的33%，比医改前的2011年下降27.0个百分点；医务收入占总收入的比重相应地上升27.0个百分点，达67.0%。2016年漳州市3家三级医院“药占比”均约为30.0%，“耗占比”均在20.0%以内，均比医改前的2014年明显下降。

（二）群众看病负担减轻

据省卫计委统计，2016年，全省公立医院医疗费用532.69亿元，增幅为8.2%，比医改前的2014年增幅回落6.7个百分点。三明市22家公立医院住院的城镇职工平均每次费用5344元，比医改前的2011年下降18.4%，其中个人自付费用平均每次1645元，下降9.5%。2016年莆田市某三甲医院门诊次均费用320.43元、门诊次均个人支付金额85.93元、医保次均支付比例73.2%，分别比医改前的2014年下降11.4%、19.6%和提高2.7个百分点；仙游县某二甲医院门诊次均个人支付金额108元、医保支付比例64.9%，分别比医改前的2014年下降9.9%和提高4.0个百分点；福鼎市“新农合”住院费用政策范围内报销比例达77.3%、住院医药费用自付比例为40.5%，分别比医改前的2014年提高14.5个百分点和下降4.2个百分点。

（三）医务人员收入增加

据省卫计委统计，2016年，全省公立医院在职职工人均工资性收入比医改前的2014年增长27.4%。三明市22家公立医院医务人员年平均工资性收入为9.4万元，比医改前的2011年增长1.23倍，年平均增长17.4%；该市某三甲医院院长、主任医师年薪分别为42.42万元、25.4万元，分别比2013年增长34.6%、12.4%。2016年莆田市某三甲医院医护人员平均薪酬12.05万元，比改革前的2014年增长29.4%；仙游县某二甲医院职工平均薪酬比医改前的2014年增长25.8%。

二、医改尚存问题

（一）医改宣传有待加强

由于对医疗改革的政策解读及宣传力度不够，导致公众对医改的具体内容不够了解。据对福州等7个市县随机抽取120名医务人员和近一年来到医院就诊5次以上的323名市民调查显示，59.1%的受访者对医改有所了解，但不知具体内容；13.3%的人不知道医改。

（二）“看病难、看病贵”依然存在

尽管医改后“看病难、看病贵”得到一定程度的缓解，但限于财力和现有医疗资源设施，问题难以根本上得以解决。如目前在推进分级诊疗引导患者分级就诊方面成效不明显，基层医院基础设施和医疗技术水平仍未有明显改善。调查的323名市民中分别有86.1%和62.9%的受访者认为目前区（县）和社区医院最需要“提高医疗水

平”和“改善医疗基础设施”。因而，患者到社区、乡镇医院就医的少，到城市大医院就医的多，特别是倾向于大医院专家门诊，造成“看病难”。由于医保药品和耗材范围还不够广，医保报销比例仍然偏低，群众反映“看病贵”。如被调查的323名市民中分别有70.0%和65.3%的受访者认为当前需要“扩大医保范围提高报销比例”和“降低看病费用”。

（三）医疗服务价格机制仍需进一步理顺

调整后的医疗服务价格机制仍不能完全体现医疗技术性劳务价值，未能充分调动医务人员工作积极性。调查的120名医务人员，认为本轮医疗服务价格调整对调动其工作积极性“作用较大”的占32.5%，认为“有作用，但不明显”的占56.7%，还有10.8%的人认为“没作用”。

（四）药品和耗材采购及定价环节有待完善

一是采购平台纳入的医用耗材品种不够。漳州市某公立医院反映，耗材标准化整理后，纳入统一采购平台的数量有限，不能满足实际需要。二是虽然统一采购平台规范了厂家、规格、价格等药品信息，药品价格日趋合理，但部分采购目录中的药品和耗材仍有虚高空间，地市级“二次议价”办法有待完善。

（五）部分公立医院效益下降

部分医院反映实行药品（耗材）零差率后收入减少多，而调整医疗服务价格所增加的收入少，即“价格平移”不到位，压缩了医院的盈利空间，甚至亏损。有的县级医院反映，虽然大型手术的费用上涨较多，但县级及以下医院大手术较少，增收有限。如漳浦县级三家公立医院2015年调整服务价格增加的收入不足以弥补实行药品和耗材零差率减少的收入，两者相差132.3万元。漳州市某三甲医院实行药品和耗材零差率，2016年减少差价收入8000多万元，而政府财政补助每年仅250万元，2017年前4个月该院呈亏损状态。

三、医改若干建议

（一）加强宣传工作

在宣传内容上要突出医疗改革内容、步骤、目标和做法，加强医务人员道德规范的宣传和教育；在宣传主体上要强化医改宣传的政府行为，加大主流媒体的宣传力度；在宣传形式上可以通过新闻、典型经验、典型案例、先进单位和个人的宣传等形式；在宣传渠道上充分利用电台、电视台、报刊、杂志、社区、医院卫生墙报以及网络等媒体进行宣传。

（二）着力解决“看病难”、“看病贵”问题

解决“看病难”问题，重点是推进分级诊疗制度。在抓好区（县）及以下医疗卫生机构的医疗基础设施建设、充实医疗卫生技术人员，合理配置医疗资源基础上，切实抓好分级诊疗和双向转诊制度落实。同时，还要抓好多元化办医，吸收社会资本兴办医疗机构，增加就医渠道，分流患者。解决“看病贵”的问题，从财政保障方面看，要加大政府财政投入，逐步扩大医保用药和耗材的范围，提高医保报销比例；从医保人群看，着重抓好减轻城镇居民医保和新农合人员的负担；从医保病种上看，进一步实施慢性病和大病优惠政策以及新农合重大慢性病门诊统筹等；从医疗费用上看，要杜绝“大处方”、“大检查”、“大化验”，让药品、耗材量价齐降，避免医疗资源的浪费，减轻患者的负担。

（三）逐步理顺医疗服务价格机制

建立以体现医务人员技术价值为核心的定价机制和可持续性的价格动态调整机制，逐步理顺医疗服务价格体系。要加大仪器诊断检查类的降价力度，加大基本医疗服务、技术劳务性医疗服务项目的上调力度，逐步改变医疗技术服务长期偏低的状况。

（四）进一步完善药品、耗材采购机制

主要是根据实际情况，及时调整、补充、完善药品和耗材的目录及编码，实行全省统一执行阳光采购，包括供应厂（商）、药品和耗材的品种规格、质量保证、价格等实现公开、公正、廉洁。

（五）做好公立医院的补助，提高医务人员的收入水平

各地要发挥价格补偿改革在医改中的作用，按时足额对公立医院因药品耗材实行零差率和医疗器械检查类等价格下调造成收益下降予以补助。同时积极探索医务人员工资分配制度和考核办法的改革，加快建立符合医疗卫生行业特点的公立医院薪酬制度，完善收入分配激励约束机制，提高医务人员特别是县级医院医务人员的收入，调动工作积极性，留住人才。

（执笔：何钦）

福建家庭医生签约服务开展情况调查

作为医疗改革“分级诊疗”制度中最基础的一环，家庭医生签约服务着力于攻克医疗服务“最后一公里”，通过签约形式为居民家庭提供上门诊疗及健康服务，让老百姓小病、慢病不再挤大医院，建立起居民家庭与家庭医生之间长期稳定、便利实惠的医患关系。为了解福建省家庭医生签约服务推进情况，近期福建调查总队对福州、厦门、三明、漳州、宁德等地开展调研，走访卫计委、基层签约医疗机构等有关部门，抽选219户签约家庭及75位签约医生进行问卷调查。结果显示，全省家庭医生签约服务进展顺利，但也存在缺乏激励保障机制、基层医疗机构队伍薄弱等困难及问题，需要加大政府扶持、健全激励机制，促进其更快更好地发展。

一、发展特点

（一）起步早

据了解，福州市早在2007年就在台江区、鼓楼区实施社区医生联系家庭责任制，通过组建社区卫生服务团队，定期进社区为居民提供健康教育、预防、保健、康复等服务；2011年福州市在全省率先探索全科医生签约服务，在鼓楼、台江区开展全科医生签约服务试点工作，建立基层医疗机构全科医生、公卫医师和社区护士等组成“1+1+1”的签约服务团队，为签约居民提供基本医疗服务。厦门市自2014年开展家庭医生签约服务，并带动其他一般常见病、多发病治疗“沉”到基层，既有效分流三级医院普通门诊患者，又使基层诊治水平和能力得到提升。

（二）发展快

2016年6月6日，国务院医改办等七部门联合印发《关于推进家庭医生签约服务的指导意见》，全省各地大力推进家庭医生签约服务试点工作。据卫计委统计，厦门市截至2017年2月28日已累计签约48万多人，户籍人群签约率达22.9%；签约家庭26万户，签约率达38.0%，签约工作走在全国前列。三明市作为医改“破冰地”，在省内率先实现了基层医疗卫生机构（含村卫生所）签约服务100%覆盖。截至2016年底，全市常住居民签约69.4万人，签约率达27.9%；重点人群签约38.3万人，签约率达52.8%。

（三）模式新

各试点地区根据自身特色，因地制宜推进签约服务。厦门市在全国率先创设“三师共管”模式，即大医院的专科医师负责诊断，家庭医生负责跟踪治疗，健康管理师进行健康教育，有效提升了家庭医生签约服务的能力和水平。如沙县作为省卫计委确定的基层签约服务工作重点联系县，探索家庭保健员服务模式，作为家庭医生签约服务的延伸补充，弥补人员力量不足缺憾，即由家庭医生主讲，免费对县域内具有初中以上文化水平，愿意并有能力承担家人健康指导的居民进行培训，提升县域内居民家庭健康素养。

（四）效果好

厦门家庭医生签约服务费采取三方共同买单模式，即总服务费每人每年为120元，其中居民个人只需承担20元，居民签约后可享受专科医师个性化技术指导、社区门诊预约服务、上级医院专家预约服务及转诊服务等福利。屏南县屏城乡的里汾溪村、甘棠乡的浙洋村反映，开展签约服务后，村民就医条件好转，医保报销更方便，获得了实实在在的医疗红利。据对全省219户已签约居民家庭调查，对家庭医生签约服务表示满意的有

148 户，占67.6%，表示一般的69 户，占31.5%。

二、主要做法

（一）注重宣传引导，营造签约氛围

1. 展开务实宣传。如厦门市在全市范围内开展家庭医生签约服务主题宣传周活动，累计发放宣传资料近15 万份，发送宣传短信20 万条，开展巡讲、宣传、培训近100 场，同时开展6 期最美家庭签约医生宣传，提升签约服务的知名度。

2. 创新宣传渠道。厦门市集美区灌口镇中心卫生院通过微信公众平台向辖区居民发布家庭医生签约服务内容及优惠条件，并通过计生管理员在村居宣传；制作家庭签约服务宣传手册1.15 万套，通过诊间、健康教育、慢病随访等方式发放。

3. 树立宣传典型。作为积极探索的有益尝试，厦门市“三师共管”签约服务模式成为全国医改分级诊疗的范本，获得各级认可，并参与全国巡讲作政策解读。

（二）加大政策扶持，探索激励机制

1. 调动签约热情。通过在诊查费、医保自费比例、起付线等配套措施上向基层社区医疗机构倾斜，激发居民签约积极性。三明市在实施签约服务的卫生服务站和村卫生院全面实施一般诊疗费政策，一般诊疗费统一报销8 元，个人自付2 元；出诊费统一报销8 元，个人自付7 元；高血压、糖尿病患者在基层医疗卫生机构确诊后，可免费获得指定的基本药物。

2. 加大医疗投入。为推进签约服务，各试点地区纷纷加大基层医疗力量投入，改善签约服务硬件条件。以永安市巴溪湾社区为例，自2016 年以来单独列支基本建设资金超过100 万元，用于签约服务社区卫生服务中心标准化建设，其中每年设备购置基金60 多万元，专门为社区卫生服务机构开展签约服务购置基本设备。

3. 细化激励机制。为了让家庭医生“有底气、乐意干”，福清市将乡村医生签约服务工作开展情况纳入基层医疗卫生机构绩效考核和基本公共卫生考核内容，并与补助经费拨付挂钩，促进服务机构全面落实各项签约服务。厦门市在编制、聘用、晋升、培训、评奖等方面重点向签约服务考核优秀的家庭医生倾斜，增强家庭医生的职业吸引力。

（三）创新服务模式，打造个性服务

1. 创新服务模式。在原有签约模式基础上尝试更接地气的工作方式。如厦门市东孚卫生院创新性地将健康管理师从卫生院延伸到居民小区。在小区设立卫生服务站，全科医生、健康管理师入驻，把服务延伸到家门口，实现居民看病从不出社区到不出小区的转变，进一步方便居民。

2. 探索个性化服务。针对社区特点，大胆探索创新个性化服务以满足居民需要。如福州市仓山区临江社区卫生服务中心积极探索发展“互联网+孕产妇健康管理+儿童健康管理”服务模式，借助移动互联网平台，创建孕产妇和儿童健康管理微信群，为签约的孕产妇及时解答相关问题及咨询，得到了孕产妇家庭一致好评，中心微信公众号还将陆续推出“公益微课堂”、“体验式互助交流小组活动”、“健康教育讲座”等互动项目，满足群众多样化需求。

三、存在困难和问题

（一）宣传引导有待加强

由于居民受传统就医观念影响，加上签约制度仍处于起步阶段，导致部分居民对签约服务表现出不理解、不信任的态度，签约服务推行情况有的还不够理想。据对219 户已签约居民家庭调查，当居民家庭患病或有健康问题时，首选家庭医生的仅占15.1%。连江县玉山村签约居民林某反映，自己虽然知道可以预约上门诊疗，但对于家庭医生具体服务内容认识不清，从未接受过此项服务。而据对全省75 位签约医生调查，签约医生工作中遇到的主要困难，选择“辖区内居民家庭签而不约”的占48.0%。福安市城南社区卫生服务中心的蔡医生用“宣传度低、知晓率低、接受率低、上门难”来形容目前签约医生的困境。

（二）相关政策有待完善

一是实施细则有待完善。三明市反映，目前全国出台了家庭医生签约服务指导意见，虽然明确了服务方向和重点内容，但实施细则尚未出台。二是缺乏激励保障机制。连江县反映，家庭医生签约服务仅限于卫生部门在倡导和主推，目前签约服务收付费和医保保障机制尚未具体落实。福清市反映，家庭医生开展的健康管理、健康教育等公共卫生服务项目尚未纳入医保范畴。据对75

位签约医生调查，认为“签约医生工作中遇到的主要困难”，选择“没有按工作量和服务质量进行绩效考核激励机制”的占28.0%；选择“收入低、待遇低”的占50.7%。

（三）签约医疗队伍薄弱

家庭医生日常还需承担社区日常诊疗工作，任务重、人手少、专业水平欠缺，制约了签约服务进一步开展。一是人员不足制约家庭医生签约服务开展。仓山区临江街道反映，该街道现有常住人口3.3万人，需要13名全科医生，而现在中心注册的全科医生仅4名。服务能力有限在农村地区尤为明显，如沙县郑湖乡大炉村卫生所仅有一位60多岁的老医生，郑湖乡高地村卫生所目前没有医生。二是部分家庭医生缺乏全科医师认证资质，诊疗能力比专科医生弱，部分居民对家庭医生上门诊疗效果并不放心，导致签而不约。据对75位签约医生调查，接受过系统有效的全科医学培训的医生占57.3%；接受过培训，但培训内容不能与全科医生职责进行有效衔接的占28.0%。据对219户已签约居民家庭调查，经常预约上门诊疗服务的签约家庭仅占调查家庭的23.3%；有44.3%的签约家庭知道可以预约上门诊疗，但从未接受过。

（四）信息共享建设滞后

由于各地信息化程度不一，基层医疗机构与上级医院间信息数据共享机制不畅，制约签约服务开展。闽侯县甘蔗街道社区卫生服务中心反映，该中心几年前就与闽侯县医院接洽患者信息共享事宜，由于县医院怕患者信息泄露，至今仍未实现信息共享。福安市乡村基层医疗机构与本市上级医院的信息系统相互独立，基本没有交换共享。

四、相关建议

（一）注重宣传引导，营造签约氛围

通过务实宣传、创新宣传渠道、树立先进典型等方式，提高居民对家庭医生签约服务的认知度和接受度，重点突出签约服务便民、惠民、利民的特点，促进“小病在基层，大病到医院，康复回社区”理念的推广。

（二）健全激励机制，激发各方活力

设立全科医生签约服务专项资金，建立健全家庭医生绩效工资补偿制度，根据签约数量、服务质量、群众满意度等对签约服务给予适当补助。设立专项经费用于基层医疗设备添置。在就医、转诊、用药、医保等方面对签约居民实行差异化的政策，增强签约服务的吸引力和居民对签约服务的有效利用。

（三）鼓励多方参与，充实医生队伍

注重对现有社区医生的培养，进行规范化培训、转岗培训、进修学习以及继续教育。鼓励公立医院医师参与社区卫生服务中心家庭医生签约服务，允许符合条件的医师多点执业，充实签约医疗队伍。

（四）建立信息平台，实现资源共享

依托区域医疗服务技术平台，建立家庭医生签约服务工作信息平台，实现个人基本公共卫生服务和基本医疗信息共享，健全基层卫生系统与上级医院信息系统的互联互通，实现签约居民预约挂号、预约检查、双向转诊服务信息畅通对接。

（执笔：张凤园）

第五篇
区域概览

福州市社会发展综述

2017年，福州市聚焦“机制活、产业优、百姓富、生态美”，以“攻坚2017”“招商2017”等专项行动为抓手，迎难而上、攻坚突破、加压奋进，各项工作都取得了新的进展。全市地区生产总值突破7000亿元，增长8.5%；一般公共预算总收入突破1000亿元，增长7.7%；地方一般公共预算收入634亿元，同口径增长10.4%；社会消费品零售总额4181亿元，增长11%；居民消费价格总水平上涨1.1%；城镇居民人均可支配收入40859元，增长8%；农村居民人均可支配收入17817元，增长9%；城镇登记失业率2.43%。完成省下达的减排降碳任务。实现全国文明城市“三连冠”，荣获国家森林城市、中国领军智慧城市等称号。社会发展取得的主要成效是：

致力改革开放，发展活力持续释放。福州新区完成重点项目投资1915亿元，占年度计划的112%，对全市经济增长贡献率超过25%。自贸试验区福州片区新增企业8277户，推出3批44项创新举措、其中全国首创12项，江阴口岸集装箱吞吐量增长25%、整车进口突破1万辆。推进“三去一降一补”，全面取缔“地条钢”企业，商品房库存同比下降27.2%，不良贷款率比年初下降0.19个百分点，减税降费73亿元，33个补短板工程包完成投资257亿元、占年度计划的128%。加快“放管服”改革，取消行政审批事项68项、下放22项，确定“最多跑一趟”和“一趟不用跑”事项1334项、占总量的93%，在全国率先实行行政审批全流程电子证照应用和不动产证“网上办理”，在全省率先开展“证照分离”改革和“减证便民”专项行动，荣获中国“互联网+政务服务”创新奖、全国行政服务大厅典型案例“综合十佳”。国企改革稳步推进，组建地铁集团、金控集团、电子信息集团，海峡环保公司成功上市。国家社会信用体系建设示范城市创建加快推进，信用平台和网站建设水平跃居全国第6位。国家生态文明试验区建设完成17项改革任务，重点生态区位商品林赎买、碳汇交易、林地占补平衡等试点持续开展。在全省率先实施城市管理综合执法体制改革。基本完成农村土地承包经营权确权登记工作，晋安区确权成果在全省率先通过农业部初检并入库。全市耕地流转总面积58万亩，完成闽侯县国家级农村集体资产股份权能改革试点。对外开放步伐加快，新批千万美元以上外（台）资项目140项、境外投资项目26项。成功举办金砖国家政党智库和民间组织论坛、世界城地组织2017年亚太区执行局和理事会会议、第九届世界华文传媒论坛、第十九届海交会、2017渔业周·渔博会、第三届海丝国际旅游节、第四届丝路国际电影节等重大会议和活动，发起成立“21世纪海上合作委员会”。成功举办第五届海峡青年节、海峡两岸合唱节等41项特色对台交流活动，海峡青年交流营地正式启用。与澳大利亚霍巴特市、菲律宾马尼拉市缔结友城关系。闽东北、闽浙赣皖、泛珠三角区域协作不断拓展。

致力共享发展，民生福祉持续增进。全市各级财政用于民生支出746.64亿元，占一般公共预算支出的79.4%。完成20项75件为民办实事项目。新改扩建40所中小学、13所公办幼儿园，启动55个智慧校园建设，普惠性幼儿园学额覆盖率提高至74.87%，省级达标中职学校实现全覆盖，“安全教育实验区”建设、中小学德育工作走在全国前列。市图书馆新馆建成开放，完成70个乡镇

（街道）综合文化站和499个村（社区）综合文化服务中心达标改造，上下杭、烟台山、冶山历史文化街区（风貌区）保护修复进入实质性实施阶段。组织编纂《福州通史》，成功举办第六届闽都文化论坛。孟超肝胆医院门诊综合楼、市中医院新病房综合大楼等卫生领域重点项目加快建设，分级诊疗制度初步构建，家庭医生签约服务全面开展，在全省率先实现医联体基层医疗机构全覆盖。全面两孩政策平稳实施。群众体育和竞技体育协调发展，参加全民健身运动人数超过100万，成功举办中华龙舟大赛、中国羽毛球公开赛、环福州·永泰国际公路自行车赛、福州国际马拉松赛等大型体育赛事。在全省率先实施全民参保登记计划，退休人员养老金待遇、城乡低保补助标准、特困人员供养标准、城乡居民医保人均筹资水平稳步提高。新建农村幸福院261所、社区居家养老服务照料中心37个，提升居家养老服务站24个。城镇新增就业13.5万人，转移农业富余劳动力3.8万人。房地产市场保持稳定，建成保障性安居工程1.88万套，新增公租房配租1万套，启动共有产权住房建设试点。完成市县两级两批722个重大安全隐患点整改，安全生产形势稳中向好。“平安福州”建设深入推进，全市刑事案件发案数同比下降20.2%，平安建设知晓率、执法工作满意率均位居全省第1位，群众安全感率达94.55%。闽清、永泰灾后重建任务全面完成。所有建档立卡扶贫对象可如期脱贫，永泰省级、闽清市级扶贫开发重点县可实现“摘帽”，成立扶贫发展基金会，建成福州市惠民资金网。援宁援藏援疆、与定西市扶贫协作等工作有效开展。民族宗教、信访、行政复议、司法、仲裁以及国防动员、双拥共建、民兵预备役建设、海防、人防、反走私、爱国卫生等工作继续加强。广播影视、新闻出版、哲学社会科学、统计、科普、气象、防震、地方志、档案、老龄、妇女儿童、残疾人、慈善等各项事业全面发展。

致力攻坚突破，发展后劲持续增强。围绕经济社会发展的重点问题和群众关注的热点问题，扎实开展系列专项行动。“攻坚2017”行动硕果累累，破解阻碍项目落地的各类矛盾和问题4158个，交地14.51万亩，拆迁1341.55万平方米，动建项目448个，竣工项目238个，福厦客专、宝钢德盛二期等一批重大项目得以顺利落地，1.87万户逾期安置户得以顺利回迁，3.47万亩批而未供土地、1.44万亩供而未建土地得以顺利处置。“招商2017”行动成绩斐然，落地招商项目2647项、总投资6212亿元，其中，投资30—100亿元的项目35个，投资100亿元以上的项目2个，比特大陆人工智能、西门子研发中心等一大批世界级制造业项目相继签约、落地，吸引“回归工程”项目83项、总投资746亿元。“海上福州”建设行动亮点纷呈，落实172个支撑项目，完成投资406亿元，江阴港区11号、12号泊位提前投入运营，福州港新增4条国际集装箱班轮航线，福清核电4号机组、华能罗源火电厂等一批重大临港工业项目竣工投产，中国邮轮旅游发展实验区、国家海洋经济示范区落户福州。服务业跨越发展行动卓有成效，出台配套政策23项，动建项目55个，竣工项目34个，完成投资537亿元，新增省级服务型制造示范企业9家、省级服务型制造公共服务平台4个，入选国家供应链体系建设首批重点城市，成为全国第三个设立无现金联盟的城市，宜家家居、“八仙过海”旅游文化综合体等一批项目落地。全市接待游客6742.66万人次，增长22.1%。

致力提升效能，作风建设持续加强。扎实推进“两学一做”学习教育常态化制度化，认真践行“马上就办、真抓实干”精神，大力推行一线考察、一线巡察，充分发挥市级7个专项督查组和重大项目督办工作机制的督导作用，不等、不停、不看、不混日子、不当懒汉，干部干事创业精气神焕然一新，在全市范围内形成了力争上游、不甘落后、比学赶超的浓厚氛围。召开50多场重点企业市领导专题协调会，为企业解决生产经营中遇到的具体问题834个。全面贯彻中央八项规定精神，驰而不息整治“四风”，长乐移风易俗经验在全省推广。行政监察、审计监督力度加大，反腐倡廉深入推进。认真执行市人大及其常委会决定决议，自觉接受市人大及其常委会的法律监督、工作监督。自觉接受市政协的民主监督，积极支持市政协开展民主协商，创新市政府与市政协专题协商方式。提请市人大常委会审议地方性法规草案4件，制定政府规章和规范性文件51件。办复404件省、市人大代表建议和589件省、市政协提案，满意率分别达97.52%、100%。

2018年全市经济社会发展主要预期目标是：地区生产总值增长9.4%左右，地方一般公共预算收入同口径增长8%，固定资产投资增长12%，社会消费品零售总额增长11.5%，出口总额、实际利用外资增幅高于全省平均水平，居民消费价格总水平涨幅控制在3%左右，城镇居民人均可支配收入增长8%，农村居民人均可支配收入增长9%，城镇登记失业率控制在3.5%以内。社会发展重点抓好以下工作：

优先发展教育事业。新改扩建中小学34所、公办幼儿园13所，力争学前三年入园率达98%以上，普惠性幼儿园学额覆盖率达77%以上。优化普通高中布局，推进普通高中学生综合素质评价改革，提升全市总体成绩。加快发展现代职业教育，推进“校中厂”“厂中校”建设，创建高水平公共实训基地，培养紧缺急需的技术技能型人才。支持在榕高校发展，支持市属高校内涵式发展。

推动文化繁荣。规划建设市群艺馆新馆、第二工人文化宫、少儿图书馆新馆，保护修复上下杭、烟台山、冶山等历史文化街区（风貌区），动建闽台（福州）文化产业园、闽越水镇等项目，启用海峡文化艺术中心，优化三坊七巷街区业态，办好海丝情—中国梦、新福州人歌手大赛等群众文化活动。

建设健康福州。实施医疗卫生项目“333”工程，支持省儿童医院、妇产医院、疾控中心等省级项目建设。健全分级诊疗体系，提升重大疾病和突发急性传染病应急处置能力。持续开展爱国卫生运动，做好国家卫生城市复查迎检。落实计划生育目标管理责任制，强化妇幼健康服务保障。

完善社会保障体系。推进参加社会保险法定人员全覆盖，提高退休人员养老金待遇、城乡低保补助标准、城乡居民医保人均筹资水平。推动医养结合，加快建立多主体供应、多渠道保障、租购并举的住房保障制度。促进高校毕业生、农民工、就业困难人员和退役军人等重点群体就业创业。

维护社会安定稳定。深化“平安福州”建设，完善社会治安防控体系，实施“雪亮工程”，继续推进高清视频监控探头建设。健全重大决策社会稳定风险评估机制和突发事件应急处置机制，依法处理信访事项，完善人民调解、行政调解、司法调解等多元化联动体系。完成村（居）换届选举。实施重点领域安全专项整治，坚决防范和遏制重特大安全事故发生。

提升城市文明水平。培育和践行社会主义核心价值观，巩固文明城市创建成果，持续深化文明城市、文明村镇、文明单位、文明校园、文明家庭创建工作。编制新一版福州城市总体规划，实现市域“一张蓝图”。持续推进城区水系综合治理，统筹抓好内涝治理、水质提升、水系周边环境整治等各项工作，实施园林绿化“五个提升”工程，完成绿化福州项目49个，实现省级园林城市（县城）全覆盖。

深化生态文明体制改革。加快生态文明试验区建设，形成一批可复制、可推广的制度创新成果。探索连江自然资源资产管理制度创新试点经验，推动自然资源资产的量化、登记和交易。建立以企业为主体的排污权交易制度，推进碳排放权交易、用能权交易。启动生态环境损害赔偿制度改革，实施重金属、危险废物等高风险行业环境污染责任保险试点。

（摘编：孟力坚）

鼓楼区社会发展概况

2017年，鼓楼区积极抢抓“五区叠加”战略机遇，以“三重三比”竞赛活动为抓手，迎难而上、攻坚突破、加压奋进，如期完成区十七届人大一次会议确定的1016项工作任务。全年实现地区生产总值1385亿元，增长9.5%；一般公共预算总收入66.29亿元，增长1.1%；地方一般公共预算收入41.4亿元，同口径增长8.1%；社会消费品零售总额1057亿元，增长8%；城镇居民人均可支配收入4.8万元，增长8%。继续荣膺全国综合实力百强区、全国投资潜力百强区称号，分别位居全国第35位、第24位，较2016年分别提升4位、1位。一年来社会发展的主要工作和成效是：

突出机制创新，改革开放活力持续释放。压茬拓展改革广度和深度，17个省级以上改革试点任务和十大领域改革稳步实施。“放管服”改革深入推进，区级“最多跑一趟”和“一趟不用跑”行政审批和公共服务事项达370项、占比94.63%，入驻区行政服务中心所有事项办理时限平均压缩到法定时限的19.01%，窗口服务评价满意率达99.84%。商事制度改革走在全市前列，全面推行“五证合一、一照一码”等举措，在全省率先推行银行代收代办工商注册登记业务，率先探索电子商务（虚拟）产业园集群注册模式和企业简易注销登记模式，市场主体突破9万户，居全市首位，区市场监管局获评全国商事制度登记改革工作突出窗口单位。国企改革取得突破，组建“国投”“城投”两大集团，打造国有资本运营及投融资平台。主动融入福厦泉国家自主创新示范区建设，高新技术企业、科技小巨人领军企业约占全市三分之一，新增省市众创空间12家，国家级孵化器、省市众创空间数量及专利申请量居全市首位，获评国家知识产权强县工程示范区。人才强区战略深入实施，新引进国家“千人计划”2人、“万人计划”1人，省“百人计划”6人，福州软件园获评省计算机服务和软件产业人才集聚基地。国家生态文明试验区建设任务有效落实，环保网格化建设经验在全市推广。两岸交流互动持续加强，福州传统文化促进会、唯美客文创聚落列入全省首批台湾青年体验式交流中心。

突出生态治理，城市环境品质有效提升。晋安河西岸沿线5栋楼征迁打响全市水系综合治理“第一枪”，左海12栋水上别墅征收难题顺利破解，全区实现“河长制”全覆盖。温泉公园扩湖、五四排涝站改造等水系治理节点工程全面完成，20个易涝点、12个易涝地下室电力设施完成改造，城区防涝治涝水平进一步提升。古乐路沿线、红墙新村等17个项目47.4万平方米旧屋区改造全面实施，龙峰雅居园、陆庄庭苑等7个安置房项目顺利回迁。八一七路、鼓屏路等道路沿线48栋楼体景观有效改善，156栋楼体完成亮化提升改造，143条区管道路3.4万平方米人行道完成整修。16个老旧小区完成整治，30个老旧小区新纳入长效管理，完成123部住宅旧电梯更新改造或增设。7家农贸市场完成标准化、品质化升级改造。“全民动员、绿化福州”鼓楼专项行动扎实开展。“福道”荣获2017年“国际建筑大奖”，鼓楼区城市更新项目获评“中国人居环境范例奖”。二环五四路口改造等49个缓堵项目顺利完成，新建改造祭酒岭路、西洪支路等9条市政道路和肃威路等12条小街巷，新增13个公共停车场1350个泊位，城区拥堵问题得到缓解。环保监管力度持续加大，全面淘汰黄标车，城区空气质量优良率达96.1%，西北区饮用水源保护区水质连续22年100%达标，中央环保督察组交办任务全面完成。拆除违建11.7万平方米，市容环境卫生明显改善，“公厕长”制做法在全市推广，共享单车管理不断加强，垃圾收运模式改革有效开展，率先全面取消垃圾板车，建成全省首座花园式地下垃圾转运站。文明创建测评成绩居省市前列。

突出以人为本，民生事业短板加快补齐。全年精减的一般性支出和新增收入全部用于民生补短板，民生支出占一般公共预算支出比重的79%，52项为民办实事项目有效落实。全区新增就业2.5万人，失业人员实现再就业2210人，甘肃岷县劳务对接工作有效开展。社会保障体系日益健全，低保户、优抚对象等困难群体生活补助标准不断提高，临时救助、医疗救助等政策落实到位，共发放各类补助资金4463.92万元。新增学前教育普惠性学额约7300个，普惠率达87.1%，居全省前列；建成温泉小学、旗汛口幼儿园教学综合楼，基本建成屏山小学、琼河小学等项目，新增小学及幼儿园班级59个、学位1800个；我区被确定为少先队改革全国少工委办公室直接联系示范区。健康城区建设稳步推进，区疾控中心实验室、五凤街道湖前社区卫生服务中心及医养结合项目建成投用，率先推行分级诊疗、双向转诊服务，家庭医生签约服务实现69个社区全覆盖，居民签约率达31.4%，居全市前列，获评国家级慢性病综合防控示范区、全国健康促进区。省级居家和社区养老服务示范区建设加快推进，在全省率先建成10个五星级街镇社区养老服务照料中心，提升8个社区居家养老服务站，创新“三重三化三量”养老工作模式，获评“全国养老服务业发展典型案例”；在全省率先试行为辖区60周岁以上老年人购买意外伤害险和第三者财产损失险。文化惠民工程深入实施，区非物质文化遗产互动体验厅、数字图书馆、网上博物馆建成投用，百场文艺活动走进社区，世纪长龙影视公司出品的《彭德怀元帅》荣获中宣部“五个一工程”奖、省第八届百花文艺奖一等奖。全民健身运动蓬勃开展，成功举办区第十二届全民健身运动会等体育赛事。

突出治理创新，社会环境保持和谐稳定。在全省率先建成社区政务服务综合受理点，全国社区治理和服务创新实验区通过民政部中期评估，“军门社区工作法”得到民政部和省委、省政府肯定。严格落实安全生产责任制，开展隐患排查整治提升行动和安全生产大检查等各项工作。社会治安防控体系不断健全，“1369”社会治理行动全面开展，区矛盾纠纷多元调处中心投入使用，“片长制”网格化服务管理经验做法在全市推广，圆满完成十九大、“三合一”会议、厦门金砖会晤等重大活动的安保维稳工作，平安“三率”持续提升，获评全市唯一的全国平安建设先进区。食品药品安全监管得到加强，获评省级食品安全社会共治示范区，“智慧食安”监管平台和“永辉食品安全云网”入选全国“双安双创”成果展。民族宗教、对台、外事侨务、双拥共建、国防动员、人防等工作继续加强；妇女儿童、共青团、工会、老龄、残疾人、慈善等各项事业全面发展。

突出改进作风，政府自身建设切实加强。扎实推进“两学一做”学习教育常态化制度化，深入开展“学俊波、我践行”主题实践活动。一流法治城区加快建设，全区党政机关、街镇、社区法律顾问制度实现全覆盖。行政执法程序不断完善，行政执法裁量标准进一步细化、量化，行政首长出庭应诉机制全面推行，依法行政能力得到有效提高。加强政务公开和政府信息公开，区政府门户网站实现全省政府网站绩效考核七连冠。建设智慧政务，开启全国首个数字公民试点建设，“鼓楼通”APP投入运行，率先实现掌上全流程办事，“家在鼓楼”微信公众号获全省政务微信第二名。在全市率先成立服务企业中心，深入开展“大摸排、大走访、大调研”和“企业服务月”等活动，领导干部深入基层、企业协调解决问题1081个，在全省率先出台依法保护企业家权益的实施意见。建立民意征集办理机制，完成民意征集办理27528件。

（摘编：吴　强）

台江区社会发展概况

2017年，台江区以“攻坚2017”“招商2017”等专项行动为抓手，迎难而上、开拓奋进，较好地完成了区十七届人大一次会议确定的各项目标任务，经济社会各项事业保持平稳健康发展。2017年地区生产总值441亿元，增长5%；规模以上工业增加值33亿元，增长6.3%；一般公共预算总收入25.35亿元，增长5.1%；地方一般公共预算收入14.74亿元，同口径增长5%；实际利用外资1.79亿美元，增长12%；社会消费品零售总额405亿元，增长5.7%；全社会固定资产投资完成197亿元。一年来社会发展的主要工作和成效是：

城区环境明显改善。水系综合治理工作高效推进，创新应用“六方议事”“五三做法”等机制，在全市率先完成市下达的第一批水系征迁交地任务，拆除总面积近18万平方米；同步开展黑臭水体治理工作，7条内河基本消除黑臭，水系周边环境持续改善。旧城改造步伐加快，市中心面积最大的连片旧屋区红星地块全面启动，一期征收基本完成，二期征收签约率已达96.8%；太平汀洲、华通天香日化厂、交通路小学地块等历史遗留征迁项目全面交地，全年实施房屋征收145.5万平方米、涉迁群众11937户。同步推进保障性安居工程建设，锦祥佳园顺利交房，1900户居民得到回迁。“绿化台江”行动全面落实，光明港公园休闲步道一期、闽江北港驳岸整治一期工程（台江段）全面完工，9处串珠公园建成开放。城区基础设施不断完善，成功修复3800处人行道、290处道路后退线，14条市政道路、10条小街巷、15处内涝点、10个老旧小区得到整治提升，新增停车泊位900个；完成老药洲路、横街巷、广达支路、高桥支路等一批景观综合整治及78个城区亮化提升工程，海峡金融商务区北岸立面灯光秀取得良好社会反响。持续推动大气污染防治工作，黄标车淘汰任务全面完成，空气质量优良天数占全年的98.9%。大力实施“公厕革命”，严格落实“公厕长”机制，成功打造“园林公厕”“智能公厕”等亮点品牌。扎实推进“无违建示范区”创建提升工作，拆除“两违”面积约4.88万平方米，超额完成市下达年度治理任务。

民生福祉不断增进。区级财力倾斜民生力度不断加大，民生社会事业支出13.94亿元，占一般公共支出的比例达73.74%。年度投资4.4亿元的24项为民办实事项目有效落实。在全区推行实施居家养老日间照料模式，启动新港街道、义洲街道社区养老服务中心建设。社会保障水平持续提高，新增城镇就业7251人，安置下岗失业人员2358人，动态消除“零就业”家庭；全面建立困难群众基本生活保障工作协调机制，累计发放低保金、医疗补助金、救助金等3000多万元。校园基础设施不断完善，外贸职专通过全省达标校评估，鳌峰学校新建工程正式动工，育智学校加固及附属设施改造全面完成；第二实验幼儿园顺利通过省级示范园评估，宁化园、凤乐园、福机限价房配套幼儿园改扩建工程基本完工，新增学位510个。医疗卫生服务水平持续提升，义洲、茶亭、鳌峰街道社区卫生服务中心完成改造，推行家庭医生签约服务，“家庭医生工作站”建设项目得到全面推广；瀛洲、宁化街道社区卫生服务中心成功获评“全国百强社区卫生服务中心”；每门诊人次药品费用降低10.87%。国家公共文化服务体系示范区创建工作扎实推进，成功打造宁化街道文化站等4个基层文化阵地示范点，全面提升区级“三馆”、游泳馆及8个街道、41个社区文化站（室）功能，新增30条健身路径。实施隐患排查整治提升专项行动，安全生产形势总体稳定。加强“平安台江”创建，完成区、街道、社区三级综治中心和“雪亮工程”建设，医患纠纷巡回法庭、检爱驿站、派出所阳光E警务室等工作亮点纷呈；全区综治“三率”实现大幅度提升，群众安全感率、平安建设知晓率、执法工作满意率分别达95.47%、96.73%、97.33%，其中平安建设知晓率、执法工作满意率居全省第一。

政府建设持续加强。认真落实全面从严治党要求，扎实推进“两学一做”学习教育常态化、制度化，深入开展“学俊波、我践行”主题实践活动，干部干事创业精气神进一步提振。严格落实中央八项规定精神，“三公”经费持续下降。全面清理行政机关规范性文件。扎实推进“智慧台江”建设，群众诉求件办理时限有效缩短，办理流程不断优化。持续深化行政审批制度改革，全区审批服务窗口全面实行“窗口无否决权”服务机制；推进“减证便民”专项工作，程序时限内办结率达100%。切实加强政务公开和政府信息公开，区政府门户网站获评“中国政务网站领先奖”。精神文明创建工作扎实推进，顺利通过第五届全国文明城市测评。自觉接受区人大及其常委会的法律监督、工作监督和区政协的民主监督，办理回复省、市、区人大代表建议、批评、意见148件和政协委员提案119件，满意率均达100%。

2018年社会发展重点抓好以下几项工作：

建设教育强区。持续改善校园基础设施，启动外贸职专、台四小、交通路小学等7所学校改扩建及新建工程。探索推进“普惠制”学前教育，加大政府购买服务、财政补助力度，扶持发展普惠性民办幼儿园。深化义务教育“小片区”管理，建立健全教师编制动态管理机制；发挥“名师工作室”作用，持续加大名优骨干教师培养力度，逐步缩小校际间差异系数。稳步推进学科教学与信息化技术深度融合。

打造健康台江。全面深化基层医药卫生体制改革，推进医联体建设，进一步做好家庭医生签约服务工作。完善分级诊疗制度。建立健全社区卫生服务网络，加大全科医生培养力度，促进基本公共卫生服务均等化。实施基层中医药服务能力提升工程，加快卫生应急体系建设，全面提升紧急医学救援、处置突发公共卫生事件的能力。优化整合妇幼保健和计划生育服务资源，加大对计划生育弱势群体的关怀力度，提高失独家庭的生活质量和幸福指数。

繁荣文体事业。深化国家公共文化服务体系示范区建设，加快街道文化站（室）改造提升，实现街道、社区文化站（室）全覆盖。加快区文化馆、区图书馆总分馆体系建设，不断提升区级“三馆”数字化服务水平。打造一批具有台江特色的群众文化活动品牌。进一步完善“10分钟体育健身圈”，新增30条室外健身路径。实施优秀传统文化传承发展工程，依托上下杭历史文化街区保护修护、文艺创作、学校教育、媒体传播等途径，推动闽剧、伬唱、茶亭十番等优秀传统文化进家入户。深入推进精神文明创建活动，扎实开展移风易俗、弘扬时代新风行动，营造积极向上的社会氛围。

完善社会保障体系。积极扩大就业、促进创业，全面落实公益性岗位安置、创业担保贷款贴息、职业技能培训等扶持政策，力争新增城镇就业6500人，安置下岗失业人员2050人。建立劳动用工违法案件联合查处制度，统筹推进城乡居民养老保险制度，全面落实失业保险金发放标准与物价上涨挂钩联动机制。大力发展养老事业，优先推广社区居家养老服务，实现养老服务社区全覆盖。发挥机构养老补充作用，继续推行“医养结合”养老模式，推动养老机构规范化、标准化发展。加大困难群体帮扶救助力度，实施低保对象动态管理，切实做到“应保尽保、不冒不漏”。大力发展公益慈善事业，鼓励社会组织参与医疗救助、生活救助、教育救助等，继续做好妇女儿童、困难军属、残疾人等关怀服务工作，切实保障弱势群体合法权益。健全完善食品安全治理体系，确保人民群众饮食用药安全。

（摘编：吴　强）

仓山区社会发展概况

2017年，仓山区以“攻坚2017”“招商2017”等专项行动为抓手，迎难而上、攻坚突破、加压奋进，经济社会发展取得新成效，较好地完成了区十七届人大一次会议确定的各项目标任务。全年完成地区生产总值536.5亿元，增长9.5%；地方一般公共预算收入32.5亿元，同口径增长9.7%；社会消费品零售总额507亿元，增长15.5%；固定资产投资636.8亿元，增长14.1%；居民人均可支配收入37797元，增长8.8%；市下达的实际利用外资、外贸出口及节能减排降碳任务全面完成。顺利通过省级文明城区测评，荣获国家体育产业示范基地、省级双拥模范城等称号。一年来社会发展的主要工作和成效体现在：

项目建设提速增效。全力推进重大项目建设，水岸丽都城、奥体阳光花园等31个项目顺利竣工，林浦广场等44个项目动工建设，福泉高速连接线等107个项目加快推进，累计完成投资443.7亿元，完成率达122%。实施157个“五个一批”项目，其中新增谋划项目6个、签约项目24个、开工项目112个、投产项目15个。全力推进安置房项目建设，建成潘墩新城等10个安置房项目，面积达110万平方米。完成浦口新城、江边新苑等12个项目选房、交房工作，协议回购安置房170套，实现安置回迁9768套、89万平方米，回迁量居全市第一。全年统筹调配安置房源8100多套，有力保障水系综合治理等重点项目征迁需要。

城市配套日益完善。新建、改扩建北园路等11条道路，城区道路日均堵情同比下降27%。建成双湖新城等14个公共停车场，新增公共停车位1527个。新建公厕20座，108座公厕全部落实“公厕长”制。提升改造程埔路等8条小街巷，全面完成辖区68条2.6万平方米人行步道修复工作。完成27个易涝点整治，公园路等24条道路完成管网增设、清疏。倾力打造市民生态主题公园，高盖山生态公园一期6.1公里绿道、飞凤山奥体公园（二期Ⅱ标段）2.4公里山体步道基本建成，将于春节前向市民开放。

宜居环境不断优化。全力落实“三合一”会议保障任务，全面完成会展岛及周边、进出城关键节点等69个环境提升改造项目。以中央和省委、省政府环保督察为契机，加强重点领域污染整治，立案处罚环境违法问题49起，取缔小散乱污企业79家，完成207件环保信访件问题整改。排查内河污染源1384个，745家沿河餐饮业完成隔油池安装，水源地水质达标率连续8年保持100%。建立大气污染应急响应机制，淘汰黄标车985辆，全年空气质量优良率达96.4%。实施18个旧屋区改造项目，拆迁面积达132万平方米。完成6个旧住宅小区整治，整治面积41万平方米。改造提升中洲岛等3个亮化项目，江心公园、上江城等灯光秀亮灯运行。“绿化仓山”深入实施，完成92个城区绿化提升项目，新增绿地1595.4亩，建成区绿化覆盖率达44%，人均公园绿地面积15.1平方米。

城市管理更加精细。全面加快水系综合治理，完成河道清淤42公里、截污36公里，金港河等18条内河基本消除黑臭，建成10个沿河串珠公园，新增滨河绿道8公里。全年拆除“两违”138万平方米，完成年度目标任务的227%，我区在全国、全省“两违”现场会上作典型经验介绍，获国家住建部充分肯定。完成中央大道、综合指挥中心等98个火车南站综合治理项目。全面落实

“河长制”，56 名河道专管员开展常态化巡河护河。682 条道路保洁、108 座公厕管理服务、24 座垃圾转运站运行和 13 条内河管养全部实行政府购买服务。

保障体系持续完善。全年财政用于民生支出 29.9 亿元，占地方一般公共预算支出的 81%。8 大类 36 项为民办实事项目全面完成。新增城镇就业 15089 人、失业人员再就业 1540 人。城乡居民养老保险参保 5.4 万人，缴费率达 97.2%，被征地农民养老保障参保 12 万人，城乡居民基本医疗保险参保 28 万人。城乡低保、城乡特困对象供养、医疗救助等工作进一步加强，全年累计发放各类救助资金 3608 万元。建成 7 个星级标准居家养老照料中心、81 个社区居家养老服务站并投入使用，引进 2 家专业机构开展养老服务。落实对口帮扶资金 4346.4 万元，推动临洮农特馆落地仓山、端源旅游集散中心等 11 个扶贫项目落地周宁，扶贫协作成效明显。

教育事业优质均衡发展。福湾保障房小学等 9 个新建、改扩建项目建成投入使用，新增学位 7350 个。创新政府购买服务方式，新增 10 所普惠性民办幼儿园，6 所小区配套幼儿园移交区教育部门办学，提供普惠学位 4500 个。6 所中小学通过省级义务教育管理标准化评估认定，10 所中小学被认定为全省首批“义务教育教改示范性建设学校”。新成立 17 个中小学名师工作室，认定市级学科带头人 41 名、骨干教师 98 名。

卫生服务水平稳步提升。严复纪念医院完成土地收储，市妇幼保健院新院一期开工建设。金山街道（葛屿）社区卫生服务中心主体竣工，下渡街道社区卫生服务中心获评“全国优质服务示范社区卫生服务中心”。13 所基层卫生院全部加入医联体，家庭医生签约覆盖率达 30%。全区社区卫生服务中心、乡镇卫生院和 70% 以上村卫生室均可提供中医药诊疗服务。优化基层医疗卫生机构人才队伍，卫技岗位中中、高级职称比例分别提高至 40% 和 20%。

文体旅游事业扎实推进。区少体校综合馆竣工，提升改造镇街综合文化站 4 个、村（社区）综合文化服务中心 13 个，建成全民健身设施 48 个。参与主办第二届陈靖姑信俗文化海丝行活动，配合办好中华龙舟大赛、福州国际马拉松赛等大型体育赛事。清邮政司旧址完成修复并对市民开放，薄胎酱釉器制作技艺入选第五批省级非物质文化遗产项目，烟台山历史风貌区和螺洲、阳岐、林浦等历史文化名镇名村保护开发加快推进。索佳艺陶瓷文化创意园获评国家 3A 级旅游景区，并入选“2017 年福建省乡村旅游创客示范基地”。

社会治理不断创新。坚持包项目、包征迁、包化解、包维稳“一竿子插到底”，已拆未签个案 487 件化解了 253 件，省、市交办的 13 件积案全部息访息诉，进京非访 16 人次，同比下降 89.6%，到省集体访 27 人次，同比下降 84.1%，进京非访总量从连续 5 年全省前三，下降到全省 15 名之后，实现项目攻坚和社会稳定两手抓、两不误。坚持“七五三”工作法，“平安仓山”建设成效明显，全区刑事案件发案数同比下降 21.4%，盗窃警情同比下降 26.9%，社会保持和谐稳定。完成 87 处安全隐患点整改，全年没有发生重特大安全事故。

优化服务增效能。推进“两学一做”学习教育常态化制度化，深入开展“学俊波、我践行”主题实践活动。认真践行“马上就办、真抓实干”精神，深入开展一线考察、一线巡察，充分发挥重大项目督办工作机制的督导作用，全区干部不等、不看、不停、不当懒汉、不混日子，干事创业精气神进一步提振，形成了比学赶超、力争上游的浓厚氛围。全面贯彻中央八项规定精神，“三公”经费支出同比下降 3.4%。行政监察、审计监督力度加大，立案查处违纪案件 139 件，处理 139 人。认真执行区人大及其常委会决定决议，自觉接受区人大及其常委会的法律监督和工作监督。自觉接受区政协的民主监督，积极支持区政协开展民主协商。全年办理人大代表建议 194 件、政协委员提案 142 件，办复率、满意率均为 100%。

（摘编：吴　强）

晋安区社会发展概况

2017年，晋安区以“攻坚2017”“招商2017”等专项行动为抓手，戮力同心，奋发作为，统筹推动各项工作，经济社会发展捷报频传，圆满完成区十二届人大一次会议确定的主要目标任务，实现了新一届政府履职的良好开局。全年实现地区生产总值620亿元，增长11%以上；一般公共预算总收入42亿元，增长8.2%；地方一般公共预算收入28.1亿元，同口径增长15.6%；规模以上工业增加值130亿元，增长8%；固定资产投资额646.2亿元，增长15.3%；社会消费品零售总额710亿元，增长11.6%；自营出口136亿元，增长10%；实际利用外资1.18亿美元，增长7.5%。城镇居民人均可支配收入41544元，增长8%，农民人均纯收入18320元，增长9.7%。全社会用电量25.3亿千瓦时，增长7.9%，其中商业用电量5.8亿千瓦时，增长7.6%。出让土地18宗、1279亩，成交金额179.4亿元。一年来社会发展的工作主要体现在：

城区功能不断增强。旧城区加快改造提升，实施了泉头等5大片区85个旧屋区改造项目，洋下、浦下等一批群众期盼多年的危旧房征迁基本完成。水系综合治理走在全市前头，28条内河沿岸1600亩征迁交地率先完成。实施晋安河扩河、清障、清淤以及生态驳岸改造，新增过水流量40立方米/秒。新建井店湖、桂后溪湖、义井溪湖和洋下海绵公园、斗顶雨洪公园、八一雨洪公园，辖区新增调蓄库容87万立方米。第一批交通缓堵工程有效落实。“绿化晋安”成效明显，完成城区绿化提升项目40个，新种植大树2.1万株，城区绿化覆盖率达48.1%，居全市第一。最美庭院、最美阳台等全民绿化示范项目数量名列全市前茅。全市首个海绵公园——牛岗山公园以及鹤林生态公园建成开放，人均公园绿地面积提高到35.3平方米。城市管理更加精细，市容环卫等7个领域管理标准进一步提升，“两违”治理成效明显，“公厕长制”有效落实，垃圾分类试点工作有序开展。岳峰镇再次获评国家卫生镇。主要污染物减排、大气污染防治、水污染整治、土壤治理等工作有力推进，黄标车淘汰数量居全市第一，空气质量综合指数居城区第一，“河长制”全面覆盖，水环境保持优良，我区顺利通过中央环保督察。

北峰山区持续发展。坚持“百姓富”与“生态美”有机统一，推动发展要素向北峰山区集聚。全市首家绿色金融投融资平台——晋安金融投资有限公司投入运营。全市首个农业气象试验基地落户北峰。完成农村土地承包经营权确权登记，在全省率先通过农业部初检并入库。新出台扶持竹产业发展等一批惠农政策，重点农业企业培育壮大。人居环境不断改善，58个农村幸福院全面建成。新建“美丽乡村”3个、“幸福家园工程”9个、“农村社区”11个，寿山乡前洋村入选全国“美丽乡村”示范村，寿山村获评全省最美休闲乡村。基础设施持续完善，山区公路应急养护基地投入使用，桂湖公交线路开通运营。新建成10个行政村集中式生活污水处理设施，新改建35个行政村3400多个三格化粪池。国土绿化行动深入开展，完成面城一重山水土保持工程3000亩，封山育林1万亩。

社会事业同步推进。大力实施教育“补短板”工程，东山中学等5所学校开工建设，战坂小学等8所新校投入使用，福州首个国际学校——中加学校开学招生，全区新增学位6480个。积极引进优质教育资源，市教院一附小等9所省（市）优质教育单位，与晋五小等11所学校开展联合办学。“新优质学校”教改试点工作稳步推进，城乡联动教育帮扶工程有效实施。加快发展医疗卫生事业，省儿童医院动工建设，区医院、区妇幼保健院改扩建工程加快推进。家庭医生签约服务全面开展，“创建基层中医药工作先进单位”通过国家级验收，区医院与省附一医院建立医疗联合体。我区获评全省计划生育工作先进单位。积极创建国家公共文化服务体系示范区。4个工作室被认定为市首批文艺名家工作室。10人被认定为市第三批非遗项目代表性传承人。“寿山石雕”作为福州市唯一地理标志商标参加世界地理标志大会。区第五届运动会成功举办。着力提升旅游发展水平，鼓岭成为国家级旅游度假区，新增金鸡山公园、寿山石馆等4个3A级旅游景区。进一步健全志愿服务等文明创建长效机制，顺利通过全国文明城市测评、第五届省级文明城区总评。新店镇获评全省农村宣传思想文化工作示范乡镇。科普工作取得新成效。

民生事业保障有力。全区各级财政用于民生支出27.5亿元，占一般公共预算支出80%，完成37项90件为民办实事项目。社会就业更加充分，新增就业2.1万人、失业人员再就业1500多人。象园街道连辉社区获评国家级充分就业社区，稻田创业小镇获评市级创业就业孵化基地。覆盖城乡的社会保险体系持续完善，退休人员养老金待遇、城乡低保补助标准、特困人员供养标准、城乡居民医保人均筹资水平进一步提高，居民保的发放率、新老农保的衔接率均列全市第一。残疾人帮扶工作有力开展，发放各类助残资金1000多万元。城乡养老事业协调发展，为7类、1.4万名老年人购买了基本养老服务。区城乡社区居家养老综合服务中心建成启用，3家社区居家养老服务照料中心、新店镇多功能嵌入式养老机构相继建成。社区分类管理稳步推行，打造第一批精品社区5个、优秀社区11个。标准地址二维码管理工作居全市前列，我区在全省大会作典型经验发言。住房保障有效落实，全年受理公租房申请2028户。对口永泰灾后援建任务全面完成，与陕西延川、甘肃渭源、宁夏盐池、宁德霞浦和柘荣、永安清水乡等地区帮扶协作有效开展，完成省委、省政府下达的援藏、援疆任务。

社会保持安定稳定。开展“平安晋安建设年”行动，加强防控技术应用，在全市首创“一键式”报警系统。组建“猎鹰突击队”“飞翼行动队”，建成统一图侦平台，各类刑事案件同比下降19.3%，“两抢”案件同比下降71.4%，群众安全感不断提升。国家食品安全示范城市创建工作扎实推进，食品药品监管体制机制进一步完善。区突发事件预警信息发布中心建成投用。开展安全生产隐患大排查大整治，108个区级安全隐患点完成整改。聘请中国安科院开展辖区城市安全风险评估，形成“政府出资、专家排查、企业落实、部门督改”的安全隐患治理新模式。我区代表福州市顺利通过国务院安委会督查组综合考评。新建成区公共法律服务中心、9个乡镇（街道）公共法律服务工作站，实现“一村（社区）一法律顾问”全覆盖。创建国家法治县（区）工作通过省级考核，区司法局获评全国人民调解宣传工作先进单位。积极化解信访事项。获评全省平安县（区）。

政府建设提速增效。深化“放管服”改革，简政放权持续推进，权力清单、责任清单、负面清单等制度进一步落实，4017项区直部门权责事项向社会公布。商事制度改革进展顺利，全区新增企业6500家。行政审批全面提速，全省首家独立设置的区（县）级市民服务中心投入使用；在全省率先实行“一窗受理、集成服务”改革，率先推出“政务服务APP”，率先启动小餐饮登记办理工作；在全市率先开展全程代办服务，482项区级审批事项实现“最多跑一趟”。“企业e服务”等工作得到全省推广。政务公开工作有效落实，政府网站建设跃居全省前列，“今日晋安”微信公众号等新媒体平台开通运营。“两学一做”学习教育常态化制度化，一线考察、正向激励机制进一步健全，干部干事创业精气神不断提振。

（摘编：吴　强）

马尾区社会发展概况

2017年，马尾区坚持稳中求进工作总基调，紧紧围绕发展第一要务，以“攻坚2017”“招商2017”等专项行动为抓手，砥砺前行、加压奋进、攻坚克难，较好地完成区十届人大一次会议确定的主要目标任务。全年完成地区生产总值463.2亿元，增长9%；第二产业增加值272.4亿元，增长7.6%；一般公共预算总收入35.1亿元，增长2.2%，其中地方一般公共预算收入23.9亿元，增长11.6%；固定资产投资353.8亿元，增长14.2%；社会消费品零售总额182.3亿元，增长13.9%；出口总额198.8亿元，增长8%；实际利用外资3.1亿美元，增长7%；城镇居民人均可支配收入44728元，增长8%；农村居民人均可支配收入23046元，增长8.5%。一年来社会发展的主要工作及成效：

以提品质为目标，发展面貌逐步改善。“绿化马尾”建设效果初显。104国道沿江廊道景观改造、天马山休闲步道等44项绿化提升工程全面完成，新改造提升绿地面积44.6万平方米，实施君竹河沿线景观提升工程，串珠式公园初步形成。水系综合治理成效明显。君竹环岛、长柄村等6个易涝点得到有效整治，天台水库、亭江防洪防潮工程（一期）、亭江中心区山洪排涝工程加快建设，完成磨溪、林浦河清淤及浩溪下游排洪渠整修等工程，君竹河黑臭水体基本消除。全区实现“河长制”全覆盖。旧屋区改造力度加大。启动闽亭、福马路沿线等6片旧屋区改造，累计完成房屋征收2241户、拆迁面积28万平方米、交地面积1258亩。其中，福马路（马尾段）提升改造征迁签约工作49天完成，再创马尾征迁新速度。“两违”整治成效明显，全区拆除违法建筑17.1万平方米，完成年度计划的154.4%。城乡配套日趋完善。新改扩建道路35公里、雨污管网73.5公里。琅岐环岛路实现全线贯通，铁南东路一期等10条市政道路顺利建成，君山西路北段等9条市政道路加快建设。建成济安西路立体停车场等3个公共停车场，新增公共停车泊位615个。完成缓解交通拥堵软硬件项目74个，平均车速提高6.9%，高峰期平均车速位居全市第1位。全区62个村全部实行农村生活垃圾治理市场化运作，完成14个行政村1688户三格化粪池改造，新改建公厕20座。建成新农村“幸福家园工程”11个、美丽乡村1个。实施2017年度空气提升行动，全面完成黄标车淘汰任务，空气质量优良率达98.1%，空气质量综合指数位居五城区第2位。

以促改革为抓手，发展活力有效激发。“放管服”改革持续推进，取消行政审批事项32项、年检事项4项，简化19个办理环节，清理规范4项行政审批中介服务事项，确定“最多跑一趟”和“一趟不用跑”事项968项、占总量的96.9%。在全省率先实现市场监管行政审批事项“全程邮寄”。“两单”融合、“减证便民”等工作顺利开展，“双随机一公开”实现全覆盖，在全省率先试行“证照分离”改革和无纸全程电子化登记改革，取消70项证明材料，做到“清单之外无证明”。成立区公共资源交易服务中心，实现公共资源交易全程电子化。出口加工区二期通过验收，在全国首创跨境电商同业担保模式、全省首创“先理货后报关”等新举措，建成福州海运快件监管中心。物联网产业蓬勃发展。物联网行业影响力和知名度显著提升，荣获中国物联网产业发展先进城市称号。全国首家物联网开放实验室揭牌运营。

执行国企分级管理，推进经营性国有企业集中统一监管。财税体制改革进展顺利，实行“核定支出、定额缴补、财力奖励、自求平衡、一定三年”的镇街财政预算管理体制，完成镇街国库集中支付改革。农村改革扎实推进，完成农村土地确权登记工作，成为全省最早通过农业部验收的五个县区之一。建立区镇农村土地流转服务中心，实现联网管理。

以惠民生为己任，发展成果普惠共享。投入27.1亿元财政资金用于民生支出，增长23.2%，为民办实事项目全面完成。公共服务水平稳步提高。引入三牧中学落户马尾，市属船政小学入驻办学，凤窝小学等5个重点教育项目基本建成，马尾实验小学等4所小学入选省级义务教育教改示范性建设学校，师大二附中等7所学校通过省义务教育管理标准化学校评估验收。莲花医院一期建成投用，罗星街道社区卫生服务中心基本建成。马尾区医院新增精神疾病和心理健康门诊，填补我区精神疾病诊治空白。区社会福利中心开工建设，罗星街道居家社区养老服务照料中心建成投用。成立马尾公交公司，新增公交线路5条，动工建设琅岐公交枢纽站，地铁2号线马尾延伸段已确定纳入福州市第三轮轨道交通线网规划予以实施。积极开展创建公共文化服务体系示范区活动，成功举办第十五届“两马同春闹元宵”“中体杯”海峡国际女篮邀请赛等活动，协办第五届海峡青年节、第四届丝路国际电影节，完成4个镇（街）文化站、75个村（社区）文化服务中心达标改造，新改建健身路径30条。马尾船政入选中国20世纪建筑遗产名录，船政衙门及学堂复建工程荣获2017年度全国优秀建筑工程设计三等奖、福建省优秀建筑工程设计一等奖，船政文化景区被教育部授予第一批“全国中小学生研学实践教育基地”称号。

民生保障体系更为健全。完成沿山佳园等5个新建小区一户一表接水工程，建成保障性安居工程7223套，新增公租房配租231套。积极落实就业扶持政策，新增城镇就业人口9324人，城镇登记失业率降至1.14%。加强低保动态管理，确保应保尽保、应退尽退，城乡居民低保补助金标准提高至每人每月700元。城乡居民医保财政补助标准提高至每人每年480元，城乡居民养老补助标准提高至每人每月130元，企业退休人员养老金提高至人均每月2586元。食品安全总体形势良好，“明厨亮灶”餐饮服务电子监管全覆盖工作持续推进，全省首创水产品安全“一品一码”可视化追溯系统。

社会综合治理成效明显。“平安马尾”建设向更高水平推进，“平安三率”稳步提高，群众安全感率达94.97%，执法工作满意率位居全省第2位，平安建设知晓率位居全省第6位，综治考评连续两年位居全市优秀行列。完成21处重大安全隐患点整改，安全生产形势稳中向好。国防动员、双拥、征兵、支前、人防、海防、民兵、民宗、新闻、档案、地方志、对口援助等工作取得新成效，侨务、爱卫、老龄、工会、共青团、妇女儿童、残疾人、慈善、社会诚信等各项事业全面发展。

以转作风为重点，政府效能得到提升。作风建设持续加强。扎实推进“两学一做”学习教育常态化制度化，深入开展“学俊波、我践行”主题实践活动。按照市委“不等、不停、不看、不混日子、不当懒汉”的要求，坚持一线考察、正向激励、反向问责，全年实施效能问责14人次，“庸懒散拖”等行为得到有效整治，干部干事创业精气神进一步提振。依法行政水平持续提升。稳步推进行政权力清理、规范行政自由裁量权、政务公开等工作，在全市率先实现法律顾问制度全覆盖。自觉接受区人大常委会监督，认真执行区人大及其常委会的决议决定，积极支持区政协参政议政、开展民主协商，办理人大代表建议意见101件、政协委员提案169件，满意率分别达98%、93.5%。廉政建设持续深化。全面贯彻中央八项规定精神，实施全口径财政预算编制，推进预决算和三公经费公开，强化三公经费支出审计，全年三公经费支出下降45.8%，行政成本进一步降低。公车改革继续推进，完成车辆处置及标识化工作，全区所有党政机关保留车辆纳入信息监管平台，改革成果进一步巩固。

（摘编：吴　强）

长乐区社会发展概况

2017年以来，长乐区凝心聚力、扎实工作，全力推动各项事业发展，较好完成了区十七届人大一次会议确定的各项任务。11月6日，长乐撤市设区顺利授牌。综合经济实力持续提升。全区实现地区生产总值747.1亿元，增长10.9%；规模以上工业总产值2357亿元，增长11.5%；农林牧渔业总产值110.1亿元，增长5%；一般公共预算总收入（不含基金）65.03亿元，增长17.5%，其中地方一般公共预算收入42.43亿元，增长11.9%；固定资产投资607.2亿元，增长22%；社会消费品零售总额212.1亿元，增长11.6%；出口总值51.7亿元，增长15%；城镇居民人均可支配收入42400元，增长8%；农民人均可支配收入20700元，增长10%。经济实力继续位列全国县域百强、全省十强行列。项目带动战略深入实施，发展后劲持续增强。“攻坚2017”行动有力开展，217项攻坚项目预计投资372.18亿元，完成攻坚目标的143.2%，位列全市前茅。“招商2017”行动有序推进，共对接洽谈项目371项、总投资2022.68亿元，其中落地项目222项、总投资896.99亿元。重点项目295项完成投资453.16亿元。新增“五个一批”项目227项。“海上福州”重点项目30项投资32.71亿元，完成年计划100%。一年来社会发展的主要工作和成效是：

城市功能品质有效提升。主动对接福州市新一轮城市总体规划，完成“多规合一”信息平台搭建。营前瀛洲片区旧改持续推进，航城江莲片区旧改启动实施。东湖VR省级特色小镇加快建设，网龙智能教育小镇列入第二批省级特色小镇创建名单。“幸福家园工程”“美丽乡村”建设成效明显。基础设施不断完善，机场第二轮扩能改造顺利推进，福平铁路、长平高速、东绕城高速、长福高速长乐段加快建设，道庆洲过江通道启动建设，金梅路、文浮路透头段、溪滨路等“断头路”实现贯通，营前220千伏变电站扩建完成，漳港百户110千伏变电站建成并投入使用。优化延伸6条公交线路，福州199路公交车延伸至营前下洋，公交智能IC卡收费系统建成，实现与福州榕城一卡通系统联网。城区19处道路易涝点改造工程完成，郑和路立体停车场投入使用。滨海污水处理厂二期启动建设，城区污水处理厂和潭头污水处理厂提标改造工程前期工作加快推进，新建成污水处理设施2项，新铺设污水管网42.45公里。

生态宜居环境切实改善。环境保护力度持续加大，自然资源资产负债表编制试点工作有序推进，“蓝箭行动”扎实开展，整治突出环境问题69项。全面落实“河长制”“滩长制”，大力实施陈塘港等流域整治。开展“绿化长乐”行动，启动滨海新城森林城市景观带（防护林）建设，在全区种植香樟、秋枫、榕树4000多株，优化提升城区会堂路、吴航路、广场路等8条林荫道路，完成老旧公园改造、城区绿化提升、机场周边景观优化等7大类37项绿化项目。南山生态公园建设加快推进，“二环”休闲步道4.5公里建设完成。洞江湖公园启动建设。“四绿”工程持续推进，完成造林绿化6742亩，超额完成市下达的年度任务，空气质量优良天数比例达99.73%。133项宜居环境建设项目完成投资47亿元。“裸房”、山体保护和墓地生态整治、黑臭水体、垃圾污水、畜禽养殖场污染等专项治理行动扎实开展。大力打击“两违”，“两违”处置589宗，拆除面积109.6万平方米。

人民群众获得感不断增强。民生领域投入力度不断加大，区财政用于民生领域支出达51.96亿元，占公共财政支出比重79%。策划生成2017－2020年13个领域236个项目、总投资1291亿元的民生补短板项目（含滨海新城项目）清单。2017年147个民生补短板项目完成投资86.74亿元。7大类33项为民办实事项目完成投资20.8亿元，完成年度计划105.5%。公共服务水平逐步提高，投入8970万元实施校安工程31项，长乐一中首占校区、长乐四中、金峰中学、玉田坑田小学和鹤上中心幼儿园等新改扩建校舍投入使用，党校新校区进入建筑装修和校园景观施工阶段，区医院外科综合大楼和空港医院主体建筑开始装修，古槐中心卫生院新院动建，区人民医院项目进入施工招标阶段，区社会福利中心投入使用。吴航街道西关、胜德等4个社区居家养老政府购买服务试点工作顺利开展，营前街道长安村、马头村和松下镇松下村等幸福院建成运营。就业形势总体稳定，城镇新增就业7560人。保障性安居工程建设顺利推进，建成公租房366套。完成全区自然灾害避灾点规范化建设，吴航航兴社区、航城仁辉社区创建“全国综合减灾示范社区”。区慈善总会、红十字会、老区建设促进会、见义勇为基金会、计生协会等社团组织和关工委积极开展医疗救助、扶贫济困、老区帮扶、关爱母亲和少年儿童、见义勇为等活动，累计救助金额1643.15万元，受益群众约3.7万人次。与定西漳县的东西部扶贫协作深入开展，与南平松溪的对口帮扶和宁德周宁的山海协作不断深化。文体事业蓬勃发展，“全国武术之乡”工作扎实推进，闽剧《苏秦还乡》晋京参加2017年全国基层院团戏曲会演，承办“有福之州·智慧之城”2017围棋人工智能与物联网大会、2017年环福州·永泰国际公路自行车赛长乐赛段等活动赛事。社会治理创新深入开展，“信用长乐”稳步推进，“七五”普法和平安长乐建设等工作持续深化，分批投入1.2亿元建设社会治理应急指挥中心和“天网”工程，目前已完成社会治理应急指挥中心主体项目建设，“天网”工程高清视频监控接入专网6000路。省级文明城市创建工作扎实开展，潭头镇泽里村、文岭镇郑朱村获评第五届全国文明村，漳港街道百户村获评首批全国农村幸福社区建设示范单位，江田镇获评省级农村宣传思想文化工作示范乡镇，区文化馆获评“国家二级文化馆”。扎实抓好安全生产、突发事件应急处理、食品药品安全、防汛备汛等工作，社会总体保持安定稳定。

行政效能建设取得成效。扎实推进“两学一做”学习教育常态化制度化，深入开展“学俊波、我践行”主题实践活动。认真践行“马上就办，真抓实干”精神，坚持不等、不停、不看、不混日子、不当懒汉，进一步提振干部干事创业精气神。落实中央八项规定精神，驰而不息整治“四风”，查处违反中央八项规定和“四风”问题53起73人，全部予以党政纪处分。加强机关效能建设，整治“为官不为”“庸懒散拖”，效能问责处理39人次。聚焦婚丧喜庆大操大办、铺张浪费等陋习，通过建章立制、压实责任、分类施策、宣传引导，强力开展移风易俗专项整治，有效扭转了不良风气，查处违规操办或参加婚丧喜庆及对辖区大操大办制止不力问题10起64人，给予党政纪处分26人，廉政谈话38人。我区移风易俗经验做法在全省推广，并被央视《新闻联播》等多家中央权威媒体先后报道。行政监察、审计监督力度加大，反腐倡廉深入推进。健全重大行政决策机制，建立政府法律顾问和公职律师、公司律师制度。认真做好规范性文件定期清理工作，修改和废止规范性文件145件。认真执行区人大各项决议决定，自觉接受区人大常委会法律监督、工作监督和区政协民主监督，认真办理人民代表大会议案1件，代表建议139件，政协提案165件。此外，对台、审计、人防、工青妇、广电、气象、人才、老龄、科普、档案、民族宗教、外事侨务等工作也取得新成绩。

（摘编：苏建平）

福清市社会发展概况

2017年，福清市积极抢抓“五区叠加、一区毗邻”战略机遇，紧紧围绕实施“大福清”发展战略，推动经济社会发展迈入跨越提升的快车道。四项经济指标实现了具有里程碑意义的重大突破，主要体现在“十百千万”：“十”，2017年全市地区生产总值比增10%，相隔3年之后再回两位数增长区间；“百”，就是一般公共预算总收入100.3亿元，比增13.1%，首次突破百亿；“千”，就是固定资产投资预计完成1006.5亿元，比增16%，首次突破千亿；“万”，就是人均地区生产总值首次突破1万美元。全市规模以上工业总产值1862.5亿元，比增15.4%；全社会消费品零售总额424.5亿元，比增13.5%；实际利用外资4亿美元，比增20.7%；出口总额400亿元，比增8.8%；城镇居民人均可支配收入41315元，比增8.5%，农村居民人均可支配收入21249元，比增10.5%，较好地完成了市十七届人大一次会议确定的各项任务。在全国中小城市综合实力百强县市排名从2016年的第26位提升到第22位，获评全国休闲农业和乡村旅游示范县、全国青少年普法教育示范区等荣誉称号。一年来社会发展的主要工作和成效是：

加大环境保护力度。认真落实中央和省环保督察整改要求。畜禽污染整治工作取得决定性成果，2016年以来累计拆除关闭畜禽养殖场1852家共260万平方米，龙江、迳江等流域水质明显提升。完成重大节能减排项目20个，新淘汰黄标车835辆。城区环境空气质量优良率达98.1%，城市、乡镇集中式生活饮用水源地水质达标率分别达到100%和93.3%。推进生态水系治理。着眼于保障福清百年用水安全，编制完成湖库连通工程规划并报请市人大常委会审议通过。开展东张水库至阳下新局输水线路等8个工程可研方案编制，实施东华水库扩建等3个先行启动项目包，日供水量15万吨的观音埔水厂建成运行。入选第二批省级综合治水实验县。实施“两江八溪”共12条河道整治，完成闽调江阴支线和峡南泵站扩容改造工程。完成融元污水处理厂提标改造，新建污水管道19公里。实施城区道路易涝点整治和火车站片区排涝应急工程建设，清展、福和等原有“逢台必涝”区域经受住了台风暴雨的考验。全面推进“河长制”，推行全民治水模式，常态化开展无人机巡河、万人巡河清障活动。建设绿色宜居家园。着眼于打造“城市绿肺”，高站位、高起点规划建设总面积31.26平方公里的城市中央公园，全长6.7公里的五马联动主线工程已经贯通。启动新一轮城市绿地系统规划修编。建成环石竹湖北岸休闲步道、市民休闲公园等16个项目，市老年体育活动中心主体即将封顶。开展“全民动员、绿化福清”行动，新增绿地45公顷，绿化覆盖率达46.82%，新增植树造林9840亩，获评省级“森林城市”称号。

持续提升城市品质。完成城乡总体规划修编、“多规合一”一张图和12个专项规划编制。滨海大通道建成通车13.3公里，沈海高速镜洋互通建成通车，长福高速全线交地并动建，福厦高铁福清西站征迁工作全线推进。完成大真线、海城线路面“白改黑”工程，新建、改扩建城区道路28公里、农村公路18公里。新建和改造供水管网27公里、燃气管网23.9公里、10千伏高压架空线路264.2公里，建成城乡公共停车泊位1200个。开展第三批国家级新型城镇化试点，持续推进龙田、高山、渔溪小城镇和江阴小城市试点建设，龙田镇跻身2017年“全国综合实力千强镇”行列并入选第二批全国特色小镇。深化文明城市创建。坚持以人民为中心的思想，全面实施创城网格化管理，开展“步行查创城、骑行看文明”活动，创建车辆文明停放示范街区。成为新一届（2018－2020）全国文明城市提名城市。引进杭州金通共享单车，首批500辆已投放运营。实施城管执法体制改革，完成农贸市场管理体制改革。完成数字城管系统普查建库。推行城区“牛皮癣”清除保洁市场化运作，实行渣土车数字化监控，提高城市精细化管理水平。加快建设美丽乡村。坚持把村容整洁作为“美丽乡村”建设的基础工程，组织开展“清沟扫地摆整齐”行动，大力推进农村生活垃圾、污水整治。完善“美丽福清”监管平台，保持“两违”整治高压态势，全市共拆除违建1076宗，4672户个人建房获批挂牌施工，城乡建设规范有序、良性运行。大力推进移风易俗，探索建设生命公园。实施110个新农村精品村、示范村、创建村建设，投入4.6亿元，实施1352个建设项目，建成项目1327个，形成了一批各具特色、类型鲜明的美丽乡村。新厝镇、新厝镇江兜村、高山镇前王村获评第五届“全国文明村镇”，海口镇牛宅村入选2017中国美丽休闲乡村，渔溪镇建新村等10个村入选第二批农村社区建设省级示范单位。

公共服务不断加强。市财政全年用于民生支出64.44亿元，占一般公共预算支出的73.3%，完成117件省市县三级为民办实事项目。新建、改扩建公办中小学18所、幼儿园9所，新增学位3500个。福建师大福清分校申办独立本科院校——福建应用科技学院已经公示，德旺中学通过省二级达标高中评估验收。健全公立医疗机构管理委员会工作机制，全面深化医药卫生体制改革。福清市医院升格为三级综合性医院。福清市中医院完成搬迁，120急救指挥中心建成启用，福清南方医院、海西口腔医院等社会力量办医项目正式动建。市文化馆获评“国家一级文化馆”，市图书馆、科技馆建成正式启用。承办2017年全国“超级杯”气排球总决赛、全国女子排球超级联赛福建赛区比赛，持续推进“文化惠民乐万家”活动。完成一都东关寨等文物修缮工程。市文体局获评全国群众体育先进单位，市少体校获评国家重点高水平体育后备人才基地，侨乡合唱团、融声合唱团双双荣获中国第14届合唱节金奖。社会保障不断健全。完成全民参保登记入户调查，进一步提高企业退休人员养老金、城乡居民基础养老金、城乡低保和特困人员救助供养标准。开展政府购买社区居家养老服务试点，建成37个居家养老服务站、2个日间照料中心，引进6个社会养老项目，加快培育多层次养老服务体系。新增城镇就业2.76万名，转移农村富余劳动力4904名。新开工各类保障性住房180套，基本建成332套。社会治理更趋完善。健全综治平安“五不漏体系”，强化“齐看家保平安”行动、“巡更保平安”常态化机制，建成“福清人民”综治管理平台，全市刑事案件立案数比降34.98%，获评全省“平安先进县（市）”。实施隐患排查整治攻坚年行动，加强安全生产、食品安全、防汛抗台、森林防火等工作，保障人民群众生命财产安全。

推动政府作风大提振。认真执行市人大及其常委会决定决议，自觉接受人大的法律监督、工作监督和政协的民主监督，切实办好人大代表意见建议和政协提案，2017年共办复人大代表意见建议146件、市政协提案192件，均100%按时答复，满意率分别为99.3%和99.5%。全力支持市法院、检察院的各项改革与建设，主动接受社会各界监督。坚持依法行政。全面依法履行政府职能，落实重大行政决策公众参与机制，加强反腐倡廉建设，全面深化政务公开，推进法治政府建设，让权力在阳光下运行。提振干事创业精气神。大力弘扬“马上就办、真抓实干”优良作风，积极推行一线考察干部，强化正向激励、反向问责，不断鼓浓干事创业氛围，着力建设为民务实高效的服务型政府。

（摘编：苏建平）

闽侯县社会发展概况

2017年，闽侯县坚持稳中求进工作总基调，攻坚克难，开拓进取，经济社会各项事业取得了显著成效。实现地区生产总值532.1亿元，增长9.7%左右；一般公共预算总收入112.13亿元、一般公共预算收入71.09亿元，均位居全省县（市）区第2位；固定资产投资561.3亿元，增长21.6%；第一产业增加值、规上工业增加值、社会消费品零售总额三项指标增幅排名全市前2；城镇居民人均可支配收入38373元，增长8%；农村居民人均可支配收入16960元，增长8.4%。全国县域经济基本竞争力百强县（市）排名第51位，比2016年提升8位；连续八年入选全省县域经济实力“十强县”。连续六届蝉联省级“双拥模范县”，获评“国家知识产权强县工程示范县”，被省文明委推荐为新一届“全国文明城市”创建城市。一年来社会发展的主要工作和成效：

改革开放更加深入全面。扎实推进政府机构改革，县城市综合执法局、不动产登记和交易中心等5家单位完成机构设置或职能整合。力推“放管服”改革，取消行政审批及公共服务事项25项，审批承诺时限压缩至法定时限的23%；3批975项“一趟不用跑”和“最多跑一趟”办事清单公布运行，占本级行政审批及服务事项总数的93%；推进“两单融合”，29个县直部门权责清单梳理公布。着力“多证合一”“证照分离”及全程电子化登记管理等商事制度改革。开放型经济加快发展，引进外资项目20个，实际利用外资8.5亿元，增长12%。对台交流合作不断深化，引进品记食品、富国新物流等台资项目11个，高速物流两岸青年创业园成立运营，成为全市首家由台湾专业团队主导运营的两岸青年创业园。上海、西安、新疆等7个异地商会组建成立，与漳州平和、陕西富平等区域协作持续加强。

城乡环境更加生态宜居。县域“一张图”工作顺利开展，县城、上街大学新校区、青口汽车城等重点片区及大部分乡镇城乡总体规划方案编制完成，生态保护红线和城镇开发边界线“两线”划定，土地利用总体规划调整完善方案获省政府批复。城乡承载功能持续增强，117个基础设施项目加快推进，滨河路（二期）、溪源江安全生态水系、兰圃变电站主变增容工程等19个项目建成投用。在全市率先开展“裸房”整治工作，整治“裸房”517栋18.8万平方米。实施129个宜居环境项目，建成公共停车泊位3600个，新建（改造）三格化粪池7507户，新增城镇公厕33座，依法拆除“两违”面积110.3万平方米，圆满完成上街等进出城关键节点提升改造工程。切实加强生态环境治理工作，落实“气十条”，节能检测中心、大世界橄榄循环经济等节能减排项目顺利实施，市下达299辆黄标车淘汰任务全面完成。全力推行“河长制”，治理河流34公里，铺设污水管网55公里，竹岐、鸿尾污水处理厂及白沙污水处理站建成投用，实现乡镇（街道）污水处理厂（站）全覆盖，新增日处理污水能力1.35万吨，闽江干流（闽侯段）水质达标率稳定在100%。祥谦、南通等4个垃圾中转站建成投用，甘蔗、尚干、白沙垃圾堆放点得到有效整治，转运生活垃圾18.3万吨，“垃圾不落地”工作切实强化，“家园清洁行动”深入实施。20项中央和省环保督察移交问题整改工作加快落实，垃圾污水收集处置不到位、个别小流域水质较差等突出环境问题得到有效治理。“全民动员、绿化闽侯”行动深入开展，完成造林绿化和森林经营6万亩，新增绿地5.3万平方米，五虎山国家森林公园等重点区域保护开发力度持续加大，千家山生态公园春节前将建成开放。

社会事业更加均衡普惠。教育事业加快发展，22个校舍项目顺利实施，县教师进修校附属幼儿园、尚干中心小学新校区、昙石山中学等12个项目建成投用，新增学位3700个；闽侯六中及上街、祥谦中心小学通过省级学校管理标准化评估验收，县实验幼儿园获评省级示范性幼儿园；加大政府购买服务力度，普惠性幼儿园学额覆盖率高于市下达水平，公办幼儿园覆盖率提高到42.2%；中、高考成绩稳步提升，均居全市前列。医药卫生体制改革扎实推进，县级公立医院药品耗材收入占比下降7个百分点，患者医疗费用下降1.5个百分点；县医院新病房大楼、南通卫生院等5个项目加快实施，洋里、大湖卫生院建成投用，祥谦中心卫生院和鸿尾卫生院获评市级“群众满意的乡镇卫生院”；医疗卫生服务方式加快转变，省市下达30%家庭医生签约率顺利完成。生育政策全面落实，各项计生工作稳步推进。县社会福利中心项目加快建设，分中心启动实施，31个乡镇敬老院和农村幸福院建成投用。国家公共文化服务体系示范区创建工作扎实推进，“点单点将台”“片区文化联盟”“三联合三共建”等经验做法在省市推广，“文化市场管理”和“群众体育”两项工作获全国先进，县图书馆通过国家一级馆评估定级，青橄榄合唱团再获全国金奖。县广播发射台项目加快推进，广播电视台搬迁新址，“遇见闽侯”政务微信公众号综合排名全市第一。移风易俗工作扎实推进，志愿服务活动广泛开展，文明创建工作成效明显，顺利通过省级文明县城总评。妇女儿童、关心下一代工作持续加强，慈善、档案、科普、地方志、民族宗教等工作取得新进步。

人民生活更加幸福和谐。全年财政用于民生支出72.4亿元，占公共财政预算支出的76.6%。433个民生补短板项目加快实施，53个省市县三级为民办实事项目办结完成。城镇新增就业9503人、农村富余劳动力转移就业4588人，城镇登记失业率控制在2%以下。城镇居民医保和新农合并轨运行，各类社会保障扩面提标，城乡居民医保补助受益53.8万人次、增长17.5%，城乡居民医保政府补助标准、农村低保标准、城镇低保标准分别提高14.3%、28.6%、22.8%。食品安全工作扎实推进，创建“明厨亮灶”示范店486家，南通海峡蔬菜批发市场农产品“批批检测”“一品一码”可追溯系统在全省率先建立。道路交通安全综合整治“三年提升工程”深入开展，重要节点、关键领域安全生产工作切实加强。治安防控、信访维稳、法制宣传、应急管理、防震减灾、气象、人防、保密、助残等工作全面加强，“平安闽侯”“法治闽侯”“诚信闽侯”建设扎实推进，群众“安全感、满意率”持续提升，社会保持和谐稳定。

政府服务更加高效便民。全面学习宣传贯彻党的十九大精神，推进“两学一做”学习教育常态化制度化，深入开展“学俊波，我践行”“进一步提振干部干事创业精气神”“担当负责，提速增效”等主题实践活动，全县上下不甘落后、力争上游的氛围日益浓厚，41个单位被授予市级以上荣誉称号。政府系统党风廉政建设深入推进，重大行政决策预公开制度建立实行，政务公开和权力运行网上公开全面推进，行政监察、审计监督力度持续加大，查处侵害群众利益的不正之风和腐败问题9件36人。驰而不息贯彻落实中央八项规定及实施细则，查处违反中央八项规定精神问题8件13人。大力弘扬“马上就办、真抓实干”“钉钉子”精神，坚决整肃“为官不为”“庸懒散拖”等问题，效能问责16人。“三公”经费同比减少1373.6万元，下降42.1%，后勤服务更加节俭、规范、有力。认真执行县人大及其常委会决定决议，自觉接受县人大及其常委会的法律监督、工作监督。自觉接受县政协的民主监督，积极支持县政协开展民主协商。办复省市县三级人大代表建议149件、政协委员提案161件，满意率均为100%。

（摘编：苏建平）

连江县社会发展概况

2017年连江县大力实施“主动融入福州新区，精心打造新兴三城”发展战略，以“攻坚2017”、“招商2017”为抓手，持续推动各项工作取得新进展。全县地区生产总值429.3亿元，比增7.0%；规模以上工业增加值174.7亿元，比增7.5%；工业用电量11.9亿千瓦时，比增65.8%；财政总收入46.1亿元，比增7.1%，其中地方财政收入31.5亿元，比增15.0%；固定资产投资441.0亿元，比降7.0%；出口总额36.0亿元，比增14.6%；实际利用外资8.7亿元，比增20.4%；社会消费品零售总额156.4亿元，比增14.0%；居民消费价格总水平上涨1.0%；城镇登记失业率1.4%；完成市下达的减排降碳任务。荣获“全国水产品质量安全示范县”、“全国平安农机示范县”、“海峡两岸少数民族交流与合作基地”、“福建省平安县”、“福建省森林县城”、“福建省双拥模范县城”等称号。一年来社会发展的主要工作及成效是：

坚持提升品质，城乡面貌切实改观。《连江县城市风貌规划》《中心区东片区控规》修编完成，青塘片区、动车站站前区域城市设计完成。加快旧城改造步伐，改造朝晖路片区、玉荷东路片区棚户区247户、2.5万平方米。推进市政项目建设，新解放大桥提前竣工通车，敖江沿江休闲步道建成投用，金凤南路、城区第二水厂基本完工，改造旧城区供水管网12公里，新增公共停车泊位640个。引进中航环卫，加大卫生保洁力度，城区环境卫生质量整体提升。完善城区排水系统，治理黑臭水体，下山河、浦乌河等内河整治项目稳步实施，92个宜居环境建设项目扎实推进。对城区9个易涝点实行“一点一策”治理，城区内涝问题有效解决。黄岐滨海特色小镇加快建设，筱埕定海湾山海运动小镇创建市级特色小镇，琯头镇入榜全国综合实力千强镇。城乡交通基础设施不断完善，104国道连江至晋安段改线、228国道下岐至东边段、滨海大通道奇达至安凯段等工程稳步推进。扎实开展58个“幸福家园工程”、13个美丽乡村建设，江南梅洋村获评第五届全国文明村。强化住宅规划建设及用地管理，处置“两违”面积67万平方米。新建改造村庄三格化粪池7600个，铺设农村雨污管网18公里，完成70个行政村生活污水治理、71个行政村垃圾处理。

坚持绿色发展，生态环境持续向好。开展省级生态文明试验区试点工作，认真编制自然资源资产负债表，推进中央、省级环保督查整改工作。通港大道林荫大道建设、敖江南路林荫大道改造、九龙山公园林相改造等相继完工，提升城市立体绿化景观5个。敖江万里安全生态水系建设通过省级验收，丹凤东路沿河景观带建成，含光生态公园、南江滨堤外公园加快建设。全县造林绿化5万亩，森林覆盖率52.3%。建成区绿化覆盖率43.2%，绿地率38.3%。全面落实“河长制”和最严格水资源管理制度，兰水溪、花园溪、牛溪水质从劣Ⅴ类提升到Ⅲ类标准，重现绿水青山。敖江流域饰面石板材加工企业关停退出后续清理整治、堆渣场闭坑和矿山覆土绿化工作稳步推进。加大畜禽养殖污染源治理，保留的30家生猪养殖场标准化改造完成。中小河流治理工程、潘溪北干渠改造及新城区清水工程有序推进。山仔、塘坂水力发电站入选全国第一批“绿色小水电站”，郭婆溪等20座水库除险加固工程稳步推进。海漂垃圾治理成效显著，湿地保护、沙滩整治等工作扎实开展。落后小型燃煤锅炉全面取缔，黄标车全部淘汰。

坚持保障民生，各项事业协调发展。巩固“全国义务教育基本均衡县”、“全省教育工作先进县”创建成果，高考、中考成绩继续位居全市前列。新改扩建校舍37栋11.5万平方米，消除危旧校舍20栋2.5万平方米。鲤鱼山小学、进修校三附小、敖江中心园、百胜中学等建成投用，新增各类学位6830个。深化医药卫生体制改革，县、乡公立医院全部加入市级医疗联合体。东岱、苔菉、下宫等8栋卫生院附属楼建成，剑桥景三影像科研项目顺利落地。加强公共文化服务体系建设，达标提升乡镇综合文化站9个、村级综合文化服务中心74个，新改扩建乡村文体公园58个。成功举办环福州－－永泰国际公路自行车赛连江段赛事、第十四届县运动会、“三月三”文化节等活动。脱贫攻坚成效考核位居全市第一，全年建档立卡贫困户158户475人实现脱贫，贫困村50个全部退出。与甘肃陇西县、西藏八宿县扶贫协作工作有效开展。设立罗山畲族社区居委会，有序推动东湖罗山集中安置小区建设，全年实现异地搬迁23户107人。改造农村危房137户，马鼻镇嘉旺新城危房拆除完毕。创新社区居家养老服务，9个乡镇敬老院投入使用。就业形势保持稳定，城镇新增就业2917人，转移农村富余劳动力5050人。实施全民参保计划，城乡低保、特困人员供养标准、被征地收海农渔民养老保障标准、城乡居民医保人均筹资水平稳步提高。落实粮食安全省长责任制，中心粮库拆旧建新工程主体竣工。全面开展安全生产大检查，整改安全隐患点1633处。扎实开展信访、维稳、矛盾纠纷调解、社区矫正、安置帮教等工作，保持社会安定稳定。外事侨务、民族宗教、爱国卫生、人民武装、人民防空、优抚、打击走私、海防管理、地方志、档案、保密、老区等工作也取得新成绩。

坚持转变作风，行政效能明显提高。开展“学俊波、我践行”主题实践活动，推进“两学一做”学习教育常态化制度化。坚持不等、不停、不看、不混日子、不当懒汉，干事创业精气神进一步提振。持续整治“四风”突出问题，移风易俗工作深入推进。认真落实全面从严治党主体责任，切实履行“一岗双责”，廉政集中提醒谈话90人次、个别谈话6人次。持续深入开展法治政府建设，在行政机关全面推行法律顾问制度，规范性文件制定、备案、评估工作机制进一步健全。推进“放管服”，梳理权责清单事项7706项，承接上级下放事项362项，清理涉企、涉民证明事项175项，公布“一趟不用跑”、“最多跑一趟”清单3批839项。贵安市民服务中心建成投用。规范12345平台运行，便民服务更加高效。充分运用政务督查系统，全面推行政务“清单工作法”，集中开展机关作风和效能建设检查，效能问责26人次。自觉接受县人大及其常委会的法律监督、工作监督，积极支持县政协开展民主协商，办复人大代表建议意见131件、政协委员提案216件，满意率均为100%。

2018年工作总体要求是：全面贯彻党的十九大精神，以习近平新时代中国特色社会主义思想为指导，坚持稳中求进工作总基调，坚持新发展理念，以供给侧结构性改革为主线，围绕推动质量变革、效率变革、动力变革，把高质量发展和实现赶超有机统一起来，把握福州“五区叠加”战略机遇，大力实施“主动融入福州新区，精心打造新兴三城”发展战略，马上就办、真抓实干，持续提振干事创业精气神，统筹推进稳增长、促改革、调结构、惠民生、优生态、防风险各项工作，加快建设环境更美、品质更好、功能更全、服务更优的新连江。全县经济社会发展的主要预期目标是：地区生产总值增长9.5%；财政总收入增长8.0%，地方财政收入增长8.0%；固定资产投资增长15.0%；规模以上工业增加值增长12.0%；社会消费品零售总额增长17.0%；实际利用外资、出口总额增幅高于全省平均水平；确保完成市政府下达的减排降碳任务。

（摘编：苏建平）

闽清县社会发展概况

2017年，闽清县聚焦“三大一强”战略，强化一线考察干部，以“14个提升年”活动为抓手，深入开展“攻坚2017”“招商2017”等专项行动，在抢抓机遇中干事创业，在迎接挑战中砥砺前行，各项工作都取得了新进展。全县地区生产总值168亿元，增长9%；一般公共预算总收入17.3亿元，增长12.5%；地方一般公共预算收入9.7亿元，增长11%；固定资产投资92亿元，增长18.5%；出口总额9亿元，增长10.8%；实际利用外资611万美元，增长29.2%；社会消费品零售总额51.3亿元，增长12%。多项指标增速位列全市前列，固定资产投资增速连续3个季度保持全省前10位，呈现出多年来未见的好势头。一年来社会发展工作主要体现在：

谋建设、提品质，城乡人居环境显著改善。“大城关”建设明显加快。启动新一轮城乡总体规划修编，建成“多规合一”信息平台，促进建设项目审批效率大提升。梅溪新城围绕“一年一个样、三年大变样、五年现城样”目标，基础设施和公共配套建设大提速，展现出了“一年一个样”的风采。投资1.5亿元，建成新城一期路网主次干道5条4.3公里，正在建设新城外环路，形成“三横两纵、辅以环线”路网骨架。博仕后、蓝波湾等商住项目有序推进，锦江1号商住区、新城安置房入住率不断攀升，新城居住氛围进一步提升。与居住息息相关的公共服务配套也快速跟进，新中医院一期、新梅溪卫生院、县游泳馆、县青少年活动中心等项目实现封顶，闽清一中初中部、县第三实验小学等项目基本完成内外装修，一座功能完善的美丽新城正快速崛起。老城区改造按照“拆改留”的原则，实施市政设施补短板工程，更新改造供水管网5.3公里，新建城区道路4.5公里，新增绿道12公里、公园绿地120亩、公共停车位727个、公交车34辆。改造提升公厕、垃圾转运站等环卫设施，实行城区环卫市场化运营，保洁水平大幅提升。持续推进省级文明县城创建，城市文明程度不断提高。大交通建设如火如荼。新城66大道至横五路段道路等5个项目建成通车，新改建农村公路15公里，实施农村公路安保提升工程95公里。生态环境更加宜居。策划实施中小流域治理、城乡污水、垃圾治理和“三边三节点”环境整治项目117个、总投资86.3亿元。开展梅溪省璜段、安仁溪东桥镇区段安全生态水系建设，完成82个行政村污水治理。投入1.5亿元，建成49个新农村“幸福家园工程”示范村、50个美丽乡村，打造池埔村至福斗村美丽乡村景观带。三溪乡上洋村入选第二批省级传统村落。启用“闽清县河长制管理信息系统”，在全省率先实现信息化全域治水，得到国家水利部充分肯定。县乡集中饮用水源地和主要干流水质达标率继续保持100%。实施空气质量提升行动计划，淘汰黄标车116辆。全县拆除“两违”37万平方米。“全民动员、绿化闽清”深入开展，完成造林绿化1.9万亩，实施“一镇一公园”等51项绿化提升工程，荣获省级森林县城称号。

补短板、强弱项，人民群众福祉持续增进。脱贫攻坚成效明显。下足“绣花功”，精准“挖贫根”，探索实施“3455”扶贫工作机制，首创“家”字工作法在全市总结推广，92户314人建档立卡扶贫对象可如期全部脱贫，43个贫困村可实现退出，市级贫困县可实现“摘帽”。社会保障力度加大。12大类民生支出29.2亿元，其中教育、医疗支出分别增长9.6%、22%。完成26项63件为民办实事项目。新增城镇就业人口2075人，转移农村富余劳动力4981人，造福搬迁6800人、改造农村危房111户。新建限价房708套9.98万平方米，基本建成保障性安居工程267套。全面建立覆盖城乡的社会保障体系，退休人员养老金、城乡低保补助标准、特困人员供养标准、城乡居民医保人均筹资水平稳步提高。新农合和城镇居民医保支出1.47亿元，24.3万人次受益。建立健全救助标准自然增长机制，救助困难群众2.5万人次，发放救助金4676.2万元。社会福利事业加快发展，改造提升10个乡镇敬老院，新建24所农村幸福院，县福利中心、8个乡镇敬老院实现公建民营。社会事业繁荣发展。投入2.48亿元，实施农村薄弱学校改造等10个教育民生工程，消除危旧校舍7200平方米，新建校舍6.12万平方米，新增学位2820个。投入6500万元，建成4个乡镇中心幼儿园。投入1.2亿元，用于县乡医疗卫生基础建设和设备配置，基层医疗卫生服务能力逐步增强。积极创建国家公共文化服务体系示范区，完成7个乡镇综合文化站和59个村（社区）综合文化服务中心达标改造，新增健身路径20条，闽清籍运动员林惠敏勇夺福建省首个女子世界武术散打冠军。县科技文体局和城关中学荣获“全国群众体育先进单位”称号。防灾减灾能力不断提升。投入1000万元，建成全省首个县乡级防汛防灾信息化系统，16个集镇区域河道和40座小（二）型以上水库纳入监控范围。治理水土流失8744亩、城乡易涝点24个，建成16个乡镇人民防空警报系统和避灾中心。持续推进灾后恢复重建，57个灾后重建类项目全面完成，30个提升类项目已完成24个，累计完成投资29.38亿元。社会治理取得实效。“平安闽清”建设深入推进，建成212路高清视频监控系统，平安建设知晓率、执法工作满意率位居全省前10名，群众安全感率达94.2%，获评省级“平安县”。加强禁毒工作综合治理。开展“安全生产提升年”活动，完成81个市县两级安全隐患点整治，事故各项指标与上年相比实现两位数下降。加强矛盾纠纷排查，调解各类矛盾纠纷2204件，完成法律援助案件303件，受理群众来信来访843件，下降22.9%，化解历史积案62件。办结“数字城管”1.3万件、12345便民服务热线诉求6300件。涉侨诉讼调解新模式得到最高人民法院充分肯定。县司法局获评全国人民调解宣传工作先进集体。深入开展移风易俗活动，乡风文明得到进一步改善，5个村村规民约入选全国优秀村规民约。食品安全“你点我检”快速检测做法获得国家食安委肯定。广播电视、统计、科普、气象、地震、爱国卫生、地方志、老区建设、档案、侨务、妇女儿童、老龄、残疾人、慈善等各项事业加快发展，民族宗教、双拥共建、国防动员、民兵预备役建设、人防、军民深度融合等工作扎实推进，再次获评省级双拥模范县。县人武部被省军区授予“先进人武部”称号。

转作风、增效能，政府自身建设切实加强。依法行政进一步规范。认真执行县人大及其常委会决议决定，自觉接受县人大及其常委会的法律监督、工作监督，实行重大决策前向人大报告制度。自觉接受县政协的民主监督，积极支持县政协开展民主协商。办复县人大代表建议141件、县政协提案127件，满意率分别达99.3%、100%。政务服务进一步提升。推行“互联网+政务服务”，启动“一窗受理、集成服务”业务办理新模式，实现群众和企业到政府办事“跑一次、办多事”，全年办理审批、服务事项21万件。深化政务公开和政府信息公开，全年公开政府信息2190条。干事创业精气神进一步提振。扎实推进“两学一做”学习教育常态化制度化，深入开展“学俊波、我践行”主题实践活动，认真践行“马上就办、真抓实干”精神，开展“一线考察提升年”活动，全体干部以“爱我闽清”的自豪与激情，以用好访民（企）簿、踏破“三双鞋”的韧劲，在梅邑大地书写人生篇章，涌现出一大批“梅花型”的干部。

（摘编：赵旭东）

罗源县社会发展概况

2017年，罗源县积极融入省、市发展大局，以“攻坚2017”“招商2017”等专项行动为抓手，鼓足精气神，奋力加油干，全力推动各项工作取得新进展，较好地完成了县十七届人大一次会议确定的目标任务，实现了届首之年“开门红”。全县完成地区生产总值227亿元，增长8.5%；一般公共预算总收入20.79亿元，增长45.36%，增幅位居全省第一，其中地方一般公共预算收入12.72亿元，增长43.31%，增幅位居全省第一；固定资产投资167.6亿元，增长21.6%；出口总额3.8亿元，增长10.6%；实际利用外资2.4亿元，增长7%；社会消费品零售总额57.9亿元，增长11.5%；城镇居民人均可支配收入30088元，增长7%；农村居民人均可支配收入13941元，增长9%。实现省级双拥模范县“四连冠”，荣获2017中国最具投资潜力特色魅力示范县200强、省第三轮第二批平安县、省级森林县城等称号。一年来社会发展的主要工作和成效是：

城乡面貌明显改善。中心城区改造升级步伐加快，完成余家塘98亩和430地块征收，启动岐阳片区旧屋区改造，动建“中庚·香山小镇”“万豪三期”“香蜜湖”等房地产项目。改造提升县中心市场、塔兜农贸市场，实施罗中路改造扩建、城区道路及排水系统、南溪、起步溪清淤截污等一批市政工程。建成长桥公共立体停车库，新增城区停车泊位500个，持续修缮改造一批背街小巷和人行道，城区拥堵和停车难等问题得到进一步缓解。扎实推进全民绿化行动，确定县树香樟、县花杜鹃，造林绿化48245亩，建成凤梅生态公园一期、林荫游步道二期等项目。淘汰“黄标车”85辆，关停整改燃煤锅炉17台，城区空气质量持续提升。强力推进“两违”综合治理，拆除违法建筑49.7万平方米。深入开展省级文明县城创建活动，加快城市数字化管理平台建设，交通秩序、市容市貌等整治取得明显成效。加强农村基础设施建设，新改建农村公路18公里，完成一批通乡道路隐患路段整治和生命防护工程建设；启动实施“秀美山川农村环境综合治理”项目，改造农村户厕8893户；建成20个美丽乡村、46个新农村“幸福家园工程”和2个少数民族特色村寨试点村，霍口乡、福湖村分别入选省十佳旅游休闲集镇、二十佳旅游特色村，松山镇北山村等4村获评省级乡村旅游特色村。编制城市环卫专项规划，实行城乡环卫一体化、城乡路灯维护管理市场化运营。全面推行“河长制”，流域水环境进一步改善。

各项改革纵深推进。深化“放管服”改革，创新推行园区建设项目审批监管模式，实行重点项目行政审批区域化评估评审和联合验收等定制服务。组建县公共资源交易服务中心，全面推行电子化招投标。推进“互联网+政务服务”，实行全流程电子证照、电子印章应用和标准地址二维码管理。推进“多证合一”、企业名称登记便利化改革，新增注册市场主体3244户、注册资本112.9亿元。大力推广PPP等融资模式，首创农村人居环境治理“社团+企业”运作模式，有效解决基础设施建设财政资金不足问题。强化增收节支，政府性债务风险降低至警戒线以内，被省财政厅确定为财政系统内部控制制度示范县。开展林业碳汇交易试点，司法、户籍、医药卫生、行政综合执法等各项改革稳步推进。建成创业创新示范园区，完成专利申请310件、授权190件，新增省科技小巨人领军企业培育名单2家、省级高新技术企业1家、省级科技型企业2家。

社会事业协调发展。实施教育质量提升计划，完成义务教育“全面改薄”和校安工程建设；县特殊教育学校和进修校二附小民族班开班办学，动建县第三实验幼儿园、洪洋中心幼儿园、职业中学实训基地综合楼和碧里中心小学教学综合楼；职业中学顺利通过省级示范性职业院校评估验收。加大医疗卫生投入和综合改革，成立县域医疗联合体，动建县医院病房大楼，完成县妇幼院儿科楼建设和县医院妇产科病房改造提升；首台核磁共振设备在县医院投入使用，填补我县大型医疗设备空白；通过全国基层中医药工作先进单位复审，开展家庭医生签约服务。完成5个乡镇和40个行政村综合文化服务场所改造提升，编纂《罗源县志（1991—2005）》侯卫东官场笔记等一批丛书。文艺创作成绩喜人，成功举办“畲族·风”等一系列文化活动。成立全省首个非物质文化遗产传承人之家，新增省级非物质文化遗产代表性项目1项和代表性传承人省级5名、市级7名。完善体育场地设施建设，全民健身蔚然成风，罗源籍运动员在第十三届全运会上取得佳绩。妇女、儿童、工会、青少年、残疾人、老龄、台侨、档案等工作扎实开展，社会更加和谐稳定。

民生保障持续改善。县财政用于民生支出23.9亿元，占一般公共预算支出的75.1%，基本完成15项年度为民办实事项目。脱贫攻坚成效明显，191户592人建档立卡扶贫对象全部脱贫，31个贫困村实现摘帽退出。新增城镇就业2918人，转移农业富余劳动力5545人，城镇登记失业率控制在1.47%。扎实推进全民参保登记，各项社会保险参保率稳居全市前列，退休人员养老金待遇、城乡低保补助标准、特困人员供养标准和城乡居民医保人均筹资水平进一步提高。养老事业加快发展，建成农村幸福院10座、慈善助老安居楼9座、社区老年人日间照料场所2个。完成农村危房改造52户、残疾人“安居工程”45户、“造福工程”搬迁514人和公租房配租97套。“平安罗源”建设深入推进，县乡村三级综治中心建设加快推进；多元化解矛盾机制进一步完善，县乡村三级公共法律服务实现全覆盖；强化技防体系建设，严厉打击“1040”传销、毒品等违法犯罪活动。双拥支前、人防海防、外事侨务、爱国卫生、老区建设、社会科学等工作扎实推进，民族宗教、安全生产、食品药品安全监管、信用体系建设、军民融合深度发展等工作不断加强。县红十字会、计生协会、环保协会、慈善总会、企联会、关工委、老促会、老体协、老科协等组织为民生事业作出积极贡献。

政府作风切实改进。扎实推进“两学一做”学习教育常态化制度化，深入开展“学俊波、我践行”“案无积卷、事事争先”等主题实践活动。大力弘扬“马上就办、真抓实干”优良传统。全面贯彻中央八项规定精神，驰而不息整治“四风”，深入开展移风易俗整治活动，实施效能问责18人次。行政监察、审计监督力度加大，反腐倡廉深入推进。自觉接受人大及其常委会的法律监督、工作监督和政协的民主监督，认真执行县人大及其常委会决定决议，积极支持县政协开展民主协商，办复87件市、县人大代表建议和123件市、县政协提案。

2018年工作总体要求是：紧紧抓住福州市“五区叠加”等各种历史机遇，以“城乡融合发展、致力蓝色崛起”为统领，马上就办、真抓实干，持续提振干事创业精气神，统筹推进稳增长、促改革、调结构、惠民生、优生态、防风险各项工作，加快建设机制活、产业优、百姓富、生态美的新罗源。全县经济社会发展主要预期目标是：地区生产总值增长9.5%左右，一般公共预算总收入增长9.47%，地方一般公共预算收入增长8%，固定资产投资增长13%，社会消费品零售总额增长12%，出口总额增长3%，实际利用外资增长3%，城镇居民人均可支配收入增长7%，农村居民人均可支配收入增长8%，力争各项指标增幅更快更好些；居民消费价格总水平涨幅控制在3%以内，确保完成市下达的节能减排降碳任务。

（摘编：赵旭东）

永泰县社会发展概况

2017年，永泰县开展“攻坚2017”“招商2017”专项行动，以“一线考察干部”为抓手，提振干事创业精气神，凝心聚力、攻坚突破，实现本届政府工作的良好开局。全年共完成地区生产总值159.9亿元，增长10%；一般公共预算总收入13.9亿元，增长21.4%；一般公共预算收入9.1亿元，增长20.9%；固定资产投资111.4亿元，增长25%；出口总额5.1亿元，增长30.8%；实际利用外资2116万美元，增长15%；社会消费品零售总额60亿元，增长14%；城镇居民和农村居民人均可支配收入分别增长10.5%和12.5%。主要经济指标全面完成，12项考核指标中8项指标名列全市前三；地方财政收入实现赶超，全省排名挺进3位。荣获首批全国生态文明建设示范县、全国法治县创建工作先进县称号。一年来社会发展的主要工作有：

城乡面貌持续改善。改扩建市政道路10公里，打通城区断头路3条，新增公共停车泊位549个，铺设燃气管网15.3公里，新改扩建供水管网12公里。刘岐大桥林荫休闲步道建成使用，小汤山生态主题公园春节前实现对外开放。沙浮棚户区改造加速推进。省级文明县城创建成效明显，顺利接受总评。实施宜居环境整治项目308个，累计投资10.46亿元。完成省道203线嵩口至梧桐“白改黑”、202线清凉渔溪至红星礼柄拓宽改造。建成闽江防洪工程福州段（三期）和清凉溪安全生态水系10公里。创建17个美丽乡村和51个“幸福家园工程”，拆除“两违”47.2万平方米。完成5个乡镇垃圾转运站建设和71个村垃圾治理、63个村污水治理，新建改造三格式化粪池1.24万户。28个村庄入选第二批省级传统村落名单，省级传统村落总数达到45个，位居全省榜首；新增省级文物保护单位9个；成立永泰县乡村复兴基金会。

民生事业加快推进。打好精准扶贫攻坚战，全省扶贫攻坚现场会在我县成功召开，“合作社＋”模式、“惠民资金网”在央视播出，永泰精准扶贫工作经验得到肯定推广；贫困户脱贫、56个贫困村退出和省级扶贫开发重点县摘帽工作有序推进。出台教育、医疗、养老、基础设施4项民生补短板方案，完成58项省市县为民办实事项目。原实验小学和城关幼儿园恢复办学；第三实验幼儿园建成使用；赤锡等5所公办幼儿园启动建设；福建农林大学东方学院开学，首批招生4000人；城建校代表福建省参加全国中职技能大赛。县中医院主体工程完工，妇幼保健院迁建项目动工建设；医疗体制改革深入推进，组建永泰总医院，成立专家工作站。全面落实二孩政策。实施高龄老人补贴制度，引入老年服务专业机构运营县社会福利中心，开展居家养老专业化试点。“尼伯特”台风灾后重建圆满收官，140个项目全部完工。“六馆一中心”基本建成，图书馆、博物馆和文化馆对外开放，国家公共文化服务体系示范区创建扎实推进。社会治理逐步完善，平安三率位居全市前列，“七五普法”活动全面铺开。标准地址二维码门楼牌挂牌标注工作基本完成。社会信用体系建设扎实开展。完成征兵108人。落实安全生产“党政同责、一岗双责”制度，全年无发生重大生产安全事故。餐桌污染治理扎实推进。移风易俗取得积极进展。

全域旅游提档升级。在全市率先出台含金量较高的旅游优惠政策，全年接待游客806万人次，增长23.7%；旅游业收入29.1亿元，增长

28.3%。完善旅游规划布局。确保国家级全域旅游示范县创建成功。发挥旅发委统筹协调功能，建立旅游联席会议等配套机制。完成全域旅游规划编制。推进文旅集团发展，深化旅游产业改革，储备新旅游资源，提升产业管理水平和竞争能力。创新投融资机制，设立旅游产业基金，建立旅游资源资产交易平台，推进旅游景区整合。编制温泉资源开发利用规划，谋划温泉养生高端旅游产品。设立落地和流量奖励，出台民宿、农家乐管理办法，开展乡村旅游特色村评选和乡村旅游经营单位、农家乐评星活动，加大力度培育经营主体。海洋极地世界、极乐汤等文化旅游项目动工建设。第六届环福州·永泰国际公路自行车赛、首届大青云越野赛等旅游赛事和国际温泉旅游节、世界华文媒体永泰行等活动成功举办。百漈沟景区晋级4A级景区，全县4A级景区达到4家，占全市28.6%；新增11个省市旅游特色村和1个乡村旅游精品示范点。深圳至上海动车永泰旅游站点开通。旅游集散中心投入使用。嵩口中国休闲旅游特色小镇创建扎实推进，大湖森林小镇通过国家林业局初审，台口智慧小镇进入市级特色小镇创建名单。"永泰自然来"旅游品牌营销全面启动，永泰旅游进入全域化推广阶段。开展全域旅游创建，推动旅游迈上新台阶

生态建设继续领先。空气质量位居全市首位。顺利通过中央和省环保督察。国家重点生态功能区建设扎实推进，完成《产业准入负面清单》编制，新增生态补助6805万元。开展"绿化福州、美化永泰"活动，植树造林1.4万亩。全面落实"河长制"，实施"碧水清源"行动，关停蜜饯企业11家，拆除养猪场30家。提标改造城区污水处理厂，新建雨水管网10.1公里、污水管网10.5公里。动工建设生活垃圾环保处理项目，建成并试运行东部污水处理厂。深化重点生态区位商品林赎买改革，赎买面积1.12万亩。开展林业碳汇交易试点，交易面积4.1万亩。探索林地占补平衡和生态环境损害赔偿改革试点。开展藤山省级自然保护区调整晋升国家级工作。

自身建设不断加强。推进"两学一做"教育常态化制度化，开展"担当负责、提速增效"专题活动。深化"放管服"改革，梳理公布三批546项"最多跑一趟"办事清单，废止规范性文件117份。实施"人才强县"试点，考录招聘行政事业干部404名，其中全日制硕士研究生34名。完成行政单位公务用车改革。实施不动产统一登记交易制度。健全重大行政决策机制，规范执法行为。主动接受县人大及其常委会法律和工作监督，自觉接受政协民主监督，办理人大代表建议意见80件，政协委员提案80件，办复率100%，满意率、基本满意率分别达97.5%和100%。

2018年是贯彻落实十九大精神的开局之年，是改革开放40周年，是实施"十三五"规划、奋力后发赶超的关键一年。新一年政府工作的指导思想是：全面贯彻党的十九大精神，以习近平新时代中国特色社会主义思想为指导，统筹推进"五位一体"总体布局和"四个全面"战略布局，围绕省、市决策部署，紧扣县第十三次党代会提出的"四区"打造目标，坚持问题导向、改革创新，推动质量变革、效率变革、动力变革，促进永泰在实现高质量发展上不断取得新进展。全县经济社会发展主要预期目标建议为：地区生产总值增长10.5%；一般公共预算总收入增长13.7%、一般公共预算收入增长10.2%；全社会固定资产投资增长16%；工业固定资产投资增长20%；第一产业增加值增长4.3%；规模以上工业增加值增长10.5%；建筑业增加值增长11.3%；第三产业增加值增长15.6%；社会消费品零售总额增长15%；出口总值增长8%；实际利用外资增长10%；城镇居民和农村居民人均可支配收入分别增长10.5%、11%；城镇登记失业率控制在3.8%以内；居民消费价格指数控制在3.5%左右；主要污染物排放和单位地区生产总值能耗控制在市下达指标内；实现旅游人数超过一千万。

（摘编：赵旭东）

厦门市社会发展综述

2017年，厦门市着力稳增长、促改革、调结构、惠民生、防风险，各项工作全面进步，质量效益持续提升，经济社会保持平稳健康发展。完成地区生产总值4351.2亿元，增长7.6%；固定资产投资2381.5亿元，增长10.3%；财政总收入1187.3亿元，增长9.6%，其中，地方级财政收入696.8亿元，同口径增长11%；城乡居民人均可支配收入增幅与经济增长基本同步；居民消费价格上涨2%；完成年度节能减排任务。一年来社会发展的主要工作和成效：

厦门会晤筹备和服务保障工作圆满完成。厦门会晤是2017年我国主办的最重要的主场外交活动之一。厦门坚决贯彻习近平总书记重要指示精神，在国家有关部委、省委省政府和市委坚强领导下，认真落实节俭务实少扰民各项措施，充分利用现有场馆设施，做到能借就不租、能租就不买，会晤期间尽量不放假不停工不停课，出色完成了各项工作。习总书记深情赞誉厦门是高素质的创新创业之城、高颜值的生态花园之城，全市人民倍感振奋。会晤的成功举办增强了全市人民的获得感。把筹备工作与灾后恢复重建、文明城市创建有机结合，全面提升城市品位，更新建筑物立面9069栋，建成夜景照明工程2038处，种养绿植近100万株，改造道路216公里，缆化通讯管线188公里、电力管线33公里，有效改善了人居环境。狠抓城市治理，全面开展基础信息大排查，强化群防群治，平安厦门实现质的提升。会晤的成功举办汇聚了积极向上的正能量。把筹备工作作为锤炼干部、展示作为的重要平台，层层压实责任、强化正向激励，形成了一整套严谨务实高效的工作机制。广大干部职工恪尽职守、连续奋战，锻造了实干精神和过硬作风。广大市民群众积极支持、无私奉献，用实际行动展现了城市深厚的文明底蕴，赢得创建全国文明城市五连冠，为新时代新发展注入了强大动力。

发展动力活力显著增强。开展新一轮降成本优环境专项行动，狠抓改革攻坚和开放合作，获评全国城市信用建设示范市和创新奖，国际营商环境经第三方评估居全国前列。供给侧结构性改革取得实质进展。实施营改增、下调社会保险费率、取消47项涉企收费等政策措施，为企业减负超过250亿元。深化“放管服”改革，取消或下放行政审批事项72项，减少各类证明材料230项，80%以上审批服务实现“一趟不用跑、最多跑一趟”，电子政务发展指数居全国第4位。新增商事主体11.9万户，增长22.8%。民间投资增长20.4%。市属国企资产总额增长18.8%，利润增长43.8%，建发、国贸跻身世界500强。自贸试验区建设成效明显。围绕打造“三区一堡”，加快推进投资自由化、贸易便利化、产业高端化，累计推出创新举措298项，其中全国首创49项、在全市复制推广214项。在工程建设和市场准入领域开展行政审批制度改革试点，大幅压缩时限、提高效率。建成国际贸易“单一窗口”2.0版，成为全国第2个加入亚太示范电子口岸网络的成员口岸。关检一站式查验平台+监管互认被评为最佳实践案例。中欧（厦门）班列通达9个国家13个城市，累计发运221列，成为中欧安智贸首条铁路航线试点。打造16个重点平台，获批并投用汽车整车进口口岸，成为全国第三大进口酒口岸。获批航空区外保税维修政策，航空维修业产值占全国1/4，增长10%。累计设立融资租赁企业288

家、开展52架飞机租赁业务，首次开展大型设备、船舶租赁。对外交流合作更加紧密。实际使用外资160.1亿元，增长11.2%，规模居全省首位。外贸进出口额5816亿元，增长14.3%，其中进口增长28.4%，出口增长5.2%，扭转了出口连续下滑态势。积极落实“一带一路”倡议，对“海丝”沿线国家贸易额2083亿元、增长12.8%，投资额22亿美元、增长70%，新增合作项目30个，设立全国首支地方政府主导的“海丝”投资基金。厦洽会、国际海洋周等活动影响力进一步增强。对台战略支点作用更加凸显。围绕促进两岸融合发展，深入实施综合配套改革，货物、服务、资金、人员流动更加便利。新批台资项目668个，实际使用台资增长12.6%。初步建成集货币清算、跨境贷款、现钞调运为一体的两岸银行货币合作平台。对台海运快件增长34.9倍。厦金航线周末及节假日增加船班实现常态化，出入境旅客161.4万人次。成功举办第九届海峡论坛和工博会、文博会、旅博会等40多项重大活动。

城市承载力宜居度持续提升。大力拓展城市空间，着力完善基础设施、优化人居环境，现代化城市建设迈出新步伐。新城基地建设加快。开工项目232个、在建401个、竣工110个，完成固投826亿元，电力、供水、燃气、学校、医院等配套加快完善。集美新城累计引进企业1549家，产城融合进一步提速。环东海域新城和现代服务业基地206个公建项目全面推进，滨海旅游浪漫线加快建设。马銮湾新城146个公建项目进展顺利，三横三纵骨干路网实现通车。同翔高新技术产业基地起步区一期、二期框架初步形成。基础设施更加完善。成为全国最高等级国际性综合交通枢纽。翔安机场填海造地、交通市政等配套工程稳步实施。国际航运中心加快建设，国际中转箱量增长72%，集装箱吞吐量突破1000万标箱。地铁1号线开通运营，2、3、4、6号线累计开工64个车站，区间掘进37公里，厦门迈入地铁时代。福厦高铁厦门段正式开工建设。基本完成同集路改造，建成灌新路、集灌路等一批工程，“两环八射”外环基本贯通。城市管理更加精细。创新城管执法机制，拆除“两违”672万平方米，户外广告、流动摊贩、露天烧烤、不文明施工等专项整治成效明显。稳步推进25项交通疏解工作，打通6条断头路，整治20处安全隐患路段和一批学校医院周边堵点，新增优化公交线路97条，港湾式改造公交站点38座，新增公共停车位7500个，清理不合规网约车、规范共享单车取得初步成效。生活垃圾分类全面推行，覆盖全市主城区90%小区和所有公共区域，知晓率超过90%、参与率超过80%，做法和经验成为全国范例。城乡环境持续改善。基本完成19项生态文明体制改革任务。空气质量综合指数在全国74个重点城市排名第4。长泰枋洋水利枢纽一期工程建成通水，莲花水库建成蓄水，我市供水水源实现由“一江两库”到“两江四库”。全面推行河长制，基本消除6处水体黑臭现象，实现9条溪流465公里河道养护全覆盖，最严格的水资源管理制度考核名列全省第一。完成营造林4.1万亩，海沧湾整治成为蓝色海湾国家示范工程。严打非法采砂洗砂，修复岸线14.5公里。建成500千伏厦门变电站三期等电力设施。完成海沧、同安门站建设，实现管道燃气双气源保障。在全国率先确立海绵城市建设管理标准体系，地下综合管廊绩效评价全国第一。

民生改善成效日益凸显。坚持为民惠民理念，加强和创新社会治理，着力补齐民生短板，群众获得感、幸福感、安全感持续增强。社会事业取得积极进展。鼓浪屿申遗成功，习近平总书记作出重要指示，为文化遗产保护指明了努力方向、提供了根本遵循。新改扩建中小学项目60个，建成中小学校20所，新增学位2万个；开建公办幼儿园22所，新增学位6500个。2.2万名外地务工人员随迁子女通过积分入学。国际学校建设加快。教育质量稳步提升。居民主要健康指标居全国前列。复旦大学中山厦门医院建成投用，新增床位800张。北京中医药大学与厦门中医院开展深度合作，成立厦门分院。厦门特色分级诊疗和家庭医生签约服务模式向全国推广。医疗救治应急指挥平台投入运行，国家健康医疗大数据中心及产业园建设扎实推进。全运会金牌数全省第一，30项国际和国家级赛事成功举办，厦门马拉松赛实现国际田联路跑金牌赛事十连冠。社会保障日趋完善。新增就业18.6万人，发放2.2亿元企业稳岗补贴，支持3930家企业开展技能培训。社会保险参保人数稳步增加，巨灾保险顺利开展。社会救助和保障标准与物价上涨挂钩联动，城乡低保和特困人员基本生活标准分别提高到每人每月720元和1080元。企业退休人员月人均基本养老金提高到3422元，最低工资标准提高到1700元，均居全国前列。困境儿童分类保障制度更加完善。居家养老实现城区全覆盖、农村基本覆盖，医养结合试点不断深化，养老机构床位中护理型占比达83.7%。开工及续建保障性住房4.1万套，在建总量接近前十年建成总和。按照区位好、配套好、品质好、环境好、规模大的标准，规划建设4个保障房地铁社区，一期项目全面开工。出台限购限贷限售政策，房价过快上涨势头得到有效遏制。社会治理水平持续提升。社区网格化管理服务不断升级，持证社工占全省46%。食品药品安全追溯系统投用，全国食品安全示范城市创建中期评估名列第一。在生态环境优良的南平等地建立万亩优质副食品供应基地，已正式向我市供货。安全生产责任制落实有力，标准化建设持续完善，安全生产大检查和重点行业领域专项整治全面推进，2281家违规使用醇基燃料餐饮场所整改清零。刑事警情下降42.8%，重点信访积案办结率大幅提升。军民融合深度发展，国防动员创新推进，实现省级双拥模范城（区）“满堂红”四连冠。36项为民办实事项目全面完成。妇女、儿童、青年、老年、民族、宗教、侨务工作继续加强，残疾人、红十字、慈善、人防、气象、档案、地方志等工作取得新进步。

政府自身建设全面加强。牢固树立“四个意识”，严守党的政治纪律和政治规矩。深入推进“两学一做”学习教育常态化制度化，严格落实中央八项规定精神和国务院约法三章，全市“三公”经费支出持续下降。自觉接受人大法律监督、工作监督和政协民主监督，认真办理市人大代表建议298件、市政协提案483件，办复率均为100%，满意率分别为99%和95%。提请市人大常委会审议法规草案5件，制定市政府规章4件，废止和宣布失效市政府规范性文件50件，立法推进社会文明建设走在全国前列，获评法治政府建设典范城市。加强政府系统党的建设，认真落实意识形态工作责任制，修订市政府工作规则，出台市政府重大行政决策规定。加大行政监察和审计监督，狠抓巡视巡察发现问题整改，查处追究41家单位92个效能问题、问责150多人，推动作风建设实现长效化。

2018年要坚持稳中求进工作总基调，坚持新发展理念，紧扣社会主要矛盾变化，按照高质量发展的要求，统筹推进“五位一体”总体布局和协调推进“四个全面”战略布局，坚持以供给侧结构性改革为主线，把高质量发展与实现赶超有机统一起来，统筹推进稳增长、促改革、调结构、惠民生、防风险各项工作，大力推进改革开放，持续强化创新驱动，推动质量变革、效率变革、动力变革，奋力开创新时代“五大发展”示范市建设新局面，进一步建设高素质高颜值的现代化国际化城市，以实际行动当好新时代中国特色社会主义排头兵。经济社会发展主要预期目标为：地区生产总值增长8.5%左右，固定资产投资增长15%，财政总收入和地方级财政收入分别增长8%和8.2%，社会消费品零售总额增长10%，城镇居民和农村居民人均可支配收入分别增长8%和8.5%，居民消费价格涨幅控制在3%左右，完成国家和省下达的节能减排任务。

（摘编：孟力坚）

思明区社会发展概况

2017年，思明区在市委、市政府和区委的正确领导下，认真学习贯彻党的十九大精神，坚持以习近平新时代中国特色社会主义思想为指导，始终坚持把服务保障厦门会晤作为重要使命，与灾后恢复重建、深化文明创建等有机结合，扎实开展“十大提升行动”。广大干部职工恪尽职守、连续奋战，出色完成了环境营造、安保维稳等各项任务，彰显了攻坚克难、善打硬仗的过硬作风。广大市民群众积极支持、无私奉献，用实际行动为城区有序运行、社会平安和谐献计出力，展现了勠力同心、崇德向善的文明底蕴。习近平总书记饱含深情地赞誉厦门是“高素质的创新创业之城”“高颜值的生态花园之城”，作为厦门会晤主阵地，全区人民倍感振奋，为实现新时代的新发展注入强大动力。紧紧依靠全区干部群众，凝心聚力、锐意进取，各项工作取得积极进展，经济社会保持平稳健康发展。全年完成地区生产总值1321.9亿元，比上年增长7.8%；财政总收入224.4亿元，增长6.8%，其中地方级收入124.6亿元，区级收入53.0亿元；固定资产投资294.4亿元；城镇登记失业率3.6%；年度节能减排任务顺利完成。一年来社会发展的主要工作和成效：

城区颜值显著提升。鼓浪屿以历史国际社区之姿获评联合国世界文化遗产，总书记作出重要指示，为文化遗产保护指明了努力方向、提供了根本遵循。全面落实区四套班子领导路长制、片长制，深入践行“一线工作法”，形成一套科学高效的工作机制。加大“两违”整治力度，形成政府重拳出击与居民主动自拆的良好互动格局，合力拆除黄厝路口、前埔村口等区域违法建筑131万平方米，超过去五年总和。拆除规整各类广告店招近12万平方米，占道经营、油烟扰民、不文明施工、扬尘污染等专项整治成效明显。改造提升建筑物立面309万平方米，打造沙坡尾活态博物馆、浪漫溪头下等特色街区，再现中山路百年老街历史风貌。建成夜景照明工程740处，构建会展北、鼓浪屿及鹭江道、筼筜湖璀璨夜景带。完成厦港新村等53个老旧小区改造提升。充分挖掘边角闲置地块等空间资源，火车站南、万寿路等一批公共停车楼建成投用，新增公共停车位4484个。打通后江埭等断头路，升级老旧管网，推进管线缆化下地、多杆合一、共杆共箱，完成禾祥西路等重点路段基础设施改造。实行市政园林环卫国企化管养改革，试点开展城管体制改革。全面推行河长制，淘汰黄标车775辆，空气质量优良率全市第一。绿化美化景观287万平方米，完成中山公园、祥滨路街心公园等13处园林提升，打造环岛路沿线带状公园，呈现“一城春色半城花”的美丽身姿。

社会环境安全稳定。广泛发动社会力量参与群防群治，17.6万名平安志愿者投身平安建设。全面落实基础信息大排查，率先在全市实现“5个100%”。创新劳资纠纷隐患排查预警机制，劳动关系领域投诉举报案件下降15%。建成观音山音乐学校青少年毒品预防教育基地。刑事警情数同比下降42%，全区社会安全感满意率、执法工作满意率领跑全市。深化国家食品安全示范城市创建活动。深入开展危险化学品、燃气等重点行业领域安全专项整治，完成568家重点单位、98个社区的微型消防站建设，鼓浪屿、嘉莲街道成功跻身国际安全社区。

人文素质日益彰显。思明好声音、好故事唱

响主旋律。陈建萍作为全省唯一社区工作者代表出席党的十九大，全区19家单位和155名同志获评服务保障厦门会晤省级先进。广大社区群众和各行各业人员充分发挥城市“主人翁”精神，积极投身厦门会晤保障、文明礼让等活动，涌现出商会志愿服务队等20余支品牌队伍，助力厦门获评全国文明城市“五连冠”。官任国际化社区建设富有成效，社区文化更加开放包容。出台《思明区住宅小区综合管理若干意见（试行）》，推动小区共建共管。规范整治共享单车停放乱象。建成区大件杂物处理中心。垃圾分类工作全面铺开，实现厨余垃圾全直运，形成全民参与、多元共治的良好局面。

社会保障精准兜底。创新采用“信息共享+精准帮扶”模式，兑现就业补贴1.67亿元，新增就业5.2万人次，失业人员再就业4.7万人次。全面实施医疗救助“一站式”即时结算服务。提高低保标准，发放圆梦助学、安康计划等各类救助款6600万元，惠及群众超10万人次。扩大智能居家宝服务范围，落实98个社区为老服务项目。试点国家智慧健康养老基地示范项目工作，加快区级养老服务综合体和街道级日间照料中心建设，探索医养结合新模式。

教育优质均衡发展。第八幼儿园罗宾森分园投入使用，第二实验小学改扩建、金桥幼儿园等项目有序推进，新增学位1080个。协和双语学校成功开办，引领民办教育向国际化、高端化迈进。新培育省名校长后备人选16名，省教学名师、省学科带头人培养对象12名，兑现教育人才奖励金111万，非编教师待遇增长23%。全省首创核心价值观动漫课堂及动漫剧场，实现社会主义核心价值观与校园德育工作有机融合。

文体卫计等各项事业蓬勃开展。侨批广场成为弘扬华侨精神新地标，新加坡总理李显龙到访考察并给予充分肯定。新建梧村、筼筜等基层综合性文化服务中心，举办第九届海峡两岸郑成功文化节、“中华情·中国梦”文艺展演、世界沙排赛等活动赛事。加强文物保护，国家级非遗保护项目送王船成为厦门民俗文化重要名片。顺利通过国家慢性病综合防控示范区建设工作验收。稳妥实施全面两孩政策。外事侨务、民族宗教、方志档案等工作取得新进展，人民武装、双拥共建、人防海防、妇女儿童、关心下一代、老龄、残疾人等各项事业取得新成效。

依法行政扎实推进。严格遵守宪法和法律，自觉接受人大及其常委会的法律监督、工作监督和政协的民主监督，办理市、区人大代表议案3件、建议76件、政协委员提案152件。深入开展“七五”普法，建成区级公共法律服务中心，与市中院联合打造全国首个法治文化街区。选聘新一届政府法律顾问团，修订区政府工作规则，确保科学决策、民主决策、依法决策。

政务服务提速增效。深化行政审批制度改革，编制权责清单，实现“一张清单管到底”。以“一趟不用跑”和“最多跑一趟”的要求，倒逼提升行政服务职能。大力推动“多规合一”改革，“双随机、一公开”监管不断深化。稳妥推进事业单位与区属国企公车改革。优化行政服务中心职能，实现区级所有审批服务事项全天候、一站式服务。财政绩效管理工作成效突出，成为全省唯一获国务院表彰的县（市）区。

廉政建设从严从实。“两学一做”学习教育常态化、制度化建设扎实推进，严格落实中央八项规定精神。强化一岗双责，深化“五抓五看”，加大“一把手”约谈问责力度，压实主体责任。创新“6+X”工作机制，加强财政资金审核、审计、监察工作，开展会晤保障、精准帮扶等领域专项督查。出台《思明区财政资金审批办法》等制度，扎牢权力的笼子。

2018年工作的总体要求是：坚持稳中求进工作总基调，坚持新发展理念，紧扣社会主要矛盾变化，统筹推进“五位一体”总体布局和协调推进“四个全面”战略布局，以供给侧结构性改革为主线，以产业高素质、城区高颜值、民生高水平为目标，努力实现更高质量、更有效率、更加公平、更可持续的发展，奋力开创新时代幸福思明建设新局面。全区经济社会发展的主要预期目标为：地区生产总值增长8.1%；财政总收入增长7%，固定资产投资增长10%，实际使用外资2.5亿美元；城镇登记失业率控制在4%以内，完成市下达的节能减排任务。

（摘编：孟力坚）

湖里区社会发展概况

2017年，湖里区全面落实“2+4+N”发展战略1，着力稳增长、促改革、调结构、惠民生，各项工作取得积极成效，经济社会保持平稳健康发展。全年实现地区生产总值900亿元，增长9%；财政总收入190.8亿元，增长11.3%，其中区级财政收入43.7亿元，增长11.4%；完成固定资产投资340亿元，主要经济指标均能完成年度预期目标；城镇居民人均可支配收入增幅与经济增长基本同步；年度节能减排任务可以完成。一年来社会发展的主要工作和成效：

这一年，是金砖国家领导人厦门会晤成功举办之年。全区上下攻坚克难、奋发有为，结合灾后恢复重建和文明城区创建，高质高效完成环境提升、景观改造、安保维稳等各项会晤筹备工作，塑造了高素质高颜值的城区形象，增强了全区人民的获得感，汇聚了积极向上的正能量，被省委、省政府授予厦门会晤筹备和服务保障工作先进集体。

征地拆迁有力推进。今年来，完成征地611亩，海域退养1912亩，房屋征收106万平方米，省市重点项目房屋征收总量居全市各区第一。地铁征拆快速推进，后埔—枋湖片区征迁任务全面完成，两岸金融中心片区东宅社在三个月内完成整村拆迁签约。东宅安置房开工建设，金林湾花园A区竣工验收，集鑫佳园A区、马山安置房完成提升改造。

重点项目加快建设。构建“大发改”工作格局2，策划生成并积极推动湖里市民中心、湖里体育公园、忠仑文化公园、优质民办学校、“八山两水”3十字绿廊等一批重大项目。分批实施投资工程包，住宅集团办公大楼等15个项目如期开工，鼎丰国际广场等37个项目全面竣工，西海湾邮轮城等62个项目顺利推进。环五缘湾高星级酒店群加快建设，凯悦酒店、牡丹港都酒店、佰翔五通酒店相继竣工开业。

引资引智成果丰硕。加强联动招商，中海外国际邮轮城商场、金洲黄金资产管理、厦门黄金投资、厦门金融租赁等一批优质项目签约落户，自贸区湖里片区今年来新引进企业2601家，全区新增商事主体3.7万户，1－11月实现利用外资2.3亿美元，总量居全市各区第一。深化“550”人才引进计划，全年共培育引进各类高层次人才95名。

市容市貌大变样。完成2585栋建筑立面改造和2059栋坡屋顶改造，提升绿化美化445万平方米，建成夜景照明工程547处，拆除“两违”4150万平方米、违法广告和店招19.9万平方米，“白改黑”5道路56条，城区面貌焕然一新。

城区管理新提升。认真落实《湖里区全面加强城市综合管理总体方案》，实行“干管分离”改革，推动城区管理专业化。创新推行区领导包街道、部门包社区、机关干部包路段的“路长制”，定路定人定责，形成横向到边、纵向到底的管理网络。持续开展停车秩序、占道经营等专项整治行动，在全市城市综合管理考评中成绩名列前茅。快速推行生活垃圾分类工作，在全市率先实现所有社区全覆盖，欣悦园小区被列为全国城市生活垃圾分类工作现场会观摩点，经验做法被国家住建部点赞推广。

生态环境更优化。认真配合中央环保督察，责令整改各类环保违规企业118家。加强“空气、水、土壤”三大领域综合治理，推进中埔、兴湖路、南山路、五缘湾截污工程及内湾水体整治，实施仙岳山等24个地质灾害点整治，建成薛岭山、虎头山公园，完成五缘湾湿地公园景观提升改造，生态环境不断优化。

社会事业全面发展。努力办好教育事业，开工建设湖边小学、特教学校、金林湾幼儿园，支持天地公司开办九年一贯制天地学校和天地幼儿园，新增义务教育和学前教育学位2670个，中考学业质量位居全市各区前列。加快医疗卫生资源建设，复旦中山厦门医院建成投用，启用兴华社区等5个社区卫生服务站，探索开展小区卫生服务站试点，家庭医生签约覆盖率达31%。推进文体事业繁荣，提升16个社区综合文化服务中心，建成投用新老年活动中心，举办中国俱乐部杯帆船挑战赛、五缘湾城市乐跑、社区文化艺术节等系列品牌活动。重视发展养老事业，扎实推进老年人康乐家园建设，加快爱鹭老年养护中心等养老机构建设，建成蔡塘社区老年人日间照料中心。

民生保障力度加大。完善临时救助政策，发挥慈善会等公益组织作用，发放各类社会救助金2991万元。新增就业22098人，智慧就业综合管理服务系统获国家人社部肯定。推进社会保险扩面，五个基本险种参保人数均超过38万人。改造提升18个老旧小区，神山三航小区被列为全国老旧小区改造试点工作座谈会观摩点。推动全市首批地下空间建设公共停车设施项目公开出让，建成五缘湾湿地公园停车场等13个公共停车设施项目，新增公共停车泊位3275个。精准扶贫甘肃东乡和广河县，对口帮扶福建浦城、长泰、连城县，拨付资金3200万元，开展协作项目31个。

社会治理不断深化。创新开展“小区建设”，以党支部建在小区为引领，着力打造业委会、物业公司、社会组织、小区居民共建共治共享的小区治理格局，努力打通联系服务群众的“最后一百米”。创新多元化纠纷解决机制，推动成立全省首家港航调解中心、全市首家社区公共法律服务站。深入开展“护航金砖·湖里担当”行动，完成全区基础信息大排查，全面加强重点领域安全治理，彻底整治非法使用醇基液体燃料餐饮场所，今年来110刑事警情同比下降41.1%，安全事故总量和死亡人数分别下降58.7%、71.4%，人民群众安全感率创下五年新高。

同时，妇女儿童、民族宗教、外事侨务、涉台、人事、统计、方志、档案等工作不断加强，双拥优抚、人防海防、民兵预备役、老龄老干、残疾人、红十字等工作取得新进步，获评全省双拥模范区、全省文化系统先进集体、全省信访系统先进集体。

依法行政扎实推进。研究出台法治政府建设实施方案，聘任区政府新一届法律顾问。全面梳理行政权力、公共服务和政府履职清单，公布区级权责事项1809项、街道权责事项142项，主动公开政府信息908件。认真办理区人大代表议案和建议81件、区政协提案78件，坚持重大事项向人大报告、向政协通报。

服务效能全面提升。深入推进“两学一做”学习教育常态化制度化，推行马上就办，从严治庸治懒，给予效能问责34人次。不断深化“放管服”6改革，推行“双随机一公开”7事中事后监管，建成智慧审批综合平台，梳理区级“一趟不用跑”和“最多跑一趟”事项625项，部分事项实行24小时服务和周末无休，区行政服务大厅事项即办率达到73.8%。

廉政建设不断强化。严格落实中央八项规定精神，“三公”经费和会议费支出同比减少30%，顺利完成党政机关公车改革和司勤人员分流安置。强化行政监察和审计监督，加强对国有资产、政府采购、建设工程招投标等重点领域的监管，健全国企经营业绩考核等机制，持续加大源头治腐工作力度。

2018年政府工作总体要求是：坚持新发展理念，按照高质量发展的要求，统筹推进“五位一体”8总体布局和“四个全面”9战略布局，坚持以供给侧结构性改革10为主线，深入实施“2+4+N”发展战略，在产业转型、城区提升、社会治理和民生补短板方面取得扎实进展，促进经济社会持续健康发展，进一步建设高素质高颜值的现代化中心城区。经济社会发展主要预期目标为：地区生产总值增长8.5%，财政总收入和区级财政收入分别增长5.3%、3%，批发零售贸易业销售额增长15%，固定资产投资380亿元，城镇居民人均可支配收入增长8%，完成省、市下达的节能减排任务。

（摘编：游学荣）

集美区社会发展概况

2017年，新一届区政府在市委、市政府和区委坚强领导下，以习近平新时代中国特色社会主义思想为指导，以迎接十九大、贯彻十九大精神为动力，扎实推进稳增长、调结构、促改革、惠民生，全面开展“效率提升年”活动，举全区之力服务保障厦门会晤，各项工作有力有序，经济社会健康协调发展。全年完成地区生产总值630亿元，增长6.2%；固定资产投资375亿元，与去年基本持平；财政总收入112.3亿元，增长5.3%，其中，区级财政收入31.2亿元，增长4%；城镇居民人均可支配收入44687元，农民人均可支配收入24724元，分别增长8.7%和7.5%，城乡居民收入增速超过经济增速。上榜“2017全国综合实力百强区”，获评国家慢性病综合防控示范区、全国计生基层群众自治示范区、全国群众体育先进单位等荣誉，实现省双拥模范区“七连冠”。社会发展的主要工作有：

城市配套日趋完善。“一心四片”加速融合，城市建成区超过80平方公里。推进集美新城161个基础设施、社会事业及产业项目建设，预计全年投资超200亿元。马銮湾新城规划修编入库，投资8.3亿元推动54个公建项目建设。集美汽车小镇超额完成年度投资计划，集美动漫小镇列入省级第二批特色小镇创建名录。重大项目稳步实施。轨道1号线试运营，轨道4、6号线加快建设，福厦客专开工。同集路、集灌路、杏滨路等“两环八射”城市快速路完成改造。长泰枋洋水利枢纽一期工程通水，成为厦门第二水源。杏滨小学地下停车场建成，集美大学印斗校区、宁宝公园等公共停车场项目加快推进。征地拆迁强力推进，攻克国道新324线、许庄村整体搬迁、西客明珠等征拆难点，全年完成征地5495亩，拆迁75.5万平方米。

城市生态持续向好。全面做好中央环保督察整改工作。打响蓝天保卫翻身仗，累计投入大气污染治理资金近9000万元，近三个月空气质量跃居全市前列。全面完成锅炉整治任务，实现对28家大型餐饮单位油烟在线监控，关停拆除全区机砖厂。加强水环境治理和水资源保护，饮用水源地水质稳定达标。全面推行“河长制”，遏制生猪养殖回潮，清退流域200米范围内的养殖场，55个分散式污水治理工程建成投用，138个自然村实现污水集中纳管。深化城市黑臭水体治理，日东湖生态修复工程成为全省黑臭水体整治成功案例。强化土壤污染防控，在57个小区和7个行政村推行生活垃圾分类工作，建成区垃圾分类覆盖率达56.4%。

城市面貌显著提升。重点实施“六线六片”景观提升工程，绿化提升320万平方米，立面改造967栋房屋，岛外第一高楼、月光环“灯光秀”等216处夜景工程建成投用，嘉庚建筑景观获中外游客点赞，在厦门会晤报道中倍受关注。厦门大桥、集美大桥、杏林大桥三大桥头片区完成整治提升，景观焕然一新。“大城管”格局全面形成，持续高压推进“两违”治理工作，全年拆违104万平方米；引进“无人机航拍+地面跟拍”模式，全面梳理市容市貌问题；农贸市场占道经营、渣土运输污染等城市顽疾得到有效治理。拆除集美旅游商城，取缔学村无牌证三轮车，整治杏滨铁路沿线、杏林片区海岸线餐饮船及砂场，破解了一批群众关注的热点难点问题。

社会保障更加有力。加大民生投入，全年民

生支出42.6亿元，占一般公共预算支出的78.1%。坚持创业带动就业，补贴新创经营实体340个，核发就业补助奖励约1.5亿元，城镇失业人员再就业1.3万余人，职业技能培训1.2万余人次。扩面提质全民参保工作，全区社保参保总数55.7万人，增长14.4%。加快发展养老服务，开展社区信息化助老服务试点，在34个社区实施居家养老专业化服务，11家农村幸福院投入运营。加大“三农”扶持力度，支持国企参与村居集体发展项目，西亭人才公寓、三李城商业中心等集体发展项目开工，溪西村项目签约。在全省率先基本完成农村土地承包经营权确权登记工作。

社会事业更加均衡。教育强区建设进一步深化，高分通过全国中小学校责任督学挂牌督导工作创新县（区）省级验收。新改扩建中小学2所，新开办3所公办幼儿园，与中科院合作举办幼儿园，新增中小学学位2070个、幼儿园学位990个。出台义务教育阶段民办学校扶持补助政策。健康集美建设进一步提升，市妇幼保健院集美院区、第一医院杏林分院新项目开展前期工作，家庭医生签约覆盖率达30%，集美街道社区卫生服务中心获评全国百强，我区获评省计生工作创新奖。人文品牌更加彰显，集美学村获评省级历史文化街区，厦门（集美）对台研学旅行基地获评福建省首批对台交流基地，首次举办海峡论坛两岸特色庙会，举办集美·阿尔勒国际摄影季、2017中国综艺峰会等大型活动。

社会管理更加精细。持续推进社会稳定。围绕服务保障厦门会晤，开展基础信息大排查，实现“一标四实三清”。实施“雪亮工程”，推行“小案快打”，刑事警情下降43%，降幅全市第一。高标准建成城市公共安全管理平台，为平安集美建设提供“最强大脑”。抓紧抓实安全工作。开展“黑油黑气”、“三合一”场所等专项整治，实现社区微型消防站全覆盖，全区未发生较大以上生产安全事故。积极创建国家食品安全示范城市，保障人民群众“舌尖上的安全”。全面深化文明创建，后溪镇蝉联全国文明乡镇，银亭社区、鳌园景区再次获评全国文明单位，在册志愿者占户籍人口10%。提高防灾减灾能力，田头等3个社区入围全国综合减灾示范社区，民间公益救援组织“福建省蓝天救援防灾减灾中心”挂牌，救灾志愿者组织“飞鹰救援队”成立，财政出资实现“巨灾保险”全覆盖。

强化改革创新。转变政府职能，深化简政放权，加大“放管服”改革力度，权责清单全面公布，取消行政审批事项19项，承接下放事项68项。创新监管方式，实现“双随机一公开”监管全覆盖，全面落实“一单两库一细则”。修订《区政府工作规则》，建立和完善土地开发管理、第三方评议等机制，机制创新纳入政府各单位年度效能工作要点和绩效考评。

强化作风建设。加强政府党组建设，推进“两学一做”学习教育常态化制度化。全面开展政府系统“效率提升年”活动，效能约谈19人次、效能问责51人次，干部队伍精神面貌持续向好，执行力有效提升。推进“互联网+政务服务”，实现“一趟不用跑”和“最多跑一趟”事项1318项，占总事项86%。在全市率先实现自助终端一体机在镇街、村居全覆盖，推动67项区级便民服务事项向基层延伸。严格落实中央八项规定，完成首批公车拍卖。

强化依法履职。出台法治政府建设实施方案和学法普法相关实施意见，扎实推进法治政府建设。充分发挥政府法律顾问作用，严格落实重大行政决策合法性审查等六项制度，完成区政府规范性文件清理。持续强化信访复查、行政复议和行政应诉工作。办理区人大代表议案1件、建议125件，区政协提案140件。代表关注的安置房产权证办理取得新进展，新办安置房个人产权证459套。加强审计监督和预算绩效管理。

同时，积极开展友好城市合作交流，扎实做好山海协作、对口支援帮扶等工作。外事侨务、港澳台事务、民族宗教、国防动员、慈善、老龄、关心下一代等工作都取得了新发展，工会、共青团、妇联、残联、科协、侨联、红十字会等群团组织为推动政府工作发挥了重要作用。

（摘编：游学荣）

海沧区社会发展概况

2017年，海沧区着力稳增长、促改革、调结构、惠民生、防风险，全力推进国际一流海湾城区建设，当好厦门会晤“护城河”，各项工作取得积极成效，经济社会平稳健康发展。1－11月实现地区生产总值556.2亿元，增长5%；区级财政收入36.6亿元，增长12.7%；固定资产投资（不含农户）404.2亿元。全年地区生产总值增长5.1%；规上工业产值1050亿元；区级财政收入37.6亿元；固定资产投资（不含农户）430亿元；城镇居民人均可支配收入45230元，增长7.5%；农村居民人均可支配收入25400元，增长7.8%，有望实现全省“十二连冠”，稳中有进、稳中向好的发展态势得到有效巩固，全面完成年初确定的城市提升、民生改善、生态建设等方面承诺目标任务。全市唯一获评全国首批生态文明建设示范区，两岸创新创业典型经验得到国务院通报表扬。一年来社会发展的主要工作和成效是：

发展空间有效拓展。编制嵩屿码头至新阳大桥滨海地区、东孚新城等7个片区规划，策划生成项目310个。提升完善海沧湾新城，嵩屿码头提升、泰地海西一期等项目竣工，完成海沧湾6.4公里沿线夜景工程，打造展现国际水平的新型夜景城市地标。临港新城功能加快健全，日益成为成熟城区，华中师大附小、临港生活广场等教育、商贸项目相继开工、竣工。马銮湾新城招商与滚动开发全面提速，78个“三公”项目加快推进，总投资280亿元。东孚新城空间规划体系进一步完善，香草特色小镇启动建设。抓实征地拆迁、“两违”整治，完成征地3150亩、交地9310亩、拆迁185万平方米；拆除“两违”70.7万平方米，有力保障轨道2号线、地铁社区等省市重点项目用地需求。

交通体系更加完善。“五纵八横”主干路网大部分建成，角嵩路、海翔大道、马青路海新互通等群众热盼的重要项目实现全面通车，海沧海底隧道、海沧货运通道、新324国道等项目加快推进并取得重大实质性进展。片区路网不断完善，新阳大道、港北路西段等12个项目先后建成。优化调整11条次公交线路，完成25座公交候车亭建设；以国有企业为主体提供的公共自行车系统有序运行并持续扩大覆盖面，有效衔接群众出行“最后一公里”。狠抓交通秩序整治，全面排查整治全区交通安全隐患。

市政配套更加完善。全方位加强防灾减灾能力，建成雨污水管35公里，启动86个防汛隐患点治理及4个综合管廊项目建设；除个别涉及跨区域协调问题外，完成全区易涝点整治，有效解决城区内涝问题。新增1118个路外停车泊位，全国首个预制装配沉井式地下停车库投用并在全市推广。天然气海沧门站建成，新增燃气用户4000余家；公厕、清洁楼、充电桩建设力度持续加大。智慧城区建设有效推进，实现全区地理信息“一张图”管理；光纤覆盖率、光宽带占比持续居全市各区首位；市民广场、医院等公共区域基本实现免费WiFi覆盖。

美丽乡村持续深化。创新国有企业参与集体经济项目运作机制，有力带动15个集体经济项目高效推进并建成石塘、渐美外口公寓，已完成及在建集体经济项目村（居）覆盖面超过50%。农村生活污水治理实现全覆盖。青礁村入选中国最美休闲乡村、院前社成为中国乡村旅游创客示范基地。

社会事业稳步推进。全面完成40项为民办实事项目。教育规模和质量并进，14 个项目、1 万个学位交付使用，15 个项目、1.54 万个学位开工建设；设立教育基金会，畅通捐资助学渠道；中高考质量持续提升，区属校中考成绩大幅提升，高考成绩超额完成市期望值。群众医疗卫生服务需求得到更大程度满足，桥南卫生服务中心、新阳医院改扩建项目竣工投用，新增床位200 张；海沧医院通过三级医院认定、市区共建争创“三甲”，石塘、嵩屿社区卫生服务中心入选全国百强；分级诊疗改革不断深化，基层门诊首诊量增长 20%。成功举办国际半程马拉松、万人徒步大会等体育赛事和活动。

社会保障日益增强。“零就业”家庭持续保持动态归零。城乡居民养老保险、医疗保险参保率连续 6 年达 100%。率先全省推行户籍人口大病医疗救助保险全覆盖；建立城乡一体低保制度和特困供养模式，城乡低保、特困人员基本生活标准分别提高至每人每月 720 元和 1080 元。居家养老专业化信息化落地服务和“15 分钟养老服务圈”实现城市社区全覆盖，新阳日间照料中心、7 个农村幸福院加快建设。兴港四期、佳鑫二期等 4 个项目交付使用，新增 1957 套安置房，启动地铁社区建设。

社会治理取得实效。网格化治理不断深化，社区治理和服务创新实验区等典型经验在全省推广。海虹、兴旺获评全国流动人口社会融合示范社区。完成全区基础信息大排查，重点信访积案办结率 100%，刑事警情下降 41.8%。平安企业联盟、专职平安巡防队、微型消防站建设经验在全市推广。全国工贸行业安全生产标准化样板区建设扎实推进，安全生产责任制全面落实，安全生产重点行业（领域）专项整治成效明显，整改“三合一”场所 3192 家、非法使用醇基燃料的餐饮场所 238 家；连续 5 年未发生森林火灾。社会信用体系建设稳步推进，率先全市建成区级公共信用信息平台。食药安全、“明厨亮灶”等工作扎实推进。军民融合深度发展，连续四年荣获省级双拥模范区。

文明内涵更加丰富。有效统筹文明城市创建、厦门会晤保障、“莫兰蒂”台风灾后重建等工作，深入创建全省文明城区。累计开办社区书院 26 座、“四点钟学校”29 所，成为弘扬优良家风、传承耕读文化的重要平台；大力发掘宣传红色文化；志愿服务深入人心，全区注册志愿者人数达 4.2 万人；文明交通、未成年人思想道德建设等工作保持省市领先。妇女儿童、残疾人工作继续加强，民族团结宗教和睦，外侨、人防、档案、红十字等工作取得新进步。

生态治理成效显著。做好配合中央环保督察各项工作，督察信访交办件全市各区最少、整改力度最大，有效解决一批生态环境突出问题。严格落实河长制，基本完成过芸溪小流域上、中游综合治理，水质接近地表水 IV 类标准；新阳主排洪渠黑臭水体初步消除；海漂垃圾综合治理取得实效，海沧湾岸线整治及生态修复工程全线完工，成为国家蓝色海湾示范工程；海绵城市试点建设扎实推进。率先全市完成挥发性有机物治理，完成黄标车淘汰、工业锅炉整治任务，建成远海、海润码头绿色岸电项目，空气质量优良率达 96.4%，空气质量综合指数全市各区第三。

生态景观有效提升。新增建成区园林绿地 74 公顷；完成造林 8500 亩，占全市 40% 以上。一批主干道路、空地、裸露山体绿化水平有效提升，大屏山等重要门户节点花海风景林建设有序推进。

生态制度日趋完善。通过 ISO14001 环境管理体系认证，完善环保网格化监管机制，全面落实生态文明建设和环境保护目标责任。完成全区湿地资源调查。垃圾分类稳步实施，建成区小区实现全覆盖、农村覆盖率达 30%。绿色生态理念深入人心，公众生态文明建设满意度达 96.2%，全市唯一获评全国首批生态文明建设示范区。

供给侧结构性改革有新进展。落实并出台一批降成本措施，服务业“营改增”效应显现，增量配电业务改革被列为国家发展改革委第二批试点。深化“放管服”改革，清理规范行政审批、中介服务比例分别达 22.2%、39.9%；行政审批、公共服务事项 100% 上网，162 个事项全流程网上办理，1089 个事项实现“一趟不用跑”或“最多跑一趟”；“就近办、马上办”便民服务改革经验全省推广。

（摘编：游学荣）

同安区社会发展概况

2017 年，同安区主动融入全省全市发展大局，紧扣“三转促发展、三加强惠民生”，服务保障金砖国家“厦门会晤”，统筹推进稳增长、调结构、补短板、惠民生、防风险等工作，12 项主要经济指标中，超过半数增速在全市名列前茅。实现地区生产总值 396 亿元，增长 9.0%；完成固定资产投资 320 亿元，增长 18%；财政总收入 72.4 亿元，区级财政收入 19.7 亿元，分别增长 19% 和 18.4%。一年来社会发展的主要工作和成效是：

“新城 + 基地”开发加速推进。同安新城完成固定资产投资 150 亿元。滨海旅游浪漫线一期 7.9 公里示范段基本建成。“四美一横”等路网建设快速推进，建成道路 29 条、85 公里。丙洲现代服务业基地 59 万平方米统建区进入主体施工。中船重工 725 所、火炬科创中心等高新项目加快建设。同翔高新技术产业基地开发提速，建成市政道路 7 条、6.6 公里，弘益进、中国移动云计算数据中心等 11 个项目顺利落地，山亚开关、九星天翔无人机等 10 个项目动工建设。老城区宜居度显著提升。借势“厦门会晤”大力提升城市品质，完成投资 6.1 亿元。完成道路新改扩建 18 条、“白改黑” 17 条、绿化提升 46 条，实施立面综合整治项目 23 个。累计建成 15.7 公里老城区慢行系统。完成西山郊野公园一期等 3 个公园建设。建成商会人行天桥、必达天桥。新建公共停车场 8 座、停车位 632 个，投用电动车充电桩 2200 个。铺设燃气管道 22 公里、新增用户 1 万个。市政、保洁、绿化“管干分离”加快实施，“一把扫把扫到底”市政道路管养模式成效初显。在全市率先推行“路段长”制，37 条道路实行“三定”管理。深入开展以“六线四片”为重点的市容环境整治，查处“两违”和违法广告 3600 多宗、130 多万平方米。美丽乡村建设全面铺开。52 个美丽乡村项目有序推进，前格“五大发展”示范村基本建成。禾山、淡溪等 5 个村（居）旧村改造、新村建设项目加快推进。新改建农村道路 18 条、25 公里，完成安保工程 20 项、56 公里。农村户户“亮灯”工程全面推进，一期投入 2000 万元。覆盖所有自然村的农村污水治理工作扎实开展，累计建成污水处理设施 105 个、铺设管道 1000 多公里。生态文明建设全面加强。6 个镇、70 个村获评“国家级生态镇”“省级生态村”。全市首个生态法庭落户汀溪。公众对环境质量的满意度连续三年全市第一。率先建立四大环保督察机制，责令整改、立案查处违规企业 1000 余家，清退机砖厂、水泥厂、洗砂场 121 处。四大流域加快治理，包河治水的“河长制”全面推行。西源溪下游、西洋溪河道治理工程完工验收。投入 7.4 亿元全面完成生猪退养。规模化畜禽和牛蛙退养、小作坊清理、“三乱”整治等专项行动扎实开展。实现河道保洁率 95%、城镇污水处理率 95%、集中式饮用水源地水质达标率 100%。大气污染防治工作继续推进，空气质量优良率同比上升 3.7 个百分点、达到 95.5%。61 个物业管理小区、12 个金边小区及 29 个农村垃圾分类试点加快实施。

教育事业均衡发展。累计投入 3.26 亿元，新改扩建中小学、幼儿园 13 所，增加学位 8220 个，务工人员随迁子女入读公办学校比例 98.7%。城乡教师交流轮岗 245 人次。构建同安区教育大数据，教育信息化保持全省领先。高分通过“全国中小学责任督学挂牌督导创新区”省级评估。医卫条件持续改善。改扩建各类医院、卫生院 12 家，工业集中区社区卫生服务中心完成改造，第三医院康复病房综合楼（三期）主体完工，标准化村卫生所增至93个。保持省级“计划生育工作先进区”称号。文体事业加快发展。2个镇、26个村（居）综合性文化服务中心和梧侣文体中心运动场完成改造。581处古民居完成普查。王审知信俗等5个项目被列入全省非遗代表性项目名录。现存最早的同安县志—康熙版《大同志》启动点校。开展各类文体活动582场次，成功举办全国帆船青少年俱乐部联赛、中国羽超联赛等大型赛事。连续3届保持“全国文化先进区”称号。社会保障扎实有力。就业保障积极落实，完成农村劳动力转移4500人，指导失业人员再就业8000人。养老服务不断完善，区福利中心年内投入运营，28个城市社区推行居家养老信息化服务，8个农村幸福院建成投用。移民造福工程继续推进，一期1607套安置房完成建设，二期1318套启动实施，190个地质灾害与高陡边坡治理项目扎实开展。实施精准帮扶，开展“暖心宅急送”活动，发放城乡低保金2236万元，办理医疗救助3.2万人次。完成老年人幸福安康险、老旧小区环境改善等10个为民实事，累计投入1.5亿元。省级双拥模范城创建实现“六连冠”。侨务、民宗、人防、科普、残疾人、慈善、老龄、妇女儿童、对口帮扶等工作取得新成绩。金砖保障和社会治理协同推进。举全区之力服务保障“厦门会晤”，全面加强和创新社会治理。完成基础信息大排查，实现安全生产责任“三级五覆盖”，事故起数下降20.5%。“雪亮工程”加快实施，2300多个公共安全视频设备完成升级。实现全部村（居）和消防安全重点单位建有微型消防站。群防群治扎实开展，建成线上线下信息服务平台，完成“三合一”场所和出租房整改、电动车整治等工作。刑事警情同比大幅下降，社会面治安创近五年最好水平。创新“同安文明卫士”督查机制，创建“银城文明引力波”品牌，五显垵炉蝉联“全国文明村”。

“放管服”不断深化。梳理公布1153个审批服务事项，取消73项，下放7项，实现88%依申请类事项“一趟不用跑”“最多跑一趟”。行政许可和公共服务事项审批环节全部压缩到五个以内，办理时限全部压缩到法定时限的35%以内。推行周末轮班办事制度，15个办事窗口、130个审批服务事项实现群众办事“无休日”。整合农林水行政综合执法大队，组建城市综合执法管理队伍，“大执法”格局基本形成。依法行政持续加强。制定法治政府建设实施方案，加快创建依法行政示范区。自觉接受人大法律监督和政协民主监督，办理人大建议112件，政协提案90件，满意率98%。审查规范性文件73件，修订11件，宣布废止和失效12件。受理信访举报和行政复议650余件，实现办理“零暂存”。监督执纪更加严格。严格落实全面从严治党主体责任，巩固深化“三严三实”“两学一做”学习教育成果。继续加强政府督查督办，落实“4+X”内部综合管理机制。组织开展廉政约谈，先后问责16名领导干部，通报3起“两个责任”落实不到位问题。认真贯彻中央八项规定，完成公车改革，清退办公用房，“三公”经费下降38.8%。

2018年，是深入贯彻落实党的十九大精神的开局之年，是实施十三五规划承上启下的重要之年，也是全面推进富美同安赶超发展的关键之年。政府工作的总体要求是：高举中国特色社会主义伟大旗帜，坚持以习近平新时代中国特色社会主义思想为指导，深入贯彻落实党的十九大精神，不忘初心、牢记使命，坚持“三转三加强”，推动经济转型发展，提升城乡宜居品质，实施乡村振兴战略，补齐民生领域短板，加强和创新社会治理，努力开创富美同安赶超发展的新局面。经济社会发展的主要目标是：地区生产总值增长9.0%，财政总收入增长15%，规模以上工业产值增长12%，全社会固定资产投资增长20%，社会消费品零售总额增长25%，城乡居民人均可支配收入分别达到46000元、21400元，完成上级下达的节能减排任务。

（摘编：黄万良）

翔安区社会发展概况

2017年，翔安区着力稳增长、促改革、调结构、惠民生、防风险，全力服务保障厦门会晤，全区经济社会保持平稳健康发展，较好地完成了区四届人大一次会议确定的各项任务，实现了本届政府的良好开局。完成地区生产总值467亿元，增长8%；规模以上工业增加值291.5亿元，增长8.2%；固定资产投资586.4亿元，增长33.7%；限额以上批发零售业销售总额226.7亿元，增长37.3%；社会消费品零售总额63.9亿元，增长13.6%；财政总收入55.3亿元，增长9.3%；区地方级财政收入18亿元，增长16.7%；城镇居民人居可支配收入35649元，增长8.1%；农村居民人均可支配收入18489元，增长8.8%。固定资产投资总量、增幅持续保持全市“双第一”，土地征收、房屋征收完成量2项指标稳居全市首位，实际利用外资、农村居民人均可支配收入等4项指标增速位居全市第一。

在金砖国家领导人厦门会晤筹备和服务保障工作中，着力扮靓厦门“东大门”，结合灾后重建、文明提升，大力实施“三线四片”城乡环境综合整治，城区面貌显著改善；积极构筑安保“护城河”，坚持“守本土保核心、攻难题护大局”，构建综治维稳基础平台，组织群防群治力量参与社会面管控，全面提升群众安全感；主动融入服务保障“主战场”，把备战厦门会晤作为锤炼干部、提升能力的大平台，层层压实责任，锻造了实干精神和过硬作风，得到了省委、省政府和市委、市政府的充分肯定，107个单位和个人荣获省、市表彰。一年来，社会发展的主要工作有：

基础设施日臻完善。翔安机场完成工程可行性研究报告，立项取得实质进展，市政配套同步开工。轨道交通3、4号线翔安段开建16个车站主体结构，区间掘进2公里。美上路建成通车，滨海东大道一期全线贯通，第二东通道前期加快。汀溪水库群至翔安原水输水管道全线铺设。翔安污水处理厂二期、新圩污水处理厂并网通水。104个自然村分散式污水处理、33个自然村截污纳管建成，26个自然村雨污分流启动实施。新增、优化公交线路16条，新建2个公交首末站。后山岩公园、出米岩公园动工建设。海绵城市建成1.3平方公里，地下综合管廊推进17公里。

宜居环境加快提升。完成翔安大道、南部海岸线夜景工程，建成3公里翔城绿道，实施洪钟大道立面改造、新曦大道景观提升。新建28个美丽乡村，新圩金柄获评“中国美丽休闲乡村”。建成内厝塘头4个生态景观工程，构建6.8公里乡村田园水岸景观带。完成山上造林3500亩，新增改造园林绿地101公顷。落实垃圾分类减量，形成农村生活垃圾就地减量、城乡生活垃圾直运新模式。建立农村公路区、镇（街）、村（居）三级养护管理体制，完成10条乡村公路亮灯工程。新增一批城镇公厕。

民生保障多层次增强。财政投入24.4亿元用于民生事业，增长17.6%。首批506套区级公共租赁房投放市场，九溪小区建成封顶，新店地铁社区在全市率先动建。城乡居民基本医疗保险参保率连续8年保持99%以上，46周岁以上城乡居民养老保险参保率连续7年保持100%，被征地人员基本养老保险参保新增4342人。建立困境儿童分类保障机制，为59个社区购买居家养老服务，发放各类补助、救济近亿元。开发公益性岗位819个，开展技能培训78期，农村富余劳动力转移就业5690人。马巷同美公寓、小嶝转产就业基地通过立项。

教育资源均衡化布局。在全省率先成立区属普惠性教育集团，推行“集团化管理、集群化办学”，积极克服编制不足难题。对接全市名校出岛战略，辖区第一所市属小学开学招生，新一轮合作办学协议签订。增强教师队伍综合素质，提高非在编合同教师等人员工资待遇。立足缓解“城区挤、农村弱”现状，建成新圩学校等10所中小学、幼儿园，新开办10所公办园、新增2所市级示范园，6所农村小学升格为区直属校，增加学前教育、义务教育学位5580个。科技中学翔安校区初高中部交付在即，双十中学、厦门实验小学翔安校区具备开工条件，厦大附属学校选址确定。区教育基金会募集基金2.6亿元。南洋学院列入省“十三五”期间重点支持“升本”院校。

社会事业全方位推进。医疗供给短板加快补齐，第五医院门急诊大楼投入使用，翔安医院建成封顶并进行内部装修，区妇幼保健院新院区确定选址。分级诊疗加快实施，新店中心卫生院开展区域医疗联合体试点，家庭医生签约率达35%，引进高层次医学人才5名。第五医院成为全省第二家通过HIMSS EMRAM六级认证评审的医疗机构，并获评全国“人文爱心”医院。文体事业蓬勃发展，成立2家文化产业园，设立农民漆画研习中心，评选首批15名区级民俗文化人才，内厝中心小学《小圣斗巨蟒》获全省木偶戏展演大赛金奖。民族宗教、外事侨务、对台交流、档案管理、红十字、妇女儿童、青少年、老龄、残联、慈善、人防、民兵预备役等各项工作取得新进展。

治理创新覆盖面扩大。推进村（居）基层组织星级管理及网格化建设，内厝琼坑等4个村庄入选第二批省级农村社区建设示范单位。开展工业企业安全生产标准化创建，清零197家非法使用醇基燃料经营场所，1379家餐饮单位实施“明厨亮灶”。深化信访风险隐患大排查、大整治，落实领导包案制度，化解一批信访积案。创建“平安翔安”，安装4015路数字高清监控，重点公共区域视频监控覆盖率达100%，综治平安建设“三率”大幅提升，群众安全感率居全市第三。提升157个避灾点，建成覆盖全区的三级避灾网络。开展“灾后重建再发力、文明创建再提升”，顺利通过省级文明城区测评。推动军民融合发展，实现省级双拥模范城（县）“四连冠”。

全力配合中央环保督察。举全区之力配合完成中央环保督察，获得上级给予“动作最快、成效最高、质量最好”的高度评价。以重拳治疴的决心、多措并举的合力，关闭马巷桐梓等446家污染型废旧物资回收利用企业，关停27家机砖厂、拔除36根烟囱、拆除全部窑体，清退46家沿海砂场，彻底治愈30多年历史顽疾。办结中央环保督察组交办的27批、63件环境信访投诉件，责令整顿78家，立案处罚22件，约谈55人次，一批突出环境问题得到有效整改。

全面提升生态文明建设。开展守护蓝天百日攻坚专项行动，提前完成黄标车、高污染锅炉淘汰任务，严控工地扬尘、秸秆焚烧、夜间烧烤，全年空气质量综合指数排名位居全市第一。全面推行河长制，加快小流域综合治理、畜禽退养，排查719家排污小作坊，完成莲溪上游23公里整治及九溪、东溪、龙东溪60公里河道清淤疏浚，摘掉浯溪黑臭水体“帽子”。严格落实节水限水措施，抗旱工作取得初步成效。加强重点区域土壤污染监控，25家重点企业签订土壤污染防治目标责任书，治理恢复2公顷矿山生态。完成银鹭食品重油锅炉拆除及三荣陶瓷“煤改气”，19家企业投保环境污染责任险。

深化改革全面推进。落实“放管服”改革，完成权力清单、责任清单融合，承接省市下放事项33项，取消、清理、规范审批中介服务事项10项。行政服务中心民生窗口实行“周末不休息”，开设24小时自助服务区，84%的审批服务事项实现“一趟不用跑”“最多跑一趟”。实施“多证合一、一照一码”商事登记制度改革，新增商事主体8000家。完善“多规合一”审批流程，财政投融资项目审批时限缩减至130个工作日，海绵试点项目缩减至36个日历日。

（摘编：黄万良）

漳州市社会发展综述

2017年，漳州市在以习近平同志为核心的党中央坚强领导下，在习近平新时代中国特色社会主义思想的科学指引下，各级政府认真做好迎接和学习宣传贯彻党的十九大各项工作，深入贯彻落实习近平总书记系列重要讲话精神和对福建工作的重要批示指示精神，坚决执行中央、省和市委的各项决策部署，坚持稳中求进工作总基调，坚持新发展理念，坚持以供给侧结构性改革为主线，扎实开展“三抓三比、十项竞赛”，全面推行“生态+”模式，富美新漳州建设取得新成效，市第十六届人大一次会议确定的各项目标任务全面完成。全市完成地区生产总值3563.48亿元，增长9.1%；一般公共预算总收入318.08亿元，增长10.6%，地方一般公共预算收入204.04亿元，增长8.7%；规模工业增加值1621.31亿元，增长8.7%；固定资产投资3328.1亿元，增长17.7%；外贸出口512.6亿元，增长7.1%；实际利用外资（验资口径）12.17亿美元，增长4.6%；社会消费品零售总额982.43亿元，增长12.2%；居民消费价格总水平上涨1.1%；城镇居民人均可支配收入33359元，增长8.6%；农村居民人均可支配收入16676元，增长8.9%；城镇登记失业率2.23%；人口自然增长率12.2‰。年度节能减排降碳任务全面完成。一年来社会发展的主要工作和成效是：

践行“生态+”，美丽漳州魅力彰显。实施中心城区“五湖四海”、南山水岸、“双百”绿化工程、圆山林下生态园等一批“生态+”先行示范项目，“一城花海半城湖”独特风光初步形成，从“生态佳”迈向“生态+”赢得广泛认可。实施规划提升工程，提请市人大常委会作出决定，将5290亩土地列为中心城区重要生态空间保护范围；编制完成5个城市设计（覆盖面积60平方公里）、6项专项规划、2个省级“多规合一”试点。开展新一批市政线网“六千工程”，建成城区停车楼（场）38个。基本建成博物馆、艺术馆、规划展示馆，圆山文化中心基本形成。配合市人大制定并颁布实施首部实体性法规《市容和环境卫生“门前三包”责任区管理若干规定》，市区生活垃圾清洁直运全面开展。完成拆违面积超700万平方米。加快厦漳同城化先行示范区建设，65个同城化项目进展顺利。建立生态文明指标考核体系，开展“三铁治污、提升三质”整治行动、城乡生态环境提升行动、大气污染整治百日攻坚，全面落实“河长制”，全力整改中央、省环保督察反馈问题，“三质”水平持续好转。完成国土绿化20万亩、水土流失综合治理30.2万亩。蝉联第五届全国文明城市称号，漳州古城保护建设（一期）项目荣获“2017年中国人居环境范例奖”。

强力推改革，机制创新富有成效。持续深化简政放权，年度各项改革任务如期完成，构建开放型经济新体制综合试点试验工作取得突破。“会审制”改革、商务110、国地税联合办税、“即报即放”出口食品检验检疫方式等经验做法在全国推广。在全国首创食品农产品检验检疫“四检合一”，台商投资区保税物流中心（B型）正式获批设立。成立供给侧改革服务中心、台胞台商服务中心，营商环境持续优化，荣获“2017中国十佳最具投资营商价值城市”称号。对台对外合作成效彰显，实际利用台资34亿元；与东盟贸易额达80亿元。

全力补短板，群众获得感持续提升。20项为民办实事项目基本完成，“四难一差”问题逐步缓解，“十大惠民特色工程包”完成投资190亿元。开展精准脱贫攻坚竞赛，推广平和“养鸡生蛋”工程，实现低保线与扶贫线“两线合一”，2.28万人、79个贫困村实现脱贫，完成造福工程搬迁3642户、1.2万人。启动“安得广”惠民安居工程，新建保障性安居工程1.5万套。出台城市既有住宅增设电梯指导意见和补助政策；解决历史遗留办证难问题，补办房地产不动产权证4814份。

拓宽就业渠道，新增城镇就业4.83万人。加快医疗卫生事业改革发展，公立医院综合改革成效显现，新增床位1031张、卫技人员1089名。教育事业不断进步，新建57所公办幼儿园，新增幼儿园学位1.34万个、中小学学位6989个。体育事业发展加快，成功举办第十三届市运会、第十届老健会，新增3个国家高水平体育后备人才基地。文化事业繁荣发展，《漳州文库》编撰进展顺利，长篇报告文学《谷文昌》获评中宣部“五个一工程奖”。深化平安漳州、法治漳州建设，开展“护航金砖、共筑平安”四项行动、维稳“六大专项行动”，社会保持安定稳定。推进安全生产大排查大整治百日行动，全面做好国务院、省政府安委会安全生产巡查问题整改。深入开展“食品安全放心市”创建工作。建成全省唯一的全国示范数字档案馆。外事侨务、民族宗教、苏区老区、山海协作、防震减灾、援藏援疆援宁等工作稳步开展。

扎实改作风，自身建设不断加强。坚定不移推进全面从严治党，牢固树立“四个意识”，严格执行《准则》、《条例》，扎实推进“两学一做”学习教育常态化制度化。认真落实中央八项规定及实施细则，坚决反对“四风”，加强机关效能建设，大力整治“庸懒散拖”，政风行风持续改善。市本级“三公”经费支出下降35.4%。在市委“一线考察干部工作法”引导下，干部干事创业精气神明显提升。认真执行人大决定决议，自觉接受人大、政协和社会监督，办理人大代表建议198件、政协委员提案287件，办复率100%。各民主党派参政议政、民主监督富有成效。政务“五公开”持续推进，行政监察、审计监督继续加强，党风廉政建设和反腐败工作有效推进。

2018年政府工作的总体要求是：全面贯彻党的十九大精神，以习近平新时代中国特色社会主义思想为指导，认真落实中央经济工作会议、省委十届五次全会和市委十一届六次全会部署，坚持党对经济工作的领导，坚持稳中求进工作总基调，坚持新发展理念，紧扣社会主要矛盾变化，按照高质量发展的要求，统筹推进“五位一体”总体布局和协调推进“四个全面”战略布局，坚持以供给侧结构性改革为主线，把高质量发展与实现赶超有机统一起来，持续深化“三抓三比、十项竞赛”，抓牢抓实增长点，奋力赶超作贡献，一二三产齐发力，重中之重抓古雷，推动质量变革、效率变革、动力变革，坚决打好三大攻坚战，促进经济社会持续健康发展，推动富美新漳州建设迈出新步伐。经济社会发展主要预期目标是：地区生产总值增长9.5%左右；一般公共预算总收入增长6%左右，地方一般公共预算收入增长6%左右；规模工业增加值增长9%左右，规模工业总产值增长9.3%左右；社会消费品零售总额增长11%左右，居民消费价格总水平涨幅控制在3%左右；城镇登记失业率控制在3.6%以内；城镇和农村居民人均可支配收入分别增长9.5%左右；做好“十三五”规划中期评估工作；落实节能减排降碳任务。实现上述目标，社会发展要做好以下工作：

以“生态+”引领城市发展。围绕率先建成国家生态文明试验区目标，加强生态保护、生态修复、生态提升，持续深化“生态+”模式，延展“生态+”效益，推动“生态+”向城市、产业、园区、旅游等全领域嵌入，努力实现生态环境的“高颜值”和经济发展的“高素质”。集成打造绿城、花城、水城、历史文化名城，又好又快推进“五湖四海”、“芗江水岸、龙江观竹”生态项目、达达通绿道等建设，有机串联江、湖、山、园、城，形成“一溪贯五湖四海，两山接千年古城”生态空间格局。推动各地建设一批“生态+”示范项目，带动全市形成“城中有湖、城中有林、城中有花”。

以功能配套提升宜居水平。强化规划执行力，完成《漳州市城市总体规划（2012－2030年）》修改，加快推进“多规合一”、城市“双修”、城市设计。实施民生基础设施建设九大工程，重点在治堵、治涝、治污上下功夫，完成投资560亿元。开展市区交通畅通工程，新建改造城市道路150公里，新增市区公共停车泊位850个，加快形成“一环”城市交通网。统筹推进重点片区开发，全面开展西湖生态园配套建设，大力实施老旧小区、农贸市场改造提升。推进海绵城市建设，开展易涝点隐患排查整治。开工建设市区第二水源。新（扩）建5座垃圾焚烧发电厂。推进“厕所革命”，新建221座城乡公厕、新改扩建56座旅游厕所。深化城管执法体制改革，开展新一轮“两违”综合治理。巩固全国文明城市创建成果，全面落实“门前三包”，提升城市精细化管理水平。

以铁的决心打好污染防治攻坚战。深化“三铁治污、提升三质”整治行动，开展“清新水域、洁净蓝天、清洁土壤”三大工程，确保主要污染物排放总量明显减少。重中之重打赢蓝天保卫战，突出臭氧污染治理，开展挥发性有机物、建筑施工及道路扬尘专项整治，确保空气质量有效提升。加强重点流域和近岸海域污染治理，中心城区基本消除黑臭水体，其他小流域消除劣V类水体、消灭“牛奶溪”，持续改善水环境。开展土壤污染治理与修复，加强重金属污染防治，提高危险废弃物处置能力。加大“五海”资源保护。加强生态系统保护，完成国土绿化10.2万亩、水土流失综合治理18万亩。深化行业污染治理，加大工业污染减排力度。推进第二次全国污染源普查。

扩大优质公共服务供给。优先发展教育事业，新配扩建公办幼儿园62所，新增学位1.5万个，全市普惠性幼儿园在园幼儿占比78%以上，所有民办幼儿园纳入统一监管；实施城镇中小学扩容和义务教育提升工程，开工建设漳州一中新高中部、职业教育园区，支持高职院校扩容建设，促进和规范民办教育发展；深化教育体制机制改革，加强教师队伍建设，提高教学质量水平。加快健康漳州建设，开工建设市医院高新区院区，确保市急救中心建成完工、市公共卫生服务中心投入使用，新增床位1200张、卫技人员1900名；开展基层医疗卫生服务能力提升三年行动，加强儿科、产科、精神科和临床重点专科建设；深化医药卫生体制改革，加快建立现代医院管理制度，建成2个以上紧密型医联体，传承发展中医药事业。加快国家级医养结合试点城市建设，新建15个居家社区养老服务中心、150个农村幸福院，新增养老床位2500张。完善公共文化服务体系，丰富群众性文化生活；保护传承优秀地方文化，推进文艺精品创作，推动传统手工艺与现代文创产业融合发展。广泛开展全民健身活动，完善四级全民健身网络，建设生态体育公园、全民健身综合体。重视计生工作，促进人口均衡发展。加快推进市、县综合档案馆建设。做好二轮志书送审验收工作。

完善社会保障体系。实施25项为民办实事项目。促进高校毕业生、失业青年、失地农民等重点群体就业，新增城镇就业4.4万人。全面实施全民参保计划，完善城镇职工、城乡居民基本养老保险制度。坚持房子是用来住的、不是用来炒的定位，加快建立多主体供给、多渠道保障、租购并举的住房制度和稳定房地产长效机制，促进房地产市场平稳健康发展。加快解决商品房不动产证办理遗留问题。开工建设“安得广”惠民安居首期工程，完成棚户区改造9640户，新建保障性安居工程9943套。完善社会救助制度，保障妇女儿童、青少年、老年人合法权益，关爱农村留守儿童健康成长。

（摘编：孟力坚）

芗城区社会发展概况

2017年，芗城区以稳中求进为主基调，以“三抓三比、十项竞赛”为主抓手，团结带领全区人民，较好地完成了区九届人大一次会议确定的各项目标任务。全年实现地区生产总值605.95亿元，增长9%；农林牧渔业总产值17.5亿元，增长3%；规模工业总产值820亿元，增长7.9%，规模工业增加值217亿元，增长7.6%；固定资产投资240亿元，增长27.5%；一般公共预算总收入27.24亿元，增长6.8%，其中，地方一般公共预算收入14.49亿元，增长4%；实际利用外资3.74亿元，增长20%，外贸出口56亿元，增长5%；社会消费品零售总额202.28亿元，增长10%；城镇居民人均可支配收入37410元，增长10%，农村居民人均可支配收入16937元，增长10.3%。年度节能减排降碳任务完成。一年来社会发展的主要工作和成效是：

城乡环境显著改善。持续加大建设和管理力度，城市人居环境和城乡生态环境质量大幅提升。基础设施更加完善。实施211个城建项目，完成投资180亿元。漳州古城保护建设取得新成效，古街、古庙、古桥、古厝彰显“闽南风、漳州味”，荣获2017年中国人居环境范例奖，成功入选财政部PPP示范项目。拓展城区内涵外延，加快10个片区、28万㎡旧城改造，联六线、联十四线、纵四线等城市对外交通项目有序推进，拓通提升城市道路7公里；完善市政配套设施，改造提升15个农贸市场，新增停车位700个，改造老旧小区供水管网2.38公里，完成燃气管道铺设11000户。城市管理更加高效。

生态效益更加凸显。勇当中心城区“五湖四海”建设主力军，将“生态+”理念贯穿项目建设，努力实现生态效益、经济效益、社会效益有机统一，全年全区共完成41个项目约300万㎡征迁任务。西湖生态园创造了6个村庄、106家企业、205万㎡建筑物当年谋划、当年动员、当年建设、当年基本完成和谐征迁的“西湖速度”，展现出新时代芗城人敢为人先、敢于担当、敢于胜利的精神风貌；城市设计等规划编制、千亩湖体工程以及漳州一中高中部、金峰大桥连接线、棚户区改造等配套项目同步推进，成为“田园都市、生态之城”样板工程和军民融合示范工程。天宝香蕉小镇列入省第二批特色小镇创建名单、完成林语堂台北故居仿建工程，“一城花海半城湖”初见雏形。强化“三铁治污”，全面推行河长制，拆除河道违章建筑物9万多㎡；启动农村污水整治三年攻坚行动、完成7个试点村污水处理设施建设，九龙江流域Ⅲ类水质达标率和饮用水源水质达标率均为100%。开展扬尘专项整治，空气质量优良率平均为89.9%，顺利通过中央、省环保督查。

城乡统筹更加均衡。实施农村公路安保工程56.5公里，完成农村公路改造提升工程12.92公里，完成造林绿化5260亩，推进九龙江防洪工程漳州段（二期）芗城段等25个水利项目建设。持续开展“双百”行动，创建4个富美乡村示范村和3个环境整治村，天宝镇茶铺村入选第二批“中国少数民族特色村；巩固提升农村生活垃圾专项整治成效，垃圾无害化处理率达100%；倡导移风易俗，深入开展农村社会风气突出问题专项治理，乡村文明建设成效明显。

创新活力不断增强。深化行政审批制度改革，及时承接上级下放事项，保留行政审批和服务事项441项；完成政府部门权力清单和责任清单

“两单融合”，梳理部门权责事项3436项；加快推进全流程网办和智能审批，公布三批“最多跑一趟”办事清单1212项，占总事项的80%，转化率达55%。持续深化商事登记制度改革，实行“多证合一”、简易注销登记，全年新增市场主体12483户，注册资本103.87亿元，分别增长54.63、24.59个百分点，均创历史新高。积极推动PPP投融资改革，激发民间投资活力，农村生活污水处理项目、教育项目、交通项目等3个PPP工程包进展顺利。推进国企改制及国有资产整合工作，着手组建三大国有集团，增强市场化融资能力。

民生短板加快补齐。聚焦发力“四难一差”民生短板问题，努力增强人民群众的获得感和幸福感。民生保障强化兜底。坚持新增财力优先用于民生事业，民生支出占一般公共预算支出的74%。就业形势向好，全区新增就业人数5963人，城镇登记失业率控制在2.45%。提高退休人员养老金最低水平，落实低保兜底保障，全年发放养老、失业保险金、失地农民保障金和城乡低保金9.15亿元。加快建设“安得广”等惠民安居工程，完成金峰花园南区等安置房10万㎡建设，化解1159套商品房、安置房不动产登记历史遗留问题。强化脱贫攻坚，实施低保线和扶贫线“两线合一”，完成造福工程202户255人，累计为贫困户发放小额贴息贷款812.5万元。新建漳州市福利中心及1个老年人日间照料中心、2个农村幸福院，提升4所居家养老服务站，引进居家养老专业服务机构，为14065名60岁以上特殊老年人购买居家养老服务。

社会事业均衡发展。坚持教育优先发展，打好教育翻身战，推动义务教育从基本均衡迈向优质均衡。稳步推进招生改革，加强教师队伍建设，教育质量持续提升，被漳州市评为高中、初中教育教学质量达标区；扩大优质资源覆盖面，推动漳州一中高中部西移落位西湖生态园，实施新改（扩）建学校7所，新建公办幼儿园5所，增加中小学、幼儿园学位8100个，稳妥完成康山小学等5所学校765名适龄儿童分流入学工作。深化基层医药卫生体制综合改革，成立区公立医疗机构管理委员会，统筹协调公立医疗机构服务、管理和发展，全区药品材料占比和药占比分别下降11.44、8.97个百分点，在全市评比中名列前茅；夯实基层卫生基础，新建33所标准化公办村卫生所，家庭医生签约服务工作成为全市典型，基层医疗卫生单位门急诊总量大幅上升，分级诊疗格局初步形成；帮助3900名困难群众参加城乡医疗保险，医疗救助11743人次，支出医疗救助金356.07万元。获省级计生先进单位。公共文化繁荣发展，举办公共文化演出30场、全民健身赛事30场，新增市级以上文化产业示范基地7家，参赛作品荣获福建省第八届百花文艺奖二、三等奖和第四届福建文创奖“最佳文创产品金奖”，获得第十三届市运会金牌、奖牌和总分“三第一”。双拥工作再上新台阶，实现“省级双拥模范区”七连冠。

社会治理不断创新。深化“平安芗城”“法治芗城”建设，为金砖厦门会晤和党的十九大胜利召开营造安定稳定的社会环境。扎实开展维稳“六大专项行动”，保持严打高压态势，刑事案件发案率下降22%、破案率上升23%；排查调处纠纷932件。推进“互联网+群防群治”，实施“雪亮工程”，新建高清监控探头1136路，收编监控探头1396路，群众安全感满意度保持在95%以上。加强社区治理体系建设，80个城市社区综合服务场所全面达标。深刻吸取教训，全力开展安全生产“双百行动”，举一反三做好国务院、省政府安委会安全生产巡查问题整改，扎实推进“三合一”场所火灾隐患整治等专项行动，整改隐患3856处，关停违规生产经营单位345家；完成交通安全隐患整改54处，交通事故四项指数全面下降；“餐桌污染”治理取得明显成效，有力保障群众“舌尖上的安全”。与此同时，粮食、档案、人防、地方志、民族宗教、外事侨务、对台、老龄、老干部、慈善、残疾人、红十字等工作都取得了新进展。

（摘编：孟力坚）

龙文区社会发展概况

2017年，龙文区政府认真贯彻区委决策部署，坚持稳中求进工作总基调，深入践行新发展理念，扎实开展“三抓三比、十项竞赛”，努力推动龙文经济社会发展，基本完成区五届人大一次会议确定的目标任务。全区完成地区生产总值210亿元，增长10%；规模工业总产值335亿元，增长8.9%；规模工业增加值95.5亿元，增长8.9%；一般公共预算总收入15.7亿元，与去年持平；一般公共预算收入9.3亿元，负增长12.2%；固定资产投资260亿元，增长6.9%；社会消费品零售总额133.2亿元，增长14.5%；外贸出口34亿元，增长4.9%；城镇居民人均可支配收入38600元，增长10%；农村居民人均可支配收入18155元，增长8.8%。一年来社会发展的工作和成效主要体现在：

城市配套不断完善。着重建设“五湖四海”，闽南水乡一期建成，九十九湾串串湖全面推进，人民广场、英桥和朝阳（一期）四季花海等项目投用，绿化闲置地块27个、面积900亩，完成造林2959亩，“城中有湖、城中有林、城中有花”愿景逐步实现。着重完善路网框架，新修成龙文南路、石仓南路、龙腾南路等14条城市道路和15条农村水泥路，分别新增里程11.6公里和18公里。着重强化住房保障，公开配租公租房385套，新开工安置房1779套、交付967套。着重优化城乡配套，新运行内林双向泵站等水利工程，新增新划4个公共停车场和7534个停车位，新建17座公厕、4座农贸市场，投入5500万元开展19个村庄污水截污工程和3个“美丽乡村”建设。

城市管理逐渐规范。推进城管执法体制改革，完成市区两级执法人员和执法权限整合，执法力量下沉基层一线，实行网格化、精细化管理。推进“水、气、土”质等专项整治，以“河长制”为抓手，推动水治理的专业化、信息化，“智慧河长”获水利部和省市表扬；全面关停砂厂、石板材厂、机砖厂等污染源118个，实现全区生猪禁养、矿砂禁采，土质面源污染有效控制；整治非清洁能源锅炉355台，淘汰黄标车376辆，加强工地、渣土车等扬尘来源管控，空气质量好转；创建“无违镇村”，加大“两违”治理，强化失责追究，拆违54.8万平方米。推进文明城区创建，步文撤镇设街、增设碧湖街道办事处获省、市批准，新设3个社区居委会；进一步提高城乡卫生保洁标准，实现机械化作业、专业化管理；深入推动“门前三包”；通过中央和省环保督察；通过全国文明城市、省级文明城区验收。推进综治“六大专项行动”，实现“三个不发生”“六个确保”，圆满完成金砖会晤、十九大等重大安保任务，维稳工作位居全市前列。

民生事业稳步发展。全年民生事业支出14.5亿元，为民办实事项目完成年度投资计划110%。学校建设力度加大，开发区二实小、区机关幼儿园等6个学校项目加快推进，“美丽校园”创建取得阶段性成果，中高考再创佳绩，基础教育综合考评位居全市前列。医卫设施建设加快，全面启动社区中医馆建设，市公共卫生服务中心竣工，建成29个公办村卫生所，全区医疗卫生服务体系不断完善。文化体育事业加强，区文化中心建成，承泽楼修缮、湘桥、梧桥古村落保护加快推进，全国沙画艺术考评管理中心落户我区，继续举办全国沙画赛、国际山地自行车赛等“一季一主题、一月一活动”。各项民生事业同步加紧，精准开展扶贫助困，低保标准实现城乡一体化，发放基础养老金和被征地农民养老保障金5170万元；永大星城、联丰浩苑等小区“两证”办理历史遗留问题取得进展，物流城、万嘉世贸破产重整有序推进。深入开展安全生产大排查大整治行动，企业生产、建筑工地、食品药品等重点领域本质安全水平有效提升。财税、统计、档案、老龄、外侨、妇女儿童、青少年、人防、人武、地方志、民族宗教、支前双拥、新闻出版、对口支援等各项事业有新发展。

政府建设得到加强。认真开展“两学一做”，大力推行“一线工作法”，做到“马上就办、真抓实干”。认真执行人大决定决议，自觉接受人大、政协监督，办理人大代表建议37件、政协提案53件，法定期限办复率100%。认真推进“放管服”改革，实行行政审批和服务事项动态管理，推进区级权力和责任清单“两单”融合，全面推行“全流程网办”和智能审批。认真履行依法行政职责，出台《法治政府建设实施方案》，完成建区以来政府规范性文件清理，政府信息公开不断加强，政府与法院、检察院、工会联席互动机制不断完善。认真落实党风廉政建设责任，加大行政监察和审计监督，严格执行中央八项规定精神，政风行风持续好转；严肃整改省委巡视中发现的相关问题，公车改革有序推进，公务卡基本覆盖，“三公”经费下降20.4%。

2018年全区经济社会发展主要预期目标是：全区地区生产总值增长10%；一般公共预算总收入增长5.5%，一般公共预算收入增长4%；固定资产投资增长10%；规模工业增加值增长8.6%；社会消费品零售总额增长13.5%；城镇居民人均可支配收入增长8%；农村居民人均可支配收入增长8.8%；主要污染物减排控制在市政府下达目标内。促进社会发展的主要措施有：

建设一批生态工程。全力推进闽南水乡、上美湖、湘桥湖开发建设，实施九龙江北溪西溪水系连通工程，把九十九湾建成生态之河、产业之河、文化之河。持续完善人民广场、英桥和朝阳四季花海等项目，利用已征未用地再建一批城市片林，完成水仙大街、浦头港两侧等绿化提升。加强政策研究，培育形成生态产业。开工建设湘桥泵站，推进投资3.8亿元的全域水系治理项目，启动建设景山公园、郭坑绿道、城区“达达通”等生态景观系统。

繁荣文体事业。重点实施一批文化体育事业项目建设，配好区文化中心、区博物馆文化设施和藏品；完善郭坑山地自行车赛事基地配套，依托景山公园规划建设区级体育公园，改造郊野运动场地，提升碧湖儿童游乐场；建好配齐镇（街）村（居）文化站，建设一批体育健身工程。加大文物、文化遗产保护利用，继续推进湘桥、梧桥等古村落保护开发。

进一步办好人民满意教育。着重加大学校建设，争取市直优质教育资源落户龙文，投建区第三实小等5所小学、区机关幼儿园等4所公办幼儿园和鸿浦豪园配套幼儿园等6所普惠性幼儿园，新增学位10890个。加强教师队伍建设，加大小学幼儿园教师招聘力度，全面推行编外教师“同工同酬”，着力解决教师短缺问题。加快教育质量提升，加大奖学奖教，探索建立适应高考改革的考试招生、教研教学新机制，培育龙文艺体高考等特色教育品牌。建立幼儿园监管平台，将所有民办幼儿园纳入管理。深化“美丽校园”创建，打造优美校园环境，塑造良好校园风气。

进一步补齐各类短板。深化医药卫生体制改革，支持社会办医，推动龙文中医院开工建设；规划建设碧湖、蓝田2个社区卫生服务中心，迁改区妇幼保健院和步文社区卫生服务中心；加快医联体建设，进一步完善分级诊疗体系。加快养老事业发展，建设郭坑医养中心，启动10个照料中心（幸福院、养老服务站）建设；优先发展居家社区养老服务，落实对民办养老机构政策扶持，构建多层次养老服务体系。加强民生设施建设，改造蓝田等6个农贸市场，整治檀林等3个城市易涝点；新建14公里自行车专用道，逐步形成慢行系统；修建2个公共停车场，新增400个公共停车位；改造建设一批城乡公厕。

（摘编：周忠志）

龙海市社会发展概况

2017年，龙海市深入贯彻党的十八大、十九大精神，认真执行中央、省、漳州和市委的各项决策部署，扎实开展“三抓三比、十项竞赛”活动，全力以赴抓项目，持之以恒优环境，万无一失保稳定，推动经济社会持续平稳健康发展，各项目标任务基本完成。实现生产总值516.2亿元，增长7.8%；固定资产投资270亿元，增长15.7%；规模工业总产值780亿元，增长8.2%；农业总产值100亿元，增长2.2%；一般公共预算收入30.2亿元（不含高新区），增长8%，地方一般公共预算收入19.9亿元（不含高新区），增长12.7%；社会消费品零售总额102.2亿元，增长10%；出口总值30亿元，增长6.2%；实际利用外资6.6亿元，增长10%；城镇居民人均可支配收入34615元，增长9.5%；农村居民人均可支配收入17630元，增长9.5%；县域经济实力入选全省十强。社会发展的主要工作和成效是：

重点区域竞相发展。“一江滨两新区”实施项目63个，完成投资30.2亿元，全市最大的民生项目“四馆一中心”开工建设，锦江大道石码段海澄段快速推进，月港湿地公园、后港片区改造、新区路网配套工程等项目顺利实施，龙江文化生态园、龙翔路改造一期竣工投用。“南太武南溪湾”实施项目34个，完成投资68.9亿元，重新组建龙海经济开发区管委会，完成南太武滨海新城核心区控制性规划和城市设计，启动基础设施及安置小区规划，龙海汽车产业园基础设施PPP项目一期开工建设，南溪湾创业园“六路三河”完成总工程量75%。

重要民生得到改善。全年民生支出36.9亿元，占财政总支出的81.6%，26件为民办实事项目较好完成。开展精准脱贫攻坚竞赛，低保标准提高到4050元，实现低保线与扶贫线“两线合一”，全市21个贫困村和779个建档立卡贫困人口全部脱贫，基本实现“两不愁、三保障”。建立大病保险制度，发放各类社会救助资金1.7亿元。建成保障性住房1511套，完成107户农村贫困户危房改造。加快补齐民生短板，石码中心小学和华侨幼儿园新校区等城区5所学校加快推进，农村6个薄弱校完成改造，出台实施乡村教师生活补助政策；第一医院晋升三级综合性医院，第二医院综合楼、榜山新卫生院建成投用，公办村卫生所标准化建设覆盖全市一半以上行政村；社会福利中心一期基本完工，建成3个农村幸福院；九九坑水库、城区供水管网改造等城乡基础设施加快推进。完成新、旧体育场改造提升，大型现代剧《生命》荣获田汉戏剧奖、百花文艺奖，全省农村精神文明建设现场会在该市召开。坚持城市抓创卫，整治提升一批农贸市场和临时便民市场，改造新建一批停车场、绿地公园、夜景工程，创建国家卫生城市顺利通过全国爱卫办技术评估。坚持农村抓宜居，持续深化“两违”综合治理，创建26个富美乡村，建成4个镇区污水处理设施，完成52个村庄生活污水治理，龙江文化生态园代表漳州接受全省工作检查，并纳入漳州生态空间立法保护。挂牌成立“河长办”，综合治理九龙江流域水系及城市内河黑臭水体，建成安全生态水系17公里，完成造林绿化2万亩、水土流失综合治理3000亩。顺利通过省级平安县城考评验收和省政府安委会安全生产巡查，积极创建食品安全社会共治示范县。军政军民团结巩固发展，妇女儿童、青少年、民族宗教、外事侨务、台湾事务、新闻、地方志、档案、科普、社会科学、气象、残疾人、红十字、防震减灾等工作取得新的进步。

政府自身建设进一步加强。牢固树立“四个意识”，扎实推进“两学一做”学习教育常态化制度化。践行“马上就办、真抓实干”，大力整治“庸懒散拖”，行政效能进一步提高。持续整治“四风”，严格落实《准则》《条例》和中央八项规定精神，“三公”经费下降42.5%。认真执行人大决定决议，自觉接受人大、政协和社会监督，政府与人大、政协、法院、工会互动联系紧密，各民主党派参政议政富有成效，共办理人大代表建议64件，政协提案72件，办结率均100%。行政监察、审计监督继续加强，党风廉政建设和反腐败工作取得新成效。

2018年全市主要预期目标是：全市生产总值增长8.5%，固定资产投资增长15%，一般公共预算总收入增长5%（不含高新区），地方一般公共预算收入增长4%（不含高新区），规模工业总产值增长8.6%，社会消费品零售总额增长12%，出口总值增长5%，实际利用外资增长5%，城乡居民人均可支配收入均增长8.5%，城镇登记失业率控制在3%以内，节能减排指标控制在漳州下达范围之内。为实现上述目标，社会发展必须抓好以下工作：

强化环境治理。坚持“三铁”治污，不折不扣落实中央、省环保督察问题整改，全力打好大气、水、土壤污染三大攻坚战。建立健全部门监管联动机制，开展全国第二次污染源普查工作，加强各类污染源治理；严格落实河长制，采取最严厉的措施保护饮用水源地，加大水流域和农业面源污染整治力度，实施城市污水处理厂提标改造，推进南太武、南溪湾和东园污水处理厂建设，持续提升水环境质量；强化报废汽车回收拆解、修造船厂等重点行业监管，持续深化“两违、生猪养殖、砂石场、胶合板”等专项整治，推动非煤矿山整体退出。

坚守生态红线。严格落实新环保法和环保监管“党政同责、一岗双责”，严把新项目环保准入门槛，坚决制止和惩处破坏生态环境行为。认真落实环保体制改革和排污费改税工作，加大工业污染减排力度，全面实施能耗强度、碳排放强度和能源消费总量控制，加快淘汰落后产能。扎实做好生态保护红线、永久基本农田、城镇开发边界三条控制线划定工作，完成基本农田和耕地保护任务，建成中心粮库，确保粮食安全。实施全国生态文明先行示范区计划，抓好“青山挂白”治理和“五沿”植被保护。加强“五海”资源保护，开展非法围海养殖、非法采砂整治，强化岸线资源保护管理。拓展“生态+”内涵，推进生态与城乡建设、产业发展、旅游项目、民生工程、历史文化等全面融合，积极培育发展环境治理和生态保护市场主体。

补齐民生短板。聚焦教育、医疗、养老和城乡基础设施短板，实施补短板项目95个，完成投资35.7亿元。注重增加优质教育资源，确保石码中心小学和华侨幼儿园新校区竣工投用，月港小学、月港幼儿园、职业学校扩建一期等项目基本建成，完成12个农村公办幼儿园建设；加强教育质量管理，设立奖教奖学发展基金，激励教师积极性。着力建设健康龙海，实施第一医院三期、第二医院改造、海澄港尾新卫生院等项目，持续推进公办村卫生所标准化建设；全面深化医疗卫生改革，建立健全现代医院管理制度，完善分级诊疗制度和医联体建设。大力发展养老服务，推进社会福利中心二期和一批乡镇日间照料中心建设，进一步盘活闲置养老资源，提升服务水平。

发展社会事业。健全“三保合一”制度，扩大社会保障覆盖面。落实更加积极的就业政策，促进高校毕业生、失业青年、失地农民等重点群体就业。培育践行社会主义核心价值观，弘扬传承龙江精神、红色文化、月港海丝等优秀传统文化，实施文化惠民工程，加强基层公共文化设施建设，丰富群众文化生活。加大文化产业扶持力度，加快发展文化创意、影视动漫等产业，传承保护芗剧、农民画等特色民间艺术，广泛开展群众性体育运动和全民健身活动。贯彻落实《统计法实施条例》，做好第四次全国经济普查工作。

（摘编：周忠志）

漳浦县社会发展概况

2017年，漳浦县统筹推进“四大重点区域”建设，突出抓好“十项重点工作”，扎实开展“三抓三比、十项竞赛”，实干创新，攻坚克难，基本完成县十七届人大一次会议确定的目标任务。全年实现地区生产总值329.5亿元、增长8.6%，固定资产投资312亿元、增长22.2%，规模工业总产值463亿元、增长9.9%，规模工业增加值130亿元、增长9.6%，一般公共预算总收入23.1亿元、增长16.3%，地方一般公共预算收入15.5亿元、增长14.5%，社会消费品零售总额113.6亿元、增长12%，实际利用外资1.03亿美元，出口总值39.8亿元、增长14%，城镇居民人均可支配收入33786元、增长10.1%，农村居民人均可支配收入18056元、增长9.2%。一年来，围绕在全市“三抓三比、十项竞赛”工作中“夺第一、当先锋”的目标定位，大胆闯，认真干，社会发展亮点纷呈：

宜居水平持续提升。实施城建项目119个，完成投资45亿元。启动创建国家卫生县城，打通“断头路”取得实质性进展。鹿溪两岸征迁同步推进，龙湖公园、蓝理路、滨江大道等市政项目开工建设。中心市场改造提升，青年农贸市场建成投用，标志标线、夜景工程、绿化美化全面升级，城市颜值显著提高。佛昙商贸城一期建成，深土碧水丹山、盘陀鹿水新城等城镇综合体加快建设。初步建成南浦大坪、佛昙人坪等一批新的美丽乡村。海峡花木小镇入围第二批省级特色小镇。佛昙湾、旧镇湾跨海特大桥建成通车，国道外甩、沈海高速万安互通口等项目前期进展顺利，漳浦汽车客运站主体竣工，新建农村水泥路120公里。强化“两违”治理，完成拆违58.9万平方米。完成造林绿化1.6万亩。关闭拆除养猪场2449家，重点流域水环境治理和面源污染专项整治取得明显成效。

社会事业齐头并进。全年民生投入43.6亿元，占财政总支出85.5%。脱贫攻坚全面发力，落实产业扶贫项目19个、造福工程扶贫搬迁195户820人，实施异地商会挂钩帮扶和“百企挂百村”工程，全县4219户12390人和5个贫困村全部脱贫脱帽。基本建成绥安中学科学楼和佛昙第二中心幼儿园、万安中心幼儿园等一批中小学幼儿园项目，新招聘教师200名，推出首批人才公寓29套；武庙重建，文庙、旧县衙和锦江楼修复相继完成，举办首届孔子文化节；新招卫技人员257名，县疾控中心、赤岭、六鳌、官浔等5个卫生项目有序推进。新建停车场4个、停车位245个。荣获省级双拥模范县七连冠。夺得第十三届市运会金牌28枚，杜浔籍运动员卢云秀摘得女子帆船世界杯桂冠。赤湖镇老年活动中心被评为“第二届全国敬老文明号”，赤岭村被评为“第二批中国少数民族特色村寨”，《漳浦年鉴（2016）》获全国地方志优秀成果特等奖，县环保局被评为“全国环保系统先进集体”。全县城乡居民养老保险参保率超过95%，11189个低保对象实现应保尽保，发放农村低保金和高龄补贴3990万元。古雷新港城17个社区居委会挂牌试运行。扎实开展维稳“八大专项行动”，省禁毒重点关注县和道安综合整治重点县均已脱帽，食药品监管得到加强，顺利通过国务院安全生产巡查和中央、省委省政府环保督察，社会保持安定稳定。

自身建设不断加强。“两学一做”学习教育呈现常态化制度化，认真贯彻中央八项规定精神。

在全市率先推行“前店后厂”审批服务新模式，“最多跑一趟”事项由原来328项增加到433项。认真执行人大决定决议，办理人大代表建议93件、政协委员提案70件，办复率均100%。行政监察、审计监督继续加强，党风廉政建设和反腐败工作有力有效。此外，统计编制、物价粮食、民宗外侨、双拥支前、网络广电、工青妇残、老干老龄、老区老促等各项工作均取得新进展。

2018年全县主要预期目标是：地区生产总值增长9.5%，固定资产投资增长16%，规模工业总产值和规模工业增加值均增长9.5%，一般公共预算总收入增长8%，地方一般公共预算收入增长6%，社会消费品零售总额增长12%，出口总值增长4.7%，城镇居民和农村居民人均可支配收入均增长9%。实现上述目标，社会发展突出抓好以下重点工作：

主抓生态建设。坚持“三铁”治污提升“三质”，全面推行河长制，持续强化鹿溪、南溪、浯江溪、杜浔溪、赤湖溪、佛昙溪等重点流域综合治理，带动小流域和黑臭水体整治。巩固扩大畜禽养殖面源污染整治成果，确保禁养区应拆尽拆，支持可养区升级改造。投入10亿元，实施县污水处理厂提标扩容改造和东南、西北、前亭3个片区污水处理项目，基本实现农村污水集中处理全覆盖。加强生态保护，抓好生态保护红线划定工作，新增造林绿化4.7万亩，确保全县林地保有量不低于160万亩。加强地质灾害防治和水土流失治理，实行非法采矿采砂网格化监管，努力保持梁山鹿水得天独厚的自然禀赋。

优先发展教育。支持漳浦一中、道周中学、达志中学申报一级达标校，争取实现全县一级达标校零的突破；实施初中“壮腰工程”，启动复办漳浦一中初中部，提升我县办学层次；开工建设漳浦职校新校区、城关中心幼儿园、前亭第二中心幼儿园，加快建设县第二、第三实验小学和城关中心学校；新招教师250名，抓紧规划建设一批新的幼儿园和小学，全面满足二孩高峰带来的入学需求旺季。

构筑健康漳浦。全面增强城乡医疗卫生服务保障能力，加强县级医院核心专科、薄弱学科和手术室建设，新改扩建盘陀、旧镇、南浦、湖西、赤岭和六鳌等一批乡镇卫生院，搬迁新建县第二医院和赤湖、官浔卫生院，新增床位524张；建立乡村卫生服务一体化管理新模式，推进公办村卫生所标准化建设。支持健民、和康、康宁等民营医院建设发展，启动总投资23亿元的爱联生态养老社区和天福医养结合医院建设，完善福利中心配套，盘活用好乡镇敬老院，保障老百姓就医和养老需求。重视计生工作，促进人口均衡发展。

丰富文化供给。加快建设漳浦文体中心。实施城乡体育设施“六个一工程”，倡导全民健身，发展竞技体育。加强传统古村落保护和剪纸、竹马戏、妈祖信俗等非遗传承，启动一批“国保”修复工程，完成海云家庙、蓝理墓等省级文保单位修缮工作。成立县城文物管理中心，组建县民乐团，申报黄道周讲学处等一批国家和省级重点文保单位。推进文化精品创作，筹划编排《蓝氏三杰》、《蔡新》大型芗剧，彰显千年古县文化软实力。

健全社会保障。巩固脱贫攻坚成果，落实农村低保线与扶贫线“两线合一”，确保脱贫不脱政策。着力解决特困人员、失业人员、失地农民就业问题。实施全民参保计划，完善城镇职工和城乡居民基本养老保险制度。加强和改进古雷新港城社会管理，发挥新成立社区职能作用，引导帮助搬迁群众转业转型、勤劳致富。严厉打击各类违法犯罪，坚持不懈推进道安、打假、禁毒、食品安全等专项整治，依法处置信访事项，防控金融风险，坚决遏制安全生产事故，提高防灾减灾能力，建设更高水平的平安漳浦。

（摘编：周忠志）

云霄县社会发展概况

2017年云霄县在市委、市政府和县委的正确领导下，全县上下认真学习贯彻党的十九大精神，以及习近平总书记系列重要讲话精神，紧紧围绕建设宜居宜业宜游新云霄目标，迎难而上，开拓进取，顺利完成全年各项目标任务，综合实力迈上新台阶，连续两年挺进福建省县域经济发展“十佳”县。全年实现地区生产总值172亿元，增长10%；农业总产值55.2亿元，增长5%；规模工业总产值277.5亿元，增长10.1%；规模工业增加值79亿元，增长9.8%；出口总值1.9亿美元，增长1.56%；实际利用外资7200万美元，增长2.9%；固定资产投资245亿元，增长22.5%；公共财政总收入9亿元，增长10.9%；地方公共财政收入6.1亿元，增长6.2%；社会消费品零售总额62.6亿元，增长14.2%；城镇居民人均可支配收入29933元，增长8.5%；农民人均可支配收入15452元，增长10%。一年来社会发展的主要工作和成效是：

宜居水平日益提升。实施222个宜居环境建设项目，完成投资30.74亿元，扎实推进城乡协同发展，优化人居环境。建成开漳大道，国道324线（非城关段）改造提升工程开工建设，漳州沿海大通道云霄段（二期）、漳江湾特大桥、和田路、云平高速等项目建设顺利推进，实施农村通达公路提级改造工程、安保工程，全县交通路网渐趋完善，群众出行更加便捷安全。建成复兴路东段安置房，相继启动旧实小片区、威惠庙片区、八卦山片区改造，完成江滨路、经堂口“白改黑”工程，打通复兴东路，建成11个美丽乡村和魏妈文化园等10个文化休闲公园，城乡面貌焕然一新。投入3000多万元建设“雪亮工程”、网格化服务和数字化城市管理平台，全面推行市容市貌“门前三包”，城市管理长效机制基本形成，群众生产生活环境大大改善。深入开展生态环境保护百日攻坚行动，全面推行河长制，成立生态环保综合执法队，加大对畜禽养殖、农业面源、水资源、土壤等重点领域污染的治理，关闭、改造生猪养殖场近千家，责令停产、关停污染企业10家，淘汰黄标车222辆。实施206个村污水处理设施PPP项目、峰头水源保护工程和24公里农村安全饮水巩固提升工程，全县饮用水源及地表水100%达标，县城区空气质量优良天数比例达到96.3%，森林覆盖率67%。

精准扶贫扎实推进。全面推进“三个五”扶贫工程，实施139个扶贫项目，累计投入资金3.3亿元，全年净脱贫人口4393人、40个贫困村顺利脱贫摘帽。突出产业扶贫，实施“特色农业+扶贫”“旅游+扶贫”“电商+扶贫”，助力贫困对象增产增收。强化金融精准扶贫，成立县支农信贷担保公司，新增担保放贷4732万元。开展贫困户自立增收工程，完成“雨露计划”培训955人，解决贫困人口就业1000多人。实施造福安居工程，搬迁安置建档立卡单人户、因病因残户125户、1405人。实施低保线、贫困线“两线合一”，财政全额支付贫困对象“新农合+保险”费用。深化干部结对帮扶，再成立8支社会扶贫志愿队，累计进村入户13000多人次，解决帮扶资金2380万元。实施“养鸡生蛋”工程，开展扶持12个贫困村村集体经济发展试点工作，建立精准扶贫长效机制。强化扶贫领域监督执纪，出台《脱贫攻坚工作问责办法》，全年查处扶贫领域问题59起114人。

民生事业全面发展。认真贯彻落实县委十三

届四次全会精神，全力查补民生短板。文教卫生方面，投入教育领域资金6.52亿元，云霄职校、第二实验小学、第二实验幼儿园等一批学校相继投用，获评“漳州市中考教育教学质量先进县”。投入卫生领域资金3.76亿元，深化公立医院改革，实行按病种（组）总额包干，建设分级诊疗平台，启动新县医院建设项目，开工建设全县首家精神病专科医院，81个村级卫生所完成规范化建设，人民健康和医疗卫生水平大幅提高。加强文艺队伍建设，推动文艺创新创作，文化惠民工程扎实推进，完成县图书馆主体工程建设，建成县广电技术业务用房，和平路入选第二批省级历史文化街区。社会保障方面，全年发放城乡低保、特困人员供养金3819万元，发放医疗救助金4166万元、重度残疾人补贴710万元。开展“情暖千家”“金秋助学助教”等活动，发放慈善物资252万元。建成7所乡镇敬老院，县社会福利中心、颐园服务中心陆续竣工投用；农村幸福院建设成效显著，工作经验在全省推广。城镇新增就业3360人，转移培训农村富余劳动力8800人。社会管理方面，获评“省级双拥模范县”。举全县之力创建“省级文明县城”，社会文明秩序显著提高。深入开展维稳“七大专项行动”，有力保障厦门金砖会晤、十九大期间社会安定稳定。圆满完成第二轮“三年卷烟打假综合治理行动”，全年保持制假烟机“零查获”。加强安全生产工作，严防各类安全生产事故发生，顺利通过国务院、省政府安全生产巡查；有效防范金融风险，不良贷款率控制在市下达指标范围内。人事编制、老干老龄、老区建设、民族宗教、外事侨务、红十字会、地方志、科技、档案等各项工作都取得新成效。

自身建设持续加强。深入开展学习践行十九大精神活动，推进“两学一做”学习教育常态化制度化，推动党员干部真学、真做、真看齐。推进“放管服”改革，编制公布行政审批和服务事项总目录，保留行政审批和服务事项1128项，公布“最多跑一趟”事项877项。推进“四检合一”试点试验，在全国首创县域农产品检测中心，获得国家部委及省市领导肯定；开展“两证合一”试点工作，深化商、检、贸合作，提高服务效率；在全市首创“一窗一人一机”国地税联合办税模式，获全市地税创新项目一等奖，并在全国复制推广。加强机关效能建设，全年效能问责9人，点名通报48个单位，连续五年获评全市政府绩效管理考核优秀等次。出台《法治政府实施方案》和《政府工作规则》，强化审计监督和行政监察，坚持依法行政，规范高效施政。严格落实中央八项规定精神，持之以恒查纠“四风”，“三公”经费持续压减。积极主动采纳人大代表和政协委员意见建议，共办理人大议案建议57件、政协提案66件，办结率100%。广泛听取工商联、社会各界人士意见，支持工会、共青团、妇联、科协等人民团体更好发挥作用。

2018年是贯彻党的十九大精神的开局之年，是改革开放40周年，是决胜全面建成小康社会、实施“十三五”规划承上启下的关键一年。政府工作的总体要求是：全面贯彻落实党的十九大精神，以习近平新时代中国特色社会主义思想为指导，统筹推进“五位一体”总体布局和“四个全面”战略布局，牢固树立和落实新发展理念，紧紧围绕“光电之都、能源新城、生态名县、文化古郡”奋斗目标，全力打好“产业转型升级、推进城乡建设、补齐民生短板、精准扶贫脱贫、保护生态环境”五大攻坚战，加快建设宜居宜业宜游新云霄，奋力谱写新时代云霄发展的新篇章。主要预期目标是：GDP增长11%，农业总产值增长5%，规模工业总产值增长9.5%，全社会固定资产投资增长16.8%，实际利用外资增长2.8%，外贸出口增长2.5%，社会消费品零售总额增长12%，公共财政总收入增长6%，地方公共财政收入增长4%，城镇居民和农民人均可支配收入分别增长9%和10%。

（摘编：王诗诚）

诏安县社会发展概况

2017年，诏安县在习近平新时代中国特色社会主义思想的科学指引下，在市委、市政府和县委的正确领导下，全县上下全面贯彻党的十九大精神和习近平总书记系列重要讲话精神，不忘初心，牢记使命，认真落实中央和省、市、县委的各项决策部署，紧紧围绕“突出工业主导、发挥海洋优势、彰显文化特色、提升城市品位、打赢脱贫攻坚”五大发展抓手，全面落实“工业强县、旅游兴县、文化名县、农业稳县、生态立县”五大方面工作，以开展“三抓三比、十项竞赛”活动为载体，一、二、三产齐发力，基本完成县第十七届人大一次会议确定的各项目标任务，蝉联福建省经济发展“十佳”县。2017年全县完成地区生产总值250亿元，增长10%；三次产业比例由20.1：42.6：37.3调整为19.2：41.2：39.6；规模工业总产值390.7亿元，增长8.5%，其中规模工业增加值114.4亿元，增长8.2%；固定资产投资（不含农户）307亿元，增长26%；公共财政总收入8.89亿元，增长9.6%，其中地方公共财政收入6.02亿元，增长5%；实际利用外资（验资）5200万美元，增长7.2%；出口总值30.3亿元，增长4%；社会消费品零售总额108.05亿元，增长13%；城镇居民人均可支配收入27644元，增长8.7%；农村居民人均可支配收入14749元，增长7.6%。一年来，社会发展的主要工作和成效是：

坚持规划引领，城乡面貌呈现新气象。大力实施品位县城、特色城镇、美丽乡村三位一体发展战略，宜居宜业的环境优势不断彰显。城乡规划体系更加健全，围绕“一个重点、两个突破、三个目标”的总体思路，完成《诏安县城乡总体规划（2017－2030）》编制评审稿和诏安县江滨新区（重点地块）等3个控制性详细规划、诏安县城市绿地系统等4个专项规划，建设水城、绿城和文化名城，打造宜居宜业新诏安。城乡基础设施不断完善，新国道、九侯大道（一期）、金洋大道等公路全面竣工，江滨大道支线开工建设；南环城路改造工程实现通车，中兴大道、中山西路、玉峰路、梅园北路等城区主干道面貌一新；美化绿化中山公园、五厂区三角绿地等13个小公园，县城区绿化覆盖率超过41%，顺利通过省级园林县城考核验收。深入推进农村污水处理和环境卫生保洁，桥东镇等5个乡镇和建设乡坪路村等60个村庄污水处理设施全面竣工，15个乡镇全部建成垃圾转运系统，四都镇东峤村等151个村庄垃圾得到有效处理。西潭镇山河村获评漳州市“十佳最美古村落”，四都镇西梧村、梅岭镇腊州村获评漳州市“十佳最美渔村”，红星乡西埔村获评“省级乡村旅游特色村”。城乡管理力度不断加强，实施“门前三包”责任区管理，新招聘70名城管协管员，增设3个规划中队和2个市容中队。深化“两违”综合治理，拆除“两违”面积77.13万平方米，超额完成年度目标任务；出台县城中心城区个人建设活动管理暂行规定，规范房屋建设和用地秩序。

脱贫攻坚深入推进，2999户8615人实现脱贫，15个贫困村摘帽；完成造福工程搬迁390户1600人、危房改造1171户；扶贫小额信贷累计发放贷款2743.7万元，惠及790户贫困户；创新扶贫长效机制，整合扶贫资金7360.7万元，带动贫困村、贫困户收益194.9万元；发挥农村低保兜底作用，实现农村低保标准、扶贫标准“两线合一”；实施基础设施扶贫，“四个百分百全覆盖”工程累计投入1.55亿元。

注重改善民生，社会事业获得新发展。城区文化体育配套、垃圾处理场改造等15个为民办实事项目快速推进，完成投资9.6亿元；基本完成五一市场、南诏西郊农贸市场改造提升工程，群众购物更加便利。教育事业不断进步，教学质量稳步提高，荣获“漳州市高考教育教学质量先进县”；教育资源优化整合，江滨教育配套工程、第二实验小学、南诏中心小学等项目开工建设；招聘录用教师194名，缓解了农村教师紧缺和结构性矛盾问题。医药卫生体制改革全面深化，基本公共卫生服务能力明显增强，建成四都中心卫生院公共卫生大楼、西潭中心卫生院门诊综合楼；招聘录用卫生专业技术人员75名，稳定了基层医务人员队伍；巩固扩大医保覆盖面，城乡居民医保参合率保持100%。社会保障水平不断提升，完成城乡养老保险制度衔接，全民参保登记完成100%，被省人社厅作为典型经验加以推广；城乡低保提标扩面，农村低保标准由2800元提高到3930元；高龄老人及百岁老人寿星补贴标准大幅提高，100周岁及以上由每人每月300元提高到500元。文化事业繁荣发展，设立“翰墨薪传”专项基金扶持书画艺术人才，3名艺术特长生分别被中国美院、西安美院录取；成功举办纪念沈耀初诞辰110周年等21场书画作品展；复办丹诏书院，成立诏安书法研究院，建立五个书画写生基地；群众体育活动蓬勃开展，在漳州市第十三届运动会中荣获22枚金牌，创历届最佳成绩。严守食品安全底线，完成食品安全溯源系统建设，健全食品安全监管网络；开展安全生产大排查大整治“百日行动”，扎实推进“六大专项行动”，完成党的十九大、厦门“金砖会晤”安保维稳工作，县域保持安定稳定。

加强作风建设，行政效能得到新提升。推进“两学一做”学习教育常态化制度化，认真贯彻落实中央八项规定精神，严格落实“两个责任”，履行“一岗双责”，驰而不息抓作风、纠“四风”。深入开展“七五”普法工作，出台《诏安县法治政府建设实施方案》。开展“三集中三到位”创优营商环境活动，全县28个具有审批职能部门全部成立审核审批股，进驻行政服务中心、分中心，进驻率、授权率达到100%。在重点办事窗口推行周末轮班制度，极大方便群众办事；设置投资项目综合窗口，实现“一窗通办”。县行政服务中心共受理群众服务事项34.6万件，办结率99.7%，梳理“最多跑一趟”和“一趟不用跑”事项1347项。完成县政府部门权责清单“两单融合”工作，行政权力运行更加规范透明。自觉接受县人大及其常委会、人民政协和社会各界的监督，共办理各级人大代表议案建议50件，政协提案104件，办复率100%。建立“12345”便民服务平台，受理各类咨询、投诉、建议和求助659件。

此外，人事编制、妇女儿童、青少年、广播电视、外事侨台、海防口岸、国防教育、防震减灾、统计审计、工商物价、老龄老干、老区建设、民族宗教、档案保密、地方志、残疾人、气象、红十字会、工会、慈善事业等各项工作都实现新突破，取得新成绩。

2018年全县经济社会发展主要预期目标为：全县地区生产总值增长9.5%；农业总产值增长5.5%；第三产业增加值增长14%；公共财政总收入增长3.1%；地方公共财政收入增长2.4%；固定资产投资（不含农户）增长5%；规模工业总产值增长8%；规模工业增加值增长7.7%；社会消费品零售总额增长10%；实际利用外资5200万美元；出口总值30.3亿元；城镇居民人均可支配收入增长9.5%；农村居民人均可支配收入增长9%。2018年为民办实事初步安排为：涉及城建、农业、教育、卫生、文化等领域20个项目，总投资15.7亿元，年度计划投资6.14亿元。

（摘编：王诗诚）

东山县社会发展概况

2017年，东山县在市委、市政府和县委的领导下，在县人大及其常委会和县政协的监督支持下，全县认真学习宣传贯彻党的十九大精神，扎实开展“三抓三比、十项竞赛”活动，加快生态旅游岛建设，较好地完成各项目标任务。全县完成生产总值203.85亿元，增长9%；农业总产值67.23亿元，增长5%；规模工业总产值355.4亿元，增长8.8%；规模工业增加值96.9亿元，增长8.5%；固定资产投资221亿元，增长25.5%；外贸出口总值92亿元，下降11.4%；实际利用外资4.29亿元，与去年持平；社会消费品零售总额43亿元，增长12%；一般公共预算总收入17.92亿元，增长3%；地方一般公共预算收入12.17亿元，增长4%；城镇居民人均可支配收入33621元，增长9%；农民人均可支配收入19408元，增长8.5%；金融机构人民币存贷款余额双双突破百亿元大关。一年来，社会发展的主要工作有：

县域活力明显增强。对外影响有效提升。第5次荣获全省县域经济发展十佳县，实现全省双拥模范县“八连冠”，连续4届上榜全国百佳深呼吸小城，入选2017中国候鸟旅居小城，获评全国平安建设先进县、国家卫生县城称号，铜陵镇被评为国家卫生乡镇。竞赛活动有序开展。223个“三抓三比、十项竞赛”参赛项目完成投资162.5亿元，完成任务167.4%，比城乡环境、工业园区建设、海洋运动小镇等3项竞赛及督查宣传考核排名全市前3。项目工作有力推进。开展“追解促”活动，解决项目瓶颈问题230项，完成征迁3315亩，争取到位中央、省财政债券资金8.15亿元，PPP项目融资2.4亿元。112个县级重点项目完成投资81亿元，5000吨级对台客货码头等40个项目开工，谷文昌干部学院综合教学楼主体建成。恒大滨海休闲旅游综合体等31个项目签约，总投资127亿元，旅拍综合文创园等20个项目投建，科拓等11个项目实现当年投产或运营。

城乡面貌持续改观。管理更加规范。完成战略规划提升等四大规划编制。建成“数字城管”二期，落实“门前三包”责任区管理，渣土车卫星定位系统实时监控全覆盖。拆违51.9万㎡，恢复利用64.4万㎡。基础更加完善。环岛路下西坑至埔头段、冬古作业区疏港公路一期建成，国省干线横十一东山段全线贯通，金銮大道、砂矿路等道路提升工程投用，冬古作业区疏港公路二期、城南路南段、文昌路探石段开工，环岛交通框架基本形成。岛外引水第一水源改扩建工程试通水，第二水源项目、红旗水库扩容正式开工。新建或改造低压线路143.3公里、供水管网19.3公里、雨污管网31公里、天燃气管道15公里，新增停车泊位600个。投入7300万元推进18个美丽乡村和14个富美乡村示范点建设。生态更加优美。基本完成国家森林公园矿区生态恢复治理，中央环保督察反馈问题整改完成。新建提升绿道16公里，建成300亩花海绿地，重点生态区位商品林赎买1.33万亩，植树造林和森林经营5964亩。清退马銮湾海域渔排超1.5万格，拆除鲍鱼场20场，收储土地280亩，马銮湾与金銮湾岸线恢复贯通连接。农村生活污水垃圾、生猪养殖面源污染等专项整治持续推进，生态保护与建设示范区作为全国典型推广，澳角村获评全国十大美丽渔村。

民生福祉全面提标。脱贫攻坚成效显著。实施“七大攻坚工程”，产业帮扶带动贫困户239户、就业400多人，造福工程扶贫搬迁93户256

人，提前一年完成790个建档立卡贫困户、1855人脱贫任务。“干部当师傅”做法在《人民日报》头版报道。社会事业协调发展。建成厦门大学太古海洋中心一期，科技创新奖励117.9万元。一中新校区项目即将进入施工招投标，全市唯一示范性综合实践基地一二期开园，文昌学村11幢教学综合楼主体完工；成立教育发展基金会，奖教奖学超180万元，荣获市高中教育教学质量先进县。东山关帝庙成为全省首批对台交流基地。妇幼保健院基本完工，新中医院等项目加快推进，建成10家示范公办村卫生所，推动人口计生工作转型升级，获评省计划生育先进县。开工建设保障性住房184套。新增城镇就业3521人。

社会大局和谐稳定。开展“文明东山·十大文明”行动，省级文明县城创建水平有效提升，马銮村入选第五届全国文明村。打好维稳“六大专项行动”，顺利完成重大活动安保任务，社会治安总体形势平稳向好。认真落实安全生产责任制，整改重点领域隐患2667项，全年未发生较大以上生产安全事故。通过省级食品安全社会共治示范县验收。

自身建设不断加强。依法行政深入推进。出台法治政府建设实施方案，全面落实重大行政决策六项制度。办理人大代表建议99件、政协委员提案105件，均100%办结。行政服务效能提升。加快“放管服”改革，组织联审联办等创新办件76件，审批项目授权率100%、即办率90.5%，889个事项实现“最多跑一趟”，占总审批事项超8成，精简各类证明材料44项，精简率超4成。效能通报63人次、问责16人，责令8个单位整改。廉政建设持续深化。落实中央八项规定精神和党风廉政建设主体责任清单，严控“三公”经费支出，行政（参公）单位公务车精减132部。完成审计项目26个，增收节支2120万元。建设工程项目招投标152宗，政府采购69宗，资金节约率均超13%。

2018年是贯彻党的十九大精神的开局之年，是决胜全面建成小康社会、实施“十三五”规划承上启下的关键一年。根据县委统一部署，东山县以习近平新时代中国特色社会主义思想为指引，深入学习贯彻党的十九大精神，全面落实中央、省、市各项决策部署，坚定不移把五大发展理念贯彻政府工作全方位、全过程，统筹推进“五位一体”总体布局和“四个全面”战略布局，围绕生态旅游岛建设，以供给侧结构性改革为主线，以区域联动为导向，以产业支撑为保障，以开放合作为动力，以生态建设为本底，以城乡宜居为特色，以共享发展为愿景，持续探索“生态+”模式，着力优化结构、转换动力、改善民生，扎扎实实地把十九大精神落实到加快宜居宜业宜游的富美新东山建设上来。全县经济社会发展主要预期目标是：全县生产总值增长9.2%，农业总产值增长4%，规模工业总产值增长8.8%，规模工业增加值增长8.5%，固定资产投资增长15%，外贸出口总值、实际利用外资均持平，社会消费品零售总额增长12%，一般公共预算总收入增长4%，地方一般公共预算收入增长3%，城镇居民和农村居民人均可支配收入分别增长9%和8.5%。

（摘编：王诗诚）

平和县社会发展概况

2017年，平和县各级政府深入贯彻习近平总书记治国理政新理念新思想新战略，坚持以党的十九大精神为指导，紧紧围绕市委、市政府和县委的决策部署，以“三抓三比、十项竞赛”、“十五评比”为总抓手，凝心聚力，奋发有为，全力推进稳增长、促改革、调结构、惠民生、防风险各项工作，较好地完成了县十八届人大一次会议确定的主要目标任务。完成地区生产总值220.7亿元，增长10%；财政总收入8.37亿元，增长8.66%；地方级财政收入5.83亿元，增长0.65%；年度节能减排降碳任务全面完成；实现了本届政府的良好开局。

美丽城乡魅力彰显。践行“生态+”理念，修编《平和县城乡总体规划（2015－2030）》，实施82个宜居环境建设项目，完成高南至溪州白改黑、奇兰路延伸段、天河路以及万商汇、长宏国际城片区配套等道路工程23.8公里，新建城乡公共停车位900个，建成河滨南路、柚博园、西环路等绿道16公里，高标准推进迎宾路改造、江滨公园景观工程建设。采用国际先进超低压纳滤（DF）膜技术，完成自来水厂改扩建工程，同步实施取水口上移、饮用水源及周边环境整治，有效提高出厂水质。推进坂仔林语堂文化小镇、大溪威士忌风情小镇、霞寨蜜柚小镇等建设，霞寨蜜柚小镇入选省级特色小镇创建名单。坂仔镇获第五届“全国文明村镇”荣誉称号。实施埔坪、心田、新陂等18个美丽乡村建设，改善农村人居环境。房地产市场保持稳定健康发展态势，完成投资9.98亿元，销售面积21.38万平方米，分别增长4%、19%。

基础设施持续优化。平寨至西蝉公路拓宽改造、西蝉铁路连接线公路二期和大灵线道路建成通车，五寨至观音亭公路改造、三平风景区至纵四线（文洋村）公路开工建设，云平高速公路建设全面铺开；农村公路拼宽改造工程完成50条120公里。小溪、坂仔防洪堤建设和文峰、大溪等6个省级水土保持项目竣工，万里生态安全水系工程、九龙江防洪工程漳州段（三期）等项目持续推进。坂仔、霞寨、文峰3个110千伏变电站开工建设，五寨35千伏变电站和秀峰、九曲等4个配电站建成投入运营。

打好环保攻坚战。围绕“看住天、管住山、保住土、守住水”的目标，开展“大干100天、环保见成效”活动，集中力量解决了一批生态难题。严格落实河长制，对全县28条小流域进行全面治理，清理河道210公里，依法关闭、拆除非法采砂场（点）17处，智慧河长管理平台和河道专管员聘用管理模式在全市推广。强化畜禽养殖治理，全面拆除禁养区及250头以下生猪养殖场，全面实施可养区规模生猪养殖场标准化改造，实行病死畜禽无害化处理。持续抓好农业面源污染治理，推广测土配方施肥、生物绿色防控技术，减少农药化肥施用量；开展农资市场大整顿，严禁销售、使用重金属含量高的肥料。全面开展大气污染整治，淘汰黄标车412辆，严控企业污染气体排放，实施扬尘控制专项行动，加快县城绿化美化。持续抓好林业专项整治，严厉打击毁林种柚行为，完成造林2.6万亩，森林覆盖率71.29%。

打好垃圾处理战。开展农村生活污水垃圾治理三年攻坚行动，新建文峰、山格等8个垃圾转运站，配备垃圾清运机动车192辆、村级保洁员677名，全县村庄垃圾收集率达99%。新建坂仔、崎岭、长乐等3处污水处理设施；新建污水管网13公里；开工建设县城污水处理厂二期扩建工程及安厚镇污水管网，完成8846户农村三格化粪池建设，持续提高村庄污水处理率。

脱贫攻坚有力推进。全面落实县、乡镇、村三级脱贫攻坚领导责任，层层签订责任书，推进挂钩帮扶工作，实现39个贫困村摘帽、5568个贫困人口脱贫。创新实施精准扶贫“养鸡生蛋”工程，统筹整合各类财政资金1亿元，化“零钱”为“整钱”，初步形成精准扶贫长效机制。实施21个产业扶贫发展项目，完成投资4.72亿元，开拓百香果、桑椹等新产业，带动建档立卡贫困人口近4000人增收。扎实推进774户、2400人造福工程，建成秀峰乡坪东村易地扶贫搬迁集中安置区。发放扶贫小额贷款3698万元，带动880户贫困户发展生产。

社会事业全面进步。平和一中教学楼、广兆中学教学综合楼等竣工投用，添置一批实验仪器设备；规范城区学前教育、义务教育招生，平和一中恢复初中办学，育英小学分校独立办学；教育质量持续提升，再获市高中、初中教育教学质量达标县。推进医疗改革，有效落实分级诊疗制度；加快县疾控中心业务用房、城关社区卫生服务中心等项目建设，建成秀峰卫生院门诊综合楼，完成209家村卫生所标准化建设；推进家庭医生签约服务、基本公共卫生服务，医疗质量有力提升。开展计划生育优质服务竞赛，完善利益导向机制，推动计生工作重点由管理向服务转变。加快县文博中心配套、陈列布展工程，县综合档案馆建成投用；持续推进“海丝申遗”，实施南胜窑申遗点的保护修缮、遗产展示、环境整治等工程。加快推进社区居家养老专业化服务工作。

平安保障有效提升。深入开展维稳“六大专项行动”，做好厦门会晤和党的十九大安保，注重初信初访工作，全力化解信访积案，社会保持和谐安定，县公安局被授予“全国优秀公安局”称号。增配12部消防车，组建15支乡镇专职消防队，构建“大消防”格局。做好新老农保衔接和全民参保工作，城乡居民社保参保27.18万人，参保率达95.44%、续保率94.71%。城镇居民住房保障逐步提升，226户中低收入住房困难家庭如愿获得保障性住房。城镇居民人均可支配收入30036元，增长9%；农村居民人均可支配收入16161元，增长9%。

政府自身建设不断加强。深入学习习近平新时代中国特色社会主义思想，着力学懂弄通做实十九大精神。认真贯彻中央八项规定实施细则，持续反对“四风”，坚定不移推进全面从严治党，牢固树立“四个意识”，严格执行《准则》《条例》，推动“两学一做”学习教育常态化制度化。自觉接受县人大、政协和社会各界的监督，办理人大代表建议69件、政协委员提案100件，办复率均达100%。出台支持和促进科技创新驱动发展三十条意见，推动县属国有林场、供销合作社等改革。稳步推进农村土地经营确权登记工作，进一步稳固承包地流转基础。“放管服”不断深化，取消县级行政审批及公共服务事项17项，清理规范县级行政审批中介服务事项7项，编制“最多跑一趟”办事清单905项，全面实施企业“五证合一、一照一码”、个体工商户“两证整合”改革。认真履行“一岗双责”，党风廉政建设和反腐败工作不断深化。

此外，安全生产、精神文明、应急管理、双拥优抚、人事编制、妇女儿童、老干老龄、县志档案、民族宗教、外事侨务、防震减灾、科普气象、粮食物价、老区、对台、残联等各项工作都取得新成效。

2018年全县经济社会发展的主要预期目标是：全县地区生产总值确保增长9.5%，力争增长10%；规模工业总产值增长9%；农业总产值增长4.5%；固定资产投资增长16%；财政总收入增长7.5%，地方级财政收入增长5%；外贸出口增长5%；实际利用外资增长3%；社会消费品零售总额增长10%；城镇居民、农村居民人均可支配收入分别增长9%；落实节能减排降碳任务。

（摘编：郭　虹）

南靖县社会发展概况

2017年，南靖县践行新发展理念，积极应对困难多、压力大的发展形势，齐力克难、奋勇前行，经济社会发展和各项事业取得新的成效。全年完成地区生产总值275亿元，增长10.2%；固定资产投资315亿元，增长28%；一般公共预算总收入11.7亿元，增长3.5%；地方一般公共预算收入8亿元；规模工业总产值520亿元，增长9%；外贸出口16.2亿元；实际利用外资3.3亿元；城镇居民人均可支配收入30825元，增长9.3%；农村居民人均可支配收入15787元，增长10.3%。人口自然增长率9.93‰。年度节能减排任务全面完成。三产结构优化为20.4：46.7：32.9。一年来，社会发展的主要工作有：

旅游商贸发展提速。完成第三产业增加值90.6亿元，增长16%。持续开展土楼景区专项整治和旅游服务质量提升行动，土楼5A级景区通过国家复核验收；在全市率先成立旅游警察大队，设立南靖土楼院士专家工作站，出台规范民宿管理办法，景区服务管理水平进一步提升。春节期间，央视《新闻联播》、《万家灯火》等多个栏目直播土楼居民过大年，展示土楼特色民俗活动，社会反响热烈；《航拍中国》、《记住乡愁》等央视栏目、海外华文媒体和厦门金砖会晤采访团相继来南靖采风；全国百强旅行社、旅游业界专家陆续到景区考察交流，土楼景区入选2017年全国5A级景区网络口碑十强，景区对外形象进一步提升。开展旅游主题特色文化系列活动，评选出“十佳”旅游伴手礼，4家企业产品入选全省“百佳旅游商品”；南靖土楼荣获中国最佳乡村旅游项目奖，梅林镇入选全省十佳旅游休闲集镇，书洋镇被列为省乡村旅游创客示范基地，景区吸引力进一步提升。

城乡建设统筹推进。投入38亿元，实施199个宜居环境建设项目，城乡环境面貌进一步提升。县城发展更具魅力。累计投入2亿元，实施17个城建项目，基本完成4条县城主干道“白改黑”，城南片区改造、育新南路、中山北市场等基础设施建设加快推进；荆江生态园、湖心岛音乐喷泉等一批生态景观工程建成投用；环城路绿化、县城公园夜景改造等一批景观提升工程完成建设。全面开展“美丽南靖·文明先行”十项创建及省级文明县城创建活动，认真落实“门前三包”责任制，县城形象和管理水平日益提升，荣获“2017年中国最美丽县城”称号。

公共配套更为完善。山梅公路、葛山高速连接线“白加黑”工程建成投用；省道联十四线南靖段、县道马山线、梅书线等重大道路改建工程开工建设，靖城新区金峰大桥、南江滨路等建设项目加快推进。建成农村公路77公里，改造危桥7座。完成县城公交客运站主体工程建设，开通县城至金山的公交线路。投入1.3亿元，建成供水、雨水、污水、燃气等各类管网47.4公里；电力建设完成投资3.8亿元，增长5.6%，基础设施日趋完善。城乡环境更加宜居。实施15个美丽乡村建设。完成全县农村污水专项规划，全面启动污水、垃圾两个PPP合作项目，实施全县农村污水处理设施和污水管网建设，实现所有行政村生活垃圾治理全覆盖。深入开展“两违”综合治理专项行动，拆除“两违”面积65.2万平方米。传统村落保护发展经验做法得到住建部肯定，首届传统村落保护发展国际大会筹备工作启动仪式在该县召开，11个村入围第五批中国传统村落评审名单，船场坑头村等4个村入选福建省第二批传统村落。书洋镇被列入第二批全国特色小镇，并入选中国美丽休闲乡村。塔下村荣获“全国美丽宜居示范村庄”，田螺坑村入选2017年名村影响力300佳，溪边村获评全国文明村。

生态环境不断优化。积极践行“生态+”理念，荣获“全国森林康养基地建设试点县”称号。完成造林绿化3.4万亩，治理水土流失面积2.9万亩；完成新富林场改革和生态环境损害赔偿工作试点。全面推行河长制，深入开展重点流域水环境综合整治，认真整改中央、省环保督察反馈问题。整治南一水库网箱23.9万平方米，全面完成全县牛蛙养殖场清理工作；完成131家规模养殖场标准化改造任务，被农业部纳入2018年畜禽粪污资源化利用整县推进储备项目名单；和溪斗米溪等9条小流域水质持续提升，九龙江西溪（南靖段）流域Ⅲ类水标准达标率为98.3%。查处企业违法排污行为101起，淘汰黄标车390辆，改造企业燃煤小锅炉14台。县环境监察大队荣获“全国环境执法大练兵先进集体”称号。

民生事业持续改善。坚持以人民为中心的理念，全年财政用于民生支出19.2亿元，22项为民办实事项目得到有效落实。

脱贫攻坚扎实推进。累计投入9900万元，推进脱贫攻坚工作，可实现1892个贫困人口脱贫、22个贫困村摘帽，提前完成脱贫目标。实施贫困村旧村复垦212亩，增加村财收入7000多万元。完成10个贫困村“乡梦村庄”扶贫招商。全力推进安居工程，落实造福工程扶贫搬迁1639人。开展金融扶贫，建立县级资金整合平台，为928户贫困户提供信贷资金2470万元。实行医疗保险救助、教育培训扶智、社会保险兜底等工程，保障贫困群众基本需求。

保障体系逐步完善。全县新增城镇就业人员3300人，城镇登记失业率控制在3%以内。发放企业稳岗补贴、社保补贴、被征地农民养老保障金等各项资金2674.7万元。农村低保标准从每人每年3100元提高到4050元。配租保障房1241套。发放移民资金753.1万元。落实各项优待金、生活补助金2127.7万元。动工建设县残疾人康复中心，完成山城镇日间照料服务中心和江滨社区居家养老服务站建设，社会保障体系日益完善。

社会事业加快发展。教育方面，继续落实教育“五大工程”，投入1.8亿元，加快推进8个重点教育项目建设，第三实验幼儿园、金山河墘幼儿园建成投用；各类教育协调发展，教育教学质量保持全市领先，连续10年荣获漳州市教育质量先进县表彰，全市基础教育内涵建设质量提升现场会在我县召开。土楼青少年社会实践活动中心入选全国中小学生研学实践教育营地。卫生方面，投入4200万元，完善医疗卫生基础设施建设。完成县中医院搬迁，110家村卫生所实现标准化建设和乡村一体化管理，县级公立医院改革和基层综合医改深入推进，基本公共卫生服务更加均等。文体方面，成功举办“海丝·东溪窑国际学术研讨会”；新增东溪窑遗址、靖城文昌塔等8个省级文物保护单位；新公布11处县级文物保护单位和6个县级非物质文化遗产项目。档案馆建成投用，东溪窑博物馆建设加快推进。全民健身运动深入开展；参加市运动会取得优异成绩。科技方面，兰谷众创空间挂牌运营；新增研发投入大于500万元以上的企业11家，三德利入选省知识产权优势企业，3家企业被列入省科技小巨人领军企业培育名单；全年专利申请375件，获得专利授权210件。

社会环境更加和谐。深入开展“六大专项行动”，严厉打击和防范各类违法犯罪活动，圆满完成厦门金砖会晤和党的十九大安保任务，社会保持安定稳定。认真做好矛盾纠纷排查化解，扎实推进“七五”普法、法律援助和社区矫正工作。严格落实安全生产责任制，认真开展安全生产大排查大整治百日行动，全县安全生产形势总体平稳。开展食品药品社会共治体系建设。建立12345便民服务平台，设立信访法律之窗，全县信访态势总体平稳向好。民族宗教工作平稳健康发展。军政军民团结巩固发展，荣获省级“双拥模范县”称号。

（摘编：郭　虹）

长泰县社会发展概况

2017年，长泰县在市委、市政府和县委的正确领导下，在县人大的依法监督和县政协的民主监督下，全县上下认真学习贯彻党的十九大精神，深入落实习近平新时代中国特色社会主义思想，围绕“全域发展”主题，突出“三个跨越”目标，坚持稳中求进总基调，扎实开展“三抓三比、十项竞赛”活动，全面落实县委十二项重点工作，全力稳增长、抓实体、优生态、惠民生，连续十一年获评“福建省县域经济发展十佳县”，较好地完成县第十八届人大一次会议确定的各项目标任务。实现地区生产总值236亿元，增长9.8%；规模工业产值570亿元，增长10%；固定资产投资275亿元，增长19.7%；一般公共预算总收入20亿元，增长9%，地方一般公共预算收入12.75亿元，增长8%；农业总产值30.5亿元，增长3.3%；出口总额58亿元，增长1.6%；社会消费品零售总额34.5亿元，增长13%；城镇居民人均可支配收入34764元，增长10%；农村居民人均可支配收入17588元，增长9%。一年来，社会发展的主要工作有：

紧抓城乡协调，宜居环境展现新形象。城区建管更加精细，城乡总体规划、“多规合一”、城市设计等规划加快编制，11条县城区管网及道路完成改造，城西公园等公共配套启动建设，龙津园二期、国泰路人行天桥等便民设施建成投用，新增公共停车位270个，群众反映的排涝难、停车难等问题进一步缓解。文明城市深入创建，“门前三包”有效落实，“数字城管”启动建设，城区档次明显提升。乡村环境更加美丽，巩固提升美丽乡村标准化“长泰标准”，18个美丽乡村示范点精心打造，拆旧6.2万平方米，绿化4.9万平方米，立面改造2.1万平方米，道路硬化3.6公里。古农村等3个村入选省乡村旅游休闲特色村，珪后村入选中国传统古村落，“生态+民生”创建经验在中联部作经验介绍。县城至枋洋、林墩、台湾工业园、岩溪工业集中区等公交路线开通运营。园区配套更加完善，标准化工业园区建设稳步推进，港园工业大道、官山工业区路网改造等园区道路工程顺利推进，兴泰小学三期、兴泰社区卫生服务中心等配套设施加快建设，改造工业园区污水管网29.7公里，园区功能配套逐步健全。

紧抓绿色发展，生态文明展现新风貌。“七个五”生态项目建设全面推进，44个生态项目完成投资28.5亿元，考评总分全市第三。生态保护制度加强，绿色发展绩效评价考核等制度严格执行，生态环境损害赔偿制度在坂里乡试行，划定永久基本农田18.7万亩。建立环保督察整改协作机制，中央、省环保督察问题有序整改。生态治理力度加大，6大污染源、10个重点领域有效监管，黄标车淘汰任务全面完成，空气质量优良率98.8%。“河长制”全面推行，乡镇污水管网、农村污水处理设施建设模式全省示范，县城西区污水处理厂完成提标改造，拆除猪舍100.6万平方米，全县饮用水源水质达标率100%，全民综合治水三年行动取得阶段性成果，四大主要流域基本稳定在地表水Ⅲ类标准。生态修复速度加快，吴田山矿区和南坑矿区全面关闭、开启治理，制约长泰生态发展的突出问题有序解决。全年植树造林2.5万亩、治理水土流失2.45万亩，马洋溪、湖珠溪生态水系项目完成建设，生态环境质量持续改善。

紧抓民生福祉，公共服务得到新提高。社会保障持续夯实，为民办实事项目扎实推进，完成投资 8.8 亿元。精准脱贫攻坚持续开展，3 个造福工程集中安置区完成建设，造福工程易地扶贫搬迁 290 户 1080 人，低保标准与建档立卡标准实现“两线合一”。城镇职工医保、城镇居民医保、新农合实现“三保合一”。农村低保补助标准从 254 元提高到 310 元，城市低保补助标准从 350 元提高到 420 元，残疾人“两项补贴”标准提升，城镇登记失业率控制在 3% 以内。农村危房改造竣工 306 户，保障性住房配租配售 1082 套。灾后重建扎实有力，134 户因灾倒房无房户全部搬迁入住。社会事业持续进步，县财政用于民生支出 18.9 亿元，占公共财政支出的 80.3%。教育事业加快发展，15 个教育项目加快建设，一中新校区、陈巷文教新区建成投用，新增中小学、幼儿园学位 8000 个，高考本科上线率提高 3 个百分点。医改工作深入实施，医共体试点工作扎实开展，医管委成立运作，10 家示范公办村卫生所改造提升，获评国家卫生县城、全国计划生育优质服务先进单位。政府购买居家养老服务逐步推广，“十五分钟”养老服务圈初步形成，孝心养老服务中心启用，上门养老实体服务覆盖特定老年群体，武胜社区居家养老服务站、十里村幸福院建成投用。文体事业蓬勃发展，文博馆三期建成投用，7 个乡镇综合文化站、15 个村级综合文化服务中心完成标准化建设，戴时宗祠堂等 3 处古建筑成为省级文物保护单位。气排球男子中年组、青年组连续三年获得“超级杯”全国气排球联赛冠军，市运会金牌及总分排名全市第四。社会秩序持续稳定，“六大专项行动”深入开展，新建高清监控 823 路，矛盾纠纷排查调处成功率 96.3%，厦门会晤、党的十九大期间，社会安定稳定。安全生产工作扎实开展，妇女儿童、民族宗教工作继续加强，双拥、人防、气象、地方志等工作取得成效。

紧抓效能提升，自身建设迈出新步伐。高效施政，“政务服务提升年”活动深入开展，1349 项审批服务事项进驻省网上办事大厅，模拟审批、多评一表、企业全程电子化登记等创新审批模式有效开展，国地税联合办税模式全国推广，80% 以上事项实现“最多跑一趟”，当日办结率 81.7%，高于省市要求。机关效能建设持续加强，“双随机一公开”全面推行，效能问责 6 人次、政府约谈 10 人次。依法行政，政府工作规则修订完善，重大行政决策程序严格执行，政务信息主动公开，法律顾问制度建立实施，通过国家级法治县创建活动先进单位验收。自觉接受县人大及其常委会的依法监督、县政协的民主监督，办理人大代表建议 133 件、满意率 93.2%，办理政协委员提案 102 件、满意率 99%。廉洁从政，全面从严治党纵深推进，“两学一做”学习教育常态化制度化。中央八项规定精神贯彻执行，公车改革有序推进，“三公”经费下降 24.9%，公务交通节支率 3%。加大扶贫领域、保障性住房等审计力度，行政监察继续加强，扎实推动干部清正、政府清廉、政治清明。

2018 年工作总体要求是：深入学习宣传贯彻党的十九大精神，认真践行习近平新时代中国特色社会主义思想，按照“五位一体”总体布局和“四个全面”战略布局，牢固树立五大发展理念，紧扣“全域发展”主题，紧盯“三个跨越”目标，把握稳中求进工作总基调，坚持质量第一、效益优先，突出供给侧结构性改革主线，致力产业升级、项目建设、生态文明、民生改善，推动全面小康社会如期建成，着力打造更具实力、更强动力、更富活力、更有魅力的富美新长泰。全县经济社会发展的主要预期目标是：地区生产总值增长 9.6% 左右；规模工业产值增长 10% 左右；固定资产投资增长 15% 左右；一般公共预算总收入增长 5% 左右；地方一般公共预算收入增长 2% 左右；农业总产值增长 4% 左右；实际利用外资增长 5% 左右；出口总额增长 3.4% 左右；社会消费品零售总额增长 13% 左右；城镇居民人均可支配收入增长 9% 左右，农村居民人均可支配收入增长 9% 左右。

（摘编：郭　虹）

华安县社会发展概况

2017年，在以习近平同志为核心的党中央坚强领导下，在习近平新时代中国特色社会主义思想的指引下，华安县政府认真贯彻执行中央、省、市和县委的决策部署，紧紧围绕工业发展、城市建设、生态旅游“三篇文章”，念好茶、林、竹“三字经”，扎实开展“三抓三比、十项竞赛”，凝心聚力，真抓实干，经济社会发展呈现持续向好的态势。全县地区生产总值131.49亿元，增长9.5%；一般公共预算总收入7.11亿元，增长13%，地方一般公共预算收入4.52亿元，增长4%；规模工业总产值231.5亿元，增长9.8%；规模工业增加值66亿元，增长9.5%；固定资产投资125亿元，增长24.4%；外贸出口1.6亿元，增长18.5%；实际利用外资6390万元，增长5%；社会消费品零售总额29.4亿元，增长12%；城镇居民人均可支配收入3.14万元，增长9.4%；农民人均可支配收入1.65万元，增长9.6%；向上争取资金10.9亿元，其中新增债券资金3.6亿元。城镇登记失业率2%；人口自然增长率10‰。年度节能减排降碳任务可以完成。一年来，社会发展的主要工作和成效体现在：

做优环境，城乡建设展现新面貌。旧城改造有序推进。县城中心区拆除危旧房17万平方米，首期100.6亩土地成功出让，城区新农贸市场动工建设。投入5000多万元，实施一江两岸夜景、土楼3D裸眼投影秀、县城中心区立面改造。鹰厦铁路华安段外移工程可研报告通过中国铁路总公司初审。城乡环境持续优化。28个总投资7.2亿元的江东湖库项目顺利推进。创建农村“双百”行动行政村21个、美丽乡村17个，省级园林县城通过考核验收。完成罗溪村、沙建村等50个村污水垃圾治理，新建乡镇垃圾中转站2座、污水处理厂2座、公厕7座。新铺设市政道路8公里、雨污管道20公里，改造供水管网10公里，新增停车位300个、绿地4.5万平方米，拆除“两违”56.3万平方米。基础设施日臻完善。建设20公里安全生态水系，新建银塘溪、芹寨坂排洪渠3.9公里，综合治理水土流失500公顷；完成4座水库除险加固。基本完成金上线上雪新村、黄竹垵段灾害点治理，建成农村公路30公里、公路安保工程100公里；改造危病桥、水毁桥6座。后坑至城南隧道贯通，平湖路“白改黑”、龙浦大桥、芹新公路等项目将于近期完成；绕城公路二期基本完工，上坪至大地土楼公路近期可开工建设，湖林至仙都、高安至龙山等项目前期工作加快推进。

补齐短板，民生事业取得新进步。全年民生事业支出13.1亿元，占公共财政总支出的80%；实施为民办实事项目30个，完成投资8.2亿元。成立扶贫协会，全县96户333人、19个贫困村全部脱贫摘帽；完成地质灾害点和造福工程易地扶贫搬迁481户1841人。新建校舍工程7个，吉翔希望小学等9座综合楼竣工投用。建成标准化公办村卫生所50所、标准化预防接种门诊4所。建成保障性住房572套，配租到户421套。第三次全国农业普查顺利通过验收，农村低保标准提高到每人每年4050元，城镇低保标准提高到每人每月580元，全年发放补助金638万元，1757人受益。组织参加全国和省青少年举重锦标赛、十三届市运会，获得金牌17枚、银牌15枚、铜牌18枚。新增城镇就业2400人，转移农村劳动力3800人。“平安华安”建设持续深化，信访维稳扎实开展，没有发生重大安全生产事故，社会保持安定稳定，全省少数民族特色村寨现场会在官畲村召开。工会、青少年、妇女儿童、广播电视、新闻出版、文明创建、外事侨务、防灾减灾、库区移民、社会科学、社会慈善、支前双拥、红十字会、残疾人、地方志、气象、科普、人防、物价等工作取得新进步。

抓实作风，政府效能得到新提高。全年“三公”经费下降5%，公务用车改革有效推进。办理人大代表建议90件，政协委员提案82件，办结率100%。行政服务中心受理业务8万次，当日办结率90.6%，审批时间压缩率88.2%。开展专项效能督查36次，效能问责10人。政府与政协、法院、工会互动机制不断完善；行政监察、审计监督工作力度持续加大，廉政建设和反腐败工作扎实推进。

2018年全县经济社会发展的主要预期目标为：地区生产总值增长9.5%；固定资产投资增长16%；规模工业总产值增长10%；规模工业增加值增长10%；农业总产值增长4.5%；公共财政总收入增长5.5%，地方公共财政收入增长5.5%；实际利用外资增长5%；外贸出口总值增长5%；社会消费品零售总额增长10%；城镇居民人均可支配收入增长9.4%；农村居民人均可支配收入增长10%；节能减排降碳控制在省、市下达的指标范围之内。实现上述目标，社会发展着重要做好以下工作：

加强生态保护。严格落实重点生态功能区产业准入负面清单。全面推行河长制，加强河道专管员队伍专业化管理，推动地表水水质监测全覆盖。建设九龙江江东湖库、生态系统保护和修复工程，完善天然林和生态公益林保护制度。创建省级森林县城，继续开展林地占补平衡试点，完成造林绿化、森林抚育、封山育林3.8万亩，保持华安生态发展优势。

提升环境质量。深入实施大气、水、土壤污染防治行动计划，深化“三铁治污、提升三质”专项整治行动。推进九龙江北溪流域水环境综合整治，巩固生猪养殖整治成果，持续提升潭口排洪渠、银塘排洪渠、竹溪、下樟溪水质。开展矿山生态恢复治理和土壤污染防治，推广有机种植模式，加强农业面源污染防治，让华安天更蓝、水更清、山更绿。

强化环境监管。继续做好国家、省环保督察通报问题整改工作。坚持绿色发展，严守“三条红线”，落实环保监管“一岗双责”、完善项目环评“三同时”制度，对开发区工业企业实行环保“一祟否决制”，把好项目准入关。加强重点区域联防联控联治，让污染企业在华安没有生存之地。

补齐教育文化短板。新建公办幼儿园2所、民办幼儿园1所，普惠性幼儿园覆盖率100%；新建、续建中小学校舍工程21个，新增公办学位1500个；逐步实行中小学寄宿制和学校封闭式管理；加快职业技术学校迁建。举办东溪窑文化学术论坛，推进东溪窑遗址保护研究和申报“国保”单位；开展二宜楼、南山宫、雨伞楼、齐云楼等重点文物修缮工作；以创建省级文明县城为抓手，推进乡镇体育、文化场馆建设，完善公共服务配套水平。

扩大健康服务供给。加快推进县医院医技综合楼、卫生应急指挥调度中心建设。深化公立医院综合改革，推动乡村卫生服务一体化管理，补齐产科、儿科短板，新增床位80张。加大医技人才引进、培养力度，新增医技人员100名。加快医联体、医共体建设，促进“药、价、保”深度融合。传承发展中医药事业，建设一批基层中医馆。落实计划生育惠民政策，开展幸福家庭创建活动，关怀关爱流动人口。

提升社会保障水平。落实社会救助、优抚安置政策，盘活用好乡村敬老院、幸福园。推进城区殡仪服务中心建设，确保长宝山公墓竣工投用。加强农村危旧房改造，完成棚户区改造320户。全面实施全民参保计划，完善城镇职工、城乡居民基本养老保险制度。支持工会、共青团、妇联、科协、残联、红十字会等发挥更大作用，保障妇女儿童、青少年、老年人合法权益，关爱农村留守儿童健康成长。加强民族宗教工作，强化司法行政、国防教育、国防动员、民兵预备役、支前双拥、人防工作。

（摘编：康明辉）

泉州市社会发展综述

2017年，在中共泉州市委领导下，市人民政府认真学习贯彻党的十九大精神，学习贯彻习近平新时代中国特色社会主义思想，全面落实中央、省和市委决策部署，着力稳增长、控风险、谋长远，经济运行稳步回升，金融风险有效化解，产业格局更加优化，实现地区生产总值7533亿元、增长8.3%，主要经济指标保持较快增长；集中力量办成一批影响全局、关系民生的大事要事实事，有力地推动泉州发展迈上新台阶。

——“三大板块”渐成格局，实体根基更加坚实。全市上下大抓发展、大抓龙头、大抓高科技产业，晋华集成电路、中化乙烯、三安高端半导体等投资数百亿元的重特大项目强力推进，传统、重化、高新产业在手大项目投资总额分别达521亿元、730亿元和1089亿元，集成电路、半导体等产业呈现大好发展态势，“三大板块”实现从构想到路线图，到落地见效、初步成形。

——古城新城齐头并进，城市颜值更加靓丽。开展国家生态修复、城市修补试点，在“润物细无声”的微改造中，古大厝修旧如旧，古街巷活化保护，泉州古城逐步成为见人见物见生活的“活样本”。海丝新城加快环湾向湾生长，人气、业态、服务加速集聚；绿化景观明显提升，精心打造山线水线绿道，织就美丽风景线，串起城市“慢生活”。环湾建成区达220平方公里。

——文脉传承深入人心，文化自信更加坚定。以“古泉州（刺桐）史迹”申遗为契机，大力推进历史文化遗产保护、挖掘和整理；守护好古城、古镇、古村落，越来越成为全市上下共同的文化使命和行动自觉。成功举办金砖国家治国理政研讨会、第三届海丝国际艺术节。晋江成功申办第18届世界中学生运动会。永春苦寨坑原始青瓷窑址当选年度中国十大考古新发现。

——惠民举措叠加推出，人民生活更加幸福。坚持把七成以上的地方财力用于民生，落实市委“四心”工程，实施教育、医疗、养老、基础设施等补短板项目132个。启动泉州“XIN”行动，聚焦安置房办证、中心城区防洪排涝等10个问题，从体制机制入手，突破长期想解决而没有解决的难题。扎实推进精准扶贫、精准脱贫，现有的建档立卡贫困村和贫困人口实现按时退出。加快建设国家生态文明试验区，空气、水质量保持优良水平。荣膺国家森林城市、全国未成年人思想道德建设工作先进城市，蝉联全国文明城市、国家卫生城市、综治最高奖“长安杯”。一年来，社会发展的主要工作有：

把开展生态修复、城市修补作为重要抓手。完成环泉州湾城乡一体化规划，全面推行城市设计。突出古城保护提升。启动“七个一”示范工程，修缮一批古大厝、特色建筑，“东亚之窗”、美食城等项目进展顺利。西街东段、中山中路实施分时段交通限行和精细化管理。开展“社区营造”试点。完善城市交通体系。兴泉铁路、福厦客专开工建设，泉厦漳城市联盟路、城东至北峰快速通道、动车站综合交通枢纽等项目加快推进，厦沙高速泉州段建成通车。市区建设公共停车设施33个，新增停车泊位5000多个。推行公交一元票价制。市区公共自行车“小黄人”累计建设站点470多个，骑行总次数3200多万人次。“点线面”推进绿化提升。精心打造高速出入口、动车站等一批关键节点绿化工程。改建特色树种景观路14条；山线绿道示范段，以及沉洲、汀洲、白水营等水线绿道公园建成开放。全市完成绿化改扩建面积65万平方米。结合“创城”“创卫”开展环境综合整治。认真执行市人大《关于加快全市垃圾分类处理利用的决议》，启动生活垃圾强制分类试点，大件垃圾处理站投入运行。疏堵并举治理占道经营等城市乱象，环境卫生考评实现城乡全覆盖。标准化改造中心市区农贸市场7个。拆除“两违”557.5万平方米。整治市区内涝积水点54处。推进城市执法体制改革，整合175项集中行政处罚权职能。

把保障改善民生作为第一追求。完成33件市委市政府为民办实事项目。打好脱贫攻坚战。认真落实“六个精准”要求，扶持30个市级扶贫重点乡镇、300个扶贫重点村发展，实现贫困线和低保线“两线合一”。创新帮扶机制，形成社会扶贫“三百”工程、安溪乡镇扶贫开发协会全覆盖、南安光伏扶贫等典型做法。农村危房改造980户，造福工程搬迁1.1万人。办好人民满意教育。实施“领航团队”培养工程。新增公办幼儿园学位1万个、中小学学位1万个。深化职业教育改革，启动技能名师工作室建设，壮大“双师型”教师队伍，现代学徒制试点基本覆盖主要产业，建成福建省大学生创新创业基地（泉州）。抓好关心下一代工作，发挥好青少年社会教育活动中心的校外阵地作用。加快卫生计生事业发展。深化公立医院改革，推行目标管理责任制和院长年薪制，启动“名医带徒”工作。实施基层医疗卫生服务能力三年提升工程。全市新增医疗机构床位2512张。建立统一的城乡居民基本医保制度。加大妇幼医疗资源配置，服务“全面两孩”政策。完善养老服务体系。新建农村居家养老服务站135个，建设提升农村老年体育活动中心30个，市社会福利中心开工。全市新增养老床位1460张，享受政府购买信息化养老服务的人数超3万。加强老龄、老干部工作。推进文化繁荣发展。积极践行社会主义核心价值观。认真落实《泉州市海上丝绸之路史迹保护条例》，全力推进“古泉州（刺桐）史迹”申遗，高标准实施16个申遗点文物本体修缮和周边环境整治，完成国际专家现场考评阶段性任务。公共文化中心主体工程完工，市少儿图书馆正式开放。建成24小时街区自助图书馆46个、村（社区）文化服务中心示范点24个。成功举办联合国教科文组织青年创意与遗产研习班、“中国白”国际陶瓷艺术大奖赛、环泉州湾国际公路自行车赛。第十三届全运会收获金牌8枚，金牌和奖牌数均居全省首位。加强社会保障工作。城镇新增就业12.6万人。城乡医疗、养老保险待遇水平稳步提升，全民参保登记计划全面实施。建立特困人员救助供养制度。及时出台房地产调控政策，实行限房价竞地价、备案价格会商、公证摇号销售等措施，严控投机炒房行为，稳定房地产市场。基本建成保障性安居工程2.6万套，改造石结构房屋3600万平方米。德化进城务工人员安居项目荣获中国人居环境范例奖。深化生态环境整治。以中央、省环保督察为契机，狠抓150项任务整改，开展环保设施与能力建设大会战，建立生态环境保护工作职责体系。认真执行市人大《关于进一步加强全市流域水环境保护的决议》，全面推行河长制，所有集中式饮用水源地和主要干流水质达标率保持100%。启动农村污水垃圾治理三年行动，266个行政村新建污水处理设施，建设改造三格化粪池6.5万户，新增480个行政村实现垃圾常态化治理，持续开展生猪养殖和农业面源污染整治。完成植树造林12万亩、水土流失治理31万亩、矿山生态修复313万平方米。永春流域综合治理荣获中国人居环境范例奖，成为全国典型案例。创新社会治理体制。推进“雪亮工程”，坚决打击和防范违法犯罪活动，完善矛盾纠纷多元化解机制，提升平安泉州建设水平。扎实开展食品药品安全综合监管，加强食用农产品入市质量安全检测，深入推进“餐桌污染”治理。开展安全生产大检查，深化隐患排查治理体系建设，安全生产形势持续稳定好转。完善国防动员机制，把支持深化国防和军队改革当作分内的事，助推驻泉部队现代化建设，实现双拥模范城“满堂红”。民族宗教、统计、物价、粮食、方志、档案、人防、支前、气象、地震以及工会、青少年、妇女儿童、残疾人、红十字会等工作都取得新成效。

把增强政府履职能力摆上突出位置。严格落实中央八项规定及实施细则精神。深入推进“两学一做”学习教育常态化制度化。自觉接受市人大及其常委会监督，依法执行市人大及其常委会决定决议，主动配合市人大依法履职，办理人大代表建议383件，满意和基本满意率达100%。支持市政协履行职能，主动接受民主监督，把协商民主贯穿政府履职全过程，办理政协提案596件，满意和基本满意率达100%。坚持依法治市，深化府院联席会议机制，法治政府、法治社会建设互相促进。全面推行权责清单制度，进一步规范行政审批自由裁量权，实施“一趟不用跑”“最多跑一趟”改革，推行周末收件、24小时自助服务等便民措施，深化国家级电子证照试点，行政审批制度改革获国务院通报表扬。加大效能督查力度，加强廉政、监察、审计等工作。

2018年经济社会发展主要预期目标是：全市生产总值增长8.7%以上，农业总产值增长2.5%左右，工业增加值增长7.8%左右，第三产业增加值增长10.4%左右；一般公共预算总收入增长5.5%左右，一般公共预算收入增长6.5%左右；固定资产投资增长13%左右；实际利用外资增长2%左右，出口增长2%左右；社会消费品零售总额增长11%左右，居民消费价格涨幅控制在3%左右；居民人均可支配收入增长7%左右；完成节能减排任务。社会发展主要工作有：

繁荣发展先进文化。深化文化体制改革。完善提升基层公共文化设施，争创国家公共文化服务体系示范区。加强新时代文艺精品创作，实施“戏曲名家收徒传艺”计划，全面普及公益性文艺惠民演出。大力发展文化产业、文化市场，培育动漫、创意设计、文物博物等新型文化业态。深化全民健身计划，办好国际大体联足球世界杯预选赛、环泉州湾国际公路自行车赛，筹备世界中学生运动会，推动体育制造业与体育服务业协同发展。

努力让群众享有更好的教育。对照义务教育学校管理标准，深入实施“全面改薄”，推进优质高中建设、“小片区管理”，着力解决中小学生课外负担重、“择校热”“大班额”等突出问题。新改扩建公办幼儿园70所，全市新增学位1万个，普惠性幼儿园覆盖率达75%，解决好婴幼儿照护和儿童早期教育服务问题。提高职业教育与产业发展契合度，重点培育39个服务产业的特色专业群，创建示范性现代职业院校，实现中等职业学校达标全覆盖；推动普通本科高校向应用型转变。实施基础教育“领航团队”培养工程和职业教育名师“百人计划”，加强师风师德建设。支持和规范社会力量兴办教育。加强未成年人思想道德建设和心理健康服务。做好关心下一代工作。

努力让群众享有更高水平的医疗服务。深化医改工作，提高公立医院综合改革实效；以医联体为突破口，组建城市医疗集团、县域医共体、专病专科联盟，完善医疗资源融合共享、分级诊疗机制。加快推进市第一医院城东新院二期、福医大附二院东海院区、妇产医院、老年医院等13个卫生重点项目。加强县级公立医院五大核心专科和五大薄弱学科建设，推行家庭医生签约服务。引进培养卫生人才，抓好医风医德建设。做好重大疾病和慢性病防控。争创全国中医药先进市。支持社会办医多元化发展。

努力让群众享有更可靠的社会保障。加大对灵活就业、创业项目的扶持力度，推动高校毕业生、退伍军人和城乡就业困难人员，实现更高质量就业创业。推进房地产调控，制定稳控房价中长期规划，建立长效机制。抓好保障性安居工程，加快石结构房屋、农村危房改造。加强失地失海农民保障。推广泉港“救急难”工作机制，建设社会救助综合施救平台。重视发展慈善事业。全面实施妇女儿童发展纲要。完善留守老人、留守儿童关爱服务体系。

（摘编：孟力坚）

鲤城区社会发展概况

2017年，鲤城区围绕“321”目标，深入实施“四大行动”，苦干实干，砥砺前行，推动经济社会持续平稳健康发展，较好地完成区第九届人大一次会议确定的目标任务。实现地区生产总值295亿元、增长7%；工业增加值101亿元、增长4%；第三产业增加值173.2亿元、增长9%，社会消费品零售总额357.48亿元、增长12%；一般公共预算总收入18.28亿元、增长7.5%，一般公共预算收入10.38亿元、增长1%；全社会固定资产投资130.99亿元、增长5%；出口商品总值31.06亿元、下降6%；实际利用外资3.23亿元、与去年持平。居民人均可支配收入4.05万元、增长5%。一年来社会发展的主要工作和成效是：

城市建设再上水平。深入开展城市“双修”试点，策划生成第一批试点项目30多个，总投资超20亿元。配合抓好“七个一”示范工程，收储修缮古大厝、特色建筑10处。加快新区建设步伐，策划实施站前大道西侧、兴贤路中段、田中石结构房屋等片区改造项目，建成新天城市广场、建发珑璟湾、尚好家园、盛世城品等一批商住楼宇。投入1200万元实施市政设施建设，完成2017年“XIN”行动背街小巷修补任务。完成进出城通道景观整治提升工作，南环路道路及景观提升改造、笋江路兴贤路五岔路口改造正抓紧施工，2号污水提升泵站正式运行。推进江南新区公共自行车租赁系统建设，已建成站点50个、投入微笑自行车1600辆。城市管理精细人本。在全市率先出台改革实施方案，推进城市执法体制改革。实施西街东段、中山中路分时段交通限行和精细化管理。开展“社区营造”活动，形成政府、社会、群众互动联系、共同参与的城市治理工作体制。启动城市垃圾分类处理试点。加大占道经营综合治理力度，强化学校、车站、医院、景点等重要区域周边管理。推进农贸市场标准化改造。开展新一轮深化“两违”综合治理三年行动，完成市下达“两违”整治任务140%以上。城市美誉显著提升。担好“主场”之责，全力以赴做好“古泉州（刺桐）史迹”申遗迎检各项工作，集中力量推进古城“四片二线四整治”，完成5个申遗点周边202项环境整治任务，高质量接受联合国教科文组织专家现场考察。巩固提升国家级生态区创建成果，推进清新水域、清净蓝天、清洁土壤三大工程；全面落实生态环保“党政同责、一岗双责”，主动向区人大常委会报告环境状况和环境保护目标完成情况。认真配合中央、省、市环保督察，完成各级环保督察整改工作，环保目标责任书和污染物减排工作在全市考核中获得“六连优”，环保网格化管理经验在全省推广。深入开展文明城市创建活动，推动全国文明城市、省级文明城区创建工作机制化常态化。投入4000多万元完善配套设施，推进城市环境卫生整治，高分通过国家卫生城市复检。伍堡社区、金山社区获评第五届全国文明单位。

社会保障能力持续增强。提高财政对民生领域供给权重，民生支出占一般公共预算支出比重达66%，全面完成总投资近1.5亿元的26个为民办实事项目。新增就业9000多人，城镇登记失业率控制在0.87%以内。社会保险继续提标扩面，职工基本养老、城镇居民养老、失业、工伤等参保人数分别增至9.41万、4.18万、5.63万和7.88万人。完成全民参保登记试点工作，参保登记入库率100%。强化住房保障，建成保障性安居工程

170套，石结构房屋改造完成市下达任务的106%。公共服务供给更加丰富。实施总投资近80亿元的民生社会事业补短板专项工程，稳步解决供需矛盾突出、塔尖资源不足、老城新区不均等问题。优先发展教育事业，加快实施中小学校布局及建设五年规划，泉州七中江南校区全面开工，泉州十五中图书馆等9个“薄改扩容”项目竣工或部分竣工，泉州实验中学附属学校落户江南新区，新增公办幼儿园和中小学学位约5500个。高质量通过教育部国家义务教育监测和全国中小学校责任督学挂牌督导创新区省级评估，获评省级安全教育示范区，7所中小学被确认为省义务教育管理标准化学校。稳步提升医疗卫生发展水平，实施基层医疗卫生服务能力提升工作三年行动，全面推进医联体建设，进一步引导分级诊疗，引入一批社会办医项目，万祥医院开工建设，新增医院床位40张。获评全国首批健康促进示范区、省级妇幼健康优质服务示范区、省市计生先进区。江南街道社区卫生服务中心获评国家百强社区卫生服务中心。加快发展养老和老龄事业，实施居家社区养老和机构养老工程。繁荣公共文化事业，配合市里组织好环泉州湾国际公路自行车赛、第三届海丝国际艺术节和第二届泉州海丝古城徒步穿越活动，举办2017年泉州元宵灯会暨区第十九届元宵花灯展、“喜迎十九大·古城文艺活动”等系列活动。加强文化遗产保护传承，保生大帝信俗入选省级非遗名录。积极开展全民健身运动会系列赛事。基本完成第二轮《鲤城区志》修编工作。社会治理成效显著。社区建设全面加强，累计建成一站式社区服务站76个，社区服务载体、服务事项、服务网络、服务水平明显改善。军民融合持续发展，荣获省双拥模范城“七连冠”。全面开展“七五”普法工作，扎实推进平安鲤城建设，持续开展六个专项治理活动，精准打击“沙霸”“搬霸”等犯罪分子。深化“平安建设”三级联创，推进政府治理和社会调节、居民自治良性互动。对“平安社区”居民给予居民医保、基础养老、大病统筹三个10%奖励，常住人口综治保险实现全覆盖，群众安全感和满意率明显提升。完善矛盾纠纷化解机制，依法及时解决信访问题，圆满完成重大活动期间信访安保维稳工作，社会大局安定稳定。扎实开展食品药品安全综合监管，持续推进“餐桌污染”治理，建设食品放心工程。扎实推进安全生产风险分级管控和隐患排查治理体系建设，构筑双重预防机制，四项安全指标全面下降，安全生产形势稳定向好。防台度汛、应急管理、妇女儿童、残疾人事业、民族宗教、国防动员和后备力量建设、台港澳侨和外事、档案、防震减灾、慈善、关心下一代、对口帮扶、粮食安全等工作均取得新的成效。

自身建设有效加强。认真接受区人大及其常委会监督，依法执行区人大及其常委会决定、决议，主动配合区人大依法履职，定期向人大报告工作，办理人大代表建议115件，满意和基本满意率达100%。支持区政协履行职能，主动接受民主监督，充分发挥政协作为协商民主重要渠道和专门协商机构的重要作用，促进政府科学决策，定期向政协通报情况，办理政协提案135件，满意和基本满意率达100%。全面推行政务公开，广泛接受社会监督。建立法治政府指标体系，强化法制约束和权力内控。行政机关法律顾问制度基本建立，依法行政绩效考评在全市名列前茅。坚持提效简政。加大效能督查力度，持续深化放管服改革，全面推行“最多跑一趟”“一趟不用跑”服务和“双随机一公开”监管，行政审批事项缩短至法定时限的40%以内，群众满意率达99%。坚持廉洁从政。推进“两学一做”学习教育常态化制度化，深入学习廖俊波同志先进事迹，争做忠诚干净担当干部。持之以恒严格落实中央八项规定精神，完成公车改革任务，“三公经费”下降27.7%。加强廉政建设、行政监察和审计监督等工作，健全完善政府监督体系，22个政府部门及下属事业单位实现纪检派驻监督全覆盖。

（摘编：李　哲）

丰泽区社会发展概况

2017年，丰泽区积极融入“五个泉州”建设，着力建设现代化城市核心区，全区经济社会稳中向好，完成调整后目标任务：实现地区生产总值559.66亿元，比增8%；第三产业增加值370.04亿元，比增10%；工业增加值126.84亿元，比增5%；一般公共预算总收入33.5亿元，比增12.3%，其中一般公共预算收入20.7亿元，比增4%；居民人均可支配收入49810元，比增6%。一年来社会发展的主要工作有：

城市核心区形象日益显现。坚持匠心建城。启动华大南埔山片区改造，推进西郊片区棚户区改造，保障城东至北峰快速通道、北峰霞美棚户区改造龙兴小区二期等重点基础项目落地，完成进出城立面景观整治5.1万平方米；投入1500万元，完成3个污水收集处理配套管网建设项目；开展“百路整修计划”，整修道路114条，提级改造群养公路4条；新建公共停车位765个、公共自行车租赁站点60个、城市充电桩126个，疏通城市“微循环”。完成10个“美丽社区”建设、40座社区公厕改造升级和4770户老旧小区天然气改造安装，完成夜景提升工程40处。加强文化遗产传承，投入3500万元，完成古泉州（刺桐）史迹申遗有关文物本体修缮、申遗点整治以及周边区域环境改善，顺利通过国际专家现场考察。坚持为民管城。投入6452万元，深入开展创城、创卫活动，启动垃圾分类处理试点工作，加强道路机械清洗保洁，城区环境更加整洁；深入开展泉州“XIN”行动，实施4大类城市精细化管理项目和市容市貌“十项整治”，设置便民摊点专区3处，分类改造农贸市场19个。提升社区管理水平，培育市级“一定五化”新型社区、社工站、“社区营造”等试点社区9个。在全市率先启动智慧城市建设。坚决遏制新增“两违”，拆除“两违”建筑面积34.8万平方米，超年度目标33个百分点，东湖街道新获省级“无违建”示范街道。坚持生态护城。落实党政领导生态环保目标责任书，开展泉州湾内湾丰泽段污染治理和生态修复，完成造林绿化1500亩和生态公益林补偿3.6万亩，完成少林路、北山隧道等15个绿化提升项目，拆墙增绿15处，新增绿地192.8亩，提升绿化景观12.5万平方米。落实最严格水资源管理制度，全面推行“河长制”，实现区、街道、社区三级“河长制”全覆盖，推进重点流域（含近海水域）水环境综合整治、黑臭水体整治，晋江流域丰泽段和北渠丰泽段饮用水源水质达标率100%。开展餐饮油烟污染、工业企业大气减排、土方车滴洒漏等专项整治，完成锅炉清洁能源替代工作和黄标车年度淘汰任务，办结中央环保督察信访件61件。

不断增进市民获得感。社会保障扩面提标。完成11方面39项为民办实事项目，全年民生支出16.5亿元，占一般公共预算支出72.7%。落实积极就业政策，加强对高校毕业生、社区富余劳动力等群体就业帮扶，开展就业培训2.3万人次，城镇登记失业率控制在0.82%。城镇职工基本养老、失业、工伤、医疗和生育保险覆盖率均超额完成年度任务，城镇居民养老保险参保率达99.43%，在全市率先完成全民参保登记。落实低保精准机制，完善临时救助、医疗救助、困境儿童保障和残疾人“两项补贴”等措施，发放各类补助资金1371.1万元。新增省级社区老年人日间照料中心2个，提升省级社区居家养老服务站6个，新建家庭综合服务中心6个，4个社区引进专业养老服务机构。加快释放资源优势。实施教育扩容提质工程，完成北峰中学综合楼、第十中学综合楼、城东中学体育馆建设，推进东海教育工程项目包建设，新增公办幼儿园2所，3所基层学校升格为实验性小学，14所学校通过省、市级义务教育管理标准化认定。深入实施“五名”培育工程，培育省级首届名校长1人；成立全省首家少年宫教研中心，中考成绩连续11年位居全市前列；成立区教育发展基金会，筹集资金1.7亿元。实行公立医院院长目标年薪制和聘任制，推进区疾控妇幼机构综合楼等项目建设，新增医疗机构床位110张，成立泉州市正骨医院专家工作站，丰泽、北峰街道社区卫生服务中心蝉联全国百强。加强疾病预防控制，启动城市慢性病家庭医生签约服务试点工作，完成家庭医生签约服务17.34万人，签约率30.36%。加强中医药服务能力建设，创建全国基层中医药先进单位工作通过评审验收。开展医疗资源配置项目三年行动，服务“全面两孩”，人口保持均衡发展。东凤、源淮社区荣获全国流动人口社会融合示范社区。群众生活日益丰富。开展群众性精神文明创建活动，源淮社区获评全国文明单位；实施文体惠民工程，新增省级社区多功能运动场3个，建成（提升）各类群众性文体活动设施41处。体育事业繁荣发展，成功举（承）办国际大力士泉州公开赛、2017海上丝绸之路环泉州湾国际公路自行车赛（丰泽赛段）、海峡两岸暨港澳地区群众网球赛等体育赛事。山线绿道精品示范段、3个水线公园对外开放，群众有更多休闲好去处。社会环境更加稳定。深入开展安全生产大检查大整治，督促落实整改隐患1.13万个，全区安全生产形势保持平稳态势。实现食品药品安全网格化监管全覆盖，建成餐饮食品安全示范街2条。强化防灾减灾抗灾和应急处置，保护群众生命财产安全。深入开展矛盾纠纷排查化解，畅通信访渠道。建设“智慧丰泽”综治管控中心，健全三级网格化巡逻防控体系，推广实施“大小联巡”防控模式，开展打击“盗抢骗”、“雷霆出击2017”专项行动，加强特殊人群管理，率先在全省县（市、区）开展反恐演练。

强化政府担当作为。注重厉行法治。启动城市执法体制改革，完成行政服务中心管委会体制调整，深化公务用车改革。深入推进“七五”普法，完善政府法律顾问制度，加强行政复议工作，积极应对行政诉讼，稳妥化解行政争议。自觉接受区人大及其常委会的法律监督、工作监督和区政协的民主监督，支持人大代表、政协委员开展视察和调研，办理人大代表建议143件、政协提案111件，满意率和基本满意均达100%。主动公开政府信息，密切与各民主党派、人民团体等社会各界的沟通互动，政务环境更加透明。注重精准施策。严格落实区领导挂钩帮扶企业工作机制，滚动确认重点企业160家，研究出台扶持政策5项，兑现企业帮扶资金2.5亿元；设立政策性中小企业融资担保有限公司，落实银企对接授信5亿元，提供应急周转资金21亿元，妥善处置化解金融风险，全区不良贷款率稳控在1.6%左右（位居全市前列）。建立区政府债务管理及风险预警机制，政府债务保持在合理区间。注重高效便民。全面推进“放管服”改革，行政审批事项总提速率77.4%。推行“互联网+政务服务”，90%的行政审批和公共服务事项实现网上预审，在全市率先开辟24小时自助服务区，开设3个周末办事窗口，区行政服务中心获评全国青年文明号。注重廉洁自律。全面推进“两学一做”学习教育常态化、制度化，深入学习廖俊波、陈奇源同志等先进典型事迹。认真落实全面从严治党主体责任，完善党员干部廉政谈话提醒机制，开展廉政谈话162人，严格落实中央八项规定精神，“三公”经费只减不增。对接监察体制改革，加强行政监察，查处各类违纪案件47件。强化审计监督，完成审计项目14个，政府投资工程竣工结算审核项目17个。档案、保密、方志、民族宗教、老龄老干、侨台外事、国防动员、民兵预备役、工会、青少年、妇女儿童、残疾人等工作取得新成效。

（摘编：李　哲）

洛江区社会发展概况

2017年，洛江区围绕建设智造生态新城区，攻坚克难、开拓进取，推动经济发展迈上新台阶、各项社会事业取得新成就。全年实现地区生产总值172.7亿元、增长9.3%；一般公共预算总收入超过16.5亿元，其中一般公共预算收入超过9.7亿元，主要经济指标增幅超额完成区五届人大一次会议确定的目标任务和市政府下达考核目标，全面超过全市平均水平。一年来，社会发展的主要工作有：

致力生态融城、品位塑造，城乡建设全面提速。城区逐步拓展扩充。完善规划体系，洛江片区单元控规审查工作加快推进，组织编制阳江片区修建性详规和城市设计。完善城区主干路网体系，洛江区西环路加速建设，朋虹街延伸工程即将动工。继续推进塘西、后埭、新南等片区城市化改造，启动阳江片区首期支路网、水系和阳江学园建设前期工作，城市跨路沿江发展迈出实质性步伐。完善城市通行微循环体系，打通万兴街等一批城市断头路，实施路面硬化和“白改黑”工程；城区新增停车泊位634个，完成万安片区公共自行车系统建设；实施无线城市建设、百兆光纤入户工程，新建4G基站138个；建设10KV配电线路40公里，改造升级配变台区40台。城乡环境展现新貌。开展城市“双修”和“XIN”行动，完成万安片区背街小巷整治，启动万安农贸市场改造，完成城区主干道夜景工程。全面普查建成区污水管网情况，建立万安、双阳污水管网养护机制，完成河市西片区污水提升泵站及配套管网工程，启动霞溪工业区污水管网建设和河市、马甲污水管网前期工作。推动城市管理执法体制改革，深化“两违”综合治理，拆除“两违”36万平方米。做好泉州市国家卫生城市复审和全国文明城市总评迎检工作，以高质量通过专家测评；新民村被评为全国文明村。投入1500万元抓好14个人居环境整治村、美丽乡村示范（宜居）村建设，开展万福“社区营造”。实施农村生活污水治理三年行动计划，新改建农村生活污水处理设施8个、三格化粪池2156座。全面完成68万平方米危房、石结构房屋改造任务，提级农村公路25公里，解决5个村饮水安全问题。生态建设协调推进。启动绿化提升“三年行动”，推动一批关键节点绿化提升，新改建3条5公里绿化景观路，启动桥南湿地公园建设，完成绿化改扩建9万多平方米。实施洛阳桥两侧清淤和桥南街建筑立面整治、道路改造，做好洛阳桥、蔡襄祠和古村落传统建筑修缮保护，“古泉州（刺桐）史迹”洛阳桥申遗完成国际专家现场考评阶段性任务。全力以赴配合中央环保督察，高效率落实反馈问题整改，高质量完成33件信访件办理，生态环境保护机制进一步健全、质量进一步提升。全面落实“河长制”，开展河道清淤、禁养清零、工业纳管、设施提升、铁腕执法五大攻坚行动，推进12个水环境综合整治项目，“河畅、水清、岸绿、景美”愿景初步呈现。开展第三批小流域“赛水质”活动，持续推进洛阳江流域河市段综合治理、晋江东溪罗溪安全生态水系等项目，水质总体稳定达标，城乡景观绿线、生态水线加快塑造。增设义务植树基地6个，完成造林绿化和森林经营3300多亩，综合治理水土流失5300多亩，强力推进矿山生态恢复治理。完成黄标车淘汰和节能减排任务。

致力补齐短板、改善民生，社会和谐持续巩固。民生保障补短有力。出台加快补齐民生短板

"1+4"政策文件，开展"四心"工程，实施民生补短板项目91个，完成为民办实事项目53件。落实"六个精准"要求，实施"兜底线""挪穷窝"等工程，所有建档立卡贫困人口收入达到市定贫困线以上；建设农村低保户、贫困计生女孩家庭安居房45户，搬迁安置地质灾害隐患点10户；鼓励扶持村财薄弱村因地制宜发展壮大集体经济，完成10个村光伏发电项目；建立"3+1"医疗保险制度，在全市率先出台精准扶贫医疗补助方案，助力稳定脱贫，防止因病、因残返贫。落实促进就业和鼓励创业政策，城镇新增就业6000多人。实施城乡居民养老保险制度，做好与新老农保制度衔接，发放养老金近4000万元。新建农村幸福院（居家养老服务站）4个、城乡社区服务站4个。公共服务提升有效。投入近1亿元建设闽南师大附属小学、泉州第十一中学等9所中小学、幼儿园校舍及配套设施，7所中小学义务教育管理标准化通过市级评估；落实"三免一补"与助学政策资金1700多万元；获评全国书法教育示范区。出台深化基层医药卫生体制改革方案，建立合同制卫技人员招聘使用管理制度，推动分级诊疗；加强基层卫生机构学科和设施设备建设，马甲中心卫生院通过二级综合医院评审，河市卫生院获评全国"群众满意乡镇卫生院"，创建全国基层中医药工作先进单位通过国家级评审。适应全面两孩政策，推动计生服务管理转型。新建体育休闲公园、多功能运动场3个，优化提升基层综合文化服务中心示范点18个、全民健身示范中心10个，完成畲族民俗展示馆建设，区公共文化中心建设顺利推进，成功举办环泉州湾国际公路自行车赛洛江段比赛。社会治理创新有为。完善社会治安防控网，建设高清视频监控探头679路，实行专职防控力量24小时巡逻值守，实现城乡社区网格化服务管理全覆盖，综治"三率"稳步提升。健全矛盾纠纷排查化解多元机制，完善领导干部定期接访和信访包案制度，上级交办信访积案全部妥善解决。设立"普法驿站"，组建普法讲师团，"七五"普法有力推进。改善食品药品综合监管方式，加大监管力度，群众饮食用药安全得到有效保障。持续开展安全生产大检查，推进重点隐患排查整治，安全生产形势稳中向好。

工会、妇女儿童、残疾人、地方志、支前、打私、民族宗教等工作取得新进展，国防动员、民兵预备役、双拥、外事、贸促、科协、档案、防震减灾、关心下一代等工作取得新成绩。

致力转变作风、优化服务，政府运转廉洁高效。用心服务发展。深化放管服改革，全面推行权责清单制度，推进行政审批服务标准化，优化行政审批服务事项129项，压缩承诺时限113个工作日，简化审批环节54个。梳理调整"一趟不用跑""最多跑一趟"办事清单800项；推行"互联网+政务"服务，实现网上办理审批事项876项。深化商事制度改革，实行"多证合一"，市场主体准入退出通道更加便捷。打好帮扶企业"组合拳"，落实促进工业稳定增长、增产增效电力奖励等政策，出台"智能装备8条""建筑业6条""石墨烯6条"和推进企业挂牌上市、促进人才集聚、扶持外经贸发展等专项政策，深入开展"促进项目落地、帮扶企业发展"活动，帮助企业协调解决困难问题。用好用足工业续贷周转金和企业应急保障周转金，帮助企业实现转续贷7.3亿元，促成银行机构对9家企业授信11.6亿元；落实全方位稳定金融运行措施，通过重整、打包、核销、司法拍卖等途径化解不良贷款，不良贷款率控制在平稳区间。依法履行职责。主动接受区人大及其常委会监督，依法执行区人大及其常委会决定决议，密切配合区人大依法履职，办理人大代表建议98件，满意率和基本满意率100%。充分发挥政协作为协商民主重要渠道和专门协商机构的重要作用，促进政府科学决策，办理政协委员提案93件，满意率和基本满意率100%。制定《洛江区法治政府建设实施方案》《洛江区重大行政决策若干规定》，健全府院联席机制，拓展府院良性互动，创新完善区政府法律顾问制度，行政行为更加科学、规范。深化重点领域政务公开，公开政府信息817条，主动接受社会公众监督。

（摘编：李 哲）

泉港区社会发展概况

2017年，泉港区以实施“三个主题年”活动、“两个专项发展行动”和石化安全控制区建设为抓手，着力保稳、求进、攻坚，基本完成了区四届人大一次会议确定的目标任务。全年实现地区生产总值526.86亿元，增长8.6%；工业增加值359.04亿元，增长9%；第三产业增加值113.99亿元，增长10%；一般公共预算总收入111亿元，增长1.09%；一般公共预算收入32.5亿元，增长8.33%；固定资产投资261.7亿元，增长15%；出口商品总值（海关口径）6.1亿元，增长4%；实际利用外资（验资口径）7.4亿元，增长2%；社会消费品零售总额88.65亿元，增长11%；居民人均可支配收入24013元，增长7%。

“以城市为载体”促进扩容提质。加快城市扩体量、强功能、提品质，顺利通过环保督察、卫生城市、文明城市等12项国家级考核。抓好城市关键点、精品点。开展“多规合一”试点，编制土地、消防、交通、旅游等专项规划，高质量设计高铁站前区、大学城、滨海新区等控规详规，促进各类规划协调统一。实施城建重点项目126个、宜居建设项目125个，分别完成投资168亿元、15.5亿元，福厦高铁泉港段（站）、坝头溪流域综合整治等一批城建精品开工建设，植物园景观改造提升、玉笏朝天公园一期、科技馆等补短板项目如期完工。建设城市交通线、景观线。加快规划建设凤凰大道、第二疏港大道一期工程等63公里干线路网建设，投放120部新能源公交车、1650辆小黄人自行车，群众出行更加便捷。以河（库）长制、路长制为抓手，对28条河流、25座水库（含山塘）进行分步整治和常态管理，完成30公里主干道绿化提升，水系绕城、绿网交织的城市景观风貌初步形成。打造城市示范面、展示面。坚持扩大房源与稳定房价一起抓，推出一批“双限用地”，新开工商品房面积103万m^2，建成区面积增加10%。68个小城镇项目完成投资18.9亿元，新创建省级美丽乡村7个，惠屿、东张、小坝分别入选全国最美渔村、文明村、少数民族特色村寨。投入1805万元用于园林、管网、路灯等市政设施市场化管养，完成80公里城区雨污水管网清淤检测，城区环境卫生考评甩后争先。

“以人本为核心”推动共享提速。出台民生“1+4”补短板、泉港XIN行动等措施，全年民生支出27.14亿元，占一般公共预算支出的78.21%。完善保障体系解民忧。整合政策、资金、项目和挂钩力量，帮扶183户657人脱贫，全区贫困人口收入均超过市定贫困线。全面实施全民参保登记试点工作，“五保”供养、高龄老人、困难残疾人补贴和征地收海人员养老保障等扩面提标，提前实现低保标准和扶贫标准“两线合一”。坚持拆、改、建相结合，拆除两违建筑61万平方米，改造石结构房屋281万平方米、棚户区8328套，审批个人建房1500宗，住房保障规范高效。扩大成果共享惠民需。投入1.37亿元，完成8项35件为民办实事项目。出台促进就业、支持创业实施意见，城镇新增就业6098人、农村劳动力转移就业6136人。新建成7个老年服务中心、6个居家养老服务站、26个避灾点。计生工作考核位居全市第三，民族宗教、外事侨务、工青妇儿、国防动员、海防、打私、支前、广电、物价、方志等工作取得新成绩。创新社会治理保民安。试点开展“1+N”网格治理模式，建立全区网格基础信息数据库，完成村（居）“雪亮工程”一期建设，荣获省级双拥模范城（五连冠）称号。加强普法教育、信访化解、安置帮教工作，社区矫正教育管理基地建成投用，获评全国法治区创建活动先进单位。开展输油管道、建筑施工等安全专项整治，建成食品药品网格化监管网络，防震减灾工作获全市综合考核一等奖，危化品综合应急救援演练获评全国安全生产月特色宣教活动。

敢闯敢试争当改革先行者。坚持需求导向完善泉港模式。深化名师名校长培养、校长教师校际交流、课堂教学改革等做法，率先实行普通高中免费教育，入选国家义务教育教师队伍“县（区）管校聘”管理体制改革示范区；投入1.7亿元，实施益海实小、锦川实幼等10个新改扩建项目，办学条件明显改善。深化医联体建设，实行自主招聘、院长年薪制，建设名医工作室4个；推行分级诊疗、家庭医生签约服务模式，举办全省首届石化职业健康高峰论坛；筹建泉港区中医院，顺利通过国家基层中医药先进单位评审，基本公共卫生服务绩效考核获国家优秀奖。坚持问题导向打造泉港样板。创新推出房票安置模式，建成全省首家房产超市，满足征迁群众多元化购房需求。拓展“救急难”试点、“互联网+”居家养老助残服务范围，设立10个村级“救急难”服务窗口，为群众购买社会治安、自然灾害、救助对象人身险等15项商业保险。完成农村土地确权合同签订，农村集体产权制度改革列入全省试点。

再创优势营造良好软环境。持续推进营商、人文、生态环境建设，吸引更多人工作在泉港、休闲在泉港。“线上+线下”擦亮服务品牌。持续推进简政放权、放管结合，开展企业直通服务，梳理公布最多跑一趟事项803个，规范自由裁量权744项，建成24小时综合型自助便民服务区和5个政银联体自助服务点。实施五证合一、电子证照等便利举措，新增各类市场主体3530户，新设市场主体增长50.72%；内资企业年报率全市第一。“事业+产业”彰显文化底气。举办“家+文化”、网络孝文化节等系列活动，改造提升15个村（居）综合文化服务中心，新建2个文明礼堂、10个百姓书房，打造书香泉港。加强文化保护和传承，推进土坑村等文物本体保护修缮，新增市级非遗传承人6个，“涂岭红”红茶制作技艺入选省非遗名录。扶持壮大工艺美术、文化创意等文化产业，泉港工艺品在各级博览会上屡获奖项。“绿色+环保”筑牢生态根基。完成植树造林1780亩、水土流失治理3300亩、矿山生态恢复治理13万平方米，森林覆盖率达41.41%。46个重点水利工程完成投资5亿元，坝头溪生态水系一期和12座小型水库加固工程竣工验收，入选高效节水灌溉项目县、县域节水型社会达标建设县。开展黄标车、畜禽养殖、海漂垃圾专项治理，挂牌督办解决21个环保督察反馈事项，联合石化泄漏检测修复、国电超低排放改造等项目通过验收，完成能源消耗总量和强度“双控”目标。

能拼会赢担当创业主心骨。始终恪守“为民、务实、清廉”之责，持续转作风、提效能、树形象。以思想解放引领创业方向。按照区委的统一部署，广泛开展“创业再行动、建设新泉港”大讨论活动，确立“石化筑高地、融合建新城、生态立样板、共享奔小康”4条发展路径，形成研讨课题109个，生成项目类、措施类、政策类60多项。以制度建设形成干事导向。完善重大行政决策规则、编外人员聘用和财政资金、农村“三资”管理等规定，清理规范性文件410份，干部责任、服务和廉洁意识得到加强。出台项目指挥部运作、电子监察、正向激励等机制，建立“三盏灯”“三张函”督查模式，促进清单化明责、靶向化督责。办理人大建议、政协提案347件，满意或基本满意率100%。以作风严实彰显政府形象。扎实推进政府系统“两学一做”学习教育常态化制度化，实施重点项目派驻监察员、谈话提醒等制度，开展贯彻中央八项规定精神、扶贫领域精准监督等专项检查，“三公经费”持续下降。规范公共资源交易，加强中介服务市场监管，节约财政资金4450万元，节约率10%。

（摘编：李　哲）

石狮市社会发展概况

2017年，面对复杂多变的宏观经济环境，石狮市以习近平新时代中国特色社会主义思想为指导，认真贯彻落实上级党委政府决策部署和市委工作要求，统筹做好改革发展稳定各项工作，较好地完成了市七届人大一次会议确定的各项主要目标任务。全年实现地区生产总值746亿元、增长8%，一般公共预算总收入60亿元、与去年持平，一般公共预算收入40.8亿元、完成年度目标，全体居民人均可支配收入46782元、增长7.5%，经济综合实力保持全国中小城市百强第16位，创建全国文明城市美梦成真！社会发展的工作主要有：

改革创新的力度不断加大。推进省人才强市试点工作，出台集聚人才创新创业的措施，实施产学研对接、创业孵化等6大类23个人才工作重点项目，成功入选省级产业人才聚集基地，培养创新创业团队7个，126人入选泉州市级以上高层次人才名录。深化教育综合改革。与中国教科院合作推进五大改革项目体系，扎实抓好学校管理体制改革、办学联盟合作、教育优秀人才引育等工作，教育综合改革获得国务院、省、泉州市领导批示肯定。市财政投入教育事业11.5亿元，新建、改扩建学校42所，厦外石狮分校附属小学等10所学校建成投入使用，新增学位4000个；复办华侨中学高中部，引进山东271教育集团合作办学；利用公共资源改建幼儿园，投入1000万元购买普惠性幼儿园学位，惠及9729名学龄前儿童。推进公立医院和基层医药卫生体制综合改革。主动对接省立医院、福医大附属二院、泉州市第一医院、医生集团等优质医疗资源，深化市医院医联体建设，推行家庭医生签约服务，开展镇村卫生服务一体化管理，推进分级诊疗制度建设，市医院新院即将建成，医疗服务能力不断提升。建立基于绩效考核的财政投入机制，市财政投入医疗卫生事业6.2亿元，公立医院药占比降至32%；新农合复合支付模式补偿比例提高至80%，保持全省最高。

山海城联动的格局渐次拉开。围绕保护“山”的自然生态，投资1.03亿元、实施13个项目，推进休憩点景观改造和登山步道、景区停车场、供水、安防系统建设。深入实施“四绿”工程，完成植树造林及封山育林1595亩，着力整治修复废弃石宕，持续提升宝盖山、灵秀山两大城市“绿核”生态景观。围绕海岸带开发建设，启动环湾湿地公园、红塔湾海岸公园、古浮湾生态恢复工程和沿海大通道生态廊道项目，开展海岸带生态环境综合整治，基本完成峡谷旅游路、石永二路东延伸段建设，启动共富路、锦蚶路、红塔湾旅游路等项目，不断缩短山海城时空距离。围绕完善“城”的功能，全力服务福厦高铁项目，主动对接一重、二重环湾快速路，完成学府路、宝岛路、宋塘路综合改造，打通镇中路南段、宝岛路中段等城市“断头路”，持续完善各片区、工业园区周边道路等基础设施。启动永宁古卫城、凤里八卦街、曾坑四端堂、华山古民居等“古城、古街、古村”保护整治，建成加曾寨、灵山灵峰、黄金海岸、永宁城隍庙等片区安置房。建设智能交通管理系统、公共自行车二期、汽车驾驶员考试场等项目，扩大路内停车收费试点，加强交通微循环管理，城市脉络更加畅通。

城市环境更加宜居宜业。注重提升群众幸福指数。以创建全国文明城市为抓手，完善城管体制，积极破除城管重心下移、社区交叉地带、安置房物业管理等方面存在的体制机制障碍，持续推进社区“牛皮癣”、线缆乱拉乱挂等“十个专项整治提升”，完成首批4个城市积水点改造，拆除“两违”建筑38.3万平方米。新建村（社区）综合文化服务中心26个，打造“百姓书房”示范阅读点10个，持续开展“书香狮城”、文化惠民剧场、广场文化艺术节等活动，组织评选首届“醒狮”文艺奖。加强文化传承保护，公布第四批市级非遗名录5个、第二批市级非遗项目代表性传承人20人。积极参与、精心抓好古泉州（刺桐）史迹申遗工作，万寿塔、六胜塔、石湖码头（林銮渡）等遗产点顺利通过联合国教科文组织的现场考评。成功协办环泉州湾国际公路自行车赛（石狮段），顺利通过全国武术之乡复核。灵秀镇和厝仔村荣膺“全国文明村镇”，祥芝镇顺利通过复评，玉湖社区荣膺“全国文明单位”，蚶江镇入选第二批“中国特色小镇”。改善城乡居住条件。深化美丽乡村建设，新增重点村（社区）示范典型9个，采取措施增强10个薄弱村“造血”功能；稳步推进农村承包地确权工作。出台沿海五镇民房建设和全市未建回批地处置政策，启动回批地置换安置房试点，配租配售各类保障性住房1.4万套，完成已建回批地、安置房办证2.2万平方米。

强化生态环境保护。以中央、省环保督察为契机，着力推进水、大气、土壤污染防治，全面推行“河长制”，投入1.5亿元治理梧垵溪、厝上溪等10条河道；抓好热电企业超低排放改造和挥发性有机物、印染行业定型机废气治理，完成黄标车淘汰任务；规范处置多年来积存的垃圾焚烧飞灰固化物23.5万吨。编制生活污水收集处置专项规划，推进生活污水处理厂提标扩容改造，新建污水收集管网10.3公里。

持续加强社会管理。注重提高社会保障水平，建成残疾人康复中心、鸿山镇东埔三村敬老院，推动社会福利中心养老院“公建民营”，全市农村幸福院增至13个、村（社区）居家养老服务中心增至99个；低保、城居保、新农合、医疗救助、临时困难救助、生育关怀等工作继续走在全省前列。安全生产、防汛抗台、信访维稳、食品药品、道路交通等工作有序开展，“七五”普法扎实推进。在泉州市率先建立平安志愿者队伍，强化安保维稳工作，刑事案件同比下降32.3%，社会治安满意率达95.4%，荣获全省平安县（市、区）称号。双拥、人防、统计、档案、气象、方志、侨台外事、对口帮扶、民族宗教、妇女儿童等工作取得新成效。

政府服务水平持续提升。迅速掀起学习宣传贯彻党的十九大精神热潮，扎实推进“两学一做”学习教育常态化制度化。坚持依法行政，建立市政府集体学习制度，完善重大决策制度和政府法律顾问制度，着力提高政府公职人员履职能力。深化“放管服”改革，启动新行政服务中心整合搬迁工作，全面推行政务公开和“双随机一公开”监管模式，推进权力清单和责任清单“两单融合”，规范行政审批自由裁量权，梳理公布“一趟不用跑”和“最多跑一趟”办事清单，试行“一窗式”审批模式，取消行政审批事项33项。实施投资项目阶段式并联审批，实行审批否定事项备案制度。完成7件27项为民办实事项目，办理人大代表建议148件、政协提案251件，办结率100%。12345便民服务中心受理群众诉求4.5万件，回访满意率达97.6%。认真落实党风廉政建设责任制，深化惩治和预防腐败体系建设，加强行政监察、审计监督、效能督查、绩效管理等工作，政纪处分18人（次）。持续纠正“四风”，清理规范办公用房、公务用车，严控会议、接待、因公出国（境），“三公”经费下降近两成。

2018年全市主要预期目标是：全市生产总值增长8.7%；一般公共预算总收入增长5%；一般公共预算收入增长5%；工业增加值增长7.5%；第三产业增加值增长11.5%；全社会固定资产投资增长13%；自营出口总值增长2%；实际利用外资（验资口径）增长3%；社会消费品零售总额增长10%；全体居民人均可支配收入增长7.5%；居民消费价格总水平涨幅控制在3%以内；完成节能减排任务。

（摘编：杨立群）

晋江市社会发展概况

2017年，晋江市在上级党委、政府和市委的坚强领导下，在市人大工作监督、法律监督和市政协民主监督下，深入学习贯彻党的十九大精神和习近平新时代中国特色社会主义思想，牢固树立新发展理念，全面落实“三个年”活动，全力稳增长、强动力、补短板、防风险，有力保持经济社会平稳健康发展，不断丰富“晋江经验”新内涵。地区生产总值完成1935亿元，增长8%；一般公共预算总收入211.1亿元，增长5%，其中本级收入126.66亿元，增长5%。县域经济基本竞争力、中小城市投资潜力分别位居全国第五位和第三位，荣膺全国文明城市。

——转型升级坚实突围。传统产业信心回暖、企稳回升，规模企业好中差比例从2016年底53：20：27优化为65.1：14.9：20；高新技术产业从破题到全面布局，集成电路等全产业链初现雏形；现代服务业集群加快壮大，三产占GDP比重提高到37.2%，转型升级迈出艰难而扎实的一步。

——城市走向国际舞台。成功获得2020年第十八届世界中学生运动会举办权，成为全国首个承办大型国际综合赛事的县级城市；草庵、金交椅山古窑址申遗点接受国际专家现场考评；与意大利库内奥省缔结友城，对外交流合作空间不断拓展。

——美好生活更有保障。突出待遇均等化、城乡一体化、资源优质化、管理精细化，统筹投入民生资金74.65亿元、占本级支出66.56%，加快补齐民生短板，办成22件为民实事，建成65个补短板项目，民生举措更加实在、更加走心。

——生态治理合力成势。聚焦生态水域治理，全面推行河长制，全域打响“霹雳1号”行动，强势掀起治污风暴，中央环保督察组反馈30批次178件信访投诉全部办结，销号污染源484个、关停违规企业64家，一批突出环境问题得到解决。

一年来，社会发展的主要工作有：

深化新型城镇化试点建设。持续加强规划管理。基本建成“多规合一”信息共享平台，形成市域空间“一张图”管理架构。推进城市“双修”，完善文体、养老、旅游等专项规划，彰显见人见物见生活的城市发展理念。持续完善城市配套。基本完成组团（片区）指挥部整合撤并，组织10个安置房项目回迁。深安线马坪至外曾段、横九线龙湖段等重点道路开工，迎宾路北延、伞都大道等23条道路通车。国际人才社区、大明国际学校等高端配套项目加快推进。建成10个农贸市场、30处城市公园绿地。八仙山公园、市医院公共停车场建成投用。持续强化生态建设。实行流域治理“五个一”机制，推进河流“五清”项目309个，整治河道215公里，9条河流实现截污管道闭合。统筹大气、土壤综合治理和绿化景观建设，造林绿化17500亩，九十九溪等田园风光项目进展加快。彻底整治“地条钢”，完成黄标车淘汰任务，全年空气质量优良率达96%。持续提升精细管理。开展城市管理国际化对标行动，深入推进16个专项，建成停车诱导系统，整治防汛隐患点262个、内涝积水点14个，“两违”、占道经营、小区物业等热点问题得到有效解决。

坚持在发展中保障和改善民生。开展脱贫攻坚，301户特困群众脱贫解困。实施186个教育项目，新增公办幼儿园学位2370个、中小学学位10540个，养正中学完成搬迁，拔萃双语学校、泉州五中桥南校区开工，晋江一中与法国约翰夏科中学缔结姊妹学校。实施19个医疗卫生项目，市医院迁建进展加快，树兰医疗合作务实推进，设立院士工作站、名医工作室，区域医学检验中心和疑难病远程会诊平台投用，晋南分院通过国际JCI认证。中医院顺利完成三级甲等中医院现场评审，磁灶、东石卫生院建成投用，陈埭卫生院获评全国"百佳"乡镇卫生院。加强卫计融合，优化妇幼儿童健康服务，有效应对"全面两孩"。实施35个养老项目，建成居家养老服务站20个，6个村级敬老院投用。抓好保障性安居工程，落实石结构危房改造7856宗。投放200部纯电动公交车，公交出行分担率提高到15%，行政村公交覆盖率92%。深化平安晋江、法治晋江建设，落实金砖国家厦门会晤等重大活动保障措施，治安管控、信访维稳、安全生产形势保持稳定。加强食品药品监管，中小学食堂"明厨亮灶"实现全覆盖。举办国际木偶节、海峡论坛端午文化节等活动，"晋马"再掀全民健身热潮。民族宗教、统计调查、档案方志、国防双拥、老区建设、对口帮扶、公益慈善、红十字、残疾人等工作取得新成效。

统筹城乡协调发展。农村土地制度改革三项试点、土地承包经营权确权登记颁证、集体产权制度改革、林地占补平衡试点深入推进，全省首宗集体经营性建设用地入市，村级股份经济联合社增至4个。举办首届农业"嘉年华"，开展农村一二三产融合试点，获评省级农业龙头企业34家。出台壮大集体经济九条措施，平均村财提高到60万元。举办大学生"乡村营造"夏令营，建成20个最美乡村，金井围头获评中国最美渔村，新塘梧林、金井塘东获评省级乡村旅游特色村。

加强自身建设。严格履行全面从严治党责任，深入开展向廖俊波、吴永发同志学习活动，扎实推进"两学一做"常态化制度化。办理人大代表建议214件、政协委员提案265件，满意率、基本满意率100%。公布"最多跑一趟" "一趟不用跑"事项1149个。推行建设项目并联审批，审批时限压缩到37个工作日。加强效能督查、政务督查、绩效评估、行政监察和审计监督，服务水平明显提高。

2018年全市经济社会发展主要预期目标是：地区生产总值增长8.7%，一般公共预算总收入、本级收入均增长6.5%，规上工业产值增长13.6%，全社会固定资产投资增长13%，城乡居民人均可支配收入增长8.7%，完成节能减排任务。

围绕实现上述目标，要按照市委"四个坚持"的部署要求，深入开展"四个年"活动，坚持稳中求进工作总基调，突出改革、攻坚、提质、化险、补短，不折不扣落实"三大任务"。改革，就是以改革开放40周年为新起点，抓住发展最迫切、群众最关注、最具根本性的重点领域，压实改革责任，狠抓改革落实，强化制度机制保障；攻坚，就是强势推进项目攻坚突围，建立以项目为核心的招商机制、调度机制、保障机制和考评机制，集中力量落实重大产业项目、重大基础设施项目、重大民生项目、重大赛事保障项目，推动项目建设全面提速，做实发展支撑；提质，就是全力推进高质量发展，充分释放世中运、申遗、文明城市等效应，抢抓机遇集聚高端资源，加快壮大新动能，加速产业城市双转型；化险，就是坚持问题导向、需求导向、发展导向，构建共建共治共享社会治理格局，防范化解重大风险，坚守金融稳定、环境保护、国土资源、安全生产、信访维稳、公共安全等红线底线，营造和谐稳定发展环境；补短，就是补齐民生短板，围绕教育、医疗、养老等重点领域，建设质量更高、布局更优的公共资源，优化来晋创业务工人员服务，提高困难群体保障水平，持续提升城市"温度"，确保如期建成更高水平全面小康社会。

（摘编：杨立群）

南安市社会发展概况

2017年，南安市坚持新理念、引领新常态、建设新南安，蓄势转型，聚力奋进，经济社会各项事业开创发展新局面，较好完成十七届人大一次会议确定的目标任务。全市完成地区生产总值957.73亿元、增长8.7%，一般公共预算总收入70.3亿元、增长6%，一般公共预算收入40.8亿元、增长6%，固定资产投资（不含农户）653.1亿元、增长17%，居全国中小城市综合实力百强第30位、投资潜力百强第13位、新型城镇化质量百强第34位和创新创业百强第32位，分别比上年提升1位、6位、1位和3位，并获评国家知识产权强县工程示范县。一年来，社会发展主要工作有：

推动均衡化，城乡建设实现更深融合。始终致力市域均衡协调发展，统筹推进，城乡联动，生态宜居城市建设彰显新面貌。城区建设与城乡一体协同共进。强化城市规划设计导向，土地利用总体规划调整完善方案编制完成，城市总体规划获批实施，列入全省首批城市总体规划试点。提速推进中心城区扩容提质，城北“五馆一校一场”确定规划方案，新政务服务中心主体落成，一批“城市双修”、片区改造、“补短板”项目有序推进，77个城建项目完成投资143亿元。新型城镇化建设多点开花，南翼新城产城融合集聚新动能，东溪流域生态经济展现新格局，生态立镇、产业强镇、旅游兴镇蔚然成风，水头居全国千强镇第46名，水头、官桥、仑苍列入全国重点镇。美丽乡村提档升级，和谐村（社区）创建引领新风，梅山蓉中村继续位居全国文明村行列，霞美金山村首获全国文明村殊荣，眉山观山村获评中国传统村落。基础配套与城市形象同步提升。客运中心汽车站试运行，公共自行车租赁系统一期投入使用，科院北路、纵三线省新至梅山公路基本建成通车，年度农村公路安全生命防护工程和危病桥改造任务顺利完成，新增公共停车位近400个，全年累计完成工程招投标里程145.5公里，新增公路里程38.6公里，完成交通建设投入29.6亿元。柳湖水系连通综合整治工程启动实施，一批山线水线景观提升工程加快建设，城市“透绿、显绿”成效显著，“三大绿化指标”超国家标准。城市综合执法管理体制改革全面启动，“数字城管”平台建成投用，“两违”、违规广告牌等乱象得到有效治理，市容市貌进一步改善提升。

深化放管服，改革开放迸发更强动力。始终把深化改革作为发展的永续动力，大胆探索，多点突破，创新发展的优势不断激活、放大。营商环境进一步优化。推行“最多跑一趟”“一趟不用跑”，建成网上办事大厅和电子证照库，网上政务服务逐步实现全网通办。纵深推进商事登记等制度改革，新增市场主体2万多个。深入开展“诚信南安”建设，健全守信激励和失信惩戒制度，守信光荣、失信可耻的社会氛围逐步形成。改革攻坚取得新进展。深化投融资改革，建立市级PPP项目开发目录，落地项目3个、总投资43.6亿元，纳入财政部信息平台管理项目4个、总投资61.4亿元。国有企业改革取得阶段性成果，市属五大国有集团顺利组建。推广政府购买服务迅捷应急服务模式和“蓬华经验”，打通了基层应急服务“最后一公里”。基层医药卫生体制改革、公车改革稳妥推行，农村土地承包经营权确权登记颁证进展顺利，海域使用权网上公开挂牌出让填补全省实操制度空白。开放合作水平持续提升。支持企业开拓“海丝”沿线市场，跨境电子商务成为外贸新引擎，实现商品出口85.2亿元。石井港区16－17号泊位开工建设，填海造陆工程有序推进，对外开放口岸通过省级预验收。举办纪念郑成功收复台湾355周年系列活动、凤山文化旅游节，新增1个国家华侨国际文化交流基地。南台多元交流合作深化拓展，泉金航线运送旅客突破13万人次。

着眼优生态，环境质量得到更好改善。始终坚持铁腕治污，层层压实责任，环保督察反馈问题基本整改完成，解决了一批群众反映强烈的环境难题。有序开展领导干部自然资源资产离任审计试点工作，生态环境保护“党政同责、一岗双责”落实到位。在全省首创河流管养中心，“河长制”特色工作得到省委、省政府表扬。“两溪一湾”一期工程推进实施，成为全省综合治水新样板。开展环保设施与能力建设大会战，垃圾焚烧发电厂（三期）全面投产，城镇污水处理厂及配套管网完成投资2.3亿元。启动农村生活污水、垃圾治理三年行动，建成100多座污水二级处理设施、1.3万个三格化粪池，超额完成上级下达目标任务。生态环境质量持续向好，所有集中式饮用水源地水质达标率保持100%，空气优良率达97.4%。完成植树造林超2万亩，治理水土流失7.2万亩，获评国家水土保持生态文明工程，成为全国水土保持“天地一体化”监管试点县。

致力补短板，民生福祉惠及更多百姓。始终紧盯薄弱、对接需求，全年80%以上的本级财力用于民生改善，累计投入40.5亿元，12件44项为民办实事项目全面完成。坚持把脱贫攻坚作为“一号工程”，广聚合力，精准发力，落实扶贫资金1.6亿元，完成农村危房改造160多户、造福工程搬迁1600多人，推动5796人实现脱贫，脱贫攻坚取得阶段性成果。坚持把办好人民满意教育放在优先地位，启动全面提升教育质量三年行动，确立“1248”教育改革思路，教育资源加快整合，学校布局优化调整，标准化学校创建和“全面改薄”有序推进，新增公办幼儿园学位2300个、中小学学位2000个，教育投入达20.69亿元，建设教育强市开启新征程。坚持把维护群众健康权益放在医改第一位，在全省率先成立健康南安发展促进会，稳步推进公立医院改革，市医院新院区进展顺利，2所乡镇卫生院完成改造提升，新增床位数250张，城乡卫计服务水平不断提升。实施全面两孩政策，基层计生管理更加规范。坚持把促进文化繁荣作为提升软实力的重要支撑，深化实施文化惠民工程，举办“建海丝新路·展南安风姿”等大型文化活动10场、公益演出160多场。《海丝商报》正式创刊，市图书馆、李成智图书馆通过国家一级馆复评，九日山列入“古泉州（刺桐）史迹”首批遗产点。“家＋文化”活动深入开展，1个家庭获评首届全国最美家庭。南安籍健儿扬威全运会，获金牌数占全省三分之一强。市第十届运动会成功举办，国家级足球训练场等“国字号”基地频频花落南安。全面实施全民参保登记计划，城乡医疗保险标准稳步提高，农村低保提前一年完成省定衔接任务，社会福利救助、残疾人服务体系进一步健全，城乡社会保障网更加坚实。慈善事业持续发展，侨捐社会公益资金连续24年超亿元。保障性安居工程、石结构房屋改造任务完成，住房保障体系不断完善。坚持把平安建设作为最大的民心工程，启用12345便民服务中心、联合调解中心、公共法律服务中心，实现便民服务一号通、调解服务一体化、法律服务一站式。攻坚化解初信初访和信访积案，重拳整治违法信访行为，信访局面逐步扭转。依法治市和“七五”普法扎实开展。社会治安防控体系更加完善，厦门金砖会晤安保维稳任务圆满完成。深化安全生产隐患排查治理，“四项指数”持续下降。创新实施综治平安家庭惠民保险服务，推进食品安全监管向村级延伸，群众生命财产安全更有保障。支持国防和军队建设改革，开展军民融合试点项目，实现省级双拥模范城“八连冠”。老龄、妇女、青少年、儿童事业健康发展，民族宗教、侨务、统计、物价、方志、档案、气象、地震等工作取得新成效。

（摘编：杨立群）

惠安县社会发展概况

2017年，惠安县着力稳增长、促改革、调结构、惠民生、防风险，努力为各项工作开好局、起好步，较好地完成十七届人大一次会议确定的目标任务。全县实现生产总值687.44亿元、增长8%，完成一般公共预算收入35.13亿元、增长3.1%，全体居民人均可支配收入2.99万元、增长7.5%，县域经济居全国中小城市综合实力“百强县”第35位。一年来，社会发展主要做了以下工作：

坚持统筹协调，推动城乡一体融合发展。坚持以新型城镇化为抓手，深入创建全国文明城市，加快全城聚合、城乡一体，入选“全国新型城镇化质量百强县”。规划体系更加健全。扎实推进“多规合一”，开展城乡总体规划和惠西新城等14个控制性详细规划及专项规划编制，成立闽南古建筑研究院，出台雕艺文化和闽南建筑特色融入城市建设指导意见，实施历史文化名镇名村保护规划，公布首批历史建筑名单，城乡发展“蓝图”更加清晰。城乡建设有序推进。中国足协青少年足球训练基地等一批项目相继落地，禹洲、万盛综合体等9个重点城市项目完成投资16亿元，聚龙君悦山庄等17个重点城镇建设项目完成投资13.2亿元，黄塘人民公园等44个试点小城镇项目完成投资10亿元，螺城镇、崇武镇上榜“全国综合实力千强镇”。启动美丽乡村建设第二个五年行动计划，“美丽乡村”2个示范片、6个示范村和36个整治村的98个项目完成投资2419万元，改造石结构危旧房500万平方米，创建农村社区建设示范村12个，成功打造一批环境综合整治样板村，崇武镇潮乐村获评“全国文明村”，山霞镇下坑村获评“中国美丽休闲乡村”。基础设施加快完善。县城区中山路、世纪大道及联三线岩峰至崇武古城段沥青化改造顺利完成，城南新区4条市政道路、联三线黄塘至虎窟段、县道309线涂斗路拓改和一批农村公路工程包项目开工建设，惠东快速通道东拓等9个项目前期工作有序推进，福厦高铁客运专线和兴泉铁路惠安段基本完成征迁任务。新改扩建供水管网20公里，新增输变电容量5万千伏安。新建公交首末站5个，新增城乡公交线路8条，改造提升公交智能停靠站119座，基础设施一体化框架初步形成。城乡环境持续提升。开工建设东湖公园、科山公园慢道（三期）项目，改造提升城区绿地面积225亩。扎实推进30个文明城市创建达标提升项目，完善绩效考评、动态管理、督查推进和群众参与等机制，“数字城管”覆盖23平方公里，环境综合整治、市政设施维护等难点问题有效破解。

坚持生态优先，综合环境实现较大提升。落实最严格的生态环境保护制度，持续加大环境执法力度，绿色发展水平有效提升。生态建设持续推进。深入实施“四绿”工程，扎实推进沿海基干林带、森林生态景观带、环城沿溪绿道等重点部位植树造林，创建“四旁”绿化示范村32个，新增造林绿化5578亩，恢复矿山生态环境80亩，治理水土流失7250亩。环境治理加快实施。以认真严肃态度接受中央和省级环保督察，持续开展大气、水、土壤污染专项整治。启动“河长制”三年行动，实施小流域综合整治工程，县城污水收集率89.2%，林辋溪水质由劣Ⅴ类提升为Ⅴ类标准。启动农村污水垃圾治理三年行动，103个行政村（社区）覆盖污水收集处理设施，54个行政村建立垃圾治理常态化机制。绿色低碳有效落实。

在全市率先探索推进生态环境损害赔偿制度改革，开展“石粉尘”专项治理和石雕行业提升行动，关停不达标企业76家，大力整治施工扬尘、餐饮油烟和工业废气，淘汰黄标车368辆，主要污染物减排目标全面完成，全县空气质量保持优良。严格环境准入标准，全力推进企业清洁能源替代改造工程，淘汰24台燃煤锅炉，19家企业通过市场化交易取得排污指标。坚决打击“地条钢”等落后非法产能。建成泉惠石化园区供热项目，大气监测数据纳入全省联网平台。

坚持以人为本，持续加大民生投入力度。出台补齐民生短板“1+4”配套文件，县财政统筹投入43.93亿元用于社会民生建设，办好45件为民实事，解决好一批群众关注的热点难点问题。民生保障不断加强。落实积极就业政策，城镇新增就业10215人、农村转移劳动力就业2595人。城市低保、农村低保、居民保基础养老金标准分别提高到每人每月568元、420元和130元，实现扶贫标准与低保标准“两线合一”，帮助1796户家庭脱贫解困，提前完成市定扶贫标准线下所有贫困人口脱贫任务。县社会福利中心开工建设，建成12个农村居家养老服务站，为6347名70周岁以上老年人购买居家养老服务。社会事业加快发展。教育代建工程包项目竣工4个、开工11个，新办4所公办幼儿园，创建5所“智慧校园”试点校，通过省级“全面改薄”评估验收，高考本科上线率65.3%，开成职校列入“福建省示范性现代职业院校建设工程”项目培育校。公立医院综合改革深入推进，医联体建设、家庭医生签约服务等有效开展，“全国基层中医药工作先进单位”创建工作通过国家评估，德诚医院成为华侨大学附属医院。落实“全面两孩”政策，计生政策符合率96.88%。启动新图书馆、博物馆项目设计，新建镇级文化站4个、村级综合文化服务中心示范点2个、标准化篮球场13个和健身路径36条，开展文艺精品公益演出160场，成功举办“美在惠安”全国摄影大赛、“丝路山海情”中乌当代美术交流展、国际沙滩足球中国大奖赛等一批具有较大影响力的文化体育活动。第四届“薯花文艺奖”表彰文化精品35件，完成《海门深处》《记住乡愁·忠勇崇武》《中国美丽乡村惠安行》等一批影视作品制作拍摄，组建县广电传媒公司，影视文化产业和广播电视事业实现新发展。一批优秀企业家心系家乡、乐善好施，向上向善的社会正能量更加充沛。平安建设深入推进。出台综治平安建设考评及奖惩办法，深入开展“千名干部访万家”活动，新建4480个视频监控点，规范螺城、螺阳、崇武、山霞、东岭、东桥等6个镇社区网格化服务管理，深入开展“飓风肃毒”等专项行动，严厉打击违法犯罪行为。人民调解作用有效发挥，建成21个法治文化精品阵地，积极争创“国家级法治先进县”。推广食品药品安全责任保险，加大“餐桌污染”治理力度，扎实开展安全生产大检查和重点领域专项整治行动，泉惠石化园区应急救援中心、消防特勤中队投入使用，社会保持和谐稳定。防汛防台、民族宗教、侨台外事、档案方志、妇女儿童、残疾人工作更加扎实，国防动员、军民融合、支前双拥工作取得新成绩，荣获省级双拥模范县城“六连冠”。

坚持服务创新，大力推动“放管服”改革。坚决落实县委决策部署，认真办理人大代表建议141件、政协委员提案101件，满意和基本满意率100%。坚持依法行政，加强政府法律顾问工作，法治政府建设全面启动。积极推进“互联网+政务服务”和行政审批服务标准化进程，建立健全权责清单管理制度，公布“最多跑一趟”和“一趟不用跑”事项清单1492项，总提速率、即办率分别为84.12%和88.37%。严格执行中央“八项规定”，完成党政机关公务用车制度改革，“三公”经费和会议费下降30%。积极推进“两学一做”学习教育常态化制度化，认真开展“转作风、保稳定、促发展”系列活动和“比学习、比作风、比奉献、比实绩”主题实践活动，深入落实全面从严治党主体责任，加强行政监察、审计监督、政务督查、绩效评估和社会监督，政风行风持续改善，行政效能进一步提高。

（摘编：彭金龙）

安溪县社会发展概况

2017年，安溪县以习近平新时代中国特色社会主义思想为指引，以迎接党的十九大和学习贯彻落实十九大精神为动力，在省、市和县委的正确领导下，在县人大、县政协的监督支持下，紧紧依靠全县人民，着力稳增长、促改革、调结构、引增量、惠民生、防风险，经济社会运行稳中向好、积极向上，较好完成既定目标任务，综合实力再上新台阶。全县完成GDP508.81亿元，比2016年增长8.5%；一产增加值40.28亿元，增长2.5%；工业增加值219.48亿元，增长8.3%；三产增加值205.34亿元，增长11%；固定资产投资368.84亿元，增长13%；一般公共预算总收入40.4亿元，增长8.5%；一般公共预算收入26.26亿元，增长8%；全体居民人均可支配收入2.02万元，增长8%；工业用电量增长10.16%、贷款增长19.5%，增幅保持全市第一，GDP、财政收入等指标增幅保持在全市前三名，各项指标更加协调。综合实力提升至全国百强县第65位、最具投资潜力中小城市百强县第25位、创新创业百强县第81位。荣获2017全国百佳生态文明城市、全国电子商务进农村综合示范县、全国电商百佳县等称号。社会发展的主要工作及成效体现在：

亲商惠企，培育龙头，助力"双创"激发新活力。组织实施凯鹰电源等38个重点技改项目，完成投资68亿元。弘桥智谷在新三板挂牌上市，入驻企业420家；闽华电源、味博生物科技等5家企业列入省级重点上市后备企业。在全市率先成立2025产业发展基金，募集30亿元银团基金，大力扶持高新技术产业和高端装备制造业发展。制定减轻企业负担促进工业经济增长"十条措施"，出台壮大龙头企业、支持企业全方位创新等政策，争取各类奖补资金3300多万元，帮助33家（次）企业解决过桥资金3.6亿元。成立中小企业政策咨询服务中心，为企业提供报批等第三方服务。强化政银企对接，新增贷款60亿元。有效防范金融风险，贷款不良率控制在1%左右，保持全市第三低。实施人才"港湾计划"，出台"1+N"人才政策，与中国海峡人才市场合作共建安溪分部，成立高层次人才发展服务中心，引进25名省级高层次人才和11名台湾高层次人才。新增高新技术企业4家、国家级星创天地3家、省级科技小巨人领军企业4家、省级科技型企业5家，中科生物、佳友茶机获批设立省级院士专家工作站。第二届中国（安溪）家居工艺文化博览会作为第三届海上丝绸之路国际艺术节核心项目成功举办；家居工艺行业总产值达130亿元。淘宝镇增至3个、淘宝村增至17个，电商年交易额超60亿元。

统筹推进，优化环境，城乡建设展现新面貌。中心城区：新影剧院建成投入使用。完成凤山书院、绿道北线慢行系统规划设计。加快安溪一中南校门、沼涛实小、三安大桥东侧等片区改造，启动解放路西侧、三安大桥西侧、祥云路等片区改造。石狮岩隧道左洞、东西大道、自来水三期改扩建等工程有序推进。实施城区重要节点绿化亮化提升工程。新增休闲广场2.2万平方米、公园绿地13.5万平方米。建设"智慧城管"平台。积极创建省级文明县城。两个新城：湖头镇、龙门镇入围"全国重点镇"。湖头镇加快推进中国历史文化名镇、中国特色小镇建设，建成全省首个镇级博物馆——阆湖博物馆；启动李光地故里建筑群保护开发、站前路片区改造等项目。龙门镇入选全国首批运动休闲特色小镇，南翼新城莲苑大道、G355国道等项目加快推进。开通县城至南翼新城公交线路。魅力村镇：尚卿藤云小镇建设初具规模，黄岭村获评国家级美丽乡村示范村。完成清溪桥头至金谷大演省道路灯工程。建成清水岩景观大道。农村公路改造提升工程开工505公里、建成200公里。生态环境：全力抓好中央环保督察反馈问题的整改落实。全面推行河长制。推动小水电站关闭退出或改造提升。加快推进“农村生活污水垃圾整治三年行动”，获评全国农村生活污水全面治理示范县。完成造林绿化2.97万亩，治理水土流失9.5万亩。国土部高度赞扬我县官桥－龙门矿山地质环境治理模式及成效。

关注民生，力补短板，社会事业提升新水平。实施“教育惠民、健康利民、养老暖民、宜居便民”四大行动及“XIN”行动计划，群众获得感、幸福感、安全感、自豪感明显增强。年度财政民生支出53.2亿元，增长16.2%；24件为民办实事项目完成投资8.9亿元。脱贫攻坚方面：在全省率先实现镇级扶贫开发协会全覆盖，筹集社会资金超过1.25亿元；完成5475人造福工程易地扶贫搬迁任务，落实低保标准与扶贫标准“两线合一”，23个建档立卡贫困村、4339名贫困人口实现脱贫，打造小康路上的“安溪样板”，脱贫经验获国务院扶贫办发文推广。教育方面：加强师德师风建设，教育教学风气持续向好。启动“领航人才”培育工程三年行动。全年累计投入教育建设资金4.98亿元，推进41所农村薄弱学校改造，新改扩建8所城区学校，新增学位5000个。卫生计生方面：启动县医院门诊医技大楼、妇幼保健院迁建等13个卫生项目建设；全面落实“一归口、三下放”管理制度，完成县医院、中医院和12家乡镇卫生院院长公选。推进医联体建设，设立省人民医院安溪分院。改革完善计划生育服务管理机制，落实“全面两孩”政策。社会保障方面：全面推进全民参保和扩面工作。建成低保户安居工程90户，建设保障性安居工程690套；新建农村幸福院7所、居家养老服务中心18所、社区老年人日间照料中心5所，2400名老年人享受政府购买居家养老服务。文化体育方面：获评“中国民间艺术文化之乡”。成功举办环泉州湾国际公路（安溪段）自行车赛、李光地文化节暨海峡两岸大学生文创峰会、第二届清水祖师文化节。央视农民春晚东部专场好评如潮。国家攀岩集训中心落户安溪。新增镇村文化广场、健身工程86个。

同时，其他社会事业齐头并进。成功举办第十届世界安溪乡亲联谊大会。实施“七五”普法。持续推进电信网络诈骗治理和禁毒整治。加强信访维稳工作，圆满完成厦门金砖会晤、党的十九大等大事要事安保维稳任务。深入推进食品放心工程，创建省级食品安全社会共治示范县。强化重点领域安全生产专项整治，安全生产事故“四项指数”全面下降。完善突发公共事件应急处置机制，建设突发事件预警信息发布中心。荣膺福建省双拥模范县“三连冠”。民族宗教、侨台外事、国防动员、地震、科普、档案及工青妇、老龄、残疾人等工作取得新成绩。

简政放权，深化改革，法治政府树立新形象。办理人大代表建议意见143件、政协委员提案123件，满意率进一步提高。创新行政审批服务“五个一”工作机制，推行“双随机一公开”监管机制，持续推进申报材料“瘦身”，累计取消申报材料289项，精简各类行政审批事项557项，梳理和公布“一趟不用跑”“最多跑一趟”事项1945个。深化府院良性互动，健全政府法律顾问制度，大力推进法治政府建设。把学习宣传贯彻党的十九大精神作为首要政治任务，与推进“两学一做”学习教育常态化制度化相结合，在县政府党组和各组成部门迅速掀起学习宣传贯彻热潮，真正学懂、弄通、做实。落实全面从严治党主体责任，持续深化作风建设，推进党风廉政建设和反腐败工作，处理违反效能建设规定21人，立案审查违纪案件101件。

（摘编：彭金龙）

德化县社会发展概况

2017年，在上级党委、政府和县委的坚强领导下，德化县主动适应新常态，把握稳中求进总基调，咬定全年目标不放松，凝心聚力，攻坚克难，基本完成县十八届人大一次会议确定的目标任务。全县地区生产总值217亿元，增长7.6%；一般公共预算总收入16.43亿元，增长5.1%；一般公共预算收入11亿元，增长0.5%；固定资产投资126.2亿元，增长13%。社会发展的主要工作和成效有：

基础设施日臻完善。厦沙高速公路德化段建成通车，兴泉铁路德化段快速推进，德化至永泰嵩口高速公路前期工作有序开展，投入1.53亿元，抓好国省干线、通乡镇公路建设，提级改造农村公路30公里。投入5.03亿元，实施35个市政提升工程，启动唐寨山森林公园提升、驾云亭公园扩建、凤池地下停车场建设，改造浔南路、浔阳路及城区人行道2.6万平方米，建成公共停车场5个，新增城市道路12.4公里，新建、改造水电气和污水管网268.3公里，新开通公交线路3条，生活垃圾实现城乡一体化处理，县城建成区扩大1.5平方公里达27.5平方公里，入围全国县级文明城市提名城市，获评国家园林县城，蝉联国家卫生县城。

生态环境日渐优美。落实最严格水资源管理制度，全面推行“河长制”，投入1.15亿元，实施小流域水质提升、重点流域整治，造林绿化1.62万亩，治理水土流失3.58万亩。投入2.4亿元，完成一批水利项目，安全生态水系建设扎实推进，闽江防洪工程德化段全线完工，彭村水库即将下闸蓄水。完成节能减排、黄标车淘汰年度任务，城区环境空气质量优于国家二级标准，水质达标率100%，获评首批国家生态文明建设示范县。

美丽乡村日趋靓丽。投入7100万元，抓好15个省级“千村整治、百村示范”示范村、7个市级环境整治村、2个宜居示范村、2条景观带建设，改造石结构房屋2.1万平方米，打造潘祠－李溪片区和国宝－佛岭片区美丽乡村示范点，创建特色花卉景观村7个，列入市级数字家庭示范村2个，新增省级传统村落14个，入围全国美丽宜居示范村庄2个。葛坑村成为全省首批“乡村记忆档案”示范村。

改革试点不断深入。推进统筹城乡“三三三”工程48项重点任务。农村土地承包经营权确权登记颁证、国有林场改革基本完成，不动产登记全面开展。在全省率先设立河道检察官工作室、聘请律师作为“河长”法律顾问，成立全市首个生态检察工作室。深化林权制度改革，成立林权收储中心，林业碳汇在全省率先于海峡股权交易中心挂牌上线并交易成功，列入全国林地占补平衡扩大试点县。国家知识产权强县工程试点县建设扎实开展，佳美集团获评国家知识产权示范企业，顺美集团获评全国版权保护示范企业。深化“放管服”改革，调整完善权责事项1603项，完成县级权责清单融合，实现“双随机一公开”监管全覆盖。“互联网＋陶瓷”列入省“互联网＋”区域化链条化试点，上涌镇列入省农村产业融合试点示范乡镇。

品牌影响不断扩大。参加第二届中法文化论坛活动取得丰硕成果，32件德化陶瓷在法国汇流博物馆展览；国家博物馆德化白瓷展被央视等媒体竞相报道，出版《德化白瓷艺术作品集》，58件

（套）作品被国家博物馆收藏；18件（套）德化白瓷入选金砖厦门会晤国礼瓷和国宴瓷，德化装饰用瓷成为金砖会议主会场一大亮点；成功举办“中国白”国际陶瓷艺术大奖赛、中国陶瓷行业技能竞赛、“收藏德化”系列活动；组织参加德国法兰克福礼品展、香港家庭用品展、敦煌国际文化博览会等境内外知名展会，在广交会设立“世界陶瓷之都－中国德化”专区；“世界陶瓷之都”LOGO正式启用，品牌影响力进一步扩大。

脱贫攻坚全面完成。落实领导挂钩、驻村帮扶等机制，投入1834万元，实施产业发展、社保兜底、光伏扶贫等脱贫工程，造福工程易地搬迁2958人、地质灾害搬迁99户332人，924户2645人实现脱贫、48个省定建档立卡贫困村成功摘帽。实施精准扶贫医疗叠加保险政策，建立500万元专项因病扶贫资金，着力解决因病致贫、因病返贫问题。提高城乡居民低保标准，提前一年实现和市定扶贫标准“两线合一”。获评中国全面小康十大示范县。

民生保障不断健全。县财政民生支出22.71亿元，占一般公共预算支出比重达80.5%。居民人均可支配收入26145元，增长7%。列入全省均衡性财力转移支付补助县。投入2亿元，推进26个教育项目，新增校舍面积2.5万平方米、学位3400个，中高考取得新进步，县职校入选省示范性现代职业院校建设工程培育项目校，泉州工艺美院顺利通过第二轮人才培养工作评估，县老年大学获评全国示范老年大学。投入3.1亿元，推进县医院医技楼、县第三医院、妇幼保健院等项目，医改工作稳步开展，住院实际补偿比、政策范围内补偿比居全市前列，实现乡村卫生服务一体化全覆盖，全国基层中医药工作先进县通过省级评审；“全面两孩”政策深入实施。加大养老保障力度，完善居家养老信息化平台，城乡居民养老保险缴费率达96.8%，新建农村幸福院4所、农村社区居家养老服务中心12所。出台实施“救急难”，开展临时救助和医疗救助，发放各类困难救助1356万元。新增城镇就业5138人，农村劳动力转移就业3012人。开工建设各类保障性安居工程586套，进城务工人员安居项目荣获“中国人居环境范例奖”。

社会治理更加和谐。投入3500万元，抓好看守所迁建、城市安全信息系统、镇村平安视频监控等项目建设，司法人防、森林公安、龙浔法庭业务用房建成投用，“数字城管”平台正式运行，“餐桌污染”治理持续推进，城乡社区网格化服务管理工作走在全省前列，安全生产态势平稳，社会保持安定稳定，上半年群众安全感率居全省第一，前三季度群众安全感率均居全市第一。

其它事业协调发展。推进德化窑梅岭遗址项目建设，辽田尖山古窑址申报省级文物保护单位，举办县第十一届运动会，2人入围省非物质文化遗产传承人。启动德化县突发事件预警信息发布中心建设，完成气象观测站整体迁建。出版《德化县地名志》，《德化年鉴（2016）》获全国地方志优秀成果（年鉴类）一等奖。基本完成第三次全国农业普查。1人入选“福建好人”榜，2人获评第五届泉州市道德模范。军民融合稳步推进，征兵工作始终走在全市前列，荣获省级双拥模范县“三连冠”。民族宗教、审计、广电、物价、科普、工青妇、慈善、残疾人、外事侨台、防震减灾等工作也取得新成效。

作风建设持续深入。严格落实全面从严治党主体责任，贯彻执行中央八项规定精神，推进“两学一做”学习教育常态化制度化，深入学习廖俊波同志先进事迹，扎实开展“抓落实、勇担当，提振干事创业精气神”主题实践活动，政府作风、廉政建设不断加强。坚持依法治县，深化府院联席机制，自觉接受县人大依法监督、县政协民主监督和社会舆论监督，办理人大代表建议248件、政协提案134件，满意率和基本满意率达100%。加强效能建设，创新投资项目并联审批方式，县行政服务中心新业务用房建成投用，行政服务水平大幅提升，上半年行政服务质量考评居全市第一。

（摘编：彭金龙）

永春县社会发展概况

2017年永春县抢抓机遇，奋力拼搏，较好地完成了县十八届人大一次会议确定的各项目标任务。全年实现GDP372.5亿元，增长8.5%；一般公共预算总收入16.15亿元、一般公共预算收入10.76亿元，与去年持平；固定资产投资149.7亿元，增长16%；全体居民人均可支配收入23156元，增长7.5%。一年来社会发展 的主要工作和成效是：

注重宜居，提升品质，桃源大地更显韵味。深化“清新桃源·宜居永春”三年提升行动，桃溪生态修复工程荣获“中国人居环境范例奖”，获评全国县（市）域乡村建设规划示范县。完成环城路立面改造、“两馆”主体建设。全面铺开“全城植绿”工作，完成造林绿化1.64万亩。提升主干道沿线绿化景观，县城绿地率达39.86%，绿化覆盖率达43%。城区新建市政道路5公里、改扩建给排水管网20公里、污水管网10公里、燃气管网15公里。加快推进行政执法体制改革，完成数字化城市管理平台建设。淘汰黄标车711辆，提前超额完成市下达任务。纵四线介福至五里街段、联二线上姚至曲斗段、北环路东延伸段、东山支路等一批道路基本建成，兴泉铁路永春段开工建设，国省干线横七线（G356）卿园至前峰段前期工作有序推进。完成农村路网改造60公里、危桥改造6座，获评全省“四好农村路”示范县。美丽乡村10个县级示范村和5个精品村完成投资1.46亿元，市级“两村一带”完成投资3980万元，乡村旅游收入达13.9亿元，增长12.1%。新建农村生活污水处理设施18座，农村生活污水、垃圾治理经验在全省视频会上作典型介绍。

利民惠民，力补短板，人民生活更加美好。全年民生项目资金支出25.23亿元，占一般公共预算支出的79%。出台民生补短板“1+5”方案，44个县级为民办实事项目完成投资14.66亿元。脱贫攻坚成效显著。实施精准扶贫项目96个，完成投资1.4亿元，建档立卡的815户贫困户（2473人）全部脱贫，36个省定贫困村全部摘帽。实施造福工程365户1318人，安置地质灾害隐患点居民、低保户、特困户、贫困残疾人等76户202人。教育事业再创佳绩。新建幼儿园7所，建设义务教育管理标准化学校11所；美岭中学通过省二级达标高中验收。高考本科上线率72.89%，6人进入全省前100名，4人录取到清华、北大。卫计工作稳妥推进。抓好基层综合医改，高分通过全国基层中医药工作先进单位省级评审。县中医院搬迁投用，完成安康医院新病房大楼、儿童福利院主体建设，改扩建吾峰、桂洋卫生院，完成51家村卫生所一体化标准建设。完善全面“两孩”配套政策，扶持计生家庭发展，推进计生服务管理改革。保障体系逐步完善。加强劳动技能培训，城镇新增就业7121人。加大“五险一金”扩面征缴，新农合参合率99.99%，城乡居民养老保险参保率99.65%。募集慈善资金3926万元，慈善救助2734万元。完成灾后恢复重建任务。完成8个村级老年活动中心建设，新建、改造提升50个居家养老服务站。文体事业繁荣发展。承办第九届海峡论坛·海峡两岸传统武术大赛等大型体育赛事6场次，荣膺全国群众体育先进单位。永春广播电视台被评为全国十佳广播电台。白鹤拳电影《极品师徒》入围第四届海丝国际电影节。苦寨坑原始青瓷窑址获评全国十大考古新发现，介福乡获评中国陶瓷之乡。余光中文学馆被台盟中央设立为两岸文化交流基地。建设大羽、丰山“乡村记忆档案”示范项目。社会发展和谐稳定。有序推进“七五”普法、城市安全信息系统、“雪亮工程”建设，深化“无毒县”创建，综治“三率”位居全市前列，获评全市综治优秀县。深入开展隐患排查治理，安全生产事故数、死亡人数实现“双下降”。加强社会维稳工作，圆满完成厦门金砖会晤、党的十九大安保维稳任务。扎实抓好民兵预备役建设、国防教育、国防动员、军民融合等工作，助推改革强军事业发展。积极推动工青妇、科协、计生协会、残疾人等群团事业取得新成效，民族宗教、外事侨台、审计、统计、物价、供销、城镇集体工业、老干部、地方志、老龄、气象、援宁援疆、防震减灾等工作实现新进展。

简政放权，正风肃纪，行政服务更有效率。深化“放管服”改革，梳理公布67项“一趟不用跑”和747项“最多跑一趟”办事清单，占进驻事项的87.3%，居全市第一。坚持依法行政，认真办理人大议案，办理人大代表建议100件、政协委员提案171件，办结率均达100%。开展学习廖俊波同志先进事迹活动，扎实推进“两学一做”学习教育常态化制度化。推进公务用车制度改革，“三公”经费下降44%。大力治理“庸懒散”现象和“不作为、乱作为、慢作为”行为，处理违反效能建设规定21人。全面落实党风廉政建设责任制和中央八项规定精神，问责17起29人，有效促进党风廉政建设常态化、长效化。

2018年全县主要预期目标是：GDP增长8.7%，农业总产值增长3%，工业增加值增长8.5%，第三产业增加值增长10%，一般公共预算总收入增长8%，一般公共财政预算收入增长5%，固定资产投资增长13%，社会消费品零售总额增长11.5%，实际利用外资增长2%，出口商品总值增长5%，城乡居民人均可支配收入增长7%。完成上述目标任务，社会发展重点要抓好以下工作：

广覆盖民生保障网络。落实“XIN”行动，推动解决民生热点、难点问题，全力办好48件为民办实事项目。完善鼓励创业政策体系，新增城镇就业7000人以上。巩固精准脱贫攻坚成果，坚持原有扶贫政策不变、力度不减，确保所有贫困户稳定脱贫。强化低保动态管理，切实做到公平施保、应保尽保。城乡低保供养标准分别提高到每人每月560元、460元，特困人员集中供养、分散供养分别提高到每人每月880元、730元。实施低保安居工程10户、残疾人安居工程10户、慈善安居工程30户。建成保障性廉租房250套，改造棚户区4.63万平方米。建设老干活动中心运动场所，新建30个居家养老服务站和8个日间照料中心、村级老年活动中心。

均等化发展公共服务。优先发展教育事业，扩大普惠性学前教育资源供给，推动义务教育优质均衡发展、高中教育特色发展。建设4所公办幼儿园，完成5所学校校舍改造，加快建设城西中学，推进永春一中、永春侨中初中教育教学改革示范校创建工作。加强师风师德建设，持续深入实施名师、名校长培养工程和乡村教师提升工程，努力打造“学在永春”的区域教育品牌，把教育办成永春人民的骄傲。做好医疗卫生服务，加快推进县妇幼保健院、县疾控中心迁建、县中医院改扩建二期等项目建设；加强县域医疗综合服务能力建设，完善分级诊疗体系，实现优质资源共享。深化县医院与泉州市第一医院医联体协作关系，探索创新县级医院与乡镇卫生院（社区卫生服务中心）建立医共体。优化计生服务管理，发挥计生协会作用，促进生育政策和相关经济社会政策配套衔接。繁荣文化事业发展，保护开发苦寨坑原始青瓷窑址，积极申报国家级文物保护单位，筹建遗址公园，建设陶瓷文化创意基地。挖掘优秀传统文化内涵。弘扬白鹤拳文化，推广永春香文化，支持蓬壶镇申报中国麵线文化之乡。规划建设清水祖师文化园、魁星文化园、弘一法师文化园。推进第二轮修志工作。完善三级公共文体设施网络建设，加快广播事业发展，广泛开展群众性文化体育活动，丰富人民群众的精神文化生活。

（摘编：彭金龙）

三明市社会发展综述

2017年三明市认真学习贯彻党的十九大精神，以习近平新时代中国特色社会主义思想为指导，全面贯彻落实党中央、国务院和省委、省政府以及市第九次党代会决策部署，全力稳增长、促改革、调结构、惠民生、防风险，经济社会呈现稳中向好、稳中有进、稳中趋升的态势。初步统计，全市生产总值2136.06亿元，增长7.9%；地方一般公共预算收入100.76亿元，增长6.4%；固定资产投资2498.50亿元，增长16.7%；社会消费品零售总额533.43亿元，增长11%；城镇居民人均可支配收入32261元，增长8.7%；农村居民人均可支配收入15212元，增长9.3%；居民消费价格总水平上涨0.7%。社会发展重点领域和项目取得突破：

——改革创新有新拓展。三明市医改工作在中央深改组第33次会议上得到肯定，被确定为公立医院综合改革首批国家级示范城市，三明市和尤溪县受到国务院表扬激励；林改得到中央肯定，全国、全省林业改革现场会在三明市召开；被评为全国生态保护与建设典型示范区。

——难题攻坚有新突破。开展精准脱贫攻坚行动，全年脱贫2.8万人；开展信贷风险化解攻坚行动，全年化解不良贷款96.9亿元，信贷不良率从年度最高的5.42%下降到2.7%，超额完成省委省政府下达的目标任务；开展市区和谐征迁百日攻坚行动，破解了一批困扰多年的征迁难题，累计征收土地2770亩；开展“城市双修”百日攻坚行动，20个示范项目取得良好成效。

——民生事业有新成效。25项省市为民办实事项目全面完成，万寿岩荣获国家考古遗址公园，高考成绩位居全省前列，全省基础教育现场会在三明市召开，三明市运动员在第十三届全运会上获得5金2银4铜的历史最好成绩。

——城市面貌有新形象。三明蝉联全国文明城市和全国综治“长安杯”，荣获全国“城市双修”试点城市；沙县首次荣膺全国文明城市称号，泰宁县荣获国家生态文明建设示范县。

2017年社会发展方面的主要工作和成效是：

重点领域改革不断深化。医改深入推进，完成以总医院为载体的紧密型医联体组建工作，尤溪、将乐“全民健康四级共保”试点走在全市前列。林改成效不断提升，创新推出“福林贷”普惠制林业金融产品，累计林权抵押贷款112.1亿元，约占全省的一半，率先在全省核发林地经营权证，国有林场改革全面完成。金融改革加快推进，发放园区企业资产按揭贷款23.74亿元，开展农村林、地、房“三权”抵押贷款业务，累计为农户贷款15亿元，在永安五一村开展“福田贷”试点。生态文明改革稳步实施，重点生态区位商品林赎买、生态执法改革有序开展，“河长制”实现四级河（段）长全覆盖，将乐县“四水”模式受到省上肯定。出台国有企业改革发展实施意见，启动市属国有企业资产重组，福建一建集团晋升建筑工程施工总承包特级资质。推进基础教育办学体制改革，试行“总校制”，建立“1+4”正向激励机制，实施三明医学科技职业学院托管职教园改革。抓好全国小微企业创业创新基地城市示范工作，新增各类市场主体3.24万户、增长12.1%。

城乡区域发展协调推进。突出推进市区经济发展，195个市区经济重点项目完成投资126.59亿元，九个专业特色工业园区加快发展，策划107

个、总投资95.5亿元的“城市双修”试点项目全面启动，国道205线市区过境线至三明南站连接线、列东污水处理厂搬迁扩建、市区公共自行车道、新市路道路提升和交通改善工程等一批项目顺利实施。生态新城加快建设，北大附属实验学校、欢乐大世界水上乐园等一批项目建成投入使用，清华启迪医养、铁路冷链物流等项目有序推进。县域经济持续壮大，永安保持全省县域经济实力“十强”县（市），宁化、建宁入选全省县域经济发展“十佳”县，5个省级扶贫开发工作重点县加快发展，永安、大田新型城镇化试点稳步推进，明溪药谷小镇、永安石墨小镇等省级特色小镇建设进展顺利。全面启动生态环境综合治理攻坚行动，中央环保督察反馈问题有效整改，市区空气质量状况“优、良”天数比例达98.9%，10个县（市）环境空气质量均达到或优于国家二级标准，县级以上集中式饮用水源地水质达标率100%，辖区三条主要水系国（省）控断面水质达标率96.4%。

社会各项事业持续进步。社会保障体系不断完善，全市新增城镇就业1.85万人，城镇登记失业率2.35%；完成全民参保登记任务，大幅度提高农村居民最低生活保障标准，市区和永安、沙县、大田率先实现城乡低保标准一体化；保障性安居工程新开工4361套，基本建成4136套。国家扶贫改革试验区加快建设，扶贫资金量化折股、金融小额信贷扶贫、造福工程易地搬迁等工作深入开展，全市完成造福工程2623户、10972人，累计发放扶贫小额信贷4.15亿元，在梅列、三元两区开展“城市困难家庭精准帮扶试点”。文教卫体事业加快发展，推进三明厦门教育山海协作，新增中小学学位6225个、幼儿园学位9310个，普惠性学前教育资源覆盖面达76%；与省上高水平医院建立协作关系，启动开展家庭医生签约服务，市医养结合服务中心投入运营，荣获全国创建幸福家庭活动示范市；拓展国家公共文化服务体系示范区建设成果，宁化、清流、明溪列入国家级客家文化（闽西）生态保护实验区，成功举办红色文化高端论坛；群众体育广泛开展，竞技体育长足发展，泰宁世界华人马拉松赛、大田全国健美操冠军赛等赛事品牌影响力不断提升。深化全国文明城市创建，贯彻执行《三明市城市市容和环境卫生管理条例》，开展市区“二手车”占道经营、“僵尸车”清理等专项整治，城市人居环境有效改善。社会保持安定稳定，圆满完成厦门金砖会晤、党的十九大等安保维稳工作，安全生产、食品药品安全监管工作不断加强，荣获全国青少年普法教育示范区，全市综治“三率”居全省前列。老龄、工会、青少年、妇儿、残疾人工作持续推进，统计、科普、民族宗教、档案、地方志、水文、气象、防震减灾、库区移民、对口援疆工作扎实开展。双拥共建和人民防空、国防后备力量建设深入推进。

政府自身建设得到加强。自觉接受人大法律监督和工作监督、政协民主监督，高度重视、认真办理人大代表建议和政协提案，支持民主党派、工商联和无党派人士参政议政。坚持依法行政，制定《三明市人民政府拟定法规草案和制定规章程序规定》《三明市红色文化遗址保护管理办法》《三明市市区文明行为促进办法》《三明市建筑工程施工扬尘防治管理办法》等四部政府规章，全面建立政府法律顾问制度。深化“千名干部服务千家企业”活动，帮助企业争取政策1500多项、协调资金16多亿元。大力弘扬“马上就办、真抓实干”精神，推行便民服务窗口周末无休和审批服务窗口周末预约无休工作机制，市行政服务中心完成搬迁扩容，大田县行政服务中心获评全国行政服务大厅“综合十佳”。深化“放管服”改革，推进行政职能事业单位试点改革，全面实施“多证合一”，梳理“一趟不用跑”和“最多跑一趟”事项1092项，公布实施市直部门权责清单，创新机关效能“三色督查单”工作机制，行政效率进一步提高。深入推进“两学一做”学习教育常态化制度化，严格落实中央八项规定精神，驰而不息纠正“四风”，强化行政监察和审计监督，严肃查处违纪违法案件，廉洁政府建设取得新成效。

2018年是全面贯彻党的十九大精神的开局之年，是改革开放40周年，是决胜全面建成小康社会、实施“十三五”规划承上启下的关键一年。政府工作总体要求是：全面贯彻党的十九大精神，以习近平新时代中国特色社会主义思想为指导，坚持稳中求进工作总基调，坚持新发展理念，紧扣社会主要矛盾变化，按照高质量发展的要求，坚持以供给侧结构性改革为主线，贯彻落实省委省政府和市第九次党代会决策部署，统筹稳增长、促改革、调结构、惠民生、防风险各项工作，突出发展实体经济，全力打好防范化解重大风险、精准脱贫、污染防治攻坚战，促进经济社会持续健康发展。经济社会发展的主要预期目标是：地区生产总值增长8.5%；地方一般公共预算收入增长6.5%；固定资产投资增长15%；外贸出口增长3%；实际利用外商直接投资增长6%；社会消费品零售总额增长11%；居民消费价格涨幅3%左右；城镇登记失业率控制在4%以内；城镇居民人均可支配收入增长8.5%，农村居民人均可支配收入增长9%；完成单位生产总值能耗降低和主要污染物减排年度任务。

围绕上述目标，社会发展重点抓好以下方面工作：

打好精准脱贫攻坚战。深化国家扶贫改革试验区建设，提升“348”精准扶贫机制，确保建档立卡贫困人口全部脱贫，11个市级扶贫开发工作重点乡、2个省级扶贫开发工作重点县摘帽，完成造福工程易地扶贫搬迁2700人，并对已摘帽的县、乡、村、户，在帮扶机制、帮扶措施上力度不减、政策不变，确保实现稳定脱贫。总结推广市区“城市困难家庭精准帮扶试点”经验，进一步改善城市困难家庭生活条件。

加快补齐民生短板。突出教育、医疗卫生、养老和城乡民生基础设施四个领域，全力推进补短板项目建设。着力解决“择校热”“大班额”等突出问题，实施中小学扩容工程20个，新建、改扩建公办幼儿园项目18个，分别新增学位5600个、6300个；有序推进市区教育布局调整，加快推进附小扩容改造等项目建设，打造市区优质教育高地；支持三明学院通过教育部本科教学工作审核评估，完善三明医学科技职业学院托管职教园区工作机制，推动职业教育产教融合，支持特殊教育、终身教育、民办教育、老年教育发展。实施医学三大优秀人才培养计划，加快推进儿科、产科、精神科等薄弱学科和消化内科、眼科、骨科等重点学科建设，扶持中医药事业发展，完善妇幼保健体系，创新计划生育服务管理，加快乡村卫生院（所）标准化建设。推进国家级医养结合试点城市、省级养老服务试点示范建设，加快构建以居家为基础、社区为依托、机构为补充的养老服务体系，新建农村幸福院55所、社区日间照料中心10所。统筹实施交通畅通、防洪防涝、管网建设、智慧城市等九大工程，新建、改造城市道路和各类市政管网500公里以上，新增城乡公共停车位2500个，新建改建城乡公共厕所256座。

完善社会保障体系。加强公共就业服务，精准帮扶高校毕业生、就业困难人员、退役军人等重点群体就业，新增城镇就业1.8万人以上。建立健全重大群体讨薪事件防控机制、劳动人事争议调解仲裁机制，构建和谐劳动关系。加大社会保险扩面力度，实施全民参保计划。提高困难群众补助水平，加快推进城乡低保标准一体化。加强困难群众住房保障，实施棚户区改造933套、基本建成405套。

加强和创新社会治理。深入开展“七五”普法，持续抓好“法律六进”工作。深化“平安三明”建设，完善“雪亮工程”，加大对涉黑涉恶、涉赌涉毒案件和网上虚假信息诈骗等打击整治力度，保障群众生命财产安全。健全社区治理体系，不断提升社区治理法治化、科学化水平。依法依规开展信访工作，努力解决群众合法合理诉求。强化食品药品监管，深化治理“餐桌污染”，全面推进食品安全“一品一码”全过程追溯体系建设。推进安全生产领域改革发展，深化重点行业领域专项整治，坚决遏制重特大安全生产事故发生。加强应急处置能力建设，提高防灾减灾救灾水平。

（摘编：于心民）

三元区社会发展概况

2017年三元区紧紧依靠全区人民，牢牢把握稳中求进总基调，主动融入市区经济发展大局，围绕“机制求活、产业求特、环境求美”的发展思路，直面挑战、砥砺前行，全区经济社会保持稳中有进、稳中向好的良好态势。完成地区生产总值141.7亿元，增长7.6%；全社会固定资产投资235亿元，增长18%；农民人均可支配收入17790元，增长10%；城镇居民人均可支配收入35150元，增长8.8%；社会消费品零售总额42.9亿元，增长12.5%；地方公共预算收入完成4.09亿元，增长5.5%；在建设“实力三元、创新三元、宜居三元”的道路上迈出了坚实步伐。

锐意改革，创新三元亮点纷呈。全面推广“福林贷”，市林业金融改革现场会在该区召开。“乐龄家园”模式由点及面向全区推广，形成三元经验，富兴社区“乐龄家园”荣获第二届全国“敬老文明号”称号。黄砂新材料循环经济产业园投保环境污染责任保险，创新全省生态文明改革经验。

奋力攻坚，城市建设捷报频传。开展市区和谐征迁“百日攻坚”行动，破解历史遗留征迁难题20个，累计完成征地1036亩。完成南部新城核心区概念性修规工作，随着永嘉天地开盘和碧桂园的落户，“一河两岸”城市发展新格局初步形成。

共建共享，社会事业成绩喜人。万寿岩国家考古遗址公园正式挂牌，忠山古建筑群和西际红色文化遗址群获批省级文保单位。运动员叶兵在全运会男子帆板比赛中勇夺桂冠，为三元赢得首枚全运会金牌，并在世界男子帆板锦标赛夺得我区首个世界冠军荣誉。

2017年，三元区按照“一年开好局、三年见成效、五年展新貌”的发展步骤，马上就办、真抓实干，社会发展主要工作和成效是：

城市空间不断拓展。完成投资4.05亿元，国道205台江连接线开工建设，省道306改线、国道205过境线建成通车，对外交通更趋便捷。省一建下洋棚改、东霞B等7个地块先后摘牌，全年累计出让经营性用地共计306亩，城市建设存量盘活。严守控违高压线，拆除违法占地、违章建筑137处，腾出土地面积近8.8万平方米，公众利益得到维护。

城市品质不断提升。恒大御府、西江悦、三明世纪城等房地产开发项目有序推进，“城市双修”攻坚行动全面启动。实施“城市清洁”行动，开展小餐饮煤炉、二手车、“僵尸车”专项整治，城市面貌明显改观。城市管理精细化水平进一步提升，建成全市规模最大、功能最齐的环卫专用停车场，实现清扫区域与责任区域“两个覆盖”。连续四届获得省级文明城区先进城区，为三明市蝉联全国文明城市作出积极贡献。

城乡环境不断优化。生态环境综合治理攻坚战扎实推进，中央环保督察反馈问题得到有效整改。实施东牙溪水库生态修复三期工程，水源地水质达标率为100%。开展小流域综合治理，重拳治理畜禽养殖污染，拆除养殖场7.3万平方米，东牙溪流域水质优于Ⅲ类，蕉溪流域水质已由Ⅵ类提升至Ⅳ类。完成绿化造林6331亩，森林覆盖率达78.76%。淘汰黄标车387辆，整治燃煤锅炉61台，完成城区周边煤堆场关闭搬迁工作，空气质量明显好转。

保障体系更加健全。打好扶贫攻坚战，实施

造福工程扶贫搬迁30户110人，张坑、米洋2个贫困村成功摘帽，61户120人成功脱贫；启动城市困难家庭精准帮扶试点工作。城镇新增就业1660人，城镇失业登记率为2.5%。全民参保登记率100%，率先实现城乡低保标准一体化，城乡标准分别提高720元/年、3120元/年。

社会事业全面进步。筹措资金6400多万元，实施各类教育项目10个，落实市区基础教育总校制办学，教育资源日趋均衡。深入实施“强基”“壮腰”“筑梦”三大工程，学生综合素质全面提高。以优秀等次顺利通过国家语言文字督导评估。完成医联体组建工作，率先出台乡村医生养老保障政策，开展家庭医生签约服务，重点人群签约率达75%。完成区文化馆搬迁改造工程，实现“农家书屋”和社区电子阅览室全覆盖。推出全省首部征迁题材微电影《真情迁动》，得到社会广泛赞誉。

社会治理和谐稳定。深入开展“七五普法”，被中央综治办评为“青少年普法教育示范区”。完成厦门会晤和党的十九大安保维稳任务，通过省第三批平安区和省“法治区”考评验收。建设“雪亮工程”，防范预警处置各类风险能力不断提升，刑事发案率下降31.5%。健全金融防控体系，信贷不良率下降到2.24%，成绩名列前茅。改造提升20家学校食堂，食品安全工作典型经验得到媒体广泛报道；生产安全、道路交通安全、消防安全保障能力增强，群众安全感率达94.3%。实现连续31年无森林火灾目标。

重点改革纵深推进。土地确权颁证工作基本完成。国有林场改革全面完成。实施行政审批和服务事项目录清单动态调整机制，取消区级行政审批和公共服务事项168项，新增100项，调整527项，承接32项。完成权力清单和责任清单融合编制工作并向社会公布。“一趟不用跑”和“最多跑一趟”事项超过总事项80%。

依法行政全面推进。自觉接受人大法律监督、工作监督和政协民主监督，主动向区人大常委会报告工作，积极与政协开展民主协商，办理人大代表建议50件、政协提案73件，办复率100%。进一步完善行政决策程序，健全政府议事规则，强化区政府常务会议学法、重大行政决策合法性审查和风险评估制度。进一步健全政府法律顾问制度，行政复议和行政应诉工作不断加强。

党风政风持续强化。严格落实“一岗双责”，扎实推进“两学一做”学习教育常态化制度化。坚决把落实中央“八项规定”精神常态化长效化，坚持不懈纠“四风”。注重政府效能建设，行政监察、审计监督、政府督查力度进一步加强，干部作风持续好转，风清气正、干事创业氛围更加浓厚。

党的十九大胜利召开，描绘了全面建成小康社会、全面建设社会主义现代化国家的宏伟蓝图，站高谋远、催人奋进，为三元经济社会发展指明了方向。区委九届四次全会提出的“新三元建设”，是立足新时代，对建设“实力三元、创新三元、宜居三元”提出的新要求，完全符合党的十九大精神，符合三元实际，落实好、实现好这一奋斗目标，必将引领三元加快展现新面貌。

2018年是全面贯彻落实党的十九大精神的开局之年，是决胜全面建成小康社会的重要一年，是实施“十三五规划”承前启后的关键一年。三元区工作的总体要求是：高举中国特色社会主义伟大旗帜，以党的十九大精神为统领，以习近平新时代中国特色社会主义思想为指导，按照区第九次党代会和九届四次全会的决策部署，紧紧围绕建设“实力、创新、宜居”的新三元目标，坚持稳中求进工作总基调，坚持新发展理念，统筹推进稳增长、促改革、调结构、惠民生、防风险各项工作，加快推进新三元建设。

2018年经济社会发展的主要预期目标是：地区生产总值增长8.5%，其中第三产业增加值增长11%；农业总产值增长4.5%；规模以上工业产值增长13%，规模以上工业增加值增长9%；固定资产投资增长15%；社会消费品零售总额增长12%；出口总值增长3%，实际利用外资增长6%；地方公共预算收入增长5%；城镇、农村居民人均可支配收入分别增长8.5%和9%；城镇新增就业1750人以上，城镇登记失业率控制在3%以内；完成市里下达的单位生产总值能耗降低及主要污染物减排年度任务。

（摘编：赵旭东）

梅列区社会发展概况

2017年梅列区深入学习贯彻党的十八大、十八届三中、四中、五中、六中全会及十九大精神，以邓小平理论、“三个代表”重要思想、科学发展观、习近平新时代中国特色社会主义思想为指导，全面贯彻落实中央、省、市及区委决策部署，全力以赴稳增长、促改革、调结构、惠民生、防风险，经济社会发展保持稳中有进、稳中向好的态势。初步统计，全年实现地区生产总值265.43亿元，增长7.5%；地方公共财政收入6.7亿元，下降9%；固定资产投资205.7亿元，增长18%；社会消费品零售总额82亿元，增长11.5%；城镇居民人均可支配收入37048元，增长9.6%；农村居民人均可支配收入16932元，增长10%；完成单位生产总值能耗降低和主要污染物减排年度任务。一些社会发展重点领域取得突破：

——改革创新有新亮点。建立紧密型医疗联合体，基层医疗机构与市第一医院医疗资源实现无缝对接，让群众在家门口享受优质医疗卫生服务。在全省率先试行普惠制林业金融产品“福林贷”，实现有条件的行政村授信全覆盖，全省创新林业金融服务工作现场会在该区召开。

——征迁攻坚有新突破。开展市区征迁百日攻坚行动，区、镇（街）、村（居）干部通力协作、干在一线，有效化解了一批久悬未解的历史遗留问题，顺利完成15个市级重点征迁项目和5个区级攻坚项目，15个项目征迁指挥部和31名干部受到市委、市政府表彰。

——民生事业有新改善。民生事业投入占区财政支出比重达81.5%，为历年最高；11件为民办实事项目10件如期完成，梅列第一实验学校人行天桥将于明年2月份建成。顺利通过“全国中小学校责任督学挂牌督导创新区”省级评估。

——平安建设有新成效。持续推进“平安梅列”建设，严厉打击各类违法犯罪活动，有效遏制盗窃、诈骗等群众反映强烈的多发性侵财犯罪，全区刑事案件立案同比下降26.1%，顺利完成厦门金砖会晤和十九大安保维稳工作，荣获省级“综治平安区”称号。

——城市形象有新提升。全力打好“创城”攻坚战，为三明市蝉联“全国文明城市”称号发挥了主战场、主阵地作用，顺利通过“省级文明城区”总评。获评“中国候鸟旅居小城”称号。

2017年社会发展的主要工作和成效是：

城乡建设加快推进。开展“城市双修”百日攻坚行动，实施总投资5.61亿元的10个市级示范项目，绿道连接线、列东污水处理厂搬迁扩建等项目进展顺利，完成28个地灾隐患点整治。重点城建项目稳步推进，碧桂园四期、中梁壹号院、富力爱丁堡等项目加快建设。城乡基础设施不断完善，新建改造城区雨污管网5公里，新增停车泊位1020个，新改建公交站点68个；完成小型农田水利重点县年度项目建设，改造农村道路26.5公里。实施廖源村、大源村美丽乡村创建，全区省级美丽乡村达12个。

城市管理更加精细。强化市容环境整治，全面实行环卫垃圾机械化清运，拆除“两违”面积27.34万平方米，完成主次干道沿街建筑物外立面改造21.2万平方米，占道经营、满园春等油烟治理专项整治行动成效初显。持续深化“街长制”，依托“智慧梅列”城市综合管理平台，构建“大城管”工作格局。加快完善社区功能，完成东安、圳尾、龙岗等社区改造，通过省级社区治理和创新实验区中期评估验收。

生态环境持续优化。严格落实生态环保目标责任制，打好大气、水、土壤污染防治三大攻坚战，省、市重点关注的畜禽养殖、采砂制砂、黄标车淘汰、燃煤锅炉、工地扬尘等专项整治取得实效，31 件中央督察组信访交办件全部办结，顺利通过中央环保督察。实施绿化美化工程，完成植树造林 4600 余亩。全面落实“河长制”，创新“一河一员四长”机制，小流域整治初显成效，全区主要河流水质保持优良，饮用水源地水质 100% 达标，全年空气质量优良天数比例达 98.5% 以上，未发生重特大环境污染事件。

民生事业协调发展。推进教育优质资源均衡发展，梅列第二实验学校、梅列实幼陈大分园、贵溪洋第一分园以及东新小学教学楼投入使用，新增学位 3240 个，高分通过全省首批“教育强区”及“两项督导”市级评估，基础教育质量走在全市前列。全面推进家庭医生签约服务，加快村级卫生所规范化建设，将医疗服务辐射至全区行政村。探索“三社三化”社区居家养老模式，完成 7 个社区医养结合卫生服务站、3 所社区老年人日间照料中心和 3 所农村幸福院建设。完善村、社区综合文化服务中心设施，实行文化场馆免费开放，群众性文化体育活动广泛开展。

保障能力稳步增强。落实精准扶贫工作责任制，4 个贫困村完成脱贫摘帽，建档立卡贫困户全部实现脱贫；探索城市困难家庭精准帮扶“347”工作机制，提高城市困难家庭收入和自我发展能力。率先在全市实现低保线与贫困线两线合一、城乡低保标准一体化。全面完成城乡居民养老保险全民参保任务，机关事业单位养老保险制度改革、社会保险扩面等工作稳步推进。新增城镇就业 1522 人，城镇登记失业率控制在 2.33%。

社会保持安定稳定。突出金融风险防控，完成不良贷款清收处置 10.29 亿元，不良贷款率从 6.36% 降至 3.76%，其中区属不良贷款率为 1.27%，较好完成市里下达的目标任务。强化矛盾化解调处，开展信访疑难积案化解行动，全年信访人次同比下降 32.75%。制定安全生产责任清单，强化重点领域安全监管，顺利通过国务院和省、市安全生产巡查，未发生重特大安全生产和食品药品安全事故，社会持续保持平稳安定。

法治建设不断加强。自觉接受人大及其常委会法律监督、工作监督和政协民主监督，全年共办结市人大代表建议 3 件、区人大代表建议 84 件、区政协提案 77 件，办复率为 100%。完善政府议事决策机制和制度体系建设，对重大事项做到集体研究、集体决策。坚持依法行政，积极推进“七五”普法工作，推行政府法律顾问制度，严格规范公正文明执法。

服务水平持续提升。深化“进企业、解难题、促发展”活动，落实支持企业发展各项政策，帮助企业解决各类困难和问题 80 余个。持续推进“放管服”改革，行政服务中心完成新址搬迁，实现审批事项“应进必进”，全面落实审批服务“三集中”和区直部门权力清单、责任清单“两单融合”，推行便民服务窗口周末无休和审批服务窗口周末预约无休工作机制，424 个事项实现“一趟不用跑”或“最多跑一趟”，为辖区项目落地实行审批手续全程代办服务。

作风建设纵深推进。认真履行全面从严治党主体责任，扎实推进“两学一做”学习教育常态化制度化，严格落实中央八项规定精神，驰而不息反对“四风”，“三公”经费同比下降 39%。强化机关效能督查，有力整治“不作为、乱作为、慢作为”现象。加大行政监察和审计监督力度，严肃查处违纪违法案件，廉洁政府建设取得新成效。

2018 年全区经济社会发展主要预期目标是：地区生产总值增长 8.5%；规模以上工业增加值增长 9 %；农林牧渔业总产值增长 4.2%；地方公共财政收入增长 6%；固定资产投资增长 16 %；外贸出口增长 5%，实际利用外资增长 6%；社会消费品零售总额增长 11%；城镇居民人均可支配收入增长 8.5%，农村居民人均可支配收入增长 9%；城镇登记失业率控制在 3.5% 以内。

（摘编：郭　虹）

永安市社会发展概况

2017年永安市全力以赴稳增长、促改革、调结构、惠民生、防风险，经济社会发展保持总体平稳、稳中向好、稳中有进的良好态势。初步统计，全市完成地区生产总值376亿元，增长8.5%；全社会固定资产投资301.6亿元，增长6%；社会消费品零售总额95亿元，增长11%；城镇居民人均可支配收入33576元，增长9%；农村居民人均可支配收入16744元，增长11%；继续保持全省县域经济实力“十强县（市）”。社会发展一些重点领域取得了突破：

——难题攻坚更加精准。脱贫攻坚战深入开展，340户贫困户706人实现脱贫；信贷风险化解攻坚行动有效推进，信贷不良率从年度最高的5.18%下降到2.66%，为近三年来首次降至3%以内。

——基础设施更加完善。泉三高速贡川互通正式运营通车，南龙铁路、兴泉铁路、城东大道、高铁南站站前广场、城区道路“白改黑”工程、城市慢线等基础设施建设加快推进，获评福建省唯一的首批全国“四好农村路”示范县。

——社会事业更加协调。被推荐为新一届全国文明城市提名城市，荣获国家群众体育先进单位，顺利通过全国中小学校责任督学挂牌督导“创新县”省级验收，蝉联省双拥模范城“八连冠”，“三自三助”农村互助养老做法在三明市全面推广，成为全省农村幸福院建设示范县。

——改革创新更加深入。完成《永安市空间规划（2016－2030年）》编制，为全省空间规划编制工作开展提供可复制可推广的试点经验；被列为全国首批“互联网＋”经济林、竹藤花卉产品营销模式示范单位和全省林业碳汇交易试点县。

2017年社会发展主要工作和成效是：

城乡面貌不断改善。城市建设稳步推进，成立城市管理行政执法局，33个城市建设重点项目完成投资63亿元，北部污水处理工程投入运行，投放新能源公交车65辆，巴溪、后溪沿河景观提升工程、供水管网改造等项目加快推进。农村环境不断优化，美丽乡村建设累计完成投资近亿元，霞鹤村被评为首批全国农村幸福社区建设示范单位，全市乡镇垃圾转运系统实现全覆盖，造福工程易地扶贫搬迁94户415人，建设省级造福工程集中安置区2个，槐南至建设、安砂至罗坊公路建成通车，全市新建通村公路58公里。生态文明建设持续推进，完成生态保护红线划定工作，中央环保督察反馈问题有效整改，督察组转办的64件信访件全部办结；畜禽污染综合整治强力推进，拆除养殖场（户）245家，改造规模养殖场12家；“水气土”污染防治工作有序开展，淘汰黄标车440辆；“森林永安”建设持续深化，筹集3413万元赎买重点区位商品林10196亩，完成提升林分质量2010亩；“河长制”工作全面推行，百日攻坚行动有效推进，实现河道管护市乡村三级全覆盖，河流水质得到明显改善。

社会事业逐步发展。坚持以人民为中心的发展思想，总投资10.24亿元的10类32项为民办实事项目顺利推进。社会保障日益完善，实现城乡低保标准一体化，标准提高到每人每年6624元；完成棚户区改造593户，新增享受各类住房保障386户；全市城镇新增就业2774人，转移农村劳动力3635人，城镇登记失业率2.36%。教育事业协调发展，资源配置更加合理，北塔学校、南门小学新校投入使用，三中、十二中初高中完成整合，成功举办省第二批学生资助管理中心标准化建设现场会，永安职专挂牌设立福建水利电力职业技术学院永安分院，老年大学荣获全国示范老年大学称号。医药卫生体制改革不断深化，实施居民健康促进行动试点工程，基本完成总医院组建工作，乡村一体化管理工作得到省、三明市充分肯定，基层医疗卫生水平有效提升。文体事业加快发展，公共文化“六联六创”工作机制持续深化，全民健身活动广泛开展，福建省首届红色文化高端论坛、永安市第二届农民春晚成功举办，吉山村被列入全省首批十个特色文化文物村，永安抗战遗址被列入《全国红色旅游经典景区三期总体建设方案》。社会保持安定稳定，圆满完成厦门金砖会晤、党的十九大等重要节点安保维稳工作，“平安永安”建设不断深化，安全生产、食品药品安全监管、移风易俗综合整治等工作深入开展，“七五”普法工作有序实施，禁毒工作成果持续巩固，有力提升综治“三率”。

政府建设全面加强。坚持依法行政，自觉接受市人大的法律监督、工作监督和市政协的民主监督，认真办理人大代表建议和政协委员提案。大力弘扬“马上就办、真抓实干”精神，果断处置洪田镇洪东新村地灾应急工作，得到省、三明市主要领导充分肯定。深化“放管服”改革，推行便民服务窗口周末无休和项目审批服务窗口周末预约无休工作机制，梳理“一趟不用跑”和“最多跑一趟”事项582项。强化问题整改，坚决抓好省委巡视整改任务落实。全面推进“两学一做”学习教育常态化制度化，严格落实中央八项规定精神，加强行政监察和审计监督，推进重点项目和重点领域廉政风险防控，严厉查处违纪违法案件，廉洁政府建设取得新实效。

2018年永安市经济社会发展主要预期目标是：地区生产总值增长9%；规模以上工业增加值增长9.5%；地方一般公共预算收入增长6.5%；全社会固定资产投资增长15%；外贸出口增长3%；实际利用外资增长6%；城镇登记失业率控制在3.5%以内；社会消费品零售总额增长12%；城镇居民人均可支配收入增长9%，农村居民人均可支配收入增长10%；完成单位生产总值能耗降低和主要污染物减排年度任务。

围绕上述目标，社会发展重点抓好以下方面工作：

完善保障体系。加强公共就业服务，促进高校毕业生、就业困难人员、农民工等重点群体多渠道就业创业，新增城镇就业2400人，农村劳动力转移就业3100人。扩大社会保险覆盖面，落实全民参保登记。健全住房保障体系，推进实物保障向货币补贴保障方式转变，优化人才住房保障，落实人才购房补贴或配租人才公寓优惠政策。

补齐民生短板。突出抓好教育、医疗卫生、养老和城乡民生基础设施四个领域，全力推进补短板项目建设。围绕创建省级教育强市，深化学校管理标准化，继续实施学前教育三年行动计划、小学“强基”工程、初中“壮腰”工程和高中“圆梦”工程，加快一中附属学校、新实验幼儿园、槐南第二中心幼儿园等项目建设，努力让每个孩子都能享有公平而有质量的教育；主动对接福建水利电力职业技术学院校地、校企合作项目，提升职业教育发展水平。实施多元化健康服务工程，开展中医馆建设，抓好青水卫生院业务用房改造、同济医院住院病房楼等项目建设，进一步完善全面二孩政策的配套措施，提升优生优育优教水平。推进养老服务市场化，提升居家养老服务专业化水平，盘活用好乡镇敬老院，探索实施村、社区“医养结合”模式，加快国德老年康养中心和康寿老年怡养中心建设，新建农村“三自三助”颐老院15所。巩固提升国家公共文化服务体系示范区创建成果，加强红色文化、抗战文化保护和挖掘，进一步改造提升市图书馆、博物馆、文化馆等公共文化骨干设施，广泛开展全民健身活动，办好第三届农民春晚。

创新社会治理。深化“平安永安”建设，保障群众生命财产安全。依法依规开展信访工作，努力解决群众合理诉求。强化食品药品监管，深化治理“餐桌污染”，推进“食品安全社会共治示范县”创建活动。完善和落实安全生产责任制，深化重点行业领域专项整治，坚决遏制重特大安全生产事故发生。加强应急处置能力建设，提高防灾减灾救灾水平。

（摘编：王诗诚）

清流县社会发展概况

2017年，清流县按照“五位一体”总体布局和“四个全面”战略布局，全力以赴稳增长、促改革、调结构、惠民生、防风险，经济社会保持稳中有进、稳中向好的良好态势。全县实现地区生产总值100亿元，比增7.1%；人均生产总值首次突破7万元；县级一般公共预算收入3.62亿元，比增9.0%；固定资产投资115亿元，比增16.4%；社会消费品零售总额23.6亿元，比增11.5%。发展质量明显提高，一般公共预算总收入增速高于GDP增速15.2个百分点，占GDP比重由5.32%提高到5.87%，税性收入比重由64.5%提高到76.7%。

城乡环境明显优化。投资2.3亿元，完成水东路、碧林北路至北山路、新一中校园周边交通渠化、水南路二期、迎宾大道二期交通信号灯系统等项目建设，新扩改乡村道路20公里，改造危桥6座。桥下沿河景观工程二期、龙津广场绿化更新、西门桥头夜景提升、西城区沿河步道景观、北大路LED节能路灯改造等项目竣工投入使用；新改建雨（污）水管道20公里，新增公共停车位345个；铜锣山休闲绿道公园、气象站整体搬迁工程开工建设；管道燃气工程加快推进，龙郡首府、怡景书院等7个小区实现联通供气。引进社会资金建设绿色出行项目，成为全国首个拥有共享单车的县城。标本兼治抓环境综合治理，完成17个环保突出问题整改。实施12个省级美丽乡村示范村、整治村建设，乡镇垃圾转运站和农村三格化粪池建设走在全市前列，长效管护机制逐步健全。全面深化河长制工作，编制“一河一档一策”，实现三级河（段）长全覆盖，河道整治取得明显成效。

创新活力明显提高。农改稳步实施，顺利完成农村土地确权登记颁证工作。医改初见成效，县总医院、13个乡镇分院挂牌运营，71个村卫生所完成标准化改造，正式开启医疗资源一体化管理模式。林改成效不断提升，新增新型林业经营主体23个、面积6.29万亩，覆盖面达55.0%。教改启动实施，率先试行“县管校聘”教师管理体制，建立正向激励机制，一线教师积极性有效调动。

民生福祉明显改善。全县居民存款余额首次突破60亿元，城镇、农村居民人均可支配收入分别增长9.0%。总投资5.9亿元的15大项37小项为民办实事项目基本完成，南面乡镇实现供水。精准扶贫精准脱贫强力推进，造福工程易地搬迁230户1094人，49个贫困村（空壳村）、206户贫困户光伏电站建成并网发电，全县1797名贫困人口实现脱贫、17个贫困村退出、12个空壳村摘帽。群众住房需求有效保障，改造农村危房61户、棚户区105套，购买49套商品房充实保障性房源。实施积极就业政策，新增就业1209人，城镇登记失业率控制在2.5%。社会保险持续扩面，城乡低保、城乡医疗救助人均补助、城乡居民基本医疗保险补助等社会保障标准进一步提高。社会养老服务体系加快构建，4所日间照料中心和农村幸福院建成投入使用，4家养老机构签订医养合作协议。

社会事业明显进步。坚持教育优先发展，中考成绩单科、全科合格率均位居全市第三位。一中整体搬迁顺利完成。引进福州金桥学校，启动招生办学。实验幼儿园雁塔分园、余朋幼儿园、长校中心幼儿园竣工投入使用，李家幼儿园开工建设。医疗条件不断改善，完成县总医院东院区和龙津社区卫生服务中心改造，县妇幼保健院综合楼、疾控卫生监督综合楼和温郊、里田卫生院竣工投入使用，赖坊卫生院整体搬迁、灵地分院病房综合楼完成主体工程。计生服务水平稳步提高，全面“二孩”政策平稳实施。荣获“创建国家公共文化服务体系示范区先进集体”称号，县体育中心一期体育馆主体完工。选送的优秀运动员葛曼棋在第十三届全国运动会上获4×100米接力金牌及女子200米铜牌。社会保持安定稳定，顺利通过国务院安全生产专项督查，圆满完成厦门金砖会晤、党的十九大等重要节点安保维稳工作。

自身建设明显加强。坚持依法行政，自觉接受人大、政协和社会监督，认真办好人大代表议案、建议和政协提案。深化“放管服”改革，实施“双随机一公开”监管，实现权力清单和责任清单“两单”融合。全面推行便民服务窗口周末无休、项目审批周末预约无休，建立“一趟不用跑”和“最多跑一趟”事项488项。完成县行政服务中心搬迁，入驻审批服务事项140项。持续推进政务公开，主动公开政府信息1948条。开通“网上信访服务窗口”，全年处理信访投诉313件，办结率100.0%。扎实推进“两学一做”学习教育常态化制度化，严格落实党风廉政建设责任制和中央八项规定精神，持续反对“四风”，改进作风。强化行政监察和审计监督，完成行政单位公务用车改革，“三公”经费持续下降，廉政建设取得新成效。

2018年经济社会发展主要预期目标是：地区生产总值增长8.5%；县级一般公共预算收入增长6.5%；固定资产投资增长15.0%；外贸出口增长4.0%；城镇登记失业率控制在3.0%以内；社会消费品零售总额增长11.0%；城镇居民人均可支配收入增长8.5%，农村居民人均可支配收入增长9.0%；完成单位生产总值能耗降低和主要污染物减排年度任务。

围绕上述目标，社会发展重点抓好以下方面工作：

打赢脱贫攻坚战。注重扶贫与扶智、扶志相结合，坚持精准扶贫精准脱贫，对照贫困村退出“六项指标”和贫困户脱贫“两不愁、四保障”标准，完善单位包村、干部包户、驻村帮扶三项制度，保持脱贫攻坚高压推进态势。加快发展一批产业支撑作用明显、群众持续增收的扶贫项目，增强贫困村和贫困户“造血功能”。完善政策体系，落实教育扶贫、健康扶贫、金融扶贫、就业创业扶贫、智力扶贫等帮扶政策，发挥社保政策兜底作用。鼓励企业、社会组织、个人参与扶贫，构建专项扶贫、行业扶贫、社会扶贫“三位一体”的扶贫格局，确保现行标准下农村贫困人口全部脱贫、建档立卡贫困村全部退出、空壳村全部摘帽，做到脱真贫、真脱贫。

稳步推进各项事业。围绕办好人民满意教育，加快学前教育和义务教育学校新建及扩容步伐，开工建设城区第三小学、城区第三幼儿园、长校江坊幼儿园、沙芜中心幼儿园等项目。聚焦儿科、产科、精神科等薄弱学科，开工建设县总医院医疗综合大楼、精神科病房和长校卫生院病房综合楼，加快赖坊卫生院整体搬迁工程，推进基层中医馆建设和村级卫生所改造提升。落实全面“二孩”政策，保持打击“两非”高压态势。巩固国家公共文化服务体系示范区创建成果，加强文物和文化遗产保护利用，推进南山村、官坊村、东坑村、鲜水村申报国家级传统村落。加强文体设施建设，确保县体育中心一期体育馆建成投入使用，启动二期体育场、游泳池、足球场建设。

完善社会保障体系。按照兜底线、织密网、建机制的要求，全面建成覆盖全民、城乡统筹、权责清晰、保障适度、可持续的多层次社会保障体系。落实就业创业各项扶持政策，新增城镇就业1200人以上、农村劳动力转移就业1600人以上。加大社会保险扩面力度，稳步提高企业退休职工养老保险待遇和城乡居民基础养老金，提升优抚对象抚恤和生活补助、城乡低保补助水平。支持社会力量投资运营养老机构，新建农村幸福院20所，乡镇敬老院入住率达到53.0%以上。

维护社会安定稳定。深化“平安清流”建设，完善“雪亮工程”，开展打击涉黑涉恶、涉枪涉爆、侵财类案件等专项行动，保障人民群众生命财产安全。深入开展“七五”普法，持续抓好“法律六进”工作。

（摘编：周忠志）

宁化县社会发展概况

2017年，宁化县全力稳增长、促改革、调结构、惠民生、防风险，扎实推进“一城四区”建设，经济社会保持稳中有进、稳中向好发展态势。全年完成地区生产总值128.79亿元，增长8.5%；固定资产投资205亿元，增长17%；财政总收入8.12亿元，增长8.78%，其中地方公共财政收入6.1亿元，增长5%；社会消费品零售总额39.79亿元，增长13%；城镇居民人均可支配收入26133元，增长9%；农村居民人均可支配收入13792元，增长10%，入选全省县域经济发展“十佳”县。

城市形象进一步提升。加快县城总体规划修编，继续推进“东扩南伸”城市规划项目建设，客家祖地博物馆、易地扶贫搬迁进园区安置小区一期等项目进入装修阶段，新党校、老干活动中心投入使用，城市框架进一步拉大。新建污水管网3.6公里，小溪河水体治理、城区餐厨垃圾收集及无害化处理项目基本完成，提升江滨路、中环路等景观，建成东溪、西溪等城市夜景工程并实施社会化管理，有序推进中环路立面改造，完成老车站片区和江下路、高堑路、北大街人行道改造，城市功能进一步完善。深入推进省级文明县城创建，开展“两违”综合治理、占道经营等专项整治，拆除“两违”建筑面积28.43万平方米，推进各级文明单位“门前三包”责任制和挂包“网格”任务落实常态化制度化，城市管理进一步加强。

乡村面貌进一步改观。石壁客家文化小镇入选省级特色小镇创建名单，县级安乐笋竹小镇等5个特色小镇建设加快推进，集镇建设更具特色。扎实推进20个美丽乡村示范村建设，实施客家风格立面改造230栋，危房改造400户；培育蛟湖生态农庄、南山溪谷、畲族风情文化园等一批乡村旅游景点；开工建设6个乡镇和17个行政村污水处理设施，新改建三格化粪池8077户；建立健全农村垃圾治理常态化机制，完成旧村复垦984.4亩，拆除一批闲置破旧附属房，乡村面貌更加靓丽。

生态建设进一步加强。以配合中央和省环保督察为契机，大力整治环境问题，深入推进生态文明建设，入选中国候鸟旅居小城。加强生态保护，完成植树造林1.2万亩，稳步推进牙梳山省级自然保护区扩区升格，完成扩区范围7.37万亩林权签订，森林覆盖率达74.6%。实施大气、水、土壤污染防治行动，淘汰黄标车207辆，新建城区空气自动监测站一座，关闭机砖厂36家，淘汰、升级改造燃煤锅炉23台；完成水土流失综合治理8.31万亩，拆除关闭生猪养殖场（户）12万平方米；全面深化河长制，创新流域水岸共治“169”模式，建立县、乡、村三级全覆盖管理网格，推进西溪（方田段）小流域生态修复与可持续发展试点示范工程，建成安全生态水系22公里；完成土壤污染点位及污染地块核查，确定控制点位51个，污染控制地块3块。

脱贫攻坚全面推进。深化“348”精准扶贫工作机制，深入推进国家扶贫改革试验先行区建设，年内脱贫7013人，减贫率99.34%，全面完成省市下达的年度脱贫任务。实施易地搬迁扶贫，完成国定扶贫标准搬迁对象35户114人、省定对象73户274人。实施教育扶贫，为994名贫困学生发放助学金418.9万元，实现建档立卡贫困学生资助全覆盖。实施健康扶贫，帮助贫困患者解决就医资金156万元。实施保险扶贫，按80元/人·年的保费标准，为建档立卡贫困人口办理农村小额团体意外伤害保险。实施金融扶贫，完成扶贫小额信贷担保贷款5652万元，扶持贫困户1587户。实施创业就业扶贫，完成“雨露计划”培训2128人次。

社会保障全面改善。出台设置公益性岗位实施意见，推进创业就业，城镇新增就业1728人，失业人员再就业1139人，城镇登记失业率控制在2.34%。拓宽职工养老保险、工伤保险参保覆盖面，做到应保尽保。提高最低生活保障标准，农村低保标准达到省定扶贫标准，实现“两线合一”。加大医疗救助、临时救助力度，救助金额达500余万元。积极开展拥军优属工作，蝉联省双拥模范县“四连冠”。开工建设棚户区改造65套，分配公租房200户，城乡住房更具保障。新增城区公交线路2条，更新新能源公交大巴车28辆，建设公交智能化系统，市民出行更加舒适便捷。全力办好为民实事，10件为民办实事项目有8件基本完成，2件完成年度计划目标并结转明年继续实施。

教育事业不断攀高，第二实验幼儿园扩建项目和新建水茜、曹坊中心幼儿园投入使用，新建滨江实验学校、江下幼儿园、第三实验幼儿园和扩建第二实验小学、宁化五中等项目扎实推进；全面完成校园校舍改薄建设，“全面改薄”工程开工率、竣工率全省第一；创建“国家级书法教育示范学校”8所、全国首批“数字化教学示范校”1所，获评全国首批“数字化教学实验区”；高考成绩取得历史性突破，清华、北大录取6人，全市基础教育改革发展现场会、全省基础教育内涵建设质量提升研讨班在该县举行。

文体事业不断繁荣，《美丽中国唱起来走进福建宁化》《乡约福建宁化》和红色电影《绝战》分别在央视音乐频道、农业频道和电影频道播出，电视剧《大南迁》、中篇小说《寻找慈恩塔》获省第八届百花文艺奖三等奖；实施红色文化和传统文化保护工程，加快打造“一地一院一旧居一线路”红色精品旅游线路，新增3处省级文物保护单位，县革命纪念馆入选全国爱国主义教育基地，石壁历史文化名镇建设列入国家文化和自然遗产保护利用设施建设规划项目库，木活字印刷术入选省第四批非物质文化遗产代表性项目，伏虎禅师信俗申报国家级非遗项目深入推进；加强名人文化保护，承办“闽籍书画名家抢救工程—伊秉绶书法艺术展和研讨会”，举办黄慎诞辰330周年系列纪念活动。

卫计事业不断发展，县公共卫生服务中心投入使用，县医院新建PPP项目、卫校综合实训中心扎实推进，改造提升泉上、石壁等县总医院分院，引进并建成湖村大生民营专科医院；有效衔接全面二孩政策，稳步推进计生工作，全省科技文化卫生“三下乡”活动启动仪式在该县举行。

社会治理不断创新，深化“平安宁化”建设，扎实推进“国家级法治先进县”创建，深入开展“飓风肃毒2017”专项行动，有效化解信访矛盾纠纷，全力维护厦门会晤和十九大期间社会安定稳定，被省委省政府评为“厦门会晤筹备和服务保障工作先进集体”；防范化解金融风险，重点化解林权抵押和问题商业地产两大类不良贷款，不良贷款发生率控制在省市目标3%以内；采取“一盘一策”化解翠江豪园、文心苑等问题楼盘，维护房地产业稳定健康发展；加强安全生产和食品药品监管，开展安全生产大排查大整治，治理餐桌污染，建设放心食品工程，确保安全生产形势持续稳定。

自身建设持续加强。进一步规范公务接待、公务用车、政府采购管理，实行承诺审批代办服务，便民服务窗口实行周末无休和预约办事制度，新“一站式”行政服务中心投入使用，完成全市首家国、地税联合办税服务，实现“一岗通办”，行政效能和优质服务水平进一步提升。严格落实党风廉政建设责任制，强化政府绩效考核和行政问责，加强惩防体系建设，依法实行行政监察和审计监督，把牢法纪红线、政策底线、职责界线和安全防线，广大干部职工在敢于担当、务实高效、清正廉洁等方面的自我要求有了进一步提高，全县上下想干事、会干事、敢干事、干成事的氛围进一步形成。认真执行县人大及其常委会各项决议，落实重大决策向县人大常委会报告制度，支持县政协履行政治协商、民主监督、参政议政职能，广泛听取各人民团体、工商联、无党派人士及社会各界人士意见，共办理人大代表意见建议和政协委员提案250件，办结率、满意（基本满意）率均达到100%。

（摘编：张海生）

建宁县社会发展概况

2017年，建宁县围绕“再上新台阶、建设新建宁”工作部署，团结带领全县干部群众，迎难而上、改革创新、锐意进取，经济社会呈现平稳较快发展势头。全年完成地区生产总值97亿元，增长8%；地方公共财政收入3.18亿元，增长6%；固定资产投资133亿元，增长19%；城镇居民人均可支配收入26469元，增长9%；农村居民人均可支配收入14083元，增长9.6%。2017年再次获评全省县域经济发展“十佳县”。

城市功能日趋完善。推进荷花路、闽江源路、东山公园等城区重要节点绿化花化彩化，实施荷花东路、荷塘北路、建莲南路改造提升及“一河两岸”休闲健身步道、夜景提升等市政工程，建成河南西路、水南片区公共停车场，新增泊车位164个。启动餐厨垃圾无害化处理项目建设，完成城区生活垃圾填埋场（三期）扩建。实施雨污分流，新建及改造排水（污）管网16公里。开发东山御景豪庭、文庭公馆，增加房地产市场有效供给。完善数字化、网格化城市管理平台，大力开展交通秩序、“两违”等专项整治，持续提升城市建管水平。

乡村面貌不断改善。实施新一轮“千村整治、百村示范”工程，完成13个美丽乡村建设，加快推进河东经圳头至高峰清新花乡赏花带、城区经修竹至岭腰闽江正源特色景观带建设。里心、均口、黄坊污水处理厂及配套管网开工建设，启动40个行政村污水治理，3846户三格化粪池建设任务全面完成。

生态环境保持优良。大力实施“三严四限六禁”，开展生态环境治理八大行动，实施生态环境保护八大工程，积极打造生态文明建设建宁样板，全年空气质量优良率达100%，位居全省前列，连续三届入围全国“百佳深呼吸小城”榜单。全面深化“河长制”，开展生态治水五项攻坚行动，成功列入福建省“第二批综合治水试验县”。配合做好中央环保专项督察，全面整改省市通报的12项生态环境问题。顺利完成福建省领导干部自然资源资产离任审计试点工作。

脱贫攻坚蹄疾步稳。大力实施“五抓五送”，推进建莲、制种、电商、荷花蟹等产业扶贫，落实贫困户脱贫增收项目3288个，切实增强“造血”功能。推广量化折股投资水电企业、整合项目资金发展光伏产业等方式，新培育村财增收项目25个，实现每个贫困（空壳）村至少有1个稳定增收项目。扶贫重点工作有序推进，累计发放扶贫小额信贷3908.5万元，落实造福工程易地扶贫搬迁1201人。顺利完成1个市级扶贫开发重点乡（黄埠乡）摘帽、25个建档立卡贫困村及5个空壳村、2773个贫困人口退出的年度脱贫任务。扶贫工作成效居全市前列，全省农村电商助力精准扶贫推进会和全市脱贫攻坚现场会在建宁召开。

民生事业协调发展。持续增加民生投入，民生支出占财政总支出的79%。坚持教育优先发展，实验幼儿园新校区建成投入使用，第二实验幼儿园启动建设。深化“三医联动”改革，组建县总医院和乡镇分院，县域内就诊率明显提高。做强县医院龙头，启动实施县医院整体搬迁项目。推广社区居家养老服务，社区养老服务日间照料中心建设有序推进。实施保障性安居工程，完成棚户区改造76套、农村危旧房改造123套。加快推进公共文化网络全覆盖，荣获创建国家公共文化服务体系示范区品牌项目创新奖，水尾村获评第二批“中央红军村”和省级传统村落。社会保障不断完善，农村低保连续提标，企业职工养老保险和工伤保险持续扩面。

社会治理成效显著。深化“平安建宁”建设，实现县乡村三级网格化服务管理全覆盖，群众安全感率达95.5%、矛盾纠纷调解成功率达96.7%，顺利完成厦门金砖会晤期间辖区内安保工作，实现十九大会议期间“零进京上访”目标。强化安全生产隐患排查整治，安全生产形势持续好转。

干事创业更富激情。大力弘扬“马上就办、真抓实干”精神，实施“两张清单”管理，建立健全“正向激励、反向惩戒”“容错纠错”等工作机制，动真碰硬抓督查，着力整治“为官不为”“庸懒散拖”等突出问题，全面提振干事创业精气神。行政服务更为规范。深化“放管服”改革，落实“一趟不用跑”“最多跑一趟”办事清单，行政许可、中介服务、前置审批事项精简率分别达47%、39%、35%。主动接受县人大法律监督、政协民主监督和社会各界监督，累计办理落实人大建议及意见137件，政协《建议案》3件、提案107件、社情民意42件，办复率均达100%。

2018年建宁县主要预期目标是：地区生产总值增长9%；农林牧渔业总产值增长5%；规模以上工业增加值增长10%；固定资产投资增长16%；社会消费品零售总额增长13%；地方公共财政收入增长6.5%；城镇居民人均可支配收入增长9%；农村居民人均可支配收入增长9.1%；城镇登记失业率控制在3.2%以内。

围绕上述目标，社会发展重点做好以下方面工作：

完善城市功能。坚持规划先行，推进城市“双修”，完成火车南站、高沙洲－下长吉等片区控制性详细规划编制。加快将军路、闽江源路等路网改造提升，启动闽江源路至火车南站道路建设。加快实施“一河两岸”休闲慢道（二期）、城区至枫源绿道、城区至金铙山绿道工程，推进东山公园等重要节点和标志性建筑的提升改造。全面推进城区餐厨垃圾无害化处理，完成城区污水处理厂（一期）扩建，新建及改造城区排水（污）管网7公里以上、供水管网8公里以上，加快启动县城第二水源地建设。提升城市公交水平，城市公交全部使用新能源电动汽车，加快交通运输综合服务中心、公交首末站建设和公交站点提级改造，完善公共停车场、充电桩布局。积极盘活房地产存量，推进南庄排等新地块开发，实现房地产市场健康发展。落实扶持建筑业发展壮大政策，做大做强建筑产业。积极创建省级文明县城，加强小区物业管理，持续开展“两违”、占道经营、交通秩序等专项治理。完善“数字城管”平台，提升城市网格化、数字化、精细化管理水平。

补齐民生短板。坚持民生导向不动摇，大力实施为民办实事项目12个。围绕打造教育强县目标，全面推进“强基壮腰筑梦”工程，大力实施薄弱校改造、中小学扩容提升、农村教师周转房等项目，重点加快第二实验幼儿园建设，启动福源小学、闽江源幼儿园、溪口中心幼儿园等建设。深化“三医联动”改革，扩大家庭医生签约服务覆盖范围，推进优质医疗资源有序有效下沉。加快县医院整体搬迁项目建设，做强总医院中医科，全面落实村卫生所标准化建设。推进医养融合，加快县康养中心、社区养老服务日间照料中心、乡镇敬老院建设，提升农村幸福院标准化、规范化水平。大力发展文化产业，推进红色文化遗址和兰溪古窑遗址保护开发，推动“建宁通心白莲制作工艺”申报国家级非物质文化遗产。促进公共文化设施提档升级，启动户外运动休闲公园、工人文化宫等建设。大力发展体育事业，开展全民健身活动，积极承办省级以上体育赛事。

促进社会和谐。落实就业创业各项扶持政策，统筹做好下岗失业人员、农村富余劳动力、就业困难人员和建档立卡贫困人口等群体的就业。进一步扩大社会保险征缴覆盖面，完成新老农保过渡衔接工作，推进全民参保。加大社会救助，完善失地农民保障制度和城乡医疗救助制度，提高高龄老人、城乡低保、农村五保补助标准。发展社会福利、慈善和残疾人事业，做好关心下一代工作，切实维护和保障妇女、儿童合法权益。坚持计划生育基本国策，实施好全面两孩政策，改革完善计划生育服务管理。深化“平安建宁”建设，构建全民共建共享社会治理格局。

（摘编：杨立群）

泰宁县社会发展概况

2017年泰宁县坚持以习近平新时代中国特色社会主义思想为统领，在市委、市政府和县委的正确领导下，在县人大、县政协的监督下，紧紧团结和依靠全县人民，大力弘扬“马上就办、真抓实干”精神，全力以赴稳增长、促改革、调结构、惠民生、防风险，经济社会发展保持稳中有进、稳中向好的良好态势。全县实现地区生产总值97.49亿元，比增8%；地方一般公共预算收入2.65亿元，与去年持平；社会消费品零售总额24.43亿元，比增10.8%；城镇居民人均可支配收入29496元，比增8.5%，农村居民人均可支配收入14286元，比增9%。一些社会发展重点领域取得新突破：

——脱贫攻坚成效明显。全年有2470个贫困人口、11个贫困村实现贫困退出，顺利通过中办、国办督查和省、市第三方评估，“旅游+扶贫”做法得到省政府领导批示肯定。

——生态文明创新佳绩。成为全国首批国家生态文明建设示范县，入选中国最美丽县城榜单前十名，泰宁生态文明建设得到环保部肯定。

——全域旅游显现魅力。成功举办中国静心泰宁垂钓大赛、环大金湖世界华人山地马拉松赛，顺利通过联合国教科文组织世界地质公园再评估，荣获2017年中国全域旅游魅力指数榜（区县级）第七名。

——典型经验广泛推广。成为全国首个国家级出口杂交稻种质量安全示范区，全省旅游扶贫、改善农村人居环境等现场会先后在泰宁召开，一批典型经验在全国、全省推广。

——特色改革不断拓展。县总医院揭牌，成立河长办和生态公安分局、生态综合执法大队，设立全省首批、全市首个旅游法庭。“福林贷”实现全覆盖，入选全省20个林业碳汇交易试点县。

2017年社会发展的主要工作和成效体现在：

重点领域改革有新成效。基本完成农村土地承包经营权确权工作。基层供销社改革稳步推进，精准扶贫、库区移民等领域机制创新取得新突破。乡（镇）卫生院和杉城社区服务中心纳入总医院一体化管理，形成县域紧密型医联体。公布实施县直部门权责清单，完成机关事业单位统一信用代码证书换发工作。泰宁旅游等4家企业列入省重点上市后备企业名单。

对外开放形象有新提升。继续冠名泰宁至深圳专线动车“大金湖号”，联手新浪网在全国发起“带着微博去泰宁”活动，与全国115家院校达成合作意向，吸引写生师生4.1万人次，泰宁马拉松荣获人文风情特色赛事和中国体育旅游十佳精品赛事殊荣，梅林戏剧团应邀赴澳大利亚开展文化交流，上青桥灯成功申报上海大世界基尼斯记录，“中国静心之地”品牌影响力不断扩大。

功能配套更加完善。张家坊至邹王坑公路、第二水源及第二水厂等项目加快推进，“三路一桥”、公交总站、金城广场、中医院门诊医技老年病病房综合楼等项目开工建设，南禅停车场、上戈玉兰园、杉溪安全生态水系和21个小城镇（中心村）电网工程等项目建成使用，开通城区至下渠乡公交线路和大田乡鱼川村等墟日班车，恢复城关至角溪客运班线，新建防洪堤10.1公里、雨污管网3.7公里、供水管网5.2公里、天然气管网14公里。征迁攻坚大会战成效显著，依法和谐征迁2万平方米，城市发展空间不断拓展。

城乡环境更加宜居。大力践行“绿水青山就

是金山银山”理念，编制完成产业准入负面清单，主动对接中央和省级环保督察新要求，扎实开展生态环境综合治理“六大攻坚”行动，建立矿山生态修复治理评估验收制度，造林绿化1.17万亩，烟田地膜100%回收，提前全面完成年度黄标车淘汰工作任务，餐厨垃圾无害化处理厂建成使用，县垃圾填埋场完成渗滤液处理工艺提升改造，全面停用农村简易垃圾填埋场和焚烧炉，“村收集、乡转运、县处理”的生活垃圾一体化处理模式基本实现全覆盖，空气质量稳居全省前列。

流域治水更加到位。全面深化“河长制”，县乡村三级河道管理体系实现全覆盖，河道保洁更加制度化、常态化，金湖清淤、北溪流域综合治理等项目基本完工，大洋坪和丰元工业园区外排废水全部接入县污水处理厂集中处理，新建乡（镇）污水处理设施3个、三格化粪池4615个，拆除生猪养殖场38家、改造45家，治理中小河流4.3公里、水土流失3.79万亩。

人民群众更有获得感。顺利通过“全国中小学校责任督学挂牌督导创新县”省级督导评估，与厦门一中建立帮扶共建关系，五谷幼儿园开园招生，公立幼儿园适龄儿童入园率居省市前列。上青古乐入选第五批省级非物质文化遗产代表性项目名录。家庭医生签约服务率达39.5%，县域内次均住院费用个人承担比例进一步下降。建成保障性安居工程212套，完成造福工程68户，解决1275人饮水安全问题。社会保障体系不断完善，开发公益性岗位134个，全年新增城镇就业1180人，城镇登记失业率2.33%。在全市率先完成全民参保登记工作，城乡低保、被征地农民养老保障等标准进一步提高。二孩生育质量全面提升，计划生育工作不断加强。

人民群众更有安全感。严格落实安全生产责任制，制定安全生产责任“三个清单”，顺利通过国务院安委会巡查。“平安泰宁”建设不断深化，一批历史遗留问题和群众诉求得到妥善解决，圆满完成党的十九大、金砖国家领导人厦门会晤等重要节点的安保维稳工作，综治“三率”保持全省前列。荣获省双拥模范城（县）“三连冠”，国防后备、民兵预备役和人民防空工作不断加强，老区苏区、水文气象、外事侨台、民族宗教、史志档案和工青妇、老年人、未成年人、残疾人等工作取得新进展。

政府服务在转变职能中有效作为。坚持党的领导。推进“两学一做”学习教育常态化制度化，深入学习宣传贯彻党的十九大精神。全面落实党内监督责任，行政监察和审计监督工作进一步加强。严格落实中央八项规定精神，驰而不息纠正“四风”，严肃查处违纪违法案件，廉洁政府建设取得新成效。坚持依法行政。自觉接受县人大、政协、群众和社会各界监督，认真办理人大代表建议和政协委员提案。深入开展“七五”普法，全民法治意识持续加强。全面推行“双随机、一公开”监管，实行国有投资招标项目招标代理机构比选制度，依法决策制度不断完善，依法办事能力进一步增强。坚持高效服务。严格落实领导干部接访、“四下基层”、一线办公、挂包帮扶等工作制度，政府形象不断提升。深化“放管服”改革，推行便民服务事项周末无休、审批服务事项周末预约无休，实现1013个办事事项最多跑一趟、56个办事事项一趟不用跑。基本完成政务内网OA系统升级改造，泰宁门户网并网接入市网。党政机关公务用房、公务接待进一步规范，全面完成机关公务用车制度改革，拍卖公车97辆，公车节支率超过10%，“三公”经费进一步下降。

今后三年（2018—2020年），是全面建成小康社会的决胜期，是全面深化改革的关键期，是全面实施赶超战略的攻坚期。泰宁县将全面贯彻党的十九大精神，以习近平新时代中国特色社会主义思想为指导，坚持新发展理念，按照高质量发展的要求，以供给侧结构性改革为主线，大力发展实体经济，推动质量变革、总量变革、效率变革、动力变革，促进县域经济赶超跨越和社会和谐稳定。

2018年是改革开放40周年，也是实施“十三五”规划承上启下的关键一年。泰宁县按照省、市、县委部署要求，坚持稳中求进工作总基调，统筹推进稳增长、促改革、调结构、惠民生、防风险各项工作，促进经济社会持续健康发展。全县经济社会发展的主要预期目标是：地区生产总值增长8.3%，地方一般公共预算收入增长5%，城镇居民人均可支配收入和农村居民人均可支配收入分别增长8.5%、9%。

（摘编：苏建平）

明溪县社会发展概况

2017年明溪县全面深化供给侧结构性改革，全力稳增长、调结构、补短板、惠民生、防风险，全县经济社会保持平稳向好态势。全县完成地区生产总值70.02亿元，增长8.5%；固定资产投资107.44亿元，增长18%；地方一般公共财政预算收入2.97亿元，增长5%；社会消费品零售总额17.28亿元，增长12%；城镇居民人均可支配收入27730元，增长8.5%；农村居民人均可支配收入14018元，增长9%。一些社会发展重要领域取得突破：

——脱贫攻坚有新成效。建成易地搬迁集中安置区9个，全部分房到位；扶贫小额信贷覆盖率居全市第一；省级财政扶贫资金整合优化试点工作考核优秀，县扶贫开发协会被评为市级社会扶贫先进单位。全县国定、省定标准贫困户1672户5020人有望如期脱贫，沙溪乡及15个建档立卡贫困村、4个市级空壳村有望如期退出。

——城乡面貌有新形象。“东进、北展、中提升”城市框架逐步成型，省级药谷特色小镇建设全面铺开，北部新区开发稳步推进，中心城区功能不断优化，归化公园、侨乡体育公园、四元堂广场、欧侨文化广场等一批城市节点项目加快实施；明溪被评为“中国候鸟旅居小城”，盖洋镇通过首届“福建省十大长寿之乡”考评验收，御帘村获评“2017年中国最美村镇50强”，紫云村获评福建省“二十佳旅游特色村”，狮窠村获省“优秀美丽乡村示范村”称号。

——民生事业有新改善。实小附属幼儿园开园招生，实小迁建完成教学楼主体工程；老年妇女儿童活动中心主体落成；县总医院正式挂牌运营，与市第一医院组成医疗联合体；县内首家公建民营养老机构投入运营，沙溪梓口坊村医养结合模式得到省市肯定。

——改革创新有新拓展。国有林场改革、农村土地确权登记全面完成；积极推行家庭医生签约服务，分级诊疗和双向转诊制度有效落实；被列入全国首批农村生活垃圾分类处理和资源化利用示范县，经济开发区获省小微企业创业创新示范基地称号；社区矫正“163”执行模式和“12345”工作法在全省推广。

2017年，社会发展方面主要做了以下工作：

脱贫攻坚成效明显。立足明溪实际，创新扶贫方式，努力实现脱真贫、真脱贫。深入开展脱贫攻坚百日行动，“321”结对帮扶机制不断完善，省级财政扶贫资金整合优化试点工作扎实推进，共整合扶贫资金4945万元，全部用于贫困户产业发展、贫困村村财增收和基础设施建设。扶贫政策和措施有效落实，累计完成造福工程易地搬迁736户2754人，集中安置368户1221人；大力实施菜单扶贫、光伏扶贫、就业扶贫等帮扶模式，发放菜单扶贫补助689.5万元，扶持贫困户1425户，引导1359户入股10兆瓦光伏扶贫项目，贫困户预计年均可增收4000元以上；出台教育助学帮扶政策，设立3支教育助学基金，累计资助贫困学生368人62.37万元；医疗叠加保险救助政策有效落实，发放救助金91.86万元；小额信贷成效明显，设立小额信贷风险担保金1300万元，发放小额信贷3795.7万元，占年度任务的145.9%；助残扶贫、兜底扶贫和公益岗位扶贫深入推进，实现低保线与省定贫困线“两线合一”，腾出护林员、保洁员、村道养护员等公益岗位，共安排352名贫困人员“家门口”就业，有效推动贫困户实现稳定脱贫。

生态治理攻坚深入开展。实施生态环境综合治理攻坚行动，完成中央、省环保督察配合工作，督察反馈问题基本整改到位，重点生态功能区县域生态环境质量考核位列全省第一；河长制工作全面深化，县乡村三级河（段）长实现全覆盖，境内流域水质优于国家地表水Ⅲ类标准；全面完成黄标车淘汰任务，环境空气质量优于国家Ⅱ级标准；鸟类资源保护力度加大，鸣溪省级湿地公园项目进展顺利，国际候鸟迁徙通道保护与修复工程项目落户明溪，观鸟品牌持续打响。

征迁攻坚全力推进。深入开展“征迁攻坚年”活动，破解了一批困扰多年的征迁难题，全面完成链条厂片区、药谷特色小镇、原装饰板厂职工宿舍、余厝洞、实小迁建、海斯福氟精细化学品二期、南方制药扩建等地块征迁任务；南关溪旧城改造（二期）、城关中学路口房屋征收取得实质性突破；兴泉铁路、莆炎高速明溪段项目征地序时推进。城建、交通、园区三个征迁板块全年共征收土地2262亩，征迁房屋243户3.8万平方米。

侨乡新城更有品位。城区规划进一步优化，城市框架有序拓展，东部新区加快开发，药谷特色小镇、气动工具城、上坊新村等建设全面推进，交通路网、教育医疗、文化休闲等配套设施加快布局；北部片区持续拓展，链条厂周边、水泥厂片区完成征迁391亩，拆除房屋面积1.05万平方米，正有序推进规划开发；中心城区环境进一步优化，实施市政“六千工程”，改扩建市政道路5.2公里，供水管网4.1公里、雨污管网3.8公里、燃气管道4公里，绿道10公里；名儒御景、欧华大厦等房地产开发项目稳步推进，“两公园两广场”、迎宾大道环境整治等城市景观节点项目加快实施。

美丽乡村魅力彰显。按照“五清楚、两特色、一机制”要求，完成省级美丽乡村创建12个，开展农村生活污水垃圾治理，实施6个乡镇污水处理设施提升工程，完成村庄三格化粪池建设3462户，8座乡镇垃圾转运站基本建成，沙溪乡农村生活垃圾分类试点工作全面完成。因地制宜引导乡村开展合理化提升，紫云闽学文化村、村头森林人家等项目有序推进，御帘古村景区完成国家3A级旅游景区现场评定，肖家山村和龙湖村被列入省级乡村旅游特色村，胡坊村入选市第二批中央红军村，成功举办桃花文化节、回族文化节等系列乡村特色旅游活动。

教育事业加快发展。围绕打造“四个一流”学校目标，实施农村薄弱校改造、城区中小学扩容、幼儿园建设等项目11个，实小迁建、药谷小镇幼儿园等项目稳步推进，实小附属幼儿园、夏坊初级中学综合楼等7所校舍建成投用，新增幼儿园学位560个、中小学学位540个。城关中学、第二实验小学等7所学校通过省市义务教育学校管理标准化验收，教育信息化工作走在全市前列。

健康养老稳步提升。县总医院精神科病区改造、公共卫生服务大楼等项目有序推进，胡坊镇、沙溪乡等13个乡村卫生院（所）提升改造项目建成投用，家庭医生服务签约率达35%。推行“互联网+智慧养老”模式，累计建成农村幸福院45所、社区居家养老服务中心（站）7个，社会福利中心、残疾人康复中心实现社会化运营。

文体事业蓬勃发展。被文化部列入国家级客家文化（闽西）生态保护实验区，南山遗址入选“2017年中国考古六大新发现”，闽王牌宝剑制作工艺列入省级非物质文化遗产保护名录。群众体育广泛开展，完成盖洋村头国际山地自行车主题公园建设，成功举办首届全民健身户外露营节暨徒步健行赛和县第三届全民健身运动会。

社会保障更加有力。全县新增城镇就业1215人，失业再就业875人；建成保障性住房280套；全面完成全民参保登记工作任务，城乡居民基础养老金、城乡低保标准持续提高；社会救助体系进一步完善，特困人员救助、临时救助不断深化。

社会治理不断加强。圆满完成厦门金砖会晤、十九大等重要节点安保维稳工作，顺利通过省级食品安全社会共治示范县考评验收，率先在全市成立婚姻家庭辅导室。文明创建持续深入，社会保持安定稳定。

深化“放管服”改革。推行“一趟不用跑”和“最多跑一趟”事项清单，公布实施县直部门权责清单。强化“互联网+政务服务”平台建设，全面推进决策、执行、管理、服务、结果公开。

（摘编：杨立群）

将乐县社会发展概况

2017年，将乐县牢固树立和贯彻落实新发展理念，全力抓好稳增长、促改革、调结构、惠民生、补短板、防风险各项工作，经济社会保持稳中有进、进中向好的发展势头。据初步统计（下同），全县地区生产总值117.3亿元，增长8%；地方一般公共预算收入6.4亿元，增长3%；固定资产投资146.9亿元，增长20%；社会消费品零售总额25.2亿元，增长11.5%；城镇居民人均可支配收入3.1万元，增长9.2%；农村居民人均可支配收入1.5万元，增长8.5%。先后荣获“美丽中国·深呼吸第一城”、中国年度成长力森林旅游地、省级食品安全社会共治示范县等荣誉称号。

改革创新，持续探索破难题。创新办医、办园模式和管理体制，组建县总医院、幼儿园总园。全省关爱农村留守儿童推进会、全市医改现场会和深化“河长制”现场会先后在我县召开，探索推进的紧密型医联体改革经验在全市推广，“四水”工作法、“134”关爱未成年人工作、生态产业扶贫模式获得上级称赞，得到群众点赞。

深挖潜能，强势运作打品牌。先后召开史前考古国际学术研讨会、宋元青白瓷学术研讨会等活动。成功举办全国蹼泳锦标赛、中国极限职业联赛、国际越野挑战赛、国际皮划艇马拉松公开赛等20多场赛事，将乐县游泳馆创造了三明第一项世界纪录；在将乐训练的国家蹼泳队在今年的世界杯、世运会、亚洲锦标赛、全国锦标赛中累计获得31金23银15铜，将乐名副其实地成为国家蹼泳队训练福地；将乐龙舟队在今年的中华龙舟大赛中累计获得3银5铜，不鸣则已，一鸣惊人。这些赛事活动受到中央电视台、新华社等25家中央和省市主流媒体的高度关注，累计在省级以上媒体刊发报道1200多篇（次），有力提升了将乐的知名度和美誉度。

共创美好，携手并进夯基础。一系列新举措构建起了政府、社会协同推进的精准扶贫格局，实现497户1350人脱贫、14个贫困村退出，落实易地扶贫搬迁28户89人。每年拿出1000多万元资金激励教师队伍以更加饱满热情投身教学事业，致力提高教育质量。累计投入1347万元购买先进医疗设备、改扩建乡镇卫生院等。投入1.6亿元实施城市建设重点项目，综合管廊建设工程、城区排水排涝等10个项目竣工。投入2600万元用于乡村污水和垃圾处理设施建设、运行和管理。新增城镇就业人员1539人，城镇登记失业率控制在2.4%以内。

2017年社会发展重点工作如下：

改革的深度持续挖掘。“放管服”工作成效明显，单项行政审批事项办理平均时限压缩率达50%。商事制度改革持续深化，新增市场主体1678户，比增24%。国企改革扎实推进，城投公司改制组建城市建设发展集团，深化国有企业负责人薪酬制度改革，拓宽企业选人渠道，增强企业发展活力。以农村集体产权、集体林权、新型农业经营体制为重点的农村综合改革进一步深化，完成农村土地承包经营权确权登记颁证工作，土地流转7.1万亩；财税体制、文化教育、社会保障等改革有序推进，提高资源配置效率。

开放的广度持续拓展。在深化将商回归、以商招商等成功做法的基础上，创新驻点式、中介式招商方式，累计引进项目83个、总投资116.5亿元，分别是去年的2.3倍、3.2倍，完成工商注册54个，开工建设40个，建成或部分建成10个。

积极开拓“一带一路”沿线国家市场，推动将乐地方产品销往沿线非洲、东盟、中东等地区。

持续优化城区布局。实施66个、总投资11.6亿元的宜居环境建设项目。全力推进省级文明县城创建工作，推进金溪农贸市场内部改造，深入开展“两违”、交通秩序等各类专项整治。完成原机床厂棚户区改造项目征迁工作，稳步推进三华轴瓦厂退城入园项目，建成停车场、移动公厕等一批配套设施，新增城区绿地9500平方米，市容市貌明显改观。智慧将乐建设深入推进，城市管理数字化、精细化水平逐步提升。

持续提升乡村面貌。乡村人居环境日益改善，提升高唐、白莲、光明等8个集镇品位，打造伍坊、小王等12个美丽乡村，修缮改造良地、肖坊等传统村落，新建乡镇垃圾压缩转运站8个，完成三格化粪池改造近6000个，新建或改造13座乡镇公厕，持续开展“创十星评十户”系列评选活动，百姓参与村民自治、产业发展、环境整治的热情进一步提高。

持续改善生态环境。全面深化“河长制”，建立县乡村三级河长制体系，实现县内河流全覆盖。大力实施生态环境综合治理，开展工业污染、畜禽养殖污染、涉砂行为、城乡生活污水垃圾和小水电等五个专项治理攻坚，取缔“十小”企业2家；拆除养殖场53家、升级改造32家；关停取缔非法洗砂，制砂点31处，重新编制河道采砂规划，扩大禁采区，控制采砂量；新改建城镇污水管网10公里；对全县152座水电站实施最小生态下泄流量。扎实推进大气污染防治，淘汰煤炭落后产能11万吨、黄标车86辆。持续深化生态景观提升改造工程，新增造林绿化1.6万亩，治理水土流失11平方公里。抓好中央环保督察反馈问题整改，龙栖山自然保护区范围内的4座小水电有序退出，清理环保违法违规建设项目92个。

百姓获得感更多。投入民生资金14.5亿元，占全县一般公共预算支出74%。27项为民办实事项目有序推进，建成保障性住房86套，完成棚户区和危旧房改造389户，百花社区日间照料中心投入使用。实施政府购买社会专业化组织服务项目，开展居家养老上门服务。有序推进家庭医生签约服务，累计签约6.4万人。全县人均寿命79.2岁，高于全省平均水平1.4岁。城乡低保、五保、特困人员等社会救助标准进一步提高，社会保险覆盖面稳步扩大。

群众满意度更高。建立正向激励机制，切实调动一线教师的工作积极性、主动性和创造性；文教卫生环境进一步优化，积善学校、城关小学综合楼、实验幼儿园综合楼、水南学校综合楼、漠源中心幼儿园等项目建成，第二实验小学、上河洲幼儿园、南口中心幼儿园等项目加快推进；万全和大源卫生院改造、余坊卫生院周转房等项目建成。交通设施进一步改善，实现玉华大道拓宽改造工程通车，完成迎宾路、龙井路、水门街改造，44.7公里农村公路竣工投入使用；城区公交线网覆盖率提高至66%，累计投放12辆纯电动公交车，新开通恒通物流园至县中医院公交线路。实施高唐、光明、漠源等9个乡镇农村饮水安全提升工程，建设白莲35千伏变电站等项目。

社会安全感更强。进一步深化“平安将乐”建设，加快推进安全生产领域改革，落实安全生产责任、整改、问题三份清单，加强对煤矿和非煤矿山、食品药品、危险化学品、消防、道路交通、建筑工地等重点行业领域开展常态化整治行动。代表省里接受并顺利通过国务院安委会综合督查。依法打击各类违法犯罪活动，稳步推进法律援助和社区矫正工作，重新犯罪率连续两年为零。加大技防设施建设，增强社会治安管控能力。创新推出“平安将乐”意外伤害综合保险服务，建成县乡村反邪教防控网络，加强精神障碍患者等特殊人群的管控，强化接访、下访、约访。

权力运行更规范。自觉接受县人大法律监督和工作监督、县政协民主监督，全年办理人大代表建议91件、政协委员提案104件，人大代表、政协委员提出的合理化意见得到较好落实。办事效率持续提高。推行并联审批、“窗口无否决权”、周末无休等机制，公布“一趟不用跑”和“最多跑一趟”办事清单共447项，实现服务提速增效，让老百姓感受到了便利。大力推进政务公开和政府信息公开，依法公开政府信息4530条。加强效能监察，效能问责13人。作风建设得到加强。严格落实中央“八项规定”精神和省市县相关规定，集中整治“四风”，“三公”经费同比下降10%。

（摘编：李　哲）

沙县社会发展概况

2017年，沙县坚持稳中求进工作总基调，践行新发展理念，培育新增长点，形成新动能，经济保持稳中有进、进中向好的态势。全县地区生产总值完成223.6亿元，增长8.6%；地方公共财政收入9.3亿元，增长2.89%；全社会固定资产投资270亿元，增长18%；出口总值13.8亿元，增长6%；社会消费品零售总额55.3亿元，增长9%；全体居民人均可支配收入26826元，增长9.5%。

——交通枢纽优势凸显。鹰厦铁路沙县城区段改线工程拨交通车，南三龙铁路沙县段路面工程全部完工，厦沙高速公路沙县段建成通车，省道横五线际口至官庄段、国道205线后底至水南段开工建设。

——改革工作成效明显。获批全省四个综合治水试验县之一，全国百个农村集体产权制度改革试点县工作进展顺利，全国农村综合改革试验区集体林权制度改革工作全面推进，"四共一体"林权合作经营新模式得到国家和省市充分肯定，深化"三医联动"改革，组建沙县总医院。

——群众生活更加幸福。连续四年跻身全国百佳深呼吸小城，获评中国候鸟旅居小城，生态新城第一小学、第五幼儿园等教育项目建成投入使用，一河两岸景观工程、七峰叠翠风景区一期、鼓楼坪驿站、龙湖公园一期和莲花公园改造提升投入使用。

——对外影响不断扩大。首次荣膺全国文明城市称号，入选中国地名文化遗产千年古县，举办中国沙县小吃旅游文化节20周年系列活动，沙县小吃走进葡萄牙，并在《天天向上》录制播出。

2017年，沙县社会发展主要工作和成效是：

立足宜居、做强功能，实现了城乡面貌的新变化。城市基础设施不断完善，完成金陵南路、长兴路南段、李纲西路至大洲大桥连接线等城市"断头路"建设，城北公交干线改造提升全线贯通，优化城区公交线路，加大公交车和出租车投放，打通城区交通内外循环。实施城区重要节点改造，城区夜景工程、老旧小区楼道亮灯工程建成投入使用，完成城区人行道及步行街小区、五岔口等重要节点改造提升。深化文明创建活动，制定出台城市管理长效机制，占道经营、流动摊点等各类城市"乱象"得到有效治理，城市管理水平得到提升，夏茂镇连续两届荣膺全国文明村镇，高砂镇首次获评全国文明村镇。推进农村环境综合整治，实现集镇垃圾转运系统、污水处理设施全覆盖，美丽乡村建设成果得到巩固。大力推进农村土地综合整治，划定永久基本农田16.5万亩。

着眼长远、绿色发展，加大了生态环境的保护力度。抓好环保督察突出问题整改，淘汰黄标车154辆，"河长制"全面落实，实施生态环境综合治理"五项攻坚行动"。开展畜禽养殖污染专项治理，拆除关闭养殖场95家、面积20万平方米，全面完成69家猪场的标准化提升改造。开展涉砂行为专项治理，全面完成43家砂场拆除工作。开展城乡生活污水垃圾专项治理，建设6923户标准三格化粪池和7个乡镇垃圾转运系统。开展小水电生态专项治理，完成全县153座电站最小下泄流量"一站一方案"编制，全县环境质量持续向好，生态环境质量指数连续4年被省上评为优良。

突出民生、优先投入，办成了一批民生实事好事。全年民生支出18.7亿元，占公共财政总支出的77.3%。“脱贫攻坚”精准推进，用好源丰扶贫产业担保基金和精准扶贫担保基金，加大贫困村扶贫力度，实现脱贫1744人。在全市率先实现城乡低保标准一体化，养老、医疗、失业、工伤、生育等社会保险参保人数达52.1万人次，发放养老金4.8亿元、城乡居民医疗保险补助1.37亿元、城乡低保金1582万元。保障性安居工程完成省市下达任务。年初确定的16项为民办实事项目得到较好落实。教育事业加快发展，出台激励教师提升质量若干规定，加强学校“三风”建设，加大校长队伍培养和管理，创新初中校办学模式，沙县一中复办初中部。文化惠民工程深入实施，“半台戏”演出和“书香虬城”活动扎实推进，顺利举办国际青年男篮四国挑战赛、第二届海峡两岸定向越野公开赛等重大体育赛事，沙县籍运动员乐慧林获得全运会女子击剑团体金牌。“健康沙县”持续深化，加快医药卫生体制改革，开展家庭医生签约服务和居民健康促进行动，为群众节省药费805万元。养老服务工作全面推进，培育专业养老机构4家，福利中心社会化运营，建成城北、城西等社区日间照料中心4家、社区医养结合卫生服务站8家、农村幸福院32家。深化“平安沙县”建设，有效防范各类风险，抓好信访工作，强化安全生产“党政同责、一岗双责”，社会保持和谐稳定。

马上就办、真抓实干，树立了高效为民的政府形象。自觉接受人大监督、政协监督和社会监督，办复人大代表建议126件、政协提案93件，办结率均为100%。扎实推进“两学一做”学习教育常态化制度化，认真落实中央八项规定精神，持续纠正“四风”问题。全面推进“马上就办”运行机制，健全完善权责清单，推行周末无休便民服务，开展“减证便民”专项行动，取消各类证明73项。坚持科学民主依法决策，强化政府绩效管理，健全完善政务公开，行政监察和审计监督持续加强。

2018年沙县发展主要目标是：全县地区生产总值增长9%，农林牧渔业总产值增长5%，规模以上工业增加值增长10.5%，地方公共财政收入增长6.5%，全社会固定资产投资增长15%，社会消费品零售总额增长12%，出口总值增长3%，实际利用外资增长6%，城镇居民人均可支配收入增长9%，农村居民人均可支配收入增长9.5%，城镇登记失业率控制在3.9%以内。

围绕上述目标，社会发展重点抓好以下方面工作：

推进精准扶贫工程。坚持小康路上一个都不能掉队，精准扶贫、精准脱贫，注重扶贫同扶志、扶智相结合，深入实施“五大扶贫工程”，重点抓好32个贫困村扶贫工作，实现省定标准的贫困人口全部脱贫。完善“领导挂点、部门包村、企业援村、干部联户”工作法，构建专项扶贫、产业扶贫、社会扶贫“三位一体”的大扶贫格局。用好源丰扶贫产业担保基金和精准扶贫担保基金，依托扶贫资金在线监管系统，加强扶贫资金监管，确保资金使用安全。

推进乡村振兴工程。按照“产业兴旺、生态宜居、乡风文明、治理有效、生活富裕”的总要求，强化“一核两带一圈”乡镇主体功能区规划，继续实施集镇提升改造工程，加快推进夏茂、青州、高砂、富口等集镇建设，完善基础设施和公共服务配套，提升集镇综合服务能力，打造一批特色鲜明的工业小镇、田园小镇、文旅小镇、库区小镇。深化美丽乡村建设，加强历史文化名村、传统古村落保护，健全完善农村污水、垃圾整治长效机制，推进乡镇垃圾集中转运系统建设，改善农村群众生活环境。

推进城区美化工程。全力提升城市品位，加快总投资2.5亿元的城南水厂、总投资1亿元的七峰叠翠风景区二期、总投资9200万元的金沙园二期污水处理厂、总投资6800万元的龙湖公园二期改造提升、总投资4600万元的生态新城污水处理厂一期等项目建设，继续推进东门片区保护性开发，抓好老旧小区整治、城区棚户区改造、金鼎城商业街、罗家巷等街巷提升，打造城市宜居环境。实施城市畅通工程，加快鹰厦老铁路沿线改造，推进建国路、三官堂路等改造提升，优化城区公交线路，抓好三优街、李纲西路“白改黑”，建设城西北路至大洲大桥连接线。

（摘编：杨立群）

尤溪县社会发展概况

2017年尤溪县坚持以习近平新时代中国特色社会主义思想为指导，开拓进取，真抓实干，全县经济社会总体保持平稳健康发展。全年实现地区生产总值220亿元，增长7.5%；固定资产投资261亿元，增长18.2%；地方一般公共预算收入7.51亿元，增长2%；全体居民人均可支配收入21616元，增长9.8%。

抓统筹建设，城乡面貌更加美丽。城市建设稳步推进，滨江阳光、闽中经贸大厦等项目扎实推进，三奎新城安置房基本建成，泰禾红裕、东滨花园等楼盘交付使用；水南桥项目征迁基本完成，完成朱子文化园规划修编，翠帷花园、毓秀花园安置户顺利回迁安置；西城新城完成土地征收3621亩，森林公安大厦建成，文公大饭店投入运营。持续推进“两违”整治，拆除违建面积31.6万平方米，腾出土地面积29.9万平方米。基础设施日益完善，实施2条高速公路、3条“镇镇有干线”公路、4条国省干线公路、5条农村路网建设，累计完成投资27.6亿元，厦沙高速、洋中至汤川公路等建成通车；推进中小河流治理、闽江上游防洪二期、汶潭水利枢纽等项目建设，完成投资6亿元；14个省级美丽乡村建设、19个库区移民环境综合整治项目有序推进，农村环境得到较大改善。生态质量不断提升，完成造林绿化3.6万亩，被评为全国首个“中华水松保护地”，入围中国最美县城排行榜50强；实施88个宜居环境建设项目、完成投资25.8亿元，2个乡镇、81个行政村污水处理设施建成投入运营；全面深化河长制工作，成立生态侦查大队，开展工业污染、畜禽养殖污染、小水电生态治理等五项攻坚行动，消减生猪存栏5.45万头、清理网箱11.8万平方米，中央环保督察反馈问题有效整改，连续3年荣登“全国百佳深呼吸小城榜”。

抓改革开放，发展活力更加凸显。重点改革稳步推进，在全省率先实施全民健康四级共保试点工作，组建县总医院医联体，构建县乡村一体化管理模式，医改工作获得国务院真抓实干成效显著激励表彰扶持，刘延东副总理来尤调研时予以充分肯定，县总医院被评为中国县域医改样板医院。对外交流合作持续深化，成功举办第九届海峡论坛“朱子风·两岸情”、全国书院联盟学术年会、纪念朱熹诞辰887周年暨朱氏宗亲恳亲大会等系列朱子文化活动；作为全省唯一的“明星县”参加厦门投资贸易洽谈会，对外知名度和影响力不断提升。

抓民生改善，发展氛围更加和谐。脱贫攻坚稳步推进，完成造福工程易地搬迁521户2000人，实现1046户3142人脱贫、17个贫困村摘帽。民生保障不断完善，13个为民办实事项目顺利实施，全年公共财政民生支出22亿元，占公共预算支出的80%；落实积极创业就业政策，发放各类创业担保贷款3470万元，新增城镇就业1612人，城镇登记失业率控制在2.41%；持续提升社会救助水平，落实残疾人“两项补贴”、农村留守儿童关爱等救助措施，发放各类救助惠民资金5282万元。社会事业繁荣发展，稳妥实施全面两孩政策，深入开展生育关怀行动，被评为第四批全国计划生育群众自治县示范点、全国计划生育服务先进单位；34个基础教育项目顺利推进，文公小学、东城小学二期等项目投入使用，成立朱子教育发展基金会，5名尤溪学子被清华、北大录取。巩固国家公共文化服务体系示范区建设成果，积极推动朱熹祭祀大典申报国家级非遗项目、尤溪县纳入国家级朱子文化生态保护区；积极开展全民健身行动，运动员柯丽婷在2017年世界残奥游泳锦标赛获得1金2铜，荣获“全国群众体育工作先进单位”称号，中国市县电视台影视研发基地落户尤溪。社会治理得到加强，落实安全生产“党政同责、一岗双责”，实施道路交通安全综合整治三年提升工程，深化平安尤溪、法治尤溪建设，圆满完成十九大和金砖会晤期间社会安保维稳任务；健全完善防汛应急机制，提升应急处置能力，于伟国书记来尤观摩防汛应急实训时予以充分肯定。

抓自身建设，政府工作更加高效。自觉接受人大法律监督、政协民主监督和社会舆论监督，高度重视、认真办理人大代表意见建议和政协委员提案，全年共办理人大代表建议136件、政协委员提案98件，办结率均达100%，满意率分别为98.5%、98%。始终将法律法规作为政府工作的基准和底线，严格按照法定程序、法定权限、法定职责行使权力，县政府部门普遍建立法律顾问制度，严格依法行政。深化“放管服”改革，推行便民服务窗口周末无休和审批服务窗口周末预约无休工作机制，取消县级行政权力和公共服务事项73个、承接81项，梳理“全程网办、一趟不用跑”19项、“最多跑一趟”274项，审批事项压缩率提高到50%。

2018年尤溪县全县经济社会发展主要预期目标是：地区生产总值增长8.5%；农林牧渔业总产值增长4%；规模以上工业增加值增长9%；固定资产投资增长17%；地方一般公共预算收入增长3%；出口总值增长1.2%；实际利用外资增长10%；全社会消费品零售总额增长8%；居民消费价格指数涨幅控制在3%左右；全体居民人均可支配收入增长9.4%；城镇登记失业率控制在3.5%以内。

为确保完成上述目标，社会发展重点抓好以下工作：

全力推进精准扶贫，贯彻拓展“348”精准扶贫工作机制，抓好扶贫资金量化折股、金融小额信贷扶贫等工作，打造基金扶贫、光伏扶贫、旅游扶贫等品牌，易地搬迁700人以上，实现省定标准贫困户全部脱贫。统筹抓好城区相对贫困人口脱贫工作，通过“社区+就业”解决贫困问题。

完善社会保障体系，贯彻落实城乡一体化就业政策和新业态就业创业扶持办法，力争全年城镇新增就业1500人。全面推进劳动合同制度和无欠薪项目部建设，健全劳动人事调解仲裁工作机制，努力构建和谐稳定的劳动关系。深入挖掘社保扩面潜力，精心组织实施机关事业单位养老保险制度改革，落实被征地农民养老保障等政策，筑牢社会保障网。健全未成年人、农村留守儿童、妇女、残疾人等弱势群体的关爱服务体系，大力发展社会福利、社会救助、慈善和老龄事业，让更多群体共享发展成果。

大力繁荣社会事业，坚持教育优先发展战略，健全教师成长、交流、补充、激励问责等管理机制，探索创新初高中一体化办学、义务教育联盟办学等教育模式，开展书香校园建设，实施第三实验幼儿园、第三实验小学等24个教育补短板项目，切实办好人民满意的教育。

持续提升公共卫生服务能力，完成洋中、新阳中心卫生院提升改造，开展全省卫生信息化建设试点工作，加大医疗优秀人才培养引进力度，补齐医疗卫生短板。探索试行医养结合和公建民营模式，新建2个社区日间照料中心、40个农村幸福院，提升5个居家养老服务站，确保社会福利中心投入使用；鼓励民间资本进入养老服务业，启动紫阳湖养生养老综合体开发，全力打造闽中康养圣地。深入实施文化惠民工程，传承开发朱子文化、孝文化、红色文化，实施文化馆、图书馆、档案馆“三馆合一”项目，加快闽中体育公园等文体设施建设，做好古堡、古民居保护开发，举办朱熹诞辰888周年系列活动，推动“朱熹祭典”列入国家级非物质文化遗产，不断提升公共文化服务水平。

维护社会安全稳定，创新社会治理，推进城乡社区服务管理网格化、社会矛盾纠纷预防化解社会化、基层平安创建多元化，从严打击各类违法犯罪行为，深入开展禁毒重点整治行动，确保摘掉全省禁毒重点关注地区帽子。

（摘编：苏建平）

大田县社会发展概况

2017年大田县认真学习贯彻党的十九大精神，以习近平新时代中国特色社会主义思想为指导，牢固树立和践行新发展理念，全面贯彻落实中央、省、市和县委一系列决策部署，全力稳增长、调结构、促改革、惠民生、防风险，经济社会发展保持总体平稳、稳中向好、稳中有进的良好态势。全县完成地区生产总值195亿元，增长8.5%；地方公共财政收入7.25亿元，增长5%；城镇居民人均可支配收入32373元，增长9%；农村居民人均可支配收入15292元，增长8.5%。一些社会发展重点领域实现突破：

——国道“纵五”（大田段）一期正式通车，兴泉铁路（大田段）、莆炎高速（大田段）、国道“纵五”（大田段）二期动工建设，莆炎高速至泉南高速大田联络线列入国高网莆炎高速支线。

——参与制定《国家茶叶公园标准及评定》《富硒农产品硒含量分类要求》标准，列入全省首个国家茶叶公园创建试点，“大田高山茶”获国家地理标志证明商标，“大田槐猪”获国家农产品地理标志登记。

——在全国率先成立河长协会，大田河长制代表福建省在太湖流域第二次河长制工作会上作典型交流，多次在人民日报、中央电视台等主流媒体进行专题报道。

——县行政服务中心在第二届全国行政服务大厅典型案例展示活动中荣获“综合十佳”称号，“山区养老”服务模式入选国家养老服务业发展典型案例。

——获评全国群众体育先进单位，成功挑战“最多人随录像做健身操”吉尼斯世界纪录，县体操队再获国赛双冠军，并代表国家在世界啦啦操锦标赛中荣获佳绩。

2017年社会发展的主要工作和成效是：

坚持抓统筹、提品位，城乡环境更加宜居。城市品质不断提升，实施“活力大田”重点项目29个，全面启动“四区一路”旧城改造，凤山路改造一期基本完成，香山北路、河滨西路等市政道路建设强力推进，碧桂园·天誉、兴田大厦等开发项目稳步实施，城区生活垃圾无害化处理厂技改工程竣工完成，新建改造城区给排水管网19.33公里、天然气管道7.2公里，新增城市停车位225个。美丽乡村扎实推进，实施省级美丽乡村整治村和示范村15个，加快梅林、隆美、建忠、建国、元沙、红星等6个小康示范村建设，18个乡（镇）生活垃圾压缩式中转站实现全覆盖，完成农村生活污水无害化处理1.04万户，解决农村饮水不安全人口1.5万人，张坑、香坪2个中国传统村落列入中央财政支持范围，济中、隆美等4个村入选省级农村社区建设示范单位。生态建设持续强化，高位推动中央和省环保督察问题整改，全力开展生态环境综合治理五大攻坚行动和八个专项整治，银川矿区矿山地质环境治理示范工程三期、白岩公园人工湖黑臭水体整治等项目全面建成，鸭蛋山非正规垃圾填埋场资源化治理、万里安全生态水系等项目有序推进；持续深化河长制，延伸拓展矿山水土流失治理“五园”模式，治理水土流失5.52万亩，完成造林绿化1.89万亩，森林覆盖率提升至73.04%，矿山生态环境恢复治理率居全省首位，均溪河、文江河两条主要河流出境断面水质达到或优于Ⅲ类标准。

坚持抓改革、促开放，发展活力更加强劲。改革步伐进一步加快，稳妥推进国家农村产权流转交易服务标准化试点，基本完成全县农村土地承包经营权确权登记颁证，列入省级农村集体产权制度改革试点县；积极推广“福林贷”“邮林贷”普惠制林业金融产品，新增新型林业经营组织29家，规范流转林权2万亩；稳步推进省级新型城镇化试点和均溪镇省级小城镇综合改革建设试点，华兴、吴山实现撤乡设镇；深化商事制度改革，全县市场主体突破2万户、注册资本突破200亿元；大力实施品牌战略，主导或参与制定国家标准6项、团体和地方标准2项。基础建设进一步加强，新建提级改造农村公路72.8公里，实施农村公路指路系统工程800公里；建成建设镇35千伏输变电工程，完成新一轮农村电网改造升级工程286公里；闽江上游尤溪流域防洪二期工程、国家农业综合开发小流域治理等项目加快推进，下岩中型水库列入国家“十三五”项目库。

坚持抓民生、增福祉，人民生活更加幸福。15项为民办实事项目基本落实，民生支出比上年增长10.3%，占公共财政支出的84.4%。脱贫攻坚取得新进展，创新“一家四业”产业扶贫模式，实施造福工程200户、危房改造91户，光伏扶贫覆盖全县86.8%的贫困（空壳）村和65%的贫困户，建成屏山扶贫客栈、武陵扶贫产业园等示范点，全县脱贫人口达到8402人，占贫困人口的98.6%。社会保障取得新成效，积极推进小微企业创业创新基地城市示范工作，全县新增城镇就业1600人、农村劳动力转移就业3213人，城镇登记失业率2.3%，新开工保障性住房719套，城乡低保、五保供养等标准进一步提高，临时救助、医疗救助等体系进一步完善。社会事业取得新突破，实施教育提升“五大工程”，加快推进27个城乡教育项目，建成实验幼儿园开发区分园、太华第一中心幼儿园等7个项目，新增学位3340个，大田职专成功创建省级中等职业教育改革发展示范学校；深化医药卫生体制改革，县总医院组建运营，改扩建乡（镇）卫生院4所，延伸设立村级卫生所186家，成功创建省级妇幼健康优质服务示范县；开展“养老服务推进年”活动，在全市率先成立医养服务中心，闽中康养服务中心投入运营，新建改造乡（镇）敬老院15个，被列为省级农村幸福院建设试点县；实施文化惠民工程，改造提升“数字三馆”，建成闽中戏曲文化创意产业园一期、居敬书院，县文化馆获评国家一级馆，文江“杂剧作场戏”列入省级非物质文化遗产保护名录，成功举办全国健美操冠军赛、全省青少年羽毛球锦标赛、海峡两岸大学生篮球联赛，“小城办大赛”全民健身品牌日益彰显。社会治理取得新进步，“平安大田”建设不断深入，“七五”普法扎实推进，生产安全、食品药品安全形势持续稳定，防灾减灾能力持续加强，精神文明创建活动持续开展，人民群众获得感、幸福感、安全感稳步提升。连续两届获评省级“双拥模范县”，连续三年荣获省级计划生育工作先进县。

坚持抓效能、优服务，自身建设更加务实。自觉接受人大法律监督和工作监督、政协民主监督，高度重视、认真办理和落实人大代表建议156件、政协委员提案106件。深化“放管服”改革，大力弘扬“马上就办、真抓实干”精神，建立“周末无休”“窗口无否决权”工作制度，梳理“一趟不用跑”和“最多跑一趟”事项427项，公布实施县直部门权责清单4613项，在全市率先将行政审批平台延伸到乡（镇）。扎实推进“两学一做”学习教育常态化制度化，严格落实中央八项规定精神，持之以恒纠正“四风”，“三公”经费下降39.9%。

2018年全县经济社会发展主要预期目标是：地区生产总值增长9%；农林牧渔业总产值增长5%；规模以上工业增加值增长9%；固定资产投资增长15%；社会消费品零售总额增长12%；出口总值增长3%；验资口径实际利用外资增长6%；地方公共财政收入增长6.5%；城镇居民人均可支配收入增长9%；农村居民人均可支配收入增长9.5%。

（摘编：周忠志）

莆田市社会发展综述

2017年，莆田市围绕“坚持绿色发展，打造宜居港城、建设美丽莆田，创建美丽中国的示范区”奋斗目标，加快实施“一区、一中心、五品牌、九行动”，美丽莆田建设全面铺开，新机制新模式不断涌现，城市美誉度和影响力明显提升，经济社会发展稳中向好。初步统计，地区生产总值2045.19亿元、增长8.4%；一般公共预算总收入205.20亿元、增长13.9%，地方一般公共预算收入136.37亿元、增长17.8%；全社会固定资产投资额2307.30亿元、增长17.1%；社会消费品零售总额695.41亿元、增长11.6%；居民人均可支配收入2.57万元、增长8.8%；城镇登记失业率2.5%；居民消费价格总水平上涨0.9%。

深化文明创建，城乡面貌明显提升。发挥敢争、敢拼、敢赢的创城精神，全民动员，全力以赴，创建全国文明城市。“11+3”特色小镇和文化名胜区创建工作全面展开，冰雪小镇方案亮相世博会，三江口镇列入全国第二批特色小镇，妈祖国际医疗健康小镇等四个小镇列入全省第二批特色小镇。实施“十个一”工程，新改建城市道路78.46公里、农村公路128公里，新建城市绿道75.9公里、口袋公园50个。中央环保反馈问题有效整改，“五小行业”整治任务全面完成，铁腕治污成效明显。全面推行河长制，创出企业河长“莆田模式”，建成市第三水厂，基本完成东圳水库水环境综合治理。生态绿心保护修复项目获评“中国人居环境范例奖”，木兰溪获评全国十大“最美家乡河”。美丽乡村建设加快推进，农村生活垃圾实现日产日清，186个村庄完成污水整治。

突出先行先试，改革开放不断深化。创出“五融五化”就地城镇化模式，为国家新型城镇化试点提供“莆田经验”。深化“放管服”改革，在全省率先建成政务数据平台，“最多跑一趟”清单占总审批数量92.6%，“多证合一”改革走在全国前列，新增市场主体5.4万户。国企改革取得突破，运作模式更加灵活，市属国有企业总资产增长25%。基本完成农村土地承包经营权确权登记。在全省率先试点建设社区综合受理平台和网格化社会服务管理信息平台，严重精神障碍患者网格化“一历五单”救治机制在全国推广，食品药品网格化监管“三个三”模式在全省推广。莆田港口岸扩大对外开放获国家批复。成功举办第二届世界妈祖文化论坛，开展妈祖千年首巡东南亚、二十年赴台再巡安等活动，妈祖文化再耀“海丝”。承办第三届中欧城市可持续发展论坛，入选中国国际城市发展联盟，与澳大利亚朗塞斯顿市建立友好城市关系。

坚持共享发展，人民生活更加殷实。民生支出173亿元、增长10.7%。办好19项为民办实事。新增城镇就业人数1.89万人，转移农村劳动力2.06万人，造福搬迁3051人，现行标准下的贫困人口、贫困村全部实现脱贫。完成全民参保登记，城乡居民养老保险参保缴费率居全省前列。教育强市迈出坚实步伐，新建幼儿园项目17个、中小学项目93个，新增中小学学位8500个，启动东南医学院筹建工作，莆田学院、湄洲湾职业技术学院迁建加快推进。在全省率先成立药联体，实现药品阳光采购、医保管办分离和业务同城通办；建成首批11个市级临床重点专科，改造提升100家村卫生所，千人均病床位达5.16张。实施莆仙戏振兴计划，开展“美丽莆田”系列文艺汇演，建成投用市博物馆、图书馆、非遗展示馆。

全民健身活动广泛开展，成功举办金砖国家少年足球邀请赛、“妈祖杯”海上丝绸之路国际羽毛球挑战赛、市第四届运动会等重要赛事。完成第三次全国农业普查。“七五”普法顺利开展。成功防御“纳沙”等台风。深化平安莆田建设，深入开展安全生产大检查，信访、综治、维稳工作扎实推进。荣获新一届省级双拥模范城。

从严从实治政，政府建设全面加强。扎实推进“两学一做”学习教育常态化制度化，深化“五抓五看”要求，推动“两个责任”落细落实。全面加快法治政府建设，加强政务公开、信息公开，认真执行人大决议，主动向政协通报情况，自觉接受社会监督，深化与法院、检察院联系互动，办理市人大建议212件、市政协提案212件，办结率均为100%。在全省率先出台机关效能建设正向激励和容错纠错举措，形成一批典型工作法，“马上就办、真抓实干”的氛围更加浓厚。严控“三公”经费支出，完成党政机关公务用车制度改革。强化行政监察和审计监督，廉政建设和反腐败工作扎实推进。

2018年，政府工作的总体要求是：全面贯彻党的十九大精神，以习近平新时代中国特色社会主义思想为指导，坚持稳中求进工作总基调，坚持新发展理念，紧扣社会主要矛盾变化，按照高质量发展的要求，统筹推进“五位一体”总体布局和协调推进“四个全面”战略布局，认真落实中央经济工作会议、省委十届五次全会和市委七届五次全会精神，紧紧围绕“再上新台阶、建设新福建”和创建美丽中国示范区的目标，坚持以供给侧结构性改革为主线，把高质量发展与实现赶超有机统一起来，着力强产业提后劲，着力增创新优供给，着力促改革添动力，着力抓城乡促提升，着力补短板惠民生，着力美生态固优势，着力防风险守底线，进一步强化压实责任，强化正向激励，强化工作抓手，推动质量变革、效率变革、动力变革，促进经济社会持续健康发展，推动美丽莆田建设迈出新步伐。主要预期目标是：地区生产总值增长10.5%左右；一般公共预算总收入增长11%，地方一般公共预算收入增长11%；固定资产投资增长18%；社会消费品零售总额增长12%；外贸出口总额增长5%；实际利用外资增长10%；居民消费价格涨幅控制在3%左右；城镇登记失业率控制在3%以内；居民人均可支配收入增长11%；完成节能减排降碳任务。

实现上述目标，重点做好以下社会发展工作：

打好精准脱贫攻坚战。坚持把提高脱贫质量放在首位，注重扶贫同扶志、扶智相结合，以更加集中的支持、更加有力的举措、更加精细的工作，突出抓好返贫人口动态监测和管理，全面落实产业、就业、教育、金融等扶贫措施，建立健全光伏扶贫、乡村旅游等资产性收益稳定脱贫机制，激发贫困人口内生动力。健全基本医疗保险、大病保险、医疗救助、医疗叠加保险、医疗综合补助五重保障制度，构建更加完善的脱贫保障体系，让群众脱得了贫、致得了富。

加快教育强市建设。着力解决中小学生课外负担重、“择校热”“大班额”等突出问题，解决好婴幼儿照护和儿童早期教育服务问题。推进学前教育普惠健康发展，新建一批普惠性幼儿园，构建公办和民办并举的学前教育服务体系。实施城镇中小学扩容工程、初中“壮腰”工程、优质高中建设工程，开工建设莆一中新校区。加快推进“两院”新校区建设和东南医学院筹建，支持莆田学院转型发展，提升湄职院等职业教育内涵，深化产教融合。推动教师“县管校聘”改革，构建教师编制能进能出、职称能上能下、综合奖补能多能少的用人机制。全面实施“三名”工程，继续加大高层次教师人才引进力度，推进“名校托管弱校”模式，全面提升优质教育覆盖面，让更多孩子在家门口就可以上好学。

实施健康莆田战略。启动市老年、妇幼保健等一批专科医院建设，新增病床位850张。实施医药卫生人才“三大工程”和基层医疗卫生服务能力提升工程，标准化改造100家村卫生所。启动中医固本三年行动，新增中医馆20家。深化医药卫生体制改革，开展县域医共体建设试点，组建特色专科联盟，建设和发展多种形式医联体，推行乡村卫生服务一体化和家庭医生签约服务，让健康惠及全民。深入创建国家食品安全示范城市。启动国家卫生城市创建工作。推动全民健康与全民健身深度融合，建好群众身边体育设施，举办国际性赛事，发展体育产业。

构建多层次社会保障体系。加快建设就业信息化平台和镇街就业服务所，注重解决结构性就业矛盾，提供全方位公共就业服务，新增城镇就业1.7万人。进一步实施全民参保计划，推动进城务工人员参加企业职工养老保险，实现基本养老保险参保人数超200万人。构建多层次养老服务体系，优先发展居家社区养老服务，推广购买服务、公建民营、民办公助等方式，培育专业化服务组织，大力推进医养结合试点工作，让每一位老年人都能老有所养、老有所依、老有所乐。完善社会救助、社会福利、慈善事业、优抚安置等制度，健全农村留守儿童和妇女、老年人关爱服务体系。建立多主体供应、多渠道保障、租购并举的住房制度，完善促进房地产市场平稳健康发展的长效机制，发展住房租赁市场，实施安居工程，让广大群众，特别是困难群众住有所居、住得温暖。

打造共建共治共享的社会治理格局。牢固树立安全发展理念，建立突发事件应急处理机制，坚决遏制重特大安全生产事故，提升防灾减灾救灾能力。推进社会治理专项行动，提升社会治理社会化、法治化、智能化、专业化水平。深入推进“七五”普法，提高全民法治意识，培育自尊自信、理性平和、积极向上的社会心态。推进移风易俗，引导社风民风向上向善。做好村级委员会换届选举工作。创新群众工作机制，充分发挥工会、共青团、妇联等群团组织联系群众的桥梁纽带作用。持续推动“阳光信访”“法治信访”建设，完善社区治理体系，实现政府治理、社会调节、居民自治良性互动。推进军民融合深度发展，争创全国双拥模范城“六连冠”。

提升城市承载力。打造内外通畅的交通格局，加快福厦客专建设和妈祖机场、铁路货运专线前期工作，加快联十一线、纵一线等城市对外交通干道，以及木兰大道、八二一大街南伸等城市主干路网建设，改造提升荔园路、城港大道、黄石高速路口、动车站站前路网等项目，打通学园街北伸等城市“断头路”，改善道路交通微循环。完善城市配套设施，全面开展地下管网普查，建立管网信息平台，加快实施污水处理三年行动计划，完成主城区污水收集和雨污分流改造，新建污水管道90公里，提标改造污水处理厂4座，建设城市会展中心、植物园、餐厨垃圾处置场、危险废物处理厂。推进城市东进南拓，启动绿心保护核心区建设，开发大学城片区、木兰溪沿岸地区、高铁站周边片区、莆一中新校区周边地区等城市重要功能片区，全力支持仙游加快建设。

提升城市宜居度。推进城市修补，创建绿色社区、绿色机关、绿色校园，新建改造城市公园10个，口袋公园50个，新增生态绿道30公里，建设“一区一溪两路两桥三场”夜景工程，美化城市门户地区、主要街道的市容市貌，刷新城市颜值。完善城市公共交通，优化公交线路，实现工业园区公交站线全覆盖，发展城市公共自行车系统，建设一批人行过街设施，创建人行道整治“示范街”，加快城市轨道交通前期工作，让群众出行有更多的选择。实施城市环境综合整治行动计划，改造一批城市棚户区、老旧小区，开展城市生活垃圾分类试点，全面推进厕所革命。开展古城、古镇、古村保护修缮行动，保育城市文脉。

大力实施乡村振兴战略。坚持质量兴农，巩固粮食安全，扶持发展10个现代农业产业园，发展设施农业、农产品加工业、休闲农业，促进农村一二三产业融合发展，构建现代农业产业体系。坚持绿色兴农，加快美丽乡村、幸福家园建设，打造北部山区富美乡村示范带等一批生态风景线，发展乡村旅游。建立“路长制”，推进“四好农村路”建设。全面开展农村人居环境整治行动，全市75%以上乡镇建成污水处理设施，260个行政村完成生活垃圾治理提升。完成农村集体资产清产核资、土地承包经营权确权颁证，推进农垦市场化、社会化改革。培养造就一支懂农业、爱农村、爱农民的“三农”工作队伍，创新乡村治理体系，不断提高乡村社会文明程度。

（摘编：于心民）

仙游县社会发展概况

2017年，仙游县坚持稳中求进工作总基调，坚持新发展理念，以“一会两节四带”“四大战役”“五城同创”“六项整治”为抓手，全力稳增长、调结构、强动力、惠民生、防风险，社会经济发展态势良好。初步预计，全年实现地区生产总值380亿元，增长11%；全社会固定资产投资390亿元，增长16%；一般公共预算总收入31.6亿元，增长13.6%，其中地方一般公共预算收入21.3亿元，增长15.4%；社会消费品零售总额96.5亿元，增长9.5%；居民人均可支配收入20750元，增长10.5%。

城乡建设统筹推进，宜居品质大幅提升。“美丽仙游”建设全面铺开，荣获“国家园林县城”“福建省森林县城”称号，“省级卫生县城”创建通过省级评估。开展“多规合一”协调工作，完成中心城区地下综合管廊、消防栓专项规划编制和慈岳、瑞峰产城融合片区、城区高速出口片区、仙游火车站片区等重要节点城市设计，5个乡镇总体规划获批实施。202个城建固投项目完成投资143亿元。城区“三纵五横”路网格局形成，党校路北通、西一环路南北通、八二五大街南北通工程和温泉西路西段竣工通车，园滨路“白改黑”工程启动。县政府驻地迁移手续已上报待批，法院、检察院、公安局、司法局业务技术用房正在装修扫尾，“六馆”及行政服务中心、县就业和社会保障服务中心、和谐楼全面开工。蜚山绿道、美食城一期、现代金融街加快建设，客山公园二期投入使用。财富中心、皇庭美域等房地产项目稳步实施，全年竣工商品房45万平方米。“六项整治”扎实推进，在全市率先实施城市卫生保洁“1+N”管理模式，采用PPP模式建设垃圾焚烧发电厂和农村污水处理设施，城区污水处理厂四期扩建工程和12座垃圾转运站竣工投用，新增污水管网62公里。以迎接中央、省环保督察为契机，开展“5+N”专项整治、“清水蓝天”等环保专项行动，依法拆除畜禽养殖场13.8万平方米，完成183家废塑加工作坊、221家石材加工企业、70家机砖厂、10家瓦窑厂整治任务。完成86台燃煤锅炉改造。淘汰黄标车790辆。全县空气质量优良达标率达98.5%。全面推行“河长制”，配备县、乡河长91名，策划生成涉河项目85个，计划总投资45亿元，全年完成投资9亿元，整治河道340多公里，枫慈溪、九仙溪等6条流域水环境得到提升。依法拆除“两违”建筑35.5万平方米。全省特色小镇建设现场会在仙游召开，度尾艺雕小镇列入全省第二批特色小镇创建名单，鲤城街道入选首批省级特色文化文物示范镇。共建美丽乡村取得实效，农村人居环境得到改善，凤山新村“美丽+”“七个好”模式在全市推广。

民生保障更加有力，人民生活有效改善。一大批惠民举措落地实施，16件为民办实事项目完成投资20.4亿元。精准扶贫成效显著，实现2460户7837人建档立卡贫困户脱贫、28个贫困村摘帽，完成416户1674人易地扶贫搬迁任务。开发公益性岗位1028个，建立扶贫产业基地103个，带动1300多户贫困户实现增收。筹资4500万元投资入股污水处理厂、垃圾焚烧发电厂，收益用于增加贫困村、空壳村村财收入和无劳动能力的贫困户兜底。城镇新增就业5529人，城镇登记失业率控制在2.91%。完成全民参保登记，城乡居民基本医疗保险参保缴费率达98.83%、养老保险参保率达95.67%。城乡低保应保尽保。医疗救助、抚恤补助、灾害救济、慈善资助等救助体系逐步完善。推行货币化安置，实施棚户区改造2563套，竣工安置房16.4万平方米，配租配售保障房396套。下大力气治涝治污治堵，消除城区易涝积水点17处，完成鲤南霞苑黑臭水体整治和木兰路、紫檀街雨污分流改造，实施城区重要交通节点改造15处。新增城区停车位675个、公厕10座。新购纯电动公交车50部，配建充电站2座，优化公交线路6条。实施农村危房改造570户、竣工269户，新建、改造三格式化粪池1.8万多户。郊园路、枫园路竣工通车，完成村道路面硬化60公里、农村公路安全生命防护工程80公里，改造危桥9座。除险加固病险水库、山塘55座。220千伏象坂变电站建成投产，度峰、园庄、下楼3座110千伏变电站开工建设，新建、改造电力线路1333公里。有效应对台风等自然灾害，完成灾后重建64户，整治地灾点277处，新购消防车4部，防灾减灾及应急救援体系不断完善。

社会事业协调发展，和谐局面持续巩固。加大社会事业民生补短板力度，策划实施教育、医疗卫生、养老、城乡民生基础设施、公共文体服务等补短板项目180个，总投资133亿元。“教育强县”创建工作扎实有力，实验小学分校、第三实验小学、实验幼儿园新校区实现招生，改扩建校舍3.7万平方米，新增学位5450个。全国中小学责任督学挂牌创新县通过省级验收。考取“双一流”高校学生258名，其中考入清华、北大3人。县级公立医院改革顺利推进，分级诊疗试点单位扩大到11个，开展医共体试点，设立县医院医共体度尾片区凤山分站。仙游县第一医院前期工作加快推进，县皮防院迁建项目主体竣工，德安医院二期投入使用，完成鲤南、钟山镇卫生院改造提升和25个村居卫生所一体化建设。全面两孩政策有效落实，计划生育服务管理不断优化。社区居家养老服务试点取得成效，建成幸福院10家。举办首届文化旅游节，推出“仙游十大文化品牌”，编演大型舞台剧《九仙传奇》、莆仙戏《林龙江》，出版《仙游传奇故事》，评选“仙游十大旅游形象大使”、文化旅游歌曲。组建文化集团。成立蔡襄茶文化研究院。群众性精神文明创建活动深入开展，公民文明素质和社会文明程度得到提升，入选“中国好人榜”1人，鲤南镇玉塔村荣获“第五届全国文明村镇”称号。成功承办第四届市运会武术、击剑、举重项目。评选香樟为“县树”、桂花为“县花”，完成植树造林2.7万亩。开展土地整理7600亩、旧村复垦356亩和县级土地开发672亩，新增耕地1386亩。完成农村土地承包经营权确权登记颁证，办理农村承包土地的经营权抵押贷款2.5亿元。第三次全国农业普查圆满完成。“七五”普法深入实施。“平安仙游”建设扎实推进，党的十九大、金砖厦门会晤等重大活动安保工作圆满完成。开展23个行业领域安全生产大检查、大整治，建立整改清单、责任清单、销号清单，安全生产巡查监管得到加强。建成县乡村三级社会治理网格化平台388个，新建、整合视频监控探头1.45万个。平安综治保险工作走在全市前列。推行严重精神障碍患者“一历五单”救治新模式，受到中央综治办的充分肯定。食品药品安全网格化监管有力有效。国防动员、民兵预备役部队建设、海防、人防等工作不断加强，征兵工作圆满完成，荣获“省级双拥模范县”称号。

政府建设全面加强，作风效能显著提升。推进“两学一做”学习教育常态化制度化，大力整治“庸懒散拖”，加强效能建设、政务督查、绩效管理。自觉接受县人大及其常委会监督并报告工作，办理县人大代表建议158件，办结率为100%。支持县政协履行政治协商、民主监督、参政议政职能，办理县政协提案156件，办结率为100%。推行政府法律顾问制度。实现“一村（社区）一法律顾问”全覆盖。推进“放管服”改革，落实权力清单、责任清单，实现“两单”融合，对应上级取消审批事项77项，承接上级下放事项236项，下放乡镇审批事项5项。全面推行“双随机、一公开”监管，梳理并实现“一趟不用跑”和“最多跑一趟”事项超80%，审批事项即办率达70%以上。“五证合一”“一照一码”登记制度改革和个体工商户“两证整合”全面实施，“多证合一”登记制度改革扎实推进。12345政务服务平台受理群众诉求7641件，回复率100%，回访满意率94.82%。

（摘编：林学军）

荔城区社会发展概况

2017年，荔城区深入学习贯彻党的十九大精神，坚持以习近平新时代中国特色社会主义思想为指导，加快供给侧结构性改革，深入推进“三去一降一补”，提高供给质量和效率，区域经济保持持续健康发展；大力保障和改善民生，更好满足群众日益增长的美好生活需要，美丽荔城建设取得阶段成效。实现地区生产总值410亿元，增长10.0%；财政总收入38.8亿元，增长9.4%，税性比例达91.7%；地方级财政收入24.4亿元，增长8.7%；全社会固定资产投资340亿元，增长14.5%；社会消费品零售总额190亿元，增长14.5%；居民人均可支配收入31680元，增长8.0%。

城乡建设协调发展。10宗地块顺利出让，保利中央、融信壹号府等7个房地产项目动工建设，正鼎北戴河、正荣府（一期）、富力尚悦居等10个楼盘开盘销售，全区实现商品房销售83万平方米。30个安置区加快建设，黄石七境园中村、物流1－2#路蒲坂安置区、旧四中改造安置区等15个项目完成主体工程建设，磐龙山庄（一期）、九华大道后卓、木兰溪三期桥兜、黄石旧街片区一期等6个安置区群众陆续回迁。

共建美丽乡村取得实效。大力推进城乡环境卫生整治制度并轨、资源共享，垃圾治理长效机制逐步完善，农村人居环境大幅提升。扎实推进村道硬化、裸房整治、村庄绿化等工作，新建三格式化粪池6277个。加快推进“厕所革命”，新建、改扩建厕所20座。乡村旅游潜力不断释放，后黄村获评省级“四星级乡村旅游经营单位”，新增龙山村、北大村、江东村、青垞村4个省级乡村旅游特色村。

环境治理取得突破。持续推进土壤、水、大气三大污染防治，全面完成“五小行业”整治，历史遗留环保突出问题得到集中解决。全面推行河长制，208条、497.3公里河道全部纳入管理。启动省级综合治水试验县建设，完成投资8.2亿元，整治河道76.5公里，壶山兰水、荔林水乡自然生态得到修复、提升。加大小流域治理，实施清淤疏浚、河道清障、截污、生态补水等综合措施，加快实施护城河、下戴河、北河3条黑臭水体工程整治和小西湖人工湖建设工程，南北洋水环境持续改善。开展挥发性有机物排放整治，淘汰黄标车613辆，改造燃煤锅炉85台。深入开展“国家森林城市”创建活动，完成造林绿化、森林经营900多亩。

脱贫攻坚扎实有效。坚持精准扶贫、精准脱贫，实施十大类贫困人口扶贫行动，发放扶贫小额信贷1498万元，启动运行区级建档立卡贫困户社会保障兜底体系，486户1680位贫困人口基本脱贫。实施五大类贫困村扶贫行动，4个贫困村全部脱贫出列。

教育资源不断优化。新建、改扩建中小学、幼儿园18所，区第一实验幼儿园总园、区第四实验小学附属幼儿园等9个项目投入使用，新增学位超过3000个。实施全面改薄项目27个，兜底改善黄石屏南小学、北高院后小学、北高美兰小学等63个学校办学条件，新增市级示范性幼儿园2所、市级以上“义务教育管理标准化”学校18所。完善教育绩效管理，教师待遇逐步提高。

健康荔城加快建设。持续深化与市级医疗集团合作，6家基层医疗机构加入莆田学院附属医院医疗集团。加快医疗资源布局调整，拱辰社区卫生服务中心完成搬迁，区妇幼所投入使用。15个村卫生所完成改造提升，农村基本公共卫生、基本医疗服务更有保障。认真落实全面两孩政策，计划生育服务管理改革创新加快推进。荣获“省级慢性非传染性疾病综合防控示范区”“省级妇幼健康优质服务示范区”称号。加大文物保护力度，公布两批区级非物质文化遗产名录。组团参加第四届市运会，现场团体总分全市第一。改造提升5个敬老院，建设3个农村幸福院。积极发展居家养老、智慧养老，建设社区居家养老服务站15个，引进社区居家养老专业化服务组织1家。

基础设施不断完善。加快线性工程建设，白塘路、紫霄路、莆兴路二期、物流1#、物流2#路实现通车。推进城乡污水整治，完成中心城区雨污分流改造37个，建设污水管网12.3公里。整治易涝点6处，城乡防涝水平持续提升。建成4个口袋公园。新建农村公路15公里，改造危桥5座。

社会治理更加精细。八大类44项为民办实事项目超额完成投资计划，切实保障和改善民生。扎实抓好全国文明城市、省级文明城区创建，市民素质和社会文明程度大幅提升。深化“平安荔城”建设，推进城乡综合执法和服务治理网格化，建设“四位一体”基层社会治理“善治”工程，顺利完成金砖会晤、十九大期间安保维稳工作。全面建设“雪亮工程”，社会治安防控体系日趋完善。深化“法治荔城”建设，全面推进“七五”普法，荣获“全国青少年普法教育示范区”称号。严格落实安全生产责任，加大重点行业和领域隐患排查治理力度，安全生产形势总体平稳。大力推进军民融合发展，实现省级“双拥模范城”四连冠。提前完成全民参保登记试点工作，不断完善覆盖全体城乡居民的基本养老保险制度。

改革创新持续加强。深化“放管服”改革，取消行政许可事项59项，下放镇街公共服务事项5项。率先启用镇街基层政务服务管理平台，全面落实办事清单制度，“最多跑一趟”“一趟不用跑”事项占比达92%。深化商事制度改革，新增市场主体1.35万户、达6.89万户，企业总量全市第一，创新创业生态环境持续改善。完成党政机关公务用车制度改革。基本完成农村土地承包经营权确权登记颁证工作，深入推进农村集体产权制度改革试点。全面实施标准地址二维码管理。拓宽项目融资渠道，通过PPP、EPC模式，建设兴化湾南岸北高作业区基础设施、教育、污水整治等工程包，提高项目资金使用效益。完善征迁安置政策，大力推进货币化补偿，满足被征收人多样化住房需求。率先出台新增补充耕地补助办法，积极盘活土地资源。

政府建设持续深化。自觉接受人大及其常委会法律监督、政协民主监督和社会监督，区人大代表建议94件、政协提案97件全部办复，道路建设、污染整治、城市管理、教育医疗、社会保障等工作加快推进。践行“马上就办、真抓实干”要求，办理审批、服务事项37.1万件。深化落实党风廉政建设“五抓五看”要求，推进“两学一做”学习教育常态化制度化。出台正向激励和容错纠错机制，鼓励干事、宽容失误。全面落实政府信息公开工作，行政透明度持续提高。认真做好行政应诉工作，12件行政复议案件全部办结。严控“三公”经费支出，新增财力主要用于改善民生。全面落实巡视巡察工作，严格落实中央八项规定精神，行政监察和审计监督成效明显。

2018年政府工作的总体要求是：全面贯彻党的十九大精神，以习近平新时代中国特色社会主义思想为指导，深入贯彻习近平总书记对福建工作的重要指示，坚持稳中求进工作总基调，坚持新发展理念，紧紧围绕“五位一体”总体布局和“四个全面”战略布局，以推进供给侧结构性改革为主线，加快实施美丽荔城建设行动纲要，全面做好稳增长、促改革、调结构、惠民生、防风险各项工作，促进经济平稳健康、社会和谐稳定。全区经济社会发展主要预期目标为：地区生产总值460亿元、增长11.1%；全社会固定资产投资390亿元、增长15.0%；财政总收入42.7亿元、增长10.0%，其中地方级财政收入26.0亿元、增长6.5%；规上工业产值710亿元、增长10.0%；农林牧渔业总产值38.0亿元、增长3.0%；社会消费品零售总额209亿元、增长10.0%；外贸出口总额70亿元、增长5.0%；实际利用外资（验资口径）6000万美元；居民人均可支配收入35000元、增长10.0%。

（摘编：赵旭东）

城厢区社会发展概况

2017年，城厢区围绕“打造人文宜居新城厢，建设美丽莆田先行区”，全力以赴稳增长、调结构、抓改革、惠民生，经济社会保持平稳健康发展。全区实现生产总值358.2亿元，增长9%。固定资产投资完成247亿元，增长17%。财政总收入完成30.8亿元，增长8.6%；其中地方级财政收入完成20.3亿元，增长3.1%。社会消费品零售总额完成217.7亿元，增长13%。全体居民人均可支配收入完成32740元，增长9%。

基础设施更加完善。大力实施畅通城市三年行动计划，开工建设洋西、莆田西、泗华滨溪等3个新区周边配套道路和滨溪北路、南站路等多条城市主次干道。推进停车场建设，新建南门迎和、北渠绿道停车场，新增停车位300个，施划临时停车泊位4000余个，缓解城区停车难问题。建成北渠绿道二期、金海湾游园等一批群众休闲娱乐设施，丰富市民业余生活。交通路网更加完善，福厦客运专线、灵华线动工，联十一线、木兰大道、笏枫公路改扩建加快建设，“三纵六横”路网初步形成。

城市管理更加精细。积极创建全国文明城市和省级文明城区，搭建“数字城管”平台，推进城管执法中队下放街道，有效整合城市管理力量，提升城市管理水平。扎实开展城市管理专项整治，改造提升西山、育华等5个老旧小区，拉网式整治148个开放式小区，电动车、摩托车靠右行、斑马线前车辆礼让行人等文明交通行为蔚然成风，城市环境更加文明舒适。共建美丽乡村卓有成效，围绕“四美”标准，重点实施105个村“三边六化”环境综合整治，全域开展乡村人居环境治理和“厕所革命”，动工建设常太、龙桥两座垃圾转运站，清理生活垃圾3.4万吨，推平旱厕5910座，新建公厕132座，垃圾无害化处理率达98%以上。

生态环境更加优化。严格落实生态环境保护目标责任书，建立环保联席会议制度，全市首家实行生态环境损害赔偿试点。全力打好水、大气、土壤污染防治战役，拆除关闭畜禽养殖场367家和石材加工厂、粘土机砖厂156家，拆除面积12.5万㎡，淘汰黄标车850辆，改造提升燃煤锅炉71台，进一步夯实生态环保基础。全面推进河长制，全区72条中小河流有了“河长”，设立河道警长及督查长并向社会公示，落实“四个有”，依托“三张网”“两支队伍”，全方位加强河岸管护。东圳库区水环境综合治理三年行动基本完成既定目标任务，为建设美丽莆田提供水安全保障。深入开展“六水共治”，采用PPP模式创新治理农村污水，一期已铺设主干支管网20公里，安装三格式化粪池3950户；强化污水源头治理，完成龙桥、下磨溪等6大片区污水源普查，新建截污管网55公里；开展清淤疏浚专项整治，基本完成全区33条约60公里河道清淤；建设木兰溪、篁山溪等一批重点防洪工程15公里；完成钟潭溪、天妃、南门、沟头等4处城区易涝点整治；开展龙桥溪、北渠等5条城区黑臭水体整治，河道水质及沿岸环境进一步改善。继续创建国家森林城市，抓好城区绿地、主干道、人行道绿化补植及屋顶绿化工作，累计造林绿化8630亩，全区森林覆盖率达71.89%，居全市第一。

群众生活更加美好。全年区本级财政用于社会事业、民生保障等方面支出达16.1亿元，占地方公共财政预算支出的65.5%。惠民实事大力实施。投入12.6亿元，切实办好15件年度为民办实事项目，解决了一批群众关注的民生问题。全面推进脱贫攻坚，全区建档立卡贫困户778户2338人的人均收入提前超过脱贫标准，五云、岭下等7个贫困村成功摘帽。扎实推进22个安置房建设，鲤鱼山二期、洋西二期等6个安置房实现回迁，泗华滨溪二期、霞林片区等4个安置房进入扫尾。消除地灾隐患点48个，全区现有地灾隐患点基本消除。

社会保障不断加强。养老服务体系初步建立，建成4个乡镇养老院、23个农村幸福院和18个社区居家养老服务站，常太养老院在全市率先完成公建民营改革。提高城乡低保人均补助水平，发放低保补助、医疗救助、临时救助等各类社会救助资金1.86万人次共2000多万元。实施积极的就业政策，城镇新增就业人员2603人，期末城镇登记失业率控制在2%以内。

社会事业全面发展。实施教育强区工程，太平小学二期、逸夫实小、东沙中学等一批改扩建项目竣工投入使用，建成24个运动场，中小学标准化、信息化程度不断提高。教育集团建设和名校联姻结对工作有效推进，优质教育资源总量递增，校际差距逐步缩小。出台系列教师激励政策，师资力量明显增强，教学质量不断提升，义务教育教学质量通过国家监测，中、高考平均分、优秀率等综合评价居全市第一。精神文明创建深入开展，涌现出佘晓冬、林智永等一批传承中华美德、体现时代精神的道德模范，常太镇马院村被评为第五届全国文明村。双拥工作再创佳绩，连续四届荣获“全省双拥模范城”称号。文体惠民扎实开展，市博物馆建成开馆，成为展示莆田文化的新地标，新建一批全民健身点、农家书屋、多功能运动场所等文体设施。非遗保护取得新成效，建成郑春辉民间非遗综合性展示馆，新建刘志高“留青竹刻”、林庆森“闽台送王船”2个非遗项目传习所，新增9处区级文物保护单位，公布第一批97处区级非物质文化遗产项目保护名录。竞技体育有新突破，市第四届运动会现场金牌总数居全市第一。群众性体育运动蓬勃开展，举办第二届东圳环库公路自行车公益骑行活动，打造全市全民运动新品牌。医药卫生体制改革不断深化，建立医管委工作机制，推进家庭医生签约服务，启动区医院与3个街道社区卫生服务中心组建城区医联体建设试点。完成43个村卫生所一体化建设，并纳入医保定点单位，同步落实药品、耗材零差率销售和一般诊疗费政策。在全省率先实现18个村卫生所与区级医院远程视频诊疗服务，实现老百姓在家门口享受城市医疗服务。

社会治理持续深化。深入实施“雪亮工程”，建设37处高空全景式监控系统，全区共布建各类视频探头近1.2万个，建设“电子警察小区”723个，实现公共安全视频“全覆盖”，进一步构筑立体化治安防控体系，视频技战法经验获评公安部改革创新大赛优秀奖，为全省、全国树立典型。大力开展“飓风肃毒2017”、打击“盗抢骗”等专项行动，有效预防和遏制各类违法犯罪活动，“两抢一盗”发案率同比下降36.2%。网格化治理服务初见成效，统筹整合公安辅警、流动人口协管员、城管协管员及镇（街道）、村（社区）干部力量，形成一支千人的网格化大队伍。建设网格化社会治理大平台，积极探索“网格10+”模式，延伸服务内涵，让群众不出社区享服务，最大限度地惠及辖区群众，经验做法得到市委充分肯定并全市推广，被推荐为全省第三批平安县区。全市首家对“平安和谐村（社区）”群众实施“2个10%”奖励。

矛盾化解持续加强。建立区大调解中心，构建“一站式”大调解平台，全面推进“1536”大调解工作体系建设，“多元化解”和“网上大调解”入选全国创新社会治理典型优秀案例，打响城厢大调解品牌。扎实开展信访积案大排查、大化解专项行动，推广律师参与化解和代理涉法涉诉信访案件，解决了一批群众反映的热点难点问题。

安全形势持续稳定。严格落实安全生产责任制，集中开展“21+1”个重点行业领域安全生产综合治理，加强风险隐患管控，全年未发生较大及重特大安全生产事故。建立微型消防站170个，购置一批微型消防摩托车，构建社区消防管理新模式。落实粮食安全行政首长责任制，确保粮食安全。积极创建国家食品安全示范城市，初步建立食品追溯体系，强化食品生产经营全过程监管，全市首家建立食品快速检测便民服务站，实现便民服务“零距离”。完善应急体系网络，强化推进应急救援能力建设，及时有效处置各类突发事件。

（摘编：李　哲）

涵江区社会发展概况

2017年，涵江区全面落实党的十八大、十八届三中、四中、五中、六中全会精神，深入贯彻党的十九大精神，坚持以习近平新时代中国特色社会主义思想为指导，围绕市委市政府“坚持绿色发展，打造宜居港城，建设美丽莆田，创建美丽中国示范区”的奋斗目标，加快实施“以港兴区、产业强区”战略，扎实做好各项工作，实现了本届政府的良好开局。初步预计，全年可完成地区生产总值480亿元，增长9.5%；全社会固定资产投资485亿元，增长25%；财政总收入36.01亿元，增长8.9%，其中，地方级财政收入21.75亿元，增长7.4%；城镇居民人均可支配收入、农民人均可支配收入分别达到3.3万元和1.6万元。

城乡面貌显著提升。塘北、兴涵水都、国际商贸城等三大片区开发稳步推进，“十个一”工程基本完成，城建固投突破240亿元。完成苍口片区、国际学校、湄职院一期等项目征迁工作，涵江旧车站、白塘显应等6个棚户区改造项目基本建成。新出让370多亩经营性土地，保利城一期、华永天澜城等10个住宅小区竣工封顶。开工囊山郊野公园、白塘湖“显湖露水”等工程，推进城涵河道建设，新建、改建、提升道路14条，绿道10公里，建成雪津啤酒公园。三江口啤酒小镇全市首家列入全国特色小镇，菽溪、张洋等村落的开发保护纳入中欧城市论坛合作项目。23个省市级美丽乡村示范村建设有序推进，白沙坪盘村获评全国人居环境整治示范村，江口东大村全市唯一列入省级第二批传统村落名录。认真配合中央、省环保督察工作，完成“五小行业”整治和农村“三格式”化粪池改造任务，建成滨海工业污水处理厂。全力推行河长制，综合治理涵坝、东泉溪、马洋溪等小流域，望江河、宫口河等内河水质得到改善。堵疏结合整治“两违”，拆违31万平方米，新批危旧房改造522户。扎实抓好全国文明城市、省级文明城区创建工作，顶铺社区荣获第五届全国文明单位称号。

社会事业协调发展。完成13项为民办实事项目。在全市率先启动总投资15亿元的教育工程包，推动9所学校校安、改薄工程建设，城乡义务教育基本实现均衡发展。医药卫生体制改革不断深化，与国药集团签订战略合作协议，实现精神病医院整体托管，涵江医院新院顺利封顶。落实积极就业政策，新增就业3600人，转移就业2310人，妥善处置欠薪案件27起。扩大社会保障覆盖面，城乡居民基本养老保险参保率、新农合参保率分别达96.8%和100%，政府性投资公租房分配率达99.8%。打响精准扶贫攻坚战，贫困人口全部脱贫，贫困村全部退出。“法治涵江”“平安涵江”建设深入推进，获评“全国平安建设先进区”“全国青少年普法教育先进单位”。推动重点行业领域整治，安全生产形势持续稳定向好。“网格化+N”综合执法改革不断深化，在全市出经验、树典型。依法处置信访事项，较好地完成“一带一路”国际高峰论坛、金砖国家领导人厦门会晤、党的十九大等重大活动期间的安保维稳任务。

政府建设扎实推进。深化“五抓五看”要求，推动“两个责任”落实，“两学一做”学习教育常态化制度化逐步深入。自觉接受人大法律监督、政协民主监督和社会舆论监督，加强与法院、检察院、工会互动联系，办结人大代表建议95件、政协委员提案150件。设立政府法律顾问团，完善重大决策法律咨询、专家论证制度，有效化解行政争议。公开各类信息546条，办结行政复议案件19件，依法行政水平显著提升。深化“放管服”改革，发布“一趟不用跑”“最多跑一趟”办事清单1100多项，群众办事“最后一公里”进一步畅通。落实机关效能建设正向激励和容错纠错举措，建立大督查工作机制，全区上下“马上就办、真抓实干”的工作氛围渐浓。完成党政机关公务用车制度改革，严格落实中央八项规定，“三公”经费同比下降8%。强化行政监察和审计监督，廉政建设和反腐败工作扎实推进。

2018年，政府工作的总体要求是：全面贯彻党的十九大精神，以习近平新时代中国特色社会主义思想为指导，深入贯彻习近平总书记对福建工作的重要指示，坚决贯彻党对经济工作的领导，坚持新发展理念，坚持稳中求进的总基调，按照高质量发展的要求，统筹推进“五位一体”总体布局和协调推进“四个全面”战略布局，以供给侧结构性改革为主线，加快创新转型、跨越赶超、民生改善，着力打造产业强区、建设宜居涵江，为建成美丽莆田示范区而努力奋斗！经济社会发展的主要预期目标是：地区生产总值541亿元，比增10.5%；财政总收入40亿元，比增11.1%，其中地方级财政收入23.03亿元，比增16.6%；规模以上工业企业增加值330亿元，比增10.5%；全社会固定资产投资590亿元，比增21.6%；农林牧渔业总产值38亿元，比增5%；社会消费品零售总额134亿元，比增10%；城镇居民人均可支配收入和农民人均可支配收入均比增9%以上。

围绕以上目标，突出抓好以下社会发展工作：

办好惠民实事。安排并实施15个为民办实事项目，让广大群众工作更顺心、生活更惬意、人生更出彩。新建公交枢纽站、首末站和乡村运输服务站8个，建成公共停车位600个以上，解决好群众出行难题。搭建乡镇基层公共就业和社会保障平台，提供全方位就业服务，新增城镇就业3000人以上。继续推进全民参保计划，推动进城务工人员参加企业职工养老保险，扩大社会保障覆盖面。完善社会救助、社会福利、慈善事业、优抚安置等制度，健全农村留守儿童和妇女、老年人关爱服务体系。发展残疾人事业，加强残疾康复服务。落实粮食安全行政首长责任制，深入开展“餐桌污染”治理，守护好“舌尖上的安全”。推进江口石西、国欢林柄等保障性安居工程建设，让广大城乡群众特别是困难群众住有所居、住得温暖。

发展优质教育。加快教育工程包建设进度，新建、迁建苍林小学、实小分校、三江口中心幼儿园等10所学校，扩建、重建二实幼、国欢中学等11所学校，新增学位1.2万个。扩大城区学位供给能力，逐步消除56人以上大班额。继续实施校安、改薄工程，完善农村学校办学条件。全力推进莆田学院、湄职院迁建二期等项目的征迁、建设工作，引入高端教育机构建设国际学校，着力构建“基础有保障、高端有选择”的教育体系。

建设健康涵江。竣工投用国药涵江医院，推进华侨医院新住院大楼建设，引入社会资本参与平民医院改革，全力打造医疗健康品牌。以医联体建设为载体推进分级诊疗，进一步完善家庭医生签约服务机制。加快基层医疗卫生机构标准化建设，改造提升60所村级卫生所。开展“公建民营”改革试点工作，建设白沙医养结合疗养中心，新建45个农村幸福院、2所日间照料中心，逐步打造“候鸟式”养老养生基地。推动文体设施向公众开放，广泛开展全民健身活动，组织文化艺术交流和体育竞赛活动，促进全民健身事业发展。

强化社会治理。深入推进“平安涵江”建设，提升群众安全感、满意度和幸福指数。深化安全生产领域改革，强化安全生产监管和隐患排查治理，坚决防范和遏制重特大安全事故。加快公共法律服务体系建设，实现法律服务网络全覆盖。着力打造“阳光信访”“责任信访”“法治信访”，依法打击缠访缠诉、无理闹访等行为。加强社区治理体系建设，发挥工会、共青团、妇联、工商联等人民团体作用，推动社会治理重心向基层下移，实现政府治理和社会调节、居民自治良性互动。推进军民融合深度发展，巩固军政、军民团结。构建积极健康的宗教环境。加强预防和化解社会矛盾机制建设，提升网格化治理效率，努力形成共建共治共享的社会治理格局。

（摘编：游学荣）

秀屿区社会发展概况

2017年秀屿区积极融入美丽莆田建设，着力构建港兴业旺富美秀屿，全力抓好稳增长、促改革、调结构、惠民生、防风险等各项工作，实现了开好局、起好步。全区主要经济指标全面完成年度目标，实现地区生产总值323亿元，增长8.8%；全社会固定资产投资445亿元，增长21.3%；财政总收入21.75亿元，增长7.7%；地方级财政收入13.99亿元，增长23.2%；社会消费品零售总额66亿元，增长14.8%；农村居民人均可支配收入17150元，增长9.9%。

建管并举，城乡面貌不断提升。基础设施日趋完善，平海湾疏港路、石城疏港路二期全线通车，联十一线、201省道等主干道开工建设，鳌屿、淇沪等4个陆岛交通码头投入使用，石门澳片区、石象片区等防洪排涝工程加快建设，除险加固海堤10公里；区文化馆、档案馆、激情文化广场、土海湿地公园一期提升工程等公建项目竣工投用，新铺设污水管网8公里、燃气管道5公里，新建绿道网7.8公里。城市形象显著提升，以创建全国文明城市和省级文明城区为契机，倡导全民参与、志愿服务、礼让出行，全面提升卫生环境、道路绿化、交通秩序；完成荔港大道、清塘大道等18条道路路灯LED节能改造，花化彩化沿街景观1.5万平方米。生态治理持续推进，深入实施大气、水、土壤污染防治计划，全面落实“河长制”，整治黑臭水体3处、清理河道阻洪围堰16处、恢复河道水域面积1.9万平方米；持续开展“5+N”专项整治，拆除关闭石材厂442场、畜禽养殖场424场、机砖厂59家；积极参与创建“国家森林城市”，植树造林1.5万亩；加强海洋生态保护和修复，新建人工鱼礁5平方公里，增殖放流鱼苗40万尾。美丽乡村建设逐步开展，全面落实“五清楚、两特色”，开展农村生活污水、垃圾治理，新建农村三格式化粪池8077户，新增垃圾压缩站6座、压缩清运车43部；大力开展“两违”整治，拆除违章建筑252宗36万平方米。

先行先试，改革创新持续推进。关键领域加快改革，在全市首创阳光低保信息化平台；在全市首推基层医疗机构工分制绩效考核；在全市首先完成全民参保登记，“全民参保秀屿速度”作为典型经验在全市推广。特色小镇加快创建，上塘银饰小镇以首批省级特色小镇和全省“互联网+”区域化链条化双试点为契机，全区首推EPC建设模式，实施17个、总投资4.8亿元配套基础设施项目和5个、总投资17亿元产业项目，珠宝交易中心二期、小镇会客厅等项目实现开工、竣工，成功举办首届上塘银饰小镇创意设计大赛和小镇标志发布会等活动；冰雪小镇列入2022年北京冬奥会展示项目，完成概念性规划设计，有序推进换冷站、大道速滑馆、滑雪馆等项目；高起点、高标准规划土海康养小镇、休闲渔业小镇。开放合作水平加快提升，国务院批复同意秀屿港口岸更名为莆田港口岸并扩大对外开放；深化与港澳台、东南亚、加拿大侨胞交流，开展经贸、旅游、文化等领域合作，对接秀台合作项目17个。

共建共享，社会民生逐步改善。切实增加民生投入，全区公共财政支出80%以上用于民生保障，达20.4亿元。脱贫攻坚任务全面完成，落实挂钩帮扶事项32件、各类帮扶资金2200多万元，落实结对帮扶、教育帮扶、转移就业、医疗救助、兜底保障、小额信贷、造福工程等措施，引导20个贫困村参资入股风电项目开发，贫困村全部摘帽，建档立卡贫困户全部脱贫。各项事业全面发展，成功举办秀屿区第一届运动会、第四届全国海钓邀请赛；实施城区校扩容、农村薄弱校改造，改扩建校舍面积7.8万平方米，新增学位2630个；落实住宅小区配套幼儿园建设，改造教师周转房104套；评选第一届“杰出人民教师”10名；成立区妇幼保健所，建成区医院中医康复项目，新建15个一体化村卫生所；依托普天药械网在全市率先推行公立医院药品器械网上采购，降低成本近20%；推进分级诊疗建设，区医院、盛兴医院分别与省三甲医院组成专科联盟；抓好人口计生工作，兑现计生奖励帮扶资金336万元；完成26个农村幸福院、7个日间照料中心和4个社区居家养老建设；引进社会资本参与区社会福利中心和敬老院“公建民营”；新竣工杨林、后井东区等7个安置区，实现回迁365户；推进保障房配租配售，为产业工人定向配租358套；开展电商孵化等各类培训1332人次，新增就业岗位1516个，转移农村剩余劳动力3905人；实现省级双拥模范城“二连冠”；落实粮食安全行政首长责任制。平安秀屿建设全面加强，依法处理信访事项，落实多元调解，解决群众矛盾纠纷和合理诉求；建成区社会治理服务平台，实现区、镇、片区、村居四级网格全覆盖；扎实开展移风易俗树新风活动；进一步规范宗教场所管理；全面完成二维码门牌换装工作；加强船舶安全生产管理，全市首家设立海上搜救中心；创建全国食品安全示范城市，持续治理“餐桌污染”；建立健全安全生产巡查机制，开展安全生产大排查大整治大检查活动，持续推进道路交通、消防、工矿商贸等重点行业领域专项整治。国防动员、民兵预备役部队建设、海防、人防等工作不断加强，工青妇、残疾人、保密、档案、对台、侨务等工作取得新进步。

从严从实，自身建设全面加强。巩固提升党的群众路线教育实践活动、“三严三实”专题教育成果，扎实推进“两学一做”学习教育常态化制度化；落实区政府党组、区政府组成部门学习制度，分批组织干部赴清华大学、上海财经大学等全国知名高校参加培训。严格落实全面从严治党主体责任，扎实开展党风廉政建设和反腐败工作；落实中央八项规定精神，严控“三公经费”；完成行政机关、参公事业单位公务用车改革；强化公共资金、国有资产、国有资源、自然资源资产及领导干部经济责任审计，坚决纠正部门和行业不正之风。深化机关效能建设，在7家单位开展效能建设试点；深化“放管服”改革，区级审批事项承诺时限在法定时限50%的基础上再压缩30%，全面梳理“一趟不用跑”“最多跑一趟”办事清单，即办事项达90%；门牌证、社保卡等5项事项下放工作在全市考评中荣获第一；区行政服务中心推行“就近办”“上门服务”，实行“周末轮班办事”制度。深入实施“七五”普法，全面推进依法治区。自觉接受区人大、政协和社会监督，办理人大代表建议91件、政协委员提案78件，办结率、满意率均达100%。

2018年是贯彻落实党的十九大精神的开局之年，是改革开放40周年，是决胜全面建成小康社会、实施“十三五”规划承上启下的关键一年。做好2018年工作，困难不容低估，信心不可动摇。牢牢把握跨越赶超的机遇期，不断巩固夯实经济社会发展基础，凝心聚力、奋力争先，就一定能够开创港兴业旺富美秀屿建设新局面。

2018年总体要求是：全面贯彻党的十九大精神，以习近平新时代中国特色社会主义思想为指导，认真贯彻中央、省经济工作会议、省委十届四次全会、市委七届四次全会和区委四届五次全会部署，主动融入新福建、美丽莆田建设大局，坚持稳中求进工作总基调，坚持新发展理念，围绕高质量发展的要求，以供给侧结构性改革为主线，扩大有效投资，坚持创新驱动，推动转型升级，统筹抓好稳增长、促改革、调结构、惠民生、防风险等各项工作，加快建设港兴业旺富美秀屿，全力实现赶超目标。主要预期目标是：地区生产总值增长12%，规模以上工业产值增长11%，全社会固定资产投资增长20.2%，财政总收入增长12.6%，外贸出口总额增长7.1%，实际利用外资增长10%，社会消费品零售总额增长10%，农业总产值增长3.5%，农村居民人均可支配收入增长12%。

（摘编：王诗诚）

南平市社会发展综述

2017年，在以习近平同志为核心的党中央坚强领导下，在习近平新时代中国特色社会主义思想的指导下，南平市各级政府深入学习贯彻党的十八届三中、四中、五中、六中、七中全会和党的十九大精神，认真贯彻落实省委、省政府和市委的决策部署，坚持稳中求进工作总基调，着力推进供给侧结构性改革，以科学的态度、磅礴的气势开展重大项目、重点工作“百日攻坚战”“四比六促”和“工作落实月”活动，加快建设全国绿色发展示范区，全市经济社会保持平稳健康发展。据统计，2017年全市生产总值1632.5亿元、增长7.6%；固定资产投资1985.84亿元、增长17.2%；一般公共预算总收入129.84亿元、增长10.35%，地方一般公共预算收入87.08亿元、增长9.49%；社会消费品零售总额615亿元、增长10.5%；城镇居民、农村居民人均可支配收入30182元、14530元，分别增长8.5%、9%；旅游接待总人数4130万人次、增长20%，旅游总收入602亿元、增长30%。

城乡建设呈现新面貌。以创建省级文明城市为抓手，结合生态修复、城市修补“双修”工作，高效推进武夷新区、延平城区两个增长极和各县(市、区)城区“水美城市”及美丽乡村建设。

按照“满足需要、适度超前、统筹平衡”的要求，围绕行政中心搬迁，建设各类基础、市政和公共服务设施，加快武夷新区开发建设和武夷新区、建阳区同城化发展，集中力量推进南林核心区、将口片区、兴田片区和武夷高新技术园区建设，加快建设轨道交通1号线、303快速通道、绕城高速、水资源配置工程、文化中心、艺术中心、云谷小区一期、武夷文旅广场和市民广场等一批项目，相继建成软件园一期、闽铝轻量化一期和科技孵化器等一批项目；加快建设“十纵十横”交通路网、体育中心等项目，进一步策划梳理出市政道路、景观风貌等方面97个、总投资200亿元的互联互通共享项目，促进武夷新区与建阳区同城融合发展，为启动行政中心搬迁打下坚实基础。

按照“老城做减法、新城做加法、市场运作、自求平衡”的要求，全力推进延平城区建设，完成“三横四纵五片”42条道路“白改黑”31.2公里，以及南平城区至西芹道路改造；完成主要街区建筑立面改造96幢；更换新建公交站点50座、改造28座；改造提升城市公厕69座、新建2座；改造整治昼锦市场等老旧市场4个；改造社区公园19个、新建2个，建成高铁北站站前广场公园；完成文体路、九峰路天桥建设。加快实施滨江路地下通道、九峰和杨真隧道、“三江六岸”景观工程、城市重要节点绿化景观提升以及一批停车场、农超市场项目。开工建设中学岭道路改造工程、316国道快速通道、马头山－九峰山公园等项目，启动实施三中至杨真栈道等一批项目。整治胜利街、鼓楼街等地占道经营、车辆秩序混乱等不文明现象，城市功能和形象得到明显完善和提升。

实施“水美城市”和美丽乡村建设。在全国率先提出“水美城市”建设理念，编制专项规划，采取“PPP + EPC”建设模式，有力推动各县(市、区)城区12个“水美城市”项目建设，完成投资59亿元。国家水利部以我市“水美城市”为标准，制定《全国“水美城市”建设规划导则》。加快建设3个国家级特色小镇，实施美丽乡村建设项目905个，完成千村整治村庄133个、百村示范村庄11个。邵武和平、政和石圳获“中国人居环境范例奖”。

民生福祉得到新改善。基本完成24项为民办实事项目。优先发展教育，实施五大提升工程。

入选省中小学学科教学带头人培养计划56人、省名师名校长培养计划13人，建立健全学生综合素质评价体系，加强学生科学文化素质培养，成立市教育科学研究院，加快建设三级教研网络，新建公办幼儿园13所，创建省级义务教育管理标准化学校59所，遴选3所高中校申报2017年度省级普通高中课程改革基地建设学校，中职学校100%完成标准化创建。加强医疗卫生工作，推进医药卫生体制改革，建立医疗联合体15个，新审批社会资本医疗机构15个，成立市医保局，完成“三保合一”工作，公立医院医疗费用平均增幅控制在10%以内，家庭医生签约服务覆盖率超过30%。加强乡村卫生服务，完成设置一体化管理村卫生所1464所。实施卫技人才储备，招录医学院校定向委培生225名。完善社会保障服务，实施全民参保计划，全市城镇职工基本养老、失业、工伤和职工居民医疗保险参保分别达到65.1万人、37.15万人、53.5万人、294.13万人。新增城镇就业2.06万人，城镇登记失业率控制在2.99%以内，劳动保障监察“两网化”管理实现全覆盖。基本建成各类保障性住房4261套，配租配售1983套。落实社会福利、慈善事业等制度，健全完善妇女儿童、老年人和残疾人关爱服务体系。推动文体事业发展，举办“五个一百”“朱子四礼”和建窑建盏文化博览会等活动，加快推进“朱子文化大观园”和四所朱子书院等项目建设，进一步打响特色文化品牌。群众体育和竞技体育协调发展，第四届武夷山国际马拉松等赛事成功举办。深化“平安南平”建设，刑事发案大幅下降，生产安全事故总量持续下降，全市人民群众安全感率达95.17%。重视食品安全，启动“国家食品安全示范城市”创建申报工作。有效处置不良贷款，辖区不良贷款率控制在2.99%以内。同时，民族宗教、外事侨务、港澳台合作、气象防震、人民防空、档案方志、老区库区等工作继续加强。军政军民关系融洽和谐，连续七届被评为省级双拥模范城。

生态环境厚植新优势。扎实推进国家生态文明试验区建设各项试点任务，武夷山国家公园体制工作取得新进展，乡镇党政领导干部自然资源资产离任审计工作在全省推广。加快建设总投资215.3亿元的国家储备林质量精准提升工程，成功申报国家山水林田湖草生态保护修复试点，超额完成年度能源消耗总量和强度“双控”任务，顺利通过国家财政部节能减排综合示范三年总评。强力实施水污染防治行动计划，全面落实“河长制”，全市共设区域河长150名、流域河长525名；按照“立即关、坚决拆、综合治、长效管”的要求，开展畜禽养殖污染专项整治行动，全市共拆除生猪养殖场7180家，削减生猪293.86万头；着手采取PPP工程包的模式启动推进城乡污水、垃圾治理，主要水系水质状况为优；严厉打击河道非法采砂，取缔非法采砂点185个；全面开展排污权有偿使用和交易工作，实现排污权交易出让8405万元。深入实施大气污染防治行动计划，提前超额完成黄标车淘汰任务，淘汰燃煤锅炉426台，荣华山产业组团合成革企业“煤改气”和DMF回收取得阶段性成效，顺昌、邵武、建阳、政和以及洋口国有林场纳入全省林业碳汇交易试点。积极实施土壤污染防治行动计划，治理水土流失39.59万亩，加快推进建阳和邵武土壤污染治理与修复试点示范工程；严厉打击非法违法采矿，关闭取缔非法采矿点3个，完成矿山治理面积41.48公顷。全面实施高铁、高速公路及江河沿线的环境整治和景观提升工程，生态环境明显改善。

精准扶贫进入新阶段。强化脱贫责任，深化挂钩帮扶机制，逐户落实精准脱贫措施。加大产业扶贫、就业扶贫力度，“百企帮百村”活动扎实开展，“雨露计划”“春潮行动”共培训贫困人口1.6万人次。建立精准医疗扶贫慈善救助、精准扶贫医疗叠加保险等制度，8.97万农村贫困人口得到医疗补助。加强兜底保障，农村低保标准由家庭年人均收入2650元提高到3750元。加快造福工程易地扶贫搬迁进程，建设集中安置区41个，完成建房人数达1.34万人。完成贫困村的旧村复垦项目548.18亩，加快贫困村水利设施、路网工程建设，贫困村生产生活条件明显改善。全年脱贫3.77万人，光泽县以及全市178个贫困村实现脱贫摘帽。

改革创新释放新活力。加快推进城市执法体制、旅游管理体制、安全生产领域以及供销社改革，全面启动环保机构监测执法垂直管理制度改革。深化“放管服”改革，前置审批事项精简18%，中介服务事项精简42%；全面实施“双随机一公开”监管，实现权责清单市、县、乡三级政府全覆盖；在全省率先开展“一窗受理、集成服务”工作，建设“五级一体”放管服“云平台”，93.46%的审批服务事项实现“最多跑一趟”和“一趟不用跑”。制定人才工作十条措施和六份配套政策文件，出台激发本土人才干事创业活力二十条措施，开展“人才·南平校园行”专场招聘等活动，破解人才紧缺瓶颈。稳妥实施农村土地“三权分置”，加快推进土地确权颁证，1645个村完成权属调查。继续推行“三级联动、重心下移”联系服务群众工作机制，创新完善新时代科技特派员制度，全国深入推行科技特派员现场会在我市召开。

自身建设开创新局面。各级政府深入开展“两学一做”学习教育活动，结合学习全国优秀共产党员、时代楷模廖俊波精神，广泛开展“一月一主题”学习讨论活动。认真落实中央八项规定精神，有效控制“三公”经费，全面实施党政机关公务用车制度改革。进一步深化效能建设，建立全市重点工作责任清单和问题清单督查平台，全面推动工作提速和服务提质。主动接受人大监督、政协监督和社会监督，坚持向人大及其常委会报告工作，向政协通报工作情况，办理人大代表议案1件、建议222件，政协委员提案294件，满意和基本满意率均为100%。提请市人大审议通过《南平市朱子文化遗存保护条例》《南平市市容和环境卫生管理办法》。认真吸纳市政协开展的加强村庄小溪流治理、推进“回归”工程、发展红色旅游、净化校园周边环境等4个重点协商意见。坚持依法治市，深入推进依法行政，加大行政监察、审计监督和政务公开力度，扎实推进党风廉政建设和反腐败工作。

2018年是贯彻党的十九大精神的开局之年，是改革开放40周年，是决胜全面建成小康社会、实施“十三五”规划承上启下的关键一年。南平市政府工作的总体要求是：全面贯彻党的十九大精神，以习近平新时代中国特色社会主义思想为指导，坚持稳中求进工作总基调，坚持新发展理念，按照高质量发展的要求，统筹推进“五位一体”总体布局和协调推进“四个全面”战略布局，坚持以供给侧结构性改革为主线，统筹推进稳增长、促改革、调结构、惠民生、防风险等各项工作，打好防范化解重大风险、精准脱贫、污染防治攻坚战，全力推进南平高质量发展、赶超发展、绿色发展。

2018年南平市经济社会发展的主要预期目标是：全市生产总值增长8.5%，固定资产投资增长16%，一般公共预算总收入增长10.14%，地方一般公共预算收入增长10.25%，外贸出口增长5%，实际利用外资总量与上年持平，社会消费品零售总额增长10.6%，城镇居民人均可支配收入增长8.8%，农村居民人均可支配收入增长9.3%。

（摘编：孟力坚）

延平区社会发展概况

2017来，延平区政府深入学习贯彻习近平总书记系列重要讲话精神和治国理政新理念新思想新战略，全力以赴转方式、稳增长、调结构，努力保持经济平稳增长。初步统计市辖区生产总值320亿元，增长7.6%；社会消费品零售总额138.2亿元，增长8.6%；公共财政总收入11亿元，增长10.7%，地方公共财政收入7.1亿元，增长3%；城镇居民人均可支配收入31200元，增长7.6%；农村居民人均可支配收入16100元，增长8.5%。

攻坚克难有力突破。延平区以强烈的责任担当，打响了畜禽养殖污染整治攻坚战，铁腕拆除不符合规定养殖场4469家，面积381.3万平方米，4120户退养户转岗转业，辖区劣V类水质全部消除，水环境质量明显好转，推进畜禽养殖污染整治决心之大、力度之大、成效之大前所未有，受到中央环保督察组的充分肯定。结合创建省级文明城市，强力推进中心城市环境综合整治，重拳整治占道经营、店面外溢、夜市摊点及环境脏乱差等“城市病”，拆除“两违”建筑面积44.8万平方米，市容市貌焕然一新。聚力突破征迁难题，抽调精兵强将以大会战方式有力突破三泰棚户区改造、南三龙铁路、316国道改扩建等一批重点项目征地拆迁工作，完成征迁1.2万亩29.3万平方米，坚决扫除重点项目建设的“拦路虎”，攻克了一批多年来想解决而没有解决的难题，办成了一批多年来想办而没有办成的民生实事。

基础设施日益完善。南平联络线高速公路、樟湖库区大桥接线路、南山岭兜至巨口公路建成通车，南三龙铁路延平段建设全速推进，福银高速塔前互通、闽江航道整治工程、南福路快速通道和南平西站站前广场及配套工程开工建设。实施国省干线建设项目5项，优化农村公路建设项目5项，整治道路交通安全隐患44.5公里；完成危桥改造2座，大横埂埕大桥加快建设。2条安全生态水系、中小河流治理和高效节水灌溉项目工程加快推进；实施6项农村水电增效扩容改造项目，完成龙江寺水库库底清验和8座水库除险加固竣工验收。

水美城市加快建设。大力度改造城市基础设施，完成60幢楼房立面改造、21条城区道路白改黑、12个示范社区建设和11个农贸市场、3个公园、58个城区公厕、79个公交站点提升改造工程，加快推进“三江六岸”景观工程建设和城市重要节点绿化景观提升，启动实施九峰山—马头山片区开发和杨真隧道、九峰隧道、城区停车场、棚户区改造、“两桥一通道”等城市补短板项目建设，中心城市功能、形象和品位全面提升。

美丽乡村魅力彰显。高起点高标准完成《延平区美丽乡村总体规划》，深化“万人保洁”长效机制，加快推进15个省级“千村整治、百村示范”项目和8个美丽乡村精品提升示范工程，加快打造大横旅游景观带。王台百合小镇入选全省第二批特色小镇创建名单，茫荡镇入选全省农村产业融合发展试点示范乡镇；炉下镇斜溪村被评为第五届全国文明村镇，4个村入选全省第二批农村社区建设示范单位，6个村入选第二批省级传统村落。抓好库区后期扶持项目管理，实施库区美丽家园建设项目17项，库区移民安定稳定。

生态环境日益优化。主动融入生态文明试验区建设，启动省级森林城市创建工作，实施重点区位商品林赎买和国家储备林质量精准提升工程，完成造林绿化2.7万亩、森林生态景观建设1061亩、水土流失治理面积2.2万亩。加快推进太平长万水库及炉下瓦口洋流域治理和生态修复，实施13个乡镇污水处理设施建设项目，推进农村三格化粪池项目建设，淘汰黄标车596辆，年度节能减排任务可以完成。

脱贫攻坚精准发力。整合2512名干部、374名医疗人员、672名教师叠加挂钩帮扶贫困户，逐户落实脱贫措施，加大产业、金融、医疗、教育、低保等扶贫力度，实施“雨露计划”培训1868人，建成集中安置区8个、落实造福工程易地扶贫搬迁1707人，完成危房改造145户，发放扶贫小额信贷资金5366.5万元、带动发展贫困户1078户，全区29个贫困村实现摘帽，年度脱贫4790人，现有建档立卡贫困户全面脱贫。同时，新增城镇就业2359人，城镇失业人员再就业1662人，农村劳动力转移就业7063人，城镇登记失业率3.25%；各类保险征缴工作稳步推进，社会保障能力不断增强。

社会事业全面进步。22项为民办实事项目全面完成。10个在建教育工程加快实施，实小正荣分校建设等项目竣工，南山、大横中心幼儿园和西芹学校迁建、“全面改薄”等项目基本完成，基础设施和教育教学设备更加完善。峡阳、炉下、茫荡卫生院扩建项目投入使用，水东、水南社区卫生服务达标项目开工建设，区精神病院医疗用房项目加快推进；人口自然增长率4.68‰，适度生育水平持续稳定。完成3个农村幸福院和7个社区居家养老服务站提升项目建设。实施文化惠民工程，青少年校外体育活动中心项目建设加快推进，全民健身活动扎实开展，群众性文化活动更加丰富。

社会大局和谐稳定。深入开展“七五”普法宣传，扎实推进依法行政工作，加快创建法治政府；解除社区矫正人员205人，衔接安置帮教人员349人。严格落实安全生产责任制，深入开展安全生产大排查大整治大检查，持续推进企事业单位安全生产标准化建设，全区安全生产形势保持平稳。加强餐饮行业、学校食堂等领域食品安全监管，全年未发生一般及较大以上食品安全事故。社会治安综合治理扎实推进，严厉打击各类违法犯罪活动，群众安全感、平安建设知晓率和执法满意率稳步提升。强化安保维稳工作，党的十九大和厦门会晤期间实现重点人员“零进京、零赴省、零到厦”。信访工作成效显著，一批群众合理诉求和信访积案得到妥善解决。“民生110”社会网格化服务全面推进。

深化改革蹄疾步稳。配合做好监察体制改革相关工作。党政机关公务用车制度改革全面实施。深化“放管服”改革，完成区级权力清单和责任清单“两单”融合工作，保留区级权责事项4232项；“双随机一公开”监管全面实施，企业信用信息公示平台建设全面推进。加快行政服务中心标准化建设，率先开展“一窗受理、集成服务”改革，推行行政审批24小时自助终端服务，实现“一趟不用跑、最多跑一趟”目标。稳步推进商事制度改革，办理企业设立登记1200户、个体工商户设立登记3676户。深化公立医院综合改革，加快构建分级诊疗体系。农村土地确权登记颁证工作稳步推进，新增流转农村土地经营权面积8500亩。

体制机制不断创新。创新城市管理机制，智慧延平首批城市治理综合指挥中心和智慧城管项目投入使用，在全省率先实施定点借还的共享单车运行模式；创新互联网+PPP+金融模式绘制城市停车电子地图，实现停车资源利用最大化；组建城市管理联合执法队，强化夜间巡查执法，做到全覆盖、无死角、零容忍；落实“门前三包”责任制，实施路长制、楼长制、片长制，实行定人、定岗、定责管理；探索实施“垃圾不落地”和“垃圾直运”模式，关闭23座垃圾转运站，提升城市洁净程度。

正风肃纪持之以恒。牢固树立“四个意识”，扎实推进“两学一做”学习教育，结合学习廖俊波精神，开展“一月一主题”讨论，进一步坚定理想信念。全面落实中央、省、市和区委各项决策部署，自觉接受区人大及其常委会依法监督、区政协民主监督和社会各界监督，全面执行人大决议，充分吸纳政协意见，办结人大代表意见建议116件、政协提案128件，办结率均达100%。

（摘编：苏建平）

建阳区社会发展概况

2017年，建阳区深入学习贯彻落实党的十八届四中、五中、六中、七中全会和党的十九大及省委市委全会精神，认真践行“五大发展”理念，协调推进“四个全面”战略部局，把握经济发展新常态，主动融入闽北新兴中心城市建设，加快推进绿色发展，着力保障和改善民生，实现了新一届政府施政履职良好开局。“百日攻坚”综合排名全市第一，“四比六促”阶段考核在全市名列前茅。据统计，全年可实现生产总值177.3亿元，增长7.8%；公共财政总收入16.2亿元、增长10.8%，地方级公共财政收入11.6亿元、增长6%；全社会固定资产投资337亿元，增长22.1%；社会消费品零售总额59.7亿元，增长12%；城镇居民人均可支配收入30450元，增长8.5%；农村居民人均可支配收入14559元，增长9.0%；生态环境质量保持全省前列，完成年度节能减排指标。

城乡面貌更加秀美。城市框架逐步拉开，西区生态城建设成效显著，人民公园及地下停车场投入使用，府前路隧道开工建设，建发悦城、西城国际、正达名郡等住宅小区实现规模入住。水美城市建设初具成效，完成投资4.1亿元。环湖栈道一期、栈道入口广场基本建成，水美公园、考亭书院有序推进。市政设施不断完善，实施回瑶污水处理厂等94项城乡基础设施补短板项目，总投资251.2亿元。完成东入城口二期、水西桥拓宽改造、五福桥等项目，成功引进共享单车，新增城市公共绿地11万平方米，停车位365个。城市管理持续加强，全力争创省级文明城市，积极开展城市环境“五大整治、四大提升”，城市“三位一体”管理更加完善，市容市貌持续提升。美丽乡村全面开展，建成将口西岸、莒口东山等15个美丽乡村示范村，溪源村被评为“第一批省级农村社区示范单位”；同步推进高铁、高速、303快速通道“三沿”环境整治，完成房屋改造27.8万平方米。农村基础设施明显提升，完成34个村级组织活动场所建设；启动县道新崇线麻书莒段建设；实施8个乡镇14个行政村农村饮用水安全工程，推进崇阳溪与麻阳溪汇合段河库连通工程、麻阳溪黄坑段中小河流治理和回龙乡、小湖镇安全生态水系建设。

生态优势更加凸显。环保工作扎实推进，顺利通过中央、省环保督察。环境质量持续提升，全区集中式生活饮用水水源地水质达标率100%，空气质量优良天数比例达99%，森林覆盖率达76.4%，生态安全保障体系基本建成。全力融入国家生态文明试验区和全国绿色发展示范区建设，充分发挥森林资源主体作用，推进重点生态区位商品林赎买和人工用材林赎买，推行林业碳汇交易，建成14.2万亩林业碳汇试点。畜禽养殖污染治理成效明显，拆除污染生猪养殖场354家16.1万平方米，清栏生猪8.2万头。全面落实区乡村三级河长制，创新实行河道警长制，取缔非法采砂制砂点53处。重视水生态保护，被确定为“全省综合治水实验县”。扎实推进大气污染防治，淘汰“黄标车”135辆，更换新能源汽车34辆。强力实施土壤污染防治行动计划，土壤污染治理与修复试点示范工程有序推进。

社会事业全面进步。民生保障持续改善，26项为民办实事项目全面落实，134个民生事业补短板项目有序推进。加快公租房建设，建成惠民花苑四期680套，完成棚户区改造520套。开展职业技能培训2569人次，新增就业2216人，城镇登记失业率控制在2.9%以内。全面完成标准地址二维码登记。全面落实城乡居民最低生活保障政策，重视机构养老，建成社会福利中心，以政府购买服务方式引进金太阳居家养老专业服务机构。教育事业均衡发展，全面实施教育补短板，巩固义务教育基本均衡县国检达标成果，扎实开展“全面改薄”和城区扩容工程，建成外国语学校、实验小学、实验幼儿园、机关幼儿园新校区，新建校舍3.4万平方米，新增学位3000个。医疗改革卓有成效，实施分级诊疗制度，开展家庭医生签约服务，构建书坊和黄坑卫生院紧密型医联体。完成第一医院医技楼主体工程及民营福建厚生眼科医院建设。文化体育健康繁荣，获评“千年古县”，荣获“中国建窑建盏之都”称号，建盏成为厦门金砖会晤礼品，成功举办第九届海峡论坛·首届建窑建盏文化博览会。全民健身运动有序开展，举行两岸五地围棋赛、中小学生田径运动会。社会大局和谐稳定，厦门金砖会晤、党的十九大等重大安保维稳任务圆满完成，“平安建阳”持续深化，大调解机制不断健全，劳资纠纷妥善处置，社会治安保持稳定，安全生产形势总体平稳。

政府改革全面深化。持续深化“放管服”改革，推行投资项目并联审批、创新项目审批代办、实行分级容缺预审等制度。行政审批和公共服务事项开通“网上预审”功能达95.4%。全面完成“两单融合”，实现县乡两级权责清单全覆盖，公布39家区直单位权责清单事项4922项。全力落实办事制度改革，实施“互联网+政务服务”，梳理公示“一趟不用跑”、“最多跑一趟”事项，构建网上网下一体化的政务服务体系。深化商事制度改革，全面开展“双随机、一公开”抽查，激发市场主体活力。推进户籍制度改革，建立健全居住证制度。稳步推进区属国有企业改革，启动集团公司组建，探索建立产业发展基金，全力支持实体经济发展。稳妥推进公车改革，不断完善配套政策，有效保障各项公务活动开展。

作风建设全面提升。推进“两学一做”学习教育常态化制度化，结合学习全国优秀共产党员、时代楷模廖俊波精神，广泛开展“一月一主题”讨论。坚持依法行政，自觉在区委的领导下履行职责，主动接受人大及其常委会和政协的监督，办理人大代表议案1件，代表建议197件，政协提案81件，办结率100%，满意和基本满意率100%。广泛听取民主党派、工商联、人民团体、无党派人士和社会各界的意见建议。推进法治政府建设，实现区、乡、村法律顾问全覆盖。完善《政府工作规则》，严格遵守重大行政决策法定程序。全面推行“法治、责任、阳光”信访。严格落实中央八项规定精神，“三公”经费下降3.1%。加大行政监察和审计监督力度，建立健全惩治和预防腐败体系，全面落实党风廉政建设责任制，梳理“两个责任”清单，保持惩治腐败高压态势，立案审查152件，结案124件。

2018年是贯彻党的十九大精神的开局之年，是南平市行政中心迁驻建阳，实现市区一体化发展的关键之年，做好各方面工作至关重要。2018年政府工作的总体思路是：高举中国特色社会主义伟大旗帜，以党的十九大精神、习近平新时代中国特色社会主义思想为指导，紧紧围绕“五位一体”总体布局和“四个全面”战略布局，牢固树立和落实五大发展理念，按照中央及省委经济工作会议、省委十届四次全会、市委五届四次全会和区委十三届四次全会的要求，坚持“融入新区谋发展、立足全省找位置”的工作定位，突出“服务武夷新区、加快自身发展”两大任务，坚守发展和生态两条底线，大力实施绿色产业强区行动计划，加快推动绿水青山转化为金山银山，持续保障和改善民生，奋力开创建阳绿色发展、赶超发展新局面。

经济社会发展的主要预期目标是：地区生产总值增长8.5%；公共财政总收入增长6.1%，地方级公共财政收入增长6%；全社会固定资产投资增长16%；规模工业增加值增长8%；农林牧渔业总产值增长4%；社会消费品零售总额增长12.5%；外贸出口总额增长10%；城镇居民人均可支配收入增长9.3%；农村居民人均可支配收入增长9.3%；城镇登记失业率控制在3.5%以内；人口自然增长率控制在8.5‰以内。单位生产总值能耗、二氧化硫排放量、化学需氧量完成减排指标。

（摘编：张海生）

邵武市社会发展概况

2017年邵武市全力做好稳增长、促改革、调结构、惠民生、防风险各项工作，全市经济社会发展在爬坡过坎中砥砺奋进，在攻坚转型中蓄势前行，总体保持稳中提质、稳中向好的态势。全年实现地区生产总值229.3亿元，公共财政总收入14.86亿元，地方公共财政收入11.39亿元，固定资产投资394.2亿元，社会消费品零售总额117.5亿元，城镇居民人均可支配收入31637元，农村居民人均可支配收入16585元，完成上级下达的年度节能减排任务。

美丽城乡加快建设。以水美城市建设为载体，统筹推进城乡规划、建设、管理和经营工作，完成新一轮城乡总体规划修编和城市景观风貌专项规划编制，调整完善土地利用总体规划。梳理策划城建补短板项目81个、总投资190.66亿元，全年共实施水美城市（一期）和城乡补短板项目35项，总投资50.7亿元。完成东南商业城、张三丰大道（一期）、原316国道龙都至邵武高速互通口路段、五一南路改造提升工程，建成太极张三丰公园、福山公园花谷自行车赛道，新建（改造）城区公厕20座、停车位1500个。全力创建省级文明城市，大力开展以环境卫生、交通秩序、经营秩序为重点的城市环境综合整治，城市环境更加整洁有序。全面完成二维码门牌编制和安装工作。推进老旧小区改造，创建宜居小区8个。优化延伸公交线路6条，增设公交站点20个，新投入运营新型电动公交车30辆。和平、卫闽、大埠岗、水北、金坑、肖家坊、桂林特色小镇建设加快推进，和平特色小镇建设项目获评中国人居环境范例奖。持续实施铁路、高速公路、国省干道沿线和城区、园区、景区周边“三线三沿”村庄改造提升工程，已完成30个村。城市新饮用水源大乾水库供水工程顺利建成投入使用。

发展环境不断优化。保护生态环境，认真落实党政领导生态环境保护目标责任制，大力实施水、大气、土壤污染防治三大行动计划。全面推行市、乡、村三级“河长制”，严厉打击河道非法采砂、弃土弃渣、电毒炸鱼行为。打好畜禽养殖污染整治攻坚战，关闭拆除养殖场（户）757家，削减生猪15.78万头，全面完成可养区内生猪养殖场标准化升级改造，发放补助资金3958.79万元。大力推进城乡生活垃圾、污水无害化处理，加快吴家塘、大埠岗垃圾热解气化和绿益新危险废物处置及综合利用项目建设，新建乡镇垃圾转运站16个、污水处理设施7处，完成5500户农村三格化粪池改造。治理水土流失2.88万亩，绿化造林2.06万亩，被评为省级森林城市。累计淘汰“黄标车”902辆。加大环保案件查办力度，办结中央环保督察交办环境案件16件，处罚违法经营单位8家。改善交通环境，顺邵高速公路、晒口大桥、客运枢纽中心等重点交通工程项目加快推进，国道316和省道205过境线、肖家坊至天成奇峡景区公路改造工程竣工通车，拓宽改造农村公路55.1公里，被评为省级“四好农村路”示范县。优化政务环境，深化“放管服”改革，实现权责清单市、乡两级政府全覆盖，公布“一趟不用跑”和“最多跑一趟”办事清单524项，扎实推进“双随机一公开”监管，推行“互联网+行政服务”，行政审批和服务事项全部入驻省网上办事大厅，全年受理各类审批服务事项10.6万件，当日办结率为72.4%。

改革攻坚扎实推进。扎实推进新型城镇化综

合改革试点，在南平市率先出台推进户籍制度改革实施意见，建立健全居住证制度，加快本地农民“市民化”和外来人口“本地化”步伐，城镇化率达67.8%。改革公立幼儿园、中小学校招生办法，实行电脑派位招生，打破城乡户籍限制，让每个孩子同等享受优质教育资源。深入推进农村集体产权制度改革试点，新增流转土地5638亩，全面完成农村土地承包经营权确权登记工作，进度排名位列全省第4。实施国家储备林质量精准提升工程，完成重点生态区位商品林赎买面积1000亩、租赁面积8024亩。创新项目审批工作机制，制定出台容缺审批实施方案，实行“一窗受理、联审联批”，梳理即办事项82项，消除项目前置审批互为前置顽疾；全面推行重点项目代办服务机制，实现项目业主与群众、审批部门“两不见面”。全面实施“五证合一、一照一码”，新增各类市场主体5286户，注册资本60.7亿元。

民生事业持续改善。年初确定的25项为民办实事项目顺利推进，全年民生支出22.7亿元，占财政总支出的82.56%。深入推进脱贫攻坚，开展干部结对帮扶建档立卡贫困户活动，实现帮扶全覆盖。扎实开展产业扶贫、教育扶贫、健康扶贫、兜底扶贫，用足用好建档立卡贫困户小额贴息贷款政策，设立1200万元扶贫小额信贷担保资金，积极引导龙头企业、合作社、经济能人带动贫困户脱贫致富，帮助贫困户发展适销对路的种养项目。对贫困户子女就学实行“一加一”结对帮扶，让每个贫困孩子享受同一片阳光下同样的爱。为建档立卡贫困户办理基本医保、大病保险、医疗救助、双上限叠加补助、十三种疾病集中救助、综合保障保险、关爱妇女健康保险等7道医疗保障。投入专项资金300万元用于兜底扶贫，将建档立卡贫困户按规定纳入低保，实现应保尽保。推进21个重点贫困村脱帽工程，实施贫困村脱贫项目58项。全年完成建档立卡贫困户造福工程易地扶贫搬迁74户226人，实现脱贫617户1695人。扎实推进教育、卫生与健康、文体、养老等民生事业加快发展，七中教学综合楼项目竣工，六中城南校区、通泰小学分校、第二实验小学、金色年华（养老）社区、人民医院迁建、市体育中心等项目加快推进。积极开展奖教奖学活动，设立300万元教育质量奖金，将高中校超工作量课时津贴纳入奖励性绩效工资。认真实施分级诊疗制度，市立医院信息化工程建成投入使用。二孩政策有效落实，出生人口政策符合率97.08%，自然增长率7.11‰。成功举办中国（福建·南平）古村落文化遗产保护高峰论坛和国际古道越野赛、斯柯达中国自行车系列赛、张三丰故里武术大赛、市第五届运动会。连续八届被评为省级双拥模范城。健全社会保障体系，各类保障房开工率100%，新建保障性安居工程514套，完成农村危房改造313户。积极扶持就业创业，新增城镇就业2573人，城镇登记失业率2.97%。各类社会保险覆盖率稳步增长，社会保障体系更加完善。加强社会治理创新，“民生110”与城乡社区网格化信息平台实现联网对接，受理群众服务需求1.43万件，办结率98.2%，群众满意率96.4%。深化“平安邵武”建设，全面落实综治、信访、维稳、安全生产“党政同责、一岗双责”，建立健全社会公共安全和诚信体系，深入开展寄递物流、道路交通、工贸企业、成品油市场、食品药品等重点领域专项整治，积极预防和妥善化解各类矛盾纠纷，刑事案件下降10.1%，信访总量下降8.6%，社会总体保持和谐稳定。

自身建设不断加强。认真学习贯彻党的十九大精神，持续推进政府班子“两学一做”学习教育常态化制度化，结合学习廖俊波精神，广泛开展“一月一主题”讨论活动，牢固树立正确的世界观、人生观、价值观和政绩观，坚定“四个自信”，提升精神境界，改进工作作风，切实学以致用。主动接受人大法律监督、工作监督和政协民主监督，认真办理人大代表建议114件、政协委员提案140件，办复率均为100%。广泛听取各民主党派、工商联、人民团体、无党派人士和社会各界的意见。扎实推进依法治市，全面实施“七五”普法，连续七年被评为全国依法治市先进市。坚持依法行政、开明行政，始终做到法定职责必须为，法无授权不可为。持之以恒落实中央八项规定精神，“三公”经费持续下降。完成机关公务用车制度改革。

（摘编：李 哲）

武夷山市社会发展概况

2017年，武夷山市深入开展“百日攻坚”“四比六促”和“工作落实月”活动，攻坚克难、实干拼创，经济社会发展稳中有进、持续向好。初步统计全市生产总值163.86亿元，增长7.0%；一般公共预算总收入10.77亿元，增长8.9%，地方一般公共预算收入7.85亿元，增长4.2%；全社会固定资产投资267.38亿元，增长3.0%；全社会消费品零售总额51.50亿元，增长10.1%；旅游接待总人数1266.72万人次，增长15.8%，旅游总收入231.15亿元，增长20.0%；城镇居民人均可支配收入31274.4元，增长8.0%；农村居民人均可支配收入15792.1元，增长8.0%；完成年度节能减排目标。

城乡面貌不断改善。以组织实施“城市建设提升年”为抓手，扎实推进文明城市创建，成为南平市唯一入选全国文明城市提名城市。着力补齐城市基础设施短板，加快“四中心一广场”、崇安大桥、崇安大道、纵八线、合福高铁快速通道等项目建设，完成“水美城市”樟树公园景观提升及马场洲湿地公园项目；启动中心农贸市场改造、夜景提升工程，高教园区农贸市场投入运营；改造武夷山机场国际候机楼；首批城市危房改造安置项目完工；完成百花路（学院路口至战备路段）、战备路（百花路至武夷大道段）、旗山路、五坑公路、高星生态公路改造，开工建设武夷大道五期、杜坝环园路、疏港大道二期等；新建停车位535个。保持拆违控违高压态势，拆除违建675处，面积35.52万平方米。12个村列入全省“千村整治、百村示范”美丽乡村建设工程，成功申报国家级传统村落2个、省级传统村落3个。

生态文明建设富有成效。顺利通过中央、省环保督查。完成国家生态文明试验区重点改革任务16项，重点生态功能区产业准入负面清单已上报国家发改委，开展生态系统价值核算试点工作。完成国有林场改革；拨付生态公益林补偿资金2281万元，收储商品林1.43万亩，完成造林绿化面积1.4万亩，荣获“全国森林旅游示范县”。拨付重点流域生态省级补偿资金2950万元，综合治理水土流失43.5万亩、河道10公里。整治违规开垦茶山4626亩，打击森林违法犯罪171起；完成矿山生态环境恢复治理面积1.2万平方米；全面完成畜禽养殖污染整治任务，拆除面积11.78万平方米，削减生猪2.7万头；淘汰黄标车183辆，整治工作接近尾声。新增城区绿化面积36.5公顷；新增乡镇、村污水治理设施18套，新增污水处理量1280吨/日。

精准扶贫扎实推进。夯实精准扶贫基础工作，今年市本级安排扶贫资金3016万元，帮助1584人脱贫，实现全市建档立卡贫困户全部脱贫。积极开展医疗、兜底等方式扶贫，稳固贫困群众脱贫基础，落实帮扶责任人1341人，实现贫困户结对帮扶全覆盖；全市在读普通高中及初中三年级建档立卡贫困户子女全部列入帮扶对象；实施产业扶贫，通过“公司+贫困户”“合作社+贫困户”模式发展特色种养殖业，带动贫困户432户，帮扶贫困人口1728人；开展就业扶贫，通过“雨露计划”“春潮行动”培训人员2972人次，其中贫困户507人，提供公益性岗位97个；实施搬迁扶贫，完成造福工程易地扶贫搬迁85户、建档立卡户危房改造259户；加大小额信贷扶贫力度，发放扶贫小额担保贷款3974.2万元，贫困户覆盖面93%。发展壮大村集体经济，贫困村脱贫摘帽20个。

民生事业协调发展。完成全面深化改革9个专题13项任务。为民办实事项目有序推进，持续开展治理“餐桌污染”建设“食品放心工程”；补助平价资金，稳定“菜篮子”价格。粮食播种面积、总产稳定。实施旅游职业中专新校区、一中二中教学楼、就业和社会保障服务中心等民生补短板项目。成功举办国际马拉松赛，央视全程直播宣传武夷山。全面启动国家卫生城市创建工作，公立医院综合改革取得阶段性成效。完成社会福利中心二期主体工程，建成农村幸福院2所，城市社区居家养老综合服务中心、社区老年人照料中心各1所，建设社区综合服务站、社区养老服务站。荣获第五轮省双拥模范城称号，为第三轮申报国家双拥模范城奠定基础。

社会大局和谐稳定。开展“信访积案化解攻坚年”活动，创新实施疑难信访案件双包案制，建立矛盾纠纷多元调处中心，信访总量下降18.21%，进京非访批次、人次下降54.55%和46.67%，退出全省前三十名。持续开展“平安景区”创建活动，有效规范旅游秩序；组织开展营造无障碍发展环境整治活动，全力打击各类违法犯罪，综治“三率”全面提升，连续四年居全省前列；全面实施“雪亮工程”，实现主要交通道口、重点要害部位、公共复杂场所视频监控体系全覆盖。安全生产形势平稳。城乡网格化服务管理、乡村法律服务体系建设机制全面落实并在全省推广，创建全国法治县（市、区）通过省上验收。

政府建设稳步提升。扎实推进“两学一做”学习教育常态化制度化，深入开展学习廖俊波以及张丽同志先进事迹活动。严格落实中央八项规定精神，“三公”经费支出下降10.34%；全面完成党政机关和参公事业单位公车改革。扎实推进依法行政，公开政务信息1.44万件，持续推动“放管服”改革，梳理公布6项前置审批容缺后补、12项四星服务事项清单，建立市直单位及乡镇权责清单。自觉接受人大、政协监督，办理人大议案建议93件，政协提案88件，办结率均为100%，满意率分别为100%、97.8%。

2018年政府工作的总体要求是：坚持以邓小平理论、“三个代表”重要思想、科学发展观、习近平新时代中国特色社会主义思想为指导，全面贯彻党的十九大精神，围绕“五位一体”总体布局和“四个全面”战略布局，坚持稳中求进工作总基调，按照省委十届四次全会、南平市委五届四次全会和武夷山市委十三届五次全会的要求，推动经济、政治、文化、社会和生态文明建设取得新的成绩，奋力谱写新时代国际旅游度假城市建设新篇章。坚持把握以下工作主线：一是以发展为大。坚定不移贯彻创新、协调、绿色、开放、共享的发展理念，牢牢抓住项目这个拉动发展的“牛鼻子”，以项目带动集聚要素、落实工作、增强后劲，全力实现赶超发展。二是以民生为重。坚持执政为民，把实现好、维护好、发展好人民群众的根本利益作为一切工作的出发点和落脚点，认真抓好民生社会事业补短板工作，不断满足人民日益增长的美好生活需要。三是以创新为力。着力抓好社会、经济、行政等重点领域改革，坚决破除一切阻碍发展的思想观念和机制体制，积极开展制度创新、方法创新，构建科学规范、运行有效的推动发展工作机制。四是以落实为本。认真贯彻落实中央、省委、南平市委和武夷山市委的决策部署，坚持目标和问题导向，制定工作清单，细化分解工作责任，脚踏实地，真抓实干，以饱满激情和良好作风将各项工作落细落实、抓出成效。2018年经济社会发展的主要预期目标是：地区生产总值增长9%；一般公共预算总收入增长10%，地方一般公共预算收入增长8%；全社会固定资产投资增长10%；社会消费品零售总额增长11%；外贸出口总额增长6%，验资口径实际利用外资增长10%；旅游接待人数增长13%，旅游总收入增长15%；工业总产值增长8.38%，其中规模以上工业增长8.4%；农林牧渔业总产值增长4.5%；城镇居民人均可支配收入增长9%；农村居民人均可支配收入增长10%；城镇登记失业率控制在3.5%以内；完成年度节能减排任务。

（摘编：赵旭东）

建瓯市社会发展概况

2017年，建瓯市牢固树立新发展理念，全面落实省、南平市有关工作部署，坚持稳中求进工作总基调，全力推动全市经济社会加快发展，实现了本届政府工作的良好开局。全年完成地区生产总值239.6亿元，增长7.7%；公共财政预算总收入12.23亿元，增长14.8%，其中，地方公共财政预算收入8.7亿元，增长8%；固定资产投资309亿元，增长17.8%；社会消费品零售总额83亿元，增长13%；城镇居民人均可支配收入30220元，增长8.6%；农村居民人均可支配收入15943元，增长9.2%；人口自然增长率7.05‰。

着力品味提升，“水美城市”初见成效。推进“水美城市三江六岸”和城市基础设施建设，完成闽江防洪堤三期下水南段主体工程、中山东路“白改黑”路面铺设，东岳大桥、五里街道路改造、下水南段江滨路及沿江景观项目加快推进。北环路、较场路、水南二路东段、上峰景城到高铁西站连接线建成通车。汽车东站、20座公交站亭、3座港湾式客运站建成投入使用。完成城区地形测绘和地下管网综合普查、城市道路及人行道整治、公园绿地及公厕改造、胜利路修复、南街头人行天桥维护，更换节能路灯1.06万盏。云际山公园栈道二期有序推进。启动城东污水处理厂规划和一批背街小巷改造。加强房地产开发监管，出台《建瓯市商品房预售资金监督管理暂行办法》，恢复对商品住房预售价格变动幅度限制。棚户区改造稳步推进，启动通仙门棚户区改造，创新设立“选房超市”。拆除违法建筑45.37万平方米。实行环卫智能化市场化服务。全面实施“河长制”，农村饮水安全工程和小型农田水利加快建设，境内15条小流域水质均达III类水以上，饮用水达标率100%。加快省级森林城市创建和国家储备林质量精准提升工程项目建设，《省级森林城市建设总体规划》通过省绿委会专家评审。开展生态公益林管护机制改革和森林资源规划设计调查。造林绿化5.64万亩，收储重点生态区位商品林4207亩。

着力改善民生，社会事业持续发展。年初确定的20项为民办实事项目年度目标基本完成。被确立为国家义务教育质量监测样本县。竹海学校初中部、顺阳中学教学楼和高铁实验学校综合楼竣工，7所中小学长效扩容项目建设完成，一中扩建、小松中心幼儿园、“全面改薄”等项目加快推进。社会福利中心一期竣工。医药卫生体制改革稳步推进，公共卫生服务中心一期、4个卫生院中医馆投入使用。新建农村幸福院9所，提升改造乡镇敬老院13所、社区居家养老服务站3个。市博物馆着手内部装修和布馆。完成市新区体育中心改造、朱子文化遗址“五经博士府”保护修缮，建成1个社区多功能运动场、1个笼式足球场。完成市档案馆档案库房扩容升级。市图书馆通过国家二级馆评估。全省首部县级茶志《建瓯茶志》、全市首部美食百科《建瓯食典》正式出版。反映脱贫攻坚大型电视剧《我的金山银山》在建瓯拍摄。福矛窖酒和高炉光饼制作技艺被省政府列入第五批省级非物质文化遗产，张木芳等3人被认定为第四批省级非物质文化遗产代表性项目传承人。建立乡村医生养老保障制度，加大对计划生育特殊家庭扶助力度。发放城乡低保、特困人员供养救助金3410万元。新增就业2576人，农村富余劳动力转移就业8123人，城镇登记失业率2.91%，参加社会养老保险27.08万人。建设保障房880套。积极创建“无欠薪项目部”，开展拖欠农民工工资问题专项整治，解决拖欠工资875万元。弘扬正能量，授予张宝立建瓯市“见义勇为模范”荣誉称号。连续三届被省上授予“双拥模范城”。

着力政府建设，服务质效明显提高。认真贯彻落实市委决策部署，自觉接受人大法律监督和政协民主监督，办理人大代表议案2件、建议135件，政协委员提案95件。广泛听取民主党派、工商联、人民团体、无党派人士和社会各界的意见建议。设立投资项目审批代办服务中心，实行“一口受理、联审联批”机制。完成权力清单和责任清单“两单”融合工作。完成乡镇（街道）财政体制改革，增强保障能力。加强基层组织建设，新建、修缮村级组织活动场所43个。完成股级干部轮岗交流。开展公房清查。完成党政机关公车改革。完善市领导接访机制，创新信访维稳“吸附行动”、高速高铁平安联勤等机制，通过省平安县（市、区）验收。强化禁毒整治和社会治安打防管控，圆满完成厦门金砖会晤和党的十九大安保维稳任务。加强安全生产监管监察和专项整治，开展食品药品网格化监管，社会保持安全稳定。加强金融风险防控，贷款不良率比年初下降了2.41个百分点，降幅达33.9%。扎实开展“两学一做”学习教育常态化制度化和学习廖俊波精神活动。加大行政监察和审计监督力度，开展政府投资项目审计监督。逐步建立国库集中支付电子化管理和财政预算执行动态监控体系，“三公”经费同比下降13.5%。完善政府信息公开机制，加快推进档案馆、图书馆政府信息查阅场所建设。

2018年建瓯市经济社会发展的主要预期目标是：地区生产总值增长8.5%；一般公共预算总收入增长12.7%，地方一般公共预算收入增长6.8%；固定资产投资增长16.5%；社会消费品零售总额增长11%；实际利用外资增长8%，外贸出口总额增长5%；居民人均可支配收入增长9.3%；城镇登记失业率控制在4.2%以内。节能减排完成上级下达的控制性指标。

围绕上述目标，社会发展方面重点抓好以下工作：

巩固扶贫成果。坚持精准扶贫、精准脱贫，落实党政一把手负总责的责任制，按照“五个一批、六个精准”的要求，完善挂钩帮扶、结对帮扶机制。注重扶贫同扶志、扶智相结合，实施产业扶贫、就业扶贫、光伏扶贫，开展“雨露计划”“春潮行动”，提升贫困户增收能力。继续实施贫困村提升工程，完成18个贫困村脱贫任务。

补齐民生短板。优先发展教育，提高普惠性幼儿园招生覆盖率，完善义务教育教学质量评价体系，抓好高中教育质量提升，推进职业教育内涵建设，重振教育强市。加快推进一中扩建，启动东游中心幼儿园建设，完成小松中心幼儿园新建、实验幼儿园重建项目。落实健康中国战略，继续推进公立医院管理体制改革，积极参与医联体建设，推进乡村卫生一体化管理和家庭医生签约服务工作，完善城乡医疗救助和临时救助制度。推进市妇幼保健院整体搬迁、市立医院内儿科病房大楼、殡葬服务中心等项目建设。完成中西医结合医院整体搬迁、公共卫生服务中心二期、建州老年中心医养结合二期项目。推行社会福利中心一期公建民营。建设30个农村幸福院，乡镇敬老院改造升级后全部投入使用。加快推进市图书馆二期改造和迪口值庆桥等重点文物保护修缮工作。举办各类全民健身比赛，丰富文体活动。

办好为民实事。坚持问题导向，围绕最紧迫、最现实、最直接的民生问题，努力办好14个民生实事，计划总投资41.7亿元，2018年投资12.44亿元，分6类，其中，城市基础设施项目3个，投资1.28亿元；公路交通项目2个，投资1.2亿元；卫生教育项目4个，投资1.86亿元；文化体育项目1个，投资3000万元；健康养老项目2个，投资980万元；农业水利项目2个，投资8.15亿元。

抓实社会保障。加强职业技能培训，力争新增城镇就业2350人，转移富余农村劳动力8000人，培训2100人。开工建设市公共实训基地。推进全民参保登记计划及各类社保制度整合并轨衔接。完善社会救助、慈善福利政策机制。加强人口计生工作，继续稳妥实施全面两孩政策，促进人口长期均衡发展。积极稳妥推进通仙门、龟山、齿轮厂、青云、活塞厂等片区棚户区改造。有序推动问题楼盘化解。加快下水南棚户区改造等安置房建设，建设保障性住房646套。

（摘编：周忠志）

顺昌县社会发展概况

2017年，在市委、市政府和县委的正确领导下，顺昌县各级政府认真学习贯彻习近平新时代中国特色社会主义思想和党的十九大精神，按照县十三次党代会的部署，持续推进“1+4”工作布局，较好地完成了县十六届人大一次会议确定的年度目标任务，实现了本届政府良好开局。全县生产总值109.6亿元，增长8.2%；全社会固定资产投资102亿元，增长42%；财政总收入6.62亿元、地方财政收入4.65亿元，分别增长15%和9.0%；社会消费品零售总额32.2亿元，增长8.1%；城镇居民人均可支配收入27477元、农村居民人均可支配收入13829元，分别增长8.5%和8.6%。

城乡建设协调推进。城市攻坚突出水美城市建设，以富金湖18公里滨水景观带为主线，谋划实施十大工程33个项目，总投资38.7亿元，建成富金湖环湖慢道5公里。延顺高速连接线、城南路、龙山支路、东门复桥、华阳大桥、西岗小区道路、中山路改造等项目顺利完工，形成“一环”路网；城南东路上凤至伏州段、金溪桥至焕仔坑道路改造等项目开工建设。建成公共停车场3个，新增公共泊车位803个。完成竹乡广场、文化长廊改造。被评为“省级森林县城”“省级园林县城”。深入开展城市环境综合整治，召开整治行动“千人大会”。推进殡葬移风易俗，建立每月5日环境卫生整治日机制，“万人保洁”常抓长效。积极创建省级文明县城。洋口红色旅游小镇、元坑古镇、郑坊省级小城镇等特色小镇加快建设。12个省级“千村整治，百村示范”项目基本完成，郑坊镇榜山村、大干镇武坊村列入福建省传统村落名录。

生态效应逐步显现。实行造林绿化目标责任制，完成植树造林10030亩；赎买重点生态区位商品林7382亩，租赁1.16万亩。组建宝杉林业碳汇技术服务中心，完成3.4万亩竹林碳汇项目独立设计，为全省践行绿色发展理念，把绿水青山转化为金山银山提供了参照和借鉴。强化环境监察执法，国家环保督察14件信访投诉问题基本落实整改。持续开展“清水蓝天”专项行动，累计清理环保违规项目89个；淘汰黄标车123辆，提前完成目标任务。拆除生猪养殖场134家、面积13.8万平方米，消减生猪存栏6.64万头。完成年度节能减排任务。全面推行“河长制”，鹭鹚溪流域农村环境综合整治项目完成投资1334万元。治理水土流失面积3750亩。建立生态文明建设目标评价考核办法，为领导干部履行环保责任戴上“紧箍咒”。推行排污企业环境污染责任保险，为防范环境风险，降低环境污染损害上好“保险栓”。

发展动力有效激活。制定出台“促进有效投资的十条措施”、“五个一批”项目正向激励机制，建立重大项目抓征迁促落实、重点项目前期会审等工作机制，促进项目建设提速提效。巧用产业发展基金杆杠精准帮扶企业，被省上列为典型经验。探索企业上市路径，推动资产证券化，神农菇业、升升木业等5家企业被列为省重点上市后备企业。启动竹林抵押贷款项目，扩大林权抵押贷款规模，全年办理林权抵押贷款218笔1.93亿元。探索股权出质、商标质押、动产抵押担保融资机制，融资活企工作成效显著。深化商事登记制度改革，新登记各类企业269户，认缴注册资本金15.14亿元。

百姓福祉全面增进。脱贫攻坚全面落实精准脱贫八条措施，实现735户2165个建档立卡贫困人口脱贫，14 个贫困村脱帽。落实易地扶贫搬迁193 户 757 人；完成贫困户危房改造 112 户。22 项为民办实事项目基本完成，基本建成保障性住房284 套。城镇登记失业率为 3%。实施低保提标扩面，社会保障体系更加完善。谋划实施教育、卫生与健康、养老、城乡民生基础设施“四大领域”补短板项目 169 个，总投资 149 亿元。实施中小学、幼儿园新建项目 16 个，建成 6 个。县精神病专科医院、疾病预防控制中心等项目开工建设。计生年度目标任务全面完成，流动人口卫生计生动态监测调查工作名列全国第一。文体广电新闻出版事业繁荣发展，新建 3 个社区多功能运动场，完成“四馆一院一中心”项目前期工作；顺昌木拱廊桥营造技艺列入省非遗名录。深化“平安顺昌”建设，扎实开展领导干部接访下访活动，推动矛盾纠纷和信访问题在基层有效化解。实施道路交通安全综合整治提升工程，深入开展安全生产、消防安全、食品药品安全等专项整治行动，强化社会治安综合治理，社会保持安定稳定。

政府建设得到加强。推进“两学一做”学习教育常态化、制度化，深入开展向廖俊波同志学习活动。优化行政审批服务，深化“三集中、三到位”改革，实现 95% 以上审批事项集中审批。推行“互联网 + 政务服务”，公布“一趟不用跑”“最多跑一趟”办事清单 1112 项，占行政审批和公共服务事项的 87.9%，当日办结率达 87.78%。自觉接受县人大及其常委会的法律监督、县政协的民主监督、社会监督和舆论监督，办理人大代表建议 96 件、政协委员提案及信件 95 件，满意及基本满意率均为 100%。规范政商交往行为、强化监督问责，“亲”“清”新型政商关系进一步巩固。认真贯彻中央八项规定精神，“三公经费”下降6%。强化监察、审计、财政等行政监督，完成政府投资项目审计 16 个，核减造价 3171.86 万元。完善信息公开和政务公开制度，权力运行更加公开透明。党风廉政建设和反腐败工作扎实推进。此外，老干部、民兵预备役、“双拥”、统计、工会、共青团、妇女、残疾人、民族宗教、外事侨务、气象、人防、地震、消防、通信、慈善、红十字会、档案、方志等工作也取得长足进步。

2018 年是贯彻党的十九大精神的开局之年，是改革开放 40 周年，是决胜全面建成小康社会、实施“十三五”规划承上启下的关键一年。新时代呼唤新作为，新征程要有新气象。2018 年政府工作的指导思想是：高举中国特色社会主义伟大旗帜，以马克思列宁主义、毛泽东思想、邓小平理论、“三个代表”重要思想、科学发展观、习近平新时代中国特色社会主义思想为指导，全面学习贯彻落实党的十九大精神，自觉践行新发展理念，彰显顺昌担当，体现顺昌速度，树立顺昌精神，按照县十三次党代会的决策部署，更高起点、更高标准、更高质量地推进工业、城市、交通、脱贫“四大攻坚”，全力补齐经济社会发展短板，努力实现赶超跨越，决胜全面建成小康社会，为建设机制活、产业优、百姓富、生态美的幸福和自豪的新顺昌而奋斗。

2018 年全县经济社会发展的主要预期目标是：地区生产总值增长 8.8%；全社会固定资产投资增长 20%；财政总收入增长 15%；地方财政收入增长 10%；社会消费品零售总额增长 9%；外贸出口增长 10%；实际利用外资增长 15%；城镇居民人均可支配收入增长 9%；农村居民人均可支配收入增长 9%；城镇登记失业率控制在 4% 以内；人口自然增长率控制在 14‰以内。

（摘编：康明辉）

浦城县社会发展概况

2017年，浦城县政府紧密团结在以习近平同志为核心的党中央周围，认真学习贯彻习近平总书记系列重要讲话精神和治国理政新理念新思想新战略，贯彻落实党的十八大、十八届历次全会以及十九大精神，坚持生态立县、产业兴县、文化强县，坚持科学、绿色、赶超发展，扎实开展“百日攻坚战”“四比六促”活动，经过全县人民的共同努力，全县经济社会保持较快发展的良好态势。2017年，全县完成地区生产总值151.31亿元，比上年增长9.0%（下同）；财政总收入7.96亿元，增长11.3%；地方级财政收入5.83亿元，增长12.4%；社会消费品零售总额48.62亿元，增长8.9%；城镇居民人均可支配收入28340元，增长8.7%；农村居民人均可支配收入13260元，增长9.3%；人口自然增长率3.75‰；完成年度节能减排目标。

城乡面貌极大改观。坚持规划先行，完成绿地系统、城市广告等专项规划编制和棚户区改造、龙头山公园、练氏夫人广场等方案设计。加快推进城乡宜居环境建设，落实城建项目116个，完成投资63.34亿元。丹桂城市广场、“水美城市”南浦溪示范段等建成使用，梦笔文化中心档案馆、博物馆主体工程封顶，梦笔大道、四贤大道、五一三路城西段、江滨路、府前路等城市道路完成白改黑9.2公里，西区水厂、污水处理厂二期、仙楼山步行道、会窑路、学府路、文化路延伸段等工程加快建设，新建绿道25.3公里，新改建供水管网12.3公里、雨水管网16公里、污水管网11.4公里、燃气管网9.3公里，路灯节能改造231盏，首批130辆公共自行车投入使用。健全城市环境整治、卫生保洁、市场管理等长效管理机制，严厉打击“两违”和非法营运等行为，拆除违法建筑25.15万平方米，省级园林县城顺利通过验收，积极创建省级文明县城。扎实推进美丽乡村建设，持续实施“十百千”工程，8个试点小城镇建设顺利推进，24个重点美丽乡村完成投资7284万元；15个乡镇饮用水提升工程和14个乡镇污水处理设施加快建设，12个乡镇垃圾转运系统全部建成。

社会事业持续发展。推进教育优质均衡发展，实施奖教奖学，投入7507万元落实长效机制、全面改薄和标准化学校等项目建设，光明小学扩容、濠村中心幼儿园等建成使用，新华小学扩容、浦城一中新校区、实验幼儿园新园等项目启动建设，862位务工人员的随迁子女进城就读。全面深化医药卫生体制改革，建立省、市、县三级医联体，县妇幼保健院综合大楼建成启用，县医院服务能力提升工程、县中医医院搬迁重建（一期）项目建成；引进价值5000万元的MR、CT等国外先进大型医疗设备；落实乡村医生养老保障，全县人均基本公共卫生服务经费提高到50元，基本公共卫生服务水平不断提升。坚持计划生育基本国策，完善服务管理，促进人口长期均衡发展。成功举办首届美食展销赛、丹桂文化旅游节、全民健身百村行（浦城站）暨浦城农耕趣味运动会，评选表彰第三届道德模范，“浦城包酒酿造技艺”被列为第五批省级非物质文化遗产，中华诗词之乡创建工作有序展开，忠信上同古民居修缮保护，“智慧城市－－美丽浦城”免费公共WiFi覆盖全县主要区域。方志档案、妇女儿童、外事侨务、气象水文、广播电视、民族宗教、人防移民、国防动员、民兵预备役等工作得到加强。

民生水平不断提高。认真办好26项为民实事，补齐民生短板项目有序推进，完成106套保障性安居工程住房建设。加大脱贫攻坚力度，强化结对帮扶、产业帮扶、行业帮扶，“春潮行动”“雨露计划”培训3600人，建立精准医疗扶贫慈善救助、精准扶贫医疗叠加保险等制度，投入扶贫资金1.42亿元，发放扶贫小额贷款3815.15万元，建档立卡贫困人口退出达2604户、5788人，造福搬迁2703人，危房改造749户，10个贫困村实现脱贫。落实就业再就业政策，全年新增城镇就业人员1928人，就业困难对象和下岗失业人员再就业2278人，新增农村劳动力转移就业7013人。全面完成全民参保登记，完善城镇职工和城乡居民基本养老保险制度，企业退休人员月人均基本养老金增资129.2元。县社会福利中心、民营医养结合型万家福托老院和24个农村幸福院建成，为80周岁以上高龄老人投保意外伤害险和意外伤害医护保险，发放80至99周岁无退休工资老人生活补贴，资助176名残疾人居家养护，扶助68名农村贫困残疾人就业创业，农村低保标准由年人均收入2650元提高到3750元。成立仙阳镇荣华社区，完成革命烈士纪念碑广场改造升级和全县二维码门牌编制。深化“平安浦城”建设，完善社会治安防控体系，建立网上受理信访制度，依法依规开展信访、调解、仲裁、复议等工作，完善多元化纠纷解决机制。严格落实安全生产“党政同责”，强化道路交通、消防、食品药品等重点领域安全整治，抓好市场供应和物价监管，社会保持安定稳定。深化双拥共建活动，获得新一届“省级双拥模范县”称号。

生态环境有效改善。以中央和省委、省政府环保督察为契机，严格落实党政同责环保目标责任制，深入排查、整治生态环境信访问题，立案查处违法企业及非法加工点61家。开展大气污染防治，加强大气环境监测，完成204辆黄标车淘汰任务，全年空气质量优良达标比例为99.3%。开展水污染防治，全面落实“河长制”，全力推进畜禽养殖污染整治，共关闭拆除生猪养殖场516家，拆除猪舍36.49万平方米，升级改造24家，削减生猪存栏10.17万头；完成石陂溪、马莲河2条小流域及农村水环境整治，地表水的水环境质量、县级集中式饮用水水源地环境质量100%达标。抓好水土保持工作，启动土壤环境监管，综合治理水土流失面积2.89万亩，完成矿山生态环境恢复治理面积3.57公顷。持续推进“三带一区”建设，造林绿化2.36万亩，森林覆盖率达76.34%。深化林业制度改革，启动国家储备林质量精准提升工程，推进林权抵押收储工作，林权担保抵押贷款4727万元，重点区位商品林赎买1000亩、租赁4000亩。

政府建设显著加强。坚持党的领导，自觉接受人大、政协监督和社会舆论监督，共办理人大代表建议98件、政协委员提案88件，办结率100%。坚持依法行政，健全科学民主决策机制，积极推进政务公开，全面完成行政执法主体资格确认和行政执法人员清理工作，规范行政执法行为。深化“放管服”改革，梳理保留26个县直部门县级行政审批和服务事项393项，精简20.9%；完成县直单位和乡镇（街道）权责清单融合编制、调整；开展“减证便民”专项行动，取消涉企涉民证明事项146项，清理取消41项行政事业性收费，金额119万元；简化办事流程，推行“容缺后补”“审批代办”“流程再造”等机制，公布“一趟不用跑”和“最多跑一趟”事项472项；“双随机一公开”监管全覆盖；县行政服务中心共受理业务21772件，办结21567件，办结率99.05%。加大人才引进力度，发放首批紧缺急需人才安家补助106.2万元，新录用公务员90人，事业单位工作人员310人。严格落实中央“八项规定”精神，推动细化“四种形态”，全年共查处违反中央“八项规定”精神问题38件49人，公开曝光通报6批16起20人次，完成公务用车改革，清退违规使用公有用房67户。严格落实党风廉政建设责任制，强化行政监察和审计监督，完成审计项目85个。深化绩效评估和机关效能建设，效能告诫、诫勉教育21人，通报批评9个单位22人。

（摘编：黄万良）

光泽县社会发展概况

2017年，光泽县以项目为抓手，全力打好“百日攻坚战”，深入推进“四比六促”活动，迎难而上，奋力拼搏，经济社会发展总体呈现速度加快、效益提高、后劲增强的良好态势。经济指标稳中向好。初步统计，全年实现地区生产总值89.8亿元，增长7.5%；社会消费品零售总额21.1亿元，增长10.5%；财政总收入5.83亿元，增长3.5%，其中地方级财政收入4.12亿元，增长1.5%；农村居民人均可支配收入12554元，增长9.7%；城镇居民人均可支配收入27250元，增长8.2%；城镇登记失业率控制在3.01%；节能减排目标任务全面完成。

精准聚焦，脱贫攻坚战役纵深推进。脱贫力量精准集聚。举全县之力打好脱贫攻坚战，实现2958人稳定脱贫，全县贫困发生率下降至1%以内。全面落实脱贫攻坚责任制，推行“四个一”帮扶模式，实现贫困村、贫困户帮扶力量全覆盖，落实帮扶资金487万元。深入对接“5+2”挂钩帮扶单位，开展“联乡联村联户”促脱贫攻坚行动，争取帮扶项目15个、帮扶资金4362万元。脱贫政策精准落实。围绕“两不愁、三保障”，大力推进生态、教育、健康、搬迁扶贫工程，不断提高脱贫攻坚质量和水平。进一步扩大教育扶贫对象覆盖面，资助贫困家庭学生2092人次；实现贫困人口免费参加城乡居民医疗保险全覆盖，就医自付比例控制在10%以下；完成造福工程易地扶贫搬迁1122户、危房改造234户，均超额完成年度目标任务。实施“财政+金融”联动扶贫，发放扶贫小额贷款8190万元，贫困户受益率达89.9%；创新扶贫小额信贷机制，发挥国有公司优势，将贫困户扶贫小额贷款资金入股县国资公司，实现所有贫困户享有分红收益。脱贫项目精准实施。大力实施项目促脱贫工程，创建“产业+扶贫”示范村13个，完成光伏扶贫项目18个，惠及15个贫困村、310户贫困户。推广龙头企业、经济组织引领模式，鼓励贫困村因地制宜发展特色产业，实现10个贫困村脱贫摘帽。出台鼓励和扶持政策，引导贫困户到圣农小镇集中安置并就业，促进长期稳定脱贫。狠抓就业扶贫，在全市率先开发公益性岗位，完成“雨露计划”培训565人、“春潮行动”培训2799人，安置350名贫困群众稳定就业。

建管并举，城乡品质形象提档升级。城市功能显著提升。城市建设规划体系不断健全，启动“多规合一”规划研究，完成圣农小镇、中山南路片区城市规划设计编制，各专项详细规划进一步深化。特色小镇建设加快，圣农小镇学校、医院、派出所等项目完成主体工程，商住休闲区、道路等配套设施加快推进。城市路网更加优化，新改建城市道路11.93公里，建成光明大道、仙华洲路、武林东路、顺安桥，新建东方路、册下环路（一期），开工建设中山南路、洪济路、武林北路、册下环路（二期）。市政公用设施进一步完善，北溪水厂完成主体工程；客运站、公交总站开工建设，新开通公交线路3条，新增双燃料出租车29辆、公共停车位230个；城区老旧公厕全面改造，新建公厕6座。城市征迁力度持续加大，房屋征收面积达8.1万平方米，超过近7年总和，中山台、城北及电炉厂片区建设用地有效盘活。基础设施日臻完善。乡村路网框架进一步拉伸，横四线（光泽段）建设进展顺利，城区至崇仁、崇仁至寨里二级公路加快推进，崇和线、城西环路启动前期工作；投资6123万元，实施农村安保工程72.2公里，改造农村道路22.5公里、危桥5座。农田水利设施更加完善，肖家坑水库完工验收，枧坑水库加快建设，闽江防洪工程（七期）有序推进，实施农村饮水安全工程7处，建设高标准农田2.17万亩。供电保障能力不断提升，投入7500万元，改造升级城乡电网，单条线路跳闸次数同比下降69%。全光网城市建设加快推进，建制村基本实现光纤联网，高速公路、国道、建制村4G信号深度覆盖。城乡面貌持续优化。高起点打造“水美城市”，建成洄龙潭、桔子洲、梅树湾景观带5.3公里，形成集中连片水美景观带，走在全市前头。推进城市绿化亮化，实施部分城区主干道、桔子洲片区、城南片区夜景灯光工程，建成九龙峰森林公园入口处景观带，开展城市绿地提升改造，新增城市绿地32.23公顷。加强市容市貌综合整治，强化老旧小区、小街巷、农贸市场卫生保洁，有效遏制违法违章建设，成功创建省级文明县城。推动美丽乡村扩面提质，15个村通过省级“千村整治、百村示范”验收，4个村获评省级乡村旅游特色村。推进“三沿”环境整治，深化“万人保洁”机制，开展农村垃圾分类试点，乡村面貌持续改善。

锐意创新，生态文明建设成效显著。改革实践富有成果。完成全国首个县域生态文明建设水利总体方案编制，特色水文化品牌加快树立。“河长制”组织网络覆盖全县大小河流，构建起科学严格的水管理体系。顺利完成县属国有林场改革，收储商品林6608亩，完成森林抚育7.2万亩。环境整治更加有力。加强农业面源污染整治，拆除或关闭生猪养殖场78家，削减生猪存栏2.7万头，落实测土配方施肥23万亩次，推广种植紫云英1万亩。开展大气污染综合整治行动，强化工业废气治理，在全市率先完成黄标车淘汰任务，县域空气质量优良天数比例达99.7%。推进小流域综合整治，完成水土流失治理1027公顷，建设万里安全生态水系综合治理工程10公里，清淤河道6公里，全流域水环境质量达二类以上标准。加大渔业资源保护力度，在全市率先设定禁渔期，严厉打击电鱼、毒鱼等违法行为，收缴非法捕鱼工具两千余件。支撑能力有效增强。完善城区垃圾污水处理设施，改造城区生活垃圾填埋场，开工建设县污水处理厂二期、金岭污水处理厂，新改建污水管网17.5公里。加快提升环境监测能力，布设水质断面监测点29个，建成城区第二空气自动监测站，完成百石水质自动监测站及机动车尾气检测线建设。

共建共享，社会事业取得长足进步。保障体系不断健全。增强社会保障能力，全面完成全民参保登记和新老农保过渡衔接，提高农村低保、特困人员基本保障标准；推进社区居家养老专业化服务，创新乡镇敬老院运营模式；建设各类保障性住房164套。统筹促进城乡就业，完成县级及4个乡镇就业和劳动保障平台建设，新增城镇就业1435人，转移农村劳动力3608人；创新实施高校毕业生“乡聘村用”，公共技能实训基地成为全市唯一省级一类标准基地。加强劳动者合法权益保护，建设施工领域“无欠薪项目部”在全市率先实现全覆盖。民生事业加速推进。民生实事有效落实，23项为民办实事项目基本完成。教育均衡发展深入推进，新建、改造各类校舍9816平方米，新增学位200个；职教中心通过省级达标校验收，2017年高考本科上线人数、本一上线率创十年来新高。医药卫生体制改革步伐加快，完成县医院、中医院合署搬迁及妇幼保健院整体搬迁，探索推进跨区域医联体合作，全面实现公立医院药品、耗材零差率销售。人口计生基层基础更加夯实，生育水平持续适度稳定。文体广电事业快速发展，数字影院投入试运行，室内体育馆进入内部装修，完成45个村（居）健身路径建设，光泽电视台一套节目在全市率先实现高清播放。社会治理持续加强。全力维护社会和谐有序，深入开展“平安光泽”建设，认真落实综治信访维稳责任制，有力保障“厦门会晤”“党的十九大”等重大活动期间安定稳定。安全生产形势持续向好，扎实开展安全生产大排查大整治和大检查，安全生产“四项指标”全面下降。完善食品药品监管体制，认真落实粮食安全行政首长责任制，实现农村食品安全监管网格化全覆盖，成功创建省级食品安全社会共治示范县。扎实推进双拥共建，获评省级“双拥模范县”。

（摘编：赵旭东）

松溪县社会发展概况

2017年，松溪县紧紧围绕“绿色崛起、后发赶超”目标，持续掀起“百日攻坚”、“四比六促”热潮，全力打好项目建设、产业提升、扶贫开发、城乡建设、生态提升、环境优化六大攻坚战，围绕稳中求进的工作总基调，经济社会发展态势良好，县域经济实力得到增强。2017年全县实现地区生产总值52.9亿元，增长7.5%；财政总收入3.31亿元，增长17.8%；地方公共财政收入2.4亿元，增长9.9%；固定资产投资总量65.9亿元，增长20.0%；社会消费品零售总额27亿元，增长9.5%；农村居民人均可支配收入11242元，增长9.5%；城镇居民人均可支配收入26557元，增长9.0%。各项经济指标稳中有进、稳中有升，固定资产投资总量、财政总收入、地方公共财政收入等体现后劲和效益的指标增幅排在全市前列。

着力打好城乡建设攻坚战，城乡环境更加美丽宜居。针对城区基础设施短板问题，谋划99个总投资200多亿元的城市基础设施项目。改造了陈源路、松茗小区道路，完成工农路、东大路、来龙路等道路白改黑6公里，完成“河六线”提级改造20公里，完成高速连接线、工农路、滨河路绿化提升6公里，完成解放街、大街路灯亮化改造。建成樟树林湿地公园，持续提升来龙山公园、塔山·文秀湖公园、人民公园，获“小城故事多”赞誉。建成粮食局、消防大队等4个城区公共停车场，新增停车位300多个。东升商城、东大广场、象城龙庭等一批城市综合体基本建成，引进碧桂园集团入驻开发文秀湖房产项目。针对城市管理短板问题，开展“城市管理提升年”活动，结合文明城市创建，围绕治脏、治乱、治差，集中整治松辉市场、七一桥头、枣岭街等重点地段。全面叫停“两违”。开展三轮车集中整治。开展城区殡葬改革，全市移风易俗改革工作现场会在松溪召开。高起点高标准策划实施总投资近22亿元的水美城市项目，打造“一溪两岸”总长15.6公里的滨河景观并进行综合开发，基本建成城区绿水1号坝、南岸河东乡政府至红旗桥滨水景观、红旗桥至塔下大桥两岸滨水景观，石壁山公园等重点项目有序推进。美丽乡村建设再上新台阶，新增五星级美丽乡村西洋村、四星级美丽乡村长江村、三星级美丽乡村万前村、马坪村。

着力打好扶贫开发攻坚战，精准脱贫取得务实成效。坚持把精准扶贫、精准脱贫作为首要民生工程，开展“千名干部联千户”挂钩帮扶，全县991户3149名建档立卡贫困户全部脱贫。贫困村出列24个。完成造福工程易地搬迁1461人。完成农村危房改造365户。开展“雨露计划”，培训1000人。落实扶贫小额信贷贷款2565万元，惠及贫困户514户。县本级投入3000多万元，全面落实各项扶贫政策，强化兜底保障，支持增收项目。县财政出资为全县所有贫困户购买健康扶贫商业保险、基本医疗保险、大病保险、医疗叠加保险等。筹集资金1500万元，支持31个贫困村发展“以村带户”光伏扶贫项目。

着力打好生态提升攻坚战，生态环境质量稳步改善。继成功创建国家生态县后，启动全国生态文明示范县创建工作。铁腕整治畜禽养殖污染，关闭生猪养殖场154家，拆除猪场9.07万平方米。严格执行“河长制”，在全省率先建立智慧河长制信息管理平台。采取政府购买服务方式实施河道保洁。主要河流水质保持全优，水域功能达标率100%。提前完成黄标车淘汰任务。节能减排各项指标控制在上级下达的范围内。加强生态建设，实施国家储备林质量精准提升工程项目，赎买生态区位内商品林1000亩、租赁2000亩。全年完成造林绿化1.29万亩，森林抚育6.12万亩。成功创建省级森林县城。

着力打好环境优化攻坚战，政务服务更加便利。全面落实“放管服”改革，累计取消县级行政权力81项，其中，行政许可事项29项，公共服务事项7项。梳理“一趟不用跑”事项396项，“最多跑一趟”事项271项。推行重大项目“并联审批”、非主审要件“容缺后补”等机制，实际审批时限比法定办理时限平均压缩13.2个工作日。推行“多证合一、一照一码”登记和电子营业执照等便民举措，开展“减证便民”专项行动，共减少企业办证1928份，时限压缩至当日内办结。成立专门的工作组，帮助企业解决历史遗留的不动产权登记问题。简化“企业转贷帮扶基金”使用手续，累计转贷金额3925万元，为6家困难企业解决融资困难。

着力办好民生社会事业，群众幸福感持续提升。全年共投入12.71亿元用于民生社会事业，占财政支出总数的79%。基本完成25项为民办实事项目。加快实施教育、医疗卫生、养老等领域补短板项目。教育方面，建成实小城东分校，新增学位1620个；启动城东、南门幼儿园建设，可新增学位720个。医疗方面，实施县医院由南平市立医院托管，引入先进管理经验和医疗人才，建成县医院病房楼主体工程和中医院康复楼，启动中医院（国医馆）医养结合迁建项目。养老方面，建成农村幸福院62个，在全省率先完成幸福院普及目标，得到省民政厅肯定。出台加强社区建设的实施意见，强化社区工作“人财物”保障。文体事业方面，策划松溪版画晋京展，建成33个村基层文化活动中心，群众体育、全民健身设施进一步完善。完成中央广播电视节目无线数字化覆盖工程。推动科技特派员制度创新发展，选派新一轮94名“科特派”到农村、企业一线服务。深化平安建设，年度综治考评位于全市前列。人民武装、妇女、儿童、残疾人、老龄、老体协、慈善事业、关心下一代工作不断加强，民族团结、宗教和睦，档案、方志工作全面进步。

着力加强政府自身建设，干事创业氛围日益浓厚。以“两学一做”学习教育常态化和学习廖俊波同志先进事迹为契机，加强政府班子和各级干部队伍政治思想建设和能力作风建设，增强“四个意识”，强化履职担当，筑牢不忘初心、牢记使命的思想根基。对县直部门和乡（镇、街道）实行差异化绩效考评机制，强化督促检查，进一步激发热情、压实工作。严格执行中央“八项规定”精神，全县“三公”经费预计同比下降15%，其中公务接待下降10%。自觉接受人大、政协监督和社会监督，办理人大代表议案和建议83件，政协委员提案和建议60件，满意率分别达98.8%和100%。

党的十九大站在新的历史方位，战略性地提出在全面建成小康社会的基础上，分两步走建设中国特色社会主义现代化国家的宏伟目标，为松溪县踏上新征程、书写新篇章提供了行动指南。2018年松溪县紧要而突出的有三大任务：一是全面加快发展步伐，做大经济总量，提高发展质量，实现提升进位；二是全面完成脱贫目标，在决胜全面小康道路上，不让一个人掉队；三是全面提升生态文明建设水平，实现经济发展的“高素质”与绿水青山的“高颜值”相得益彰。

2018年的预期目标是：全县生产总值增长8.5%；农业总产值增长4.5%；规模以上工业总产值增长9%；财政总收入、地方公共财政预算收入分别增长13%和11.7%；固定资产投资增长17%以上；社会消费品零售总额增长11%；外贸自营出口总值增长8%；实际利用外资增长20%；城镇居民人均可支配收入增长9%；农村居民人均可支配收入增长9.5%。

（摘编：郭　虹）

政和县社会发展概况

2017年，政和县政府团结和带领全县人民，按照建设“更具实力、更有活力、更大魅力、更加幸福的新政和”目标，围绕突破“四大经济”工作思路，以“百日攻坚”“四比六促”活动为载体，大力弘扬俊波精神，坚定不移谋发展，集中精力搞建设，攻坚克难求突破，圆满完成了县十七届人大一次会议确定的各项目标任务。紧紧抓住省长挂点、省统一战线新一轮助推、省直部门挂钩、石狮对口帮扶、南平市委市政府全力支持政和发展等一系列重大发展机遇，借势推动工作落实，借力促进经济发展，取得明显成效。综合实力持续增强，全年地区生产总值增长7.1%；固定资产投资增长15.5%，连续三个季度获得省上投资正向激励前期工作奖；财政总收入、县级财政收入均增长6%；社会消费品零售总额增长10.6%；城镇、农村居民人均可支配收入分别增长8.8%、8.5%。

聚力补齐短板，城乡环境持续改善。规划布局日益优化。县域城乡总体规划修编通过技术审查，土地利用总体规划获省上批复，渡头洋新区、防洪排涝、管道天然气等专项规划完成编制。“一城两镇”建设加快推进，“一中心、三组团”空间布局进一步优化。配套功能持续完善。万里安全生态水系城区段全面完成，滨水景观工程、中华紫薇园二期、古码头等项目序时推进，江滨大道启动建设，水美城市建设扎实推进。新建改造供水管网、污水管网20公里，衢宁快铁政和段、城区过境线、元峰大桥、七星公园提升改造、中心农贸市场等项目进展顺利，汽车站综合改造、中心城区立体停车场建成投入使用，城市基础设施不断完善。宜和佳苑、电商创业园、朱子书院、第二实验小学、第三实验幼儿园等项目有序实施，松源片区征迁稳步推进，西区新城加快建设。城市管理不断规范。建立城区“路段长”、渣土车长效管理机制，城市环境综合整治取得实效。成立5支民间志愿者队伍，志愿服务领域不断拓展。持续保持打击“两违”高压态势，全年拆除“两违”面积27.5万平方米。生态环境更加秀美。省级文明县城、园林县城、森林城市创建工作扎实推进，石圳荣获中国人居环境范例奖，念山国家湿地公园通过专家评审，镇前“长寿乡镇”通过省上初验，2个村被命名为全国生态文化村，4个村入选第二批省级传统村落，5个村成功创建美丽乡村精品示范村。4个乡（镇）污水处理厂基本建成，垃圾渗滤液处理工程投入使用。全县完成水土流失治理面积4万亩、造林绿化1.5万亩。全面推行“河长制”，关停整顿制砂点32个，关闭拆除生猪养殖场112家，提前完成黄标车年度淘汰任务，成功纳入全省林业碳汇交易试点，连续三年被评为全国百佳深呼吸小城。

扭住头等大事，脱贫攻坚持续有效。助农增收精准有方。1150名干部结对帮扶1811户贫困户，帮助协调解决问题3880个。总结完善全国扶贫小额信贷示范县经验，累计为881户贫困户提供扶贫小额贷款8846万元。开展“百企帮百村”“巾帼扶贫”“慈善募捐”活动，完成“雨露计划”“春潮行动”“新型职业农民培训”3380人次，引导1629名贫困户转移就业或发展产业，为134名贫困户提供公益就业岗位，4131个贫困人口全面脱贫，18个贫困村如期退出。夯实基础精准有力。制定支持村集体经济发展政策措施，每年安排500万元，支持“薄弱村”发展。为15个贫困村争取集体经济发展试点资金 750 万元，新建“产业 + 扶贫”示范村 10 个，改造提升农村扶贫公路 70 公里、生命防护工程 110 公里，新建扶贫机耕道 270 公里，272 户 955 名贫困人口饮水安全问题有效解决。建溪四期政和段防洪工程、高标准农田改造、旧宅基地复垦、烟基工程、农网改造等一批项目建成投入使用。兜底政策精准到位。资助建档立卡贫困学生 514 人，资助金额 106 万元。实施精准扶贫医疗叠加保险政策，免费为所有贫困户购买商业保险，公立医院住院实行先诊疗后付费制度。1333 名贫困对象纳入低保。建成造福工程集中安置点 5 个，完成危房改造 1023 户，贫困群众住房安全问题得到有效解决。

倾力民生福祉，社会事业持续进步。社会保障扩面提标。28 件为民办实事项目基本完成。城乡居民养老保险一体化全面实施，基本医疗保障制度持续深化。新增城镇就业、城镇失业再就业、困难人员再就业 2532 人，城镇登记失业率为 2.96%。完成社会福利中心一期工程，建成农村老人幸福院 8 个。社会事业协调发展。选派科技扶贫专员、特派员 84 名，成立全省首个乡镇“博士专家工作点”。22 所中小学扩容及幼儿园建设项目全面完成，县中职校被确定为省级达标校。4 个非遗项目被批准为省级非物质文化遗产，5 人被评为省级非遗传承人，五人足球争霸赛荣获福建赛区亚军。国医馆正式投入运行，县医院人才周转房完成主体工程，两孩政策全面实施。县级综合档案馆开工建设，二轮县志修编出版发行。社会大局和谐稳定。深化“平安政和”建设，有效推进社会治理创新，积极开展“四无”村创建活动，改造升级县乡村三级“综治中心”，社会治安保持稳定。坚持领导干部定期接访制度，及时回应和解决群众诉求。严格落实安全生产“党政同责、一岗双责”，交通、食品、矿山等领域安全生产形势总体平稳。

紧扣政府职能，自身建设持续加强。深入开展“两学一做”学习教育，结合学习廖俊波精神，组织实施“六个一”工程，建立廖俊波先进事迹教学点 10 个，开展“坐坐群众小板凳”活动，探索成立督查考绩工作委员会，切实转变工作作风。认真落实中央八项规定精神，“三公”经费有效控制。深入实施“七五”普法，全面开展公房清理整顿。自觉接受人大监督、政协监督和社会监督，办理人大代表议案和建议 109 件，政协委员提案 56 件，办复率为 100%。深入推进依法行政，加强政府投资预算审计，加大行政监察、政务公开力度，扎实推进党风廉政建设和反腐败工作。此外，国防动员、民兵预备役、双拥共建、民族宗教、外事侨务、库区移民、气象、人防、对台、老龄和关心下一代等工作取得了新进展，工会、团委、妇联、科协、残联、侨联、文联、工商联、计生协等在发展中发挥了积极作用。

2018 年是贯彻落实党的十九大精神的开局之年，是改革开放 40 周年，是决胜全面建成小康社会、实施“十三五”规划承上启下的关键一年。政府工作的总体要求是：高举中国特色社会主义伟大旗帜，坚持以邓小平理论、“三个代表”重要思想、科学发展观、习近平新时代中国特色社会主义思想为指导，认真贯彻党的十九大精神，围绕“五位一体”总体布局和“四个全面”战略布局，全力突破“四大经济”，全面推进“五大提升工程”，大力推进各项改革，稳增长、促改革、调结构、惠民生、防风险，促进全县经济社会持续健康发展。经济社会发展的主要预期指标是：地区生产总值增长 8.5%；规模以上工业增加值增长 8%；财政总收入增长 9.8%，其中地方财政收入增长 8.5%；固定资产投资增长 16%；社会消费品零售总额增长 11%；城镇、农村居民人均可支配收入分别增长 9%、9.5%。

（摘编：周忠志）

龙岩市社会发展综述

2017年，龙岩市各级政府认真学习贯彻党的十九大精神和习近平新时代中国特色社会主义思想，坚定不移贯彻新发展理念，扎实推进供给侧结构性改革，坚持稳中求进工作总基调，深入打好项目落地、脱贫攻坚、生态环保“三大战役”，着力补齐民生短板，经济社会发展取得新成效。

重点改革取得新突破。全国集体林权制度改革现场会在武平县召开，林改“武平经验”进一步推广。漳平市被确定为全国农村集体产权制度改革试点县。顺应“互联网+”发展趋势，建设“e龙岩”网上公共服务平台；开展“减证便民”专项行动，审批服务事项全部进驻网上办事大厅，“一趟不用跑”“最多跑一趟”事项达83.1%，让数据多跑路、百姓少跑腿，群众和企业办事更便捷、更舒心。不动产登记实行“一窗办理、集成服务”，办证速度全省首位、全国领先。全面完成市、县两级政府部门权责清单编制公开工作，基本完成环保机构垂直管理改革，理顺龙岩经济技术开发区、厦龙山海协作经济区和“大古田”管理机制。进一步规范改进市直单位人事编制管理。全面推行预决算公开，加强政府性投资项目概算调整管控。通过政府购买服务方式，发动社会力量参与重点工作。改进中心城区应急性项目建设管理，在“四保”前提下推进城建项目建设提速增效。创新招商工作机制，坚持领导带队招商，把服务好现有企业作为招商重点，求实求效办好“11·8”大型招商活动，全年新签约项目257个、总投资665亿元。

民生保障更加有力。城镇居民人均可支配收入32840元、增长8%，农村居民人均可支配收入15655元、增长8.5%；城镇登记失业率2.48%，城镇新增就业1.9万人。全市公共财政用于各类民生支出247.4亿元、增长14%，占地方公共预算支出的82.2%。全面完成23项为民办实事项目，一大批惠民举措落地实施，教育、卫生与健康、养老服务、城乡民生基础设施四大领域补短板工作不断加强。出台加强基础教育工作十条措施，新增中小学学位近1万个、幼儿园学位1.5万个，组建17个教育组团，推行“阳光招生”，推动教育教学质量提升。深化医药卫生体制改革，分级诊疗试点全面推行，妇幼等医疗卫生薄弱领域建设得到加强。提高城乡低保标准，实行城乡居民基本医疗保险市级统筹。基本建成保障性住房1.2万套，新开工建设4080套。成功入选全国居家和社区养老服务改革试点地区。在全国率先通过地方立法保护红色文化遗存，获批设立国家级客家文化（闽西）生态保护实验区。

平安县乡村三级联创和“3个10%”做法在全国推广；涉麻制毒、电信诈骗犯罪等专项整治成效显著。安全生产治理能力和监管水平有效提升。食品药品安全放心市建设扎实推进。全民健身和竞技体育全面发展。与此同时，龙岩市及7个县（市、区）被评为全省双拥模范城（县），连续三届“满堂红”，国防动员和后备力量建设成效明显。妇女、儿童、老年人工作继续加强，防灾减灾、对台事务、民族宗教、残疾人、人防、地方志、档案等各项事业取得新进步。

政府自身建设不断加强。认真学习贯彻党的十九大精神，深入推进“两学一做”学习教育常态化制度化，在“学懂、弄通、做实”上下功夫，扎实做好政府各项工作。牢固树立“四个意识”，把政治建设摆在首位，坚持在市委统一领导下开展工作。主动接受人大、政协监督和社会监督，办理人大代表建议295件、政协提案645件（次），办复率均为100%，办理质量进一步提升。修订完善《市政府工作规则》，建立市、县两级政府主要领导“三三一”工作机制，制定实施“三大战役”奖励问责办法，增强“马上就办、真抓实干”意识，形成苦干实干狠抓落实的工作氛围。我市机制创新项目在全省绩效管理考评中获第二名。坚持依法行政，政务公开和权力运行网上公开全面推进，“七五”普法深入开展。行政监察、审计监督持续深化，政府系统党风廉政建设和反腐败工作扎实推进。

城乡建设开创新局面。龙岩市及武平县成功创建全国文明城市。推进创城工作常态长效机制建设，城市管理水平明显提升，城市面貌明显改善，群众共建共享的积极性、主动性大幅提高，市民认同感、获得感明显增强。组织实施中心城区畅通工程，主干道路、拥堵节点改造、停车设施等一批重点城建项目加速推进，全年新开竣工57个项目，新建及改造城市道路17.8公里，新增公共停车位3000多个，新投放一批新能源公共汽车、共享单车，市民出行更加顺畅。制订《龙岩市城市绿化导则》，启动实施中心城市园林绿化提升工程，道路沿线、公园庭院和重要节点绿化改造力度加大，城市绿化美化再上新水平。特色小镇和美丽乡村建设扎实推进，新增1个国家级、2个省级特色小镇和1个田园综合体省级示范点、13个中国传统村落，村镇面貌持续提升。

2018年是贯彻党的十九大精神的开局之年，是改革开放40周年，是决胜全面建成小康社会、实施“十三五”规划承上启下的关键一年。龙岩市将着力产业兴市，着力项目带动，着力城乡协同，着力改善民生，着力改革创新，促进经济社会持续健康发展，推动“再上新台阶、建设新龙岩”迈出新步伐。全年经济社会发展主要预期目标是：全市生产总值增长8.6%；一般公共预算总收入增长3.5%，地方一般公共预算收入增长8.1%；固定资产投资增长15%；外贸出口增速不低于全省平均水平，实际利用外资增长6%；社会消费品零售总额增长12%，居民消费价格总水平涨幅3%左右；城镇登记失业率控制在4.2%以内；城镇居民人均可支配收入增长9.3%，农村居民人均可支配收入增长9.3%；完成节能减排降碳任务。

为此，社会发展重点做好强化补齐短板，推进民生事业改善工作。

坚决打赢脱贫攻坚战。精准扶贫是政治责任、是底线任务，龙岩市必须带着情怀和责任抓落实。按照习近平总书记“全面建成小康社会，一个不能少；共同富裕路上，一个不能掉队”的要求，压实责任、精准施策、精细落实，确保在册建档立卡贫困人口全部脱贫、160个贫困村和14个贫困乡镇退出。突出产业帮扶，发挥农业龙头企业带动作用，扶持贫困户发展可直接受益的项目，让贫困户稳定增收。突出金融支持，整合各类扶贫资金，探索建立贫困户资产性收益增收机制。突出健康扶贫，落实好大病医疗补助、医疗叠加保险等政策，加大临时救助、慈善救助等帮扶力度，防止因病致贫返贫。注重扶贫同扶志、扶智相结合，推广激励性扶贫，激发贫困人口内生动力。对无法通过产业扶持和就业帮助脱贫的家庭，实行政策性保障兜底。完善政策引领、投入保障、责任落实、社会参与等脱贫攻坚长效机制，加强脱贫后续保障，提高脱贫质量，确保贫困人口稳定脱贫。用好精准扶贫信息平台，实现全过程指导、推动和监管，以信息化促落实、促公开、促精准，确保脱真贫、真脱贫。严厉查处扶贫领域腐败问题，坚决反对和纠正弄虚作假、做表面文章等侵害群众利益的不正之风。

促进教育优质均衡发展。坚持把教育事业放在优先位置，努力满足市民对优质教育的新需要。推进城乡义务教育一体化改革发展，努力让每个孩子都能享有公平而有质量的教育。认真落实加强基础教育工作十条措施，全面加强教学质量管理，完善以教绩为导向的职称评聘管、教师教绩考核激励、班主任考评奖励等机制，让一线教师、骨干教师和教学成绩突出的教师“多劳多得、优绩优酬”。加快推进城区基础教育学校扩容，实行代建、施工一体化“交钥匙”工程，全市新改扩建中小学31所、新增学位1万个以上，新办公立幼儿园20所、新增学位7200个以上，扶持发展普惠性民办幼儿园，加快消除“大班额”。深入实施

"名校带动工程"，推动基础教育组团发展，扩大优质教育资源覆盖面。深化产教融合、校企合作，推动职业教育转型发展。支持和规范民办教育，办好特殊教育、终身教育，建设学习型社会。

推进文化繁荣兴盛。坚定文化自信，加快建设文化强市，激发闽西特色文化创新创造活力。培育和践行社会主义核心价值观，传承和弘扬红色文化、客家家风家训，凝聚发展正能量。完善公共文化服务体系，实施文化惠民工程，抓好市博物馆改造提升等项目，多建一批百姓身边的文化设施，丰富群众性文化活动。以国保带省保、县保，加大红色文化遗存保护力度，全面推进国家级客家文化（闽西）生态保护实验区建设。推进海峡两岸交流基地、台湾青年创业基地建设，深化龙台文化交流。规划建设龙岩洞文化创意产业园、特色文化街区，鼓励支持闽西特色文艺创作，大力培育新型文化业态，让文化资源优势转化为产业发展优势，进一步打响闽西文化品牌。

建设健康龙岩。持续深化医药卫生体制改革，全面推进分级诊疗和医联体实质性运作，加强基层医疗卫生服务体系建设，推动优质医疗资源下沉。加快推进产科、儿科、老年科等薄弱学科建设，新增产科床位100张、儿科床位200张以上。鼓励和支持社会资本办医。精准引进高层次医学人才，定向培养一批本土化医学人才，提高基本医疗服务水平。促进健康与旅游休闲、体育健身、养生养老、中医药等融合发展，实施居民营养计划，研究推广闽西特色药膳养生文化，加快发展健康产业。从严抓好食品药品安全工作，坚决把好百姓饮食用药的每一道关口，创建国家食品安全示范市。继续建设一批市民身边的健身设施，满足市民健身需要。打造"一县一品"全民健身活动品牌，备战第十六届省运会。实施好全面二孩政策，加强与妇幼保健、教育等政策配套衔接。

健全社会保障体系。就业是最大的民生。实施积极的就业政策，加大对灵活就业、新就业形态的支持，鼓励创业带动就业，抓好高校毕业生、进城务工人员、困难人员等重点群体就业，新增城镇就业1.8万人以上。坚持"房子是用来住的、不是用来炒的"定位，加快建立多主体供应、多渠道保障、租购并举的住房制度。加大棚户区改造力度，基本建成保障性安居工程6000套。完善社会救助体系，继续推进大病统筹保险和医疗救助，继续提高城乡低保标准，扩大低保对象覆盖面，整合资源协力救助在校贫困大学生，实施红土助残工程，使困难群众心里有温暖、生活有奔头。推进社会保险扩面，实施全民参保计划，继续推进机关、事业单位养老保险制度改革。发展社会福利、慈善、老龄事业，关心帮助孤寡老人，支持建设一批居家养老和日间照料中心，加强农村留守儿童关爱保护，切实维护妇女和未成年人合法权益。落实好双拥优抚政策，支持驻岩部队建设，提高国防动员、后备力量和人民防空建设水平。

建设平安龙岩。平安是发展的前提，是最基本的民生。坚持共建共享，持续深化平安县乡村三级联创活动。推进"互联网+社会治理"，完善立体化、信息化社会治安防控体系，坚决整治群众反映强烈的治安问题。落实综治维稳责任，加大联合惩戒激励力度，提高就地及时解决信访问题能力，筑牢社会稳定的第一道防线。广泛开展普法宣传教育，加强公共法律服务体系建设，积极引导群众养成用法维护权益、解决纷争的习惯。弘扬生命至上、安全第一的思想，认真落实"党政同责、一岗双责、失职追责"，深入开展重点行业、重点领域专项整治，坚决遏制重特大安全事故，提高防灾减灾救灾能力。坚持控新化旧，规范政府融资举债行为，稳妥处置隐性债务。加强金融信用建设，完善不良贷款协调处置机制，依法打击恶意逃废债行为，有效防范涉众型经济风险。依法妥善解决好农民工欠薪问题。创新社区治理模式，推动社会治理重心向基层下移，强化街道、社区治理和服务职能。发挥群团组织在社会共治的积极作用，推进社区、社工和社会组织联动发展。

（摘编：孟力坚）

新罗区社会发展概况

2017年，新罗区牢牢把握“稳中求进”的总基调，转方式调结构，惠民生保稳定，有力地促进了经济平稳较快增长和社会和谐稳定。辖区GDP795.9亿元，增长7.9%；财政总收入32.3亿元，首次突破30亿元大关，增长11.6%；地方级财政收入21.9亿元，增长8.6%；固定资产投资846亿元，增长11.4%；社会消费品零售总额355.1亿元，增长13.4%；城镇居民人均可支配收入36736元，增长8.2%；农村居民人均可支配收入18919元，增长8.1%。荣获全省双拥模范城、第五届全国文明城市等荣誉称号，继续跻身“中国市辖区综合实力百强区”“最具投资潜力中小城市百强区”。

统筹城乡发展，持续改革创新，经济社会的发展环境不断改善。

城乡统筹力度加大。宜居环境日益优化，新增环城森林景观美化造林1950亩，沿河路步栈道等“绿网道”工程有序推进。努力解决“出行难、停车难”问题，“道路畅通”等工程初见成效，莲花山海关节点地下通道、溪南路邮政交通节点匝道桥通车，建成凤凰小学及挺秀花园家长接送区，新建社区停车场15个、新增车位1026个。22个美丽乡村建设取得突破，农村基础设施逐步完善，国省干线、镇镇有干线、危桥改造工程有序推进，完成农村公路提级改造135公里，荣获首批“四好农村路”省级示范县。

改革创新持续深化。深化社会事业领域改革，全面实行公立医院院长竞聘制、试行校长职级单列考核、校领导竞聘上岗等机制；推进土地节约集约利用，闲置土地处置率排名位居全省前列；启动区属国有林场改革，已完成26片合计1万余亩山场的赎买、租赁工作，被列为全省2017年重点区位商品林赎买改革试点县（区）之一。坚持创新引领，全年新增院士专家工作站1家，省、市级科技小巨人企业5家、高新技术企业7家，省级创新平台2家；“双创”成效初显，现有众创空间13家、互联网孵化器5家；创业主体大量增长，全年新增企业3761户、个体工商户1.7万户，分别增长36%、118%。

加快发展社会事业，增进民生福祉，人民群众的获得感稳步提升。

民生保障更加有力。26件为民办实事项目全面完成。进一步完善社会保障、就业、帮扶、救助体系，城乡居民基本养老保险续保率达95%，新就业、失业人员再就业共计13338人，城镇登记失业率2.5%；积极稳妥处理劳动人事争议案件，全面推行约谈欠薪企业、工资保证金等制度。优质教育均衡水平明显提高，出台创建教育名城“1+9”实施意见，推行“阳光招生”；紫金山实验学校、卧龙幼儿园等5所学校开班招生，北城小学等8个扩容项目加快实施，龙岩侨中被省教育厅批准为第二批“现代学徒制”项目建设学校。加强统筹医疗资源，完善城乡基本医疗及公共卫生服务体系，加强医联体建设，居民健康档案建档率78.2%，家庭医生签约服务19.6万人，占户籍总人口的37.5%；建成并投入使用“互联网+”养老服务平台，社区老年人日间照料中心5个、农村幸福院8个、居家养老服务站20个；积极推进社会资本办医，新设置医疗机构12家。

社会秩序更加安定。持续推进“平安新罗”建设，社会治安形势良好，信访维稳实现“四下降一好转”目标，矛盾纠纷稳控率达100%，进京非访人次退出省前15名重点县（区）名单，实现厦门会晤期间各类重点人员“零失控”、十九大安保期间“零进京非访”；电信诈骗成功脱帽。持续加大民爆物品管理、涉麻制毒整治力度，扎实开展道路、消防、矿山等19项专项整治，安全生产态势平稳。

注重提升软实力，着力加强效能建设，政府工作的规范化、科学化程度进一步提高。

城市文明水平显著提升。多措并举提高871条背街小巷保洁质量，创造背街小巷环卫精细化保洁“新罗模式”；加速推进物业管理及农贸市场、流动摊贩等市容市貌整治，建成18个标准化分类垃圾屋，布放2080对分类垃圾箱；文明城市常态长效管理机制初步建立。创新开展西宫巷、仙龙巷等首批“美丽小巷”“美丽小道”创建活动，评选“最美环卫工人”“最美创城公益天使”。

政府自身建设不断加强。深入开展“两学一做”学习教育，大力整治“庸懒散拖”，实现政府权责清单全覆盖。有效开展“在职党员进社区”等帮扶活动，严格落实中央“八项规定”，全面完成党政机关公务用车改革；政府系统“三公”经费支出下降53%。实施新一轮机构改革，简政放权、放管结合、优化服务工作取得明显进展。持续推进“七五”普法，严格落实依法行政，自觉接受区人大及其常委会的法律、工作监督和区政协的民主监督。不断加强机关效能督查、行政监察、审计监督、政务建设和廉政建设等工作，政府绩效管理考评连续多年位居全市前列。

2018年是全面建成小康社会的关键之年，改革纵深推进，挑战与机遇并存。新罗区经济社会发展的主要目标是：地区生产总值增长8.5%，其中，一产增加值增长3.6%；二产增加值增长7.3%；三产增加值增长11.1%。地方级财政收入增长9%；规模工业增加值增长7.3%；固定资产投资增长15%；社会消费品零售总额增长13%；实际利用外资、外贸出口总值与上年持平；城镇及农村居民人均可支配收入均增长8%；城镇登记失业率控制在4%以内，各项社会事业协调发展。

为实现上述目标，新罗区在社会发展方面全力以赴抓好以下工作：

推动社会共治共享。进一步完善党委领导、政府负责、社会协同、公众参与、法治保障的社会治理体制。持续推进“七五”普法，抓好村级换届及信访工作，完善区、镇、村三级调解网络，健全矛盾纠纷排查调处多元化机制。健全共享服务体系，实施食品安全战略，严格落实安全生产责任制，扎实推进危险化学品、非煤矿山等19项专项整治，坚决预防和遏制重特大安全事故。

推进“教育名城”计划。认真贯彻落实创建“教育名城”实施意见和“基础教育十条”文件精神，着力实施农村教育振兴三年行动计划，推动教育优质、均衡、特色发展。全力推行“阳光招生”工作，严格执行“四批次”梯度和就近入学政策。实施教育“四项提升”和“三名”工程，加快16个教育领域补短板项目建设，确保月山小学、凤凰二小等一批教育项目开工，力争11个基础教育品牌学校组团发展，逐步加大教师培训力度，160名教师校长交流轮岗，着力打造龙岩二中、实验小学等20所5A级“平安校园”，铁山中心小学等一批特色鲜明、示范效应明显的特色学校。

完善“健康新罗”计划。以提高人民健康水平为核心，全面抓好居家社区养老服务等9大工程，积极推进区、镇分级诊疗制度和医联体建设，加快龙岩人民医院及龙门、雁石等4个卫生院新建和改扩建项目建设，加强乡村医生队伍建设，稳定优化基层“网底”。扎实开展健康养老“三年行动计划”，加快天喜温泉、奇迈小镇等一批养生养老项目建设，加大“医养结合”力度，推进“候鸟式”旅居、温泉健康等产业发展。全区建成20个五星级日间照料中心、15个三星级养老服务站，新建20个以上农村幸福院，推进9个乡镇敬老院标准化建设，促进优质医养资源有效下沉。

实施“美好生活”计划。着力打造“宜居新罗”，围绕城乡基础设施补短板“三年行动计划”，实施交通通畅、防洪防涝、景观提升等6大类385个项目，重点推进污水垃圾处理、村镇道路及临时停车场建设等。

（摘编：林学军）

永定区社会发展概况

2017年永定区牢记使命，艰苦创业，有效应对和化解了发展中遇到的各种困难，较好地完成了各项目标任务，社会发展呈现诸多工作亮点。

城乡建设纵深推进。立足城市提升、乡村联动，城乡面貌持续改善。新型城镇化进程加快。城区建设扎实推进，寨下新区、古镇新区、礼田片区基础设施更加完善。城南市场、体育中心运动场春节前将完成主体工程，碧桂园永定府、南门街二号地块二期实现开工。城建惠民“十个一”工程基本完成，改善了一批“破、小、弯、堵”道路，打通了体育大道、古镇沿河路、大路巷、寨下沿河路，完成了永定河栈道二期工程和银河路拓宽改造，开工建设创业大道，城区交通循环得到改善。高陂“小城市”建设产业发展与基础设施建设齐头并进，下洋、龙潭新型城镇化建设重点镇实施了一批民生项目。湖坑镇入选国家级第二批特色小镇。常住人口城镇化率47%、提高了1.7个百分点。“四带六村”美丽乡村建设成效明显。在省级、市级美丽乡村试点基础上，集中财力打造一批示范带、示范村，实施村庄河道清理、环境整治等项目，村容村貌明显改观，美丽乡村建设取得新成效。南江村获评全国文明村。基础设施进一步完善。完成交通基础设施投资10.8亿元、增长18%。永岐线“白改黑”工程建成通车，湖坎线改造、龙湖客运港搜救码头可在春节前竣工，永梅出省公路完成路基工程。永杭高速永定段建设顺利推进，靖永高速永定段春节前可实现开工，城区公交首末站春节前将投入使用。8座危桥改造工程实现竣工。投资4.7亿元实施水利项目，汀江防洪工程（一期）西溪段开工、培丰段竣工，湖坑下黄水库投资过半，南溪万里安全生态水系项目全面完工。

民生保障持续改善。坚持民生为本，全年共投入22.6亿元发展民生事业。脱贫攻坚取得实效。组织开展季度攻势行动，产业脱贫、小额信贷、“雨露计划”、扶贫搬迁等措施成效明显，堂堡乡整乡脱贫，14个贫困村实现摘帽，2437户8210人如期脱贫，7个易地搬迁集中安置区全面竣工，709户2372人春节前可搬入新居。社会事业加快发展。总投资5.7亿元的“六校联建”工程已开工建设5所学校，城关中心小学、龙凤幼儿园建成投入使用。出台强化基础教育系列措施，激发教师激情，新招127名年轻教师。高考再创佳绩，本一上线率比上年提高了3.8个百分点。投入1.25亿元实施一批医疗卫生项目，中医院整体迁建全面启动，湖坑、下洋卫生院综合大楼竣工落成。社会保障持续提升。机关事业单位和企业退休人员人均月增资196元、136元，1052名原公办、民办、代课教师享受了养老补助。城乡就业更加充分，组织500多名工人到工业园区就业，城镇登记失业率2.6%。城乡低保、特困人员、孤儿、残疾人生活补贴标准提高。为336个低收入家庭分配公租房。文化体育繁荣发展。启动传统文化复兴计划，成立传统文化研究会，实施传统文化“五进”工程。完成客家家训馆提升改造。中央红色交通线资源得到初步开发利用。成功举办了第二届环土楼国际山地马拉松赛，民间篮球赛等体育运动如火如荼。在全市运动会上取得了第二名的好成绩。社会治安和谐稳定。“平安永定”深入推进，安保维稳“八项行动”“雪亮工程”取得实效，圆满完成“金砖会晤”安保任务。社会防控体系建设初显成效，刑事发案率下降15.4%。上访秩序持续好转，各类矛盾纠纷化解成功率99.7%。成功摘掉“全省涉麻制毒重点关注地区”帽子。国防动员、民兵预备役、文物保护、消防、方志、档案、气象、科技、地震、老龄、残联、民宗、移民、烟草、侨台等工作均取得新成绩。

秀美永定成效明显。践行绿色发展新理念，全力以赴打好生态环保攻坚战役，秀美永定建设再上新台阶。环保设施逐步完善。投入1.94亿元建设环保基础设施，治污能力得到提升。实施13个汀江—韩江流域生态补偿项目，乡镇污水处理厂和垃圾中转站建设加快推进，完成4座污水处理厂、12个中转站建设，18个乡镇配备了压缩式垃圾运输车。污染整治强力推进。投入2.9亿元，关闭拆除生猪养殖场3458户、115.5万平方米，减少生猪存栏30万头，完成404户规模场标准化改造，生猪养殖业污染整治成效显著。全面关停非法矿山和石材加工企业，矿山复绿、石渣清理等综合整治效果明显。“河长制”建设全面展开，汀江永定段、永定河、金丰溪流域水质全面提升，年均值达到国家Ⅲ类水标准。顺利通过中央环保延伸督察。通过国家级水土保持生态文明工程验收。节能减排卓有成效。深入开展大气治理，淘汰黄标车833辆、燃煤锅炉5台，关闭机砖厂10家、石灰石矿8家、煤矿7家，城区大气环境监测24小时全覆盖，城区空气质量持续优良。单位规上工业增加值能耗、碳排放强度、二氧化硫排放量同比下降6%、4.7%、7.7%。

改革创新全面发力。坚持向改革要动力、向创新要活力。改进施政方式，强化自身建设。“放管服”改革纵深推进，“减证便民”活动取得实效，取消相关证明事项61项。简化审批流程，推进网上审批，12345便民服务管理平台投入使用，9个重点便民单位实行周末轮值。改革绩效管理机制，实行干部绩效二次分配。廉洁建设稳步推进，规范公务接待，完成公车改革，“三公经费”比降29.9%。自觉接受人大及其常委会法律监督、工作监督和政协的民主监督，人大代表建议和政协委员提案的办复率、满意率均为100%。改良社会风气，建设厚德永定。强化精神文明建设，深入宣传社会主义核心价值观，顺利通过国家卫生县城、省级文明县城复评。弘扬家庭美德，涌现了一批道德模范、“最美家庭”。加强社会诚信建设，建立个人诚信奖惩联动机制，评选文明诚信示范户，公布失信黑名单，严厉打击恶意逃废债务行为，处置不良贷款2亿元。开展移风易俗活动，规范婚事、丧事、民俗、习俗办理，净化社会风气，切实减轻群众负担。改革重点领域，激活体制机制。医疗领域，纵深推进区级公立医院改革，实行区医院、中医院院长聘任制，推行医院绩效量化管理，医药费用得到有效控制，医生积极性、患者满意率实现“双提高”，古竹、抚市、下洋三家卫生院被评为全国“群众满意卫生院”。国企领域，组建国资局，完善三大集团及其二、三级公司现代企业管理架构，建立业绩考核等系列监管制度，三大集团实现扭亏为盈。积极对接龙岩经开区，保障了高陂等四镇管理体制调整后工作顺利衔接。

2018年是贯彻落实党的十九大精神的开局之年，更是永定区加快实施“工业再造”、重振永定雄风的关键一年。永定区将深入贯彻党的十九大精神，以习近平新时代中国特色社会主义思想为指导，以新理念引领新发展，坚持稳中求进工作总基调，认真落实省市关于进一步加快经济社会发展的一系列政策措施，按照区委的决策部署，深入实施“工业强区、文旅兴区、生态立区、农业稳区”战略，统筹推进稳增长、促改革、调结构、惠民生、防风险各项工作，以更主动的转型升级赢取更大的发展空间，进一步推进创业创新秀美厚德新永定建设。

2018年，全区经济社会主要预期目标是：地区生产总值增长8.8%；一般公共预算总收入增长13.7%，地方一般公共预算收入增长13%；全社会固定资产投资增长15%；社会消费品零售总额增长14%；外贸出口总值增长6%；实际利用外资增长10%；城镇居民人均可支配收入增长7%，农村居民人均可支配收入增长8%；城镇登记失业率控制在4.3%以内；完成市下达的节能减排降碳任务。

（摘编：林学军）

上杭县社会发展概况

2017年，上杭县不忘初心，牢记使命，紧扣实现“四个率先”、打造“四个上杭”的总体目标，深入实施“三大战略”，全面打好“三大战役”，着力补齐民生社会事业短板，全县经济社会平稳较快发展，实现地区生产总值299亿元，增长8.3%；财政总收入32.05亿元，其中地方级收入24.18亿元，增长5.5%；固定资产投资306.8亿元，增长19.2%；社会消费品零售总额84.4亿元；城镇居民人均可支配收入36150元，增长8.5%；农村居民人均可支配收入15480元，增长9%。三次产业比调整为12.4出：54.8：32.8。创建第五届省级文明县城取得明显成效，被省文明委推荐为新一届全国文明城市提名城市。

基础设施逐步完善。铁路建设取得重要进展，龙岩至龙川铁路项目已召开可研审查会，基本明确上杭城区设站。厦蓉高速（上杭段）扩容建设、永杭高速（上杭段）建设项目加快推进。完成大中线（庐丰至中都段）建设，梅花山路一期、古蛟快速通道一期、黄太线、大中线（大池至溪口段）建设稳步推进，“2345”交通圈加快形成。农村公路管养得到加强，完成生命防护工程183公里、危桥改造8座。万里安全生态水系、烟草水源、汀江防洪等重大水利工程进展顺利，“小农水”重点县建设全面完成。

城乡面貌明显改观。完成《上杭县城总体规划修编（2015－2030）》。新建、续建53个城建项目，累计完成投资18.8亿元。启动实施汀江绿道一期工程，慢行系统近期可交付使用，一条集观光旅游、休闲健身、文化体验为一体的景观带将呈现在汀江两岸。城市交通进一步改善，张滩大桥及接线工程二期、上杭大道（建设路段）、江滨中路、人民路西段、振兴路改造基本完成，城区新增停车位571个，潭头大桥等项目有序推进。加快打造“15分钟生活圈”，杭川公园、水上运动中心综合楼、城乡规划展示馆、博物馆新馆等项目建成投入使用。全面推进17个省级“千村整治、百村示范”工程示范点、21个美丽乡村示范点和2个新型城镇化重点镇建设，启动古田红色小镇三年提升行动，完成投资5亿元。新增3个中国传统村落、2个中国少数民族特色村寨、2个全国文明村镇，村镇面貌明显变化。

生态环境持续改善。生态环保战役取得阶段性成效，47个生态环保攻坚项目完成投资10.3亿元。抓好中央环保督察反馈问题整改，生态环保“四大提升工程”扎实推进。空气质量持续提升，城区空气环境质量均达到或优于国家二级标准。全面推行河长制，实现县、乡、村三级河长（河段长）、专管员管理责任体系全覆盖。养殖业污染整治有新进展，关闭拆除生猪养殖场4004家58万平方米，实施规模养殖场标准化改造134家；“一江两河”及支流水质明显提升，Ⅲ类水质达标率96.7%。在全市率先实现农村生活垃圾、污水处理设施建设全覆盖。调整完善土地利用总体规划，修编第三轮矿产资源总体规划。完成植树造林2万亩，森林覆盖率达77.2%；完成水土流失综合治理6.8万亩，获评国家水土保持生态文明综合治理工程。

脱贫攻坚扎实推进。实现3077户9914人脱贫，蓝溪镇、下都镇和14个贫困村实现脱贫摘帽。精准帮扶扎实有效。实施“企业＋合作社＋贫困户”等帮扶模式，269家经营主体带动946户贫困户，解决贫困户就业2295人，培育出华润五丰、擎荣农业、同福鸽业、傲农槐猪等典型。实施激励性扶贫项目56个，受益贫困户866户3728人。增强贫困户“造血”功能，发放扶贫小额信贷资金1660户4455.6万元，覆盖面达31.4%；举办47期雨露计划培训班、培训贫困户4640人次。政府保障覆盖有力。贫困户住房安全问题基本得到解决，实施造福工程926户2899人、危房改造2290户5926人，完成4个造福工程集中安置点建设。贫困户就学就医难题得到较好解决，2667名贫困户子女享受各类教育助学补助433万元，发放贫困户参合参保和健康扶贫保险补助938.1万元。

民生事业不断改善。贯彻以人民为中心发展理念，坚持新增财力90%以上用于改善和保障民生，20项重点为民办实事项目基本完成。教育事业更加均衡。新开工建设3所幼儿园，推进10所学校“改薄”项目。实施乡村教师支持计划，提高乡村教师生活待遇。继续推行普通高中教育免费政策，受益学生1.3万人次。“阳光招生”政策深入人心，教育更加公平优质。医疗卫生水平稳步提高。县级公立医院综合改革和基层医药卫生体制改革持续推进，投入2000万元用于提升县级医疗机构和乡镇卫生院医疗水平，分级诊疗和医疗联合体制度稳步实施；有序推进县医院整体搬迁、妇幼保健院搬迁、6个乡镇卫生院用房建设。文化体育事业蓬勃发展。群众精神文化生活更加丰富，“月月有戏”文艺演出精彩纷呈，举办纪念畲族民族成份恢复30周年暨首届“三月三”畲族文化节等活动。文体惠民工程扎实推进，所有行政村实现广电光纤全覆盖，完成30个薄弱村文体设施提升改造。县图书馆获批国家一级馆，县少儿业余体校获评国家重点高水平体育后备人才基地。社会保障覆盖更趋完善。实现城乡居民基本医疗保险和社会养老保险参保全覆盖；实现城镇新增就业1821人、促进下岗失业人员再就业1321人，城镇登记失业率3.3%。实施城市棚户区改造357户，配租配售各类保障住房228套。养老服务水平显著提升，被评为2017年中国候鸟旅居小城，被确定为全省乡镇敬老院社会化改革试点示范县。

社会治理纵深推进。“平安上杭”建设深入推进。古田派出所被国务院授予“人民满意派出所”荣誉称号，县公安局再次获评“全国优秀公安局”称号。圆满完成党的十九大、厦门金砖会晤安保维稳任务，开展“红土肃毒2017”、项目建设领域治安治理、打击电信网络新型犯罪等专项行动，社会更加安定稳定。扎实推进社会主义核心价值观建设，实验小学温金娥老师获评第六届全国道德模范，受到习近平总书记亲切接见。创新完善社会管理模式，在全市率先实行县域综合治理季度分析会制度，军警民联勤联防工作机制得到完善。“七五”普法工作扎实推进，人民调解工作多元化调解“上杭模式”在全省推广，“一村一法律顾问、一社区一法律诊所”更加完善。社会管理逐步完善。全面实施“两孩”政策，推进计生服务改革。食品药品安全监管进一步强化，实现中型以上餐馆、学校食堂明厨亮灶率100%，古田省级食品安全示范街通过省级验收。全面深入推进安全生产大检查，全县安全生产形势稳定好转。双拥工作巩固加强，被评为全省“双拥模范县”和全省征兵工作先进单位。

服务水平不断提升。认真落实全面从严治党主体责任，推进“两学一做”学习教育常态化制度化取得实效，县政府机关党的建设和党风廉政建设工作持续加强。严格落实中央八项规定精神，按要求做好公务用车改革，办公用房、公务接待更为规范，出台《党政机关国内公务接待管理暂行办法实施细则》，“三公”经费支出下降18.7%。法治政府建设稳步推进，机关效能建设不断加强，政风行风持续好转。政务公开持续深化，县级政府部门权力和责任清单全面公布。自觉接受县人大及其常委会的法律监督、工作监督和县政协的民主监督，持续深化行政监察、审计监督，广泛接受社会监督，依法向人大报告工作，定期向政协和老同志通报情况，办理人大代表建议292件、政协委员提案235件。

2018年经济社会发展主要预期目标是：地区生产总值增长8.8%；财政总收入增长11.1%，地方级收入增长8.3%；固定资产投资增长15%；社会消费品零售总额增长12%；城镇居民人均可支配收入增长8%；农村居民人均可支配收入增长8.5%；居民消费价格指数控制在103%以内；城镇登记失业率控制在4.3%以内；完成市下达的节能减排降碳任务。

（摘编：赵旭东）

武平县社会发展概况

2017年，武平县紧紧围绕再上新台阶、建设新武平，凝心聚力谋发展，攻坚克难干实事，办成了一批大事、好事。习近平总书记对福建林改、武平林改作出重要指示，全国深化集体林权制度改革经验交流会在武平县胜利召开。获评全国文明城市、全国平安建设先进县、国家园林县城、国家知识产权强县工程示范县、海峡两岸交流基地等国字号荣誉称号。综合实力稳步提升，竞争力持续增强，全年实现地区生产总值183亿元，增长8.5%，社会消费品零售总额75.8亿元，增长14%；财政总收入11.4亿元，增长8.8%，城镇居民人均可支配收入31000元，增长9%；农村居民人均可支配收入14980元，增长9.5%。

脱贫攻坚战役实现预期目标。投入扶贫资金1.8亿元，实现1个贫困乡、12个贫困村摘帽退出，9929名贫困人口脱贫。发放农业产业扶持资金3453万元，扶持3668户贫困户增加生产性收入。为1340户贫困户发放扶贫小额担保贷款3774万元。实施激励性扶贫项目52个。举办“雨露计划”培训班69期，培训3870人。建设造福工程易地扶贫搬迁安置点6个，全年完成建档立卡贫困户搬迁619户、2001人。全面落实贫困人口医疗保险叠加政策，补助1699人次。解决了1279名建档立卡贫困人口的饮水安全问题。投入2180万元扶持所有贫困村建成分布式光伏发电项目，投入1050万元实施21个贫困村集体经济扶贫试点，努力增强造血功能。投入2000万元实施贫困乡村道路提升工程，完成湘店店下至羊牯、民主至岭下公路改造。主动对接省直部门和厦门市思明区，争取脱贫帮扶资金9074万元。

生态环保攻坚战役取得较大进展。完成植树造林2.3万亩。河长制全面落实，总河长办实质性运作，河道巡查保洁常态化开展。认真总结象洞溪整治经验，以开展岩前、十方生猪养殖业污染综合整治“百日攻坚行动”为重点，投入9477万元开展生猪养殖业污染整治，全年关闭拆除猪舍64.2万平方米，削减生猪存栏42.6万头。建成岩前、十方、中山、东留4个乡镇生活污水处理厂，武东等8个乡镇生活污水处理厂开工建设。建成17座乡镇压缩式垃圾转运站，11个乡镇垃圾简易填埋场关停整治。水环境质量稳步提升，29个省、市、县考核断面水质达到或优于Ⅲ类水。黄标车治理、燃煤锅炉改造和危险废物处置任务全面完成。城区空气质量优良天数比例达99.7%，保持全省前列。武平县获评中国天然氧吧，梁野山国家级自然保护区获评中国森林氧吧。中山河国家级湿地公园高依山白鹭风景区项目加快推进。完成水土流失治理5.5万亩，矿山恢复治理110亩。环保执法不断加强，取缔拆除非法加工窝点23家，移送涉嫌污染环境犯罪案件2件。

县城面貌日新月异。武安路（二期）、东环路（三期）、北环路、北河西路基本完成改造提升，彩虹桥、中心桥完成维修加固。政府西路等5个停车场启动建设。新增公交车8辆。城区公共自行车（一期）项目建成投入使用。建成了平桥翠柳城市森林公园、平川河绿廊慢道（二期）、西门溪滨水慢道（二期）、梁野林荫大道、东门苑公园等园林景观，新增城区绿地15.3万平方米。实施背街小巷整治，完成七坊路立面改造。“一河两岸”夜景灯光工程完成改造提升。新建城区供水管网12.5公里，排污管网10公里，燃气管网15公里。城区建筑垃圾处理场（一期）建成投入使用。“智慧武平”城市管理服务平台有效运行。拆除“两违”面积72.5万平方米。第九期旧城改造项目取得新突破，全面完成征迁工作，A1、A3号楼顺利交房，A4、A5、A6号楼开盘销售。城区年新增人口超过8000人，常住人口突破10.5万人，呈现人口加速集聚、人气日益提升的好势头。

乡村建设力度加大。全年投入建设资金5.1亿元。平川镇再次获评全国文明乡镇，城厢镇园丁村、中堡镇远富村获评全国文明村。岩前新显小镇成功列入全省第二批特色小镇创建单位，完成新南街改造提升和狮岩景区提升工程。十方镇富坊街改造、集镇供水工程全面完成，新农贸市场将于春节前投入使用。东留桂坑等15个美丽乡村试点建设成效良好。

重点改革取得新进展。加快“放管服”改革，新取消行政审批事项26项，新下放（委托）事项21项；公布“一趟不用跑”事项262项、“最多跑一趟”事项536项；在全市率先实行行政服务中心星期六上班服务制度；完善网上政务服务和电子监察系统，全面推行“双随机一公开”监管。商事制度改革全面推进，新增个体工商户2695户，注册资本4.2亿元，分别增长33.5%、10.6%；新增内资企业613户，注册资本22.4亿元，分别增长35.6%、6.1%。教育改革不断深化，优质教育资源覆盖面扩大，在全市率先推行“阳光招生”。公立医院综合改革深入推进，组建县级医疗联合体6个，分级诊疗制度全面建立，县内就诊率达82.1%。全县农村土地承包经营权抵押贷款累计发放1.6亿元。

社会事业全面发展。出台加强基础教育十条措施，鼓楼幼儿园、文山幼儿园、第三实验小学建成投入使用，教育教学质量稳中有升。县医院创建“三级乙等”综合性医院有序推进，县中医院业务配套用房项目即将投入使用，妇幼保健院完成整体迁建，东留、中山、中堡卫生院业务用房建成投入使用。客都汇文化创意产业园被确定为全省13家、全市唯一一家省级文化产业重点园区。红色旧址群维修保护工程加快实施，中共武平县委旧址和林伟等4位将军故居完成修缮。牵头成立了闽粤赣边客家戏剧联盟，大型古装汉剧《百姓镇铁事》荣获福建省百花文艺奖。成功举办“元初客家欢”乡村春晚，在线全球直播，网络点击观看人数超过一亿人。成功承办全省中小学生手球锦标赛。获市级以上体育赛事金牌56枚。城区部分学校体育设施免费向社会开放。

民生保障水平不断提升。新增城镇就业1472人，农村转移就业2028人。被列入全国第三批农民工返乡创业试点县。提高城乡低保标准，农村低保从每人每年2650元提高到3960元，城市低保从每人每年3600元提高到5700元。县医院医养中心完成基础工程。建成河东、东城社区日间照料中心。新建11个村级幸福院，4家社会养老机构服务能力进一步提升。颐养家园（三期）项目正式签约。配租配售保障性住房4批次、216户。开工建设移民扶助项目25个。

社会治理成效显著。强化责任落实，突出重点领域安全生产监管，安全生产形势稳中向好。防汛救灾应急能力建设投入加大，指挥与应急救援系统不断完善，有效应对了台风等自然灾害袭击。消防装备得到加强。“法治武平”“平安武平”建设不断深化。圆满完成党的十九大、厦门金砖会晤等重大安保任务。严厉打击涉骗涉毒涉枪等违法犯罪活动，市涉麻制毒重点整治乡（镇）十方、东留实现摘帽。在全市率先实行城区烟花爆竹禁燃限放，被省纪委列为移风易俗试点县。坚持县、乡两级领导干部定期接访制度，非正常上访明显下降。

政府服务进一步加强。认真学习贯彻党的十九大精神，推进“两学一做”学习教育常态化制度化。积极配合省委巡视，主动抓好反馈问题整改，出台规范公务接待、加强政府性投资项目管理等约束性制度。坚持在县委统一领导下开展工作。自觉接受县人大及其常委会的法律监督、工作监督和县政协的民主监督，办理人大代表建议218件、政协委员提案183件，办复率100%。县政府领导带头守法学法用法，加强政府系统法律顾问配备。强化机关效能建设，重抓一线落实，连续第四年获得市对县（市、区）党政绩效管理考评前三名。坚持不懈整治“四风”、惩治腐败，行政监察、审计监督持续深化，政府系统党风廉政建设进一步加强。

（摘编：赵旭东）

长汀县社会发展概况

2017年，长汀县深入贯彻落实党的十八大和十九大精神以及习近平新时代中国特色社会主义思想，践行新发展理念，全县经济社会发展取得较好成效，荣膺“福建省县域经济发展十佳县”称号。全年完成地区生产总值210亿元、比增8.3%。财政总收入10.8亿元、比增15.3%，其中地方公共财政收入7.1亿元、比增9.7%。固定资产投资274亿元、比增18%。社会消费品零售总额78.8亿元、比增14.1%。城镇居民人均可支配收入23182元、比增9%，农村居民人均可支配收入13940元、比增9.2%。

城乡品质持续提升。出台名城历史地段管理、历史街区零星私有房屋收储办法，“一江两岸”景观修复、四大街区改造工程进展顺利。深化城市管理执法体制改革，出台公职人员文明行为规范，省级文明县城创建成效明显。河田镇入选省级特色小镇创建名单。河田蔡坊、馆前黄湖、羊牯吉坑被列为省级第二批传统村落，17个省级“千村整治、百村示范”工程开工建设，农村环境和一户多宅综合整治专项行动深入开展，乡村面貌日益改善。

生态文明日现新颜。完成水土流失治理14.1万亩、植树造林3.8万亩，分别占年度任务的122.4%、224.8%。长汀县南方水土流失治理典型案例被列为全国典型模式案例推广。全面推行河长制，关闭拆除生猪养殖场7.8万平方米，升级改造416家。通过全国水生态文明城市建设试点县评估验收。以中央环保督察为契机，扎实开展生态环保攻坚战役，排查问题企业70家，督促30家企业限期整改，突出环保问题整改完成率达100%。全县集中饮用水源水质达标率100%，环境空气质量优良天数比例达99.4%。成为首批国家生态文明建设示范县和“绿水青山就是金山银山”实践创新基地，入围中国候鸟旅居小城，生态文明理念深入人心。

基础设施日益完善。启动多规合一，修编县城总体规划、历史文化名城保护规划。完成了319国道策武黄馆至城关改扩建、省道205线新民—李城及梅林大道路面“白改黑”工程，建成农村公路129公里、安保工程147公里，完成危桥改造12座；兆征路停车场、首批公共自行车投入使用，铺设城市天然气管道100公里。第二污水处理厂投入使用，实现城乡垃圾污水处理设施全覆盖。完成电网改造189公里、高标准农田改造6.8万亩、补充耕地1500亩、除险加固病险水库3座，建成烟草援建水库4座。

脱贫攻坚更加精准。脱贫攻坚战役成效显著，5个贫困乡、46个贫困村、10870名贫困群众实现脱贫摘帽。52个竞争激励性扶贫项目带动贫困户1071户3842人脱贫增收；新建10个造福工程集中安置区，完成造福工程易地扶贫搬迁2543户9152人；发放小额扶贫贷款8215.2万元、覆盖面达40%；帮助无生产劳动能力的464户贫困户申请小额信贷资金，投资县医疗器械产业园，每户每年可分红3000元。

社会保障更加暖心。新增财力主要用于改善民生，公共财政用于各类民生支出29.6亿元、比增7.1%，占地方公共预算支出的80.1%。10件为民办实事项目基本完成。新增农村劳动力转移就业7533人，新增城镇就业3052人，城镇就业率97.9%。城市低保标准每人每月提高至538元。城乡居民基本医疗保险“三保合一”全面完成，城乡居民养老保险续保率达96.8%，企业基本养老保险、失业保险、工伤保险提前完成年度参保任务。城乡低保实现分类施保、应保尽保。

社会事业更加贴心。出台加快教育事业发展实施意见，新开工12个中小学及公办幼儿园项目，新增中小学及公办幼儿园学位1152个，完成罗坊小学及实验幼儿园整体搬迁，9所中小学通过省级标准化学校验收，教育教学质量不断提升。出台加快医疗卫生事业发展实施意见，汀州医院、妇幼保健院院长公开竞聘上岗，完成河田医养康复大楼和涂坊、古城、庵杰卫生院主体工程建设。加强计生优质服务，全面两孩政策平稳实施。长汀一中体育场、红军体育场投入使用，群众性文体活动蓬勃开展，歌剧《松毛岭之恋》被列入国家文化部“中国民族歌剧传承发展工程”，长汀客家九连环、汀州客家酿酒技艺列入第五批省级非物质文化遗产目录，文化软实力显著增强。再次荣获省级双拥模范县称号。

社会治理更加安心。平安县乡村三级联创深入开展，“平安三率”测评居省、市前列。完成“雪亮工程”联网应用，坚持以打开路、清内剿外和“四快四不”原则，涉麻制毒等各类违法犯罪活动得到有力有效遏制，成功举办全国禁毒重点整治工作推进会，由制毒物品流失严重通报警示地区降为重点关注地区。推进诉访分离，有效化解信访积案11件。从严落实安全生产责任制，安全生产形势总体保持平稳。开展食品药品、环保、交通、消防等重点领域大排查大整治行动，成为全省首批食品安全社会共治示范县。

重点领域改革纵深推进。12345便民服务平台正式运行，32家单位共904个审批服务事项进驻县行政服务中心，梳理875项“一趟不用跑，最多跑一趟”办事清单，行政审批提速68%。农村集体产权制度改革稳步实施，土地确权登记及流转工作进展顺利，新增土地流转面积6000亩。创新国有资产监管机制，成立融资租赁公司，深化国有企业试点职业经理人及薪酬制度改革，五个国有公司的投融资能力进一步增强。供销合作社进入全国百强县级社。机关及参公事业单位公务用车制度改革顺利完成。

政府自身建设不断加强。坚持党对政府工作的领导，牢固树立“四个意识”，积极推进“两学一做”学习教育常态化制度化，严格执行干部一线考察、干部召回等制度，扎实开展“马上就办、真抓实干”活动，行政效能进一步提升。自觉接受人大及其常委会法律监督、政协民主监督和社会监督，办理人大代表建议78件、政协委员提案110件，答复率均为100%。落实政府与法院、检察院、工会联席会议制度。加强政府系统党风廉政建设，严格落实中央八项规定精神和市委2号文件精神，认真抓好省委巡视组巡视整改要求的落实，效能监察和审计监督不断加强，严肃查处了一批违法违纪典型案件。

2018年是全面贯彻落实党的十九大精神的开局之年，是决胜全面建成小康社会的关键一年。政府工作的总体要求是：全面贯彻落实党的十九大精神，坚持以习近平新时代中国特色社会主义思想为指导，全面加强党对经济工作的领导，坚持稳中求进工作总基调，坚持新发展理念，紧扣社会主要矛盾变化，按照高质量发展的要求，统筹推进“五位一体”总体布局和协调推进“四个全面”战略布局，以供给侧结构性改革为主线，做好稳增长、促改革、调结构、惠民生、防风险、优生态各项工作，促进经济社会持续健康发展，加快建设机制活、产业优、百姓富、生态美的新长汀。

经济社会发展的主要预期目标是：实现地区生产总值比增9%；规模工业增加值比增9%；固定资产投资比增15%；财政总收入比增10.5%；地方公共财政收入比增13%；社会消费品零售总额比增14.1%；城镇居民人均可支配收入比增8%；农村居民人均可支配收入比增8.5%。

（摘编：张海生）

连城县社会发展概况

2017 年，连城县主动适应经济发展新常态，全力以赴稳增长、促改革、调结构、惠民生、防风险，实现了经济社会发展的良好开局。2017 年，完成全县生产总值 178 亿元，增长 8.8%；规模以上工业增加值 43.3 亿元，增长 9.5%；城乡 500 万元以上固定资产投资 260 亿元，增长 18.1%；社会消费品零售总额 59.5 亿元，增长 12%；财政总收入 7.2 亿元，地方级财政收入 4.6 亿元，分别增长 11.9% 和 6.6%；城镇、农村居民人均可支配收入为 28760 元和 13963 元，分别增长 9.5% 和 9%。

城乡基础设施日益完善。浦梅铁路连城段全线动工，完成冠豸山火车站站前广场改造提升工程（一期），铁路客运量 93.1 万人次，增长 48%。冠豸山机场旅客吞吐量 14.1 万人次，增长 22%，增开“昆明—连城—南京”和“北京（南苑）—连城”航线并实现稳定运营。基本建成省道“横八线”一期莒朋公路，完成国道“白改黑” 35 公里，新增县道 8 公里、村道 59 公里。建成城乡公园 8 个、公厕 21 个，新增停车位 450 个，城区东市场建成投入使用。龙咀、石槽坑烟草援建水源工程等基本农田水利设施项目加快推进。城市功能品质持续提升。“两横四纵”路网进一步拉开，莲北大道、江林大道和西环路改扩建项目基本建成，西城文教片区和北部新城路网配套更加完善。建成班竹桥至邓光陂沿河景观步道。新建改造污水、供水等各类管网 45.5 公里，城区生活垃圾日产日清。集中开展市容环境卫生专项整治活动，治理占道经营、违章搭建等行为，智慧城管平台整合 12345 便民服务中心职能，有效推进城市管理精细化、智慧化，城市形象进一步提升。乡镇开发建设统筹推进。新型城镇化重点镇建设步伐加快，实施新泉红色旅游公路、朋口建新市场综合体等各类重点镇建设项目 25 个，集镇面貌明显改观。培田草药小镇创建稳步推进，编制培田草药小镇创建规划及控制性详规，四季药花海观赏园、培田古村落重要节点草药景观工程等 18 个项目有序实施。

生态环保攻坚卓有成效。强力推进生猪养殖业污染整治，全面关闭拆除禁养区生猪养殖场，基本完成可养区保留猪场标准化改造提升。持续巩固地瓜干生产加工污染整治成效，全面完成企业臭气治理和小作坊改造提升。建成 6 个乡镇污水处理厂主体工程，实现乡镇垃圾中转站全覆盖。完成黄标车、燃煤锅炉淘汰任务，规模以上工业万元产值能耗下降至 0.29 吨标准煤，空气质量持续位居省市前列，优良天数比例达 99.5%。顺利通过中央环保督察，成功创建省级森林县城。河长制工作有声有色。全面推行河长制，实现全县河流河长、河道警长、河道保洁员全覆盖；在全市率先选聘专职河道专管员，建立巡查机制，及时整改巡查发现的问题，流域水环境质量持续好转，汀江、九龙江流域（连城段）水质达标率 100%。美丽乡村建设扩面提质。实施“千村整治、百村示范”工程，开展市县美丽乡村试点村建设，新培育省级示范村 2 个、市级试点村 17 个，初步打造北团石丰等 5 个“精品村”和曲溪美丽乡村“景观带”。曲溪冯地村被评为第五届全国文明村镇，宣和培田村入选全国第四批美丽宜居村庄示范名单，罗坊富地村被评为“2017 福建最美乡村”，赖源黄宗、四堡田茶等 7 个村获评第二批省级传统村落。

持续深化重点领域改革。深化财税体制改革，调整乡镇财政收支范围、基数及奖励分成办法，科学考核财税收入增量与增幅，有效激发乡镇创收积极性。完善招商工作机制，在全市率先制定出台《招商引资专项经费管理有关规定》，增加招商引资责任单位，为重点项目配备“项目服务秘书”和“项目代办员”，招商工作实现可喜突破。改革征迁工作机制，采取“指挥部政策把关、乡镇为主体、工作组具体推进”的新模式，建立健全绩效考评、协调调度、产权认定等新机制，强力开展重点项目保护性施工，有力保障项目建设。推动教师进出机制改革，加强教师队伍管理。深化公立医院综合改革，在全市率先成立覆盖全县医疗机构的医疗联合体。全面开展农村土地确权，签约率达98%。

坚持“小财政办大民生”，县财政全年用于民生支出20.9亿元，占一般公共预算支出82.9%，基本完成十二项惠民工程为民实事，民生保障基础进一步夯实。扶贫脱贫精准有效。落实干部挂钩和帮扶措施全覆盖，实现2016年建档立卡贫困户全部脱贫，赤岭、上琴等13个村和林坊镇完成脱贫摘帽。突出产业项目带动，发放小额扶贫贴息贷款6699万元，创建产业扶贫示范点42个，贫困户“造血”脱贫能力持续增强；建成67个集中安置点，全面完成易地扶贫搬迁和造福工程搬迁任务，贫困户生产生活条件显著改善。社会事业全面进步。教育事业均衡发展，学前三年入园率达98.5%，小学“大班额”现象基本消除，全市中考状元花落我县，高考本科上线率达70.6%，同比提高5个百分点。建成县职业中专实训楼、慈济幼儿园和朋口中心幼儿园。文体活动日益丰富，成功举办首届海峡两岸（连城）青少年棒球邀请赛，在市第十五届运动会中摘得76枚金牌，创历史最佳成绩。就医环境不断优化，开工建设县微创治疗中心（县医院二期病房楼），改造提升8个乡镇卫生院，完成县疾控中心整体搬迁。健康养老设施进一步完善，新建7个农村幸福院和4个社区居家养老服务照料中心，改造提升5个社区居家养老服务站，建成莲峰社区福利中心。计生优惠政策有效落实，优生优育水平稳步提升。社会保障更加健全。全年新增城镇就业1185人、再就业845人，转移农村劳动力就业5109人，城镇登记失业率2.33%。新建保障性住房955套，分配公共租赁住房146套。发放城乡低保金1568万元、特困供养保障金1318万元、医疗救助金732万元、残疾人两项补贴资金980万元。城乡居民基本养老保险参保率99.5%，城乡居民基本医疗保险参保率100%。省级文明县城创建深入开展。安全生产和食品药品安全形势总体平稳。严厉打击各类违法犯罪活动，成功退出禁毒整治全国重点关注地区和福建省警示通报地区行列。加强国防动员教育，实现创“省级双拥模范县”八连冠。妇女、儿童、青少年、老龄、残疾人、工会、红十字、民族宗教、防灾救灾、地方志、档案、移民等各项工作均取得新进展。

加强政风建设，发展保障更加坚实。严格落实中央八项规定精神，完善公务接待、公务用车等制度，“三公”经费下降32.3%。规范公共资源交易管理，整合建立公共资源交易平台。深入开展“七五”普法，加强行政监察和审计监督，自觉接受县人大依法监督、县政协民主监督和社会舆论监督，政府权力运行更加规范。定期向县人大报告工作，向县政协通报情况，共办理人大代表建议118件、政协委员提案128件，办复率100%。深入推进“放管服”改革，公布县级权责清单事项6100项，审批服务事项中“一趟不用跑”和“最多跑一趟”事项达88%。推行周末轮班办事制度，进一步方便群众办事。开展“减证便民”专项行动，减少审批环节860个，压缩审批时限60个工作日，政务环境持续优化。

2018年是深入贯彻落实党的十九大精神的开局之年，是加快实施“十三五”规划承上启下的关键之年，也是决胜全面建成小康社会的攻坚之年。连城县经济社会发展的主要预期目标是：全县生产总值确保增长9%，力争增长9.5%；规模以上工业增加值确保增长11.2%，力争增长12.5%；城乡500万元以上固定资产投资确保增长15%，力争增长18%；社会消费品零售总额确保增长13%，力争增长15%；财政总收入和地方级财政收入均增长13%；城镇、农村居民人均可支配收入均增长9.5%；城镇登记失业率控制在4.5%以内，完成市下达的节能减排降碳任务。

（摘编：苏建平）

漳平市社会发展概况

2017年，漳平市更新工作理念，改进工作方法，以解决问题为导向，着力破解群众关注的热点难点问题，经济社会发展取得新成效。全市地区生产总值230.6亿元、增长9%；一般公共预算总收入10.3亿元、增长8%；地方一般公共预算收入6.6亿元、增长6.5%；城镇居民人均可支配收入31555元、增长8.6%，农村居民人均可支配收入15844元、增长9.3%。

城区面貌不断更新。坚持规划先行，城市综合交通、停车场、防洪排涝、内河整治、地下雨污管网、公共服务设施、绿地系统等专项规划不断完善。践行"城市双修"理念，城区基础设施补短板项目完成投资15亿元，桂中路"白改黑"、中和路二期、城北保障房二期等项目建成使用，南龙铁路西园站前广场及通站道路、东坑口新大桥及连接线工程、福满北路提升改造、菁城文化驿站、顶郊大桥改造、城区污水管网管道等项目加快建设，景弘路、菁华大道（西园高速连接线）等"白改黑"项目有望近期竣工。实施环城森林景观改造，见缝插绿、人工增绿，城区"绿化率"40.9%。完善"一江两岸""一主轴"夜景工程建设，城区夜景缤纷璀璨。积极创建省级文明城市，抓好城市执法体制改革，建立健全城市管理长效机制，强化职能整合、部门联动，对违法建设、交通秩序、建筑渣土、占道经营、环境卫生等实行常态化整治，推行"八不"行为规范，开展"城管体验日""不文明行为随手拍"等活动，城市精细化、智能化管理水平不断提高。

新型城镇化、美丽乡村建设稳步推进。西园、和平、芦芝等乡镇逐步建成承载城镇化、产业化的城郊产业型精品城镇，实施了九龙江防洪工程（一期）芦芝段、拱桥溪生态水系、黄祠溪水土保持等项目。永福镇完成省级特色小镇、田园综合体创建规划，被列为省级田园综合体建设试点，策划生成了一批产业、基础设施、民生补短板项目，迎宾大道完成主体工程，环台品茶山道路、福坊山庄休闲体育文化园、红尖山风电场、大西岭风电场等项目开工建设。新桥镇引进忆知青生态农业、康宝硅橡胶制品等项目，森昌广利肉牛养殖、九龙江防洪工程（一期）新桥段等项目加快推进。南洋生态小镇、双洋古镇等特色乡镇加快建设，南洋国家湿地公园获省发改委"新开工好项目"，国家AAA级景区象湖杨美红军革命旧址群不断完善。市本级23个美丽乡村完成投资2.9亿元，列入省级美丽乡村示范村2个，入选第二批省级传统村落名录17个，永福镇西山村被评为第五届全国文明单位。

各项改革有序推进。抓好平台建设，行政服务中心通过国家级社会管理和公共服务综合标准化试点单位中期验收，乡镇（街道）便民服务中心标准化建设更加完善，公共资源交易电子化招投标全面推进，"互联网+行政审批"平台建设深入推进。抓好简政放权，取消行政审批和服务事项30项，简化办理环节211个，42个单位1218个事项进驻市行政服务中心，"一趟不用跑"和"最多跑一趟"事项达89.7%，所有审批事项均提前办结；建立并联审批事项72项，推行周末轮班办事制。抓好农业农村改革，探索落实农村土地集体所有权、农户承包权、土地经营权"三权分置"工作机制，农村土地流转进一步规范，农村土地承包经营权确权验收全面完成，我市被确定为全国农村集体产权制度改革试点县（市、区）之一，并选定菁东、福满、菁坑、下河等4个单位作为先行试点。抓好国有企业体制改革，推进国投公司优化重组，国有资产配置和运营效率提高。深化水利产权制度改革，创新治水投入机制，与省水利厅成功对接项目9个，总投资5.6亿元。

脱贫攻坚全力推进。对贫困人口实行“九措到户”，组织开展了脱贫攻坚季度攻势行动，突出产业扶贫、搬迁扶贫、金融扶贫、健康扶贫等举措，不断完善精准扶贫信息平台，建立了贫困户退出机制，对贫困人口实施动态监测和管理，注重扶贫与扶志、扶智相结合，做到脱真贫、真脱贫，投入扶贫资金1.1亿元，贫困人口脱贫5421人，达到退出贫困村条件的8个，龙岩市级扶贫开发重点乡镇南洋镇各项指标均达到“摘帽”条件，完成易地扶贫搬迁2460人、危房改造305户，“雨露计划”培训2855人次，发放扶贫小额贷款3236万元，新型经营主体带动贫困户脱贫增收465户；实施村集体经济稳定增收机制改革，在28个贫困村开展折股量化试点。助力就业扶贫，政府购买公益性岗位122个，实施激励性扶贫项目49个、参与2265人。落实政策兜底扶贫，贫困人口享受低保3890人、医疗救助4222人、教育资助1058人。

社会事业发展加快。10个为民办实事项目加快实施，合计投资5.5亿元。全市民生支出19亿元，占一般公共预算支出比重达到82.1%。教育质量持续提升，中高考再创佳绩，初中“五率”评比中获龙岩市优秀单位，获得全省安全教育示范市、全国义务教育发展基本均衡市称号；落实龙岩市“基础教育十条”，教育补短板项目完成投资3.2亿元，城关小学改扩建、第二实验小学、第二附属小学建成使用，“一校多区”管理学校增至13所，薄弱初中学校整体委托漳平三中或漳平二中管理的有3所，义务教育“阳光招生”、乡村教师支持计划、边远乡村小学试点课间营养餐、城区小学托管服务等全面实施，义务教育阶段进城务工人员随迁子女均就读公办学校，普惠性民办幼儿园加快发展。

“健康漳平”建设取得新进展，政府办医责任不断强化，县级公立医院综合改革扎实推进，通过全国基层中医药工作先进单位评审；基层卫生机构“一归口、三下放”政策有力落实，市乡医疗联合体逐步推进，人均基本公共卫生服务经费提高至50元；卫生补短板项目完成投资3000万元，完成西园卫生院、20个村卫生所规范化建设，市公共卫生大楼及和平、灵地等薄弱乡镇卫生院建设加快推进。两孩政策稳妥实施。文化体育事业加快发展，实施了4个文体惠民工程，开展了4项群文、17项文艺、14项全民健身赛事等活动，春季茶王（福州）品鉴推介会、水仙茶文化节及樱花旅游文化节成功举办，在全国青少年举重锦标赛、全国射箭重点学校比赛中取得佳绩。完成电视高清化播出改造工程，自办电视节目实现高清化播出。第三次全国农业普查圆满完成。

社会保障力度加大。就业形势保持总体稳定，新增城镇就业1654人、农村劳动力转移4758人，城镇登记失业率2.2%。建成乡镇人力资源和社会保障平台14个。城镇职工基本养老保险、医疗保险、失业保险、工伤保险、生育保险参保缴费覆盖面不断扩大，失业保险扩面参保人数3.2万人。公务员职务与职级并行及乡镇工作补贴改革稳步推进，第三轮专业技术岗位、工勤技能岗位设置全面完成，劳动关系协调、劳动人事争议调处、劳动保障监察执法等工作取得新成效。养老事业加快发展，拥有乡镇敬老院12个、社区居家养老服务站25个、村级幸福院33所、社区日间照料中心2个、民办养老机构3家。

社会大局和谐稳定。“平安漳平”“平安乡村”“平安库区”创建深入推进，“科技创安”覆盖率大幅提升。涉危涉爆、缉枪治爆、打黑除恶等专项整治深入开展，涉麻制毒、电信网络诈骗打击治理成果得到巩固，立体化社会治安防控体系不断健全，社区网格化治理模式有效运作，社会组织参与社会治理和公共服务不断扩大。信访工作“四个三”、矛盾纠纷调解机制不断健全，信访态势呈现“双下降”，在重要敏感时期实现了“零上访”。安全生产责任制严格落实，打非治违及重点行业、领域等专项整治深入开展，未发生较大及以上事故。防灾减灾、食品药品监管不断强化，突发公共事件预警和应急处置协调机制、社会稳定风险评估机制不断健全，自然灾害和突发公共事件有效应对。

（摘编：张海生）

宁德市社会发展综述

2017年，宁德市各级政府认真学习贯彻党的十九大精神，以习近平新时代中国特色社会主义思想为指导，围绕“开发三都澳、建设新宁德”中心任务，着力开展“一转三抓比贡献”活动，开拓创新、扎实工作，经济社会发展总体平稳，质量效益明显提升。全市生产总值1794亿元、增长5.3%；一般公共预算总收入176.85亿元、增长14%，地方一般公共预算收入110.38亿元、增长9.3%；固定资产投资1287.42亿元、增长5.1%；社会消费品零售总额565.09亿元、增长10.3%；居民消费价格总水平上涨0.7%；城镇居民人均可支配收入30558元、增长8.5%；农民人均可支配收入14732元、增长9%；税收总收入143.91亿元、增长20.5%，地方级税收收入77.45亿元、增长18.5%，以上两项税性收入和一般公共预算总收入增幅均居全省首位。

城乡建设统筹推进。中心城区建设管理不断加强。闽东路中段实现双向通车，长期困扰市民的“卡脖子路”问题得到解决。金马北路、金漳路、福利路建成通车，鹤峰路完成“白改黑”。新增公共停车位434个、新能源汽车充电桩240个。署前路棚改一期、金兰小区安置房等棚改项目完成安征迁。市博物馆、档案馆、科技馆和青少年宫“四大馆”开工建设。人民公园等一批园林项目加快改造提升，环东湖慢行道二期建成开放，东湖核心景观区逐步完善。曲尺塘、古溪溪防洪排涝工程建成投用。东湖塘北港完成清淤治理，新建改建一批供水和雨污管网。官昌水库完成主体工程建设。城市管理执法体制改革顺利推进，行政执法区域和权责划分明确。建筑垃圾管理办法制定施行。新型城镇化步伐加快。县域特色经济加快培育，城乡面貌进一步提升。古田国家级、福安省级新型城镇化综合试点工作扎实开展，霞浦三沙光影、屏南药膳、蕉城三都澳大黄鱼小镇深入创建。29个省市小城镇综合改革试点实施项目350个，赛岐、太姥山“小城市”试点经济社会管理和行政执法权限有序下放。福安穆阳、福鼎点头列入全国特色小镇，新入选省级特色小镇创建名单4个。全市完成“两违”综合治理477.77万平方米。县城卫生保洁市场化有序推进，139个“千村整治、百村示范”美丽乡村加快建设；完成939个行政村、3.72万户改厕改水，受益农民41.6万人。改厕工作在全国农村厕所污水治理会议上作典型介绍。综合交通网络加快构建。衢宁铁路宁德段加快建设，宁德北站铁路物流中心、宁南铁路前期工作加快推进。沙埕湾跨海公路通道工程、宁古高速六都复合式枢纽互通动工建设。八尺门作业区3#4#泊位建成投用，漳湾作业区10#、湾坞作业区5#、12#13#等泊位加快建设，城澳作业区6－15#泊位连片开发前期工作有序推进。

改革开放深化拓展。“放管服”改革深入推进，公布“一趟不用跑”和“最多跑一趟”事项819项。调整清理95项市级行政审批和服务事项，市县乡三级权责清单体系基本建立。“双随机一公开”监管机制全面推行。涉企证照登记备案等事项实现“45证合一”。市行政服务中心大楼投入使用，便民利企服务不断提升。国企国资改革深入开展，以管资本为主深化改革转变职能有效推进，取消、下放监管事项18项。财税体制改革不断深化，预决算公开统一平台启动运行，营改增实现行业全覆盖。“1＋5”人才政策出台实施，国家

“千人计划”人才项目合作交流对接会首次在宁德市举办。国家军民融合创新示范区创建工作扎实推进，国防动员、后备力量建设和海防、人防、反走私工作进一步提升，连续五届获评省级双拥模范城。第九届海峡论坛·陈靖姑文化节成功举办，古田临水宫祖庙列入全省首批对台交流基地。闽东北经济协作区宁德联席会成功举办，山海协作对口帮扶持续深化。

生态环境不断改善。环保督察问题整改扎实推进，干部群众环保意识明显增强。水、大气、土壤污染防治深入推进，河长制全面推行，实施水污染防治项目247个，完成安全生态水系建设126.89公里，新建乡镇污水集中处理设施27个、垃圾中转系统48个，主要流域水质优良比例100%。年度能耗总量和强度“双控”目标基本实现，大唐火电超低排放改造通过验收。黄标车淘汰任务超额完成。农用地污染状况详查全面启动，省里下达的工业危废贮存量削减任务顺利完成。领导干部自然资源资产离任审计等4项先行先试改革任务取得初步成果。四个国家重点生态功能区产业准入负面清单完成编制。蕉城水韵九都、霞浦杨家溪入选国家水利风景区，水利风景区创建工作在全国水利风景区建设与管理工作会议上作典型发言。寿宁杨梅洲峡谷晋级国家森林公园、古银硐矿山公园获评国家矿山公园。全市植树造林9.66万亩，治理水土流失23.16万亩，清理海上违规养殖2.9万亩。

民生事业协调发展。精准扶贫成效显著。实现脱贫3.45万人，实施造福工程1.68万人，分别超年度计划7%、18%；完成贫困户危房改造1095户。向1.07万贫困户发放小额贷款5.03亿元，总量居全省首位。为8359名贫困群众报销医疗费用4355.13万元，发放贫困家庭子女助学金和补助6198.35万元、惠及3.25万人次。扶贫工作在全省脱贫攻坚现场推进会上作交流发言。地标精准扶贫在世界地理标志大会上作典型介绍。保障体系逐步完善。全市民生支出237.97亿元、增长17.6%，占公共财政支出80.2%。完成30件为民办实事项目。新增城镇就业3.09万人、农村劳动力转移就业4.06万人，城镇登记失业率2.73%。农村低保标准从每年2650元提高到4000元、惠及7.82万人。2.3万名特定对象享受政府购买居家养老专业化服务。发放城乡居民养老金5.51亿元、高龄津贴4980万元。6250户职工家庭获得公积金贷款27.5亿元。新开工保障性安居工程5198套，基本建成4097套，累计配租配售2.88万套，2025户农村危房完成改造。社会事业补短板扎实推进。新改扩建公办幼儿园、中小学项目43个，新增学位8896个。改善农村义务教育薄弱校358个，新创义务教育管理标准化学校34所。建立宁德民族中学省市县三级共建机制。宁德职业技术学院通过教育部第二轮高职院校人才培养工作评估。宁德师院增设本科专业4个，整合闽东卫校设立二级医学院。分级诊疗制度实现全覆盖，县域内就诊率75.18%、增长14.7%。公立医院院长目标年薪制全面实施，医保管理体制基本理顺。实施医疗机构项目98个，新增床位266张，建成达标一体化村卫生所677个。新改扩建市社会福利中心等养老项目70个，新增养老床位1598张，改造护理型床位2845张，养老服务工程率先超额完成省定任务。蕉城黄鞠灌溉工程入选世界灌溉工程遗产名录。蔡威事迹展陈馆被命名为全国爱国主义教育示范基地。《山哈魂》荣获省百花文艺奖一等奖。新增国家级少数民族特色村寨15个。和谐寺观教堂创建活动深入开展。省运会、老健会筹办备战扎实推进，18个比赛场馆和市老年人活动中心改造提升工程基本完工。宁德市被推荐为全国文明城市提名城市。社会治理不断深化。“平安宁德”建设持续推进，网格化服务管理中心指挥大厅建成投用。“雪亮工程”建设在全省推进会上作经验交流。反恐维稳和社会治安综合治理措施有力，各类违法犯罪得到严厉打击，群众安全感率达94.62%。党的十九大、厦门会晤等重大活动安保维稳任务圆满完成。福鼎获评全国平安建设先进市。信访态势平稳可控，环境信访工作获环保部通报表扬。安全生产形势持续稳定，食品药品安全保障有力，防灾减灾扎实有效。工、青、妇、计生协、科协、统计、老区、老龄、残联、移民、人事编制、审计、档案、地方志、气象、防震、外事、侨务、对台等工作都取得新进展。

自身建设得到加强。认真贯彻落实市委决策部署，切实履行全面从严治党责任，制定实施党组工作规则和理论学习中心组学习制度，推进“两学一做”学习教育常态化制度化，党风廉政建设和反腐败工作深入开展。自觉接受人大及其常委会监督并报告工作，依法执行人大及其常委会决议、决定，配合开展执法检查、代表视察、专项调研、工作评议和专题询问，办理市人大代表建议348件。支持政协履行政治协商、民主监督、参政议政职能，定期向政协通报情况，重视委员调研协商成果，办理市政协提案342件。主动接受社会和舆论监督。与法院、检察院、工会互动联系持续加强。制定政府规章和规范性文件65件，废止或宣布失效规范性文件91件，依法行政水平进一步提高。机关效能建设持续推进，监察和审计监督不断加强。

2018年宁德市经济社会发展的主要预期目标是：全市生产总值增长8.5%，力争更快更好些；规上工业增加值增长8.5%以上；一般公共预算总收入增长6%，地方一般公共预算收入增长5%；固定资产投资增长10%；出口总值增长5%，实际利用外资增长10%；社会消费品零售总额增长10.5%，居民消费价格总水平涨幅控制在3%以内；城镇居民人均可支配收入增长8.5%，农民人均可支配收入增长9%；城镇登记失业率控制在4%以内；完成年度各项节能减排任务。

实现上述目标，重点要抓好社会发展以下方面工作：

加大社会保障力度。完善促进就业创业政策，确保全市新增城镇就业2.4万人、城镇失业人员再就业1万人。落实企业工资支付行为守信激励和失信惩戒制度，加快构建和谐劳动关系。推动基本养老、工伤、失业、医疗、生育等社会保险扩面增缴，提高城乡低保和特困救助供养人员护理标准，扩大政府购买居家养老服务覆盖人群。新开工保障性安居工程148套，发放低收入家庭租赁住房补贴476户。

补齐社会事业短板。年度计划投资180亿元，用于民生社会事业领域补短板。新改扩建幼儿园、中小学80所，新增学位2.5万个。创建义务教育管理标准化学校30所。基本完成改善农村义务教育薄弱校任务，缩小城乡、校际办学差距。加强民族中小学建设，深化宁德市民族中学省市县三级共建。推动一批省示范性普高建设。加强基础教育内涵建设，提升教育教学质量。推行教师县管校聘机制，统筹城乡师资配置。推进产学研一体职教园前期工作，加快宁德师院医学院、市教师进修学院研训楼建设，完成宁德职业技术学院二期工程。重视发展特殊教育、老年教育。实施医疗机构新改扩迁建项目151个。建成达标一体化村卫生所700个。加快完善分级诊疗、现代医院管理、全民医保、药品供应保障等制度。做大市医院、闽东医院两大医疗集团，鼓励成立县域紧密型医联体。开展基层医疗卫生服务能力三年提升行动，推动优质医疗资源下沉。加强省市重点专科培育和儿科、产科、精神科等薄弱专科建设。新建续建各类养老项目200个，整改达标乡镇敬老院61个，新增养老床位1000张以上，提高医养结合、居家养老专业化服务水平。

推动文化繁荣发展。加快“四大馆”建设，启动宁德大剧院和市工人文化宫、方志馆项目前期，推动基层综合性文化服务中心全覆盖。加强文艺精品创作，深入推进“魅力闽东”文化惠民和文化科技卫生“三下乡”活动。加强优秀传统文化传承发展，推进“七个一批”项目和“十大行动”，贯彻《宁德市畲族文化保护条例》，加快省级畲族文化生态保护区和宁德畲族文化园建设。推进36个红色文化重点项目建设。培育“古村落＋文创”、动漫游戏等新业态，打造文化产业“升级版”

维护社会和谐稳定。健全矛盾纠纷多元化解机制，提升信访工作法治化、规范化水平。贯彻新修订的《宗教事务条例》，依法加强宗教事务管理。建成天主教闽东教区主教府。加快社会治安防控体系建设，依法打击和惩治黑拐骗、黄赌毒等违法犯罪行为。强化公共安全风险管控，实施公共安全视频监控建设联网应用项目，提高预测预警预防各类风险能力。推进安全生产领域改革发展，严格落实安全生产责任制，坚决遏制重特大安全事故。完成道路安全整治提升。实行烟花爆竹分区域分时段燃放管理。强化食品药品监管，加大“餐桌污染”治理力度。

（摘编：于心民）

蕉城区社会发展概况

2017年，蕉城区主动适应经济发展新常态，推进供给侧结构性改革，积极融入“开发三都澳、建设新宁德”大局，围绕“再创黄金期，建设新蕉城”中心任务，以“一提三转六推进”活动为抓手，统筹做好改革发展稳定各项工作，经济社会保持稳中有进的良好态势。完成地区生产总值350亿元，增长10%；公共财政总收入23.8亿元，增长14.7%，其中地方公共财政收入13.7亿元，增长13.2%；固定资产投资238亿元，增长8.4%；社会消费品零售总额133亿元，增长13%；城镇居民人均可支配收入31755元，增长9%；农村居民人均可支配收入14786元，增长9%；居民消费价格指数上涨1.3%。

城乡面貌日益改善。62个城建项目扎实推进。署前路棚户区改造项目一期动工建设，闽东无线电厂改造项目完成征迁工作。闽东中路全面通车，富春东路全线动工，104国道拓宽改造前期工作顺利推进，完成鹤峰路“白改黑”和4条小街巷改造。新增城区停车泊位327个，占年度任务的109%。新建城市污水管网11.1公里，雨水管网8公里。曲尺塘、古溪溪防洪排涝工程建成投用，官昌水库、南漈溪河道整治项目完成主体工程建设。“五大公园”持续提升，基础设施逐步完善。“两违”综合治理持续推进，拆除违建面积约62.35万平方米，占全年目标任务的107.5%，城南、赤溪获评全省“两违”综合治理表现突出单位，蕉北鹤峰社区评为全省无违建创建工作示范点。小城镇综合改革建设水平持续提升，建设项目44个，完成投资约4.7亿元。赤溪获评全国美丽宜居示范小镇，八都猴盾、霍童邑坂、金涵上金贝获评第五届“全国文明村镇”，全年建设美丽乡村18个，美丽乡村景观带3条。完成农村改水102个村、改厕1731户。累计投入约4000万元，基本完成农村垃圾综合治理。

交通配套持续完善。全年交通基础设施建设完成投资17.2亿元。衢宁铁路和沈海复线高速公路蕉城段加快建设，宁古高速公路开工建设；国道228碗窑至罗源界公路开工建设；省道纵三线霍童至周宁段建成通车；霍童石桥至坑头老区公路、石后村级公路等项目加快建设；实施农村公路升级改造工程，对新建和拼宽至6.5米的农村公路分别给予每公里30万元、10万元补助。完成农村公路安全生命防护工程30公里。漳湾及城澳作业区泊位建设持续推进。

生态治理成效明显。关闭拆除七都吉屿等生猪养殖场140家，标准化改造规模生猪养殖场4家。区内粘土机砖（瓦）厂全部完成拆除取缔。网格化环保监管工作扎实推进。全面推行河长制，设置村级河道专管员292人，完成“一河一档一策”编制。七都溪洋中段安全生态水系项目一期通过验收，项目二期和霍童溪八都段安全生态水系项目开工建设。海漂垃圾治理进一步深化。黄标车淘汰工作完成省里下达的年度目标任务，垃圾焚烧厂完成技改，全年空气质量二级以上天数达95.6%以上。省级森林城市创建扎实推进，完成造林绿化13.6万亩，森林覆盖率达66.3%；建立健全生态公益林补偿机制，发放补偿金1360万元。

获得感更加充实。全年财政民生支出24.06亿元，同比增加2.87亿元。41个为民办实事项目稳步实施。2169户中心城市中低收入住房困难家庭得到住房保障，新开工保障性住房678套。七都官昌水库安置房建设基本完工，三峡移民安置点危房改造项目开工建设。新增城镇就业4233人，农村劳动力转移就业5018人。全年发放城乡低保金1886万元，特困补助1452万元，医疗救助和临时救助1182.5万元，残疾人补助795.5万元。深入开展脱贫攻坚行动，全年实现脱贫3621人，“造福工程”搬迁2103人，发放小额贴息信贷2470万元，赤溪由知等4个村被评为市级精准扶贫典型培育示范村。成立区农产品基地联盟，并与时代新能源签订农产品长期订购协议，促进贫困户增收。霍童坑头被列为京东集团与宁德市党建带动电商精准扶贫试点。

幸福感更有保障。出台教育、卫生与健康、养老和城乡民生基础设施等四个领域的补短板实施方案。区第一实验学校扩建工程、蕉城中学教学综合楼、二中学生宿舍楼竣工验收，五中新校区扩建工程加快推进。3所公办幼儿园投入使用，新增学位900个，洪口幼儿园动工建设。分级诊疗制度建设加快推进，家庭医生团队签约服务工作全面启动，“海云工程”项目133个村卫生所开通普通门诊新农合补偿业务。“创文明城、迎省运会”系列活动深入开展，通过省级文明城区总评验收，区综合体育馆交付使用，开展霍童溪国际山地自行车赛。蔡威事迹展陈馆入选全国爱国主义教育示范基地。蕉南鹏程街区被认定为省级历史文化街区。洋中东山柳州祠等7个文物点被评为省级文物保护单位。区居家养老服务中心平台投入运营，完成2个居家养老服务站改造，建成4个农村幸福院，赤溪黄田、八都溪池慈善幸福院被列为省级示范点，建成35个老年人康乐家园。

安全感得到增强。“平安蕉城”建设不断深化，反恐维稳和社会治安综合治理措施有力，各类违法犯罪依法严厉打击。厦门会晤、党的十九大等重大活动期间安保维稳任务圆满完成。区公安分局获评“全国优秀公安局”。“一村（社区）一法律顾问”实现全覆盖，“三纵三横”公共法律服务网初步形成。重视群众诉求，信访态势平稳可控。金融风险有效防范，贷款不良率从去年底的4.99%下降至2.79%。未发生较大以上安全生产事故，列入省为民办实事项目的32处道路隐患全部整改到位。食品药品安全监管、防汛防台、森林防火、应急管理等工作水平进一步提升。

重点改革统筹推进。深化“放管服”改革，完善部门权责清单管理。营改增实现行业全覆盖。完成区对乡镇（街道）财政体制调整，进一步理顺区乡两级财力分配关系。农村土地确权颁证基本完成，为农村新型经济组织流转土地4.65万亩，石后小岭村创新土地流转经营发展模式被央视《经济半小时》栏目报道。完成党政机关公务用车制度改革。创新科技成果对接机制，完成技术需求征集6项，项目对接5项。教育、医疗、社会保障、财税、生态文明、文化、社会治理等领域改革进一步深化。

公共行政服务优化。加强区行政服务中心标准化建设，建立健全投资项目并联审批机制，完善网上审批服务平台，强化审批窗口管理，规范行政审批行为。区行政服务中心全年累计受理办件约64.5万件。及时公布“一趟不用跑”和“最多跑一趟”办事清单，共计567项，占全区审批服务事项的81.98%。规范公共资源交易平台，全年完成交易189宗，交易金额18.1亿元，累计为财政节约1.18亿元。

政府建设不断加强。认真履行全面从严治党责任，推进“两学一做”学习教育常态化制度化。深入推进依法行政，严格落实向区委请示报告制度，规范执行“三重一大”事项集体决策制度，自觉接受人大及其常委会监督并报告工作，依法执行人大及其常委会决议、决定，积极配合开展执法检查、代表视察和专项调研，办理区人大代表议案、建议125件，流域生态补偿机制、社区工作者生活补助等问题有效解决。支持政协履行政治协商、民主监督、参政议政职能，定期向政协通报情况，重视委员调研协商成果的办理、落实和反馈，推进提案督办工作，办理区政协委员提案129件。主动接受社会和舆论监督。政府与法院、检察院互动联系持续加强。政务公开和权力运行网上公开全面推进。认真落实中央八项规定精神，严管“三公”经费，持续纠正“四风”，对全区项目建设指挥部进行清理并制定管理办法。党风廉政建设和反腐败工作深入开展，严肃查处一批违纪违法案件，机关效能督查和问责力度加大，风清气正的干事创业氛围更加浓厚。

（摘编：周忠志）

福安市社会发展概况

2017年，福安市紧紧围绕“争当新标杆、建设新福安”要求，全力做好稳增长、促改革、调结构、惠民生、防风险各项工作，经济社会实现持续健康平稳发展。全市生产总值417.9亿元，增长7.0%；固定资产投资231亿元，增长12.8%；社会消费品零售总额83.1亿元，增长11%；公共财政总收入34.3亿元，增长17.2%；地方公共财政收入19.9亿元，增长7.0%；城镇居民人均可支配收入32491元，增长8.0%；农村居民人均可支配收入15348元，增长8.5%；居民消费价格总指数100.8；城镇登记失业率4%；人口自然增长率-0.96‰。

城市面貌持续改观。实施宜居环境建设项目138个，完成投资32亿元。溪北洋和富春溪西岸城市新区加快建设，赛岐镇“小城市”培育试点初具规模，穆阳镇入选第二批全国特色小镇，湾坞镇入选全省第二批特色小镇，溪柄宁德市级小城镇综改取得成效。富春溪湿地公园三期、坂中森林公园南区、秦溪两岸城南段绿道、大剧院配套广场景观、秦溪洋东片区路网一期、察阳路人行道改造提升及富阳路、世纪大道、解放路“白改黑”和福安经济开发区江滨大道A段等一批景观工程和市政道路建成或即将建成投入使用，溪北洋非机动车隧道全线贯通，福安至赛岐快速通道支线、沈海复线福安至蕉城漳湾段、富春大道三期、湾坞鲤鱼顶隧道南洞、湾坞特色小镇一期路网加快建设。成立城市管理监督指挥中心，推行落实街长制，有效处置城市管理热点难点问题。全力创建“无违建”示范市，拆除各类“两违”“两乱”建筑物、构筑物484处，建筑面积105.09万平方米，占地面积156.57万平方米，市容市貌明显改观。

新农村更加美丽。一大批美丽乡村项目深入推进，落实“一事一议”项目65个，奖补1999万元。茜洋溪和磻溪流域2条省级美丽乡村景观带及21个省级美丽乡村建设成效明显，建成范坑毛家坪村等重点党建示范点14个。穆云乡被命名为第四批全国民族团结进步创建活动示范单位，廉岭、虎头、金斗洋、后洋等4个村被命名为第二批中国少数民族特色村寨，凤洋、兰田等7个村被列为第三批中国少数民族特色村寨保护与发展试点村。溪邳村入选第一批全国最美渔村，南岩村被评为全国环境整治示范村，溪塔村获全国文明村镇称号，仙源里等12个村入选第二批省级传统村落，黄儒等6个村被列为省第二批农村社区建设示范单位。公布福安市级第一批历史建筑、特色建筑58处。

社会保障不断加强。全年市财政民生支出34.61亿元，占全市公共财政预算支出的81.0%，增长14.1%。制定了教育、卫生与健康、养老、城乡民生基础设施等四个补短板实施意见，分阶段推进149个民生补短板项目建设。41个为民办实事项目基本完成。溪北洋220kV变电站及配套线路和298个农配网项目建成投入使用。完成殡仪馆搬迁新馆选址。新开工建设保障性住房919套，基本建成674套，配租配售415套。新建农村公路97公里，其中“四好公路”9.7公里，改造农村危旧桥4座，新建港湾式客运站15个，建成公共停车泊位452个。城市低保标准人均月补提高54元，农村低保标准人均月补提高21元，农村特困人员人均月补提高103元，新农合和城镇医保人均政府补助提高40元，城乡居民基础养老金在省定标准上再提高 15 元。发放各项计生奖励扶助金 598.66 万元、低保对象保障金 4601.48 万元、城市“三无”人员和农村“五保”对象保障金 3258.85 万元、重度残疾人护理补贴 673.21 万元、困难残疾人生活补贴 257.52 万元。发放 60 周岁以上城乡老年居民养老金 1.22 亿元、60 周岁以上失地农民保障金 2850.75 万元。新增就业及下岗失业人员再就业 9000 人，农村劳动力转移就业 6700 人。发放灵活就业人员社会保险补贴 1024 万元、创业担保贷款 654 万元、各类创业扶持资金 328 万元、自主创业人员小额担保贷款 230 万元。

精准扶贫全面推进。1306 户 5067 人实现脱贫。为 1082 户建档立卡贫困户提供小额贷款 3106 万元，办理到期贷款贴息 83.46 万元。实施造福工程 665 户 2857 人，完成边远自然村整村搬迁 41 个、农村贫困户危房改造 528 户、建档立卡易地扶贫搬迁 295 户 1162 人。

各项事业协调发展。建立科普中国乡村 e 站 50 个；市科协被授予全国科协系统先进集体，市葡萄协会被授予中国农村专业技术协会科普奖；福安选手荣获全国和全省青少年科技创新大赛 4 个全国奖项、37 个省级奖项。实施教育民生项目 41 个，完成投资 2.02 亿元；附小溪北洋新校区主体工程完工。组建福安师范附小教育集团、福安第一实验幼儿园教育集团。福安一中溪北洋新校区实现秋季招生，被列为省首批普通高中课改基地校；福安职业中专通过“省示范性现代职业院校”评估；上白石中心小学入选全国少先队改革示范校，成为全国少工委办公室直接挂钩联系单位。奥体中心、福安大剧院、青少年宫项目基本建成，社区文化建设“五个一”工程深入实施，129 个基层综合文化服务中心建设有序推进，新增 23 个省、宁德市和市级非遗传承人。开设市图书馆微信公众号及移动图书馆、地方文献资源数据库，建立 7 个乡镇分馆、2 个村级支馆。开通福安电视台微信公众平台，今日福安微信公众号、福安新闻网微博获得“福建省政务双微十佳”。启动基层医疗机构基本设备基本设施“双达标”建设，加快穆阳、溪柄、范坑等乡镇乡村卫生服务一体化管理试点工作，上白石和溪潭卫生院门诊综合楼竣工投入使用。精心备战第十六届省运会，25 名运动员代表省队参加第十三届全运会；陈嘉伟获得全国少年田径锦标赛 100 米第一名、200 米第二名；福安代表队获福建省青少年锦标赛单项第一名 16 个、团体第一名 3 个。成功举办 2017 年首届福安富春溪龙舟赛、福安富春溪汽车越野河道挑战赛、坦洋工夫杯福安自行车公开赛暨追 FUN · 中国自行车俱乐部联赛等品牌赛事。关心支持工会、共青团、妇联等人民团体开展工作，成立福安市扬帆青少年事务服务中心。第六次获得全省双拥模范城称号。市居家养老服务中心、社会福利中心公建民营项目和金园居、富春社区、阳泉社区居家养老服务站投入运营，穆云乡中畲村等 6 个幸福院基本建成，溪北洋老年人幸福学习小镇项目顺利启动。

社会保持和谐稳定。全面落实信访积案领导包案化解责任制，成功化解一大批信访问题，信访积案完成率 100%，矛盾纠纷排查发现问题调解成功率 99.02%。设立劳动人事争议调解委员会，初步形成三级劳动争议调解网络体系。全省首个畲区人民法庭正式投入使用。大力加强社区矫正工作，实现矫正期间零再犯罪率。公安破获刑事案件 1194 起，案件立案数下降 19.9%，破案数上升 20.5%，顺利完成厦门金砖会晤、党的十九大等系列重大安保任务，社会治安主体防控能力明显提升。市公安局被省公安厅授予集体二等功，交警大队女子护学岗中队荣获“全国优秀公安基层单位”“全国敬老文明号”，松罗乡获全省道路交通综合整治先进集体。

重点领域改革持续深化。全面推进“9 + 1”领域各项改革，深化“放管服”改革，完成 35 个部门权责清单编制和公布，下放委托乡镇、街道和入驻赛岐行政服务中心权责事项 23 项。市民服务中心投入运行，入驻各类事项 1391 项，办理环节在 4 个以内，办理时限均压缩至法定时限的 29.7% 以内，基本实现中心之外无窗口。建立重点项目一口受理机制、联合图审机制等服务创新机制，“一趟不用跑”“最多跑一趟”办件率明显提高。商事制度、五证合一、一照一码等登记制度改革有效落实。大力推进医药卫生体制改革，医疗卫生双向转诊工作全面铺开，开展 13 大类 45 项基本公共卫生服务。

（摘编：郭虹）

福鼎市社会发展概况

2017年，福鼎市主动适应新常态，坚定实施“工业立市、旅游兴市、海洋强市”发展战略，积极开展“一转三抓比贡献”活动，抢抓机遇、攻坚克难，经济社会保持平稳发展，为实现“十三五”规划目标打下良好基础。全年完成地区生产总值368亿元、增长6%，固定资产投资285.5亿元、增长4.6%，社会消费品零售总额110亿元、增长11.5%，财政总收入25.5亿元、增长0.1%，城镇居民人均可支配收入32680元、增长9.1%，农民人均可支配收入15140元、增长8.9%，居民消费价格总水平上涨2%。

城市形象加速提升。“多规合一”完成编制，荣获省级优秀城乡规划设计二等奖。城区路网加快建设，梅澳大道、天门路、铁锵大道四期先后竣工，福鼎北互通、玉塘大道三期有序推进，新改扩建城市道路16公里。综合配套日趋完善，新增城市绿道、慢道9公里，完成人行道降坡改造5公里，实施海口路、104国道岩前段等路面“白改黑”，建成公共停车场5个，新增城区停车位350个。着力破解开发瓶颈，制定合理补偿方案，依法收回桐南片区旧城改造开发建设权，完成桐北片区中山影院等公用建筑拆除。强化中心城区管理，累计完成31条城区路段“脏乱堵”整治。“两违”治理力度不断加大，处置违建80.5万平方米。

镇村建设成效明显。新型城镇化水平持续提高，太姥山镇“小城市”试点经济社会管理和行政执法权限有序下放，点头镇列入全国特色小镇。美丽乡村建设成果丰硕，潋城上榜第五届全国文明村，双华、赤溪、瑞云、才堡列入“中国少数民族特色村寨”，柏洋入选全省第十批“水乡渔村”，交椅坪、台山、后洋、罗唇、柯湾、贯岭、何坑、茗洋、大山、乾头、金谷、翁溪、举州、硋窑、秦石、灶澳、牛郎岗等17个美丽乡村展露新颜。基础设施加快完善，完成水库除险加固3座，新增高效节水灌溉面积5000亩，新改建农村电网451公里、农村路网58公里，农村公路列养里程1398公里。完成86个建制村改厕改水，实现乡镇垃圾转运系统全覆盖。

环境治理扎实推进。生态补偿机制不断健全，环保责任书严格落实，环保有效投资累计达5.2亿元。水污染治理力度逐步加大，管阳、磻溪、佳阳、叠石等乡镇污水处理厂主体建成，店下龙安污水厂动工建设，关闭拆除生猪养殖场270家，重点水域功能区水质达标率91.7%。重视海上生态修复，大力清理海漂垃圾，全面开展入海口污染源排查，治理近岸海域面积2.7万亩。大气污染防治持续加强，龙安项目区小燃煤锅炉及烟囱全部拆除，年削减大气污染物1900吨，文渡集中供热项目启动建设，城区大气监测点位顺利搬迁，519辆黄标车完成淘汰。土壤污染防治有效落实，城市垃圾焚烧发电厂加快推进，合成革固废处置中心建成投产，完成植树造林2.5万亩，治理水土流失7500亩。

脱贫攻坚精准发力。组织开展脱贫攻坚“百日会战”行动，全年完成脱贫1166户3801人，建档立卡贫困户就地危房改造121户346人，国定标准贫困人口脱贫任务全面完成，省定标准贫困人口降至百人以下。发放扶贫专项资金4237万元，累计完成扶贫小额贷款5326万元。对接国开行落实造福工程易地搬迁低息专项贷款2.9亿元，年内到位4500万元，完成搬迁399户1517人，建成磻溪新村省级造福工程集中安置点。赤溪扶贫效应大幅提升，新增小白鹭、溪美、分关、翠郊等4个宁德市级精准扶贫示范村，实现方家山、乾头、硋窑、斗门头、江南、后洋、车洋、楩树岔、蒋阳、举州等10个扶贫开发重点村脱贫“摘帽”。茶叶、果蔬、水产养殖等产业扶贫成效明显，获评2017年度中国茶业扶贫示范县。

社会事业协调发展。深入实施“全面改薄”和学校扩容提升工程，福鼎三中、百胜小学、龙安第二幼儿园等27个教育项目加快建设，新增学位5000个。教育质量稳步提升，11所中小学通过省级义务教育学校管理标准化评估，责任督学挂牌督导创新县通过省级验收。教育均衡扎实推进，完善小学、幼儿园公开摇号入学制度，增设福鼎一中桐城校区。公立医院改革不断深化，分级诊疗试点全面铺开，“海云工程”扩面提质增效，家庭医生签约覆盖率39%。卫计人社大楼、精神病人疗养院大楼主体完工，市疾控中心、突发公共卫生事件应急处置中心、磻溪卫生院赤溪分院建成投用，新增床位106张。全面两孩政策稳妥实施。文化体育事业加快发展，太姥书画院建成投用，文化艺术中心动工建设，“太姥山杯”国际公开水域游泳锦标赛、柏洋全国山地自行车越野赛等赛事成功举办，福鼎二中获评全国校园足球特色学校。“移风易俗”试点工作初显成效，“创文明城、迎省运会”系列活动深入开展，羽毛球馆主体竣工，第十六届省运会、第十届老健会备战工作有序推进。

民生保障更加有力。全年民生支出34.8亿元、增长12.7%，占公共财政支出83%。28个为民办实事项目基本完成。社保体系日益完善，城乡居民社会养老保险综合参保率95.3%、续保率94.9%，累计发放高龄老人生活津贴791万元，城乡居民医保人均年补助标准提高到450元，农村低保标准提高到4000元，城市低保标准提高到6480元。医保改革有序推进，全面实现“三保合一”。就业政策有效落实，新增城镇就业5736人、转移农村劳动力7312人，城镇登记失业率2.6%。养老服务逐步健全，建成社会福利中心一期，新增居家养老服务照料中心2个、农村幸福院4个，增加养老床位97张。我市入选全省乡镇敬老院社会化运营试点示范单位，龙安敬老院列入全国“公办民营”示范点，天湖社区在宁德市率先试行政府购买居家养老专业化服务。新建各类保障性住房1188套，配租配售366套，完成农村危房改造525户。积极开展救灾救济、优抚安置、慈善事业和各类助学活动，累计发放资金3034万元。

平安创建巩固深化。网格化服务管理体系逐步健全，镇村两级综合服务窗口基本建成，公共安全视频联网应用整合试点经验在全省推广。社会治安整治专项行动深入开展，连续十七年实现命案全破，群众安全感达96%。厦门金砖会晤、党的十九大等重大活动安保维稳任务圆满完成。“市委书记、市长信访接待日”活动常态化进行，南溪水库移民避险解困项目基本完成，全年共受理群众信访件836件，办结率100%，化解率90.3%。道路交通、消防等安全生产形势保持平稳，食品药品安全监管加强，防灾减灾、应对突发公共事件和防控重大疾病能力进一步提高。获评全国平安建设先进市，实现省级双拥模范城（县）“八连冠”。

切实加强政府建设。落实全面从严治党主体责任，制定实施市政府党组议事规则，推进“两学一做”学习教育常态化制度化，党风廉政建设和反腐败工作不断加强。自觉接受市人大及其常委会的工作监督、法律监督，依法执行人大及其常委会决议、决定，坚持重大事项向人大报告，积极配合开展执法检查、代表视察、专题调研、工作评议等，办理市人大代表建议153件。全力支持市政协履行政治协商、民主监督、参政议政职能，重视委员调研协商成果，办理市政协提案139件。依法治市扎实推进，政府法律顾问制度实现全覆盖。“放管服”改革有效落实，承接、调整、取消行政权力及公共服务事项290项，50个部门、1410项行政审批和服务事项进驻行政服务中心。市乡两级权责清单体系基本建立，“双随机一公开”监管机制全面实施。严格落实中央八项规定精神，清理整合指挥部等临时机构，制定出台项目指挥部管理暂行办法。公车改革、公房清退稳步开展，“三公”经费大幅下降。干部差异化考评机制全面铺开，机关效能建设和绩效管理持续加强。

（摘编：张海生）

霞浦县社会发展概况

2017年，霞浦县各级政府以习近平新时代中国特色社会主义思想为指导，深入贯彻中央和省、市决策部署，围绕建设“六个霞浦”目标，着力稳增长、促改革、调结构、惠民生、防风险各项工作，经济社会发展保持总体平稳、稳中向好态势。全年完成地区生产总值214亿元、增长6%；公共财政总收入12.16亿元、增长1.26%，地方公共财政收入8.95亿元、同口径增长0.85%；固定资产投资（不含农户）149亿元、增长14.7%；城镇居民人均可支配收入30360元、增长7.5%，农民人均可支配收入14972元、增长9%。

城市建设步伐加快。高速互通口绿化景观工程、动车站站前公园（一期）等一批市政设施建成使用；山河路、体育北路等一批道路加快推进。完成牙赤精品公交线路、城市公共自行车服务系统和滨海新城客运站建设，投放公共自行车950辆、新能源公交车40辆。新改建供水管网12.9公里、雨污管网16公里，中心城区燃气管道项目开工建设。启动新一轮“两违”综合治理三年专项行动，拆除违法（章）建筑面积77.2万平方米。

镇村面貌逐步改善。3个省市小城镇综合改革试点完成项目投资5.95亿元，三沙光影小镇、长春旧镇区改造等39个项目加快推进。海岛乡列入省级农村产业融合试点示范乡创建名单。农村环境卫生治理投入2750多万元，沙江、长春、北壁、柏洋4个乡镇垃圾处理设施建成运营；改厕改水完成年度任务。实施“千村整治、百村示范”美丽乡村18个，溪南半月里村入选“全国美丽宜居示范村”，水门茶岗村、三沙东山村、崇儒上水村入选第二批“中国少数民族特色村寨”，长春武岐村、沙江沙塘街村被列为“全省美丽乡村”示范村。

生态优势持续巩固。国家和省环保督查问题整改扎实推进，粘土砖厂、畜禽养殖等一批突出环境问题得到解决。“河长制”有效落实，建设安全生态水系项目3个30公里、小流域综合整治项目3个18.9公里。黄标车、生猪养殖污染整治行动完成年度任务。海漂垃圾治理工作有序开展。盐田工业集中点煤改工程加快推进。建设沿海基干林带6300亩，植树造林2.3万亩，维持生态公益林保有面积63.1万亩。

关键领域不断突破。“放管服”改革持续深化，办事清单制度、减权放权监管责任清单制度、“双随机一公开”抽查监管机制全面推行，完成县本级权责清单融合工作，承接落实上级取消和下放、委托、调整事项307项，办结行政审批和公共服务事项25.7万件、办结率99.7%、即办率81.6%。商事制度改革进一步深化，“多证合一”登记制度全面实施。财政体制改革不断深化，县本级预决算公开统一平台启动运行。“营改增”税制改革实现行业全覆盖。制定实施“福宁兴才计划”及配套政策，推进人才发展体制机制改革。农村水价综合改革试点项目顺利竣工。

脱贫攻坚扎实有效。举全县之力，聚全民之智，全力推进精准扶贫精准脱贫工作。投入1.22亿元，实施精准帮扶项目183项，完成造福工程搬迁665户2580人、农村危房改造88户，发放贫困户小额贴息贷款9371万元，为4125户发展“短平快”项目的贫困户和86家专业合作社下拨资金1250多万元。新成立51个集体经济组织和专业合作社，吸纳贫困户820多户；安排公益岗位吸纳贫困户341户。全年实现脱贫6200人左右。

社会保障全面加强。全县民生支出25.4亿元，占公共财政支出73.1%。为民办实事项目总体进展顺利。惠民措施有效落实，“五险”参保率逐步提高，城乡居民社会养老保险参保率达97.8%；低保、特困人员、孤儿和残疾人生活保障等底线民生补助均达到省定标准，累计发放各类补贴5747万元；福乐家园康复托养服务中心投入运营，4332名特定对象享受政府购买居家养老专业化服务。新开工保障性安居工程699套，基本建成292套；新增城镇就业3700人、城镇失业人员再就业1400人，农村劳动力转移就业6122人，城镇登记失业率2.7%。大学生创业园建成使用，120多名高校毕业生实现自主创业。

社会事业统筹推进。积极践行社会主义核心价值观，努力创建省级文明县城；松港长沙村获评第五届“全国文明村镇”。教育事业不断加大投入，县第四小学、特教校宿舍楼和柏洋、水门等幼儿园建成使用，一小教学楼、牙城幼儿园、长春中心小学教学楼等项目加快推进。水门中心小学、宏翔高级中学被教育部认定为全国“国防教育特色学校”，盐田中心小学图书馆被评为“全国2017年最美校园书屋”，实验小学等14所学校被评定为福建省首批“义务教育管理标准化学校”。卫计工作稳步发展，启动县医院新院和县妇幼保健院新院项目，完成乡镇卫生院业务用房改扩建工程4个、村卫生所标准化建设71个；推进公立医院综合改革，落实分级诊疗制度，实现医保“三保合一”；县乡妇幼保健与计划生育资源完成整合。文化体育事业积极推进，完成全国第一次可移动文物普查，霞浦中国海洋文化基因库项目列入福建省优秀传统文化传承发展工程，《霞浦·千里海疆行》获评福建广播电视文艺栏目一等奖。新增青少年校园足球特色校8所，霞浦一中男子足球队和实验小学女子足球队分别荣获U13男子组国际青少年校园足球赛、“2017年‘人教杯’全国校园足球赛”亚军；成功举办第八届霞浦（三沙）国际山地马拉松赛、2017中国霞浦休闲海钓大赛和全国青少年足球冠军杯总决赛；积极备战第16届省运会，顺利承办全省青少年帆船帆板锦标赛、沙滩排球锦标赛，游泳馆主体工程完工。霞浦籍运动员王庆玲蝉联第十三届全国运动会女子七项全能冠军。

社会治理有效提升。“平安霞浦”持续深化，圆满完成十九大、金砖会晤安保维稳工作，各类刑事案件和群体性事件起数有所下降，群众安全感增强。无邪教活动创建工作深入开展，崇儒乡获评“全国无邪教示范乡镇”，崇儒溪边村、牙城后山村、松城龙贤社区获评“全国无邪教示范村（社区）。“霞浦经验”不断提升，全年收集受理各类矛盾纠纷1211宗，化解率达81%。社会治安防控体系逐步完善，新增“雪亮工程”公共治安视频监控500路。安全生产形势总体平稳，食品药品安全有力保障，防灾减灾成效明显。

政府建设不断加强。落实全面从严治党主体责任，推进“两学一做”学习教育常态化制度化。严格落实向县委请示报告制度，定期向县委汇报政府工作。出台《霞浦县法治政府建设实施方案》，制定并颁布实施规范性文件13件；认真实施县政府党组工作规则，科学决策、民主决策、依法决策水平不断提高。自觉接受人大及其常委会监督，依法执行人大及其常委会决议、决定，积极配合人大常委会开展代表视察、专项调研，办理县人大代表建议272件。支持政协履行政治协商、民主监督、参政议政职能，定期向政协通报情况，积极采纳委员调研成果和协商建议，办理县政协提案120件。主动接受司法、社会和舆论监督，广泛听取并吸纳各民主党派、工商联、各人民团体、无党派人士及社会各界人士意见。政务公开和权力运行网上公开全面推进，机关效能、行政监察和审计监督作用充分发挥，党风廉政建设和反腐败工作深入开展。

2018年是全面贯彻落实十九大精神的开局之年，也是决胜全面建成小康社会、实施“十三五”规划承上启下的关键一年。新一年经济社会发展的主要预期目标是：地区生产总值增长8.5%；公共财政总收入、地方公共财政收入分别增长5%、4%；固定资产投资增长13%；出口总值增长5%，实际利用外资增长40%；社会消费品零售总额增长12%；城镇居民人均可支配收入、农民人均可支配收入分别增长8%、10%；城镇登记失业率控制在4%以内；全面落实节能减排任务。

（摘编：康明辉）

寿宁县社会发展概况

2017年，寿宁县扎实推进稳增长、调结构、促转型、惠民生、防风险、补短板等各项工作，经济社会发展保持总体平稳。全年实现地区生产总值78亿元，增长3%；固定资产投资58.66亿元，下降9.9%；公共财政总收入5.30亿元，下降5.9%；地方公共财政收入3.45亿元，下降18.4%；社会消费品零售总额23.54亿元，增长10.5%；城镇居民人均可支配收入23758元，增长8.5%；农村居民人均可支配收入12743元，增长9%。

改革红利持续释放。“放管服”改革扎实推进，省市下放、委托和取消行政审批事项承接率100%，完成前置审批和中介服务规范清理、政府部门权责清单编制公布，“一趟不用跑”“最多跑一趟”办事清单制度和“双随机一公开”机制全面推行。投融资体制改革不断深化，县国投、城投、三峰等国有公司投融资能力持续增强。公务用车制度改革加快推进。公立医院改革取得实质性进展。清理撤销临时机构64个，行政资源配置更加优化。

生态建设步伐加快。治理水土流失2380公顷，完成造林绿化3780亩、森林抚育1.8万亩，改造提升森林景观1680亩，新增自然保护小区13万亩，全县森林覆盖率达71.5%。非煤矿山、地质灾害、“青山挂白”等专项治理稳步推进。全面落实“河长制”，持续加大“两江三溪”重点流域、小流域和饮用水源地环境保护，实施水污染防治项目20个，关闭拆除禁养区生猪养殖场138家。扎实推进生活垃圾治理，完成县垃圾填埋场环保整治配套工程建设。加强大气污染防治，淘汰黄标车139辆，取缔“十小”企业2家。健全网格化环保监管体系，严格控制主要污染物排放总量。新建空气自动站1座、县级水质检测中心1个，空气质量优良率达97%，集中式生活饮用水源、重点流域水质功能达标率均为100%。

美丽县城展露新姿。“中国老年宜居城市”花落寿宁，“两镇同城”战略稳步实施，省级文明县城、森林县城、园林县城“三城同创”扎实开展。城区自来水应急水源工程、三峰公园一期等项目顺利建成，县城区绿色景观、城市节点改造等项目加快实施，城市基础设施逐步完善。依法拆除违法建筑面积26.69万平方米，占道经营、流动摊点、横幅广告等专项治理进一步加强，城市综合管理水平不断提高。

镇村建设有序推进。犀溪廊桥文旅小镇列入第二批省级特色小镇，斜滩、武曲加快发展，清源撤乡设镇并成功申报中国老年宜居名镇。交通建设强力推进，寿政公路C3标段完成85%的工程量，“镇镇有干线”清源支线提前交工通车，坑底、凤阳支线全面推进，大安支线动工建设。新建农村公路安全生命防护工程209公里，改造升级县乡村道46公里。水利设施更加完善，完成蟾溪安全生态水系项目建设，修复冬春水利水毁工程60处，赛江防洪工程、斜滩镇区自来水改造等项目加快实施。电网建设保障有力，竣工项目269个，完成投资1.01亿元。持续开展“农村家园清洁行动”，超额完成年度改水改厕任务，在全市率先实现乡镇污水、垃圾处理设施全覆盖。创建美丽乡村15个，入选省级传统村落9个，竹管垅李家洋村被命名为第二批“中国少数民族特色村寨”。

精准扶贫精准脱贫扎实有效。全年实现脱贫

5939人，完成贫困人口易地搬迁2359人、造福工程同步搬迁1903人。实施党建强村富民工程，深入开展产业扶贫，探索推广定制农业，发放产业扶贫资金1529万元，消除村财空壳村168个，建成分布式光伏发电装机738千瓦时。下党“扶贫定制茶园”经验做法在中央政治局第三十九次集体学习会上作为参阅材料。全面推广金融扶贫信贷创新模式，发放小额贴息贷款7508万元，覆盖率55.8%。加快推进教育精准扶贫，发放教育补助资金322万元。实施健康扶贫，开展贫困户家庭医生签约服务8589人，实现全县贫困户新农合全覆盖，有效缓解了贫困户看病难看病贵问题。

民生保障体系不断健全。坚持把改进民生作为工作的出发点和落脚点，民生支出占公共财政支出的70%。公共体育服务工程、公交服务便民工程等30项为民办实事项目基本完成。健全公共就业服务体系，新增城镇就业1306人，下岗失业人员再就业500人，就业困难人员实现就业151人，农村劳动力转移就业3001人，城镇登记失业率控制在2.97%以内。社保继续提标扩面，发放城乡居民养老金4562万元，老年人高龄津贴实现全覆盖。社会福利中心康乐楼一期竣工投用，新建居家养老服务运营中心1个，居家养老服务站1所，农村幸福院5座，老年人健身康乐家园26个，综合文化服务中心55个，多功能运动场2个。加强社会救助工作，发放低保金2370万元、特困供养资金898万元、重度残疾人护理补贴355万元、临时救助资金220万元、医疗救助金1054万元。新开工保障性安居工程150套，基本建成106套，配租配售保障性住房90套，完成农村危房改造578户。慈善总会、寿宁在线慈善会全年帮扶各类困难群众1900人次。

公共服务能力稳步提升。出台加快社会事业发展补齐民生短板4个实施意见。教育事业均衡发展。新建续建全面改薄、校安工程、公办幼儿园等项目13个，完成投资8250万元。寿宁一中创省一级达标学校工作扎实推进。县实验小学获评“福建省体育传统特色学校”，第二实验小学（茗溪小学）建设加快实施。县实验幼儿园获评福建省示范幼儿园，全面完成19所无证幼儿园消防整治提升任务。职业教育特色发展，“校企合作”模式持续深化。终身教育有序开展，老年大学编辑的《霞光集》获评省社区教育优秀教材三等奖。医疗卫生事业加快发展。县医院第二病房楼动工建设，县中医院完成住院综合楼建设并与宁德市中医院建立医疗联合体，县妇幼保健所实现整体搬迁，县精神病院项目前期有序推进。落实边远乡镇卫生院医生生活补助、卫生院临时卫技人员补助、村卫生所“空白点”村医补助，有效稳定了基层医技人才队伍。全面开展全科医生和乡村医生签约服务，签约人数8.47万人。教育基金会、健民卫生事业发展基金会为奖教助学、尊医重卫做出了新的贡献。文体事业蓬勃发展。县体育馆基本建成，北路戏剧院竣工投用。成功举办“瑞隆杯”全国山地自行车越野赛、北路戏文化节和第二届“寿宁锌橙”采摘旅游节、寿宁锌葡萄节。蔡宏琳等优秀运动员在重大赛事中摘金夺银。获评“中国木拱廊桥文化之乡”，黄山公信俗列入第五批省级非物质文化遗产名录，车岭古道、黄阳隘等4处遗迹遗址列入省级文物保护单位。涉老团体建设不断强化，广大老干部、老同志在寿宁发展中发挥了重要作用。

社会治理创新深入推进。“平安寿宁”建设不断深化，网格化服务管理信息平台、“雪亮工程”建设扎实推进，标准地址二维码管理工作全面完成。严厉打击各类违法犯罪行为，社会治安状况总体良好。安全生产形势稳定向好，食品药品安全有效保障。信访问题化解力度进一步加大，创建“三无”乡镇10个、村（社区）198个，无访村（社区）191个。厦门金砖会晤、党的十九大等重大活动期间安保维稳任务圆满完成。广泛开展精神文明创建活动，涌现出“全国优秀人民警察”陈智辉、江业贵等一大批先进典型。广播电视新闻媒体发挥导向作用，营造良好舆论氛围。国防动员、民兵预备役和征兵工作成效明显。武警消防官兵、义务消防队在维护稳定、抢险救灾等方面发挥了重要作用。

（摘编：杨立群）

周宁县社会发展概况

2017年是周宁县经济社会发展特殊而不平凡的一年。宏观环境趋紧、普碳钢去产能、减税降费、发电量下降等多重因素叠加，给主要经济指标带来巨大冲击和影响。面对严峻复杂的经济下行压力，在上级党委、政府和县委的正确领导下，在县人大、县政协的监督支持下，县政府团结带领全县人民，以习近平新时代中国特色社会主义思想为指导，化挑战为机遇、变被动为主动，知难而进、迎难而上，加快经济结构转型升级，努力缩短动能转换阵痛期，各项社会事业在原有基础上取得了新的进展。

城市功能加快配套。县城总规（2017－2035年）修编通过审定。人鱼小镇在全省激烈竞争中奋力突围，申报成功。筹资1.5亿元，提升改造环城路及背街小巷等市政道路工程，完成兴业街、兴福路等路面“白改黑”及20公里地下管网改造，新建骑行道1.3公里、停车位200个，节能改造路灯2700盏。桥南商贸中心建成运营，城区第二水厂动工。倡导绿色出行，在全市县一级率先引进共享单车。启动城市执法体制改革，拆除“两违”面积17.6万平方米。

美丽乡村串点成线。完成4个乡镇镇区主干道“白改黑”，新增川中、洋中、陈峭等4个国家级传统古村落，涌现出后洋、梧柏洋等13个“千村整治、百村示范”美丽乡村，桃坑村获评全国文明村。提级改造和绿化提升农村道路67公里，周宁获评省级“四好农村路”示范县。实施“一事一议”财政奖补项目94个。

生态保护力度加大。国家重点生态功能区产业准入负面清单完成编制。严格落实环保“党政同责、一岗双责”、“三同时”制度，节能降耗目标和145辆黄标车淘汰任务全面完成。中央环保督察组进驻福建期间，23家粘土砖厂、145家不合格生猪养殖场全部依法拆除。全面推行“河长制”，落实“一河一档一策”，生态修复36条河道，综合治理水土流失5平方公里。实施旧村复垦554亩，造林绿化4230亩。农村生活污水垃圾治理成效明显，改厕5299户、基本完成三年目标任务；改水101公里，2万多人受益，乡镇污水处理设施实现全覆盖。

脱贫攻坚精准有力。“春夏攻势”、“百日会战”扎实开展，精准扶贫“十七项工程”有效实施，省对口帮扶合作领域进一步拓展，重特大疾病叠加保障和社会兜底保障机制不断健全，全年脱贫3203人，造福工程搬迁1869人，贫困村退出16个，贫困发生率下降至0.03%，脱贫攻坚战取得决定性进展。第五轮整村推进扶贫开发启动，新增村财收入10万元以上村8个。

民生短板加快补齐。全年公共财政支出的80%都用于民生，达13.6亿元、比增7.3%。37项为民办实事项目较好完成，77项民生补短板项目完成投资6.6亿元。职业成人教育学校动工建设，实施11个中小学、幼儿园扩容提升工程，“两镇同城”试点和集团化办学积极推进，教师调配补充机制逐步完善，秋季招生平稳顺利。医药卫生体制改革不断深化，县医院门急诊综合楼、精神病康复医院、李墩中心卫生院等项目加快推进，中医院门急诊大楼和妇幼保健院迁建工程基本完成。省级文明县城创建申报总评。禾溪“三仙桥”和国民小学、芹溪宝丰古矿业遗址获评省级文物保护单位。文化惠民工程加快实施，群众文体活动蓬勃开展，广播电视台数字化、高清化改造完成。成功举办省青少年举重锦标赛，县体育馆竣工，第十六届省运会备战和举重赛事承办工作有序推进，县少体校入选省“体育后备人才基地”名单。

保障体系不断健全。新增城镇就业 1132 人。工程治理地灾隐患点 42 个，惠及 1350 人。全面两孩政策稳步实施，计生服务水平进一步提高。医保管理体制实现“三保合一”，福利和慈善事业持续发展，社区居家养老信息服务中心、老年康复中心加快建设，发放低保、医疗救助、慈善帮扶、助学贷款等资金 5300 多万元。

重点领域改革持续深化。法治政府加快建设，全面完成 1981 年至 2017 年的规范性文件清理。“放管服”改革深入推进，“最多跑一趟”和“一趟不用跑”办事清单向社会公布，清理规范中介服务事项 29 项，“双随机一公开”监管机制有效推行。出台“周宁人才计划”及相关配套政策，综治平安奖、未休年休假报酬等关心关爱干部措施有序落实，机关事业单位养老保险制度改革稳步推进。财税体制改革扎实开展，预算绩效管理和预决算公开力度加大。土地确权颁证登记、公务用车改革平稳有序，居民阶梯水价制度全面落实。

自身建设得到加强。县政府党组认真履行全面从严治党主体责任，推进“两学一做”学习教育常态化制度化。廉政建设深入推进，工程建设领域、涉农扶贫资金、土地基金、“三公”经费管理等制度规范不断健全，县级临时机构全面清理，10 万元至 200 万元政府性投资项目纳入公共交易平台规范管理。坚持重大事项向县委报告制度，自觉接受人大监督，广泛听取政协和社会各界的意见，办理县人大代表建议 198 件、县政协委员提案 123 件，办复率均为 100%。政府门户网站建设、政务公开、行政复议、督查督办、审计监察、机关效能和绩效管理持续加强。

维护大局和谐稳定。“七五”普法扎实推进，“平安周宁”建设不断深化。厦门金砖会晤、党的十九大期间安保维稳任务圆满完成，“雪亮工程”实现城区全覆盖，特警巡逻、治安防控、社区矫正措施有力，综治“三率”整体提升。安全生产形势稳定，食品药品安全保障有力。社会诚信体系加快建设，金融机构不良贷款率下降至 3% 的监管红线内。工青妇、计生协、对台、供销、人防科技、老区移民、人事编制、统计物价、史志档案、广电气象、外事侨务、民族宗教、应急管理、双拥和国防动员等工作取得新进展。

党的十九大确立了习近平新时代中国特色社会主义思想的指导地位，描绘了实现“两个一百年”奋斗目标的宏伟蓝图，新时代、新思想、新征程、新部署、新要求，为周宁县吹响了新的进军号角。当前和今后一个时期，全县上下要把学习贯彻党的十九大精神作为首要政治任务，做到学懂弄通做实。要牢固树立“四个意识”，坚决维护以习近平同志为核心的党中央权威和集中统一领导，始终在思想上政治上行动上同以习近平同志为核心的党中央保持高度一致。要坚持用习近平新时代中国特色社会主义思想武装头脑、指导实践，主动融入全省全市赶超发展大局，推动各项事业再上新台阶。按照省市的部署要求，衔接周宁县“十三五”规划目标，到 2020 年，需实现地区生产总值 67 亿元、年均增长 7%。其中，工业增加值 22.6 亿元、年均增长 6%，服务业增加值 25.4 亿元、年均增长 10%，固定资产投资 75.2 亿元、年均增长 10%，地方公共财政收入 4.8 亿元、年均增长 8%，居民人均可支配收入 25168 元、年均增长 9%，确保与全省全市同步全面建成小康社会。

围绕上述目标任务，2018 年经济社会发展主要预期目标是：地区生产总值增长 7%，固定资产投资增长 10%，规模以上工业增加值增长 8%，公共财政总收入增长 5%，地方公共财政收入增长 5%，社会消费品零售总额增长 10%，出口总值增长 8%，实际利用外资增长 8%，城镇居民人均可支配收入增长 8%，农民人均可支配收入增长 9%。

（摘编：康明辉）

柘荣县社会发展概况

2017年，柘荣县紧扣“清新好柘荣、两城竞发展”思路，着力开展精准脱贫、重点项目、城市管理攻坚活动，扎实推进稳增长、促改革、调结构、惠民生、防风险各项工作，全县实现地区生产总值53.7亿元、增长3%；固定资产投资50亿元、增长11%；公共财政总收入3.75亿元、下降2.3%；地方公共财政收入2.43亿元、下降5.9%；社会消费品零售总额13.4亿元、增长8%；城镇居民人均可支配收入24870元、增长8%；农村居民人均可支配收入13195元、增长9%。

脱贫攻坚成效显著。挂钩帮扶全面覆盖，完成第四轮、启动第五轮整村推进扶贫开发，498名副科级以上干部挂钩帮扶835户贫困户，123个单位与117个村（社区）结对共建，22名机关干部驻村蹲点，共协调解决发展难题3780个，实施项目1670个，多渠道投入帮扶资金500万元。村企合作带动明显，培育出10家精准扶贫示范社、8个精准扶贫典型示范村，打造了凤洋村全省产业扶贫示范点、际头“五姐妹”现代农业产业园等可复制、可推广的村企合作模式，新增市级以上农业产业化龙头企业28家、农业专业合作示范社13家、家庭农场7家。造福搬迁有效推进，王竹坪等造福工程集中安置点加快建设，全面完成446人的国定贫困户搬迁任务，237人的省定贫困户2018年春季前可搬迁入住。各类保障更加健全，县级新增财力的80%全部投入精准扶贫，为建档立卡贫困户推介小额贷款1275万元、贴息资金9.6万元，发放贫困学生助学金197.5万元、农村医保资助42.84万元、医疗救助30.17万元、医疗叠加保险22.7万元。预计年内410户1486人建档立卡贫困户和8个贫困村实现脱贫，村财“空壳村”全面消除。

发展活力持续释放。重点领域改革继续深化，县乡权责清单、重点项目并联审批和“一趟不用跑、最多跑一趟”“双随机一公开”“五证合一、一照一码”等制度全面推行，调整清理行政审批和服务事项193项，行政审批提前办结率达98.6%，新增市场主体1412家、增长9.88%。农村土地承包经营权确权登记颁证工作排在全市前列，新增流转土地1435亩，赎买商品林1.2万亩。成功举办第二届两岸（柘荣）游氏仙姑祈福文化节。

人居环境继续优化。规划管理得到加强，老城区、东部新城、东源组团控规启动编制，完成5个乡镇总规和教育、环卫、电信、燃气、景观风貌等专规编制，温福高铁途经柘荣线路方案列入省规划盘子。推进城市管理行政执法局组建工作，引进城区环卫市场化运营企业，推动城乡建设领域行政处罚权集中统一。拆除违法建筑面积12万多平方米、腾出土地面积9万多平方米。城区功能不断提升，“五路一站”建设扎实推进，基本完成615路“白改黑”、龙溪西路扩宽、荣冠地块停车场、联七线城关段和环城路前山段主体工程以及第二污水处理厂主体、垃圾场渗滤液续建等项目，柳城东西路及周边景观提升工程被列入全省“三边三节点”项目试点，建成天福公园二期、仙屿公园儿童乐园。新建改造城区主干道28万平方米、雨污管网25公里、供水管网9公里、燃气管网6公里，新增停车泊位201个，完成棚户区改造163套（户）。农村面貌焕然一新，11个“千村整治、百村示范”美丽乡村实施项目86个、完成投资

6000万元。溪口村、英山村被评为第二批省级传统古村落。英山、宅中等6个乡（镇）垃圾转运系统和宅中乡水厂提质增效示范工程建成运行，改水42个村、改厕1504户、改造农村危房94户，4136人的农村饮水安全巩固提升工程全面完成，新建改造农村公路22.7公里、危桥2座。划定全域永久基本农田，新增高效节水灌溉工程面积5100亩、小型农田水利管护设施3000亩。生态优势更加凸显，编制完成国家重点生态功能区产业准入负面清单。落实水、大气、土壤污染防治行动计划，全面推行河长制，赛江流域二期防洪工程、龙溪流域安全生态水系项目全面完工，中央环保督查信访件和省委、省政府环保督察反馈问题有效整改并建立长效机制，关闭拆除禁养区、禁建区生猪养殖场（户）46家。新增造林绿化面积4932亩，新增自然保护小区2.49万亩，治理水土流失7650亩，顺利完成年度节能减排任务。

幸福指数不断提升。社会保障不断健全，城市低保标准从最低工资标准的36%提高到40%，农村低保标准从2650元提高到4000元。机关事业单位退休干部和企业退休人员待遇分别月均增加179元、125元。累计投入82.66万元为1148名特定对象购买居家养老专业化服务，城乡居民养老保险缴费率达92%、医疗保险参保率达99.9%。实现城镇新增就业907人、城镇失业人员再就业362人、农村劳动力新转移就业1110人，城镇登记失业率为2.7%，确认紧缺人才42人，3人成为市级引进高层次人才，大学生创业孵化基地被评为省级巾帼众创空间示范基地。社会事业繁荣发展，三小、三中、乍洋乡中心幼儿园等学校扩容项目加快推进，一小综合楼、四小教学楼投入使用。县学生资助中心标准化建设通过省级验收并荣获“最佳学生资助单位”称号，关爱留守儿童“133”模式获全省推广。完成县体育中心主体工程，建成3个乡镇、33个建制村的综合文化服务中心，三坊七巷柘荣剪纸文创馆正式开馆，完成广播电视台高清化改造，《烟雨溪口》微电影荣获省级广播电视文艺节目一等奖，文化惠民活动和全民健身运动蓬勃发展。档案馆异地新建项目启动建设。持续深化医药卫生体制改革，县乡医疗服务一体化管理、分级诊疗和医共体建设分别在全市作典型经验发言；县医院异地新建和妇幼保健所等项目加快推进，完成20个卫生院、卫生所改造建设。顺利通过全国健康促进县终期验收，被评为省级计划生育工作先进县。食品安全全面加强，省级食品安全社会共治示范县通过考评验收。社会大局和谐稳定，出台综治平安建设考评奖励办法，卓根“和事佬”工作室全面推广，信访积案加快化解，金融风险防范有力，安全生产大排查大整治取得实效，圆满完成党的十九大和厦门金砖会晤等重大活动维稳任务，群众安全感率达96.7%。“七五”普法持续推进，村级法律顾问覆盖率达100%，双城镇人民调解委员会被司法部授予“全国模范人民调解委员会”称号。基本完成年度为民办实事项目，全年民生支出10.2亿元、占总支出的73.7%。

自身建设得到加强。党的建设全面从严，扎实推进“两学一做”学习教育常态化制度化。主体责任层层落实，修订完善《县政府党组落实党风廉政建设主体责任清单》，机关效能建设、行政监察和审计监督继续加强，开展审计项目61项、涉及违规违纪资金1.37亿元，查处违反中央八项规定精神案件23起，处理32人，其中党政纪处分19人；立案扶贫领域违规违纪问题27人，党政纪处分26人，移送司法机关4人，起到了有力震慑和警示教育作用。依法行政深入推进，自觉接受人大、政协监督，定期报告、通报工作，办理县人大代表建议66件、县政协委员提案67件，办复率达100%。全面推行法律顾问制度，政府与法院、检察院、工会互动联系进一步密切，行政复议和行政应诉工作不断加强。

2018年经济社会发展的主要预期目标是：全年实现地区生产总值增长8.5%，规上工业增加值增长10%，公共财政总收入增长6%，地方公共财政收入增长5%，固定资产投资增长10%，出口总值与上年持平，实际利用外资完成市下达任务，社会消费品零售总额增长10.5%，城镇居民人均可支配收入增长8.5%，农村居民人均可支配收入增长9%。

（摘编：游学荣）

古田县社会发展概况

2017年，古田县以习近平新时代中国特色社会主义思想为指导，以加快“建三圈 兴三业”、打造“千年临水 健康古田”发展品牌为主线，扎实推进稳增长、促改革、调结构、惠民生、防风险各项工作，经济社会发展取得新成效。全县生产总值167.1亿元、增长2.3%，一般公共预算总收入10.9亿元、增长10%，地方一般公共预算收入7.3亿元、增长5%，社会消费品零售总额69亿元、增长10.5%，城镇居民人均可支配收入28649元、增长8.5%，农村居民人均可支配收入15630元、增长10%。

统筹兼顾抓城乡，新型城镇化建设深入推进。国家级新型城镇化试点行动计划印发实施，被列为全国第三批结合新型城镇化开展支持农民工等人员返乡创业试点县。户籍改革有效衔接，常住人口城镇化率达45.5%。新一轮乡镇总规修编全面完成，新增4个城市专项规划、5个乡镇控规和30个村庄规划。新型城镇化宜居建设有序铺开，完成松台路口等小片区改造，新改建供水管网11.5公里、雨污管网13.7公里、燃气管网16公里，新建绿化景观3万平方米，新增停车位392个。增设城关至古田高铁北站精品公交线路，投放新能源公交车15辆，新建智能公交站28座、充电桩12个。3个小城镇综合改革试点稳步推进，新增13个“千村整治、百村示范”试点，改水改厕76个村、1941户。“两违”治理持续深化，拆除违建52.5万平方米。

坚定不移去顽疾，生态环境治理取得新成效。环保督察整改有效落实，三大污染防治攻坚战深入推进，生态环境质量明显提升，敖江、闽江、古田溪等重点流域交界断面和县级集中饮用水源保护区水质均达Ⅱ类优质标准，城区空气优良天数比例达98.1%。实现饰面石材矿点、石材加工企业有序关停退出，淘汰黄标车233辆，关停食用菌加工厂48家，拆除粘土砖厂22家、畜禽养殖场767家，生猪存栏量由年初的29万头削减至12.2万头。完成生活垃圾无害化处理场四期渗滤液处理站扩建、翠屏湖片区污水外排工程，新建5个乡镇污水处理厂，乡镇污水垃圾处理设施实现全覆盖，95个行政村实现垃圾常态化治理。造林绿化2730亩，治理水土流失7500亩。

集中力量补短板，民生社会事业取得新进步。社会保障更加有力，在全市率先出台机关事业单位“未休年休假报酬”等4项工资福利性政策，农村五保对象、城市“三无”人员统一纳入特困人员救助供养制度适用范围，农村低保标准提高到4000元/年，城镇登记失业率控制在4%以内。开工建设保障房500套，改造农村危旧房120户。养老服务体系不断健全，老年人高龄津贴实现全覆盖，平湖、黄田被列为中国老年宜居名镇。省人才强县试点持续深化，成立全省首家县级人才综合开发有限公司，从国有住房划转配套人才公寓104套，引进教育、卫生等紧缺专业人才53人。教育事业取得新发展，增创义务教育管理标准化学校9所，新改扩建校舍3.2万平方米，新增学位846个，宽带网络校校通实现全覆盖，全国社区教育现场观摩交流会在我县召开，古田一中入选全国中小学心理健康教育特色校，全市高考文科状元花落古田。卫计事业取得新成效，公立医院综合改革和分级诊疗制度有序实施，乡村卫生一体化服务管理和家庭医生签约服务工作稳步推进，“海云工程”完成五期推广，全面两孩政策有效落实。文体事业取得新提升，成功举办第九届海峡论坛·陈靖姑文化节，临水宫祖庙被列为首批福建省对台交流基地。“创文明城、迎省运会”活动深入开展，黄田、大甲林峰村荣获第五届全国文明村镇，周炳耀被评为第六届全国见义勇为类道德模范。成功举办省青少年皮划艇、赛艇锦标赛，县少体校获评国家高水平体育后备人才基地，古田籍运动员勇夺健美世锦赛冠军、全运会女子10公里马拉松游泳银牌，老体协夕阳红艺术团在全国手杖健身操邀请赛上荣获金奖。“平安古田”创建持续深化，防恐维稳和社会治安综合治理措施有力，厦门金砖会晤、党的十九大等重大活动期间安保工作圆满完成。禁毒整治成效明显，实现全省禁毒重点警示地区“摘帽”。“七五”普法顺利实施，荣获全省法治县创建活动先进单位。军政军民团结巩固发展，蝉联省级双拥模范城。

“两学一做”重实效，政府自身建设进一步加强。认真履行全面从严治党主体责任，严格执行政府党组工作规则和理论学习中心组学习等制度，推进“两学一做”学习教育常态化制度化。坚持向人大及其常委会报告工作，主动接受人大及其常委会法律监督和工作监督，支持政协履行政治协商、民主监督、参政议政职能，在法定期限内办理答复82件建议和69件提案。59项年度改革任务如期推进，党政机关公务用车改革全面推开，“放管服”深入开展，梳理落实“最多跑一趟”和“一趟不用跑”事项799项。政务公开和权力运行网上公开全面推行，行政监察和审计监督持续加强，党风廉政建设和反腐败工作取得新成效。

2018年古田县经济社会发展主要预期目标是：全县生产总值增长7.5%；一般公共预算总收入增长6%，地方一般公共预算收入增长5%；固定资产投资（不含农户）增长10%；农林牧渔业总产值增长3.6%；规上工业总产值增长8.5%；社会消费品零售总额增长9%；外贸出口增长率不低于全市平均水平；实际利用外资增长5%；居民人均可支配收入增长9%；完成年度节能减排任务。

实现上述目标，重点要抓好以下社会发展方面工作：

坚持教育优先发展。以创建省教育强县为目标，加快教育现代化，努力让每个孩子都能享有公平而有质量的教育。落实新一轮学前教育三年行动计划，启动县直机关幼儿园搬迁前期工作，新建城西、黄田等公办幼儿园，加快建设鹤塘、吉巷、平湖等乡镇中心幼儿园，扩大普惠性学前教育覆盖面，新增学前教育学位1170个。推进义务教育均衡发展，继续实施“大手拉小手”帮扶薄弱学校建设五年行动计划和城区中小学扩容增量工程，开工建设古田一中莲桥校区，加快建设古田一小松台校区，新建大桥中心小学、古田十一中等教学综合楼，新增义务教育学位810个。深化优质高中建设工程，推动普通高中特色发展。完善职业教育和培训体系，支持和规范社会力量兴办教育，重视发展社区教育、家庭教育、特殊教育、终身教育，促进各类教育协调发展。

提升医疗服务水平。完善健康政策，建立优质高效的医疗卫生服务体系，为人民群众提供全方位、全周期健康服务。全力加快安征迁等前期工作，明年内启动县医院新址建设。开工建设县精神病防治院迁建、同仁医院新建等项目，推进乡镇卫生院、社区卫生服务中心标准化创建，扩充和优化配置医疗卫生资源。深化公立医院综合改革，实行院长目标责任制，全面推进公立医院绩效分配、人事编制及财务制度改革，健全药品供应保障机制。推进分级诊疗制度，建立县域医联体，全面实施乡村卫生服务一体化管理，积极推进家庭医生签约服务。加强妇幼保健、疾病预防控制、卫生应急处置等工作。统筹推进全面两孩政策实施，促进人口长期均衡发展。

促进文化繁荣发展。启动新一轮精神文明创建，培育和践行社会主义核心价值观，深入实施公民道德建设工程，广泛开展爱国爱乡、社会公德、职业道德、家庭美德和个人品德教育，提高全民文明素质和道德修养。实施优秀传统文化传承工程，举办第十届海峡论坛·陈靖姑文化节和圆瑛法师140周年诞辰纪念活动，打造陈靖姑文化、圆瑛文化、金翼文化、朱子文化、红色文化等特色文化品牌。完善公共文化体系建设，完成体育“一场两馆”安征迁、用地报批等前期工作，启动并力争完成文化“三馆”主体建设，推进乡镇、村（社区）综合文化服务中心建设。

（摘编：苏建平）

屏南县社会发展概况

2017年，屏南县主动融入“开发三都澳、建设新宁德”发展大局，围绕“争创山区发展一流县、建设县强民富生态美的新屏南”奋斗目标，扎实开展“一转三抓比贡献”和“脱贫攻坚年”“旅游深化年”“作风提振年”活动，统筹推进稳增长、促改革、调结构、惠民生、防风险各项工作，经济社会保持稳中有进、稳中向好态势。全年完成地区生产总值73.43亿元，增长5.0%；固定资产投资58.77亿元，增长20.9%；社会消费品零售总额20.5亿元，增长8.3%；公共财政总收入6亿元，增长11.5%；地方级财政收入3.83亿元，增长5.0%；城镇居民人均可支配收入25171元，增长9.0%；农民人均可支配收入13298元，增长9.5%；居民消费价格总体水平上涨0.3%。

城乡面貌不断改善。省级新型城镇化试点工作稳步推进，实施宜居环境建设项目56个，完成投资9.25亿元。东区旅游生态城建设初具规模，移民旅游创业园、皇庭半岛完成主体工程，城郊快速通道二期、一中新校区、东湖观邸、市民广场等一批项目加快建设，“三校合一”、规划展示馆、大剧院、安置房等项目完成前期工作。药膳特色小镇扎实推进，完成主路、龙漈路等综合路网建设项目前期工作。中心片区改造一期工程基本建成，西环路片区、长坋中路片区等项目有序推进，城区夜景提升四期、道路“白改黑”、人行道改造、天坪山绿慢道及麓山、翠屏公园提升改造等市政工程建成投入使用，城市绿系、水系、亮系工程建设水平有效提升。省级园林县城通过评估验收，省级文明县城有望创建成功。完成城区燃气管线建设10公里，新增和改造城区供水管网9.79公里，新增城区污水管网8.1公里，配置城市公共自行车600辆，新增停车位800个，新建改建公厕12座，城市综合承载能力显著增强。拆除“两违”面积24.37万平方米、腾出土地面积20.29万平方米。小城镇、中心集镇、美丽乡村及景观带建设全面推进，门户形象提升工程取得阶段性成效，代溪镇福善村被评为全国文明村，甘棠乡漈下村入选全省首批文化文物示范村镇。完成农村改厕14704户，新增农村污水管网262.05公里，提前两年基本完成省、市改水改厕任务。全县城乡垃圾收集转运市场化运作实现全覆盖，城乡人居环境全面改善。

生态质量保持优良。修订国家重点生态功能区产业准入负面清单，启动空间规划编制，完成县乡两级土地利用总体规划调整工作，完成永久基本农田划定面积18.33万亩。生猪养殖企业标准化改造3家，淘汰黄标车和老旧车127辆，加油站、储油库、燃煤锅炉、餐饮油烟及施工扬尘整治不断加强，主要污染物排放得到有效控制，万元GDP能耗进一步下降。“河长制”全面落实，后龙溪、柏源溪等重点流域水环境综合整治工作有序开展。完成补充耕地1100亩、高标准农田建设1.21万亩、水土流失治理1.245万亩。“两乱”现象得到有效控制。全面实施护林员制度改革，全面禁伐阔叶林及暂停天然林商业性采伐，完成造林绿化6004亩，森林覆盖率达76.2%、蓄积量达779万立方米。

发展活力有效激发。“放管服”改革持续推进，831项行政审批和服务事项全部入驻省网上办事大厅，取消、调整、承接上级行政审批服务事项7批共计265项，完成3批“最多跑一趟”办事清单公布，县新行政服务大厅、金融服务中心、12345便民服务平台正式投入使用。财税体制改革加快推进，“营改增”全面实施。东飞环境集团和中闽水务集团对城区保洁、供水管理及城乡污水处理服务不断深化。城市管理行政执法体制改革稳步开展，成立县城市管理行政执法局。农村土地确权登记颁证工作基本完成，两权抵押贷款1.8亿元。加大支农、惠农力度，成立县惠农融资担保公司、民富中心，进一步破解农业生产融资担保难题。国家监察体制改革试点工作和不动产统一登记工作扎实开展，公务用车制度、商事制度、人事制度等改革有序推进。推动军民融合深度发展，对台交流合作进一步深化，外事侨务工作继续加强。

脱贫攻坚成效显著。全国农村改革试验区扶贫开发综合改革试点工作深入推进，脱贫机制不断完善，实现脱贫904户3317人，第五轮19个贫困村整村推进扶贫全面启动。金融和文创扶贫机制创新荣获全市机制创新考评分值第一名，安泰艺术城等文创基地成为省委党校、省行政学院文创扶贫现场教学基地，全省金融扶贫工作现场推进会、全市脱贫攻坚“百日会战”行动推进会在该县召开，并作典型发言。全年完成造福搬迁387户1581人，建成产业扶贫示范基地60个，培育精准扶贫示范社21家，完成培训2300人次，发放扶贫小额贷款1173户5062万元。创新白水农夫与时代新能源共建精准扶贫蔬菜基地、寿山秋田农牧母羊散养等产业帮扶方式，带动贫困群众增产增收。教育扶贫、健康扶贫及兜底保障政策有效落实，山海协作以及郭氏基金会、河仁基金会、市属国有企业、爱心企业和个人等社会扶贫富有成效。

民生事业长足进步。公共服务不断优化。出台教育、卫生与健康、养老和城乡民生基础设施等补齐民生短板实施意见，着力建设一个环境更美、品质更好、功能更全、服务更优的新屏南。国家义务教育发展基本均衡县通过评估验收，屏南一中争创省一级达标校工作有序开展。甘棠幼儿园建成主体工程，国宝幼儿园及屏城、熙岭中心幼儿园动工建设，国宝小学和其他城乡独立公办幼儿园项目完成前期工作。教学质量进一步提高，高考名校录取29人创近年新高，华侨中学进入市优质学校行列。学前教育、特殊教育、职业教育、终身教育和老年教育稳步发展。全面两孩政策稳步实施，计生安居工程工作经验在全省安居工程现场推进会上作典型发言，计生考评位居全市第一。县医院医技综合楼投入使用，县医院整体搬迁及疾控中心、精神病院二期、乡镇卫生院等医疗卫生提升工程全面启动。全县分级诊疗制度实现全覆盖，“海云工程”项目覆盖65个村，家庭医生签约服务覆盖率38.5%。养老体系不断完善，县孝心养老服务中心投入运营，12349服务平台正式启动，完成服务对象入户和建档2000多人，新建农村幸福院5个。成功承办“斗鱼杯”中国·白水洋国际户外挑战赛暨茶盐古道村庄越野赛，举办纪念屏南苏区创建85周年暨抗日战争全面爆发80周年革命文物图片展，以及新四军成立80周年系列活动。一中新校区体育馆、白玉皮划艇激流回旋赛道完成主体建设。县科技馆投入使用并对外开放。新编拍摄《甘小侠》《虎将甘国宝》等甘国宝系列作品。省级、市级非物质文化遗产项目代表性传承人达17人。荣获国家高水平体育后备人才基地、国家登山健身步道示范点及省级文化产业示范基地称号。民生保障有效落实。27件为民办实事项目全部落实。率先完成全省第二批全面参保登记计划工作，新增城镇就业1100人，城镇登记失业率2.6%。城乡居民养老保险参保率97.1%，新农合参合率99.9%，发放城乡养老金2811万元，在全市率先为80周岁以上农村老年人购买意外伤害险。新开工棚户区改造517套，完成农村危房改造145户。农村低保标准从3050元提高至4000元，惠及6444人。社会治理持续强化。“平安屏南”建设深入开展，网格化服务管理有效推进，各类违法犯罪得到严厉打击。“七五”普法和社区矫正工作扎实推进。党政领导大接访活动深入开展，全年接访191批396人次，群众信访按“路线图”处理答复率100%。建立特殊疑难信访问题化解资金池和政府救助保险制度，有效破解信访积案及特殊个案。严格落实安全生产目标责任，安全生产总体形势稳定，食品药品安全监管有效加强，道路交通安全综合整治工作扎实开展。

（摘编：黄万良）

平潭综合实验区社会发展综述

2017年，平潭综合实验区围绕“一岛两窗三区”目标和“四个转变”要求，牢牢把握稳中求进工作总基调，全力打好开放开发攻坚战，对台小额商品免税范围扩类、旅游产业纳入企业所得税优惠目录等重大政策获批出台，现代物流、旅游、金融等新兴产业快速起步，地区生产总值、固定资产投资、一般公共预算总收入、进出口总额等主要经济指标增幅保持全省前列，在海内外的知名度和影响力全面提升，一座“现代化+原生态”的海岛新城快速崛起。2017年地区生产总值234.4亿元，增长8.5%；一般公共预算总收入50.93亿元，增长35.6%，地方一般公共预算收入29.55亿元，增长11.7%；全社会固定资产投资464亿元，增长17.0%；进出口总额52.70亿元，增长79.3%；实际利用外资1.2亿美元，增长14.3%；城镇居民人均可支配收入35900元，增长7.8%；农村居民人均可支配收入14720元，增长8.5%。一年来社会发展的主要工作有：

率先实施“一岛两标”，加快构建台胞“第二生活圈”。率先采认台湾建筑、规划、旅游、医疗、教育等行业资质资格，备案台湾相关机构和企业49家、从业人员281人。推动实施台湾同胞享受平潭公民同等待遇，持台胞证可直接办理社会保险、报检通关、信用卡等相关业务。建立两岸个人企业信用征信互认机制，为台企台胞提供融资便利。

发挥政策优势，加快打造两岸快件物流基地。打好政策“组合拳”，从仓储、航线、通关、补贴等方面综合扶持物流业发展。“台北快轮”货运航线获批并实现运营，全国首个“三合一”两岸快件中心启用，大陆首个海外公共仓在台北港设立，港口货物吞吐量增长60%，其中两岸货运量增长5倍；跨境电商保税进口入区货值2.1亿元，增长3倍以上；出区票数42.35万票，增长4倍以上。海运快件、跨境直购自开通以来保持较快增长，累计达到7071万元、1300万元。对台小额贸易市场全年销售额达7.12亿元。

创新基层合作模式，加快推进两岸社会融合。成功举办第六届共同家园论坛、第四届中医科学大会暨第十三届海峡两岸中医药学术交流论坛、首届两岸数字创意产业论坛、第三届两岸村里长交流会以及两岸职工自行车赛等系列品牌交流活动。实施台湾青年创业就业引领计划，举办第二届两岸青年创新创业大赛，吸引800多名台湾青年落地。聘请20名台湾专才参与公共事务管理。与台湾208个村里建立联系，聘请4位台湾村里长担任试点村（居）执行主任，率先引进台湾村里长治理经验，改善村容村貌，提升农村公共服务水平。

扎实推进“优服务”创新。围绕投资、贸易、金融和人员往来便利化，推出23项创新举措，其中全国首创8项，18项列入可复制创新成果，数量居全省前列。“关检一站式查验平台+监管互认”被商务部评为4个“最佳实践案例”之一，“市场主体名称登记便利化”入选第三批全国复制推广改革试点经验。上线两岸海关电子信息交换系统，实现两岸原产地证书信息互换和AEO互认。推动设立检验检疫综合试验区，率先试点对台检验检测认证结果采信。

纵深推进“放管服”改革。全面深化综合执法体制改革，基本实现“一支队伍管执法”。实施行政服务中心标准化提升工程，全面推进“三减二化一提升”，24 小时政务自助超市正式运行，运转效率普遍提升 30% –60%。持续深化商事登记、行政审批、项目投资“三项体制”改革，新增注册企业 2509 家，注册资本 1077 亿元。依托“智慧岛”服务中心，构建与公共资源分配挂钩的社会诚信管理体系。

积极推进“新平台”建设。完善提升总部经济基地、跨境电商产业园等一批功能性平台。两岸特色金融集聚区初具规模，累计入驻金融、类金融企业超过 1600 家，全年贡献税收超过 15 亿元。融资租赁基地入驻企业 65 家，隧道产业平台“贝易网”、海运电商平台“携船网”投入运营。平潭自由贸易数字港项目获国家发改委批复立项，完成两岸唯一的综合性动植物检疫隔离处理中心（一期）项目建设。

持续推进对外开放。首次举办高规格的中国—岛屿国家海洋部长圆桌会议，向世界发布《平潭宣言》并签约 6 个国际产业合作项目，总投资 11.85 亿美元。举办海洋海岛“三项活动”，提升品牌影响力。与阿联酋拉斯海马自贸区签署合作框架协议。全年接待重要外宾 20 批 146 人次，有效积累了外事接待经验。

有效保护“原生态”。完成景观风貌专项规划、建筑风貌控制导则、石头厝保护专项规划编制。建设海坛湾国家级海洋公园。开展畜禽养殖污染整治，拆除违规养猪场 145 家，减少生猪 12 万头。全面推行河长制，实施三十六脚湖水源保护区截污工程，完成龙王头海滩截污治理。绿化造林 3.85 万亩，空气质量指数继续在九市一区中保持最优。

加快实施“补短板”。《海坛国家级风景名胜区总体规划（修编）》获国务院批复。仙人井、石牌洋等主要景区基础设施加快推进，金井湾游客服务中心基本建成，坛南湾 – 海坛古城获批 4A 级景区，将军山景区获批 3A 级景区。金井湾商务营运中心配套酒店等一批星级酒店加快建设。启用公共自行车、共享单车，增设 8 个临时停车场，旅游配套设施和接待能力持续提升。

全力做优“产业链”。突出“一村一品”，北港文创村被列为“全省乡村旅游创客示范基地”，加快推进白沙海钓村、杨武楼咖啡村及磹水风韵古村建设。突出先行项目建设，加快推进海坛古城二期、澳前渔港商业街等一批旅游项目，美丽之冠旅游综合体、邓丽君影视基地年底试运营。全年来岚游客达 380 万人次、旅游收入 27 亿元，分别增长 30%、45% 以上。入选全国首批“健康旅游示范基地”和“2017 年中国体育旅游十佳目的地”。

城市环境更优美。实施基础设施项目 178 个，完成投资 149.36 亿元。建成麒麟大道等城区主次干道，新建、续建及改造市政道路 46 条，总里程 38 公里。全面实施城市绿化、美化、花化、亮化工程。110KV 桥锦头变电站和 220KV 上澳变电站投入运营。污水、环卫、燃气管道、公交场站、停车场、充电桩等市政配套设施建设全面推进。积极开展第五届全国文明城市创建工作，深入推进市容市貌专项整治，拆除处置“两违”661 宗、面积 18.8 万平方米，“两违”持续保持零增长。扎实推进殡葬制度改革和豪华墓、活人墓专项整治。实施金井湾新城区生活配套提升工程，新区人气加快集聚。

社会事业发展更协调。建成公共 wifi、背街小巷改造（一期）等一批为民办实事项目，完成投资 2.12 亿元。福建师大平潭附中和平潭一中新校区投入使用，新增普惠制幼儿园 2 家，新增公立中小学学位 3810 个。平潭协和医院成为我区首家三甲综合医院，正式启用卫生信息化平台（一期），15 家基层医疗卫生机构医疗服务能力持续提升。全国首个国际南岛语族考古研究基地正式挂牌，区博物馆设立，文物考古、文艺创作取得丰硕成果。成功举办国际风筝冲浪、全国沙滩排球等顶级体育赛事，泳动平潭公开水域邀请赛、“海洋杯”国际自行车赛成为全省“体育旅游精品赛事”。

社会治理水平更有力。全国首创聘请两岸法律专家担任法律顾问，保障台胞合法权益。妥善解决一批信访积案和历史遗留问题，坚决打击各类违法犯罪行为，“平安三率”全省排名提升，群众安全感进一步增强。圆满完成党的十九大、厦门金砖会晤、中国 – 岛屿国家海洋部长圆桌会议等重要活动和敏感节点的安保维稳任务。安全生产责任有效落实，食品安全形势稳中向好，社会大局安定稳定。

落实精准扶贫举措。出台精准脱贫实施方案，投入财政扶贫资金5400多万元，清退不符合条件的农村低保户1285户2457人，实施政府兜底保障5795人、医疗救助2462人、教育资助930人、转移就业1415人。农村低保标准由3600元提高到3960元，保障水平稳步提高。

推动农村改革发展。按省政府进度要求，完成农村土地承包经营权确权登记颁证任务。启动农村产权制度改革工作。加快建设8个美丽乡村。改造农村路网总里程66公里，加快推进防洪防潮等一批水利工程建设。落实粮食安全省长责任制，完成粮食园区项目主体工程。稳定农渔业生产，完成高效节水灌溉项目5000亩，建成高标准农田4500亩，种植粮食作物5.47万亩，鲍鱼年产值达20亿元。

增强村民自治能力。强化村级组织建设，制定村干部绩效考评办法，加强村级财产管理，提高村（社区）干部报酬待遇。试点7%预留地征迁款购置店面、发展乡村旅游等壮大村集体经济发展模式。开展村风整治、社区治理，严厉打击“村霸”，查处村级违法违纪党员干部25人。

坚持从严治政，努力提升政府治理能力和水平。严格依法履职，自觉接受人大监督、政协监督、社会监督，办理人大代表建议184件、政协委员提案102件，办结率均为100%。加强效能建设，深化治庸治懒。强化干部教育管理，深入一线考核干部，提振干部干事创业精气神。加大行政监察和审计力度，党风廉政建设和反腐败工作取得实效。

此外，统计、气象、保密、档案、地方志、人防、科协、工会、民族宗教、妇女儿童等工作和老龄、残疾人、慈善事业全面推进。

2018年经济社会发展的主要预期目标是：地区生产总值增长9.5%；一般公共预算总收入增长15%，地方一般公共预算收入增长15%；全社会固定资产投资增长16%以上；进出口总值增长19.5%；社会消费品零售总额增长9%；城镇居民和农村居民人均可支配收入分别增长8.2%、9%；城镇登记失业率控制在3.5%以内。实现上述目标，社会发展要抓好以下工作：

健全医疗卫生体系。继续深化医药卫生体制改革，整合区域医疗卫生资源，组建区人民医院，推进医联体建设。平潭协和医院投入使用，先行开放床位500张，适时推进二期工程建设。优化基层医疗卫生资源布局，推进疾控中心、妇幼保健院等公共卫生机构建设。开展乡村卫生服务一体化管理，推行家庭医生签约服务试点，不断提升人民群众医疗健康水平。

加快文化事业发展。规划建设水下遗址博物馆、壳丘头文化遗址公园、南岛语族考古研究中心，推动建设南岛语族考古基地二期工程，提升平潭文化软实力。开工建设科技文化中心，办好平潭科技研究院、院士工作站、博士后工作站等一批科研创新平台。改造提升平潭图书馆，加快补齐基层文化阵地短板。

强化基本生活保障。适时调整企业退休人员、城乡居民和失地农民养老保险待遇，健全多缴多得、长缴长得激励机制。推进非公经济组织从业人员、灵活就业人员参加职工医保，扩大医保覆盖面。健全社会救助体系，积极发展养老服务产业，加快推进农村幸福院项目建设。基本完成安置房回迁安置、3792套保障房安居建设任务，落实好第五批公租房配租工作。全力推进供水管网改造、农贸超市改造等为民办实事项目，实施“食品安全十大工程”，努力把惠及民生的事情办好办实。

提升文明和谐发展水平。保护生态环境。严格落实生态红线制度，完善资源有偿使用制度，严格生态环保责任追究。全面推进河长制，实施“麒麟活脉”行动计划，加强小流域环境整治。积极推进“银色海滩”“生态海岛”“蓝色海湾”等海洋环境综合治理项目，继续实施绿化、花化、彩化工程，打造绿岛花城。

（摘编：于心民）

第六篇
统计数据

综　合

说明：

本篇内容摘自《2018 福建统计年鉴》，采用近三年的数据（除注明外）。

（摘编：王诗诚）

福建省行政区划（2017 年底）

设区市名称	县级行政单位数（个）				县级行政单位名称
	合计	县	县级市	市辖区	
总　计	85	44	12	29	
福州市	13	6	1	6	鼓楼区 仓山区 台江区 马尾区 晋安区 长乐区 福清市 闽侯县 连江县 罗源县 闽清县 永泰县 平潭县
厦门市	6			6	思明区 海沧区 湖里区 集美区 同安区 翔安区
莆田市	5	1		4	城厢区 涵江区 荔城区 秀屿区 仙游县
三明市	12	9	1	2	三元区 梅列区 永安市 明溪县 清流县 宁化县 大田县 尤溪县 沙县 将乐县 泰宁县 建宁县
泉州市	12	5	3	4	鲤城区 丰泽区 洛江区 泉港区 石狮市 晋江市 南安市 惠安县 安溪县 永春县 德化县 金门县
漳州市	11	8	1	2	芗城区 龙文区 龙海市 云霄县 诏安县 漳浦县 长泰县 东山县 南靖县 平和县 华安县
南平市	10	5	3	2	延平区 建阳区 邵武市 武夷山市 建瓯市 顺昌县 浦城县 光泽县 松溪县 政和县
龙岩市	7	4	1	2	新罗区 永定区 漳平市 长汀县 上杭县 武平县 连城县
宁德市	9	6	2	1	蕉城区 福安市 福鼎市 霞浦县 古田县 屏南县 寿宁县 周宁县 柘荣县

平均每天主要社会经济活动

项　目	2010	2016	2017
一、全省每天创造的财富			
地区生产总值（亿元）	40.38	78.13	88.47
农林牧渔总产值（亿元）	6.10	10.37	10.81
工业总产值（亿元）	65.22	129.52	137.16
一般公共预算总收入（亿元）	5.63	11.77	12.62
#地方一般公共预算收入	3.15	7.27	7.70
一般公共预算支出（亿元）	4.64	11.71	12.83
原煤（吨）	66924	36895	30329
原盐（吨）	915	343	619
发电量（万千瓦时）	37159.45	49669.95	56510.49

续表

项　　　目	2010	2016	2017
粗钢（吨）	29778	41556	51585
钢材（吨）	36728	78345	74678
生铁（吨）	15310	26861	25696
水泥（吨）	158718	221677	231348
平板玻璃（重量箱）	74385	148043	129843
布（万米）	854.80	2233.65	2489.94
纱（吨）	5061	13279	14319
服装（万件）	800.75	1122.32	1190.45
机制纸及纸板（吨）	11837	19918	21367
农用化肥（吨）	1586	1420	658
烧碱（吨）	551	1004	1040
彩色电视机（台）	24742	27824	26118
卷烟（箱）	4623	4560	4559
罐头（吨）	5567	8306	9012
粮食（吨）	16018	13076	13347
油料（吨）	605	532	536
甘蔗（吨）	1526	790	722
茶叶（吨）	747	1102	1082
水果（吨）	13993	16249	16470
肉类（吨）	5277	7670	7258
水产品（吨）	16094	19488	20399
食用菌（吨）	2090	3238	3374
二、全省每天消费量			
能源消费量（万吨标准煤）	25.18	33.86	35.31
社会消费品零售总额（亿元）	14.55	31.99	35.65
三、每天其他经济活动			
固定资产投资	22.10	63.31	71.85
国际旅游外汇收入（万美元）	815.96	1815.26	2078.90
能源生产总量（万吨标准煤）	8.93	12.30	11.58
货运周转量（亿吨公里）	8.17	16.64	18.59
客运周转量（万人公里）	17774.25	27055.34	29759.45
货物进出口总额（万美元）	29802.81	42964.22	46858.85
出口总额（万美元）	19587.16	28403.42	28748.43
进口总额（万美元）	10215.66	14560.79	18110.42
主要港口货物吞吐量（万吨）	89.55	139.11	142.45
邮电业务总量（万元）	32717.53	24361.92	35338.63

续表

项　　目	2010	2016	2017
邮寄函件（万件）	69.04	29.78	31.68
图书出版总印数（万份）	21.23	26.60	29.61
杂志出版总印数（万份）	8.06	11.55	8.31
报纸出版总印数（万份）	273.92	248.24	230.02
四、全省每天婚姻变动			
结婚对数（对）	1038	862	798
离婚对数（对）	120	220	246

全省法人单位数和从业人员数（2017 年）

项　　目	法人单位数（个）			从业人员数（万人）
		单产业法人	多产业法人	
按登记注册类型分	**870050**	**840028**	**30022**	**1867.33**
内资	853575	824321	29254	1649.51
国有	43311	38533	4778	135.16
集体	8740	7822	918	18.11
股份合作	2468	2356	112	8.31
联营	1034	995	39	2.40
国有联营	188	181	7	0.42
集体联营	418	396	22	1.01
国有与集体联营	84	82	2	0.25
其他联营	344	336	8	0.72
有限责任公司	157369	153291	4078	458.49
国有独资公司	1853	1622	231	27.67
其他责任有限公司	155516	151669	3847	430.82
股份有限公司	7987	7265	722	61.10
私营	523045	514710	8335	837.18
私营独资	76177	75483	694	76.66
私营合伙	19355	19187	168	21.56
私营有限责任公司	417967	410758	7209	715.36
私营股份有限公司	9546	9282	264	23.60
其他	109621	99349	10272	128.77
港澳台商投资	10994	10516	478	141.41
合资经营（港或澳、台资）	2255	2123	132	34.41
合作经营（港或澳、台资）	195	188	7	0.87
港、澳、台商独资经营	8043	7736	307	99.22
港、澳、台商投资股份有限公司	308	287	21	4.24

续表

项　　目	法人单位数（个）	单产业法人	多产业法人	从业人员数（万人）
其他港澳台商投资	193	182	11	2.67
外商投资	5481	5191	290	76.41
中外合资	1373	1296	77	21.25
中外合作	91	83	8	0.73
外商独资	3533	3356	177	49.44
外商投资股份有限公司	257	240	17	2.55
其他外商投资	227	216	11	2.44
按机构类型分	**870050**	**840028**	**30022**	**1867.33**
企业	748141	732373	15768	1654.04
事业单位	28939	26881	2058	81.99
机关	9183	6817	2366	31.23
社会团体	18185	17860	325	23.20
其他	65602	56097	9505	76.87
按行业分	**870050**	**840028**	**30022**	**1867.33**
农、林、牧、渔业	55999	55762	237	59.94
农业	29876	29777	99	33.60
林业	6860	6797	63	7.55
畜牧业	7541	7511	30	6.93
渔业	6429	6411	18	6.60
农、林、牧、渔服务业	5293	5266	27	5.26
采矿业	3024	2976	48	11.62
煤炭开采和洗选业	301	289	12	3.94
石油和天然气开采业				
黑色金属矿采选业	322	310	12	1.44
有色金属矿采选业	348	343	5	1.18
非金属矿采选业	1908	1889	19	4.91
开采辅助活动	31	31		0.02
其他采矿业	114	114		0.13
制造业	152699	150680	2019	676.92
农副食品加工业	6717	6602	115	30.03
食品制造业	4901	4781	120	21.81
酒、饮料和精制茶制造业	5295	5173	122	17.52
烟草制品业	15	14	1	0.60
纺织业	5855	5791	64	34.14
纺织服装、服饰业	14634	14438	196	76.12

续表

项　　目	法人单位数（个）	单产业法人	多产业法人	从业人员数（万人）
皮革、毛皮、羽毛及其制品和制鞋业	10512	10420	92	94.87
木材加工和木、竹、藤、棕、草制品业	6241	6174	67	19.73
家具制造业	4385	4327	58	12.86
造纸和纸制品业	4198	4171	27	16.00
印刷和记录媒介复制业	3504	3457	47	9.64
文教、工美、体育和娱乐用品制造业	9896	9762	134	39.47
石油加工、炼焦和核燃料加工业	197	189	8	1.20
化学原料和化学制品制造业	4403	4305	98	15.42
医药制造业	664	636	28	4.07
化学纤维制造业	269	268	1	4.27
橡胶和塑料制品业	7747	7685	62	28.88
非金属矿物制品业	16107	15933	174	59.90
黑色金属冶炼和压延加工业	1261	1248	13	10.35
有色金属冶炼和压延加工业	729	710	19	6.16
金属制品业	10343	10238	105	26.93
通用设备制造业	6779	6694	85	21.31
专用设备制造业	6767	6703	64	16.72
汽车制造业	1962	1925	37	13.74
铁路、船舶、航空航天和其他运输设备制造业	1175	1159	16	5.54
电气机械和器材制造业	7142	7043	99	32.14
计算机、通信和其他电子设备制造业	3904	3813	91	37.09
仪器仪表制造业	1260	1236	24	6.07
其他制造业	4279	4248	31	11.40
废弃资源综合利用业	715	704	11	1.11
金属制品、机械和设备修理业	843	833	10	1.84
电力、热力、燃气及水生产和供应业	7465	7236	229	16.11
电力、热力生产和供应业	6219	6039	180	12.80
燃气生产和供应业	232	208	24	0.74
水的生产和供应业	1014	989	25	2.56
建筑业	36498	34405	2093	408.65
房屋建筑业	8689	7689	1000	248.39
土木工程建筑业	6103	5560	543	68.64
建筑安装业	3528	3322	206	11.85
建筑装饰和其他建筑业	18178	17834	344	79.77
批发和零售业	274120	268935	5185	207.00

续表

项　　目	法人单位数（个）	单产业法人	多产业法人	从业人员数（万人）
批发业	178536	176030	2506	124.26
零售业	95584	92905	2679	82.73
交通运输、仓储和邮政业	19128	18202	926	43.33
铁路运输业	112	109	3	0.87
道路运输业	9087	8755	332	21.85
水上运输业	1405	1308	97	3.79
航空运输业	91	78	13	2.32
管道运输业				
装卸搬运和运输代理业	6237	5980	257	7.83
仓储业	1107	1072	35	1.44
邮政业	1089	900	189	5.23
住宿和餐饮业	13252	12773	479	31.53
住宿业	4771	4651	120	13.98
餐饮业	8481	8122	359	17.55
信息传输、软件和信息技术服务业	31233	30877	356	32.95
电信、广播电视和卫星传输服务	797	707	90	6.40
互联网和相关服务	6218	6175	43	4.55
软件和信息技术服务业	24218	23995	223	22.00
金融业	5360	4867	493	17.19
货币金融服务	1289	1063	226	9.74
资本市场服务	2127	2093	34	2.10
保险业	610	391	219	4.54
其他金融业	1334	1320	14	0.80
房地产业	19921	18782	1139	37.64
房地产业	19921	18782	1139	37.64
租赁和商务服务业	90980	89587	1393	75.56
租赁业	5815	5745	70	3.70
商务服务业	85165	83842	1323	71.86
科学研究和技术服务业	34023	33171	852	30.47
研究和试验发展	8981	8922	59	5.44
专业技术服务业	14279	13612	667	17.51
科技推广和应用服务业	10763	10637	126	7.52
水利、环境和公共设施管理业	5574	5405	169	10.95
水利管理业	918	883	35	1.00
生态保护和环境治理业	882	855	27	0.83

续表

项　　目	法人单位数（个）	单产业法人	多产业法人	从业人员数（万人）
公共设施管理业	3774	3667	107	9.12
居民服务、修理和其他服务业	15312	14978	334	18.83
居民服务业	6072	5905	167	8.73
机动车、电子产品和日用产品修理业	5670	5552	118	5.06
其他服务业	3570	3521	49	5.03
教育	18066	16928	1138	59.92
教育	18066	16928	1138	59.92
卫生和社会工作	8546	8191	355	18.98
卫生	6937	6607	330	17.66
社会工作	1609	1584	25	1.32
文化、体育和娱乐业	16348	16142	206	17.20
新闻和出版业	366	356	10	0.84
广播、电视、电影和影视录音制作业	1508	1469	39	2.34
文化艺术业	7133	7077	56	5.76
体育	2050	1994	56	2.11
娱乐业	5291	5246	45	6.16
公共管理、社会保障和社会组织	62502	50131	12371	92.55
中国共产党机关	1304	1173	131	1.87
国家机构	17149	14548	2601	40.42
人民政协、民主党派	294	280	14	0.44
社会保障	613	611	2	0.65
群众团体、社会团体和其他成员组织	25275	24935	340	28.91
基层群众自治组织	17867	8584	9283	20.27

各设区市按机构类型分的法人单位数（2017 年）

单位：个

地　区	法人单位数	企业法人	事业法人	机关法人	社团法人	其他法人
福建省	870050	748141	28939	9183	18185	65602
福州市	171664	153076	4724	1534	2944	9386
厦门市	167110	160593	1318	481	1870	2848
莆田市	38177	31626	1684	575	925	3367
三明市	48965	34616	3192	1198	1860	8099
泉州市	194707	177189	4312	1224	3089	8893
漳州市	84720	70247	4008	1224	1684	7557

续表

地　区	法人单位数	企业法人	事业法人	机关法人	社团法人	其他法人
南平市	60992	44640	4270	1103	2147	8832
龙岩市	41894	31252	2465	790	2102	5285
宁德市	61821	44902	2966	1054	1564	11335

各设区市按行业门类分的法人单位数（2017 年）

单位：个

项　　目	福建省	福州市	厦门市	莆田市	三明市	泉州市	漳州市	南平市	龙岩市	宁德市
农、林、牧、渔业	55999	6798	2370	2004	7131	6880	8182	8210	4368	10056
采矿业	3024	234	22	49	731	448	315	323	702	200
制造业	152699	17627	23587	6934	5909	56875	17136	8350	5086	11195
电力、热力、燃气及水生产和供应业	7465	727	145	202	1400	997	896	1063	1205	830
建筑业	36498	9087	7241	1509	1618	7136	3770	2525	1672	1940
批发和零售业	274120	56126	64739	13928	11858	64677	22627	14890	11008	14267
交通运输、仓储和邮政业	19128	3914	4760	616	1039	3502	2225	1294	742	1036
住宿和餐饮业	13252	3054	3332	442	534	2658	1137	688	681	726
信息传输、软件和信息技术服务业	31233	8606	9945	1023	1166	5074	1993	1553	841	1032
金融业	5360	990	1531	172	256	906	323	418	236	528
房地产业	19921	4243	4406	797	1057	3513	2241	1386	1070	1208
租赁和商务服务业	90980	26965	23308	2766	3669	14467	7073	5636	3172	3924
科学研究和技术服务业	34023	9769	7537	812	1549	6003	3186	2144	1499	1524
水利、环境和公共设施管理业	5574	863	704	249	609	745	805	632	440	527
居民服务、修理和其他服务业	15312	3733	3672	463	623	2956	1525	980	590	770
教育	18066	3704	2446	940	977	3838	2403	1449	1197	1112
卫生和社会工作	8546	2020	664	283	806	1018	530	676	403	2146
文化、体育和娱乐业	16348	3408	3066	606	980	3448	1702	1274	896	968
公共管理、社会保障和社会组织	62502	9796	3635	4382	7053	9566	6651	7501	6086	7832
国际组织										

人口　就业　工资

主要年份年末常住人口及人口变动

年　份	常住总人口（万人）	按性别分类		按城乡分		人口出生率（‰）	人口死亡率（‰）	人口自然增长率（‰）	人口密度（人/平方公里）
		男	女	城镇	农村				
2015	3839	1949	1890	2403	1436	13.90	6.10	7.80	310
2016	3874	1970	1904	2464	1410	14.50	6.20	8.30	313
2017	3911	1997	1914	2534	1377	15.00	6.20	8.80	316

各种受教育程度人口占总人口的比重

单位:%

项　　目	1982 年	1990 年	1995 年	2000 年	2010 年	2016 年	2017 年
大专以上	0.6	1.2	1.4	3.0	8.4	10.4	10.9
高中（含中专）	5.7	7.0	6.7	10.6	13.9	15.3	15.5
初中	12.6	16.9	20.4	33.5	37.9	38.7	38.9
小学	36.3	43.2	43.8	37.8	29.8	26.7	26.2

家庭户类型构成

单位:%

项　　目	1982 年	1990 年	2000 年	2010 年
一人户	7.7	5.8	9.1	12.1
二人户	8.2	8.6	15.5	17.2
三人户	12.2	16.8	25.4	24.3
四人户	17.1	23.6	24.7	21.7
五人户	18.4	21.4	15.8	13.7
六人户	14.7	11.8	5.9	6.4
七人户	10.1	5.9	2.2	2.6
八人户	11.6	2.9	0.8	1.1
九人户		1.4	0.3	0.5
十人及以上户		1.8	0.3	0.4

六次全国人口普查人口基本情况

项　　　目	1953 年	1964 年	1982 年	1990 年	2000 年	2010 年
一、总户数和总人口						
家庭户（万户）	320	360	514	658	874	1121
总人口（万人）	1285	1676	2587	3005	3410	3689
男	662	869	1331	1543	1757	1898
女	623	807	1256	1462	1653	1791
性别比（女性 = 100）	106.4	107.8	105.9	105.6	106.3	106.0
平均每户人数（人/户）	4.0	4.7	4.9	4.4	3.6	3.0
二、城乡人口（万人）						
城镇人口		223	548	642	1432	2106
乡村人口		1453	2039	2363	1978	1583
城镇化率（%）		13.3	21.2	21.4	42.0	57.1
三、民族人口（万人）						
汉族人口			2562	2958	3351	3610
占总人口比重（%）			99.0	98.4	98.3	97.8
少数民族人口			25	47	59	80
占总人口比重（%）			1.0	1.6	1.7	2.2
四、人口年龄构成						
0—14 岁人口（万人）	460	709	945	946	760	571
占总人口比重（%）	35.8	42.3	36.5	31.5	22.3	15.5
15—64 岁人口（万人）	782	914	1530	1907	2422	2828
占总人口比重（%）	60.9	54.5	59.1	63.5	71.0	76.7
65 岁及 65 岁以上人口（万人）	43	53	113	152	228	291
占总人口比重（%）	3.3	3.2	4.4	5.0	6.7	7.9
百岁老年人口（人）	16	14	45	143	373	1058
男	3	2	7	16	46	221
女	13	12	38	127	327	837
总抚养比（%）	**64.2**	**83.3**	**69.2**	**57.6**	**42.2**	**30.5**
少儿抚养比	58.8	77.6	61.8	49.6	32.7	20.2
老年抚养比	5.4	5.8	7.4	8.0	9.5	10.3
老少比（%）	9.2	7.4	12.0	16.1	30.1	51.0
平均预期寿命（岁）			**68.50**	**70.50**	**72.55**	**75.76**
男			66.20	68.40	70.30	73.27
女			70.70	72.60	75.07	78.64
五、受教育人口						
每十万人拥有小学及以上文化程度人口（人）						
小学		26716	36334	43213	40200	29801

续表

项　　目	1953年	1964年	1982年	1990年	2000年	2010年
初中		5070	12601	16891	35700	37886
高中及中专		1826	5716	6991	11300	13876
大专以上		439	608	1228	3200	8361
文盲人口			651	477	327	90
文盲率（%）		58.8	25.2	15.9	9.6	2.4
六、劳动力和就业状况						
劳动适龄人口（万人）	701	816	1364	1710	2188	2556
男（16—59岁）	367	444	736	911	1148	1353
女（16—54岁）	335	372	628	799	1040	1203
占总人口比重（%）	54.6	48.7	52.7	56.9	64.2	69.3
七、各种婚姻人口占15岁及以上人口比重（%）			**100**	**100**	**100**	**100**
未婚			28.4	25.1	24.1	22.9
有配偶			63.4	67.8	69.6	70.6
离婚			0.6	0.6	0.7	1.1
丧偶			7.6	6.5	5.6	5.4
八、婚姻状况						
育龄妇女人数（万人）	319	354	608	778	1006	1121
生育旺盛期组（女20—29岁）	106	109	212	293	328	359
生育率（‰）			94.4	90.8	32.9	
总和生育率			2.7	2.4	1.0	
九、人口自然变动						
出生率（‰）	36.67	38.59	27.91	24.44	11.60	11.27
死亡率（‰）	12.55	8.68	6.35	6.71	5.85	5.16
自然增长率（‰）	24.12	29.91	21.56	17.73	5.75	6.11

就业基本情况

项　　目	2010年	2016年	2017年
就业人员合计（万人）	**2241.59**	**2797.03**	**2805.74**
第一产业	636.54	615.52	609.21
第二产业	820.89	1006.12	996.97
第三产业	784.16	1175.39	1199.56
就业人员构成（%）			
第一产业	28.4	22.0	21.7
第二产业	36.6	36.0	35.5
第三产业	35.0	42.0	42.8
按城乡分就业人数（万人）			

续表

项　　　目	2010年	2016年	2017年
城镇单位就业人员	**507.14**	**668.83**	**672.48**
#国有单位	155.51	158.39	160.71
集体单位	16.58	10.66	10.33
股份合作单位	8.14	4.97	4.48
联营单位	1.95	0.88	0.74
有限责任公司	87.40	279.28	290.97
股份有限公司	31.28	45.65	46.27
港澳台商投资单位	110.25	99.47	94.68
外商投资单位	81.88	62.23	58.13
城镇私营和个体从业人员	**338.64**	**691.73**	**697.53**
乡村就业人员	**1395.81**	**1436.48**	**1435.72**
城镇单位在岗职工人数（万人）	**485.94**	**569.57**	**566.62**
国有单位	145.74	133.88	133.44
城镇集体单位	15.38	8.11	7.62
其他单位	324.83	427.57	425.56
私营单位从业人员数（万人）	**362.67**	**518.00**	**527.75**
城镇登记失业人数（万人）	**14.49**	**16.25**	**17.15**
城镇登记失业率（%）	**3.77**	**3.86**	**3.87**

全社会就业情况（年底数）

年份	从业人员数（万人）									城镇登记失业人数（万人）	城镇登记失业率（%）
	合计	城镇单位在岗职工	国有单位	城镇集体单位	其他单位	城镇个私劳动者	乡村劳动者	劳务派遣人员	其他从业人员		
2015	2768.41	567.50	132.70	8.94	425.85	666.49	1438.83	50.25	45.33	15.41	3.66
2016	2797.03	569.57	133.88	8.11	427.57	691.73	1436.48	49.62	49.63	16.25	3.86
2017	2805.74	566.62	133.44	7.62	425.56	697.53	1435.72	51.35	54.51	17.15	3.87

城镇单位企业、事业、机关年末在岗职工人数

单位：万人

年　份	总　计	企　业	事　业	机　关
2015	567.50	459.86	73.78	31.87
2016	569.57	459.61	75.77	32.00
2017	566.62	455.58	76.43	32.19

城镇单位企业、事业、机关在岗职工平均工资

年份	平均货币工资（元）				指数（上年=100）			
	总计	企业	事业	机关	合计	企业	事业	机关
2015	58719	55562	73414	71808	108.3	106.4	115.1	114.9
2016	63138	59167	80308	80540	107.5	106.5	109.4	112.2
2017	69029	63578	90614	93891	109.3	107.5	112.8	116.6

城镇单位从业人员平均劳动报酬（2017 年）

单位：元

项目	单位从业人员	在岗职工	其他从业人员
合计	**67420**	**69029**	**48662**
按企事业机关分			
企业	62649	63578	52196
事业	86544	90614	31665
机关	89565	93891	29752
按国民经济行业分			
农、林、牧、渔业	40543	58068	15580
采矿业	48460	49690	24076
制造业	59131	59015	66044
电力、热力、燃气及水生产和供应业	93073	94194	46586
建筑业	56160	55685	58673
批发和零售业	61504	62996	30985
交通运输、仓储和邮政业	77536	79143	42300
住宿和餐饮业	41429	41577	36277
信息传输、软件和信息技术服务业	98427	99928	53149
金融业	109757	144584	36123
房地产业	69166	70538	39823
租赁和商务服务业	62848	63361	46126
科学研究和技术服务业	91712	94477	46523
水利、环境和公共设施管理业	59204	63164	29735
居民服务、修理和其他服务业	49646	49694	48953
教育	84471	88435	30963
卫生和社会工作	96333	99249	45504
文化、体育和娱乐业	73532	77528	29642
公共管理、社会保障和社会组织	89047	93216	29002
按三个产业分			
第一产业	40543	58068	15580
第二产业	58581	58517	59339
第三产业	80853	84573	35497

按行业分城镇单位在岗职工平均工资（2017年）

单位：元

行　　业	在岗职工平均工资	国有单位	集体单位	其他单位
合　计	**69029**	**91651**	**65427**	**61790**
按企事业机关分				
企业	63578	88494	62527	61779
事业	90614	91944	68824	75092
机关	93891	93931	55802	54831
按国民经济行业分				
农、林、牧、渔业	58068	60998	44844	41105
采矿业	49690	38042	43345	53980
制造业	59015	66823	45349	59034
电力、热力、燃气及水生产和供应业	94194	84173	64515	96366
建筑业	55685	69421	54132	55149
批发和零售业	62996	96091	32776	60164
交通运输、仓储和邮政业	79143	88974	46186	73731
住宿和餐饮业	41577	49417	45708	40788
信息传输、软件和信息技术服务业	99928	86995	91983	101018
金融业	144584	132900	122703	156822
房地产业	70538	70798	60992	70667
租赁和商务服务业	63361	58803	39700	65821
科学研究和技术服务业	94477	102486	104583	83649
水利、环境和公共设施管理业	63164	65283	57691	58905
居民服务、修理和其他服务业	49694	54611	44033	47504
教育	88435	90724	68496	65315
卫生和社会工作	99249	107179	68752	74368
文化、体育和娱乐业	77528	85871	136385	60624
公共管理、社会保障和社会组织	93216	93234	90243	76478
按三个产业分				
第一产业	58068	60998	44844	41105
第二产业	58517	69781	49592	58317
第三产业	84573	93346	69770	73776

注：本表不含私营企业。

私营单位从业人员平均劳务报酬

单位：元

项　　目	2010	2016	2017	2017 年比上年增长（%）
合　计	**21039**	**46326**	**48830**	**5.4**
按国民经济行业分				
农、林、牧、渔业	18670	34227	39158	14.4
采矿业	20428	40513	43443	7.2
制造业	20082	44424	47228	6.3
电力、燃气及水的生产和供应业	21435	32495	35919	10.5
建筑业	23914	51249	52565	2.6
交通运输、仓储和邮政业	21681	42380	48501	14.4
信息传输、计算机服务和软件业	27749	68506	71818	4.8
批发和零售业	21512	41282	44275	7.3
住宿和餐饮业	16881	33896	35981	6.2
金融业	32156	55266	56615	2.4
房地产业	24411	45101	50564	12.1
租赁和商务服务业	20618	46148	47734	3.4
科学研究、技术服务和地质勘查业	23329	49606	52929	6.7
水利、环境和公共设施管理业	18073	37599	37121	-1.3
居民服务和其他服务业	19168	33109	36684	10.8
教育	24306	35511	37534	5.7
卫生、社会保障和社会福利业	23527	48533	48847	0.6
文化、体育和娱乐业	19582	34641	34232	-1.2
公共管理和社会组织	17113	30523	32866	7.7
按三个产业分				
第一产业	18670	34227	39158	14.4
第二产业	20940	47327	49629	4.9
第三产业	21502	42678	46164	8.2

人民生活

主要年份城乡居民家庭人均收入

单位：元

年　份	居民人均可支配收入			城镇居民人均可支配收入			农村居民人均可支配（纯）收入		
	数　值	比上年增长（%）		数　值	比上年增长（%）		数　值	比上年增长（%）	
		名　义	实　际		名　义	实　际		名　义	实　际
2015	25404	8.9	7.1	33275	8.3	6.5	13793	9.0	7.2
2016	27608	8.7	6.9	36014	8.2	6.3	14999	8.7	7.1
2017	30048	8.8	7.5	39001	8.3	6.9	16335	8.9	8.0

城镇居民人均可支配收入及构成

单位：元

项　　目	2015年	2016年	2017年
可支配收入	**33275.34**	**36014.26**	**39001.36**
工资性收入	20714.28	22213.41	23886.01
经营净收入	4571.46	4919.35	5158.96
财产净收入	3822.24	4199.43	4579.48
转移净收入	4167.37	4682.07	5376.90
可支配收入构成（%）	**100.00**	**100.00**	**100.00**
工资性收入	62.25	61.68	61.24
经营净收入	13.74	13.66	13.23
财产净收入	11.49	11.66	11.74
转移净收入	12.52	13.00	13.79

城镇居民人均生活消费支出

单位：元

项　　目	2015年	2016年	2017年
生活消费支出	23520.19	25005.52	25980.45
食品烟酒	7759.14	8299.57	8551.59
衣着	1489.82	1443.55	1438.00
居住	5811.38	6530.52	6829.11
生活用品及服务	1336.95	1393.43	1478.07
交通通信	3021.53	3205.69	3353.04
教育文化娱乐	2314.00	2461.45	2483.46
医疗保健	1165.30	1178.47	1235.07
其他用品及服务	622.07	492.83	612.13

城镇居民人均生活消费支出构成

单位:%

项　　目	2015 年	2016 年	2017 年
生活消费支出	100. 00	100. 00	100. 00
食品烟酒	32. 99	33. 19	32. 92
衣着	6. 33	5. 77	5. 53
居住	24. 71	26. 12	26. 29
生活用品及服务	5. 68	5. 57	5. 69
交通通信	12. 85	12. 82	12. 91
教育文化娱乐	9. 84	9. 84	9. 56
医疗保健	4. 95	4. 71	4. 75
其他用品及服务	2. 64	1. 97	2. 36

农村居民人均可支配收入及构成

单位：元

项　　目	2015 年	2016 年	2017 年
人均可支配收入	**13792. 70**	**14999. 19**	**16334. 79**
工资性收入	6187. 00	6785. 20	7415. 90
经营净收入	5455. 57	5821. 46	6275. 84
财产净收入	232. 46	255. 68	290. 02
转移净收入	1917. 68	2136. 85	2353. 03
可支配收入构成（%）	**100. 00**	**100. 00**	**100. 00**
工资性收入	44. 86	45. 24	45. 40
经营净收入	39. 55	38. 81	38. 42
财产净收入	1. 69	1. 70	1. 78
转移净收入	13. 90	14. 25	14. 40

农村居民人均生活消费支出

单位：元

项　　目	2015 年	2016 年	2017 年
生活消费支出	11960. 79	12910. 84	14003. 40
食品烟酒	4493. 83	4818. 30	5162. 17
衣着	610. 58	567. 48	630. 79
居住	2907. 57	3203. 95	3547. 94
生活用品及服务	620. 57	687. 94	721. 00
交通通信	1248. 58	1452. 10	1554. 97
教育文化娱乐	1003. 87	1071. 34	1174. 58
医疗保健	826. 94	866. 95	906. 50
其他用品及服务	248. 87	242. 78	305. 44

农村居民人均生活消费支出构成

单位:%

项　　目	2015年	2016年	2017年
生活消费支出	100.00	100.00	100.00
食品烟酒	37.57	37.32	36.86
衣着	5.10	4.40	4.50
居住	24.31	24.82	25.34
生活用品及服务	5.19	5.33	5.15
交通通信	10.44	11.25	11.10
教育文化娱乐	8.39	8.30	8.39
医疗保健	6.91	6.71	6.47
其他用品及服务	2.08	1.88	2.18

设区市城镇居民人均可支配收入（2017年）

单位：元

项　目	人均可支配收入	工资性收入	经营净收入	财产净收入	转移净收入
福建省	**39001**	**23886**	**5159**	**4579**	**5377**
福州市	40973	25356	3653	5468	6495
厦门市	50019	35426	4278	5819	4495
莆田市	34490	18369	5984	5019	5118
三明市	32261	20795	4521	2496	4450
泉州市	42696	24734	9638	4929	3395
漳州市	33359	19961	5664	2552	5182
南平市	30070	18082	3875	3026	5087
龙岩市	33022	22766	4123	3486	2647
宁德市	30502	14122	8901	3084	4395

设区市城镇居民人均生活消费支出（2017年）

单位：元

项　目	生活消费支出	食品烟酒	衣着	居住	生活用品及服务	交通通信	教育文化娱乐	医疗保健	其他用品及服务
福建省	**25980**	**8552**	**1438**	**6829**	**1478**	**3353**	**2483**	**1235**	**612**
福州市	27427	9017	1430	8031	1333	3264	2806	962	584
厦门市	32009	9869	1767	8451	1697	4955	3323	1151	796
莆田市	22454	8394	1207	5495	1338	2481	2023	1000	515
三明市	22097	7789	1393	4732	1423	2767	2537	1014	441
泉州市	26044	8706	1739	6331	1642	3345	2365	1124	792

续表

项 目	生活消费支出	食品烟酒	衣着	居住	生活用品及服务	交通通信	教育文化娱乐	医疗保健	其他用品及服务
漳州市	22359	8048	1640	4787	1241	2947	2082	1055	558
南平市	19188	6662	1193	4553	1188	2412	1799	1040	340
龙岩市	21656	7489	1420	4787	1088	2788	2539	1161	384
宁德市	20762	7341	1523	4907	1294	1813	2001	1400	482

设区市农村居民人均可支配收入（2017 年）

单位：元

项 目	人均可支配收入	工资性收入	经营净收入	财产净收入	转移净收入
福建省	**16335**	**7416**	**6276**	**290**	**2353**
福州市	17865	9555	4656	855	2799
厦门市	20460	13507	4900	879	1174
莆田市	16492	7908	4102	358	4124
三明市	15212	5763	7777	315	1358
泉州市	18606	9923	6717	306	1661
漳州市	16676	7784	7106	196	1591
南平市	14558	4849	8422	172	1115
龙岩市	15698	6164	7632	188	1714
宁德市	14722	4470	8688	165	1398

设区市农村居民人均生活消费支出（2017 年）

单位：元

项 目	生活消费支出	食品烟酒	衣着	居住	生活用品及服务	交通通信	教育文化娱乐	医疗保健	其他用品及服务
福建省	**14003**	**5162**	**631**	**3548**	**721**	**1555**	**1175**	**907**	**305**
福州市	15283	5755	951	3764	1022	1345	1118	814	515
厦门市	17593	6342	752	4642	873	3018	1019	555	392
莆田市	14047	5783	642	3501	838	1063	1253	525	442
三明市	11542	4366	537	2672	623	1330	1172	614	229
泉州市	14545	5998	695	3763	688	1714	905	507	276
漳州市	11946	4432	405	2881	830	1198	1002	930	269
南平市	10978	4152	610	2362	442	1575	977	685	176
龙岩市	11651	4539	482	2788	594	1321	993	672	262
宁德市	11546	4573	607	2757	514	1050	924	913	209

科　技

主要年份科技活动基本情况

项　　目	2010年	2016年	2017年
研究与试验发展人员（人）	101374	201090	207608
#科研机构	3358	5405	5703
高等院校	12290	28985	31827
规模以上工业企业	71222	145083	145529
研究与试验发展人员折合全时当量（人年）	**76737**	**132155**	**140325**
#科学研究与开发机构	2756	4305	4747
高等院校	5892	10673	11960
大中型工业企业	44062	74746	77799
研究与试验发展经费内部支出（亿元）	**170. 90**	**454. 29**	**543. 09**
#科学研究与开发机构	6. 54	18. 60	23. 16
高等院校	6. 94	27. 16	36. 69
大中型工业企业	116. 12	291. 37	338. 78
研究与试验发展经费支出相当于国内生产总值比例（%）	**1. 16**	**1. 59**	**1. 68**
技术市场成交额（万元）	**381217**	**1057125**	**1032793**
专利申请受理数（项）	**21994**	**130376**	**128079**
#发明专利	5117	27041	26460
专利申请授权数（项）	**18063**	**67142**	**68304**
#发明专利	1224	7170	8718
发明专利拥有量（项）	3295	26714	31006
每万人口发明专利拥有量（件）	0. 89	6. 20	8. 00

研究与试验发展（R&D）人员情况

单位：人

年　份	合　计	科研机构	高等院校	规模以上工业企业	大中型	其　他
2015	182811	4977	26035	134111	97605	17688
2016	201090	5405	28985	145083	104073	21617
2017	207608	5703	31827	145529	104536	24549

各单位技术买卖情况（2017 年）

项　目	合　计	机关法人	事业法人	社团法人	企业法人	自然人	其他组织
买卖项数（项）	**6008**	**1**	**619**	**8**	**5207**	**164**	**9**
机关法人	944	1	46		869	28	
事业法人	652		73		551	28	
社团法人	16		1		15		
企业法人	4319		493	8	3701	108	9
自然人	27				27		
其他组织	50		6		44		
买卖金额（万元）	**1032793**	**8**	**35922**	**1241**	**909586**	**1345**	**84690**
机关法人	102492	8	781		101518	185	
事业法人	39698		3480		35978	240	
社团法人	2491		12		2479		
企业法人	872939		31274	1241	754813	920	84690
自然人	355				355		
其他组织	14818		375		14444		

各设区市研究与试验发展（R&D）人员情况（2017 年）

项目	R&D 人员（人）	R&D 人员折合全时当量（人年）			
			基础研究	应用研究	试验发展
福建省	**207608**	**140325**	**6378**	**13993**	**119954**
福州市	62160	42999	3233	6625	33141
厦门市	56704	42093	1971	3257	36865
莆田市	7298	4903	135	332	4436
三明市	6310	4301	123	522	3655
泉州市	31614	19223	348	1312	17563
漳州市	18971	12710	277	664	11770
南平市	6359	3758	115	599	3044
龙岩市	9360	6101	58	224	5818
宁德市	8832	4238	118	459	3662

各设区市研究与试验发展（R&D）经费情况（2017 年）

单位：万元

项目	R&D 经费内部支出				R&D 经费外部支出
		基础研究	应用研究	试验发展	
福建省	**5430888**	**189079**	**391759**	**4850050**	**210063**
福州市	1549977	118354	184293	1247333	59451

续表

项目	R&D经费内部支出	基础研究	应用研究	试验发展	R&D经费外部支出
厦门市	1423882	55862	133909	1234109	94635
莆田市	237817	2370	4195	231253	3910
三明市	206761	928	6883	198950	4755
泉州市	814179	4286	38111	771782	18796
漳州市	446808	5475	11285	430046	8306
南平市	168017	654	5139	162224	3128
龙岩市	324106	389	5798	317919	9062
宁德市	259342	760	2146	256436	8021

各类型专利申请和授权情况

单位：项

年份	专利申请数	发明	实用新型	外观设计	专利授权数	发明	实用新型	外观设计
2015	83146	17663	44339	21144	61621	5730	34086	21805
2016	130376	27041	78176	25159	67142	7170	42110	17862
2017	128079	26460	76724	24895	68304	8718	39608	19978

各单位专利申请授权情况

单位：项

项目	合计	个人	大专院校	科研单位	企业	机关团体
2015	61621	21007	3256	689	36321	348
2016	67142	24738	3395	708	38026	275
2017	68304	19279	4055	733	43814	423

技术市场基本情况

单位：项

项目	合计	技术开发	技术转让	技术咨询	技术服务
2015	538645	332784	169587	2792	33382
2016	1057125	731769	201710	4075	119570
2017	1032793	460102	402225	2676	167790

技术市场合同数与合同金额情况（2017 年）

项　目	合同数（项）	合同金额（万元）
合　计	**6008**	**1032792.59**
按合同类别分		
技术开发合同	3717	460101.50
技术转让合同	326	402225.21
技术咨询合同	260	2675.98
技术服务合同	1705	167789.90
按服务目标分		
农、林、牧、渔业发展	171	9465.56
工商业发展	716	175689.58
能源生产、分配和合理利用	106	13248.76
基础设施以及城市和农村规划	154	7478.72
环境保护、生态建设及污染防治	312	26091.61
卫生事业发展	159	24402.43
教育事业发展	109	5133.31
社会发展和社会经济发展	2974	475963.13
非定向研究	463	10222.67
民用空间探测及开发	54	1270.86
地球和大气层的探索与利用	64	2633.04
国防	27	5212.69
其他民用目标	726	275980.22
按技术流向分		
本省	4175	
省外	1833	

地方国有企事业单位专业技术人员数

单位：人

年　份	合　计	#工程技术人员	#农业技术人员	#卫生技术人员	#科学研究人员	#教学人员
2015	703950	80289	13247	113119	9058	375467
2016	725593	86827	11973	114527	8798	380590
2017	736743	89515	12950	116238	8565	380596

地方国有企事业单位各行业技术人员数

单位：人

行　　业	2015年	2016年	2017年
合　计	**703950**	**725593**	**736743**
按行业分			
农、林、牧、渔业	22558	21858	22392
采矿业	3240	2859	2635
制造业	12627	12710	13366
电力、燃气及水的生产和供应业	5267	5961	6253
建筑业	12809	13542	16097
交通运输、仓储和邮政业	18627	17509	17699
信息传输、计算机服务和软件业	7926	9351	10042
批发和零售业	4804	6397	6352
住宿和餐饮业	765	695	659
金融业	23748	24618	25632
房地产业	5963	6723	7142
租赁和商务服务业	2955	2951	3199
科学研究、技术服务和地质勘查业	14618	14745	13919
水利、环境和公共设施管理业	9983	9680	10604
居民服务和其他服务业	3962	6664	6732
教育	389241	394471	395124
卫生、社会保障和社会福利业	133027	139778	143152
文化、体育和娱乐业	16601	18376	16970
公共管理和社会组织	15229	16705	18774
按三个产业分			
第一产业	22558	21858	22392
第二产业	33943	35072	38351
第三产业	647449	668663	676000

教　育

主要年份专任教师数和在校学生数

年　份	专任教师数（人）				在校学生数（万人）				每万常住人口拥有大学在校学生数（人）
	普通高等学校	普通中等学校	#普通中学	普通小学	普通高等学校	普通中等学校	#普通中学	普通小学	
2015	44791	168453	148428	162496	75.85	221.09	175.97	288.31	250.8
2016	44751	168992	149213	165910	75.64	222.91	178.95	298.67	243.8
2017	45398	170370	150600	168857	75.10	226.83	185.28	307.09	232.8

各级各类非学历教育学生情况（2017 年）

单位：万人

项　　目	毕（结）业生数	注册学生数
总　计	**129.78**	**121.49**
高等教育	**25.29**	**24.06**
自考助学班	0.10	0.64
普通预科生		0.11
进修及培训	25.16	23.26
中等职业教育	**25.53**	**22.38**
#资格证书培训	6.40	5.24
岗位证书培训	17.73	16.54
职业技术培训机构	**78.96**	**75.04**
#资格证书培训	26.56	25.36
岗位证书培训	21.84	19.35

各级各类民办教育基本情况（2017 年）

单位：人

项　　目	学校数（所）	毕业生数	招生数	在校学生数	教职工数	#专任教师数
民办高等教育	**37**	**58958**	**64574**	**221083**	**17017**	**11982**
民办高校	30	36658	45121	143194	10945	7287
本科	8	13416	19536	66364	5719	3805
专科	22	23242	25585	76830	5226	3482
独立学院	7	22300	19453	77889	6072	4695
本科	7	22300	19453	77889	6072	4695
高中阶段教育	**106**	**32252**	**33750**	**101383**	**17810**	**13287**

续表

项　　目	学校数（所）	毕业生数	招生数	在校学生数	教职工数	
						#专任教师数
高中	74	20435	23437	71478	16635	12425
中等职业学校	32	11817	10313	29905	1175	862
初中阶段教育	**63**	**45249**	**52966**	**150966**	**6840**	**5035**
初中	63	45249	52966	150966	6840	5035
民办普通小学	**92**	**18987**	**20711**	**125463**	**4779**	**3615**
民办幼儿园	**5600**	**275940**	**333725**	**893692**	**101283**	**54127**

各类学校数

单位：所

年　份	普通高等学校	成人高等学校	中等职业教育	普通中学		技工学校	小学	幼儿园
					#高中			
2015	88	3	217	1780	540	62	5141	7748
2016	88	3	207	1778	533	62	5188	7791
2017	89	3	184	1774	534	62	5190	8041

各类学校专任教师数

单位：人

年　份	普通高等学校	中等职业教育	普通中学		技工学校	小学	幼儿园
				#高中			
2015	44791	17103	148428	50463	2922	162496	74840
2016	44751	16732	149213	50424	3047	165910	79381
2017	45398	16479	150600	50720	3291	168857	85310

各类学校在校学生数

单位：万人

年　份	普通高等学校	成人高等学校	中等职业教育	普通中学		技工学校	小学	幼儿园
					#高中			
2015	75.85	15.47	39.67	175.97	62.63	5.45	288.31	151.26
2016	75.64	13.67	38.05	178.95	63.47	5.90	298.67	156.61
2017	75.10	10.34	34.55	185.28	63.71	7.00	307.09	165.49

各类学校招生数

单位：万人

年　份	普通高等学校	成人高等学校	中等职业教育	普通中学	#高中	技工学校	小学	幼儿园
2015	21.79	5.00	14.08	59.77	21.57	2.41	53.63	64.03
2016	21.16	3.37	13.70	62.60	21.71	3.22	53.08	62.48
2017	21.38	2.48	11.65	64.16	20.89	3.34	53.40	63.82

各类学校毕业生数

单位：万人

年　份	普通高等学校	成人高等学校	中等职业教育	普通中学	#高中	技工学校	小学
2015	19.47	4.30	13.84	57.13	20.81	1.69	38.84
2016	19.95	4.38	13.17	57.21	19.70	1.75	41.56
2017	20.44	5.29	11.78	55.74	19.65	1.62	43.83

研究生数

单位：人

年　份	在校学生数	招生数	毕业生数
2015	41338	13288	10969
2016	42731	14088	11968
2017	47587	17620	11973

职业技术培训机构基本情况（2017 年）

项　　目	学校数（所）	注册学生数（人）	结业学生数（人）	教职工数（人）	#专任教师数
总计	**1839**	**750442**	**789584**	**11568**	**5897**
职工技术培训学校（机构）	**79**	**159368**	**186933**	**1919**	**1708**
#教育部门和集体办	63	153526	181141	1836	1657
民办	16	5842	5792	83	51
农村成人文化技术培训学校（机构）	**1393**	**420897**	**420554**	**3951**	**540**
#教育部门和集体办	1391	419666	419223	3939	530
民办	2	1231	1331	12	10
其他培训机构（含社会培训机构）	**367**	**170177**	**182097**	**5698**	**3649**
#教育部门和集体办	23	49429	65892	538	395
民办	344	120748	116205	5160	3254

分科研究生数（2017 年）

单位：人

项　　目	在校学生数	招生数	毕业生数	博士生			硕士生		
				在校生数	招生数	毕业生数	在校生数	招生数	毕业生数
合计	**47587**	**17620**	**11973**	**6256**	**1486**	**779**	**41331**	**16134**	**11194**
学术型学位	**25729**	**8178**	**6602**	**6163**	**1474**	**776**	**19566**	**6704**	**5826**
哲学	261	76	63	96	22	11	165	54	52
经济学	1648	462	442	423	80	51	1225	382	391
法学	1603	514	480	396	89	34	1207	425	446
教育学	773	239	260	118	32	19	655	207	241
文学	1458	426	388	331	73	40	1127	353	348
历史学	421	125	107	140	29	16	281	96	91
理学	6798	2225	1568	2005	545	258	4793	1680	1310
工学	6185	2037	1475	1268	303	138	4917	1734	1337
农学	1406	461	295	349	76	33	1057	385	262
医学	2344	773	789	371	99	90	1973	674	699
管理学	2356	692	601	606	110	75	1750	582	526
艺术学	476	148	134	60	16	11	416	132	123
专业学位	**21858**	**9442**	**5371**	**93**	**12**	**3**	**21765**	**9430**	**5368**
哲学									
经济学	955	410	233				955	410	233
法学	1190	607	274				1190	607	274
教育学	2135	1108	705	93	12	3	2042	1096	702
文学	627	282	212				627	282	212
历史学	42	15	12				42	15	12
理学									
工学	5065	2496	1191				5065	2496	1191
农学	893	496	280				893	496	280
医学	3212	1279	865				3212	1279	865
管理学	7148	2483	1457				7148	2483	1457
艺术学	591	266	142				591	266	142

普通高等学校本科分科学生情况

单位：人

项　　目	2015 年	2016 年	2017 年
在校学生数	**491779**	**499185**	**497440**
哲学	516	530	157
经济学	39163	39882	39518

续表

项　　　目	2015 年	2016 年	2017 年
法学	16423	16626	15963
教育学	15040	15852	16618
文学	46540	44445	44496
历史学	1726	1447	1413
理学	31260	29282	28564
工学	165067	170337	171578
农学	9273	9766	9958
医学	25768	26403	26677
管理学	100154	102647	101017
艺术学	40849	41968	41481
招生数	**128633**	**124729**	**125798**
哲学	194	215	18
经济学	9918	9969	10525
法学	4078	3618	3364
教育学	4266	4332	4601
文学	11474	10749	11330
历史学	382	334	312
理学	7910	6828	6544
工学	44798	44124	43450
农学	2655	2555	2481
医学	5682	5570	5956
管理学	26263	25795	26500
艺术学	11013	10640	10717
毕业生数	**109789**	**112010**	**121774**
哲学	39	29	46
经济学	10395	9944	10531
法学	3604	3799	4199
教育学	3345	3375	3630
文学	11937	12087	11900
历史学	497	398	407
理学	7765	7231	7006
工学	35760	36261	39465
农学	2414	2042	2111
医学	4654	4797	5596
管理学	22561	24107	27062
艺术学	6818	7940	9821

普通高等学校专科分科学生数（2017 年）

单位：人

项　　目	在校学生数	招生数	毕业生数
合计	**253547**	**88001**	**82643**
#农林牧渔大类	3671	1395	942
资源环境与安全大类	2281	816	548
材料与能源大类	2116	887	578
土建大类	29259	8850	12337
水利大类	1300	420	428
制造大类	19018	6431	5775
生物与化工大类	1384	484	445
轻工纺织大类	2372	1136	754
食品药品与粮食大类	6207	2324	2194
交通运输大类	11255	3984	2732
电子信息大类	30233	11609	8025
医药卫生大类	30226	10510	10087
财经商贸大类	56025	17009	20487
旅游大类	8108	2902	2546
文化艺术大类	15976	5855	4890
新闻传播大类	2917	1203	920
教育与体育大类	28891	11281	8270
公安与司法大类	106	31	25
公共管理与服务大类	2202	874	660

成人高等学校分科学生情况

单位：人

项　　目	2010 年	2016 年	2017 年
招生数	**36025**	**16015**	**12798**
经济学	1904	323	222
法　学	798	253	237
教育学	5063	2087	1839
文　学	2226	266	226
历史学	36	3	3
理　学	352	101	14
工　学	9142	4333	3337
农　学	338	200	310
医　学	4545	3776	2194
管理学	11621	4605	4351

续表

项　　目	2010 年	2016 年	2017 年
艺术学		68	65
在校学生数	**99038**	**58021**	**47948**
经济学	5821	1123	862
法　学	2352	867	636
教育学	11746	6928	6189
文　学	7489	1458	950
历史学	116	31	22
理　学	1012	437	207
工　学	24131	17059	13876
农　学	1190	996	919
医　学	13041	13771	10686
管理学	32140	15026	13372
艺术学		325	229
毕业生数	**34699**	**18966**	**21525**
经济学	2854	571	453
法　学	1120	468	450
教育学	4537	1905	2471
文　学	4309	745	684
历史学	75	22	12
理　学	1178	241	152
工　学	6323	5474	6149
农　学	508	381	387
医　学	4025	4032	5063
管理学	9770	4965	5581
艺术学		162	123

成人高等学校专科分科学生数（2017 年）

单位：人

项　　目	在校学生数	招生数	毕业生数
合计	**55462**	**11980**	**31335**
#农林牧渔大类	5373	1707	2927
资源环境与安全大类	56		87
材料与能源大类	330	61	171
土建大类	6896	1156	4537
水利大类	71	14	41
制造大类	4157	647	2371

续表

项　　目	在校学生数	招生数	毕业生数
生物与化工大类	261	50	209
轻工纺织大类	107	19	95
食品药品与粮食大类	105		53
交通运输大类	598	97	490
电子信息大类	1774	363	917
医药卫生大类	11248	1180	6111
财经商贸大类	16429	4834	9587
旅游大类	441	86	651
文化艺术大类	706	120	549
新闻传播大类	31		4
教育与体育大类	5451	1246	1793
公安与司法大类	32		3
公共管理与服务大类	1396	400	739

中等职业教育分科学生数（2017 年）

单位：人

项　　目	毕业生数	招生数	#招初中毕业生数	在校学生数
合计	**117763**	**116477**	**102533**	**345500**
#农林牧渔类	26950	6505	2897	24675
资源环境类	6	21	21	51
能源与新能源类	133	242	242	753
土木水利类	9372	6053	4879	19178
加工制造类	7818	9230	8101	28484
石油化工类	262	280	242	991
轻纺食品类	1492	1576	1426	5232
交通运输类	12027	11900	10844	34154
信息技术类	13542	21257	19002	57987
医药卫生类	6433	7276	6658	22908
休闲保健类	1233	1626	1579	4875
财经商贸类	16289	18351	16885	57356
旅游服务类	5322	8502	7112	22057
文化艺术类	5704	6943	6426	22447
体育与健身	616	1012	1012	3237
教育类	8545	14799	14346	38082
公共管理与服务类	832	565	524	1725
其他	1136	337	337	952

技工学校数、学生数和专任教师数

年　份	学校数（所）	招生数（人）	在校学生数（人）	毕业生数（人）	专任教师数（人）
2015	62	24130	54524	16948	2922
2016	62	32244	59016	17500	3047
2017	62	33381	70021	16203	3291

小学学龄儿童入学率和初中升学率

单位:%

年　份	小学学龄儿童入学率	小学升学率	初中升学率
2015	100.00	98.36	88.28
2016	99.99	98.38	87.80
2017	99.97	98.73	85.51

文 化

主要年份文化事业情况

年 份	艺术表演团体（个）	公共图书馆（座）	博物馆（座）	图书出版总印数（万份）	期刊出版总印数（万份）	报纸出版总印数（万份）	广播综合人口覆盖率（%）	电视综合人口覆盖率（%）
2015	70	90	98	8800	3970	106072	98.68	98.94
2016	70	90	98	9709	4215	90608	98.96	99.12
2017	426	90	123	10809	3032	83957	99.01	99.15

主要年份各类文化事业机构数

单位：个

年 份	艺术事业		公共图书馆	博物馆	群众文化事业	
	艺术表演团体	表演场馆			艺术（文化）馆	文化站
2015	70	56	90	98	97	1125
2016	70	58	90	98	97	1125
2017	426	59	90	123	97	1126

群众文化（艺术）馆站业务活动及经费情况（2017年）

项 目	总计	群众文化（艺术）馆	文化站
单位数（个）	1223	97	1126
从业人员（人）	4100	1004	3096
举办展览（个）	4301	1084	3217
组织文艺活动（次）	18651	3698	14953
举办训练班（次）	17767	7921	9846
培训人次（千人次）	1534	968	565
组织公益性讲座次数（次）	757	757	
本年收入总额（千元）	551794	313444	238350
本年支出合计（千元）	520677	280487	240190

艺术表演团体按剧种分演出情况（2017 年）

项目	剧团数（个）	从业人员（人）	本年新排上演剧目（个）	演出场次（千场）	演出观众人数（千人次）	艺术表演团体演出收入（千元）
艺术表演团体	**426**	**12788**	**70**	**77.19**	**26614**	**414085**
话剧、儿童剧、滑稽剧种	30	749	1	3.75	1552	28948
歌舞、音乐类	26	1274	18	3.33	1236	29339
杂技、魔术、马戏类	4	225	2	1.03	270	4404
京剧、昆曲类	4	184	1	0.20	103	1284
京剧	4	184	1	0.20	103	1284
地方戏曲类	312	9092	47	63.18	21170	328390
曲艺类	24	451	1	2.98	1442	6712
综合性艺术表演团体	26	813		2.70	842	15008

图书馆、博物馆情况

项　　目	2015 年	2016 年	2017 年
图书馆			
公共图书馆图书总藏量（千册）	28211	30510	33220
#图书藏量（千册）	22076	24140	26500
报刊藏量（千册）	2341	2437	2550
视听文献、缩微制品藏量（千册）	696	712	755
电子图书（千册）	18543	21516	26270
组织各类讲座次数（次）	2891	3384	2327
各类讲座参加人次（千人次）	287	416	290
举办展览次数（次）	712	836	1092
参观展览人次（千人次）	1420	1738	2420
举办培训班次数（次）	1083	1368	2396
参加培训班人次（千人次）	58	119	1100
总流通人次（千人次）	23963	26035	29701
图书购置费（千元）	52063	60998	69740
博物馆			
文物藏品（件）	514057	541462	648149
#一级品	1081	1085	1099
二级品	3043	2999	3046
三级品	97883	100066	103644
参观人次（千人次）	24121	25883	30170
#文物机构青少年参观人次	8451	9206	9870

图书出版情况

年份	图书种数（种）	本版图书种数	#新出	总印数（万册、万张）	#租型	总印张（千印张）	#租型	定价总金额（万元）
2015	3579	3395	2318	8800	3197	700447	234302	116504
2016	4154	3954	2620	9709	3309	792968	246575	143426
2017	4493	4289	2545	10809	3709	856126	262909	163964

图书出版分类情况（2017年）

项目	图书种数（种）	#本版图书新出	总印数（万册、万张）	#新出	总印张（千印张）	#新出
总　计	**4493**	**2545**	**10809**	**2263**	**856126**	**219954**
#使用“中国标准书号”合计	**4493**	**2545**	**10808**	**2263**	**856060**	**219887**
马列主义、毛泽东思想	15	11	5		1160	965
哲学	82	58	60	25	7289	3371
社会科学总论	32	25	8	7	1279	1012
政治、法律	171	141	311	40	18629	5241
军事	5	2	27		2541	1969
经济	186	137	57	45	12021	10074
文化、科学、教育、体育	2228	856	9372	1484	709696	127614
语言、文字	72	40	31	15	3504	1744
文学	689	489	484	292	48162	30253
艺术	237	205	71	60	5628	4876
历史、地理	255	213	110	85	14156	11207
自然科学总论	7	3	3	1	232	66
数理科学、化学	27	15	6	4	1033	558
天文学、地球科学	19	15	15	13	810	592
生物科学	26	23	9	8	1041	936
医学、卫生	107	73	57	39	7735	4987
农业科学	85	47	37	21	3745	2166
工业技术	165	114	83	49	11374	6352
交通运输	4	3	1	1	148	140
环境科学	9	6	51	51	2357	2326
综合性图书	70	68	12	11	3494	3421

书刊报纸出版情况

年　份	出版社（个）	出版种数（种）			总印数（万份）		
		图　书	期　刊	报　纸	图　书	期　刊	报　纸
2015	11	3579	176	45	8800	3970	106072
2016	11	4154	176	42	9709	4215	90608
2017	11	4493	176	42	10809	3032	83957

音像电子出版物出版情况

项　　目	2015 年		2016 年		2017 年	
	种数（种）	数量（万张）	种数（种）	数量（万张）	种数（种）	数量（万张）
出版						
录音制品	31	6.79	32	9.60	44	8.41
录像制品	28	16.72	42	7.43	50	18.55
电子出版物	39	24.58	52	21.33	22	10.08
复制						
磁带制品		8.33		7.89		0.31
光盘制品		1082.88		1201.53		899.04

广播电视事业发展情况

项　　目	2015 年	2016 年	2017 年
广播电台数量（座）			
广播电台	6	4	4
电视台	7	5	5
广播电视台	65	67	68
节目套数（套）			
广播	90	91	91
电视	41	103	101
全年播出节目时间（万小时）			
广播	52.41	52.34	52.07
电视	36.49	36.92	39.52
全年节目制作时间（万小时）			
广播	25.37	25.84	52.07
电视	7.40	6.90	7.84
人口覆盖率（%）			
广播	98.68	98.96	99.01
电视	98.94	99.12	99.15
有线广播电视用户（万户）	730.68	738.89	727.02
#数字电视用户	689.18	715.37	727.02

续表

项　　目	2015 年	2016 年	2017 年
付费数字电视用户	306.81	305.52	307.77
#双向电视用户	53.51	94.85	153.90
广播电视网络互联网用户数（万户）	33.60	78.20	111.23
有线电视入户率（%）	69.07	69.25	67.18
广播电视总收入（亿元）	99.34	105.80	135.21
实际创收收入（亿元）	71.96	74.33	93.72
#广告收入	19.85	17.40	17.18
#广播广告收入	4.05	3.74	3.94
电视广告收入	13.66	10.77	10.74
网络收入	26.11	28.87	30.39
广播电视节目销售收入	3.65	3.73	5.24

广播电视制作播出情况

项　　目	2015 年	2016 年	2017 年
广播			
本年广播节目制作（小时）	253719	258355	263745
#新闻资讯类	52818	55549	52563
专题服务类	66807	66184	75490
综艺益智类	76749	83184	77036
广告类	17001	16435	12161
平均每日播音时间（小时）	1436	1434	1426
#播出自制节目	855	853	897
购买交换节目	86	95	84
电视			
有线广播电视用户数（万户）	730.68	738.89	727.02
#数字电视用户数（万户）	689.18	715.37	727.02
本年电视节目制作（小时）	73986	68977	78353
#新闻资讯类	25814	25769	26973
专题服务类	18265	15473	16253
综艺益智类	5519	5983	4666
影视剧类	495	627	295
广告类	5914	5365	7183
本年制作电视剧（集）	108	192	119
平均每周播出时间（小时）	6997	7100	7600
全年电视剧播出数（集）	108101	106744	108329

各设区市有线电视用户数

单位：万户

地　区	2015 年	2016 年	2017 年
全　省	**730.68**	**738.89**	**727.02**
福州市	187.66	187.21	153.47
厦门市	80.83	80.01	82.63
莆田市	45.82	46.87	49.51
三明市	49.93	49.79	49.99
泉州市	126.48	135.25	139.83
漳州市	81.80	79.62	83.41
南平市	64.85	65.64	69.52
龙岩市	41.33	40.88	44.74
宁德市	51.98	53.62	53.93

各设区市电视节目综合人口覆盖率

单位:%

地　区	2015 年	2016 年	2017 年
全　省	**98.94**	**99.12**	**99.15**
福州市	99.17	100.00	100.00
厦门市	100.00	100.00	100.00
莆田市	98.59	98.60	98.70
三明市	99.17	99.24	99.33
泉州市	98.39	98.43	98.48
漳州市	99.15	99.18	99.19
南平市	98.64	98.71	98.73
龙岩市	98.57	98.62	98.63
宁德市	99.30	99.42	99.47

体　　育

当年在聘技术等级运动员人数

单位：人

项　　目	2015 年	2016 年	2017 年
等级运动员人数			
等级运动员	1469	1544	1163
#女	585	606	451
国际级运动健将	7		
#女	5		
国家级运动健将	66	8	2
#女	32	2	2
一级运动员	405	398	313
#女	163	165	104
二级运动员	991	1138	848
#女	365	439	345

竞技体育比赛奖牌情况

单位：枚

项　　目	2015 年	2016 年	2017 年
世界比赛	**18**	**12**	**10.0**
金牌	12	8	2.0
银牌	4	1	4.0
铜牌	2	2	4.0
亚洲比赛	**25**	**24**	**14.0**
金牌	15	12	5.0
银牌	5	9	4.0
铜牌	5	3	4.0
全国比赛	**108**	**97**	**114.5**
金牌	40	39	38.5
银牌	34	32	39.5
铜牌	34	26	36.5

卫　　生

卫生机构和人员情况

项　目	卫生机构数（个）	#医院、卫生院	卫生机构床位数（张）	#医院、卫生院	卫生机构技术人员数（人）	#医生	每千人口拥有	
							卫生机构床位数（张）	医生数（人）
2015	27921	1450	173199	160011	213162	78173	4.5	2.0
2016	27658	1470	178902	165177	220889	80131	4.6	2.1
2017	27217	1489	183418	170440	231546	84045	4.7	2.1

各类卫生机构数

单位：个

项　　目	2015 年	2016 年	2017 年
合　计	**27921**	**27658**	**27217**
医院	**570**	**590**	**608**
基层医疗卫生机构	**25875**	**26190**	**26074**
社区卫生服务中心（站）	528	555	676
卫生院	880	880	881
门诊部	512	615	781
诊所、卫生所、医务室	4945	5195	5127
村卫生室	19010	18945	18609
专业公共卫生机构	**1402**	**808**	**471**
疾病预防控制中心	96	96	96
专科疾病防治院	23	24	25
健康教育所			
妇幼保健院、所、站	87	87	89
急救中心	7	7	7
采供血机构	9	9	9
卫生监督所	86	86	87
计划生育技术服务机构	1094	499	158
其他卫生机构	**74**	**70**	**64**
疗养院	11	11	8
医学科学研究机构	8	8	8
医学在职培训机构	23	22	20
其他	32	29	28

各类卫生机构床位数

单位：张

项　　目	2015年	2016年	2017年
合　计	**173199**	**178902**	**183418**
#医院	129609	134790	140213
疗养院	2527	2600	1761
社区卫生服务中心（站）	3201	3377	3455
卫生院	30402	30387	30227
门诊部	39	26	7
妇幼保健院、所、站	5709	6036	6015
专科疾病防治院	1681	1655	1709

各类卫生技术人员数

单位：人

项　　目	2015年	2016年	2017年
合　计	**213162**	**220889**	**231546**
#执业医师	66162	69307	73377
执业助理医师	12011	10824	10668
注册护士	90503	96250	101285
药师（士）	13865	14410	14597
检验人员	7720	8145	8653

各类卫生机构情况（2017年）

项　　目	卫生机构（个）	医疗床位（张）	卫生技术人员（人）		
				#医生	#注册护士
合　计	**27217**	**183418**	**231546**	**84045**	**101285**
医院	**608**	**140213**	**142630**	**45931**	**72303**
综合医院	361	95248	103735	33321	53409
中医医院	80	18576	19529	6682	8810
中西医结合医院	10	2808	3055	1011	1559
民族医院	1	60	37	14	17
专科医院	154	23421	16210	4882	8481
护理院	2	100	64	21	27
基层医疗卫生机构	**26074**	**33689**	**71581**	**31620**	**23516**
社区卫生服务中心（站）	676	3455	11788	4857	4187
卫生院	881	30227	31122	10229	10824
门诊部	781	7	10865	5510	3712
诊所、卫生所、医务室	5127		13702	7293	4420

续表

项　　目	卫生机构（个）	医疗床位（张）	卫生技术人员（人）	#医生	#注册护士
村卫生室	18609		4104	3731	373
专业公共卫生机构	**471**	**7755**	**16664**	**6282**	**5205**
疾病预防控制中心	96		3672	2068	258
专科疾病防治院	25	1709	849	355	205
妇幼保健院、所、站	89	6015	9525	3485	4131
急救中心	7	31	289	112	150
采供血机构	9		602	72	336
卫生监督所	87		1260		
计划生育技术服务机构	158		467	190	125
其他卫生机构	**64**	**1761**	**671**	**212**	**261**
疗养院	8	1761	341	93	207
医学科学研究机构	8		87	53	8
医学在职培训机构	20		57	24	22
其他	28		186	42	24

基层医疗卫生机构情况（2017 年）

项　　目	社区卫生服务中心（站）	卫生院	门诊部	诊所、卫生所、医务室	村卫生室
机构数（个）	**676**	**881**	**781**	**5127**	**18609**
卫生技术人员数（人）	**11788**	**31122**	**10865**	**13702**	**4104**
#执业医师	4018	7437	4762	6165	1310
执业助理医师	839	2792	748	1128	2421
注册护士	4187	10824	3712	4420	373
药师（士）	1099	2959	711	1312	
检验人员	399	1221	441	31	

农村村级卫生组织情况

项　　目	2015 年	2016 年	2017 年
村设置医疗点数（个）	**19010**	**18945**	**18609**
执业（助理）医师（人）	3513	3809	3731
注册护士（人）	329	361	373
乡村医生和卫生人员数（人）	**26902**	**26502**	**25261**
乡村医生	26113	25697	24540
卫生员	789	805	721

各类医院医疗服务情况

年份	诊疗人数（万人次）	#门急诊	入院人数（万人）	出院人数（万人）	病床周转数（次）
2015	9310.82	9230.45	409.86	408.94	33.73
2016	9642.67	9569.44	425.27	424.45	33.49
2017	9881.51	9775.34	446.10	444.37	33.90

医院、卫生院、妇幼保健院医疗服务情况（2017年）

项　　目	诊疗人数（万人次）	#门急诊	入院人数（万人）	出院人数（万人）	死亡率（%）	病床周转数（次）	病床使用率（%）
医院	**9881.51**	**9775.34**	**446.10**	**444.37**	**0.16**	**33.90**	**82.63**
#综合医院	7256.52	7197.74	342.44	341.29	0.18	38.10	83.52
中医医院	1601.37	1588.43	52.54	52.29	0.11	30.20	76.47
专科医院	799.01	768.71	42.14	41.83	0.05	19.70	84.11
卫生院	**2968.13**	**2902.01**	**76.38**	**76.52**	**0.01**	**26.50**	**45.13**
妇幼保健院	**1040.53**	**1004.01**	**21.47**	**21.47**	**0.01**	**41.90**	**62.29**

防病工作情况

项　　目	2015年	2016年	2017年
甲乙类传染病发病总例数（万个）	22.82	22.63	23.46
传染病发病率（1/10万）	599.62	589.38	605.45
传染病死亡总人数（人）	172	184	205
传染病死亡率（1/10万）	0.45	0.48	0.53
结核病登记病人数（例）	16602	15922	14798
登记患病率（‰）	0.44	0.42	0.38
结核病新发病人数（例）	16016	15063	13786
结核病登记新发病率（1/10万）	42.44	39.58	35.91
“五苗”接种率（%）	99.91	99.88	99.78
乙肝疫苗全程接种率（%）	99.94	99.91	99.86

法定报告传染病发病及死亡情况（2017年）

项　　目	发病率（1/10万）	死亡率（1/10万）	病死率（%）
总计	**605.45**	**0.53**	**0.09**
病毒性肝炎	121.28	0.01	0.01
痢疾	0.96		
伤寒副伤寒	1.84	…	0.14
艾滋病	2.50	0.35	14.15

续表

项　　　　目	发病率（1/10 万）	死亡率（1/10 万）	病死率（%）
淋病	18.63	…	0.01
梅毒	61.78	0.01	0.01
麻疹	0.13		
百日咳	0.04		
流脑			
猩红热	3.19		
出血热	1.00	…	0.26
狂犬病			100.00
布氏杆菌病	0.24		
乙脑	0.01		
疟疾	0.37		
新生儿破伤风	0.01		
肺结核	42.79	0.10	0.23

前十位疾病死亡原因及构成（2017 年）

项　　　　目	占疾病死亡总人数比重（%）	项　　　　目	占疾病死亡总人数比重（%）
城市	**91.90**	**农村**	**92.50**
恶性肿瘤	30.18	恶性肿瘤	30.88
心脏病	17.46	脑血管病	17.74
脑血管病	16.46	心脏病	14.57
损伤和中毒	9.13	损伤和中毒	11.27
呼吸系统疾病	8.84	呼吸系统疾病	10.18
内分泌、营养和代谢疾病	4.04	内分泌、营养和代谢疾病	2.44
消化系统疾病	2.31	消化系统疾病	2.07
神经系统疾病	1.39	精神障碍	1.19
精神障碍	1.07	神经系统疾病	1.17
泌尿生殖系统疾病	1.01	泌尿生殖系统疾病	0.98

民　　政

婚姻登记情况

单位：对

年　份	结婚登记件数	内地居民登记结婚	涉外及华侨、港澳台居民登记结婚	离婚登记件数	内地居民登记离婚	涉外及华侨、港澳台居民登记离婚
2015	349417	344309	5108	72589	71632	957
2016	314648	309569	5079	80169	79323	846
2017	291447	286595	4852	89801	88965	836

社会救济与捐赠情况

项　　目	2010 年	2016 年	2017 年
社会救济			
城镇居民最低生活保障人数（人）	181530	85879	68249
#女性	59498	35546	29744
#老年人	35936	20924	16539
#残疾人	19764	17207	16624
城市居民最低保障家庭数（户）	84876	54017	42949
城市低保资金全年计划支出（万元）	28851	44415	40578
农村最低生活保障人数（人）	713217	461493	390801
#女性	194465	186463	160458
#老年人	174188	139439	115963
#未成年人	80935	59365	50420
#残疾人	85429	78853	69555
农村居民最低生活保障家庭数（户）	305692	242437	210969
社会捐赠			
直接接受捐赠情况			
捐赠款数额（万元）	124204. 40	5076. 00	195. 30
捐赠其他物资价值（万元）	294. 00	20. 80	
受益人数（次）	**162286**	**13391**	**2219**
社会接收工作站、点数（个）	**1233**	**804**	**807**

提供住宿的社会服务机构数

单位：个

项　　目	2015 年	2016 年	2017 年
合计	440	432	440
#光荣院	26	25	24
社会福利院	66	65	65
城市养老服务机构	118	117	117
农村养老服务机构	94	88	97
社会福利医院	14	15	14
儿童福利机构	11	11	11
救助类服务机构（救助管理站）	42	43	43
军休所	50	50	50

提供住宿的社会服务机构基本情况（2017 年）

项　　目	床位数（张）	年末在院人数（人）	社会（助理）工作师人数（人）
总计	**57765**	**26009**	**333**
#光荣院	1573	416	10
社会福利院	12244	4049	117
城市养老服务机构	25963	11890	31
农村养老服务机构	6009	2641	3
社会福利医院	3719	3413	39
儿童福利机构	1273	745	22
救助类服务机构	2051	156	61
军休所	2720	1710	41

老龄事业发展情况

项　　目	2010 年	2016 年	2017 年
老年维权			
老年法律援助中心（个）	891	1375	2656
维权协调组织数（个）	1851	2112	2208
老年服务设施			
老年活动站（中心、室）（个）	15166	16301	17622
老年福利			
享受高龄补贴的老年人数（人）	197587	559137	533322
老年医疗护理机构			
老年医院（个）	38	44	42
#床位数（张）	2115	3165	3107

续表

项　　　目	2010年	2016年	2017年
老年临终关怀医院（个）	6	33	32
#床位数（张）	844	1798	1713
年底在院人数（人）	396	958	947
老年群众组织			
老年协会（个）	13827	15551	15919
参加人数（人）	2243303	2250262	2443071
老年基金会（个）	470	216	170
事业投入经费（万元）	3370	4386	4067
其他老年社团组织（个）	1164	773	1040
参加人数	261839	293718	292716
老年教育			
老年大学个数（个）	11268	11119	10743
在校人数（人）	592429	930784	1001559

司　法

律师、公证、调解工作情况

项　　目	2015年	2016年	2017年
律师工作			
律师事务所（个）	660	751	838
专职律师（人）	7211	8055	8706
兼职律师（人）	426	445	445
聘请常年法律顾问单位（个）	16310	20194	19487
律师业务情况			
民事诉讼（件）	128245	140959	151651
行政诉讼（件）	4010	5559	7360
非诉讼法律事务（件）	16905	18596	17653
解答法律咨询和代写法律事务文书（件）	180682	164685	182046
公证工作			
公证处（个）	90	90	90
公证人员（人）	979	999	1050
#公证员	417	433	434
办理公证书（件）	491618	538332	591321
国内公证	229152	279941	345757
涉外及港澳台	262466	258391	245654
调解工作			
人民调解委员会（个）	19817	19986	20220
调解人员（万人）	9.60	9.66	9.66
调解纠纷（万件）	17.26	14.20	13.15
专职司法助理员（人）	2481	2498	2481

国内公证业务分类情况（2017年）

单位：件

项　　目	办证件数
合计	**591321**
合同（协议）	11675
继承	25169
委托	131654
声明	30718
赠与	1729

续表

项　　目	办证件数
遗嘱	5955
现场监督	2039
婚姻状况、亲属关系、收养关系	48875
出生、生存、死亡	55595
身份、经历、学历、学位、职务、职称	4089
有无违法犯罪记录	38153
公司章程	238
保全证据	16882
证书（执照）	16599
签名（印章）	34323
文本相符	62806
赋予执行效力	2404
执行证书	333
抵押登记	33
提存	51
保管司法辅助事务	49705
#参与调解	932
参与取证	6947
参与送达	30594
参与保全	8453
参与执行	2775
其他	52296

社会保险

社会保险情况

项　　目	2010 年	2016 年	2017 年
养老保险			
城镇企业职工养老保险			
期末参加基本养老保险职工人数（万人）	466.88	709.62	747.44
期末领取基本养老保险离退休人数（万人）	93.33	129.23	135.91
基本养老保险基金收入（亿元）	149.55	442.63	456.04
基本养老保险基金支出（亿元）	135.85	370.80	405.59
基本养老保险基金累计结余（亿元）	104.63	573.57	667.51
机关事业单位养老保险			
期末参加基本养老保险职工人数（万人）	54.93	85.84	92.61
期末领取基本养老保险离退休人数（万人）	20.13	43.15	46.11
基本养老保险基金收入（亿元）	55.32	202.94	209.26
基本养老保险基金支出（亿元）	52.65	214.10	260.88
基本养老保险基金累计结余（亿元）	36.60	127.56	152.49
城乡居民社会养老保险			
期末参加基本养老保险人数（万人）		1489.10	1493.74
基本养老保险基金收入（亿元）		78.98	85.78
基本养老保险基金支出（亿元）		57.86	65.81
基本养老保险基金累计结余（亿元）		123.93	143.90
医疗保险			
期末参加基本医疗保险人数（万人）	1226.25	1297.90	3768.61
城镇职工	554.67	792.12	819.34
城镇居民	671.58	505.78	2949.27
基本医疗保险基金收入（亿元）	113.72	331.72	480.02
城镇职工	106.22	259.97	292.07
城镇居民	7.50	71.75	187.95
基本医疗保险基金支出（亿元）	96.01	274.68	383.84
城镇职工	88.96	207.77	221.52
城镇居民	7.05	66.91	162.32
基本医疗保险基金累计结余（亿元）	174.86	497.27	630.99
城镇职工	169.99	464.13	534.68
城镇居民	4.87	33.84	96.31
基本医疗保险基金收缴率（%）	99.29	99.40	99.46

续表

项目	2010年	2016年	2017年
失业保险			
期末参加失业保险人数（万人）	374.18	575.52	612.33
期末领取失业保险金人数（万人）	3.17	5.17	4.93
失业保险基金收入（亿元）	11.63	29.23	24.27
失业保险基金支出（亿元）	5.60	16.82	16.57
失业保险基金累计结余（亿元）	52.25	163.90	171.59
工伤、生育保险			
期末参加工伤保险的城镇企业职工人数（万人）	417.74	733.77	798.72
工伤保险基金收入（亿元）	5.90	17.78	20.02
工伤保险基金支出（亿元）	2.86	13.54	15.86
工伤保险基金累计结余（亿元）	22.37	58.13	62.29
期末参加生育保险的职工人数（万人）	374.41	625.50	634.49
生育保险基金收入（亿元）	4.32	12.46	14.16
生育保险基金支出（亿元）	2.95	14.99	20.14
生育保险基金累计结余（亿元）	8.18	20.94	14.96

各设区市主要社会保险参保人数（2017年）

单位：万人

地区	参加城镇基本养老保险人数	参加城乡居民社会养老保险人数	参加基本医疗保险人数	参加失业保险人数	参加工伤保险人数	参加生育保险人数
全省	**1022.07**	**1493.74**	**3768.61**	**612.33**	**798.72**	**634.49**
省直	51.53		37.31		24.05	26.57
福州市	198.14	232.33	657.40	123.22	158.36	106.17
#平潭	4.34	18.42	39.42	1.96	3.33	2.33
厦门市	250.00	23.79	381.81	211.09	211.34	200.30
莆田市	41.98	154.99	327.94	32.85	49.72	33.90
三明市	58.67	120.85	261.42	33.08	40.45	25.88
泉州市	158.34	364.62	721.64	68.41	113.38	97.94
漳州市	91.83	208.50	479.13	41.19	64.48	43.27
南平市	64.53	128.91	294.13	37.15	53.51	27.51
龙岩市	55.91	132.34	290.88	39.34	46.00	43.74
宁德市	51.15	127.41	316.94	26.00	37.42	29.21

各设区市城镇基本养老保险人数（2017 年）

单位：万人

地　区	参加城镇基本养老保险职工人数	参加城镇企业基本养老保险人数	参加城镇机关事业养老保险人数	期末领取基本养老保险金离退休人数	企业单位领取人数	机关事业单位领取人数
全　省	**840.05**	**747.44**	**92.61**	**182.02**	**135.91**	**46.11**
省　直	35.17	23.18	12.00	16.35	9.02	7.33
福州市	159.97	146.41	13.55	38.18	30.39	7.79
#平潭	3.01	2.23	0.78	1.33	0.86	0.47
厦门市	221.07	214.39	6.67	28.94	26.54	2.40
莆田市	34.45	27.73	6.73	7.52	4.74	2.78
三明市	41.86	33.96	7.90	16.81	12.93	3.88
泉州市	142.99	129.48	13.51	15.35	10.08	5.27
漳州市	73.19	64.09	9.10	18.64	14.17	4.47
南平市	45.33	38.10	7.23	19.20	14.66	4.54
龙岩市	44.90	37.00	7.91	11.00	7.05	3.95
宁德市	41.12	33.10	8.01	10.04	6.34	3.70

市县数据

年末户籍统计人口数（2017年）

单位：万人

地　　区	年末户籍统计总人口	按城乡分		按性别分	
		城镇	乡村	男	女
全　省	**3807.58**	**1819.35**	**1988.23**	**1960.09**	**1847.49**
福州市	**693.35**	**393.21**	**300.14**	**354.05**	**339.30**
福州市辖区	279.23	233.45	45.78	140.01	139.22
鼓楼区	57.92	57.92		28.63	29.29
台江区	32.08	32.08		15.87	16.21
仓山区	57.56	57.56		28.25	29.31
马尾区	17.56	12.64	4.92	8.74	8.82
晋安区	40.46	37.09	3.37	19.91	20.55
长乐区	73.66	36.17	37.49	38.62	35.04
福清市	136.68	57.92	78.76	70.45	66.23
闽侯县	68.22	30.08	38.14	34.90	33.32
连江县	67.29	29.09	38.20	34.87	32.42
罗源县	26.83	9.77	17.06	13.99	12.84
闽清县	32.45	10.52	21.93	17.07	15.38
永泰县	38.32	9.91	28.41	20.33	17.99
平潭县	44.32	12.46	31.86	22.42	21.90
厦门市	**229.98**	**195.91**	**34.07**	**113.80**	**116.18**
厦门市辖区	229.98	195.91	34.07	113.80	116.18
思明区	77.70	77.70		37.94	39.76
海沧区	19.23	19.23		9.44	9.79
湖里区	31.69	31.69		15.87	15.82
集美区	28.66	21.32	7.34	14.15	14.51
同安区	37.80	19.03	18.77	18.92	18.88
翔安区	34.90	26.94	7.96	17.48	17.42
莆田市	**354.67**	**155.51**	**199.16**	**181.27**	**173.40**
莆田市辖区	238.67	112.34	126.33	121.41	117.26
城厢区	42.27	20.50	21.77	21.27	21.00
涵江区	44.55	28.75	15.80	22.15	22.40
荔城区	57.68	34.88	22.80	28.95	28.73
秀屿区	94.17	28.21	65.96	49.04	45.13

续表

地　　区	年末户籍统计总人口	按城乡分		按性别分	
		城镇	乡村	男	女
仙游县	116.00	43.17	72.83	59.86	56.14
三明市	**287.19**	**104.21**	**182.98**	**150.16**	**137.03**
三明市辖区	28.10	22.51	5.59	14.11	13.99
梅列区	14.41	13.12	1.29	7.18	7.23
三元区	13.69	9.39	4.30	6.93	6.76
永安市	33.13	18.25	14.88	17.03	16.10
明溪县	11.84	3.76	8.08	6.14	5.70
清流县	15.58	4.68	10.90	8.14	7.44
宁化县	37.64	9.10	28.54	19.73	17.91
大田县	40.96	12.32	28.64	22.25	18.71
尤溪县	45.01	11.69	33.32	24.13	20.88
沙县	26.98	9.47	17.51	13.87	13.11
将乐县	18.60	5.33	13.27	9.65	8.95
泰宁县	13.77	3.55	10.22	7.12	6.65
建宁县	15.58	3.55	12.03	7.99	7.59
泉州市	**742.33**	**368.59**	**373.74**	**384.61**	**357.72**
泉州市辖区	112.45	76.66	35.79	56.54	55.91
鲤城区	25.86	25.86		12.69	13.17
丰泽区	25.69	25.69		12.47	13.22
洛江区	19.69	5.56	14.13	10.26	9.43
泉港区	41.21	19.54	21.67	21.12	20.09
石狮市	33.71	24.91	8.80	17.15	16.56
晋江市	114.71	64.42	50.29	58.67	56.04
南安市	163.50	87.42	76.08	85.91	77.59
惠安县	102.23	46.80	55.43	51.48	50.75
安溪县	121.46	28.84	92.62	65.02	56.44
永春县	60.14	28.74	31.40	31.75	28.39
德化县	34.13	10.81	23.32	18.09	16.04
漳州市	**514.41**	**223.06**	**291.35**	**263.97**	**250.44**
漳州市辖区	61.57	46.64	14.93	30.39	31.18
芗城区	46.14	36.28	9.86	22.71	23.43
龙文区	15.43	10.36	5.07	7.68	7.75
龙海市	88.51	36.61	51.90	44.47	44.04
云霄县	46.21	17.79	28.42	24.34	21.87
漳浦县	92.86	35.96	56.90	47.75	45.11

续表

地　区	年末户籍统计总人口	按城乡分		按性别分	
		城镇	乡村	男	女
诏安县	67.27	22.26	45.01	35.11	32.16
长泰县	21.03	9.44	11.59	10.67	10.36
东山县	21.88	12.24	9.64	11.02	10.86
南靖县	36.17	12.31	23.86	18.49	17.68
平和县	61.99	22.57	39.42	32.97	29.02
华安县	16.92	7.24	9.68	8.76	8.16
南平市	**319.04**	**112.03**	**207.01**	**164.54**	**154.50**
南平市辖区	85.63	36.42	49.21	43.91	41.72
延平区	49.98	24.53	25.45	25.65	24.33
建阳区	35.65	11.89	23.76	18.26	17.39
邵武市	30.64	13.03	17.61	15.67	14.97
武夷山市	24.30	10.22	14.08	12.34	11.96
建瓯市	55.14	17.44	37.70	28.44	26.70
顺昌县	23.57	8.50	15.07	12.12	11.45
浦城县	43.06	9.78	33.28	22.18	20.88
光泽县	16.30	4.51	11.79	8.49	7.81
松溪县	16.79	4.87	11.92	8.74	8.05
政和县	23.61	7.26	16.35	12.65	10.96
龙岩市	**315.89**	**139.64**	**176.25**	**163.81**	**152.08**
龙岩市辖区	104.07	56.21	47.86	53.17	50.90
新罗区	53.40	38.44	14.96	26.74	26.66
永定区	50.67	17.77	32.90	26.43	24.24
漳平市	29.67	11.59	18.08	15.60	14.07
长汀县	54.52	22.60	31.92	28.81	25.71
上杭县	52.92	20.72	32.20	27.18	25.74
武平县	40.07	16.10	23.97	20.76	19.31
连城县	34.64	12.42	22.22	18.29	16.35
宁德市	**350.72**	**127.19**	**223.53**	**183.87**	**166.85**
宁德市辖区	49.40	22.58	26.82	25.15	24.25
蕉城区	49.40	22.58	26.82	25.15	24.25
福安市	66.70	25.79	40.91	35.09	31.61
福鼎市	59.59	19.91	39.68	30.91	28.68
霞浦县	54.47	19.08	35.39	28.67	25.80
古田县	42.98	13.69	29.29	22.67	20.31
屏南县	19.05	5.79	13.26	10.17	8.88

续表

地　　区	年末户籍统计总人口	按城乡分		按性别分	
		城镇	乡村	男	女
寿宁县	26.52	8.94	17.58	14.18	12.34
周宁县	21.13	7.32	13.81	11.35	9.78
柘荣县	10.88	4.09	6.79	5.68	5.20

年末常住人口数（2017 年）

单位：万人

地　　区	常住人口数	城镇人口	乡村人口	城镇化水平（%）
全　省	**3911.00**	**2534.87**	**1376.13**	**64.8**
福州市	**766.00**	**532.34**	**233.66**	**69.5**
福州市辖区	389.70	347.46	42.24	89.2
鼓楼区	73.50	73.50		100.0
台江区	48.30	48.30		100.0
仓山区	82.50	82.50		100.0
马尾区	25.90	19.37	6.53	74.8
晋安区	86.60	86.17	0.43	99.5
长乐区	72.90	37.62	35.28	51.6
福清市	130.50	66.16	64.34	50.7
闽侯县	71.50	40.04	31.46	56.0
连江县	58.80	27.11	31.69	46.1
罗源县	21.10	9.60	11.50	45.5
闽清县	24.00	9.70	14.30	40.4
永泰县	25.40	10.49	14.91	41.3
平潭县	45.00	21.78	23.22	48.4
厦门市	**401.00**	**357.30**	**43.70**	**89.1**
厦门市辖区	401.00	357.30	43.70	89.1
思明区	100.70	100.70		100.0
海沧区	35.60	32.43	3.17	91.1
湖里区	103.30	103.30		100.0
集美区	67.40	58.84	8.56	87.3
同安区	58.10	40.96	17.14	70.5
翔安区	35.90	21.07	14.83	58.7
莆田市	**290.00**	**172.85**	**117.15**	**59.6**
莆田市辖区	203.70	133.15	70.55	65.4
城厢区	43.30	30.53	12.77	70.5

续表

地　　区	常住人口数			城镇化水平（%）
		城镇人口	乡村人口	
涵江区	48.70	38.28	10.42	78.6
荔城区	52.30	37.97	14.33	72.6
秀屿区	59.40	26.37	33.03	44.4
仙游县	86.30	39.70	46.60	46.0
三明市	**257.00**	**151.73**	**105.27**	**59.0**
三明市辖区	38.80	35.72	3.08	92.1
梅列区	18.40	18.09	0.31	98.3
三元区	20.40	17.63	2.77	86.4
永安市	35.50	24.57	10.93	69.2
明溪县	10.30	5.40	4.90	52.4
清流县	13.70	6.59	7.11	48.1
宁化县	28.60	12.67	15.93	44.3
大田县	31.90	16.11	15.79	50.5
尤溪县	36.10	16.17	19.93	44.8
沙县	23.20	14.96	8.24	64.5
将乐县	15.20	8.33	6.87	54.8
泰宁县	11.40	5.75	5.65	50.4
建宁县	12.30	5.46	6.84	44.4
泉州市	**865.00**	**568.25**	**296.75**	**65.7**
泉州市辖区	156.70	131.41	25.29	83.9
鲤城区	43.90	43.90		100.0
丰泽区	57.90	57.90		100.0
洛江区	21.50	12.38	9.12	57.6
泉港区	33.40	17.23	16.17	51.6
石狮市	69.10	54.66	14.44	79.1
晋江市	210.30	139.01	71.29	66.1
南安市	149.90	87.84	62.06	58.6
惠安县	101.30	58.55	42.75	57.8
安溪县	101.90	47.38	54.52	46.5
永春县	46.50	27.48	19.02	59.1
德化县	29.30	21.92	7.38	74.8
漳州市	**510.00**	**294.29**	**215.71**	**57.7**
漳州市辖区	79.00	71.45	7.55	90.4
芗城区	59.70	54.27	5.43	90.9
龙文区	19.30	17.18	2.12	89.0

续表

地　　区	常住人口数			城镇化水平（%）
		城镇人口	乡村人口	
龙海市	94.90	55.23	39.67	58.2
云霄县	42.40	21.62	20.78	51.0
漳浦县	83.70	43.36	40.34	51.8
诏安县	62.00	27.53	34.47	44.4
长泰县	22.50	12.17	10.33	54.1
东山县	22.30	12.93	9.37	58.0
南靖县	34.80	17.68	17.12	50.8
平和县	51.80	23.62	28.18	45.6
华安县	16.60	8.70	7.90	52.4
南平市	**268.00**	**149.53**	**118.47**	**55.8**
南平市辖区	79.50	50.71	28.79	63.8
延平区	47.80	32.55	15.25	68.1
建阳区	31.70	18.16	13.54	57.3
邵武市	27.70	18.92	8.78	68.3
武夷山市	23.70	13.58	10.12	57.3
建瓯市	45.50	22.98	22.52	50.5
顺昌县	19.10	9.45	9.65	49.5
浦城县	29.90	14.08	15.82	47.1
光泽县	13.60	6.32	7.28	46.5
松溪县	12.20	5.71	6.49	46.8
政和县	16.80	7.78	9.02	46.3
龙岩市	**264.00**	**147.04**	**116.96**	**55.7**
龙岩市辖区	109.70	69.87	39.83	63.7
新罗区	73.40	52.41	20.99	71.4
永定区	36.30	17.46	18.84	48.1
漳平市	24.20	13.21	10.99	54.6
长汀县	40.20	20.66	19.54	51.4
上杭县	37.50	18.11	19.39	48.3
武平县	27.70	13.43	14.27	48.5
连城县	24.70	11.76	12.94	47.6
宁德市	**290.00**	**161.54**	**128.46**	**55.7**
宁德市辖区	44.80	28.90	15.90	64.5
蕉城区	44.80	28.90	15.90	64.5
福安市	57.60	36.46	21.14	63.3
福鼎市	54.10	31.97	22.13	59.1

续表

地　　区	常住人口数			城镇化水平（%）
		城镇人口	乡村人口	
霞浦县	46.70	22.09	24.61	47.3
古田县	33.30	15.65	17.65	47.0
屏南县	14.10	6.25	7.85	44.3
寿宁县	18.10	8.63	9.47	47.7
周宁县	12.20	6.08	6.12	49.8
柘荣县	9.10	5.51	3.59	60.5

城镇单位年末从业人员数（2017 年）

单位：人

地　　区	单位从业人员数	在岗职工				其他从业人员
			国　有	城镇集体	其　他	
全　省	**6724839**	**5666211**	**1334445**	**76171**	**4255595**	**1058628**
福州市	**1587716**	**1197892**	**301764**	**19316**	**876812**	**389824**
福州市辖区	1077799	753983	194241	9877	549865	323816
鼓楼区	460723	300068	90305	2711	207052	160655
台江区	145919	67816	21307	797	45712	78103
仓山区	137292	123416	30056	2854	90506	13876
马尾区	107371	83708	9807	1096	72805	23663
晋安区	128821	89055	25059	2227	61769	39766
长乐区	97673	89920	17707	192	72021	7753
福清市	187014	172649	32241	1371	139037	14365
闽侯县	92623	81854	26158	2928	52768	10769
连江县	42563	37700	13755	1752	22193	4863
罗源县	29312	26214	7461	713	18040	3098
闽清县	67433	64214	9107	2175	52932	3219
永泰县	59956	40244	7917	500	31827	19712
平潭县	31016	21034	10884		10150	9982
厦门市	**1459940**	**1248570**	**160368**	**3858**	**1084344**	**211370**
厦门市辖区	1459940	1248570	160368	3858	1084344	211370
思明区	537912	431912	88474	1836	341602	106000
海沧区	190001	151514	8674	510	142330	38487
湖里区	328852	301817	18665	376	282776	27035
集美区	182124	167744	24772	928	142044	14380
同安区	104934	94934	12333	435	82166	10000
翔安区	116117	100649	7191	62	93396	15468

续表

地　区	单位从业人员数	在岗职工	国　有	城镇集体	其　他	其他从业人员
莆田市	**541410**	**483686**	**82988**	**5243**	**395455**	**57724**
莆田市辖区	445264	395067	62074	3772	329221	50197
城厢区	104465	87982	26202	1197	60583	16483
涵江区	120886	105763	11049	996	93718	15123
荔城区	151395	136083	12011	731	123341	15312
秀屿区	68518	65239	12812	848	51579	3279
仙游县	96146	88619	20914	1471	66234	7527
三明市	**243536**	**208050**	**105407**	**7495**	**95148**	**35486**
三明市辖区	83369	71683	25565	1325	44793	11686
梅列区	27083	24666	6510	903	17253	2417
三元区	28443	26399	3660	223	22516	2044
永安市	32097	26648	13164	269	13215	5449
明溪县	9181	6771	4461	222	2088	2410
清流县	19920	17738	6149	237	11352	2182
宁化县	13370	12523	9659	674	2190	847
大田县	19724	16822	10373	2706	3743	2902
尤溪县	17943	15392	10927	519	3946	2551
沙县	19141	16541	8262	967	7312	2600
将乐县	10899	9096	7170	113	1813	1803
泰宁县	7856	6422	5053	181	1188	1434
建宁县	10036	8414	4624	282	3508	1622
泉州市	**1399105**	**1308529**	**220031**	**13012**	**1075486**	**90576**
泉州市辖区	366300	339712	98010	2643	239059	26588
鲤城区	94261	84416	31870	639	51907	9845
丰泽区	105657	101353	12095	1076	88182	4304
洛江区	40682	37691	3563	228	33900	2991
泉港区	30849	28332	9345	422	18565	2517
石狮市	115272	100904	6694	931	93279	14368
晋江市	278414	266815	29296	2408	235111	11599
南安市	136788	128404	24887	1809	101708	8384
惠安县	264827	255793	20064	1912	233817	9034
安溪县	152436	140168	21680	1591	116897	12268
永春县	60067	53501	11052	1092	41357	6566
德化县	25001	23232	8348	626	14258	1769

续表

地　　区	单位从业人员数	在岗职工				其他从业人员
			国　有	城镇集体	其　他	
漳州市	**567033**	**455844**	**130542**	**9196**	**316106**	**111189**
漳州市辖区	173082	130264	41519	1136	87609	42818
芗城区	137575	100547	35828	1109	63610	37028
龙文区	35507	29717	5691	27	23999	5790
龙海市	125891	96108	16243	1445	78420	29783
云霄县	34197	25893	9785	562	15546	8304
漳浦县	60171	48582	14920	1960	31702	11589
诏安县	37915	29691	11017	988	17686	8224
长泰县	45353	44353	6563	683	37107	1000
东山县	18047	14386	7664	184	6538	3661
南靖县	26086	24002	8015	611	15376	2084
平和县	26546	24478	10117	977	13384	2068
华安县	19745	18087	4699	650	12738	1658
南平市	**254527**	**207313**	**99847**	**5562**	**101904**	**47214**
南平市辖区	105343	82247	35498	1368	45381	23096
延平区	77959	62800	25383	801	36616	15159
建阳区	27384	19447	10115	567	8765	7937
邵武市	35160	29529	9721	1004	18804	5631
武夷山市	23996	19810	10608	543	8659	4186
建瓯市	20761	17836	11854	1012	4970	2925
顺昌县	14993	11729	7245	652	3832	3264
浦城县	22341	18761	8585	510	9666	3580
光泽县	8458	7698	5533	105	2060	760
松溪县	9424	7892	5554	207	2131	1532
政和县	14051	11811	5249	161	6401	2240
龙岩市	**316217**	**267829**	**98758**	**7592**	**161479**	**48388**
龙岩市辖区	130619	103993	47177	3018	53798	26626
新罗区	101038	77516	32911	1410	43195	23522
永定区	29581	26477	14266	1608	10603	3104
漳平市	39306	36027	9403	823	25801	3279
长汀县	47668	42285	10718	2166	29401	5383
上杭县	50402	45054	13097	169	31788	5348
武平县	27913	23878	9172	650	14056	4035
连城县	20309	16592	9191	766	6635	3717

续表

地　区	单位从业人员数	在岗职工	国　有	城镇集体	其　他	其他从业人员
宁德市	**317039**	**255961**	**102203**	**4897**	**148861**	**61078**
宁德市辖区	123847	86461	26803	227	59431	37386
蕉城区	123847	86461	26803	227	59431	37386
福安市	49748	45836	17625	1120	27091	3912
福鼎市	59081	55186	14054	1220	39912	3895
霞浦县	18636	15131	11045	782	3304	3505
古田县	22937	18574	9264	1034	8276	4363
屏南县	10111	7849	5613	223	2013	2262
寿宁县	12816	10556	6954	17	3585	2260
周宁县	9833	7537	5502	259	1776	2296
柘荣县	10030	8831	5343	15	3473	1199

城镇单位在岗职工平均工资（2017 年）

单位：元

地　区	在岗职工平均工资	国　有	城镇集体	其　他	在岗职工平均工资比上年增长（%）
全　省	**69029**	**91651**	**65427**	**61790**	**9.3**
福州市	**75133**	**97418**	**53574**	**68077**	**11.1**
福州市辖区	77147	103504	49693	68896	11.8
鼓楼区	81460	107685	56308	1118	15.8
台江区	73728	109903	58088	1550	6.3
仓山区	74169	93138	46469	1788	9.3
马尾区	72754	98075	50022	1989	8.3
晋安区	73550	97501	39226	1306	10.3
长乐区	69527	85725	37111	1652	7.2
福清市	71704	82988	60295	1789	6.7
闽侯县	78315	102391	50736	1810	14.6
连江县	70212	84410	72756	2165	14.9
罗源县	68340	84283	66515	2171	6.1
闽清县	70558	78551	56395	1879	18.0
永泰县	68720	71977	51382	1430	9.6
平潭县	79158	103068		1252	17.7
厦门市	**75452**	**124800**	**80711**	**68079**	**9.0**
厦门市辖区	75452	124800	80711	68079	9.0
思明区	83163	132581	76406	70878	8.6

续表

地　区	在岗职工平均工资				在岗职工平均工资比上年增长（%）
		国　有	城镇集体	其　他	
海沧区	75433	96488	85204	74135	9.1
湖里区	73534	109923	65758	70847	10.2
集美区	69662	112224	90928	63011	11.7
同安区	66481	115284	105599	58156	9.8
翔安区	65031	143961	40774	58682	8.9
莆田市	**59358**	**86642**	**60865**	**53439**	**5.0**
莆田市辖区	59785	90048	56630	53819	4.0
城厢区	68057	102255	62859	51482	6.6
涵江区	55407	82693	55233	52260	9.7
荔城区	57564	83497	62668	55047	1.6
秀屿区	60029	74113	44707	56617	-2.5
仙游县	57404	75149	69328	51759	11.0
三明市	**71555**	**80737**	**55085**	**62316**	**14.1**
三明市辖区	81084	93648	55026	74469	16.9
梅列区	82910	92013	54506	81296	20.7
三元区	68719	75725	61822	67569	11.2
永安市	72924	90205	37228	56725	14.5
明溪县	63826	67400	52153	56282	10.1
清流县	53464	74964	63822	41800	4.2
宁化县	68305	74472	50622	46796	5.4
大田县	60596	70388	49647	39572	12.9
尤溪县	72378	77896	59658	58690	15.8
沙县	71087	81801	63737	59535	18.2
将乐县	69075	71470	95795	57492	18.6
泰宁县	72437	72915	72028	70549	19.9
建宁县	63577	69969	58912	54603	9.8
泉州市	**61253**	**90460**	**74612**	**54793**	**7.2**
泉州市辖区	66063	91993	78727	54943	9.8
鲤城区	52609	63410	86575	45244	5.2
丰泽区	63918	85117	87399	60270	4.0
洛江区	52686	97264	79341	47011	8.3
泉港区	67576	77491	48701	63021	9.1
石狮市	56384	79146	40664	54976	-5.0
晋江市	61299	105391	91816	55013	15.6
南安市	61089	81468	63594	55934	3.8

续表

地　　区	在岗职工平均工资				在岗职工平均工资比上年增长（%）
		国　有	城镇集体	其　他	
惠安县	56423	81347	61527	53795	2.2
安溪县	61161	89979	94449	55452	3.8
永春县	55790	86755	76541	47403	0.3
德化县	63488	83394	59130	51633	19.7
漳州市	**66483**	**88539**	**85733**	**56744**	**8.8**
漳州市辖区	69713	104791	53763	53717	9.8
芗城区	71413	107524	52847	52560	10.1
龙文区	63679	88762	91444	57073	8.1
龙海市	70433	86381	119686	66158	9.0
云霄县	63954	77846	89891	53344	12.1
漳浦县	60403	74930	79804	52200	5.5
诏安县	58689	75144	49221	49108	12.3
长泰县	60531	90658	123106	54096	4.8
东山县	71269	89881	113960	48077	9.8
南靖县	63819	81344	57966	54263	7.2
平和县	63975	72640	107425	53876	10.0
华安县	68798	86151	74116	61094	6.0
南平市	**64347**	**76274**	**58667**	**52684**	**8.1**
南平市辖区	68324	83257	61343	57039	7.2
延平区	68198	83748	58101	57947	5.1
建阳区	68748	82027	65167	52935	15.7
邵武市	60387	79481	66448	49553	9.8
武夷山市	66955	71381	59216	61781	16.9
建瓯市	64632	71673	50026	50892	6.7
顺昌县	60799	71191	48455	44709	8.8
浦城县	59359	75606	68645	43007	2.4
光泽县	62465	70110	52810	41068	8.7
松溪县	66806	75191	54455	43366	15.6
政和县	52618	60764	50443	44810	4.7
龙岩市	**64211**	**76581**	**65742**	**55179**	**8.2**
龙岩市辖区	71591	82027	71365	61339	8.6
新罗区	74613	86528	75220	64048	8.4
永定区	62121	70196	67068	50110	9.0
漳平市	55492	68880	87189	47915	6.1
长汀县	54915	77053	57799	45534	8.3

续表

地　区	在岗职工平均工资	国　有	城镇集体	其　他	在岗职工平均工资比上年增长（%）
上杭县	67805	74631	40595	64747	8.5
武平县	56385	72531	49945	42442	10.4
连城县	56889	62993	61303	46382	5.2
宁德市	**68669**	**71291**	**66928**	**66863**	**12.0**
宁德市辖区	77503	82108	180892	75122	15.6
蕉城区	77503	82108	180892	75122	15.6
福安市	75092	73998	37179	77612	15.6
福鼎市	60327	73967	70739	54615	4.3
霞浦县	59675	61754	68078	60090	6.7
古田县	56985	66812	54176	44942	8.6
屏南县	61221	65119	98065	44193	12.3
寿宁县	60472	66789	62824	48397	12.2
周宁县	57978	58783	62085	54332	9.9
柘荣县	57938	56204	83071	60423	2.1

城乡居民人均可支配收入（2017年）

单位：元

项　目	城镇居民人均可支配收入		农村居民人均可支配收入	
	数值	比上年增长（%）	数值	比上年增长（%）
全　省	**39001**	**8.3**	**16335**	**8.9**
福州市	**40973**	**8.3**	**17865**	**9.3**
福州市辖区				
鼓楼区	48091	8.4		
台江区	44381	7.9		
仓山区	37797	8.8		
马尾区	45152	9.0	23153	9.0
晋安区	41357	7.5	18054	8.1
长乐区	42304	7.8	20304	7.8
福清市	41585	9.2	21095	9.7
闽侯县	38445	8.2	16976	8.5
连江县	33593	8.6	16374	9.4
罗源县	30295	7.7	13736	7.4
闽清县	28955	8.1	13482	10.8
永泰县	28562	9.3	13205	12.0
平潭县	35738	7.3	14643	7.6

续表

项　　目	城镇居民人均可支配收入		农村居民人均可支配收入	
	数值	比上年增长（%）	数值	比上年增长（%）
厦门市	**50019**	**8.1**	**20460**	**8.3**
厦门市辖区				
思明区	60233	7.9		
海沧区	45728	8.5	25403	7.9
湖里区	49248	7.4		
集美区	44777	8.9	24681	7.3
同安区	42330	9.4	18935	8.6
翔安区	35649	8.1	18489	8.8
莆田市	**34490**	**8.4**	**16492**	**9.0**
莆田市辖区				
城厢区	39325	8.0	18376	8.1
涵江区	32716	8.1	16006	9.0
荔城区	38915	8.7	18475	9.5
秀屿区	28871	9.0	17064	9.4
仙游县	29571	8.3	14937	8.9
三明市	**32261**	**8.7**	**15212**	**9.3**
三明市辖区				
梅列区	37182	10.0	16840	9.4
三元区	35074	8.6	17716	9.6
永安市	33362	8.3	16374	8.5
明溪县	27651	8.2	13839	7.6
清流县	28266	9.3	14403	9.0
宁化县	25653	7.0	13911	11.0
大田县	32532	9.5	15413	9.4
尤溪县	30846	8.3	15849	9.8
沙县	33083	8.4	17190	9.2
将乐县	30790	8.6	14943	9.0
泰宁县	29490	8.5	14347	9.5
建宁县	26647	9.7	14094	9.7
泉州市	**42696**	**7.7**	**18606**	**8.3**
泉州市辖区				
鲤城区	41105	6.3		
丰泽区	50330	7.1		
洛江区	37392	7.1	15709	7.6
泉港区	32562	8.5	18081	7.2

续表

项　　目	城镇居民人均可支配收入		农村居民人均可支配收入	
	数值	比上年增长（%）	数值	比上年增长（%）
石狮市	54457	7.3	22803	8.1
晋江市	45883	7.7	21870	10.0
南安市	42541	8.8	19864	8.8
惠安县	40232	7.2	19014	9.7
安溪县	29767	9.2	15145	8.1
永春县	29795	6.8	14476	7.1
德化县	31337	8.5	14253	9.5
漳州市	**33359**	**8.6**	**16676**	**8.9**
漳州市辖区				
芗城区	36968	8.7	16630	8.3
龙文区	37907	8.1	18005	7.9
龙海市	34435	8.9	17469	8.5
云霄县	29905	8.4	15353	9.3
漳浦县	33573	9.4	18106	9.5
诏安县	27619	8.6	14749	7.6
长泰县	34638	9.6	17701	9.7
东山县	33343	8.1	19336	8.1
南靖县	30430	7.9	15744	10.0
平和县	29623	7.5	16147	8.9
华安县	31333	9.0	16366	9.3
南平市	**30070**	**8.1**	**14558**	**9.2**
南平市辖区				
延平区	31071	7.2	16102	8.6
建阳区	30587	9.0	14645	9.6
邵武市	31691	8.7	16788	9.8
武夷山市	31043	7.2	15848	8.4
建瓯市	29998	7.8	15951	9.3
顺昌县	27375	8.1	13883	9.0
浦城县	28340	8.7	13260	9.3
光泽县	27193	8.0	12574	9.9
松溪县	26435	8.5	11206	9.1
政和县	26911	8.3	11452	8.5
龙岩市	**33022**	**8.6**	**15698**	**8.8**
龙岩市辖区				
新罗区	36736	8.2	18919	8.1

续表

项　　目	城镇居民人均可支配收入		农村居民人均可支配收入	
	数值	比上年增长（%）	比上年数值	比上年增长（%）
永定区	34645	7.8	16626	8.3
漳平市	31497	8.4	15902	9.7
长汀县	23330	9.7	13991	9.6
上杭县	35991	9.0	15355	9.1
武平县	31027	9.1	14852	8.6
连城县	28708	9.3	14091	10.0
宁德市	**30502**	**8.3**	**14722**	**8.9**
宁德市辖区				
蕉城区	31790	9.1	14843	9.4
福安市	32557	8.2	15391	8.8
福鼎市	32646	9.0	15063	8.3
霞浦县	30472	7.9	15151	10.3
古田县	28597	8.3	15538	9.4
屏南县	25301	9.6	13304	9.6
寿宁县	23739	8.4	12698	8.6
周宁县	26355	8.0	13685	8.4
柘荣县	24868	8.0	13193	9.0

普通教育专任教师及在校学生数（2017年）

单位：人

地　　区	专任教师数			在校生数		
	普通高中	普通初中	小学	普通高中	普通初中	小学
全　省	**50720**	**99880**	**168867**	**637102**	**1215717**	**3070865**
福州市	**8743**	**17482**	**29673**	**109929**	**232223**	**576464**
福州市辖区	3997	6988	12805	53311	106383	275546
鼓楼区	1369	1724	2896	18380	26448	54534
台江区	484	664	1250	6685	10830	25305
仓山区	751	1587	3156	11005	25144	75336
马尾区	286	579	898	3804	6488	16032
晋安区	415	946	2035	5254	16886	51029
长乐区	1743	3680	5990	20909	49033	117810
福清市	692	1488	2570	8183	20587	53310
闽侯县	647	1528	2640	8331	22361	53841
连江县	716	1675	2610	8439	17420	46841
罗源县	284	645	1194	2915	5985	16098

续表

地　区	专任教师数			在校生数		
	普通高中	普通初中	小学	普通高中	普通初中	小学
闽清县	346	971	1444	3900	9643	18910
永泰县	366	880	1307	4499	8634	18953
平潭县	644	1115	1683	7625	12764	28465
厦门市	**3732**	**7680**	**16645**	**48481**	**106538**	**310453**
厦门市辖区	3732	7680	16645	48481	106538	310453
思明区	1603	2295	4002	20459	33584	73509
海沧区	215	697	1762	2965	9599	32461
湖里区	199	1104	2984	2804	17288	58566
集美区	696	1310	2995	8443	18388	59900
同安区	678	1469	3217	9050	19007	57138
翔安区	341	805	1685	4760	8672	28879
莆田市	**4899**	**8551**	**15171**	**63551**	**111936**	**255434**
莆田市辖区	3424	5786	10582	44737	75703	184005
城厢区	889	1389	2242	10551	18824	37853
涵江区	596	1135	2002	8407	12241	32166
荔城区	1151	1445	2646	15397	23890	57405
秀屿区	788	1817	3692	10382	20748	56581
仙游县	1475	2765	4589	18814	36233	71429
三明市	**3806**	**7591**	**12011**	**47836**	**78547**	**193051**
三明市辖区	637	983	1431	9830	11888	25775
梅列区	256	555	756	4132	6756	14164
三元区	381	428	675	5698	5132	11611
永安市	522	1020	1551	5987	10753	24799
明溪县	149	279	440	1641	2194	5694
清流县	169	361	680	2052	3906	9959
宁化县	475	792	1339	5851	8541	21836
大田县	375	969	1658	4265	9329	29578
尤溪县	566	1221	1574	6878	9846	22530
沙县	368	874	1323	4742	9994	23593
将乐县	246	458	771	2902	4947	12195
泰宁县	149	281	566	1800	3603	8109
建宁县	150	353	678	1888	3546	8983
泉州市	**10548**	**20633**	**34391**	**137366**	**266179**	**740033**
泉州市辖区	2689	3990	6436	33936	53733	130297
鲤城区	1298	1411	1912	16898	23804	46498

续表

地　区	专任教师数			在校生数		
	普通高中	普通初中	小学	普通高中	普通初中	小学
丰泽区	542	948	1851	7448	14078	37891
洛江区	283	515	887	3941	6389	16728
泉港区	566	1116	1786	5649	9462	29180
石狮市	701	1245	2304	11201	22171	62188
晋江市	1799	3894	6852	26766	62781	178680
南安市	1881	3855	5499	21459	41005	120962
惠安县	1169	2761	3900	16064	27239	76438
安溪县	1243	2686	5984	14297	35008	112287
永春县	664	1418	2137	8237	14544	36184
德化县	402	784	1279	5406	9698	22997
漳州市	**6816**	**13478**	**20939**	**86207**	**158159**	**358362**
漳州市辖区	1466	2286	3292	19755	34306	66233
芗城区	1192	1768	2258	16692	26731	47252
龙文区	274	518	1034	3063	7575	18981
龙海市	1359	2237	3596	15565	23790	64728
云霄县	615	1339	2159	7718	15235	30841
漳浦县	996	2322	3128	13635	25356	61100
诏安县	640	1430	2418	8421	16861	42547
长泰县	256	566	910	2612	5188	15929
东山县	311	483	791	3213	5263	13819
南靖县	393	843	1338	4804	8414	18869
平和县	614	1560	2570	8921	19358	34797
华安县	166	412	737	1563	4388	9499
南平市	**3629**	**7905**	**13086**	**48906**	**90862**	**205094**
南平市辖区	1006	2197	3666	13306	26318	57331
延平区	604	1335	2156	7854	15372	32818
建阳区	402	862	1510	5452	10946	24513
邵武市	350	855	1238	4622	8074	18498
武夷山市	211	660	1116	3598	7491	18740
建瓯市	553	1264	2146	7086	15012	37350
顺昌县	457	703	916	6305	5564	11372
浦城县	382	1027	1598	5746	13883	24422
光泽县	218	403	830	2812	5356	10401
松溪县	184	349	664	2310	3865	10919
政和县	268	447	912	3121	5299	16061

续表

地区	专任教师数			在校生数		
	普通高中	普通初中	小学	普通高中	普通初中	小学
龙岩市	**4325**	**8243**	**12733**	**46268**	**80561**	**192928**
龙岩市辖区	1583	3022	5133	17542	33023	81122
新罗区	896	1681	3095	11403	21679	54827
永定区	687	1341	2038	6139	11344	26295
漳平市	298	841	1275	4139	7304	17856
长汀县	718	1215	2012	8689	13829	32839
上杭县	746	1201	1634	6642	11077	25620
武平县	474	983	1411	5006	8345	18721
连城县	506	981	1268	4250	6983	16770
宁德市	**4222**	**8317**	**14218**	**48558**	**90712**	**239046**
宁德市辖区	714	1281	2487	7884	14604	44259
蕉城区	714	1281	2487	7884	14604	44259
福安市	922	1601	2840	10892	21797	52865
福鼎市	658	1413	2203	8497	15014	40564
霞浦县	514	1175	2069	7112	12510	38203
古田县	491	1053	1501	4541	8669	20533
屏南县	222	449	812	2221	3947	10098
寿宁县	300	673	1005	3334	6668	13594
周宁县	258	467	788	2426	4723	11058
柘荣县	143	205	513	1651	2780	7872

卫生主要指标（2017年）

地区	卫生机构数（个）	卫生机构床位数（张）	卫生技术人员数（人）	#执业医师	#注册护士
全省	**27217**	**183418**	**231546**	**73377**	**101285**
福州市	**4269**	**36129**	**55332**	**18861**	**24227**
福州市辖区	1752	25048	40128	14529	17666
鼓楼区	317	10014	16454	6079	7394
台江区	214	4921	8633	3408	3870
仓山区	372	4140	6085	2181	2754
马尾区	119	643	927	315	374
晋安区	353	3270	5156	1636	2174
长乐区	377	2060	2873	910	1100
福清市	634	3533	5020	1495	2241
闽侯县	397	1369	2307	673	936

续表

地　区	卫生机构数（个）	卫生机构床位数（张）	卫生技术人员数（人）	#执业医师	#注册护士
连江县	355	1360	2151	624	775
罗源县	234	1110	1200	300	547
闽清县	301	1472	1406	368	677
永泰县	285	972	1157	369	492
平潭县	311	1265	1963	503	893
厦门市	**1701**	**15341**	**31182**	**11804**	**13402**
厦门市辖区	1701	15341	31182	11804	13402
思明区	472	8062	14563	5427	6588
海沧区	169	1310	3050	1193	1207
湖里区	148	1511	2837	975	1266
集美区	337	2197	5919	2366	2432
同安区	369	1461	3146	1178	1284
翔安区	206	800	1667	665	625
莆田市	**1348**	**13285**	**14505**	**4495**	**6419**
莆田市辖区	992	10149	11171	3644	4965
城厢区	192	2792	3472	1240	1639
涵江区	256	4616	4200	1345	1953
荔城区	271	1215	1969	611	813
秀屿区	273	1526	1530	448	560
仙游县	356	3136	3334	851	1454
三明市	**2597**	**14093**	**15725**	**4650**	**6895**
三明市辖区	230	3126	3776	1249	1735
梅列区	125	1725	2543	846	1176
三元区	105	1401	1233	403	559
永安市	355	2569	2772	906	1311
明溪县	106	512	555	156	213
清流县	133	565	706	180	307
宁化县	277	1264	1320	348	563
大田县	477	1468	1452	402	657
尤溪县	371	1597	1789	475	725
沙县	238	1069	1306	370	540
将乐县	136	865	823	240	351
泰宁县	158	649	736	205	279
建宁县	116	409	490	119	214
泉州市	**4830**	**34168**	**39487**	**12318**	**16891**

续表

地　　区	卫生机构数（个）	卫生机构床位数（张）	卫生技术人员数（人）	#执业医师	#注册护士
泉州市辖区	690	11730	15624	4760	7371
鲤城区	176	6252	8018	2404	4079
丰泽区	203	3361	5316	1693	2412
洛江区	125	683	746	232	256
泉港区	186	1434	1544	431	624
石狮市	361	1626	2954	1056	1248
晋江市	898	4783	6357	2061	2338
南安市	899	5400	4457	1390	1759
惠安县	464	3546	3534	1059	1414
安溪县	816	3642	3249	941	1419
永春县	386	2139	1902	566	745
德化县	316	1302	1410	485	597
漳州市	**4333**	**23196**	**23691**	**6655**	**10077**
漳州市辖区	543	8209	9463	2943	4293
芗城区	368	7284	8205	2587	3822
龙文区	175	925	1258	356	471
龙海市	826	3070	3096	944	1248
云霄县	289	1590	1473	363	674
漳浦县	706	2882	3191	766	1270
诏安县	439	1993	1757	408	683
长泰县	180	854	847	247	330
东山县	179	970	920	258	373
南靖县	382	1052	1159	304	449
平和县	576	2006	1372	324	599
华安县	213	570	413	98	158
南平市	**2213**	**16242**	**16351**	**4562**	**7347**
南平市辖区	514	5659	5841	1629	2779
延平区	274	3662	3594	1090	1656
建阳区	240	1997	2247	539	1123
邵武市	159	2353	1981	538	912
武夷山市	259	1184	1309	459	513
建瓯市	332	2444	2389	685	1055
顺昌县	163	900	867	216	381
浦城县	284	1574	1405	415	602
光泽县	161	680	764	207	336

续表

地　　区	卫生机构数（个）	卫生机构床位数（张）	卫生技术人员数（人）		
				#执业医师	#注册护士
松溪县	158	643	823	183	354
政和县	183	805	972	230	415
龙岩市	**3028**	**17519**	**18842**	**5412**	**8666**
龙岩市辖区	903	8510	9707	3165	4671
新罗区	543	6533	7905	2662	3924
永定区	360	1977	1802	503	747
漳平市	329	1373	1297	372	548
长汀县	472	2355	2514	492	1143
上杭县	563	1944	1992	553	779
武平县	484	1860	1709	413	764
连城县	277	1477	1623	417	761
宁德市	**2898**	**13445**	**16431**	**4620**	**7361**
宁德市辖区	404	3206	4151	1287	2002
蕉城区	404	3206	4151	1287	2002
福安市	551	2381	2961	950	1396
福鼎市	441	2139	3091	867	1327
霞浦县	339	1740	2203	522	955
古田县	484	1390	1513	383	674
屏南县	184	737	630	163	279
寿宁县	221	766	835	185	339
周宁县	158	587	565	116	213
柘荣县	116	499	482	147	176

社会保险和低保情况（2017 年）

单位：万人

地　　区	期末参加基本养老保险职工人数	期末参加城乡居民社会养老保险人数	期末参加基本医疗保险人数	城镇居民最低生活保障人数	农村居民最低生活保障人数
全　省	**840.05**	**1493.74**	**3768.61**	**6.82**	**39.08**
福州市	**159.97**	**232.33**	**657.40**	**0.90**	**5.24**
福州市辖区	101.83	50.24	196.58	0.53	1.03
鼓楼区		0.96		0.02	
台江区		0.93		0.16	
仓山区		5.45		0.16	0.22
马尾区	9.78	4.61	20.83	0.07	0.11
晋安区		4.34		0.08	0.07
长乐区	6.15	33.95	60.56	0.04	0.62

续表

地　　区	期末参加基本养老保险职工人数	期末参加城乡居民社会养老保险人数	期末参加基本医疗保险人数	城镇居民最低生活保障人数	农村居民最低生活保障人数
福清市	15.34	66.47	131.19	0.10	0.84
闽侯县	9.01	28.93	61.93	0.04	0.84
连江县	5.38	28.81	59.32	0.03	0.66
罗源县	2.76	9.97	24.35	0.04	0.52
闽清县	3.76	13.69	28.84	0.03	0.32
永泰县	2.94	15.80	34.38	0.06	0.45
平潭县					
厦门市	**221.07**	**23.79**	**381.81**	**0.76**	**0.40**
厦门市辖区	221.07	23.79	381.81	0.76	0.40
思明区	3.13	1.30		0.21	
海沧区	0.82	0.86		0.05	0.04
湖里区	0.44	2.73		0.07	
集美区	0.51	7.74		0.04	0.02
同安区	0.95	1.77		0.13	0.27
翔安区	0.82	9.39		0.27	0.07
莆田市	**34.45**	**154.99**	**327.94**	**0.15**	**3.65**
莆田市辖区	15.19	103.70	34.89	0.10	1.53
城厢区	0.76	16.11	32.45	0.02	0.29
涵江区	7.52	21.60	37.38	0.03	0.22
荔城区	0.83	21.01	45.39	0.05	0.29
秀屿区	3.31	44.98	79.75		0.73
仙游县	6.85	51.29	98.08	0.05	2.12
三明市	**41.86**	**120.85**	**261.42**	**0.49**	**3.02**
三明市辖区	6.82	3.85	15.66	0.10	0.05
梅列区	3.02	1.33	4.56	0.04	0.02
三元区	2.35	3.52	8.83	0.06	0.03
永安市	7.38	11.97	30.44	0.05	0.11
明溪县	1.46	5.68	10.72	0.03	0.13
清流县	1.69	6.67	13.38	0.03	0.22
宁化县	2.55	16.29	32.53	0.06	0.53
大田县	3.52	17.87	35.53	0.02	0.47
尤溪县	3.16	22.71	40.70	0.03	0.59
沙县	4.64	11.73	25.32	0.06	0.22
将乐县	2.21	9.34	16.97	0.04	0.23
泰宁县	1.55	6.44	12.90	0.03	0.15
建宁县	1.51	7.30	13.88	0.04	0.31

续表

地 区	期末参加基本养老保险职工人数	期末参加城乡居民社会养老保险人数	期末参加基本医疗保险人数	城镇居民最低生活保障人数	农村居民最低生活保障人数
泉州市	**142.99**	**364.62**	**721.64**	**1.04**	**6.09**
泉州市辖区	18.52	39.68	23.25	0.35	0.86
鲤城区	9.85	4.17	18.22	0.09	
丰泽区	15.35	5.66	25.86	0.10	
洛江区	4.37	8.87	20.84	0.02	0.17
泉港区	3.86	20.98	38.36	0.13	0.69
石狮市	10.37	18.97	35.54	0.25	
晋江市	36.65	59.63	117.41	0.23	0.69
南安市	14.36	84.22	149.76	0.06	1.71
惠安县	11.92	55.76	96.93	0.06	0.98
安溪县	7.44	60.69	106.05	0.05	1.09
永春县	5.66	30.44	54.93	0.03	0.46
德化县	4.64	15.24	34.50	0.01	0.30
漳州市	**73.19**	**208.50**	**479.13**	**1.43**	**6.93**
漳州市辖区	18.62	17.60	64.10	0.31	0.35
芗城区	9.10	10.02		0.26	0.22
龙文区	0.02	7.58		0.05	0.14
龙海市	10.10	41.09	80.29	0.37	1.25
云霄县	4.60	18.23	42.10	0.14	0.87
漳浦县	8.02	39.61	85.67	0.13	0.98
诏安县	3.73	22.53	60.61	0.13	1.40
长泰县	4.97	8.28	21.17	0.04	0.39
东山县	3.47	8.65	20.18	0.12	0.18
南靖县	4.43	17.51	33.26	0.06	0.34
平和县	4.23	26.72	55.33	0.10	1.02
华安县	1.90	8.28	16.42	0.02	0.16
南平市	**45.33**	**128.91**	**294.13**	**0.92**	**4.13**
南平市辖区	8.37	31.77	9.35	0.26	0.91
延平区	6.26	16.69	37.81	0.19	0.51
建阳区	4.37	15.08	33.32	0.07	0.39
邵武市	5.39	11.99	29.36	0.07	0.23
武夷山市	3.35	10.01	22.56	0.12	0.67
建瓯市	4.24	22.74	51.01	0.16	0.54
顺昌县	3.58	9.91	20.86	0.08	0.30
浦城县	4.23	18.92	40.00	0.05	0.42
光泽县	2.52	7.22	14.84	0.08	0.28

续表

地　区	期末参加基本养老保险职工人数	期末参加城乡居民社会养老保险人数	期末参加基本医疗保险人数	城镇居民最低生活保障人数	农村居民最低生活保障人数
松溪县	1.46	7.47	14.77	0.03	0.28
政和县	1.56	8.89	20.26	0.07	0.51
龙岩市	**44.90**	**132.34**	**290.88**	**0.30**	**3.75**
龙岩市辖区	4.26	40.37	15.35	0.07	0.72
新罗区	5.00	23.22	44.54	0.06	0.22
永定区	13.38	17.15	43.67	0.01	0.50
漳平市	3.57	13.85	26.70	0.05	0.68
长汀县	4.60	21.60	47.42	0.11	0.69
上杭县	6.47	22.96	47.59	0.01	0.42
武平县	4.10	19.14	35.41	0.02	0.65
连城县	3.52	14.43	30.21	0.04	0.59
宁德市	**41.12**	**127.41**	**316.94**	**0.83**	**5.88**
宁德市辖区	5.33	15.13	6.20	0.09	0.44
蕉城区	6.94	15.13	42.96	0.09	0.44
福安市	8.45	25.76	56.63	0.18	1.19
福鼎市	7.09	24.26	56.54	0.10	0.76
霞浦县	3.66	20.19	48.39	0.14	0.69
古田县	3.39	14.24	37.62	0.08	0.50
屏南县	1.39	7.69	17.29	0.03	0.64
寿宁县	2.26	8.52	23.28	0.08	0.73
周宁县	1.22	7.74	17.70	0.04	0.57
柘荣县	1.38	3.88	10.33	0.09	0.35

第七篇
政策选编

福建省社会发展政策选编

福建省人民政府关于印发
福建省加强政务诚信建设实施方案的通知

各市、县（区）人民政府，平潭综合实验区管委会，省人民政府各部门、各直属机构，各大企业，各高等院校：

经研究，现将《福建省加强政务诚信建设实施方案》印发给你们，请认真组织实施。

福建省人民政府

2017 年 9 月 27 日

（此件主动公开）

福建省加强政务诚信建设实施方案

为贯彻落实《国务院关于加强政务诚信建设的指导意见》（国发〔2016〕76 号）精神，按照国家发展改革委办公厅印发的《〈国务院关于加强政务诚信建设的指导意见〉重点任务分工及进度安排的通知》（发改办财金〔2017〕332 号）的要求，加强政务诚信建设，充分发挥政府在社会信用体系建设中的表率和引领作用，进一步提升政府公信力，加强公务员队伍诚信建设，推动“诚信福建”建设，结合我省实际，制定本实施方案。

一、充分认识加强政务诚信建设的重要意义

加强政务诚信建设，是落实“四个全面”战略布局的关键环节，是推进社会治理体系和治理能力现代化的必然要求，是社会信用体系建设的重要任务，对提升政府公信力、引领其他领域信用建设、推进供给侧结构性改革、弘扬诚信文化、培育诚信社会具有重要而紧迫的现实意义。深入开展政务诚信建设，有利于促进简政放权、放管结合、优化服务，建立健全以信用为核心的新型市场监管机制；有利于建立一支守法守信、高效廉洁的公务员队伍，树立政府公开、公正、诚信、清廉的良好形象；有利于营造风清气正的社会风气，培育良好的经济社会发展环境。

二、加强政务诚信建设的总体思路

（一）指导思想

全面贯彻落实党的十八大和十八届三中、四中、五中、六中全会精神，深入贯彻习近平总书记系列重要讲话精神，特别是关于推进社会信用体系建设的重要指示精神，按照党中央、国务院的决策部署和省委、省政府关于加快建设“信用福建”的总体要求，将坚持依法行政、阳光行政和加强监督作为推进政务诚信建设的重要手段，将建立政务领域失信记录和实施失信惩戒措施作为推进政务诚信建设的主要方面，将危害群众利益、损害市场公平交易等政务失信行为作为治理重点，不断提升公务员诚信履职意识和政府部门诚信行政水平。

（二）基本原则

一是坚持依法行政、政务公开。将依法行政作为政府部门和公务员行政履职的根本准则，通过各地各部门政府网站、政务微博微信、政务客户端、“信用福建”及地方信用门户网站等途径依法公开政务信息，将依法行政和政务公开贯穿于

决策、执行、监督和服务的全过程。

二是坚持勤政高效、守信践诺。优化行政流程和行政审批事项，推行网上服务、并联服务和服务质量公开承诺等措施，提高行政效率和水平。严格贯彻公平正义原则，准确记录和客观评价政府部门与公务员对职权范围内的行政事项以及行政服务质量承诺、期限承诺和保障承诺等履行情况。严守债务融资、政府采购、招标投标等市场交易领域诚信，严格履行各项约定义务，为全社会作出表率。

三是坚持监督检查、共同监管。建立健全法律监督、各级政府与公务员政务失信记录和政务诚信评价监督机制，加强横向同级监督、纵向上下级督导，充分发挥社会舆论监督作用，形成多方共同监督的信用约束体系。

四是坚持守信激励、失信惩戒。以“守信受益、失信受限”为导向，对守信践诺、信用状况较好的政府部门和地区，提供优惠和便利；对政务失信易发多发领域以及懒政怠政、以权谋私、失职渎职、交易违约、严重危害群众利益等失信行为加大惩戒、查处、曝光力度，营造既“亲”又“清”的政商环境。

三、探索构建广泛有效的政务诚信监督体系

（一）建立政务诚信专项督导机制

加快建立政务诚信监督体系，上级政府要定期对下级政府进行政务诚信监督检查，实施政务诚信考核评价，考评结果作为对下级政府绩效考评的重要参考。（省发改委、省效能办、各有关部门，各设区市人民政府、平潭综合实验区管委会；持续实施）

（二）建立横向政务诚信监督机制

各级政府要依法接受同级人大及其常委会的监督，接受人民政协的民主监督，将办理和落实人大代表建议、政协委员提案的情况汇总归集至省发改委作为政务诚信建设的重要考量因素。（省发改委、省人大常委会人事代表工作室、省政协提案委员会、各有关部门，各设区市人民政府、平潭综合实验区管委会；持续实施）

（三）建立社会监督和第三方机构评估机制

完善政府失信投诉举报机制，充分利用福建省12345便民服务平台，受理政务失信举报投诉；动员媒体等各界力量，发挥社会舆论监督作用，畅通民意诉求渠道。实施区域政务诚信大数据监测预警。支持信用服务机构、高校及科研院所等第三方机构对各地各部门开展政务诚信评价评级并及时公布社会评价结果，加强社会监督。探索通过政府购买服务的方式，委托第三方机构，充分运用大数据技术，依法采集、整理、监测、分析政府部门公共信用信息资源，以及群众举报投诉、媒体舆论信息、第三方政务诚信评价评级等社会信用信息资源，根据相关评价标准对各地各部门政务信用状况进行评估和预警。（省发改委、人行福州中心支行、各有关部门，各设区市人民政府、平潭综合实验区管委会；持续实施）

四、建立健全政务信用管理体系

（一）加强公务员诚信教育

以社会主义核心价值观为引领，深入开展公务员诚信、守法和道德教育，编制公务员诚信手册，将信用建设纳入公务员培训和领导干部进修课程，加强公务员信用知识学习，提升公务员诚信意识。（省委组织部、省人社厅、省公务员局；持续实施）

（二）建立健全政务失信记录

由纪检监察、司法、人社等部门归集各级政府和公务员在履职过程中，因违法违规、失信违约而被司法判决、行政处罚、纪律处分、问责处理等信息，纳入政务失信记录，按照规范格式逐级推送至省公共信用信息平台，并依托“信用福建”网站、地方信用网站等依法依规逐步公开各级政府和公务员政务失信记录。（省监察厅、省委组织部、省法院、省发改委、人行福州中心支行、省检察院、省司法厅、省人社厅、省公务员局、各有关部门，各设区市人民政府、平潭综合实验区管委会；持续实施）

（三）健全守信激励与失信惩戒机制

各级政府存在政务失信记录的，要根据失信行为对经济社会发展造成的损失情况和社会影响程度，对具体失信情况书面说明原因并限期加以整改，依规取消相关政府部门参加各类荣誉评选资格，予以公开通报批评，对造成政务失信行为的主要负责人依法依规追究责任。探索省社会信用体系建设领导小组有关成员单位联合开展区域政务诚信状况评价工作，在改革试点、项目投资、社会管理等政策领域和绩效考核中应用政务诚信评价结果，对诚信主体给予优惠政策倾斜、提供便利措施，对严重失信主体实施取消资格、从严考核等限制和惩戒措施。对存在政务失信记录的公务员，按照规定采取限制评先评优等处理措施。（省社会信用体系建设领导小组成员单位、各有关部门，各设区市人民政府、平潭综合实验区管委会；持续实施）

（四）健全信用权益保护和信用修复机制

完善政务信用信息保护机制，严格依法依规采集各级政府部门和公务员政务失信记录。建立健全信用信息异议、投诉制度，畅通申诉渠道。探索扩展公务员失信记录信用修复渠道和方式，建立自我纠错、主动自新的关爱机制，公务员在政务失信行为发生后主动挽回损失、消除不良影响或者有效阻止危害结果发生的，可从轻或免于实施失信惩戒措施。（省发改委、人行福州中心支行、省政府法制办、省公务员局、各有关部门，各设区市人民政府、平潭综合实验区管委会；2017年12月底前完成并持续实施，涉及法律、行政法规的按立法程序推进）

（五）加强信息公开公示

依据国家及省级有关文件要求，大力推进政务信息公开，建立信息共享机制。除涉及国家秘密、商业秘密或个人隐私及其他依法不公开的信息外，依法依规将权力清单、工作程序、服务承诺等政务信息通过本部门网站、“信用福建”网站等向社会公开，有关涉企信用信息共享至省工商局等相关部门。（省发改委、省经济信息中心、省社会信用体系建设领导小组有关成员单位；持续实施）

五、加强重点领域政务诚信建设

（一）加强政府采购领域政务诚信建设

完善政府采购诚信体系，加强对采购人按规定组织采购项目履约验收环节信用情况的监督，畅通政府采购领域毁约、违约等政务失信行为的投诉举报渠道，加强举报核实，依法处理采购人及有关责任人在政府采购活动中的违法违规失信行为。完善政府采购网上公开信息系统，依法依规公开相关信息，提高政府采购活动透明度。（省财政厅、省发改委、各有关部门，各设区市人民政府、平潭综合实验区管委会；持续实施）

（二）加强政府和社会资本合作领域政务诚信建设

强化政府有关部门责任，依法界定政府和社会资本合作（PPP）违法违规失信行为并建立政务失信记录。明确PPP项目政府方责任人及其在项目筹备、招标投标、政府采购、融资、实施等阶段的诚信职责，建立项目责任回溯机制，将项目守信履约情况与实施成效纳入项目政府方责任人信用记录。建立守信激励、失信惩戒约束机制，强化相关主体责任，优化社会资本参与PPP项目信用环境。（省财政厅、省发改委、各有关部门，各设区市人民政府、平潭综合实验区管委会；2017年12月底前完成并持续实施）

（三）加强招标投标领域政务诚信建设

建立招标投标信用评价指标和标准体系，推广和应用第三方信用报告制度。健全招标投标信用信息公开、共享、查询、使用等制度。建立招标投标信用数据库，按照客观记录、统一标准、公开共享、用户评价的原则，利用电子招标投标交易大数据动态生成招标人、投标人、招标代理机构等市场主体信用基本信息及动态监管信息，并通过“信用福建”网站、省公共资源交易电子公共服务平台进行信息共享。健全招投标失信惩戒机制，为开展失信联合惩戒和守信联合激励提供支撑，促进招标采购市场主体信用自律。（省发改委、省财政厅、各有关部门，各设区市人民政府、平潭综合实验区管委会；2017年12月底前完成并持续实施）

（四）加强招商引资领域政务诚信建设

完善招商引资地方性法规规章等，严格依法依规出台优惠政策，避免恶性竞争。按照我省关于在招商引资工作中依法履约诚信履约有关事项的相关要求，规范各级政府招商引资行为，认真履行依法作出的政策承诺和签订的各类合同、协议，不得以政府换届、相关责任人更替等理由毁约。因国家利益、公共利益或其他法定事由确实需要改变合同约定的，要严格依照法定权限和程序进行，并对相关企业和投资人的合理损失依法给予适当补偿。建立政府招商引资领域事前信用承诺制度，将相关承诺在各级政府门户网站、信用门户网站公示，畅通政府部门招商引资违法失信行为投诉举报渠道。（省商务厅、省经信委、省发改委、各有关部门，各设区市人民政府、平潭综合实验区管委会；持续实施）

（五）加强地方政府债务领域政务诚信建设

建立地方政府债券信用评级制度，促进政府举债依法依规、规模适度、风险可控和程序透明。强化地方政府债务预算约束，健全地方政府债务监管体系，建立地方政府债务风险评估和预警机制、应急处置机制以及责任追究机制。（省财政厅、各有关部门，各设区市人民政府、平潭综合实验区管委会；2018 年 12 月底前完成并持续实施）

（六）加强街道和乡镇政务诚信建设

建立街道和乡镇公开承诺制度，加大街道和乡镇政务、财务等公开力度，确保就业、物业、就学、计生、养老、助残、扶贫、医保、住房、出行、停车、防火防盗、优抚、便民服务等公共服务和优惠政策有效落实到社会公众和服务对象，并将各项工作守信践诺情况纳入街道和乡镇绩效考核体系。积极开展诚信街道和诚信乡镇创建活动。村委会等基层自治组织承担政府相关事务时，也应按照政务诚信有关要求，依法依规诚信履职。（省民政厅、各有关部门，各设区市人民政府、平潭综合实验区管委会；持续实施）

六、健全保障措施

（一）加强组织领导和工作协调

各地和政务诚信建设 6 个重点领域的牵头部门要按照职责分工，制定出台工作方案，全面部署实施有关工作，落实人员、经费等必要保障，建立区域和重点领域全流程政务诚信建设长效机制。充分发挥省社会信用体系建设领导小组作用，协调解决政务诚信建设中的重大问题，研究确定并推进政务诚信建设的各项措施。各地各部门要加强协作配合，确保各项任务落到实处。鼓励各地各部门结合工作实际，积极开展先行先试工作，复制推广政务诚信建设先进经验和做法。（省发改委、各有关部门，各设区市人民政府、平潭综合实验区管委会；持续实施）

（二）加快法规制度和地方标准建设

逐步建立和完善政务诚信建设法规规范，探索制定区域政务诚信状况评价地方性标准规范。推进政务诚信管理制度建设，加强政务公开、行政审批制度改革、政府守信践诺机制、公务员诚信、政务诚信评价办法等制度建设。（省政府法制办、省发改委、各有关部门，各设区市人民政府、平潭综合实验区管委会；持续实施）

（三）加强诚信文化建设

各地各部门要加强对本地区、本领域政务诚信建设的政策解读和宣传引导，积极开展诚信文化宣传教育活动，通过政府部门门户网站、微博、微信、媒体等渠道，依法依规公开有关信息，树立政府诚信形象，营造浓厚的政务诚信建设氛围。（省委宣传部、省发改委、各有关部门，各设区市人民政府、平潭综合实验区管委会；持续实施）

（四）加大监督检查力度

省发改委会同有关部门负责对本方案落实工作的统筹协调、跟踪推进，以政务诚信引领其他领域诚信建设。省发改委、省法院要组织开展政府机构失信被执行人的专项治理工作，确保“判决一起、执行一起”。（省发改委、省法院、各有关部门，各设区市人民政府、平潭综合实验区管委会；持续实施）

【发文机关】福建省人民政府
【标　　题】福建省人民政府关于印发福建省加强政务诚信建设实施方案的通知
【发文字号】闽政〔2017〕40 号
【发布日期】2017 年 9 月 27 日

福建省人民政府关于印发福建省建设国家创新型省份实施方案的通知

各市、县（区）人民政府，平潭综合实验区管委会，省人民政府各部门、各直属机构，各大企业，各高等院校：

经研究，现将《福建省建设国家创新型省份实施方案》印发给你们，请认真组织实施。

福建省人民政府

2017 年 2 月 24 日

（此件主动公开）

福建省建设国家创新型省份实施方案

为深入贯彻全国科技创新大会精神和《中共中央国务院关于深化体制机制改革加快实施创新驱动发展战略的若干意见》《国家创新驱动发展战略纲要》，全面落实省委九届十六次全会和省第十次党代会的要求和部署，坚持把创新摆在发展全局的核心位置，深入实施创新驱动发展战略，发挥科技创新在全面创新中的引领作用，确保到 2020 年建成创新型省份，根据《科技部关于支持福建建设创新型省份的函》（国科函创〔2016〕272 号），结合我省实际，制订本实施方案。

一、总体要求

（一）指导思想

全面贯彻党的十八大和十八届三中、四中、五中、六中全会以及全国科技创新大会精神，按照“四个全面”战略布局和五大发展理念的要求，认真落实《中共福建省委 福建省人民政府关于实施创新驱动发展战略建设创新型省份的决定》（以下简称《决定》），坚持把创新作为引领发展的第一动力，摆在发展全局的核心位置，充分发挥科技创新对全面创新的引领作用，将创新型省份建设作为全省上下实施创新驱动发展战略的关键标志性抓手，以改革为动力，以产业创新发展为主攻方向，着力增强自主创新能力，着力构建各具特色的区域创新载体，着力加强创新人才队伍建设，着力营造创新创业良好生态，努力建成充满活力、富有效率、更加开放的创新型省份，为加快建设新福建、再上新台阶注入强劲动力。

（二）主要目标

通过实施创新驱动发展战略、加快建设创新型省份，促进科技创新成为福建重要战略资源，成为产业转型和综合实力的主要支撑，探索新常态下持续发展的新路径，创造新常态下发展的新优势，凝心聚力当好创新驱动发展的排头兵，力争在转变经济发展方式上走在全国前列，为 21 世纪海上丝绸之路核心区和创新型国家建设提供有力支撑。到 2020 年，进入创新型省份行列，创新能力进一步提升，创新动力进一步增强，创新活力进一步释放，区域创新发展综合实力和核心竞争力显著提升。

——创新型经济格局初步形成。依靠创新驱动培育新动能，发展新经济，保持福建经济中高速增长。科技进步贡献率达 58%；技术市场交易总额累计达 300 亿元；高新技术产业增加值和战略性新兴产业增加值占地区生产总值的比重分别达到 16% 和 15%。

——自主创新能力显著增强。组织实施一批科技重大工程和重大专项，建设一批产业技术重大研发平台和科技成果转化平台，培育一批高新技术企业、创新型企业和科技小巨人领军企业，促进企业成为技术创新决策、研发投入、科研组织和成果转化的主体。力争全社会研究与试验发展经费投入（R&D）占全省地区生产总值（GDP）的比重达到全国平均水平（2.5%）；每万名劳动力中研发人员投入达63人年；每万人口发明专利拥有量7.5件。

——区域创新体系协同高效。福厦泉国家自主创新示范区建成，形成若干创新高地。企业、高校、科研院所等各类创新主体充满活力，科技与经济融合更加顺畅，技术更新和成果转化更加便捷，能够吸引培养国际一流的科学家和高端创新人才，创新链条有机衔接，创新治理更加科学，创新效率大幅提升，建成福建特色区域创新体系。

——创新创业环境更加优化。激励创新的政策法规体系更加健全，知识产权强省战略有效实施，形成支持大众创业、万众创新的政策环境，形成尊重知识、尊重人才、尊重创新的价值导向和社会氛围。知识产权综合发展指数保持全国前列位置。公民具备基本科学素质比例达到10%以上。

二、重点任务

真正把创新驱动发展战略摆在各级党委政府工作的核心位置，坚持一把手抓第一动力，坚持把改革创新贯穿于创新型省份建设的全过程，围绕“五新”引领产业提升、强化企业技术创新、构建高效科研体系、建设自主创新示范区、促进科技成果转移转化、建设高水平人才队伍、加强科技金融结合等七个方面，重点推进以下任务。

（一）以“五新”引领产业提升，加快构建创新型经济格局

以创新为主引擎，推进供给侧结构性改革，加快发展新产业、掌握新技术、构筑新平台、催生新业态、应用新模式，推动自主创新、协同创新、融合创新，支撑引领产业结构调整，着力打造产业升级版，加快形成创新型经济格局。

1. 培育发展一批新产业。坚持前瞻布局、重点跨越，围绕新一代信息技术、新材料、高端装备制造、节能环保、新能源、新能源汽车、数字创意、生物和医药、海洋高新技术、现代服务业、现代特色农业等重点领域，加快完善新兴产业布局，引导各地明确主攻方向，实施重点突破，培育各具特色的产业新优势。以技术的群体性突破推动新兴产业跨越发展，深入推进新兴产业倍增计划和创新示范工程，加强产业共性关键核心技术攻关，建设一批产业化基地，研发推广一批重大战略产品，培育形成一批创新型骨干企业和产业集群。加快工业化和信息化深度融合，把数字化、网络化、智能化、绿色化作为提升产业竞争力的技术基点，利用先进技术和商业模式创新改造提升传统优势产业，推进各领域新兴技术跨界创新，加快构建结构合理、先进管用、开放兼容、自主可控、具有核心竞争力的现代产业技术体系。

责任单位：省经信委、发改委、科技厅、农业厅、海洋渔业厅、商务厅、文化厅、卫计委、住建厅、食品药品监管局

2. 攻克转化一批新技术。围绕电子信息、机械装备、石化、新材料、新能源、节能环保等重点产业技术需求，攻克一批关键核心技术，形成一批重要专利和技术标准，转化一批重大科技成果，重点突破核心装备、关键材料和核心器件等“卡脖子”环节，形成支撑产业跨越发展创新源。跟踪国际科技前沿，聚焦新一轮技术变革，围绕人工智能、机器人、基因工程，以及石墨烯、稀土材料、增材制造、高效储能、定位导航、智能可穿戴设备、VR、海洋装备制造、生物医药等新技术领域，前瞻布局新兴产业前沿技术研发，组织实施一批重大应用基础研究和技术研发项目，加快新技术、新产品产业化应用，抢占产业发展制高点。

责任单位：省科技厅、经信委、发改委、教育厅

3. 构筑提升一批新平台。围绕产业发展、资源共享、大众创业、万众创新需求，鼓励各级政府用财政奖补、优先供地等方式，通过分类资助精准扶持，鼓励依托行业龙头企业建设一批省级产业技术研究院，支持产学研结合建设一批高水平科技研发创新平台，引进国内外一流大学、科研院所和企业在闽设立一批重大研发机构，培育一批新型创新创业孵化平台，建设一批专业技术转移转化机构。完善“产学研用”协同创新机制，

培育建设一批省级制造业创新中心。支持建设一批省级临床医学研究中心。建设全省科技条件共享平台，构建推动重大科研基础设施和大型科研仪器向社会开放服务新机制，支持中小微企业利用省大型科研仪器网络管理平台资源开发新产品、新技术。

责任单位：省科技厅、发改委、经信委、教育厅、财政厅、卫计委

4. 融合催生一批新业态。大力发展互联网经济，在制造、能源、服务、媒体等领域引入互联网要素，积极培育工业互联网、互联网教育、互联网文化、互联网金融、智能电网、智能家居、智慧医疗、数字营销、社区 O2O 等“互联网 +”新业态。鼓励制造企业向制造服务化模式转化，发展面向智能制造的信息技术、融资租赁、技术转移、知识产权等科技服务，加快推进制造业服务化。支持云计算与物联网、移动互联网、互联网金融、电子商务等技术和服务的融合发展与创新应用，积极发展“平台 + 应用 + 终端 + 内容”网络化运营的云服务业。构筑融合创新的信息经济体系，支持建设物联网应用基础设施和服务平台，加快构建车联网和船联网。建设完善两大数据产业重点园区，优化云计算和数据中心布局。支持新型智慧城市建设。支持建设中国福建 VR 产业基础，推动 VR 产业产业集聚发展。支持大数据产业加快发展。鼓励发展智慧海洋、智慧渔业。鼓励跨界融合催生新业态，在传统产品中融入新一代信息技术、节能环保、健康、体验等新元素，发展智慧化、绿色化、健康化、社交化的新业态，并推动转化为新产业。

责任单位：省发改委、经信委、教育厅、科技厅、商务厅、卫计委、海洋渔业厅

5. 推广应用一批新模式。推广开放式研发设计新模式，借助互联网等手段，建立开放式创新设计和交互平台，构建产业链协同研发体系。推进网络化制造模式，鼓励制造企业利用互联网、云计算、大数据等技术，推进生产制造、检验检测、数据管理、技术标准、工程服务的开放共享，实现制造能力的优化配置。发展个性化定制生产模式，通过先进制造技术与新一代信息技术的集成创新，率先在纺织、服装、制鞋、家具、建材等行业开展个性化定制试点示范。促进互联网商业模式创新，推动传统优势企业和对外贸易企业与电子商务融合转型，整合培育一批行业垂直电商平台和网上专业市场，鼓励企业发展网络营销新模式。鼓励共享协作发展模式，积极发展众创、众包、众扶、众筹平台和虚拟创新创业社区，拓展创新创业与市场资源、社会需求对接通道。

责任单位：省经信委、商务厅、发改委、科技厅、财政厅

（二）强化技术创新市场导向，夯实企业创新主体地位

实施企业技术创新工程，发挥市场对技术研发方向、路线选择和各类创新资源配置的导向作用，加强产学研协同创新，引导各类创新要素向企业集聚，促进企业真正成为技术创新决策、研发投入、科研组织和成果转化的主体，完善区域技术创新体系。

1. 建立企业主导产业技术研发新机制。市场导向明确的科技项目由企业牵头，联合高等学校和科研院所实施。政府更多运用财政后补助、间接投入等方式，支持企业自主决策、先行投入、开展重大产业关键共性技术、装备和标准的研发攻关。鼓励企业普遍设立研发准备金，建立研发管理标准体系，实行创新主体年度研发经费投入分段超额奖励。建立政府企业创新对话、咨询制度，扩大企业在创新决策中的话语权，吸收更多企业参与研究制定科技发展规划、计划和政策、标准。支持有条件的企业开展基础性、前沿性创新研究，建立健全技术储备制度。

责任单位：省财政厅、发改委、经信委、科技厅

2. 培育壮大引领发展的创新企业群。组织实施“科技小巨人领军企业培育行动计划”，精准扶持、重点培育，加快构建以创新型企业、高新技术企业、科技小巨人领军企业为主体的创新企业集群。落实新修订的高新技术企业认定管理办法，把推动高新技术企业发展情况列入考核市、县（区）创新发展的重要指标。下大力气培养一批具有国际眼光、战略思维的创新型企业家。到 2020 年，培育高新技术企业达到 3000 家、创新型企业达到 600 家、科技小巨人领军企业 1000 家，从中

发展壮大一批专精特的行业龙头企业。引导中小企业围绕《中国制造2025》重点领域，结合“互联网+”战略机遇，提升自主创新能力、加快转型升级，培育一批主营业务突出、竞争力强的“专精特新”中小企业，持续为我省经济发展注入新的活力。

责任单位：省科技厅、发改委、经信委、财政厅、国资委、国税局、地税局

3. 推进产学研协同创新。鼓励企业与高等院校、科研机构联合建立研发机构或创新平台，符合条件的按规定给予奖补。鼓励龙头企业发挥技术创新核心作用，组建产学研创新联盟，开展产学研集群式研发。符合条件的，可以登记为企业法人，支持其承担各级科技计划项目，按规定享受企业研发费用加计扣除政策。鼓励企业积极融入全球布局创新网络，支持优势企业在境外建立或并购研发中心、兼并重组境外优势科技型企业、整合境外技术和品牌，提高海外知识产权运营能力，链接全球创新资源。鼓励军地研发机构、高等院校双向开放服务，引导科技资源共享和科技成果双向转移转化，提升军民协同创新能力，促进军民融合发展。

责任单位：省科技厅、经信委、发改委、教育厅、商务厅、知识产权局

（三）构建更加高效的科研体系，提升高校院所技术供给能力

发挥科学技术研究对创新驱动的引领和支撑作用，完善科研组织方式和运行管理机制，加强分类管理和评价考核，增强高等学校和科研院所源头创新和服务经济社会发展能力。

1. 加强基础研究和源头创新。完善稳定支持和竞争性支持相协调的机制，鼓励高等学校、科研院所围绕产业发展中关键、共性技术难题开展应用基础研究，扩大高等学校、科研院所学术自主权和个人科研选题选择权。加强重点实验室等重大科研基础设施建设与投入，培育一批高水平重点实验室。贯彻落实促进高校科技创新能力提升政策措施。支持高等学校建设“双一流”大学和学科。制定和完善支持政策，引导企业和社会力量增加基础研究投入，鼓励设立科学基金，形成全社会支持基础研究的合力。

责任单位：省教育厅、科技厅、财政厅

2. 改革高等学校和科研院所评价考核制度。积极推进高等学校评价考核制度改革，逐步建立以创新质量和实际贡献为导向的科技评价体系，引导高校推行创新改革，加强教学、科研、行政人员分类管理。建立和完善公益类科研机构创新绩效分类评价制度，定期组织或委托第三方机构开展科研创新绩效评价，考核结果作为财政支持的重要依据，逐步建立以创新绩效为导向的财政拨款制度。

责任单位：省教育厅、科技厅、财政厅、人社厅

3. 赋予高等学校和科研院所更大的自主权。坚持按科研规律办事，在选人用人、科研立项、成果处置、职称评审、薪酬分配、设备采购、建设项目审批等方面赋予高等学校、科研院所必要自主权。高等学校和科研院所要向基层院系和研发团队放权，赋予领衔科技专家和创新领军人才更大的技术路线决定权和人财物支配权。建立健全高等学校、科研院所等科研事业单位领导人员选拔任用机制和管理监督机制，在有条件的单位对院（所）长实行聘任制。

责任单位：省教育厅、科技厅、编办、人才办、财政厅、人社厅

4. 鼓励社会资本建设和发展新型研发机构。支持企业、高等学校、科研院所、行业协会、商会和投资机构以产学研合作形式创办新型研发机构。鼓励社会资本参与建设和发展新型研发机构，经认定的新型研发机构在政府项目承担、职称评审、人才引进、建设用地、投融资等方面可享受国有科研机构待遇。各级财政加大对新型研发机构初期建设、研发投入、仪器购置及创新团队引进等方面的奖补力度。

责任单位：省科技厅、教育厅、发改委、经信委、人才办、财政厅、人社厅、国土厅、住建厅

（四）建设国家自主创新示范区，打造新的区域经济增长极

统筹优化区域创新布局，以建设福厦泉国家自主创新示范区为龙头，推进区域全面创新改革试验，引导创新要素的集聚与流动，促进产业合理分工，推动区域创新能力和竞争力整体提升，

打造区域经济增长极。

1. 加大力度建设福厦泉国家自主创新示范区。以福州、厦门、泉州三个国家高新区为核心，以福州、厦门2个国家级创新型试点城市和平潭综合实验区为重点，充分发挥区位和生态优势，推动创新资源集聚和高端产业发展，努力把示范区打造成为我省科技创新的“智慧谷”和连接海峡两岸、具有较强产业竞争力和国际影响力的科技创新中心。发挥示范区与自贸试验区的“开放、创新”联动优势和叠加效应，制定出台示范区建设发展规划纲要和实施方案，建立福厦泉三市统筹协调推进机制，在海峡两岸协同创新、科技成果转移转化、科技创新重大平台建设、科技金融结合、知识产权运用与保护、人才团队引进、创新创业服务体系建设等方面先行先试，创新、复制、推广一批改革举措和政策措施，引导带动全省加快创新驱动发展。

责任单位：省科技厅、发改委、教育厅、经信委、财政厅、国土厅、住建厅、国税局、地税局、知识产权局、中科院福建物构所、银监局、证监局

2. 推动科技园区创新发展。实施高新区创新提升计划，加快建立以科技创新、节能环保、节约集约用地等为导向的创新发展评价体系，促进科技资源、人才资源和金融资本向园区集聚，大力发展高新技术产业，打造产业科技创新中心和新兴产业策源地。推进省级产业集聚区和各类经济开发区、工业园区创建省级高新区。实施农业科技园区建设计划，以国家级与省级农业科技园区建设作为探索特色现代农业发展新模式的重要抓手，有效整合农业科技资源，着力突破农业重大关键和共性技术，实施重大研究、示范、推广项目。持续建设一批特色鲜明、成效显著的国家级和省级可持续发展实验区。加快提升大学科技园和科技创业园等建设水平，大力吸引高层次人才创新创业，加速科技成果转化与产业化，催生一批高科技新业态。

责任单位：省科技厅、发改委、经信委、教育厅

3. 加快建设高水平重大科研机构。完善省部、省院共建工作机制，主动对接高端创新资源，争取国家在闽布局建设一批大项目、大平台，带动一批“国字号”研发机构落地。加快推进国家专利审查协作福建中心、中科院海西研究院、机械科学研究总院海西分院、国家海洋局海岛研究中心（二期）、厦门南方海洋研究中心、厦门大学石墨烯工业技术研究院、龙岩紫荆创新研究院、中船重工厦门材料研究院、福建（泉州）哈工大工程技术研究院、海上风电科技创新平台和中国农业科学院海峡分院、中国热带农业科学院漳州试验中心等重大研发机构建设，争取国家部委在闽布局“加速器驱动乏燃料再生利用”实验设施项目，提升区域创新竞争力。

责任单位：省科技厅、发改委、经信委、教育厅

4. 全方位推进开放创新。围绕落实建设“21世纪海上丝绸之路核心区”的战略部署，支持我省企业、高校、科研院所在优势领域建设面向沿线国家的科技创新基地，开展参股并购、联合研发等国际合作。围绕“一带一路”沿线国家发展需求，组织项目对接和科技援外培训，加强与沿线国家的科技合作交流和技术转移转化。支持对台功能区探索实践“一区两标”，推进“小三通”更加便捷往来。完善闽台产业深度对接和科技创新合作机制，鼓励台湾企业、科研机构和科研人员来闽投资创办科技型企业、研发机构，加快推进两岸技术研发基地建设。发挥海峡两岸科技合作联合基金和两岸清华福州产业基金导向作用，解决闽台两岸共同关注的重大科学和关键技术问题。推动泛珠三角区域科技合作，利用闽港、闽澳合作平台，拓展与葡语国家的科技合作交流。加强与国内创新发达地区合作。建立闽疆科技战略合作联盟，密切与新疆“丝绸之路经济带核心区”的协作关系。

责任单位：省科技厅、教育厅、发改委、经信委、商务厅、外办、台办

（五）实施促进科技成果转化行动，激发大众创业万众创新活力

实施促进科技成果转化行动，构建以增加知识价值为导向的激励机制，加快推进创新创业载体建设，不断完善创新创业服务体系，鼓励和支持科技人员创新创业，形成大众创业、万众创新

的生动局面。

1. 实施促进科技成果转化行动。贯彻落实国家和省促进科技成果转移转化政策措施，全面下放高等院校、科研院所等省级事业单位对科技成果的使用权、处置权和收益权，完善科技成果转化收益分配制度，提高对科技成果完成人和作出重要贡献人员的奖励比例。支持担任领导职务的科技人员按照规定以及本人在研发活动中所起的作用和实际贡献参与科技成果转化收益分配和奖励。加大科研人员股权激励力度，对高等学校和科研院所等事业单位以科技成果作价入股的企业，放宽股权奖励、股权出售对企业设立年限和盈利水平的限制。探索实施国有企业股权激励和员工持股激励方式，开展国有企业重要科技人员和管理人员股权和期权激励试点。

责任单位：省科技厅、教育厅、财政厅、人社厅、国资委

2. 构建技术转移和创新服务体系。支持高校和科研院所建立专业化技术转移机构和职业化技术转移人才队伍。加快建设多层次的技术（产权）交易市场体系，拓展提升“中国·海峡项目成果交易会”“6·18虚拟研究院”、国家技术转移海峡中心及其公共服务平台功能，加快建立覆盖全省、服务企业的技术转移网络。大力发展研发设计、中试熟化、创业孵化、检验检测认证、知识产权等各类科技服务机构，积极构建面向中小微创新企业的社会化、专业化、网络化技术创新服务平台。推行科技创新券制度，主要用于补助创业者和中小微创新企业购买科技创新服务。

责任单位：省科技厅、发改委、经信委、教育厅、财政厅

3. 探索创新创业孵化新机制。组织实施“科技企业孵化器培育与提升工程”，采取财政奖补、创业投资等方式，积极推动“孵化+创投”“创业导师+持股孵化”“创业培训+天使投资”等孵化服务模式创新，支持社会资本参与科技企业孵化器的建设与运营。依托移动互联网、大数据、云计算等现代信息技术，大力发展市场化、专业化、集成化、网络化的众创空间和星创天地，鼓励和推广创业咖啡、创新工场、虚拟孵化器、创业社区等新型孵化模式，降低大众参与创新创业的成本和门槛。支持各类创业创新载体完善服务功能，建设小型微型创业创新基地，培育一批省级双创示范基地。建立健全创业导师制度，根据工作业绩给予相应的资助和奖励；对作出突出贡献的，纳入省级高层次创业人才管理序列。至2020年，发展省级众创空间200家以上。

责任单位：省科技厅、发改委、经信委、教育厅、财政厅

（六）加快建设高水平人才队伍，培育科技创新核心竞争力

以改革完善人才使用、培养和引进机制为着力点，充分激发各类人才的创新活力，建设一支规模宏大、富有创新精神、敢于承担风险的创新型人才队伍。

1. 完善创新型人才培养机制。围绕我省发展的战略需求，建立产业人才需求的预测机制，完善与产业发展需求相适应的人才评价机制，优化产业人才结构，创新产业人才培养方法和模式。深入实施“海纳百川”高端人才聚集计划，加强科教融合、院校企联合等模式，努力培养一批战略科技人才、科技领军人才、企业家和高技能人才、创新创业人才和青年科技人才。设立高层次人才创投基金，引导各类资本投向高层次人才创办的科技型、创业型、成长型企业。加强与国内外知名大学、科研院所等机构合作，共同培养高层次人才，择优资助高层次人才参加国内外高水平学术交流活动，吸引国内外知名职业培训机构在我省设立分支机构。

责任单位：省人才办、财政厅、科技厅、发改委、经信委、人社厅、教育厅

2. 实行更加开放的引才机制。完善吸引国内外高层次和急需紧缺人才来闽工作的激励机制，实施“领军人才+创新团队”的精准引才模式，吸引海内外高层次和高技能人才带领团队来闽创新创业。各级财政设立（人才）专项资金，优先支持引进我省战略性新兴产业、现代服务业等重点产业重点领域急需紧缺人才和创新创业团队。放宽并逐步取消外籍和台湾地区高端人才来闽工作许可的年龄限制。探索建立海峡两岸同等学历、任职资历、技能等级对接互认制度，深化两岸人才交流合作。拓宽引进海外高层次和高技能人才

的“绿色通道”，在出入境和居留、配偶随迁、子女就学、社会保险、职称评定等方面提供快捷高效服务。以政府购买服务方式委托海内外人力资源机构，面向全球引进首席科学家等一批高层次创新创业人才。加快人才特区建设，率先在自贸试验区和互联网经济企业试行企业首席科技官岗位配额机制。建立引资与引智同步推进机制，推广以招商项目为载体打包引进领军人才和团队。

责任单位：省人才办、财政厅、科技厅、外办、公安厅、人社厅

3. 健全人才顺畅流动机制。建立健全科研人员双向流动机制，完善科研人员在企事业单位之间流动时社保关系转移接续政策，促进科技人才自由流动。支持省属企事业单位科研人员按规定保留人事关系离岗创新创业，并享受国家和省有关政策待遇。支持高校、科研院所将一定比例的编制员额按有关规定用于聘任有创新实践经验的企业家和企业科技人才兼职。具有硕士学位授予权的高校、科研机构可聘任企业的高层次人才担任研究生导师。试点将企业任职或兼职经历作为高校新聘工程类教师的必要条件和科研人员晋升工程类职称的重要条件。科研人员出国（境）参加科学技术交流活动的次数、天数，根据科研实际需要安排。

责任单位：省人社厅、编办、科技厅、教育厅、外办

4. 构建科技人才分类评价体系。改革科技人才评价中存在的唯学历、唯职称、唯论文倾向，建立以创新质量、贡献、绩效为导向的分类评价体系。基础研究突出中长期目标导向，重视国内外同行评价；应用开发注重对产业发展的实际贡献；成果转化和创新创业注重市场和用户评价。深化科技人员职称评价制度改革，突出用人主体在职称评审中的主导作用，合理界定和下放职称评审权限，推动高校、科研院所和国有企业自主评审。完善科学技术奖励评价机制，注重科技创新质量和实际贡献，突出对重大科技贡献、优秀创新团队和青年人才的激励。

责任单位：省人社厅、科技厅、教育厅、国资委

（七）促进科技金融紧密结合，增强市场主体创新创业动力

大力发展创业投资，建立多层次资本市场支持创新机制，构建多元化融资渠道，促进科技和金融紧密结合，形成各类金融工具协同支持创新发展的良好态势。

1. 壮大创新创业投资规模。沿着创新链部署资本链，引导和支持创业投资机构投资初创期科技型中小企业和科技创新创业项目。支持省新兴产业创业投资引导基金加大对创新企业股权投资。推动省内区域性股权交易市场发展。争取科技部支持，与我省共同设立“福建省科技成果转化创业投资基金”。争取国家新兴产业引导基金的支持，对列入国家计划的，鼓励省级引导基金按市场化原则出资参股。通过制定出台财政奖补、分红让利等扶持政策，引导省外创投管理人才、创投管理基金在我省落户。

责任单位：省金融办、财政厅、发改委、科技厅

2. 强化资本市场对技术创新的支持。探索推动与全国中小企业股份转让系统的合作机制，深化与境内外交易所的合作，引导符合条件的企业到境内外资本市场上市、挂牌，筹集发展资金，增强企业资本实力，推动企业做大做强。引导上市公司通过并购重组等方式对创新创业项目实施产业整合、优化布局。支持上市公司通过增发、配股、发行债券等方式再融资投资于创新创业项目。积极争取开展项目收益债试点，鼓励承担政府与社会资本合作（PPP）项目的企业通过项目收益债融资，支持企业探索发行固定收益产品和资产证券化。

责任单位：省发改委、金融办、财政厅、福建证监局

3. 拓宽技术创新的间接融资渠道。研究出台促进科技和金融结合政策措施，鼓励财政资金与金融资本共同设立风险补偿基金，推动辖区银行业机构设立科技支行或科技金融专营机构，探索科技支行差异化经营管理模式，加大对创新创业的信贷支持，推进专利权质押融资、科技保险、科技创投等金融产品和服务创新。支持银行业机构加强与地方政府、担保公司、保险公司的合作，健全风险分担和补偿机制，发展投贷联动业务，

助力科技创新型企业成长壮大。符合条件的科技型中小企业可享受融资担保风险补偿和省代偿补偿资金提供的融资支持。推动政策性融资担保机构为创新型中小企业提供融资担保。鼓励在闽保险公司积极推出符合科技创新企业需求的保险产品。

责任单位：省科技厅、金融办、财政厅、经信委、银监局、保监局

三、保障措施

发挥市场竞争激励创新的根本性作用，以互联网思维创新政府管理和服务模式，改革政府创新投入管理方式，加强需求侧政策对创新的引导和支持，增强市场主体创新动力，营造建设创新型省份的良好生态。

（一）推进创新领域简政放权优化服务

对应由市场作主的事项，政府做到少管、不管，深化商事制度改革，进一步完善配套监管措施，探索建立符合创新规律的政府管理制度。根据新兴产业特点，完善企业行业归类规则和经营范围的管理方式。强化竞争政策和产业政策对创新的引导，打破制约创新的行业垄断和市场分割，制定和实施产业准入负面清单。调整现有行业管理制度中不适应“互联网＋”等新兴产业特点的市场准入要求，改进对与互联网融合的金融、医疗保健、教育培训等企业的监管，依托“互联网＋”、大数据等推动各行业创新商业模式，促进产业跨界融合发展。

责任单位：省发改委、经信委、科技厅、商务厅、工商局

（二）完善财政科研项目资金管理机制

完善财政科技资金股权投资、贷款贴息、风险补偿等市场化手段支持技术创新机制。允许符合条件的事业单位代持政府股权投资形成的阶段性股权，并可按照协议约定退出。着力改革和创新科研经费使用和管理方式，让经费为人的创造性活动服务。继续简化财政科研项目预算编制，进一步下放科研项目预算调整审批权。大幅提高财政科研项目人员费比例，增加间接费用比重，对劳务费不设比例限制。探索建立科研财务助理制度。建立健全财政科研项目经费监管体系，提高财政资金使用效益。

责任单位：省财政厅、科技厅、发改委、经信委

（三）确保财政科技投入稳定增长

贯彻实施《福建省科学技术进步条例》，建立健全财政性科技投入稳定增长机制，统筹安排、优先保障重点科技支出需求。市、县财政科技支出占比要达到法定要求。激励国有企业加大创新投入，全面落实国有企业研发投入视同利润的考核措施，各级国有资本经营预算应当安排适当比例的资金用于国有企业自主创新并逐年增加。充分发挥财政科技投入的引导作用，优化财政科技投入模式，提高财政科技投入绩效，加快构建多元化科技投入体系，确保全社会研究与试验发展经费投入（R&D）年均增长15%以上。加强科技投入统计工作，切实把科技统计数据作为技术创新活动分析和决策的重要依据，激励各类创新主体加大研发投入。

责任单位：省财政厅、国资委、科技厅、统计局

（四）强化财税政策引导

严格执行企业所得税优惠事后备案管理，不折不扣地落实高新技术企业所得税减免、企业研发费用税前加计扣除、固定资产加速折旧、创业投资企业投资抵扣和技术转让税收减免等激励创新政策，最大限度地激励企业加大研发投入。鼓励采用首购、订购以及政府购买服务等方式，促进创新产品的研发和规模化应用。通过对生产企业进行补助等方式，支持企业研究开发首台（套）产品。抓好国家推行的首台（套）重大技术装备保险补偿机制试点工作，鼓励用户购买和使用首台（套）产品。

责任单位：省财政厅、国税局、地税局、发改委、经信委、科技厅

（五）实施知识产权、标准、质量和品牌战略

开展知识产权强省建设，实施省专利运用行动计划，推进知识产权金融合作，完善社会化专利服务体系，提升企业和高校、科研院所专利转化能力。健全知识产权保护机制，完善省、市、县三级知识产权行政执法体系，加强福建自由贸易试验区知识产权统一管理和执法。建设知识产权综合服务云平台，增强大数据运用和服务能力。

实施专利导航工程，为企业技术研发、专利风险规避提供服务。支持企业积极参与国际、国家、行业和地方标准的制定。鼓励具有法人资格的社会团体制定满足市场和创新需要的团体标准，积极开展“标准化+”行动，全面推动企业产品和服务标准自我声明公开制度的落实。支持相关行业部门根据我省产业发展需要成立专业标准化技术委员会，积极培育和发展标准化服务业。大力推进质量强省和福建品牌建设，加快完善质量诚信体系，培育一批具有自主知识产权和国际竞争力的自主品牌，打造一批区域品牌，带动形成一批品牌形象突出、质量水平一流的优势企业和产业集群。

责任单位：省知识产权局、工商局、质监局

四、组织实施

强化党政一把手落实创新驱动发展的责任机制，按照“第一动力”“第一生产力”和“第一资源”的要求来谋划建设创新型试点省份工作格局、摆布工作内容，确定工作优先序。

（一）加强组织领导

将推进创新型省份建设纳入省部工作会商，定期研究解决建设过程中的重大问题。充分发挥省创新发展厅际联席会议制度，建立跨部门、跨领域的会商沟通机制，统筹推进科技体制改革和创新驱动发展工作。各设区市建立相应的创新驱动推进工作机制，加强工作统筹安排、沟通衔接和督促检查。进一步加强县级科技管理机构建设，明确和落实县级科技管理职能。建立健全实施创新驱动发展战略建设创新型省份的顶层设计和配套政策体系。

责任单位：省创新发展厅际联席会议成员单位

（二）抓好部署落实

《决定》是今后五年建设创新型省份的纲领性文件。各级各部门要进一步增强紧迫感和责任感，从《决定》部署的科技创新、产业升级、政策支持、人才保障、环境营造等各方面入手，逐条逐项对照，分解细化任务，对标发力、精准施策，加快推进、抓紧落实，确保建设创新型省份重点任务按时序进度推进。

责任单位：本方案各责任单位，市、县（区）人民政府及有关职能部门

（三）强化考核督查

研究制定创新型省份建设指标体系，建立创新型省份建设统计监测制度，从省、设区市等层面进行监测评价，定期发布监测报告。建立健全科技创新考核体系，把科技进步贡献率、投入产出率和科技创新能力等指标纳入经济社会发展指标体系，把创新驱动发展成效纳入对市、县（区）党委政府的绩效考核，考核结果作为地方党政领导干部选拔任用的重要参考。健全国有企业技术创新经营业绩考核制度，加大技术创新在国有企业经营业绩考核中的比重。

责任单位：省委组织部、效能办、科技厅、统计局、国资委

（四）营造良好氛围

发挥好科技界、社科界、智库对创新决策的支撑作用，打造鼓岭科学会议新型高端智库，建立科技咨询支撑行政决策的科学决策机制。出台政策深入推行科技特派员制度，抓好精准扶贫科技示范。深入实施全民科学素质行动计划，提高公民科学素质和创新意识。加强对重大科技成果、杰出科技人物以及创新企业的宣传，加大对创新创造者的表彰奖励力度。大力弘扬求真务实、勇于探索、团结协作、无私奉献的创新精神，营造全社会尊重人才、尊重创造、鼓励创新、宽容失败的创新文化，动员广大群众积极投身到建设创新型省份的伟大实践中来。

责任单位：省科技厅、科协及省创新发展厅际联席会议其他成员单位

【发文机关】福建省人民政府
【标　　题】福建省人民政府关于印发福建省建设国家创新型省份实施方案的通知
【发文字号】闽政〔2017〕9号
【发布日期】2017年2月24日

福建省人民政府关于强化实施创新驱动发展战略进一步推进大众创业万众创新深入发展的实施意见

各市、县（区）人民政府，平潭综合实验区管委会，省人民政府各部门、各直属机构，各大企业，各高等院校：

为深入学习贯彻党的十九大精神，以习近平新时代中国特色社会主义思想为指导，深化供给侧结构性改革，进一步系统性优化我省创新创业生态环境，拓展创新创业覆盖广度，提升创新创业科技内涵，增强创新创业发展实效，根据《国务院关于强化实施创新驱动发展战略进一步推进大众创业万众创新深入发展的意见》（国发〔2017〕37号），《国务院办公厅关于推广支持创新相关改革举措的通知》（国办发〔2017〕80号），提出以下实施意见。

一、加快科技成果转移转化

（一）完善知识产权运营服务体系。开展知识产权执法维权专项行动，规范展会、电商市场交易秩序。充分发挥人民调解与仲裁等替代性纠纷解决机制作用，构建知识产权纠纷多元解决机制，满足知识产权权利人高效、便捷、低成本维权需求。发挥中国（厦门）厨卫快速维权中心平台服务功能，结合我省产业优势推动建设更高层次的知识产权保护中心。以“知创中国”知识产权综合运营公共平台和“知创福建”知识产权公共服务平台对接国家知识产权运营公共服务平台，推进“互联网+知识产权”一体化公共服务平台建设。引进一批高端知识产权智库机构、专业服务机构、专业运营机构及各类国家级创新平台进场服务，优化知识产权服务供给，加快建设对接全国的福建省知识产权运营服务体系。

责任单位：省知识产权局

（二）创新知识产权服务模式。推动科技成果、专利等无形资产价值市场化，在作价入股、企业并购、资本流转、知识产权交易过程中强化知识产权价值评估。增加知识产权估值在企业贷款信用评估指标体系中的权重，对高价值专利加大融资支持力度。完善企业专利交易扶持政策，促进企业专利技术运用。补助企业购买高校院所专利技术，奖励高校院所专利技术向企业转移。加强知识产权中介服务体系建设，鼓励现有中介机构拓展业务范围，强化与国内外高端机构合作，提升服务能力和效率。推广应用知识产权公共服务包，通过整合政府管理部门、智库资源、专家人才、专业服务机构等多方力量，以政府购买社会服务的方式为创新主体提供多元化服务，拓展、丰富和提升知识产权服务内容和供给品质。

责任单位：省知识产权局、财政厅、人行福州中心支行、福建银监局

（三）搭建科技成果转化平台。加快建设技术市场体系，提升中国海峡项目成果交易会、“6·18”虚拟研究院产业技术分院、国家技术转移海峡中心、中科院STS（科技服务网络计划）福建中心等平台功能，培育一批省级技术转移机构，推进覆盖全省、服务企业的技术转移中心网络建设，促进更多科技成果在闽转移转化、更多人才来闽

创新创业。

责任单位：省发改委、科技厅

（四）提高科技成果转化能力。探索在战略性新兴产业相关领域率先建立利用省级财政资金形成的科技成果限时转化制度。省级财政资金资助形成的职务科技成果的权属单位自取得科技成果之日起一年以上未启动转化的，成果完成人和参加人在不变更职务科技成果权属的前提下，可以根据与成果所有单位的协议进行该项科技成果的转化。推动落实高校院所等事业单位科技成果处置自主权，督促完善科技成果转化内部规章制度和机制。开展科技信息企业推广应用服务。强化激励导向，研究制定以用为导向的产学研结合措施，力争通过系统部署和综合施策，解决科技成果转化“最后一公里”问题，激发高校院所等事业单位科技人员创新创业积极性和活力。

责任单位：省科技厅、财政厅、教育厅、科协

（五）鼓励科研机构共享创新资源。持续探索推进高校、科研院所、各类创新平台开放共享仪器设备等科研设施和资源，对财政性资金购置的科研设施仪器在所有权不变和保证科研用途的基础上，将经营权全部交由第三方专业机构负责运行、服务和管理。鼓励支持专业服务机构建立在线服务平台为社会和仪器管理单位提供服务，促进科研设施在全社会实现开放共享。

责任单位：省科技厅、教育厅

二、拓宽“双创”企业融资渠道

（六）健全普惠金融服务机制。引导银行业机构在总行授权范围内，结合辖区实际，合理设置小微企业授信审批权限，优化审批机制。在有效防控风险的前提下，尽可能贴近基层下放审批权限，提高小微企业金融服务效率。鼓励银行业机构向下延伸服务支点，加强专营机构建设，向小微企业集中区域增设小微支行、特色支行。大力推广创业贷、交易贷、双创债等“双创”特色金融产品。推动银行业机构运用“互联网＋”和大数据等技术，进一步改进信贷管理技术，促进小微企业金融服务集约化、精细化，提高小微企业贷款的可获得性。

责任单位：福建银监局、福建证监局、人行福州中心支行、省金融办

（七）完善投融资服务体系。支持金融机构与风险投资机构等合作，加快建立覆盖科技型企业发展全生命周期的投融资服务体系。推动银行业机构为科技型小微企业提供包括授信、支付结算、资产管理等在内的综合性金融服务，进一步拓展抵质押品范围，为企业提供“知识产权运营＋投贷保联动”全方位的金融服务。支持符合条件的创新创业企业通过上市、新三板和区域股权交易中心挂牌、配股、定向增发、并购重组、发行债券等多种方式，拓宽直接融资渠道。政府出资设立的融资性担保机构要将创新创业企业纳入担保增信支持重点，适度降低准入门槛。

责任单位：人行福州中心支行，福建银监局、保监局、证监局，省发改委、知识产权局

（八）完善创业投资管理机制。积极争取和引进国家中小企业发展基金、国家科技成果转化基金、国家新兴产业创业投资引导基金等国字号政府投资基金，支持有条件的地市规范有序设立政府投资基金。进一步落实促进政府投资基金健康发展若干措施，健全完善对政府投资基金的运作监管、财政资金的绩效考核和基金管理机构的信用信息评价等机制，依法依规豁免国有创业投资机构和国有创业投资引导基金国有股转持义务。

责任单位：省财政厅、发改委、金融办、经信委、科技厅

（九）扩大创新券使用范围。完善省级创新券的管理制度和运行机制，扩大支持范围，逐步探索跨区域互通互认机制，鼓励有条件的设区市和县（市、区）设立创新券，共同加大对科技企业和创客科技创新的支持力度。

责任单位：省科技厅

三、促进实体经济转型升级

（十）立足企业主体加大源头创新。围绕我省主导产业、战略性新兴产业发展中关键、共性技术难题和创新需求，组织开展应用基础研究，力争取得一批具有自主知识产权和重大应用前景的原创性成果。面向企业和社会创新的难点，扩大高校、科研院所学术自主权和个人科研选题选择权，鼓励科研人员与各类众创空间开展合作、加强与各类创客互动交流，举办各种形式的创新大赛，提升创新效率和水平。

责任单位：省科技厅、教育厅、发改委、经信委

（十一）推动大中小企业协同创新。鼓励龙头骨干企业开放创新资源、供应链资源和市场渠道，推动开展内部创新创业，培育内部创客文化，带动产业链上下游发展，促进大中小企业融通发展。推动互联网企业建设或与制造企业、行业组织合作建设面向中小制造企业的“双创”服务平台，结对帮扶中小微企业。引导和支持小型微型企业创业创新基地提升服务水平，对省级、国家级小型微型企业创业创新基地给予奖励。

责任单位：省经信委、国资委、工商联

（十二）着力推进分享经济加快发展。出台促进分享经济发展的实施意见，鼓励和规范分享经济领域发展，培育扶持和积极引进一批在物品、劳务、知识、技能等领域分享应用平台。降低分享经济创业创新门槛，适当放宽行业市场准入条件，放宽外商投资分享经济企业中方股东主体资格条件和经营范围用语，制定包容审慎的行业监管举措，完善适应分享经济特点的税收征管制度，推广网上办税、移动办税和无纸化办税。加强信用监管，深化个人、企业征信，培育第三方信用机构及产品服务。强化分享经济平台企业和个人使用者的相应责任，落实消费者权益保护和从业者的社会保障，完善新就业形态、社会保障等方面的政策举措。

责任单位：省数字办、省人社厅、人行福州中心支行，省工商局、地税局、国税局

（十三）着力推进数字经济深入发展。研究制定数字经济发展行动计划，建成新一代信息基础设施，深化互联网、物联网、大数据、云计算、虚拟现实、人工智能等新一代信息技术在政务治理、公共服务、产业发展等领域的应用。加快公共基础设施的网络化和智能化改造，强化公共服务体系建设，加快形成数字经济健康发展新生态。深入开展智慧城市试点，推进新型智慧城市建设。大力发展一批交互式、服务型、定制化的新型工业互联网企业，创新生产模式、制造模式、营销模式，推动制造业与互联网融合发展。在福州、厦门等地开展信息经济综合示范区建设，在部分县（市、区）探索开展数字经济试点建设。推动与“一带一路”沿线国家的数字经济交流与合作。

责任单位：省数字办、经信委

（十四）深入实施新一轮技术改造。发挥福建省企业技术改造投资基金作用，鼓励设立市级、县级技改基金，为关键领域和瓶颈环节技术改造提供资金保障。深化新一轮企业技术改造行动计划，加强工业企业技术改造投资指导，实施技改奖励。落实《福建省首台（套）重大技术装备认定和扶持实施细则》，支持装备制造企业研制首台（套）重大技术装备和智能制造装备并给予资金扶持，推进首台（套）重大技术装备保险补偿机制试点。

责任单位：省经信委、财政厅、金融办，福建保监局

四、激励各类人才流动发展

（十五）优化外籍人才服务机制。落实外国人来华工作许可制度，为来闽外籍高层次人才办理工作许可开辟绿色通道，简化申请材料，实行容缺预审。落实国家外专局一卡通服务举措，加强在闽外籍人才服务保障工作，对外籍高层次人才提供保姆式服务。对经人才主管部门认定的自贸区内境外高层次人才，可以不受60周岁年龄限制，符合条件可以申请永久居留。在自贸区工作的外国人申请居留证件的工作时限从15个工作日缩短至7个工作日，高层次人才申请居留证件的工作时限从15个工作日缩短至2个工作日。

责任单位：省公安厅、人社厅、外办、科协

（十六）鼓励海外人才来闽创业创新。实施留学人员来闽创业启动支持计划，开展“中国·福建海外人才创业周”等引才活动，发挥海外科技团体和海归创业联盟作用，畅通海外人才参与科技创新的渠道。允许外国留学生凭高校毕业证书、创业计划申请加注“创业”的私人事务类居留许可。在福建自贸区内注册企业工作的外国人，如其已连续两次办理工作类居留许可，且无违法违规问题的，第三次申请工作类居留许可，可以按规定签发有效期5年以内的工作类居留许可，连续工作满4年、每年在中国境内实际居住累计不少于6个月，有稳定生活保障和住所，工资性年收入和年缴纳个人所得税达到规定标准，经工作单位推荐，可以申请永久居留。继续推进中国（福建）

自由贸易试验区国家海外人才离岸创新创业基地建设，以福建自贸试验区为依托，探索建立与国际接轨的柔性引才新机制，建立多层次的离岸创业服务支持系统。

责任单位：省公安厅、人社厅、外办、科协

（十七）支持返乡下乡人员创业创新。支持返乡下乡人员围绕茶叶、蔬菜、水果、畜禽、水产、林竹、花卉苗木等七大优势特色产业，重点发展规模种养、农产品加工、农业生产服务、休闲农业和乡村旅游业，相关强农惠农富农政策向符合条件的返乡下乡人员创业创新项目倾斜。返乡农民工可按规定在创业地参加各项社会保险。允许返乡下乡人员依法使用集体建设用地开展创新创业。

责任单位：省农业厅、人社厅、国土厅

（十八）鼓励科技人员双向流动。加快落实国有企事业单位科研人员离岗创业政策，经同意离岗的可在3年内保留人事关系，并与原单位其他在岗人员同等享有职称评定、社会保险等方面的待遇，3年内要求返回原单位的，按原职级待遇安排工作，高校院所科研人员离岗在本省转化自主研发成果的，可延长至5年。支持高校院所将一定比例的编制用于聘任有创新实践经验的企业家、企业科技人员兼职或担任研究生导师。

责任单位：省人社厅、编办、科技厅、教育厅

（十九）支持各地各部门灵活引才。各地可结合实际制定灵活的引才引智政策，采取短期聘用、项目合作、兼职挂职、学术交流、人才租赁等方式，以用为本，促进人才资源合理流动。赋予高校和科研院所在选人用人、科研立项、编制管理、职称评审、薪酬分配等方面必要自主权，引进创新创业急需人才。对符合《福建省引进高层次人才评价认定办法（试行）》（闽委人才〔2015〕5号）确定的福建省引进高层次人才（A、B、C类），超出核准岗位数的，可按规定申报特设岗位，不受事业单位岗位总量、最高等级和结构比例限制。事业单位引进高层次人才和招聘急需紧缺人才，可简化招聘程序。

责任单位：省人社厅、教育厅、科技厅

五、打造创新创业平台载体

（二十）加快科技创新平台建设。主动对接高端创新资源，积极争取国内外一流大学、科研院所在闽设立高水平科研机构。支持龙头企业、高校院所培育和创建一批高水平工程研究中心、重点实验室、企业技术中心、产业技术研究院、院士专家工作站等重大创新平台，开展重大关键共性技术研究和产业化应用示范。在新一代信息技术、锂电池、稀土等优势产业领域培育建设一批省级制造业创新中心，主动融入国家制造业创新中心网络。

责任单位：省科技厅、发改委、经信委、教育厅、科协

（二十一）加强众创空间和双创示范基地建设。鼓励和引导众创空间向专业化、精细化发展，支持龙头企业、高校、科研院所围绕优势细分领域建设一批专业化众创空间。鼓励建设一批省级大学生创新创业校外基地和农村创业创新园区（基地）。支持基础条件相对较好的县（市、区）申报高水平、有特色的国家、省级双创示范基地。

责任单位：省科技厅、教育厅、农业厅、发改委

（二十二）推进两岸青年创新创业基地建设。进一步加大政策扶持力度，完善基地周边生活设施配套，鼓励台湾青年来闽就业创业。建立健全省级台湾青年就业创业基地考评机制，争取国台办授牌海峡两岸青年创业基地。在创新创业基地设立台胞证受理点，为台湾青年提供就近办证便利服务。

责任单位：省台办、公安厅

（二十三）营造创新创业良好氛围。建立长效机制，组织实施好全国双创活动周、“创响中国”系列活动，全力办好“双创在福建”等活动。依托中国·海峡项目成果交易会平台，通过“6·18”五天展会和日常专场对接会，集中展示、宣传、推介双创成果。举办创新创业大赛、互联网经济、VR创业创新等各类赛事，推动创新创业理念深入人心。组织新闻媒体多角度报道双创故事，营造创新创业良好氛围。

责任单位：省发改委、科技厅、数字办、教育厅

六、推动军民融合产业技术创新

（二十四）构建军民融合创新平台。鼓励军民

融合企业与科研院所合作建设工程研究中心、重点实验室、企业技术中心，开展产业链关键核心技术攻关。支持军民融合创新平台、重点企业、高校、科研院所、产业基地共同组建军民融合创新联盟。打造一批军民融合众创空间，培育一批示范企业，构建军民共享的知识产权运营服务体系。

责任单位：省发改委、经信委、科技厅、教育厅

（二十五）推动军民技术共享。支持企业参与标准制订修订，促进军民标准转化融合，建立健全军民兼容标准体系。面向军民两用推进检验检测中心认证公共服务平台建设，建立产品认证制度。加强军民共用计量基础设施建设，推动建立计量产业测试体系。建立完善军民一体的量值溯源体系，扩大计量资源共享范围。搭建计量开放式科研平台，推进军地计量科技协同创新。

责任单位：省质监局、经信委

（二十六）建立省级军民融合产业基金。鼓励有条件的机构设立军民融合发展投资基金，重点投向军民融合项目和公共平台建设、军民两用技术开发和成果转化、军民融合产业发展等领域，促进国家专项建设基金支持的军民融合项目加快落地实施。

责任单位：省财政厅、发改委、金融办、经信委、科技厅

七、创新政府部门服务机制

（二十七）深化行政审批制度改革。加快推进相对集中行政许可改革试点，在已明确的经济技术开发区和县（市、区）5个试点单位开展相对集中许可权改革，推进试点区域在行政审批、投资审批、商事登记等方面改革创新，在项目投资、通商贸易等重点领域取得改革突破。在试点基础上，及时总结和复制推广审批职责、审批事项、审批环节“三个全集中”的成熟经验做法，不断深化行政审批制度改革。

责任单位：省审改办、工商局、法制办及其他省直相关单位

（二十八）优化市场营商环境。推进“多证合一”登记制度改革，在“五证合一”基础上，再整合13项涉企登记、备案等有关事项和证照到营业执照上，实施内外资企业国民待遇原则，同享支持政策，同一窗口受理、登记和限时办结。实施企业名称“自助查重、自主申报、全程网办”登记模式。全面实施企业简易注销登记改革，实现市场主体退出便利化。深化电子营业执照改革，推进无介质电子营业执照建设和应用。制定福建省落实公平竞争审查制度的具体方法和工作方案，建立健全部门间工作机制，推动公平竞争审查制度有效实施，营造统一开放、竞争有序的市场环境。

责任单位：省公平竞争审查工作厅际联席会议成员单位

（二十九）加大事中事后监管。全面推动“双随机一公开”监管全覆盖，建立完善“两单两库”，推行“双随机”抽查标准化规范化制度，制定和落实抽查工作指引细则；积极探索建设跨部门“双随机”联合抽查部门协同监管平台。全面建成国家企业信用信息公示系统（福建），着力打造具有福建特色、全国一流的服务网络和管理平台，深化企业涉企信息归集共享和公示工作，加强涉企海量信息大数据分析应用。进一步加强市场主体经营异常名录管理，落实严重违法失信企业名单管理制度，建设失信企业联合惩戒工作平台，推动各部门将企业失信信息依法嵌入业务办理平台，运用融入到涉企行政服务和监管执法工作中。将协同行政执法制度设计在相关法规中，推动建立、健全行政执法协作机制。加强对教育网站网校的监管，做好教育网站网校违法违规查处工作，保障教育网站网校持续健康有序发展。

责任单位：省编办、审改办、工商局、法制办、教育厅、网信办、经信委、公安厅

（三十）优化税收服务机制。积极探索手机银行、微信、支付宝缴税等网上办税服务，在条件成熟的情况下，先期开展部分试点。加强国税、地税联合办税，进一步深化“一窗一人一机”联合办税，加快福建省电子税务局的建设进程。建立健全市、县两级银税合作工作机制，加大基层银税合作力度，实现银税合作工作机制覆盖全省所有县域。逐步扩大税务、银行信用信息共享内容，税务部门向银行推送纳税信用A－D级企业名单、注册地址、经营地址、联系方式、法定代表

人信息（不涉及个人信息），银行依法合规配合税务部门查询纳税人账户等信息。探索通过搭建系统平台、建立专线等方式实现银税数据直连，将银税信息交互由“线下”搬到“线上”。进一步完善网上纳税信用级别证明的在线开具，拓展纳税信用级别评价记录的明细查询功能，推动政务公开，促进纳税遵从度的提升。

责任单位：省地税局、国税局

（三十一）完善新兴产业用地政策。以“先存量、后增量”的原则，优先安排新兴产业用地供应，对新产业发展快、用地集约且需求大的地区，可适度增加年度新增建设用地计划指标。鼓励以租赁等方式向中小企业供应土地。鼓励盘活利用现有土地，传统工业企业转为先进制造业企业，以及利用存量房产进行制造业与文化创意、科技服务业融合发展的，可实行按原用途和土地权利类型使用土地的过渡期政策。城乡规划主管部门在符合控制性详细规划的前提下，研究制定有助于新产业、新业态发展的兼容性地类和相关控制指标，引导新产业集聚发展。完善新兴产业用地监管制度，建立政策实施主管部门联动机制和共同监管机制。现有建设用地过渡期支持政策5年期满后需办理用地手续的，可按新用途、新权利类型、市场价，以协议方式办理。

责任单位：省国土厅、住建厅

（三十二）完善“双创”发展统计分类。严格执行新修订的《国民经济行业分类》《新产业新业态新商业模式统计分类（试行）》以及《国家科技服务统计分类》等有关分类标准，以适应开展“双创”发展统计需要。按照国家统计局开展“双创”发展统计的总体部署，做好统计调查，为科学、准确、及时反映经济结构优化升级的新进展提供统计信息。

责任单位：省统计局

各地、各部门要认真落实本实施意见的各项要求，切实履职尽责，积极主动作为，充分发挥省双创厅际联席会议作用，加强监督检查，确保各项政策落到实处，推进大众创业、万众创新深入发展，为全面实施创新驱动发展战略、推动新旧动能转换提供有力支撑。

福建省人民政府

2017年11月22日

（此件主动公开）

【发文机关】福建省人民政府

【标　　题】福建省人民政府关于强化实施创新驱动发展战略进一步推进大众创业万众创新深入发展的实施意见

【发文字号】闽政〔2017〕49号

【发布日期】2017年11月22日

福建省人民政府关于建设一流大学和一流学科的实施意见

各市、县（区）人民政府，平潭综合实验区管委会，省人民政府各部门、各直属机构，各大企业，各高等院校：

为贯彻国务院《关于印发统筹推进世界一流大学和一流学科建设总体方案的通知》（国发〔2015〕64号）精神，加快我省高等教育内涵发展，决定实施一流大学和一流学科（以下简称“双一流”）建设计划。现提出如下实施意见：

一、总体要求

（一）指导思想

全面贯彻党的教育方针，以立德树人为根本，以支撑创新驱动发展战略、服务福建发展需求为导向，以争创一流为目标，以改革创新为动力，坚持遵循教育规律，坚持扶强、扶优、扶特，坚持久久为功，推动若干所大学和一批学科加快进入国内一流前列，冲击世界一流水平，提升高校办学综合实力、学生成长成才能力、社会贡献力、国际竞争力，打造福建高等教育升级版，为建设新福建提供强有力的人才支撑和智力支持。

（二）基本原则

1. 改革创新、争创一流。坚持转变政府治理方式和深化高校内部综合改革并重，着力破解“双一流”建设面临的体制机制障碍，引导和支持具备一定实力的大学及学科坚持一流标准，汇聚一流队伍，培养一流人才，产出一流成果，加快进入国内一流，努力冲击世界一流。

2. 顶天立地、服务需求。坚持统筹兼顾，实施创新驱动发展战略，增强高校服务国家重大战略、区域经济社会发展以及行业产业需求的能力，成为知识发现和科技创新的重要力量、先进思想和优秀文化的重要源泉、培养各类高素质优秀人才的重要基地。

3. 分类支持、重点突破。坚持有所为、有所不为，加强分类指导与重点支持，引导高校进一步明晰办学定位和发展目标，以学科为基础，强化优势特色，以重点领域的有效突破促进内涵建设，推动全省高等教育的内涵发展和质量提升。

4. 开放合作、跨越发展。坚持以开放促发展，统筹国际国内优质资源，推动高校与国内外一流大学、一流学科开展深层次、宽领域、多模式的合作与交流，加速提升学科建设水平和整体办学水平，实现高等教育跨越发展。

5. 突出绩效、动态调整。坚持把贡献和质量作为衡量标准，强化目标导向和实绩考核，建立财政投入与建设成效挂钩的激励机制。完善动态调控机制，按照优胜劣汰原则实行动态调整，打破终身制。

（三）总体目标

推动1所大学进入世界一流行列，1～2所大学进入世界知名行列，1～2个学科进入世界一流前列，若干学科进入世界一流行列，一批学科进入国内一流前列，建成高等教育强省。

——到2020年，1所大学建成世界知名高水平研究型大学，1所大学综合实力排名进入全国前50名，1所大学进入全国前90名，新增2所大学进入全国前100名；3个左右学科进入全球ESI（基本科学指标数据库）排名前1‰、20个左右学科进入前1%，10个左右学科在国内权威第三方评价中进入前10%、20个左右学科进入前20%，一流大学建设高校的示范引领作用显著增强，高等教育整体办学实力明显提升。

——到2030年，1所大学进入世界一流行列，1所大学主要办学指标接近世界知名行列，2~3所大学某一学科领域进入世界一流行列或前列；6个左右学科进入全球ESI排名前1‰、35个左右学科进入前1%，更多的学科进入国内一流前列，高等教育整体办学水平显著提升。

——到本世纪中叶，1所大学稳居世界一流行列，1~2所大学进入世界知名行列，2~3所大学若干学科领域进入世界一流行列或前列，一批学科进入国内一流前列，建成高等教育强省。

二、重点任务

（一）推进体制机制创新。加大政府简政放权力度，在列入一流大学建设的高校扩大和落实办学自主权试点，探索实施依法自主办学负面清单管理模式。深化高等教育办学体制和管理机制改革，加快高等教育治理体系和治理能力现代化，激发高校内生动力和发展活力。支持和鼓励高校在内部管理运行机制的重点领域大胆改革创新，力争取得实质性突破。

（二）汇聚一流师资队伍。强化高层次人才的支撑引领作用，加快培养和引进一批一流科学家、学科领军人才和创新团队，打造人才高地。构建符合青年人才成长规律的管理制度，优化有利于青年教师脱颖而出的制度环境，大力培育优秀青年骨干，增强人才队伍可持续发展能力。加强博士后队伍建设，使之成为高端人才后备库、科研团队生力军、优秀师资蓄水池。加强师德师风建设，培养和造就一支有理想信念、有道德情操、有扎实学识、有仁爱之心的优秀教师队伍。

（三）培养拔尖创新人才。落实立德树人根本任务，强化人才培养的核心地位，着力培养自觉践行社会主义核心价值观、具有社会责任感、富有创新精神和实践能力的各类拔尖创新人才。深化高校创新创业教育改革，培养造就“大众创业、万众创新”的生力军。推进科教融合、产学结合、协同育人，以高水平科研和产业实践支撑拔尖创新人才培养。

（四）提升科学研究水平。实施创新驱动发展战略，以区域和国家重大需求为导向，加强高水平科学研究，促进学科交叉融合，产出一流科研成果，为区域经济社会发展和国家战略实施作出重要贡献。加强基础研究和原始创新，产出具有重大影响的知识创新成果。加强应用研究，产出重大技术创新成果，着力突破产业转型升级的核心技术、关键技术、前沿技术瓶颈问题。加强社会发展重大理论和现实问题研究，产出具有重大影响的哲学社会科学学术创新与应用研究成果以及高质量、高品位的精神文化产品。营造浓厚的学术氛围和宽松的创新环境，大力激发创新活力。

（五）传承创新优秀文化。加强大学文化建设，增强文化自信和制度自信，形成推动社会进步、引领地方文化、各具特色的大学精神和大学文化。加强对中华优秀传统文化和社会主义核心价值观的研究和宣传，推动社会主义先进文化建设。加强福建特色文化研究，打造福建文化品牌，服务文化强省建设。

（六）加快科研成果转化。加快推动高校科技成果处置权、收益权改革，进一步释放高校创新动力，激发高校科研成果转化活力。健全高校技术转移工作体系，实施科技成果转化风险免责政策，创新科研人员收入分配机制。加强学科、人才、科研与产业互动，深入推进科教协同创新，促进校企产学研合作，推动重大科学创新、关键技术突破等直接转变为先进生产力，加速创新驱动。推进哲学社会科学成果的转化应用，构建哲学社会科学社会服务体系，在产业重大调整、社会重大问题、国家重大决策、国际重大事务中发出福建声音。

三、主要举措

（一）加强一流大学建设。支持厦门大学对接国际一流标准和国家重大战略需求，全面建成世界知名高水平研究型大学；将华侨大学纳入省属高水平大学建设项目，推动其建成特色鲜明、海内外著名的高水平大学；加快推进省属高水平大学建设，加大力度支持福州大学、福建师范大学、福建农林大学建成全国一流大学。

（二）加强一流学科建设。实施“高峰”“高原”学科建设计划，瞄准国际国内一流水平，重点支持一批优势学科率先建成“高峰”学科，巩固提升一批潜力学科形成“高原”学科，持续支持一批建设目标明确、对接社会需求的亟需学科，形成布局合理、高峰凸显、高原崛起的学科结构，支撑一流学科建设。支持高校开展国际学科评估，提高高校学科的国际竞争力。

（三）实施高端人才集聚计划。对紧缺或亟需引进的“学科领军人才＋团队”，实行“一事一议”协商引进政策。支持高校在“高峰”“高原”学科建立人才“特区”，对引进的高端人才试行以岗位任务为导向的协议工资等灵活多样的分配办法；在闽江学者奖励计划等重大人才项目申报上实行指标单列；鼓励高校提高脱产博士后的收入待遇，支持其潜心科研。优先支持青年骨干教师申报各类国家与省重大人才项目，赴世界一流大学、研究机构访学进修、合作开展研究，参加国际重大学术会议等，促进优秀青年人才脱颖而出。

（四）实施人才培养提升计划。支持高校深化教学改革，建设一流本科教育，对接国家“深化教改工程”，优先建设一批国家级教学改革项目。支持高校与行业企业共同组建人才培养联盟，深入实施系列“卓越计划”。支持高校以国际同类一流专业为参照，建设一批教学内容和方式达到国际水平的本科专业，并与国际同类高水平大学合作开展“联合学位”等形式的联合培养项目，实现学分互认。支持高校参加国际专业教育认证，参照国际质量标准加强专业建设。

（五）实施科技创新能力跃升计划。汇聚、整合资源，加强高校现有国家级平台基地建设，大力提升承担国家重大项目的能力。围绕“中国制造2025”“互联网＋”等重大战略实施，积极创造条件，支持高校完善基础研究、战略高技术、关键共性技术研发体系，整合建设一批国家级科技创新平台、国际合作联合研究平台和关键共性技术研发及工程化平台，努力培育和打造国家实验室。继续实施福建省高校创新能力提升计划（“2011计划”），大力推进高校、科研院所、企业和社会各类创新资源的协同。

（六）实施哲学社会科学繁荣计划。支持高校围绕中国特色哲学社会科学话语体系建设，加强哲学社会科学基础理论研究，重点开展应用对策研究和战略预测研究，提高研究质量和创新能力，努力培育学术精品和传世力作。支持高校加快建设一批人文社会科学重点研究基地，建设一批“特、专、新、优”的智库，形成具有福建特色并在国内外有影响力的重要思想库、智囊团和创新源，发出“福建声音”、展示“福建愿景”、塑造“福建形象”。支持高校哲学社会科学“走出去”，探索在国外和港澳地区合作建立海外中国学术研究中心。

（七）实施高等教育国际化战略。鼓励和支持高校与世界排名前300位大学举办中外合作办学项目或机构。支持高校在“一带一路”沿线国家设立分校或开展多种形式海外办学，打造覆盖海上丝绸之路沿线国家和地区的高等教育国际合作与交流平台。支持高校完善外籍教师和海外引进人才聘用管理措施，紧密围绕福建省自贸试验区和“海上丝绸之路”核心区建设，适应福建产业转型升级，重点引进能够突破关键技术、发展高新技术产业、带动新兴学科的海外高端人才。

（八）完善多元投入机制。健全共建机制，积极争取国家部委和所在地政府的大力支持，加大对共建高校专项资金投入。鼓励支持行业企业围绕培养所需人才、解决重大瓶颈等问题，加强与有关高校合作，通过共建、联合培养、科技合作攻关等方式支持“双一流”建设。研究建立高校捐赠收入财政配比奖励制度，鼓励高校积极争取社会捐赠，健全社会支持长效机制，多渠道汇聚资源，增强自我发展能力。省财政将高校开展“双一流”建设纳入高校预算拨款制度中统筹考虑，并通过相关专项资金给予引导支持；鼓励设区市政府通过多种方式，对市属高校给予资金、政策、资源支持。省基本建设投资对“双一流”建设相关基础设施给予支持。完善管理方式，进一步扩大高校财务自主权，增强统筹安排经费的能力。通过逐步提高生均定额拨款标准，按照国家相关政策规定合理调整学费标准，规范教育收费定价自主权，形成多元投入、合力支持的格局。

四、建设方式

（一）建设对象。一流大学建设计划主要面向部属高校和省属高水平建设大学。一流学科建设计划按“高峰”学科和“高原”学科两类开展建设，“高峰”学科从具有博士学位授权一级学科中择优建设，“高原”学科从具有硕士及以上学位授权一级学科中择优建设。

（二）建设周期。“双一流”建设计划从2016年启动实施，每五年为一个建设周期。

（三）建设资金。“双一流”建设计划列入省“十三五”发展规划重点项目，“十三五”期间省财政每年安排16亿元建设资金用于实施“双一流”建设计划，建设资金根据实施情况逐步增加。

（四）建设程序。一流大学一期建设与省属高水平大学建设有效衔接，列入建设范围的高校应合理选择国内、国（境）外各1所标杆学校，深入研究学校的建设基础、优势特色、发展潜力等，科学编制发展规划和建设方案，提出具体的建设目标、任务和周期，明确改革举措、资源配置和资金筹集等安排；同时需根据学校发展规划，制订5个及以上的一流学科（学科群）建设计划。一流学科建设一期申报学科应合理选择国内外同类一流学科为标杆，深入对比分析自身的比较优势与特色、相对地位与影响、主要差距等，科学编制建设方案，细化、量化建设目标、建设内容、年度实施计划、资金需求和来源、保障措施等。省教育厅、发改委、财政厅等部门组织相关专家，结合区域经济社会发展需求和国家战略需要，对学校建设方案的可行性、科学性、合理性进行咨询论证，提出意见建议，按照“一校一策”原则报省政府批准后公布实施。

（五）绩效考评。“双一流”建设计划注重成果验收和绩效考核，实行“分类实施、绩效考评、动态调整、滚动支持”的运行模式。建立“年度报告、中期评价、终期考核”的评价机制，积极采用第三方评价，并根据评价结果奖优罚劣。创新财政支持方式，更加突出绩效导向，形成激励约束机制。资金分配更多考虑办学质量特别是学科水平、办学特色等因素，重点向办学水平高、特色鲜明的学校倾斜，在公平竞争中体现扶优扶强扶特。对建设期间入选国家“世界一流大学和一流学科”建设计划的高校和学科给予重奖。2018年底进行中期评价，评价达标的继续支持，不达标的相应扣减专项资金；2020年底进行一期验收考核，建设成效显著的滚动进入下一周期继续支持，未达到预期建设目标的取消下一周期申报资格。

福建省人民政府
2017年3月6日

（此件主动公开）

【发文机关】福建省人民政府
【标　　题】福建省人民政府关于建设一流大学和一流学科的实施意见
【发文字号】闽政〔2017〕11号
【发布日期】2017年3月6日

福建省人民政府关于印发 福建省"十三五"深化医药卫生体制改革规划的通知

各市、县（区）人民政府，平潭综合实验区管委会，省人民政府各部门、各直属机构，各大企业，各高等院校：

现将《福建省"十三五"深化医药卫生体制改革规划》印发给你们，请认真组织实施。

福建省人民政府
2017年11月27日

（此件主动公开）

福建省"十三五" 深化医药卫生体制改革规划

为全面深化医药卫生体制改革，加快推进健康福建建设，根据国家《"十三五"深化医药卫生体制改革规划》《福建省国民经济和社会发展第十三个五年规划纲要》《"健康福建2030"行动规划》和《福建省深化医药卫生体制改革综合试点方案》，编制本规划。

一、规划背景

"十二五"时期是福建省医药卫生体制改革迎来重大历史机遇并取得重大发展成就的五年。我省以国家综合医改试点省建设为契机，认真贯彻落实党中央、国务院医药卫生体制改革的部署和全国卫生与健康大会精神，以试点先行、典型引路，积极推广三明医改经验，紧紧抓住体制机制改革"硬骨头"，不绕弯子、不回避矛盾，努力在重点领域和环节有所突破，改革取得了积极进展和明显成效。注重医改顶层设计，省委、省政府出台了《福建省深化医药卫生体制改革综合试点方案》，先后制定了一系列医改政策文件，形成较为完善的政策体系。创新医改推进机制，成立以省委、省政府主要领导为正、副组长的省医改领导小组，办公室设在省政府办公厅，在更高层面上统筹协调医改工作，形成医改领导小组统一领导下的"两会一委"（即省医管会、医保会、卫计委）改革推进机制。整合医保管理体制，成立省医疗保障管理委员会，办公室设在财政部门，相对独立运作，在整合"三保"的基础上，归拢了药品采购、医疗服务价格等相关职能，解决医保制度碎片化问题。"药价保"职能整合初步建立了公立医院价格补偿机制，以医保支付为手段进行了药品联合限价阳光采购，医保与价格职能并举开展了医疗服务价格改革，并发挥医保对医药行为的全过程监管作用。推进公立医院管理体制机制改革，成立了公立医院管理委员会，加快"政事分开、管办分开"的改革进程，借鉴三明院长目标年薪制改革经验，推进公立医院内部绩效、分配、人事及财务等运行机制改革。深化基层医改，推进以基层医疗机构人事分配制度改革为主的综合改革，开展以三明市为主的县域紧密型医联体试点工作，推进家庭医生签约服务广覆盖，促进分级诊疗。社会办医加快发展，推动福州、厦门、泉州、莆田等地发展健康服务产业，积极开展闽台医疗服务对接交流活动，一批台湾合资合作、独资办医项目相继在我省落地，多元办医的格局正在形成。经过努力，全省的改革成效初显，全省公立医院医药总收入增幅控制在10%以下；个人住院平均医药费用低于全国平均水平，个人次均门诊费增幅呈下降趋势；医务人员收入有所提升，三明市医务人员年人均收入实现翻番，省属公立医院医务人员工资约为社会平均工资的3倍；2016年全省社会办医床位数达到2.32万张。改革实践证明，我省医改方向正确，探索改革路径、办法成效明显，在不大幅度增加财政投入的情况下，以存量改革堵浪费为主要手段，大刀阔斧地进行体制机制改革，向改革要“红利”，走出“三医联动”的有效改革途径，群众就医负担有所缓解，深化医改共识度日益加深。

“十三五”是全面建成小康社会的决胜阶段，也是推进健康福建建设的关键时期。但目前我省医药卫生事业存在医疗资源总量不足、结构不合理、分布不均衡，人才短缺等问题，不能满足人民群众日益增长的健康需求，距离深化医改的总目标，实现建立健全基本医疗卫生制度的任务，还有不小的距离。同时，随着工业化、城镇化、人口老龄化进程加快，以及疾病谱变化、生态环境和生活方式变化、医药技术创新等，都对深化医改提出了更高要求。当前医改进入攻坚期和深水区，体制机制改革成为难啃的“硬骨头”，作为全国综合医改试点省份，承担着先行先试、改革创新的重任，面对新的形势与挑战，需要认真总结“十二五”医改经验，继续坚持以改革为动力促进医疗卫生事业发展，坚持突出体制机制改革不放松，坚持“三医联动”，增强医改的整体性、系统性和协调性，推动改革从点上突破向广度和纵深度发展。在改革中，不断加强组织领导、统一思想、坚定信心、增强定力，加强实践与探索，为开创我省“十三五”医药卫生体制改革新局面，努力建成符合我省省情的基本医疗卫生制度，加快实现健康福建建设目标而努力。

二、总体要求

（一）指导思想

高举中国特色社会主义伟大旗帜，全面贯彻党的十九大精神，以习近平新时代中国特色社会主义思想为指导，牢固树立和贯彻落实新发展理念，坚持以人民为中心的发展思想，坚持卫生与健康工作方针，树立“大健康”理念，坚持问题和目标双导向，突出医疗、医保、医药“三医联动”和医药卫生体制机制创新，实现发展方式由以治病为中心向以健康为中心转变，努力形成资源配置合理、医疗服务层次分明、医疗机构运行高效的医药卫生新格局，为建设健康福建、实现“再上新台阶、建设新福建”目标提供坚实基础。

（二）基本原则

坚持以人民健康为中心。把人民健康放在优先发展的战略地位，以公平可及、群众受益为目标，坚守底线、补齐短板，始终将解决群众“看病难、看病贵”作为首要任务，切实使医改红利惠及城乡居民，增强人民群众获得感。

坚持“保基本、强基层、建机制”。坚持把基本医疗卫生制度作为公共产品向人民群众提供的基本理念，推动医疗卫生工作重心下移、医疗卫生资源下沉，提升基层医疗卫生的职业吸引力和服务能力，以问题为导向推动制度创新和攻坚突破。

坚持政府主导与发挥市场机制作用相结合。在基本医疗卫生服务领域，坚持政府主导，落实政府责任，适当引进竞争机制。在非基本医疗卫生服务领域，发挥市场活力，加强规范引导，满足多样化、差异化、个性化健康需求。

坚持医疗、医保、医药联动改革。按照腾空间、调结构、保衔接的要求，统筹推进管理、价格、支付、薪酬等制度建设，提高政策衔接和系统集成能力。落实部门责任，解放思想、主动作为，形成强大合力。

坚持推进供给侧结构性改革。实行政事分开、管办分开、医药分开、营利性和非营利性分开，优化供给侧治理能力和要素配置，推动医疗卫生机构运行机制和发展模式转变，提升服务效率和质量。对需求侧进行科学引导，合理划分政府、社会、个人责任，促进社会共治。

坚持突出重点、试点示范、循序推进。着力突出重要领域和关键环节，强化医药卫生体制机制创新，及时总结推广典型经验，发挥重点改革的突破性作用和试点带动效应。把握好改革的力度和节奏，注重统筹兼顾，积极稳妥推进改革。

（三）主要目标

按照全国卫生与健康大会精神和省委十届三次、四次全会精神，加快医疗、医保领域政事分开、管办分开进程，加快建立全民统一医保制度体系，加快构建现代医院管理制度，加快形成医疗卫生事业“大卫生、大健康”的管理格局。到

2017年，基本形成较为系统的基本医疗卫生制度政策框架。分级诊疗政策体系逐步完善，现代医院管理制度和综合监管制度建设进一步推进，全民统一的医疗保障制度开始形成，药品生产流通使用政策进一步健全。到2020年，普遍建立比较完善的公共卫生服务体系和医疗服务体系、比较健全的医疗保障体系、比较规范的药品供应保障体系和综合监管体系、比较科学的医疗卫生机构管理体制和运行机制。政府办医体制基本理顺，医保、医疗等领域实行政事分开和管办分开，管理体制职责明晰、协调统一，大卫生、大健康管理体制基本形成。

通过深化医改，促使公立医院回归健康发展轨道，全省公立医院医药总收入增幅持续在10%以下，公立医院医务性、药品耗材和检查化验收入达到5∶3∶2的合理比例，医务人员薪酬待遇水平有较大幅度提高。全省人民健康水平将进一步提升，主要健康指标保持在全国前列，居民人均预期寿命提高至78.29岁，孕产妇死亡率控制在16/10万以下，婴儿死亡率控制在7‰以下，5岁以下儿童死亡率保持在较低水平，个人卫生支出占卫生总费用的比重下降到26%左右。基本建立覆盖城乡居民的基本医疗卫生制度，实现人人享有基本医疗卫生服务，基本适应人民群众多层次的医疗卫生需求。

三、重点任务

“十三五”期间，继续坚持探索“三医联动”有效改革路径，进一步发挥整合后医保体制的基础和杠杆作用，在公立医院管理体制机制改革、药品管理体系改革、分级诊疗、综合监管等重点环节取得新突破。

（一）推进建立全民统一的医疗保障制度。进一步促进“药、价、保”职能深度融合，推进药品采购流通、医疗服务价格、医保收付费改革，实施医药行为全过程监管，加快健全医疗保障体系，实施统一的城乡居民基本医疗保险制度，提高城乡居民医疗保障水平。

1. 加强医保基金科学化、精细化管理。在巩固和完善城镇居民医保与新农合实现覆盖范围、筹资标准、政策待遇、医保目录、定点管理、基金经办“六统一”的基础上，推进城乡居民医保与城镇职工医保的管理整合，实现统筹层次、医保目录、定点管理、基金经办“四统一”。健全基本医疗保险可持续筹资机制，鼓励有条件地区探索建立个人缴费标准与居民收入相挂钩的动态调整机制，适当提高个人缴费在筹资中的比重。完善职工基本医疗保险个人账户政策，推进职工医保门诊统筹。全面巩固医保基金市级统筹，逐步提高基金统筹层次，研究建立职工医保省级调剂金制度，增强基金的共济能力和抗风险能力。完善基本医保制度间转移接续制度，优化异地就医结算，到2017年，基本实现符合转诊规定的异地就医住院费用直接结算。到2020年，建立医保基金调剂平衡机制，稳步提高基本医保实际报销比例。改革医保支付管理。坚持“以收定支、收支平衡、略有结余”预算管理原则，建立公开科学动态的医保支付范围和比例的调整机制，进一步缩小政策范围内报销比例与实际报销比例差距。

完善多层次多样化的医疗保障体系。巩固提升城乡居民大病保险，推进大病保险省级统筹。进一步完善城乡居民医疗救助体系，统筹集中各类医疗救助资金，做好医疗救助与基本医疗保险、大病保险、疾病应急救助、商业保险的政策衔接，加大对大病患者的救助力度。完善医疗救助“一站式”即时结算服务系统，做到医疗救助与基本医疗保险、城乡居民大病保险、疾病应急救助、商业保险等信息管理平台互联互享，实现“一站式”信息交换和即时结算。鼓励发展商业健康保险，支持商业保险机构参与医保经办服务，在确保基金安全和有效监管的前提下，支持商保机构经办大病保险，推进医保个人账户结余资金部分用于购买个人商业健康保险。鼓励企业和居民通过参加商业健康保险，解决基本医保之外的健康需求。

2. 发挥医保基础杠杆作用。挤压药品耗材流通和使用环节以及医院“控费”堵浪费所产生的空间，重点提高体现医务人员技术劳务价值的医疗服务价格，“腾笼换鸟”实现医疗服务价格科学补偿，促进医院良性发展，同时医保跟进补偿，减轻群众就医负担。探索建立由政府主导、利益相关方参与谈判以及通过制定医保支付标准等，建立合理的价格动态调整机制。改革医疗服务定价方式，逐步减少按项目定价，推行按病种收费为主的多种收费方式并存的医疗服务价格管理模式，2017年在省属公立医院实施100个病种的基础上，进一步扩大按病种收费和支付改革范围，力争新增500个病种。推进三明市和福建医科大学附属协和医院、福州市第一医院、厦门市第一医院等全国DRG收付费改革试点。积极推行临床检验基本组合打包收费，规范临床检验项目收费行为。完善鼓励中医药服务提供的价格和支付政策。

3. 建立合理的医疗服务价格体系。理顺医疗服务比价关系。实施差别化的价格和支付政策，按照"总量控制、结构调整、有升有降、逐步到位"的原则，理顺不同等级医疗机构、不同层次医疗服务项目之间的差价，拉开省、市、县价格差距，拉开不同等级医院的价格差距，拉开不同难易程度的诊疗项目价格差距，拉开不同诊疗水平医生的诊疗价格差距，引导患者合理就医，做到医疗服务价格、医保支付、分级诊疗等政策的有机衔接。完善新增医疗服务项目价格管理办法，促进医疗新技术和新手段在我省推广应用，满足临床需求。2020年，逐步建立以成本和收入结构变化为基础的价格动态调整机制。

4. 进一步完善各级医保机构建设。继续理顺全省医疗保障管理体系，强化各地医疗保障机构职能作用，按照"专门的机构、专业的队伍、精细化管理"要求，配齐配强医疗保障管理工作队伍。积极探索构建大健康管理体制，鼓励有条件地区建立独立设置的医疗保障管理机构，逐步理顺医疗保障与医疗卫生等相关行业管理关系，加快推进医保管办分开，探索建立与大卫生、大健康发展格局相适应的医保管理体制。

（二）*建立科学有效的现代医院管理制度*。坚持公立医院的公益性，落实政府办医责任，全面推进公立医院管理体制、运行机制、补偿机制、人事编制、收入分配等体制机制改革，加快推进管办分开，加强医院党的建设，建立现代医院管理制度。到2017年，全省公立医院综合改革实现全覆盖，医疗机构费用过快增长得到遏制；到2020年，普遍建立现代医院管理制度，建立公立医院运行新机制和科学合理的补偿机制。

1. 完善公立医院管理体制。妥善处理医院与政府关系，实行政事分开、管办分开，加快推动政府管理医院方式由直接管理逐步向行业管理转变，强化政府在政策法规、行业规划、标准规范的制定和监督指导等方面职责。进一步完善省属公立医院管理体制，在巩固提升公立医院管理委员会作用的基础上，加快管办分开进程，进一步明确省属公立医院管理的专门机构，代表政府履行出资人管理医院职责。鼓励各地积极探索公立医院管办分开的多种有效实现形式，积极开展公立医院管办分开试点，推动厦门市公立医院发展管理中心进入实质性运作。

合理界定政府作为出资人的举办监督职责和公立医院的自主运营管理权限。逐步取消公立医院行政级别。落实公立医院独立法人地位。健全公立医院法人治理结构，落实内部管理自主权。实行院长负责制，完善院长选拔任用制度，实行院长聘任制和目标年薪制，全面开展院长目标年薪制及考核评价，推进院长职业化、专业化建设。

2. 健全公立医院投入和补偿机制。明确各级政府办医责任，进一步落实政府对符合区域卫生规划的公立医院基本建设和设备购置、重点学科发展、人才培养、符合国家规定的离退休人员费用和政策性亏损补贴等投入政策，建立公立医院由服务收费和政府补助两个渠道补偿的长效机制。建立常态化的投入机制，完善财政补助方式，强化财政补助与公立医院的绩效考核结果挂钩关系。落实政府对公立中医类医院投入倾斜政策。

3. 改革编制人事管理和薪酬制度。创新公立医院编制管理方式，在省、市两级探索公立医院不纳入编制管理，实行用人总量控制的管理办法，逐步实现编制使用由审批制向备案制转变。健全岗位管理、公开招聘和人员聘用制度，变身份管理为岗位管理。落实公立医院用人自主权，对实行用人总量控制改革的公立医院，在核定的人员控制总量范围内，由公立医院及其主管部门根据发展需要按规定自主公开招聘人员。

改革公立医院工资总额管理办法，明确工资总额构成，医院人员工资总额测算仅与医务性收入挂钩。根据医疗行业培养周期长、职业风险高、技术难度大、责任担当重等特点，合理确定医务人员收入水平，着力体现医务人员技术劳务价值，并建立动态调整机制。完善绩效工资内部分配办法和绩效考核制度，破除以科室为单位的分配机制，健全以岗位工作量、服务质量、行为规范、技术能力、医德医风和患者满意度为重要指标的内部绩效考核体系，在核定的绩效工资总额内，自主分配，多劳多得，优绩优酬，合理确定医务人员收入水平，拉开收入差距。

4. 建立以公益性为导向的医院考评机制。制定以公益性为导向、与公立医院功能定位相适应的绩效评价指标体系，机构绩效考核应涵盖社会效益、服务提供、综合管理、可持续发展等内容，人员绩效考核突出岗位工作量、服务质量、行为规范、技术难度、风险程度和服务对象满意度等考核指标。考核结果及时向社会公开，并与医院财政补助、工资总额以及院长任免、薪酬水平等挂钩，建立激励约束机制。健全公立医院费用控制监测和考核制度，控制特定药物、高值医用耗材、大型医用设备检查等不合理使用，规范医务人员诊疗行为。完善医院信息公开制度，公开医院绩效考核、质量安全、收支情况、医疗服务效率和医疗费用等信息。

5. 加强公立医院精细化管理。逐步健全公立医院医疗监测和考核机制，实行全面预算管理和全成本核算，推动公立医院实施委派总会计师制度，严格控制公立医院医药费用不合理增长，到2017年，全省公立医院医疗费用增长幅度控制在10%以内，药品耗材收入占比总体控制在43%以内，百元医疗收入（不含药品收入）中消耗的卫生材料降到20元以下，二级及以上公立医院全面开展临床路径管理。到2020年，医药费用增长幅度稳定在合理水平。

（三）建立规范有序的药品供应保障制度。实施药品生产、流通、使用全流程改革，调整利益驱动机制，推动各级各类医疗机构全面配备、优先使用基本药物，挤压药品价格虚高空间，促进医药产业结构调整和转型升级，保障医疗机构用药，规范和监管药品合理使用。

1. 深化药品供应保障领域改革。通过市场倒逼和产业政策引导，推动省内企业提高创新和研发能力，促进做优做强，提高产业集中度。推进仿制药质量和疗效一致性评价，鼓励研发机构和生产企业参与上市许可持有人试点工作，鼓励以临床价值为导向的药物创新。根据国家要求，在国家基本药物目录（2012年版）中，于2017年10月1日前批准上市的化学药品仿制药口服固体制剂应在2018年前完成一致性评价，其中需要开展临床试验和存在特殊情形的品种，应在2021年前完成一致性评价。推进医保目录、采购目录、储备目录衔接，实现“采用合一”，提高临床需求药品的可获得性。加强药品生产企业的日常监管，督促企业严格执行药品生产质量管理规范（GMP）。健全短缺药品预警和分级应对机制，建立完善短缺药品信息采集、报送、分析、会商制度，动态掌握重点企业生产情况，统筹采取定点生产、药品储备等措施确保药品市场供应。

2. 建立以医保支付为基础的药品采购机制。建立动态和开放的药品采购平台，完善药品采购目录阳光遴选办法，统一药品目录编码，将药品分成治疗性、辅助性和营养性三类，试行不同的医保支付政策。按照“按需而设、为用而采、价格真实、去除灰色”原则，采用通用名称、通用剂型、通用规格、通用包装竞价办法，实施药品最高销售限价和医保支付结算价。开展高值医用耗材、检验检测试剂、大型医疗设备集中采购。规范和推进高值医用耗材集中采购，统一高值医用耗材编码标准，确保高值医用耗材采购各环节在阳光下运行。

完善药品带量议价采购激励机制。鼓励医疗机构在省级药品联合限价阳光采购的基础上，进一步与药品供应商进行带量谈判议价，降低药品采购价格。调动医疗机构作为药品采购责任主体的积极性，建立“超支自付、结余留用”激励机制，药品带量议价采购低于最高销售限价所产生的差价收入，原则上主要用于提高医疗机构医务人员薪酬待遇，另行核增单位工资总额。

改革药品货款结算机制。建立医保统一结算药品货款制度，由医保经办部门与药械供货企业先行代为阳光结算货款，切断定点医疗机构与药械供货企业之间的直接联系，纠正和防止医院、药品供应商、医保部门之间货款结算“三角债”问题。

3. 深化药品流通体制改革。推动药品流通企业转型升级，推动流通企业跨地区、跨所有制兼并重组，培育现代药品流通骨干企业，提高行业集中度。加快发展药品现代物流，鼓励区域药品配送城乡一体化，推动流通企业向智慧型医药服务商转型，建设和完善供应链集成系统，支持流通企业向供应链上下游延伸开展服务。应用流通大数据，拓展增值服务深度和广度，引导产业发展。支持药品、耗材零售企业开展多元化、差异化经营。推进“互联网＋药品流通”，支持药品流通企业与互联网企业、金融机构加强合作，推动线上线下融合发展，培育新型业态。支持药品冷链物流体系建设，鼓励通过协同物流、共同配送等方式，实现企业间冷链资源互联共享。

严格执行药品购销“两票制”。在全省全面推行药品采购“两票制”，鼓励实行“一票制”，实行“招生产企业，实行统一配送”的模式，推行集团化配送。药品流通企业、医疗机构购销药品要建立信息完备的购销记录，做到票据、账目、货物、货款相一致，随货同行单与药品同行。企业销售药品应按规定开具发票和销售凭证。积极推行药品购销票据管理规范化、电子化。加强“两票制”落实的监督检查，将不执行“两票制”的生产和配送企业列入福建省医疗保障管理系统“黑名单”。

4. 规范和监管药品合理使用。巩固政府办基层医疗卫生机构和村卫生所实施基本药物制度成果，完善基本药物优先和合理使用制度，坚持基本用药主导地位。全面实施基本药物目录，兼顾基本药物目录与医保目录的衔接，做好基本药物配送工作。公立医疗机构要全面配备、优先使用基本药物，明确各级医疗卫生机构基本药物使用的比例，促进双向转诊、分级诊疗。强化药物使用监管，推进医疗机构药品采购使用情况公开，落实国家临床用药综合评价工作，探索将评价结果作为药品联合限价阳光采购、制定临床用药指南的重要参考。

逐步推进医药分开。医疗机构要按药品通用名开具处方，并主动向患者提供处方，不限制处方外流。探索医院门诊患者多渠道购药，患者可凭处方到零售药店购药。探索医疗机构处方信息、医保结算信息与药品零售消费信息互联互通、实时共享。探索实行特殊病种等门诊患者在医保定点药店购药，享受和在定点医疗机构购药同等的医保报销政策。具备条件的可探索将门诊药房从医疗机构剥离。

充分发挥药师在合理用药方面的作用。探索建立医院总药师制度，完善医疗机构和零售药店药师管理制度，结合医疗服务价格改革，探索设立药事服务费等合理补偿途径，并做好与医保等政策的衔接，体现药事服务价值。二级以上医疗机构必须配备临床药师，促进药师下临床，充分发挥药师在处方审核与调剂、临床用药指导、规范用药等方面的作用。探索药师多点执业，强化数字身份管理。

（四）建立科学的分级诊疗制度。健全分级诊疗体系，建立不同层级和类别医疗机构分工协作机制。全面深化基层医药卫生体制综合改革，加强县域医疗服务能力建设，推进乡村卫生服务一体化管理和家庭医生签约服务。加快高水平医院建设，发挥辐射带动作用。推进紧密型医疗联合体建设，推动医疗资源合理配置和纵向流动。到2017年，分级诊疗政策体系逐步完善。到2020年，基层首诊、双向转诊、急慢分治、上下联动的分级诊疗模式逐步形成，县域内就诊率力争达到90%以上。

1. 健全完善分级诊疗服务体系。优化医疗卫生资源布局，加快建设体系完整、覆盖城乡的分级诊疗体系。合理控制公立综合性医院数量和规模。组织实施世界银行贷款中国（福建）医疗卫生改革促进项目。加大对分级诊疗制度建设投入，重点加强县级公立医院建设，建设县域医疗服务技术、协作、信息三大平台。大力推进面向基层、偏远和欠发达地区的远程医疗服务。加快高水平医院建设，充分发挥高水平医院的龙头引领和示范效应，带动县域医疗服务水平提升。加强儿科、产科、精神科等“补短板”建设，继续开展基层医疗机构标准化建设。继续实施基层中医药服务能力提升工程，充分发挥中医药在“治未病”、重大疾病治疗和疾病康复中的重要作用。按照军民融合发展战略，将部队医院全面纳入分级诊疗体系。到2020年，基层医疗卫生机构建设达标率达到95%，县（市、区）远程医疗服务和基层医疗机构分级诊疗信息系统覆盖率达到80%，力争所有社区卫生服务机构和乡镇卫生院及70%的村卫生所具备中医药服务能力，同时具备相应的医疗康复能力。

明确各级各类医疗机构的功能定位，建立目标明确，权责清晰的分工协作机制，推动医疗资源合理配置和纵向流动。进一步完善和落实医保支付和医疗服务价格政策，调动三级公立医院参与分级诊疗的积极性和主动性。明确医疗机构急慢分治服务流程，畅通各级各类医疗机构间转诊渠道，以常见病、多发病、慢性病分级诊疗为突破口，完善治疗—康复—长期护理服务链，为患者提供科学、适宜、连续性的诊疗服务，推动形成“小病在基层、大病到医院、康复回基层”的合理就医格局。到2020年，基层医疗卫生机构诊疗量占总诊疗量比例力争达到65%以上。

分级诊疗体系下各级医疗机构功能定位表

机构	功能定位
省市三级公立医院	主要提供急危重症和疑难复杂疾病的诊疗服务，承担科研教学任务。承担对县级医院的帮扶任务。中医医院充分利用中医药（含民族医药，下同）技术方法和现代科学技术，提供急危重症和疑难复杂疾病的中医诊疗服务和中医优势病种的中医门诊诊疗服务。
省市二级公立医院	接收三级医院转诊的急性病恢复期患者、术后恢复期患者及危重症稳定期患者。
县级公立医院	县域内常见病、多发病诊疗，以及急危重症患者抢救和疑难复杂疾病向上转诊服务。县级中医医院充分利用中医药技术方法和现代科学技术，提供区域内常见病、多发病的诊疗和向上转诊服务。
基层医疗卫生机构和康复医院、护理院等	提供常见病、多发病的一般诊疗服务。为诊断明确、病情稳定的慢性病、老年病、晚期肿瘤、康复期等患者提供治疗、康复、护理服务。

2. 全面深化基层综合改革。强化县级办医领导体制改革，推进各县（市、区）政府设立公立医疗机构管理委员会，统筹管理县域内各级公立医疗机构。全面推进县级公立医院综合改革，借鉴和推广三明市县级公立医院改革经验，以改革医院内部分配制度为突破口，建立院长目标年薪制和全员目标年薪制，完善工资总额、绩效分配、人事编制和财务管理等制度，提高县级公立医院管理运行效率。

改革基层医疗卫生机构内部运行机制。强化基层医疗卫生机构法人主体地位，落实人事、经营、分配等方面自主权。实行院长（主任）目标年薪制，明确基层医疗卫生机构工资总量构成。加强基层人才队伍建设，在县级卫计部门设立基层卫技人员管理服务保障中心，探索卫生技术人员“县管乡用”管理机制；加强编制动态管理，基层医疗卫生机构可在核定编制数内，采取入编和占编不入编两种方式聘用人员。建立乡村卫生服务一体化管理新模式，2017年完成一体化管理村卫生所设立全覆盖，2018年基本完成村卫生所达标建设。

3. 推进医疗联合体建设。鼓励打破行政区域壁垒，以医保支付为纽带建立紧密型医疗联合体，以资源共享和人才下沉为导向，建立医联体内部人、财、物统一管理机制，使医疗联合体成为利益共同体、责任共同体、服务共同体、管理共同体。通过医师多点执业、加强基层医疗卫生机构药物配备、医疗联合体实行医保总额包干等方式，引导医疗联合体内部形成顺畅的转诊机制。推进三明市全面开展县域紧密型医疗联合体建设试点，到2017年底前，每个设区市至少要建成一个县（市、区）紧密型的医联体。推动厦门市加快城市医疗集团建设，采取“院办院管”的形式，统筹安排市区内的各级各类医疗机构组建医联体。推进省、市三级医院以医院优势专科和特色专科为支撑，充分发挥省级临床医学中心、省级临床重点专科的辐射带动作用，组建区域专科联盟，构建专科协作服务网络。到2020年，全省所有二级公立医院和公办基层医疗机构全部参与医联体建设，在医联体内部形成激励共享机制，扩大优质资源覆盖范围，建立较为完善的医联体体系。

4. 建立健全家庭医生签约服务制度。加快推进家庭医生签约服务，重点在签约服务的方式、内容、收付费项目、考核激励机制和技术支持等方面实现突破，优先覆盖老年人、孕产妇、儿童、残疾人等人群，以及高血压、糖尿病、结核病等慢性病和严重精神障碍患者等。到 2017 年全省家庭医生签约服务覆盖率达到 30% 以上，重点人群签约服务覆盖率达到 60% 以上。到 2020 年力争将签约服务扩大到全人群，基本实现家庭医生签约服务制度全覆盖。建立以基层医疗卫生机构全科医生为主，二、三级医院专科医生为辅的家庭医生队伍，通过利益导向，鼓励吸引城市医院专科医生到基层服务。明确家庭医生签约服务内容，建立健全签约服务激励约束机制，签约服务费由医保基金、基本公共卫生经费和签约居民付费分担。完善绩效工资分配办法，向签约服务的医务人员倾斜。兼职专科医师签约报酬由基层医疗卫生机构根据专科医师提供签约服务的实际工作时间、签约服务量和工作业绩等，经与专科医师协商，通过协议方式确定薪资报酬。

（五）*建立严格规范的综合监管制度*。加快转变政府职能，完善与医药卫生事业发展相适应的监管模式，提高综合监管效率和水平，推进监管法制化和规范化，建立健全职责明确、分工协作、运行规范、科学有效的综合监管长效机制。到 2020 年，形成比较完善的多元化综合监管体系，对各级分类医疗卫生机构监督检查实现 100% 覆盖。

1. 深化医药卫生领域“放管服”改革。按照简政放权、放管结合、优化服务的要求，推进医药卫生领域行政审批制度改革。对确需要保留的行政审批事项，建立清单制度并向社会公示。转变监管理念，创新监管机制和监管方式，更加注重加强事中事后监管，提升监管效能。优化政府服务，提高服务水平。促进医疗卫生机构转变服务模式，改善服务质量。

2. 构建多元化的监管体系。完善政府监管主导、第三方广泛参与、医疗卫生机构自我管理和社会监督为补充的多元化综合监管体系。加强部门联动，加大监管力度，切实防止和减少损害群众健康权益的违法违规行为。建立医疗卫生机构自我管理制度，加强内涵管理。利用信息化手段对所有医疗机构门诊、住院诊疗行为和费用开展全程监管和智能审核。做好与全国药品信息公共服务平台衔接，公开价格、质量等信息。建立健全社会共治机制，加大信息公开和宣传教育力度，拓宽公众参与监管的渠道。

3. 强化全行业综合监管。健全医药卫生地方立法，推动监管重心转向全行业监管。建立违法违纪“黑名单”制度，对进入“黑名单”的机构和人员依法依规严肃处理，情节严重的坚决曝光。健全医疗机构绩效考评制度，确保医疗机构的功能任务符合医疗机构设置规划要求。加强临床路径管理，完善技术规范，提高诊疗行为透明度。加强对非营利性社会办医疗机构财务运营等方面监管，加强对营利性医疗机构盈利率的管控，加强医疗养生节目和医疗广告监管，促进社会办医健康发展。

完善基本医保基金监管制度，强化对医疗服务行为的稽核和监管。建立专门的稽核队伍，对医疗行为实行日常稽核与重点检查、现场巡查督查和信息系统稽核相结合，加大对医疗行为的监督与约束，规范临床诊疗行为；定期编制城镇职工医保和城乡居民基金收支情况报表，开展基金运行情况的动态分析，防范和化解基金风险。

（六）*加快推进社会资本办医*。建立与我省经济社会发展水平相适应、投资主体多元化的办医新格局，健全多种所有制并存的医疗卫生服务体系。到 2017 年，初步形成多元办医格局，全省社会办医床位数力争达到全省医院床位数的 20% 左右；到 2020 年，基本形成多元办医格局，社会办医床位数占比提高到 25% 左右。

1. 放宽社会资本办医准入。鼓励和支持企事业单位、社会团体、个体、养老机构、慈善机构、保险机构以及其他社会组织举办医疗机构，鼓励具有办医经验、拥有医疗资源优势的企业和集团举办医疗机构。发挥福建地缘优势，吸引港澳台企业投资民营医院，鼓励与外资合作开办民营医院，开展国际知名品牌医院兴办合资合作实体试点。支持并优先选择社会信誉好、具有较强管理服务能力的社会力量，通过合资、合作、收购、兼并等多种形式参与部分公立医院的改制重组，采取政府和社会力量合作（PPP）等方式，发展混合所有制医院。允许公立医院根据规划和需求，与社会力量合作举办新的非营利性医疗机构。鼓励公立医院在人才、管理、服务、技术和品牌等方面与社会办医开展合作。支持和推动三明、莆田等地发展健康产业园区，加快福州、厦门、泉州等地社会资本办医步伐。

2. 改善社会资本办医执业环境。支持非营利性医疗机构提供基本医疗卫生服务，引导营利性医疗机构走高端化、多样化和差别化的发展路子。执行与公立医院统一的城镇职工、城乡居民基本医疗保险定点机构的协议条件和签约时限。根据医疗机构设置规划将社会资本办医所需用地纳入土地利用年度计划。落实与公立医疗机构相同的用水、用电、用气和医疗服务价格政策。建立财税扶持社会资本办医机制，设立专项奖励补助资金，在医疗机构持续运营、重点专科建设、公共卫生等方面进行补助，支持社会急需的康复、护理、养老等非营利性社会资本办医的发展，鼓励社会力量兴办健康服务业。支持非公立医疗机构引进和培养人才，对社会力量办营利性医院在重点专科建设、科学研究、人才培养、学术地位评定等给予公平政策。

（七）统筹推进相关领域改革。加快全民健康信息化建设，整合各类健康信息化资源，发挥信息化在医改领域的支撑作用。加强卫生人才建设，强化医教协同，健全完善人才培养使用和激励评价机制。推进公共卫生服务模式改革，建立基本完善的基本公共卫生服务逐步均等化机制。

1. 推进全民健康信息化建设。结合国家健康医疗大数据东南中心项目实施，加快推进人口健康信息、数字化医院、公共卫生、综合管理等信息化建设。到2020年全省居民健康档案数据库、电子病历数据库和全员人口数据库基本建成，区域人口健康信息平台进一步健全，实现与国家平台互联互通，跨省市诊疗信息全面共享。初步建立起公共卫生、医疗服务、医疗保障、药品供应、综合管理等业务应用系统的业务协同和信息共享。普遍推广“互联网+医疗”技术的应用，发展在线咨询、远程医疗等服务，推动分级诊疗和智慧健康管理。建设医院信息系统集成平台，三甲医院全部实现数字化管理。加强对医院业务和财务实时数据的动态监测分析，助力医院精细化运行和部门监管。

整合基本医保信息系统。在城乡居民基本医保经办机构整合的基础上，推进基本医保信息系统改造，将现有城镇居民医保、新农合信息系统整合为城乡居民医保信息系统，实现统一参保权益记录、统一目录编码、统一就医接口标准、统一疾病编码管理以及统一定点服务机构编码管理。整合现有各类医疗保障信息资源，完善基本医保、药品采购、医药价格、电子结算、投诉举报等服务功能，做好医疗救助、大病保险与基本医保信息系统的衔接，建立健全全省统一的医疗保障信息服务平台。

2. 健全完善人才培养使用和激励评价机制。创新人才培养机制，完善由院校培养、毕业后教育、继续教育三阶段有机衔接的医学人才培养体系。加强医教协同，充分发挥福建医科大学、福建中医药大学的龙头作用，调整优化医学院校布局结构，挖掘培养潜能，适度扩大医学教育资源，积极创造条件支持莆田学院医学院转设为独立设置的医学类普通本科高校，支持有条件的本科院校整合相关医学教育资源举办二级医学院，支持医药卫生类职业院校做专做特。围绕医疗“创双高”工程和“补短板”，加强高层次人才和急需紧缺人才培养力度。完善毕业后教育制度，所有新进临床医疗岗位的医师均接受住院医师规范化培训。大力推进全科医生制度建设，到2020年，完成住院医师、全科医生培训1.2万人，初步建立起充满生机和活力的全科医生制度，基本实现城乡每万名居民有2名合格的全科医生。实施中医药传承与创新人才工程，完善中医药师承教育制度，开展师承教育与专业学位衔接试点。

创新卫生人才使用机制，完善岗位分类设置，实行全员聘用制度。改善从业环境和薪酬待遇，促进医疗资源向基层和农村流动。允许公立医疗机构突破现行事业单位工资调控水平，允许医疗服务收入扣除成本并按规定提取各项基金后主要用于人员奖励。严禁给医务人员设定创收指标，医务人员薪酬不得与药品、耗材、检查、化验等业务收入直接挂钩。创新人才评价机制，健全以岗位职责要求为基础，以品德、能力、业绩为导向，符合卫生人才特点的科学化、社会化评价机制。建立上级医院与基层医疗卫生机构之间的人才合作交流机制，完善城市卫技人员对口支援农村工作，推进医师多点执业。完善基层医疗卫生机构专业技术人员职称评审体系。

3. 推动公共卫生服务模式改革。加强重大疾病防治和基本公共卫生服务，建立专业公共卫生机构与医疗机构、基层医疗卫生机构分工协作机制。探索建立基本公共卫生服务经费标准与居民收入相挂钩的动态调整机制。积极推进政府购买公共卫生服务。完善公共卫生服务效果评价和激励约束机制，发挥专业公共卫生机构对项目实施的指导和考核作用，探索建立第三方考核机制，提高公共卫生服务效益和资金使用效益，考核评价结果与服务经费拨付挂钩。建立健全对专业公共卫生人员的激励机制，完善对医疗机构承担公共卫生服务任务的补偿机制。深化流动人口“一盘棋”机制建设，加强统计监测和信息化应用，推动流动人口基本公共卫生计生服务均等化。到2020年，基本公共卫生服务逐步均等化机制基本完善。

四、保障措施

（一）加强组织领导。坚持政事分开、简政放权、放管结合、优化服务，切实转变政府职能。进一步完善医改工作推进机制，健全问责制度，以改革路线图、时间表和可检验的成果为抓手，督促落实重点改革任务。切实加强形势研判和风险控制，开展地区间的经验交流，加强典型经验的总结推广。

（二）落实政府责任。按照“保基本、强基层、建机制”的总体要求，以卫生与健康事业发展规划为引领，多渠道筹集医改所需资金。建立事权和支出责任相适应的分级保障体制，明确各级政府投入责任，重点加强对城乡居民基本医疗保险、公共卫生、基层医疗卫生机构、中医药事业的投入力度，对公立医院投入重点向县级倾斜，建立医疗卫生政府投入长效机制。

（三）强化监督评估。增强医改监测的实时性和准确性，将监测结果充分运用到政策制定、执行、督查、整改全过程。提高医药卫生体制改革队伍工作能力，提高改革的领导力和执行力，提高医改工作效率和质量。对医改规划实施情况进行动态监测和定期督查通报，充分发挥第三方评估作用，开展规划实施的中期评估，适时调整规划目标，完善相关政策措施，推进规划有效实施，深入基层，掌握实情，问计于民，形成上下良性互动、各个环节全面行动的局面。强化督查结果运用，建立医改任务考核奖惩制度。

（四）强化社会参与。发挥社会多种力量参与医改和卫生事业发展。坚持正确的舆论导向，制定分步骤、分阶段的宣传方案，做好医药卫生体制改革政策的宣传解读，特别是医疗服务价格调整、医保政策解读，及时解答和回应社会各界关注的热点问题。广泛开展培训，不断提高各级干部的医药卫生体制改革政策水平，确保改革顺利推进。发挥医务人员改革主力军作用，调动医疗机构和医务人员积极性。大力宣传医药卫生体制改革典型经验和进展成效，合理引导社会预期。

【发文机关】福建省人民政府
【标　　题】福建省人民政府关于印发福建省“十三五”深化医药卫生体制改革规划的通知
【发文字号】闽政〔2017〕53号
【发布日期】2017年11月27日

福建省人民政府办公厅关于印发福建省政务服务APP统一平台建设工作方案的通知

各市、县（区）人民政府，平潭综合实验区管委会，省人民政府各部门、各直属机构，各大企业，各高等院校：

《福建省政务服务APP统一平台建设工作方案》已经省政府同意，现印发给你们，请认真组织实施。

福建省人民政府办公厅

2017年3月23日

（此件主动公开）

福建省政务服务APP统一平台建设工作方案

为贯彻落实国务院关于加快推进“互联网+政务服务”工作的部署要求，适应移动互联网发展趋势，创新网上政务服务模式，我省决定建设福建省政务服务APP统一平台（以下简称闽政通APP），现制定以下工作方案。

一、建设目标

（一）打造移动互联网统一服务入口。建设一站式的闽政通APP，在移动互联网为公众和企业提供全省政务服务统一入口、统一导航，大力推进政务服务跨地区、跨层级、跨部门“一号申请、一次登陆、一网办理”。各级各部门已建政务服务APP，在3年内逐步有序整合到闽政通APP；今后新增移动互联网政务服务，依托闽政通APP建设。

（二）整合全省政务服务资源。将分散在众多部门的网上办事服务入口集成到闽政通APP，覆盖省、市、县（区）、乡镇（街道）和社区多级政府部门、单位；整合各部门（行业）行政权力、公共服务和便民服务资源，统一提供信息资源的连通和共享。

（三）适时逐步导入可信社会服务资源。依托实名制服务入口和信用平台，授信第三方机构逐步提供交通出行、求职就业、家政服务等增值类社会服务，逐步扩大服务覆盖范围，强化服务监管评价，不断满足公众和企业日益增长的多样化服务需求。

（四）创新公众参与渠道。打造移动互联网公众参与渠道，方便公众提交意见、咨询问题、反映诉求，使互动渠道更畅通、便捷。

二、主要任务

（一）制订标准规范。研究制定服务事项入驻与管理标准、数据标准、接口标准和评价考核标准等，规范闽政通APP与省直单位及各市县（区）面向公众和企业服务的应用系统对接与共享，为平台建设和运营有序开展提供标准规范。

（二）梳理信息资源。梳理面向公众和企业服务的行政权力事项、公共服务事项和便民服务事项对应的应用系统建设情况，确定闽政通APP适用的信息资源，精准做好平台功能和定位设计。针对公众和企业期盼解决的热点难点问题，查找现行服务流程存在的不足，结合移动互联网的便捷优势，简化优化服务流程。对于适合接入的各应用系统，按照统一的标准规范进行适应性的接口改造，确保互联互通。重点梳理、接入的应用系统包括省政府和各设区市政府门户网站、网上办事大厅、12345便民服务平台、网格化服务管理平台等公共性、跨部门应用系统。一期项目重点接入发改、经信、卫计、教育、科技、公安、民政、司法、财政、人社、国土、环保、住建、交通运输、农业、水利、海洋渔业、商务、文化、地税、工商、质监、食品药品监管、旅游和物价等部门面向公众和企业服务的应用系统。

（三）重构业务数据。按照“汇聚－整合－改造”的思路，采用服务集成、数据集成、内容集成、界面集成和应用集成等方式对不同单位、不同标准、不同渠道的各类应用系统的服务事项进行“整编”，充分结合移动终端的硬件功能和访问特性，对各类服务事项进行移动化改造，形成统一接入标准、统一展现风格、统一服务体验的应用单元。

（四）共享服务资源。政务服务应用单元作为独立模块，供政务APP、政务微信、社会化渠道以及其它新媒体渠道共享调用。按照事项性质、服务对象、实施主体和服务主题等多种人性化分类索引展示，为公众提供教育就学、医疗卫生、交通出行、就业创业、职业资格、环境信息和行政缴费等服务，为企业提供资质认证、人力资源、社会保障和投资审批等服务。通过智能导航服务模块提供全省政务信息主题、内容、范围、服务指南、常见问题、服务热线、办事地点等资源的搜索服务。设置个人（企业）中心，对用户进行数字画像，实现个性化的服务推送。

（五）开发支撑平台。以资源聚合、渠道整合和服务创新为主线，在前端面向公众和企业提供政务信息、办事服务、掌上互动和个人（企业）中心等功能模块。在后端建设信息资源综合管理平台、统一认证平台、统一支付服务、运维管理平台、移动应用开发平台和服务监管平台等支撑平台。同时，充分利用已建的位置服务、多卡融合、物联网、视频服务、信用平台等省级公共平台，以及物流快递等第三方服务，为闽政通APP提供底层能力支撑。

（六）建设运营推广体系。要依法依规选择承建运营单位。承建运营单位要建立专业运营团队，在行政服务中心、运营商营业网点等主要场所设置线下展示推广平台，通过政府网站、政务微信和应用商店等线上渠道，开展线下线上融合运营。善用博览会、交易会等重大活动，实施热点事件营销，形成一套成熟运作机制。

三、进度安排

（一）开发建设阶段（2017年）

2017年4月中旬前，完成项目立项批复、招投标等工作。

2017年9月底前，完成平台前端功能模块设计，基本完成后端支撑平台开发及调试，平台上线试运行。

2017年12月，平台正式投入运行。

（二）扩容推广阶段（2018－2019年）

对平台进行拓展和完善，优化平台系统架构，提升平台用户体验。与政府部门办事和服务系统集成与融合，探索跨层级、跨部门业务融合，解决公众和企业办事服务环节中的“痛点”。继续推动第三方机构按照标准规范与平台应用对接，做深、做精服务内容。

四、保障措施

（一）组织保障

成立省市县三级项目建设工作协调小组。省级协调小组由省发改委（数字办）、省委编办（审改办）、省效能办、省公安厅（网安办）、省通信管理局、省经济信息中心以及相关单位组成，省发改委（数字办）、省委编办（审改办）、省效能办牵头负责，成员单位相关处室负责人担任联络员。设区市和平潭综合实验区、各县（市、区）协调小组由本级政府办公厅（室）负责组建，设区市负责统筹协调所辖县（市、区）相关工作。

省级协调小组成员单位分管负责人名单、联络员职务及联系方式，以及市县两级协调小组牵头部门、成员单位、相关负责人和联络员名单、联系方式，于2017年4月1日前报送省经济信息中心。（联系人：政府网站处何坤山，电话：0591－86303859、13905919910，传真：0591－86303737，邮箱：hekunshan@fujian.gov.cn）

（二）制度保障

由省发改委（数字办）、省委编办（审改办）、省效能办等联合制定政务服务接入及运营考核激励机制，确保全省政务服务接入改造和运营推广工作快速有序开展。各级政府要综合评估各地各部门对闽政通APP推广情况、服务事项应用情况和群众满意率等，纳入政府年度绩效考核。对慢作为、不作为等违反机关效能建设规定的行为，进行效能问责。

五、责任分工

（一）省发改委（数字办）

组织论证项目方案，做好规划、审批等工作。协调全省面向公众和企业服务的应用系统接入工作。负责检查、督促各级各部门已建面向公众和企业服务的应用系统梳理、接入（含适应性改造）及保障情况。

（二）省委编办（审改办）

组织各级各部门开展面向公众和企业服务的行政权力、公共服务和便民服务事项梳理，以及结果汇总、审核工作。负责协调服务事项的进驻。配合省数字办开展各级各部门应用系统梳理工作。

（三）省效能办

将该项目推进工作列入年度绩效考核范围。督促行政服务中心配合做好闽政通 APP 推广工作。协调全省 12345 便民服务平台接入工作。

（四）省公安厅（网安办）

负责闽政通 APP 的安全监测，组织安全突发事件的应急处置，保障平台安全稳定运行。负责公安便民服务应用系统的接入（含适应性改造）。

（五）省通信管理局

负责闽政通 APP 所推广的 APP 应用软件服务质量、安全情况的监测和处置，协调运营商配合做好推广工作。

（六）省综治办

负责协调全省网格化服务管理平台接入工作。

（七）省直其他单位

负责本单位及下属企事业单位面向公众和企业服务的服务事项梳理，应用系统梳理、接入（含适应性改造）及保障工作，确保与闽政通 APP 的互联互通。

（八）省经济信息中心

作为项目承办（业主）单位，全面负责对承建运营单位的建设、维护、推广和运营等工作的管理和考核。整合接入本单位建设的省政府门户网站、网上办事大厅、12345 便民服务平台等公共性、跨部门应用系统。

（九）市、县（区）人民政府

组建本级工作协调小组，负责本行政区域（包括所辖县区）的行政部门及企事业单位面向公众和企业服务的服务事项梳理，政府网站和应用系统梳理、接入（含适应性改造）及保障工作，配合做好闽政通 APP 推广工作。

（十）相关社会服务企业（公交、地铁、银行、通信、广电、水电煤气公司等）

负责本企业的便民服务应用系统的接入（含适应性改造）。

【发文机关】福建省人民政府办公厅

【标　　题】福建省人民政府办公厅关于印发福建省政务服务 APP 统一平台建设工作方案的通知

【发文字号】闽政办〔2017〕31 号

【发布日期】2017 年 3 月 23 日

福建省人民政府办公厅转发省公安厅　民政厅关于实施标准地址二维码管理工作意见的通知

各市、县（区）人民政府，平潭综合实验区管委会，省直有关单位：

省公安厅、民政厅《关于实施标准地址二维码管理工作的意见》已经省政府同意，现转发给你们，请认真组织实施。

各级政府要加强领导，统筹协调，将二维码门牌换发列为地名公共服务项目，所需经费纳入同级财政保障；要全面开展地址清理采集，换发二维码门牌，摸清实有房屋、实有人口底数。有关部门要建立健全地名命名、地址编制、门牌发放、地址应用等常态化协同工作机制，推动全面应用标准地址开展社会管理和公共服务。

福建省人民政府办公厅

2017 年 1 月 21 日

（此件主动公开）

关于实施标准地址二维码管理工作的意见

省公安厅　省民政厅

为全面提升地名地址服务管理水平，强化实有房屋、实有人口管理，破解社会治理基础性难题，深入推进“平安福建”建设，保障我省重大活动安全顺利举办，决定在全省实施标准地址二维码管理工作，现就做好相关工作提出以下意见。

一、把握工作要求

（一）统一标准，建立标准地址库。强化地址标准化管理，制定全省标准地址编制规范，统一地址描述、数据标准，实行地址唯一性编号。整合公安、民政部门地址信息库，建立全省统一的标准地址库，集中开展地址清理采集，有效解决地址“重、错、漏”问题，实行地址新增、变更、停用、注销全周期统一管理。

（二）明确载体，推广二维码门牌。将地址唯一性编号对应生成地址二维码，在实体门牌中添加地址二维码图案，升级为二维码门牌，实现移动智能终端的自动识读、接入应用。现有建筑实体的大中小门牌、梯位牌统一更换为二维码门牌，新增建筑实体所有门牌（包括大中小门牌、梯位牌、室牌）统一安装二维码门牌。地址二维码包含地址编号信息，不同用户依授权应用不同平台获取关联信息、开展关联应用。

（三）加强协同，推进基础性应用。建立以标准地址为“应用根”的协同管理机制，推动综治、国土、建设、房管、工商、质监、规划、市政、供水、电力、燃气、通信等相关部门以及街道、社区、物业、社会组织等基层单位应用标准地址开展机构、房屋、人员管理，增强管理协同化，将社会综合治理的触角延伸到最基础管理单元。民政、公安要加强与国土、建设、房管、规划等部门的沟通协调，提早介入城区规划、楼房建设，及时命名地名，事先编制地址、分配门牌，实现有房就有址、有址要有牌、有牌可应用。

（四）着眼民生，提供便利化服务。在互联网搭建符合公安、民政工作需求，并可拓展满足社会和居民需求的地址信息公共服务平台。探索地址二维码的名片化、门户化应用，实现地址信息可收藏、可分发、可关注、可应用，分角色、定制式提供基于目标地址、目标房屋的信息查询、通知通报、地点导航、物业服务、房屋管理、费用缴交、快递送餐、报警急救、出租出售等民生服务。

二、明确职责任务

公安、民政部门要认真贯彻落实《福建省地名管理办法》(省政府令第143号)、《福建省标准地址编制规范（试行)》及二维码门牌制作规范，结合本地实际，编写发布标准地址编制规范的相关地方标准，认真履职，通力协作，实施标准地址信息的采集、维护、应用、管理和二维码门牌的制作、安装。要根据职能认真落实本地标准地址管理平台的建设管理、升级改造工作，为标准地址二维码管理工作提供有效支撑。

民政部门是地名地址管理的主管部门，负责地名的命名、更名以及楼（院)、门牌号编制工作，会同公安机关落实标准地址和二维码门牌的统一编制、统一管理、统一应用。公安部门是地名地址管理的主要参与、应用部门，要充分发挥职能优势，协同民政部门共同做好地名地址管理工作。

楼（院)、门牌号编制职能目前仍在公安部门的地方，公安部门要全力组织推进标准地址二维码管理各项工作，待各项条件成熟后，再进行职能移交。民政部门要主动配合，及时对未命名的地名尤其是居民地地名进行命名，积极协同公安部门开展地址集中清理采集和二维码门楼牌换发等工作。楼（院)、门牌号编制职能已经移交民政部门的地区，民政部门要牵头统筹地名“二普”与标准地址二维码管理相关工作，进一步提升地名地址管理水平；要依托公安部门地址管理系统开展地址清理、地址标注以及门牌二维码生成等工作，待全省统一标准地名地址库建成后，再进行系统应用切换。公安部门要会同民政部门开展地址清理采集，建立完善标准地址信息采集、维护、应用的常态化对接机制，大力推广应用二维码门牌。楼（院)、门牌地址地名信息由公安、民政等相关部门共享共用。

三、抓好组织实施

公安、民政部门要联合成立工作组，全力抓好地址清理及二维码门牌换发工作，并同步实行地址标注。公安部门要组织人员逐户开展访查，全面采集辖区实有房屋、实有人口信息，督促引导出租房主、企事业主通过各种渠道主动申报信息，力争实现地址清理、二维码门牌换发、地址标注、房屋登记和人员信息采集全覆盖。以上各项工作，厦门市要在2017年6月30日前全面完成，其他设区市和平潭综合实验区要在2017年7月31日前全面完成。

【发文机关】福建省人民政府办公厅
【标　　题】福建省人民政府办公厅转发省公安厅 省民政厅关于实施标准地址二维码管理工作意见的通知
【发文字号】闽政办〔2017〕18号
【发布日期】2017年1月21日

福建省人民政府办公厅关于深化“两违”综合治理专项行动的意见

各市、县（区）人民政府，平潭综合实验区管委会，省人民政府各部门、各直属机构，各大企业，各高等院校：

2014年全省“两违”综合治理专项行动开展以来，各地健全机制、强化监管、突出重点、综合治理，有效遏制我省违法占地和违法建设蔓延势头，维护土地管理和城乡规划建设秩序，推进宜居环境建设，取得明显成效。但各地仍然存在一些突出问题和薄弱环节，新增“两违”还时有发生，历史违建分类处置推进较为缓慢，常态长效机制有待落实。为进一步巩固专项行动成果，全面提升依法、科学管理城乡建设能力和水平，经省政府研究，现就深化“两违”综合治理专项行动提出如下意见。

一、总体目标

按照“严控增量、化解存量、健全机制、确保长效”的目标，从2017年到2019年，全省每年综合治理“两违”面积不少于3000万平方米，强化防控手段措施，全面遏制新增“两违”，逐步化解历史存量“两违”，健全完善“政府主导、部门齐抓、社会参与”的综合治理机制，持续开展“无违建”创建活动。至2019年底前，增量基本控制，存量基本整治，形成长效机制，城乡建设纳入法制化轨道，全省城乡环境面貌再上新台阶。

二、重点任务

（一）重点问题整治提升。坚持问题导向，保持高压态势，继续实施“四重点、五部位、六先拆”，开展重点问题、重点领域集中整治。把违规建设形成的危房作为治理重心，开展安全隐患排查，大力整治各类违规建设出租房、铁皮房、广告牌、临时搭盖等，对城乡结合部、城中村多次加层出租的，要先清租户，后清危房，严厉打击违规建设非法牟利、危害公共安全的行为，及时消除安全隐患，确保公共安全。要抓好城市建成区违法建设专项治理，彻底清查并处理建成区违法建设。坚决遏制新增违法建设，强力整治城乡结合部“两违”，集中清理公路沿线“两违”，严格规范集镇建设秩序。

（二）历史存量处置提升。要对辖区“两违”情况进行再摸底核实分类，逐村（社区）、逐户建立台账，以城市建成区为重点，明确历史存量处置目标。建立住建、规划、国土等部门共同参与的历史存量违建处置联动机制，落实工作职责，细化历史遗留问题分类处置实施办法，区分历史存量违建的类别、年限、影响等因素，分类施策。根据城乡规划、土地利用规划等，结合规划调整、项目建设、土地房屋征收、城市修补和生态修复、城中村改造、生态环境整治等工作，采用拆除、没收、完善相关手续、临时使用等方式，分类分步、分期分片，加快化解历史存量。

（三）“无违建”创建提升。以全域“无违建”为目标，完善“无违建”创建标准和验收办法，强化考核问责，注重分类创建，打造亮点，引导群众积极参与创建，共治共享，共创“无违建”家园。充分发挥示范引领作用，培育县（市、区）、乡镇（街道）、村（居）各个层次“无违建”示范典型，作为展示治违工作成效的平台和示范，以点带面，面上推进，整体提升。

（四）拆后土地利用提升。加强拆后建筑垃圾清理，避免造成环境破坏；坚持科学规划、因地制宜、统筹优化、节约集约的原则，通过有计划、分类别制定利用方案，落实利用措施和部门责任，建立实施土地利用激励机制；统筹规划建设，拆违还路、拆违治乱、拆违增绿、拆违添景，做到拆后腾出土地宜耕则耕、宜建则建、宜绿则绿，惠及群众，美化环境。

（五）常态长效机制提升。建立健全联席会议、联动协作、信息共享、多方保障等综合协调机制。实施快速查处、联合执法、自拆助拆等执法拆除机制。落实“网格化”巡查、规划设计引导、建材管理、信用管理等源头防范机制。推进历史“两违”调查摸底、认定、处置等分类处置机制。完善农村个人建房、城镇危旧房改造、用地指标保障等建房审批疏导以及拆后垃圾处置、土地利用实施及激励等拆后利用机制。强化履行管理部门责任、督查考评、责任追究等考评问责机制，全面推进综合治理常态化管理，实现“不能违、不敢违、不想违”的目标。

三、工作要求

各地要在总结三年行动的基础上，结合实际，抓紧制定深化实施方案，分阶段、分区域、分子项列出各重点任务提升工程清单，要坚持态势不松、目标不变、力度不减，完善政策措施，突出重点整治，加快分类处置，完善工作推进机制，全面完成各项工作目标任务，以新作为实现新成效。

（一）完善工作体制。各地要加强“两违”综合治理的组织领导，及时调整充实治违领导小组成员单位组成，突出治违办统筹协调作用。健全完善由各级政府领导、相关部门以及乡镇（街道）共同实施的“两违”综合治理工作体系，形成条块结合、各司其责、协同治理、联动执法的治理格局。厘清市、县（市、区）、乡镇（街道）、村（居）四级及各职能部门在“两违”治理中的工作职能，全面落实属地管理和职能部门监管责任，明确职责分工，建立工作责任清单，整合资源力量，实行治理重心下移、力量下沉、保障下倾。各市、县（区）、平潭综合实验区领导小组名单及深化实施方案于3月底前报省治违办。

（二）健全防控机制。要坚持“零容忍”，对新增“两违”行为继续“露头就打、出土就拆”，将“两违”制止在萌芽状态。要发现“零盲点”，进一步完善网格化、片区化、责任化无缝对接的“两违”巡查机制，落实物业服务企业发现报告责任，充分应用数字城管、手机执法、无人机等手段，完善分片包干、责任到人的巡查、制止、报告制度，建立“两违”综合监管平台。要部门“零距离”，落实条块结合的防控机制，强化部门联动配合，建立信息共享、联网查询、案件通报、共同预防和监管的机制，综合运用法律，加强执法协查协助，通过限制经营许可、产权登记等措施，实施快速查处，倒逼自拆。

（三）强化治理措施。各地要结合实际，采取第三方购买服务等方式，开展摸底调查、违建拆除，采购航拍、卫片服务，进行图斑、数据比对。要强化“两违”基础信息的采集、共享和应用，加强数据的分析研判，探索运用大数据对易违区域、易违时间点、易违人群实施重点监测、评估和防控。要畅通投诉举报渠道，实行网上督办、重点案件挂牌督办，公平公正处理群众诉求。要建立黑名单制度，将情节严重的“两违”作为不良信用信息，纳入征信平台，严格依照法律法规和政策规定，依法征集发布，实施失信惩戒。要落实共同责任，加强“两违”利益链条的施工、设计、监理、供水、供电、建材等全过程监管，实施参与主体倒查追责。

（四）突出激励问责。要完善考评机制和激励措施，运用效能监督、绩效管理、部门评价、公众评议等多种形式，对“两违”治理情况进行综合评价，通过“以奖代补”、用地指标激励等方式，对治违工作予以资金、政策支持。要把治违工作情况作为领导干部考察评价、单位个人评先评优的内容，对“两违”多发频发或者治违不力的，实施倒查问责，对领导干部暗中参与、纵容、支持“两违”的，严肃追究责任。

（五）加强工作保障。要推动地方立法，规范违法建筑查处，加强行政执法与刑事司法衔接，建立行政执法与司法审判良性互动机制，营造良好治违法治环境。要通过“多规合一”平台，做好城乡规划、土地利用规划和各专项规划衔接，划定禁建区、限建区、适建区，保障村民建房用地指标，规范农村个人建房管理，疏导群众住房刚性需求，从源头上预防和减少“两违”。

（六）积极营造氛围。要加强政策解读，加大城乡规划、土地管理法规政策宣传力度，使违建必拆、违法必究成为干部群众的共识。推行媒体公示制，曝光群众反映强烈、影响恶劣的“两违”案例，定期公布拟拆名单，并跟踪公布拆除情况。要加强涉违舆情监测、研判、预警和应急处置能力，及时回应社会关切的热点问题和事件，正确引导社会预期，营造理性、积极的舆论氛围。要强化正面典型引导，发挥电视台、报纸、网站、政务微博、微信、移动客户端作用，多形式、多渠道、全方位宣传“两违”治理对城乡面貌改善、民生条件优化等方面的作用，引导全社会共同关心和支持治违工作。

福建省人民政府办公厅
2017 年 1 月 18 日

（此件主动公开）

【发文机关】福建省人民政府办公厅
【标　　题】福建省人民政府办公厅关于深化“两违”综合治理专项行动的意见
【发文字号】闽政办〔2017〕12 号
【发布日期】2017 年 1 月 18 日

福建省人民政府办公厅关于印发福建省精准扶贫医疗叠加保险方案的通知

各市、县（区）人民政府，平潭综合实验区管委会，省人民政府各部门、各直属机构，各大企业，各高等院校：

《福建省精准扶贫医疗叠加保险方案》已经省政府同意，现印发给你们，请认真贯彻执行。

福建省人民政府办公厅
2017年6月22日

（此件主动公开）

福建省精准扶贫医疗叠加保险方案

为贯彻落实中央和省委、省政府关于推进精准扶贫打赢脱贫攻坚战的决策部署，进一步推进精准健康扶贫，着力解决因病致贫、因病返贫问题，特制定精准扶贫医疗叠加保险方案。

一、总体目标

2017—2020年，为建档立卡农村贫困人口构建基本医疗保险、大病保险、医疗救助、精准扶贫医疗叠加保险等多层次医疗保障体系，充分发挥医疗和保险叠加政策效应，进一步减轻建档立卡农村贫困人口医疗费用负担，使大病患者得到及时有效救治，有效缓解建档立卡农村贫困人口因病致贫、因病返贫问题，促进建档立卡农村贫困人口如期脱贫、稳定脱贫。

二、保障对象

（一）2016年精准识别建档立卡农村贫困人口。共计67.86万人，包括：扶贫开发对象45.48万人，省定扶贫标准下的低保对象22.38万人。

（二）新增建档立卡农村贫困人口。经省扶贫办、民政厅严格按照有关规定确认、汇总后的新增扶贫开发对象和省定扶贫标准下的低保对象。

三、补助方案

（一）“第一道”补助

保障对象在省、市、县、乡四级定点医疗机构发生的属于基本医疗保险支付范围的门诊特殊病种和住院医疗费用（以下简称“目录内”医疗费用），在基本医疗保险、大病保险和医疗救助的基础上，由精准扶贫医疗叠加保险采取双上限控制的方法对“目录内”医疗费用予以补助，一是按省、市、县、乡四级定点医疗机构分别不超过7%、11%、14%、15%的比例叠加报销，二是叠加后报销比例的上限省、市、县、乡四级定点医疗机构分别为50%、70%、90%、95%（以上两种上限均不能超过）。

（二）“第二道”救助

对保障对象中，患儿童急性淋巴细胞白血病、儿童急性早幼粒细胞白血病、儿童先天性心脏病房间隔缺损、儿童先天性心脏病室间隔缺损、儿童先天性动脉导管未闭、儿童先天性肺动脉瓣狭窄、食管癌、胃癌、结肠癌、直肠癌、终末期肾病、乳腺癌、宫颈癌等13种疾病的患者，进行集中救治（具体专项救治方案由省卫计委等部门另行下发）。集中救治患者的医疗费用，经基本医疗保险、大病保险、医疗救助和“第一道”精准扶贫医疗叠加保险补偿后，医疗费用个人负担部分，再由精准扶贫医疗叠加保险予以补助90%。

（三）家庭医生签约个人缴费

保障对象家庭医生签约服务费个人缴费部分，

由精准扶贫医疗叠加保险基金承担。

四、运作方式

（一）执行期限。精准扶贫医疗叠加保险政策从2017年7月1日至2020年12月31日。

（二）资金筹措和拨付。精准扶贫医疗叠加保险资金由省级负责统一筹集、管理和使用。省级、设区市（含厦门）、县级（含厦门）分别按50%、25%、25%的比例分级承担。省级资金包括财政资金、福彩公益金、社会捐赠资金等。设区市和县级主要参考财力等因素筹集，市县资金每年由省级财政先行代垫，年终通过上下级结算的方式上解省级财政。省级下达的补助资金实行先预拨、后结算。具体筹资方案、补助资金拨付和结算办法由省财政厅等部门另行下发。

五、保障措施

（一）加强组织领导。各设区市、县（市、区）政府要高度重视，切实加强领导，明确部门职责，督促政策落实，严格督导考核。各有关部门要按照职责分工落实精准扶贫医疗叠加保险工作，做好与基本医疗保险、大病保险、医疗救助等制度的紧密衔接，细化配套措施，加强沟通协作，精心组织实施。

（二）明确部门分工。省医保办牵头负责精准扶贫医疗叠加保险工作的组织实施。各设区市医保局要做好城乡居民基本医疗保险、大病保险、医疗救助与精准扶贫医疗叠加保险的制度衔接工作以及13种大病单病种费用定额核定及结算。各设区市医保经办机构具体负责精准扶贫医疗叠加保险待遇支付的经办管理，实现城乡居民基本医疗保险、大病保险、医疗救助、精准扶贫医疗叠加保险"一站式"结算。各设区市卫计部门负责督促指导医疗机构为建档立卡农村贫困人口提供慢病签约服务和诊疗规范、费用合理的基本医疗服务，组织实施13种大病定点救治工作。各设区市扶贫部门负责核准建档立卡扶贫开发对象，提供具体人员名单及相关基础信息。各设区市民政部门负责会同扶贫、财政等部门核准已纳入保障的农村低保对象，提供具体人员名单及相关基础信息。各设区市审计部门负责按规定对精准扶贫医疗叠加保险资金使用情况进行严格审计。省财政厅负责统一管理由各级财政筹集的精准扶贫医疗叠加保险资金。省医保办会同省财政厅、省卫计委、省民政厅、省扶贫办制定精准扶贫医疗叠加保险工作的具体实施办法。

（三）加强督导考核。各级医保部门要会同有关部门建立对精准扶贫医疗叠加保险工作的定期考核制度，制定科学合理的考核指标体系，加强督促检查，定期考核评估，狠抓任务落实。有关部门要认真总结经验，及时发现问题，研究解决对策，不断完善政策措施，确保各项工作顺利推进，取得实效，并做好与各地已实施精准扶贫政策的衔接。

（四）加强政策宣传。各地要加强宣传，通过新闻媒体、互联网、电视、报刊等形式，向社会广泛宣传相关政策，提高群众知晓率，努力营造良好舆论氛围。医保部门要将就医流程、办理程序、补助救助标准向社会公开。定点医疗机构要开展精准扶贫医疗叠加保险政策全员培训和政策宣传，为建档立卡农村贫困人口提供规范、便捷、优质的医疗服务。

【发文机关】福建省人民政府办公厅
【标　　题】福建省人民政府办公厅关于印发福建省精准扶贫医疗叠加保险方案的通知
【发文字号】闽政办〔2017〕64号
【发布日期】2017年6月22日

福建省人民政府办公厅关于
全面放开养老服务市场提升养老服务质量的实施意见

各市、县（区）人民政府，平潭综合实验区管委会，省人民政府各部门、各直属机构，各大企业，各高等院校：

为贯彻落实《国务院办公厅关于全面放开养老服务市场提升养老服务质量的若干意见》（国办发〔2016〕91号），积极应对人口老龄化，加快促进养老服务业更好更快发展，经省政府同意，现提出如下实施意见。

一、全面放开养老服务市场

（一）降低准入门槛。自然人、法人和其他组织设立营利性养老服务企业，均可依法向工商行政管理（市场监督管理）部门申请注册登记。非本省投资者举办养老服务项目与本省投资者享受同等政策待遇。在鼓励境外投资者在闽举办营利性养老机构的基础上，鼓励境外投资者设立非营利性养老机构，其设立的非营利性养老机构与境内投资者设立的非营利性养老机构享受同等优惠政策。

（二）精简行政审批环节。全面清理、取消申办养老机构的不合理前置审批事项，优化简化养老机构设立许可手续。养老机构审批涉及的有关部门应主动公开审批程序和审批时限。建立网上并联审批平台，进一步提高养老服务投资项目审批效率。申请设立养老服务类社会组织，符合直接登记条件的可直接向民政部门依法申请登记，不再经由业务主管单位审查同意。

（三）改革公办养老设施运营体制。进一步深化公办养老机构管理体系改革，推行公建民营、公办民营、服务外包等，到2020年政府运营的养老床位数占全省养老床位总数的比例不超过50%。政府投资建设和购置的养老设施、新建居民区按规定配建并移交给民政部门的养老设施、国有单位培训疗养机构等改建的养老设施，均可实施公建民营。

（四）完善价格形成机制。加快建立以市场形成价格为主的养老机构服务收费管理机制。对于民办营利性养老机构，服务收费项目和标准由经营者自主定价。对于民办非营利性养老机构，服务收费标准由经营者合理确定，有关部门对其财务收支状况、收费项目和调价频次进行必要监管，同时加强对价格水平的监测分析。对公建民营的养老机构服务收费，由运营方依据委托协议等合理确定；对公建公营养老机构的床位费和护理费，实行政府指导价管理，其他养老服务收费由养老机构依据实际发生成本，按照非营利原则据实收取；对政府和社会资本合作投资建设（PPP）的养老机构服务收费，由运营方依据合作协议等合理确定。价格主管部门要进行必要的监管，依法查处强制服务并收费、不执行明码标价规定、在标价以外收取未予标明的费用等价格违法行为。

（五）加强行业信用建设。建立覆盖养老服务行业法人、从业人员和服务对象的行业信用体系。建立健全信用信息记录和归集机制，加强与全国信用信息共享平台的信息交换和共享，通过国家企业信用信息公示系统向社会公示相关企业的行政许可、行政处罚等信息。引入第三方征信机构，参与养老行业信用建设和信用监管。建立多部门、跨地区的联合奖惩机制，将信用信息作为各项支持政策的重要衡量因素，对诚实守信者在政府购买服务、债券发行等方面，实行优先办理、简化程序等绿色通道支持激励政策。建立养老服务行业黑名单制度和市场退出机制，加强行业自律和监管。

二、提升养老服务质量

（六）建立统一的养老服务需求和评估制度。制定全省统一的养老服务需求和质量评估标准，建立养老服务需求评估信息管理系统，开展评估员管理和培训工作，培育第三方评估机构和评估队伍，建立社会评议和公示制度。各地可通过政府购买服务等方式，委托第三方开展服务需求和质量评估。服务质量评估结果与政府购买服务、发放运营补贴等挂钩。养老机构要实行老年人入住评估制度，综合评估申请入住老年人的情况，公办的要优先保障特困人员集中供养需求和其他经济困难的贫困、高龄、失能、失独等老年人服务需求。

（七）提升居家社区养老生活品质。编制并落实居家社区养老服务设施布局专项规划，新建一批居家社区养老服务照料中心，完善提升一批居家社区养老服务站，加快农村幸福院建设，打造“15分钟养老圈”。规范新建住宅小区配建养老设施的建设、移交与管理工作。支持居家社区养老专业化服务组织在每个县（市、区）落地服务，建立养老服务信息平台，加盟一批服务商家，配备服务人员，为老年人提供紧急救援或应急救助服务、上门看病或康复护理服务、家政服务、日间照料服务、助餐助浴服务、代购代办服务、心理咨询或聊天服务、健康教育服务等。

（八）推进适老化建设。通过政府补贴、产业引导和业主众筹等方式，加快推进老旧居住小区和老年人家庭的无障碍改造，重点做好居住区缘石坡道、轮椅坡道、公共出入口、走道、楼梯、电梯候梯厅及轿厢等设施和部位的无障碍改造，优先安排贫困、高龄、失能等老年人家庭设施改造，组织开展多层老旧住宅电梯加装。支持开发老年宜居住宅和代际亲情住宅。各地在推进易地扶贫搬迁、城镇棚户区、危房改造和配套基础设施建设等工程中，要统筹考虑适老化设施配套建设。

（九）推动机构养老服务提质增效。持续开展养老机构服务质量大检查、大整治，限时完成已建养老机构安全达标和设立许可工作。加快建立养老机构服务质量标准和评价体系，推动形成养老机构分类等级服务标准及监管机制。支持养老机构开办老年病院、康复院、医务室等医疗卫生机构，鼓励符合条件的执业医师到养老机构、社区老年照料机构内设的医疗卫生机构多点执业，为老年人提供便捷医疗服务。依托全国养老机构业务管理系统，实时监控养老机构服务质量动态，加强养老机构运营管理及服务质量大数据管理。

（十）发展适老金融服务。鼓励金融机构探索建立养老金融事业部制。银行业金融机构要根据养老服务业的发展导向和经营特点制定信贷政策，开发特色信贷产品，建立授信审批、信用评级、客户准入和利率定价制度，为养老服务业提供差异化信贷支持。鼓励金融机构优化网点布局，向老年群体集中区域延伸，开辟绿色服务通道。加快发展商业养老保险，支持商业保险机构为个人和家庭提供差异化养老保障，发展老年人意外伤害保险、长期护理保险等商业保险，更好满足群众养老保障需求。

（十一）创新“互联网+”养老服务。发展智慧养老服务新业态，开发和运用智能硬件，推动移动互联网、云计算、物联网、大数据等与养老服务业结合，创新居家养老服务模式，重点推进老年人健康管理、紧急救援、精神慰藉、服务预约、物品代购等服务，开发更加多元、精准的私人订制服务。支持适合老年人的智能化产品、健康监测可穿戴设备、健康养老移动应用软件（APP）等设计开发。打通养老服务信息共享渠道，推进社区综合服务信息平台与户籍、医疗、社会保障等信息资源对接，促进养老服务公共信息资源向各类养老服务机构开放。

（十二）打造“清新福建·颐养福地”养老品牌。发挥我省生态、文化、产业优势，推动老年生活照料、老年健康服务、老年产品用品、老年旅游等重点领域发展，形成一批具备成熟运行模式、在全国具有较大影响力的龙头企业，建设闽台合作、闽港澳合作、老年产品研发生产以及中医养生、旅居养老等一批富有特色的产业基地，满足老年人多层次养老服务需求。

三、增强保障能力

（十三）加强统筹规划。发挥规划引领作用，分级制定养老服务相关规划，与城乡规划、土地利用总体规划、城镇化规划、区域规划等相衔接，系统提升服务能力和水平。各地要进一步扩大面向居家社区、农村、失能老年人的服务资源，结合实际提出养老床位结构的合理比例，到2020年护理型床位占当地养老床位总数的比例应不低于30%。

（十四）完善土地支持政策。统筹利用闲置资源发展养老服务，有关部门应按程序依据规划调整其土地使用性质。营利性养老机构利用存量建设用地建设养老设施，涉及划拨建设用地使用权出让（租赁）或转让的，在原土地用途符合规划的前提下，允许补缴土地出让金（租金），办理协议出让或租赁手续。企事业单位、个人对城镇现有空闲的厂房、学校、社区用房等进行改造和利用，举办养老机构，经有关部门批准临时改变建筑使用功能从事非营利性养老服务且连续经营一年以上的，五年内土地使用性质可暂不作变更。对在养老服务领域采取政府和社会资本合作（PPP）方式的项目，可以国有建设用地使用权作价出资或者入股建设。

（十五）加强养老服务队伍建设。积极开展养老护理员职业技能培训，鼓励城乡劳动者参加养老护理员培训和技能鉴定。推动普通高校和职业院校开发养老服务和老年教育课程，为社区、老年教育机构及养老机构等提供教学资源及服务。积极开发老年人力资源，为老年人的家庭成员提供养老服务培训，倡导“互助养老”模式。支持公益慈善力量参与养老服务，发动群团组织开展“八闽幸福养老”公益慈善活动。

（十六）完善财政支持政策。各地要建立健全针对经济困难的高龄、失能老年人的补贴制度，统一设计、分类施补，提高补贴政策的精准度。完善民办养老机构运营补贴政策，对服务失能老年人的护理型养老床位补贴予以适当倾斜。各级政府要加大投入，支持养老服务设施建设，切实落实养老机构相关税费优惠政策，落实彩票公益金支持养老服务体系建设政策要求。鼓励各地向符合条件的养老机构和专业化服务组织等购买服务。

（十七）加大融资信贷支持。支持处于成熟期的省内优质养老服务企业通过发行企业债、公司债、中期票据、短期融资券等方式，拓宽融资渠道，降低融资成本。鼓励银行业金融机构创新适合政府和社会资本合作（PPP）项目的融资模式，为社会资本投资参与养老服务业提供融资支持。鼓励符合条件的养老服务企业到境内外资本市场上市，或到全国中小企业股份转让系统、海峡股权交易中心挂牌。

四、加强监管和组织实施

（十八）加强服务监管。各地要建立健全民政部门和相关部门协同配合的监管机制，加强对养老机构运营和服务的监管。严禁以举办养老机构名义从事房地产开发，严禁利用养老机构的房屋、场地、设施开展与养老服务无关的活动，严禁改变机构的养老服务性质。做好养老服务领域非法集资信息监测和分析工作，做好政策宣传和风险提示工作。对养老服务中虐老欺老等行为，对养老机构在收取保证金、办理会员卡和发行金融产品等活动中的违法违规行为，要依法严厉查处。加强养老设施和服务安全管理，建立定期检查机制，确保老年人人身安全。

（十九）加强宣传引导。弘扬中华民族尊老、敬老的社会风尚和传统美德，开展孝敬教育，加大养老政策、先进典型和先进事迹的宣传报道力度，营造养老、助老的良好社会氛围。依法打击虐待、伤害老年人及侵害老年人合法权益的行为。

（二十）加强督促检查。各地要结合本地实际，建立组织实施机制，制定具体实施方案，对政策落实情况进行跟踪分析和监督检查。各部门要加强配合，落实和完善相关优惠政策。对不落实养老服务政策，或者在养老机构运营和服务中有违反法律法规行为的，依法依规追究相关人员责任。省发改委、民政厅要会同有关部门加强对地方的指导，及时督促检查并报告工作进展情况。

福建省人民政府办公厅

2017年7月14日

（此件主动公开）

【发文机关】福建省人民政府办公厅

【标　　题】福建省人民政府办公厅关于全面放开养老服务市场提升养老服务质量的实施意见

【发文字号】闽政办〔2017〕78号

【发布日期】2017年7月14日

各设区市社会发展政策选编

福州市人民政府关于印发福州市开展新一轮国家知识产权示范城市工作方案的通知

各县（市）区人民政府，市直各委、办、局（公司），市属各高等院校，自贸区福州片区管委会：

《福州市开展新一轮国家知识产权示范城市工作方案》已经市政府常务会议研究通过，现予以印发，请认真贯彻执行。

福州市人民政府

2017 年 1 月 22 日

福州市开展新一轮国家知识产权示范城市工作方案

为深入贯彻落实《国家知识产权战略纲要》、《国务院关于新形势下加快知识产权强国建设的若干意见》（国发〔2015〕71 号）、《福建省加快知识产权强省建设实施方案》（闽政〔2016〕59 号），扎实开展新一轮国家知识产权示范城市工作，根据国家知识产权局《关于公布第一批示范城市复核结果的通知》（国知发管字〔2015〕222 号）及《国家知识产权试点、示范城市管理办法》（国知发管字〔2016〕87 号）等有关文件精神，结合我市实际，制定本工作方案。

一、指导思想

全面贯彻党的十八大、十八届三中、四中、五中、六中全会精神，落实国家、省知识产权战略的决策部署，以高标准建设国家知识产权示范城市为抓手，按照激励创造、有效运用、依法保护、科学管理的方针，着力加强知识产权管理和服务，着力促进知识产权创造和运用，着力优化知识产权法治和文化环境，全面提升知识产权综合实力，努力建设知识产权强市，为福州市实施创新驱动发展战略，加快转变经济发展方式，服务新区发展提供有力支撑。

二、工作目标

（一）总体目标

通过新一轮国家知识产权示范城市工作，使福州市知识产权行政管理和保护机制得到进一步优化，市场主体知识产权创造和运用能力得到显著提升，社会氛围更加浓厚，知识产权对福州市经济社会、文化繁荣和社会建设的促进作用充分显现。

（二）具体目标

知识产权创造水平进一步提升。发明专利申请量、授权量年均分别增长 10% 以上。到 2018 年，每万人口发明专利拥有量达到 12 件以上，注册商标总量达到 11.5 万件，马德里国际注册商标达到 230 件，驰名商标达到 56 件，福建省著名商标达到 750 件，市知名商标数量达到 850 件，地理标志商标达到 23 件。版权自愿登记数量继续保持全省前列。

知识产权运用效果进一步增强。扎实推进知识产权示范城市、知识产权强县、知识产权示范企业和优势企业工作。到 2018 年，培育国家、省知识产权强县（市）区达 8 个以上。新培育国家、省、市知识产权示范或优势企业达100家以上。培育一批专利导航试点企业。完善国家专利技术（福建）展示交易中心建设，培育1个国家级专利运营中心。促进知识产权与金融有效结合，专利权质押融资和专利保险工作取得新进展。

知识产权保护环境进一步优化。提高知识产权行政执法效能水平。加强知识产权司法保护，有效制裁恶意侵权、反复侵权、群体侵权等行为，有力震慑知识产权犯罪分子。确保专利、商标、版权等知识产权权利人的合法权益得到有力保障，知识产权保护社会满意度显著提高。

知识产权管理能力进一步提高。完善市知识产权工作领导小组工作机制。健全知识产权政策法规体系，突出配套政策导向。试行重大经济活动、重大科技项目的知识产权评议机制。加强市、县（市）区两级知识产权管理机构和执法队伍建设。推动企业贯彻执行《企业知识产权管理规范》（GB/T29490－2013），建立中小微企业知识产权托管制度。推动高校、科研院所建立专门知识产权管理机构。

知识产权服务能力进一步提高。加强福州市知识产权信息公共服务中心和福州市知识产权维权援助中心服务能力建设。全面推进知识产权服务工作站建设。推动知识产权代理行业规范发展。到2018年，专利代理机构达到12家以上。积极创造政策环境，引进各类知识产权公共服务平台，构建知识产权“大服务”与“大保护”的发展格局。

三、主要任务

（一）提高知识产权创造水平

1. 提升专利数量与质量。完善县（市）区发展评价体系，加强对专利工作的绩效考评，将知识产权指标纳入县（市）区政府绩效考核指标体系。加强知识产权政策导向，突出企业在创新驱动发展中的主体地位，强化应用技术研究和产业技术开发，推动企业提升专利布局和专利分析的能力，促进企业专利增量提质，有效提高全市万人有效发明专利拥有量。深化产学研合作，发挥我市高校与科研院所研发优势，与企业共建研发平台，提升科技创新能力和专利申请质量。

责任单位：市效能办、市统计局、市科技局、市知识产权局、高新区管委会，各县（市）区人民政府

2. 培育高知名度商标。全面推进企业实施商标战略，以商标战略带动自主创新，以自主创新支撑商标战略。落实商标有效注册量增长目标，全方位、多层次引导企业利用现有资源注册商标。对列入培养对象的重点企业，制定“一对一”培育方案，引导、培育和扶持企业争创知名、著名、驰名商标。挖掘、梳理福州市特色资源产品的历史脉络和文化底蕴，及时整合资源申请注册地理标志商标。鼓励福州企业注册国外商标，支持有条件的企业通过自主培育、国际并购等多种途径实现品牌国际化，特别是加强“一带一路”沿线国家和地区的商标国际注册。对获得驰名商标认定、地理商标注册及申请马德里商标国际注册的企业，将依照相应政策规定申请省财政资金补助。

责任单位：市市场监管局、高新区管委会，各县（市）区人民政府

3. 鼓励创作版权精品。鼓励文化企业及文化艺术工作者努力创作具有较高文学、艺术和科学价值的原创作品，深入挖掘“闽都文化”“海丝文化”等传统文化精髓，创作具有福州特色的版权精品。扶持和弘扬闽剧等地方戏曲，加大对民间职业剧团的扶持，鼓励戏剧剧本和曲艺文本的创作。实施传统工艺振兴计划，加强寿山石雕、脱胎漆器、软木画等传统工艺的保护、传承与开发。支持动漫影视、教育动漫、网络游戏、手持多媒体终端等领域的原创产品的创作生产，对优秀品牌、重大项目和龙头企业依据《福州市动漫游戏产业发展扶持奖励办法》给予大力支持。发挥丝绸之路国际电影节的溢出效应，积极争取大型影视制作企业落户，大力扶持各类资本投资拍摄影视作品，推动影视产业发展，创作生产更多的影视精品。

责任单位：市委宣传部、市文广新局、高新区管委会，各县（市）区人民政府

（二）强化知识产权运用能力

4. 发挥知识产权试点示范引领作用。深化知识产权试点示范工作，实施知识产权战略，培育一批拥有自主知识产权、知名品牌和核心竞争力强的知识产权试点示范企业、商标战略实施示范

企业和版权示范企业。引导企业围绕本领域关键技术领域加大研发力度，形成一批技术含量高的发明专利，支持企业通过购买、兼并、特许经营、许可、联盟等方式，获得所需的知识产权，提升企业核心竞争力。深化实施知识产权强县工程，发挥知识产权强县福清市、闽侯县、鼓楼区、仓山区、晋安区、马尾区、长乐市等区域产业特色和品牌优势，从健全知识产权工作体系、实施知识产权战略、发展知识产权经济、加强知识产权保护、普及知识产权知识等方面入手，引导和扶持知识产权强县不断提高知识产权创造、运用、保护与管理的水平和能力，形成县域知识产权新优势，提升综合竞争力，分类引导和扶持其他县（市）区进入国家、省知识产权强县工程。

责任单位：市知识产权局、市市场监管局、市文广新局、高新区管委会，各县（市）区人民政府

5. 推进知识产权产业化运用。贯彻实施《福建省人民政府办公厅关于印发福建省专利运用行动计划实施方案的通知》（闽政办〔2015〕27号），鼓励企业将自主专利技术或购买的符合福州市产业发展方向，且具有良好市场前景的专利技术进行实施和转化，形成专利产业化基地，推动产业转型升级。以鼓励企业转化运用专利技术为重点，支持一批符合产业发展方向的、具有良好市场前景的专利技术实施与产业化。引导知识产权优势企业积极参与制定和修订国际标准、国家标准、行业标准和地方标准，参与专利联盟、专利运营与产业化服务平台建设。鼓励企业创新商标品牌使用方式，不断提升商标品牌附加值。实施“商标富农”战略，充分发挥福州茉莉花茶、福州橄榄等地理标志商标的影响力，促进特色农业发展。鼓励文化企业创新商业模式，开展多渠道、多形式版权运营，提升版权产品综合价值。充分挖掘福州文化资源的产业化潜能，探索传统产业与新媒介、新技术的有机结合点，实现传统文化业态与新型文化业态共同发展，提升版权产品的科技含量，积极推进福州国家级文化和科技融合示范基地建设。

责任单位：市科技局、市知识产权局、市市场监管局、市文广新局、市委宣传部、市财政局

6. 加强知识产权交易平台建设。依托国家专利技术（福建）展示交易中心，探索筹建综合性的知识产权交易平台。探索设立专利收储运营机构，开展专利收储运营试点工作，激活存量专利促进科技成果转化。探索“互联网＋”模式下的知识产权保护和运营，建立高端制造业、海洋产业等特色专利数据库，筹建“互联网＋专利贸易”知识产权网络交易平台，提供专利技术供需发布、交易流程、信息认证等综合服务，逐步探索面向市场的专利成果研发定制服务。充分利用海峡版权交易服务中心平台展示福州市版权产品，促进版权产品交易。

责任单位：市科技局、市知识产权局、市文广新局

7. 优化重点产业知识产权布局。遴选知识产权优势企业开展专利导航试点工作，以专利导航为突破口，逐步引导重点产业加强知识产权布局。依托福州新区、海上丝绸之路核心区、自贸区、生态文明试验区和国家自主创新示范区政策叠加优势和产业基础特色，引导高端电子信息技术、生物与新医药、新能源、新材料、节能环保、物联网、大数据等战略新兴产业自主创新或购买核心专利技术，优化知识产权布局，从而带动产业跨越发展；引导和促进食品、纺织服装等传统产业提升知识产权成果转化能力，发挥知识产权在产业转型升级中的作用；引导高端海洋装备、海洋生物医药食品、海洋工程材料等特色蓝色产业加大科技研发投入，组织联合技术攻关，形成一批具有自主知识产权的核心技术，构建专利组合防御体系。

责任单位：市经信委、市科技局、市知识产权局、高新区管委会，各县（市）区人民政府

8. 推动知识产权金融服务发展。积极寻求中国人民银行、银监会、证监会和保监会驻榕监管分支机构的大力支持，推动商业银行、保险公司等金融机构积极开展知识产权质押贷款、知识产权保险等知识产权金融服务，鼓励证券公司、信托公司探索知识产权证券化、知识产权信托服务，构建多元化的知识产权金融服务体系。大力支持金融机构引入互联网金融平台，开发知识产权质押融资产品，创新知识产权融资方式。完善知识

产权质押贷款风险补偿机制，缓释小微企业知识产权质押的金融风险。努力探索科学的知识产权价值评估方式，提高知识产权价值评估的准确性，为金融机构提供知识产权金融服务创造条件。

责任单位：市科技局、市知识产权局、市金融办、市财政局、人行福州中心支行

（三）加大知识产权保护力度

9. 加强知识产权行政保护。加强福州市、县（市）区两级知识产权行政执法队伍和执法能力建设，规范行政执法行为，提高行政执法的水平和效率。开展知识产权执法专项行动，加大对民生、重大项目和优势产业等领域侵犯知识产权行为的打击力度，坚持打防结合，将专项打击逐步纳入常态化执法轨道。加强对“5·18海交会”“6·18中国·海峡项目成果交易会”“体育博览会”“丝绸之路国际电影节”“糖酒会”等重大会展的知识产权保护。充分利用先进技术和风险管理手段，不断提高海关查获侵权货物的能力，有效打击进出口环节知识产权侵权行为。引导拥有自主知识产权的福州企业在海关做知识产权备案，有效运用海关保护知识产权。建立知识产权联合执法机制，强化多部门、跨地区知识产权联合执法。

责任单位：市知识产权局、市商务局、市市场监管局、市文广新局、市公安局、福州海关

10. 强化知识产权司法保护。不断优化知识产权审判体系和机制，完善知识产权民事、刑事、行政案件审判的“三合一”制度。提高鼓楼法院和马尾法院知识产权案件审判能力，加强对自贸区知识产权司法保护力度。依法惩处侵犯知识产权犯罪行为，重点打击知识产权犯罪网络，加大对知识产权犯罪案件的侦办力度，对重大案件挂牌督办，加大罚金刑适用与执行力度，从经济上剥夺侵权人再犯罪能力和条件，防止重复侵权犯罪行为的发生。加强知识产权行政执法与刑事司法的相互衔接，加大涉嫌知识产权犯罪案件移交工作力度。

责任单位：市公安局、市检察院、市法院

11. 拓展知识产权其他保护机制。完善市知识产权主管部门与市法院、福州海关等部门之间的知识产权纠纷“大调解”联动机制和“诉调对接”工作机制，提高解决知识产权纠纷的效率。福州市、县（市）区两级设立知识产权纠纷调解委员会，培育一批社会调解组织，培养一批专业调解员，依法规范知识产权纠纷调解工作。加强福州市知识产权维权援助中心建设，提供对中小企业的知识产权维权援助。发挥行业协会和商会专业优势水平，帮助解决知识产权纠纷，实施知识产权风险预警，提供知识产权维权援助。鼓励福州市企业运用知识产权仲裁方式解决知识产权纠纷。加大力度探索众创、众包、众扶、众筹知识产权保护政策。

责任单位：市知识产权局、市商务局、市市场监管局、市文广新局、市司法局、市公安局、市检察院、市法院、福州海关

（四）强化知识产权管理引导

12. 提升知识产权宏观管理。完善福州市知识产权工作领导小组工作机制，加强各成员单位的信息沟通与协作配合。建立健全专利、商标、版权等知识产权事务的协调管理体系，不断提升知识产权综合管理能力。加强市、县（市）区两级知识产权管理机构建设，落实县（市）区知识产权管理机构专职工作人员。完善县（市）区发展评价体系，将知识产权指标纳入县（市）区政府绩效考核指标体系。加强知识产权主管部门和经济、科技主管部门之间的沟通协作，开展重大经济、科技活动知识产权评议试点。探索建立重大科技项目承担单位和各参与单位知识产权利益分享机制。

责任单位：市委编办、市人社局、市效能办、市统计局、市发改委、市经信委、市科技局、市知识产权局、市市场监管局、市文广新局、高新区管委会，各县（市）区人民政府

13. 推动企业加强知识产权管理。加大工作力度和资金投入，引导知识产权示范企业、高新技术企业贯彻执行《企业知识产权管理规范》（GB/T29490-2013），进一步提高企业知识产权管理水平。建立中小微企业知识产权委托管理制度，出台激励政策，引导和支持知识产权服务机构为中小微企业提供知识产权委托管理服务，有效提升中小微企业知识产权管理能力。推动企业积极落实发明人奖励政策，提高企业研发人员创新动力。

责任单位：市科技局、市知识产权局、市财

政局

14. 促进事业单位知识产权管理。引导我市高校和科研院所等事业单位设立专门的知识产权管理机构，强化知识产权实施、许可和转让管理。落实《关于深化省级事业单位科技成果使用处置和收益管理改革的暂行规定》等相关政策，赋予高校和科研院所等事业单位更多的知识产权处置和收益分配权，激励职务发明创新和科技成果转化使用。落实《福建省人民政府办公厅关于进一步深化科技人员职称评价改革的若干意见》（闽政办〔2016〕1号），将知识产权创造和运用成效作为高校和科研院所等事业单位职称评审和工作绩效的重要评价指标之一。

责任单位：市人社局、市教育局、市科技局、市知识产权局

15. 加强知识产权人才队伍建设。引进和培养一批知识产权专家、知识产权行政管理和执法人才、企事业单位知识产权工作和知识产权服务业的专业人才；加大专利代理人才培养力度，落实相关优扶政策，加大引进力度，增加我市专利工作人才的储备。充分发挥我市知识产权培训基地作用，加大知识产权人才培训力度。支持有条件的高校设立知识产权专业，开展本科生和研究生知识产权学历教育。支持各类职业教育学校开设知识产权课程，加强知识产权师资队伍建设。积极营造知识产权文化氛围，开展多层次、多渠道、多形式的知识产权宣传培训活动，将知识产权宣传培训作为科普活动的重要内容。

责任单位：市人社局、市委组织部、市司法局、市教育局、市知识产权局

（五）提高知识产权服务水平

16. 提高知识产权公共服务水平。推进国家知识产权局专利局专利审查协作北京中心福建分中心建设，力争2017年项目竣工、具备入驻条件，2020年形成700名左右专利审查人员队伍，形成知识产权信息和人才的集聚效应。全面推进福州高新区、大学科技园等主要园区知识产权服务工作站建设，加强对园区内企业知识产权的服务。积极争取在我市建立省知识产权公共服务平台，构建知识产权“大服务”与“大保护”的发展格局。探索建立知识产权信用系统，将个人或企业故意侵犯知识产权行为纳入社会信用评价体系。

责任单位：高新区管委会、市科技局、市知识产权局

17. 培育和发展知识产权中介服务机构。引导、鼓励和支持建立知识产权中介服务机构，加快发展咨询代理、资产评估、信息服务、许可贸易、产权交易等多种形式的知识产权中介服务机构，不断强化其服务企业功能。

责任单位：市知识产权局、市市场监管局、市文广新局

四、保障措施

（一）强化组织领导

充分发挥福州市国家知识产权示范城市工作领导小组的作用，完善各相关部门之间的沟通协调和工作联动机制，定期召开知识产权工作会议。各县（市）区人民政府要把知识产权工作纳入经济社会发展全局统筹，列入重要议事日程，共同推进、完成新一轮国家知识产权示范城市建设的各项任务。

（二）加大资金投入

各级财政要进一步加大对知识产权工作的资金投入，要建立与经济发展和专利增长量相适应的资金投入增长机制，切实改善知识产权工作条件、执法条件等，完善各项知识产权激励政策措施，加大对高水平自主知识产权的奖励力度，加大对符合福州市产业发展战略的知识产权的奖励力度，大力促进本行政区域内的知识产权工作。

（三）加大宣传力度

广泛开展知识产权宣传工作，编制发布知识产权保护状况白皮书，大力宣传国家知识产权示范城市建设成果，营造有利于知识产权事业发展的舆论氛围，进一步提升我市知识产权保护形象。大力开展公众知识产权宣传和科普教育活动，培养全社会知识产权保护意识，为大众创业、万众创新营造良好的知识产权文化环境。

（四）加强监督考评

各县（市）区人民政府、高新区管委会和福州市新一轮国家知识产权示范城市工作领导小组成员单位每年12月20日前向领导小组办公室报送年度工作情况。领导小组办公室要加强指导和督促，强化对知识产权工作的监测、评价与通报，

并定期将工作进展情况向国家知识产权局和福建省知识产权局报告，按照国家、省知识产权局的要求，扎实开展示范城市工作，确保示范城市工作取得明显成效。

【发文机关】福州市人民政府

【标　　题】福州市人民政府关于印发福州市开展新一轮国家知识产权示范城市工作方案的通知

【发文字号】榕政综〔2017〕30号

【发布日期】2017年1月22日

厦门市人民政府办公厅转发市建设局关于深化国家节水型城市创建工作方案的通知

各区人民政府，市直各委、办、局，各开发区管委会：

市建设局制定的《厦门市深化国家节水型城市创建工作方案》已经市政府研究同意，现转发给你们，请认真组织实施。

厦门市人民政府办公厅
2017 年 4 月 14 日

（此件主动公开）

厦门市深化国家节水型城市创建工作方案

市建设局

为深入贯彻落实《国务院关于印发水污染防治行动计划的通知》（国发〔2015〕17 号，以下简称“水十条”）和《福建省住房和城乡建设厅转发 住房城乡建设部 国家发展改革委关于印发城镇节水工作指南的通知》（闽建办城函〔2017〕5 号），巩固我市节水型城市的创建成果，继续深化创建工作，推动城市节水工作上新台阶，根据住房和城乡建设部、国家发展和改革委员会《关于印发〈国家节水型城市申报与考核办法〉和〈国家节水型城市考核标准〉的通知》（建城〔2012〕57 号），结合我市实际，制定厦门市深化节水型城市创建工作方案。

一、总体要求

（一）指导思想

全面贯彻党的十八大和十八届三中、四中、五中、六中全会精神，认真落实党中央、国务院决策部署，坚持节水优先、空间均衡、系统治理，切实落实最严格水资源管理制度，以节流工程、开源工程、循环与循环利用为突破口，围绕推进我市生态文明建设，通过对水资源的科学规划、合理开发、全面节约、高效利用、优化配置、有效保护、综合治理，提高我市水资源利用效率和效益，提高水资源和水环境的承载能力，促进水资源的可持续利用，加快节水型社会建设，实现人水和谐，为厦门建设“五大发展”示范市提供有力保障。

（二）基本原则

一是坚持节约用水与合理用水相结合。既要从我市水资源紧缺的矛盾出发，遏制水资源不合理的使用和浪费，又要根据我市的水资源条件和不同行业的用水特点制定节水措施，提高用水效率，保障经济社会发展对水的需求。二是坚持建设与监管相结合。既要推动节水技术改造，加强节水监管平台建设，更要措施前移，从项目建设的源头配套落实节水方案，建设节水设施，并保障正常运行。三是坚持开源与节流相结合。既要大力发展雨水、海水、再生水等非常规水资源的开发利用，也要提高水的重复利用率，降低污水排放量，减少对水生态、水环境的影响。四是坚持鼓励与限制措施并举。建立有效的节水激励机制，鼓励扶持企业、单位节水增效，同时，限制高耗水行业用水，推动节水技改，监督企业、单位落实节水工作目标、计划、制度、措施“四到位”。

（三）主要目标

推动我市节水型城市创建工作深入开展和建立长效机制的，按照国家节水型城市考核办法与标准，继续深化创建工作，完善我市节水管理机制，夯实节水基础管理工作，提升综合节水、生活节水、工业节水水平，使各项指标达到或超过国家节水型城市标准，确保通过2017年国家节水型城市复查，全面推进节水型社会建设。

二、主要任务和分工

（一）加强节约用水的基础管理工作

1、强化计划用水和定额管理。在建立科学合理用水定额的基础上，对公共供水的非居民用水单位实行计划用水与定额管理，计划用水率不低于90%。用水效率低于最低标准或不符合要求的，依法核减用水计划指标，并要求限期整改到位。超定额、超计划用水实行累进加价。建立用水单位重点监控名录，强化用水监控管理。加强对企业、单位执行用水情况的监管，监督月用水量在3000吨以上的计划用水单位，每3年开展一次水平衡测试工作，挖掘企业节水潜力，逐步降低单位产品取水量。

责任单位：市建设局、水务集团

2、自备水全面实行计划管理。自备水计划用水率不低于90%；规范水井建设审批管理，对于公共供水管网覆盖范围内的自备水井，要制定关停计划并逐步实施，逐年降低自备水供水量占城市供水总量的比重。在地下水超采区，禁止各类建设项目和服务业新增取用地下水。

责任单位：市水利局、市国土房产局

3、落实节水“三同时”管理。使用公共供水和自备水的新建、改建、扩建工程项目，均必须配套建设节水设施和使用节水器具，并与主体工程同时设计、同时施工，同时投入使用。

责任单位：市建设局、市水利局

4、完善水资源的价格管理体系。建立有利于水资源高效利用的水价形成机制，落实供水企业水价调整成本公开和定价成本监审公开制度。居民用水实行阶梯水价。取用地表水和地下水，均应征收水资源费、污水处理费；水资源费征收率不低于95%，污水处理费（含自备水）收缴率不低于95%，收费标准不低于国家或地方标准。

责任单位：市发改委、市市政园林局、市水利局、水务集团

（二）提高城市非常规水资源利用率

鼓励并积极发展再生水、海水、雨水等非常规水资源的开发利用，促进再生水利用管网和配套设施的建设，使我市非常规水资源利用率≥20%或年增长率≥5%。

1、重视城市雨水收集利用及防涝。制定雨水利用工程与项目的政策、计划并逐步推广实施。新建城区建设推行低冲击开发模式，建成区雨污分流排水体制管道覆盖率占60%以上。完成对建成区范围内易涝易淹片区排水及雨水利用设施改造。

责任单位：市建设局、市市政园林局、各区政府

2、新建、改建、扩建城市市政基础设施的工程，应当按照城市节约用水专项规划的范围配套建设再生水回用设施。已具备再生水使用条件的区域，城市园林绿化、环境卫生、景观设施等用水应当推广使用再生水。

责任单位：市市政园林局、市建设局

3、强化海水淡化与综合利用科技支撑，扶持新型膜材料制造、海水淡化技术集成和装备研发、海水淡化工程服务等高端海水淡化与综合利用产业链发展，引进国家海水利用工程技术研究中心厦门分中心，不断挖掘潜力，创建海水利用示范城市。

责任单位：市海洋与渔业局

（三）严格水功能区监督管理

加强水污染防控。完善水功能区监督管理制度，建立水功能区水质达标评价体系。开展流域整治工作，加强水功能区动态监测和科学管理，从严核定水域纳污容量，严格控制入河湖排污总量。要把限制排污总量作为水污染防治和污染减排工作的重要依据，切实加强水污染防控，加强工业污染源控制，加大主要污染物减排力度，在电镀、印染、化工等高污染行业推行主要污染物资源回收利用、清洁材料替代等清洁生产技术，鼓励有条件的企业逐步实现废水“零排放”。提高城市污水处理率，确保我市的城市污水处理率至少高出全国同级城市平均水平5个百分点，饮用水源地水质达标率为100%。

责任单位：市环保局、市市政园林局、市经信局

（四）降低城市供水管网漏损率

加强管网维修和漏水监测，完善管网检漏制度，运用科技手段提高检漏、补漏、堵漏水平。推广应用新型管材和先进施工技术。有计划地对老城区旧有管道以及其他严重老化、材质差的管道进行改造更新，确保城市管网漏损率低于CJJ92《城市供水管网漏损控制及评定标准》规定的修正值指标。

责任单位：市市政园林局、水务集团

（五）广泛开展生活节水工作

有计划地大力开展节水型小区创建活动，建立长效机制使创建工作常态化，节水型居民小区覆盖率≥5%。根据国家对使用节水型器具的相关规定，对新建、改建、扩建建筑强制推行节水型器具，同时，积极鼓励引导对旧建筑中不符合节水规范的器具逐步进行改造替换，节水器具普及率达100%。通过宣传和推广节水技术，提高居民生活用水效率，降低城市居民生活用水量，居民用水量（单位：升/（人·日））低于GB/T50331《城市居民生活用水量标准》的指标。加强特种行业（洗浴、洗车等）用水计量管理，力争收费率100%。督促落实节水措施，推广循环用水技术，提高城镇公共生活用水效率。

责任单位：市建设局、市质监局、水务集团

（六）提高工业节水水平

继续深化产业结构调整，限制高耗水高污染行业的进入。以“节流优先、治污为本、科学开源、综合利用”为原则，以提高水的利用率为核心，以企业为主体，以科技进步为先导，加大结构调整和技术改造力度，加强工业企业内部节水管理，减少水的漏损，提高重复利用率，发展非常规水资源利用技术，推广清洁生产，开展创建节水型企业活动，使市区规模以上工业企业万元工业增加值用水量（单位：立方米/万元）低于全国平均值的50%或年降低率≥5%，工业用水重复利用率≥80%（不含电厂），工业取水定额达到国家颁布的GB/T18916定额系列标准或地方标准，工业废水排放达标率100%，节水型企业（单位）覆盖率≥20%。

责任单位：市建设局、市经信局、市环保局

三、保障措施

国家节水型城市考核指标体系是贯彻落实国务院水污染防治行动计划、最严格水资源管理制度和城镇节水工作的具体化、量化体现。国家节水型城市实行动态管理，复查自命名之日起每四年进行一次。在非复查年也应当按照考核指标体系每年上报数据，每两年上报工作总结。对复查不合格、不按期申报复查，以及连续不按期上报数据或工作总结报告的城市，将被撤消国家节水型城市称号。同时，国家节水型城市是人居环境奖的前提条件，其中的相关指标也是国家生态园林城市、国家环保模范城市等创建工作的内容和评价指标，因此，深化节水型城市创建是我市推进生态文明建设的一项长期、常态化的工作，我市应采取以下保障措施推动城市节水工作上新台阶。

（一）加强领导，落实责任。城市节水工作，涉及社会经济发展的各个领域，需要全社会的共同参与和支持。为加强对城市节水工作的领导，凝聚部门合力，确保各项工作落实，相应调整我市创建节水型城市领导小组（名单另行通知），按照部门负责制，明确责任分工。各级、各责任单位要高度重视城市节水工作，按照任务分工和指标，制定计划，责任到人，认真抓好各项工作落实，确保各项工作有序开展并达标。

（二）健全法规，完善机制。要深入贯彻实施《厦门市城市供水节水条例》和《厦门经济特区水资源条例》，建立健全法规体系、标准体系、价格体系、管理体系。根据我市节水工作实际需要，适时制定相关配套实施细则和鼓励政策。加强依法行政，加大对供水、节水违法、违章行为、浪费行为的查处力度，做到依法管水、依法用水、依法节水。不断完善城市节水管理制度和长效机制，建立节水行政主管部门统筹、行业主管部门协作、用水单位参与的良性机制，共同推动全市节水工作。

（三）建立城市节水统计制度。按照国家节水统计的要求，实行规范的城市节水统计制度。由市建设局牵头，各相关部门配合，建立科学合理的城市节水统计指标体系，做好每年城市节水数

据的统计上报工作。各相关部门应指定专人负责，在每年的3月底前将上年度的数据提供给市建设局，由市建设局汇总后在当年6月30日前上报住房和城乡建设部。需上报工作总结报告的，各相关部门应及时提供。

（四）建立节水专项财政投入制度。按照国家节水型城市考核标准，建立稳定的节水专项财政投入制度。城市节水资金用于节水宣传、节水奖励、节水技术改造、节水产品技术推广、非常规水资源（再生水、雨水、海水等）利用设施建设、公共节水设施改造与建设（不含城市供水管网改造）等的投入。应充分发挥财政资金杠杆作用，利用节水专项资金、循环经济专项资金等鼓励、扶持重点企业开展工业节水技改，积极创建节水型企业，促使企业节水“四到位”。应制定奖励办法，对符合污水处理和排放标准的企业给予适当的奖励。

（五）整合资源实行项目联动。现有的涉水管理部门的数据信息管理平台应当实现资源共享，提高利用率。要把节水工作与推进清洁生产，发展循环经济的工作有机结合，实现联动，把节水改造与公共建筑、公共机构节能改造相结合，把节水设施、措施、器具、技术融入绿色建筑行动，多渠道实施节水工程。

（六）持续开展节水型载体的创建活动。把节水型企业、单位、居民小区等创建纳入我市文明创建体系，在文明单位、文明小区的考核评价指标体系中予以体现，提升创建实效。要广泛开展节水宣传日（周）及日常城市节水宣传活动，结合志愿者服务活动，使节水宣传进机关、进企业、进学校、进社区，营造全民节水的良好社会风尚。

附件：厦门市深化国家节水型城市创建工作任务分解表（略）

厦门市人民政府办公厅
2017年4月18日印发

【发文机关】厦门市人民政府办公厅
【标　　题】厦门市人民政府办公厅转发市建设局关于深化国家节水型城市创建工作方案的通知
【发文字号】厦府办〔2017〕59号
【发布日期】2017年4月14日

漳州市人民政府关于印发漳州市支持农业转移人口市民化财政政策实施方案的通知

各县（市、区）人民政府，漳州、常山、古雷开发区管委会，漳州台商投资区、漳州高新区管委会，市直各单位：

现将《漳州市支持农业转移人口市民化财政政策实施方案》印发给你们，请认真贯彻执行。

漳州市人民政府
2017 年 9 月 11 日

（此件主动公开）

附件：

漳州市支持农业转移人口市民化财政政策实施方案

为贯彻落实国务院《关于实施支持农业转移人口市民化若干财政政策的通知》（国发〔2016〕44 号）及省政府《关于实施支持农业转移人口市民化若干财政政策的通知》（闽政〔2016〕47 号）精神，加快农业转移人口市民化，推进以人为核心的新型城镇化，破解城乡二元结构，促进扩内需、调结构，结合我市实际，制定本实施方案。具体如下：

一、总体要求

全面贯彻落实党的十八大以来中央各项决策部署，深入贯彻习近平总书记系列重要讲话精神和对福建工作的重要指示精神，适应、把握和引领经济发展新常态，按照“五位一体”总体布局和“四个全面”战略布局，牢固树立“五大发展理念”，强化地方政府尤其是人口流入地政府的主体责任，建立健全支持农业转移人口市民化的财政政策体系，将持有居住证人口纳入基本公共服务保障范围，创造条件加快实现基本公共服务常住人口全覆盖，确保农业转移人口与城镇居民享有同等权利。

二、基本原则

（一）创新机制，扩大覆盖。创新公共资源配置的体制机制，逐步将持有居住证人口纳入义务教育、基本医疗卫生、计划生育、社会服务、住房保障等基本公共服务保障范围，使其逐步享有与当地户籍人口同等的基本公共服务。

（二）维护权益，精准施策。充分尊重农民意愿和自主定居权利，在维护好进城落户农民既有权益的基础上，实现其权益的保值增值。强化县（市、区）、开发区（投资区、高新区）为农业转移人口提供与当地户籍人口同等基本公共服务的职责。

（三）强化激励，促进公平。市直有关部门要加强对县（市、区）、开发区（投资区、高新区）有关政策制定、措施实施等方面的督导，落实转移支付与农业转移人口挂钩激励机制。积极争取上级资金，完善市级转移支付制度，努力促进县（市、区）、开发区（投资区、高新区）间基本公共服务均等化。

三、主要政策措施

（一）保障农业转移人口子女平等享有受教育权利。县级政府要将农业转移人口及其他常住人口随迁子女义务教育纳入公共财政保障范围，统一城乡各阶段学生的教育经费保障机制。继续实施义务教育学生“两免一补”等教育惠民政策；足额、同标准安排各阶段生均公用经费；2018 年公办普通高中生均公用经费财政补助标准应达到 900 元/生；继续完善公办中等职业学校生均拨款制度，至 2018 年不得低于省定的生均公用经费标准。

（二）支持完善城乡养老保险和医疗保险体系。实行自主选择养老保险、医疗保险。养老保险方面：异地务工人员根据省级已出台的城乡养老保险制度衔接暂行办法，可以选择参加或接续城镇职工基本养老保险，也可以选择参加或接续城乡居民养老保险。对进城购房的农村转移人口，允许参加城镇职工基本养老保险，享受城镇居民的公共卫生服务；对未购房和非全日制从业人员，根据住地公安部门出具的《居住证》，可以在灵活就业人员缴费窗口办理参加城镇职工基本养老保险。医疗保险方面：本市辖区外的农业转移人口，持有本市《居住证》的，可以选择参加城乡居民基本医疗保险，也可在灵活就业人员缴费窗口办理职工基本医疗保险；异地务工人员可按规定接续城镇职工基本医疗保险。

（三）加大对农业转移人口就业的支持力度。各级财政部门在安排就业专项资金时应统筹考虑农业转移人口就业问题，根据常住劳动年龄人口情况落实好资金保障。人社部门要为在法定劳动年龄段内，有劳动能力、有转移就业意愿且落户漳州城镇户籍的人员办理就业失业登记。落实好职业指导、职业介绍、职业培训及技能鉴定等公共就业服务和扶持政策，对转移落户漳州城镇户籍的农村就业困难人员，发放《就业创业证》，可享受与城镇登记失业人员同等的就业创业优惠政策；对正在我市创业的人员，符合规定的可向创业所在地申请最高不超过 10 万元创业担保贷款。

（四）维护进城落户农民土地承包权、宅基地使用权、集体收益分配权。县级政府不得强行要求进城落户农民转让在农村的土地承包权、宅基地使用权、集体收益分配权，或将其作为进城落户条件。健全农村产权流转交易市场，引导、鼓励进城落户农民自愿有偿转让相关权益，促进相关权益的实现和维护。农业转移人员在本市范围内进城落户，符合“一户一宅”政策自愿退出宅基地并不再要求安排集体土地新建住宅的，经所在地国土部门核准，签订旧宅基地退出合同，其城乡建设用地增减挂钩指标收益，除用于复垦及相关费用外，其余全额补助给退宅农户。

（五）多渠道筹集资金，支持提升城市功能，增强城市承载能力。县级政府要将农业转移人口市民化工作纳入本地区经济社会发展规划、城乡规划和城市基础设施建设规划。通过争取地方政府债券拓宽城市建设融资渠道，推广政府和社会资本合作（PPP）模式，吸引社会资本参与城市基础设施建设和运营。积极推进城中村改造建设，以城市标准合理规划建设城中村供水、供气、污水处理等基础设施。采取政府购买服务方式，推进棚户区改造年度投资计划顺利完成。按照市场配置资源和政府保障相结合的原则，鼓励农业转移人口通过市场购买或租赁住房，采取多种方式解决农业转移人口居住问题。支持中心乡镇、特色小镇发展，增强社区能力，增强城镇基本公共服务有效供给能力。

（六）建立健全支持农业转移人口市民化的资金管理体系。县级财政部门要加大支出结构调整力度，统筹用好自有财力、县级基本财力保障机制奖补资金、上级奖励资金，履行为农业转移人口提供基本公共服务的义务。建立财政转移支付与农业转移人口市民化挂钩机制，市级财政部门在安排各项与民生相关的转移支付时，应充分考虑持有居住证人口因素，切实将农业转移人口纳入保障范围，鼓励农业转移人口就近城镇化，加大对吸纳农业转移人口较多且民生支出缺口较大的困难县的财力支持。市级财政部门应充分考虑各地向持有居住证人口提供基本公共服务的支出需求，参照上级均衡性转移支付增长机制，完善均衡性转移支付市级配套办法，在市级财力允许的条件下适度增长。

（七）强化农业转移人口市民化相关财政资金绩效管理。市级财政部门要会同有关部门加强转移支付资金绩效管理，跟踪各类转移支付与农业转移人口市民化挂钩以及县级政府向农业转移人口提供基本公共服务的情况。对成效明显或绩效较好的政策，要适当增加资金规模，强化实施效果；对成效不明显或绩效较差的政策，要及时调整完善，适当压减资金规模或适时退出。

四、组织实施

建立健全支持农业转移人口市民化的财政政策是党中央、国务院部署的重点改革任务之一，各级政府及其财政部门要高度重视、提高认识、尽快部署、狠抓落实。各有关部门要根据上级农业转移人口市民化政策的要求，围绕我市主要政策措施的重点，研究提出、按程序报批并会同财政部门落实好具体政策。市教育局负责牵头细化落实农业转移人口子女平等享有受教育权利的各项具体政策措施；市医保局负责牵头细化落实城乡基本医疗保险制度的各项具体措施；市人社局负责牵头细化落实支持完善统筹城乡社会保障体系和加大农业转移人口就业支持力度的各项具体政策措施；市农业局负责牵头细化落实维护进城落户农民土地承包权、集体收益分配权的各项具体政策措施；市国土局负责牵头提出细化落实维护进城落户农民宅基地使用权的各项具体政策措施；市统计局、公安局负责向市直有关部门提供常住人口、户籍人口、农业转移人口（包括持有居住证人口）情况。

各县（市、区）政府、开发区（投资区、高新区）管委会是落实农业转移人口市民化政策的责任主体，要在上级支持农业转移人口市民化各项财政政策措施基础上，结合本地区实际，研究制定具体实施方案，报市财政局备案。

【发文机关】漳州市人民政府
【标　　题】漳州市人民政府关于印发漳州市支持农业转移人口市民化财政政策实施方案的通知
【发文字号】漳政综〔2017〕118 号
【发布日期】2017 年 9 月 11 日

泉州市人民政府关于印发
泉州市城乡居民基本医保政策一体化暂行规定的通知

各县（市、区）人民政府，泉州开发区、泉州台商投资区管委会，市人民政府各部门、各直属机构，各大企业、各高等院校：

《泉州市城乡居民基本医保政策一体化暂行规定》已经2017年市政府第9次常务会议研究通过，现印发给你们，请认真组织实施。

泉州市城乡居民
基本医保政策一体化暂行规定

为进一步完善我市城乡统筹的医疗保障体系，加快推进城乡基本医疗保险一体化进程，根据《国务院关于整合城乡居民基本医疗保险制度的意见》（国发〔2016〕3号）和《福建省人民政府办公厅转发省医改办等部门关于城乡居民基本医保政策一体化实施意见的通知》（闽政办〔2015〕17号）等要求，制定本暂行规定。

一、基本原则

（一）基本保障原则。主要保障城乡居民的住院和门诊特殊病种医疗需求，兼顾普通门诊统筹待遇，并逐步提高保障水平。

（二）合理筹资原则。按“以收定支、收支平衡、略有结余”的原则筹资，采用个人缴费和各级政府补助相结合，对特殊群体和家庭经济困难的人群（包括在校大中专、技校学生）给予重点补助。根据我市经济发展水平和各方面承受能力合理确定筹资水平和筹资增长机制。

（三）市级统筹原则。在泉州市行政区划内，参加城乡居民基本医疗保险人员均同属一个统筹区，实行“六统一”，即：统筹区内统一覆盖范围、统一筹资政策、统一保障待遇、统一医保目录、统一定点管理、统一基金管理，并建立统一的城乡居民大病保险和城乡医疗救助制度。

二、参保对象和范围

（四）除参加城镇职工基本医疗保险以外的本市户籍城乡居民。

（五）本市行政区划内就读的大中专、技校学生，包括侨、港、澳、台学生。

（六）驻县（市、区）武警中队、武警森林支队官兵。

（七）持有本市居住证（或暂住证），且未参加其他基本医疗保险的居民。

（八）在泉州居住1年以上的非从业港澳台人员。

三、资金筹集

（九）城乡居民基本医疗保险的资金来源：

1. 参保对象缴费；

2. 各级财政补助；

3. 基金的利息收入；

4. 法律、法规规定的其他收入。

（十）城乡居民基本医疗保险筹资标准：城乡居民基本医疗保险财政补助标准按国家、省、市有关规定执行，原则上个人缴费不低于筹资水平的25%，筹资标准每年由市医疗保障管理局发布。

（十一）城乡居民基本医疗保险个人缴费减免措施：

1. 城乡居民最低生活保障对象（含特困人员及孤儿。特困人员是指无劳动能力、无生活来源且无法定赡养、扶养、抚养义务人，或其法定赡养、扶养、抚养义务人无赡养、扶养、抚养能力的老年人、残疾人以及未满16周岁的未成年人；孤儿是指失去父母、查找不到生父母的未满18周岁的未成年人）、重度残疾人、一户多残家庭中的残疾人、计生特殊家庭成员、二十世纪六十年代精简退职职工中享受40%救济的人员，个人缴费部分由户籍所在地县级政府补助。

2. 低收入家庭中，残疾人、年满60周岁的老年人、未满18周岁的未成年人，个人缴费部分的30%由参保人缴纳，其余部分由户籍所在地县级政府补助。

3. 民政部门管理的重点优抚对象（含革命“五老”人员），个人缴费部分参照城乡低保对象由户籍所在地县级政府全额补助。

4. 在国家提倡一对夫妻生育一个子女期间，农村居民已办理《独生子女父母光荣证》或者农村居民生育两个女孩并已绝育的家庭，经卫计部门确认后，该夫妻和未满18周岁子女参加城乡居民基本医疗保险的个人缴费部分由户籍所在地县级政府补助。

5. 在校大中专、技校学生参保所需政府补助资金，除省级以上财政补助部分外，其余按学校隶属关系，由同级财政纳入预算安排。在校大中专、技校学生个人缴纳部分原则上由个人负担，有条件的学校可对学生缴费给予补助。对家庭困难的学生参保所需个人缴费部分，按照学校隶属关系由同级财政给予全额补助。补助对象的认定，参照省教育厅、财政厅《关于认真做好高等学校家庭经济困难学生认定工作的实施意见》（闽教学〔2007〕32号）规定执行。

（十二）政府补助部分除中央和省级补助外，市级对县级的具体补助标准分为三档，第一档：鲤城区、丰泽区、洛江区、泉港区，补助标准为每人每年40元；第二档：南安市、惠安县、安溪县、永春县、德化县、泉州台商投资区，补助标准为每人每年20元；第三档：石狮市、晋江市，补助标准为每人每年10元。其余部分的补助资金和因错过集中缴费期参保的人员政府补助部分由各县（市、区）人民政府、泉州台商投资区管委会承担。

（十三）鼓励有条件的用人单位对职工直系亲属参加城乡居民基本医疗保险给予适当补助。城镇职工基本医疗保险参保人员个人账户有结余的，可从个人账户划转资金为其直系亲属参加城乡居民基本医疗保险缴费。

四、参保办理和缴费

（十四）城乡居民参保登记和缴费实行属地管理。各县（市、区）人民政府、泉州台商投资区管委会负责每年组织辖区内城乡居民参保对象登记、保费收缴归集等工作。城乡居民基本医保与城镇职工医保的参保登记和缴费档案，要实现数据共享、即时比对。城乡居民参加基本医疗保险工作纳入各县（市、区）人民政府、泉州台商投资区管委会年度绩效考评内容。

（十五）办理城乡居民基本医疗保险的服务及要求：

1. 城乡居民（在校大中专、技校学生除外）按户口簿以户为单位向户籍所在地村委会（社区居委会）登记和缴费，符合参保范围的对象应全户参保，不得选择性参保。

2. 城乡居民需携带《户口簿》或《居住证》（《暂住证》）原件及复印件、一寸彩色相片1张到户籍所在地或居住地村委会（社区居委会）办理参保登记和缴费手续。村委会（社区居委会）工作人员负责审核相关资料，收取城乡居民基本医疗保险费，并将医疗保险费缴至指定的城乡居民基本医疗保障基金收入专户。各乡镇人民政府（街道办事处）统一向当地医保经办机构办理参保登记。

3. 在校大中专、技校学生向所在学校登记和缴费。其中，新生的年度个人缴费按4个月计算，并实行属地管理，由所在学校向所属县（市、区）医保管理部统一办理参保。各学校要充分利用省教育厅学生服务平台开展工作。

4. 每年参保缴费前一个月，各乡镇人民政府（街道办事处）依据本规定第十一条对符合个人缴费减免条件的参保对象进行汇总造册，经相关部门确认后，报所在县（市、区）医保经办机构。

5. 参保对象在结算年度中因出国定居、服役、转为参加城镇职工医疗保险、户籍迁出泉州市域或死亡的，当年已缴纳的参保费用不予退回，城乡居民基本医疗保险关系自行终止。

6. 参保对象不可重复参加城乡基本居民医疗保险和城镇职工基本医疗保险。重复参保的，不可重复享受相应医保待遇，已缴纳的城乡居民基本医疗保险费用不予退回。

7. 非从业城乡居民就业后，应参加城镇职工基本医疗保险。参保对象因参加城镇职工医疗保险的，应先办理退出城乡居民基本医疗保险手续。退出城乡居民基本医疗保险至接续城镇职工基本医疗保险期间所发生的医疗费用，按城乡居民基本医疗保险待遇支付。参加城乡居民基本医疗保险的年限不作为参加城镇职工基本医疗保险的缴费年限计算。

8. 城镇职工基本医疗保险参保人员转为参加城乡居民基本医疗保险的，其个人账户资金可用于支付本人参保期间的医疗费用。

9. 县级人民政府按参保人数每人每年不低于1元的标准给予乡镇人民政府（街道办事处）工作经费补助。补助费用结合当年度工作任务完成情况核拨。

（十六）城乡居民参保缴费期限为每年10月10日（大中专、技校学生为9月1日）至次年3月10日，每年受理1次。

在一个医疗保险结算年度内，新生婴儿出生并在90天内办理当年参保缴费手续的，按照本年度缴费标准缴费，从出生之日起享受当年医疗保险待遇；在出生90天后办理当年参保缴费手续的，按照本年度缴费标准缴费，从缴费后次日起享受当年医疗保险待遇。

对超出规定时间办理参保缴费的城乡居民，缴费后60天为等待期。等待期过后按规定享受相应的基本医疗保险待遇。缴费之前和等待期期间发生的医疗费用由参保居民个人全额自付。

建立城乡居民医保跨年度自动续保机制，鼓励连续参保缴费，利用网络支付、手机支付、第三方支付等多种形式，简化居民参保手续，拓宽居民续保缴费途径。

（十七）在校大中专、技校学生毕业后稳定就业的，应当在其用人单位参加城镇职工基本医疗保险；属于城镇灵活就业的，按灵活就业人员身份参加城镇职工医疗保险；回乡创业的或未就业的，可继续参加城乡居民基本医疗保险。

五、医保待遇及基金支付

（十八）每年1月1日至12月31日为城乡居民基本医疗保险的结算年度。

（十九）城乡居民基本医疗保险的用药范围、诊疗项目、医疗服务设施范围按照城镇职工基本医疗保险的《基本医疗保险药品目录》《基本医疗保险诊疗目录》《基本医疗保险医疗服务设施标准目录》及其支付标准等有关规定执行。国家或省里有新规定从其规定。

（二十）参保对象符合统筹基金支付范围的住院费用和门诊特殊病种费用每次达到起付标准以上、最高支付限额以下的部分，按规定从统筹基金中支付，个人按一定比例分担。

城乡居民基本医疗保险住院和门诊特殊病种的起付标准和报销比例具体如下：

医疗机构 项目	三级医院	二级医院	一级医院及社区 卫生服务中心
起付标准	800元	400元	50元
泉州市统筹区内 报销比例	55%	75%	90%

市级统筹区内县属的三级医院执行二级医院的医保支付政策，二级的乡镇卫生院执行一级医院的医保支付政策。

市级统筹区内各级中医医院的城乡居民基本医疗保险报销比例按降低一个医院等级标准执行，最低执行一级医院或社区卫生服务中心的支付标准。

参保对象年度内多次住院的，第二次住院的起付标准为所住医院起付标准的50%，第三次起住院不再设立起付标准。参保对象在市级统筹区内同一医疗联合体内不同医院间转诊的，视为一次住院。同一医院院内转科的，不能分解住院次数。属于规定范围内门诊特殊病种和治疗项目的全年医疗费用视同一次住院费用，年度内起付标准次数与住院次数合并计算。2 个及 2 个以上门诊特殊病种按 1 个起付标准计算。

（二十一）按照省级有关规定设立泉州市城乡居民基本医疗保险门诊特殊病种目录，具体实施方案由市医疗保障管理局制定。

（二十二）城乡居民基本医疗保险年度内统筹基金最高支付限额为 15 万元。

（二十三）建立城乡居民大病保险统筹制度，解决大病患者高额医疗费用。城乡居民大病保险资金从城乡居民基本医保基金提取，不再向参保对象另行收取。城乡居民大病保险实行全市统筹，以公开招标方式确定商业保险机构承办。

探索医疗保险精准扶贫机制，通过政府主导、商业运作，制定医疗保险精准扶贫补助政策，积极解决因病致贫、因病返贫突出问题。在年度城乡居民基本医保基金有结余的前提下，根据医保基金承受能力，对因发生高额医疗费用超过家庭承受能力，家庭基本生活出现严重困难的重病患者给予精准医疗补助。经济较发达、医疗消费水平较高的石狮市、晋江市等县（市、区），可增加财政投入，购买商业补充保险、意外伤害补偿和贫困群体精准扶贫特困补助、失独家庭精准帮扶等保障服务。

（二十四）依托定点基层医疗机构开展城乡居民基本医疗保险普通门诊统筹。在普通门诊统筹年度最高支付限额内，城乡居民在基层医疗机构使用国家基本药物不设起付线。

（二十五）探索建立城乡居民意外伤害医疗费用商业医疗保险赔付制度，除应当由第三人负担或工伤保险负担外，经认定的参保对象意外伤害医疗费用由商业保险机构按规定赔付。

（二十六）未参加生育保险或参加生育保险连续缴费未满 1 年的女性参保对象，其生育费用按顺产 1000 元、剖腹产 1500 元的标准给予一次性补偿。

（二十七）城乡居民基本医疗保险基金起付标准以下的医疗费用，以及起付标准以上、最高支付限额以下需要个人支付的医疗费用，低保对象、重度残疾人、低收入家庭 60 周岁以上的老年人等特困群体个人负担有困难的，由社会医疗救助基金帮助解决。城乡居民基本医疗保险基金支付范围外的医疗费用，可通过建立补充医疗保险、商业健康保险、社会医疗救助以及社会慈善捐助等方式解决。

（二十八）大学生日常医疗补助仍按现行财政补助形式执行。已参保大中专、技校学生毕业、结业、肄业或按学籍管理规定被注销学籍的，办理离校手续当年度保险期内仍可享受城乡居民基本医疗保险待遇。对于按学籍管理规定办理休学手续的，休学期间继续享受大中专、技校学生基本医疗保险待遇。

（二十九）下列医疗费用不纳入城乡居民基本医疗保险基金支付范围：

1. 应当从工伤保险基金中支付的；
2. 应当由第三人负担的；
3. 应当由公共卫生服务经费负担的；
4. 在境外就医的；
5. 其他依法、依规不应予以支付的医疗费用。

本地区发生严重自然灾害或疾病暴发流行等意外风险时所发生的医疗费用，由同级人民政府拨付专款解决。

六、医疗服务管理

（三十）城乡居民基本医疗保险实行定点医疗服务协议管理，医保经办机构与各定点医药机构签订服务协议，建立健全考核评价机制和动态准入退出机制，经考核不符合定点条件并且未按规定整改的，依照定点服务协议取消定点资格。原城镇居民医保定点医疗机构、原新农合定点医疗机构根据自愿原则纳入我市城乡居民基本医疗保险定点医疗机构管理。

1. 使用社会保障卡就医。参保对象在市级统筹区内定点医疗机构就医的，直接刷卡即时结算；到省内异地联网定点医疗机构就医的，需向所属医保经办机构开通即时刷卡结算功能。参保对象如因特殊情况未使用社会保障卡办理住院手续的，应向医院说明情况，并于 3 日内将社会保障卡交给医院办理有关手续。

参保对象持社会保障卡在市级统筹区域内或

统筹区域外全省联网定点医院实时结算的大病保险医疗费用，由城乡居民医保经办机构同定点医院结算后，再向商业保险机构理赔。参保对象在市级统筹区域外不能刷卡实时结算的大病保险医疗费用，由个人先垫付后到所属城乡居民医保经办机构报销。

2. 特殊门诊办理。参保对象需要申办门诊特殊病种的，须携带二级（含二级）以上定点医院相关科室副主任医师以上（含副主任医师）填写意见的《门诊特殊病种审批表》、疾病证明书等有关资料，向所属医保经办机构办理。参保对象在全市范围内选择定点医院作为本人门诊特殊病种指定医院，携带个人社会保障卡、医保经办机构核发的《门诊特殊病种诊疗证》就医，经治医生须详细填写诊疗情况。

3. 转外就医管理。参保对象因病情需要转出泉州市外治疗（含参保对象外出时在泉州市域外急诊住院）的，医疗费用按统筹区内可报销额度的80%由城乡居民基本医疗保险基金支付。参保对象转外就医未实时刷卡结算的或因急诊符合规定到非定点医院就医的，先由个人垫付医疗费，报销时须携带社会保障卡、居民身份证、有效票据、总费用明细清单、长短期医嘱复印件、出院小结、《转外就医住院核对表》等全套材料，到所属医保经办机构办理费用报销。参保大中专、技校学生因在假期、休学期间、教育实习以及病情需要等原因需在统筹区外住院治疗的，必须在当地定点医疗机构就医，由个人垫付医疗费用，报销时携带上述全套材料到所属医保经办机构办理。

4. 报销截止日期。参保对象原则上应在出院后一个月内及时报销相关医疗费用，报销截止日期为次年11月30日。

七、基金管理和监督

（三十一）市医疗保障管理局负责全市城乡居民基本医疗保险基金的统筹管理，各医保经办机构负责辖区内城乡居民基本医疗保险基金的支付和管理，并建立健全预决算制度、财务会计制度和内部控制制度。医保经办机构与定点医疗机构具体结算办法参照有关规定执行，参保对象发生符合城乡居民基本医疗保障基金支付范围的医疗费用，由定点医疗机构所属医保经办机构支付，医疗费用纳入各级医疗保障基金的统计范围。

市医疗保障管理局要推进统一的按病种付费为主、多种付费方式相结合的复合型付费方式改革，建立与定点医疗机构医疗服务协商谈判机制。

（三十二）城乡居民基本医疗保险基金分为住院和门诊特殊病种统筹基金、普通门诊统筹基金、大病保险基金、意外伤害保险基金，原则上分别占当年筹资总额的80%、10%、5%、5%。

（三十三）城乡居民基本医疗保险基金纳入医疗保障基金财政专户管理，实行收支两条线管理、单独列账、独立核算、专款专用、不得挤占挪用。城乡居民基本医疗保险基金及利息收入按有关规定免征各种税费，基金利息收入并入统筹基金。参保对象缴费以及用人单位对职工直系亲属缴费给予补助的税收鼓励政策，按国家有关规定执行。

（三十四）市级统筹后，城乡居民医疗保险缴费（包括历年结余、风险调剂金）收入全额缴入市级城乡居民基本医疗保障基金财政专户管理，支出时由市医保经办机构提出申请。

（三十五）医疗保障管理部门、财政部门负责城乡居民基本医疗保险基金的监督，审计部门负责定期对基金收支和管理情况进行审计。各级社会保险基金监督机构要加强对基金的监督。

八、信息管理

（三十六）医疗保障管理部门牵头，对目前职工医保和城镇居民医保使用的人社部门信息系统，新农合使用的卫计部门信息系统，医疗救助依托的民政部门信息系统进行整合改造，建立统一的医药、医疗、医保“三医联动”医疗保障信息服务平台，并与医疗服务信息系统有效衔接，支撑城乡居民医疗保障制度运行和功能拓展，为参保人员提供基本医保、大病保险、医疗救助“一站式”结算服务。

（三十七）市医疗保障基金管理中心负责对城乡居民基本医疗保险信息系统进行改造升级，实现统一参保权益记录、统一目录编码、统一就医和结算接口标准、统一疾病编码管理、统一定点服务机构编码管理；整合现有医疗保险信息资源，为城乡居民提供统一的社会保障卡服务、权益记录查询、政策咨询、业务办理等服务；要做好医疗救助“一站式”即时结算服务信息系统改造，确保医疗救助政策与城乡居民基本医疗保险政策有效衔接，实现医疗救助基金刷卡实时支付。各医保经办机构要逐步将城乡居民医保信息管理终端延伸到村卫生所，提高村卫生所城乡居民医保费用即时结算覆盖面，利用信息系统开展对村卫生所管理。对于参保缴费由乡镇人民政府（街道办事处）统一办理的，要将城乡居民医保信息管理系统终端延伸到乡镇人民政府（街道办事处），有条件的可延伸到村委会（社区居委会），进一步提高信息使用效率，加强参保档案信息管理。

九、组织管理

（三十八）城乡居民基本医疗保险政策一体化工作在市深化医药卫生体制改革领导小组的直接领导下，由市医疗保障管理局负责具体工作的组织协调。

（三十九）各相关部门要根据各自的职责，通力协作，共同做好城乡居民基本医疗保险工作。人社、财政、医保等部门要进一步加强城乡居民医保经办机构建设，根据工作需要配足工作人员，提供经费保障；卫计部门负责合理布局城乡社区卫生服务机构、建立分级诊疗制度和提供医联体有关文件，加强医疗服务机构监督管理，做好农村居民已办理《独生子女父母光荣证》或者农村居民生育两个女孩并已绝育的家庭、计生特殊家庭的确认工作，督促落实各医疗机构医疗费用总额控制工作；民政、残联等部门负责协助做好城乡居民最低生活保障对象（含五保户）、革命“五老”人员、残疾人（含重度残疾人、一户多残家庭等）、二十世纪六十年代精简退职职工中享受40%救济的人员、重点优抚对象、低收入家庭等认定工作；食品药品监管部门负责加强全市定点医疗机构的药品和医疗器械质量监管；财政部门负责参保对象政府补助资金的落实；公安部门负责做好医疗保险基金欺诈案件查处工作；各大中专院校、技校要指定专人负责组织在校学生参保、缴费、申报、信息变更等工作。

（四十）各县（市、区）人民政府、泉州台商投资区管委会负责辖区居民参保工作的部署、宣传、动员等工作，做好城乡居民基本医疗保险财政补助和个人减免财政承担部分的归集；各村委会（社区居委会）负责城乡居民的参保登记、缴费、申报、信息变更工作；各乡镇人民政府（街道办事处）负责复核、汇总，并向当地县级医保经办机构申报。

（四十一）各医保经办机构要做好城乡居民参保的资料审定、信息录入、基金管理等工作，完善信息系统，提高管理和服务水平；与所属定点医药机构签订服务协议，明确双方的责任、权利和义务，做好周转金预付和医疗费用按月结算工作；完善监管手段，建设智能医疗稽核平台，加强医疗稽核工作，建立医保医师代码库和“黑名单”制度，加大违法违规查处力度，将监管对象延伸到每个医务人员，强化源头管控。

（四十二）全市县级以上公立医院要在门诊大厅设置医保服务站，各基层医疗机构要做好基本医保管理服务工作，负责医保政策咨询、医保服务及落实医保政策等；各城乡居民基本医保定点医疗机构要配合做好医保信息系统和医保医师数据库的建设，积极主动做好医疗费用总额控制、按病种付费等多种复合付费工作，有效控制不合理医疗费用增长，提供优质医疗服务。

十、附则

（四十三）市医疗保障管理局可根据城乡居民基本医疗保险基金的支付能力，对城乡居民基本医保住院和门诊特殊病种的起付标准和报销比例提出调整意见，报市政府批准后实施。

（四十四）本暂行规定自2018年1月1日起施行，有效期两年。《泉州市人民政府关于印发泉州市城镇居民基本医疗保险规定的通知》（泉政文〔2012〕312号）同时废止。原城镇居民基本医疗保险和原新型农村合作医疗保险的相关规定与本规定存在冲突的，以本暂行规定为准。

（四十五）本暂行规定由市医疗保障管理局负责解释。

【发文机关】泉州市人民政府办公室
【标　　题】泉州市人民政府关于印发泉州市城乡居民基本医保政策一体化暂行规定的通知
【发文字号】泉政文〔2017〕86号
【发布日期】2017年6月9日

三明市人民政府关于开展创建教育强县工作实施方案的通知

各县（市、区）人民政府，市直有关单位：

为进一步推进各县（市、区）“教育强县”创建工作，引领和推动我市教育现代化进程，实施“教育兴市”战略，现将《三明市人民政府关于开展创建“教育强县”工作实施方案》印发给你们，请认真组织实施。

三明市人民政府

2017年10月12日

（此件主动公开）

三明市人民政府关于开展创建教育强县工作实施方案

为了贯彻落实《福建省人民政府办公厅转发省教育厅关于开展创建“教育强县”工作意见的通知》（闽政办〔2010〕13号）《福建省人民政府教育督导办公室关于印发福建省“教育强县”督导评估办法和标准》（修订）的通知（闽政教督〔2017〕15号）文件精神，深入推进我市“教育强县”创建工作，现结合实际，制定本实施方案。

一、工作目标

总体目标：以着力建设教育强市，努力推进我市教育整体水平和综合实力在全省领先为目标，全面实施创建“教育强县”工作，到2020年有6个左右经济及教育基础较好的县（市、区）通过福建省“教育强县”督导评估认定。

具体规划：2017年梅列区和永安市，2018年三元区和泰宁县，2019年沙县和宁化县，2020年将乐县和尤溪县，2021年大田县和清流县，2022年明溪县和建宁县通过“教育强县”创建省级督导评估认定。鼓励各县（市、区）创造条件，提前实现教育强县。

二、工作任务

（一）高度重视，明确创建标准要求

各县（市、区）政府要按照全市“教育强县”创建规划，依法履行教育工作职责，按照序时进度，扎实开展“教育强县”创建工作。一是必须达到申报前置条件的要求。“教育强县”督导评估内容，包括申报条件、督导评估标准和社会认可度调查等三个方面。创强工作必须按要求达到申报条件，即按“对县督导”标准（2017年修订）最近一次省级督导评估得分必须达到90分以上；通过“义务教育发展基本均衡县”国家认定后，教育资源配置相关指标年度监测持续保持较高水平，近三年小学综合差异系数均不大于0.60、初中综合差异系数均不大于0.50；近三年财政教育投入均达到法定“三个增长”；近三年教育系统不存在重大安全责任事故或严重违纪违规事件。二是严格落实“教育强县”督导评估标准（2017年修订）。创强工作必须对照《福建省“教育强县”督导评估办法和督导评估标准（2017年修订）》，把督导评估标准作为加快教育事业发展和创建“教育强县”的工作要求，把握着力点，在办学条件、学校管理、师资力量、教育公平和教育质量等方面加快推进各级各类教育整体水平和综合实力的提升，打造区域教育特色，推进教育现代化。三是全面接受省级督导评估认定。2012—2013年结合创建“义务教育发展基本均衡县”工作，梅列区、三元区、永安市、沙县和泰宁县先后接受创建“教育强县”省级初步督导评估，由于省级暂停“教育强县”创建认定工作，接受初步督导评估的5个县（市、区）创建工作尚未通过省级认定。按照省上要求，现重新启动“教育强县”创建程序，梅列区、三元区、永安市、沙县和泰宁县必须按照《福建省“教育强县”督导评估办法和督导评估标准（2017年修订）》重新申请“教育强县”督导评估认定，下阶段要继续巩固提升创建成果，加大创建力度，以优异成绩通过省级“教育强县”督导评估认定。

（二）统筹推进，优化教育资源结构

在创建工作中，要按照省督导评估标准，逐项对照，补齐教育短板，缩小城乡、校际和群体差距，共享优质教育资源，促进教育公平，推进教育事业发展。

1. 加大教育投入。依法保障教育经费，预算内教育经费达到“三个增长”的法定要求；各类教育生均公共财政预算公用经费达到全省平均水平以上，中小学教师继续教育经费占教职工工资总额的比例达到2.5%，教师工资和各项福利待遇落实。建立教育经费支出监管机制，各项教育经费管理规范，使用合理，下拨及时。

2. 改善办学条件。一是加强办学条件保障。加快补齐设施设备短板，兜底线，保重点，“全面改薄”任务按省定规划完成。不断提高义务教育教育资源配置水平，义务教育学校专用教室（功能室）、卫生保健室和心理辅导室齐全，体育场地、学生宿舍和食堂达标，教学仪器、图书设备值达省定标准，国家《县域义务教育优质均衡发展督导评估办法》中的7项教育资源配置指标的校际差异系数，小学均小于或等于0.50，初中均小于或等于0.45。优化普通高中办学资源配置，加快扩充普通高中教学用房，配齐教学设备，改造提升薄弱普通高中，确保教育资源配置满足新高考综合改革新要求。推进乡村教师周转宿舍建设，全面及时消除D级危房和有重大安全隐患的校舍设施。二是推进教育信息化建设。推进智慧校园建设，教育信息化设施设备配置达到省定要求，优质教育资源开放共享，实现学校管理与教学信息化。

3. 优化教育结构。统筹谋划，推动县域内学前教育、义务教育、普通高中教育、中等职业教育以及特殊教育、终身教育等各级各类教育协调发展。制定区域中小学校和幼儿园布局规划以及校舍安全改造计划，依法落实城镇新建居住区配套标准化学校建设用地制度。一是普惠发展学前教育。健全学前教育普惠发展保障机制，多渠道扩充普惠性学前教育资源和供给。学前教育要突出重点，新建、配建、改建幼儿园，按照“社会投资、政府扶持、依法监管”机制，鼓励社会资本参与幼儿园建设运营，推动优质普惠发展；每个乡镇至少建设一所公办中心幼儿园，健全以乡镇中心园为中心，辐射至各村的农村学前教育网络，公办幼儿园在园幼儿比率达50%以上，学前三年入园率达98%以上；市级以上示范幼儿园、普惠性幼儿园的园所占比及其在园幼儿人数占比分别达到全省平均水平以上。二是优质均衡发展义务教育。巩固义务教育基本均衡发展成果，加快实施义务教育优质均衡发展。义务教育学校要软硬件同步建设，优先保障中小学建设用地，统筹解决城区义务教育学校拥挤现象，重点解决城区“挤”和初中“弱”的问题，加快城镇中小学扩容工程和义务教育提升工程建设，提高学位供给能力，力促生均校园面积和生均校舍面积达省定要求，中小学和幼儿园办学规模符合国家规定要求，班额符合规定要求的班级比例达到全省平均水平以上。三是特色多样化发展普通高中。全面落实国家“高中阶段教育普及攻坚计划”，聚焦办学薄弱环节，拓展高中校优质资源，集中力量保基本、补短板，提水平，形特色，促进普通高中教育的健康可持续发展；加快普通高中省级达标校建设，普通高中全部通过省三级以上达标高中认定，至少有一所省一级达标高中或省级普通高中课程改革基地校。四是调整优化职业教育结构。实现普通高中教育和中等职业教育协调发展，高中阶段招生普职比大体相当；扩大中等职业教育资源，健全校企合作办学制度，推进产教深度融合，推广“二元制”和现代学徒制育人模式，做专、做特、做优职业学校；中职学校通过省教育厅规范化等级认定，专业与区域产业匹配度高。五是提升特殊教育办学水平。深化普特融合教育和“医教结合”工作，提高残疾学生康复水平；努力完善特教办学体系，推进特殊教育向学前和高中阶段两头延伸，发展以职业教育为主的残疾人高中阶段教育，保障残疾人接受高中阶段教育的权利；特殊教育学校通过省级标准化学校验收。

4. 提升师资水平。统筹加强教师队伍建设，推进教师管理改革。一是优化城乡师资配置，学科结构性问题有效解决。推进教师“县管校聘”改革，切实落实县级教育行政部门在核定教师编制总额和岗位总量内，统筹分配各校教师编制与岗位数量的政策，建立学校教职工编制和岗位数量统筹配置机制。加强县域内教师统筹调配力度，重点解决中小学、幼儿园教师数量缺口问题，各类学校教职工按省定编制标准配足配齐，中小学体育、音乐、美术和科学专任教师占比达到全省平均水平以上，高中教师配备满足“选课走班”教学需要。二是加强教师队伍管理，师资队伍素质全面提升。加强师德教育，健全教师考核和激励机制，提高教师待遇，落实乡村教师支持计划；建立校际之间教师交流共享机制，盘活用好教师资源；加大教师培训力度，提升教师教学教研能力；完善名师、名校长选拔和培养力度，市级以上中小学名教师、名校长、学科带头人及特级教师占比达到全省平均水平以上，中职学校专业教师“双师型”占比达到70%以上，县级名师工作室（学科工作室）数量达到适当比例。

（三）着力改革，全面提升教育质量

坚持内涵发展，加快教育由量的增长向质的提升转变，把质量作为教育的生命线，深入实施素质教育，落实立德树人根本任务，把握正确的政治方向和价值导向。深化教育综合改革，培养学生创新精神和实践能力，推进学校文化建设和精细化管理，促进学生德智体美全面发展，提升教育教学质量整体水平。一是提高学前教育保教质量。按照《幼儿园工作规程》，落实《3—6岁儿童学习与发展指南》，加强保育与教育，规范幼儿园课程实施和教育行为，扎实开展以游戏为基本活动的教育教学，促进幼儿身心和谐发展。二是提升中小学教学质量。推动建立现代学校制度，推进实施小学“强基”、初中“壮腰”、高中“筑梦”工程，把培育和弘扬社会主义核心价值观作为凝魂聚气、强基固本的基础工程，强化推进学校体育、艺术教育、劳动教育和心理健康教育工作，实施“阳光体育”和“大课间”活动，近三年中小学《国家学生体质健康标准》测试率达到100%，合格率达到90%以上，优秀率达到全省平均水平以上。全面提升义务教育教学质量，强化教学管理，改进教学方法，在国家及省级义务教育质量监测中，相关学科学生学业水平均达到Ⅲ级以上，且校际差异率低于0.15；中考及格率、全科及格率达到全省平均水平；“义务教育管理标准化学校”占比超过全省平均水平10个百分点。实施普通高中多样化特色发展计划，健全学校教学质量和学校发展综合评价制度，深化普通高中课程改革，增强课程的选择性和适宜性，普通高中学生学业水平考试合格率达到全省平均水平以上，高三毕业班学生高考总分的平均分达到全省平均水平以上。三是巩固提高职业教育发展水平。建立健全校企合作协同育人机制，推动职业学校专业设置、课程内容、教学方式与生产实践对接，办好特色优势专业，加强技术技能培养和文化基础教育，提升服务产业发展能力；实行普职融通，为学生提供更多选择机会；中职学生学业水平考试合格率达到全省平均水平以上。四是推进终身教育发展。推进各类教育资源向社会开放，开展有组织的终身教育活动，广泛开展城乡社区教育。社区教育学习网点覆盖80%以上乡镇（街道）、60%以上的村（居），城市居民社区教育活动年参与率达到65%以上，农村居民社区教育活动年参与率达到45%以上。五是加强教育督学工作。建立督政、督学、评估监测“三位一体”教育督导体系，督促中小学校推进素质教育，依法办学，提高质量。建立教育督导责任区，落实中小学校责任督学挂牌督导制度，按照我市规划部署，推进“全国中小学校责任督学挂牌督导创新县”创建工作，确保通过国家督导评估认定。

三、实施程序

（一）县级自评

县政府根据省、市制定的创建工作要求，对照标准，开展自查自评，形成自查报告；符合“教育强县”申报条件的由县政府于每年的3月31日向市政府教育督导室提出核查申请，并报送申报材料。

（二）市级核查

市教育督导室根据县政府核查申请，对申报县自评情况进行审核，发布市级核查公告，实地核查，公布核查意见，督查整改；经市级核查达到要求的，由市政府于每年的4月30日前致函省政府教育督导办公室，申请省级教育督导评估，并报送申报材料。

（三）省级督导评估

省政府教育督导办公室根据市级申请，组织进行前期审核，实地评估，发布督导公告，公布省级督导评估意见和督导评估结果。

四、工作要求

（一）加强组织领导，确保创建落实

为加强对创建工作的组织领导，市政府成立由张文珍副市长为组长、市政府办及有关职能部门组成的创建工作领导小组（名单见附件），统筹协调创建工作。各县（市、区）政府要坚持把教育放在优先发展的战略位置，认真落实全市“教育强县”创建规划，把创建“教育强县”工作纳入政府的重要议事日程，成立创建“教育强县”工作领导小组，加强组织领导，强化责任担当；建立创建工作联席会议制度，健全各部门抓教育工作协同机制，督促乡镇政府依法履行教育职责，各县（市、区）教育、财政、发改、编办、人社、规划、国土、住建、公安、卫计、文广新、税务、物价等部门要通力合作，明确分工，落实职责，联动协调，形成合力，共同推进“教育强县”创建；科学制订“教育强县”创建实施方案，明确目标任务和序时进度，突出工作重点，健全实施机制，强化保障措施，加快提升教育整体水平和综合实力，确保顺利实现“教育强县”创建目标。

（二）抓实督查考评，压实创建责任

各县（市、区）要围绕创建“教育强县”提出的主要目标、重点任务和保障措施，建立创建考评机制，将创建考评情况作为考核各部门领导班子和主要领导干部工作实绩的重要内容；县教育行政部门要对各级各类教育工作做全面总结分析，强化问题导向，认真查找差距，明确创建方向，落实整改提升；县教育督导室要加强创建工作的过程指导和督导检查，组织开展自查自评；市政府建立创建工作问责机制，对创建工作组织不力的进行约谈问责；市政府教育督导室将加强创建工作的监督和指导，定期安排对县（市、区）教育“两项督导”和专项督查，全力推进创建工作。

（三）深入宣传动员，营造创建氛围

创建“教育强县”是保障省、市“十三五”教育发展规划、县域内城乡义务教育一体化改革发展的顺利实施，引领和推动县域教育现代化的重大举措，是补齐教育短板，提升教育质量，加快我市教育事业发展，促进教育公平，办人民满意教育的必然要求。各县（市、区）要提高对创建“教育强县”重大意义的认识，召开动员大会，对“教育强县”创建工作作出全面部署，紧盯时间节点，将任务分解方案逐一落细落实，精准发力，全力推进；要加强创建工作的舆论宣传，形成浓厚的创建氛围，扎扎实实推进教育强县建设。

附件：三明市“教育强县”创建工作领导小组名单

附件

三明市教育强县创建工作领导小组名单

组　长：张文珍　市人民政府副市长

副组长：吴小士　市人民政府办公室调研员

　　　　陈　兴　市教育局局长

成　员：陈宝文　市委编办副主任

　　　　林春木　市发改委副调研员

　　　　陈瑞迈　市教育局副局长

　　　　黄祖谋　市公安局副局长

　　　　周梅华　市财政局总会计师

明　政　市人社局副局长
陈锦生　市国土局副局长
郑礼群　市住建局副局长
吴义丰　市城乡规划局副局长
林日上　市文广新局副局长
许文盛　市卫计委副主任
戴绍松　市体育局副局长
朱建明　市物价局副调研员
郑荣鼎　市地税局副局长

领导小组办公室设在市教育局，办公室主任由陈兴兼任，副主任由陈瑞迈兼任。

【发文机关】三明市人民政府
【标　　题】三明市人民政府关于开展创建教育强县工作实施方案的通知
【发文字号】明政〔2017〕13号
【发布日期】2017年10月12日

莆田市人民政府关于印发莆田市深化行政审批标准化改革实施方案的通知

各县（区）人民政府（管委会），市直有关单位：

现将《莆田市深化行政审批标准化改革实施方案》印发给你们，请认真贯彻落实。

莆田市人民政府

2017 年 10 月 30 日

莆田市深化行政审批标准化改革实施方案

为深入贯彻党中央、国务院、省委、省政府关于“放管服”改革和加快转变政府职能有关精神，根据国务院审改办、国家标准委《关于推行行政许可标准的通知》（审改办发〔2016〕4 号）、省政府《关于深化行政审批标准化改革的指导意见》（闽政〔2017〕41 号）有关部署，加快推进全市行政审批标准化体系建设，推动行政审批服务规范化，提升莆田社会治理和公共服务水平，优化营商环境，现结合我市实际，提出实施方案如下：

一、目标要求

认真贯彻党的十九大精神、习近平总书记系列重要讲话精神和治国理政新理念新思想新战略，落实党中央、国务院和省委、省政府转变政府职能、建设人民满意的服务型政府的决策部署，促进简政放权、放管结合、优化服务改革措施落地生效，进一步深化行政审批标准化改革，规范行政权力运行，优化政务服务供给，降低制度性交易成本，最大限度激发社会和市场活力；全面落实“五个规范”和“四个统一”，围绕“行政审批事项最少、审批流程最优、审批环节最简、审批时限最短”改革目标，建立健全涵盖政务服务“全事项、全过程、各环节”相互配套协调的标准体系。2017 年底前，全市行政审批标准化体系建设取得阶段性成效；2018 年底前，推广行政审批标准化改革工作经验，推进一批行政审批地方标准的实施；2019 年底前，全市行政审批标准化体系基本建成，实现审批服务事项清单标准化、办事指南标准化、审查工作细则标准化、网上网下审批服务标准化、考核评估指标标准化等，为企业和群众提供规范、透明、高效的政务服务。

（一）*服务体系更加健全*。建立健全全市各级行政服务中心、乡镇（街道）便民服务中心和村（居）便民服务代办点，实现窗口建设、审批业务、服务行为、服务场所、监督评价标准化，做到规范统一、设施完备、功能健全，更好的发挥服务企业、服务群众、服务社会、服务经济发展的综合性平台作用；网上办事大厅和各级审批系统、各专业部门审批平台更加规范，做到系统兼容、数据互通、信息共享。

（二）*权力运行更加透明*。全面推行政府部门权责清单制度，实行阳光审批，接受社会监督；审批要件更加明确，审批环节更加简化，监督制约机制和责任追究机制更加完善，裁量行为更加细化，自由裁量空间不断压缩；部门间联审联批工作机制更加顺畅，互为前置的现象基本杜绝。

（三）*服务流程更加高效*。进一步创新服务方式，服务流程更加优化，审批时限最大限度压缩，形成权责一致、公开透明、便利高效、服务优质的行政审批运行机制，行政服务效能大幅提升，企业、群众办事基本实现“一趟不用跑”或“最多跑一趟”。

二、主要任务

持续深化“放管服”改革，着力抓好行政审批和服务事项管理、服务场所、网上审批、机制创新以及监督评价等方面的规范和标准，进一步健全和完善政务服务标准体系。

（一）行政审批和服务事项管理的规范和标准

1. 事项管理规范

按照“五个规范”和“四个统一”，对所有的行政审批和服务事项统一建立事项清单，实行动态管理。按照“能减尽减”原则，“取消一批、改备案一批、告知承诺一批、转化优化一批”，大力清理与企业生产、群众生活密切相关的证照资质资格、证明及年检、培训等事项，进一步降低就业创业门槛。

对公布保留的行政审批和服务事项目录，按照市级部门纵向清单，统一主项、子项的设置及名称、审批类别等基本要素，推行统一编码管理，实现不同层级相同事项的事项名称、事项类别、法律依据、基本编码等要素基本统一，实现市、县行政审批和服务事项“一事项一标准”。

牵头单位：市审改办、市行政服务中心管委会、市质监局

责任单位：各县（区）人民政府（管委会）、市直各有关部门

2. 办事指南规范

对行政审批和服务事项，逐项梳理形成规范统一的办事指南，列明事项名称、事项类别、设定依据、实施机构、法定办结时限、承诺办结时限、结果名称、结果样本、收费标准、收费依据、申请材料、办理流程、办理形式、审查标准、通办范围、预约办理、网上支付、物流快递、办理地点、办理时间、咨询电话、监督电话等要素，并明确提交材料的依据。持续开展“减证便民”专项行动，对涉及企业、群众办事的各种证照和奇葩证明、循环证明进行全面清理，凡没有法律法规依据的一律取消；进一步精简企业和群众办事的各种申报材料，凡没有法律、法规、规章或国家部委、省政府规范性文件等依据的，一律予以取消；能够通过部门之间信息共享解决的，一律不再要求申请人提供，全面精简办照办证所需的申报材料，方便企业和群众办事。

牵头单位：市行政服务中心管委会、市审改办

责任单位：各县（区）人民政府（管委会）、市直各有关部门

3. 审批管理规范

行政审批和服务事项实施机关应以方便行政相对人为导向，简化优化行政审批流程，梳理编制审批流程图。根据行政审批和服务事项流程所涉及实施机关的数量及职责，将流程分为单一审批流程和共同审批流程。单一审批流程事项尽量调整为即办事项；共同审批流程事项需明确一个牵头部门，并建立相关部门协同办理机制。

审批实施的流程一般包括受理、审查和决定环节。除个别复杂事项外，审批环节原则上控制在3个以内，部分行政审批和服务事项可依法设定特殊环节。对于事项受理后依法需要公示、听证、招标、拍卖、检验、检测、检疫、测绘、鉴定、专家评审等特殊环节办理的事项，行政审批和服务事项实施机关应根据不同情形制定相应的流程说明以及所需时间，向社会公示。法律、法规、规章未明确需要公示、听证、招标、拍卖、检验、检测、检疫、测绘、鉴定、专家评审等的，行政审批和服务事项实施机关在审查中认为有必要履行上述程序的，由同级行政服务中心管委会牵头会同相关部门审定，所需时间原则上应控制在行政审批法定的时限内。

审批全流程所需时间为审批时限，审批时限原则上控制在法定时限的50%以内。特殊环节办理的时限一般不计入审批时限，法律法规有明确特殊环节办理时限的，依照法定时限办理；法律法规未明确特殊环节办理时限的，审批机关应根据实际予以明确。

牵头单位：市行政服务中心管委会、市审改办、市发改委、市国土局、市规划局、市住建局、市工商局

责任单位：各县（区）人民政府（管委会）、市直各有关部门

（二）行政审批审查审核的规范和标准

1. 推进“三集中”审批改革

推行“一审一核”制，集中行政审批权。加快将分散在审批部门多个内设机构的审批职能集中到一个内设机构，成建制进驻行政服务中心，集中开展对外服务，避免一个部门内部多头审批。对实行集中审批的内设机构或行政服务中心窗口要充分授权到位。

牵头单位：市行政服务中心管委会、市审改办

责任单位：各县（区）人民政府（管委会）、市直各有关部门

2. 明确审批环节工作细则

按照“无差别受理、同标准审批、零自由裁量”服务目标，制定行政审批各个环节的审查工作细则，细化业务办理裁量标准。行政审批审查工作细则是指行政审批机关实施受理、审查和决定等环节的审核规范和办理要求，应明确适用情形、法定审查内容、审查要点、审查评判依据、审查程序、审查期限、各级审查人责任、审查意见（结论）等，还应明确注意事项及不当审查行为需要承担的后果等，便于行政相对人行使监督权利。

牵头单位：市行政服务中心管委会、市审改办

责任单位：各县（区）人民政府（管委会）、市直各有关部门

（三）行政审批服务场所的规范和标准

1. 服务大厅实体建设规范

市、县两级均需设立实体性行政服务大厅，大厅面积应当能够容纳本级承担的所有行政审批和服务事项的办事窗口。根据实际从严控制分中心设置，对设置分中心较多的市级部门、县（市、区），能整合的尽量整合。乡镇（街道）设立便民服务中心，设置综合服务窗口，配备专兼职工作人员。乡镇（街道）便民服务中心及乡镇派出所办事窗口统一纳入各级行政服务中心予以统筹管理和监督。

牵头单位：市行政服务中心管委会、市审改办

责任单位：各县（区）人民政府（管委会）、市直各有关部门

2. 服务大厅制度建设规范

行政服务大厅应当建立健全服务保障制度。实行一次性告知制、首问责任制、服务承诺制、限时办结制、同岗替代制、责任追究制、信息公开制度以及推行窗口无否决权、周末办事制度等提供优质服务相关制度。市行政服务中心和具备条件的县级行政服务中心要开辟24小时自助服务区，提供自助服务一体机等设备，为群众办事提供全天候服务。乡镇（街道）便民服务中心、社区便民服务代办点要进一步整合网格化管理系统、社区服务站等资源，打造社区15分钟便民服务圈。

牵头单位：市行政服务中心管委会

责任单位：各县（区）人民政府（管委会）、市直各有关部门

（四）网上审批服务管理的规范和标准

1. 网上审批系统建设规范

推行“互联网+政务服务”，实现政务“上云端”、服务“接地气”。进一步完善由网上办事大厅、“闽政通”APP、“惠民宝”APP、政府门户网站构成的“互联网+政务服务”平台，构建多级联动、规范透明、资源共享、业务协同的网上政务服务体系。强化网上实名认证、快递服务、缴费服务等公共技术环境支撑。加快推进政务数据共享平台建设，实现各级部门自建审批服务系统与各级行政服务中心审批办理系统的数据互通，进一步解决“信息壁垒”“二次录入”等问题，实现信息共享。

牵头单位：市数字办、市行政服务中心管委会、市审改办

责任单位：各县（区）人民政府（管委会）、市直各有关部门

2. 网上审批运行规范

推进“一张网”审批，至2017年底，市、县（区）、乡镇（街道）三级行政审批和服务事项（除涉密及敏感事项外）全部入驻省、市网上办事大厅。加快推进电子证照库建设工作，实现审批综合平台与电子证照库对接。至2017年底，市、县（市、区）两级部门电子证照生成率达到本部门核发证照的100%。各级各部门不断提高电子证照使用率，大力推进全流程网上办理，不断提高“全程网办”事项比例，建立全流程网上办理与邮政速递相结合办理机制，规范网上预审服务，提升网上申报率。至2017年底，市、县原则上实现“一趟不用跑”和“最多跑一趟”办理事项达到90%。

牵头单位：市行政服务中心管委会、市审改办、市数字办

责任单位：各县（区）人民政府（管委会）、市直各有关部门

3. 推进“闽政通”APP、“惠民宝”APP的运用

依托省、市移动终端“闽政通”APP、“惠民宝”APP的开发利用，将多部门网上办事服务入口统一集成至“闽政通”APP、“惠民宝”APP，推进移动互联网政务服务和政民互动的统一平台的运用。

牵头单位：市数字办

责任单位：各县（区）人民政府（管委会）、市直各有关部门

（五）行政审批机制创新的规范和标准

1. 建立一次办结机制

推进行政审批方式创新，提升运用新技术新方法为民服务的能力，在推行即办制度和限时办理承诺制度的基础上，全面推进网上受理和网上审批，持续提升行政服务效能，建立一次办结机制，为群众和企业提供标准统一、便捷高效的政务服务。

牵头单位：市行政服务中心管委会、市审改办

责任单位：各县（区）人民政府（管委会）、市直各有关部门

2. 推行联审联办机制

对涉及多部门办理事项，实行分阶段会商会审、跨部门联动审批，明确每个联审联办事项的牵头和配合部门，落实责任分工，建立健全部门协作配合、衔接顺畅的工作机制，不断完善联审联办制度。

牵头单位：市行政服务中心管委会、市工商局、市发改委、市国土局、市规划局、市住建局、市数字办

责任单位：各县（区）人民政府（管委会）、市直各有关部门

3. 推行代办服务制度

推行重大项目审批代办服务制度，按照“无偿代办、全程服务、上下联动、部门协作”原则，实行代办窗口专人专项服务，落实“一个项目、一个专员、随叫随到、当日协调”要求，实现“让服务跟着项目跑，让代办员随项目跑”，让企业能够轻松办成事、办好事。

牵头单位：市行政服务中心管委会

责任单位：各县（区）人民政府（管委会）、市直各有关部门

（六）监督检查及评价的规范和标准

1. 监督检查机制

建立健全监督检查机制，采取视频监督、电子监察、现场巡查等方式，定期或不定期地进行抽样检查、抽点检查或定点检查，重点检查超权限、超时限、逆程序办理行政审批和服务事项，以及不作为、乱作为、权力寻租、恶意刁难、吃拿卡要等其他违规情况。

牵头单位：市审改办、市行政服务中心管委会、市质监局、市数字办

责任单位：各县（区）人民政府（管委会）、市直各有关部门

2. 评价评估机制

采用自我评价、行政相对人满意度评价、第三方评价或多方评价相结合等方式开展评价，重点评价行政许可信息公开情况、行政许可事项动态管理情况、行政许可流程梳理优化情况、办事效率情况、违规办理情况、便民利民的创新措施情况以及投诉、行政复议或行政诉讼情况等。

牵头单位：市审改办、市行政服务中心管委会、市质监局、市数字办

责任单位：各县（区）人民政府（管委会）、市直各有关部门

三、组织实施

（一）加强组织协调。各级各部门要高度重视，把深化行政审批标准化改革作为推进“放管服”改革的重要举措，积极组织或参与各类标准的研制工作，认真研究制定工作方案，明确责任分工和时间安排。市级部门和各县（区）人民政府要及时制定出台本部门、本地区实施方案，分阶段推进行政审批标准化改革，通过标准化建设促进工作效率提升、促进工作作风转变、促进工作效能提高。

（二）及时总结推广。各级各部门要按照加快推进“互联网＋政务服务”标准化示范试点和国家有关试点示范提升工作要求，系统总结行政审

批标准化工作的典型经验，成熟一批，总结推广一批，通过对标先进的做法，在全市营造“比服务、立标准、提效能”的改革氛围，持续优化营商环境。

（三）开展督查评价。各级各部门要组织开展标准化改革的监督检查和评价评定，规范行政审批行为，提高政务服务质量和效率。各级效能办、审改办、行政服务中心管委会应将业务监督与效能监督有机结合，采用现场巡查和电子监察相结合等方式定期或不定期开展抽样检查。同时，要积极采用第三方评价、行政相对人满意度评价或多方评价相结合等方式，开展审批服务标准化评价评估，评价评估结果向社会公开。

（四）建立长效机制。各级各部门要注重实效，在加强相关监督检查和评价评估基础上，不断摸索和总结经验。市质监局负责全市行政审批标准化体系建设的指导工作，牵头对县（区）政府部门在实施《政府工作部门行政许可规范》（DB/T1630－2016）地方标准过程中提出的更加简便、更加科学和更加高效的行政审批服务举措，认真进行总结，并及时将我市各级各部门在行政审批改革过程中形成的成熟标准向省上推荐申报，不断巩固行政审批标准化改革成果。

附件：莆田市深化行政审批标准化改革的任务分解表（略）

【发文机关】莆田市人民政府
【标　　题】莆田市人民政府关于印发莆田市深化行政审批标准化改革实施方案的通知
【发文字号】莆政综〔2017〕98 号
【发布日期】2017 年 10 月 30 日

南平市人民政府关于加快城乡民生基础设施建设的实施意见

各县（市、区）人民政府，武夷新区管委会，市直有关单位：

为贯彻落实省委十届三次、市委五届三次全会精神，加快完善我市城乡民生基础设施建设，优化城乡环境，提升城市形象，着力增强城乡综合承载能力，确保2020年如期全面建成小康社会，特制定本实施意见。

一、总体目标

坚持以人民为中心的发展思想，贯彻落实五大发展理念，围绕推进新型城镇化战略部署，重点针对城乡民生基础设施建设突出短板，综合施策、精准发力，下大力气治理群众反映强烈的拥堵、内涝、污染等问题，开展生态修复、城市修补工作，进一步改善人居环境，提高人民群众幸福感、获得感，力争到2020年我市城乡民生基础设施主要指标赶上全省平均水平，加快构建适度超前、功能配套、管理科学、安全高效的城乡民生基础设施体系。

二、重点任务

重点推进水美城市、交通畅通、供水安全、污水治理、城乡环卫、防洪防涝、管网建设、景观提升、配套服务和智慧城市等10大城乡民生基础设施建设工程，组织实施项目1043个，总投资2460亿元，2017—2020年完成投资1562亿元，建成项目980个。其中：续建项目100个，总投资354亿元；2017年1—7月新开工项目485个，总投资118亿元；2017年8—12月计划开工项目289个，总投资311亿元；储备项目163个，总投资724亿元。

（一）水美城市工程

全市实施水美城市工程项目12个，总投资349亿元，其中：2017年开工项目12个，年计划完成投资44亿元；2018年计划完成投资72亿元；2019年计划完成投资82亿元，建成项目1个；2020年计划完成投资95亿元，建成项目10个；2023年建成项目1个。

贯彻落实《国家生态文明试验区（福建）实施方案》和省第十次党代会提出“深入实施生态省战略”的部署，结合我市推进全国水生态文明城市建设试点工作，运用市场经营理念把水系治理与城市建设、产业发展、旅游康养、生态保护、土地资源开发利用有机结合起来，拓展城市空间，提升城市品位，打造具有闽北特色亲水型宜居宜游的水美城市。城区水系治理要树立尊重自然、保护自然的生态文明建设理念，依照城市总体规划、土地利用规划，统筹兼顾上下游、左右岸、城建拓展、防洪生态等关系，按照“统一规划、综合开发、分期实施、滚动发展”的系统治理原则，把单一工程、部门专项资金、技术力量等元素整合起来，着力构建“洪水、涝水、污水”三水共治工程体系。各县（市、区）要高起点规划设计，选择既有水利项目设计经验又有城市建设设计经验的高水平有实力综合性设计单位，提供当地传统元素、文化元素等背景资料，加强与设计单位会商研究。各相关部门要按照职责分工严格做好项目审查，建立健全质量保证体系，确保工程质量。2017年，全面开工建设12个“水美城市”项目；到2020年，累计完成水美城市项目投资284亿元，其中延平湖三江六岸景观市政改造提升工程、武夷新区滨江路堤结合工程、建阳区考亭水美城市建设项目、光泽县“水美城市”一期等11个项目建设基本完成，邵武市水美城市项目在2023年底前建成。

责任单位：各县（市、区）人民政府、武夷新区管委会，市水利局、住建局、规划局

（二）交通畅通工程

全市实施交通畅通工程项目273个，总投资638亿元，其中：续建项目38个，总投资154亿元；2017年开工项目156个，年计划完成投资91亿元，建成项目86个；2018年开工项目60个，年计划完成投资126亿元，建成项目75个；2019年开工项目6个，年计划完成投资115亿元，建成项目31个；2020年计划完成投资93亿元，建成项目58个。

1. 城市道路建设。全力推进福银高速塔前互通、宁武高速武夷山北互通等项目建设，完善城市干道与高速公路、国省干线的联系。加快武夷新区和建阳区十横十纵路网建设，开工建设延平中心城市滨江东路、建瓯市水南片区市政道路工程、光泽县城西环路等城市道路，完善城市路网。推进城市各组团之间快速联系通道建设，加快衢宁铁路建设，建成延平中心城市南福路、顺昌至工业园区等城市快速通道，构建铁路枢纽、高速公路、城市环路、机场、港口与城市内部交通体系。结合旧城改造，针对老城区交通问题，打通“断头路”，消除瓶颈路段，重点实施延平中心城市八仙隧道和杨真隧道、建阳区童三路贯穿富民路、邵武市李纲东路延伸工程、武夷山崇安大桥等项目。2017年，全市新改扩建城市道路220公里以上；2018年起，每年新改扩建城市道路120公里以上；到2020年，全市共新增城市道路580公里以上。

责任单位：各县（市、区）人民政府、武夷新区管委会，市住建局、规划局、交通运输局、公安局

2. 公共交通建设。突出公共交通的公益属性，合理规划布局城市公交、微型公交、公共自行车和共享单车等不同层次的公共交通体系，提高公交分担率。增加公共交通站点，扩大公交覆盖面，提升保障水平，构建方便快捷、安全经济的城市公交服务系统。开展市域城际轨道交通规划研究工作，积极鼓励有条件的县（市、区）发展城市轨道交通。全力推进武夷新区有轨电车一期工程（武夷山东站至武夷山景区线）建设，2019年底前进入试运行；2018年开工建设武夷新区有轨电车二期（武夷山东站至建阳西区生态城线）工程，加快突破武夷新区有轨电车三期（武夷山景区南入口至武夷山北站）项目前期，力争2020年前开工建设。加快公交优先车道、公交专用车道建设，有条件的道路规划设置港湾式公交站点，2018年在武夷新区、浦城、建瓯城乡公交线路上新增建成30个示范性港湾式公交停靠站。稳步推进农村客运公交化运营，加快建设公众出行信息服务系统、公交车辆营运调度管理系统、安全监控系统，应急处置系统等，构建智慧交通系统。到2020年，全市建成轨道交通27公里以上，南平中心城区万人公共交通车辆拥有量达12标台以上，其中清洁能源和新能源公交车占比达40%，公共交通占机动化出行比例达35%，“一卡通”在公共交通领域的应用达到90%以上；全市新建49个乡镇综合服务站，30个农村港湾式客运站，常住人口500人以上且符合公路通行安全条件的建制村100%通客车。

责任单位：各县（市、区）人民政府、武夷新区管委会，市交通运输局、住建局、规划局、发改委、公安局、国资委

3. 公共停车设施建设。结合新区开发和旧城改造，新建或利用住宅小区公共绿地地下空间等建设地下停车库，推进停车设施同步配建充电桩。2017年，全市开工建设公共停车场项目43个，新增城乡公共停车泊位4400个以上；2018年至2019年，每年新增城乡停车泊位2500个以上；2020年新增城乡停车泊位1800个以上；到2020年，全市新增城乡公共停车泊位11200个以上。

责任单位：各县（市、区）人民政府、武夷新区管委会，市住建局、交通运输局、规划局、人防办、公安局、发改委

4. 国省干道和农村公路建设。2017—2020年开工建设国省干道项目28个261公里，其中2017年完成4条25公里。开通建设武夷新区至沙县高速公路，继续推进“四好农村路”建设，建成农村通乡三级公路14条180公里，建成通建制村四

级公路“单改双”260公里，实施撤渡建桥19座。健全完善农村公路建设、管理、养护、运营长效机制，实现县县有示范乡，乡乡有示范村。到2020年，普通国省道二级及以上公路比重力争达到75%，新建与改造农村公路里程1900公里。

责任单位：各县（市、区）人民政府，市交通运输局、公安局

（三）供水安全工程

全市实施供水安全工程项目26个，总投资38亿元，其中：续建项目3个，总投资14亿元；2017年开工项目15个，年计划完成投资7亿元，建成项目6个；2018年开工项目6个，年计划完成投资9亿元，建成项目4个；2019年开工项目2个，计划完成投资10亿元，建成项目5个；2020年计划完成投资5亿元，建成项目9个。

1. 水源地保护。加强饮用水水源环境保护规范化管理，依法清理饮用水水源保护区内违法建筑、排污口和网箱养殖，严厉查处饮用水源保护区内违法违规排污行为。强化水源地水质监测，提高监测频率，落实应急预案。严格执行水库电站最小下泄流量制度，重点保障枯水期水源地水量和水质。加快应急备用水源建设，提高应急保障能力。到2020年，建阳区、武夷山市、光泽县建成双水源或应急备用水源，实现所有县（市、区）具备双水源供水或者应急备用水源的目标。

责任单位：各县（市、区）人民政府、武夷新区管委会，市环保局、水利局、住建局、国资委、农业局

2. 新建及老旧水厂改造提升。2017年，浦城县、光泽县、政和县4个水厂要全面启动技术改造工作，浦城县西区水厂在2017年底前完成技术改造；2018年，浦城县东区水厂、光泽县西溪水厂、政和县珠山水厂完成技术改造；加快武夷新区供水系统一期工程和水资源配置工程建设，2019年建成投产；到2020年，全市所有老旧水厂完成提升改造工程，供水水质合格率达到97%以上。

责任单位：各县（市、区）人民政府，市住建局、国资委、水利局

3. 供水管网改造。加快老旧供水管网更新改造，特别是漏损率高的延平区、邵武市、顺昌县、政和县，其余县市也要加大供水管网改造力度，逐步淘汰老旧供水管网、混凝土管、灰口铸铁管、镀锌管等落后管材及漏损严重的供水管网，降低供水管网漏损率。2017年，全市新建改造供水管网145公里以上；2018年起，每年新建改造供水管网100公里以上；到2020年，全市共新建改造供水管网445公里以上，用水普及率保持在99%以上，供水管网漏损率控制在10%以内。

责任单位：各县（市、区）人民政府，市住建局、国资委

4. 农村饮用水安全。按照“能延则延、能并则并、宜大则大、宜小则小”的原则，重点推进供水工程规模化和规准化管理。2017年完成武夷山市兴田镇、松溪县花桥乡自来水厂改造；2018年完成延平区南山镇、太平镇和建阳区漳墩镇农村饮水安全巩固提升工程；2019年完成邵武市、光泽县集镇水厂改造；2020年完成顺昌县、政和县集镇水厂改造。农村集中供水率2017年达到81%、2018年达到84%、2019年达到87%、2020年达到90%以上。农村自来水普及率2017年达到74%、2018年达到76%、2019年达到78%、2020年达到80%以上。

责任单位：各县（市、区）人民政府，市水利局

（四）污水治理工程

全市实施污水治理工程项目60个，总投资32亿元，其中：续建项目2个，总投资0.38亿元；2017年开工项目50个，年计划完成投资15亿元，建成项目29个；2018年开工项目6个，年计划完成投资9亿元，建成项目22个；2019年开工项目1个，年计划完成投资2亿元，建成项目4个；2020年计划完成投资2亿元，建成项目4个。

1. 城市污水治理。加快完善污水管网，治理修复破损、混接、错接、淤积的污水管道。进一步提高污水收集率，市本级南庄、浦城县、光泽县、松溪县、政和县、建阳区、武夷山城区、武夷山第二污水处理厂等8座污水处理厂要在2017年底前提高进水浓度至150mg/L。加快推进建瓯市第二污水处理厂、光泽污水处理厂二期建设，落实延平区、武夷新区、建阳区、顺昌县、浦城县生活污水处理厂污泥安全处理。2017年，新建改造污水管网155公里以上；2018年起，每年新建

改造污水管网130公里以上；到2020年，新建改造污水管网545公里以上，生活污水处理率达到94%以上，污泥无害化处理率达90%以上。

责任单位：各县（市、区）人民政府，市住建局、国资委、环保局

2. 农村污水治理。确定合理的农村污水处理设施规模和工艺，通过截污纳管集中处理、配建小型污水集中处理站、三格化粪池分散处理等方式，加快推进乡镇和农村生活污水处理设施建设。2017年，全面启动剩余未建成的乡镇污水处理设施建设，建成延平区峡阳镇、建阳区徐市镇、建瓯市小松镇等20个乡镇污水处理设施建设；2018年—2019年，所有乡镇和村庄生活污水处理设施基本建成并投入使用；到2020年，建制镇污水处理率达到70%，培育形成一批污水处理龙头企业。

责任单位：各县（市、区）人民政府，市住建局、环保局

3. 黑臭水体和流域治理。切实将城市黑臭水体治理纳入河长制，落实水环境治理属地责任。通过加强城乡污水处理厂和污水管网建设，加强对城市、乡村污染流域进行整治。采取控源截污、垃圾清理、清淤疏浚、生态修复等措施，系统整治城区污水横流、河湖水系污染严重等黑臭水体问题。2017年，市本级完成安丰溪黑臭水体整治工作，各县（市、区）全面开展黑臭水体排查治理工作，发现1条及时治理1条。到2020年，城市建成区消除黑臭水体。

责任单位：各县（市、区）人民政府，市住建局、水利局、环保局

（五）城乡环卫工程

全市实施城乡环卫工程项目38个，总投资21亿元，其中：2017年开工项目27个，年计划完成投资6亿元，建成项目9个；2018年开工项目11个，年计划完成投资7亿元，建成项目9个；2019年计划完成投资6亿元，建成项目10个；2020年计划完成投资3亿元，建成项目9个。

1. 城市生活垃圾处理。新建延平、邵武、浦城、政和垃圾焚烧无害化处理设施项目，邵武、浦城、政和2017年开工，2019年建成；延平2018年开工，2020年建成。扩建建阳区垃圾焚烧发电二期工程，2019年投入运营。加快渗虑液无害化处置工作，南平文田、邵武市、顺昌县、松溪县、政和县在2017年底前完成渗滤液无害化处置。到2020年，各县（市、区）垃圾无害化处理率达98%，垃圾焚烧处理能力占比达到70%。加快推进延平、建阳、邵武、武夷山、建瓯和有条件的县城建设餐厨垃圾处理厂，2017年开工建设市本级（延平区）、建阳区餐厨垃圾处理项目，2018年建成，2020年邵武、武夷山和建瓯餐厨垃圾得到有效处理。加快简易垃圾填埋场垃圾综合整治，到2020年，县城以上完成治理。加大城市道路机械化作业设施投入，到2020年，延平、建阳快速通道和主干道机扫率达到90%以上，邵武、武夷山、建瓯达到80%以上，其余县城达到65%以上。

责任单位：各县（市、区）人民政府，市住建局、环保局、经信委

2. 农村生活垃圾治理。推进乡镇垃圾转运系统建设，建立健全村庄保洁常态化机制。开展垃圾“干湿”分类试点，淘汰焖烧炉等垃圾处理设施。2017年，完成48个乡镇垃圾转运系统建设，实现全市乡镇垃圾转运系统全覆盖；完成200个行政村生活垃圾治理。2018年完成485个行政村生活垃圾治理，全市非正规垃圾堆放点基本完成整治，所有乡镇和村庄生活垃圾得到有效处理；到2020年，农村生活垃圾治理常态化机制更加完善，建制镇生活垃圾无害化处理率达到90%以上。

责任单位：各县（市、区）人民政府，市住建局、环保局、农业局、水利局

3. 生活垃圾分类处理。推进垃圾分类和综合循环利用，推行生活垃圾分类投放、分类收运、分类利用、分类处置，实现减量化、资源化、无害化。完善垃圾分类收集、运输、回收体系，加快垃圾清运体系与再生资源回收体系对接。积极开展多种形式的宣传教育，采用多种方式，利用多种渠道推广普及生活垃圾分类的知识，树立垃圾分类、人人有责的环保理念。到2020年，市本级开展生活垃圾强制分类处理，有条件的县、市开展生活垃圾分类试点。

责任单位：各县（市、区）人民政府，市住建局、发改委、经信委、环保局、商务局

4. 城乡公厕建设。结合省级文明城市（县城）创建工作，新建改造城乡公厕，形成以独立式和

附建式公厕为主，沿街公共建筑内厕所对外开放为辅的城镇公厕布置格局，并在有条件的县（市、区）推广无性别公厕。2017年，全市新增或改造城乡公厕258座；2018年—2019年，每年新增或改造城乡公厕110座；2020年，新增或改造城乡公厕100座；到2020年，全市新增或改造城乡公厕578座，实现城区（含乡镇所在地）每万人有3—4座公厕，步行15分钟有1座公厕，乡村每个村庄有1—2个水冲式公厕。

责任单位：各县（市、区）人民政府、武夷新区管委会，市住建局、卫计委

5. 建筑垃圾消纳场建设和资源化利用。鼓励结合建筑垃圾消纳场所建设，完善综合利用设施。加快培育资源化利用企业，鼓励企业延伸产业链，参与建筑物拆除、建筑垃圾分类和集运，扶持形成一批综合性示范企业。到2020年，市本级建成至少1个大型建筑垃圾消纳与资源化利用一体化基地，各县（市、区）至少要建设1个大型建筑垃圾消纳场。

责任单位：各县（市、区）人民政府、武夷新区管委会，市行政执法局、住建局、规划局、环保局、经信委

（六）防洪防涝工程

全市实施防洪防涝工程项目22个，总投资42亿元，其中：续建项目5个，总投资13亿元；2017年开工项目11个，年计划完成投资8亿元，建成项目5个；2018年开工项目1个，年计划完成投资9亿元，建成项目3个；2019年计划完成投资8亿元，建成项目6个；2020年计划完成投资5亿元，建成项目7个。

1. 防洪设施建设。进一步完善城区及重点乡镇防洪排涝专项规划，并加强与市政排水防涝标准的衔接，加快江河流域防洪治理力度，积极推进涉及武夷新区及相关县（市）的闽江防洪工程南平段各期项目，浦城等县城区高水高排防洪排涝项目，列入灾后水利薄弱环节建设项目规划的23条中小河流治理项目等，进一步提升城镇防洪安全保障能力。到2020年，市本级主城区防洪标准达到50年一遇以上，县市主城区防洪标准达到20年一遇以上，重点中小河流沿岸重点乡镇的防洪保障能力进一步提高。

责任单位：各县（市、区）人民政府、武夷新区管委会，市水利局、住建局

2. 防涝设施建设。新建浦城县交通局宿舍、新华路，光泽县镇岭、文昌，政和县南庄，武夷山市公馆、胡桃、清献河等8座排涝泵站。建设城市内涝监测预警预报系统，全面清疏城市排水管渠和内河河道，打通城市内河体系，2017年底前要完成城市易涝点整治。加快内涝防治监控信息化管理平台建设，建立完善应急抢险队伍和设施设备。2017年，全市新建改造雨水管网195公里以上；2018年起，每年新建改造雨水管网180公里以上；到2020年，全市新增改造雨水管网735公里以上，新增防洪排涝泵站8座，新增能力160立方米/秒以上，新增城市滞洪调蓄设施能力90万立方米以上，内涝防治水平明显提高，实现中小雨不积水，大雨暴雨不发生严重内涝，特大暴雨城市运转正常。

责任单位：各县（市、区）人民政府、武夷新区管委会，市住建局、水利局

3. 海绵城市建设。在武夷新区和各县（市、区）的新城建设和旧城改造中推进海绵城市建设，到2020年，各县（市、区）须至少建成1个海绵城市示范点（示范区域），建成至少1座湿地公园，提高城市蓄水、滞水和渗水能力。到2020年，市本级完成海绵城市省级试点建设。

责任单位：各县（市、区）人民政府、武夷新区管委会，市住建局、规划局、水利局

（七）管网建设工程

全市实施管网建设工程项目29个，总投资51亿元，其中：2017年开工项目22个，年计划完成投资6亿元，建成项目5个；2018年开工项目7个，年计划完成投资7亿元，建成项目6个；2019年计划完成投资9亿元，建成项目1个；2020年计划完成投资10亿元，建成项目14个。

1. 地下综合管廊建设。推动城市新区、各类园区、成片开发区域新建道路同步建设地下综合管廊，全力推进武夷新区地下综合管廊建设工作。2017年，全市综合管廊建成2.8公里，武夷新区完成综合管廊规划编制工作；2018年，全市所有县（市、区）必须完成综合管廊规划编制工作，并启动1个示范工程；到2020年，全市建成投入

使用地下综合管廊达到8公里。

责任单位：各县（市、区）人民政府、武夷新区管委会，市住建局、规划局、财政局

2. 燃气管网建设。进一步推进城市燃气管道建设，提高管道燃气覆盖率。推动未实质开展管道燃气项目建设的武夷山、浦城、光泽、松溪和有条件的中心镇开工建设LNG气化站和配套管网，2020年前全面建成并供气。严格要求新建住宅区尤其多层高层建筑同步建设、使用管道燃气。加大LNG及LPG储备项目建设力度，提高城镇燃气应急气源储备能力。2017年，全市新建改造城镇燃气管网80公里；2018年起，每年新增城镇燃气管网110公里以上，到2020年，新建改造城镇燃气管网410公里以上，城市燃气普及率达到99%，县城及建制镇燃气普及率达到96%以上。

责任单位：各县（市、区）人民政府、武夷新区管委会，市住建局

3. 电网建设。实施新一轮农村电网改造升级，加大省级扶贫开发重点县、原中央苏区和革命老区农村电网建设改造力度，加强市区、县城、中心城镇和产业园区等配电网建设，合理新增变电站布点，满足南平市经济发展及社会用电需求。2017年全市110千伏及以下配电网计划完成投资8.7亿元，新增110千伏变电容量8.15万千伏安、线路5.38公里，新增35千伏变电容量6.41万千伏安、线路98公里，完成272个小城镇（中心村）及286个村村通动力设施改造升级，切实保障农业和民生用电。2017年至2020年，全市110千伏及以下配电网规划总投资40亿元，完成武夷山崇安、浦城荣华110千伏输变电工程，延平古长、政和同心220千伏变电站110千伏送出工程，衢宁铁路松溪、建瓯东牵引变110千伏外部供电工程，建瓯大横~南雅110千伏线路工程，延平西芹、武夷山芹口110千伏变电站主变扩建工程，邵武现代农业光伏电站110千伏送出工程等项目建设，新增110千伏变电容量88.4万千伏安、线路409公里，新增35千伏变电容量18.8万千伏安、线路253公里，新增10千伏配变173.7万千伏安、线路2172公里。至2020年，实现用户年平均停电时间城区不超过52分钟，城镇不超过3小时，农村不超过9小时，全市户均配变容量达到3.5千伏安，县城、新型城镇实现35千伏及以上变电站全覆盖，配电自动化覆盖率达到100%。

责任单位：各县（市、区）人民政府、武夷新区管委会，国网南平供电公司

4. 通信基础设施建设。优化网络结构布局，提升互联网骨干层级。建设宽带基础设施，各县（市、区）编制完善通信基础设施专项规划，城乡新建小区全面执行光纤到户国家标准，老旧小区加快光纤改造。推进城区通信缆线下地，抓好乡村杆线梳理规整。到2020年，固定宽带家庭普及率达到83%，移动宽带用户普及率达到90%，实现城市家庭宽带接入能力100兆比特每秒以上，农村家庭50兆比特每秒以上灵活选择，物联网M2M连接用户达到250万户。

责任单位：各县（市、区）人民政府、武夷新区管委会，市通信发展管理办公室

（八）景观提升工程

全市实施景观提升工程项目295个，总投资224亿元，其中：续建项目13个，总投资50亿元；2017年开工项目265个，年计划完成投资52亿元，建成项目175个；2018年开工项目11个，年计划完成投资54亿元，建成项目60个；2019年开工项目5个，年计划完成投资41亿元，建成项目9个；2020年计划完成投资34亿元，建成项目38个。

1. 城市园林和绿道建设。加快城市公园和绿道建设，重点建设南平北站绿化景观提升工程，武夷新区五指山、钟山休闲公园，浦城县仙楼山绿道工程，松溪县来龙山森林公园景观提升等项目。2017年，全市新增绿道298公里；2018年起，每年新增绿道150公里以上；到2020年，全市新增绿道748公里以上。全力创建省级园林城市和森林城市，2018年实现省级园林城市（县城）全覆盖；2019年实现省级森林城市（县城）全覆盖；到2020年，市本级新建一个城市植物园，城市（县城）建成区绿地率达39.5%、人均公园绿地面积达到14.1平方米。

责任单位：各县（市、区）人民政府、武夷新区管委会，市住建局、林业局、规划局

2. 立面和老旧小区改造。推进沿街立面和周边环境整治，加快延平中心城市三横四纵景观提

升及立面改造工程，进一步提升城市整体形象。到2020年，各县（市、区）完成主要街道两侧的立面改造工作。各县（市、区）要加快老旧小区改造工作，解决老城区居住环境差、基础设施不足等问题，增加公共服务功能。2017年起，各县（市、区）每年至少完成1个老旧小区改造；到2020年，市（区）至少完成5个，县城至少完成4个老旧小区改造任务。全力提升城市夜景，2017年，各县（市、区）启动城区夜景提升改造工程项目20个，2018年完成18个，2019年全面完成。

责任单位：各县（市、区）人民政府、武夷新区管委会，市住建局、规划局

3. 市容环境综合整治。规范城区经营、停车、运输秩序，严格落实“门前三包”制度，全面取缔城区主次干道占道经营、店面外溢、店外店。严厉打击严重影响市容市貌的沿街乱搭乱建等违法建设，清理城区违法小广告，2017年完成对延平中心城区街路巷地名牌重新设置和的士招呼牌整改，2020年前各县（市、区）都要按国家标准完成重新设置城区街路巷地名牌和的士招呼牌的整改。对窗口地段、繁华街区实行延时保洁。

责任单位：各县（市、区）人民政府，市行政执法局、工商局、公安局、交通运输局、住建局、环保局、教育局、民政局、食药监局、文广新局

4. 集镇环境整治。加强集镇环境综合整治，促进集镇背街小巷、沿路河道、农贸市场等卫生状况明显好转。集镇主次干道无占道出店经营、违章拉棚搭盖现象。规范街道界面，规整店招店牌，整治杆线设施，推进重点区域架空缆线下地，全面清理破旧遮阳棚、违规广告和破损广告牌等。配套市民休闲步道、休闲场所、公厕等设施，完善集镇功能。历史文化名镇要深入挖掘南平特色地域性、历史性、民族性建筑特质，加强文化遗产保护传承和合理利用，保护古遗址、古建筑、近现代历史建筑，更好地延续历史文脉，充分展现南平风貌。

责任单位：各县（市、区）人民政府，市行政执法局、住建局

5. 美丽村庄建设。到2017年底，全市完成“千村整治”美丽村庄建设542个，占全市行政村总数的33.05%；2018年新增美丽村庄200个，全市覆盖面达到45%；2019年新增美丽村庄200个，覆盖面达到57%；2020年新增美丽村庄210个，覆盖面达到70%以上。每个县（市、区）建成一条以上“一县一带、一带几群”美丽乡村高标准的集中展示带、区域景区化的先行启动带、宜居宜业宜游的样板展示带。继续深化农村“万人保洁”工作机制，促进乡村卫生保洁常态化，提升美丽南平的环境面貌和良好形象。

责任单位：各县（市、区）人民政府，市住建局、共建办、财政局、文明办、旅发委、环保局、农业局

（九）配套服务工程

全市实施配套服务工程项目274个，总投资1028亿元，其中：续建项目37个，总投资118亿元；2017年开工项目205个，年计划完成投资117亿元，建成项目60个；2018年开工项目22个，年计划完成投资151亿元，建成项目96个；2019年开工项目8个，年计划完成投资132亿元，建成项目42个；2020年开工项目2个，年计划完成投资88亿元，建成项目53个。

1. 文化设施建设。加强补短板重大文化项目建设，继续推进武夷新区“天圆”“地方”文化场馆建设，2018年底投入使用。加快武夷新区南平艺校新校区、图书馆综合大楼（含美术馆）、闽北中央苏区影视中心前期工作，2020年建成。加快改造提升南平市图书馆、延平区文化馆、建瓯市图书馆、政和县文化馆等项目，新建武夷山市图书馆、文化馆、博物馆，建瓯市博物馆，浦城县文化馆、博物馆等项目。建设南词、政和四平戏等非遗展示馆。推动建设数字图书馆、博物馆、文化馆和市博物馆VR体验中心。推进基层综合文化服务中心建设，2017年完成40个乡镇（街道），300个村（社区）综合性文化服务中心试点建设；2018年，全市乡镇（街道）和村（社区）综合性文化服务中心实现全覆盖；到2020年，各县（市、区）要建成集宣传文化、党员教育、科学普及、普法教育、体育健身等功能于一体的乡镇（街道）和村（社区）综合性文化服务中心。进一步推动全市公共文化服务供需信息平台建设，构建公共文化一站式服务平台。

责任单位：各县（市、区）人民政府、武夷新区管委会，市文广新局、发改委、科协

2. 健身设施建设。进一步完善全民健身基础设施建设规划，统筹建设全民健身场所设施，重点加强便民、利民、惠民的中小型全民健身设施建设。继续将多功能运动场、可拆装式游泳池、足球场、全民健身中心、体育公园、健身步道（绿道）公共体育设施建设规划列入为民办实事项目，构建市、县（市、区）、乡镇（街道）、行政村（社区）四级全民健身设施网络体系和城市15分钟健身圈。大力推进全民健身设施绿色发展，规划绿地及公园按照不低于5%的占地面积建设健身设施，现有公园扩大体育用地面积，增设健身设施。新建居住区和社区按照室内人均建筑面积不低于0.1平方米或室外人均用地不低于0.3平方米配建便民健身设施。老城区与已建成居住区无便民健身设施或现有设施未达到建设指标要求的，原则上按新建居住区和社区70%标准配置。支持社会力量兴建以健身休闲、场馆服务、竞赛表演及健身培训为主营项目的全民健身设施。扶持社会力量利用旧厂房、旧商业设施改建为全民健身设施。重点推进武夷新区体育中心建设、邵武市体育中心、南平市航空飞行营地、八仙、世华体育公园、武夷新区崇阳溪体育走廊、武夷新区社区体育公园、中小型社区全民健身活动中心、足球场地设施、多功能运动场、健身步道等建设。至2020年，全市人均体育场地面积达到全省平均水平。

责任单位：各县（市、区）人民政府、武夷新区管委会，市体育局、住建局

3. 物流设施建设。开展城乡共同配送试点，实施城乡共同配送示范工程，培育城乡共同配送龙头企业。加快培育建设闽北快递分拨中心，鼓励推动闲置货运场站转型为社会化配送中心。依托综合商贸流通中心，大型批发市场和专业商品交易中心，大力推进建瓯海西蔬果茶交易中心、南平大武夷茶叶交易市场、邵武闽赣农副产品批发市场、延平中心城市果蔬批发市场，支持流通末端共同配送点和卸货点建设、改造，大力推广应用智能快（邮）件箱，鼓励建设集配送、零售和便民服务等多功能于一体的物流配送终端。到2020年，建成荣华山现代物流园、武夷新区公路货运枢纽、邵武市综合物流园区。

责任单位：各县（市、区）人民政府、武夷新区管委会、荣华山产业组团管委会，市经信委、交通运输局、商务局、邮政管理局、公安局

4. 无障碍设施建设。全市新改扩建人行天桥、人行地下通道、人行道交通信号设施等配套建设无障碍设施并按照标准设置国际通用的无障碍标志，与主体工程同步设计、同步施工、同步交付使用，并与建设项目周边已有的无障碍设施相衔接。加快推进政府机关、学校、旅游景区、社区（村）公共服务机构（场所）、社会福利机构等公共场所和设施的无障碍建设改造，到2020年，全市新改扩建公共场所和设施无障碍建设率达100%，已建公共场所和设施无障碍改造率达80%。强化城市道路无障碍建设，到2020年，全市新建、改扩建无障碍城市道路490公里。完善公共交通场站的无障碍设施，公共停车区按数量不少于总泊位2%的要求设立无障碍专用停车位，到2018年，全市设立124个无障碍专用停车位，到2020年全市设立310个无障碍专用停车位。对公共交通工具逐步配备无障碍设备，2018年无障碍设备配备率达到80%，到2020年无障碍设备配备率达100%。全市新建城镇公厕无障碍设施建设率达100%，已建城镇公厕无障碍改造率到2018年达到60%，到2020年达到80%。推进政府部门网站、提供公共服务的网站和电视台无障碍建设，将残疾人个性化的文体需求纳入公共数字服务范畴，到2020年，符合无障碍标准的政府部门和提供公共服务的网站达100%，市、县两级广播电视台开设手语新闻栏目达100%。

责任单位：各县（市、区）人民政府、武夷新区管委会，市残联、住建局、公安局、规划局、交通运输局、文广新局、爱卫办、数字办

5. 就业和社保服务设施建设。就业和社保服务设施建设。全面推进社会保障服务中心、人力资源市场建设，全面完成11个劳动人事争议仲裁院建设，2018到2019年分别建成46个和29个乡镇（街道）劳动就业和社会保障服务设施，到2020年，实现县及县以下服务设施基本全覆盖。各级设施服务能力进一步提升，逐步构建实体大

厅、网上平台、移动客户端、自助终端、12333咨询服务电话等多种形式相结合、相衔接的公共服务平台。

责任单位：各县（市、区）人民政府，市人社局、发改委

（十）智慧城市工程

全市实施智慧城市工程项目14个，总投资37亿元，其中：2017年开工项目10个，年计划完成投资6亿元；2018年开工项目4个，年计划完成投资10亿元，建成项目4个；2019年计划完成投资11亿元，建成项目2个；2020年计划完成投资5亿元，建成项目7个。

2017年启动实施总投资30亿元的新型智慧南平建设项目，加快建立完善城市网格化综合服务管理平台、城市综合应急指挥平台，升级市本级数字城管平台；到2020年，信息数据基础设施、城市综合管理、电子政务优化、民生幸福体验、产业创新转型等五大工程建成投入使用；各县（市、区）在2020年底前完成新型智慧城市终端运营中心建设。

责任单位：各县（市、区）人民政府、武夷新区管委会，市数字办、行政执法局、经信委、公安局、住建局、规划局、水利局、交通运输局、行政服务中心管委会

三、保障措施

1. 加强组织领导。成立加快城乡民生基础设施建设工作领导小组，由市政府许维泽市长任组长、黄苏福副市长任副组长，领导小组下设办公室，挂靠市住建局，负责全市城乡民生基础设施建设工作的统筹协调和指导督促。各县（市、区）政府要切实履行主体责任，抓紧成立领导小组，层层落实工作责任，建立定期协调机制，及时解决项目推进过程中的突出问题。要加快制定详细工作计划，按照轻重缓急建立项目清单，明确建设目标、投资规模、开竣工时间、投资主体、责任单位等，有序推进项目实施。市直相关部门要各司其职，密切配合、主动沟通、靠前服务，建立健全上下联动、督促协调的工作机制，全面系统推进各项目标任务落实。要按照“五个一批”的要求，建立民生项目储备库，分年度有计划地推进，实现项目良性滚动。

2. 拓宽融资渠道。要大力探索股权融资、债券发行、融资租赁、城镇化基金等新融资途径，加大对城乡民生基础设施的投入。要进一步创新投融资机制，对有合理回报或一定投资回收能力的可经营性城市基础设施项目，优先通过特许经营、投资补助、政府购买服务等多种形式，由包括民间资本在内的社会资金参与投资、建设和运营。强化财政资金和政策引导作用，通过财政奖补、贷款贴息等方式调动社会资本参与城乡民生基础设施的积极性。要挖掘盘活国有资源、资产，通过拍卖经营权、城市基础设施有偿使用权、冠名权等形式多渠道筹集建设资金。

3. 强化要素保障。各级财政要加强资金整合，盘活存量资金，逐步加大对城乡民生基础设施的财政资金支持力度。市、县（市、区）级财政每年要安排城乡基础设施建设专项资金，研究制定资金管理办法，落实税费优惠政策，新增财力要优先保障城乡民生基础设施建设，财政性资金从“补建设”向“补运营”转变。要准确把握上级的政策导向，积极策划申报项目，全力争取国家和省里重点项目资金支持。强化项目用地保障，统筹安排好用地指标，优先将用地需求列入土地利用年度计划和建设用地供应计划，加快破解征迁难题，集约节约用地。

4. 创新工作机制。要引进高端设计院、专家帮助做好项目策划工作，请专业团队对城市进行分析、梳理，高水准策划生成项目。要采用EPC的方式和PPP的模式，大力引导社会资本参与城乡民生基础设施建设和运营，引进一批开发理念新、专业技术强、管理水平高以及投资和融资能力强的大型品牌企业，参与我市民生基础设施建设。对有使用者付费和运营潜力的领域要优先采用政府和社会资本合作（PPP）模式。要坚持全市一盘棋的思想，将污水处理、流域治理、生活垃圾收集转运等项目进行打包，采取PPP等模式，公平选择有实力的企业统一规划设计、统一标准建设、统一管理运营。要实行全过程监督机制，对项目策划生成、前期推进、建设管理、质安监管等方面，进行全过程的监督、管理、服务和指导。要进一步优化审批服务，畅通绿色通道，对符合条件的项目做到快审快批，对情况特殊的项

目做到特事特办，促使项目尽快落地。

5. 开展督促检查。建立城乡民生基础设施建设绩效评价体系，市委、市政府督查室、“四比六促”督导组和市效能办要加强督促考核，考核结果作为各县（市、区）党政领导班子综合考核评价的重要参考。要实行一线工作法，通过明确工作任务和目标、责任清单和责任人、完成时限和考核目标，把工作计划精确到周、日。各牵头单位和各县（市、区）政府要以“百日攻坚”和“四比六促”的标准，加强对各项任务的督查检查，每个月定期对项目进行督查，并及时通报项目进展情况；不定期对进展情况严重滞后的项目进行重点巡查，并约谈项目责任人。市直有关单位要建立健全项目考评机制，强化跟踪督促，并探索采取第三方评估等方式，推进任务有效落实。

附件：1、加快城乡民生基础设施建设工作领导小组成员名单（略）

2、城乡民生基础设施重大建设项目一览表（略）

南平市人民政府

2017 年 8 月 31 日

（此件主动公开）

【发文机关】南平市人民政府

【标　　题】南平市人民政府关于加快城乡民生基础设施建设的实施意见

【发布日期】2017 年 8 月 31 日

龙岩市人民政府印发关于加快推进"互联网+政务服务"工作方案的通知

各县（市、区）人民政府，龙岩经济技术开发区（龙岩高新区）、厦龙山海协作经济区管委会，市直各单位：

经研究，现将《关于加快推进"互联网+政务服务"工作方案》印发给你们，请认真组织实施。

龙岩市人民政府

2017年3月15日

（此件主动公开）

关于加快推进"互联网+政务服务"工作方案

为贯彻落实《国务院关于加快推进"互联网+政务服务"工作的指导意见》（国发〔2016〕55号）、省人民政府《关于印发加快推进"互联网+政务服务"工作方案的通知》（闽政〔2016〕66号）精神，加快推进我市"互联网+政务服务"，提升政务服务质量与效率，让群众和企业好办事、不添堵、少跑腿，制订本工作方案。

一、工作目标

按照电子政务总体架构，依托信息化基础设施，进一步完善"互联网+政务服务"体系，重点打造"一号、两网、四平台"。"一号"即12345便民服务热线，"两网"即龙岩市政府网、龙岩公共服务网，"四平台"即全流程网上办事平台、网格化服务管理信息平台、协同办公平台、大数据管理服务平台。通过"一号、两网、四平台"对接各部门业务系统，整合服务资源，优化服务流程，推进信息资源共享和业务协同，提升服务效能。

到2017年，"互联网+政务服务"的总体架构初步形成，服务社会公众、企事业单位、党政机关的电子政务公共平台基本完善，"一站式"网上政务服务基本实现；到2018年，政务大数据应用取得初步成效，信息共享和业务协同水平明显提高，网上办事成为政务服务的重要渠道；到2020年，网上政务服务基本实现全覆盖，网上办事成为政务服务的主渠道，个性化、人性化服务深入各个领域，基本实现智慧政务的目标。

二、主要任务

（一）推行全流程网上办事

1. 规范网上服务事项和标准

（1）完善市、县（市、区）行政审批和公共服务事项目录，建立事项目录网上发布和更新机制，依托政府门户网站集中公开发布；编制乡（镇、街道）行政审批和公共服务事项目录，启动服务事项编码管理，规范事项名称、条件、材料、流程、时限等，做到"同一事项、同一标准、同一编码"。

牵头单位：市审改办、行政服务中心管委会（负责具体业务）

配合单位：市直有关部门，各县（市、区）人民政府，龙岩经开区（高新区）管委会

完成时限：2017年

（2）推进网上服务标准化建设，使网上申报、查询、办理、反馈、监督有章可循。

牵头单位：市行政服务中心管委会

完成时限：2017 年

2. 提高网上办事率。加强网上办事的宣传推广，组织各部门办事窗口人员主动引导市民通过网上办事大厅提交办事申请；全面梳理、分批推进全流程网上办事事项，尽快使网上办事成为政务服务的主渠道。

牵头单位：市行政服务中心管委会

配合单位：市直有关部门，各县（市、区）人民政府，龙岩经开区（高新区）管委会

完成时限：2017 年，市、县两级通过网上提交申请的行政审批和公共服务事项办件数比例力争达到 30%，2018 年力争达到 50%，2020 年力争达到 70%。

3. 推进“无纸化”审批

（1）行政审批系统以及部门业务系统在审批过程中，生成纸质证照的同时应同步生成电子证照（含批文）；加快存量证照转换生成电子证照。

牵头单位：市行政服务中心管委会（负责业务）、数字办（负责技术）

配合单位：市直有关部门，各县（市、区）人民政府，龙岩经开区（高新区）管委会

完成时限：2018 年

（2）简化办事材料提交，加快电子证照和材料的共享应用。各审批单位凡是能通过电子证照共享平台调用、查验的证照和材料，不得要求企业和群众重复提交；凡是能通过网络核验的信息，不得要求其他单位重复提供。不得拒绝经电子签名以电子形式提交的申报材料（法律法规另有规定的除外）。

牵头单位：市行政服务中心管委会

配合单位：市直有关部门，各县（市、区）人民政府，龙岩经开区（高新区）管委会

完成时限：按照全省统一部署推进

（3）加快电子档案建设工作，并逐渐取代纸质档案。

牵头单位：市档案局

配合单位：市直有关部门，各县（市、区）人民政府，龙岩经开区（高新区）管委会

完成时限：2019 年

4. 推进项目审批“一号申请、一窗受理、一网通办”

（1）全面推行项目审批“一窗式”受理和并联审批。

牵头单位：市行政服务中心管委会

配合单位：市直有关部门，各县（市、区）人民政府，龙岩经开区（高新区）管委会

完成时限：2017 年

（2）完成“多规合一”基础信息平台（一期）的建设。

牵头单位：市数字办

配合单位：市国土资源局、城乡规划局、环保局、林业局、水利局、交通运输局、发改委、住建局、铁办、行政服务中心管委会等有关单位

完成时限：2017 年

（3）继续推进部门业务系统与网上办事大厅的对接，支持跨地区、跨部门、跨层级在线联动办理。

牵头单位：市数字办

配合单位：市行政服务中心管委会，市直有关部门，各县（市、区）人民政府，龙岩经开区（高新区）管委会

完成时限：2017 年

（二）推广协同办公系统应用

1. 加强推广部署和应用培训

（1）市级政府部门全面完成内部流程完整部署，各县（市、区）、龙岩经开区（高新区）完成重点单位的完整部署和各乡镇的接入，实现市、县、乡各级各部门之间电子公文顺畅流转。

牵头单位：市数字办

配合单位：市直各有关部门，各县（市、区）人民政府，龙岩经开区（高新区）管委会

完成时限：2017 年

（2）建立常态化的协同办公应用培训机制，加强协同办公系统的应用培训。

牵头单位：市数字办

完成时限：2017 年

2. 启动移动办公。在移动政务专网上开发部署移动办公系统，推广移动办公应用。

牵头单位：市数字办

配合单位：市直各有关部门，各县（市、区）人民政府，龙岩经开区（高新区）管委会

完成时限：2017 年开发和应用试点，2018 年

推广应用。

（三）推进网格化服务管理

1. 加快网格化服务管理信息平台建设。构建统一的网格化服务管理信息平台，将各部门涉及网格化应用纳入统一平台上开发部署，分期分批推进建设，促进信息资源共建共享。对数字城管系统进行改造升级，纳入城乡统一网格，提升城市管理水平。

牵头单位：市数字办

配合单位：市委组织部、政法委（综治办），市环保局、民政局、农业局（脱贫办）、食品药品监管局、城市管理行政执法局等市直各有关部门，各县（市、区）人民政府，龙岩经开区（高新区）管委会

完成时限：2017 年完成综治、环保、社区服务管理、精准扶贫、食品药品监管、在职党员进社区等业务应用开发和数字城管系统改造升级。

2. 推进基层服务网点与网格化服务平台对接。以网格化平台推动基层网点、人员、经费等资源的整合利用，规范和优化办事服务流程。依托社区综合受理平台，实现社区综合服务窗口全覆盖；围绕劳动就业、社会保险、社会救助、脱贫攻坚等领域，在乡镇（街道）、村（社区）一级开展上门办理、免费代办等贴近服务。

牵头单位：市民政局

配合单位：市审改办、行政服务中心管委会，市直各有关部门，各县（市、区）人民政府，龙岩经开区（高新区）管委会

完成时限：2017 年建成社区综合受理平台；2018 年推广上门办理、免费代办服务。

（四）加强政务信息公开平台建设

1. 拓展政务信息公开渠道。进一步用好政府门户网站、龙岩公共服务网等信息公开平台，拓展微信、微博、今日头条客户端等新媒体应用，及时公开政务信息和民生服务信息，提升群众获取信息的时效性和便捷性。完善公开信息的统一管理、动态调整机制，确保线上线下信息内容准确、一致。

牵头单位：市数字办

配合单位：市直有关部门，各县（市、区）人民政府，龙岩经开区（高新区）管委会

完成时限：2017 年

2. 推进政府网站整合。实施政府网站云平台提升扩容项目，统一网站建设的技术标准规范，逐步将未纳入统一平台的市级政府部门网站和各县（市、区）政府网站迁移到云平台上，实现各级各部门政府网站共建共享，达到信息共用、服务互通、联动更新、协同回应的要求。

牵头单位：市数字办

配合单位：市直有关部门，各县（市、区）人民政府，龙岩经开区（高新区）管委会

完成时限：2017 年完成市级政府部门和 2 个试点县政府网站整合；2018 年完成全部县级政府网站整合。

（五）强化投资和企业信息服务

1. 构建企业信息融合服务平台。依托龙岩公共服务网拓展企业信息服务功能，完善实名认证机制，与政务通、法人库、中小企业信贷服务平台等对接，开发信息分发推送系统，建立政府部门与企业之间精准、高效的信息沟通和服务渠道。

牵头单位：市数字办

配合单位：市发改委、经信委、科技局、金融办等市直有关部门，各县（市、区）人民政府，龙岩经开区（高新区）管委会

完成时限：2018 年

2. 提升重点项目管理信息系统。加快完善市级重点项目管理信息系统，强化系统与重点项目工作流程契合度，运用系统对项目建设动态及进展情况进行跟踪监督、统计分析，健全市县两级项目信息沟通、反馈机制，不断提升项目信息化管理水平，实现对重点项目实时、精准、高效管理，为全市项目管理提供决策依据。

牵头单位：市发改委（重点办）

配合单位：市数字办，市直有关部门，各县（市、区）人民政府，龙岩经开区（高新区）管委会

完成时限：2017 年

（六）推进大数据平台建设和应用

建设市级政务数据汇聚共享和交换平台，完善大数据技术支撑服务保障体系，建立政务数据共享管理机制，逐步汇聚人口、法人、地理空间、生态环境、信用等各类数据，探索运用大数据加

强对市场主体的服务和监管。建设数据开放平台，依法有序开放政务服务资源和数据资源，鼓励公众、企业、高校和科研院所开发利用。

牵头单位：市数字办

配合单位：市直有关部门

完成时限：2017 年建成市级政务数据汇聚共享和交换平台，2019 年建成政务数据开放平台

（七）完善公共信用信息平台

推进龙岩市公共信用信息平台（二期）建设，实现对自然人信用信息的采集、梳理、更新、交换共享、综合管理、提供查询和主动推送服务等功能。进一步完善信用信息采集和共享利用机制，深入推进与工商（一张网）、法院（失信被执行人名单信息公布与查询平台）、政法委（综治诚信系统）、人行（征信系统）、行政服务中心（审批系统）、财政局（公共资源交易、中介超市）等部门信息系统的对接，多部门联动，充分发挥信用信息对失信人的惩戒作用。

牵头单位：市发改委（信用办）

配合单位：市数字办、工商局、政法委（综治办）、财政局、人民银行龙岩市中心支行、行政服务中心管委会，市直有关部门，各县（市、区）人民政府，龙岩经开区（高新区）管委会

完成时限：按照全省统一部署推进

（八）整合 12345 便民服务热线

分期分批整合各职能部门现有咨询投诉平台，建立统一的电话呼叫中心，完善微信、微博、QQ、短信、邮件等受理渠道，与龙岩公共服务网、网格化信息平台等应用系统对接，由 12345 便民服务平台统一对外服务，实现便民咨询投诉一号通，并同步开发基于移动终端的 APP 应用。

牵头单位：市行政服务中心管委会

配合单位：市直有关部门，各县（市、区）人民政府，龙岩经开区（高新区）管委会

完成时限：2018 年

（九）推进网上行政执法和电子监察

1. 推进网上行政执法。深入推进网上行政执法工作，规范行政自由裁量权，推行行政权力网上运行、执法信息网上公开和执法过程网上监督，规范行政行为，保障群众权益，从源头预防腐败。

牵头单位：市政府法制办

配合单位：市直有关部门

完成时限：2018 年

2. 加强综合电子监察。完善行政审批电子监察系统，逐步将重点项目建设、脱贫攻坚、生态环保等重点工作纳入电子监察范围，提高服务效率。

牵头单位：市效能办

配合单位：市行政服务中心管委会、数字办，市直有关部门，各县（市、区）人民政府，龙岩经开区（高新区）管委会

完成时限：2018 年

（十）提高网络信息安全保护水平

完善电子政务认证服务体系，推广使用全省统一的数字证书、电子印章，为网上服务提供可信环境。坚持应用系统与信息安全同部署、同建设，加大对商业秘密、个人隐私等重要数据的保护力度，提升信息安全支撑保障水平和风险防控能力。

牵头单位：市数字办

配合单位：市直有关部门

完成时限：2018 年

三、保障措施

（一）加强组织领导。建立由市政府常务副市长为召集人，市政府各有关工作部门参加的龙岩市推进“互联网＋政务服务”工作联席会议。具体工作由市数字办负责牵头统筹推进、监督考核全市“互联网＋政务服务”工作，负责“互联网＋政务服务”相关信息平台规划建设；市审改办、行政服务中心管委会负责推动实施与“互联网＋政务服务”有关的行政审批服务制度改革。市直有关部门要明确具体分管领导负责推动本部门工作，各县（市、区）人民政府，龙岩经开区（高新区）管委会要建立相应协调推进机制和监督考核机制，加强市、县协同，形成全市同步推进的工作格局。各县（市、区）人民政府，龙岩经开区（高新区）管委会和市直有关部门要根据本方案，抓紧制定本地区、本部门的工作方案，2017 年 4 月底前报市政府办公室备案。

（二）加强考核监督。市绩效办负责将“互联网＋政务服务”纳入政府绩效考核体系，加大考核权重，加强日常督促检查，定期通报各部门工

作进展和成效。

（三）加强宣传推广。各级各部门要加强“互联网＋政务服务”业务培训，提高经办人员业务素质、服务水平和信息平台操作能力。要通过报纸、电视、新媒体等形式加强“互联网＋政务服务”的宣传，积极引导公众和企业通过互联网办理行政审批和公共服务事项。

【发文机关】龙岩市人民政府

【标　　题】龙岩市人民政府印发关于加快推进“互联网＋政务服务”工作方案的通知

【发文字号】龙政综〔2017〕47号

【发布日期】2017年3月15日

宁德市人民政府关于全面推行政府法律顾问制度的实施意见

各县（市、区）人民政府、东侨经济技术开发区管委会，市政府各部门、各直属机构，各大企业，各大中专院校：

为贯彻落实党的十八大和十八届三中、四中、五中、六中全会精神，进一步建立健全政府法律顾问体系，规范政府法律顾问工作，充分发挥政府法律顾问在推进法治政府建设中的作用，提高政府依法行政、依法管理和依法办事的能力，根据《中共中央办公厅国务院办公厅关于推行法律顾问制度和公职律师公司律师制度的意见》（中办发〔2016〕30号）、《中共福建省委 福建省人民政府关于〈印发全面推行政府法律顾问制度的指导意见〉的通知》（闽委发〔2016〕10号），结合我市工作实际，制定以下意见：

一、工作目标

市、县（市、区）人民政府、东侨经济技术开发区管委会应按闽委发〔2016〕10号文件要求，全面建立和实施法律顾问制度。2017年底前，市政府工作部门必须全面建立和实施政府法律顾问制度；各县（市、区）人民政府所属部门、各乡镇人民政府（街道办事处）应根据实际情况，建立符合本单位工作需要的政府法律顾问工作模式，实现政府法律顾问制度全覆盖。

二、责任主体和工作机构

（一）责任主体

市、县（市、区）人民政府及其工作部门、东侨经济技术开发区管委会、乡镇人民政府（街道办事处）是全面推行政府法律顾问制度的责任主体。

（二）工作机构

1. 市、县（市、区）人民政府法制办公室是市、县（市、区）政府法律顾问工作的工作机构。

2. 东侨经济技术开发区管委会办公室是东侨经济技术开发区管委会法律顾问工作的工作机构。

3. 市政府工作部门、县（市、区）人民政府所属部门的法律顾问工作，原则上由各单位的法制工作机构承担；没有法制工作机构的，由各单位指定的工作机构承担。

4. 乡镇人民政府（街道办事处）的法律顾问工作机构，由乡镇人民政府（街道办事处）指定。

三、加强政府法律顾问队伍建设

市、县（市、区）人民政府要建立以法制机构人员为主体、吸收法学专家和律师参加的政府法律顾问队伍。市、县（市、区）人民政府及其部门负责法制工作的机构的工作人员为专职政府法律顾问。市、县（市、区）人民政府根据本级政府法制机构人员及机构设置情况，自行确定首席法律顾问人选。市、县（市、区）人民政府及其部门应当调整、充实法制机构力量，使法制机构在政府法律顾问工作中真正发挥主体作用。

市直各单位、县（市、区）人民政府所属部门、乡镇人民政府（街道办事处）等单位可以根据实际需要，聘任一定数量的法学专家和律师担任本单位的兼职法律顾问，充实法律顾问工作队伍。

市、县（市、区）人民政府及其部门中从事法律事务工作或者担任法律顾问，并具有法律职业资格或者律师资格的人员，经所在单位同意可以向司法行政部门申请颁发公职律师证书。所在单位可以根据实际情况设立公职律师办公室。

在国有企业担任法律顾问，并具有法律职业资格或者律师资格的人员，经所在单位同意可以向司法行政部门申请颁发公司律师证书。所在单位可以根据实际情况设立公司律师办公室。

四、聘任法律顾问的条件

（一）政治素质高，拥护党的理论和路线方针政策；

（二）具有良好职业道德和社会责任感；

（三）在所从事的法学教学、法学研究、法律实践等领域具有一定影响和经验的法学专家，或者具有5年以上执业经验、专业能力较强的律师；

（四）严格遵纪守法，未受过刑事处罚；近二年未受过司法行政部门的行政处罚、审判机关的司法处罚或者律师协会的行业处分；

（五）聘任机关规定的其他条件。

五、政府法律顾问的主要职责

政府法律顾问，坚持以事前防患和事中控制法律风险为主、事后法律补救为辅的原则，根据工作需要积极主动开展工作，主要负责或者参与办理下列法律事务：

（一）对本级政府和本部门重大行政决策进行法律论证或进行法律风险评估、提供法律意见；

（二）对地方性法规草案、政府规章草案和政府重要规范性文件草案进行合法性审查、研究论证和评估；

（三）参与重大经济项目、重大招商引资活动的谈判，以及有关合同（协议）的草拟、审查；

（四）参与国企改制、国企破产清算等重大经济活动；

（五）参与疑难的行政审批、行政处罚和行政征收等具体行政行为的法律论证；

（六）对重大突发事件、群体性事件处置进行法律论证；

（七）对重大、疑难的行政复议、行政裁决、行政调解、行政赔偿、信访等案件进行研究和处理；参与本级政府、部门的诉讼、行政复议、仲裁、调解、执行等法律事务；

（八）协助进行法制宣传教育和法律业务培训；

（九）向单位提供有关法律信息，就单位行政管理过程中存在的问题提出法律意见；

（十）办理政府、部门交办或委托的其他法律事务。

六、工作要求

（一）各地各部门要高度重视政府法律顾问制度的建设工作，建立健全政府法律顾问工作机构和工作平台。要适应法治政府建设的新要求，进一步加强政府法制工作机构和队伍建设，保证政府法律顾问工作的正常开展。

（二）各地各部门要建立和完善政府法律顾问工作制度。可参照《宁德市人民政府法律顾问工作规则》相关规定，建立和完善符合本单位工作实际的政府法律顾问工作规则；建立健全法律顾问工作流程、工作报告制度、保密制度、档案管理制度等工作制度，充分发挥政府法律顾问队伍应有的作用。

（三）各地各部门要加强政府法律顾问工作的保障。各地各部门可以采取政府购买服务等方式聘请法学专家和社会律师担任政府法律顾问，要为政府法律顾问开展工作提供必要的办公场所，保证其获得和履行职责相关的信息资料、文件和其他必需的工作条件。政府法律顾问工作经费及相关费用列入同级政府财政预算。

（四）县级以上人民政府法制机构及其部门负责法制工作的机构可以提出本级政府、本部门聘用人选方案，法律专家作为聘用人选的应当征求所在单位意见，执业律师作为聘用人选的应当征求司法行政部门意见，按照公开、公正、择优的原则选聘，报本级政府、本部门批准后聘任。本级人民政府聘任的兼职政府法律顾问应当报上一级人民政府备案，政府部门聘任的兼职政府法律顾问应当报本级人民政府和上一级行政主管部门备案。

七、考核监督

市、县（市、区）人民政府及其工作部门应当建立健全政府法律顾问制度，政府法律顾问工作开展情况纳入年度依法行政考核指标体系。每年度向上一级人民政府及本级党委、人大常委会报告依法行政工作时，其报告内容应当包括政府法律顾问工作情况。必要时，可以组织第三方机构评估政府法律顾问制度实施情况。

市、县（市、区）人民政府及其部门管理的

其他行政事业单位和国有企业单位应当结合本单位实际，参照本意见要求，有序推进法律顾问制度建设。

宁德市人民政府
2017 年 4 月 28 日

【发文机关】宁德市人民政府
【标　　题】宁德市人民政府关于全面推行政府法律顾问制度的实施意见
【发文字号】宁政〔2017〕10 号
【发布日期】2017 年 4 月 28 日

平潭综合实验区管委会办公室
关于在政府工作中进一步支持民主党派参政议政的通知

区直各单位、各乡镇人民政府：

根据《福建省人民政府办公厅关于在政府工作中进一步支持民主党派参政议政的通知》（闽政办〔2016〕184号）文件精神，为进一步做好支持民主党派参政议政工作，现将有关事项通知如下：

一、严格落实与民主党派对口联系制度

（一）明确对口联系单位

按照《福建省人民政府关于进一步规范和落实政府部门与民主党派、工商联对口联系制度的意见》（闽政文〔2009〕327号）文件精神，根据我区实际情况，现将区直有关部门与各民主党派福建省委会平潭支部对口联系安排如下：

1. 区党群工作部、区财政金融局作为各民主党派福建省委会平潭支部的共同联系单位。

2. 其他对口联系单位：

区台湾工作部与民革福建省直属平潭支部

区经济发展局与民建福建省委员会平潭支部

区交通与建设局与民进福建省直属第三（平潭）支部

区社会事业局与民盟福建省直属第六支部、民进福建省直属第三（平潭）支部、农工党福建省直属支部

区市场监督管理局与农工党福建省直属支部

区宣传部与民进福建省直属第三（平潭）支部

区农村发展局与民盟福建省直属第六支部、农工党福建省直属支部

区教育局与民盟福建省直属第六支部、民进福建省直属第三（平潭）支部

区卫生和计划生育局与农工党福建省直属支部

（二）建立对口联系制度

各有关部门要高度重视对口联系工作，结合实际建立健全对口联系各项制度，不断拓宽民主党派参政议政渠道，丰富协商内容和形式，做到工作具体、要求明确、程序规范、效果显著；未明确对口联系单位的部门，可根据工作需要与各民主党派建立工作联系。

1. 日常信息交流制度。要做好印发的文件、简报、资料，制定的年度工作计划、工作要点等政务信息公开工作，方便各民主党派及时了解掌握相关信息。

2. 重大事项通报制度。在制定重要地方性法规、政府规章、重要政策性措施、改革措施及重大区域规划、重大建设项目论证过程中，通过召开政情交流会、听证会、座谈会或登门联系等形式，及时将有关工作情况向各民主党派通报，主动征求意见建议。

3. 邀请参加重要会议和重大活动制度。对口联系的部门和民主党派相互邀请参加对方举行的重要会议、举办的重大活动。各有关部门的主要领导每年应安排1至2次走访对口联系的民主党派，征求对部门工作的意见，加深了解，为彼此合作创造条件。

4. 自觉接受民主监督制度。有关部门组织的专项检查、评比及行风评议等活动，主动邀请各民主党派参与。对民主党派反映的意见或建议，应及时给予答复。

5. 联合调研制度。进行课题调研时，邀请对口联系的民主党派参加，共同商讨解决难题的对策措施。

6. 对口联系例会制度。有关部门和所联系的民主党派每年定期或不定期召开对口联系工作座谈会，交流通报情况，全面总结工作，查找存在问题，制定下一步改进措施。

7. 督查及交流制度。区管委会办公室要与区党群工作部、各民主党派福建省委会平潭支部保持经常性联系，对各有关部门落实对口联系工作的情况加强检查督促；要总结经验，推广典型，确保对口联系工作落到实处，收到实效；各有关部门应指定领导分管对口联系工作，并确定具体处室和人员负责联络。

二、提升人大建议、政协提案办理水平

各有关部门要高度重视民主党派成员提出的人大建议和政协提案，按照《平潭综合实验区管委会办公室关于认真落实办理人大代表建议和政协提案的通知》（岚综管办〔2016〕33 号）要求，及时、认真办理人大建议和政协提案。承办单位要通过电话联系、登门走访、座谈面商、共同调研等方式，加强与民主党派成员的沟通，认真听取意见和建议，共同探讨解决问题的办法；要在规定时间内按照规定格式答复，实事求是、明确具体、简明扼要地反馈建议、提案所反映问题的解决情况、建议采纳或处理情况等；要在建议、提案答复后继续抓好跟踪督办，及时协调解决办理中存在的问题，推进建议、提案办理；要将人大建议、政协提案办理情况纳入年度督查工作计划和年度绩效考评内容，并将考评结果与单位、个人评优评先相挂钩。

三、保障民主党派成员参政议政权利

各有关部门要支持民主党派成员参加党派组织的各项会议、培训和考察调研活动。民主党派成员参与党委、人大、政协和民主党派等组织的会议、培训和考察、调研等参政议政活动，应予以时间和经费上的支持和保障，并按规定计算相应工作量，其获得民主党派中央、省委会的表彰奖励应作为评优评先的重要依据。

平潭综合实验区管委会办公室
2017 年 2 月 17 日

【发文机关】平潭综合实验区管委会办公室
【标　　题】关于在政府工作中进一步支持民主党派参政议政的通知
【发文字号】岚综管办〔2017〕18 号
【发布日期】2017 年 2 月 17 日

第八篇
生态文明

国家生态市范例

厦门市：发展与保护并重　经济与环境双赢

“发展与保护并重，经济与环境双赢”，勾画着市第十一次党代会以来的这五年，厦门清晰的发展主线。以创建国家生态市为抓手，厦门遒劲有力地写下了新常态下生态文明建设的丰富内涵。

生态立市　破解城市发展命题

去年8月，厦门顺利通过国家生态市考核验收，成为福建省首个通过验收的城市，也是全国第二个通过验收的副省级城市。

在经济发展和城市化快速推进的过程中，这五年来，厦门也面临日益突出的资源环境制约和加快转型升级的压力。如何实现城市的可持续发展，成为厦门必须着力破解的重大命题。

厦门的着力点，始终没有离开生态文明建设。

2012年5月，市委、市政府召开创建国家生态市动员大会，对创建国家生态市进行全面部署。2013年4月，厦门市人大常委会审议通过了根据国家新要求修编的《厦门生态市建设规划实施纲要》。“生态立市”的厦门，不断使出磅礴之力，把经济建设、政治建设、文化建设、社会建设，有机地融入生态文明建设的全过程。

为生态立法，厦门的步伐从未停歇。去年1月1日，《厦门经济特区生态文明建设条例》的正式实施，让全国的视线再次聚焦厦门。这是全国第二部、福建第一部关于生态文明建设的地方法规，伴着新法规散发出的油墨清香，厦门的生态建设，也大踏步迈入刚性管理、长效治理的新常态。

着眼民生　老百姓乐享生态红利

“莫兰蒂”过境后被扶正的树木又吐出新绿，向着被洗过般的蓝天伸展，蜿蜒的鹭江，犹如一条碧绿的纽带，把厦门岛内外串在怀中。

这在游客的眼里，是一幅值得向亲朋好友炫耀的画面；这在厦门相关部门的案头，却是一个要拼尽全力呵护好的宝贵环境。

全面提升和改善全市生态环境质量，致力于让人民喝上更加干净的水、呼吸更加清洁的空气，在更加良好的环境中生产生活——这是厦门举全市之力推进生态文明建设的出发点。

不久前出炉的一份统计数据显示，今年上半年，厦门环境空气质量优良率99.45%，优级率57.69%，环境空气质量综合指数3.18，空气质量在全国74个重点城市中位列第三。标注着这些重要指标的曲线，拉动的实际上是所有厦门人的幸福指数。

过芸溪，后溪，瑶山溪，深青溪，东西溪，官浔溪，埭头溪，龙东溪，九溪。厦门的这九条溪流，已经在岛外的土地上奔流了千百年，当地人也不约而同地用“母亲河”来称呼她们。五年来，这些溪流的名字，频繁地出现在市、区有关部门的重要会议中。问题导向，系统治理，多元共治，机制创新——从海沧过芸溪、集美许溪小流域综合治理试点，厦门摸索出这样一套行之有效的治理经验。随着经验在九条溪流的全方位推广，一幅“山青、水净、河畅、湖美、岸绿”的美好图景，如今已经开始展现在人们眼前。

民有所盼，必有所应，一切的努力，都是为了第一时间向老百姓传递生态“红利”。

健全机制　生态建设理念深入人心

熄灯了！每年3月份最后一个周六的厦门，都会因为黑暗而格外美丽。五年来，“地球一小时”活动，成了厦门人一堂自发参加的生态保护教育课。

厦门人环境意识的提升，从一本本精美的《厦门市中小学环境教育知识读本》可以找到缘由。这些年，厦门将生态环境教育纳入素质教育，组织开展中小学生喜闻乐见的各种环保活动，全市中小学环境教育普及率达90%以上。

近来，“厦门环保”微信公众号也“火”了。公众号设有“微官网”、“互动专区”和“举报建议”三个功能区，运行以来，大量热心的厦门人，把他们采集到的环境信息，比如工地扬尘、危废乱弃、企业排污等，反馈到平台上，采集量、采集面甚至比之前环保部门自身采集的还更大、更广。

毋庸置疑，这与五年来厦门定期向社会公布环境质量、发布环保信息，多渠道、多层次、多形式地开展加强环境保护和推进生态文明建设的舆论宣传不无关联。

绿色发展，循环发展，低碳发展。在这样的浓厚氛围中，厦门在全国率先开展生态文明建设评价考核试点，全面推行生态文明建设“一票否决”和表彰奖励制度，生态文明建设政绩考核权重从4%提高到24%以上，生态建设投入超过GDP的3.5%。

天更蓝，山更绿，水更清，城更美。

（来源：福建省环境保护厅网站　摘编：张海生）

泉州市：绿色领跑 生态护航

泉州之美，美在生态。

13 年的生态坚守，让这座经济总量连续 17 年领跑全省的城市，成功获得环保部“国家生态市”命名，让城市名片更加熠熠生辉。

回望来时路，从 2003 年 2 月提出“生态立市”发展战略至今，泉州始终把生态建设与经济社会发展同规划、同部署、同落实，把创建国家生态市作为一项民心工程、德政工程，一次次在经济和生态协调发展的命题下刻苦求解，不改初衷。

“保护生态环境就是保护泉州最核心的竞争力！”泉州先后出台生态市建设行动方案和生态市建设“十一五”、“十二五”规划，2014 年又颁行《贯彻落实<国务院关于支持福建省深入实施生态省战略加快生态文明先行示范区建设的若干意见>的实施意见》。“十三五”期间，以创建国家生态文明建设示范市为引领，凸显城市滨海生态特色，编制了《泉州市国家生态文明建设示范区规划》、《泉州市“十三五”生态文明建设专项规划》，建设生态文明示范区的目标和路径空前明晰。

面对环境资源的倒逼，泉州加速推进产业转型升级：循环经济、低碳经济，在“东方米兰”、世界鞋都、世界石都风生水起。现代农业、林业打起“生态”牌，“茶山带帽”、“果带北移”、等生态农业模式随处可见，休闲农业、创意农业、立体农业融入市民生活。现代服务业方兴未艾，一幢幢旧厂房涅槃重生，丰泽领 SHOW 天地、鲤城源和 1916 等蜕变为文创产业孵化器、市民休闲乐园。绿水青山、碧海银滩，让泉州生态旅游声名远播，每年吸引数十万海内外游客纷至沓来。战略性新兴产业、智能制造、“科技小巨人”、海洋产业迅速成长，擎起经济新增长极。

“新账不欠，旧账快还。”环境保护工作持续走在全省前列：重点流域整治考核全省“五连冠”、市长环保目标责任书考核全省“四连冠”、环境监察工作全省“三连冠”、主要污染物总量减排考核全省“三连冠”、海洋环保责任目标考核全省“两连冠”。坚持勤查重罚，彰显对泉州青山绿水、蓝天白云的坚强守护，进入“十一五”以来，连续 9 个年度的环保立案数位居全省第一名。剑指数量众多的中小企业和行政交叉区域环保监管难题，泉州落实企事业单位环保主体责任三年行动，健全重点污染源自动监控设施第三方全委托运维机制，率先开展规范环境行政处罚自由裁量权工作，启动企业环境污染责任保险试点和排污权交易，环境监管方式不断推陈出新。“交叉执法”、“错时执法”形成“全时空”监管，让不法企业的环境违法行为无所遁形。

打响生态攻坚战，一连串坚实的脚步，串联起守护“蓝蓝泉州湾”的闪光轨迹：2005 年，泉州在全省首创并实施晋江、洛阳江流域上下游补偿机制，补偿资金从最初每年 2000 万元提高到 2014 年的每年 3 亿元，累计带动实施整治项目 1000 多个，打造了山区和沿海携手保护水资源的成功范例。2006 年以来，围绕落实市人大《关于加快近海水域环境污染治理的决议》和市政协有关重点提案，泉州重点流域和近海水域水环境综合整治不断深化，形成“以江促海、以海带江、江海联动”的水污染防治格局。2010 年市人大通过《关于加强崇武至秀涂海岸带资源环境保护的决议》后，即强力推进崇武至秀涂海岸带整治，并在2013年11月接力实施青山湾和西沙湾海滩修复工程，让最美海岸带再现娇颜。更广领域里，晋江石狮南安跨境流域整治三年行动、小流域“赛水质”、山美水库流域生态试点仍在紧锣密鼓地进行……

对生态家园的保护和追求，融入这座城市的每一寸肌理。城市绿地系统“显山、露水、透绿”，500公里“慢线”系统将城市公园、景点和山体、水体等城市美景融为一体。高速铁路、高速公路、省道被营造成“四季皆绿、四季有花、四季变化”的森林通道。美丽的“乡村水墨画”以及舒适的“城镇油画”，勾勒出泉州城乡环境综合整治“点线面”联合攻坚的剪影。泉州湾河口湿地红树林面积由原来的257亩增加到近7000亩，位居我国东南沿海连片乡土树种人工红树林面积之最……建设国家生态市的每一次迈步，都意味着市民“幸福指数”的提升。践行低碳生活，创造文明风尚，点点滴滴的成效，支撑起泉州生态市建设的宏大格局。

（来源：福建省环境保护厅网站　摘编：张海生）

国家生态县范例

鼓楼区：建设省会首善之区　打造宜居绿色鼓楼

作为2200多年历史文化名城的发祥地，鼓楼积淀着底蕴厚重的闽都文化，孕育了灿若星辰的名人先贤，成就了“海滨邹鲁”的美名盛誉。如今，鼓楼以“建设现代化省会首善之区”为奋斗目标，踏上了打造“绿色宜居新鼓楼”的新征程。

深厚的闽都文化底蕴造就了鼓楼八闽首善之区的辉煌历史。为深入挖掘闽都文化的社会经济价值，鼓楼区制定出台了《福州市三坊七巷历史文化街区保护规划》等一系列规范文件，对28.88公顷的三坊七巷历史文化街区进行整体保护规划。突出“一带、两街、三坊、七巷”的总体功能布局，实施安泰河整治和滨水休闲风情带建设，重点加强三坊七巷范围内23处历史文物、32处保护建筑、92处历史建筑及一大批古桥、碑刻、门楼的保护，三坊七巷活态遗产的真实性和完整性得以延续，休闲、旅游、文化、商业等功能日臻完善。曾是福州护城河的安泰河，几经岁月的变迁，如今又以崭新的姿容绵延伸展，给古老的坊巷增添了新的魅力——漫步安泰河畔，白墙映黛瓦，榕荫照碧波，令人仿佛置身“垂柳人家夹岸幽”的优美意境。宋朝诗人龙昌期眼中“百货随潮船入市，万家沽酒户垂帘”的繁盛景象重新焕发生机，呈现在世人眼前。

问渠那得清如许，为有源头活水来。在基本完成安泰河等9条内河整治的基础上，鼓楼逐步建立健全内河常态长效管理机制；与此同时，全方位推进西湖左海水环境综合整治，让鼓楼山更青、水更绿、空气更清新，全区人民的认同感、自豪感和凝聚力达到了新高度。

如果说对闽都文化的保护与挖掘是打造宜居鼓楼的重要着力点，那么植树造林，打造绿树成荫新城区则是鼓楼创建国家生态区的一大亮点。

近年来，鼓楼区以于山、乌山、屏山为节点，加快实施“四绿工程”建设，通过拆墙透绿、沿路植绿、沿河布绿、规模造绿和广场庭院添绿等多项措施，不断提高造林绿化面积。高标准推进环境综合整治，投入资金26亿元，完成二环路、津泰路等“七纵八横”56条主次干道沿线立面以及33条背街小巷的建筑立面改造，提升乌山、屏山等重要景区及街头绿地的绿化水平，见缝插绿、拆墙透绿，新增绿化10万平方米，营造开门见绿、碧水绕城的生态环境。尤其是结合国家森林城市、国家园林城市创建，改造提升黎明湖等5个城市公园，基本建成闽江廊道、元帅—卧湖慢行道、左海—金牛山城市森林步道，新增绿道11公里，滨江滨河公园总面积达122.24万平方米，全区绿化覆盖率达40%，绿地率达35%，初步形成了富有鼓楼山水特色的城市绿地系统，进一步彰显鼓楼“城在山中，城中见林”的城市特色。漫步鼓楼，不仅绿树成荫，让人“眼前便觉生意满”，而且四季皆有鲜花盛开，令人有“乱花渐欲迷人眼”之感。

鼓楼是传统核心城区，老旧道路、社区较多，“不能让当年的优势成为今天发展的羁绊”这一信念推动鼓楼稳步推进旧城改造，着力实施功能优化工程。为加快城区更新步伐，鼓楼坚持以人为本推进旧屋区改造，强化地块设计与运营谋划，持续改善群众居住条件，扎实推进安置房建设；坚持常态长效抓文明创建，在全省率先开展“循环积分”垃圾分类试点，垃圾直运、固体废弃物无害化处置等市场化运作全面推行。

随着关键区域立面景观整治的强化，旧屋区改造的推进以及小街区网络的日渐完善，鼓楼打造出了城市文化和社区活力的空间载体。旧城换新颜的同时，推进地下空间合理开发，加大路网改造力度，合理布局立体车库和公共车位建设，鼓楼在建设海绵城市的道路上大大迈进了一步，人民群众的获得感和满意度不断增强。

今天，置身新时代、立足新起点、担当新使命的鼓楼人，在建设生态文明新福建、新福州的的进程中，理所应当、责无旁贷地勇当排头兵，走在最前列，以归零的心态和翻篇的姿态，努力谱写“现代化省会首善之区”的新篇章！一幅“机制活、产业优、百姓富、生态美”的魅力新鼓楼画卷正在人们眼前铺展开来。

（来源：福建省环境保护厅网站　摘编：张海生）

晋安区：打造绿水青山 宜居宜业的新晋安

晋安区地处福建省省会中心城市福州市区东北部，辖区面积552平方公里，是寿山石文化的发源地。总面积442平方公里的北峰山区是福州的后花园，享有福州城区“绿肺”的美誉。然而由于城乡经济发展不协调，北峰山区的农民逐渐将寿山石开采和畜禽养殖作为致富的道路。矿山开采和畜禽养殖已经成为晋安区生态建设不可回避的问题。

党的十八大以来，为了深入贯彻习近平总书记“绿水青山就是金山银山”生态发展理念，晋安区委、区政府下定决心对无序矿山开展和畜禽养殖进行整治。在矿山治理方面一是对无证矿山、矿洞进行全面取缔，对矿洞进行封堵；二是对有证矿山进行整合，制定逐步淘汰的工作计划，三是安排财政专项资金对废弃的矿坑、矿洞进行复绿，仅2015年就完成矿区复绿10万平方米。在畜禽养殖整治方面，2013年以来，全区累计安排财政专项资金约9000万元，完成90万平方米畜禽养殖场所的拆除工作，全区生猪养殖规模从存栏30万头，锐减至2万头。

生态保护光靠堵是不行的，为了改善北峰山区农民的生活水平，晋安区加大北峰山区生态旅游、生态产业的培育工作，先后建成前洋龙晶葡萄光观园、西洋葡萄园、快乐园花卉基地、满堂香茶叶光观园等一批生态农业龙头企业和鼓岭旅游度假区、飞云峡景区、皇帝洞景区等一批生态旅游项目，同时为了改善农村居住环境2014年以来，在全区启动美丽乡村建设工作，开展生活垃圾、污水集中处置和产业优化扶持工作，形成村村有特色产业，人居环境优美整洁的农村发展新格局。

在保护北峰山区生态屏障的同时，晋安区积极开展城区生态环境建设工作。启动了以内河整治为中心的生态环境治理工作，一是从源头污染治理上改善城区水环境，推动重污染企业关停并转。先后搬迁了东南电化、耀荣化工等重污染企业，对福兴经济开发区、新店金城投资区等老工业园区开展转型升级；二是大力大力发展低能耗、低污染的现代电子信息产业和楼宇经济。先后建成闽台A·D创业园、盛丰物流大厦、东二环泰禾广场等一批集产业研发、商贸、娱乐为一体的城市综合体；三是全面开展污水治理基础工程建设。完成洋里污水处理厂二期、三期工程建设，新增污水处理能力20万吨/日，开展沿河截污管道建设，完成连潘河、凤坂河等26条内河沿河污水管网的建设工作，基本实现生产、生活污水全部进入污水处理厂集中处置；三是开展内河整治，通过清除内河淤泥，种植水生植物和加大上游补水工程建设，实现内河水生态的自然恢复；四是开展沿河绿地公园建设，实施水清岸绿景美的整治效果，先后建成晋安河公园、光明港公园等一批沿河绿地，新增沿河绿地面积46万平方米。

如今的晋安，空气质量持续优良，地表水水质稳定达标，内河水质持续改善，森林覆盖面积、城市绿地面积不断扩大。生态旅游、生态农业和城市综合体带动周边产业发展，人民群众在收入稳定增加的情况下，享受着良好的生态环境，深深感受到“绿水青山就是金山银山”。晋安——一个绿水青山、宜居宜业的现代新城正如一卷美丽的画卷，在逐渐展现。

（来源：福建省环境保护厅网站 摘编：张海生）

龙文区：以水为脉造生机 以绿为韵提品质

龙文区是漳州两个市辖区之一，地处九龙江中部冲积平原，区内水网稠密，九龙江北溪、西溪三面环抱，九十九湾贯穿全境，年平均气温21.4摄氏度，无霜期330天，气候宜人，环境优美，是宜居宜业的“鱼米花果之乡”。

城市因水而生，因水而兴。龙文区认真贯彻落实省政府“河长制”、市政府“三铁治水”等流域保护管理和水环境治理的部署要求，不断加大流域治理投入，有效改善流域水质，流域治理工作取得了明显成效。比如，龙文区九十九湾（全长50.5公里）是连接九龙江西溪和北溪的重要河道，也是漳州历史上连接海丝起点的内河港口、城郊水路运输要道。在整治前，两岸生产生活污水直排，水质一度出现“黑、臭”现象，河道淤积、两岸违章搭盖和侵占河道现象也比较凸出。2014年以来，龙文区按照市委、市政府开展市区内河整治三年行动计划的决策部署要求，将内河整治作为重大民生工程和一把手工程来抓，全面启动九十九湾生态水系综合整治，重点实施了“清淤护岸、景观改造、道路提升、河道拓通、内河引水、污染源治理”等治理工程，取得了显著的成效。三年来，全区累计投入3亿多，整治河道45.19公里，清淤土方166万立方米，关闭生猪养殖户7442户、养殖面积190万平方米，累计减少生猪35万头，主港道两岸征迁拓宽6-7米，拆除建筑577宗、8.06万平方米，建成两岸近20公里的休闲绿道；并大力实施闽南水乡景观区开发，规划建设印象水乡博物馆、水乡风情街等项目，形成富有闽南水乡韵味的漳州版“清明上河图”，逐步实现“河畅、水清、岸绿、景美”的发展目标。

满城尽透醉人绿，生态宜居新龙文。龙文区注重发挥九龙江穿城而过的天然优势，以生态大项目为龙头，扎实做好沿江整治、沿江开发、沿江发展，投资建设碧湖生态园、郊野公园、城市森林公园和以人行道、自行车道、防护林、景观、健身等为纽带的“绿道”建设，打造九龙江西溪生态走廊，不仅大大增强城市环境生态素质，也成为漳州一张崭新靓丽的生态名片。其中，碧湖市民生态公园，项目总投资7.5亿元，总面积1557亩，绿化覆盖率达90%（包括水体面积），在建设过程中改造了城市中部滞洪区，使雨季调节蓄水量提高到90-100万立方米，成为集生态养护、公共休闲和滞洪等功能为一体的城市公园。郊野公园（西溪亲水公园）总投资6亿元，在不占用一分耕地、一寸城市建设用地指标的前提下，将原来被人们遗忘的杂地荒地变废为宝，新增绿化52万平方米、乔木8000多棵，绿化覆盖率达到85%以上，并配套建设16公里绿道慢行系统和户外运动、游览休闲等功能设施，将各自然生态景区串联而成，让群众资产变成旅游资源、田园变成公园、田梗变成绿道，既有效保护九龙江流域水环境安全，也让市民居城市而享山林之乐。郊野公园龙文段获评了2014年中国人居环境范例奖。龙文塔植物园，先后投入1100多万元进行改造提升，使漳州城市东大门形象焕然一新。同时，龙文区深入实施宜居环境建设行动计划，扎实推进城乡环境“点线面”综合整治，重视抓好开发区、村庄、学校和主要交通要道的绿化花化工作，持续开展宜林荒山造林、人工更新造林和青山挂白治理，启动云洞岩山体植物补植、漳龙高速朝阳段绿化等片林建设。2011年以来完成造林16536

亩，建成区绿地率 39.85%，全区森林覆盖率 21.46%，城镇人均公共绿地面积 24.88 平方米。

龙文，一座山水田园、生态宜居之城，坚定走生产发展、生活富裕、生态良好的文明发展道路，“培生气、护形势”，努力构建人居与自然和谐交融的山水园林城区，确保绿色永续发展，让城市融于田园，让繁华中有宁静，让繁华中有优雅，让繁华中有水平。

（来源：福建省环境保护厅网站　摘编：张海生）

武夷山市：生态福地　清新武夷

景出丹山、梦随九曲、文源朱子、香飘岩茶。武夷山素以其丰富的自然生态资源，独树一帜的风光美景和灿烂悠久的历史文化，天人合一的和谐环境著称，享有“碧水丹山”之美誉。

长期以来，历届武夷山市委、市政府始终清醒地认识到，“武夷山最大优势在生态，最大潜力在生态，最大责任也在生态”，良好的生态环境和生态资源是武夷山最大的优势所在和发展后劲所在，保护生态始终是武夷山的立市之本、立业之基。

一、充分发挥生态市创建比较优势

一方面，良好的生态环境是武夷山创建生态市得天独厚的资源优势。坚持在保护前提下，发掘和利用资源优势，集中力量把“人文名城”风貌展示出来，把“显山露水”景致凸显出来，把“生态宜居”品牌打造出来，使生态市创建全过程成为武夷山在新一轮发展中争先进位、跨越发展的鲜明比较优势，进一步提升武夷山旅游城市形象，扩大武夷山的影响力、知名度和竞争力。另一方面，保护好青山绿水，让人民享有更多的生态福祉，建立起循环发展的经济体系、资源可持续利用的安全保障体系，改善生态环境，提高人民群众幸福指数。

二、“四突出”、“四着力”扎实推动生态市创建深入开展

武夷山市委、市政府高度重视生态市创建，党委、政府形成合力，举全市之力、集全市之智，成立书记、市长双组长制度。

突出融入经济，着力构建生态产业体系。创新实施“一元门票游武夷”和“低碳之旅·畅游武夷”。大力发展“养育养生养老”产业。持续减少山水观光旅游压力，推出茶文化之游、万里茶道茶文化体验游、乡村民俗游等特色主题旅游线路。制定实施绿色工业行动计划，出台绿色工业惠企政策，继续推进“腾笼换鸟”，采用择商选资理念，坚持发展绿色工业。培育发展岚谷熏鹅、吴屯稻花鱼、五夫白莲等特色农产品。成功创建全国绿色食品原料（茶叶、笋竹）标准化生产基地39.7万亩。

突出融入自然，着力呵护和谐生态系统。加大生态公益林保护力度，累计划定生态公益林保护区156万亩，率先在全省建立县级生态公益林，补助标准与省级生态公益林一致，建立县级生态公益林20.2万亩。出台《武夷山市重点生态区位商品林收储实施意见（试行）》，2015年起每年由市财政自筹资金2000万元，累计完成签约林农17户面积2139.4亩，发放储资金475.58万元。茶山整治工作重点由“整治拔除”向“后续监管、植被恢复和禁止新违规开垦茶山”转变，建立分级网格化的监管责任体系，引导现有茶园向高标准生态茶园改造升级，健全茶叶质量可追溯体系。

突出融入城镇化，着力打造生态宜居城乡。全面完成武夷大道、武夷和园、小武夷公园、武夷广场等大型城市生态环境项目，2012－2015年新建成绿地面积达127万平方米。加快推进城镇污水处理厂及管网、垃圾中转站等硬件设施建设，完成市区污水处理厂、第二污水处理厂一期建设，建成星村镇污水处理厂。改造传统垃圾中转站为压缩式垃圾中转站，垃圾二次转运站稳定运行。新增乡镇、村污水治理设施77台套、配套污水管网69公里，新增污水处理能力3093吨/日，实现了乡镇建成区污水全收集治理。

突出融入民生，着力释放绿色生态红利。积极推广清洁燃料，对新上项目执行严格的“禁煤承诺”制度。推广新能源汽车，更新电动公交车112辆、双燃料出租车34辆，建设绿色交通。

与山为伴、枕水为邻、品茗而醉，武夷山人正享受着城市居民所梦寐以求的生活环境，生态武夷我们共建、生态武夷大家共享。

（来源：福建省环境保护厅网站　摘编：郭　虹）

光泽县：闽江源头上 生态食品城

光泽县地处福建省西北部，武夷山脉北段，闽江上游富屯溪源头，素有闽赣咽喉、武夷腹地之称，是“八山一水一分田”的山区县，是福建连接内陆地区的重要通道和前沿平台。县域生态环境优越，先后被评为“中国特色竹乡”、“中国厚朴之乡”、中国生态食品城，今年10月成为南平市首批命名国家生态县的三个县之一。

光泽，山明水秀，群山连绵，峰峦叠嶂，山河相间，巍巍的乌君山耸立云天，描绘了一幅清秀华美的生态之画，涓涓的富屯溪潺潺流淌，谱写出一曲灵动清丽的生态之歌。全县山林面积257.8万亩，其中生态公益林面积98.7万亩，竹林面积40万亩，森林蓄积量1137万立方米，森林覆盖率达78.15%。武夷山国家级自然保护区核心区有28万亩和10万亩缓冲区在我县境内，被誉为“鸟的天堂、蛇的王国、昆虫世界、珍禽乐园”。

问渠那得清如许，为有源头活水来。为保护光泽生态资源、顺应生态文明发展，光泽从“木字号”企业入手削减木材采伐量，木材加工企业从最高时的150多家减至十几家，关闭了年产值超亿元、纳税近3000万元的沪千人造板厂，年可减少木材消耗17.15万立方米，守住了资源，保护了环境。另外，流域治理及闽江上游富屯溪三期（光泽）防洪工程、城市第二水源等一批防灾减灾项目，以及种草、坡改梯等举措，极大地改善了生态环境。

闽江源头生态鸡，武夷山下圣农人。生态环境的禀赋催生出光泽县生态食品城建设的绿色发展之路，造就了全国肉鸡品质第一、亚洲排名第二的圣农集团。圣农公司140多座种、肉鸡场在光泽青山绿水间星罗棋布，均建在生态优越、空气清新、水源优良的“武夷腹地”丘陵山垅中，形成天然的生态屏障。种、肉鸡喝的是天然深井水，呼吸的是神山“天然氧吧”的清新空气，堪称绿色生态鸡。圣农公司创建30多年来，坚持走循环经济发展之路，建立了纵横循环经济产业链，即以肉鸡饲养、肉鸡加工、鸡肉食品深加工、快餐连锁的纵向主业链，以生物有机肥生产、生物质（鸡粪）发电、鸡的副产品（鸡毛、鸡肠、鸡血）开发利用、仓储冷链物流、智能温室蔬菜等的横向配套产业链，实现了“一只鸡”完整开发利用，是中国最大的自养自宰白羽鸡专业生产企业、全国现代化程度最高的肉鸡生产食品加工企业、中国第一家获瑞士通用公证行颁发的全球良好农业操作规范认证企业。

长风破浪会有时，直挂云帆济沧海。光泽县牢牢把握生态资源优势，依托现有产业基础，跳出圣农做食品，加快发展矿泉水、中药材、淡水鱼、酒类、茶叶、油茶、竹笋、食用菌等产业。例如，与中石油合作的天然矿泉水项目正式投产，一期年生产规模10万吨，已作为全国首届青运会指定用水打响品牌，正是依靠无可挑剔的高品质水源，武夷山矿泉水才在激烈角逐中脱颖而出；引进的承天农林科技公司，计划投资10亿元，依托林下种植铁皮石斛、金线莲、黄精等珍稀红药材，建设全省最大中药材种植生产基地和中药材饮片加工厂；引进总投资13亿元的中科渔业产业园项目，发展工厂化循环水养鳗、鳗鱼加工及光伏发电，打造集约、低碳、高效的智慧生态渔业生产模式。

路漫漫其修远兮，吾将上下而求索。生态建设是一项长期工程，光泽将持续围绕生态建设的各项要求，上下同心，持之以恒，全力推动生态文明建设，努力把光泽打造成为科学发展、绿色发展的生态建设与保护典范，加快建设中国生态食品城和“机制活、产业优、百姓富、生态美”的新光泽！

（来源：福建省环境保护厅网站　摘编：郭　虹）

松溪县：绿荫冉冉遍松城

重峦叠嶂的松溪，位于福建北部、闽江源头，古代沿河两岸多乔松，有“百里松荫碧长溪”之称，松溪因此而得名。松溪是闽浙两省重要的交通走廊，位于海峡西岸经济繁荣区和浙沪苏经济发达地区交汇的前沿之处。境内省级风景名胜区湛卢山、省级自然保护区白马山气势宏伟，瑰丽奇秀；城区西北面来龙山省级森林公园，九峰十三岗绵绵松林青翠诱人，为县城构筑了一幅绿色的背景。松溪山清水秀，资源丰富，森林覆盖率达76.1%，是全省商品粮基地县、重点林业县、生态农业试点县之一。

大自然赐予了松溪丰厚的绿色财富，对于一个尚欠发达的城市，保护绿色、发展生态，成了松溪向前发展的第一要义。

绿色面貌　城区乡镇如花似锦

推进生态立县，将城区和乡镇改头换面是关键。

“脏乱差”曾经是松溪农村的代名词，然而随着全县积极推进生态美丽乡村建设，十几个新农村示范点的相继建成，整洁的路面和四处的绿意葱茏成了新农村最直观的面貌。2012 年至 2016 年，松溪累计投资近 5000 万元，在全县掀起农村环境连片整治高潮，建成各类污水处理设施 80 余处，新增农村污水管网 100 多公里，垃圾转运站 9 个，垃圾收集点 100 多个，农村面貌焕然一新。农村改头换面，城区也紧随其后。从 2013 年 1 月 1 日起，松溪县政府投入 429 万元，实行更加严格的卫生监督考核制度，使松溪城区焕然一新。

不仅如此，城区“披绿”工程也在进行，城里的来龙山、河东滨河、塔山这几个公园昔日裸露的山体种植上了树木，小区的绿地面积也在不断增加，城镇 890660 平方米的公共人工绿地，如同给松城加装了一只会呼吸的“绿肺”，呼吸吐纳之间，气息格外清甜。

绿色思维　转变群众生活方式

建设生态松溪是全县上下的共同目标，自生态县创建以来，县里加强生态宣传，低碳、生态的理念逐步融入经济社会生活的方方面面，低碳绿色生活正逐步成为全体市民的自觉行为和习惯。

松溪县从 2003 年开始推广小型水压式新型沼气池，到 2015 年全县共建成沼气池 9800 口，淘汰了烟熏火燎的旧炉灶和木柴。而清洁能源的利用不仅于此，在祖墩乡，乡里主街路灯和生态休闲文化公园也充斥着节能和环保元素，太阳能路灯等节能设备成为使用的主流设备。

生态旅游的旋律在不断奏响。县里逐年加大对旅游产业的投入，积极发展生态休闲观光业，开发出了以生态林业为主题的诰屏山休闲观光线路、以生态农业为主题的长巷休闲观光线路、以生态茶园为主题的茶平休闲观光线路、以“爱湖度假区”为主题的茶洲水库休闲观光线路。同时，依托“天下第一剑山”湛卢山和独特的生态田园茶乡等旅游资源，将湛卢山建设成为集观光旅游、休闲度假、运动健身于一体的 4A 级绿色生态旅游目的地和康体养生疗养地，绿色旅游成为松溪县人民新的生产生活方式。

绿色合力　走绿富双赢之路

松溪一手抓生态环境建设，使生态环境质量始终保持最优，一手抓生态型产业发展，使生态型产业形成竞争力。

2011 年，全县认证的“三品”种植面积仅占全县实际农作物种植面积的比例为 3.44%。近几年来，松溪县委、县政府高度重视生态农业建设，以实施农业标准化作为生态农业发展方向，狠抓农产品质量建设。到 2015 年，松溪县种植的有机、无公害、绿色农作物面积达 20.5 万亩，占全县主要农作物播种面积的 68.6%，六成主要农产品都先后通过农业部产品认证和农业厅产地认证。农业穿上绿的外衣，工业也需加快“变绿”的步伐。松溪县对县内污染企业实行严格监控，狠抓节能减排工作，着力推进产业结构调整，淘汰落后产能，关停一批污染企业。

如今，松溪大力发展绿色经济，建立有机水稻、蔬菜、水果等产业基地，积极稳妥发展烟叶和畜牧水产业，初步形成以亚达、三信、好味、光子农园、丰远食品为中心的食品加工产业集群。目前，全县规模以上农业产业化龙头企业 14 家，其中省级龙头企业有 2 家，市级重点龙头企业 6 家，“公司 + 农户”、“公司 + 中介组织 + 农户”等产业化经营模式在实践中应运而生，并不断创新。

连续五年，松溪跨行政区域河流交接断面水质均达到Ⅲ类或优于Ⅲ类标准，水域功能达标率为 100%，集中式饮用水源地水质达Ⅱ以上标准，标率连续五年保持在 100%；县城环境空气质量保持多年优良水平；城市区域环境噪声为“二级”（较好），声环境质量保持良好。2012 年以来，松溪县生态环境状况指数连续保持 90 以上，评价指数远远高于 75 这一优秀标准。

如今，走进松溪便如同走进一副绿色的生动画卷，一个个生动景象、一组组翔实数据、一幅幅美丽图画，述说着松溪山清草碧青松立、蓝天绿水韵依依的生态故事。

（来源：福建省环境保护厅网站　摘编：林学军）

柘荣县：打造两城战略——海西药城和生态养生城

十年内外兼修，柘荣终获国家生态县称号。柘荣生态环境优良，冬暖夏凉，空气清新，是南方难得的生态养生福地，也是闽东北重要的生态屏障和水源保护地。“素有闽东后花园”之称。全县森林覆盖率75.5 %。拥有以东狮山省级名胜风景区、九龙井风景区、仙屿公园、凤岐古民居、东源桥、归驷桥等寻古揽胜为主的原生态旅游区，吸引八方众多游客前来观光旅游，特别是在夏季，游客人数与日剧增，是闽东地区休闲避暑养生的首选地。

多年来，柘荣县牢固树立“绿水青山就是金山银山”的理念，坚持“生态立县”不动摇，以创建国家生态县为目标，围绕“生态屏障、生态经济、生态家园、生态文化”四位一体建设思路。大力实施“海西药城”、“生态养生城”的两城战略。柘荣县是全省5个生物医药试点县之一，医药产业独具特色，成为县域主导产业。2013年，省政府在我县省级生物医药循环经济产业区的基础上，重点扶持以生物医药为主导的特色产业发展，加快打造百亿海西药城。目前，园区已集聚医药及关联企业16家。精心编制健康养生养老产业发展规划，组织开展全民健康教育和“长寿村”评选活动，荣获“中国老年人宜居县”、中国孝德文化之乡。成功举办第三届中国·柘荣养生文化论坛。在保护良好生态环境的前提下，积极发挥生态资源和特色气候优势，大力发展生态型经济。大力发展以药、茶为主导，油茶、果蔬等产业共存的生态型经济。积极推进鸳鸯草场军民融合生态文化园、杨梅山中国生态健康养生养老产业园项目建设。以生态理念指导旅游业发展，抢抓东狮山纳入太姥山旅游度假区和闽东北亲水游线路的机遇，加快旅游资源整合，加强旅游基础设施建设，大力发展体现地域特色和文化特色的生态观光旅游、休闲避暑旅游、药疗保健旅游、民俗文化旅游。

近四年来，全县累计投入环保建设资金5.79亿元，均占当年GDP的3.6%以上，并逐年递增。重点完善了垃圾、污水处理等环保施设，建成了垃圾无害化处理场，采取BOT形式投资4800多万元建成生活污水处理厂，日处理污水1万吨。每个乡镇都建成了垃圾、污水处理施设。

柘荣县还坚持把生态建设作为“一把手”工程，建立起县、乡、村三级联动机制。并立足实际，在县法院成立生态环境审判庭、检察院中设立保护生态环境协调室、生态资源监察科，是全国首创，并得到推广，有效打击各种破坏生态环境的违法行为。柘荣人民将满怀豪情，斗志昂扬，盯准两城战略的目标，使柘荣的天更蓝、山更青、水更绿、景更秀、城更美。

（来源：福建省环境保护厅网站　摘编：林学军）

国家生态文明建设示范区范例

福建省5个地区获得第一批国家生态文明建设示范县称号

福建省认真贯彻落实党中央、国务院关于加快推进生态文明建设的决策部署，积极创建国家生态文明建设示范市县。国家生态文明建设示范市县是在国家生态市、县基础上的深化和提升，《国家生态文明建设示范市县建设指标（修订版）》从生态制度、生态环境、生态空间、生态经济、生态生活、生态文化六个方面，分别设置37项（示范县）和35项（示范市）建设指标。

2017年9月，环保部公布第一批国家生态文明建设示范市县名单，全国共有46个市县被授予第一批国家生态文明建设示范市县称号，其中，福建、浙江、江苏三省均有5个市县入选，数量最多。福建省福州市永泰县、厦门市海沧区、三明市泰宁县、泉州市德化县、龙岩市长汀县等5个县（区）获此殊荣。

永泰县：践行绿水青山就是金山银山 打造福州后花园

2017年9月21日，环保部在浙江省安吉县召开全国生态文明建设现场推进会，命名授牌13个第一批"绿水青山就是金山银山"实践创新基地和46个第一批国家生态文明建设示范市县。入选国家生态文明建设示范县、市是国家生态县、市的"升级版"，是推进区域生态文明建设的有效载体。在此次入选的5个县区中，永泰县成为福州唯一获得"国字号"的县区。获得这一国家级荣誉，永泰县究竟有什么魅力呢？

从福州进入永泰，一阵清新的空气迎面扑来，沿大樟溪穿行在崇山峻岭之中，两岸风光犹如画一般的美丽、壮观，穿行在永泰县城，各种悠然的生活接踵而至，这就是福州的后花园——永泰。

以旅游为抓手，促永泰全面发展。永泰县提出"打造全域旅游示范区"战略部署，着力构建"一城、两镇、一山、两线"旅游发展空间格局，大力培育发展乡村旅游、温泉旅游、养生旅游、古镇和民俗文化旅游等业态，打造国家全域旅游示范区。

以旅游为抓手，促进产业深度融合。发挥"旅游+"综合带动功能，推动资源有机整合，打造"旅游+休闲农业""旅游+文化""旅游+养老养生""旅游+购物""旅游+体育"等产业，让旅游成为第一、二、三产业的"黏合剂"。通过一系列"旅游+"产品，注入历史文化内涵，拓展旅游外延，实现旅游业与其他产业的深度融合，打造嵩口古镇、海洋极地世界、悦溪主题旅游、极乐汤等一批"旅游+"项目，新建香米拉温泉酒店、冠景温泉饭店等一批高端酒店，带动农家乐、民宿发展，促进农业生产、农业观光、休闲度假、参与体验于一体的乡村旅游快速发展。

青山绿水，尽显"后花园"本色。对永泰而言，良好的自然生态，是最大的财富、最大的品牌。永泰县坚定"绿水青山就是金山银山"的理念，利用永泰的生态优势，融合永泰的民俗文化、古寨堡、温泉等资源，大力发展旅游业，把旅游产业培育成永泰县的战略支柱产业。

经过多年的努力，永泰县拥有国家4A级景区4个（云顶、天门山、青云山、百漈沟），国家风景名胜区1个（青云山），首批中国特色镇1个（嵩口镇），乡村游精品示范点3个（月洲村、春光村、大喜村），星级乡村旅游经营单位5个（百漈沟、幸福庄园、赤壁、天门山、千江月）。原始茂密的森林、纵横交错的峡谷与湖、泉、瀑、溪、奇石、怪洞和谐交融，在永泰构画了一幅幅秀美山水画卷。

复兴庄寨文化，让乡愁有迹可循。在永泰，全县保存较好的庄寨有150座，其中占地面积1000平方米以上的多达98座，如此体量巨大、数量众多的民居防御建筑群落，在全国都极为罕见。近年来，永泰县通过不断的宣传报道，爱荆庄、九老庄、青石寨这些具有悠久历史、保存良好的古建筑，已经慢慢的走进了大家的视野，这些老建筑作为农耕社会最基础的生活单元和文化元素，记载着当时村民生活中的一点一滴，记载着农村每个家族的兴衰。

永泰县专门成立传统村落暨古寨堡保护与发展领导小组，重点挖掘整理永泰的庄寨文化及传统村落文。把庄寨文化融入到永泰旅游中，让游客在永泰“望得见山、看得见水、记得住乡愁”。

宜居小城，幸福满满。近年来，永泰县不断加强中心城区建设，开展“绿化福州、美化永泰”活动，统筹南城新区发展，完善建筑大厦周边配套基础设施，带动发展楼宇经济，打造永泰金融中心和商业中心，进一步提升形象、集聚人气。

行走在永泰，呼吸着甜美的空气，随处可见的亲水平台，给市民提供了锻炼的休闲场所，耳边不时传来充满韵味的永泰山歌，幸福满满，这就是永泰的魅力！

（来源：福建省环境保护厅网站　摘编：苏建平）

海沧区：生态文明深刻融入城市肌理

秋风送爽，喜讯捷传。被习近平主席赞为“高颜值的海上花园”的厦门，又添了一个国家级的“金名片”！

2017年9月21日，在浙江安吉举办的全国生态文明建设现场推进会上，厦门海沧与深圳盐田区等其他47个县（区）市一起，被正式列入第一批国家生态文明建设示范县（区）市，成为全市首个获得这一称号的行政区。这意味着，代表厦门市参评的海沧区，交上了一份完美的答卷。“党委组织领导、政府具体实施、部门各司其职、社会广泛参与，并提高生态文明指标在党政领导干部绩效评估考核中的权重，实行主体功能差异化考核，海沧区建立的‘党政同责’‘一岗双责’生态文明建设责任体系，形成‘横向到边、纵向到底、协调共治’的网格化环保监管体系，成为可复制可推广的成功经验，生态文明制度体系日趋完善。”考评组高度评价海沧区网络化的环保监管体系，“这是环保监管工作的‘厦门样本’”。

国家生态文明建设示范县（区）市，是国家生态县（区）市的“升级版”，是推进区域生态文明建设的有效载体。

继去年被授予“国家生态区”称号后再获殊荣，正是厦门市海沧区多年来牢固树立“绿水青山就是金山银山”理念，始终把生态文明建设放在突出地位，健全生态文明建设制度体系，为群众厚植“生态福利”的生动注解。

勇立潮头踏歌行。作为厦门的一分子，海沧区积极发挥生态文明建设的引领示范作用，在厦门建设“五大发展”示范市的过程中当先锋、打头阵，从生态格局、生态环境、生态经济、生态人居、生态意识、生态制度等六个方面全面推进生态文明示范区建设，生态观念已深刻融入海沧发展的血脉与经络中。

宛仙境的大屏山公园原本规划建设一座星级酒店，但在“多规合一”的“一张蓝图”上，项目用地与生态控制线存在矛盾，最后酒店项目被取消，按生态控制线落实。在发展中，海沧区始终坚持“生态优先，项目为生态让路”。

得益于全自动化操作系统，远海自动化集装箱码头装卸工作实现了“零污染”“零排放”，比传统码头节省能源25%以上，碳排量减少16%以上；恩仕－威迪亚集团节水型进排水阀按最低年销售量1000万套算，每年可节约用水量8200多万吨……为环境承载“减负”，海沧加快传统产业转型升级，全力培育新支柱产业，重点发展集成电路、生物医药、新材料三大产业，为从GDP向绿色GDP的转型持续发力。

小流域综合治理及系列海洋生态修复行动后，过芸溪从黑臭水沟变身生态景观，乡村生态游渐兴；在全区10个试点小区和13所小学、幼儿园深度推广垃圾分类试点工作；不定期开展“小手拉大手、垃圾不落地”等丰富多彩的志愿活动，吸引群众广泛共同参与；完成1800公顷生态风景林建设，海绵城市建设全面铺开；绿道等慢行系统建设已见成效……生态文明建设已融入海沧区经济建设、政治建设、文化建设、社会建设的方方面面，既让百姓畅享生态福利，又把生态文明意识深深扎根于群众心中，广大群众的满意度和获得感持续攀升。

（来源：福建省环境保护厅网站　摘编：苏建平）

泰宁县：持续发力　推进生态文明建设

泰宁县在2014年获得国家生态县的基础上，全面启动创建国家生态文明建设示范县。

树牢绿水青山就是金山银山理念。成立了创建工作领导小组，每年与各乡（镇）、各部门签订目标责任书，逐级传导生态建设责任压力；高标准编制《泰宁县生态文明建设规划（2014—2025）》，在全市率先颁布实施；近几年，县财政先后投入近4亿元，并争取国家专项建设基金、上级各类专项补助资金近8亿元，专项用于生态环境保护项目建设。

坚守环境质量只能更好不能变坏底线。县委、县政府态度明确，绝不以牺牲环境为代价换取一时的经济增长，深入实施“清新水域、洁净蓝天、清洁土壤”三大工程，努力让群众呼吸洁净空气、喝干净水、吃安全食品、有更好的工作和生活环境，尽享生态福利，有更多获得感。

坚定不移走绿色发展之路。鼓励扶持企业通过采用新工艺、新装备、新材料加快技改，促进节能减排；突出农业“接二连三”，推动“一条鱼、一粒种、一颗草”等特色农业加快发展，着力增加绿色优质农产品供给。

目前，该县水、大气、土壤环境质量优良，景区大气环境质量达到国家一级标准，城区及乡镇大气环境质量优于国家二级标准，PM2.5常年保持在3～20微克/立方米，城区空气环境质量进入全省前10名；省控交接断面水质、城镇饮用水源水质达标率达100%，金湖及各溪流水质符合相应功能类别水质标准。

德化县：生态文明建设的探索者和先行者

近年来，德化以建设现代化绿色瓷都和生态强县为目标，坚持“两手抓、两手硬”，坚决不以牺牲生态环境为代价发展经济，生态环境不断优化，森林覆盖率高达 78.4%，以良好的生态环境为依托，努力构建生态工业、生态农业、生态林业和生态旅游四大体系，着力将德化打造成为海峡西岸生态文明示范区。

如今，德化已荣膺全国绿化模范县、全国首批绿色能源示范县、国家循环经济典型模式示范县、国家水土保持示范县、福建省最佳人居地等称号，成为全国第一个无黑烟污染的陶瓷产区，是福建省第一批、第三个国家级生态县，第一批国家生态文明建设示范县，走出了一条经济、社会、生态“三赢”的发展道路。

未来，德化将继续坚持“兴瓷不忘环保”理念，把生态保护贯穿到经济社会发展当中，正确处理人口与资源、经济与环境、发展与保护的关系，积极探寻生态文明之路。

一、实施集中战略，积累生态财富

德化是“九山半水半分田”的山区县，上世纪 80 年代，以陶瓷业为主的企业呈现“村村点火、户户冒烟”的格局，造成资源浪费和环境破坏。为科学合理布局产业，处理好经济发展与环境保护的关系，德化县委、县政府立足地处山区，平地较少，城关两镇地势较为平坦且传统制瓷工艺基础良好的实际，决定实施“聚集策略”和“大城关”发展战略，在城关建设陶瓷产业园区，推动产业连片发展，促进了生产要素向城关大转移、人口向城关大集中，造就了大产业、大城关、大生态。目前，城关两镇集中了全县 75% 的陶瓷企业和全县 2/3 以上的劳动力、经济总量、税收以及 95% 的中小学生。随着第二、第三产业和人口向城关大量聚集，农村广袤的农区和林区得以休养生息，生态得以保护繁衍，森林覆盖率迅速提高，积累了宝贵的生态财富。

在德化县城关的龙湖公园，绿树掩映生机盎然，周边特色的凉亭是休闲纳凉的好场所。每当夜幕降临，公园里开始迎来一天最热闹的时间，有人散步、打拳、跳舞、闲坐…相隔不远的另一处大樟树公园，一颗 600 多年树龄的大樟树伸展遒劲的枝干如腾龙飞舞，坐在树下的绿荫下，吹着秋风看着沿溪美景，心情自然心旷神怡。

近年来，德化县加大投入，不断完善城区绿道系统建设，建成包括浐溪、丁溪沿溪两岸 10.6 公里绿道在内的多条绿道共计 32.6 公里，将公园、绿地、广场等“绿色珍珠”串联起来。目前，城区绿地率达 39.87%，绿化覆盖率 43.25%，人均公园绿地面积 13.71 平方米。“久在樊笼中，复得返自然。”如今，公园绿地已成为市民体验自然、欣赏自然和远离城市喧嚣的净土。

二、实行能源革命，建设绿色瓷都

上世纪 80 年代，德化烧瓷还是以木柴为主，大量森林遭破坏，“林瓷之争”矛盾凸显。痛定思痛，当时还属“赤字财政”的德化县委、县政府提出“勒紧腰带抓环保，青山绿水千秋在”的思想，充分利用境内水资源充沛的优势，以政府投资、群众集资、股份办电等形式发展水电。同时，组织科技攻关，实行窑炉改造，实现从以柴烧瓷到以电代柴的第一次“能源革命”，结束了以柴烧瓷的历史。

德化县一方面限制高污染产业的发展，同时大胆调整能源结构，通过技术攻关，先后研究开发了以电、油、液化气、天然气为能源的窑炉技术，2003年引进建设了全省第一个LNG供气站，实现了从‘以电代柴’到天然气烧瓷的第二次“能源革命”。目前，全县90%的陶瓷企业使用电能和液化天然气，10%使用液化石油气和柴油，实现了陶瓷生产能源的清洁化和“千家企业无烟囱”，不仅彻底解决了“林瓷矛盾”，保护了森林资源，而且避免了其他陶瓷产区以煤炭为主要能源造成的大量烟尘、二氧化硫和有机废水污染，保护了青山绿水、蓝天白云，走上了“以林养水、以水养电、一业兴百业旺”的良性发展格局，荣获全国首批绿色能源示范县称号。

三、发展循环经济，提高资源效率

走进位于德化的福建协发光洋陶器有限公司厂区，几名工人正推着一辆装满废白瓷的手推车走向废瓷回收区。该厂区的所有污水通过管道汇集到污水处理车间后，经过沉淀能得到清水和污泥，清水回收后可用于清洗厂区卫生，污泥再排入泥浆池中，压成一块块圆形的大泥饼，这些泥饼回收后可用来生产一些低端陶瓷工艺品等。通过建造新型的污水处理设备，厂区污水全部实现统一收集处理并达标排放。

近年来，德化科学编制《德化县推进县域循环经济发展规划》，配套出台《德化县发展循环经济实施意见》，广泛开展循环经济实践，不断强化经济结构调整、产业布局优化、清洁能源使用、资源综合利用等循环经济发展手段，大力发展废瓷土、废石膏、废包装制品、废保温材料的回收加工利用和废瓷、尾矿再生利用等项目，提高资源循环利用率，初步形成了独具特色的“1+3+1”循环经济发展模式，全县危险废物安全处置率达到100%，成为福建省首个县域循环经济试点县，陶瓷产业园区成为福建省首个国家循环化改造示范试点园区，县域循环经济发展模式列为全国12个区域循环经济典型模式案例之一，在发展循环经济、提高经济效益和资源综合利用率的同时，有效保护了生态环境。

四、强化综合治理，建设美丽乡村

雷锋镇潘祠村离德化县城关仅十多公里，近年来该村注重环境卫生整治，设立村规民约，与村民签订责任书，保持村庄卫生整洁，为远期的美丽乡村特色旅游打好基础；同时充分利用自身的区位、生态、人文优势，以景观要素整合，以基础设施联动，着力打造一条“春看樱花、夏观竹海、秋赏稻浪、冬泡温泉”的具有德化特色的乡村旅游精品线路。

像潘祠村这样的美丽乡村德化还有很多。近年来，德化持续加大财政资金投入，按照创建全国生态乡镇、生态村的标准和要求，采取整容、美容、扩容“三容”并举方针，把生态乡镇、村建设与新农村建设、农村土地整治和城乡建设用地增减挂钩、农村环境连片整治、农村家园清洁行动等有机结合起来，加大重点流域治理力度，进一步完善农村生活污水、垃圾处理等环保基础设施建设，着力把德化广大农村变成“白墙黑瓦，绿树成荫，设施配套，天蓝水清，和谐宁静”的绿野仙境。目前，全县17个乡镇获得国家级生态乡镇命名，比率达94.4%；获命名的省、市级生态村161个，比率达84.3%。

五、适度开发资源，发展生态产业

近年来，德化牢固树立“生态产业化、产业生态化”的生态经济理念，立足良好的生态优势，大力发展生态产业，着力推动生态优势转化为产业优势、生态效益转化为经济效益。为此，德化积极抢抓机遇，大力发展生态农业，通过深化集体林权制度改革，开展基本农田保护、农田土壤改良，重点发展“三黑三黄三红三白”等特色农业等方式，推动生态农业的产业化、标准化、品牌化发展，提高了农副产品的附加值和市场竞争力，有效地促进了农村发展、农业增效、农民增收。

在发展生态旅游方面，德化按照“核心区、缓冲区绝不开发，实验区适度开发”原则，合理开发旅游景点，积极培育发展旅游业，同时，倡导旅游“绿色消费”，加强景区生态环境建设、保护与管理，防止破坏生态和污染环境行为发生，使全县旅游业发展与生态环境承载能力相适应，促进了以旅游业为主的第三产业迅速发展。目前，德化拥有5个国家级旅游品牌，全县游客接待量和旅游收入每年以30%的高速度增长，被列入“全国低碳旅游实验区”，荣获“中国最佳生态旅游县”等称号。

（来源：福建省环境保护厅网站　摘编：李　哲）

长汀县：成为全国第一批“绿水青山就是金山银山”实践创新基地

福建省认真贯彻落实习近平总书记生态文明建设重要战略思想，积极探索“绿水青山就是金山银山”实践路径的典型做法和经验，扎实推进生态文明建设。2017 年 9 月，环保部命名了全国 13 个地区为第一批“绿水青山就是金山银山”实践创新基地，福建省第一批国家生态文明建设示范县——龙岩市长汀县获此殊荣。

（来源：福建省环境保护厅网站　摘编：李　哲）

2017年福建省排污权市场加权平均价

第一季度市场加权平均价汇总表

受让地区	标的名称	2017第一季度市场加权平均价（元/年吨）
全省	化学需氧量	12135.35
	氨氮	11667.91
	二氧化硫	9160.52
	氮氧化物	5867.61
福州	化学需氧量	13663.22
	氨氮	11629.78
	二氧化硫	11830.82
	氮氧化物	9560.00
厦门	化学需氧量	10264.68
	氨氮	10564.57
	二氧化硫	8200.00
	氮氧化物	4495.18
漳州	化学需氧量	12710.72
	氨氮	11942.04
	二氧化硫	8686.50
	氮氧化物	4888.62
泉州	化学需氧量	11308.23
	氨氮	11714.25
	二氧化硫	9073.26
	氮氧化物	6506.60
莆田	化学需氧量	17000.00
	氨氮	12300.00
	二氧化硫	11874.78
	氮氧化物	9309.97
南平	化学需氧量	—
	氨氮	—
	二氧化硫	11520.00
	氮氧化物	—

续表

受让地区	标的名称	2017 第一季度市场加权平均价（元/年吨）
三明	化学需氧量	—
	氨氮	—
	二氧化硫	—
	氮氧化物	—
龙岩	化学需氧量	—
	氨氮	—
	二氧化硫	8569. 82
	氮氧化物	4965. 74
宁德	化学需氧量	13020. 11
	氨氮	13953. 22
	二氧化硫	11919. 25
	氮氧化物	4383. 01
平潭	氨氮	—
	氮氧化物	—
	二氧化硫	—
	化学需氧量	—

第二季度市场加权平均价汇总表

受让地区	标的名称	2017 第二季度市场加权平均价（元/年吨）
全省	化学需氧量	13036. 68
	氨氮	14536. 54
	二氧化硫	9535. 86
	氮氧化物	5739. 46
福州	化学需氧量	13993. 50
	氨氮	14641. 41
	二氧化硫	11281. 92
	氮氧化物	4989. 99
厦门	化学需氧量	10478. 41
	氨氮	10768. 69
	二氧化硫	8282. 61
	氮氧化物	4234. 04

续表

受让地区	标的名称	2017第二季度市场加权平均价（元/年吨）
漳州	化学需氧量	13276.02
	氨氮	16553.27
	二氧化硫	12250.70
	氮氧化物	5484.65
泉州	化学需氧量	13258.93
	氨氮	13082.02
	二氧化硫	9280.26
	氮氧化物	6549.41
莆田	化学需氧量	10124.03
	氨氮	12610.36
	二氧化硫	9068.24
	氮氧化物	4804.49
南平	化学需氧量	11448.98
	氨氮	13950.00
	二氧化硫	8840.00
	氮氧化物	4030.62
三明	化学需氧量	—
	氨氮	—
	二氧化硫	—
	氮氧化物	—
龙岩	化学需氧量	15597.34
	氨氮	16501.34
	二氧化硫	9400.12
	氮氧化物	4172.15
宁德	化学需氧量	10931.39
	氨氮	12824.90
	二氧化硫	8973.27
	氮氧化物	5385.65
平潭	氨氮	—
	氮氧化物	—
	二氧化硫	—
	化学需氧量	—

第三季度市场加权平均价汇总表

受让地区	标的名称	2017第三季度市场加权平均价（元/年吨）
全省	化学需氧量	13019.51
	氨氮	13558.27
	二氧化硫	8699.96
	氮氧化物	4750.54
福州	化学需氧量	13706.67
	氨氮	14911.62
	二氧化硫	9356.77
	氮氧化物	5160.72
厦门	化学需氧量	12346.09
	氨氮	11050.00
	二氧化硫	8280.00
	氮氧化物	4480.00
漳州	化学需氧量	14177.02
	氨氮	17662.75
	二氧化硫	8384.83
	氮氧化物	4177.12
泉州	化学需氧量	12811.54
	氨氮	12732.45
	二氧化硫	9486.84
	氮氧化物	7359.01
莆田	化学需氧量	14235.71
	氨氮	15715.52
	二氧化硫	10266.49
	氮氧化物	5955.79
南平	化学需氧量	—
	氨氮	—
	二氧化硫	12120.00
	氮氧化物	5607.29
三明	化学需氧量	—
	氨氮	—
	二氧化硫	—
	氮氧化物	—

续表

受让地区	标的名称	2017 第三季度市场 加权平均价（元/年吨）
龙岩	化学需氧量	11521.58
	氨氮	10670.20
	二氧化硫	9628.32
	氮氧化物	5508.34
宁德	化学需氧量	11934.78
	氨氮	11554.24
	二氧化硫	8830.05
	氮氧化物	5147.00
平潭	氨氮	—
	氮氧化物	—
	二氧化硫	—
	化学需氧量	—

第四季度市场加权平均价汇总表

受让地区	标的名称	2017 第四季度市场 加权平均价（元/年吨）
全省	化学需氧量	15045.93
	氨氮	16318.85
	二氧化硫	7882.13
	氮氧化物	6086.06
福州	化学需氧量	14646.88
	氨氮	15083.43
	二氧化硫	8074.24
	氮氧化物	4840.44
厦门	化学需氧量	15716.67
	氨氮	14969.37
	二氧化硫	10060.43
	氮氧化物	5277.78
漳州	化学需氧量	16927.65
	氨氮	15993.19
	二氧化硫	7003.03
	氮氧化物	5011.54

受让地区	标的名称	2017 第四季度市场加权平均价（元/年吨）
泉州	化学需氧量	13698. 32
	氨氮	17164. 78
	二氧化硫	12377. 1
	氮氧化物	9082. 07
莆田	化学需氧量	14359. 86
	氨氮	15268. 88
	二氧化硫	6898. 73
	氮氧化物	4916. 5
南平	化学需氧量	—
	氨氮	—
	二氧化硫	9217. 92
	氮氧化物	5733. 9
三明	化学需氧量	—
	氨氮	—
	二氧化硫	9716. 5
	氮氧化物	4080
龙岩	化学需氧量	12335. 71
	氨氮	17422. 48
	二氧化硫	9169. 2
	氮氧化物	4072. 37
宁德	化学需氧量	12987. 79
	氨氮	17997. 52
	二氧化硫	10090. 1
	氮氧化物	5161. 14
平潭	氨氮	—
	氮氧化物	—
	二氧化硫	—
	化学需氧量	—

（来源：福建省环境保护厅网站　摘编：苏建平）

福建省2017年“千村整治、百村示范”美丽乡村建设工程村庄名单

2017年1月25日福建省住房和城乡建设厅、福建省财政厅下发的《关于公布2017年“千村整治、百村示范”美丽乡村建设工程村庄名单的通知》（闽建村〔2017〕4号）指出，为贯彻落实省委、省政府宜居环境建设行动计划，明确2017年“千村整治、百村示范”美丽乡村建设工程具体任务，现将各地申报、省住建厅、省财政厅审定的2017年“千村整治、百村示范”美丽乡村建设工程名单以及美丽乡村景观带创建名单公布。为确保完成美丽乡村整治村庄建设任务，现提出以下要求：

一、各地要根据公布的名单，主动与林业、农业、国土、水利、旅游、库区移民等部门对接，统筹安排整治项目和资金，制定具体的实施方案，扎实推进工作落实。

二、健全美丽乡村建设信息报送制度，每月按要求上报“千村整治”进度；重点抓好拟创建的示范村整治项目推进，年初由县级确认上报每个示范村资金配套和具体整治项目清单，每月上报每个项目进度，并作为省级检查验收的重要参考。

三、各地“一事一议”财政奖补美丽乡村建设试点纳入全省“千村整治、百村示范”工程，按照宜居环境建设行动的统一部署和建设标准，由财政部门牵头组织实施。

四、探索建立年度“千村整治”村庄动态管理机制，对在省宜居办组织的日常巡查、专项检查中发现整治进度严重滞后的村庄，将从“千村整治”名单中清出，由所在县（市、区）备选整治村庄递补或全省统筹递补整治村庄，追回省级“以奖代补”补助资金。

全省美丽乡村建设“千村整治”村庄名单（1030个）

一、福州市（111个）

（一）美丽乡村景观带上的村庄（6个）

1. 福清市大埔－周店－圳边美丽乡村景观带（1个）：福清市宏路街道圳边村。

2. 罗源县霍口岗尾至仙洋美丽乡村景观带（3个）：罗源县霍口乡川边村、西峰村、仙洋村。

3. 永泰县霞拔乡南坑村至锦安村景观带（2个）：永泰县霞拔乡锦安村、南坑村。

（二）城市进出口干道两侧的村庄（14个）

福清市石竹街道新厝村，新厝镇峰头村；长乐市漳港街道王朱村，营前街道东屿村；闽侯县祥谦镇泮洋村、虎山村；闽清县东桥镇南坑村；永泰县长庆镇尾洋村，同安镇上庄村，东洋乡西塘村，盘谷乡新丰村，白云乡岭下村，大洋镇大展村、明星村。

（三）旅游景区周边的村庄（14个）

福清市镜洋镇长征村，沙浦镇赤礁村、青屿村，南岭镇梨洞村，一都镇一都村；长乐市猴屿乡象屿村；闽侯县大湖乡雪峰村；闽清县梅溪镇樟洋村，云龙乡际上村；闽清县雄江镇汤下村；永泰县丹云乡下洋村，同安镇芹草村，赤锡乡东坑村、蕉坪村。

（四）“六江两溪”1公里范围内的村庄（8个）

福清市东张镇香山村；闽侯县南通镇上洲村，

白沙镇马坑村；连江县小沧乡樟后村，东岱镇龙山村；永泰县洑口乡祥銮村，梧桐镇后溪村，嵩口镇卢洋村。

（五）其他区域的村庄（69个）

晋安区宦溪镇降虎村，寿山乡芙蓉村，日溪乡井后村；马尾区琅岐镇后水村；福清市东张镇道桥村，上迳镇梧岗村，龙田镇西坑村，江镜镇岸兜村，三山镇瑟江村，高山镇山后村、后安村，渔溪镇上张村；长乐市罗联乡三山村，首占镇岭头村，松下镇前连村，湖南镇闽鹏村，玉田镇琅岐村，金峰镇华刘村，潭头镇二刘村；闽侯县大湖乡洋山村，廷坪乡石洋村，小箬乡尚格村，鸿尾乡南坑村，小箬乡西村村，竹岐乡山洋村；连江县马鼻镇村前村，透堡镇陇柄村，苔菉镇横塍村，长龙镇建庄村，坑园镇坑园村，筱埕镇逻回村，官坂镇洋尾村，丹阳镇新洋村，下宫乡大洋村，安凯乡同心村，蓼沿乡朱公村；闽清县白樟镇横坑村，金沙镇光辉村、东坑村，白中镇白汀村，池园镇宝新村、丽山村，上莲乡新村，三溪乡佳垄里村，塔庄镇上汾村，桔林乡宝湖村、尚德村，省璜镇凤池村，坂东镇仙下村、贝兰村，下祝乡尾厝村；罗源县白塔乡大项村、南洋村，洪洋乡洋中村、车溪村，飞竹镇斌溪村、马洋村，西兰乡坑里村，中房镇大园村、大洋村，起步镇西山村、黄家湾村，松山镇巽屿村、小获村，碧里乡西洋村，霍口畲族乡王廷洋村，白塔乡百丈村、小云村；永泰县盖洋乡碓头村。

二、厦门市（52个）

（一）美丽乡村景观带上的村庄（3个）

1. 汀溪——竹坝（1个）：同安区竹坝华侨经济开发区新村管区刘厝自然村。

2. 内厝美丽乡村景观带（2个）：翔安区内厝镇霞美村塘头自然村、前垵村洋坂自然村。

（二）城市进出口干道两侧的村庄（6个）

海沧区海沧街道青礁村后松社、青礁村大路社，东孚街道第一农场湖头村、第一农场山边洪村、莲花村莲花社、山边村崎头社。

（三）旅游景区周边的村庄（1个）

同安区汀溪镇五峰村庄上自然村。

（四）福厦铁路沿线（300米范围内）的村庄（3个）

翔安区内厝镇美山村营上自然村、新垵村新垵自然村、官路村马池内自然村。

（五）其他区域的村庄（39个）

集美区后溪镇后垵村后垵社、黄地村湖内社，灌口镇李林中心村、深青村；同安区莲花镇莲花村宫边自然村，五显镇明溪村后烧东里自然村、明溪村后烧西里自然村，汀溪镇西源村汤里自然村、造水村虎穴自然村、造水村竹山自然村、造水村郑宅自然村、造水村一甲自然村、造水村二甲自然村，西柯镇下山头中心村，莲花镇罗溪村村田自然村、溪东村溪东地自然村，新民镇湖柑村湖井宅自然村、湖柑村湖美杉自然村、白沙仑农场湖井自然村；翔安区新店镇浦边社区浦边自然村、洪前村山尾自然村、欧厝社区和美自然村、西滨社区西滨自然村、陈塘社区、茂林社区茂林自然村、后村社区汪厝自然村、后村社区港尾自然村，马巷镇垵边社区上吴自然村、窗东社区、朱坑社区朱坑自然村，内厝镇鸿山村林下自然村、许厝村珩溪自然村，新圩镇新圩社区林尾自然村、乌山村乌山自然村、面前埔村深溪自然村、面前埔村面前埔自然村、桂林村草埔宫自然村、金柄村曾厝自然村、古宅村祖厝边自然村。

三、漳州市（133个）

（一）美丽乡村景观带上的村庄（2个）

1. 东山县美丽景观带（1个）：东山县樟塘镇下湖村。

2. 沙建镇利水村－沙建村－汰内景观带（1个）：华安县沙建镇汰内村 。

（二）城市进出口干道两侧的村庄（4个）

华安县华丰镇罗溪村；长泰县武安镇京元村，武安镇城关村；东山县杏陈镇后林村。

（三）旅游景区周边的村庄（3个）

南靖县书洋镇下田治村；长泰县马洋溪旅游区十里村；东山县康美镇城垵村。

（四）“六江两溪”1公里范围内的村庄（14个）

龙文区郭坑镇洛滨村；龙海市海澄镇玉枕村，港尾镇卓岐村，浮宫镇田头村，紫泥镇巽玉村、锦田村，石码镇高坑村；平和县文峰镇文洋村，山格镇新陂村，坂仔镇心田村；南靖县靖城镇尚寨村，南坑镇南坑村；华安县丰山镇银塘村，湖林乡湖林村。

（五）其他区域的村庄（110个）

芗城区天宝镇洪坑村、凤园村，石亭镇后园村，浦南镇福林村；龙文区朝阳镇恒坑村、西洋村；龙海市程溪镇顶叶村、洋奎村，东园镇过田村，白水镇磁美村，东泗乡清泉村，浮宫镇霞圳村，港尾镇浯屿村；云霄县莆美镇高塘村，东厦镇埭洋村、荷中村，列屿镇青径村，下河乡上河村，马铺乡新楼村，陈岱镇岱北村，云陵工业开发区下径村，火田镇白石村，和平乡坎顶村、莆顶村；平和县五寨乡埔坪村，九峰镇复兴村，安厚镇东川村，霞寨镇群英村，长乐乡建南村，崎岭乡合溪村，国强乡古爽村，小溪镇高南村，山格镇隆庆村，芦溪镇华峰村；南靖县靖城镇高新园区东坂村，金山镇碧溪村、霞涌村，和溪镇坂场村，奎洋镇松峰村，南坑镇葛竹村，龙山镇宝斗村、竹溪村，船场镇坑头村、下岭村，梅林镇科岭村，山城镇小山城村；华安县新圩镇华山村，丰山镇芹坂村，高车乡际头村，高安镇邦都村，湖林乡岛濑村，仙都镇云山村，马坑乡马坑村，沙建镇沙建村；长泰县陈巷镇池头村，岩溪镇湖珠村、霞美村，林墩办事处江都村、石横村、美宫村，坂里乡丹岩村；常山开发区埔径村；东山县西埔镇双东村、探石村，陈城镇山南村、黄山村、港口村，樟塘镇南山村、前马村，前楼镇径里村、顶上村、叶厝村；漳浦县绥安镇罗山村，盘陀镇上洞村，霞美镇山岭村，赤岭乡土塔村，马坪镇文安村，湖西乡后溪村，赤土乡下埔村，长桥镇潭阳村，旧镇镇后垅村，深土镇近院村，石榴镇攀龙村，沙西镇庵兜村、河乾村，佛昙镇人坪村，杜浔镇徐坎村，前亭镇过港村，六鳌镇店下村，赤湖镇北桥村，官浔镇下炉村，南浦乡大坪村；诏安县梅岭镇东门村，桥东镇含英村，建设乡坪路村、长埔村，官陂镇大边村，西潭乡上陈村、沈寨村，工业园区上营村，白洋乡旧宙村、下径村，红星乡新林村，梅州乡梅西村，太平镇雄鸡村、河边村，四都镇东乔村、盐仓村，梅岭镇赤石湾村，深桥镇下园村。

四、泉州市（125个）

（一）美丽乡村景观带上的村庄（6个）

1. 永春县仙夹美丽乡村景观带（1个）：永春县仙夹镇龙美村。

2. 德化县村场—湖坂美丽乡村景观带（1个）：惠安县黄塘镇下茂村。

3. 安溪县飘香—山水虎邱文化景观带（3个）：安溪县虎邱镇美亭村、芳亭村、湖西村。

4. 泉港区后龙镇峰前村美丽乡村景观带（1个）：泉港区后龙镇后埯村。

（二）城市进出口干道两侧的村庄（16个）

永春县桂洋镇桂洋村，蓬壶镇鹏溪村，达埔镇达德村，岵山镇塘溪村、磻溪村，湖洋镇桃美村；德化县浔中镇土坂村；南安市省新镇园内村、满山红村，康美镇福铁村，东田镇桃园村；石狮市蚶江镇水头村，鸿山镇邱下村；惠安县东桥镇东桥村；泉港区南埔镇天竺村，界山镇鸠林村。

（三）旅游景区周边的村庄（10个）

永春县下洋镇长汀村，坑仔口镇景山村，呈祥乡西村村，石鼓镇桃星村；南安市官桥镇漳里村漳州寮，洪梅镇六都村，诗山镇民主村；石狮市永宁镇沙美村；惠安县小岞镇前峰村；泉港区山腰街道新宅社区。

（四）“六江两溪”1公里范围内的村庄（3个）

永春县一都镇仙阳村，东关镇东关村；丰泽区东海街道后亭社区北山村。

（五）福厦铁路沿线（300米范围内）的村庄（1个）

泉港区涂岭镇白潼村

（六）其他区域的村庄（89个）

永春县玉斗镇红山村，锦斗镇云路村，岵山镇铺下村，横口乡贵德村，外山乡福溪村；德化县水口镇上湖村，美湖镇阳山村，汤头乡福山村，南埕镇前锋村，葛坑镇湖头村，盖德镇下坑村，三班镇儒坑村，龙门滩镇霞山村，国宝乡厚德村，春美乡上春村，上涌镇辉阳村，雷锋镇焦溪村，赤水镇苏坂村，大铭乡金黄村；南安市向阳乡马迹村，金淘镇时潮村，蓬华镇路荇村，眉山乡田内村，翔云镇头梅村、黄田村，英都镇芸林村、民山村，乐峰镇飞云村，九都镇新峰村；石狮市锦尚镇深埕村，祥芝镇大堡村；晋江市东石镇梅塘村，安海镇下山后村、前湖村，深沪镇华山村、东华村，龙湖镇后溪村，新塘街道梧林社区，陈埭镇横坂村，英林镇港塔村、陈山村；台商投资区东园镇溪庄村、下垵村，百崎乡后海村、里春村；洛江区河市镇厝斗村，马甲镇后坂村、祁山村、就南村、永安村，罗溪镇洪四村，虹山乡白凤村；泉港区后龙镇坑仔底村，山腰街道叶厝村；安溪县西坪镇宝山村，白濑乡寨坂村，桃舟乡莲山村、康随村，福田乡尾洋村，蓝田乡乌土村，祥华乡福新村、小道村，芦田镇朝阳村，城厢镇团结村，参内乡田底村，金谷镇景坑村，感德镇石门村，官桥镇恒美村，尚卿乡灶美村、翰卿村，龙涓乡宝都村，湖上乡黄武村，湖头镇产墘村，蓝田乡九礤村，龙门镇桂林村、观山村，龙涓乡碧岭村，蓬莱镇上智村；惠安县东岭镇赤石村、西埔村，涂寨镇塔上村、南埔村，东桥镇燎原村、珩山村、南湖村、西湖村，辋川镇吹楼村，小岞镇前海村，山霞镇后洋村。

五、三明市（137 个）

（一）美丽乡村景观带上的村庄（7 个）

1. 永安市上坪至青水景观带（2 个）：永安市青水乡丰田村、早安村。

2. 清流县林畲泥坑—舒槽—石下—林畲蛟井景观带（1 个）：清流县林畲乡舒槽村。

3. 宁化县省道 204 线安乐段景观带（1 个）：宁化县安乐镇黄庄村。

4. 将乐县金溪沿河（水南至南口）景观带（1 个）：将乐县古镛镇桃村范厝新村。

5. 建宁县清新花香赏花带（1 个）：建宁县濉溪镇河东村。

6. 建宁县闽江正源美丽乡村特色景观带（1 个）：建宁县均口镇岭腰村。

（二）城市进出口干道两侧的村庄（5 个）

宁化县城郊乡连屋村，城南乡鱼龙村，方田乡方田村；尤溪县梅仙镇下保村；大田县石牌镇拱桥村。

（三）旅游景区周边的村庄（10 个）

永安市上坪乡大进村，大湖镇坑源村，槐南镇洋头村，罗坊乡桥头村；宁化县石壁镇石碧村；将乐县漠源乡伍坊村，龙栖山余家坪村；尤溪县汤川乡山兜村，梅仙镇龙云村，西城镇北宅村。

（四）“六江两溪”1 公里范围内的村庄（2 个）

永安市曹远镇东风村；将乐县南口乡舍坑村。

（五）其他区域的村庄（113 个）

梅列区徐碧街道廖源村，陈大镇大源村；三元区中村乡张坑村、南坑村，莘口镇蓬坑村、炉洋村，岩前镇横坑村；永安市洪田镇黄龙村，小陶镇三星村、美坂村，西洋镇银坑村，曹远镇水尾村，安砂镇热水村，贡川镇大坂村，罗坊乡坪坑村；清流县嵩口镇立新村，沙芜乡上坪村，长校镇茜坑村，余朋乡东坑村，龙津镇下戈村，灵地镇尤坊甲村，赖坊镇陈家村，林畲乡林畲村，里田乡里田村，嵩溪镇伍家坊村，李家乡吴家村；宁化县济村乡济村村，水茜镇水茜村，安远镇里坑村，淮土镇凤山村，河龙乡前进村，湖村镇湖村村，曹坊镇下曹村，中沙乡中沙村，城南乡城南村；建宁县均口镇台田村，里心镇花排村，客坊乡严田村、里源村，伊家乡东风村，黄埠乡竹薮村、陈余村，溪口镇杨林村，溪源乡桐荣村、都团村，濉溪镇器村村；泰宁县新桥乡岭下村、水源村，朱口镇游源村，大田乡垒际村、鱼川村，下渠乡红地村，梅口乡谢家坪村，大龙乡双坪村，上青乡川里村，开善乡墩上村，杉城镇吕家坊村；明溪县城关乡狮窠村，胡坊镇肖家山村、洋地村，夏阳乡夏阳村，盖洋镇葫芦形村、林地村、盖洋村、姜坊村，夏坊乡高洋村、夏坊村、苎畲村，枫溪乡小珩村；将乐县光明乡禊俚村，安仁乡余坑村，万全乡良地村、阳源村，余坊乡余坊村、张都村，黄潭镇谢地村，白莲镇小王村；沙县夏茂镇长阜村、东街村，南霞乡南坑仔村，高砂镇岭兜村，湖源乡圳头村，凤岗街道垄东村，富口镇山余村，大洛镇山际村，青州镇涌溪村，高桥镇官林窠村，虬江街道茅坪村，郑湖乡郑墩村；尤溪县洋中镇际口村、际深村、坪坑村，西城镇麻洋村，八字桥乡后曲村，台溪乡安阳村，溪尾乡溪尾村，西滨镇西洋村，城关镇埔头村，梅仙镇坪寨村；大田县广平镇元沙村、大吉村，前坪乡前坪村，吴山乡张坑村，太华镇罗丰村、高星村、张地村，武陵乡仕洋村，谢洋乡谢洋村，上京镇灵川村，华兴乡京口村、华安村，梅山乡新楼村，建设镇建忠村。

六、莆田市（69 个）

（一）美丽乡村景观带上的村庄（2 个）

1. 木兰溪榜头段及支流仙水溪两岸景观带（2 个）：仙游县榜头镇溪东村、后坂村。

（二）城市进出路口干道两侧村庄（4 个）

仙游县赖店镇罗峰村，鲤南镇象林村；城厢区华亭镇郊溪村，东海镇蔡厝村。

（三）福厦铁路沿线（300米范围内）的村庄（1个）

仙游县枫亭镇秀峰村。

（四）旅游景区周边的村庄（9个）

仙游县赖店镇潘硎村，石苍乡石阳村，游洋镇桥光村，菜溪乡象山村，社硎乡半岭村，钟山镇湖亭村，西苑乡凤顶村；涵江区大洋乡琼峰村；湄洲岛湄州镇汕尾村。

（五）六江两溪1公里范围内的村庄（8个）

仙游县度尾镇湘溪村，盖尾镇盖尾村、昌山村、义店村、杉尾村、东井宫村；城厢区华亭镇兴沙村；涵江区三江口镇新浦村。

（六）其他区域的村庄（45）

仙游县大济镇古濑村，书峰乡书峰村，园庄镇洋尾村、岭北村，郊尾镇湖宅村、伍狮村，游洋镇龙溪村，度尾镇屏山村，龙华镇金建村；荔城区新度镇郑坂村，北高镇埕前村，黄石镇澄赢村、遮浪村、七境村、徐厝村、东山村，西天尾镇象峰村，城厢区常太镇内东坪村、溪南村，华亭镇后角村，灵川镇山门村，涵江区白塘镇柯塘村，江口镇莆江村，梧塘镇松西村，萩芦镇洪里村、萩芦村，新县镇仙安村，白沙镇澳东村，庄边镇上院村，溪西村，大洋乡可山村；秀屿区芴石镇坝津村，东庄镇东红村、西温村、莆头村，埭头镇淇沪村、潘宅村，平海镇清洋村、上店村，南日镇鳌屿村、沙洋村，东峤镇珠江村，月塘镇前康村；北岸开发区东埔镇梯亭村，忠门镇后坑村。

七、南平市（133个）

（一）美丽乡村景观带上的村庄（2个）

1. 建阳区西岸村—将口村—横塘村—新建村美丽乡村景观带（1个）：建阳区将口镇西岸村。

2. 建瓯市芝山街道马汶村至小松镇景观带（1个）：建瓯市小松镇李园村。

（二）城市进出口干道两侧的村庄（21个）

延平区西芹镇泗坑村，峡阳镇大埂村，南山镇际丰村、村尾村，来舟镇东山村；建阳区童游街道徐墩村；武夷山市五夫镇典村村，洋庄乡小浆村；建瓯市建安街道东安村，通济街道东溪村；顺昌县高阳乡紫竹村，大历镇下店村，元坑镇谟武村；浦城县万安乡吴山村，石陂镇龙根村，仙阳镇下洋村，九牧镇杉坊村，盘亭乡东峰村；光泽县鸾凤乡崇瑞村；政和县石屯镇长城村，外屯乡车潭村。

（三）合福铁路沿线（300米范围内）的村庄（2个）

武夷山市崇安街道黄墩村，武夷街道吴齐村。

（四）旅游景区周边的村庄（8个）

延平区茫荡镇聪坑村、际头村、岩头村；邵武市金坑乡重下村；武夷山市星村镇前兰村、巨口村；光泽县李坊乡上观村；政和县镇前镇半源村。

（五）“六江两溪”1公里范围内的村庄（11个）

邵武市大竹镇官墩村，拿口镇池下村；建瓯市东游镇渡潭村，东峰镇裴桥村，徐墩镇湖塘村，南雅镇小雅村；顺昌县双溪街道文新村；浦城县水北街镇上坊村、中坊村、下坊村，临江镇石壁村。

（六）其他区域的村庄（89个）

延平区巨口乡上埔村，夏道镇汀源村，西芹镇长建村、坑布村，塔前镇虎山村，洋后镇大禄村，赤门乡东墙村；建阳区小湖镇秦溪村，黄坑镇坳头村，崇雒乡右巨村，潭城街道黄墩村，徐市镇南槎村、塘科村，水吉镇后井村，黄坑镇三峡村，莒口镇东山村，漳墩镇竹口村，麻沙镇留田村，回龙乡西瓯浦村，书坊乡水北村；邵武市水北镇杨梅岭村，卫闽镇高坊村，肖家坊镇登高村，大埠岗镇宝积村、河源村，洪墩镇洪墩村，沿山镇砂坑村，城郊镇莲塘村，桂林乡下岚村；武夷山市兴田镇南树村，五夫镇翁墩村，吴屯乡红园村、小寺村，洋庄乡浆溪村，上梅乡茶景村；建瓯市小桥镇大坵村，迪口镇值源村，东峰镇杨梅村，吉阳镇黄富村、巧溪村，川石乡外洋村，顺阳乡际下村，龙村乡梨坪村；顺昌县仁寿镇余塘村，埔上镇上元村，洋口镇谢坊村，郑坊镇榜山村，建西镇路兹村，大干镇余富村，岚下乡钱墩村，洋墩乡蔡坑村；浦城县永兴镇冠山村，富岭镇里源村、店亭村，莲塘镇马西村，管厝乡里林村，濠村乡樟源村；光泽县寨里镇太银村、小寺洲村、大青村、山坊村，止马镇虎塘村、排下村，司前乡云际村、清溪村，华桥乡古林村、牛田村；松溪县郑墩镇前进村、夙屯村，渭田镇吴村村、角歧村、上塘村，祖墩乡溪畔村、溪后村，茶平乡吴屯村、茶平村，旧县乡李墩村，溪东乡西边村，花桥乡官后村、九蓬村；政和县铁山镇李屯洋村，镇前镇西溪村，东平镇长村，星溪乡林屯村，杨源乡楼下村，外屯乡湖屯村，澄源乡富垅村，岭腰乡长垅村、高山村。

八、龙岩市（122个）

（一）旅游景区周边的村庄（16个）

永定区湖坑镇南中村，岐岭乡井下村，培丰镇文溪村，湖雷镇尺度村、石坑村，仙师镇九坑村、大岭村，古竹乡坪洋村，龙潭镇枫林村，抚市镇五联村，下洋镇陈正村，高头乡大岭下村，城郊镇古一村、合溪乡下调吴村、下洋镇北斗村、湖雷镇象基村。

（二）"六江两溪"1公里范围内的村庄（98个）

新罗区白沙镇官洋村，曹溪镇黄坑村，大池镇黄美村、大山村，雁石镇雁江村，小池镇京源村、璜溪村，岩山镇芹园村、小丁坑村、后埔村、山前村，万安镇高厦村，苏坂镇岭兜村，下村村，白沙镇洋西村，万安镇张陈村，江山镇新寨村，适中镇保丰村；上杭县官庄畲族乡福泉村、树人村，南阳镇双溪村、南坑村、黄坑村，白砂镇扶福村、军桥村，步云乡兴隆村，庐丰畲族乡上坊村，稔田镇镇歧村，太拔镇上村村，蓝溪镇载厚村、歧滩村，溪口镇大连村，古田镇上洋村，才溪镇溪北村，旧县镇兰田村；武平县中赤乡上赤村，东留镇桂坑村，城厢镇始通村、下东村，岩前镇伏虎村、将军村，十方镇高梧村、来福村，中山镇，湘店乡尧山村，下坝乡大田村，中山镇老城村，桃溪镇新贡村，中堡镇林坊村，武东镇四维村，永平镇孔厦村；长汀县童坊镇马罗村，策武镇南溪村，涂坊镇洋坑村，濯田镇寨头村、下洋村，大同镇建明村、新峰村，三洲镇小溪头村，羊牯乡吉坑村，馆前镇小洋村，新桥镇余陂村，四都镇新华村，河田镇余地村，古城镇黄陂村，庵杰乡长科村，宣成乡畲心村；连城县曲溪乡大东溪村，朋口镇鱼潭村，罗坊乡坪上村，曲溪乡军山村，揭乐乡吕屋村，林坊镇李丰村，新泉镇西村村、良盟村，莒溪镇梅村头村、墩坑村，赖源乡黄地村，隔川乡井坑村，文亨镇竹岗村，宣和乡城溪村；漳平市永福镇龙车村、兰田村，新桥镇坂尾村，桂林街道瑞都村，西园镇钟秀村，南洋镇利田村，象湖镇土坑村，溪南镇南炳村，灵地乡易坪村，赤水镇大坑村，双洋镇温坑村，吾祠乡凤山村，官田乡官东村；经开区高陂镇和兴村，东肖镇隘头村，红坊镇南阳村、赤坑村。

（三）其他区域的村庄（8个）

新罗区白沙镇半岭村；永定区大溪乡黄龙村；长汀县南山镇严婆田村。连城县揭乐乡黄坊村、达砾村，庙前镇芷红村；漳平市拱桥镇拱桥村、西园镇前洋坪村。

九、宁德市（139个）

（一）美丽乡村景观带上的村庄（4个）

1. 寿宁县下党红色地标美丽乡村景观带（包括下党乡下党村、下屏峰村、芹洋乡溪源村、尤溪村）（1个）：寿宁县芹洋乡尤溪村。

2. 福鼎市贯岭镇溪底至叠石乡库口村美丽乡村景观带（包括贯岭镇溪底村、透埕村、何坑村、叠石乡库口村）（1个）：福鼎市贯岭镇何坑村。

3. 福安市福穆公路美丽乡村景观带（2个）：福安市坂中乡仙岩村，穆云乡梨田村。

（二）城市进出口干道两侧的村庄（6个）

蕉城区七都镇西林村（含盘山自然村）、北山村，洋中镇宝岩村；福安市康厝乡南洋村，赛岐镇青江村；周宁县七步镇梧柏洋村。

（三）旅游景区周边的村庄（4个）

福安市晓阳镇下南溪村；周宁县礼门乡常源村，纯池镇桃坑村，浦源镇五源村。

（四）"六江两溪"1公里范围内的村庄（4个）

古田县鹤塘镇前圪村、樟厅村，卓洋乡庄里村，杉洋镇珠洋村。

（五）温福铁路沿线（300米范围内）的村庄（2个）

蕉城区漳湾镇雷东村，飞鸾镇向阳里村。

（六）其他区域的村庄（119个）

蕉城区三都镇港口村，七都镇马坂村，八都镇海星村、云淡村、屿头村，虎贝镇梅鹤村、旧厝村、中洋里村，赤溪镇东边村，霍童镇上洋村，洋中镇莲下村，石后乡小岭村，金涵乡亭坪村；福安市罗江街道南安村，甘棠镇观里村，潭头镇西坑村、枢洋村，上白石镇郑家山村、山头境村，下白石镇章沃村，溪柄镇榕头村、茜洋村，溪潭镇兰田村，穆云畲族乡双溪村，康厝乡金斗洋村，范坑乡马冈村，松罗乡尤沃村、赤溪村、松罗村；福鼎市嵛山镇灶澳村，太姥山镇牛郎岗村，管阳镇乾头村、大山村，沙埕镇交椅坪村、台山村，磻溪镇金谷村，点头镇翁溪村、举州村，贯岭镇茗洋村、贯岭村，前岐镇柯湾村，店下镇亥窑村，佳阳乡后洋村、罗唇村，硖门乡秦石村（石兰自然村）；霞浦县松城街道青福村，沙江镇竹江村、沙塘街村、梅洋村，下浒镇赤壁村，长春镇积石村、武岐村，牙城镇东街头村、凤门村，溪南镇芹头村、溪尾村，水门乡茶岗村，盐田乡姚澳村、村里村，海岛乡北礵村，崇儒乡霞坪村，柏洋乡西宅村，北壁乡下岐村；柘荣县富池镇霞洋村，楮坪乡湾里村、仙岭村，乍洋乡溪口村，英山乡官安村、上宅村，城郊乡际头村、下村村，黄柏乡长冠村，东源乡山场村，宅中乡西坪村；周宁县咸村镇洋中村，七步镇登科地村，李墩镇芹溪村，纯池镇禾溪村、前溪村，泗桥乡硋窑村、坂坑村，礼门乡大碑村，玛坑乡芹太坵村；寿宁县武曲镇梅洋村、南岸村，南阳镇秀洋村，斜滩镇印潭村，凤阳镇官田洋村，平溪镇平溪村，清源乡童洋村、日洋浦村，大安乡官田场村、泮洋村、溪乾村，下党乡碑坑村，芹洋乡芹洋村，托溪乡峡头村；古田县平湖镇富达村、新舫村，大甲镇际下村，鹤塘镇佳垅村，凤都镇石坑村，大桥镇苍岩村，泮洋乡中直村、新华村，杉洋镇；屏南县双溪镇郑山村、前溪村，长桥镇柏源村，代溪镇长宦村、忠洋村，路下乡路下村，甘棠乡巴地村，寿山乡白凌村、郑洋村，岭下乡梅溪村，熙岭乡熙岭村、井兜村，屏城乡村头村。

十、平潭综合实验区（9个）

（一）城市进出口干道两侧的村庄（3个）

平原镇当盛村，流水镇大埕村，苏澳镇友谊村。

（二）旅游景区周边的村庄（2个）

敖东镇青观顶村，北厝镇大厝基村杨武楼自然村。

（三）其他区域的村庄（4个）

屿头乡旺宾村、田下村，南海乡江尾村江尾自然村，东庠乡孝北村。

全省美丽乡村示范村创建名单（102个）

一、福州市（12个）

福清市宏路街道圳边村，沙浦镇赤礁村；长乐市漳港街道王朱村；闽侯县南通镇上洲村；连江县东岱镇龙山村，长龙镇建庄村；闽清县东桥镇南坑村，塔庄镇上汾村；罗源县飞竹镇斌溪村，霍口乡仙洋村；永泰县霞拔乡锦安村，同安镇芹草村。

二、厦门市（6个）

海沧区东孚街道第一农场湖头村；翔安区内厝镇官路村马池内自然村，新圩镇面前埔村深溪自然村；集美区后溪镇黄地村湖内社；同安区莲花镇莲花村宫边自然村，汀溪镇造水村一甲自然村。

三、漳州市（11个）

芗城区天宝镇洪坑村；龙文区郭坑镇洛滨村；龙海市海澄镇玉枕村；云霄县火田镇白石村；平和县五寨乡埔坪村；南靖县南坑镇葛竹村；华安县沙建镇汰内村；长泰县岩溪镇湖珠村，武安镇城关村；东山县樟塘镇下湖村；漳浦县绥安镇罗山村。

四、泉州市（13个）

永春县桂洋镇桂洋村，石鼓镇桃星村；石狮市永宁镇沙美村；晋江市新塘街道梧林社区；德化县上涌镇辉阳村；洛江区河市镇厝斗村；安溪县参内乡田底村，尚卿乡灶美村；惠安县辋川镇吹楼村；南安市省新镇园内村，康美镇福铁村；台商投资区百崎乡后海村；泉港区涂岭镇白潼村。

五、三明市（12个）

梅列区徐碧街道廖源村，三元区中村乡张坑村，永安市青水乡丰田村，清流县嵩口镇立新村，宁化县安乐镇黄庄村，建宁县均口镇岭腰村，泰宁县新桥乡岭下村，将乐县漠源乡伍坊村，沙县夏茂镇长阜村，尤溪县梅仙镇下保村，明溪县城关乡狮窠村，大田县广平镇元沙村。

六、莆田市（5个）

仙游县榜头镇后坂村，书峰乡书峰村；荔城区西天尾镇象峰村；秀屿区东峤镇珠江村；涵江区大洋乡琼峰村。

七、南平市（11 个）

建阳区黄坑镇坳头村，将口镇西岸村；邵武市水北镇杨梅岭村，洪墩镇洪墩村；武夷山市五夫镇典村村；建瓯市小松镇李园村；顺昌县大历镇下店村；浦城县万安乡镇吴山村；光泽县寨里镇大青村；松溪县祖墩乡溪畔村；政和县铁山镇李屯洋村。

八、龙岩市（15 个）

新罗区白沙镇官洋村、曹溪镇黄坑村；永定区湖坑镇南中村、岐岭乡井下村；上杭县官庄畲族乡福泉村、南阳镇双溪村；武平县中赤乡上赤村、东留镇桂坑村；长汀县童坊镇马罗村、策武镇南溪村、涂坊镇洋坑村；连城县曲溪乡大东溪村、朋口镇鱼潭村；漳平市永福镇龙车村、新桥镇坂尾村。

九、宁德市（15 个）

蕉城区石后乡小岭村，七都镇北山村，八都镇海星村；福安市康厝乡金斗洋村，潭头镇西坑村，松罗乡尤沃村；福鼎市贯岭镇何坑村，嵛山镇灶澳村；霞浦县长春镇武岐村，沙江镇沙塘街村；柘荣县楮坪乡仙岭村；周宁县七步镇梧柏洋村；寿宁县武曲镇梅洋村；古田县鹤塘镇前圪村；屏南县代溪镇长宦村。

十、平潭综合实验区（2 个）

流水镇大埕村，苏澳镇友谊村。

全省美丽乡村景观带创建名单（共 45 条）

一、福州市（4 条）

1. 福清市大埔—周店—圳边美丽乡村景观带（长度：12 公里）

2. 罗源县霍口岗尾至仙洋美丽乡村景观带（长度：10 公里）

3. 闽清县池埔至福斗村美丽乡村景观带（长度：10 公里）

4. 永泰县霞拔乡南坑村至锦安村景观带（长度：10 公里）

二、厦门市（2 条）

1. 汀溪—竹坝景观带（长度：10 公里）

2. 内厝美丽乡村景观带（长度：10 公里）

三、漳州市（2 条）

1. 东山县美丽景观带（长度：16 公里）

2. 沙建镇利水村—沙建村—汰内景观带（长度：17 公里 ）

四、泉州市（8 条）

1. 永春县苏合村至美岭村景观带（长度：10 公里）

2. 永春县仙夹美丽乡村景观带（长度：13 公里）

3. 德化县佛戴线美丽乡村景观带（长度：10.1 公里）

4. 德化县村场—湖坂美丽乡村景观带（长度：10.6 公里）

5. 安溪县飘香·山水虎邱文化景观带长度：（长度：10 公里）

6. 泉港区坝头溪流域景观带（长度：11 公里）

7. 泉港区后龙镇峰前村美丽乡村景观带（长度：7 公里）

8. 南安市罗东镇大旗山美丽乡村景观带（长度：10.5 公里）

五、三明市（6 条）

1. 永安市上坪至青水景观带（长度：18 公里）

2. 清流县林畲泥坑—舒槽—石下—林畲蛟井景观带长度：（10 公里）

3. 宁化县省道 204 线安乐段景观带（长度：13 公里）

4. 将乐县金溪沿河（水南至南口）景观带（长度：15 公里）

5. 建宁县清新花香赏花带（长度：12 公里）

6. 建宁县闽江正源美丽乡村特色景观带（长度：35 公里）

六、莆田市（2 条）

1. 木兰溪榜头段及支流仙水溪两岸景观带（长度：10 公里）

秀屿区土海湿地景观带（长度：10 公里）

七、南平市（4条）

1．建阳区西岸村—将口村—横塘村—新建村景观带（长度：11公里）

2．建瓯市芝山街道马汶村至小松镇景观带（长度：20公里）

3．政和县洋后古廊桥—古元村—洋屯村—湖屯村景观带（长度：10公里）

4．政和县东涧村—铁山村—江上村—向前村景观带（长度：12公里）

八、龙岩市（6条）

1．永定区湖坑至实佳村、南溪土楼沟美丽乡村景观带（长度：15公里）

2．长汀县苏溪美丽乡村景观带（长度：30公里）

3．漳平市溪南美丽乡村景观带（长度：15公里）

4．漳平市象湖美丽乡村景观带（长度：25公里）

5．连城冠豸山后花园美丽乡村景观带（长度：25公里）

6．连城曲溪村至白石村沿线景观带（涵盖曲溪村、黄胜村子洋自然村、罗胜村、白石村）（长度：22公里）

九、宁德市（11条）

1．霞浦县杨家溪美丽乡村景观带（包括牙城镇洪山村、渡头村、杨家溪村、龙亭村）（长度：10公里）

2．蕉城区九贝公路虎贝段红色美丽乡村景观带（长度：12公里）

3．寿宁县下党红色地标美丽乡村景观带（包括下党乡下党村、下屏峰村、芹洋乡溪源村）（长度：10公里）

4．福鼎市贯岭镇溪底至叠石乡库口村美丽乡村景观带（包括贯岭镇溪底村、透埕村、何坑村、叠石乡库口村）（长度：11公里）

5．福安市福穆公路美丽乡村景观带（长度：26公里）

6．古田县环大白溪美丽乡村景观带（包括杉洋镇湖里村、白溪村、溪门村、杉洋村、鹤塘镇溪边村）（长度：10公里）

7．屏南县县道901线（熙岭乡熙岭村至代溪段）美丽乡村景观带（长度：15公里）

8．柘荣县104国道西段美丽乡村景观带（长度：12公里）

9．蕉城区三都海上美丽乡村景观带（长度：10.5公里）

10．蕉城区蚶岐至飞鸾美丽乡村景观带（长度：12公里）

11．霞浦县海西工业园区溪南滩涂摄影美丽乡村景观带（包括溪南镇付竹村、霞塘村、青山村、长兴村）（长度：10公里）

全省美丽乡村备选名单（310个）

一、福州市（28个）

福清市一都镇善山村，新厝镇凤迹村，南岭镇南岭村，港头镇沁塘村；长乐市江田镇漳坂村，文岭镇东庄村，古槐镇竹田村，金峰镇六林村，文武砂镇沿屿村；闽侯县南通镇古城村，白沙镇汶溪村，洋石村；连江县蓼沿乡岐山村，潘渡乡兰山村，江南乡横槎村，筱埕镇蛎坞村，浦口镇松坞村，安凯乡飞红村，晓澳镇道澳村；闽清县东桥镇溪沙村，金沙镇鹤垱村，池园镇东前村，坂东镇塘坂村，省璜镇省璜村；罗源县中房镇下湖村，飞竹镇仓前村，碧里乡牛澳村；永泰县富泉乡力星村。

二、厦门市（0个）

三、漳州市（47个）

芗城区天宝镇塔尾村；龙文区朝阳镇新石洲，郭坑镇郭坑村；龙海市海澄镇合浦村、和平村，东泗乡清泉村，港尾镇古城村，东园镇东园村；漳浦县南浦乡大坪村，赤岭乡大行村，官浔镇西北村，赤土乡涪源村；云霄县莆美镇向北村，云陵镇下城村，和平乡安吉村；东山县西埔镇坑内村，樟塘镇后马村、钱岗村，杏陈镇径口村、张家村；诏安县太平镇林塘村，深桥镇新溪村，四都镇四都村，红星乡坪林村，西潭乡青山村；平和县南胜镇前山村，国强乡碧岭村，大溪镇宜盆村，芦溪镇新村村，秀峰乡秀峰村；南靖县靖城镇武林村，梅林镇官洋村，金山镇霞涌村，船场镇西坑村，南坑镇新罗村；华安县湖林乡吉土村，马坑乡文华村，华丰镇半山村，仙都镇岭埔村，新圩镇新圩村；长泰县古农农场黎明作业区、大埔后作业区、梁岗建新村，陈巷镇夫坊村、苑山村；常山开发区观阳村，白竹村。

四、泉州市（48 个）

永春县下洋镇溪塔村，吾峰镇侯龙村、梅林村，苏坑镇东坑村，石鼓镇吾江村，东平镇东山村，介福乡龙津村，五里街道蒋溪村，桃城镇大坪村；石狮市永宁镇梅林村，蚶江镇莲西村，祥芝镇祥农村，鸿山镇西墩村，锦尚镇奈厝前村；晋江市东石镇潘山村、塔头孙村；台商投资区洛阳镇万安村；德化县南埕镇梓垵村，龙门滩镇大溪村畲族村，上涌镇西溪村，葛坑镇漈头村，美湖镇洋坑村，大铭乡联春村，杨梅乡西墘村、安村村，桂阳乡涌溪村，雷峰镇瑞坂村；洛江区河市镇官洋村、山边村，马甲镇溪北村，罗溪镇钟山村；安溪县西坪镇大垅格村，湖头镇半岭村，芦田镇红村村，白濑乡下镇村，福田乡丰田村，祥华乡白坂村，龙涓乡福都村、山后村，湖上乡湖新村；南安市码头镇坑内村，美林街道松岭村，梅山镇蓉溪村，水头镇朴一村，乐峰镇福山村，英都镇荣星村，罗东镇埔心村，霞美镇山美村。

五、三明市（33 个）

永安市小陶镇新西村，曹远镇清水池村，大湖镇百叶车村；清流县嵩溪镇黄沙口村，龙津镇拔里村，宁化县城郊乡社下村，济村乡神坛坝村，曹坊镇上曹村，石壁镇陈塘村，淮土镇吴陂村，水茜镇沿溪村；明溪县枫溪乡枫溪村；沙县郑湖乡庆洋村，南阳乡西坑村，湖源乡城前村，南霞乡龙松村，富口镇郭墩村；尤溪县梅仙镇南洋村，西滨镇彭坑村，坂面镇大坪村，新阳镇大坋村，管前镇真地村，中仙乡华阳村；大田县文江乡大文村、桥下村，石牌镇桃山村，谢洋乡蕉坂村，太华镇魁城村，均溪镇华坑村，奇韬镇西韬村；将乐县白莲镇村头村，黄潭镇里地言坑新村，万安镇福匡村。

六、莆田市（10 个）

荔城区拱辰街道长丰村，黄石镇屏山村；仙游县枫亭镇建国村，钟山镇南兴村；城厢区常太镇霞山村，外东坪村；秀屿区埭头镇黄瓜村，南日镇岩下村，西高村；涵江区三江口镇东盛村。

七、南平市（42 个）

延平区夏道镇文田村，西芹镇南洲村；建阳区将口镇石维村，漳墩镇堆后村，麻沙镇梁墩村；邵武市肖家坊镇中际村，张厝乡俞厝墩村，下沙镇分站村，水北镇一都村；武夷山市岚谷乡樟村村、岭阳村，武夷街道天心村，吴屯乡小际村；建瓯市水源乡王厝村，东峰镇坤口村，迪口镇中田村，房道镇西际村，龙村乡擎天岩村，玉山镇下洋村；顺昌县郑坊镇罗坊村，双溪街道吉舟村，大历镇田后村，建西镇路兹际头；浦城县古楼乡坑口村，富岭镇东元村，仙阳镇殿基村、阳墩村，忠信镇际洋村、上同村，盘亭乡刘田村，官路乡毛处村，山下乡凹后村；光泽县寨里镇桥湾村、大洲村，李坊乡杨里村；松溪县茶平乡官路村，旧县乡官村村，花桥乡车上村，郑墩镇林屯村，渭田镇竹贤村；政和县澄源乡林山村，杨源乡桃洋村。

八、龙岩市（52 个）

新罗区白沙镇产坑村，适中镇霞村村，龙门镇五星村，江山镇村美村，大池镇大东村；永定区金砂乡赤竹村，西溪乡肖地村，峰市镇新坑村，洪山乡下径村，抚市镇溪联村，陈东乡榕蛟村、湖山乡桂象村；上杭县蛟洋镇塘下村、华家村，湖洋镇湖洋村，下都镇砂睦村，泮境乡定达村，珊瑚乡华竹村，中都镇军联村，蛟洋镇邹坑村，通贤镇曹邱村；武平县大禾乡大禾村，平川镇城南村，永平镇梁山村，民主乡林荣村，万安镇五里村，下坝乡露冕村；长汀县三洲镇丘坊村，新桥镇刘坊村，童坊镇新畲村，宣成乡兰田村，红山乡腊溪村，铁长乡芦地村，涂坊镇吴坑村；连城县北团镇江园村，莒溪镇陈地村，庙前镇吕坊村，莲峰镇大坪村，塘前乡张地村，罗坊乡岗头村，文亨镇南阳村，朋口镇张家营村，四堡镇双泉村，林坊镇五寨村；漳平市桂林街道黄祠村，溪南镇长荣村，新桥镇新桥村、双溪村，永福镇和丰村，和平镇春尾村，芦芝镇涵梅村，双洋镇城内村。

九、宁德市（48 个）

蕉城区九都镇华镜村，虎贝镇新厝村，洋中镇钟洋村，霍童镇东岭村，城南镇蚶岐村，石后乡当洋村，洪口乡吴峰村；福安市潭头镇上坪洋村，溪尾镇下邳村，城阳镇日山村，社口镇沙溪村，湾坞镇马头村，溪潭镇上湾村、王里村，上白石镇沙坑村，范坑乡山岫宅村，穆云乡洋坪村；福鼎市贯岭镇溪底村，前岐镇大岳村、小岳村，沙埕镇王谷村，叠石乡叠石村；霞浦县松港街道塔下村，溪南镇霞塘村，沙江镇厚首村，三沙镇石头鼻村，崇儒乡坪园村，海岛乡宫西村；柘荣县宅中乡后垅村，乍洋乡水碓村，东源乡太阳村，黄柏乡游家边村，富溪镇北岭村；周宁县七步镇竹下村，泗桥乡常洋村，礼门乡秋楼村，浦源镇江源村；寿宁县芹洋乡广地村，托溪乡江山村，平溪镇燕窠村；古田县黄田镇松峰村，城东街道利洋村，凤埔乡峦垅村，城东街道仕坂村；屏南县路下乡富塘村，棠口乡仕洋村，熙岭乡圪头村，长桥镇远坵村。

十、平潭（2个）

平潭综合实验区敖东镇建民村，平原镇江楼村。

（摘编：吴　强）

福建省美丽乡村建设带头人及典型示范村庄名单

2017 年 10 月 25 日福建省住房和城乡建设厅下发的《关于公布美丽乡村建设带头人及典型示范村庄的通知》（闽建村〔2017〕52 号）提出，根据《福建省住房和城乡建设厅关于树立美丽乡村建设带头人及典型示范村庄有关工作的通知》（闽建村〔2017〕13 号），经各地推荐、公示，我厅审核、征询所在乡镇意见并在福建省住房和城乡建设网上公示，现将 10 名全省美丽乡村建设带头人及 10 个典型示范村庄名单予以公布，具体名单如下：

1. 福清市港头镇草柄村党支部书记王长勇
2. 同安区莲花镇军营村党支部书记高泉阳
3. 诏安县四都镇西梧村党支部书记吴志雄
4. 永春县岵山镇茂霞村党委书记陈建华
5. 尤溪县梅仙镇半山村党支部书记林上斗
6. 城厢区常太镇马院村党支部书记兼村委会主任邱庆照
7. 新罗区小池镇培斜村党支部书记华锦先
8. 浦城县富岭镇双同村党支部书记兼村委会主任李仕银
9. 政和县石屯镇石圳村党支部书记袁云机
10. 福安市潭头镇南岩村党支部书记吴木生

以上带头人所在村庄同时列为典型示范村庄。

请各带头人所在县（市、区）住建局组织相关乡镇、村庄搜集、整理能够反映带头人先进事迹的图片和文字介绍材料（围绕党建带村建，将带头人工作作风、突出事迹、工作亮点、特色做法和村庄建设的主要成效，写细写实，要充分体现带头人在村庄建设中的带头作用，不面面俱到，文字控制在 3000 字以内），形成图文并茂的经验介绍材料，于 11 月 25 日前将电子版报送省厅村镇处。

（摘编：张海生）

福建省第一批中国特色小镇名单

2016 年 10 月住房城乡建设部公布，在各地推荐的基础上，经专家复核，会签国家发展改革委、财政部，认定 127 个镇为第一批中国特色小镇，其中福建省共有 5 个小镇入选。名单及简介如下：

永泰县嵩口镇

嵩口镇位于福建省永泰县的西南部。是永泰县最早的两个建制镇之一，目前保留完好的古民居多达 100 余座，用坦厝、用金厝、述善堂、下车碓厝、协和厝、协庆厝、端公坂厝、万安堡、芦洋寨等等，成为一个民间古民居博物馆。古老的嵩口镇，凝结着深厚的文化底蕴。南宋著名爱国词人张元幹、名扬海内外的闾山派道教神人张圣君均出生于嵩口镇月洲村。月洲村至今留有许多古迹。

嵩口山川优美，北有锦屏山、孤山，东有笔架山、文笔峰，西有高耸的洋头林，南有溪湖山、仙公仑。境内有古称嵩阳八景，即“孤山梅树”、“星楼晚渡”、“阁坂春耕”、“寿春钟鼓”、“天马观灯”、“官塘采莲”、“钟潭映月”和“钟山远眺”。另月洲村的金鸡岩、蛰龙潭、钓台及圣君坪和寒光阁故地亦深为人所景仰。

同安汀溪镇

汀溪镇位于福建省厦门市同安区西北部，北与泉州市安溪县毗邻，东北同南公路联通南安市，是进出厦门特区的北大门。汀溪气候宜人、山川秀美、人杰地灵、物产丰富，属南亚热带海洋性季风气候带。辖区内有厦门市最高峰云顶峰海拔 1175 米，有高山出平湖的汀溪水库，宋代行销日本的珠光瓷古窑址，朱熹遗迹文山石刻，明代抗倭古堡，畲族八卦古楼。龙眼、荔枝、柑桔、蜜柚等驰名海内外的果蔬遍植，褒美芋头、路下生姜、堤内茭白、汪前盐葱、造水生态玉米，让人难以忘怀。

安溪县湖头镇

湖头镇地处闽南金三角地带，自古有“小泉州”的美誉，地处清溪上游的河谷盆地，四面环山，盆地开阔平坦，湖头溪从中穿过，状如大湖，五代前称阆湖，北宋初称湖山。相传南宋理学家朱熹路经岭头山，俯瞰该地，见状如大湖，遂称湖头，沿用至今。

湖头历史悠久，人文荟萃。其中，有以国家重点文物保护单位李光地宅与祠（新衙、旧衙、贤良祠和问房大厝等 4 处）为代表，保存较为完好的明清古民居建筑群 60 多座。历朝以来，湖头名人贤士辈出，有清初文渊阁大学士兼吏部尚书李光地，清代书法八大家之一的李清藻，近代侨领李尚大、李陆大先生等。2014 年 4 月，湖头镇以悠久的历史和丰厚的文化跻身全国第六批“中国历史文化名镇”之列，是泉州地区唯一入选的乡镇。

邵武市和平镇

和平镇位于邵武市西南部，是古代邵武通往江西、泰宁、建宁、汀州的咽喉要道，早在四千年前便有人类繁衍居住。建置始于唐，历史文化悠久，是邵武历史上第一古镇，有着悠久的历史和深厚的文化积淀，古镇区建筑格局为全国罕见的古城堡式大村镇。现尚存东门、北门两座城门谯楼及部分城墙，城内南北向一条用青石板铺筑的主街长600余米，被专家称为“福建第一街”。

上杭县古田镇

古田镇位于上杭县东北部，是著名的“古田会议”旧址所在地，也是中国历史文化名镇、全国文明村镇。毛泽东、朱德、陈毅等老一辈无产阶级革命家都在古田这片红土地上进行过伟大的革命实践。2015年10月，福建省龙岩市上杭县古田旅游区正式晋升为国家5A级旅游景区，这是福建省首个5A级红色旅游景区。古田镇还是福建省首批小城镇综合改革建设试点镇。

（摘编：郭　虹）

福建省第二批全国特色小镇公示名单

2017年7月27日住建部《关于拟公布第二批全国特色小镇名单的公示》中指出，为贯彻落实党中央、国务院关于推进特色小镇建设的部署，按照《住房城乡建设部关于保持和彰显特色小镇特色若干问题的通知》（建村〔2017〕144号）和《住房城乡建设部办公厅关于做好第二批全国特色小镇推荐工作的通知》（建办村函〔2017〕357号）要求，在各地择优推荐的基础上，经现场答辩、专家审查，拟将北京市怀柔区雁栖镇等276个镇认定为第二批全国特色小镇，其中包括福建省9个镇，名单及简介如下：

石狮市蚶江镇

蚶江镇位于泉州石狮市北部，面积38.4平方公里，常住人口5万多人，辖有19个行政村和5万吨级港口（国家一类口岸），拥有2处世界文化遗产（宋代六胜塔、唐代林銮渡）。宋元时期是“光明之城”、“东方第一大港”——刺桐（泉州）的门户，海上丝绸之路的起点。

随着改革开放的逐步深化，蚶江西裤业完成了产业培育并迅速发为蚶江经济的支柱产业，蚶江西裤也以其款式新颖、质优价廉等特点逐渐成为石狮西裤的龙头，在全国的影响面和知名度不断扩大，形成突出的特色和优势。

福清市龙田镇

龙田镇位于福清市龙高半岛中部，与海口、江镜、港头接壤。全镇面积88平方公里，辖40个行政村和2个居委会，总人口12万，是福清市人口最多的乡镇。龙田历来是福清龙高半岛的商贸中心，是龙高半岛上一座经济强镇和商贸重镇，相继被列为全国重点乡镇、福建省城镇体系建设专项规划中心镇、全省小城镇综合改革建设试点镇、福州市次中心城镇。

晋江市金井镇

金井镇位于闽东南晋江沿海突出部，距金门岛仅5.6海里，全镇人口5.8万人，旅居海外的侨胞和港、澳、台同胞10多万人，是福建省著名的侨乡。

金井镇的围头万吨级港口是其主要的进出口支撑，主要进行对台湾的贸易。而金井也是皮革，纺织重镇，如著名的福建七匹狼集团有限公司就位于该镇。

涵江区三江口镇

三江口镇位于莆田市涵江区东南部，濒临兴化湾，距涵江城区仅1公里多，是涵江区对外开放的一个主要窗口，为福建省小城镇建设试点镇之一。三江口镇傍海靠港，水陆交通十分便捷，海上有天然良港——三江口港，该港现为国家二级口岸，常年可通航4000吨货轮，年货物吞吐量达60万吨以上，是莆田市最大货物集散港之一。

永定区湖坑镇

湖坑镇为龙岩市永定区下辖镇，辖16个村，面积96.1平方千米。湖坑镇是世界文化遗产－福建土楼的核心所在地，2006年被省委、省政府授予“福建省文明村”、“省级卫生乡镇”；2009年被中央文明办授予“创建全国文明村镇工作先进村镇”；2010年3月被国家住建部、旅游局授予全国特色景观旅游名镇、中国历史文化名镇。

福鼎市点头镇

点头镇位于福鼎市中部，距市中心 15 公里，是国家住建部小城镇建设试点镇，福建省综合改革试点镇。全镇总面积 109 平方公里，辖 18 个行政村，3 个居委会。

点头气候温和湿润，山海资源丰富，素有“茶花鱼米之乡”的美誉，茶叶、水产是支柱产业。景点有莲山古民居、玉佛寺、妈祖天后宫等。

南靖县书洋镇

书洋镇位于南靖西南部，是著名的土楼之乡。全镇共有土楼 6000 多座，千姿百态，气势非凡，犹如“天上掉下的飞碟”、“地上长出的蘑菇”，点缀在书洋美丽的大地上，形成一道美妙绝伦的风景线，并以历史悠久、座落集中、底蕴深厚、形状奇特而饮誉海内外。

田螺坑土楼群、河坑土楼群共 18 座土楼于 2008 年 7 月 7 日列入《世界遗产名录》，其中形如“四菜一汤”的田螺坑土楼群是福建土楼的标志性建筑。

武夷山市五夫镇

五夫镇位于武夷山市东南部，自然环境幽美，气候宜人，物产丰富，人烟稠密，盛产白莲、红菇、田螺，远近闻名，是武夷山市重要的农副产品区之一。

五夫镇是中国历史文化名镇，自古就有"邹鲁渊源"之称，是理学宗师朱熹的故乡，朱子理学的形成地，朱熹在五夫从师就学长达 40 余年。五夫镇是重要历史文化名镇，历代名人辈出，境内遗址遗迹丰富，是武夷文化遗产的重要组成部分。

福安市穆阳镇

穆阳镇地处福安市西部，穆水溪畔，是福安市主要集镇之一。穆阳历史悠久，人文荟萃。古代缪、穆同音，穆阳为缪姓聚居地，是宋代乡贤缪烈故里。镇区交通方便，穆阳溪河可通木船。茶叶、穆阳烤肉、水蜜桃、线面、纸伞为地方特产。

（摘编：游学荣）

福建省第二批特色小镇创建名单

2017年12月2日福建省人民政府下发《关于公布福建省第二批特色小镇创建名单的通知》（闽政〔2017〕52号），要求各市、县（区）人民政府，平潭综合实验区管委会，省人民政府各部门、各直属机构，各大企业，各高等院校要全面贯彻党的十九大精神，落实省委十届四次全会部署，推动“四化”同步发展，扎实推进特色小镇投资工程包实施落地，加快人才、技术、资本等高端要素向特色小镇集聚，促进传统特色产业转型升级，培育战略性新兴产业，为全省推进供给侧结构性改革、实施创新驱动发展战略创造经验、提供示范。省级相关部门要加强指导，制订配套扶持政策措施，推进创建工作取得实效。对特色小镇创建实行动态管理，连续两年没有完成年度目标考核任务的，退出创建名单。三年期满，开展评估验收，验收合格的由省政府命名为福建省特色小镇。

经研究，确定宁德锂电新能源小镇等27个特色小镇列入我省第二批特色小镇创建名单。现予以公布。

1. 宁德锂电新能源小镇
2. 鼓楼金牛“互联网+”小镇
3. 闽侯海丝时尚居艺小镇
4. 集美动漫小镇
5. 翔安大嶝台贸小镇
6. 龙文时间小镇
7. 长乐网龙智能教育小镇
8. 漳浦海峡花木小镇
9. 平和琯溪蜜柚小镇
10. 芗城天宝香蕉小镇
11. 晋江“芯”小镇
12. 福清东壁渔乐文旅小镇
13. 福安湾坞不锈钢新材料小镇
14. 莆田妈祖国际医疗健康小镇
15. 仙游艺雕小镇
16. 荔城北高黄金珠宝小镇
17. 涵江雪津啤酒小镇
18. 建宁贡莲小镇
19. 宁化石壁客家文化小镇
20. 清流林畲桂花小镇
21. 长汀河田鸡美食小镇
22. 武平岩前新显小镇
23. 延平王台百合小镇
24. 建阳麻沙建本小镇
25. 寿宁廊桥文旅小镇
26. 周宁人鱼小镇
27. 政和东平酿造小镇

（摘编：游学荣）

福建省第一批城市市树市花名录

2017 年 8 月 16 日福建省住房和城乡建设厅下发《关于公布全省第一批城市市树市花名录的通知》（闽建风景〔2017〕11 号）：城市市树市花是城市代表性乡土树种和花卉，代表一个城市独具特色的自然景观、文化底蕴、历史风貌，是城市的一张名片。近年来，全省各地积极推进城市（县城）市树市花评选工作，至目前，全省有 27 个市县评选出市树、30 个市县评选出市花，现予以公布。

请已命名市树市花的城市（县城），要进一步推广市树市花种植；未命名市树市花的城市（县城）要抓紧组织开展评选工作，优先选用使用成本低、病虫害少、适应性强、本地特色鲜明的乡土树种和花卉作为市树市花。

福建省第一批城市市树市花名录

城市名称	市树	市花
福州市	榕树	茉莉花
福清市	香樟	桂花
闽侯县	红榕	龙船花
连江县	榕树	茉莉花
罗源县	香樟	杜鹃
闽清县	橄榄树	梅花
永泰县	樟树	李花
厦门市	凤凰木	三角梅
泉州市	刺桐树	刺桐花、含笑
晋江市	菩提树	白兰花
德化县	樟树	茶花
漳州市	香樟、相思树	水仙花
莆田市	荔枝树	月季
三明市	红花紫荆、黄花槐	三角梅、迎春花
永安市	香樟	含笑
尤溪县	香樟	杜鹃
建宁县	无患子	荷花
大田县	银杏	杜鹃
龙岩市	香樟	山茶花、兰花

续表

城市名称	市树	市花
漳平市	/	茶花
上杭县	红榕	紫荆花、小叶紫薇
南平市	/	百合
建瓯市	樟树	建兰
光泽县	香樟	桂花
浦城县	/	桂花
邵武市	樟树	含笑
顺昌县	杉树	四季桂
松溪县	松树	福建山樱花
武夷山市	樟树	兰花
政和县	闽楠	紫薇

（摘编：彭金龙）

第九篇
发展纪事

发展纪事

1月5日省政府常务会议：传达贯彻习近平总书记对食品安全工作的重要指示

5日，省长、省食品安全委员会主任于伟国主持召开省政府常务会议，传达贯彻近日习近平总书记对食品安全工作的重要指示、李克强总理的批示精神和国务院食品安全委员会第四次全体会议要求，进一步部署我省食品安全工作。

于伟国说，保障食品安全直接关系人民群众身体健康和生命安全，是坚持以人为本的重要体现。习近平总书记在福建工作时就创造性、系统性地部署开展治理“餐桌污染”、建设“食品放心工程”，为我省食品安全工作建立了科学机制、打下了坚实基础。

于伟国要求全省各级政府各部门，一要认真学习贯彻习近平总书记的重要指示、李克强总理的批示，用“最严谨的标准、最严格的监管、最严厉的处罚、最严肃的问责”，全面提升食品安全保障水平。二要紧紧围绕创建食品安全放心省，把“双安双创”具体任务分解落实到2017年度工作中，严防、严管、严控食品安全风险隐患。三要进一步加强食品安全督查考评工作，坚决守护好人民群众“舌尖上的安全”。

（摘编：苏建平）

2月4日省政府常务会议：通过关于深入推行科技特派员制度的实施意见等事项

4日，省长于伟国主持召开省政府常务会议，通过关于深入推行科技特派员制度的实施意见。会议提出要突出精准扶贫，到2020年，在23个省级扶贫开发工作重点县组织实施100项以上科技特派员项目。要实行分类扶持，省里将设立科技特派员专项资金，对科技特派员工作经费和科技项目等采取以奖代补的方式予以支持。要落实创新创业政策，鼓励科技特派员以科技成果和知识产权入股企业，取得合法收益。要完善保障措施，对离岗创业的科技特派员，在5年内保留其人事关系，期满后可以根据本人意愿选择辞职创业或回原单位工作。

决定出台八条措施建立城镇建设用地增加规模同吸纳农业转移人口落户数量挂钩机制，保障我省“十三五”期间150万农业转移人口和其他常住人口在城镇落户用地需求。会议还研究了其他事项。

（摘编：苏建平）

2月20日省政府常务会议：研究推进省级行政权力和公共服务事项调整工作

20日，省长于伟国主持召开省政府常务会议，听取2016年以来省级行政权力和公共服务事项调整情况汇报，部署推进下一步工作。会议还研究了其他事项。

会议指出，2016年来，全省省级行政许可事项新取消8项、下放9项、调整45项；省级行政权力和公共服务事项新取消129项、下放37项、调整245项，根据新颁布或修订的法律法规、规章增列244项。

会议要求，要以硬性指标约束倒逼减环节、优流程、压时限、提效率，大力推进“互联网+政务服务”。对取消的事项要加强事中事后监管，推进“双随机一公开”，防止出现监管真空，切实做到“放下去、接得住、用得好”，让基层、企业和广大群众有更大获得感。

（摘编：苏建平）

2月27日省政府常务会议：确定实施2017年全省宜居环境建设行动计划等事项

27日，省长于伟国主持召开省政府常务会议，确定实施2017年全省宜居环境建设行动计划项目8000个，完成市政基础设施建设投资2300亿元、美丽乡村建设投资260亿元。抓好新一批市政线网“六千工程”，新改扩建城市道路、雨水管网、污水管网、供水管网和绿道各1500公里、燃气管网1000公里；新增公共停车泊位4万个以上，完成1000个村庄环境整治，开工2.53万户农村危房改造。

研究通过《福建省人民政府关于建设一流大学和一流学科的实施意见》。会议指出，到2020年，实现1所大学建成世界知名高水平研究型大学，1所大学综合实力排名进入全国前50名；3个左右学科进入全球排名前列，10个左右学科进入国内排名前列。

会议还研究了其他事项。

（摘编：苏建平）

3月20日省政府常务会议：研究确定第二批省级历史文化街区等事项

20日，省长于伟国主持召开省政府常务会议，决定实施《福建省加快培育发展农业面源污染治理市场主体方案》《福建省培育发展农村污水垃圾处理市场主体方案》。会议指出，2017年各县（市、区）要推出1个以上农村污水垃圾治理PPP工程包。到2020年，培育形成一批农业农村环境治理龙头企业，农业面源污染治理产业产值达到40亿元。

研究通过《福建省人民政府关于进一步加强文物工作的实施意见》。会议提出，到2020年，全面摸清全省文物资源状况，提升一批文物保护单位级别，世界文化遗产数量有所增加，基本建立主体多元、结构优化、特色鲜明、富有活力的博物馆体系，文物保护成果更多惠及人民群众。

听取了福建省妇女儿童工作情况汇报，研究部署贯彻落实第六次全国妇女儿童工作会议精神；依法保障妇女儿童权益，补齐妇女儿童发展民生短板，让孩子们健康快乐成长，让妇女在共建共享中实现全面发展，进一步增强全省妇女儿童的获得感。

研究确定第二批省级历史文化街区，确定厦门中山路、晋江五店市、云霄和平路、长汀南大街、沙县东门片区、建瓯铁井栏－紫芝街、宁德蕉城区鹏程街区等11个第二批省级历史文化街区。

会议还研究了其他事项。

（摘编：苏建平）

3月31日省政府常务会议：研究部署推进我省侨务工作等事项

31日，省长于伟国主持召开省政府常务会议。会议研究部署推进我省侨务工作，广泛动员和支持海外侨胞和归侨侨眷参与福建“海丝”核心区建设。

通过了省养老产业投资基金实施方案。会议指出，养老产业投资基金将政府投资与金融资本相结合，有利于撬动社会资本加大对养老服务业投入。根据实施方案，省养老产业投资基金总规模60亿元，主要投向养老服务基础设施建设、养老综合体建设、养老产品开发、养老服务类项目，将进一步创新养老产业融资渠道，引导社会资金、政府资金投向，加快补齐健康养老业短板。会议还研究了其他事项。

（摘编：苏建平）

4月13日省政府常务会议：部署深化简政放权

13日下午，省长于伟国主持召开省政府常务会议，传达学习习近平总书记、李克强总理的重要批示精神，贯彻落实国务院推进职能转变协调小组第十次全体会议要求，研究通过了《2017年福建省推进简政放权放管结合优化服务工作要点》和《关于推行“一趟不用跑和最多跑一趟”办事清单的通知》，听取了贯彻落实国务院第三批取消中央指定地方实施行政许可和清理规范行政审批中介服务事项的有关情况。

会议指出，研究制定2017年福建省推进简政放权放管结合优化服务工作要点和推行“一趟不用跑和最多跑一趟”办事清单，明确要在2017年已经公布的省市县乡“一趟不用跑”3304个事项清单和“最多跑一趟”19988个事项清单的基础上，10月底前全面完成清单的梳理和公布。会议审定通过我省对应取消中央指定地方实施行政许可事项31项，对应清理规范4项行政审批中介服务事项。会议对优化政务服务提出具体要求，推进“互联网+政务服务”。明确2017年6月底前全省90%行政审批事项和公共服务事项实现网上办理，年底前建成覆盖省市县乡、线上线下一体的网上政务服务平台，让企业和群众在手机上、家门口就能办事。

会议还研究了其他事项。

（摘编：林学军）

4月24日省政府常务会议：加强政务诚信建设 规范政府招商引资履约行为

24日，省长于伟国主持召开省政府常务会议，研究通过省政府《关于贯彻国务院“十三五”促进民族地区和人口较少民族发展规划的实施意见》。会议强调，重点扶持23个少数民族贫困村脱贫，着力打造100个少数民族特色村寨，继续加大对民族教育的投入，重点支持民族医院和18所民族乡卫生院建设，促进少数民族事业全面发展，努力把福建建设成为中华民族团结进步的窗口。到2020年，民族乡村农村经济总收入和人均收入比2010年翻一番，少数民族和民族乡村与全省一道迈入全面小康社会，努力把福建建设成为中华民族团结进步的窗口。

决定加强政务诚信建设，规范政府招商引资履约行为。会议强调，各级政府要牢固树立法治思维和契约观念，严格兑现依法向社会及行政相对人作出的政策承诺，切实履行在招商引资活动中与投资主体依法签订的各类合同（含协议），不得以政府换届、相关责任人更替等理由违约，不得“新官不理旧账”。在招商引资中存在失信违约的，要对具体失信情况书面作出说明并限期整改，造成不良影响的要严肃追究责任，保障当事人合法权益，提升政府公信力，营造良好的招商引资环境。

会议还研究了其他事项。

（摘编：林学军）

5 月 23 日省政府常务会议：通过《2017—2020 年福建省行政机关公务员培训纲要》

23 日，省长于伟国主持召开省政府常务会议，研究通过了《2017－2020 年福建省行政机关公务员培训纲要》。会议强调，要贯彻落实党中央、国务院的部署要求，以坚定理想信念、提高履职能力、改进工作作风为重点，深入实施《2017－2020 年福建省行政机关公务员培训纲要》。要突出理想信念教育，引导广大公务员深入学习贯彻习近平总书记系列重要讲话精神和治国理政新理念新思想新战略，牢固树立“四个意识”，全面提高德才素质和履职能力。要创新方式方法，科学合理安排，实施“互联网＋”培训新模式，到 2020 年网络培训成为培训重要方式；推进分类培训，不断提高培训实效。会议还研究了其他事项。

（摘编：林学军）

5 月 31 日省政府常务会议：研究通过《福建省医疗卫生服务体系规划（2016—2020 年）》等事项

5 月 31 日，省长于伟国主持召开省政府常务会议，研究通过《福建省医疗卫生服务体系规划（2016—2020 年）》。会议指出，当前我省已建立了覆盖城乡的医疗卫生服务体系，要坚持强基层、补短板、增活力、优服务，进一步优化全省医疗卫生资源配置，提高医疗卫生服务能力、可及性和资源利用率，到 2020 年实现千人均床位数 6 张、千人均医师数 2.5 人、千人均护士数 3.14 人。

研究通过《福建省精准扶贫医疗叠加保险方案》。《方案》明确，保险政策期限从 2017 年 7 月 1 日至 2020 年 12 月 31 日，保障对象为 2016 年精准识别建档立卡农村贫困人口及每年新增建档立卡农村贫困人口。《方案》提出：对“目录内”医疗费用，保障对象在省、市、县、乡四级定点医疗机构发生的医疗费用，在基本医疗保险、大病保险和医疗救助的基础上，报销比例的上限为省级 50%、市级 70%、县级 90%、乡级 95%；对保障对象中符合条件的 13 种大病治疗人群医疗费用自付部分，通过精准扶贫医疗叠加保险补助后，剩余部分采取救助的办法，按照 90% 予以补助；家庭医生签约服务费个人缴费部分，由精准扶贫医疗叠加保险基金承担。

决定建立机关事业单位防治“吃空饷”问题长效机制。会议强调，大力整治“吃空饷”问题，对于建设廉洁政府，促进社会公平，具有重要意义。根据国务院部署，我省于 2015 年全面开展机关事业单位“吃空饷”问题集中治理工作，持续推动相关投诉举报的排查处置，“吃空饷”现象得到有效遏制。针对“吃空饷”问题的隐蔽性反复性，要从源头上加强综合治理，形成防治长效机制。

会议还研究了其他事项。

（摘编：林学军）

6月7日省政府常务会议：进一步推进环境治理、整改问题和长效机制建设

7日，省长于伟国主持召开省政府常务会议，听取了去年以来我省开展生态环保问题自查整改和中央第五环境保护督察组交办问题整改情况的汇报，会议指出，保护生态环境，责任如山。要牢固树立新发展理念，坚持“绿水青山就是金山银山”，落实“党政同责、一岗双责”，持续抓好生态环保问题整改，扎实推进国家生态文明试验区建设，坚决扛起生态文明建设的政治责任；要坚持问题导向，加强清单管理，强化督导复核，深入梳理排查，确保环保督察中发现的问题逐一整改到位；要加快补齐短板，针对黑臭水体、固废处置、畜禽养殖等薄弱环节，制定时间表、任务书、责任状，推出一批新的环保工程包，鼓励社会资本参与，深入推进环境治理；要巩固督察成果，深化提升“两年一督察”“一年一考核”“一季一通报”等制度，构建长效机制，让群众有更多获得感。

研究通过《福建省关于促进城乡居民增收的实施意见》。会议强调，提高城乡居民收入是全面建成小康社会的重要内容。要坚持优化收入分配结构、夯实居民收入基础、持续拓宽增收渠道、不断缩小收入差距，力争“十三五”时期，城乡居民人均收入年均增长8%，提前实现2020年比2010年翻一番；城乡、区域、行业收入差距持续缩小，中等收入者比重上升，基本公共服务均等化水平稳步提高。会议还研究了其他事项。

（摘编：林学军）

6月15日省政府常务会议：决定出台《加快推进居家社区养老服务十条措施》《进一步促进养老机构健康发展十条措施》

15日，省长于伟国主持召开省政府常务会议，决定出台《加快推进居家社区养老服务十条措施》《进一步促进养老机构健康发展十条措施》。两份《措施》在用地保障、医养结合、运营模式、补助政策、准入门槛等五方面提出一系列创新举措，明确经济型养老机构用地土地用途为医卫慈善用地；支持医保定点医疗机构与居家养老服务照料中心、养老机构签约合作；鼓励专业化服务组织跨市跨县规模化承接、连锁化运营养老服务设施；入住医保定点养老机构的参保人员中符合要求的，床位费可使用医保个人账户按标结算；2017年起对符合要求的老年人每月发放不低于200元的护理补贴。到2020年，实现城市社区每万人拥有养老服务设施达到500平方米以上，实现居家社区基本养老服务全覆盖。

审议通过《福建省促进电子证照应用管理暂行办法》。我省是全国最早启动电子证照工作的省份，已建成覆盖省市两级的电子证照共享服务平台，累计生成552万张电子证照、电子批文，电子证照共享次数达1043万次。《办法》明确，电子证照生成遵循与纸质证照“同步生成、同步发放”的原则，具有同等法律效力；凡是有条件通过互联网受理的事项，不再要求服务对象到现场提交材料；凡可通过证照平台共享获取的材料，不得要求服务对象重复提交。会议还研究了其他事项。

（摘编：林学军）

6 月 30 日省政府常务会议：确定出台《“十三五”福建省老龄事业发展和养老体系建设规划》

30 日，省长于伟国主持召开省政府常务会议，确定出台《“十三五”福建省老龄事业发展和养老体系建设规划》。会议指出，“十三五”时期是全面建成小康社会决胜阶段，也是老龄事业改革发展和养老体系建设重要战略窗口期。要高度重视老龄工作，坚持党委领导、政府主导、市场主体、全民参与，着力建机制、优供给、补短板、广覆盖，全面提升老龄事业发展水平，努力满足和基本适应老龄服务需求，提升老年人的获得感和幸福感。到 2020 年，基本建成科学应对人口老龄化社会的体制机制，全省基本养老保险参保率达 90%，65 岁以上老年人健康管理率超过 75%，每千名老年人拥有养老床位超过 35 张，基层老年人体育健身设施覆盖率达 100%，经常性参与教育活动的老年人占比超过 20%。

会议还研究了其他事项。

（摘编：林学军）

7 月 13 日省政府常务会议：确定出台《进一步做好法规、规章、规范性文件清理的工作方案》

13 日，省长于伟国主持召开省政府常务会议，确定出台《进一步做好法规、规章、规范性文件清理的工作方案》。会议提出，为深入推进“放管服”改革，加快转变政府职能，推进法治政府建设，进一步做好我省法规、规章、规范性文件清理工作。此次清理范围包括“放管服”改革、生态文明建设和环境保护涉及的省、设区市政府出台的现行有效规章，省、市、县（区）政府及所属部门制定的现行有效的规范性文件。文件主要内容与国务院“放管服”改革决策相抵触，或与国务院改革决策涉及的已修改的法律、行政法规不一致的，要予以废止；文件部分内容有相抵触或不一致的，要予以修改。清理结果要于 2017 年 11 月底前报送国务院。

会议还研究了其他事项。

（摘编：郭　虹）

7月24日省政府常务会议：传达学习贯彻习近平总书记对厦门鼓浪屿申遗成功和保护文化遗产的重要指示精神

24日，省长于伟国主持召开省政府常务会议，传达学习贯彻习近平总书记对厦门鼓浪屿申遗成功和保护文化遗产的重要指示精神。会议指出，习近平总书记的重要指示，既充分肯定了厦门市长期以来在鼓浪屿文化遗产保护管理上的探索实践和显著成绩，又为我们做好文化遗产保护利用和传承提出了明确要求，指明了前进方向，意义十分重大。全省各级各部门要深入学习领会、坚决贯彻落实，把老祖宗留下的文化遗产精心守护好，让历史文脉更好地传承下去。

会议强调，做好文化遗产保护利用和传承工作，一要切实提高认识，将文化遗产保护传承的科学理念融入发展各领域全过程。二要认真总结经验，注重发动群众参与，培育扶持以文物保护为宗旨的社会组织，发挥文物保护志愿者的作用。三要加强保护传承，把文化遗产保护纳入经济和社会发展规划，注重城乡历史文化生态保护，守护好古宅、古街、古道、古树、古井，不能“拆真古迹、建假古董”；对历史文化名城名镇名村和传统村落逐一进行数字化编号，实行互联网+监管。四要健全长效机制，进一步明确各级人民政府文化遗产保护的主体责任，建立省、市、县三级联动的文物保护管理网络体系。

会议还研究了其他事项。

（摘编：郭　虹）

8月2日省政府常务会议：进一步研究部署中央环保督察反馈意见的整改落实工作

2日，省长于伟国主持召开省政府常务会议，进一步研究部署中央环保督察反馈意见的整改落实工作。会议指出，保护好绿水青山，是以习近平同志为核心的党中央交给我们的政治责任。抓好中央督察反馈意见的整改落实工作，是深入贯彻习近平总书记生态文明建设重大战略思想、践行新发展理念的实际行动。全省各级各部门要进一步把思想和行动统一到党中央、国务院的决策部署上来，强化“党政同责、一岗双责”，以更加坚决的态度、更加有力的举措、更加严格的要求，全面抓好整改落实，精心呵护绿水青山。

研究通过《关于建立健全减权放权事项监管责任清单的通知》。会议指出，简政放权，不等于“放而不管”“一放了之”。要进一步落实“谁审批、谁监管，谁主管、谁监管”的监管责任，加强事中事后监管，切实解决减权放权过程中出现的承接落实不到位问题。

研究通过《关于加快推进“多证合一”改革实施意见》。会议要求，要在全面实施企业“五证合一、一照一码”登记制度改革和个体工商户“两证整合”的基础上，将涉及企业登记、备案等有关事项和各类证照进一步整合到营业执照上，实现“多证合一、一照一码”。申请人办理企业注册登记时只需填写“一张表格”，向“一个窗口”提交“一套材料”，达到“一趟不用跑”和“最多跑一趟”。目前，确定13项作为第一批合并登记的涉企证照事项，加上我省原已推行的“五证合一”，总共是“十八证合一”。各地和相关部门要主动作为，确保10月1日前实现“多证合一”改革目标。

会议还研究了其他事项。

（摘编：郭　虹）

8 月 16 日省政府常务会议：研究通过《关于推进城市污水管网建设改造和黑臭水体整治工作方案》《福建省人民政府及其各部门任命的国家工作人员宪法宣誓实施办法》

8 月 16 日，省长于伟国主持召开省政府常务会议，研究通过《关于推进城市污水管网建设改造和黑臭水体整治工作方案》。会议指出，各级各有关部门要切实抓好中央环保督察反馈突出问题的整改落实，把黑臭水体治理纳入河长制加以实施，强化考核问责，建设－维护－管理并进，推动市场化运作，建立长效机制。2017 年全省新建改造城区污水管网 1500 公里以上，到 2020 年城市污水处理率达 95% 以上、县城污水处理率达 90% 以上。福州市、厦门市在 2017 年底前黑臭水体基本消除，其他设区城市在 2018 年底前黑臭水体基本消除。

研究通过《福建省人民政府及其各部门任命的国家工作人员宪法宣誓实施办法》。会议强调，宪法宣誓是激励和教育国家工作人员忠于宪法、遵守宪法、维护宪法、依法履职尽责，推进法治政府建设的重要体现，是国家工作人员履行国家赋予职责的重要仪式。实施办法要求，省政府任命的国家工作人员和省政府各部门任命的处级领导职务国家工作人员，都应当在任命后进行宪法宣誓。会议还研究了其他事项。

（摘编：郭　虹）

8 月 24 日省政府常务会议：研究创新政府配置资源方式等事项

24 日，省长于伟国主持召开省政府常务会议，研究创新政府配置资源方式，实现资源配置效益最大化和效率最优化。会议要求，要创新自然资源配置方式，完善自然资源有偿使用制度；创新经营性国有资产配置方式，规范经营性国有资产处置和收益分配；创新非经营性国有资产配置方式，推进非经营性国有资产整合与共享；创新资源配置组织方式，加快推进公共资源交易全过程电子化；创新资源配置监管方式，构建依法监管与信用激励约束、政府监管与社会监督相结合的新型监管格局。

研究深入推进产业扶贫，通过《福建省省级财政专项产业扶贫发展资金实施方案》，决定开展扶持村级集体经济发展试点。会议确定，2017 年我省将安排 4.5 亿元、在全省建档立卡贫困村中选择 750 个行政村开展扶持村级集体经济发展试点，计划用三年时间实现建档立卡贫困村全覆盖。试点按照“以市县为主，村级收益”的办法组织实施，积极探索村级集体经济发展的有效形式，试点收益全部返还村集体使用，保障村集体成员共享增值收益。

研究通过《福建省自然灾害防范与救助管理办法》。《办法》从五个方面对加强自然灾害防范与救助工作作出了规范，提高自然灾害防范与救助工作法治化、科学化和规范化水平。

会议还研究了其他事项。

（摘编：郭　虹）

8月28日省政府常务会议：传达贯彻刘延东副总理来闽考察和在综合医改现场推进会上的重要讲话精神

28日，省长于伟国主持召开常务会议，传达贯彻刘延东副总理来闽考察和在综合医改现场推进会上的重要讲话精神。会议指出，刘延东副总理来闽考察医改工作并主持召开综合医改现场推进会，充分肯定我省医改工作成效，要求加快推广我省以医改为抓手的综合医改，对强化试点示范带动、确保医改任务落实落地提出了明确要求。积极推进分级诊疗，加强医联体建设，推进家庭医生签约服务；加快建立现代医院管理制度，优化诊疗流程和就医环境；

推进医保制度深度融合，推行药品流通“两票制”，进一步扩大按病种收付费改革范围，2017年实现医保跨省异地就医直接结算；9月份对全省各地开展医改督查。

研究确定《福建省食品安全“一品一码”全过程追溯体系工作方案》。牢固树立以人民为中心的发展思想，落实“最严谨的标准、最严格的监管、最严厉的处罚、最严肃的问责”的要求，构建从“农田到餐桌”的“一品一码”（一个批次产品有唯一的追溯码）全过程追溯体系。2017年底实现重点食品和食用农产品全过程可追溯，2018年实现全省范围内食品和食用农产品全过程可追溯。

研究确定《福建省全民所有自然资源资产有偿使用制度改革实施方案》。会议指出，完善国有土地资源、水资源、矿产资源、国有森林资源、海域海岛资源有偿使用制度，到2020年，基本建立产权明晰、权能丰富、规则完善、监管有效、权益落实的全民所有自然资源资产有偿使用制度。

部署推进公共信息资源汇聚和开放共享。会议指出，2017年底基本建成全省公共信息资源汇聚共享平台，完成60%以上公共信息资源的汇聚整合。到2020年，形成公共信息资源开放有序、创新应用有效、安全保障有力的格局。会议还研究了其他事项。（摘编：郭 虹）

9月7日省政府常务会议：研究推进落实地方党政领导生态环境保护责任制

7日，省长于伟国主持召开省政府常务会议，研究推进落实地方党政领导生态环境保护责任制。会议强调，构建“党政同责、一岗双责”的生态环境保护管理体系，建立生态环境保护考核机制，是生态文明机制体制改革的重要任务，也是把生态环境保护责任担当起来、落到实处的重要举措。要突出“严”和“实”，认真抓好地方党政领导生态环境保护责任制的落实；要坚持目标导向、问题导向、结果导向、责任导向，突出重点领域重点任务，突出公众生态环境质量获得感，注重考核评价结果运用，着力构建落实生态环境保护责任的长效机制。会议研究了《福建省地方党政领导生态环境保护目标责任书考核办法》，决定提请省委常委会议研究。

研究通过《关于深化行政审批标准化改革的指导意见》。《意见》从审批事项设立、审查审核规则、服务场所建设、网上审批运行、办理机制创新、督查检查及评价规定等6各方面，提出34项项目标准、75项操作规范。到2019年，全省行政审批标准化体系基本建成，为企业和群众提供规范、透明、高效的政务服务。

会议还研究了其他事项。

（摘编：王诗诚）

9 月 14 日省政府常务会议：研究推进加强政务诚信建设

14 日，省长于伟国主持召开省政府常务会议，研究通过《关于加强政务诚信建设的实施方案》。会议指出，各级政府各部门要坚持以人民为中心，牢固树立正确的政绩观，不断提高依法行政、依法办事能力，探索构建广泛有效的政务诚信监督体系，建立健全政务信用管理体系，加强政府采购、招标投标、招商引资等重点领域政务诚信建设，深化政务公开，加强监督检查，保持政策的连续性稳定性，不断提升公务员诚信履职意识，让人民群众在每一件具体的行政事务中感受到以人为本、政务诚信。

研究通过《关于加强个人诚信体系建设的实施方案》。会议指出，要以培育和践行社会主义核心价值观为根本，加强个人诚信教育，推进个人诚信记录建设，完善个人信息安全、隐私保护与信用修复机制，规范个人诚信信息共享使用，健全个人守信激励和失信惩戒机制，使守信者受益、失信者受限，积极营造“守信光荣、失信可耻”的良好社会氛围。

研究通过《关于全面加强电子商务领域诚信建设的实施方案》。会议指出，信用是电子商务发展的重要基础。全面加快电子商务诚信建设，要着力解决电子商务交易各方信任缺失问题，建立实名登记和认证制度，完善网络交易信用评价体系，加强网络支付管理，建立寄递物流信用体系，强化消费者权益保障措施，推动电子商务信用信息共建共享，大力实施电子商务信用监管，广泛开展电子商务信用联合奖惩。

会议还研究了其他事项。

（摘编：王诗诚）

10 月 9 日省政府常务会议：研究进一步加强信访工作

9 日，省长于伟国主持召开省政府常务会议，研究进一步加强信访工作，依法维护群众合法权益，促进社会和谐稳定。会议强调，信访工作是党和政府联系人民群众的重要渠道，事关全省和谐稳定，事关福建发展大局。各级政府各部门要进一步建立健全源头治理的科学机制，有效预防和减少导致信访问题的矛盾和纠纷，加大梳理、排查和化解力度，多换位思考、多解释交流，依法及时就地解决群众合理诉求，更好地维护群众合法权益。要进一步落实信访工作责任制，按照“属地管理、分级负责，谁主管、谁负责，依法、及时、就地解决问题与疏导教育相结合”的工作原则，严明责任、严格督查、严肃问责，以责任落实推动工作落实，保持信访工作良好态势。

会议还研究了其他事项。

（摘编：王诗诚）

11月9日省政府常务会议：通过《福建省老年教育发展规划（2017年—2020年）》等事项

9日，省委书记、省长于伟国主持召开省政府常务会议，研究通过了《福建省老年教育发展规划（2017年－2020年）》。会议指出，发展老年教育，是满足老年人多样化学习需求、提升老年人生活品质、促进社会和谐的必然要求。到2020年，基本形成覆盖广泛、多元参与、灵活便捷、特色鲜明的现代老年教育服务体系，以各种形式经常性参与教育活动的老年人占老年人口总数的20%以上。

通过了《关于进一步加强疫苗流通和预防接种管理工作的实施意见》。会议指出，加强疫苗流通和预防接种管理，关系人民群众生命安全、身体健康和家庭幸福。《意见》从加强疫苗流通管理、规范预防接种工作、健全保障制度、强化监督检查等四个方面提出具体要求。进一步提高预防接种可及性，城镇每个街道、农村每个乡镇都至少要设置1个预防接种门诊。

会议研究了《福建省非物质文化遗产保护条例（草案）》《福建省人口与计划生育条例修正案（草案）》《福建省森林和野生动物类型自然保护区管理条例修正案（草案）》，并提请省人大常委会审议。会议还研究了其他事项。

（摘编：王诗诚）

11月17日省政府常务会议：通过《福建省人口发展规划（2016—2030年）》《福建省“十三五”深化医药卫生体制改革规划》

17日，省委书记、省长于伟国主持召开省政府常务会议，研究通过了《福建省人口发展规划（2016－2030年）》。会议指出，人口问题具有基础性、全局性和战略性，科学规划人口发展对于促进人口长期均衡发展具有重要意义。到2020年，生育率提高到适度水平，人口素质不断改善，人口结构逐步优化，全省常住人口城镇化率达到67%。到2030年，基本形成人口均衡发展态势，孕产妇、婴儿和5岁以下儿童死亡率低于全国平均水平，人口平均预期寿命增加到80岁左右。

通过了《福建省“十三五”深化医药卫生体制改革规划》。会议确定了“十三五”期间我省深化医药卫生体制改革七项重点任务：推进建立全民统一的医疗保障制度，建立科学有效的现代医院管理制度，建立规范有序的药品供应保障制度，建立科学的分级诊疗制度，建立严格规范的综合监管制度，有序推进社会资本办医，统筹推进相关领域改革。会议提出，要突出医疗、医保、医药“三医联动”和医药卫生体制机制创新，努力形成资源配置合理、医疗服务层次分明、医疗机构运行高效的医药卫生新格局，推动全省人民健康水平进一步提升，主要健康指标保持全国前列，基本建立覆盖城乡居民的基本医疗卫生制度，实现人人享有基本医疗卫生服务。

会议还研究了其他事项。

（摘编：王诗诚）

11 月 21 日省政府常务会议：研究“十三五”时期全省高等学校设置 全面提升高等教育整体水平

21 日，省委书记、省长于伟国主持召开省政府常务会议，研究“十三五”时期全省高等学校设置。会议要求，要以办好人民满意的教育为出发点，以优化高等教育结构、实现高等教育内涵式发展为主线，科学规划“十三五”时期全省高校设置，形成层次结构科学、科类分布合理、区域布局恰当、资源优化配置、服务定位明确的高等教育结构体系，全面提升高等教育人才培养、科学研究、社会服务和文化传承创新整体水平，不断满足人民群众接受多样化高等教育的需求。

通过了《关于深化医教协同进一步推进医学教育改革与发展的实施意见》。会议指出，医教协同推进医学教育改革发展是建设健康福建的必然要求。从 2018 年起，本科临床医学类、中医学类专业均安排在一本招生，提高生源质量。到 2020 年，进一步完善医学教育体系，缓解医学人才紧缺，培训住院医师、全科医生 1.2 万人以上。

研究省政府及省政府办公厅发布的有关“放管服”改革与“生态文明建设和环境保护”规范性文件清理工作，并将所涉及的地方性法规、政府规章清理结果提请省人大常委会审议；明确省级行政执法主体；决定取消一批行政许可事项。会议还研究了其他事项。

（摘编：王诗诚）

11 月 28 日省政府常务会议：通过《福建省生活垃圾分类制度实施方案》等事项

11 月 28 日，省委书记、省长于伟国主持召开省政府常务会议，研究通过《福建省生活垃圾分类制度实施方案》。厦门、福州城市建成区分别于 2018 年、2019 年全面推行生活垃圾强制分类，其他设区市和平潭综合实验区城市建成区于 2020 年前开展生活垃圾强制分类。

通过《福建省居民营养计划》，不断满足人民群众营养健康需求，提高全民健康水平。到 2020 年，营养工作制度基本健全，重点人群营养不良状况明显改善，居民营养健康素养明显提高。

通过《福建省推进医疗联合体建设和发展实施方案》。到 2020 年，所有二级公立医院和公立基层医疗卫生机构全部参与医联体建设，构建覆盖全省多形式、多类型的医联体，分级诊疗制度基本形成。

通过《福建省数字档案共享管理办法》，明确加强数字档案共享管理，确保公众更加便捷地获取和使用档案信息，助力数字福建建设。

会议决定，全省增加财政投入 1 亿元，用于提高全省困难残疾人生活补贴和重度残疾人的护理补贴标准，从 2018 年元月起执行。会议还研究了其他事项。

（摘编：王诗诚）

12月22日省政府常务会议：通过《福建省食品安全信息追溯管理办法》等事项

12月22日，省委书记、省长于伟国主持召开省政府常务会议，研究通过了《福建省食品安全信息追溯管理办法》。会议指出，要对食品和食用农产品实行一品一码食品安全信息追溯制度，在生产、流通以及餐饮服务等环节实施全过程追溯管理，落实食品生产经营者主体责任，落实属地监管责任，提高食品安全监管效能，保障公众身体健康和消费知情权，让人民群众吃得放心。

研究了《福建省拥军优属条例修正案（草案)》。会议指出，福建军民鱼水情深，具有光荣的拥军传统。要始终高度重视拥军优属工作，进一步支持国防和军队改革建设，推动军民融合深度发展，切实增强军人荣誉感，依法按政策保障军人抚恤优待待遇，加大退役军人、随军家属等安置工作力度，巩固拓展军政军民团结大好局面，并提请省人大常委会审议。会议还研究了其他事项。

（摘编：王诗诚）

荣誉成果

福建 2015—2017 年度省级文明城市、村镇、单位、校园、家庭名单

在全省精神文明建设工作暨先进命名表彰大会上命名表彰了 2015—2017 年度精神文明建设各类先进，包括省级文明城市、文明村镇、文明单位、文明校园、文明家庭等。具体名单如下：

一、省级文明城市（县城、城区）（42 个）

（一）设区市（1 个）

南平市

（二）县级市（4 个）

邵武市、漳平市、龙海市、福鼎市

（三）县城（14 个）

安溪县、东山县、宁化县、将乐县、明溪县、长汀县、永泰县、尤溪县、古田县、大田县、罗源县、光泽县、云霄县、连江县

（四）城区（23 个）

鼓楼区、思明区、海沧区、梅列区、涵江区、城厢区、集美区、马尾区、湖里区、翔安区、鲤城区、泉港区、台江区、晋安区、仓山区、秀屿区、芗城区、丰泽区、新罗区、同安区，长乐区、建阳区、永定区

二、省级文明村镇（499 个）

（一）文明村（294 个）

福州市（36 个）

福州市仓山区建新镇洪光村、福州市晋安区鼓山镇前屿村、福州市晋安区宧溪镇鹅鼻村、福州市晋安区寿山乡石牌村、福州市马尾区马尾镇下德村、福州市马尾区亭江镇闽安村、福州市马尾区亭江镇东街村、福州市长乐区航城街道琴江满族村、福州市长乐区古槐镇青山村、福州市长乐区金峰镇仙高村、福州市长乐区吴航街道十洋村、福州市长乐区玉田镇桃源村、福州市长乐区漳港街道百户村、福清市上迳镇梧岗村、福清市港头镇草柄村、福清市三山镇韩瑶村、福清市宏路街道南峰村、福清市新厝镇峰头村、福清市新厝镇东楼村、闽侯县尚干镇洋中村、闽侯县青口镇梅岭村、闽侯县上街镇厚美村、闽侯县鸿尾乡超墘村、连江县坑园镇下屿村、连江县安凯乡同心村、连江县蓼沿乡岐山村、闽清县梅溪镇渡口村、闽清县坂东镇文定村、闽清县池园镇丽星村、罗源县起步镇上长治村、罗源县凤山镇苏区村、罗源县起步镇水口洋村、永泰县嵩口镇月洲村、永泰县同安镇同安村、永泰县清凉镇渔溪村、闽侯县南屿镇葛岐村

厦门市（10 个）

厦门市集美区后溪镇后溪村、厦门市海沧区海沧街道渐美村、厦门市同安区洪塘镇苏厝村、厦门市同安区洪塘镇塘边村、厦门市同安区洪塘镇埔后村、厦门市同安区莲花镇溪东村、厦门市同安区汀溪镇顶村村、厦门市翔安区内厝镇许厝村、厦门市翔安区内厝镇前垵村、厦门市翔安区新圩镇云头村

漳州市（41 个）

龙海市角美镇龙田村、龙海市角美镇东山村、芗城区天宝镇过塘村、芗城区西桥街道南星村、芗城区天宝镇天宝村、芗城区芝山镇前山村、芗

城区通北街道大同村、芗城区石亭镇乌石村、龙文区步文镇石仓村、龙文区蓝田镇梧桥村、龙海市浮宫镇浮宫村、龙海市紫泥镇巽玉村、龙海市海澄镇上寮村、龙海市九湖镇林下村、龙海市榜山镇北溪头村、龙海市港尾镇深沃村、漳浦县长桥镇东升村、漳浦县绥安镇大埔村、漳浦县湖西畲族乡赵家城村、云霄县莆美镇阳下村、云霄县列屿镇人家村、云霄县陈岱镇礁美村、东山县前楼镇岱南村、东山县西埔镇石埔村、东山县陈城镇陈城村、诏安县南诏镇五一村、诏安县梅岭镇田厝村、平和县山格镇新陂村、平和县霞寨镇钟腾村、平和县小溪镇联光村、南靖县山城镇坑尾村、南靖县金山镇荆美村、长泰县武安镇城关村、长泰县陈巷镇夫坊村、长泰县林墩工业区林溪村、长泰县岩溪镇珪前村、长泰县武安镇金里村、华安县华丰镇银和村、华安县仙都镇中圳村、华安县仙都镇大地村、华安县新圩镇新圩村

泉州市（55个）

泉州市洛江区马甲镇永安村、泉州市洛江区马甲镇杏川村、泉州市泉港区后龙镇峰前村、泉州市泉港区前黄镇凤阳村、泉州市泉港区涂岭镇前欧村、石狮市永宁镇前埔村、石狮市锦尚镇卢厝村、石狮市永宁镇郭坑回族村、石狮市灵秀镇塔前村、石狮市祥芝镇前山村、石狮市鸿山镇东埔二村、石狮市蚶江镇石农村、晋江市安海镇前蔡村、晋江市磁灶镇大埔村、晋江市金井镇溜江村、晋江市金井镇南江村、晋江市西滨镇跃进村、晋江市陈埭镇西霞美村、晋江市安海镇桐林村、晋江市安海镇赤店村、晋江市磁灶镇东山村、晋江市磁灶镇下灶村、晋江市东石镇井林村、晋江市内坑镇长埔村、晋江市金井镇围头村、晋江市英林镇高湖村、晋江市磁灶镇下官路村、晋江市金井镇钞岱村、南安市水头镇水头村、南安市美林街道溪州村、南安市美林街道金枝村、南安市梅山镇鼎诚村、南安市官桥镇和铺村、惠安县东岭镇许山头村、惠安县净峰镇五群村、惠安县黄塘镇前郭回族村、惠安县崇武镇龙西村、惠安县山霞镇山霞村、惠安县山霞镇新塘村、安溪县福田乡丰田村、安溪县蓬莱镇联中村、安溪县参内乡祜水村、安溪县龙门镇观山村、永春县东关镇南美村、永春县仙夹镇山后村、永春县一都镇苏合村、德化县龙浔镇宝美村、德化县浔中镇浔中村、德化县浔中镇蒲坂村、惠安县洛阳镇云庄村、惠安县洛阳镇曾垵村、惠安县洛阳镇万安村、惠安县东园镇后港村、惠安县张坂镇玉山村、惠安县张坂镇崧山村

三明市（28个）

梅列区洋溪镇羊口仔村、梅列区陈大镇砂蕉村、三元区莘口镇楼源村、三元区莘口镇西际村、三元区岩前镇横坑村、永安市小陶镇五一村、永安市曹远镇霞鹤村、永安市大湖镇上甲村、明溪县夏阳乡御帘村、清流县李家乡鲜水村、宁化县安乐镇黄庄村、宁化县曹坊镇黄坊村、宁化县安远镇岩前村、建宁县客坊乡龙溪村、泰宁县下渠乡大湖村、泰宁县大龙乡焦溪村、泰宁县朱口镇音山村、将乐县古镛镇积善村、将乐县水南镇乾滩村、沙县凤岗街道西山村、沙县青州镇澄江楼村、沙县虬江街道柱源村、沙县虬江街道官南村、尤溪县洋中镇梅峰村、尤溪县洋中镇桂峰村、尤溪县汤川乡丘山村、大田县桃源镇兰玉村、大田县均溪镇红星村

莆田市（30个）

莆田市仙游县龙华镇金溪村、莆田市仙游县大济镇尾坂村、莆田市仙游县枫亭镇建国村、莆田市仙游县鲤南镇大坂社区、莆田市荔城区新度镇郑坂村、莆田市荔城区新度镇大坂村、莆田市荔城区新度镇扬美村、莆田市荔城区西天尾镇龙山村、莆田市荔城区新度镇青垞村、莆田市荔城区黄石镇海滨村、莆田市荔城区北高镇埕头村、莆田市荔城区黄石镇华堤村、莆田市城厢区华亭镇云峰村、莆田市城厢区常太镇东青村、莆田市城厢区东海镇上亭村、莆田市城厢区常太镇洋边村、莆田市城厢区华亭镇五云村、莆田市城厢区常太镇下莒村、莆田市涵江区江口镇官庄村、莆田市涵江区白塘镇后宫村、莆田市涵江区庄边镇黄龙村、莆田市涵江区江口镇海星村、莆田市涵江区大洋乡院埔村、莆田市涵江区大洋乡大洋村、莆田市秀屿区笏石镇坝津村、莆田市秀屿区东庄镇后江村、莆田市秀屿区埭头镇石城村、莆田市秀屿区笏石镇四新村、莆田市秀屿区埭头镇后郑村、莆田市湄洲湾北岸经济开发区东埔镇吉城村

南平市（22 个）

南平市延平区西芹镇高坪村、南平市建阳区将口镇西岸村、南平市建阳区将口镇回潭村、邵武市拿口镇庄上村、武夷山市武夷街道黄柏村、武夷山市洋庄乡大安村、武夷山市五夫镇五夫村、武夷山市洋庄乡洋庄村、武夷山市兴田镇兴田村、建瓯市小松镇湖头村、建瓯市徐墩镇丰乐村、建瓯市水源乡桃源村、顺昌县大干镇来布村、浦城县山下乡小溪村、浦城县九牧镇吴墩村、浦城县南浦街道跃进村、光泽县寨里镇桥亭村、松溪县溪东乡古衙村、松溪县渭田镇东边村、政和县铁山镇东涧村、政和县铁山镇铁山村、政和县镇前镇下园村

龙岩市（33 个）

龙岩市新罗区西陂街道排头村、龙岩市新罗区岩山镇玉宝村、龙岩市新罗区东肖镇溪连村、龙岩市新罗区江山镇新寨村、龙岩市新罗区大池镇北溪村、龙岩市新罗区龙门镇洋畲村、龙岩市新罗区岩山镇莱山村、龙岩市新罗区白沙镇岩下村、龙岩市永定区坎市镇新罗村、龙岩市永定区湖坑镇洪坑村、龙岩市永定区金砂乡五坑村、龙岩市永定区高陂镇上洋村、龙岩市永定区湖雷镇上南村、上杭县通贤镇通贤村、上杭县稔田镇官田村、上杭县步云乡蛟潭村、武平县十方镇三坊村、武平县民主乡高书村、武平县中堡镇朝岭村、武平县东留镇大明村、武平县平川镇七坊村、武平县大禾乡上湖村、武平县东留镇大阳村、长汀县大同镇翠峰村、长汀县羊牯乡对畔村、连城县北团镇石丰村、连城县曲溪乡罗胜村、连城县莒溪镇太坪僚村、连城县文亨镇福坑村、漳平市赤水镇香寮村、漳平市和平镇东坑村、漳平市南洋镇北寮村、漳平市桂林街道瑞都村

宁德市（38 个）

宁德市蕉城区七都镇北山村、宁德市蕉城区霍童镇坑头村、宁德市蕉城区九都镇贵村村、宁德市蕉城区赤溪镇黄田村、宁德市蕉城区虎浿镇文峰村、宁德市蕉城区霍童镇八斗村、古田县水口镇溪岚村、古田县鹤塘镇溪边村、古田县黄田镇双坑村、古田县凤埔乡凤埔村、古田县平湖镇玉源村、屏南县寿山乡白玉村、屏南县代溪北墘村、屏南县甘棠乡彩虹村、屏南县甘棠乡上山登村、屏南县路下乡芳院村、周宁县玛坑乡首章村、周宁县李墩镇际头村、周宁县李墩镇东山村、周宁县狮城镇龙潭村、周宁县泗桥乡红阳村、寿宁县武曲镇塘洋村、寿宁县武曲镇承天村、福安市赛岐镇狮子头村、福安市上白石镇郑家山村、福安市溪柄镇斗面村、福安市罗江街道大留村、福安市溪潭镇马山村、福安市坂中畲族乡和安村、柘荣县黄柏乡上黄柏村、柘荣县富溪镇岭后村、柘荣县乍洋乡前楼村、福鼎市店下镇溪美村、福鼎市叠石乡库口村、福鼎市佳阳畲族乡周山村、福鼎市磻溪镇赤溪村、福鼎市太姥山镇财堡村、霞浦县牙城镇后山村

平潭综合实验区（1 个）

平潭县岚城乡上楼村

（二）文明乡镇（205 个）

福州市（20 个）

福州市鼓楼区洪山镇、福州市仓山区仓山镇、福州市仓山区建新镇、福州市晋安区新店镇、福州市长乐区潭头镇、福清市高山镇、闽侯县青口镇、闽侯县荆溪镇、连江县凤城镇、连江县琯头镇、连江县坑园镇、连江县丹阳镇、闽清县塔庄镇、闽清县三溪乡、闽清县云龙乡、罗源县凤山镇、罗源县起步镇、永泰县樟城镇、永泰县嵩口镇、闽侯县南屿镇

厦门市（8 个）

厦门市集美区灌口镇、厦门市同安区新民镇、厦门市同安区莲花镇、厦门市同安区五显镇、厦门市同安区汀溪镇、厦门市翔安区新店镇、厦门市翔安区内厝镇、厦门市翔安区新圩镇

漳州市（36 个）

芗城区天宝镇、芗城区浦南镇、龙文区朝阳镇、龙文区蓝田镇、龙海市东园镇、漳浦县深土镇、漳浦县大南坂镇、漳浦县盘陀镇、漳浦县赤岭畲族乡、漳浦县佛昙镇、漳浦县马坪镇、云霄县莆美镇、云霄县云陵镇、云霄县列屿镇、东山县西埔镇、东山县康美镇、东山县铜陵镇、诏安县四都镇、诏安县霞葛镇、诏安县白洋乡、诏安县梅岭镇、平和县文峰镇、平和县小溪镇、平和县霞寨镇、平和县五寨乡、南靖县金山镇、南靖县龙山镇、南靖县和溪镇、南靖县梅林镇、南靖县船场镇、长泰县坂里乡、福建省国营古农农场、

长泰县枋洋镇、长泰县陈巷镇、华安县华丰镇、华安县湖林乡

泉州市（30个）

泉州市洛江区马甲镇、泉州市泉港区峰尾镇、泉州市泉港区后龙镇、石狮市鸿山镇、石狮市宝盖镇、石狮市蚶江镇、晋江市深沪镇、晋江市西滨镇、南安市梅山镇、南安市英都镇、南安市罗东镇、南安市九都镇、南安市码头镇、南安市眉山乡、惠安县山霞镇、惠安县螺城镇、惠安县黄塘镇、惠安县小岞镇、安溪县凤城镇、安溪县蓬莱镇、安溪县虎邱镇、安溪县参内乡、永春县桃城镇、永春县东关镇、永春县湖洋镇、永春县呈祥乡、永春县蓬壶镇、永春县岵山镇、永春县石鼓镇、德化县美湖镇

三明市（32个）

梅列区陈大镇、三元区中村乡、永安市洪田镇、永安市曹远镇、永安市小陶镇、永安市青水畲族乡、明溪县雪峰镇、明溪县盖洋镇、明溪县瀚仙镇、清流县田源乡、清流县龙津镇、宁化县石壁镇、宁化县治平畲族乡、宁化县中沙乡、宁化县安远镇、建宁县濉溪镇、建宁县里心镇、泰宁县下渠乡、将乐县南口乡、沙县富口镇、沙县郑湖乡、沙县高桥镇、沙县南阳乡、沙县大洛镇、尤溪县洋中镇、尤溪县管前镇、尤溪县城关镇、尤溪县坂面镇、尤溪县西城镇、大田县桃源镇、大田县奇韬镇、大田县前坪乡

莆田市（10个）

莆田市仙游县菜溪乡、莆田市荔城区新度镇、莆田市城厢区常太镇、莆田市涵江区大洋乡、莆田市涵江区萩芦镇、莆田市涵江区白塘镇、莆田市涵江区三江口镇、莆田市秀屿区东庄镇、莆田市湄洲湾北岸经济开发区山亭镇、莆田市湄洲湾北岸经济开发区忠门镇

南平市（34个）

南平市延平区夏道镇、南平市延平区来舟镇、南平市延平区大横镇、南平市延平区西芹镇、南平市延平区塔前镇、南平市建阳区黄坑镇、南平市建阳区麻沙镇、南平市建阳区小湖镇、南平市建阳区书坊乡、南平市建阳区将口镇、南平市建阳区莒口镇、邵武市和平镇、邵武市沿山镇、邵武市城郊镇、邵武市洪墩镇、邵武市肖家坊镇、邵武市下沙镇、邵武市大埠岗镇、武夷山市星村镇、武夷山市五夫镇、建瓯市房道镇、建瓯市龙村乡、建瓯市东游镇、顺昌县大干镇、顺昌县埔上镇、顺昌县大历镇、浦城县九牧镇、浦城县富岭镇、光泽县杭川镇、光泽县寨里镇、光泽县崇仁乡、松溪县祖墩乡、政和县铁山镇、政和县星溪乡

龙岩市（24个）

龙岩市新罗区红坊镇、龙岩市新罗区东肖镇、龙岩市新罗区铁山镇、龙岩市新罗区江山镇、龙岩市永定区坎市镇、龙岩市永定区湖坑镇、龙岩市永定区金砂乡、上杭县临城镇、上杭县通贤镇、上杭县才溪镇、上杭县中都镇、武平县城厢镇、武平县东留镇、武平县永平镇、长汀县庵杰乡、长汀县汀州镇、长汀县古城镇、长汀县三洲镇、连城县曲溪乡、连城县莲峰镇、连城县塘前乡、漳平市南洋镇、漳平市吾祠乡、上杭县稔田镇

宁德市（11个）

宁德市蕉城区霍童镇、宁德市蕉城区城南镇、宁德市蕉城区洋中镇、古田县水口镇、古田县平湖镇、福安市穆阳镇、柘荣县双城镇、福鼎市店下镇、福鼎市叠石乡、霞浦县下浒镇、霞浦县牙城镇

三、省级文明单位（2298个）

含社区、风景旅游区和设区市行业

（一）文明单位（2027个）

福州市（271个）

中共福州市委办公厅、福州市人大常委会机关、福州市人民政府办公厅、中国人民政治协商会议福州市委员会机关、中共福州市纪律检查委员会机关（监察委）、中共福州市委组织部、中共福州市委统一战线工作部、中共福州市委政法委员会、中共福州市委机构编制委员会办公室、中共福州市委老干部局、中共福州市委党校、中共福州市委精神文明建设办公室、中共福州市委台湾工作办公室、福州市发展和改革委员会、福州市经济和信息化委员会、福州市城乡建设委员会、福州市人民政府国有资产监督管理委员会、福州市卫生和计划生育委员会、福州市公安局、福州市人民检察院、福州市中级人民法院、中国（福建）自由贸易试验区福州片区管理委员会（福州

保税港区管理委员会）、福州市司法局、福州市国家安全局、福州市民政局、福州市教育局、福州市商务局、福州市农业局、福州市机关事务管理局、福州市环境保护局、福州市国家税务局、福州市文化广电新闻出版局、福州市人力资源和社会保障局、福州市安全生产监督管理局、福州市国土资源局、福州市园林局、福州市公路局、福州市妇女联合会、共青团福州市委员会、福州市医疗保障基金管理中心、福州高新技术产业开发区管理委员会、福州日报社、福州广播电视台、国家统计局福州调查队、福州市红十字会、中国铁路南昌局集团有限公司福州房建生活段、中国铁路南昌局集团有限公司福州电务段、中国铁路南昌局集团有限公司福州车务段、福州市环境监测中心站、福州市国家税务局稽查局、福州高新技术产业开发区国家税务局、福州市地方税务局直属税务分局、福州市地方税务局涉外税务分局、福州长乐机场海关、福州保税区海关、福州市闽江公园管理处、福州市群众艺术馆、福州儿童医院、福州市城北烟草专卖局（分公司）、福州市城南烟草专卖局（分公司）、中国建设银行福建自贸试验区福州片区分行、中国邮政集团公司福州市分公司、中国建设银行股份有限公司福州城北支行、中国工商银行股份有限公司福建省分行营业部、福建海峡银行、国电福州发电有限公司、盛辉物流集团有限公司、福州住房公积金管理中心、福州市档案局、福州市林则徐纪念馆、福州市军队离休退休干部梅峰休养所、福州市行政（市民）服务中心管理委员会、中国农业银行股份有限公司福州市华林支行、福州市地方税务局稽查局、福州市文学艺术界联合会、福州市不动产登记和交易中心、福州市第二医院、福州市投资促进局、中共福州市委福州市人民政府信访局、福州市老年大学、福州市金融工作办公室、福州市住房保障和房产管理局、福州地铁集团有限公司、福州市科学技术协会、福州市环境保护宣传教育处、中国建设银行股份有限公司福州城南支行、福州市儿童福利院、福州市鼓楼区人民检察院、福州市鼓楼区财政局、福州市鼓楼区教育局、中共福州市鼓楼区委精神文明建设办公室、福州市公安局东街派出所、福州市鼓楼区地方税务局、福州市鼓楼区温泉街道办事处、福州市鼓楼区鼓东街道办事处、福州市鼓楼区卫生和计划生育局、中国农业银行股份有限公司福州市鼓楼支行、中国银行股份有限公司福州鼓楼支行、福州市鼓楼区安泰街道办事处、福州市鼓楼区华大街道办事处、中国人民政治协商会议福州市鼓楼区委员会机关、福州市鼓楼区人大常委会机关、福州市鼓楼区市容管理局、福州市鼓楼区东街街道办事处、中共福州市鼓楼区委宣传部、中共福州市鼓楼区委办公室、中共福州市鼓楼区委政法委员会、福州市鼓楼区人民政府办公室、中共福州市鼓楼区委组织部、福州市鼓楼区国家税务局、福州市台江区地方税务局、福州市台江区住房保障和房产管理局、中共福州市台江区委宣传部、中共福州市台江区委组织部、福州市地方海事局、东海航海保障中心福州航标处、中国农业银行股份有限公司福州市台江支行、中国工商银行股份有限公司福州台江支行、福州市台江区司法局、福州市台江区国家税务局、福州市台江区鳌峰街道办事处、福州市台江区卫生和计划生育局、福州市台江区人民检察院、福州市公安局交警支队台江大队、中国农业银行股份有限公司福州市福新支行、中国银行股份有限公司福州市中支行、福州市台江区洋中街道办事处、福州市台江区市场监督管理局、福州市仓山区地方税务局、福州市仓山区国家税务局、福州市仓山区市场监督管理局、福州市仓山区金山街道办事处、福州市仓山区人民检察院、福州市公安局临江派出所、福州市仓山区人大常委会机关、中共福州市仓山区委宣传部、中共福州市仓山区委组织部、福州市仓山区人民政府办公室、中共福州市仓山区纪律检查委员会机关（监察委）、中共福州市仓山区委办公室、中国农业银行股份有限公司福州市仓山支行、中国人民政治协商会议福州市仓山区委员会机关、中国民主建国会福州市仓山区委员会、福州市晋安区人民检察院、福州市晋安区地方税务局、福州市晋安区国家税务局、福州市晋安区象园街道办事处、中共福州市晋安区委精神文明建设办公室、中国农业银行股份有限公司福州市晋安支行、福州市晋安区人民法院、福州市晋安区人民政府办公室、中共福州市晋安区委办公室、中共福州市晋安区委宣传部、福州市晋安区茶园街道办事处、中国银行股份有限公司福州晋安支行、福州市公安局晋安分局、中共福州市晋安区委组织部、福州市马尾区人民检察院、中共福州市马尾区委组织部、中共福州市马尾区委宣传部、福州市经济技术开发区地方税务局、福州市地方税务局琅岐经济区税务分局、福州市马尾区人民法院、州外轮理货有限公司、福州经济技术开发区市场监督管理局、福州市马尾区卫生和计划生育局、中国银行股份有限公司福建自贸试验区福州片区分行、中国移动通信集团福建有限公司马尾分公司、中共福州市马尾区委办公室、福州市马尾区人民政府办公室、福州市马尾区人大常委会机关、中共福州市马尾区纪律检查委员会机关（监察委）、福州市长乐区人民法院、福州市长乐区人民检察院、福建省福州市长乐区地方税务局、福州市长乐区市场监督管理局、中国邮政集团公司福建省长乐市分公司、福州市长乐区烟草专卖局（分公司）、福州市长乐区审计局、兴业银行股份有限公司长乐支行、福建长乐农村商业银行股份有限公司、福建省福州市长乐区国家税务局、国网福建长乐市供电有限公司、福建省福州市长乐区气象局、福州市长乐区吴航街道办事处、中国农业银行股份有限公司长乐市支行、中国电信股份有限公司长乐分公司、中共福清市委组织部、福清市烟草专卖局（分公司）、中国电信股份有限公司福清分公司、中国移动通信集团福建有限公司福清分公司、福清出入境检验检疫局、福清市地方税务局、福清市人民法院、中国农业银行股份有限公司福清市支行、福清市国家税务局、中国银行股份有限公司福清分行、福清市市场监督管理局、中国邮政集团公司福清市分公司、中共福清市纪律检查委员会机关（监察委）、福清市妇幼保健院、福清市总工会、福州市公路局福清分局、福清市公安局出入境管理大队、中共闽侯县委组织部、中共闽侯县纪律检查委员会机关（监察委）、中共闽侯县委宣传部、闽侯县人民检察院、中共闽侯县委政法委员会、闽侯县人民政府办公室、中共闽侯县委办公室、闽侯县市场监督管理局、闽侯县财政局、闽侯县自来水公司、闽侯县烟草专卖局（分公司）、国网闽侯县供电公司、中国电信股份有限公司闽侯分公司、闽侯县甘蔗街道办事处、中国邮政集团公司闽侯县分公司、连江县地方税务局、连江县人民检察院、连江县国家税务局、连江县人民法院、中国邮政集团公司连江县分公司、连江县市场监督管理局、中国移动通信集团福建有限公司连江分公司、连江县审计局、国网连江县供电公司、中国农业银行股份有限公司连江县支行、连江县烟草专卖局（分公司）、中国电信股份有限公司连江分公司、连江县司法局、福州百洋海味食品有限公司、闽清县市场监督管理局、闽清县国家税务局、中国农业银行股份有限公司闽清县支行、闽清县地方税务局、国网闽清县供电公司、闽清县人民检察院、中国移动通信集团福建有限公司闽清分公司、中国电信股份有限公司闽清分公司、中国邮政集团公司闽清县分公司、中共闽清县委宣传部、中共闽清县委政法委员会、中共闽清县纪律检查委员会机关（监察委）、中闽（罗源）水务有限公司、中国农业银行股份有限公司罗源县支行、中共罗源县委宣传部、中国电信股份有限公司罗源分公司、国网罗源县供电公司、罗源县人民法院、罗源县市场监督管理局、中共罗源县委办公室、罗源县财政局、罗源县人民检察院、罗源县地方税务局、罗源县国家税务局、罗源县公安局、永泰县人民检察院、国网永泰县供电公司、永泰县国家税务局、中国电信股份有限公司永泰分公司、中国农业银行股份有限公司永泰县支行、福州市公路局永泰分局、永泰县烟草专卖局（分公司）、永泰县水电发展有限公司、永泰县人民法院、中国移动通信集团福建有限公司永泰分公司、永泰县地方税务局、永泰县市场监督管理局、中国邮政集团公司永泰县分公司

厦门市（199个）

中共厦门市委办公厅、厦门市人大常委会机关、厦门市人民政府办公厅、中国人民政治协商会议厦门市委员会机关、中共厦门市纪律检查委员会机关（监察委）、中共厦门市委组织部、中共厦门市委宣传部、中共厦门市委统一战线工作部、中共厦门市委机构编制委员会办公室、中共厦门市委台湾工作办公室、中共厦门市委市直机关工作委员会、厦门市农业局（市委农办）、中共厦门

市委厦门市人民政府信访局、中国共产党厦门市委员会老干部局、中共厦门市委精神文明建设办公室、中国共产党厦门市委员会党校、厦门市卫生和计划生育委员会、厦门市民政局、厦门市文化广电新闻出版局、厦门市外事侨务办公室、厦门市质量技术监督局、厦门市粮食局、厦门市市政园林局、厦门市法制局、厦门港口管理局、厦门市机关事务管理局、厦门市人民政府驻北京办事处、中国（福建）自由贸易试验区厦门片区管委会、厦门市行政服务中心管理委员会、厦门市总工会、共青团厦门市委员会、厦门市妇女联合会、厦门市科学技术协会、厦门日报社、福建省厦门监狱、厦门艺术学校、厦门市绿化管理中心、厦门市国家税务局直属税务分局、厦门市地方税务局象屿保税区税务分局、厦门地方税务局火炬高技术产业开发区税务分局、厦门市国土资源与房产管理局直属分局、厦门大学附属第一医院、厦门大学附属中山医院、厦门市妇幼保健院、厦门大学附属心血管病医院、厦门市中心血站、厦门市鼓浪屿干部疗养院、厦门市图书馆、厦门市卫生和计划生育监督所、厦门出入境边防检查总站、中国民用航空厦门空中交通管理站、厦门象屿集团有限公司、厦门市储备粮管理集团有限公司、中国烟草福建进出口有限责任公司、厦门银行股份有限公司、厦门市发展和改革委员会、厦门市人力资源和社会保障局、厦门市人才服务中心、中国工商银行股份有限公司厦门市分行、国家统计局厦门调查队、中国农业银行股份有限公司厦门市分行、中国人民财产保险有限公司厦门市分公司、中国银行股份有限公司厦门市分行、厦门市统计局、厦门市经济和信息化局、厦门烟草工业有限责任公司、厦门华夏国际电力发展有限公司、福建烟草海晟投资管理有限公司、福建厦门盐务局、厦门华联电子有限公司、华电（厦门）能源有限公司、厦门市公路局、厦门市交通综合行政执法支队、交通运输部东海航海保障中心厦门航标处、中国移动通信集团福建有限公司厦门分公司、中国联合网络通信公司厦门分公司、中共厦门市委政法委员会、厦门市公安局、厦门市人民检察院、厦门市司法局、厦门海事法院、厦门市国家安全局、厦门市公安局刑事侦查支队、厦门司法强制隔离戒毒所、厦门市城市管理行政执法局、厦门市住房保障管理中心、厦门地质工程勘察院、厦门市建设工程质量安全监督站、厦门市建设工程施工图审查所、厦门市人民政府国有资产监督管理委员会、厦门建发集团有限公司、厦门集装箱码头集团有限公司、厦门国贸集团股份有限公司、厦门市路桥管理有限公司、厦门经济特区房地产开发集团有限公司、厦门住宅建设集团有限公司、厦门轮渡有限公司、厦门市教育局、厦门市教育科学研究院、厦门市鼓浪屿游览区管理处、中共厦门市思明区委组织部、中共厦门市思明区委政法委员会、厦门市公安局思明分局、厦门市思明区人民检察院、厦门市思明区人民法院、厦门市思明区卫生和计划生育局、厦门市思明区教育局、厦门市思明区国家税务局、厦门市思明区市场监督管理局、厦门市思明区城市管理行政执法局、厦门市思明区地方税务局、厦门市思明区文化馆、厦门市思明区筼筜街道办事处、厦门市思明区厦港街道办事处、厦门市思明区鼓浪屿街道办事处、厦门市思明区莲前街道办事处、厦门市思明区滨海街道办事处、厦门市思明区中华街道办事处、厦门市思明区鹭江街道办事处、厦门市思明区开元街道办事处、厦门市公安局碧山派出所、厦门市公安局嘉莲派出所、厦门市金鹭首饰有限公司、厦门市建安集团有限公司、厦门市开元国有投资集团有限公司、中共厦门市湖里区委办公室、厦门市湖里区人大常委会机关、厦门市湖里区人民政府办公室、中国人民政治协商会议厦门市湖里区委员会机关、中共厦门市湖里区纪律检查委员会机关（监察委）、中共厦门市湖里区委组织部、中共厦门市湖里区委宣传部、中共厦门市湖里区委统一战线工作部、中共厦门市湖里区委政法委员会、厦门市湖里区人民检察院、湖里区人民法院、厦门市湖里区人力资源和社会保障局、厦门市湖里区国家税务局、厦门市湖里区地方税务局、厦门市湖里区市场监督管理局、厦门市湖里区殿前街道办事处、厦门市湖里区江头街道办事处、湖里区禾山街道办事处、中共厦门市集美区委办公室、厦门市集美区人民政府办公室、中共厦门市集美区纪律检查委员会机关（监察委）、中共厦门市集美区委组织部、中共厦门市集美区委宣传部、厦门市公安局集美分局、厦门市集美区人民检察院、厦门市集美区人民法院、厦门市集美区国家税务局、厦门市集美区地方税务局、厦门市集美区市场监督管理局、厦门市集美区城市管理行政执法局、厦门市集美区集美街道办事处、厦门市集美区侨英街道办事处、厦门市集美区杏滨街道办事处、厦门市集美区杏林街道办事处、中共厦门市海沧区委组织部、厦门市海沧区财政局、厦门市海沧区城市管理行政执法局、厦门市海沧区教育局、厦门市海沧区卫生和计划生育局、厦门市公安局海沧分局、厦门市海沧区人民检察院、厦门市海沧区人民法院、厦门市海沧区人力资源和社会保障局、厦门市海沧区市场监督管理局、厦门市海沧区海沧街道办事处、厦门市海沧区东孚街道办事处、中共厦门市同安区委办公室、厦门市同安区人大常委会机关、厦门市同安区人民政府办公室、中国人民政治协商会议厦门市同安区委员会机关、中共厦门市同安区纪律检查委员会机关、中共厦门市同安区委组织部、中共厦门市同安区委宣传部、中共厦门市同安区委统一战线工作部、厦门市公安局同安分局、厦门市同安区人民检察院、厦门市同安区人民法院、厦门市同安区发展和改革局、厦门市同安区财政局、厦门市同安区市场监督管理局、厦门市同安区地方税务局、厦门市同安区总工会、厦门市同安区大同街道办事处、中共厦门市翔安区委员会办公室、厦门市翔安区人民政府办公室、中国人民政治协商会议厦门市翔安区委员会机关、中共厦门市翔安区纪律检查委员会（监察委）、中共厦门市翔安区委组织部、中共厦门市翔安区委宣传部、厦门市翔安区人民检察院、厦门市翔安区财政局、厦门市翔安区地方税务局、厦门市翔安区市场监督管理局、厦门市翔安区大嶝街道办事处

漳州市（210个）

中共漳州市委办公室、漳州宾馆有限公司、中共漳州市委组织部、中共漳州市纪律检查委员会（监察委）、漳州天福茶业有限公司、漳州市烟草专卖局（公司）、中国建设银行股份有限公司漳州分行、漳州市公安局交通警察支队芗城大队、漳州市商务局、漳州市地方税务局直属税务分局、漳州市财政局、漳州市公路局、中共漳州市委漳州市人民政府信访局、中共漳州市委机构编制委员会办公室、中国邮政集团公司漳州市分公司、漳州市卫生和计划生育委员会、中共漳州市委精神文明建设办公室、漳州市建设工程质量监督站、漳州市国家安全局、漳州市妇女联合会、南昌铁路局漳州车务段、中国工商银行股份有限公司漳州分行、中共漳州市委政法委员会（综治办、610办）、漳州市农业局（市委农办）、漳州市海洋与渔业执法支队、漳州市人民政府办公室、漳州市交通运输局（交战办、高速办）、漳州市公安局、东山出入境检验检疫局、中国人民财产保险股份有限公司漳州市分公司、中共漳州市委党校、漳州市人民代表大会常务委员会机关、漳州市科学技术局、漳州市城市管理行政执法局、中国人民政治协商会议漳州市委员会机关、中国工商银行股份有限公司漳州龙江支行、漳州市总工会、漳州市文化广电新闻出版局、漳州片仔癀药业股份有限公司、福建省工业设备安装有限公司漳州分公司、漳州海事局、漳州市住房和城乡建设局、东山海关、漳州市城区烟草专卖局（分公司）、福建漳龙集团有限公司、漳州市人民政府国有资产监督管理委员会、漳州市质量技术监督局、漳州市公安局交通警察支队、中共漳州市委市直机关工作委员会、漳州市中心血站、漳州市残疾人联合会、国家统计局漳州调查队、漳州市行政服务中心管委会、共青团漳州市委员会、漳州市统计局、漳州市教育局（教育工委）、漳州市审计局、中国电信股份有限公司漳州分公司、漳州市司法局、中国联合网络通信有限公司漳州市分公司、福建省高速公路集团有限公司漳州管理分公司、漳州市民族与宗教事务局、漳州市人力资源和社会保障局、漳州市园林管理局、漳州市旅游发展委员会、漳州市环境卫生管理处、中国银行股份有限公司漳州分行、漳州市常山华侨经济开发区管委会、漳州市公安局台商投资区分局、芗城区委办公室、中共漳州市芗城区纪律检查委员会（监察委）、中共漳州市芗城区委组织部、中共漳州市芗城区委宣传部、芗城区巷口街道办事处、芗城区地方税务局、芗城区市场监督管理局、芗城区妇幼保健院、芗城区国家税务局、中国农业

银行股份有限公司漳州芗城支行、中国建设银行股份有限公司漳州芗城支行、中共漳州市芗城区委统一战线工作部、芗城区人民政府办公室、芗城区人民法院、漳州市公安局芗城分局、龙文区人民法院、中国农业银行股份有限公司漳州龙文支行、龙文区地方税务局、龙文区市场监督管理局、漳州市公安局龙文分局、龙文区人民检察院、漳州蓝田经济开发区管委会、龙海市地方税务局、国网福建龙海市供电有限公司、龙海市人民法院、龙海市人民检察院、龙海市国家税务局、龙海市卫生和计划生育局、中国农业银行股份有限公司龙海市支行、龙海市公安局、龙海市烟草专卖局、中国电信股份有限公司龙海分公司、中国移动通信集团福建有限公司龙海分公司、中共龙海市委办公室、龙海市市场监督管理局、龙海市水利局、漳浦县人民法院、漳浦县文化广电体育局、漳浦县人民检察院、漳浦县市场监督管理局、漳浦县烟草专卖局（分公司）、中国农业银行股份有限公司漳浦县支行、国网漳浦县供电公司、漳浦县气象局、漳州市公路局漳浦分局、漳浦县环境保护局、中国电信股份有限公司漳浦分公司、中国邮政集团公司福建省漳浦县分公司、漳浦县卫生和计划生育局、漳浦县地方税务局、云霄县烟草专卖局（分公司）、云霄县公安局、云霄县地方税务局、云霄县人民检察院、中国农业银行股份有限公司云霄县支行、云霄县人民法院、云霄县广播电视新闻中心、云霄县城乡规划建设局、云霄县市场监督管理局、中国电信股份有限公司云霄分公司、云霄县国家税务局、国网云霄县供电有限公司、中共云霄县委办公室、东山县地方税务局、东山县烟草专卖局（分公司）、东山县农村信用合作联社、中国农业银行股份有限公司东山县支行、东山县公安局交通警察大队、中国移动通信集团福建有限公司东山分公司、中国邮政集团公司福建省东山县分公司、东山县人民检察院、中国人民银行东山县支行、东山县人民法院、中共东山县纪律检查委员会（监察委）、东山县国家税务局、中共诏安县委组织部、诏安县市场监督管理局、国网福建诏安县供电有限公司、中国农业银行股份有限公司诏安支行、中国建设银行股份有限公司诏安支行、诏安县人民检察院、诏安县地方税务局、诏安县公安局、中国邮政集团公司福建省诏安县分公司、中国电信股份有限公司诏安分公司、诏安县国家税务局、诏安县交通运输局、诏安县烟草专卖局（分公司）、平和县国家税务局、平和县人民检察院、平和县交通运输局、国网福建平和县供电有限公司、中共平和县委组织部、平和县地方税务局、平和县审计局、中国移动通信集团福建有限公司平和分公司、中国农业银行平和县支行、平和县市场监督管理局、平和县人民法院、中共平和县纪律检查委员会（监察委）、平和县烟草专卖局、南靖县烟草专卖局（分公司）、南靖县国家税务局、中共南靖县纪律检查委员会（监察委）、中共南靖县委宣传部、中国农业银行股份有限公司南靖县支行、南靖县地方税务局、南靖县人民法院、南靖县市场监督管理局、南靖县人民检察院、中国邮政集团公司福建省南靖县分公司、福建闽星集团有限公司、中共南靖县委办公室、南靖县人民政府办公室、中共南靖县委组织部、福建长泰经济开发区管理委员会、长泰县地方税务局、中共长泰县纪律检查委员会（监察委）、国网福建长泰县供电有限公司、长泰县财政局、中国农业银行股份有限公司长泰县支行、长泰县环境保护局、长泰县人民检察院、长泰县公安局交通警察大队、长泰县国家税务局、长泰县市场监督管理局、长泰县公安局、长泰县马洋溪生态旅游区管理委员会、长泰县县城管理局、华安县烟草专卖局（分公司）、华安县国家（地方）税务局、华安县人民检察院、华电福新能源股份有限公司华安水力发电厂、中国电信股份有限公司华安分公司、中国农业银行股份有限公司华安县支行、国网福建华安县供电有限公司、华安县财政局、华安县卫生和计划生育局、华安县文化广电体育局、华安县市场监督管理局、中共华安县委宣传部

泉州市（283 个）

中共泉州市委老干部局、泉州市人民政府办公室、中共泉州市委统一战线工作部、中共泉州市委精神文明建设办公室、泉州市文学艺术界联合会、泉州市人大常委会机关、中共泉州市委组织部、泉州晚报社、中共泉州市委办公室、中共泉州市委市直机关工作委员会、中国闽台缘博物

馆、中共泉州市委党校、泉州市妇女联合会、泉州市档案局、泉州市总工会、中共泉州市纪律检查委员会机关（监察委）、中共泉州市委政法委员会、政协泉州市委员会机关、泉州市财政局、泉州市住房公积金管理中心、中共泉州市委机构编制委员会办公室、泉州市林业局、泉州市科学技术协会、泉州老年大学、泉州市经济和信息化委员会、泉州市老龄工作委员会办公室、泉州市司法局、泉州市人力资源和社会保障局、泉州市住房和城乡建设局、泉州市交通运输委员会、泉州市文化广电新闻出版局、泉州市卫生和计划生育委员会、泉州市质量技术监督局、泉州市国家税务局、泉州海事局、泉州市气象局、泉州港口管理局、泉州广播电视台、泉州水务集团有限公司、中国人寿保险股份有限公司泉州分公司、泉州市烟草专卖局（公司）、中国联合网络通信有限公司泉州市分公司、中国银行股份有限公司泉州分行、中国工商银行股份有限公司泉州分行、泉州市公路局、泉州市公安局巡特警支队、泉州市地方税务局涉外税务分局、泉州市地方税务局直属税务分局、福建医科大学附属第二医院、泉州市第三医院、泉州市环境卫生管理处、泉州市西北洋滞洪排涝工程管理处、泉州市龙门滩引水工程管理处、泉州市山美水库管理处、泉州市金鸡拦河闸管理处、泉州市水利局、福建省高速公路集团有限公司泉州管理分公司、泉州市城市管理行政执法局、泉州市旅游局、泉州市地方税务局、泉州市人民检察院、泉州市建设工程质量监督站、福建省闽东南地质大队、泉州市民政局、泉州市人民政府国有资产监督管理委员会、泉州市光前医院、中共泉州市鲤城区纪律检查委员会机关（监察委）、中共泉州市鲤城区委办公室、泉州市鲤城区人民政府办公室、中共泉州市鲤城区委组织部、中共泉州市鲤城区委宣传部、中共泉州市鲤城区委精神文明建设办公室、泉州市鲤城区卫生和计划生育局、泉州市工商行政管理局鲤城分局、泉州市鲤城区国家税务局、泉州市鲤城区地方税务局、泉州市鲤城区人民检察院、中国建设银行股份有限公司泉州鲤城支行、泉州市鲤城区开元街道办事处、泉州市鲤城区鲤中街道办事处、泉州市鲤城区人大常委会机关、政协泉州市鲤城区委员会机关、泉州市鲤城区城市管理行政执法局、泉州市丰泽区东湖街道办事处、泉州市丰泽区地方税务局、中国工商银行股份有限公司泉州丰泽支行、中共泉州市丰泽区委组织部、泉州市丰泽区工商行政管理局、泉州市丰泽区人民检察院、中共泉州市丰泽区委宣传部、泉州市丰泽区财政局、中国农业银行股份有限公司泉州丰泽支行、泉州市丰泽区泉秀街道办事处、泉州市公安局丰泽分局、泉州市丰泽区人大常委会机关、中共泉州市丰泽区纪律检查委员会机关（监察委）、中共泉州市丰泽区委精神文明建设办公室、泉州市丰泽区司法局、泉州市丰泽区国家税务局、中共泉州市丰泽区委办公室、泉州市工商行政管理局洛江分局、中国农业银行股份有限公司泉州洛江支行、中共泉州市洛江区委办公室、泉州市洛江区国家税务局、泉州市洛江区人民政府办公室、中共泉州市洛江区委宣传部、中共泉州市洛江区纪律检查委员会（监察委）、中共泉州市洛江区委组织部、泉州市公安局交通警察支队洛江大队、泉州市泉港区市场监督管理局、泉州市公安局泉港分局、中共泉州市泉港区委宣传部、泉州市泉港区人民法院、泉州市泉港区地方税务局、泉州市泉港区人民检察院、泉州市泉港区烟草专卖局（分公司）、泉州市泉港区财政局、泉州市泉港区国家税务局、中共泉州市泉港区纪律检查委员会机关（监察委）、中共石狮市委办公室、石狮市人民政府办公室、中共石狮市委组织部、中共石狮市纪律检查委员会机关（监察委）、中共石狮市委宣传部、石狮市卫生和计划生育局、中国建设银行股份有限公司石狮分行、中国农业银行股份有限公司石狮市支行、兴业银行股份有限公司石狮支行、中国电信股份有限公司石狮分公司、中国移动通信集团福建有限公司石狮分公司、石狮市国家税务局、石狮市地方税务局、石狮市市场监督管理局、中国邮政集团公司石狮市分公司、石狮市烟草专卖局（分公司）、国网石狮市供电有限公司、中共石狮市委精神文明建设办公室、石狮市财政局、石狮市人民检察院、中共石狮市委政法委员会、石狮市人民政府凤里街道办事处、石狮市审计局、晋江市财政局、晋江市图书馆、中共晋江市委办公室、中共晋江市委组织部、中共晋江市委宣传部、晋江市人民政府办公室、晋江市人民检察院、晋江市公安局、中国邮政集团公司晋江市分公司、晋江市公安局交通警察大队、晋江市青阳环境卫生管理处、晋江市青阳街道办事处、中国电信股份有限公司晋江分公司、中共晋江市纪律检查委员会机关（监察委）、晋江市行政服务中心管委会、晋江市人大常委会机关、中共晋江市委政法委员会、共青团晋江市委员会、中共晋江市委统一战线工作部、晋江市中医院、晋江市审计局、福建恒安集团有限公司、艾派集团（中国）有限公司、福建浔兴集团有限公司、政协晋江市委员会机关、中共晋江市委党校、晋江市人力资源和社会保障局、晋江市广播电视事业局、晋江市梅岭街道办事处、南安市国家税务局、中共南安市委办公室、中共南安市纪律检查委员会机关（监察委）、中共南安市委宣传部、南安市财政局、中国邮政集团公司南安市分公司、南安市气象局、南安市教育局、南安市市场监督管理局、南安市烟草专卖局（分公司）、中国建设银行股份有限公司南安支行、中国工商银行股份有限公司南安支行、中国农业银行股份有限公司南安市支行、中国电信股份有限公司南安分公司、国网南安市供电有限公司、中共南安市委组织部、南安市科技和知识产权局、南安市人民检察院、南安市人大常委会机关、南安市审计局、政协南安市委员会机关、中共南安市委统一战线工作部、南安市人民法院、南安市地方税务局、中共惠安县纪律检查委员会机关（监察委）、中共惠安县委组织部、中共惠安县委宣传部、惠安县财政局、惠安县地方税务局、惠安县市场监督管理局、惠安县烟草专卖局（分公司）、中国邮政集团公司惠安县分公司、中国移动通信集团福建有限公司惠安分公司、国网惠安县供电有限公司、中共惠安县委办公室、惠安县统计局、惠安县人民法院、中国工商银行股份有限公司惠安支行、中共惠安县委老干部局、惠安县人民检察院、政协惠安县委员会机关、惠安县人大常委会机关、中共惠安县委政法委员会、泉惠石化工业区管理委员会、中国农业银行股份有限公司惠安县支行、惠安县农村信用合作联社、中共安溪县委组织部、中共安溪县委宣传部、中共安溪县纪律检查委员会机关（监察委）、安溪县人民检察院、安溪县财政局、中国邮政集团公司安溪县分公司、国网安溪县供电公司、中国电信股份有限公司安溪分公司、中国建设银行股份有限公司安溪支行、中共安溪县委办公室、中共安溪县委精神文明建设办公室、安溪县总工会、安溪县教育局、安溪县环境保护局、安溪县人大常委会机关、安溪县公安局交通警察大队、中共安溪县委政法委员会、安溪县人民法院、泉州市公路局安溪分局、安溪县地方税务局、中共永春县委组织部、永春县市场监督管理局、泉州市公路局永春分局、中共永春县纪律检查委员会机关（监察委）、永春县地方税务局、永春县烟草专卖局（分公司）、中共永春县委办公室、中共永春县委宣传部、永春县交通运输局、中国农业银行股份有限公司永春县支行、中国建设银行股份有限公司永春县支行、中国电信股份有限公司永春分公司、中国邮政集团公司永春县分公司、永春县国家税务局、永春县审计局、国网永春县供电公司、中共永春县委政法委员会、永春县农村信用合作联社、永春县广播电视事业局、永春县人大常委会机关、政协永春县委员会机关、永春县总工会、中共德化县委办公室、中共德化县委组织部、福建省泉州市公路局德化分局、中共德化县纪律检查委员会（监察委）、德化县人大常委会机关、中国邮政集团公司德化县分公司、中共德化县委精神文明建设办公室、德化县人民政府办公室、德化县财政局、德化县住房和城乡规划建设局、中国农业银行股份有限公司德化县支行、德化县人民检察院、德化县市场监督管理局、德化县广播电视事业局、德化县国家税务局、德化县人民法院、中共泉州市委经济技术开发区工作委员会党务工作部、泉州经济技术开发区管理委员会社会事业局、泉州市地方税务局泉州经济技术开发区税务分局、泉州市工商行政管理局泉州经济技术开发区分局、泉州经济技术开发区国家税务局、泉州经济技术开发区管理委员会科技经济发展局、泉州市公安局经济技术开发区分局、中共福建省委泉州台商投资区工作委员会党群工作部

三明市（224 个）

中共三明市委办公室、三明市人大常委会机

关、三明市人民政府办公室、中国人民政治协商会议三明市委员会机关、中共三明市纪律检查委员会机关（监察委）、中共三明市委组织部、中共三明市委宣传部、中共三明市委市直机关工作委员会、中共三明市委机构编制委员会办公室、中共三明市委精神文明建设办公室、三明市教育局、三明市公安局、三明市民政局、三明市司法局、三明市财政局、三明市交通运输局、三明市农业局、三明市林业局、三明市商务局、三明市工商行政管理局、三明市质量技术监督局、三明市供销合作社联合社、三明市残疾人联合会、三明出入境检验检疫局、三明市气象局、中国银行股份有限公司三明分行、中国建设银行股份有限公司三明分行、中国邮政集团公司三明市分公司、中国移动通信集团福建有限公司三明分公司、三明市梅列区人民法院、三明市梅列区人民检察院、三明市梅列区人民政府列东街道办事处、三明市梅列区国家税务局、三明市梅列区工商行政管理局、中国农业银行股份有限公司三明梅列支行、三明市城区烟草专卖局（分公司）、三明市公共交通公司、福建省高速公路有限责任公司三明管理分公司、三明市社会劳动保险管理中心、福建省三明纺织股份有限公司、三明市总工会、中共三明市委老干部局、三明市中心血站、国家统计局三明调查队、三明市人民政府行政服务中心管理委员会、三明市卫生和计划生育委员会、三明市第一医院、三明市国家税务局、三明司法强制隔离戒毒所、三明公安局交通警察支队、三明市科学技术局、三明市公安局列东派出所、三明市客家文化艺术中心、三明市普诺维机械有限公司、中共三明市委政法委员会、三明市公路局、中央储备粮三明直属库、中国电信股份有限公司三明分公司、福建三钢（集团）三明化工有限责任公司、福建省三明金叶复烤有限公司、南昌铁路局三明车站、三明市三元区人民法院、三明市三元区林业局、三明市公安局三元分局、三明市三元区国家税务局、三明市三元区工商行政管理局、三明市公路局三元分局、中国农业银行股份有限公司三明三元支行、中国建设银行股份有限公司三明三元支行、三明市三元区人民政府富兴堡街道办事处、三明市三元区人民政府城关街道办事处、三明市三元区人民检察院、三明市科学技术协会、三明海关、三明市交通综合行政执法支队、三明市儿童福利院、三明市公路桥隧养护管理中心、中国工商银行股份有限公司三明三元支行、三明市妇幼保健院、永安市人民法院、福建华电永安发电有限公司、永安市地方税务局、永安市市场监督管理局、永安市气象局、福建省永安煤业有限责任公司、福建省第二地质勘探大队、华电福新能源有限公司安砂水力发电厂、中国农业银行股份有限公司永安市支行、中国邮政集团公司永安市分公司、中国电信股份有限公司永安分公司、中国移动通信集团永安分公司、永安市烟草专卖局（分公司）、福建华电永安贡川水电站有限公司、永安市人民检察院、福建省永安监狱、永安市教育局、永安市住房和城乡规划建设局、永安市林业局、永安市卫生和计划生育局、明溪县人民法院、明溪县市场监督管理局、明溪县国家税务局、明溪县地方税务局、明溪县人民检察院、明溪县烟草专卖局（分公司）、三明市公路局明溪分局、明溪县公安局、明溪县财政局、中国农业银行股份有限公司明溪县支行、中国电信股份有限公司明溪分公司、明溪县气象局、中共明溪县委办公室、中共明溪县纪律检查委员会（监察委）、明溪县人力资源和社会保障局、清流县人民法院、国网福建清流县供电有限公司、福建省清流监狱、中国农业银行股份有限公司清流县支行、清流县地方税务局、清流县国家税务局、清流县市场监督管理局、清流县烟草专卖局（分公司）、清流县交通运输局、中国邮政集团公司福建省清流县分公司、中国电信股份有限公司清流分公司、清流县人民检察院、国网福建宁化县供电有限公司、宁化县地方税务局、宁化县市场监督管理局、中国农业银行股份有限公司宁化县支行、中国移动通信集团福建有限公司宁化分公司、宁化县教育局、宁化县人民法院、宁化县人民检察院、宁化县国家税务局、中国邮政集团公司宁化县分公司、宁化县烟草专卖局（分公司）、三明市公路局宁化分局、宁化县总工会、建宁县公安局、建宁县人民检察院、国网福建建宁县供电有限公司、建宁县烟草专卖局（分公司）、中国农业银行股份有限公司建宁县支行、建宁县国家（地方）

税务局、三明市公路局建宁分局、中国邮政集团公司建宁县分公司、福建铙山纸业集团有限公司、建宁县交通运输局、建宁县气象局、泰宁县人民法院、泰宁县国家（地方）税务局、三明市公路局泰宁分局、泰宁县公安局交通警察大队、泰宁县烟草专卖局（分公司）、华电福新能源股份有限公司池潭水力发电厂、中国电信股份有限公司泰宁分公司、中国移动通信集团福建有限公司泰宁分公司、国网福建泰宁县供电有限公司、中国农业银行股份有限公司泰宁县支行、泰宁县人民检察院、泰宁县市场监督管理局、泰宁县农村信用合作联社、国网福建将乐县供电有限公司、将乐县人民法院、将乐县市场监督管理局、将乐县地方税务局、将乐县烟草专卖局（分公司）、将乐县人民检察院、中国电信股份有限公司将乐分公司、将乐县国家税务局、福建华电金湖电力有限公司、福建省将乐国有林场、中国农业银行股份有限公司将乐县支行、国网福建沙县供电有限公司、沙县地方税务局、中国农业银行股份有限公司沙县支行、沙县国家税务局、沙县人民法院、三明市农业科学研究院、中共沙县县委组织部、沙县财政局、沙县市场监督管理局、沙县人民检察院、沙县烟草专卖局（分公司）、沙县审计局、福建省196地质大队、中国移动通信集团福建有限公司沙县分公司、中国邮政集团公司沙县分公司、三明高新技术产业开发区金沙管委会、福建省三明双轮化工机械有限公司、福建华电高砂水电有限公司、沙县人民政府凤岗街道办事处、中共沙县县委政法委员会、沙县总工会、福建省水利投资集团（沙县）水务有限公司、华电（沙县）能源有限公司、尤溪县地方税务局、尤溪县国家税务局、中国农业银行股份有限公司尤溪县支行、尤溪县人民检察院、国网尤溪县供电有限公司、尤溪县人民法院、中国工商银行股份有限公司尤溪支行、三明市公路局尤溪分局、中国电信股份有限公司尤溪分公司、尤溪经济开发区管理委员会、尤溪县市场监督管理局、尤溪县烟草专卖局（分公司）、尤溪县卫生和计划生育局、福建省尤溪鸿圣林业有限公司、中国邮政集团公司尤溪县分公司、大田县人民法院、中国电信股份有限公司大田分公司、大田县烟草专卖局（分公司）、大田县地方税务局、大田县国家税务局、大田县市场监督管理局、中国邮政集团公司大田县分公司、大田县人民检察院、中国农业银行股份有限公司大田县支行、国网福建大田县供电有限公司、中共大田县委办公室、福建省宁化国有林场

莆田市（140个）

中共莆田市委办公室、莆田市人大常委会机关、莆田市人民政府办公室、中国人民政治协商会议莆田市委员会机关、中共莆田市纪律检查委员会机关（监察委）、中共莆田市委组织部、中共莆田市委宣传部、中共莆田市委政法委员会、中共莆田市委统一战线工作部、中国工商银行股份有限公司莆田分行、莆田市气象局、中国银行股份有限公司莆田分行、莆田市人民检察院、中共莆田市委精神文明建设办公室、莆田市广播电视中心、莆田市审计局、国家统计局莆田调查队、莆田市国家税务局、莆田市食品药品监督管理局、国投云顶湄洲湾电力有限公司、中共莆田市委党校、中国邮政集团公司莆田市分公司、莆田市住房公积金中心、莆田海事局、莆田学院附属医院、中国人寿保险股份有限公司莆田分公司、莆田市机关事务管理处、莆田市妇女联合会、共青团莆田市委员会、莆田市质量技术监督局、莆田市水务集团有限公司、中国联合网络通信有限公司莆田市分公司、中国农业银行股份有限公司莆田分行、莆田市公路局、莆田市湄洲日报社、莆田市财政局、莆田市公安局、莆田市地方税务局直属分局、莆田市地方税务局稽查局、福建新华发行（集团）有限公司莆田分公司、莆田市卫生和计划生育委员会、莆田人民财产保险股份有限公司莆田分公司、中共莆田市委莆田市人民政府信访局、莆田市人力资源和社会保障局、莆田市环境保护局、莆田市旅游局、莆田市地震局、中国莆田SOS儿童村、莆田市发展和改革委员会、莆田市中心血站、莆田市残疾人联合会、莆田市交通运输局、中海福建燃气发电有限公司、中国银行业监督管理委员会莆田监管分局、中共仙游县委办公室、仙游县人民政府办公室、中共仙游县纪律检查委员会机关（监察委）、中共仙游县委组织部、仙游县人民检察院、仙游县农村信用合作联社、仙游县国家税务局、仙游县地方税务局、仙游县烟草

专卖局（分公司）、仙游县人民政府鲤城街道办事处、福建仙游抽水蓄能有限公司、仙游县九仙溪水电开发总公司、中国电信股份有限公司仙游分公司、仙游县市场监督管理局、国网仙游县供电公司、莆田市公路局仙游分局、中国农业银行股份有限公司仙游县支行、中国邮政集团公司福建省仙游县分公司、中国人民财产保险股份有限公司仙游支公司、中共莆田市荔城区纪律检查委员会机关（监察委）、莆田市荔城区工商行政管理局、莆田市荔城区国家税务局、莆田市荔城区地方税务局、莆田市荔城区人民法院、莆田市荔城区人民检察院、莆田市荔城区拱辰街道办事处、中国农业银行股份有限公司莆田荔城支行、中国建设银行股份有限公司莆田荔城支行、莆田市荔城区文化馆、莆田市公路局直属分局、莆田市荔城区农业局、莆田市城厢区地方税务局、莆田市城厢区国家税务局、莆田市城厢区工商行政管理局、中共莆田市城厢区纪律检查委员会机关（监察委）、中共莆田市城厢区委组织部、中共莆田市城厢区委宣传部、莆田市城厢区财政局、莆田市城厢区教育局、中共莆田市城厢区委政法委员会、莆田市城厢区人民检察院、中国农业银行股份有限公司莆田城厢支行、中国建设银行股份有限公司莆田城厢支行、莆田市城厢区烟草专卖局（分公司）、莆田市城厢区龙桥街道办事处、莆田市公安局龙桥派出所、莆田市城厢区卫生和计划生育局、莆田市涵江区地方税务局、莆田市涵江区人民法院、莆田市涵江区烟草专卖局（分公司）、莆田市涵江区工商行政管理局、莆田市涵江区财政局、中共莆田市涵江区委组织部、中国农业银行股份有限公司莆田涵江支行、中国建设银行股份有限公司莆田涵江支行、莆田市公路局涵江分局、中国人寿保险股份有限公司莆田市涵江区支公司、莆田赤港华侨经济开发区管理委员会、福建省储备粮管理有限公司莆田储备库、中国银行股份有限公司涵江支行、中国人民财产保险股份有限公司莆田市涵江支公司、莆田市涵江区计划生育服务中心、莆田市涵江区人力资源和社会保障局、莆田市秀屿区国家税务局、莆田市秀屿区工商行政管理局、莆田市秀屿区人民检察院、中共莆田市秀屿区纪律检查委员会机关（监察委）、莆田市秀屿区烟草专卖局（分公司）、中共莆田市秀屿区委组织部、莆田市秀屿区地方税务局、莆田市公安局秀屿分局、莆田市秀屿区财政局、中国农业银行股份有限公司莆田秀屿支行、莆田市公路局秀屿分局、莆田市地方税务局湄洲税务分局、国网湄洲岛供电公司、莆田市工商行政管理局湄洲岛分局、中国建设银行股份有限公司莆田湄洲支行、莆田市公安局湄洲派出所、莆田市湄洲湾北岸经济开发区综合办公室、中共莆田市湄洲湾北岸经济开发区工委宣传部、莆田市地方税务局湄洲湾北岸经济开发区分局、中共莆田市湄洲湾北岸经济开发区工委组织部、中共莆田市湄洲湾北岸经济开发区纪律检查委员会机关（监察委）、中共莆田市湄洲湾北岸经济开发区工委政法委员会、莆田市湄洲湾北岸经济开发区财政局

南平市（201个）

中共南平市委办公室、福建省公安厅交警总队南平高速公路支队、南平市人大常委会机关、中共南平市委组织部、南平市林业局、中共南平市委政法委员会、南平市审计局、中共南平市委宣传部、南平市财政局、中共南平市纪律检查委员会机关（监察委）、南平市人民政府办公室、中国人民政治协商会议南平市委员会机关、中共南平市委统一战线工作部、南平市国土资源局、中共南平市委精神文明建设办公室、中共南平市委市直机关工作委员会、南平市国家安全局、闽北日报社、南平出入境检验检疫局、南平市总工会、南平市水利局、南平市城市管理行政执法局、南平市工商行政管理局、南平市中级人民法院、中国电信股份有限公司南平分公司、南平市司法局、南平市交通运输局、南平市质量技术监督局、南平市食品药品监督管理局、南平市卫生和计划生育委员会、中国人民财产保险股份有限公司南平市分公司、南平市公安局、中国联合网络通信有限公司南平市分公司、中国工商银行股份有限公司南平分行、南平市人力资源和社会保障局、南平市民政局、中国银行股份有限公司南平分行、南平市文化广电新闻出版局、中国建设银行股份有限公司南平分行、中国移动通信集团福建有限公司南平分公司、南平市烟草专卖局（公司）、中国邮政集团公司南平市分公司、南昌铁路局南平

车务段、南平市农业局、中国人寿保险股份有限公司南平分公司、南平市延平区烟草专卖局（分公司）、中国农业银行股份有限公司南平延平支行、南平市延平区人民法院、南平市延平区地方税务局、南平市延平区四鹤街道办事处、南平市延平区国家税务局、中共南平市延平区委办公室、南平市延平区人民政府办公室、南平市公安局延平分局、南平海关、中国人民银行南平市中心支行、南平市延平区市场监督管理局、国网南平市延平区供电公司、福建南纺有限责任公司、中国银行业监督管理委员会南平监管分局、南平市延平区财政局、中电（福建）电力开发有限公司、南平市建阳区卫生和计划生育局、南平市建阳区人民法院、南平市建阳第一医院、福建省建阳监狱、南平市建阳区地方税务局、南平市建阳区烟草专卖局（分公司）、中国农业银行股份有限公司南平建阳支行、中国建设银行股份有限公司建阳支行、南平市建阳区市场监督管理局、南平市建阳区人民检察院、中国邮政集团公司南平市建阳区分公司、中国电信股份有限公司建阳分公司、南平市建阳区公安局、国网南平市建阳区供电公司、南平市建阳区国家税务局、邵武市地方税务局、邵武市国家税务局、中国农业银行股份有限公司邵武市支行、国网邵武市供电公司、福建省闽北地质大队、福建武夷烟叶有限公司、邵武市烟草专卖局（分公司）、中国电信股份有限公司邵武分公司、中央储备粮邵武直属库、邵武市通泰街道办事处、邵武市昭阳街道办事处、邵武市人民法院、邵武市公安局、中国邮政集团公司福建省邵武市分公司、邵武市市场监督管理局、邵武市水北街道办事处、邵武市立医院、南平烟草物流有限公司、中国移动通信集团福建有限公司邵武分公司、邵武市城市建设管理监察大队、武夷山市市场监督管理局、武夷山市地方税务局、福建出入境检验检疫局武夷山办事处、武夷山国家级自然保护区管理局、武夷山市公安局交通警察大队、武夷山市烟草专卖局（分公司）、中共武夷山市委办公室、武夷山市国家旅游度假区管理委员会、中国农业银行股份有限公司武夷山支行、武夷山海关、武夷山市财政局、武夷山市人民检察院、武夷山市崇安街道办事处、武夷山市旅游局、武夷山市人力资源和社会保障局、国网武夷山市供电公司、中国电信股份有限公司武夷山分公司、中国移动通信集团福建有限公司武夷山分公司、武夷山市国家税务局、建瓯市国家税务局、建瓯市公安局、建瓯市地方税务局、国网建瓯市供电公司、建瓯市财政局、建瓯市烟草专卖局（分公司）、建瓯市市场监督管理局、建瓯市人民检察院、中国邮政集团公司建瓯市分公司、建瓯市立医院、建瓯市劳动就业中心、建瓯市交通运输局、中国建设银行股份有限公司建瓯支行、中共建瓯市纪律检查委员会机关（监察委）、福建省建瓯市汇光发电有限公司、中国农业银行股份有限公司建瓯市支行、中国电信股份有限公司建瓯分公司、中国邮政集团公司顺昌县分公司、顺昌县人民检察院、国网顺昌县供电公司、中国建设银行股份有限公司顺昌支行、顺昌县烟草专卖局（分公司）、顺昌县国家税务局、中国电信股份有限公司顺昌分公司、顺昌县地方税务局、中国农业银行股份有限公司顺昌县支行、顺昌县公安局、中国人民政治协商会议顺昌县委员会机关、顺昌县人民法院、中共顺昌县委办公室、国网浦城县供电公司、浦城县国家税务局、中国邮政集团公司浦城县分公司、中国电信股份有限公司浦城分公司、南平市烟草公司浦城分公司、中国农业银行股份有限公司浦城县支行、中国移动通信集团福建有限公司浦城分公司、浦城县人民检察院、中国工商银行股份有限公司浦城支行、中共浦城县委宣传部、浦城县市场监督管理局、浦城县教育局、浦城县人民法院、浦城县财政局、中共浦城县委组织部、浦城县公安局交通警察大队、中共浦城县纪律检查委员会机关（监察委）、浦城县殡仪馆、国网光泽县供电公司、中国邮政集团公司光泽县分公司、中国农业银行股份有限公司光泽县支行、光泽县财政局、光泽县地方税务局、光泽县市场监督管理局、中国电信股份有限公司光泽分公司、中国移动通信集团福建有限公司光泽分公司、光泽县烟草专卖局（分公司）、光泽县国家税务局、光泽县公安局、光泽县人民法院、松溪县人民检察院、松溪县国家（地方）税务局、松溪县烟草专卖局（分公司）、中国电信股份有限公司松溪分公司、松溪县人民法院、松溪县公安局交通警察大队、松溪县交通运输局、中国农业银行股份有限公司松溪县支行、松溪县市场监督管理局、松溪县规划建设和旅游局、中国建设银行股份有限公司松溪支行、南平市公路局松溪分局、政和县人民法院、政和县国家（地方）税务局、政和县烟草专卖局（分公司）、中国农业银行股份有限公司政和县支行、政和县财政局、政和县市场监督管理局、中国移动通信集团福建有限公司政和分公司、中国电信股份有限公司政和分公司、中国邮政集团公司政和县分公司、中国建设银行股份有限公司政和支行、国网政和县供电公司、政和县公安局交通警察大队、南平司法强制隔离戒毒所

龙岩市（181个）

中共龙岩市委办公室、龙岩市人大常委会（机关）、龙岩市人民政府办公室、中共龙岩市纪律检查委员会（机关）、中共龙岩市委组织部、中共龙岩市委宣传部、龙岩市烟草专卖局（公司）、龙岩出入境检验检疫局、龙岩市公安局、中国农业银行股份有限公司龙岩分行、龙岩经济技术开发区（龙岩高新区）国家税务局、福建省高速公路有限公司龙岩管理公司、龙岩市第二医院、龙岩市交通运输局、龙岩市科学技术局、龙岩市体育局、中华人民共和国龙岩海关、龙岩市总工会、中国银行股份有限公司龙岩分行、龙岩市人民检察院、龙岩市第一医院、龙岩市住房和城乡建设局、福建龙洲运输股份有限公司龙岩汽车客运中心站、龙岩市食品药品监督管理局、龙岩经济技术开发区（龙岩高新区）管委会、龙岩市公共交通有限公司、龙岩市行政服务中心管理委员会、龙岩市疾病预防控制中心、中共龙岩市委党校、国家新闻出版广电总局七三一台、龙岩市中心血站、中国邮政集团公司龙岩市分公司、龙岩市教育局、福建省第八地质大队（福建省核工业二九五大队）、中央苏区（闽西）历史博物馆、福建棉花滩水电开发有限公司、福建省121地质大队、福建华电万安能源有限公司、政协龙岩市委员会（机关）、福建省公安厅交警总队龙岩高速公路支队、龙岩市中级人民法院、中共龙岩市委统一战线工作部、中共龙岩市委政法委员会、中国电信股份有限公司龙岩分公司、国家统计局龙岩调查队、中共龙岩市委精神文明建设办公室、中共龙岩市委市直机关工作委员会、龙岩市森林公安局、龙岩市妇女联合会、龙岩市统计局、福建省特种设备检验研究院龙岩分院、龙岩市质量技术监督局、福建煤电股份有限公司、共青团龙岩市委员会、神华福能（福建龙岩）发电有限责任公司、龙岩市新罗区烟草专卖局（分公司）、福建省龙岩天宇工业（集团）公司、福建省龙岩市新罗区国家税务局、中共龙岩市新罗区委办公室、龙岩市新罗区地方税务局、龙岩市新罗区财政局、龙岩市公路局新罗分局、国网福建龙岩市新罗区供电有限公司、龙岩市新罗区工商行政管理局、龙岩人民医院、龙岩市新罗区曹溪街道办事处、龙岩市新罗区人民检察院、龙岩市新罗区人民法院、福建龙麟集团有限公司、龙岩市新罗区民政局、龙岩市新罗区审计局、福建龙岩农村商业银行股份有限公司、中共龙岩市新罗区委组织部、福建龙州工业园区管理委员会、龙岩市新罗区中城街道办事处、龙岩市永定区地方税务局、国网福建龙岩市永定区供电有限公司、龙岩市永定区人民检察院、中国农业银行股份有限公司龙岩永定支行、龙岩市永定区烟草专卖局（分公司）、龙岩市永定区国家税务局、龙岩市永定区人民法院、龙岩市永定区农村信用合作联社、龙岩市公路局永定分局、龙岩市永定区人民政府办公室、中共龙岩市永定区委办公室、龙岩市永定区市场监督管理局、中国邮政集团公司龙岩市永定区分公司、国网福建上杭县供电有限公司、上杭县国家税务局、上杭县地方税务局、中国农业银行股份有限公司上杭县支行、福建上杭农村商业银行股份有限公司、上杭县人民检察院、上杭县公安局、上杭县烟草专卖局（分公司）、上杭县财政局、中共上杭县委宣传部、上杭县人民法院、上杭县市场监督管理局、上杭县广播电视台、上杭县人力资源和社会保障局、中共上杭县委办公室、中共上杭县委组织部、中共上杭县纪律检查委员会（监察委）、中共上杭县委统一战线工作部、武平县地方税务局、国网福建武平县供电有限公司、中国农业银行股份有限公司武平县支行、武平县人民法院、武平县人民检察院、武平县国家税务局、武平县财政局、武平县气象局、武平县公安局、

福建龙洲运输股份有限公司武平分公司、龙岩市公路局武平分局、武平县妇幼保健院、武平县烟草专卖局、武平县市场监督管理局、武平县文体广电新闻出版局、福建新华发行（集团）有限责任公司武平分公司、中国人寿保险股份有限公司武平县支公司、中共武平县委办公室、武平县疾病预防控制中心、武平县卫生和计划生育局、中国电信股份有限公司武平分公司、中国邮政集团公司福建省武平县分公司、中国农业银行股份有限公司长汀县支行、龙岩市公路局长汀分局、长汀县地方税务局、长汀县烟草专卖局、国网福建长汀县供电有限公司、长汀县农村信用合作联社、长汀县人民法院、长汀县人民检察院、长汀县审计局、长汀县财政局、福建省长汀楼子坝国有林场、长汀县交通运输局、中国邮政集团福建省长汀县分公司、长汀县市场监督管理局、中国电信股份有限公司长汀分公司、长汀县水土保持事业局、长汀县国土资源局、长汀县新桥中心卫生院、国网连城县供电公司、连城县人民法院、中国农业银行股份有限公司连城县支行、连城县烟草专卖局、连城县地方税务局、中国建设银行股份有限公司连城支行、福建龙洲运输股份有限公司连城分公司、连城县市场监督管理局、连城县人民检察院、中国移动通信集团有限公司连城分公司、中国邮政集团公司福建连城县分公司、中国人民财产保险股份有限公司连城支公司、连城县卫生和计划生育局、连城县司法局、连城县交通运输局、连城县人力资源和社会保障局（公务员局）、漳平市地方税务局、漳平市人民检察院、漳平市国家税务局、漳平市市场监督管理局、中国农业银行股份有限公司漳平市支行、漳平市财政局、漳平市城市管理行政执法局、福建漳平农村商业银行股份有限公司、漳平市烟草专卖局（分公司）、漳平市总工会、漳平市人民法院、漳平市文体广电新闻出版局、龙岩市公路局漳平分局、漳平工业园区管理委员会、福建华电漳平火电有限公司、龙岩市漳平台湾农民创业园区管理委员会、漳平市民政局、漳平市气象局、龙岩市新罗区文体广电新闻出版局

宁德市（165 个）

宁德市气象局、中国移动通信集团福建有限公司宁德分公司、宁德市公路局、宁德市人民检察院、宁德市国税局、中共宁德市委组织部、中共宁德市委宣传部、宁德市烟草专卖局、福建省高速公路有限责任公司宁德管理分公司、福建省第四地质大队、宁德海关、宁德市质量技术监督局、宁德市食品药品监督管理局、兴业银行股份有限公司宁德分行、宁德市工商行政管理局、中国建设银行宁德分行、中国银行股份有限公司宁德分行、福建省特种设备检验研究院宁德分院、福建省邮政公司宁德市分公司、宁德市国家安全局、宁德市文化广电新闻出版局、中国电信股份有限公司宁德分公司、宁德市卫生和计划生育委员会、中国人寿保险股份有限公司宁德分公司、宁德市中级人民法院、中共宁德市纪律检查委员会（监察委）、中共宁德市委办公室、中国人民政治协商会议福建省宁德市委员会机关、宁德市人力资源和社会保障局、宁德市公安局交警支队、中共宁德市委市直机关工委、宁德市住房和城乡建设局、福建省宁德水文水资源勘测分局、中共宁德市蕉城区委宣传部、宁德市蕉城区地方税务局、中共宁德市蕉城区委办公室、中共宁德市蕉城区纪律检查委员会（监察委）、中国农业银行股份有限公司宁德蕉城支行、宁德市蕉城区人大常委会机关、宁德市蕉城区市场监督管理局、宁德市蕉城区国家税务局、福建省宁德人民医院、中共宁德市蕉城区委组织部、宁德市蕉城区人民政府办公室、宁德市蕉城区妇女联合会、中国人民政治协商会议宁德市蕉城区委员会机关、宁德市公安局蕉城分局、古田县地方税务局、华电福新能源股份有限公司古田溪水力发电厂、古田县烟草专卖局（公司）、国网福建古田县供电有限公司、古田县人民检察院、古田县市场监督管理局、古田县广播电视事业局、中共古田县委办公室、中共古田县纪律检查委员会机关（监察委）、中共古田县委组织部、中共古田县委政法委员会、中共古田县委宣传部、中国邮政集团公司福建省古田县分公司、古田县国家税务局、中国人寿保险股份有限公司古田县分公司、古田县农村信用合作联社、屏南县人民法院、中国农业银行股份有限公司屏南县支行、屏南县农村信用合作联社、屏南县人民检察院、国网福建屏南县供电有限公

司、宁德市公路局屏南分局、屏南县烟草专卖局、屏南县广播电视事业局、福建闽东电力股份有限公司屏南发电分公司、中国电信股份有限公司屏南分公司、中共屏南县委政法委员会、屏南县市场监督管理局、屏南县国家（地方）税务局、中国建设银行股份有限公司屏南支行、中共周宁县委办公室、周宁县人民检察院、国网周宁县供电有限公司、中国建设银行股份有限公司周宁支行、中国邮政集团公司福建省周宁县分公司、福建省周宁县公安局交通警察大队、周宁县市场监督管理局、周宁县人民法院、周宁县总工会、周宁县人民政府办公室、中共周宁县委组织部、寿宁县人民检察院、寿宁县人民法院、中共寿宁县纪律检查委员会（监察委）、中共寿宁县委组织部、中共寿宁县委宣传部、国网寿宁县供电公司、三祥新材股份有限公司、寿宁县国家（地方）税务局、中共寿宁县委政法委员会、中国农业银行股份有限公司寿宁县支行、中国邮政集团公司福建省寿宁县分公司、中国电信股份有限公司寿宁分公司、中共福安市委办公室、福安市人民政府办公室、福安市人民代表大会常务委员会（机关）、中共福安市纪律检查委员会（监察委）、中共福安市委组织部、中共福安市委宣传部、中共福安市委政法委员会、福安市人民检察院、福安市财政局（机关）、福建省福安市地方税务局、中国移动通信集团福建有限公司福安分公司、福安市市场监督管理局、中国农业银行股份有限公司福安市支行、中国电信股份有限公司福安分公司、国网福建福安市供电有限公司（机关）、福安阳头街道办事处、福安市总工会、福安市人民法院、中国人民政治协商会议福安市委员会（机关）、柘荣县人民检察院、国网柘荣县供电公司、宁德市公路局柘荣分局、柘荣县人民法院、柘荣县国家（地方）税务局、柘荣县烟草专卖局（分公司）、中国农业银行股份有限公司柘荣县支行、柘荣县市场监督管理局、柘荣县邮政局、柘荣县水利局、国网福建福鼎市供电有限公司、福鼎市妇女联合会、福鼎市市场监督管理局、福鼎市国家税务局、福鼎市人民检察院、福鼎市财政局、福鼎市太姥山风景名胜区管委会、中国电信股份有限公司福鼎分公司、中国农业银行股份有限公司福鼎市支行、福鼎市气象局、中国工商银行股份有限公司福鼎支行、福鼎市地方税务局、中国邮政集团公司福建省福鼎市分公司、福鼎市公安局交通警察大队、宁德市汽车运输有限公司太姥山汽车站、中国人寿保险股份有限公司福鼎市支公司、福鼎市人民法院、国网福建霞浦县供电有限公司、霞浦县人力资源和社会保障局（公务员局）、中国邮政集团公司福建省霞浦县分公司、霞浦县松城社区卫生服务中心、中国工商银行股份有限公司霞浦支行、中国农业银行股份有限公司霞浦县支行、霞浦县市场监督管理局、宁德市公路局霞浦县分局、霞浦县烟草专卖局、霞浦县审计局、霞浦县国家税务局、中共霞浦县委办公室、中共霞浦县委组织部、中共霞浦县委宣传部、中共霞浦县纪律检查委员会（监察委）、霞浦县财政局、宁德市烟草物流有限公司、中国农业银行宁德东侨支行、福建省宁德市闽东华侨经济开发区国家税务局

平潭综合实验区（15个）

平潭综合实验区国家税务局、平潭综合实验区气象局、平潭县烟草专卖局平潭综合实验区人民检察院、中国移动通信集团福建有限公司平潭分公司、中国人民银行平潭综合实验区支行、中国农业银行股份有限公司平潭综合实验区支行、中国邮政集团公司福建省平潭县分公司、中国银行股份有限公司福建自贸试验区平潭片区分行、中华人民共和国平潭海事局、中国电信股份有限公司平潭综合实验区分公司、中共福建省委平潭综合实验区工作委员会办公室（福建省平潭综合实验区管理委员会办公室）、中共平潭综合实验区党工委党群工作部、中共福建省纪委平潭综合实验区工作委员会（平潭综合实验区廉政办公室）、中华人民共和国平潭海关

省直机关（138个）

福建省人大常委会机关、福建省政协机关、福建省人民政府办公厅、中共福建省委宣传部、中共福建省委统一战线工作部、中共福建省委政法委员会、中共福建省委台湾工作办公室、中共福建省委机构编制委员会办公室、中共福建省委省直机关工作委员会、中共福建省委老干部局、中共福建省委党史研究室、中共福建省委党校福建行政学院、福建省档案局、福建省教育厅（中

共福建省委教育工作委员会)、福建省科学技术厅、福建省民族与宗教事务厅、福建省公安厅、福建省国家安全厅、福建省民政厅、福建省司法厅、福建省财政厅、福建省国土资源厅、福建省环境保护厅、福建省农业厅、福建省林业厅、福建省海洋与渔业厅、福建省商务厅、福建省文化厅、福建省卫生和计划生育委员会、福建省人民政府外事办公室、福建省人民政府国有资产监督管理委员会、福建省地方税务局、福建省质量技术监督局、福建省体育局、福建省旅游发展委员会、福建省粮食局、福建省食品药品监督管理局、福建省物价局、福建省人民政府侨务办公室、福建省人民防空办公室、福建省监狱管理局、福建省测绘地理信息局、福建省机关事务管理局、福建省总工会、中国共产主义青年团福建省委员会、福建省妇女联合会、福建省科学技术协会、福建省社会科学界联合会、福建省文学艺术界联合会、福建省红十字会、福建省人民政府发展研究中心、福建省政府投资项目评审中心、福建社会科学院、福建省农业科学院、福建省供销合作社联合社、福建省地质矿产勘查开发局、福建省国家税务局、中华人民共和国福州海关、福建省通信管理局、国家统计局福建调查总队、中国科学院福建物质结构研究所、中国电信股份有限公司福建分公司、中国电建福建省电力勘测设计院有限公司、中国人民银行福州中心支行、中国农工民主党福建省委员会、福建省社会主义学院、福建省工商业联合会、福建老年大学、福建省公安厅交通警察总队、福建省女子司法强制隔离戒毒所、福建省劳动保障监察总队、福建省人民政府水电站库区移民开发局、福建省煤田地质局、福建省环境监测中心站、福建省港航管理局、福建省运输管理局、福建省福州港口管理局、福建省交通工程造价管理站、福建省交通综合行政执法总队、福建省交通建设质量安全监督局、福建省交通规划办公室、福建省交通规划设计院、福建省交通信息通信与应急处置中心、福州植物园(福州国家森林公园)、福建省水文水资源勘测局、福建省洪水预警报中心(福建省水利信息中心)、福建省海洋与渔业执法总队、福建省艺术馆、福建省图书馆、福建博物院、福建省昙石山遗址博物馆、福建省歌舞剧院、福建医科大学附属第一医院、福建医科大学附属协和医院、福建中医药大学附属第二人民医院、福建省妇幼保健院、福建省级机关医院、福建省职业病与化学中毒预防控制中心、福建省产品质量检验研究院、福建省特种设备检验研究院、福建省计量科学研究院、福建省标准化研究院、福建省纤维检验局、福建省广播电视节目收听收看中心、福建省食品药品质量检验研究院、福建省女子监狱、福建省榕城监狱、福建省未成年犯管教所、福建省司法警察训练总队、福建省建新医院、福建省基础地理信息中心、福建省测绘院、福建省妇女儿童活动中心(福建省妇联家庭关爱服务中心)、福建省科技馆、福建省科学技术咨询服务中心、福建省农业科学院水稻研究所、福建省农业科学院植物保护研究所、福建省核工业二九四大队、福建省地质测绘院、福建省地质工程勘察院、福建教育出版社有限责任公司、中华人民共和国福州海关现场业务处、中华人民共和国福州海事局、中华人民共和国福州机场出入境检验检疫局、福建省气候中心、福建省气象服务中心、福建省专用通信局、中央储备粮福州直属库有限公司、中国邮政集团公司福建省福州邮区中心分公司、国网福建省电力有限公司电力科学研究院、国网福建省电力有限公司经济技术研究院、国网福建省电力有限公司检修分公司、福建省高速公路有限责任公司福州管理分公司、福建省福泉高速公路有限公司、福建省高速公路养护工程有限公司、福建省汽车运输有限公司、中国福州外轮代理有限公司、福建省广播影视集团

(二) 文明社区(158个)

福州市(29个)

福州市鼓楼区南街街道杨桥河南社区、福州市鼓楼区南街街道三坊七巷社区、福州市鼓楼区华大街道公益社区、福州市鼓楼区温泉街道河东社区、福州市鼓楼区温泉街道琼河社区、福州市鼓楼区安泰街道乌塔社区、福州市鼓楼区华大街道屏山社区、福州市鼓楼区温泉街道东大社区、福州市鼓楼区鼓西街道后县社区、福州市鼓楼区洪山镇锦江社区、福州市鼓楼区鼓西街道西湖社区、福州市台江区后洲街道中亭街社区、福州市台江区义洲街道浦东社区、福州市台江区茶亭街

道洋头口社区、福州市台江区茶亭街道阳光社区、福州市台江区上海街道上海新苑社区、福州市台江区苍霞街道三保社区、福州市台江区鳌峰街道福人社区、福州市台江区上海街道交通社区、福州市台江区洋中街道金斗社区、福州市仓山区对湖街道师大社区、福州市仓山区金山街道金环社区、福州市仓山区临江街道菖蒲社区、福州市仓山区仓前街道万春社区、福州市晋安区王庄街道砌池社区、福州市晋安区新店镇新厦社区、福州市晋安区象园街道乐园社区、福州市晋安区新店镇秀峰社区、福州市马尾区马尾镇船政社区

厦门市（25 个）

厦门市思明区梧村街道文灶社区、厦门市思明区嘉莲街道华福社区、厦门市思明区鹭江街道禾祥西社区、厦门市思明区筼筜街道振兴社区、厦门市思明区嘉莲街道盈翠社区、厦门市思明区滨海街道上李社区、厦门市思明区鼓浪屿街道龙头社区、厦门市思明区梧村街道双涵社区、厦门市思明区厦港街道鸿山社区、厦门市思明区开元街道深田社区、厦门市湖里区江头街道吕岭社区、厦门市湖里区殿前街道兴隆社区、厦门市湖里区湖里街道康乐社区、厦门市湖里区湖里街道金鼎社区、厦门市湖里区江头街道金尚社区、厦门市湖里区禾山街道禾欣社区、厦门市湖里区江头街道吕厝社区、厦门市湖里区金山街道金安社区、厦门市海沧区新阳街道兴旺社区、厦门市海沧区嵩屿街道未来海岸社区、厦门市海沧区嵩屿街道海发社区、厦门市集美区杏林街道宁宝社区、厦门市同安区祥平街道芸溪社区、厦门市同安区新民镇梧侣社区、厦门市翔安区马巷镇友民社区

漳州市（13 个）

芗城区新桥街道华港社区、芗城区通北街道和平里社区、芗城区巷口街道鑫荣社区、芗城区西桥街道西桥社区、芗城区巷口街道东园社区、芗城区通北街道延安北社区、龙文区步文镇锦绣社区、龙海市石码镇解放北社区、龙海市石码镇运辉花园小区、漳浦县绥安镇绥北社区、云霄县云陵镇汀洋社区、东山县铜陵镇桂花社区、长泰县武安镇外武社区

泉州市（23 个）

泉州市鲤城区江南街道明光社区、泉州市鲤城区鲤中街道新峰社区、泉州市鲤城区海滨街道新门社区、泉州市鲤城区开元街道刺桐社区、泉州市丰泽区东湖街道少林社区、泉州市丰泽区东湖街道圣湖社区、泉州市丰泽区丰泽街道迎津社区、泉州市丰泽区清源街道普明社区、泉州市丰泽区泉秀街道华丰社区、石狮市湖滨街道花园城社区、石狮市凤里街道新华社区、石狮市湖滨街道新湖社区、石狮市凤里街道后花社区、石狮市宝盖镇宝源社区、晋江市梅岭街道竹园社区、晋江市东石镇第二社区、晋江市青阳街道阳光社区、晋江市梅岭街道梅庭社区、晋江市青阳街道青华社区、晋江市罗山街道华泰社区、南安市溪美街道湖新社区、南安市水头镇世纪新城社区、惠安县黄塘镇聚龙社区

三明市（16 个）

梅列区徐碧街道东乾社区、梅列区列东街道东安社区、梅列区列东街道江滨社区、梅列区列东街道三路社区、梅列区徐碧街道乾龙社区、三元区富兴堡街道东霞社区、三元区城关街道红印山社区、三元区白沙街道群二社区、永安市燕西街道新安社区、永安市燕东街道忠义社区、永安市燕东街道龙翔社区、沙县西园社区电力家园小区、沙县西园社区地税月亮弯小区、沙县虬江街道翠绿社区196地质大队小区、尤溪县城关镇北门社区、大田县均溪镇东门社区

莆田市（14 个）

仙游县鲤城街道木兰社区、仙游县鲤城街道洪桥社区、仙游县榜头镇下明社区、莆田市荔城区镇海街道镇海社区、莆田市荔城区镇海街道文献社区、莆田市荔城区镇海街道凤山社区、莆田市荔城区镇海街道英龙社区、莆田市城厢区凤凰山街道南门社区、莆田市城厢区龙桥街道万辉社区、莆田市城厢区龙桥街道太平社区、莆田市城厢区霞林街道莆糖社区、莆田市涵江区涵西街道延宁社区、莆田市涵江区涵东街道苍然社区、莆田市涵江区涵东街道宫下社区

南平市（13 个）

南平市延平区四鹤街道杨（中）西社区、南平市延平区水东街道玉屏山社区、南平市延平区梅山街道文宣社区、南平市延平区水东街道南铝社区、南平市延平区紫云街道前进社区、南平市

延平区紫云街道剑津社区、南平市建阳区潭城街道西门社区、邵武市水北街道飞机坪社区、邵武市昭阳街道载云桥社区、邵武市通泰街道严羽社区、武夷山市崇安街道营盘社区、武夷山市新丰街道临安社区、顺昌县双溪街道中解社区

龙岩市（14 个）

龙岩市永定区凤城街道大洲社区、龙岩市永定区凤城街道东兴社区、上杭县临城镇城西社区、武平县平川镇河西社区、武平县平川镇南门社区、武平县平川镇西城社区、长汀县汀州镇中心坝社区、连城县莲峰镇栗园社区、漳平市菁城街道北郊社区、漳平市菁城街道富山社区、上杭县临江镇镇中社区、武平县平川镇河东社区、连城县莲峰镇豸峰社区、漳平市菁城街道菁东社区

宁德市（11 个）

宁德市蕉城区城南镇莲峰社区、古田县城东街道文兴社区、古田县城西街道文河社区、屏南县古峰镇城东社区、周宁县狮城镇中兴社区、寿宁县鳌阳镇敖东社区、福安市城北街道富春社区、柘荣县双城镇城北社区、福鼎市桐城街道富民社区、霞浦县松港街道东兴社区、东侨经济技术开发区兰亭社区

（三）风景旅游区（15 个）

福州市闽江公园、安溪清水岩风景旅游区、连城县冠豸山风景区、福安市白云山风景名胜区、厦门市园林植物园、福建土楼永定景区、将乐县玉华洞风景名胜区、平和三平风景旅游区、东山县风动石风景旅游区、龙硿洞风景名胜区、厦门市海沧区青礁慈济宫风景旅游区、漳平市九鹏溪风景旅游区、漳州东南花都风景旅游区、永泰县云顶景区、惠安崇武古城风景区

（四）设区市行业（98 个）

福州市（11 个）

地税系统、市场监管系统（工商、质监、食药监）、电力系统、农业银行系统、气象系统、邮政系统、烟草商业系统、电信系统、移动系统、中国银行系统、卫计委系统

厦门市（13 个）

地税系统、市场监管系统（工商、质监、食药监）、卫计委系统、电力系统、邮政系统、气象系统、电信系统、司法行政系统、烟草商业系统、民政系统、旅游系统、工商银行系统、新华发行系统

漳州市（10 个）

地税系统、公安系统、移动系统、农业银行系统、烟草商业系统、电力系统、气象系统、邮政系统、联通系统、文化系统

泉州市（11 个）

地税系统、国税系统、气象系统、电力系统、农业银行系统、烟草商业系统、电信系统、建设银行系统、文化系统、邮政系统、住建系统

三明市（10 个）

检察院系统、地税系统、农业银行系统、电力系统、烟草商业系统、气象系统、交通运输系统、移动系统、农业系统、邮政系统

莆田市（10 个）

地税系统、国税系统、电力系统、烟草商业系统、气象系统、邮政系统、农业银行系统、建设银行系统、移动系统、交通运输系统

南平市（10 个）

国税系统、地税系统、农业银行系统、电力系统、气象系统、建设银行系统、司法行政系统、邮政系统、烟草商业系统、广电网络系统

龙岩市（11 个）

地税系统、法院系统、电力系统、农业银行系统、烟草商业系统、气象系统、建设银行系统、移动系统、交通运输系统、司法行政系统、人保财险系统

宁德市（12 个）

地税系统、检察院系统、农业银行系统、电力系统、气象系统、人力资源和社会保障系统、移动系统、邮政系统、建设银行系统、中国人寿保险系统、铁路系统、兴业银行系统

四、省级文明校园（512 所）

福州市（64 所）

福州市直机关幼儿园、福州市儿童学园、福州市群众路小学、福建省福州教育学院附属第二小学、福州市乌山小学、福建省福州第三中学、福建省福州高级中学、福建省福州屏东中学、福建省福州铜盘中学、福建省福州第八中学、福建省福州格致中学、福建省福州外国语学校、闽江学院附属中学、福建省福州第四中学、福建省福州第六中学（福建省福州建筑工程职业中专学

校）、福州市艺术学校、福州第二技师学院、福建省福州教育学院附属中学、福州金山中学、福建省福州第十八中学、福州第一技师学院、福建省福州第十一中学、福建省福州第十六中学、福州市钱塘小学、福州市林则徐小学、福州市鼓楼实验小学、福建省福州延安中学、福州市鼓楼第一中心小学、福州市旗汛口幼儿园、福州市台江第三中心小学、福州市台江区实验幼儿园、福州市台江实验小学、福州第十五中学、福州市台江区教师进修学校、福州市麦顶小学、福州市仓山小学、福州市郭宅中心小学、福州第四十中学、福州市仓山区第六中心小学、福州市江南水都小学、福州市鼓山中心小学、福州市鼓山新区小学、福州第七中学、福州市晋安区实验幼儿园、福建师范大学第二附属中学、福州市马尾实验小学、福州经济技术开发区职业中专学校、福建省长乐师范学校附属小学、福建省长乐第一中学、福建省长乐华侨中学、福清市城关小学、福清市实验幼儿园、福清市实验小学、福清市第三中学、闽侯县实验小学、闽侯县白沙中心小学、闽侯县实验中学、连江县实验小学、福建省连江第一中学、闽清县第一中学、闽清县城关小学、罗源第一中学、罗源县凤山小学、永泰县实验小学

厦门市（39所）

厦门第六中学、厦门市音乐学校、厦门第二中学、厦门外国语学校、厦门工商旅游学校、厦门集美中学、厦门大学附属科技中学、福建省同安第一中学、厦门市翔安第一中学、厦门信息学校、厦门市大同小学、厦门市槟榔小学、厦门市民立小学、厦门市松柏中学、厦门市金鸡亭中学、厦门市第十一中学、厦门第二实验小学、厦门市第一幼儿园、厦门市第三中学、厦门市江头第三小学、厦门市金尚中学、厦门市金尚小学、厦门市康乐小学、厦门康乐新村幼儿园、厦门实验小学集美分校、厦门市第十中学、厦门市杏南中学、厦门市集美区实验幼儿园、厦门海沧延奎小学、厦门市海沧区育才小学、厦门市海沧区北师大海沧附属学校、厦门市海沧实验幼儿园、厦门市同安区大同中心小学、厦门市同安区第一实验小学、厦门市第二外国语学校、厦门市同安区实验幼儿园、厦门市翔安区马巷中心小学、厦门市翔安区实验学校、厦门技师学院

漳州市（56所）

漳州第一中学、漳州市第二中学、漳州市第三中学、漳州第一职业中专学校、漳州第二职业中专学校、龙溪师范学校附属小学、漳州市机关幼儿园、漳州工业学校、漳州财贸学校、漳州市第三中学分校、漳州市第五中学、漳州市幼儿园、漳州市实验幼儿园、漳州市第八中学、厦门大学附属实验中学、漳州市芗城中学、漳州市芗城实验小学、漳州市通北中心小学、漳州市芝山中心小学、漳州市天宝中心小学、漳州市龙文区龙文中学、漳州市龙文区朝阳中学、龙海市第一中学、龙海市第二中学、龙海市实验小学、龙海市石码中心小学、龙海市程溪中学、龙海市职业技术学校、龙海市浮宫中心小学、漳浦第一中学、漳浦县实验幼儿园、漳浦县实验小学、漳浦第三中学、漳浦达志中学、云霄元光中学、云霄县实验小学、云霄县实验幼儿园、东山第一中学、东山县实验小学、东山县第二实验小学、东山县实验幼儿园、诏安县第一中学、诏安县四都中学、诏安县实验小学、平和第一中学、平和县育英小学、平和县新星幼儿园、南靖县第一中学、南靖县第二中学、南靖县实验小学、长泰县第二实验小学、长泰县第一中学、长泰县实验幼儿园、华安县第一中学、华安县实验小学、华安县第二实验幼儿园

泉州市（74所）

泉州市晋光小学、泉州师范学院附属小学、泉州市刺桐幼儿园、泉州市第二实验小学、泉州市丰泽幼儿园、泉州幼儿师范学校附属幼儿园、泉州市培元中学、泉州市盲聋哑学校、泉州市机关幼儿园、泉州第一中学、泉州艺术学校、泉州市第七中学、泉州市西隅中心小学、泉州市通政中心小学、泉州市实验幼儿园、泉州市第六中学、泉州市第二中心小学、泉州市鲤城区机关幼儿园、泉州市城东中学、泉州市丰泽区实验幼儿园、泉州市丰泽区第二实验小学、泉州市丰泽区第二中心小学、泉州市丰泽区实验小学、泉州第十一中学、泉州市洛江区实验小学、泉州市泉港区第一中学、泉州市泉港区第二中学、泉州市泉港庄重文实验小学、泉州市泉港区第六中学、石狮市新湖中心小学、石狮市第三实验小学、石狮市第三

实验幼儿园、石狮市石光中学、石狮市第一中学、石狮市第二实验幼儿园、晋江市第一中学、晋江市第二中学、晋江市侨声中学、晋江市季延中学、福建省晋江职业中专学校、晋江市第二实验小学、晋江市英林中学、晋江市第三实验幼儿园、晋江市青阳街道中和中心小学、晋江市安海中学、南安第一中学、南安国光中学、南安市侨光中学、南安市实验中学、南安市实验幼儿园、南安市第三中学、泉州师范学院附属鹏峰中学、南安市第一小学、南安市第一幼儿园、惠安第一中学、惠安县八二三实验小学、惠安县第二实验幼儿园、惠安第三中学、惠安高级中学、惠安县实验小学、安溪第一中学、安溪铭选中学、安溪第八中学、安溪县沼涛实验小学、安溪第六中学、安溪县实验小学、永春县实验幼儿园、永春第一中学、永春美岭中学、永春县实验小学、永春县五里街中心小学、德化县实验小学、德化第一中学、惠安惠南中学

三明市（52 所）

三明市第二中学、三明市第八中学、三明市列东中学、三明学院附属小学、三明市实验小学、三明市实验幼儿园、三明市梅列区实验小学、三明市梅列区第二实验小学、三明市梅列区东新小学、三明市梅列区实验幼儿园、三明市梅列区洋溪中心小学、三明第一中学、三明市第九中学、三明市第三中学、三明市陈景润实验小学、三明市高级技工学校、三明市三元区第二实验小学、三明市第十二中学、永安市第六中学、永安市实验幼儿园、永安市第一中学附属学校、永安市第九中学、明溪县第一中学、明溪县实验小学、明溪县第二实验小学、清流县第一中学、清流县实验小学、三明工贸学校、宁化第一中学、宁化师范学校附属小学、宁化第六中学、宁化县实验小学、建宁县第一中学、建宁县职业中学、泰宁第一中学、将乐县第四中学、将乐县第一中学、福建省三明市农业学校、沙县第一中学、沙县城关第三小学、沙县实验幼儿园、沙县翠绿小学、尤溪第一中学、尤溪县第七中学、尤溪县实验小学、尤溪县西城中心小学、尤溪县第五中学、尤溪县文公初级中学、大田县第一中学、大田县实验小学、大田县第五中学、大田县职业中专学校

莆田市（33 所）

莆田第一中学、莆田第二中学、莆田哲理中学、莆田擢英中学、莆田职业技术学校、莆田市实验小学、莆田学院附属实验小学、莆田市第二实验小学、莆田市儿童活动中心幼儿园、仙游县第二中学、仙游县华侨中学、仙游县职业中专学校、仙游县榜头十洁小学、莆田第四中学、莆田第八中学、莆田市荔城区梅峰小学、莆田市荔城区第二实验幼儿园、莆田第五中学、莆田市城厢区逸夫实验小学、莆田文献中学、莆田市城厢区南门学校、莆田第六中学、莆田市涵江区实验小学、莆田市涵江区涵西幼儿园、莆田华侨职业中专学校、莆田市涵江区第二实验小学、莆田第十中学、莆田第十一中学、莆田市湄洲湾北岸经济开发区忠门中心小学、福建省税务学校、莆田市涵江区第二实验幼儿园、莆田市秀屿区东庄前云小学、莆田市湄洲湾北岸经济开发区东埔中心小学

南平市（43 所）

福建省南平第一中学、南平市师范附属小学、南平市实验幼儿园、南平市农业学校、南平实验小学、南平市武夷旅游商贸学校、南平市盲聋哑学校、南平剑津中学、南平市高级中学、闽北高级技工学校、南平市延平区实验小学、南平市第三中学、南平市水东学校、建阳第一中学、南平市建阳区实验小学、南平市建阳区实验幼儿园、南平市建阳区麻沙中学、邵武市实验小学、邵武第四中学、邵武第一中学、武夷山市第二中学、武夷山市实验小学、武夷山第一中学、建瓯市实验小学、建瓯第一中学、建瓯市实验幼儿园、建瓯市第一小学、顺昌县第一中学、顺昌县实验小学、顺昌县实验幼儿园、浦城第一中学、浦城县第二中学、浦城县实验幼儿园、浦城县实验小学、光泽第一中学、光泽第三中学、光泽县实验幼儿园、松溪第一中学、松溪第二中学、松溪县第三中学、政和县实验幼儿园、政和县实验小学、政和县星溪小学

龙岩市（47 所）

龙岩师范附属小学、龙岩市松涛小学、龙岩市儿童保育院、龙岩市高级中学、龙岩卫生学校、龙岩市特殊教育学校、龙岩技师学院、龙岩市新罗区区直机关幼儿园、龙岩市实验幼儿园、龙岩

市第一幼儿园、龙岩市新罗区教师进修学校、永定第一中学、龙岩市永定区实验小学、龙岩市永定区实验幼儿园、龙岩市永定区城关中心小学、龙岩市永定区胡文虎小学、上杭县实验小学、上杭县实验幼儿园、上杭县第一中学、上杭县第二中学、上杭县第三中学、福建省上杭职业中专学校、武平县教师进修学校附属小学、武平县实验幼儿园、武平县第一中学、武平县第二中学、武平县第二实验小学、武平县城厢中心学校、武平县平川幼儿园、武平职业中专学校、武平县万安中心学校、连城县实验小学、连城县第一中学、连城县实验幼儿园、连城县第二实验小学、连城县朋口中心小学、长汀县第一中学、长汀县第二中学、长汀县实验幼儿园、长汀县实验小学、长汀县第四中学、长汀县第三中学、漳平市实验小学、漳平市实验幼儿园、漳平市桂林逸夫小学、漳平市第一中学、漳平市新桥中心学校

宁德市（40 所）

福建省宁德第一中学、福建省福安师范学校附属小学、宁德市机关幼儿园、福建省闽东卫生学校、宁德市技师学院、宁德市民族中学、宁德市高级中学、宁德市蕉城区人民政府机关幼儿园、宁德第五中学、古田县第二小学、古田县第一小学、古田县实验幼儿园、古田县第一中学、古田县实验小学、屏南县光华小学、屏南县实验幼儿园、周宁县第一中学、周宁县实验小学、寿宁县鳌阳中心小学、福建省寿宁县第一中学、福安市实验幼儿园、福安市第二实验幼儿园、福安市八一小学、福安市实验小学龙江校区、福安市第一中学、福安市第二中学、柘荣县第一中学、柘荣县实验幼儿园、柘荣县机关幼儿园、柘荣县第一小学、福鼎市实验幼儿园、福鼎市桐北中心小学、福鼎市第四中学、福鼎市第一中学、霞浦第一中学、霞浦县实验小学、霞浦县实验幼儿园、霞浦特殊教育学校、霞浦盐田中心小学、宁德市华侨小学

平潭综合实验区（4 所）

平潭城关小学、平潭实验小学、平潭城中小学、平潭城关中学

省（部）属高校（43 所）

厦门大学、华侨大学、福州大学、福建医科大学、福建中医药大学、集美大学、闽南师范大学、福建工程学院、厦门理工学院、泉州师范学院、闽江学院、莆田学院、三明学院、龙岩学院、武夷学院、福建警察学院、福建江夏学院、宁德师范学院、福建商学院、厦门医学院、福建师范大学福清分校、福州外语外贸学院、福建广播电视大学、福建船政交通职业学院、福建幼儿师范高等专科学校、福建卫生职业技术学院、福建水利电力职业技术学院、厦门海洋职业技术学院、福建林业职业技术学院、福建电力职业技术学院、福州职业技术学院、闽江师范高等专科学校、厦门城市职业学院、漳州卫生职业学院、泉州医学高等专科学校、黎明职业大学、泉州幼儿师范高等专科学校、泉州工艺美术职业学院、湄洲湾职业技术学院、三明医学科技职业学院、宁德职业技术学院、福建华南女子职业学院、厦门南洋职业学院

省直属学校（17 所）

福建省福州第一中学、福建工业学校、福建理工学校、福建第二轻工业学校、福建省邮电学校、福建建筑学校、福建商贸学校、福建省直属机关幼儿园、福建省直屏西幼儿园、福建省直屏东幼儿园、福建省直广厦幼儿园、福建省实验幼儿园、福建省儿童保育院、福建省金山幼儿园、福建师范大学附属小学、福建师范大学附属中学、福建技师学院（福建省高级技工学校）

五、省级文明家庭（100 户）

福州市（12 户）

苗建军家庭 鼓楼区五凤街道五凤兰庭小区、程道雄家庭 闽侯县甘蔗街道大元村、高孟榕家庭 台江区上海街道河上社区、王星钿家庭 晋安区鼓山镇融东社区、杨明栋家庭 连江县凤城镇西北街社区、董雅蓉家庭 马尾区马尾镇滨东社区、洪凤英家庭 闽侯县甘蔗街道三福社区、林雪瑜家庭 仓山区东升街道东兴社区、陈锦秀家庭 长乐区吴航街道航兴社区、黄身端家庭 永泰县城峰镇刘岐村、林巧红家庭 闽清县梅城镇洋桃社区、戴晖家庭 鼓楼区安泰街道乌山社区

厦门市（8 户）

彭忠孝家庭 思明区开元街道坑内社区、邹晟家庭 湖里区湖里街道金鼎社区、何丽云家庭 思明区莲前街道何厝社区、汪如全家庭 湖里区湖里街

道湖里社区、柯奋斗家庭 海沧区嵩屿街道东屿社区、陈清洲家庭 集美区杏林街道曾营社区、朱惠贞家庭 翔安区新圩镇大帽山农场、康福川家庭 同安区新民镇禾山社区

漳州市（11户）

程学勤家庭 芗城区通北街道金源社区、陈加霖家庭 龙文区郭坑镇新街社区、吴能顺家庭 龙海市紫泥镇紫泥村、陈伟琳家庭 漳浦县湖西畲族乡后溪村、林鸿家庭 云霄县莆美镇宝城社区、吴燕明家庭 诏安县南诏镇文峰社区、陈建平家庭 东山县康美镇龙潭社区、赖添林家庭 平和县小溪镇城东社区、黄志雄家庭 南靖县山城镇荆江社区、叶高发家庭 长泰县岩溪镇珪后村、许宝玉家庭 华安县高车乡高车村

泉州市（11户）

杨银河家庭 鲤城区鲤中街道清正社区、陈奕辉家庭 丰泽区东湖街道东凤社区、王雄海家庭 泉港区山腰街道办事处一号居住区、黄子仁家庭 石狮市宝盖镇宝源社区、毛娟文家庭 晋江市罗山街道兰峰社区、庄笑娘家庭 惠安县螺城镇霞张社区、胡美论家庭 安溪县蓬莱镇岭美村、郑民红家庭 永春县东关镇东华社区、孙炳章家庭 德化县龙浔镇南门社区、郭敏芳家庭 洛江区万安街道琯头社区、王支援家庭 南安市东田镇桃园村

三明市（12户）

陈子玲家庭 梅列区列西街道龙岗社区、杨国风家庭 梅列区列东街道东安社区、罗翀家庭 三元区富兴堡街道富文社区、崔礼周家庭 明溪县雪峰镇中山社区、邹富娥家庭 清流县龙津镇翠园社区、张银珠家庭 宁化县翠江镇红卫社区、郭志锋家庭 三元区富兴堡街道永兴社区、乐相森家庭 沙县凤岗街道府前社区、黄天妹家庭 尤溪县联合乡联合村、聂清华家庭 建宁县濉溪镇高峰村、吴美华家庭 大田县奇韬镇龙溪村、洪瑜家庭 梅列区列东街道崇桂社区

莆田市（6户）

郭景国家庭 荔城区镇海街道文献社区 、杨国腾家庭 城厢区常太镇长基村、林洪英家庭 仙游县榜头镇坝下村、陈金龙家庭 涵江区国欢镇黄霞村、陈金凤家庭 秀屿区湄洲镇北埭村、蔡秀霞家庭 仙游县鲤南镇仙安社区

南平市（10户）

魏日文家庭 延平区梅山街道超骧社区、钟守春家庭 延平区水东街道玉屏社区、邱德友家庭 建阳区潭城街道西市村、伍夏云家庭 邵武市水北街道桥头社区、欧水华家庭 建瓯市瓯宁街道福宁社区、林秀英家庭 顺昌县双溪街道富州社区、廖芝根家庭 浦城县管厝乡管厝村、李冉雄家庭 光泽县杭川镇杭西社区、涂斌华家庭 松溪县松源街道东门社区、庄桂淦家庭 政和县石屯镇西津村

龙岩市（9户）

廖志添家庭 新罗区西陂街道华莲社区、李英家庭 新罗区登高西路安置小区、翁艳丽家庭 新罗区中城街道北门社区、郑建荣家庭 永定区城郊镇古一村、林堂洲家庭 上杭县临城镇城西社区、钟晓峰家庭 武平县平川镇兴南村、程汀贤家庭 长汀县汀州镇西门社区、李贞煜家庭 连城县莲峰镇东街社区、陈炳灶家庭 漳平市桂林街道城南社区

宁德市（9户）

谢芬芳家庭 蕉城区城南镇立业社区、叶少青家庭 古田县城东街道文安社区、张书岩家庭 屏南县棠口乡漈头村、陈玉华家庭 周宁县狮城镇长安社区、张龚斌家庭 寿宁县南阳镇溪南村、胡其发家庭 福安市城南街道南郊社区、谢敏贞家庭 柘荣县双城镇城南社区、周宗佑家庭 福鼎市山前街道兰田双岳工业园区、林珠官家庭 霞浦县海岛乡宫西村

平潭综合实验区（2户）

林月莲家庭 敖东镇青观顶村、薛清德家庭 潭城镇海坛步行街

省直机关（6户）

陈立立家庭 晋江市梅岭街道梅庭社区、李永杰家庭 福州市鼓楼区南街街道小柳社区、熊焰家庭 福州市鼓楼区五凤街道白龙社区、娄红薇家庭 福州市鼓楼区洪山镇象山社区、林忠东家庭 福州市仓山区仓前街道公园社区、陈秀兰家庭 福州市鼓楼区南街街道三坊七巷社区

省军区（4户）

缪茜茜家庭 福州市长乐区航城街道联村村、肖芳菲家庭 福州市鼓楼区五凤街道铜盘社区、祝本瑶家庭 福州市鼓楼区洪山镇国光社区、林文表家庭 莆田市荔城区拱辰街道南郊社区

（摘编：吴　强）

2017 福建省全国五一劳动奖和全国工人先锋号名单

全国五一劳动奖状（3 个）

福建铁拓机械有限公司

长汀县水土保持事业局

福鼎市第一中学

全国五一劳动奖章（17 个）

林玉登　福建上润精密仪器有限公司工模中心副主任

黄身端　永泰县霞拔中学教师

俞章龙　福清市总工会副主席

丁　凯　厦门仁新建筑劳务有限公司镶贴工

陈文强　福建省厦门双十中学校长、书记

林智勇　国网福建漳浦县供电有限公司农电工

柯亦文　泉州太平洋集装箱码头有限公司装卸工

刘国文　福建豪翔园林建设有限责任公司艺术总监

曾旭晴　泉州市实验小学校长、党支部书记

潘铭云　福建华橡自控技术股份有限公司镗床班班长

许元潘　莆田市泰扬工艺品有限公司实训教师

吕兴旺　福建省南平第一中学副校长

饶虹燕　福建龙洲运输股份有限公司出租客运分公司出租车驾驶员

周道福　宁德金宏宇科技有限公司车工

谢　熙　福建省妇幼保健院妇四科主任

李　春　国网福建省电力有限公司厦门供电公司将军祠抢修班班长

黄国辉　厦门航空有限公司党委委员

全国工人先锋号（19 个）

福州市三坊七巷保护开发有限公司旅游部

长乐恒申合纤科技有限公司设备部

福州市公安局出入境管理处

福建锦江科技有限公司制造三部

厦门长塑实业有限公司设备工程部

厦门市富众渔具有限公司编网车间

厦门市思明区司法局法律援助中心

福建省平和县地方税务局办税服务厅

福建省腾龙工业公司树脂车间

福建省东鑫石油化工有限公司机电仪部机修组

福建省晋江市国家税务局中心办税服务厅

九牧王股份有限公司茄克二厂

中国重汽集团福建海西汽车有限公司总装部动力班组

百威英博雪津啤酒有限公司酿造部糖化 125 工段

福建杜氏木业有限公司实木机加组

福建省南平市第一医院心内科二区

漳平市国联玩具礼品有限公司模具车间

国网福建霞浦县供电有限公司营销部（客户服务中心）

福建省地质工程勘察院国土资源部丘陵山地地质灾害防治重点实验室

（摘编：吴　强）

2017年福建省五一劳动奖状、奖章和工人（五一）先锋号名单

一、福建省五一劳动奖状（56个）

福州市

福建海峡环保集团股份有限公司
福州市疾病预防控制中心
东南（福建）汽车工业有限公司
福州市鼓楼区洪山镇锦江社区居民委员会
福州外语外贸学院
福州明视眼镜有限公司
连江清禄鞋业有限公司
中国邮政储蓄银行股份有限公司福州市分行

厦门市

厦门海沧市政建设管理中心
厦门士林电机有限公司
厦门翔通动漫有限公司
厦门茶叶进出口有限公司
厦门市东区开发有限公司
厦门信息学校

漳州市

中国银行业监督管理委员会漳州监管分局
漳州市龙文区国家税务局
招商局漳州开发区有限公司
南靖县农村信用合作联社
俪人鞋业（福建）有限公司

泉州市

泉州第十一中学
南安市人民法院
安溪县农村信用合作联社
福建省泉州市公路局永春分局
泉州市第二实验小学
泉州市燃气有限公司
福建晋工机械有限公司

三明市

三明市金盾保安守押有限公司
三明市三元区地方税务局
将乐县实验小学
中国建设银行股份有限公司沙县支行
国网福建尤溪县供电有限公司
中国移动通信集团福建有限公司大田分公司

莆田市

福建省莆田市地方税务局
仙游县公安局
莆田市永丰鞋业有限公司
中海福建天然气有限责任公司

南平市

国网福建松溪县供电有限公司
福建省南平市三红电缆有限公司
中国邮政集团公司福建省武夷山市分公司
福建圣农食品有限公司

龙岩市

龙岩市公路局新罗分局
中国农业银行股份有限公司龙岩永定支行
国网福建连城县供电有限公司
漳平市人民检察院

宁德市

中国移动通信集团福建有限公司古田分公司
寿宁县农村信用合作联社
国网福建柘荣县供电有限公司
福建省福鼎市地方税务局

省直机关

福建经济学校

福州出入境检验检疫局

福建省经济信息中心

产业、系统

国网福建省电力有限公司经济技术研究院

华电福新能源股份有限公司华安水力发电厂

华能罗源发电有限责任公司

福建生物工程职业技术学院

福建师大附属小学

二、福建省五一劳动奖章（197 名）

福州市

罗明伟　男　福州市城市地铁有限责任公司运营分公司维修中心工建车间主任

张学明　男　福建省长乐市金源纺织有限公司一纺车间技术员

付重先　男　福建锦江科技有限公司设备安装组班长

黄明松　男　福州市发展和改革委员会项目服务处主任科员

毛丽华　男　福清市公安局刑侦大队副大队长

林水成　男　福州市鼓楼区五凤街道铜盘社区居民委员会党委书记、主任

林遵华　男　福州市仓山区经济和信息化局主任科员

潘彪龙　男　福州市青口投资区管理委员会综合管理服务中心主任

刘健平　女　福州市台江区上海街道河上社区居民委员会党委书记、主任

吴凤珠　女　连江县行政服务中心管理委员会审批科科长

黄声统　男　闽清县塔庄镇人民政府环卫所负责人

陈思号　男　罗源县公安局刑侦大队副大队长

刘并玉　女　永泰县财政局办公室副主任

施　丹　女　福州市晋安区茶园街道站前社区居民委员会党总支书记

郑跃华　男　福州市殡仪馆殡仪车队队长兼遗体接运服务站站长

方　颖　男　日立数字映像（中国）有限公司品质部主管

谢维辉　男　福建省福州台江区国家税务局税政科科长

林　榕　女　福州市农工商（集团）总公司茶叶市场部经理

林发明　男　福建博海工程技术有限公司检测室主任

杨孝敏　男　福州市公路局直属分局斗顶公路站站长

林　莎　女　福州日升中学英语教师

郭永新　男　福州市第二医院儿科医生

陈江榕　男　福州市闽都文化艺术中心舞美中心主任

苏桂铁　男　福州市公安局晋安分局刑侦大队街面犯罪侦查队队长

邵东生　男　福建省福州第三中学校长

郑伯禄　男　福建省福州儿童医院院长、党委副书记

朱建忠　男　东南（福建）汽车工业有限公司董事长、党委书记

严幼铭　女　福建春伦茶业集团有限公司办公室主任兼生产车间主任

周　林　女　元翔（福州）国际航空港有限公司旅检分部班长

牟明阳　男　福州市一建建设股份有限公司施工员

邱善根　男　扫地王（福州）环卫服务有限公司车队经理

尤　兵　男　福建福清核电有限公司维护二处仪控二科科长

邱闽川　男　中国邮政速递物流股份有限公司福州市分公司揽投站经理

厦门市

张君梅　女　安费诺电子装配（厦门）有限公司装配工

郑　伟　男　厦门思明华医馆中医康复门诊部康复部副主任

庄航兵　男　厦门盈趣科技股份有限公司质量管理工程师

江凤阁　女　厦门艾德生物医药科技股份有限公司研发部工程师

江正发　男　厦门市松竹精密科技有限公司品管环保部组长

谢锦育　男　厦门美科安防科技有限公司技术员
许华端　女　盛之乡（厦门）温泉渡假村有限公司客房主管
林添智　男　厦门瑞丰制面有限公司工程设备科安全管理员
王维娜　女　厦门TDK有限公司质量保证部soA工程师
黄彬玉　男　厦门龙侨电子有限公司经济管理部经济师
高小燕　女　中国联合网络通信有限公司厦门市分公司集团客户部行业信息化技术总监
孙丽琴　女　中国平安财产保险股份有限公司厦门分公司办公室职员
陈庞斌　男　国药控股星鲨制药（厦门）有限公司党委书记、工会主席
刘永波　男　中建三局集团有限公司厦门分公司项目经理
刘雪霞　女　厦门市园林植物园姜目园班长
刘蓉辉　女　福建省厦门市地方税务局专职工会干事
刘静雯　女　集美大学食品与生物工程学院教师
洪丽娇　女　厦门市滨东小学语文教师
张南峰　男　福建省厦门第一中学纪委书记、副校长
吴明芳　女　厦门外国语学校音乐教师

漳州市

周文俊　男　中国邮政集团公司漳州市分公司总经理、党委书记
张　毅　男　中国联合网络通信有限公司漳州分公司党委书记兼总经理
谢毅蓉　女　漳州宾馆有限公司总支委员、管家部经理
陈坤明　男　中共漳州市委讲师团（借用市委宣传部）理论学习室主任
黄庆永　男　福建省漳州市公路局平和分局黄井公路站站长
蔡文辉　男　福建万安实业集团有限公司企管部干事
朱栩焕　男　漳州市龙文区地方税务局人教股股长
王铭凤　女　龙怀工业（漳州）有限公司车间生产管理员
林志宽　男　国网福建云霄县供电有限公司运维检修员
简辉顺　男　南靖县梅林镇人民政府炊事员
黄冰心　女　平和县山格中心小学教师
李　琳　女　漳州鑫展旺化工有限公司技术中心研发员
王细彬　男　长泰县农村信用合作联社城关信用社主任
杨忠发　男　龙翔实业有限公司草酸厂车间主任
吴文法　男　福建省漳浦县地方税务局绥安分局副分局长
林月珠　女　东山县医院ICU护士长
黄艺伟　男　龙海市角美镇人民代表大会主席团秘书

泉州市

曾凤蓉　女　泉州市通政中心小学校长
肖金树　男　晋江市财政局局长
许丽英　女　中国太平洋财产保险股份有限公司泉州中心支公司党委书记
洪丽尚　女　泉州市公安局鲤城分局鲤中派出所警务队副队长
林振清　男　福建匹克集团有限公司科技创新小组组长
邱刚毅　男　中国移动通信集团福建有限公司泉州分公司丰泽区营销中心三级经理
胡建林　男　信和新材料股份有限公司技术部经理
姚育晓　男　晋江市实验小学教科室主任
张达斌　男　晋江兴翼机械有限公司车间主任
许茵茵　女　福建晋江农村商业银行股份有限公司会计
叶取龙　男　石狮市豪健服装实业有限公司人事经理兼工会主席
高芙蓉　女　国网福建石狮市供电有限公司财务部主任

吴文海　男　石狮市鸿峰环保生物工程有限公司办公室副主任
林少安　男　福建省南安第一中学教务主任
蔡志颖　女　福建敏捷机械有限公司技术员
郭银钹　男　汇盈化学品实业（泉州）有限公司技术部主任
温银南　男　泉州市晨艺园林古建有限公司工人
白丽静　女　安溪县凤城镇城东社区居民委员会党支部书记
吕珍妹　女　永春县医院护士长
陈俊超　男　永春县水利局工程师
曾秀华　女　德化县浔中中心小学教师
王新武　男　福建省三星电气股份有限公司项目部经理
朱小英　女　惠安县东园镇人民政府党委副书记
郑玉珍　女　泉州市城市管理行政执法局机关党委专职副书记
连细春　男　福建省永春碧卿国有林场生产技术股股长
陈成业　男　中共泉州市委组织部办公室副主任
庄丽榕　女　福建省泉州市地方税务局主任科员
李建强　男　泉州市东海片区开发建设指挥部工程组长
蔡水花　女　泉州农村商业银行股份有限公司营业部经理
吴志成　男　国网福建省电力有限公司泉州供电公司运维检修部输电运检室副主管
曾清华　男　福建省泉州市汽车运输总公司站务分公司站务员

三明市

陈少清　男　福建省三明市第二中学副校长
卢清泰　男　三明市梅列区建设工程质量安全监督站监督员
罗新荣　男　三明市三元区人民法院调解速裁庭庭长、审判员
张世袍　男　三明市第二医院心内科主任、主任医师
姜东明　男　清流县农业局茶叶站站长
张海丽　女　宁化县国土资源局规划与耕地保护股股长
吴李全　男　福建铙山纸业集团有限公司车间主任
黄　财　男　泰宁县公安局刑事侦查大队大队长
胡安煦　男　福建省沙县地方税务局城关分局分局长
张自霖　男　福建省三明市东辰机械制造有限责任公司数控班长
章　琳　女　尤溪县水利局质量管理监督站站长
高超巧　男　大田县住房和城乡规划建设局城市规划管理办公室主任
朱明辉　男　福建省三钢（集团）有限责任公司炼铁厂高炉车间炉长
孙黎平　男　福建省三明市公共交通公司驾驶员

莆田市

林丽钗　女　仙游县金品世家古典家具有限公司技术总监
吴仲凯　男　福建省亚明食品有限公司电商部经理
詹丽娟　女　莆田市涵江区人民政府涵西街道办事处安监站副站长
连俊　男　福建八方港口发展有限公司技术设备部保障科科长
吴剑伟　男　湄洲岛国家旅游度假区湄洲镇党政综合办公室科员
吴秀兰　女　莆田市建设工程造价管理站干部
姚晓锁　男　莆田市交通运输局运输管理政策法规科科长
许家豪　女　莆田第二中学党委副书记
陈剑星　男　福建省莆田市中级人民法院执行局综合处处长、审判员
谢　群　女　莆田学院教师
陈丽洪　男　中国联合网络通信有限公司莆田市分公司市场营销部经理
陈玉金　女　莆田市城厢区地方税务局主任

科员

南平市

王卫东　男　厦门银行股份有限公司南平分行行长

魏　梅　女　南平市医患纠纷调解处理中心副主任

李金树　男　中共南平市委市直机关工作委员会组织部正科级组织员

陈　辉　男　福建省南平铝业股份有限公司建筑铝型材事业部作业长

林天生　男　福建南平南孚电池有限公司第九车间主任

黄吕威　男　延平区运输管理所（地方海事处）副所长

王登辉　男　福建青松股份有限公司叉车班长

孙开彦　男　武夷山市广播电视台记者

徐荣华　男　建瓯市公安局刑事警察大队重案中队负责人

颜　磊　男　中国移动通信集团福建有限公司顺昌分公司市场部经理

王　梅　女　福建省浦城县第二中学高三年段长

黄喜珍　女　福建省鑫森炭业股份有限公司车间主任

范　琴　女　福建省松溪第一中学教师

吴依炜　男　福建省政和第一中学教师

龙岩市

叶继宏　男　国网福建省电力有限公司龙岩供电公司总经理兼党委副书记

黎本武　男　长汀县童坊中心学校教师

石小琼　女　龙岩学院教师

陈国强　男　福建省龙岩市第二医院科教科副科长、泌尿外科主任

兰林金　男　福建省长汀县大地农林种植专业合作社种植技术人员

张泳莲　女　福建龙马环卫装备股份有限公司接待处处长

陈良毅　男　中国农业银行股份有限公司龙岩新罗支行营业部主任

王仰华　男　闽西日报社总编助理、总编办主任

邓　雁　女　中国移动通信集团福建有限公司永定分公司客户经理

张满鸿　女　上杭县临城镇人民政府文明办主任

周彩霞　女　连城县培田古村落管理站站长

杨汉东　男　福建省上杭县溪口国有林场工会主席、党支部书记

罗梅英　女　连城县经济信息科学技术局企业与生产服务业股股长

吕成柱　男　漳平市环境保护局环境监察大队负责人

简满娘　女　龙岩市永定区环境卫生管理处职工

王盛文　男　福建省龙岩市地方税务局规费科科长

宁德市

余志福　男　宁德时代新能源科技股份有限公司技师

江元堂　男　古田县第一中学校长

林　杰　男　福建省屏南县国家税务局局长

陈　敏　女　周宁广播电视台播音员

李　英　女　寿宁县实验小学教师

郭卫华　女　中国人民银行福安市支行信贷调统股股长

刘建堃　男　国网福建福安市供电有限公司发展建设部主任

李求炎　男　柘荣县医院内科副主任医师、医务科科长

吴锦心　女　福建闽东电力股份有限公司福鼎发电分公司驻站安监员

张统为　男　福建鑫磊工贸有限公司机修工

曹丽平　女　中国人寿保险股份有限公司宁德分公司团险拓展部经理

林　峰　男　宁德市安全生产监督管理局科长

省直机关

李继荣　男　福建省海洋与渔业执法总队执法船船长

刘珏玲　女　中华人民共和国福州长乐机场海关旅检二科副科长

吴伟智　男　中国共产党福建省纪律检查委员会第三纪检监察室主任科员

曾　辉　男　福建省农业科学院食用菌研究所副所长
陈应辉　男　中华人民共和国福州出入境检验检疫局综合服务科负责人
许育良　男　福建省人力资源和社会保障厅政策法规处（综合处）副主任科员
陈崇龙　男　福建建工集团有限责任公司项目经理
李剑虹　女　福建省物价局价格监督检查与反垄断分局调研员
陈愉生　女　福建省立医院金山医院副院长、省急救中心副主任
陈庆河　男　福建省农业科学院植物保护研究所副所长
柯焕章　男　国家计算机网络应急技术处理协调中心福建分中心主任科员
黄永言　男　福建省财政厅经建处主任科员

产业、系统

郑艺兵　男　国网福建省电力有限公司漳州供电公司带电作业班班长
王建勇　男　福建中烟工业有限责任公司副总经理
黄国超　男　中国水利水电第十六工程局有限公司公路工程施工技术负责人、项目经理
陈志伟　男　兴业银行股份有限公司漳州分行党委书记、行长
路文斌　男　中国邮政储蓄银行股份有限公司福建省分行党委书记、行长
王心晨　男　福州大学化学学院校聘院长
周大明　男　福建教育学院教师
冯　伟　男　福建省工艺美术研究院特聘研究员
陈君恩　男　福州市盲校音乐教师
陈红兵　女　厦门国贸控股集团有限公司党委办公室、总经理办公室副主任
王浩召　男　福建省马尾造船股份有限公司技术中心副主任
刘宗斌　男　南昌铁路局福州机务段电力机车钳工
陈汉杰　男　福建省湄洲湾港口管理局引航站副科级干部
黄卓青　男　厦门市绿化管理中心规划建设科副科长
郑芳友　男　福建星网锐捷通讯股份有限公司升腾云系统研发高级总监
林开雄　男　福建梅花山华南虎繁育研究所副所长

三、福建省工人先锋号（252个）

福州市

中建海峡建设发展有限公司海峡文化艺术中心项目部

福建奔驰汽车有限公司研发中心试制车间

福州大北农生物技术有限公司蓝耳活疫苗组

福建捷联电子科技有限公司制造处FAD2

盛辉物流集团有限公司福州公司仓储部

福州开发区钜联鞋业有限公司维护部

北京同仁堂健康药业（福州）有限公司生产部

福建省光速达物联网科技股份有限公司产品设计部

福建华科光电有限公司OPT项目抛光组

福建省东南电化股份有限公司质检中心

福州天宇电气股份有限公司开关产品部总装车间

福州华润燃气有限公司管网运行部检修车间

福建六建集团有限公司福州华润万象城一期项目部

福州市一建建设股份有限公司中融金山广场项目部

福人木业（福州）有限公司生产部

福建博海工程技术有限公司交通市政部

福建新福兴玻璃有限公司光伏事业机电部

长乐恒申合纤科技有限公司研发部

福建世纪电缆有限公司技术开发部

连江县信用合作联社官坂信用社

闽清聚福工艺品有限公司生产部

新中冠智能科技股份有限公司电商事业部

福建省宏大房屋拆除工程有限公司工程标兵队

中国移动通信集团福建有限公司马尾分公司政企客户部

福州万德电气有限公司微特电机厂

丽声助听器（福州）有限公司质管部质检小组

福建省永同达建筑工程有限公司天福公园首府项目部

福州住电装有限公司 FORD UE02 ENG 流水线

厦门银行股份有限公司福州分行公司业务部

中国邮政速递物流股份有限公司福州市分公司邮件处理中心

福州天宇电气股份有限公司变压器产品部总二车间

平安银行股份有限公司福州分行福州晋安支行

福州华威出租汽车有限公司闽 AT8997

中国外运福建有限公司福州储运分公司椰树库

国网福建福清市供电公司宏路供电所

厦门市

厦门市三安光电科技有限公司外延部设备组

鸿星尔克（厦门）实业有限公司电子商务中心

厦门雅瑞光学有限公司研发组

欣贺股份有限公司 JORYA 生产部车工 G 组

厦门鲁班源集团厦门鲁班源房屋营造有限公司质安部

厦门威迪亚科技有限公司品牌销售部电商运营小组

厦门海沧生物科技发展有限公司产业对接部

厦门海莱照明有限公司灯管分厂绷丝车间

厦门宏发电力电器有限公司金工部束焊班

厦门文仪电脑材料有限公司生产部分切车间

厦门闽光电气实业有限公司二次配电班组

东亚电力（厦门）有限公司运行部乙值

林德（中国）叉车有限公司重车装配

国网福建省电力有限公司厦门供电公司配电运检室配电运维一班

厦门现代码头有限公司操作部机械队

帅阳（厦门）科技有限公司 SMT—A 班

厦门三优光电股份有限公司制造工程部

易联众信息技术股份有限公司软件研发部

中国移动通信集团福建有限公司厦门分公司工程建设部

厦门市担保有限公司担保业务部

厦门中药厂有限公司八宝丹班

厦门烟草工业有限责任公司卷包车间一区生产丙班

厦门仁新建筑劳务有限公司模板脚手架班组

厦门中联永亨建设集团有限公司海峡文创中心工程项目部

中国工商银行股份有限公司厦门市分行七星路支行

厦门君立集团有限公司技术支持部

厦门辉煌装修工程公司樊友煌劳模创新工作室

漳州市

漳州科晖专用汽车制造有限公司装配车间

漳州市中康保洁服务有限公司项目部

漳州瑞泉网业制造有限公司编网车间

福建省电力有限公司龙海市供电公司东园供电所

福建福船一帆新能源装备制造有限公司生产调度科

艾而丹（漳州）光电科技有限公司制造部

福建大北农水产科技有限公司神爽生物科技事业部

漳州市烟草公司东山分公司客户服务中心

中宝（福建）食品科技有限公司 3#车间

福建省电力有限公司长泰县供电公司陈巷供电所

福建哈龙峰茶业有限公司华城芳香茶厂

漳州招商房地产有限公司漳州开发区美伦山庄房务部

漳州市常山宏兴旅游汽车服务有限公司客运组

漳州市经济发展有限公司工程一部

福建希源纸业有限公司复印纸车间

福建省电力有限公司漳州供电公司九湖供电所

泉州市

福建鸿星尔克体育用品有限公司职工服务中心

南威软件股份有限公司电子政务平台项目组

中国人寿保险股份有限公司泉州市泉港区支公司客户服务中心

泉州市泉港兴通船务有限公司海机务部

福建中策光电股份公司研发部

泉州寰球鞋服有限公司人力资源部

卡宾服饰（中国）有限公司公共关系部

福建天广消防有限公司研发中心

南安市南源针织时装有限公司电脑机车间

福建南安农村商业银行洪濑支行
国网福建惠安县供电有限公司螺阳中心供电所
惠安禾协驾驶培训学校有限公司业务科
泉州瑞麦食品有限公司工务部
安溪新唐信家具有限公司生产车间
福建泉州美岭水泥有限公司技术部
福建省永春县烟草专卖局城关专卖所（客服部）
德化县闽兴公共交通有限公司公交1号线
德化县烟草专卖局综合办
福建省锐驰电子科技有限公司技术中心
上海浦东发展银行股份有限公司泉州分行营业部
福建省高速公路有限责任公司泉州管理分公司永春东（永春湖洋）征管所

三明市

国网福建省电力有限公司三明供电公司
三明亿源电力工程建设有限公司
中国农业银行股份有限公司建宁县支行营业部
福建省三明市公共交通公司快捷养护中心
华电永安发电有限公司运行部化学分析班
华电福新能源股份有限公司池潭水力发电厂发电部运行一班
福建省金湖电力有限责任公司孔头水电厂机械班
三明市宏光玻璃有限公司钢化班组
大帝（福建）科技有限公司研发部
沙县宏盛塑料有限公司酚醛树脂生产车间
福建民东新材料有限公司色片车间
大田县南湖针织时装有限公司缝盘智能吊挂班组
福建吉兴竹业有限公司生产车间
三明市鑫润混凝土有限公司鑫润生产部
清流县伊科电子有限公司制造一部
福建铙山纸业集团有限公司十二车间
泰宁县三晶光电有限公司冶炼生产车间
尤溪大润发商业有限公司生鲜部熟食课
永安市公共交通公司1、2路循环线路

莆田市

福建金溪茶业有限公司捡梗车间
双驰实业股份有限公司二厂成型课
莆田市城厢区布依信贸易有限公司仓储部
福建省莫蕾蔻蕾贸易有限公司行政部
福建省莆田市中涵机动力有限公司新品车间
福建莆田电商投资管理股份有限公司企划部
国投湄洲湾港口有限公司生产作业部乙班
莆田市忠湄轮渡有限责任公司文甲站
福建巨岸建设工程有限公司门窗第一班组
国网福建省电力有限公司莆田供电公司配电运维抢修一班
莆田市华峰工贸有限公司生产计划部
莆田擢英中学生物教研组
湄洲岛园林工程有限责任公司养护部

南平市

国网福建省电力有限公司南平供电公司调控中心地区调度班
中国银行股份有限公司南平分行建阳支行
中国联合网络通信有限公司南平市分公司解放营业厅
福建南平太阳电缆股份有限公司总部一厂超高压电缆高压交联组
国网福建南平市延平区供电有限公司输电运维班
中国电信股份有限公司建阳分公司线路维护中心
南平市建阳区宏发机械制造有限公司涂料班组
邵武市烟草专卖局稽查大队
福建武夷山旅游发展股份有限公司监票大队云窝景点监票处
浦城正大生化有限公司机动车间
中国移动通信集团福建有限公司光泽分公司政企客户部
南平市烟草公司光泽分公司华桥乡烟草站
中国邮政集团公司福建省松溪县分公司渭田邮政支局
政和县金和水电有限公司九层际电站运行车间

龙岩市

福建省长汀金龙稀土有限公司发光材料事业部
国产实业（福建）水泥有限公司生管部中控室
福建新龙马汽车股份有限公司生产部焊装组
福建百花化学股份有限公司综合车间树脂班
紫金铜业有限公司熔炼厂闪速炉甲班
福建海华医药连锁有限公司营运中心

国网福建省电力有限公司龙岩供电公司变电检修一班

中国移动通信集团福建有限公司龙岩分公司网规网优中心

福建龙洲运输股份有限公司龙岩客运站火车站配客站

福建龙洲运输股份有限公司武平分公司汽修场

福建奥姆龙生物工程有限公司大容量非静脉注射剂班

龙岩卷烟厂永定分厂纸箱车间纸板部

福建瑞森新材料股份有限公司生产部

中国农业银行股份有限公司漳平市支行营业部

宁德市

福建白莲花涂料有限公司制胶粘剂班组

古田县保安服务公司守护值勤一班

福建省屏南县农村信用合作联社棠口信用社

周宁县雪莲医疗器械有限公司机修组

福安市闽东安波电器有限公司成品车间四段组装班

福建广生堂药业股份有限公司原料合成车间

晨冠生物科技有限公司化验室

福建邦德合成革集团有限公司后段印刷车间

福建亚南电机有限公司技术中心

省直机关

中国烟草总公司福建省公司综合计划处（经济运行处）

中化泉州石化有限公司催化运行部聚丙烯装置班组

中国石油福建销售公司武夷山矿泉水项目

福建省电力勘测设计院勘测公司地质岩土室

产业、系统

福建福清核电有限公司运行一处

福建大唐国际宁德发电有限责任公司设备部热工室

福建宁德核电有限公司仪表控制部

泉州市福源工贸发展有限公司福源码头装卸团队

福建亿力集团有限公司能源服务公司龙岩分公司片区服务一班

中国水利水电第十六工程局有限公司丰满电站重建工程大坝项目经理部

国网福州供电公司配网调控班

福建省榕江进出口有限公司业务八部

福建联合石油化工有限公司生产部 EOEG 业务团队

福建省高速公路养护工程有限公司将乐拌合站

福建省农村信用社联合社科技服务中心

中国烟草总公司福建省公司专卖监督管理处

中国烟草总公司福建省公司烟草科学研究所

中国邮政集团公司福州邮区中心局邮件转运分局转运组

中国邮政集团公司福州分公司古田路邮政支局

中国邮政集团公司三明市分公司三元投递部

中国移动通信集团终端有限公司福建分公司支撑服务部“机不可失”班组

中国移动通信集团终端有限公司福建分公司福州营销中心“动力先锋”班组

中国联合网络通信有限公司厦门市分公司湖里营业厅

中国联合网络通信有限公司厦门市分公司蔡塘营业厅

中国联合网络通信有限公司漳州市分公司客户服务部

中国联合网络通信有限公司南靖县分公司公固中心

中国联合网络通信有限公司福州市分公司台江宝龙营业厅

中国联合网络通信有限公司南平市分公司解放营业厅

中移铁通有限公司厦门分公司通信服务中心

中移铁通有限公司福州分公司晋安经营部

中移铁通有限公司泉州分公司晋江经营部

中移铁通有限公司宁德分公司网络业务部

中移铁通有限公司莆田分公司仙游经营部

中铁二十四局集团福建铁路建设有限公司福平铁路 FPZQ—2 标项目分部

中国银行股份有限公司福建省分行财务管理部经济资本与绩效考核管理团队

中国银行股份有限公司漳州分行个人金融部

中国工商银行股份有限公司泉州分行营业部

中国工商银行股份有限公司长汀支行营业部

中国建设银行股份有限公司福建省分行电子

银行部

中国农业银行股份有限公司永泰城关支行

中国农业银行股份有限公司南平三元支行

中国邮政储蓄银行股份有限公司龙海市支行营业部

中国邮政储蓄银行股份有限公司莆田市东圳路营业所

中国光大银行股份有限公司福州分行鼓楼支行

中国人民财产保险股份有限公司福建省分公司车辆核保中心

中国人寿保险股份有限公司福州市晋安区支公司

太平人寿保险有限公司福建分公司福州中心支公司第一营业区

中国信达资产管理股份有限公司福建省分公司业务五处

中华联合财产保险股份有限公司福建分公司承保中心

中国太平洋财产保险股份有限公司厦门分公司思明支公司

厦门佰乐服务有限公司清洁组

南昌铁路局南平工务段邵武线路车间卫闽巡养站

南昌铁路局龙岩工务段漳平线路车间梅水坑线路巡养站

南昌铁路局福州车辆段厦门运用车间厦京线路班组

中国福州外轮代理有限公司信息技术部

中建海峡建设发展有限公司104国道连江至晋安段改线I程项目部

中建海峡建设发展有限公司周转架料管理中心

中建三局集团有限公司福州长乐国际机场

第二轮扩能航站楼工程项目

中交海峡建设投资发展有限公司中国交建福州地铁2号线第十标段项目经理部

中国市政工程西北设计研究院有限公司福建分院

福建六建集团有限公司厦门华润中心华润大厦C座、酒店配套用房

（D、E座）及地下室建筑安装总承包工程项目部

福建省昊立建设工程有限公司工程技术质量部

福建省第五建筑工程公司厦门分公司工程科

国建华中建设有限公司木工班组

福建省东南建筑设计院建筑二所

福建省华亿建筑有限公司质安科

泉州市住宅建设开发有限公司项目建设管理科

中建海峡建设发展有限公司建筑规划设计研究院

福建富士通信息软件有限公司信息业务事业本部EDW产品项目组

中邮科通信技术股份有限公司综合代维项目组

中建三局第一建设工程有限责任公司福州京东方项目混凝土班组

中建三局第一建设工程有限责任公司福州京东方项目部安保班组

中建三局第一建设工程有限责任公司福州京东方项目材料班组

中建三局第一建设工程有限责任公司福州京东方项目塔吊班组

中建三局第一建设工程有限责任公司福州京东方项目格构梁班组

福州地铁1号线福州火车站站

福州地铁1号线福州火车南站站

福州地铁1号线屏山站

福州地铁1号线东街口站

福州地铁1号线南门兜站

福州地铁运营分公司乘务室电客车三队

福州地铁运营分公司检修车间月检工班

福州地铁运营分公司通信车间网管工班

福州地铁运营分公司工建车间综合工班

福州地铁运营分公司调度控制中心

四、福建省五一先锋号（144个）

福州市

福州市晋安区重点项目管理办公室

长乐市人民法院立案庭

福建医科大学孟超肝胆医院肝胆外科

福清市国家税务局纳税服务科

中共福清市委组织部办公室

长乐市总工会职工服务中心

闽侯县行政服务中心管理委员会办公室

闽清县医院急诊科

鼓楼区总工会职工服务中心
台江区市场监督管理局消费维权投诉举报中心
晋安区行政服务中心管委会
东海航海保障中心福州航标处牛山灯塔班组
福建省福州儿童医院耳鼻咽喉科
福州市地方税务局福建地税 12366 福州市呼叫中心
福州市公安局科技信息通信处
福州市公路局直属分局斗顶公路站
福建华南女子职业学院食品营养与检测专业
福州三中数学教研组
福州时代中学语文教研组
福州市第一医院小儿科
中国人民银行长乐市支行营业室
闽清县梅城镇环境卫生管理所主街组
福州市鼓楼区地方税务局温泉管理分局

厦门市

厦门市湖里区后埔社区居民委员会后埔社区便民服务代办点
厦门市翔安区经济和信息化局经信科
厦门市市场开发建设服务中心松柏市场管理组
厦门市交通综合行政执法支队直属大队
中国海监第六支队行政执法二大队
厦门广播电视集团技术中心直播团队
福建省厦门双十中学德育处

漳州市

漳州市人民医院内一科
漳州市龙文区行政服务中心
漳浦县职工服务中心
平和县医院妇产科
南靖县职工服务中心
厦门港航道管理站石码分站
泉州市鲤城区人民检察院公诉科
泉州市丰泽区医疗保险管理中心窗口
洛江交警大队事故处理预防中队
晋江市总工会职工服务中心
福建省石狮市地方税务局办税服务厅
南安市总工会职工服务中心
泉州台商投资区行政服务中心管理委员会中心管委会
泉州市社会劳动保险管理中心服务大厅
泉州晚报社评论部
泉州市西北洋滞洪排涝工程管理处宣传接待科
泉州市教育局初等与学前教育科

三明市

三明市三元区人民法院莘口人民法庭
三明市公路局明溪分局沙溪公路站
清流县人民法院立案庭
建宁县公安局指挥中心
福建省沙县地方税务局大洛分局
尤溪县广播电视台新闻部
大田县环境卫生管理处清扫队
三明市梅列区人民检察院公诉科

莆田市

涵江公安分局治安防控中心
莆田出入境检验检疫局秀屿办事处
莆田市湄洲湾北岸经济开发区行政服务中心
莆田市公安局出入境管理支队
仙游县人力资源和社会保障局城乡居民社会养老保险管理中心
莆田市荔城区国税局纳税服务科
莆田市秀屿区工商行政管理局企业注册股
莆田市国家税务局稽查局

南平市

松溪县规划建设和旅游局村镇规划建设管理站
光泽县规划建设和旅游局城建股
南平市延平区地方税务局樟湖分局
武夷山市地方税务局景区分局
建瓯市地方税务局办税服务厅
建瓯市社会劳动保险管理中心服务大厅
福建省浦城县医院儿科
松溪县市场监督管理局郑墩市场监督管理所
政和县熊山街道社区卫生服务中心预防接种门诊

龙岩市

龙岩市发展和改革委员会行政审批科
福建省连城县国家税务局纳税服务科
龙岩市公路局上杭分局才溪公路站
龙岩高速交警支队一大队古田中队
龙岩市地方税务局龙岩经济技术开发区税务分局办税服务厅
长汀县总工会职工服务中心

宁德市

宁德市公安局蕉城分局石后派出所

福建省周宁县国家（地方）税务局办税服务厅

宁德市公路局寿宁分局坑底公路站

福安市行政服务中心管理委员会福安市行政服务中心

中国人民银行福鼎市支行信贷调统股

福建省公安厅交警总队宁德高速公路支队三大队

省直机关

福建省人大常委会办公厅信访局一处

福建省人民检察院刑事申诉检察处

福建省工商局信息技术分局

福建省物价局价格监督检查与反垄断分局

福建省人力资源和社会保障厅行政服务中心

福州海关现场业务处驻福州市行政服务中心业务科

福建省广播影视集团电视新闻综合频道《帮帮团》栏目

福建省特种设备检验研究院福州检验二部

福建省政协文史和学习委办公室

福建省财政厅监督检查局

福建省煤田地质勘查院地质调查所

福建省公安厅离退休干部工作处

产业、系统

福建省地质调查研究院海洋地质调查所

福建省厦门地质工程勘察院地灾防治分队

中国人民银行三明市中心支行调查统计科

中国人民银行南平市中心支行货币金银科

厦门大学体育教学部

厦门大学法学院青年教职工协会

黎明职业大学学生工作处

闽江学院闽都历史文化研究中心

福建省连江第一中学语文教研组

福鼎市白琳中心小学语文教研组

福建医科大学附属协和医院赵文新教授甲状腺外科团队

福建医科大学公共卫生学院流行病与卫生统计学系

福建中医大学附属人民医院3—4病区

南平市实验幼儿园大班年段

福建省福州第一中学初中部

福建省疾病预防控制中心病毒性疾病防治科

福建中医药大学中医诊断学科团队

福建卫生职业技术学院继续教育中心

福建医科大学附属第二医院神经外科

福建师范大学福建省网络安全与密码技术重点实验室

福建对外经济贸易职业技术学院招生就业办

华侨大学数字化设计与快速制造科研团队

华侨大学后勤餐饮服务中心

华侨大学材料科学与工程学院高分子与功能新材料创新团队

福州大学化学学院食品安全分析与检测教育部重点实验室

福州外语外贸学院教学发展中心

福建船政交通职业学院安全技术与环境工程系

福建幼儿师范高等专科学校学前教育系

三明市第九中学美术教研组

厦门市保险行业协会车辆拆检定损中心

泉州市交通运输委员会行政审批窗口

三明市公路局明溪分局盖洋公路站

宁德市公路局古田分局沂洋公路站

福建省交通综合行政执法总队陆路督察处

福州市公路局直属分局马江公路站

南平市水路运输管理处（福建省南平市地方海事局、南平市港航管理处、南平市船舶检验所）船艇班组

福建省漳州市公路局华安分局西陂公路站

厦门市公路局路网中心

厦门市市政工程管理处110联动值班班组

莆田市住房和城乡建设局办公室

漳州市建设执业资格注册管理中心教研组

南平市建设工程质量安全监督站监督二室

平潭综合实验区环境卫生管理所监察组

莆田市园林管理局规划建设科

宁德市人民防空办公室宁德市人防指挥所管理中心

沙县官庄国有林场护林班组

福建省将乐国有林场扑火队

福建梅花山国家自然保护区管理局福建梅花山华南虎繁育研究所

（摘编：吴 强）

福建省荣获全国三八红旗手（集体），福建省三八红旗手标兵、三八红旗手（集体）称号名单

福建省妇联于2017年4月10日在《福建日报》公布了福建省荣获全国三八红旗手（集体），福建省三八红旗手标兵、三八红旗手（集体）称号名单。具体如下：

（一）2016年度全国三八红旗手（集体）

刘艳侠　福州市行政服务中心管理委员会综合处副处长、妇委会主任

许阳阳　达利食品集团副总裁、执行董事

林洪英　福建省洪英工艺有限公司总设计师

王　艳　南平市公安局巡特警支队警务大队副大队长

林映华　寿宁县人民检察院检察长

黄晓蓉　福建出入境检验检疫局检验检疫技术中心主任技师

林少红　福州港务集团有限公司高级工程师

胡秋莲　陆军第31集团军后勤部卫生处助理员

陈丽霜　厦门建发国际旅行社集团有限公司董事长兼CEO

（二）2016年度全国三八红旗集体2016年度全国三八红旗集体

厦门市非税收入管理中心

漳州市妇女儿童活动中心

三明市第一医院

龙岩市儿童保育院

福建海峡高速客滚航运有限公司“海峡号”乘务组

厦门航空有限公司航卫中心

（三）2017年福建省三八红旗手标兵

崔蕊芬　福州市鼓楼区南街街道杨桥河南社区党委书记、居委会主任兼妇联主席

卢清霞　厦门市同安区五显镇后垄村党支部书记、妇代会主任

柯志华　漳浦县地方税务局绥安开发区分局局长

陈继红　泉州市丰泽区经济和信息化局局长

庄彩男　彩男爱心发屋理发师

林爱萍　莆田市荔城区双凤鞋业有限公司董事长

李斌华　顺昌县人民法院立案庭庭长

林桃秀　武平县人民法院审判监督庭庭长

林金娇　柘荣县第二小学副校长

方桂芳　福建省送变电工程公司电力试验所标准室主任、高级技师

（四）2017年福建省三八红旗手2017年福建省三八红旗手

金建琳　福州市晋安区人民政府侨务办公室原副主任科员

李　娟　福州市鼓楼区五凤街道党工委副书记、宣传委员

李曦瑜　福州市台江区妇联主席

郑东平　福州市仓山区建新镇党委书记

董锦菁　福州市晋安区第四中心小学高级教师

林逸芳　福州市马尾区公安局禁毒大队大队长

陈　清　闽侯县公安局出入境管理大队副教导员

林　黎　福清市龙江街道党工委副书记
林　云　福清市公安局公共信息网络安全监察大队大队长
陈艳芳　长乐市人民法院审判管理办公室主任
杨锦清　连江县教师进修学校幼教室副主任
林素琴　罗源县凤山镇人大主席团主席
董玉英　永泰县富泉乡芭蕉村党支部书记、妇代会主任
严文妃　闽清县三溪乡政府党委副书记、乡长
陈飞莺　中共福州市委市直机关工作委员会妇工委主任
高小平　福州市规划设计研究院环境综合所所长
沈　翎　福州儿童医院耳鼻咽喉科行政科主任、主任医师
王　菁　福州第二中学德育处主任
林秀榕　福州市中级人民法院审判委员会委员、民二庭庭长
池小霞　福州市群众艺术馆馆长
池超洋　福州市科学技术局计财处副处长
蔡梅兰　厦门市澜馨美容有限公司董事长
余　蕊　厦门广电集团新闻中心时政部记者
林　莉　厦门市卫生和计划生育监督所科员
王春燕　厦门市公安局指挥情报中心技术保障处副处长
陈丽娜　中共厦门市纪委市直机关工委主任科员
汪家妹　厦门市思明区莲前街道前埔南社区党委书记
林银玲　厦门市湖里区禾山街道禾山社区党支部书记、妇联主席
林巧清　厦门市集美区金海湾幼儿园园长
蔡月英　厦门市海沧区市政建设管理中心环卫组长
翁莉萍　厦门市翔安区新店镇政府科员
王　萍　厦门市民立小学副校长
纪幼治　厦门夏商集团华商店结算科科长
彭梅芳　厦门市发展研究中心运行室主任
罗　颀　福建省厦门市公路局高级工程师
连芬燕　福建中烟工业有限责任公司技术中心高级工程师
许秀萍　厦门警备区司令部保密档案室主任
张　羽　厦门大学台湾研究院文学所所长、教授
杨淑满　平和县医院护理部副主任兼内二科护士长
张蔚琼　漳州市芗城区巷口街道党工委副书记、办事处主任
陈婧怡　漳州市龙文区人民法院少年庭副庭长
苏素虹　龙海农商银行月港支行行长
余玉梅　漳浦县巾帼志愿服务队队长
张明理　云霄县农业局农产品检验检测中心主任
沈秀好　诏安工业园区管委会办公室干事
林子昀　东山县铜陵第四小学副校长
赖玉春　南靖县高竹金观音茶叶专业合作社理事长
王木英　长泰县妇联主席
黄　艺　华安县公安局出入境管理大队大队长
李　娟　漳州开发区党委办公室副主任
黄　琴　龙海市人民法院角美人民法庭法官助理
陈瑞珠　闽南日报社记者部主任助理
杨舒萍　漳州市医院超声科主任
王　琼　漳州市城市管理行政执法局直属二大队内勤组长
施彩珍　漳州市人民检察院助理检察员
黄志梅　漳州市公安局芗城分局治安大队户政中队驻漳州市行政服务中心户籍窗口负责人
何君虹　泉州市第二实验小学校长、党支部书记
张克曼　泉州市鲤城区住建局副局长、主任科员
王少容　泉州市丰泽区文体旅游新闻出版局局长
杜冬粉　泉州市洛江区马甲中心卫生院护理部主任
陈　冰　泉州市泉港区妇幼保健院副院长
陈惠盈　石狮市凤里街道大仑社区党支部书记
蔡旋旋　欣悦餐饮文化管理有限公司副董事长、总经理

黄冰心 国网福建南安市供电有限公司快响中心主任
蒋清兰 惠安县崇武艺苑石材雕刻厂艺术总监、高级技师
黄连贵 安溪县新唐信家具有限公司董事、业务经理
王艳凤 永春县公安局禁毒大队科员
曾映雪 德化职业技术学校专任教师
黄爱华 泉州开发区民生银行清濛支行行长
邱敏蓉 泉州台商投资区洛阳中心小学党支部书记
黄雪玉 泉州台商投资区上塘雕艺街弘昇漆线精雕工艺厂董事长
苏惠莲 泉州市农业局畜牧饲料科科长
郭 瑜 泉州市财政局教科文科科科长
王丹丹 泉州师范学院音乐与舞蹈学院院长
庄丽芬 泉州市南音传承中心国家一级演员
李小玲 泉州市妇联副主席
谢丽红 泉州市司法局主任科员
范晓燕 大田县崇康大棚蔬菜专业合作社理事长
伍 英 三明市梅列区徐碧街道党工委书记
黄 霞 福建威明律师事务所副主任
王林香 永安市小陶镇美坂村党支部书记
林青霞 沙县凤岗街道城北社区党支部书记
陈爱华 明溪县雪峰镇城南社区党支部书记、居委会主任
周 玲 清流邮政分公司总经理
卓美兰 宁化县农业局植保站副站长
张冬秀 将乐县大源乡肖坊村党支部书记
陈丽萍 建宁县特殊教育学校副校长
张 敏 泰宁县妇幼保健院副院长
高金华 大田县妇幼保健院副院长
陈美花 尤溪县管前镇村尾村委会主任、妇代会主任
林秋妹 福建汇天生物药业有限公司小容量注射剂车间主任
陈 皓 三明学院体育学院党总支副书记
张桂玲 三明市实验幼儿园园长
郑淑珍 莆田市秀屿区笏石镇笏石社区党支部书记兼妇代会主任
许素珍 仙游县枫亭镇妇联主席
傅丽芳 仙游县儿童活动中心幼儿园工会主席
薛秀琴 莆田市一桶江山食品有限公司董事长
林雨娇 莆田市城厢区逸夫实验小学高级教师
郑 红 莆田涵江医院副院长、主任医师
方华玉 福建华峰新材料有限公司董事长
郑丽萍 莆田市湄洲岛党工委群团工作部干部
田秀娥 莆田市湄洲湾北岸经济开发区山亭中心小学一级教师
陈爱平 莆田市国税局副科巡视专员
蔡 群 莆田市广电中心人力资源部主任
蔡晶晶 莆田第一中学工会副主席、妇工委主任
闵羡蕙 解放军第九五医院妇儿中心副主任医师
刘彩英 莆田学院后勤处物业管理服务中心主任
黄智萌 湄洲湾职业技术学院市场营销教研室主任
吴春花 山里人家贸易有限公司总经理
张桂枝 南平市建阳区曼山幼儿园园长
黎 榕 南平市延平区水东街道社区卫生服务中心主任
黄柳金 南平市建阳区水东富林机械厂厂长
钟桂华 邵武市城郊镇莲塘村党支部书记
顾国欣 武夷山市电大工作站站长
郑 怡 建瓯市公安局科员、建瓯市暖心家庭心理关爱中心负责人
李秀妃 顺昌县高阳乡朱台村委会主任、妇代会主任
周冬梅 浦城县图书馆馆长
章琼华 光泽县人民法院民事审判第一庭庭长、副科级审判员
阮金凤 松溪县茶平乡刘屯村委会主任
暨旭梅 政和县人力资源和社会保障局社会保险股股长
许晓梅 天晟（武夷山）资产管理有限公司董事长
金春梅 福建南平南孚电池有限公司第二车间副主任
曾林军 国网南平供电公司运检部变电运维

室高级副主管
赵秋悦　省公安厅交警总队南平高速公路支队科员
刘丽珠　南平市国土资源局机关党委专职副书记
易小贞　长汀县绿之梦家庭农场农场主
杨立敏　中共龙岩市新罗区委正科级组织员、组织部副部长
翁　敏　龙岩市实验幼儿园园长、书记
赖菊英　龙岩市永定区妇幼保健院副院长
徐月华　龙岩市永定区植保植检站副站长、高级农艺师
郭丽蓉　上杭县白砂镇党委副书记、镇长
陈桂莲　上杭县人民法院办公室主任
张丽华　中共武平县委副书记
李京竹　连城县妇联主席
龚惠卿　长汀县馆前镇人大主席
黄梅发　长汀县实验小学教师
张慧敏　漳平市财政局党组书记、局长
陈肖婷　龙岩经济技术开发区（龙岩高新区）管委会综合办公室工作人员
冯晋勤　龙岩市气象局总工程师
林阿玲　闽西日报社记者部副主任
郑连香　龙岩市妇联法律服务中心科员
曾柳娟　福安职业技术学校实训处主任
谢青云　宁德市蕉城区蕉城中学英语教研组组长、高级教师
高丽辉　福建省锦泰食品有限公司董事长
吴崇榕　屏南县实验小学教师
何奕敏　周宁县教育督导室督学、中学高级教师
邱丽霞　中共寿宁县委组织部副部长
温联凤　柘荣县双城中心幼儿园园长
朱　玮　福鼎市妇联主席
钟凌云　霞浦县法院少年审判庭庭长
占海燕　宁德市东侨经济技术开发区妇工委主任、统计站统计员
郑诗斌　宁德市公共交通有限公司驾驶员
李黄芬　中国人民银行宁德市中心支行团委副书记
柯婉萍　宁德人民广播电台副台长、主任编辑
吴锦心　闽东电力福鼎发电分公司直供区专责驻站安监员
张碧颖　省边防总队宁德市边防支队蕉城大队政治委员
王　莉　宁德市民族中学高级教师、政教处副主任
张麟凤　福建海峡高速客滚航运有限公司综合部综合主管
陈秀华　平潭县芦洋乡妇联主席、纪委副书记
吴则英　福州海关监管通关处机动查验科科长
白婉红　省纪委第七纪检监察室副处级纪检监察员
陈　颖　省人民检察院公诉一处副处长
颜建英　省妇幼保健院院长助理、妇产科总负责人
杨丽丽　省财政厅政法处处长
陈　静　福州高速交警支队一大队科员
程翔云　省工商行政管理局消费者权益保护处副处长、机关妇委会主任
陈少莺　省农业科学院畜牧兽医研究所研究员、副所长
陈淑容　福州第一中学德育处副主任
陈　伟　省林业有害生物防治检疫局副处级调研员
何小宁　省气象台短时科科长
刘　懿　省地税局机关党委主任科员
孙秀艳　省委党校、福建行政学院教授
李慧颖　新华社福建分社主任记者
江丽玲　省民政厅办公室主任科员
吴文秀　福建高速南平管理分公司京台闽浙管理中心主任助理
李爱清　福建南纺有限责任公司水刺厂验布工段长
王春兰　福建省永安煤业有限责任公司仙亭煤矿工会女工委主任
陈春妹　福州外代报关有限公司大宗散货部报关员
吴华英　福建省马尾造船股份有限公司电装课课长助理
王赛华　福建建工集团有限责任公司技术质量管理部经理

黎钦华　中国（福建）对外贸易中心集团有限责任公司法律事务部综合科科长
彭娟华　福建省机电建筑设计研究院设备·电气设计所总工程师
彭雅萍　福建湄洲湾氯碱工业有限公司　HSE部环保主管
张肖蓉　福州市城市地铁有限责任公司机电部副部长
黄政慧　中国银行股份有限公司厦门市分行工会助理干事
傅慧玉　中国移动通信集团福建有限公司漳州分公司综合部行政事务中心经理
尤芬蕾　泉州市国有林场管理处专业技术人员
陈　颖　中国银行股份有限公司三明分行公司金融部副主任、工会女职工委主任
陈健榕　中国电信股份有限公司莆田分公司工会干事
叶　芬　光泽县武夷绿园蔬菜专业合作社理事长
邱媛媛　福建金磊律师事务所执业律师
曹丽平　中国人寿保险股份有限公司宁德分公司团拓部经理
李　林　国网福建省电力有限公司平潭供电公司营业管理技术高级师
王　红　福建省军区第十离职干部休养所副处级政治协理员
刘　霞　空军94921部队工程师
裴雅乐　61023部队主任播音员
马志慧　73631部队工程师
王　瑜　解放军第180医院健康管理中心主任
王海钦　福州边防检查站执勤业务三科正连职检查员
王冰维　柘荣县医院副主任医师、妇产科主任
赵亚娟　厦门市湖里区久久爱心志愿服务队队长

（五）2017年福建省三八红旗集体

福州市钱塘小学屏北分校
福州市台江区苍霞社区卫生服务中心
福州市仓山区行政服务中心管理委员会
福州市晋安区王庄街道鼎屿社区党支部
福州市马尾区审计局
闽侯县实验小学
福清市行政服务中心
长乐市吴航街道景美社区居委会
连江县敖江镇妇联
罗源县人民法院立案庭
永泰县人民法院
闽清县行政服务中心管理委员会
厦门市仙岳医院精神一区
厦门市思明区行政服务中心
厦门市湖里区靓妈成长中心
中国移动集美分公司
厦门市海沧区法院家事法庭
厦门市同安区妇幼保健院
厦门市翔安区妇幼保健院
厦门海沧恒鑫小额贷款有限公司
福建省厦门第六中学
龙海市九湖镇妇联
南靖县卫生和计划生育局
平和县行政服务中心管理委员会
厦门大学附属实验中学
长泰县人民法院立案庭
漳州市龙文区妇幼保健院
诏安县行政服务中心管理委员会
漳州卫生职业学院护理系
漳州市妇女儿童活动中心
漳州市中级人民法院诉讼服务中心
泉州市鲤城区法院家事审判庭
泉州市丰泽区东美幼儿园
泉州市洛江区万安街道万福社区居委会
泉州市泉港区第一中学
石狮市妇幼保健院
晋江市星星幼儿园
南安市民政局婚姻登记处
惠安县人民检察院控告申诉检察科
德化县城关幼儿园
安溪县办税服务厅
永春县桂洋镇人民政府
泉州市直机关金山幼儿园
将乐县玉华宾馆餐饮部
永安市妇联幼儿园

三明市公路局明溪分局城关公路站
建宁县疾病预防控制中心
泰宁县导游服务中心
大田县城关第三小学
尤溪县国税局纳税服务科
三明市第一中学
仙游县妇幼保健院
莆田市荔城区法院
莆田市涵江区妇女儿童活动中心幼儿园
莆田市城厢区华亭镇妇联
莆田市秀屿区埭头镇樟林村村民委员会
莆田市公安局交警支队信息化中心
莆田市村镇规划建设管理站
中共莆田市委教育工委妇工委
南平市延平区福利院
建阳师范附属小学
邵武市实验幼儿园
武夷山市国家税务局办税服务厅
建瓯市国家税务局办税服务厅
顺昌县人民检察院公诉科
浦城县富岭镇双同村妇代会
政和县实验幼儿园
龙岩市新罗区人民法院民事审判第一庭
龙岩市永定区农村信用合作联社营业部
长汀县南山镇妇女联合会
上杭县公安局妇委会
武平县国家税务局纳税服务科
连城县特殊教育学校
漳平市桂林街道妇联
龙岩市行政服务中心管理委员会
宁德市蕉城区民政局婚姻登记处
古田县医院妇委会
屏南县古峰镇城东社区居委会
周宁县国家税务局
福安市白云山风景名胜区旅游开发有限公司
柘荣县国家税务局纳税服务科
福鼎市人民检察院机关妇委会
霞浦县机关幼儿园
平潭综合实验区行政服务中心
平潭综合实验区财政金融局妇工委
省高级人民法院立案一庭
省科技厅机关妇委会
省交通运输人才职业服务中心
省农村信用社联合社 96336 客服中心
东南卫视总编室
福建省投资开发集团有限责任公司法律事务部
莆田外轮理货有限公司计量组
福建省福橡化工有限责任公司 HSE 部化验检测团队
中国银行股份有限公司福州市仓山支行营业部
福建对外经济贸易职业技术学院外语系
福建福清核电有限公司财务处会计科
中国人民银行宁德市中心支行支付结算科

（摘编：游学荣）

第十四届福建青年五四奖章标兵、第十四届福建青年五四奖章集体标兵、2016年度福建省十佳共青团员、2016年度福建省十佳共青团干部、2016年度福建省五四红旗团委标兵、2016年度福建省五四红旗团（总）支部标兵名单

2017年5月4日共青团福建省委在《福建日报》公布一批青年榜样和团委（团支部）榜样，他们获得了第十四届福建青年五四奖章标兵、第十四届福建青年五四奖章集体标兵、2016年度福建省十佳共青团员、2016年度福建省十佳共青团干部、2016年度福建省五四红旗团委标兵、2016年度福建省五四红旗团（总）支部标兵。名单如下：

（一）第十四届福建青年五四奖章标兵

（共10个，以姓氏笔画为序）

上官伟，中交福州地铁二号线项目公司工程部及西部工作组工程师。2015年以来，带领青年突击队，克服了地铁二号线在闽侯、连江、厦门的3家管片厂厂址分布散、地域跨度大的困难，实现全年生产管片13500环，超额完成年度计划（249%），曾获得中交海峡建设投资发展有限公司优秀员工。

王　清，厦门大学数学科学学院教授。2008年工作至今，先后主持国家自然科学基金项目4项，作为主要成员参加国家自然科学基金重点项目1项。曾被评为国家自然科学基金优秀青年科学基金获得者。

叶东星，将乐县万全乡万全村村民。因为感动，她铁了心要照顾卧床写作的童话作家张先震先生；因为真爱，她付诸全部的心血让一个不完美的家庭幸福起来；因为感人，她美誉盛传让世人为之动容，被称为“爱心天使”。曾获得2016年度“福建向上向善好青年”称号。

江　涛，厦门市公安局马巷派出所第一警务队副队长。4年来，他的先进事迹先后多次被《人民公安报》报道，20余次被省市媒体报道，2次受到上级嘉奖。曾获得厦门市青年五四奖章。

张　明，老知青集团有限公司董事、副总经理。他主导的项目已荣获16项发明专利及实用新型专利，茶皂素混凝土引气剂项目被列为国家“十三五”规划重点项目。曾获评福建省优秀留学回国人才。

陈伟琳，漳浦县湖西畲族乡后溪村卫生所负责人。18年来，他行走在崎岖的山路上，几乎走遍了后溪村所有人家，一直默默守护着这里逾900户家庭、3600多名村民的健康。从当年出诊的稚嫩青年，到如今成了当地百姓口口相传的健康“守护者”。曾获得“全国卫生系统先进工作者”、2016年度“福建向上向善好青年”称号。

陈雷雷，福州市边防支队司令部侦查队副连职参谋。他面对生与死的考验，临危不惧、英勇顽强、舍生忘死的英雄事迹，得到省、市领导的充分肯定，近15家中央、省、市级媒体对该事迹作了深入报道，受到社会各界的广泛赞誉。曾获得“第五届福州青年五四奖章标兵”“福州警星”称号。

林　敏，云霄县七彩虹志愿队队长。她组建

了云霄县七彩虹志愿队，6年来发展志愿者500多人，组织各类志愿活动350次，扶助孤儿、贫困生、重病学生、残障人员、孤寡老人、空巢老人等2500多人，累计提供志愿服务时长4．5万多个小时，发放爱心款物150多万元。曾获得第十一届中国青年志愿服务优秀个人奖。

林孔亮，闽侯县人民法院生态庭副庭长。每年办案超百件，先后独立办结700件刑案，无一错案；坚持公正司法，将每一个案件都办得精细，沉淀了职业的厚度；坚守司法为民，以一名人民法官的人性温度，增添了司法的温度。曾获得福建省十佳政法干警称号。

郭东圣，泉州安通物流有限公司董事长。从货运代理进入集装箱航运物流领域，大力发展专业集装箱航运物流，以泉州为中心，业务辐射全国20个省市，覆盖国内90个大中港口，安通标志的集装箱遍布全国港口。曾获得第九届泉州青年五四奖章、“中国物流十大创新人物”称号。

（二）第十四届“福建青年五四奖章集体标兵”

（共10个，排名不分先后）

国网福建省电力有限公司检修分公司输电检修中心带电作业班

福建省建阳监狱九监区

福建省教育援助协会（红苹果公益）

泉州农商银行网络银行部

建宁县公安局刑侦大队

泉州军分区惠安崇武大岞海防女子民兵哨所

福州蜂味源蜂业科技有限公司

中建海峡海峡文化艺术中心项目部青年突击队

福建海警第一支队35115舰

厦门市仙岳医院公共事业部

（三）2016年度“福建省十佳共青团员”

（共10名，以姓氏笔画为序）

王　刚　武警莆田市消防支队特勤中队特勤班副班长

江建烽　厦门大学航空航天学院2013级电气工程及其自动化二班学生

余梦圆（女）　福州大学经济与管理学院公共管理专业2014级则徐人才实验班级学生

林　莉（女）　福建省篮排球运动管理中心运动员

范凯玥（女）　大田县第一中学高三（1）班学生

洪启展　福建警察学院治安系14级治安学专业学生

胡泽明　厦门信息学校2014级计算机应用1班学生

胡银莹（女）　古田县第一中学高三（2）班学生

郭彬彬　漳州市长泰县坂里乡正达村村民

黄　方　厦门航空福州分公司地面服务保障部乘机处领班

（四）2016年度“福建省十佳共青团干部”

（共10名，以姓氏笔画为序）

庄伟镇　漳州市芗城区人民检察院团支部书记

吴承峰　福鼎市磻溪镇团委书记

张　杰　闽江学院附属中学团委书记

李　伟　莆田市公路局团委书记

杨志刚　厦门市同安区莲花镇云洋村团总支书记

陈　洵　福建省地方税务机关团委书记

陈　明　闽南师范大学数学与统计学院团委书记（讲师）

陈钰锋（女）　团连江县委书记

柳松根　团石狮市委干事

蔡敏求　中建三局厦门分公司团委书记

（五）2016年度“福建省五四红旗团委标兵”

（共10个，排名不分先后）

闽侯县白沙镇团委

厦门市海沧区东孚街道团工委

南昌铁路局漳州车务段团委

晋江市三力机车有限公司团委

武夷学院团委

国网福建建宁县供电有限公司团委

福建省龙岩市第一中学团委

福建师范大学教育学院团委

武警莆田市边防支队团委

福建省121地质大队团委

（六）2016年度“福建省五四红旗团（总）支部标兵”

（共10个，排名不分先后）

2016 年度“福建省五四红旗团（总）支部标兵”

福州优空间商业管理有限公司中央第五街团支部

中国移动福建公司莆田分公司市场团支部

泉州台商投资区行政服务中心团支部

福州海关现场业务处团支部

厦门大学软件学院 2014 级本科 2 班团支部

闽南师范大学外国语学院 2014 级英语师范 3 班团支部

中国水电吉尔吉斯比纳吐公路修复项目团支部

福建省军区 56 分队团支部

福建省消防总队厦门支队特勤大队二中队团支部

上杭县毛泽东才溪乡调查纪念馆团支部

（摘编：张海生）

福建省获2017年全国“最美家庭”名单

2017年7月13日福建省妇联下发《福建省妇联关于我省获2017年全国“最美家庭”的通报》(闽妇〔2017〕73号),主要内容如下:

今年5月,在全国妇联召开的2017年全国“最美家庭”揭晓会上,我省25户家庭获2017年全国“最美家庭”。现通报如下:

林美珍家庭　长乐市文武砂镇沿屿村

陈　红家庭　福州市鼓楼区鼓东路鼓东小区

沈志艺家庭　福州市晋安区新店镇蓝盾路1号

张　萌家庭　福州市鼓楼区西二环路156号

陈传平家庭　福州市鼓楼区铜盘路351号

朱美君家庭　福州市鼓楼区西洪路181号

吴爱平家庭　福州市鼓楼区西二环路后县新苑

陈清洲家庭　厦门市集美区杏林街道曾营社区

朱晓永家庭　厦门市思明区莲前街道前埔社区

方富强家庭　云霄县云陵镇绥旭阳东社区

杨素芹家庭　漳州市芗城区东铺头街道人民新村

蒋碧玉家庭　泉州市鲤城区浮桥街道坂头社区

杨宝贵家庭　南安市官桥镇温泉小区

毛娟文家庭　晋江市兰峰城市花园

林碧珍家庭　永安市燕西街道新安社区

曾春根家庭　明溪县雪峰镇紫岭社区

姚素琴家庭　仙游县度尾镇洋坂村

陈金凤家庭　莆田市秀屿区湄洲镇北埭村

陈　群家庭　南平市延平区四鹤街道杨真社区

庄桂淦家庭　政和县石屯镇西津村

钟亮生家庭　武平县万安镇上镇村

李贞煜家庭　连城县莲峰镇东街东莲路8号

张书岩家庭　屏南县漈头村南洋路3号

许　斌家庭　周宁县狮城镇环城路99号

王瑜敏家庭　平潭县潭城镇盛林庄196号

(摘编:郭　虹)

福建省2017年中国人居环境奖获奖名单

2017年11月14日福建省住房和城乡建设厅办公室下发的《关于公布我省2017年中国人居环境奖获奖名单的通知》（闽建办城〔2017〕23号）指出，根据《住房城乡建设部关于2017年中国人居环境奖获奖名单的通报》（建城〔2017〕224号），我省申报的福建省青年建筑师驻村行动项目等9个项目获得2017年中国人居环境范例奖。分别是：

福建省青年建筑师驻村行动项目

福建省福州市鼓楼区旧城更新项目

福建省泉州市德化县进城务工人员安居项目

福建省泉州市永春县桃溪生态修复工程项目

福建省莆田市生态绿心保护修复项目

福建省厦门市自行车专用道示范段规划建设项目

福建省漳州市漳州古城保护建设（一期）项目

福建省南平市政和县石圳村新农村建设项目

福建省邵武市和平镇特色小城镇建设项目

（摘编：王诗诚）

第十届福建省友谊奖获得者名单

2017年9月25日福建省人民政府下发的《福建省人民政府关于表彰第十届福建省友谊奖获得者的决定》（闽政文〔2017〕320号）指出，为表彰对我省经济社会发展作出突出贡献的外国专家和国际友人，经各设区市和省直有关单位推荐、省“友谊奖”评审委员会评审，省人民政府决定授予李安琪、索拉娃·埃琳娜·吉娜迪娃、伊莎贝拉、马克·魏格尔、安娜·玛丽·艾芭·阿奈斯、金长基、玛丽·威利特、史提芬·弗朗西斯科·穆尼奥斯、孔青山、白川彰彦、沼田周一、亚瑟·特拉索夫、马西莫·扎帕蒂尼、鲁迪·卡米洛、马丁等15位外国专家和国际友人第十届福建省“友谊奖”称号。

（摘编：吴　强）

福建省文史研究馆29位新聘任的馆员名单

2017年6月22日福建省人民政府办公厅《关于同意聘任邹自振等29位同志为省文史研究馆馆员的函》（闽政办函〔2017〕34号）指出，经省政府研究，同意聘任邹自振、庄毓聪、陈名实、黄叶、张建光、孙国亮、肖冰、刘以籁、朱玲、俞鼎芬、黄英湖、罗肇前、罗健、郑传芳、张桂兴、许总、林德冠、刘善群、郑国珍、郭银土、周书荣、蓝炯熹、陈玉峰、林启瑞、雷弯山、陈章汉、丁仕达、温心坦、陈济谋等29名同志为省文史研究馆馆员，请按有关规定办理具体手续。

（摘编：李　哲）

福建省“两违”综合治理表现突出的单位和个人名单

2017年1月20日福建省“两违”综合治理专项行动领导小组下发《关于表扬全省“两违”综合治理表现突出的单位和个人的通报》（闽治违〔2017〕1号）：自2014年省委省政府作出开展“两违”综合治理专项行动决策部署以来，全省各级各部门狠抓落实，积极作为，三年目标任务圆满完成，综合治理取得明显成效，涌现出了一批攻坚克难、勇于担当，表现突出、成绩显著的单位和个人。为鼓励先进，弘扬正气，进一步推动全省“两违”综合治理深入开展，省“两违”综合治理专项行动领导小组决定对福州市“两违”综合治理专项行动领导小组办公室等120家单位、翁民强等302名同志进行通报表扬。

希望受表扬的单位和个人戒骄戒躁，再创佳绩。全省各级各部门应以他们为榜样，扎实工作，努力进取，不断深化“两违”综合治理专项行动，全面提升依法、科学管理城乡建设能力和水平！

一、全省“两违”综合治理表现突出的单位名单（共120个）

福州（15个）

1. 福州市“两违”综合治理专项行动领导小组办公室
2. 福州市国土资源综合行政执法支队
3. 福州市鼓楼区市容管理局
4. 福州市台江区市容管理局
5. 福州市仓山区城市管理综合行政执法大队
6. 福州市晋安区市容管理局
7. 福州市马尾区亭江镇人民政府
8. 福州市高新区综合执法局
9. 福清市一都镇人民政府
10. 长乐市人民政府吴航街道办事处
11. 闽侯县荆溪镇人民政府
12. 连江县住房和城乡建设局
13. 闽清县城建监察大队
14. 罗源县松山镇人民政府
15. 永泰县清凉镇人民政府

厦门（11个）

16. 厦门市“两违”综合治理专项行动领导小组办公室
17. 厦门市城市管理行政执法局
18. 厦门市国土资源与房产管理局
19. 厦门市湖里区人民政府
20. 厦门市思明区滨海街道办事处
21. 厦门市思明区城市管理行政执法局
22. 厦门市集美区城市管理行政执法局
23. 厦门市海沧区城市管理行政执法局
24. 厦门市同安区城市管理行政执法局
25. 厦门市翔安区城市管理行政执法局
26. 厦门市湖里区兴华社区居民委员会

漳州（14个）

27. 漳州市城市管理行政执法局
28. 漳州市国土资源局
29. 漳州市芗城区城市管理行政执法局

30. 漳州市蓝田镇人民政府

31. 漳州市榜山镇人民政府

32. 漳浦县城市管理综合执法局

33. 云霄县城市综合管理局

34. 诏安县南诏镇人民政府

35. 东山县铜陵镇人民政府

36. 平和县市容管理局

37. 南靖县城市管理局

38. 长泰县马洋溪生态旅游区管委会

39. 华安县市容管理处

40. 漳州台商投资区“两违”综合治理专项行动领导小组办公室

泉州（14个）

41. 泉州市城市管理行政执法局

42. 泉州市鲤城区城市管理行政执法局

43. 泉州市丰泽区城市管理行政执法局

44. 泉州市洛江区城市管理行政执法局

45. 泉州市泉港区城市管理行政执法局

46. 晋江市人民政府

47. 石狮市城市管理局

48. 南安市行政执法局

49. 惠安县黄塘镇人民政府

50. 安溪县参内乡人民政府

51. 永春县行政执法局

52. 德化县行政执法局

53. 泉州市城市管理行政执法局经济开发区分局

54. 泉州市城市管理行政执法局台商投资区分局

莆田（11个）

55. 莆田市城市管理行政执法局

56. 莆田市国土资源局

57. 仙游县人民政府鲤城街道办事处

58. 仙游县大济镇人民政府

59. 莆田市荔城区“两违”综合治理专项行动领导小组办公室

60. 莆田市城厢区华亭镇人民政府

61. 莆田市涵江区“两违”综合治理专项行动领导小组办公室

62. 莆田市秀屿区东庄镇人民政府

63. 莆田市秀屿区东峤镇中南村委会

64. 莆田市秀屿区湄洲镇人民政府

65. 莆田市湄洲湾北岸经济开发区“两违”综合治理专项行动领导小组办公室

龙岩（13个）

66. 龙岩市城市管理行政执法局

67. 龙岩市城乡规划局

68. 龙岩市国土资源局

69. 龙岩市新罗区人民政府

70. 龙岩市永定区凤城街道办事处

71. 龙岩市永定区坎市镇人民政府

72. 上杭县城市管理行政执法局

73. 上杭县中都镇人民政府

74. 武平县“两违”综合治理专项行动领导小组办公室

75. 长汀县城市管理行政执法局

76. 长汀县新桥镇人民政府

77. 漳平市城市管理行政执法局

78. 连城县城市管理行政执法局

三明（13个）

79. 中共三明市委组织部

80. 三明市梅列区城市管理综合执法大队

81. 三明市三元区莘口镇人民政府

82. 永安市城市建设管理监察大队

83. 沙县人民政府虬江街道办事处

84. 尤溪县住房和城乡规划建设局

85. 大田县城市管理行政执法局

86. 将乐县光明乡人民政府

87. 建宁县城市建设监察大队

88. 泰宁县杉城镇人民政府

89. 宁化县翠江镇人民政府

90. 清流县龙津镇人民政府

91. 明溪县瀚仙镇人民政府

南平（13个）

92. 南平市城市管理行政执法局

93. 南平市城乡规划局

94. 南平市住房和城乡建设局

95. 南平市延平区城市管理行政执法局

96. 南平市建阳区人民政府潭城街道办事处

97. 建瓯市徐墩镇人民政府

98. 武夷山市城市管理行政执法局城市行政执法大队

99. 邵武市城建监察大队
100. 松溪县公安局
101. 光泽县止马镇人民政府
102. 政和县星溪乡念山村委会
103. 国网福建顺昌县供电有限公司
104. 浦城县行政执法局

宁德（13个）

105. 宁德市蕉城区城南镇人民政府
106. 宁德市蕉城区赤溪镇人民政府
107. 古田县水口镇人民政府
108. 屏南县屏城乡人民政府
109. 屏南县城建管理监察大队
110. 周宁县城市管理综合行政执法局
111. 寿宁县清源乡人民政府
112. 福安市城市管理行政执法局
113. 柘荣县乍洋乡人民政府
114. 福鼎市人民政府办公室
115. 福鼎市城市建设监察大队
116. 霞浦县崇儒畲族乡人民政府
117. 宁德市城市管理行政执法局东侨支队

平潭（3个）

118. 平潭综合实验区综合执法局
119. 平潭综合实验区公安局治安交通巡防支队
120. 国网福建省电力有限公司平潭供电公司

二、全省“两违”综合治理表现突出的个人名单（共302人）

福州（37人）			
1	翁民强	福州市城市管理委员会	副处长
2	王 耿	福州市“两违”综合治理专项行动领导小组办公室	工作人员
3	邱薪馀	福州市“两违”综合治理专项行动领导小组办公室	工作人员
4	林秋娜	福州市“两违”综合治理专项行动领导小组办公室	工作人员
5	潘 晖	福州市国土资源综合行政执法支队地矿大队	副大队长
6	肖建星	福州市鼓楼区市容管理局	局长
7	林 洪	福州市鼓楼区洪山镇人民政府	副镇长
8	郑燕娟	福州市台江区后洲街道办事处	主任
9	陈哲洪	福州市台江区城管执法大队	中队长
10	曹 枫	福州市仓山区市容管理局	副主任科员
11	陈新华	福州市仓山区仓前街道办事处	副主任
12	吴晓锋	福州市仓山区城市管理执法局	中队长
13	陈玉键	福州市仓山区城管执法大队	中队长
14	陈为友	福州市晋安区市容管理局	局长
15	赵若光	福州市晋安区市容管理局	科长
16	熊 辉	福州市晋安区市容管理局	副局长
17	林 磊	福州市晋安区市容管理局	中队长
18	黄锦震	福州市马尾区琅岐城管执法大队	负责人
19	吴潜尘	福州市高新区综合执法局	中队负责人
20	郑卫东	福清市城乡规划局	局长
21	王朝明	福清市上迳镇人民政府	人大主席提名
22	何闽军	福清市石竹街道办事处	副主任
23	郑进德	福清市人民政府	副调研员

24	陈国衍	长乐市国土资源局	局长
25	卢茂林	长乐市城建监察大队	科员
26	陈　飞	长乐市国土资源局国土监察大队	大队长
27	卢占忠	闽侯县人大常委会	副调研员
28	杨　胜	中共闽侯县青口镇党委	统战委员
29	叶　键	中共闽侯县南通镇党委	书记
30	林勉建	中共连江县敖江镇党委	书记
31	林耀祖	连江县住建局村建站	站长
32	陈　弦	闽清县城建监察大队	小组长
33	张维锋	闽清县城建监察大队	副大队长
34	吴琛琛	罗源县城建监察大队	科员
35	林宋华	中共罗源县凤山镇党委	委员、人武部长
36	侯协周	永泰县住房和城乡建设局	副局长
37	邱榕森	永泰县葛岭镇人民政府	主任科员
厦门（33人）			
38	黄　丰	厦门市人民政府办公厅	主任科员
39	林群辉	厦门市财政局	主任科员
40	陈　水	厦门市城市管理行政执法局	副局长
41	王斌斌	厦门市“两违”综合治理专项行动领导小组办公室	主任科员
42	汪少灵	厦门市“两违”综合治理专项行动领导小组办公室	主任科员
43	程列俊	厦门市“两违”综合治理专项行动领导小组办公室	主任科员
44	苏永昌	厦门市思明区滨海街道办事处	主任
45	林振海	厦门市思明区执法局滨海中队	副中队长
46	施雅君	厦门市思明区国土资源管理所	所长
47	袁　伟	厦门市思明区城市管理行政执法局	局长
48	汪岳杰	厦门市思明区莲前街道办事处	综治办主任
49	刘云标	厦门市湖里区人民政府	副区长
50	范金炉	厦门市湖里区城市管理行政执法局	局长
51	韦信斌	厦门市湖里区公安分局	副局长
52	黄锦城	中共厦门市湖里区殿前街道党工委	书记
53	李文龙	厦门市湖里区监察局	监督室主任
54	马腾伟	厦门市国土资源与房产管理局集美分局	副局长
55	陈溶渟	厦门市集美区后溪镇人民政府综治办	主任科员
56	林志兴	厦门市集美区灌口派出所	副主任科员
57	洪东荣	厦门市集美区侨英街道治违办	副主任
58	彭新华	厦门市海沧区公安分局反恐大队	大队长
59	蔡红卫	厦门市海沧区东孚街道办事处	副主任
60	杨建民	厦门市海沧区海沧街道城管办	负责人

61	张宗敏	厦门市海沧区新阳街道城管办	队长
62	柯玉宗	厦门市同安区人民政府	常务副区长
63	叶艺武	厦门市同安区洪塘镇人民政府	副镇长
64	蓝文扬	厦门市同安区城市管理行政执法局	副中队长
65	叶耀南	厦门市同安区西柯镇人民政府	副镇长
66	吴瑛琦	厦门市同安区城市管理行政执法局	副中队长
67	康江良	中共厦门市翔安区委政法委	书记
68	戴运动	厦门市翔安区城市管理行政执法局	局长
69	钟　昱	厦门市翔安区“两违”综合治理专项行动领导小组办公室	负责人
70	曾文雄	厦门市翔安区大嶝街道办事处	主任助理
漳州（35 人）			
71	韩水海	中共漳州市委对外宣传办公室	常务副主任
72	周　颖	漳州市城市管理行政执法局	办公室主任
73	黄益勇	漳州市公安局巡特警支队	副科长
74	谢雯婕	漳州市公路局	科员
75	黄少杰	漳州市九龙江河道防洪排涝管理处	副所长
76	安闽超	漳州市国土资源监测支队	科员
77	叶小明	漳州市芗城区南坑街道办事处	副主任
78	齐国利	漳州市芗城区城管执法局	大队长
79	苏毅鸿	漳州市龙文区城市管理行政执法局	副局长
80	苏毅彬	中共漳州市龙文区步文镇党委	委员、武装部长
81	黄文潮	龙海市城建监察大队浮宫中队	中队长
82	蔡宗兴	龙海市公安局海澄派出所	所长
83	唐　耿	龙海市颜厝镇人民政府	镇长
84	邱来武	漳浦县城市管理综合执法局	中队长
85	黄进源	漳浦县赤湖镇	人大主席团主席
86	林俊贤	漳浦县城市管理综合执法局	副股长
87	柳启生	云霄县城市综合管理局	局长
88	高仲教	云霄县城市综合管理局	副局长
89	沈淮桂	诏安县四都镇人民政府	镇长
90	方　政	诏安县市容管理局	副科长
91	陈诗泉	东山县西埔镇人民政府	镇长
92	朱义兴	中共东山县樟塘镇党委	书记
93	陈谦明	东山县市容管理局	副局长
94	林荣耀	平和县灵通风景区管委会	副主任
95	陈伟强	平和县国土资源监察大队	副大队长
96	何益君	南靖县国土资源监察大队	副大队长

97	王昌源	南靖县城建监察大队	教导员
98	张键青	长泰县县城管理局	局长
99	杨超坤	长泰县岩溪镇人民政府武装部	副部长
100	张思民	长泰县陈巷镇人民政府	镇长
101	陈旅强	华安县丰山镇人民政府	副镇长
102	王华聪	华安县市容管理处城建监察大队	职员
103	陈文志	漳州招商局经济技术开发区综合行政执法局	大队长
104	陈瑞勇	漳州台商投资区行政执法局	副局长
105	陈文林	漳州常山城市管理行政执法局	局长
泉州（35人）			
106	林宇杰	泉州市城市管理行政执法局	副局长
107	黄庆山	泉州市城市管理行政执法局	副主任科员
108	林金宗	泉州市城市管理行政执法局	副大队长
109	方向阳	泉州市城市管理行政执法局	科员
110	林连明	泉州市城市管理行政执法局	科长
111	方福升	泉州市国土资源监察支队	副支队长
112	廖森茂	泉州市鲤城区城市管理行政执法局	股长
113	郑兴安	泉州市鲤城区执法局鲤中街道执法分队	队长
114	叶春泉	中共泉州市丰泽区泉秀街道党工委	书记
115	吴心影	泉州市丰泽区城市管理行政执法局	股长
116	林志斌	中共泉州市洛江区河市镇党委	书记
117	林金荣	泉州市洛江区城市管理行政执法局	局长
118	郭小国	泉州市泉港区山腰街道办事处	副主任
119	蔡惠祥	泉州市泉港区城市管理行政执法局	副局长
120	吕火渠	中共泉港区委政法委	书记
121	张淑语	晋江市人民政府	副市长
122	张恒星	晋江市行政执法局	主任科员
123	陈江雄	晋江市公安局治安管理大队	民警
124	林忠山	中共晋江市金井镇党委	委员、武装部长
125	蔡荣东	石狮市城市管理行政执法局	中队长
126	龚泽栓	石狮市蚶江镇规划建设办公室	主任
127	陈建军	南安市行政执法局	副局长
128	刘文坚	南安市国土资源局	副局长
129	傅仰都	南安市行政执法局	党办负责人
130	任惠川	惠安县整治“两违”办公室	副主任
131	叶荣聪	中共惠安县东岭镇党委	书记
132	吴振法	中共安溪县官桥镇党委	书记
133	王安东	安溪县行政执法局	局长

134	陈伯熙	永春县人民政府	副县长
135	陈东明	中共永春县桃城镇党委	副书记
136	陈维启	德化县人民政府	副县长
137	张文都	德化县行政执法局	局长
138	林竞勇	泉州市城市管理行政执法局经济开发区分局	副局长
139	吕培育	泉州市城市管理行政执法局台商投资区分局	局长
140	张惟陇	泉州市城市管理行政执法局台商投资区分局	副局长
莆田（22 人）			
141	朱桂龙	莆田市人民政府办公室	主任科员
142	廖祁勇	莆田市“两违”综合治理专项行动领导小组办公室	科员
143	陈智勇	莆田市国土资源局	科员
144	陈金春	莆田市行政管理执法局指挥中心	信访室负责人
145	张志东	中共仙游县大济镇党委	书记
146	张春志	仙游县书峰乡人民政府	乡长
147	庄林顺	仙游县榜头镇人民政府	副镇长
148	陈向东	仙游县国土资源监察大队	副大队长
149	吴志湧	莆田市荔城区城市管理行政执法局	副局长
150	翁祖棋	莆田市国土资源局荔城分局监察大队	大队长
151	唐炳柏	莆田荔城区北高镇人民政府	副镇长
152	林海斌	中共莆田市城厢区灵川镇党委	书记
153	邹圣侠	莆田城厢区常太镇人民政府	副镇长
154	陈玉爱	莆田市城厢区治违办	督察员
155	林琦琦	莆田市涵江区城市管理行政执法局	副局长
156	陈俊雄	莆田市涵江区城市管理行政执法局	执法室副主任
157	喻俊晓	莆田市秀屿区城市管理行政执法局	中队负责人
158	张洪忠	莆田市秀屿区治违办	主任
159	魏金顺	莆田市秀屿区南日镇东岱村民委员会	主任
160	陈冬鸣	莆田市国土资源监察支队湄洲岛大队	队员
161	卢国平	莆田市湄洲湾北岸经济开发区管委会	副主任
162	陈金顺	莆田市湄洲湾经济开发区城市管理行政执法局	局长
龙岩（32 人）			
163	张龙泉	龙岩市人民政府	副秘书长
164	严承龙	龙岩市人民政府办公室	科长
165	项　登	龙岩市人民政府办公室	科员
166	吴红斌	龙岩市住房和城乡建设局	副局长
167	袁伟天	龙岩市城乡规划局	副局长
168	明建平	龙岩市国土资源监察支队	政委
169	徐初纯	龙岩市财政局	副调研员

170	张建辉	龙岩市财政局	副科长
171	钟有亮	龙岩市城市管理行政执法局	局长
172	张以金	龙岩市城市管理行政执法局	副局长
173	卢冠雄	龙岩市城市管理行政执法局	大队长
174	张漂元	龙岩市城市管理行政执法局	大队长
175	林　军	龙岩市城市管理行政执法局	大队长
176	钟光建	龙岩市城市管理行政执法局	科员
177	张财煊	龙岩市城市管理综合执法支队	副大队长
178	郑建洸	龙岩市城市管理行政执法局高新区分局	局长
179	陈　阵	龙岩市新罗区人民政府	副区长
180	郑　涛	龙岩市公安局新罗分局	局长
181	张永湘	龙岩市新罗区城市管理行政执法局	局长
182	卢文阶	龙岩市永定区人民政府	副区长
183	张祖金	龙岩市永定区城市管理行政执法局	局长
184	张旭东	武平县人民政府	副县长
185	钟永东	武平县城市管理行政执法局	局长
186	李志贵	长汀县城市管理行政执法局	中队指导员
187	王　军	中共长汀县策武镇党委	委员、武装部长
188	吕子钦	漳平市南洋镇人民政府	镇长
189	黄必焕	漳平市桂林街道办事处	主任
190	黄裕珍	中共上杭县临城镇党委	书记
191	傅晓刚	上杭县珊瑚乡人民政府	乡长
192	陈金水	连城县城市管理行政执法局	副局长
193	项小花	连城县塘前乡村镇建设规划管理站	负责人
194	丘瑜明	连城县新泉镇综合执法大队	大队长
三明（30人）			
195	苏建章	中共三明市委组织部	科长
196	陈齐平	三明市人民政府办公室	副主任科员
197	伍基沛	三明市城市管理行政执法局	副调研员
198	陈厚景	三明市城市管理行政执法局	科长
199	黄德锋	三明市城乡规划局	副科长
200	林　娴	三明市国土资源监察支队	科员
201	俞　杰	三明日报社	记者
202	林兴增	三明市梅列区城市管理行政执法局	副局长
203	何光桂	中共三明市梅列区列东街道党工委	书记
204	王　莹	三明市三元区城市管理综合执法大队	工作人员
205	张灵翔	三明市三元区中村乡村建站	干事
206	苏志勇	永安市城市建设管理监察大队	党支部副书记

207	付林莉	永安市曹远镇人民政府新农村建设服务中心	主任
208	苏建龙	沙县城市建设监察大队	科员
209	肖发水	沙县夏茂镇城监中队	监察员
210	林大东	尤溪县治违办	干事
211	陈宏瑜	尤溪县城市建设管理监察大队	大队长
212	余成建	大田县石牌镇人民政府	副镇长
213	陈增达	大田县城市管理行政执法局	局长
214	倪丽英	将乐县城市建设监察大队	队员
215	陈瑞岚	将乐县万安镇劳动资源和社会保障服务中心	干事
216	肖良清	泰宁县住房和城乡建设局	副局长
217	廖善平	建宁县城建监察大队	副中队长
218	邓万明	建宁县濉溪镇	人大主席
219	张木兰	宁化县行政执法局	信息员
220	谢　伟	宁化县济村乡村建站	站长
221	王清和	清流县城建监察大队	教导员
222	吕晓辉	明溪县国土资源局夏阳国土资源所	所长
223	李一帆	明溪县盖洋镇人民政府	副镇长候选人
224	张金凤	明溪县城建监察综合执法大队	工作人员
南平（30 人）			
225	方　鹏	南平市城市管理行政执法局	副局长
226	游培新	南平市城市管理行政执法局	主任科员
227	吕　杰	南平市工商行政管理局	副主任科员
228	刘克彪	南平市国土资源监察支队	主任科员
229	陈经娴	国网南平供电公司	工作人员
230	刘春华	南平市延平区城市管理行政执法局	局长
231	李　晖	南平市延平区黄墩街道办事处	主任
232	江　旭	中共南平市延平区大横镇党委	书记
233	张旭东	南平市建阳区城建监察大队	大队长
234	叶世芳	南平市建阳区童游街道办事处	副主任
235	范成华	中共南平市建阳区将口镇党委	书记
236	黄治明	中共建瓯市通济街道党工委	副书记
237	王　晖	建瓯市城市建设管理监察大队	副大队长
238	张晓光	建瓯市公安局巡特警反恐大队	大队长
239	丁　伟	武夷山市城市管理行政执法局	中队长
240	曹文彪	中共武夷山市崇安街道党工委	书记
241	谢　晖	武夷山市人民法院	副院长
242	陈怀宏	邵武市城市管理行政执法局	局长
243	周辉荣	邵武市吴家塘镇人民政府	副镇长

244	李建良	中共邵武市和平镇党委	书记
245	范学军	松溪县花桥乡人民政府	副乡长
246	詹　川	松溪县城市建设管理监察大队	科员
247	郑　勇	光泽县行政执法局	局长
248	郝晓琨	光泽县处突巡防大队	大队长
249	许长青	政和县澄源乡建设管理所	所长
250	郑周荣	政和县外屯乡建所	所长
251	吴盛安	中共顺昌县仁寿镇党委	书记
252	林　炜	顺昌县城建监察大队	监察员
253	项金友	浦城县行政执法局	副局长
254	刘智超	浦城县行政执法局	工作人员
宁德（30人）			
255	苏跃生	宁德市城市管理行政执法局	党组书记
256	叶雄武	宁德市城管行政执法局蕉城支队	副支队长
257	陈　威	宁德市城市管理行政执法局	副大队长
258	陆　滨	宁德市水路运输管理处	副处长
259	周华健	中共宁德市委宣传部	科长
260	林春锦	宁德市公安局蕉城分局巡特警反恐大队	负责人
261	林弘超	宁德市城管行政执法局东侨支队	大队长
262	王步旺	中共宁德市蕉城区城南镇纪委	副书记
263	巫　白	中共宁德市蕉城区漳湾镇党委	书记
264	郑钦伟	宁德市蕉城区治违办	主任
265	蔡述洪	宁德市蕉城区治违大队	教导员
266	陈锦栋	中共古田县城西街道党工委	副书记
267	廖　金	古田县清违指挥中心	办公室主任
268	王椿清	福安市城市管理行政执法大队	大队长
269	许　飞	福安市公安局治安管理大队	中队长
270	兰焕华	中共福安市晓阳镇党委	副书记
271	林永泉	柘荣县双城镇国土资源所	所长
272	缪　凯	柘荣县农机局	股长
273	王怀銮	福鼎市“两违”综合治理工作领导小组办公室	办公室主任
274	梅　琥	福鼎市城市建设监察大队	大队长
275	李兴楚	霞浦县水门畲族乡村镇建设管理所	所长
276	李丕清	霞浦县松港街道办事处	征地办主任
277	林　铭	屏南县国土资源监察大队	大队长
278	韩世再	屏南县城建管理监察大队	副大队长
279	卢　刚	周宁县人民政府	副调研员
280	陈文忠	周宁县城市管理综合行政执法局	局长

281	李佐锶	中共周宁县李墩镇党委	副书记
282	叶　毓	寿宁县犀溪镇村镇建设规划服务中心	主任
283	卢厚斌	寿宁县城建监察大队	科员
284	陈明奎	寿宁县南阳镇村镇建设规划服务中心	干部
平潭（5人）			
285	陈建余	平潭白青乡白沙村村委会	主任
286	林　杰	平潭综合实验区综合执法局	支队长
287	何　盈	中共平潭综合实验区北厝镇党委	书记
288	林友生	平潭综合实验区效能办	副主任
289	许祥龙	中共平潭白青乡党委	政工副书记
省直（13人）			
290	李洪森	中共福建省委组织部	主任科员
291	林君希	中共福建省委宣传部外宣办	主任科员
292	赵桂球	福建省民族与宗教事务厅	副调研员
293	胡国超	福建省公安厅治安管理总队	科员
294	孙立涛	福建省财政厅	主任科员
295	林世义	福建省国土资源监察总队	副调研员
296	林奇祥	福建省工商行政管理局	调研员
297	陈囿任	福建省人民政府信访局	副调研员
298	曾能春	福建省人民政府法制办	主任科员
299	蔡高乐	国网福建省电力有限公司	处长
300	危政远	福建省建设监察总队	副总队长
301	曹　诚	福建省建设监察总队	主任科员
302	万丹丹	福建省“两违”综合治理专项行动领导小组办公室	工作人员

（摘编：黄万良）

福建省侨联系统先进集体和先进工作者名单

2017年11月30日福建省人力资源和社会保障厅、福建省归国华侨联合会于下发的《福建省人力资源和社会保障厅 福建省归国华侨联合会关于表彰全省侨联系统先进集体和先进工作者的决定》(闽人社文〔2017〕332号)提出，2013年以来，在省委、省政府正确领导下，全省各级侨联组织和广大侨联工作者，认真学习贯彻党的十八大和十九大精神，大力弘扬“嘉庚精神”，以人为本，为侨服务，认真履行群众工作、参政议政、维护侨益、海外联谊职能，围绕中心，服务大局，开拓创新，真抓实干，在为侨服务、为建设新福建和推进两岸交流合作等方面做了大量工作，涌现出一批先进集体和个人，成绩显著，事迹突出。

为表彰先进、树立典型，激励全省各级侨联机关和广大侨联工作者开拓进取，奋发有为，福建省人力资源和社会保障厅、福建省归国华侨联合会决定，授予福州市侨联等30个单位“全省侨联系统先进集体”，授予林钦等40位同志“全省侨联系统先进工作者”。希望受表彰的先进集体和个人珍惜荣誉，戒骄戒躁，再接再厉，再创佳绩。

2013—2017年度全省侨联系统先进集体和先进工作者名单

(排名不分先后)

一、先进集体（30个）

福州市（5个）

福州市侨联
福清市侨联
福州市长乐区侨联
连江县侨联
福州市鼓楼区后县社区侨联小组

厦门市（4个）

厦门市思明区侨联
厦门市湖里区侨联
厦门市集美区侨联
厦门市同安区侨联

漳州市（3个）

诏安县建设乡侨联
华安县仙都镇侨联
龙海市港尾镇卓岐村侨联

泉州市（7个）

泉州市侨联
泉州市泉港区侨联
晋江市侨联
南安市侨联
永春县侨联
安溪县西坪镇侨联
南安市乐峰镇厚阳村侨联

莆田市（2个）

莆田市侨联办公室
仙游县侨联

三明市（2个）

明溪县侨联
尤溪县侨联

南平市（2个）

武夷山市侨联
南平市侨界交流协会

龙岩市（2个）

上杭县侨联

龙岩市新罗区东肖镇侨联

宁德市（2个）

屏南县侨联

霞浦县侨联

省　直（1个）

福建（省直）菲律宾归侨联谊会

二、先进工作者（40名）

福州市（5个）

林　钦（女）　闽侯县侨联主席

唐　宜（女）　福州市侨联办公室副主任科员

郑叔忠　福州市鼓楼区洪山镇侨联主席

何代发　福清市侨联高山分会主席

张志群　闽清县教育局办公室主任、闽清县侨联常委

厦门市（5个）

吴多宏　厦门市梧村街道侨联副主席

熊秀密（女）　厦门市湖里区侨联主任科员

钟鑫华　厦门海沧区侨联副秘书长

许美玲（女）　厦门第三医院主管护士（退休）、同安区侨联兼职副主席

朱志愿　厦门市翔安区马巷镇侨联主席

宁德市（3个）

张　韩　福安市侨联主席

戴立彬　古田县侨联副主任科员

冯月茶（女）　宁德市侨联维权协调中心主任

莆田市（3个）

陈珊珊（女）　莆田市秀屿区侨联办公室负责人

李金灿　莆田市涵江区关爱侨乡留守儿童新墩服务站站长

黄国珍　莆田市涵江珍宝电子有限公司董事长、涵江区侨联兼职副主席

泉州市（7个）

蔡　敏（女）　泉州市侨联办公室主任科员

林　鹰　泉州市华侨历史博物馆副馆长

陈丽倩（女）　泉州市鲤城区侨联办公室负责人

吴端龙　泉州丰泽区北峰街道侨联主席

黄其东　泉州市洛江区罗溪县侨联主席

施永周　石狮市五洲大酒店副董事长、石狮市侨联兼职副主席

蔡婉婷（女）　晋江市侨联办公室主任

漳州市（5个）

黄珍宾（女）　漳州市芗城区侨联主任科员

赖少滨（女）　长泰县侨联副秘书长

江爱荣　平和县侨联主席

何惟英（女）　漳浦县侨联副主任科员

陈辉山　云霄县侨联陈岱镇侨联主席

龙岩市（2个）

卢巧珍（女）　龙岩市侨联副主任科员

李治鸿　连城县侨联主席

三明市（2个）

罗珠莲（女）　三明市梅列区侨联主席

洪珊青（女）　泰宁县侨联秘书长

南平市（2个）

滕爱兰（女）　南平市侨联副主席

林丽华（女）　南平华孚电器有限公司总经理、南平市侨联常委

平潭综合实验区（1个）

林　旭　平潭县综合实验区侨联党组书记

省　直（5个）

李笃妙　福建医科大学附属第一医院小儿外科主任、省侨联常委

钱庆荣　福建师范大学研究员、师大侨联副主席

陈成栋　闽江学院教授、闽江学院侨联主席

张晓琼（女）　福建中医药大学副研究馆员、福建中医药大学侨联秘书长

陈忠宁　中国科学院福建物质结构研究所研究员、物构所侨联委员

（摘编：苏建平）

福建省信访系统先进集体和先进工作者名单

2017年2月10日福建省人力资源和社会保障厅、福建省委省政府信访局下发的《关于表彰全省信访系统先进集体和先进工作者的决定》（闽人社文〔2017〕50号）提出，近年来，在省委、省政府的坚强领导下，全省各级信访部门和广大信访工作者始终以邓小平理论、“三个代表”重要思想、科学发展观为指导，全面贯彻党的十八大和十八届三中、四中、五中、六中全会精神，深入贯彻习近平总书记系列重要讲话和省第九次、十次党代会精神，围绕中心，服务大局，开拓创新，全力推进阳光信访、责任信访和法治信访，积极向党和政府反映社情民意，推动群众合法诉求解决，有力促进了社会和谐稳定，进一步密切了党和政府与群众的血肉联系，涌现出一批先进集体和先进工作者，为推动我省信访事业改革创新发展作出了重要贡献。

为了表彰先进，树立榜样，弘扬正气，振奋精神，激励全省各级信访部门和广大信访工作者认真贯彻中央和省委、省政府关于信访工作的决策部署，进一步做好“十三五”期间的信访工作，省人力资源和社会保障厅、省委省政府信访局决定，授予福清市信访局等34个单位“全省信访系统先进集体”荣誉称号，授予郑健康等54名同志“全省信访系统先进工作者”荣誉称号。

全省信访系统先进集体名单

1. 中共福清市委福清市人民政府信访局
2. 中共闽侯县委闽侯县人民政府信访局
3. 福州市公安局屏山派出所
4. 南昌铁路局福州车站
5. 厦门市国土资源与房产管理局信访投诉中心
6. 中共厦门市湖里区委湖里区人民政府信访局
7. 中共漳州市委漳州市人民政府信访局
8. 中共云霄县委云霄县人民政府信访局
9. 中共诏安县委诏安县人民政府信访局
10. 中共东山县委东山县人民政府信访局
11. 中共泉州市丰泽区委丰泽区人民政府信访局
12. 中共晋江市委晋江市人民政府信访局
13. 中共安溪县委安溪县人民政府信访局
14. 中共永春县委永春县人民政府信访局
15. 中共梅列区委梅列区人民政府信访局
16. 中共宁化县委宁化县人民政府信访局
17. 中共泰宁县委泰宁县人民政府信访局
18. 中共将乐县委将乐县人民政府信访局
19. 中共尤溪县委尤溪县人民政府信访局
20. 中共莆田市涵江区委涵江区人民政府信访局
21. 莆田市北岸经济开发区人力资源和社会保障局
22. 中共南平市委南平市人民政府信访局
23. 中共邵武市委邵武市人民政府信访局
24. 中共建瓯市委建瓯市人民政府信访局
25. 中共松溪县委松溪县人民政府信访局
26. 中共上杭县委上杭县人民政府信访局
27. 中共武平县委武平县人民政府信访局
28. 中共漳平市委漳平市人民政府信访局
29. 中共蕉城区委蕉城区人民政府信访局

30. 中共福鼎市委福鼎市人民政府信访局
31. 中共霞浦县委霞浦县人民政府信访局
32. 中共寿宁县委寿宁县人民政府信访局
33. 福建省公安厅信访办公室
34. 福建省信访局来访接待处

全省信访系统先进工作者名单

1. 郑健康　福州市台江区信访局局长
2. 林疆屏　福州市仓山区信访局副局长
3. 黄　勇　长乐市信访局综合科副科长
4. 林　诚　连江县信访局主任科员
5. 许建文　闽清县信访局接访办信科科长
6. 谢文山　罗源县信访局主任科员
7. 林少瑜　福州市公安局安泰派出所所长
8. 程东海　厦门市信访局复查复核处主任科员
9. 颜丽芬　厦门市海沧区信访服务中心副主任
10. 陈惠明　漳州市芗城区信访局科员
11. 郭建财　漳州市龙文区信访局干部
12. 曾勇辉　龙海市信访局干部
13. 洪宗华　漳浦县信访局副局长
14. 沈赐印　平和县信访局局长
15. 李丽滨　长泰县信访局主任科员
16. 蔡明莲　华安县信访局干部
17. 张雪萍　泉州市信访局综合科科长
18. 黄永福　泉州市劳动保障监察支队支队长
19. 叶志明　泉州市鲤城区信访局办公室主任
20. 刘秀金　泉州市泉港区信访局综合股负责人
21. 陈国锋　石狮市信访局局长
22. 朱阁莹　惠安县信访局综合股股长
23. 陈毅芳　南安市信访局科员
24. 黄祥丰　三明市信访局办信督查科长
25. 李子杨　永安市信访局副局长
26. 廖喜宏　清流县信访局局长
27. 黄雪娇　建宁县信访局办公室科员
28. 林柳萍　沙县信访局网络服务中心干部
29. 叶淑琴　大田县信访局业务股股长
30. 陈鸿锁　莆田市信访局局长
31. 王　方　仙游县信访局督查员
32. 吴　东　莆田市荔城区镇海街道办事处信访办负责人
33. 林　瑜　南平市信访局办公室主任
34. 刘元保　南平市建阳区信访局局长
35. 左长荣　武夷山市信访局信访督查专员
36. 李志华　顺昌县政府办公室副主任、信访局局长
37. 李　核　浦城县古楼乡司法所所长、浦城县信访局副局长（挂职）
38. 李宏煊　龙岩市新罗区信访接待服务中心主任
39. 戴平辉　龙岩市永定区信访局督查股股长
40. 刘华养　长汀县信访局综合股股长
41. 李伟霞　连城县信访局接访中心主任
42. 周乃松　宁德市信访局局长
43. 缪晓华　福安市信访局办信接访股负责人
44. 郑珠琴　周宁县信访局副局长
45. 杨晓峰　古田县信访信息中心主任
46. 刘文琼　平潭综合实验区信访局科员
47. 任　杰　福建省综治办综治四室副主任科员
48. 蔡雅丽　福建省高级人民法院立案一庭助理审判员
49. 吴艺林　福建省民政厅社会救济处专技干部
50. 雷　红　福建省人力资源和社会保障厅办公室调研员
51. 林明钦　福建省国土资源厅执法处主任科员
52. 聂国顺　福建省建设监察总队主任科员
53. 涂紫君　福建省信访局督查室干部
54. 郑　涵　福建省信访局办信处干部

（摘编：游学荣）

福建省民族与宗教系统先进集体和先进工作者名单

2017年2月4日福建省人力资源和社会保障厅、福建省民族与宗教事务厅下发的《关于表彰全省民族与宗教系统先进集体和先进工作者的决定》（闽人社文〔2017〕46号）提出，近年来，在省委、省政府的领导下，全省民族与宗教部门和广大民族与宗教工作者始终以邓小平理论、“三个代表”重要思想、科学发展观为指导，全面贯彻党的十八大、十八届三中、四中、五中、六中全会和习近平总书记系列重要讲话精神，围绕中心，服务大局，开拓创新，积极有为，扎实推进民族乡村经济社会持续快速发展，确保宗教领域和谐稳定，涌现出一批先进集体和先进工作者，为新福建建设作出了重要贡献。

为表彰先进，弘扬正气，树立典型，进一步激发全省民族与宗教系统广大干部职工的积极性和创造性，不断开创民族与宗教工作新局面，省人力资源和社会保障厅、省民族与宗教事务厅决定，授予福清市民族与宗教事务局等13个单位“2012－2015年度全省民族与宗教系统先进集体”荣誉称号，授予兰春明等19名同志“2012－2015年度全省民族与宗教系统先进工作者”荣誉称号。

全省民族与宗教系统先进集体名单（共13个）

福清市民族与宗教事务局
永泰县民族与宗教事务局
厦门市思明区民族与宗教事务局
东山县民族与宗教事务局
泉州市民族与宗教事务局佛教与伊斯兰教工作科
泉州市鲤城区民族与宗教事务局
永安市民族与宗教事务局
莆田市民族与宗教事务局
松溪县民族与宗教事务局
上杭县民族与宗教事务局
福安市民族与宗教事务局
闽东中华畲族宫
福建省民族与宗教事务厅政策法规处

全省民族与宗教系统先进工作者名单（共19名）

兰春明　连江县民族与宗教事务局副局长

陈　蓉（女）　福州市台江区民族与宗教事务局局长

郭莉萍（女）　福州市民族与宗教事务局办公室副主任

苏人登　厦门市民族与宗教事务局业务二处处长

李　仁　厦门市翔安区民族与宗教事务局主任科员

李建政　漳州市民族与宗教事务局主任科员

刘清河　漳州市芗城区民族与宗教事务局副局长

杨春雷　晋江市民族与宗教事务局局长

黄宝梅（女）　安溪县民族与宗教事务局副主任科员

许新新　石狮市民族与宗教事务局局长

郭惠芳（女）　泉州台商投资区党工委党群

工作部副部长

曹　凌　沙县民族与宗教事务局局长

刘文胜　宁化县民族与宗教事务局局长

陈宗桂　莆田市民族与宗教事务局科长

钟艳华（女）　南平市民族与宗教事务局副局长

黄永毅　龙岩市民族与宗教事务局工勤人员

丁雪燕（女）　福鼎市民族与宗教事务局股长

林国富　柘荣县民族与宗教事务局正科级干部

杨文法　福建省宗教事务服务中心副主任

（摘编：杨立群）

福建省第七批援藏、第六批援疆和第九批援宁工作队记功奖励人员名单

2017年8月23日福建省人民政府下发的《福建省人民政府关于给予我省第七批援藏、第六批援疆和第九批援宁工作队记功奖励的决定》（闽政文〔2017〕295号）提出，2016年7月以来，我省第七批援藏、第六批援疆、第九批援宁工作队相继圆满完成各项对口支援工作任务。三支工作队伍牢记省委、省政府的重托，坚持对口帮扶、互动联动、共同发展，艰苦奋斗，忠于职守，爱岗敬业，求真务实，开拓创新，不辱使命，取得良好的业绩，得到当地党委、政府和广大群众的高度评价。

为表彰第七批援藏、第六批援疆和第九批援宁工作队作出的贡献，推动对口援建工作深入开展，鼓励干部到艰苦地区建功立业，省政府决定，给予我省第七批援藏、第六批援疆和第九批援宁工作队各记集体二等功一次。

福建省第七批援藏工作队人员名单（共62人）

姓名	援藏单位及职务	援藏前单位及职务
李海波	林芝市委副书记、市政府常务副市长，福建省第七批援藏工作队领队	宁德市委常委
苏功庭	林芝市政府副秘书长	省政府办公厅教科文处副处长
黄　强	林芝市纪委副书记	省监察厅驻省交通运输厅监察室副主任
庄　馥	林芝市委组织部部长助理	省委组织部机关党委主任科员
张　胜	林芝市中级人民法院党组副书记、副院长	省法院民事审判第四庭副庭长、审判员
郭　峰	林芝市检察院党组副书记、副检察长	省检察院副处级检察员
张林洪	林芝市发展和改革委员会党组副书记、副主任	省发改委股份制改革与证券管理处副调研员
刘春荣	林芝市财政局党组副书记、副局长	省财政厅农村综合改革处副调研员
谢　颖	林芝市人力资源和社会保障局党组副书记、副局长	省社会劳动保险局副调研员
林本东	林芝市商务局党组副书记、副局长	省商务厅机电和科技产业处（省政府机电产品进出口办公室）副处长
陈为民	林芝市旅游局党组副书记、副局长	省旅游局人事处副调研员
陈素平	林芝市工商联副主席	省工商联会员部副部长
廖相国	林芝市水利局党组成员、防汛抗旱指挥中心主任	省九龙江北溪管理局综合办公室主任
欧国强	林芝市外事办主任助理	省政府外事办翻译室主任科员

续表

姓名	援藏单位及职务	援藏前单位及职务
涂东晋	林芝市卫生局中心血站副站长	省血液中心血液检测部主治医师
林德根	林芝市林业局党委委员、林科所所长	福建省世界银行贷款造林项目办公室主任科员
姜　涛	林芝市林升森工有限责任公司副董事长、常务副总经理	福建投资集团办公室文秘高级主管
张逢桂	林芝市交通运输局党委委员、交通项目管理中心总工程师	省交通规划设计院副总工程师
何林生	林芝市委党校副校长	省委党校、行政学院应急管理培训中心副教授
马国玄	林芝市农牧局党组副书记、副局长	厦门海洋职业技术学院学生处处长（副处级）
付世宗	林芝市扶贫办党组成员、副主任	省农业执法总队主任科员
黄玉富	林芝市市政局党组副书记、副局长	省建设工程造价管理总站副站长
鞠维明	林芝市人防办党组副书记、副主任	省人防指挥所管理中心副调研员
张剑峰	林芝市教育体育局党委副书记、副局长	省教育厅学校安全工作处副调研员
严明忠	林芝市职业技术学校副校长	福建省侨兴轻工学校机电科科长
邹　标	林芝市八一中学副校长	厦门市集美中学德育处副主任
谢始联	林芝市电视台副台长	省广播影视集团电视东南频道记者、编辑
涂桦忠	林芝市工商局副局长	南平市工商局副调研员兼办公室主任
柯东阳	林芝市政府副秘书长、市城市投资有限责任公司总经理	泉州市泉港区城市管理行政执法局局长
肖华鑫	米林农场党委书记、场长	龙岩市新罗区委副书记（正处级），第六批援藏干部
郭德喜	米林农场场长助理	龙岩市长汀县濯田镇党委书记
许永良	米林县委书记	厦门市集美区政府区长助理
蔡江瑶	米林县县委副书记、常务副县长	厦门翔安区新圩镇党委委员（正处级），第六批援藏干部
张怡坤	米林县副县长	厦门集美区工商局副调研员
文　杰	米林县米林镇党委副书记、常务副镇长	厦门市人大侨务外事委主任科员
卓培杰	米林县农牧局副局长	厦门市翔安区农林水利局林政资源管理站工程师
刘蓬鹏	米林县卫生服务中心副主任	厦门大学附属中山医院开元街道社区卫生服务中心主治医师
张国旺	米林县卫生服务中心副主任	厦门市妇幼保健院耳鼻喉科主治医师
许海生	米林县住建局副局长	厦门市规划局总工程师办公室主任科员
邱云峰	米林县交通运输局副局长	厦门市公路局总工程师办公室高级工程师
吴建铭	朗县县委常务副书记（正县级）	福州市晋安区委常委、宣传部长（正处级）
刘必霖	朗县县委副书记、常务副县长	福州市方志委党组成员、副主任
林如长	朗县副县长	福州高新区洪山园管委会主任（副处级）、鼓楼区洪山镇党委书记
俞　华	朗县朗镇党委副书记、常务副镇长	福清市城头镇党委书记
温国灿	朗县农牧局副局长	福州市农业科学研究所果树研究工程师

续表

姓名	援藏单位及职务	援藏前单位及职务
代祖建	朗县卫生服务中心副主任	福州肺科医院胸外科主治医师
周晓军	朗县卫生服务中心副主任	福州市第七医院外科主治医师
李科昌	朗县住建局副局长	福州市规划设计研究院规划所二室副主任、工程师（聘用）
张　华	朗县交通运输局副局长	福州市公路局罗源分局工程股副股长
张朝阳	工布江达县委书记	晋江市政府副市长（正处级）、党组成员，第六批援藏干部
杨凤翔	工布江达县委副书记、常务副县长	泉州市泉港区政府副区长、党组成员
黄建洪	工布江达县副县长	泉州市农业科学研究所党支部书记
邱鸿荣	工布江达县工布江达镇党委副书记、常务副镇长	晋江市西园街道党工委副书记、办事处主任
郑金水	工布江达县农牧局副局长	泉州市农科所台湾农业技术交流推广中心副主任
梅忠礼	工布江达县卫生服务中心副主任	泉州市光前医院泌尿外科副主任医师
郭　坚	工布江达县住建局副局长	泉州市城乡规划信息中心副主任
苏一敏	工布江达县交通运输局副局长	泉州市交通工程规划建设管理处干部
李志东	林芝市八一中学副校长	厦门双十中学保卫科副科长
林振兴	朗县卫生服务中心副主任	长乐市医院骨外科主治医师
黄健芳	朗县卫生服务中心副主任	福清市第三医院外科主任、副主任医师
卢毅卓	米林县卫生服务中心副主任	厦门大学中山医院普外科副主任医师、外科教研室秘书
陈绍语	米林县卫生服务中心副主任	厦门大学附属第一医院思明分院麻醉科副主任医师

福建省第六批援疆工作队人员名单（共268人）

姓名	援疆单位及职务	援疆前单位及职务
谢毅泰	昌吉州党委副书记，福建省第六批援疆工作队领队、省前方指挥部总指挥长	漳州市副市长
詹晨辉	昌吉州副州长，福建省第六批援疆工作队副领队、省前方指挥部副总指挥长	省政府投资项目评审中心副主任、党组成员
林国标	昌吉州党委副秘书长，省前方指挥部副指挥长	省委办公厅办公室副主任
康长韬	昌吉州纪委副书记、省前方指挥部副指挥长	省纪委第二纪检监察室副处级纪检监察员
王　琮	昌吉州党委组织部副部长，省前方指挥部副指挥长	省领导人才考试中心副主任
许占杰	昌吉州发改委副主任，省前方指挥部副指挥长	省发改委社会发展处副调研员
柯宜达	昌吉州党委宣传部副部长	省委宣传部宣传教育处副调研员
杨露榕	昌吉州纪委党风政风监督室副主任	省纪委案件审理室主任科员
黄仲熙	昌吉州人力资源和社会保障局副局长	省人力资源和社会保障厅流动调配处副调研员
陈叶伟	昌吉州旅游局党组成员、副局长	漳州市政府办公室外经侨务科科长
童祥斌	昌吉州财政局副局长	省财政厅省农业综合开发办公室副调研员

续表

姓名	援疆单位及职务	援疆前单位及职务
王念峰	昌吉州经济和信息化委员会副主任	省经信委原材料工业处副调研员
陈文生	昌吉州商务局（招商局）副局长	省商务厅开发区管理处副调研员
卓　炜	昌吉州农业局副局长	省农村合作经济经营管理总站站长
罗立仪	昌吉州教育局副局长	福建教育电视台副台长
郭　隽	昌吉州文化体育广播影视局副局长	省广播电影电视局传媒机构管理处副处长
洪　涛	昌吉州卫计委副主任	省卫生计生委医政处副调研员
沈锦文	昌吉州民政局副局长	省民政厅老区建设发展处副调研员
钟建春	昌吉州党委党校副校长	省委党校公务员培训处副处长
黄志坚	昌吉州城乡规划管理局副局长	省建设执业资格注册管理中心副主任（正处级）
鲍振兴	昌吉国家农业园区管委会副主任	福建农林大学党委宣传部副部长（校聘副处级）
江基祥	昌吉国家农业园区发展产业局副局长	建瓯市顺阳乡党委书记
林世川	昌吉国家高新技术产业开发区管委会副主任	泉州市丰泽区副处级干部，第五批援疆干部
吴祖宜	昌吉州公安局副局长	省公安厅指挥情报中心副主任
张金统	昌吉州公安局局长助理	省公安厅刑事侦查总队刑事侦查二支队主任科员，第五批援疆干部
陈礼伟	昌吉州公安局刑事侦查支队副支队长	省公安厅刑事技术总队警犬技术室主任科员
王　怡	昌吉州公安局技术侦察支队副支队长	省公安厅技术侦察总队综合室副主任
卢细英	昌吉州公安局网络安全保卫支队副支队长	省公安厅网络安全保卫总队网络安全保卫二支队副支队长，第五批援疆干部
郑秋松	昌吉州公安局经济犯罪侦查支队副支队长	省公安厅经济犯罪侦查总队经济犯罪侦查四支队副支队长
穆勇军	昌吉州国家安全局副局长	省国家安全厅十四处副调研员
赵　挺	昌吉州国家安全局五支队副支队长	省国家安全厅十八处二科科长
江文达	昌吉州国家安全局二支队副大队长	厦门市国家安全局十五处秘书科副主任科员
简洪坤	木垒县委副书记，省前方指挥部漳州分指挥部指挥长	漳州市旅游局副调研员，南靖土楼党工委书记、管委会主任
赵大建	木垒县委副书记，省前方指挥部南平分指挥部指挥长	光泽县委常委、县纪委书记
苏群勇	木垒县城乡规划管理局副局长	漳州市建筑设计院副院长（副科级）
许友松	木垒县公安局副局长	漳州市公安局公共信息网络安全监察支队一大队大队长
吴汉城	木垒县住房和城乡建设局副局长	漳州市公路局副总工程师（正科级）、福建招银高速公路有限公司副总经理
余永俤	奇台县委副书记，省前方指挥部福州分指挥部指挥长	福州市委政法委委务会成员、市综治办副主任
杨立宏	奇台县副县长	福州市晋安区政协副调研员
郑晓东	奇台县公安局副局长	福州市公安局台江分局刑事侦查大队盗抢机动车犯罪侦查一队队长、副主任科员

续表

姓名	援疆单位及职务	援疆前单位及职务
林　嵩	奇台县发展和改革委员会副主任	福州市发改委服务业发展和对外经济处副处长
陈惠芳	奇台县住房和城乡建设局副局长	福州市鼓楼区华大街道党工委副书记、纪工委书记
陈　浩	奇台县旅游局副局长	长乐市旅游局副局长
林凤蕃	奇台县经济和信息化委员会副主任	福州市经委经济运行处副主任科员
余　粮	奇台县闽奇石材产业园管委会副主任	罗源县政协办公室副主任
卢仲催	奇台县农业局副局长	永泰县盘古乡党委副书记
陈　斌	奇台县财政局副局长	福州市财政局经济建设处副处长
仲伟斌	吉木萨尔县副县长	厦门市思明区嘉莲街道办事处副主任、党工委委员
蔡自力	吉木萨尔县发改委副主任	厦门市发改委主任科员
庄荣林	吉木萨尔县公安局副局长	厦门市公安局集美分局办公室副主任
陈志诚	吉木萨尔县规划局副局长	厦门市城市规划设计研究院高级工程师、注册规划师
黄　志	吉木萨尔县文化体育旅游广播影视局副局长	厦门市旅游质量监督管理所副主任科员
杨昌文	昌吉市委副书记，省前方指挥部泉州分指挥部指挥长	泉州市丰泽区副区长、党组成员
苏延辉	昌吉市副市长	晋江市陈埭镇党委副书记、镇长（副处级）
林建华	昌吉市公安局副局长	石狮市公安局党委委员、交管大队大队长（正科级）
刘海明	昌吉市住房和城乡建设局副局长	南安市罗东镇党委委员（正科级），第五批援疆干部
吴文永	昌吉市发改委副主任	晋江市东石镇副镇长（正科级），第五批援疆干部
蔡英殿	昌吉市商务和经济信息化委员会副主任	石狮市环境保护局局长、党组书记
罗　剑	呼图壁县委副书记，省前方指挥部龙岩分指挥部指挥长	武平县副县长
黄伟宏	呼图壁县商务和经济信息化委员会副主任	龙岩市新罗区西陂街道科技副主任
游正勋	呼图壁县规划局副局长	永定县大溪乡副乡长
尤信程	呼图壁县发改委副主任	宁德市蕉城区飞鸾镇副镇长
程端春	呼图壁县农业局副局长	古田县食用菌产业管理局主任科员，第五批援疆干部
钟建锋	呼图壁县文化体育旅游广播影视局副局长	武平县旅游事业局副局长
郑允荣	呼图壁县公安局副局长	宁德市公安局东侨分局刑侦大队教导员（正科级）
林　锋	玛纳斯县委副书记，省前方指挥部莆田分指挥部指挥长	莆田市城厢区副区长
刘润宇	玛纳斯县委副书记，省前方指挥部三明分指挥部指挥长	三明市梅列区委常委、宣传部长
林铁雄	玛纳斯县公安局副局长	莆田市公安局城厢分局刑侦大队信息情报中队中队长
何建斌	玛纳斯县建设局副局长	莆田市工程建设监理所副所长
孙广金	玛纳斯县发改委副主任	三明市重点项目建设领导小组办公室副主任
陈全成	昌吉职业技术学院副院长	福州大学保卫部、人武部科长
李　熹	昌吉州第一中学语文教师	福州市第十五中学语文教师
陈晓梅	昌吉州第一中学英语教师	长乐市高级中学英语教师

续表

姓名	援疆单位及职务	援疆前单位及职务
罗小华	昌吉州第二中学数学教师	厦门市科技中学高中数学教师
黄金钟	昌吉州人民医院神经外科医生	福建医科大学附属第二医院神经外科主任医师
黄峥慧	昌吉州人民医院医生	福建医科大学附属协和医院呼吸内科副主任医师
庄则豪	昌吉州人民医院医生	福建医科大学附属协和医院呼吸内科副主任医师
王小勇	昌吉州中医医院内科医生	福建省级机关医院内科二区主治医师
李　琪	昌吉州中医医院医生	福建省立医院急诊外科主治医师（骨科专业）
谢　勇	昌吉州中医医院康复科治疗师	福建中医药大学附属康复医院物理治疗师
傅　筱	昌吉州疾控中心专业技术人员	省职业病与化学中毒预防控制中心主管医师
杨淑云	昌吉州农业技术推广中心主任助理	省食用菌技术推广总站技术推广科副科长
练芳松	昌吉州林业技术推广中心副主任	福建省洋口国有林场办公室主任
陈如登	昌吉州农产品检验检测中心专业技术人员	省农产品质量安全检验检测中心饲料科副科长
王　强	昌吉电视台专业技术人员	省广播影视集团电视东南频道工程师
周　文	昌吉国家高新技术产业开发区规划局专业技术人员	省建设工程质量安全监督总站安全监督管理科科长
吴风云	新疆特变电工有限公司副经理	中闽海上风电有限公司计划发展部经理
刘江文	新疆宜化化工有限公司副经理	福建炼化公司项目管理部综合管理分部副主任
林小周	木垒县人民医院外科医生	漳浦县杜浔中心卫生院外科主治医师
刘文煌	木垒县人民医院儿科医生	漳州市妇幼保健院新生儿疾病筛查中心主任
许玉衡	木垒县人民医院急诊科医生	漳州市芗城区人民医院急诊科主治医师
杨　航	木垒县人民医院妇科医生	浦城县医院妇产科主治医师
吴光华	木垒县人民医院眼科医生	政和县医院眼科主治医师
王学高	木垒县住房和城乡建设局安全监督站专业技术人员	邵武市建设工程质量安全监督站安全监督员、工程师
吴盛福	木垒县住房和城乡建设局园林绿化服务中心专业技术人员	南平市延平区林业局产业股股长
王国培	木垒县城乡规划管理局专业技术人员	漳州市芗城区住房保障与房地产管理局局长（副科级）
陈自强	木垒县文化体育旅游广播影视局专业技术人员	华安县旅游局市场开发股副股长
余　立	木垒县文化体育旅游广播影视局专业技术人员	武夷山度假区管委会国土规划局局长、工程师
柯其洪	木垒县农业局专业技术人员	南平市植保植检站科员、农艺师
蔡毅生	木垒县农业局专业技术人员	漳州市委农办经济发展科主任科员
郭俊辉	木垒县第一中学初中历史教师	云霄县四中团委书记、历史教师
庄耀雄	木垒县第一中学高中地理教师	平和县第一中学高中地理教师
张镇钦	木垒县第一中学高中体育教师	诏安县怀恩中学高中体育教师
杨小健	木垒县第一中学高中信息技术教师	南平市第一中学总务处副主任、信息技术教师
魏太杰	木垒县第一中学初中政治教师	顺昌县中等职业学校党支部书记、政治教师
游吾杏	木垒县第一中学高中地理教师	建阳市水吉中学高中地理教师
王华英	奇台县第六中学数学教师	闽侯县实验中学数学教师

续表

姓名	援疆单位及职务	援疆前单位及职务
陈犹明	奇台县中等职业技术学校教师	福州市第一技工学校高级讲师
程高升	奇台县人民医院副院长、麻醉科医生	福州市第一医院麻醉科副主任医师
林金贵	奇台县人民医院骨科医生	福州市第二医院骨科主治医师
杨　芳	奇台县人民医院妇产科医生	福州市晋安区新店镇卫生院妇产科主任、主治医师
黄海峰	奇台县中医院骨科医生	闽清县医院骨科副主任医师
陈为华	奇台县中医院医生	连江县中医院针灸主治中医师
林　斌	奇台县畜牧兽医局专业技术人员	福州市动物卫生监督所副所长
陈建顺	奇台县规划局专业技术人员	长乐市城乡规划局用地科办事员
张振明	奇台县住房和城乡建设局专业技术人员	福清市元洪投资区企业服务中心干部
曾秀榕	奇台县文化体育广播影视局专业技术人员	福州广播电视集团节目传播中心编导
陈绿波	吉木萨尔县第一中学数学教师	厦门市湖里中学数学教师
刘启尧	吉木萨尔县第二中学语文教师	厦门外国语学校语文教师
朱宇峰	吉木萨尔县第三中学英语教师	厦门海沧实验中学英语教师
苏丽旋	吉木萨尔县第一双语幼儿园教师	厦门市同安区洪塘中心幼儿园保教主任
王苗苗	吉木萨尔县中等职业技术学校教师	厦门电子职业中专学校机电专业教师
蔡伟聪	吉木萨尔县中等职业技术学校教师	厦门工商旅游学校教师
阮雪茹	吉木萨尔县妇幼保健站医生	厦门市湖里医院妇产科医生
李　静	吉木萨尔县人民医院眼科医生	厦门市第二医院眼科医生
吴德忠	吉木萨尔县人民医院呼吸科医生	厦门市第三医院呼吸内科副主任医师
舒诗军	吉木萨尔县人民医院骨科医生	厦门市翔安区同民医院骨科主治医师
蔡国祥	吉木萨尔县人民医院核磁共振科医生	厦门大学附属中山医院核磁共振科副主任医师
汪文荣	吉木萨尔县中医院妇科医生	厦门市妇幼保健院妇科医生
叶文彬	吉木萨尔县中医院肝病科医生	厦门市中医院肝病中心副主任医师
刘德顺	吉木萨尔县中医院普外科医生	厦门大学附属第一医院杏林分院普外科副主任医师，第五批援疆干部
李　艳	吉木萨尔县中医院影像科医生	厦门市海沧区医院影像科医生
傅金木	昌吉市人民医院内科医生	泉州市医学高等专科学校附属人民医院心内一科主任医师
叶晓艺	昌吉市人民医院呼吸内科医生	泉州市第一医院呼吸内科医生
朱振宏	昌吉市人民医院儿科医生	泉州市儿童医院儿科副主任医师
吴秋英	昌吉市人民医院神经内科医生	泉州市中医院神经内科医生
李少霖	昌吉市第二人民医院呼吸内科医生	晋江市安海医院呼吸内科主治医师
张江彬	昌吉市第二人民医院消化内科医生	南安市医院消化内科副主任医师
王守东	昌吉市第二人民医院骨科医生	石狮市医院骨科副主任医师
刘江英	昌吉市第二人民医院妇科医生	泉州市光前医院妇产科主治医师
柯世艳	昌吉市第三中学初中生物教师	德化县三班中学初中生物教师

续表

姓名	援疆单位及职务	援疆前单位及职务
唐文发	昌吉市第三中学初中地理教师	安溪县崇德中学初中地理教师
郭联成	昌吉市第五中学初中地理教师	南安市华美中学初中地理教师
黄志纯	昌吉市住房和城乡建设局专业技术人员	晋江市住建局晋南片区建设管理中心主任
陈又红	昌吉市城乡规划设计院专业技术人员	泉州市城市规划设计研究院高级工程师
张洪升	昌吉市城乡规划设计院专业技术人员	泉州市城乡规划勘测大队测绘组技术员
林思锻	昌吉市农业局专业技术人员	泉州市洛江区农林水局农科所干部
王　辉	呼图壁县第一中学物理教师	龙岩市高级中学物理教研组组长
占秀平	呼图壁县第二中学英语教师	福安市晓阳中学英语教师
张　强	呼图壁县中医院医生	龙岩市第一医院科教科工作人员、中医科副主任医师
陈永前	呼图壁县中医院医生	连城县医院内科主治医师
林仲法	呼图壁县中医院医生	龙岩市皮肤病性病防治院院长
张汉卿	呼图壁县中医院医生	龙岩市第二医院东院康复科主任
王晓迪	呼图壁县中医院医生	龙岩市人民医院骨科主治医师
李世阁	呼图壁县中医院心内科医生	宁德市医院心血管内科主治医师
陈重泽	呼图壁县中医院超声影像科医生	宁德市闽东医院超声科主治医师
林　辉	呼图壁县中医院呼吸内科医生	宁德市闽东医院呼吸内科主治医师
吴建勋	呼图壁县中医院医生	宁德市中医院医务科副科长
朱方勇	呼图壁县中医院内科医生	福鼎市医院中医内科医生
廖其成	呼图壁县委党校教师	龙岩市委党校经济学教研部副主任（副科级）、副教授
陈　岩	呼图壁县委党校教师	宁德市委党校管理学教研室教师
严远华	玛纳斯县农业技术推广中心副主任	泰宁县委农办副主任
吴荔辉	玛纳斯县人民医院外科医生	莆田市第一医院胸心外科副主任
宋建国	玛纳斯县人民医院产科医生	莆田市第一医院产科副主任
张云仪	玛纳斯县人民医院心内科医生	莆田市第一医院心血管内科副主任医师
聂　磊	玛纳斯县中医院骨伤科医生	泰宁县中医院骨科主治医师
魏志青	玛纳斯县中医院内科医生	沙县中医院住院部副主任中医师
彭爱娟	玛纳斯县妇幼保健站副站长	三明市妇幼保健院妇产科副主任医师、妇保科科长
吴劲松	玛纳斯县一中物理教师	莆田市第二中学团委书记、物理教师
林金中	玛纳斯县一中语文教师	仙游县枫亭职业学校语文教师
黄志猛	玛纳斯县一中英语教师	莆田市第八中学英语教师
陈丽丽	玛纳斯县一中数学教师	莆田市第三中学数学教师
林　萌	玛纳斯县一中化学教师	莆田市华侨中学化学教师
冯小健	玛纳斯县一中数学教师	永安市第一中学数学教师
詹功裕	玛纳斯县一中物理教师	泰宁县一中物理实验室教师
唐田发	玛纳斯县一中英语教师	明溪县一中英语教师
胡罕瑾	玛纳斯县一中化学教师	三明市第九中学化学教师

续表

姓名	援疆单位及职务	援疆前单位及职务
卢星榕	昌吉州人民医院医生	福建医科大学附属协和医院副主任医师
刘炜烽	昌吉州人民医院医生	福建医科大学附属第二医院副主任医师
魏晟宏	昌吉州人民医院医生	省肿瘤医院副主任医师
林　娟	昌吉州中医院医生	省立金山医院护理质量改进督导
王晓辉	昌吉州中医院医生	福建医科大学附属第一医院副主任医师
卓锦钊	昌吉州中医院医生	福建中医药大学附属人民医院副主任医师
林志强	昌吉州疾控中心医生	省疾控中心免疫规划科主管医师
陈　婷	昌吉州农产品检验检测中心副主任	省农产品质量安全检验检测中心技术科科长
杨淑云	昌吉州农业技术推广中心主任助理	省食用菌技术推广总站技术推广科副科长
詹兴堆	昌吉州农业局农业信息服务中心专技人才	三明市农业市场与经济信息站站长
黄盛尚	昌吉高新区规划建设局副局长	省城乡规划设计研究院市政公用所副所长
陈贵清	昌吉职业技术学院	福建船政交通职业学院机械工程系副教授
苏春锋	昌吉州一中数学教师	福州第十一中学数学教师
陈　琳	昌吉州一中语文教师	福州格致中学语文教师
张辉俊	昌吉州二中高中语文教师，教务处副主任	厦门市新店中学语文教师
吴荣超	昌吉州二中高中数学教师	厦门市诗坂中学数学教师
侯渊清	木垒县发改项目办干部	龙海市海澄镇计生办副主任
陈山泉	木垒县农业局专业技术人员	云霄县农业局能源办科员
陈瑞珠	木垒县文化体育旅游广播影视局专业技术人员	闽南日报社主任记者
薛盈洲	木垒县文化体育旅游广播影视局专业技术人员	武夷学院旅游学院教师
郑诚勇	木垒县科协副主席	南平市科学技术情报研究所高级工程师
窦钢洪	木垒县文化体育旅游广播影视局专业技术人员	南平市广播电视台广播节目中心副主任
石良文	木垒县农业局专业技术人员	南平市农业科学研究所水稻育种室干部
吴　静	木垒县住建局建设工程质量监督站副站长	光泽县住建局重点项目管理办公室主任、县建设工程质量安全监督站副站长
张超群	木垒县一中高中语文教师	南平市第一中学（江南校区）教师兼教务处教务员
郑心华	木垒县一中数学教师	南平高级中学数学教师
赖育清	木垒县人民医院五官科医生	龙海市第二医院口腔科主治医师
林成进	木垒县人民医院内科医生	南平市建阳区第一医院呼吸内科兼重症监护室行政主任
翁玉燕	木垒县人民医院妇产科医生	建瓯市妇幼保健院妇产科主治医师
伍家宝	奇台县人民医院普外科医生	福州经济技术开发区医院外科医生
陈代润	奇台县人民医院儿科医生	长乐市妇幼保健院儿科医生
吴　昊	奇台县人民医院手外科医生	福州市第二医院手外科医生
郑敏钦	奇台县中医医院针灸医生	福州市中医院医生
王世忠	奇台县中医医院医生	福州市肺科医院影像科医生
毛稚恩	奇台县计划生育指导站医生	福州市第八医院检验科医生

续表

姓名	援疆单位及职务	援疆前单位及职务
肖　雨	奇台县文化体育广播影视局专业技术人员	福州广播电视台新闻中心记者
左小路	奇台县住房和建设管理局专业技术人员	福州市工程管理处桥梁管理所施工员
柳振宇	奇台县中等职业技术学校教师	福州第二技师学院高级讲师
余　琛	奇台县中等职业技术学校教师	福州第一技师学院教师
赵传海	吉木萨尔县一中语文教师	厦门一中语文教师
刘顺林	吉木萨尔县一中数学教师	厦门六中数学教师
谢　展	吉木萨尔县一中英语教师	厦门外国语学校英语教师
陈跃聪	吉木萨尔县一中物理教师	厦门市同安区教师进修学校教科室副主任
陈建光	吉木萨尔县一中化学教师	厦门市松柏中学化学教师
卓伟超	吉木萨尔县一中生物教师	厦门市禾山中学生物教师
蒋清清	吉木萨尔县中医医院妇科（微创）医生	厦门市妇幼保健院妇科医生
胡天赤	吉木萨尔县中医医院中医内科医生	厦门市中医院医生
严辉弟	吉木萨尔县中医医院普外科（微创）医生	厦门市第二医院普外科医生
郑青麒	吉木萨尔县人民医院麻醉科医生	厦门大学附属中山医院手术麻醉科医生
郭航琦	吉木萨尔县人民医院妇产科医生	厦门市海沧医院妇产科医生
李水文	吉木萨尔县人民医院 icu 医生	厦门大学附属第一医院急危重症医学部医生
徐华英	吉木萨尔县人民医院妇幼保健站妇保科主任	厦门市第三医院妇产科医生
王聪才	昌吉市第三中学语文教师	泉州市泉港区第二中学语文教师
王青红	昌吉市第三中学数学教师	惠安县东周中学数学教师
王清海	昌吉市人民医院儿科医生	泉州市第一医院儿科医生
廖祁平	昌吉市人民医院神经内科医生	泉州医高专附属人民医院神经内科医生
陈　猛	昌吉市人民医院心血管内科医生	南安市医院心血管内科医生
杨庆堂	昌吉市人民医院呼吸内科医生	惠安县妇幼保健院呼吸内科医生
詹俊杰	昌吉市第二人民医院院长助理	泉州市中医院儿科医生
林印涛	昌吉市第二人民医院院长助理	泉州市儿童医院儿科医生
刘艳杰	昌吉市第二人民医院院长助理	石狮市妇幼保健院产科医生
李巧云	昌吉市第二人民医院院长助理	晋江市医院产科医生
俞桂海	呼图壁县委党校副校长	龙岩市委党校管理学教研部干部
林立气	呼图壁县委党校副校长	宁德市委党校、市行政学院教师
邹寿华	呼图壁县一中教师	上杭县古田中学副校长
韦蕴珊	呼图壁县二中教师	屏南县一中教师
管云柱	呼图壁县中医院普外科医生	宁德市医院肿瘤外科主治医师
杨　艳	呼图壁县中医院口腔科医生	宁德市医院口腔科主治医师
李微微	呼图壁县中医院妇科医生	宁德市闽东医院妇产科主治医师
蔡德正	呼图壁县中医院医生	宁德市中医院主治医师
涂沧海	呼图壁县中医院眼科医生	福鼎市医院眼科主治医师

续表

姓名	援疆单位及职务	援疆前单位及职务
钟和祥	呼图壁县中医院康复医生	龙岩市第二医院康复科副主任
赖灿斌	呼图壁县中医院骨伤科医生	龙岩市永定区中医院骨伤科主任
余裕昌	呼图壁县中医院医生	龙岩市中医院医务科副科长
张任贤	呼图壁县中医院皮肤科医生	龙岩市第一医院皮肤科医生
王柽鑫	呼图壁县中医院内科医生	福建省汀州医院内科医生
曾绍山	玛纳斯县农业局专业技术人员	宁化县农业局副局长、食用菌生产开发办公室主任
饶永斌	玛纳斯县农业局专业技术人员	三明市食用菌技术推广站干部
翁　振	玛纳斯县人民医院骨科医生	莆田市第一医院副主任医师
王智敬	玛纳斯县人民医院妇科医生	莆田市第一医院妇产科医生
陈建方	玛纳斯县人民医院重症医学科医生	莆田市第一医院医保科副科长
杨祖武	玛纳斯县人民医院医生	三明市妇幼保健院儿保科科长
吴德煊	玛纳斯县中医医院医生	沙县中医院医生
陈友某	玛纳斯县一中政治教师	尤溪一中工会副主席、中学政治教师
朱志辉	玛纳斯县一中教师	明溪县职业中学培训处主任
黄志龙	玛纳斯县一中英语教师	清流一中英语教师
陈金朋	玛纳斯县一中物理教师	仙游县华侨中学物理教师
刘绍伟	玛纳斯县一中物理教师	莆田第四中学物理教师
龚哲杞	玛纳斯县一中化学教师	莆田第十二中学化学教师
许阳高	玛纳斯县一中化学教师	莆田第七中学化学教师
叶建强	玛纳斯县一中生物教师	莆田第二十八中学生物教师

福建省第九批援宁工作队人员名单（共21人）

姓名	援宁单位及职务	援宁前单位及职务
陈　星	宁夏回族自治区扶贫办（移民局）党组成员、副主任（副局长），固原市委常委、副市长，福建省第九批援宁工作队领队	省人大常委会教育科学文化卫生工作委员会副主任
林金章	固原市政府副秘书长	省政协港澳台侨和外事委员会办公室副主任
黄雨涛	固原市隆德县委常委、副县长	长乐市滨海工业集中区党工委委员、管委会副主任（副处级）
汤　锋	固原市隆德县县长助理	长乐市海滨度假村管委会主任（正科级），长乐市江田镇党委副书记、纪委书记
林文福	吴忠市盐池县委常委、副县长	福州市晋安区副区长
连　锦	吴忠市盐池县县长助理	福州市晋安区团委书记
林绍栋	中卫市海原县委常委、副县长	厦门市委办公厅综合三处副调研员
林志城	中卫市海原县县长助理	厦门市同安区委办公室督查科主任科员
叶捷频	固原市泾源县委常委、副县长	厦门市翔安区司法局副调研员
白　羽	固原市泾源县县长助理	厦门海事法院海商庭正科级助理审判员

续表

姓名	援宁单位及职务	援宁前单位及职务
戴文利	固原市彭阳县委常委、副县长	漳浦县副县长
张延能	固原市彭阳县县长助理	漳浦县霞美镇党委书记
黄捍卫	固原市原州区委常委、副区长	泉州市委农村工作办公室副调研员
刘敬福	固原市原州区区长助理	泉州市泉港区团委书记
林育伟	吴忠市同心县委常委、副县长	泉州市计划生育协会副调研员、办公室主任
陈晓阳	吴忠市同心县县长助理	安溪县委县直机关工委副书记、主任科员
洪金城	吴忠市红寺堡区委常委、副区长	晋江市深沪镇党委书记（副处级）
郭浪滔	吴忠市红寺堡区区长助理	晋江市政协党组成员、秘书长、办公室主任，第八批援宁干部
林荣斌	固原市西吉县委常委、副县长	莆田市荔城区副区长
黄子迪	固原市西吉县县长助理	莆田市荔城区新度镇党委委员、人大主席团主席
黄嘉铭	银川市永宁县闽宁镇党委副书记	省农工党参政议政部主任科员

（摘编：黄万良）

福建省第五届大学生艺术节获奖名单

2017年12月19日福建省教育厅下发的《关于公布全省第五届大学生艺术节获奖名单的通知》（闽教体〔2017〕30号）提出，根据《教育部关于举办全国第五届大学生艺术展演活动的通知》（教体艺函〔2016〕5号）部署，2016年11月至2017年10月，福建省教育厅举办了全省第五届大学生艺术节。本届艺术节活动以“理想与信念”为主题，坚持立德树人、以美育人、以文化人，全省高校组织开展了丰富多样的艺术教育活动，取得了良好效果。

按照本届艺术节活动方案规定，共评出优秀组织奖45个，优秀创作奖19个，艺术表演类节目一等奖30个、二等奖57个、三等奖113个，合唱节目一等奖25个、二等奖21个、三等奖21个，艺术实践工作坊一等奖6个、二等奖5个、三等奖7个，艺术作品类一等奖17件、二等奖39件、三等奖60件，艺术教育科研论文一等奖10篇、二等奖44篇、三等奖98篇，校长风采奖14个，获得表演类节目、艺术实践工作坊一、二、三等奖和艺术作品类一、二等奖作品的指导教师获指导教师奖。获奖名单公布如下：

全省第五届大学生艺术节优秀组织奖名单

（排名不分先后）

厦门大学
福建师范大学
华侨大学
集美大学
泉州师范学院
福建农林大学
福州大学
厦门理工学院
福建工程学院
莆田学院
闽江学院
闽南师范大学
三明学院
龙岩学院
武夷学院
宁德师范学院
仰恩大学
福建师范大学协和学院
福建师范大学福清分校
福建师范大学闽南科技学院
福州大学至诚学院
福建农林大学金山学院
集美大学诚毅学院
厦门工学院
厦门华厦学院
厦门城市职业学院
厦门演艺职业学院
厦门华天涉外职业技术学院
阳光学院
福建幼儿师范高等专科学校
福建船政交通职业学院
泉州幼儿师范高等专科学校
福建信息职业技术学院
福建艺术职业学院
福州职业技术学院

黎明职业大学
漳州职业技术学院
泉州信息工程学院
泉州医学高等专科学校
闽江师范高等专科学校
漳州城市职业学院
漳州科技职业学院
湄洲湾职业技术学院
宁德职业技术学院
三明医学科技职业学院

全省第五届大学生艺术节优秀创作奖名单

（排名不分先后）

序号	节目名称	类别	组别	学校
1	《生丫俊》	声乐	甲组	福建师范大学
2	《谷雨时节的菊花台》	声乐	甲组	厦门华天涉外职业技术学院
3	《钗头凤·红酥手》	声乐	乙组	福州大学
4	《破浪》	器乐	甲组	华侨大学
5	《第四交响曲“自强”》第四乐章	器乐	乙组	厦门大学
6	《采苹》	器乐	乙组	华侨大学
7	《榕下红色衣恋》	舞蹈	甲组	福建师范大学
8	《风涛》	舞蹈	甲组	福建船政交通职业学院
9	《我们一起……》	舞蹈	甲组	福建幼儿师范高等专科学校
10	《成人礼》	舞蹈	甲组	集美大学诚毅学院
11	《蝉．鸣》	舞蹈	乙组	泉州师范学院
12	《挽·面》	舞蹈	乙组	福建师范大学
13	《香扇春情》	舞蹈	乙组	福建师范大学
14	《坊巷芳华》	舞蹈	乙组	福建幼儿师范高等专科学校
15	《时光电梯》	戏剧	甲组	福建农林大学金山学院
16	《母训》	戏剧	乙组	福建师范大学
17	《梦，留给未来的自己》	朗诵	甲组	福建师范大学
18	《西行悲歌》	朗诵	甲组	福建船政交通职业学院
19	《什么是中国》	朗诵	乙组	福建师范大学

全省第五届大学生艺术节艺术表演类节目获奖名单

（排名不分先后）

（一）声乐

一等奖

序号	节目名称	组别	学校	指导老师
1	《生丫俊》	甲组	福建师范大学	陈俊玲　刘铁英　饶　虹
2	《谷雨时节的菊花台》	甲组	厦门华天涉外职业技术学院	洪　群
3	《一想到你呀》	甲组	福建农林大学	陆　徽　周颖华　宋婉忻
4	《传奇》	甲组	泉州幼儿师范高等专科学校	郭　鸿　胡水静

续表

序号	节目名称	组别	学校	指导老师
5	《赶鸟歌》	乙组	华侨大学	张毅琛
6	《新娘，新娘水当当》	乙组	集美大学	詹士华　黄文杰　陈冰融
7	《钗头凤·红酥手》	乙组	福州大学	吴慧娟　李　妮　强淑如

二等奖

序号	节目名称	组别	学校	指导老师
8	《夜的音乐》	甲组	集美大学	苏　颖　徐皖闽
9	《碌碌有为》	甲组	福建农林大学金山学院	陈婧蓉
10	《活着》	甲组	莆田学院	林赛君
11	《库尔班大叔您上哪》	甲组	华侨大学	叶　彦　周苑媛
12	《我的未来不是梦》	甲组	福建师范大学	吴铁坚　邹晓彧　陈艳艺
13	《李伯伯要当红军》	甲组	莆田学院	杨旻蔚
14	《rather be》	乙组	阳光学院	黄劭涵
15	《妈祖花》	乙组	莆田学院	黄　璟　吴小涵　尧东林
16	《生命的颜色》	乙组	闽南师范大学	康国晶　张琨琨　陈佳薇
17	《黑猫警长》	乙组	厦门演艺职业学院	徐　萌　赵　武　郭　钢
18	《玛依拉的随想》	乙组	莆田学院	杨　鸣

三等奖

序号	节目名称	组别	学校	指导老师
19	《阿卡贝拉—蜗牛》	甲组	武夷学院	彭小鼎
20	《感恩》	甲组	武夷学院	叶秀娜
21	《江夏时光》	甲组	福建江夏学院	郭　超
22	《追寻》	甲组	泉州信息工程学院	林金慧　李博诗
23	《青青世界》	甲组	漳州城市职业学院	邱　丰　张　缤
24	《夜空中最亮的星》	甲组	福州软件职业技术学院	王李沙
25	《张三的歌》	甲组	龙岩学院	邱皓冉
26	《海鸥老人》	乙组	阳光学院	黄容芳
27	《妈妈教的擂茶谣》	乙组	三明学院	范奇玉
28	《回娘家》	乙组	闽江学院	陈国东　刘雪颖
29	《生存之小路》	乙组	厦门大学	陈言放　李　鑫
30	《当你老了》	乙组	闽江学院	陆　徽　刘雪颖
31	《思念》	乙组	厦门工学院	何昕宇　于文秀
32	《see you again/平凡之路》	乙组	莆田学院	林荣华

（二）器乐

一等奖

序号	节目名称	组别	学校	指导老师
1	《破浪》	甲组	华侨大学	蔡立强　黄宗喜　吴　超
2	《喜悦组曲》	甲组	厦门理工学院	陈　鸿　郑正坤　林小芳
3	《龙腾虎跃》	甲组	福建农林大学	叶　舒　周颖华　宋婉忻
4	《德沃夏克第九交响曲》	乙组	福建师范大学	林忠东
5	《第四交响曲“自强”》第四乐章	乙组	厦门大学	黄　飞　黄体文　孙　斌
6	《采苹》	乙组	华侨大学	梁继林

二等奖

序号	节目名称	组别	学校	指导老师
7	《鹭岛欢歌》	甲组	厦门大学	许彩萍
8	《寂静之声》	甲组	仰恩大学	卜繁波
9	《弥渡山歌》	甲组	华侨大学	周居易　谢　俊
10	《酷》	甲组	福建农林大学	施冰青　周颖华　宋婉忻
11	《女娃担水变奏曲》	乙组	厦门大学	苏　力　范小龙　刘　洋
12	《闽都戏彩》	乙组	闽江师范高等专科学校	刘毅云　杨晓勤　刘立彬
13	《跃龙》	乙组	集美大学	吴亚玲　陈　萍
14	《望春风》	乙组	泉州师范学院	张　琦　余忠元
15	《荔枝红了》	乙组	莆田学院	李　蔚
16	《碟中谍》	乙组	福建幼儿师范高等专科学校	陈纯灵　陈正星
17	《莫扎特黑管与弦乐五重奏》	乙组	华侨大学	王　淼
18	《阳关三叠》	乙组	泉州师范学院	吴雅蓉
19	《苍穹》	乙组	福州大学至诚学院	刘　瑶　李　双

三等奖

序号	节目名称	组别	学校	指导老师
20	《春到湘江》	甲组	福建工程学院	王　雪
21	《蓝色多瑙河》	甲组	厦门大学	杨　镇　周　卉　郑　重
22	《Forever Shining》	甲组	福建工程学院	薛　丹　董　靖　朱韡滔
23	《阿里山的姑娘》《鼓浪屿之波》	甲组	集美大学诚毅学院	刘学杰　刘子琛　胡铁龙
24	《召唤英雄——中国梦·强军梦》	甲组	厦门大学	惠　愚　韩　伟　周小俊
25	《关山月》	甲组	三明学院	罗金华
26	《彩蝶》《Tequila》	甲组	福建医科大学	陈正星　林国星
27	《音之色·鼓动》	甲组	黎明职业大学	李坤雄　陈　琦　李玲玲
28	《加沃特舞曲》	甲组	集美大学	陈　芳　苏　颖
29	《龙山》	甲组	仰恩大学	董　钰　郝　洁　陈德武

续表

序号	节目名称	组别	学校	指导老师
30	《月光下的凤尾竹》	甲组	泉州医学高等专科学校	姜　玲
31	《卡农》	甲组	泉州信息工程学院	林金慧　李博诗
32	《哈巴涅拉》《猎歌》	甲组	福建医科大学	陈正星　林国星
33	《琵琶语》	甲组	厦门华厦学院	刘　睿
34	《神话》	甲组	厦门华厦学院	刘　睿　王建琳
35	《夏》	乙组	福州大学	张晓娟
36	《正月点灯红》	乙组	泉州幼儿师范高等专科学校	陈鹏鸿
37	《新福州》	乙组	福州大学至诚学院	孔舒艺　卓　越
38	《春江花月夜随想曲》	乙组	闽江学院	刘　涛　卢盈盈
39	《西域随想》	乙组	闽南师范大学	黄丽荧　许佩晖
40	《妹娃河》	乙组	三明学院	吴碧玲
41	《帕格尼尼主题变奏曲》	乙组	阳光学院	孙佳佳
42	《多普勒“行板与回旋曲”》	乙组	福建艺术职业学院	王海兰　郑　挺
43	《映山红》	乙组	三明学院	唐进宝
44	《年轮》	乙组	厦门工学院	刘续红
45	《军队进行曲》	乙组	厦门工学院	刘续红
46	《西班牙舞曲》	乙组	厦门工学院	刘续红

（三）舞蹈

一等奖

序号	节目名称	组别	学校	指导老师
1	《榕下红色衣恋》	甲组	福建师范大学	陈　雯
2	《风涛》	甲组	福建船政交通职业学院	徐艳林　吴素湲　夏樑波
3	《我们一起……》	甲组	福建幼儿师范高等专科学校	林　萍　杨新胜
4	《成人礼》	甲组	集美大学诚毅学院	王莎莉　杨志晓
5	《海花》	甲组	福建师范大学	马俊强　雷虎强　郭晓丹
6	《蝉．鸣》	乙组	泉州师范学院	翁世晖　陈　忍
7	《挽·面》	乙组	福建师范大学	陈育燕　范晓敏　徐艳林
8	《香扇春情》	乙组	福建师范大学	马俊强
9	《坊巷芳华》	乙组	福建幼儿师范高等专科学校	吴　敏　杨缦绮

二等奖

序号	节目名称	组别	学校	指导老师
10	《林纾》	甲组	福建工程学院	徐慧文　刘冰源　张　忠
11	《畲带情》	甲组	宁德师范学院	徐　艳　李成皓
12	《跨火》	甲组	福建信息职业技术学院	蔡朝虹

续表

序号	节目名称	组别	学校	指导老师
13	《妈祖髻》	甲组	福建信息职业技术学院	蔡朝虹
14	《簪花结》	甲组	泉州幼儿师范高等专科学校	陈泉泳　焦雨婷　洪小培
15	《映山红》	甲组	三明医学科技职业学院	马庆宏
16	《唤醒》	甲组	福建农林大学金山学院	陈婧蓉　李冬艳
17	《筑梦》	甲组	厦门大学	欧　锐　李　娜
18	《最美的课堂》	甲组	集美大学诚毅学院	王莎莉　徐清怡
19	《师者》	甲组	集美大学	薛　峰
20	《缅桂花开朵朵香》	甲组	闽江师范高等专科学校	周　晶
21	《土楼的女人》	乙组	阳光学院	余燕雨
22	《守望》	乙组	福建艺术职业学院	罗丽萍
23	《惠女情怀总是诗》	乙组	闽江师范高等专科学校	方　晶　郑雅匀
24	《海的女儿》	乙组	泉州幼儿师范高等专科学校	吴卉连　黄露斯
25	《悟》	乙组	阳光学院	陈建宾

三等奖

序号	节目名称	组别	学校	指导老师
26	《缅桂花开朵朵香》	甲组	三明学院	刘　欢
27	《沁园春·雪》	甲组	福州大学至诚学院	赵　荷
28	《热情的国度》	甲组	华侨大学	孙　迪　袁　媛
29	《那年，剪短发》	甲组	厦门大学嘉庚学院	张贝迪
30	《八班教室》	甲组	福建师范大学协和学院	刘晓琛　陈　频　黄　曦
31	《欠您一个拥抱》	甲组	厦门理工学院	沈国仁
32	《在阳光下成长》	甲组	福建中医药大学	黄佳慧　王荣荣
33	《彩云归》	甲组	福建农林大学	谢　丹　陈　冲　周颖华
34	《映山红》	甲组	湄洲湾职业技术学院	林　琳
35	《缅桂花开朵朵香》	甲组	龙岩学院	陈　霞　曾敏茹
36	《阿姐的净途》	甲组	福建工程学院	周　密　徐敏杰
37	《茉莉花》	甲组	福建中医药大学	黄佳慧　王荣荣
38	《除夕夜》	甲组	福建电力职业技术学院	邱添福
39	《雪舞清影》	甲组	漳州城市职业学院	张　缤　高绿茵
40	《妞啊扭》	甲组	泉州华光职业学院	肖理香　俞　凤
41	《穹顶之下》	甲组	厦门理工学院	沈国仁　李俊东　林　旭
42	《舞功》	甲组	仰恩大学	郑丽红
43	《爽丽哟，小阿妹》	甲组	三明学院	邓　捷
44	《拉丁舞》	甲组	龙岩学院	卢悦宜
45	《黑客帝国》	甲组	宁德师范学院	缪智健

续表

序号	节目名称	组别	学校	指导老师
46	《魅力排舞》	甲组	集美大学诚毅学院	王丰彩　兰　卉
47	《那一年》	甲组	福建农林大学金山学院	陈婧蓉　李　薇
48	《走在山水间》	甲组	福州软件职业技术学院	林琦彬
49	《走月亮》	甲组	福州职业技术学院	陈　洁
50	《Burnin up》	甲组	漳州职业技术学院	龚　娟　陈堃媛
51	《荷香醉满园》	甲组	漳州卫生职业学院	李晓燕
52	《水欢鱼跃》	甲组	湄洲湾职业技术学院	林　琳
53	《我们在同一片蓝天下》	甲组	福建师范大学闽南科技学院	江丹丹
54	《火》	甲组	福建电力职业技术学院	邱添福
55	《雨中花》	甲组	三明学院	刘　欢
56	《阿里郎》	甲组	厦门城市职业学院	吴蓉蓉　吴　琼　黄　超
57	《点滴》	甲组	福建医科大学	唐淑慧
58	《风酥雨忆》	甲组	漳州职业技术学院	冯丽君　黄芳丹
59	《如此过度》	甲组	武夷学院	吴莉兰
60	《舞动吧，青春》	甲组	漳州卫生职业学院	李晓燕
61	《望果情怀》	甲组	福建师范大学	郑淑彬　刘文文
62	《摆脱贫困》	甲组	宁德师范学院	许华春
63	《追寻》	甲组	三明学院	邓　捷
64	《Applaud yourself》	甲组	厦门华天涉外职业技术学院	刘佳宁
65	《红旗颂》	甲组	泉州信息工程学院	林金慧　李博诗
66	《足尖的旋律》	甲组	福州大学	张茜茜
67	《尤物》	甲组	厦门华厦学院	刘　睿　林奕萱
68	《我爱你中国》	甲组	福州黎明职业技术学院	李伟萍　郑爱清
69	《礼仪之邦》	甲组	漳州理工职业学院	唐　倩
70	《床前明月光》	甲组	漳州理工职业学院	林丽丽
71	《武夷魂》	甲组	武夷学院	邹　莹
72	《break&freedom》	甲组	漳州理工职业学院	林佳静
73	《黎乡笠影》	乙组	泉州幼儿师范高等专科学校	龚艳珊
74	《自由》	乙组	集美大学	薛　峰
75	《刻纸龙灯》	乙组	龙岩学院	张　茜　荣　珏
76	《最美的珍藏》	乙组	集美大学诚毅学院	陈京东

（四）戏剧（戏曲）

一等奖

序号	节目名称	组别	学校	指导老师
1	《黄金梦》	甲组	莆田学院	林赛君
2	《时光电梯》	甲组	福建农林大学金山学院	陈婧蓉
3	《母训》	乙组	福建师范大学	彭曙光　杨　健　刘舒平

二等奖

序号	节目名称	组别	学校	指导老师
4	《草》	甲组	福建农林大学	崔　勇　周颖华　宋婉忻
5	《集美一号》	甲组	集美大学	武　杨　谢慧英　刘松泉
6	《育·茶》	甲组	漳州科技职业学院	陈文贞
7	《面具》	甲组	福建师范大学	林　婷
8	《秋瑾》	甲组	福州职业技术学院	刘　昊
9	《那个赤脚的孩子》	乙组	厦门演艺职业学院	郝建生　石群英
10	《乡谣》	乙组	龙岩学院	刘雪妍

三等奖

序号	节目名称	组别	学校	指导老师
11	《情报》	甲组	武夷学院	邹　莹
12	《陈嘉庚在延安》	甲组	集美大学诚毅学院	杨　健　陈　婧　李文怡
13	《望春风》	甲组	福建江夏学院	李一凡
14	《破茧成蝶》	甲组	福建江夏学院	李一凡
15	《夜归人》	甲组	泉州理工职业学院	丁雯雯
16	《梦想列车号》	甲组	福建农林大学金山学院	陈婧蓉
17	《黎明》	甲组	福州黎明职业技术学院	张　昱　郑爱清
18	《乘着时光机寻中医之光》	甲组	福建中医药大学	林　铭
19	《玲玲学中医》	甲组	福建中医药大学	林　铭

（五）朗诵

一等奖

序号	节目名称	组别	学校	指导老师
1	《西行悲歌》	甲组	福建船政交通职业学院	陈向元　夏樑波　吴素湲
2	《梦，留给未来的自己》	甲组	福建师范大学	彭　飙　刘舒平　童颖娴
3	《光的赞歌》	甲组	福建工程学院	林伟城　陈姗姗
4	《什么是中国》	乙组	福建师范大学	彭　飙　彭曙光　刘舒平
5	《与妻书》	乙组	厦门理工学院	申宁宁

二等奖

序号	节目名称	组别	学校	指导老师
6	《爱的礼赞》	甲组	闽江师范高等专科学校	陈淑华
7	《嘉庚颂》	甲组	集美大学	吴宁锋
8	《英雄，你并没走远》	甲组	厦门城市职业学院	吴蓉蓉　邓志武　甘晓芬
9	《中国正能量》	甲组	福州大学	曹一楠
10	《理想 让青春飞扬》	甲组	福建幼儿师范高等专科学校	陈丽菊
11	《青春中国》	甲组	湄洲湾职业技术学院	杨丽贞　林　琳
12	《我是一棵树》	乙组	厦门大学	楼红英　王虹　李晓红
13	《枸杞花开》	乙组	福建艺术职业学院	宁　波
14	《天路》	乙组	厦门演艺职业学院	郝建生　石群英
15	《那一晚，再别康桥》	乙组	厦门演艺职业学院	郝建生　石群英

三等奖

序号	节目名称	组别	学校	指导老师
16	《信念永恒》	甲组	泉州信息工程学院	沈欣怡
17	《唱响中国梦》	甲组	福建江夏学院	郭　超
18	《五四畅想》	甲组	黎明职业大学	陈欣雨
19	《青春的誓言》	甲组	福建师范大学协和学院	殷晓云
20	《闪耀吧，青春的火光》	甲组	福建师范大学闽南科技学院	张倩茹
21	《西风胡杨》	甲组	福建医科大学	曹一楠
22	《我的祖国》	甲组	龙岩学院	陈　觅
23	《丝路》	甲组	华侨大学	孙　迪
24	《真正的力量》	甲组	厦门华厦学院	刘　睿
25	《青春万岁》	甲组	福州软件职业技术学院	王李沙
26	《祖国啊，我亲爱的祖国》	甲组	泉州医学高等专科学校	姜　玲
27	《心灯之歌》	乙组	厦门理工学院	郝建生　宋家卿

全省第五届大学生艺术节合唱节目获奖名单

（排名不分先后）

一等奖

序号	节目名称	组别	学校	指导老师
1	《My Song》 《我相信》	甲组	福建幼儿师范高等专科学校	邵　宁　曾华青　刘　景
2	《再别康桥》 《Dravidian Dithyramb》	甲组	集美大学	林　靖　徐皖闽　施　雯
3	《河》 《金色的梦》	甲组	福建农林大学金山学院	陈婧蓉　潘　超　刘佳颖

续表

序号	节目名称	组别	学校	指导老师
4	《城南送别》 《Hymn to freedom》	甲组	厦门理工学院	周雪芩　周干明
5	《美丽的夏牧场》 《渔阳鼙鼓动地来》	甲组	福建工程学院	陈姗姗　林云燕　刘冰源
6	《忆秦娥·娄山关》 《雪花的快乐》	甲组	福建工程学院	李毅超　林云燕　陈姗姗
7	《羊角花开》 《My Song》	甲组	福建农林大学	徐　青　周颖华　宋婉忻
8	《布谷鸟》 《梦的地图》	甲组	闽江师范高等专科学校	陈　鹤　罗延舒
9	《瑶山夜歌》 《Shenandoah》	甲组	厦门大学	周林琪　王　璜　林馨蕊
10	《编花篮小景》 《午时莲》	甲组	三明医学科技职业学院	李书勋　卢　愔　赖明英
11	《金梭和银梭》 《最好的未来》	甲组	三明学院	龚建云　朱凌杰
12	《康定情歌》 《雕花的马鞍》	甲组	福州大学	张茜茜　李松华
13	《望春风》 《无论何时》	甲组	厦门理工学院	周干明　阮俊宇
14	《小路》 《城南送别》	甲组	福建农林大学	陈　语　周颖华　宋婉忻
15	《闪亮的日子》 《欢乐的那达慕》	甲组	福建师范大学闽南科技学院	华　清
16	《归园田居》 《约书亚》	乙组	福建师范大学	叶　荣
17	《蓝蓝的夜蓝蓝的梦》 《Children go where I send thee!》	乙组	泉州师范学院	李育强　倪晓云
18	《如梦令》 《The Conversion of Saul》	乙组	集美大学诚毅学院	刘浩东　陈　婧　杨　洁
19	《午时莲》 《走进美丽》	乙组	福建幼儿师范高等专科学校	陈　语
20	《雪花的快乐》 《城南送别》	乙组	集美大学	胡志立　喻　靓
21	《喊一声北大荒》 《心之旋律》	乙组	华侨大学	余幸平
22	《嘎达梅林》 《如梦令》	乙组	莆田学院	林荣华　柯晓东　赵　洋
23	《天安门——太阳的广场》 《土耳其进行曲》	乙组	福州大学至诚学院	潘　超　郭　蓉　李　雪

续表

序号	节目名称	组别	学校	指导老师
24	《归园田居》 《圣母颂》	乙组	福州大学	黄　青
25	《羊角花开》 《茨冈》	乙组	福建师范大学协和学院	叶　荣　黄　曦

二等奖

序号	节目名称	组别	学校	指导老师
26	《满江红》 《追寻》	甲组	福建江夏学院	张海清　李　冰
27	《龙的传人》 《丢丢铜仔》	甲组	福建医科大学	李松华　卢　征
28	《梨花又开放》 《思念》	甲组	厦门城市职业学院	吴蓉蓉　何　璇　赵晓慧
29	《龙的传人》 《乡音乡情》	甲组	厦门南洋职业学院	马惠春　楚攀校　李芳芳
30	《客家红》 《归园田居》	甲组	闽西职业技术学院	沈庚金　李裕文
31	《再别康桥》 《欢乐的那达慕》	甲组	湄洲湾职业技术学院	连一苹　邹祎程　翁　歆
32	《想变成一棵树》 《花非花》	甲组	闽北职业技术学院	黄　旭　张雅婷
33	《瑶山夜歌》 《四渡赤水出奇兵》	甲组	华侨大学	张毅琛　高炳亮　柯晓蕾
34	《想你的 365 天》 《洪湖水浪打浪》	甲组	福建师范大学福清分校	吴继彬
35	《想你的 365 天》 《如果明天就是下一生》	甲组	华侨大学	郑黎鸽　兰　萌　张景聪
36	《天使的翅膀》 《乘着歌声的翅膀》	甲组	漳州卫生职业学院	殷秀芳
37	《雪花的快乐》 《乡间的小路》	甲组	仰恩大学	王　蓓　李金萍
38	《心之弦》 《卓玛》	甲组	福建信息职业技术学院	王晓勇　张沁宇
39	《春夜喜雨》 《Joyful，Joyful》	乙组	闽江师范高等专科学校	徐　青　林　苹
40	《雨来檐头流》 《再别康桥》	乙组	泉州幼儿师范高等专科学校	吴约珥　陈景昕　卓莉莉
41	《看一只鸟仔》 《David’s lamentation》	乙组	闽南师范大学	宋振卿　黄嘉璇　林吴俊民

续表

序号	节目名称	组别	学校	指导老师
42	《雨后彩虹》 《长征组歌 告别》	乙组	闽江学院	陆　徽　张　波
43	《大江东去》 《向往西藏》	乙组	阳光学院	邓　倩　黄劭涵
44	《il bianco e dolce cigno》 《梁红玉》	乙组	厦门大学嘉庚学院	叶友琳　王　璜　郑彬彬
45	《沁园春·雪》 《东方之珠》	乙组	福建艺术职业学院	汤国荣　林东波　邵　凌
46	《嘎俄丽泰》 《黄昏之歌》	乙组	三明学院	王本谦

三等奖

序号	节目名称	组别	学校	指导老师
47	《时间都去哪儿了》 《长城谣》	甲组	福建船政交通职业学院	陈火城　孙丽娜
48	《雪花的快乐》 《中国军魂》	甲组	福建警察学院	张秀兰
49	《天海长城》 《瑶山夜歌》	甲组	泉州华光职业学院	李少敏　肖理香　徐玮玮
50	《唱支山歌给党听》 《天路》	甲组	福州职业技术学院	林月榕　陈宇鑫　蒋璐琳
51	《生死不离》 《回娘家》	甲组	漳州职业技术学院	张绿章
52	《共和国之恋》 《二十年后再相会》	甲组	三明学院	钟　艳　刘　欢
53	《打靶归来》 《拥抱》	甲组	福建水利电力职业技术学院	董秋琳　李　琳　赖德莉
54	《赠汪伦》 《凉州词》	甲组	福建中医药大学	王荣荣　黄佳慧　蒋丹平
55	《黄水谣》 《共青团员之歌》	甲组	泉州信息工程学院	林金慧　李博诗
56	《观书有感》 《又唱黎明曲》	甲组	武夷学院	叶秀娜
57	《长城谣》 《大中国》	甲组	泉州工艺美术职业学院	黄　捷　苏婉琳
58	《万古相依》 《祖国不会忘记》	甲组	武夷学院	周　茜
59	《光荣啊！中国共青团》 《游击队之歌》	甲组	福州外语外贸学院	肖冰青　修丽萍　郑晓静

续表

序号	节目名称	组别	学校	指导老师
60	《贝加尔湖畔》 《爱，因为在心中》	甲组	福建电力职业技术学院	陈舒兰
61	《厦门欢迎你》 《歌唱祖国》	甲组	厦门华厦学院	刘　睿　郑玉萍
62	《游子情思》 《我和我的祖国》	甲组	福建生物工程职业技术学院	谢秋虹
63	《长城谣》 《习主席寄语》	甲组	仰恩大学	洪森原
64	《在灿烂阳光下》 《青春舞曲》	甲组	福建师范大学闽南科技学院	张倩茹
65	《神圣的战争》 《同桌的你》	甲组	泉州理工职业学院	丁雯雯
66	《当那一天来临》 《假如战争今天爆发》	甲组	厦门华厦学院	朱勇征　刘　睿　刘昌俊
67	《光荣啊！中国共青团》 《黄河大合唱》	甲组	福州外语外贸学院	郭剑航　陈　曦

全省第五届大学生艺术节艺术实践工作坊获奖名单

一等奖

序号	作品名称	组别	参赛学生	学校	指导老师
1	小葵艺术实践工作坊	甲组	林　珊　林培彬　曾小娟 王钰莹　黄晴芳　林秋萍	福建师范大学	陈志勇　许建萍　黄佳淑
2	玩教具（布艺）工作坊	甲组	吴　芳　王珊珊　李聪慧 林雪琼　叶珊珊　李雯菁 余佳丽	福建幼儿师范高等专科学校	吴丽芳　方琳宇　俞　飞
3	凤凰会知音	乙组	杨雅菁　郑明明　蔡清雅 丁铠艳　郭鸿梅　汪秀妮 梁宗哲　黄月萍	泉州师范学院	王　珊　郑长铃
4	奇小匠皮具	乙组	张超奇　阙倩文 王玉玲　李　飞	集美大学	余明泾　陈昆宇
5	艺术星工坊	乙组	陈萱铭　江　瑾　陈妍霖 卜丽芳　吕巧娟　吕扬扬 邱燕琳　刘　娟	福建幼儿师范高等专科学校	颜铭锋　陈心怡
6	朽木工坊	乙组	刘超义　徐　琼　杨　康 王庆华　郑嘉豪　赵玥凝 游文琦	福建农林大学	林皎皎　龚以霖

二等奖

序号	作品名称	组别	参赛学生	学校	指导老师
7	创意实践工作坊	甲组	吴一帆　曹海蓉　朱小芳　陈源玥　谢丽雅　车林杰　朱小彬	泉州幼儿师范高等专科学校	林家望　俞薇绮　郑友生
8	“现代手工纤维艺术”工作坊	乙组	林欣悦　陈诗湉　宋　晶	宁德师范学院	薛　寒　蔡波尔　陈必聪
9	折藤工坊	乙组	吴思妮　陈榕城　郭　丙　袁佳欣　纪敏华　闫登元	福建江夏学院	刘经锋
10	匠心筑梦	乙组	刘燕华　蔡鹏达　梁少辉　何斌涛	龙岩学院	于再君　叶博雄
11	计蒙马赛克	乙组	王庆忠　何紫彤　李　阳　郭彬彬　李梦莲	集美大学	戚　彧

三等奖

序号	作品名称	组别	参赛学生	学校	指导老师
12	香山南	甲组	徐　静　黄　骁　李璐佳　吴　攸　魏钰琪　刘森君　李瑞仙	厦门大学	陈怀锋　洪海松　林文勤
13	梦汇闽师	甲组	杨静怡　郑娜春　林巧双　赖雅婷　赖星宏　吴雨纯　黄双丽　蔡雅晶	闽江师范高等专科学校	郭　佳　邹　灵
14	江夏陶艺手作创意工坊	乙组	叶　贝　王雅玲　刘叶峰　苏坤鸿　叶镂薪　倪毅鸣	福建江夏学院	刘经锋
15	“柘荣剪纸衍生品”艺术实践工作坊	乙组	戴青虾　欧　禹　赵明婷	宁德师范学院	薛　寒　蔡波尔　阮蕾晔
16	现代畲族银饰艺术设计工作坊	乙组	潘晓晗　林小云　张富强　方锦琪　高　荣　林　鹤　卓依婷	宁德师范学院	薛　寒　蔡波尔　彭宏图
17	翰林苑设计工作坊景观与室内设计提升	乙组	董　新　王　鑫　张雪芳　柯思涵	集美大学	常跃中
18	音乐科技工作坊	乙组	李斯怡　唐毓媛　曾亦林　刘斐然　魏　薇　陈欣怡　吴诗倩　王俞力	厦门理工学院	吕兰兰　康长河

全省第五届大学生艺术节艺术作品获奖名单

（排名不分先后）

一等奖

序号	作品名称	类别	作者姓名	组别	学校	指导教师
1	《缤纷王国》	绘画	徐雅婷	甲组	福建幼儿师范高等专科学校	陈秉龙
2	《磐石》	设计	林　毅	甲组	福建师范大学	翁炳峰
3	《相濡以沫》	摄影	贾文蕊	甲组	武夷学院	赵鹏升

续表

序号	作品名称	类别	作者姓名	组别	学校	指导教师
4	《庄寨春晖（组图）》	摄影	陈灵好	甲组	福建师范大学	徐希景
5	《古诗选抄》	书法、篆刻	卓义辉	甲组	莆田学院	黄加芳
6	《芷君印痕》	书法、篆刻	林芷君	甲组	福建师范大学闽南科技学院	陈范武
7	《后赤壁赋》	书法、篆刻	官　毅	甲组	仰恩大学	宋　浩　陈　杰
8	《刘季孙诗一首》	书法、篆刻	冯阳阳	甲组	三明学院	连长生
9	《微梦想》	微电影	杜骅卿　李建奇	甲组	福建师范大学协和学院	张　杰　陈　昕
10	《履》	微电影	陈群峰	甲组	漳州城市职业学院	陈少伟
11	《母亲节的礼物》	微电影	刘轶超　张心怡　张舒宁　林嘉慧　狄洲嵚	甲组	华侨大学	郭艳梅
12	《晨曦》	绘画	李　辉	乙组	福建师范大学	徐志坚
13	《童梦盎然》	绘画	洪佳文	乙组	福建师范大学	胡新地　陈由登
14	《壹载》	设计	李江东	乙组	莆田学院	詹伟锋
15	渔羡（香器设计——立体设计）	设计	曾倩茹　林介民	乙组	厦门华厦学院	林舜美
16	《茶中时光》	摄影	黄乐婷	乙组	福建师范大学	徐希景
17	《春日情殊》	微电影	游菁钰	乙组	福建师范大学	彭艳戎

二等奖

序号	作品名称	类别	作者姓名	组别	学校	指导教师
18	《龙凤呈祥》	绘画	陈钰欣	甲组	莆田学院	林　强
19	《童年印象》	绘画	詹　玲	甲组	厦门华厦学院	陈银珊
20	《培田遗梦》	绘画	詹林兰　王娜婷	甲组	龙岩学院	朱荔婷
21	《韡韡》	绘画	徐雅玲	甲组	泉州幼儿师范高等专科学校	陈　蓉
22	《山城》	绘画	朱明正	甲组	福建农林大学	无
23	《水墨生香》	绘画	张隆凤	甲组	泉州幼儿师范高等专科学校	陈　蓉
24	《城市几何》	设计	徐崇慧	甲组	福建师范大学协和学院	符文征
25	《独孤系列设计》	设计	李舒泓	甲组	宁德职业技术学院	何飞舟
26	《钢琴·感应式水龙头》	设计	王坤冰	甲组	厦门城市职业学院	余君平
27	《闽南俗物》	设计	廖彬彬	甲组	厦门城市职业学院	黄　臻
28	《传·守》	摄影	杜正义	甲组	福建师范大学	游　婧
29	《骑》	摄影	黄孝渊	甲组	厦门华厦学院	周文磊
30	《童》	摄影	邓文文	甲组	厦门理工学院	雷　洁　林小芳
31	《望》	摄影	陈钰滢	甲组	武夷学院	赵鹏升

续表

序号	作品名称	类别	作者姓名	组别	学校	指导教师
32	《变体诗》	书法、篆刻	张泽霖	甲组	福建师范大学闽南科技学院	陈范武
33	《当代读书人的理想》	书法、篆刻	赖永昇	甲组	漳州职业技术学院	无
34	《鸿轩印痕》	书法、篆刻	张鸿轩	甲组	集美大学	张克锋
35	《李白诗三首》	书法、篆刻	林延旦	甲组	莆田学院	黄加芳
36	《勤学》	书法、篆刻	段　豪	甲组	厦门大学	梁正文
37	《沁园春・长沙》	书法、篆刻	祝章涛	甲组	集美大学	张克锋
38	《圣教序节选》	书法、篆刻	陈　恬	甲组	福建师大福清分校	陈明生
39	《魏碑楷书中堂》	书法、篆刻	何　淇	甲组	三明学院	连长生
40	《归来》	微电影	刘　浩　曹梦艳　李　萍 莫　烨　林铣君	甲组	武夷学院	胡建红
41	《渔歌子》	微电影	庄　仪　夏王雪	甲组	武夷学院	陆莉莉
42	《路上》	微电影	林高雅	甲组	漳州职业技术学院	胡志超
43	《桃花笺》	微电影	王瑞祎　张颖莹 赵　璐　余思婷	甲组	福建工程学院	魏曦英
44	《海空之云》	微电影	吴　炫　范嘉树　熊　坤 江文婷　段昱竹　蒋承志 纪丽莹　张雪晴　高　璐 李秋萍	甲组	华侨大学	郭艳梅
45	《旧屋・草鞋》	绘画	黄泽敏	乙组	福建师范大学	卢志强
46	《量渡》	绘画	官玉烨	乙组	福建幼儿师范高等专科学校	陈添清
47	《逝》	绘画	张文娟	乙组	集美大学	程　原
48	. 新写《兰亭序》	绘画	关琪璐	乙组	华侨大学	宋文雯
49	《武侯佳韵》——三国文化延伸立体书	设计	林　易	乙组	福建师范大学	翁炳峰
50	《福州地铁 1 号线站名设计》	设计	郭静扬	乙组	福建信息职业技术学院	谢石城
51	《七彩闽都》	摄影	叶大扬	乙组	福建师范大学	徐希景
52	《游山余晖，寸草心归》	摄影	邓永超	乙组	福建师范大学闽南科技学院	郑　宁
53	《报春晖》	摄影	朱高航	乙组	福建师范大学协和学院	林　响　杨竞雯
54	《毛泽东诗词选》	书法、篆刻	陈若彬	乙组	福建师范大学	朱以撒
55	《阴符经节选》	书法、篆刻	杨少芳	乙组	福建信息职业技术学院	唐一鹏
56	《闺蜜》	微电影	陈　莹	乙组	福建师范大学闽南科技学院	郑　宁　王　媛

三等奖

序号	作品名称	类别	作者姓名	组别	学校	指导教师
57	《鹤戏梅间图》	绘画	黄慧婷	甲组	集美大学	林　深
58	《晴云凌绝顶》	绘画	薛　茗	甲组	福建工程学院	李毅超
59	《时光》	绘画	陈　潞	甲组	宁德师范学院	林晓曦　蔡波尔
60	《潮退渔船隔岸斜》	绘画	张　影	甲组	福建师范大学	章招坤
61	《红色信念》	绘画	章洁蓉　陈雪婷	甲组	福建师范大学 协和学院	无
62	《闽都新晨》	绘画	吴思婷	甲组	闽江师范高等 专科学校	纪益波
63	《超时空探机》	设计	翁圳楠	甲组	福建工程学院	熊　敏　黄恩武
64	《红色 1929》	设计	王　健	甲组	闽西职业技术学院	陈建武
65	《不剩即胜系列设计》	设计	吴慧敏	甲组	宁德职业技术学院	何飞舟
66	《降落伞系列灯具》	设计	庄　敏	甲组	厦门城市职业学院	林娟娟
67	《旅客》	设计	郑雨瑶	甲组	福建师范大学 协和学院	无
68	《现在》	设计	王　巧	甲组	三明学院	罗　臻
69	《藏族人家》	摄影	杜正义	甲组	福建师范大学	涂明谦
70	《覆香尘》	摄影	吕洋婧	甲组	福建工程学院	赵　健　胡家保
71	《航母与芭蕾》	摄影	蔡伟霖	甲组	集美大学诚毅学院	无
72	《花之舞 · 雀之灵》	摄影	汤增彬	甲组	湄洲湾职业技术学院	江泽平
73	《集大夜．夜集美》	摄影	李　杰	甲组	集美大学诚毅学院	无
74	《长曝光》	摄影	张力元	甲组	集美大学诚毅学院	无
75	《COSPLAY 棚拍》	摄影	俞小英	甲组	福州职业技术学院	陈栋桦
76	《上下杭》	摄影	李倩林	甲组	福建江夏学院	无
77	《春夕》	书法、篆刻	屈　敏	甲组	福建师大福清分校	陈明生
78	《孟子 · 离娄上》节选	书法、篆刻	余保国	甲组	宁德师范学院	阮宪镇
79	《山野咏怀其二》	书法、篆刻	陈彩颖	甲组	福建师大福清分校	陈明生
80	《书法篆刻》	书法、篆刻	陈思思	甲组	厦门大学	陈胜凯
81	《书山有路勤为径， 学海无涯苦作舟》	书法、篆刻	魏李鋆	甲组	集美大学诚毅学院	许弘明
82	《宋诗两首》	书法、篆刻	李冬静	甲组	福建师大福清分校	陈明生
83	《王昌龄诗二首》	书法、篆刻	陈泽兴	甲组	漳州职业技术学院	黄立成
84	《烟江叠嶂图诗卷》	书法、篆刻	丁威翔	甲组	厦门大学	无
85	《正气歌》	书法、篆刻	江乾椿	甲组	福建师范大学 闽南科技学院	陈范武
86	《龟虽寿》	书法、篆刻	郑楷聪	甲组	福建师范大学	蔡清德
87	《行书黄州快哉亭记》	书法、篆刻	何联娟	甲组	漳州城市职业学院	罗觉华
88	《行书苏轼词五首》	书法、篆刻	蔡益洲	甲组	漳州城市职业学院	罗觉华

续表

序号	作品名称	类别	作者姓名	组别	学校	指导教师
89	《岁月如歌》	书法、篆刻	李杭林	甲组	福建农林大学	高芳銮
90	《相濡以沫》	书法、篆刻	胡汉亮	甲组	福建农林大学	冯辉荣
91	《鹧鸪天·别辞》	书法、篆刻	林钰强	甲组	厦门理工学院	郑正坤 雷洁
92	《签之恋》	微电影	檀建成	甲组	福建医科大学	黄鸿峰
93	《迷失 2：归来》	微电影	郑渝昱	甲组	福建医科大学	黄鸿峰
94	《看见》	微电影	邹蝶 徐梦丝 黄媛 索央 吴树珍 李亦铮	甲组	福建师范大学	陈宏敏
95	《黑河》	微电影	阮向荣 吴函 吴嘉鑫	甲组	福州职业技术学院	杨星辰
96	《青春志》	微电影	胡松	甲组	闽西职业技术学院	钟亮梅 鲁绪侪
97	《时间轮回》	微电影	王淑娥 张秋芳 吴超逸 刘昊然 龚娟云 何燕雪 朱振航	甲组	莆田学院	马芳菲
98	《一觉到七十》	微电影	顾诗韵 刘乐闻 刘轶超 张心怡	甲组	华侨大学	郭艳梅
99	《采风何处观自心》	绘画	林敏	乙组	福建幼儿师范高等专科学校	陈凯
100	《待航》	绘画	苏于婷	乙组	福建幼儿师范高等专科学校	郭争光
101	《垒》	绘画	赖林梅	乙组	泉州信息工程学院	李达封
102	《娴》	绘画	王晓苹	乙组	福建幼儿师范高等专科学校	瞿大明
103	《故乡的云》	绘画	林兰芳	乙组	龙岩学院	兰华生
104	《小草琵琶行》	绘画	王长浪	乙组	华侨大学	王大卫
105	《多元裂变》	设计	黄贤	乙组	莆田学院	陈莉
106	《老街》	设计	孙巧亮	乙组	三明学院	万媛媛
107	《四季》	设计	尤瑞坚	乙组	三明学院	万媛媛
108	《正步重走英雄路》——马江海战烈士墙留影	摄影	尤岩松	乙组	福建农林大学	王倩 卓婧
109	《梦起航》	摄影	周希铭	乙组	黎明职业大学	伍文华
110	《攀》	摄影	宋柯应	乙组	黎明职业大学	伍文华
111	《秋》	摄影	陆少康	乙组	漳州科技职业学院	曲阜贵
112	《钱塘湖春行》	书法、篆刻	李林忠	乙组	龙岩学院	朱元暹
113	《临千字文》	书法、篆刻	戈梦杨	乙组	泉州信息工程学院	李达封 雷宇飞
114	《禅武修身书画渡人》	书法、篆刻	杨飞飞	乙组	三明学院	邓维明
115	《灿烂千阳》	微电影	张宇航 郑德基	乙组	福建农林大学金山学院	袁超
116	《致明天》	微电影	张凯 王涛 翁煜雯	乙组	福建农林大学	卓婧 高博

全省第五届高等学校艺术教育科研论文报告会获奖名单

（排名不分先后）

一等奖

序号	论文名称	类别	作者	作者单位
1	艺术硕士人才培养模式创新与实践研究	甲类	王丹丹	泉州师范学院音乐与舞蹈学院
2	基于课堂观察下的乡村小学音乐教研质量提升研究——从“学生学习维度”出发的观察	甲类	颜　艳	福建幼儿师范高等专科学校
3	中华优秀传统文化助推大学生文化自信建设的思考——基于高校美育路径	甲类	吴铁坚	福建师范大学海外教育学院
4	新媒体艺术设计专业人才需求分析——以厦门地区为例	甲类	黄　臻　潘　峰	厦门城市职业学院
5	应用型本科高校设计人才培养模式的创新与实践	甲类	邱国鹏	三明学院
6	在舞蹈生态学视域下探索泉州民间舞蹈“火鼎公婆”的文化特征	甲类	叶晓丽	泉州师范学院音乐与舞蹈学院
7	师徒传承：值得反思的工艺传承机制	甲类	杨广敏	集美大学
8	高校民族器乐传统乐曲教学的新模式探究	乙类	卢盈盈	闽江学院蔡继琨音乐学院
9	名师引领同伴互助——林琴名师工作室的评课特征与价值	乙类	李小威	福建幼儿师范高等专科学校
10	北宋画学诗意审美理想探析	乙类	蔡波尔	宁德师范学院

二等奖

序号	论文名称	类别	作者	作者单位
11	论音乐法则与人类生活秩序	甲类	臧艺兵	集美大学音乐学院
12	论南音散曲《辗转三思》的曲韵特点	甲类	洪　阳	泉州幼儿师范高等专科学校
13	音乐教学论教师介入名师工作室的意义与路径	甲类	李小威	福建幼儿师范高等专科学校
14	对钢琴伴奏者的修养与思考	甲类	陈锦华	三明学院
15	对艺术类高职院校合唱（指挥）课与视唱练耳课联动的探析	甲类	赵　武	厦门演艺职业学院
16	改革课程更新观念，实现与基础音乐教育的顺利衔接	甲类	李　颖	集美大学音乐学院
17	“如何完美演绎国际歌剧作品”引发的思考与问答	甲类	陈言放　詹士华	厦门大学艺术学院音乐系
18	从内化感知到外化呈现——音乐认知心理学视阈下的钢琴即兴伴奏教学	甲类	梁　虹	集美大学音乐学院
19	高职院校教学改革背景下关于开展流行音乐专业教学的思考	甲类	郭　钢	厦门演艺职业学院
20	刍议音乐图像的高校声乐教学价值	甲类	杨　鸣	莆田学院
21	由审美模仿到发现创新——美国《艺术教育国家标准（视觉艺术部分）》的启示	甲类	汪贤俊	集美大学
22	夯实语言文字基础，传承闽派书法艺术，弘扬中华美学精神——以泉州某大学“海丝先行区”卓越书法教师培养模式为例	甲类	王　伟	泉州师范学院
23	泉州木偶文化艺术进高校现状分析与路径研究	甲类	林锦铌	泉州师范学院纺织与服装学院

续表

序号	论文名称	类别	作者	作者单位
24	基于"MOOC＋SPOC"境下数字媒体艺术专业设计美学课程翻转课堂教学思考与实践	甲类	林舜美	厦门华厦学院
25	视觉的"诗学"—闽西客家视觉传达设计方法初探	甲类	李　萌	三明学院
26	探析清末画家任伯年绘画技法的艺术性（新）	甲类	黄朝燊	闽江师范高等专科学校
27	环境设计专业毕业设计"双创"教学模式实践与成效研究	甲类	常跃中	集美大学
28	设计专业非艺术类生源人才培养模式的思考与探索	甲类	陈由登	福建师范大学
29	论大学生书法艺术素质与传统文化之关系——以××××学院为例	甲类	曹鸣喜	厦门工学院
30	地方师范院校艺术硕士舞蹈编导方向人才培养三维度	甲类	翁世晖	泉州师范学院
31	论台湾汉唐乐府对南音乐舞的创新发展及其艺术贡献	甲类	黄玫瑰	华侨大学
32	打造艺术教育VR科教系统，创新福建高校"产学研＋市场"之路	甲类	邱亚萍	集美大学诚毅学院艺术与设计教研室
33	传统家训涵养当代大学生价值观初探	甲类	陈苏珍	福建师范大学软件学院
34	泉州非物质文化遗产与高职语文教学的融合	甲类	陈连锦	黎明职业大学文化传播学院
35	宫崎骏动漫文化特征对畲族文化传播与保护的启示	甲类	陈文彬	宁德职业技术学院
36	高职院校公共艺术教育的有效措施和经验	甲类	邓志武	厦门城市职业学院
37	《"唱论"与"琴论"内涵别异之成因》	乙类	林纯纯	泉州幼儿师范高等专科学校
38	新媒体环境下传播闽派古琴文化的可行性研究	乙类	林俞坤	福建艺术职业学院
39	高校音教专业毕业生钢琴即兴伴奏能力反思	乙类	梁　虹	集美大学音乐学院
40	校园歌剧的人才培养与推广模式——以歌剧《紫藤花》与《岳飞》为例	乙类	邵　燕	厦门工学院
41	从实践中探索高校钢琴教学的"美"	乙类	孙佳佳	阳光学院
42	提高学生竹笛演奏审美意识的三个有效途径	乙类	姜玲	泉州医学高等专科学校
43	我国钢琴室内乐发展现状及训练策略初探——兼与东欧钢琴室内乐发展比较	乙类	雷蕾	闽江学院蔡继琨音乐学院
44	闽台同源视阈下闽南童谣的保护与传承	乙类	陈芳	集美大学音乐学院
45	版式编排关系在教学PPT中的应用	乙类	谢陈梅	泉州信息工程学院
46	从展览体制看书法审美视角的转换	乙类	梅学味	闽江师范高等专科学校
47	基于地方院校艺术设计专业发展区域创意产业分析	乙类	林丽芳	莆田学院
48	闽南民间"丑"舞的美学形态研究	乙类	张　媛	华侨大学
49	学前舞蹈教育的"训—育"模式转变	乙类	张媛艳	福建幼儿师范高等专科学校
50	艺术类院校学生创新意识培养研究——以福建省内艺术类院校为例	乙类	王小云	福建艺术职业学院
51	An analysis of the factors for educational game design based on mobile platform（基于移动平台的教育游戏设计的实例研究）	乙类	姬喆	厦门理工学院
52	泉州市"非遗"校园传承影视手段运用的策略	乙类	黄明波	黎明职业大学

续表

序号	论文名称	类别	作者	作者单位
53	大学生微电影创新校园文化建设的思考	乙类	任清华	湄洲湾职业技术学院
54	中华文化在海外华裔青少年群体中的传播新载体探究——以马来西亚二十四节令鼓为例	乙类	蔡立强卓高鸿	华侨大学

三等奖

序号	论文名称	类别	作者	作者单位
55	音乐治疗结合鉴赏课程在大学生心理健康教育中可行性运用分析	甲类	王　蓓	仰恩大学
56	《地方本科院校音乐类专业复合应用型人才培养模式研究》	甲类	潘　超	福州大学至诚学院
57	解析民族管弦乐组曲《闽都戏彩》中闽剧元素的运用	甲类	刘毅云	闽江师范高等专科学校
58	以键盘和声为基础的合唱钢琴伴奏视奏与移调技术探索	甲类	徐　青王　葳	闽江师范高等专科学校
59	琵琶协奏曲《草原小姐妹》的创作特点与演奏分析	甲类	吴慧娟	福州大学
60	多元与和谐——从交响化思维探双钢琴合作艺术的基本逻辑	甲类	高苗苗	闽江学院
61	科学的练习方法对小提琴技巧提高的重要性	甲类	吴　彪	三明学院
62	新常态下高校音乐人才培养模式研究	甲类	王　淼	华侨大学
63	辩证思维在小提琴学习中的运用	甲类	吴　彪	三明学院
64	从中国传统文化视域下的中国声乐舞台表演的“意像性”特质	甲类	陈国东	闽江学院
65	“门诊式”教学模式探微——古琴小组课教学的一些思考	甲类	陆长超	福建艺术职业学院
66	艺术设计教育应用型人才培养研究	甲类	刘金珠	厦门华厦学院
67	当代视觉文化对高师美术教育的挑战与对策	甲类	林泽洪	集美大学
68	《创新型艺术设计人才培养模式的探索与实践》	甲类	王峥嵘　洪　群	厦门华天涉外职业技术学院
69	关于提升学院派黑白木刻版画艺术表现力的研究和探索	甲类	李达封	泉州信息工程学院
70	以创新能力培养为核心的服装设计专业课程体系改革研究	甲类	石　琼	三明学院
71	闽西红色遗迹色彩写生教学研究	甲类	朱荔婷	龙岩学院艺术与设计学院
72	大学动漫专业教学改革的探讨	甲类	邱亚萍	集美大学诚毅学院艺术与设计教研室
73	传统漆艺影响下福建漆画的发展研究	甲类	李亚丽	宁德师范学院
74	浅析装饰材料与室内风格的关系	甲类	侯雪红	泉州信息工程学院
75	创新设计课程推动工业设计教学改革探索	甲类	王星河	黎明职业大学
76	浅论动漫与游戏专业课程的结合	甲类	陈智勇	泉州信息工程学院
77	高校非舞蹈专业红色文化创作与美育的思考——以原创作品《南下 南下》为例	甲类	陈　雯	福建师范大学音乐学院
78	试论闽台区域民俗舞蹈进入闽南高校舞蹈艺术教育的可行性研究	甲类	李通英	集美大学音乐学院
79	文化传播视域中舞蹈复合型人才的培育构想	甲类	李　岚	华侨大学
80	梨园十八步科母及其舞蹈形态考究	甲类	吴卉连	泉州幼儿师范高等专科学校

续表

序号	论文名称	类别	作者	作者单位
81	艺术专业大学生社会主义核心价值观认同现状及教育途径研究——以福建五所本科高校为例	甲类	董艺乐　陈拥华 宋庆彬　张厚方	华侨大学
82	“三易”助推学校艺术教育活动的普及	甲类	何　青	福建幼儿师范高等专科学校
83	审美视阈下文化传承与对外汉字教学	甲类	廖钟源	福建师范大学闽南科技学院
84	《礼敬中华传统文化 培育诚毅特色校本文化》	甲类	陈　婧	集美大学诚毅学院
85	《优秀传统文化在高校艺术选修课中的渗透与路径》	甲类	刘浩东	集美大学诚毅学院
86	《浅析高校艺术教育与德育同促发展模式》	甲类	王　静	厦门华天涉外职业技术学院
87	纪录片中的人文关怀研究——基于纪录片《我梦想有一天》的分析	甲类	朱清源	福建工程学院
88	中日美术馆教育之比较研究	甲类	李　娟	厦门安防科技职业学院
89	论高校影视教育中“真”与“美”的教育	甲类	余　蓓	三明学院
90	传统艺术　沁入心田	甲类	王诚惠	宁德职业技术学院
91	新常态下艺术教育人才培养模式的创新性研究	甲类	刘　淘	闽江学院
92	音乐与绘画的完美结合	甲类	陈锦华	三明学院
93	应用型高校美育教育的价值研究	甲类	刘明珍	泉州信息工程学院
94	高校创新型人才培养模式改革探析——从科学与艺术的融合谈起	甲类	徐慧文	福建工程学院
95	蓬生麻中，不扶而直—谈音乐审美教育对当今大学生健全人格的塑造	甲类	周建华	阳光学院
96	增强文化自信的学校美育价值研究	甲类	谢璨羽	三明学院
97	高职院校公共艺术教育课程体系创新研究	甲类	王李沙	福州软件职业技术学院
98	新媒体时代解决表演艺术成本绝症的途径	甲类	姜梦成	龙岩学院文学与传媒学院
99	文化产业背景下高校艺术专业培养模式探究	甲类	郭　超	福建江夏学院
100	试论内心听觉能力在《儿童歌曲弹唱》课程中的意义和实际运用	乙类	罗延舒	闽江师范高等专科学校
101	论二胡演奏中的心理调控能力培养	乙类	于　瑶	龙岩学院
102	高职学前教育音乐技能课程改革探索——以××××技术学院为例	乙类	赖明英　赵欣欣	三明医学科技职业学院
103	《关于学前教育专业声乐教学中律动情感教学策略分析》	乙类	卓莉莉	泉州幼儿师范高等专科学校
104	勿“茫”勿“盲”多“忙”——从莆田学院音乐学院四次和声教材演变看高师和声教学观念变革	乙类	黄　璟	莆田学院
105	培养医学生音乐自主学习能力的三步曲——以陶笛演奏教学为例	乙类	姜　玲	泉州医学高等专科学校
106	从《采茶扑碟》看客家音乐文化资源的传承与发展	乙类	孔德芳	龙岩学院艺术与设计学院
107	浅论“通感”在高校声乐教学中的运用	乙类	王　蓓	仰恩大学
108	高职院校公共音乐主干课程设置之探析	乙类	傅仲斌　傅仲红	湄洲湾职业技术学院
109	古典钢琴作品常用织体在钢琴伴奏中的应用——以中国声乐作品《祖国之恋》为例	乙类	刘雪颖	闽江学院

续表

序号	论文名称	类别	作者	作者单位
110	传统音乐在高师音乐教育中的传承	乙类	江水莲	三明学院
111	自主学习理念下高职音乐课程之《大学音乐》教学策略研究	乙类	傅仲斌　连一苹	湄洲湾职业技术学院
112	室内乐的社会意义及社会危机—基于阿多诺的音乐社会学理念	乙类	雷　蕾	闽江学院蔡继琨音乐学院
113	《丁善德艺术歌曲在声乐学习中的运用价值》	乙类	洪　群	厦门华天涉外职业技术学院
114	教师教育专业与音乐表演专业钢琴教学模式的比较研究	乙类	林葳蕤	闽江学院蔡继琨音乐学院
115	书法艺术在高校思想政治教育中的价值与意义探析	乙类	陈迪立	福建工程学院
116	台湾高校动画专业教学分析——以国立台北艺术大学动画学系为例	乙类	魏博毅	武夷学院
117	在动画素描教学中引入泥塑训练的教学改革实践	乙类	黄鲁坤　张婷婷	武夷学院
118	包装设计中符号意象传达的情与意研究	乙类	苏荣辉	泉州信息工程学院
119	艺术设计教学中学生原创能力的培养研究	乙类	邱汉周	宁德师范学院
120	产品设计专业强化实践教学改革研究——以云林科技大学工业设计为例	乙类	林乙煌	龙岩学院
121	幼儿美术欣赏活动中名画欣赏的选材与处理	乙类	郭　佳	闽江师范高等专科学校
122	《营造法式》中的设计美学初探	乙类	邹　喆	集美大学
123	产业结构升级中动漫学科构建	乙类	曾晓苹	集美大学诚毅学院艺术与设计教研室
124	城市森林景观之生态文明建设	乙类	陈　桑	莆田学院
125	浅析环境设计专业课程教学中创意表现能力的培养	乙类	陈　桑	莆田学院
126	中国元素在园林景观设计中的应用	乙类	张　禹	泉州信息工程学院
127	民办高校艺术设计专业教学模式新探究	乙类	蔡春明	福建师范大学闽南科技学院
128	品牌设计应用性人才培育现状与发展对策研究	乙类	何飞舟	宁德职业技术学院
129	视觉传达设计中的色彩应用分析	乙类	刘金珠	厦门华厦学院
130	苏区本土品牌形象研究——以兴国“百丈泉”为例	乙类	钟雅辉	泉州信息工程学院
131	闽南海丝文化遗迹中佛教乐舞研究——以“泉州”飞天为例	乙类	张　媛	华侨大学
132	女大学生形体舞蹈课程设计研究——以××××学院为例	乙类	徐慧文	福建工程学院
133	论南音乐舞《韩熙载夜宴图》的传承与创新	乙类	黄玫瑰	华侨大学
134	利用合作教学模式提高高校舞蹈教学水平	乙类	薛　峰	集美大学音乐学院
135	高校艺术馆增强育人功能研究	乙类	戴　锋	泉州师范学院美术与设计学院
136	艺术类高职院校毕业生就业情况分析及对策思考	乙类	夏云清	福建艺术职业学院
137	论新媒体意识的审美特征	乙类	林　平	三明学院
138	基于地域特色文化的高职院校爱心教育研究——以湄洲湾职业技术学院为例	乙类	李　超　任清华	湄洲湾职业技术学院
139	高校社团对思想政治课教学模式的创新	乙类	陈姗姗	福建工程学院

续表

序号	论文名称	类别	作者	作者单位
140	“以赛促学”构建艺术类大学生创新平台	乙类	叶翠仙	福建农林大学艺术学院
141	中国古代装饰绳结中基本结出现年代及应用研究	乙类	耿淑丽	泉州幼儿师范高等专科学校
142	高校音乐专业艺术实践与校园文化建设——以××学院双效双赢实践教学为例	乙类	邹敏华　卢盈盈	闽江学院蔡继琨音乐学院
143	高职播音与主持专业“工作室制”人才培养模式研究	乙类	宁　波	福建艺术职业学院
144	现代消费文化语境下生活陶艺符号价值体现	乙类	伍文华	黎明职业大学
145	艺术歌曲赏析在“思想道德修养与法律基础课”教学中的运用——以第二章教学为例	乙类	蔡立强	华侨大学
146	美学素养类通识选修课的实践性教学研究	乙类	何　婷　孟　卉	厦门华厦学院
147	网络节目和优秀网络视听节目探析	乙类	郭艳梅	华侨大学
148	闽南语播音员主持人高校培养模式初探	乙类	周秀杰	厦门理工学院
149	依托微电影的泉州“东亚文化之都”品牌传播	乙类	陈李鹏	黎明职业大学文化传播学院
150	传媒艺术类专业“仿真教学”的实践教学路径建设与探索	乙类	张　帆	厦门理工学院
151	数字媒体艺术专业二维形式基础课程教学思考与实践	乙类	林舜美	厦门华厦学院
152	浅析影视院校微电影教育	乙类	彭艳戎	福建师范大学传播学院

全省第五届大学生艺术节校长风采奖获奖名单

（排名不分先后）

序号	作品名称	类别	作者姓名	学校
1	龙舟少年	摄影	黄耀荣	闽江师范高等专科学校
2	听民声，询民情，知民事等篆刻	篆刻	洪亚勇	漳州城市职业学院
3	厚德笃行 励学强技	篆刻	洪志群	福州软件职业技术学院
4	冬天镜泊湖瀑布	摄影	曲阜贵	漳州科技职业学院
5	福州蓝	摄影	马国防	福建广播电视大学
6	树育人新典范，伴学生共成长	书法	洪亚勇	漳州城市职业学院
7	雄关漫道真如铁	书法	俞发仁	福州软件职业技术学院
8	夏日的云	摄影	蔡远利	厦门工学院
9	上课时刻静悄悄	摄影	蔡远利	厦门工学院
10	孔圣人	摄影	田晓皋	厦门工学院
11	凤凰花开	摄影	田晓皋	厦门工学院
12	生命力	摄影	曲阜贵	漳州科技职业学院
13	毛体书法《清平乐 蒋桂战争》	艺术作品	刘路永	闽西职业技术学院
14	毛体书法《七律 长征》	艺术作品	刘路永	闽西职业技术学院

（摘编：张海生）

福建省2017年“闽江学者奖励计划”特聘教授和讲座教授入选名单

2017年11月27日福建省教育厅下发的《关于公布2017年“闽江学者奖励计划”特聘教授和讲座教授入选名单的通知》（闽教高〔2017〕40号）提出，根据省教育厅、省财政厅《关于实施2016－2018年“闽江学者奖励计划”的通知》（闽教高〔2016〕12号）安排，经高校申报、专家组评审、公示等程序，同意聘请李若晖等40人为闽江学者特聘教授、陆尊礼等83人为闽江学者讲座教授，现予以公布。

2017年闽江学者特聘教授名单

序号	学校	姓名	设岗学科	奖励经费
1	厦门大学	李若晖	哲学	省财政
2	厦门大学	朱菁	哲学	学校自筹
3	厦门大学	曹阳	化学	省财政
4	厦门大学	袁吉锋	生物学	省财政
5	厦门大学	黄佳良	生物学	省财政
6	厦门大学	刘泉	电子科学与技术	省财政
7	厦门大学	陈焕阳	电子科学与技术	学校自筹
8	厦门大学	郑志锋	化学工程与技术	省财政
9	厦门大学	张凌娟	药学	省财政
10	华侨大学	魏下海	应用经济学	省财政
11	华侨大学	莫毓昌	数学	省财政
12	华侨大学	蔡绍滨	计算机科学与技术	省财政
13	华侨大学	许斌	土木工程	省财政
14	福州大学	赖跃坤	化学	省财政
15	福州大学	陈雄	化学	省财政
16	福州大学	林伟	化学	省财政
17	福州大学	韩霄	生物学	省财政
18	福州大学	薛裕华	材料科学与工程	省财政
19	福州大学	王星辉	电子科学与技术	省财政
20	福州大学	罗向阳	计算机科学与技术	省财政

续表

序号	学校	姓名	设岗学科	奖励经费
21	福州大学	陈誉	土木工程	省财政
22	福建师范大学	杨海晨	体育学	省财政
23	福建师范大学	杜克钊	化学	省财政
24	福建师范大学	吴允昆	生物学	学校自筹
25	福建师范大学	欧阳松应	生物学	省财政
26	福建农林大学	王琴	生物学	省财政
27	福建农林大学	熊延	生物学	学校自筹
28	福建农林大学	徐通达	生物学	学校自筹
29	福建农林大学	王洪君	生态学	省财政
30	福建农林大学	缪婧	机械工程	省财政
31	福建农林大学	崔海涛	作物学	省财政
32	福建农林大学	刘平黄	兽医学	省财政
33	集美大学	林正勇	生物学	省财政
34	集美大学	方铭	水产	省财政
35	厦门理工学院	喻志阳	材料科学与工程	省财政
36	泉州师范学院	蔡灿煌	音乐与舞蹈学	省财政
37	泉州师范学院	张初阳	纺织科学与工程	学校自筹
38	泉州师范学院	覃小红	纺织科学与工程	学校自筹
39	泉州师范学院	郑宗平	食品科学与工程	省财政
40	闽江学院	马轮	物理学	省财政

2017 年闽江学者讲座教授名单

序号	学校	姓名	设岗学科	奖励经费
1	厦门大学	陆尊礼	海洋科学	学校自筹
2	华侨大学	刘强	工商管理	学校自筹
3	华侨大学	张成福	公共管理	学校自筹
4	华侨大学	David Kalaj	数学	学校自筹
5	华侨大学	苏秀萍	数学	学校自筹
6	华侨大学	李俊贤	控制科学与工程	学校自筹
7	华侨大学	王伟	计算机科学与技术	学校自筹
8	福州大学	游雯	应用经济学	学校自筹
9	福州大学	储凤	管理科学与工程	学校自筹
10	福州大学	夏凡	工商管理	学校自筹
11	福州大学	郑莹	化学	学校自筹
12	福州大学	肖艺	化学	学校自筹
13	福州大学	鹿涛	统计学	学校自筹

续表

序号	学校	姓名	设岗学科	奖励经费
14	福州大学	余学斌	电子科学与技术	学校自筹
15	福州大学	陈俊龙	控制科学与工程	学校自筹
16	福州大学	黄菁山	计算机科学与技术	学校自筹
17	福建师范大学	王健	体育学	学校自筹
18	福建师范大学	林勇	数学	学校自筹
19	福建师范大学	曹则贤	物理学	学校自筹
20	福建师范大学	黄志川	地理学	学校自筹
21	福建师范大学	卫功宏	生物学	学校自筹
22	福建师范大学	陶一之	生物学	学校自筹
23	福建师范大学	张新鹏	网络空间安全	学校自筹
24	福建师范大学	孙宏民	网络空间安全	学校自筹
25	福建农林大学	马九杰	应用经济学	学校自筹
26	福建农林大学	Gan Eng Chye	应用经济学	学校自筹
27	福建农林大学	朱福荣	电子科学与技术	学校自筹
28	福建农林大学	吴斌鑫	农业工程	学校自筹
29	福建农林大学	林定波	食品科学与工程	学校自筹
30	福建农林大学	徐树青	作物学	学校自筹
31	福建农林大学	张宝红	作物学	学校自筹
32	福建农林大学	Wang Hong	植物保护	学校自筹
33	福建农林大学	Barta Zoltan Laszlo	植物保护	学校自筹
34	福建农林大学	刘善虑	兽医学	学校自筹
35	福建农林大学	王高峰	林学	学校自筹
36	福建医科大学	陈挺	基础医学	学校自筹
37	福建医科大学	张成飞	口腔临床医学	学校自筹
38	福建中医药大学	张彦新	临床医学	学校自筹
39	福建中医药大学	Joseph J. Godges	临床医学	学校自筹
40	福建中医药大学	陈友琴	中西医结合	学校自筹
41	福建中医药大学	朱伟东	中西医结合	学校自筹
42	福建中医药大学	李光普	中西医结合	学校自筹
43	福建中医药大学	洪桂祝	中药学	学校自筹
44	集美大学	生安锋	外国语言文学	学校自筹
45	集美大学	何晖光	交通运输工程	学校自筹
46	集美大学	Feng Chen	食品科学与工程	学校自筹
47	闽南师范大学	夏允中	心理学	学校自筹
48	闽南师范大学	郭英德	中国语言文学	学校自筹
49	闽南师范大学	苏金智	中国语言文学	学校自筹

续表

序号	学校	姓名	设岗学科	奖励经费
50	闽南师范大学	王宏鲲	数学	学校自筹
51	闽南师范大学	冯俊娥	数学	学校自筹
52	福建工程学院	邱毅	机械工程	学校自筹
53	福建工程学院	朱授恩	材料科学与工程	学校自筹
54	福建工程学院	彭响方	材料科学与工程	学校自筹
55	福建工程学院	许弘雷	电气工程	学校自筹
56	福建工程学院	王进	交通运输工程	学校自筹
57	厦门理工学院	刘小鹤	材料科学与工程	学校自筹
58	厦门理工学院	李永平	水利工程	学校自筹
59	泉州师范学院	张锐	体育学	学校自筹
60	泉州师范学院	陈莹	外国语言文学	学校自筹
61	泉州师范学院	刘志阳	管理科学与工程	学校自筹
62	泉州师范学院	张克勤	光学工程	学校自筹
63	泉州师范学院	向斌	光学工程	学校自筹
64	泉州师范学院	崔旭东	光学工程	学校自筹
65	泉州师范学院	范同祥	化学	学校自筹
66	泉州师范学院	王育才	生物工程	学校自筹
67	闽江学院	林青玫	设计学	学校自筹
68	闽江学院	许金荣	生物学	学校自筹
69	闽江学院	刘元安	电子科学与技术	学校自筹
70	莆田学院	王震中	社会学	学校自筹
71	莆田学院	杨义虎	数学	学校自筹
72	莆田学院	王万军	环境科学与工程	学校自筹
73	三明学院	李辉	管理科学与工程	学校自筹
74	三明学院	张东亮	设计学	学校自筹
75	武夷学院	杨垂平	物理学	学校自筹
76	武夷学院	夏时洪	计算机科学与技术	学校自筹
77	武夷学院	刘卫群	土木工程	学校自筹
78	武夷学院	袁旭音	环境科学与工程	学校自筹
79	武夷学院	屠幼英	农业资源与环境	学校自筹
80	福建江夏学院	钱振伟	应用经济学	学校自筹
81	福建江夏学院	刘大卫	工商管理	学校自筹
82	宁德师范学院	高进伟	材料科学与工程	学校自筹
83	福州外语外贸学院	李建兴	应用经济学	学校自筹

（摘编：游学荣）

年度人才

福建省自然科学研究系列高级专业技术职务任职资格人员名单

2017年1月23日福建省人力资源和社会保障厅下发《关于批准确认徐夙侠等17位同志自然科学研究系列高级专业技术职务任职资格的通知》（闽人社批复〔2017〕47号）：经研究，批准确认由省自然科学研究系列高级职务评审委员会评审通过的徐夙侠等17位同志自然科学研究系列高级专业技术职务任职资格。任职资格确认时间为2017年1月23日，现予公布，人员名单如下：

一、福州市（4名）

副研究员（4名）：

林福忠、魏大海、吴 名、高运臻

二、厦门市（5名）

研究员（1名）：

徐夙侠

副研究员（4名）：

林建忠、汪文华、骆启聪、赵 岩

三、漳州市（2名）

副研究员（2名）：

柯丽娜、王永兴

四、泉州（1名）

研究员（1名）：

余成章

五、莆田市（1名）

副研究员（1名）：

林志敏

六、三明市（2名）

副研究员（2名）：

韦新宇、吴立东

七、龙岩市（2名）

研究员（1名）：

何胜生

副研究员（1名）：

蔡建荣

（摘编：周忠志）

福建省党校系统教师高级职务任职资格名单

2017 年 7 月 18 日福建省人力资源和社会保障厅下发《关于批准确认牛君等 25 人党校系统教师高级专业技术职务任职资格的通知》（闽人社批复〔2017〕305 号）：经研究，批准确认福建省党校系统教师高级专业技术职务任职资格评审委员会评审通过的牛君等 2 人教授任职资格，姜家君等 10 人副教授任职资格，陈文荣等 13 人高级讲师任职资格。任职资格确认时间为 2017 年 7 月 18 日，现予公布，任职资格名单如下：

一、教授（2 人）

1. 厦门市委党校：牛君
2. 泉州市委党校：林常颖

二、副教授（10 人）

1. 中共福建省委党校、福建行政学院：姜家君、王昌、赵秀华、孙杨杰、蔡俊煌
2. 厦门市：康晓丽、张公政
3. 福州市：戴鸿
4. 漳州市：陈贤滨、林惠虾

三、高级讲师（13 人）

1. 莆田市：陈文荣
2. 泉州市：许美瑜、洪荣福
3. 漳州市：张小香
4. 龙岩市：李晓媛、雷淑妹、张小玲
5. 三明市：林秒、郑玲
6. 南平市：李红兰、陈洁
7. 宁德市：陈辉、林金生

（摘编：李　哲）

福建省中等职业学校正高级讲师任职资格名单

一、徐志英等 8 人中等职业学校正高级讲师任职资格名单

2017 年 4 月 24 日福建省人力资源和社会保障厅下发《关于批准确认徐志英等 8 人中等职业学校正高级讲师任职资格的通知》（闽人社批复〔2017〕183 号）：经研究，批准确认福建省中等职业学校（不含技校）正高级讲师任职资格评审委员会评审通过的徐志英等 8 人中等职业学校正高级讲师的任职资格。任职资格确认时间为 2017 年 4 月 24 日，现予公布，任职资格名单如下：

一、省教育厅（3 人）

福建工业学校：徐志英、余梅英

福建建筑学校：林国杰

二、省海洋与渔业厅（1 人）

福建海洋职业技术学校：吴方平

三、省林业厅（1 人）

三明林业学校：沈琼桃

四、福州市（1 人）

福州建筑工程职业中专学校：赵崇晖

五、厦门市（1 人）

厦门信息学校：刘斯

六、南平市（1 人）

南平市武夷旅游商贸学校：杨志和

二、高辉等 187 名高级讲师任职资格名单

2017 年 6 月 15 日福建省人力资源和社会保障厅下发《关于批准确认高辉等 187 人中等职业学校（不含技校）高级讲师任职资格的通知》（闽人社批复〔2017〕239 号）：经研究，批准确认福建省中等职业学校教师副高级职务任职资格评审委员会评审通过的高辉等 187 人中等职业学校（不含技校）高级讲师的任职资格。任职资格确认时间为 2017 年 6 月 15 日，现予公布，名单如下：

一、省教育厅（8 人）

福建工业学校：高辉、江雨

福建建筑学校：张连海、郑凌、张锦芳

福建理工学校：林瀚斌、王凯、吴炳麟

二、省供销社（4 人）

福建商贸学校：翁秋菊

福建经济学校：陈梨芳、林文清、王小红

三、省林业厅（1 人）

三明林业学校：陈曾文

四、福州市（19 人）

福州跨洋中等职业学校：吴荣

长乐职业中专学校：陈晓华、陈凤美、江朝晖、邱飞燕、万茵茵

福清龙华职业中专学校：郑秉玉、黄翠华、黄燕梅、郑兰婷、汤芬、史丽群

闽侯县职业中专学校：翁梅菊

永泰城乡建设职业中专学校：陈奇、康秀明、鄢仁楷

罗源县高级职业中学：陈剑云

福清卫生学校：李丽华、茅朝霞

五、厦门市（18 人）

厦门工商旅游学校：张琳、郑波

厦门信息学校：洪萍萍、肖荣辉、谢丽珺、刘劲松、苏传义

厦门市集美职业技术学校：陈文泉

福建化工学校：王玲、王林、陈朱斌、田原

集美轻工业学校：骆书芳、陈翀、叶绿、赵玲艳、孙跃岗、昝强

六、漳州市（10 人）

漳州第一职业中专学校：吴艺彬、林秀兰

漳州第二职业中专学校：康志红、蔡少伟

漳浦职业技术学校：何蜜静、杨仁德、郭育忠、黄淑妹、蔡秀芬

龙海市机关干部业余文化学校：曾武勇

七、泉州市（57 人）

泉州市工商旅游职业中专学校：林文亮

泉州华侨职业中专学校：郭秋霞、吴庆良、叶琳

泉州财贸职业技术学校 ：黄素梅

晋江安海职业中专学校：刘庆建、廖甫明、王茂东、王兴洪

晋江职业中专学校：王美英

晋江华侨职业中专学校：陈桂发、吴婉玲、朱华锋、曾金华、施兰兰、张丽琼、洪宝玲

晋江市晋兴职业中专学校：钱波、周锦华、邵慧萍

南安职业中专学校：傅梅红、李桂阳、黄祝意、洪连玉、傅紫清、黄丽真、陈雪莲、戴艺明、王桂莲、王泗平、颜成栋、黄觉红、李锦、姚鹏灿、李一鸣

南安市红星职业中专学校：郑和睦、黄宗思、刘胜兰、林春平、黄金城

南安市工业学校：戴恢复、戴旭泉

惠安职业中专学校：陈伟强

安溪华侨职业中专学校：陈买爱、林东荣、王永生、林文飞、张堃鹓、廖婷莺、施锦云、许彦斐

安溪茶叶职业技术学校：谢艺攀

安溪陈利职业中专学校：黄聪敏

永春职业中专学校：林素兰、郭志勇

德化职业技术学校：赖连城、陈敦波

八、三明市（31 人）

清流县高级职业中学：陈丽华

大田职业中专学校：颜良久、章应榜、林舒兰、苏元启、林善面、范庭铸

尤溪职业中专学校：姜其黔、肖方敏、吴光忠、肖七妹、陈碧珍、余玉珠、罗孝森、肖菊华、肖开乐、乐发常、陈萍、许玉珠、黄幼妹、陈励精

将乐职业中专学校：魏健、胡初升

明溪县职业中学：陈燕玲、卢晓萍、陈杉林、董南平、陈荔明

三明工贸学校：叶毛龙、李文华、张俊鸿

九、南平市（9 人）

建瓯职业中专学校：刘明磊

光泽县职业技术教育中心：郑丽娟、郑伟杰

南平市农业学校：雷惠强、丁巧莲、林娟、黄涛

建阳农业工程学校：潘华

南平市武夷旅游商贸学校：吴兰团

十、龙岩市（18 人）

龙岩卫生学校：董秋桂

永定侨荣职业中专学校：苏学军

上杭职业中专学校：李雪红、何定祥、林秀彬、赖小连、张剑辉、林月红、王土英、李福全

武平职业中专学校：王添进、蓝阳基

长汀职业中专学校：俞登奎、钟小芳、刘莹美、苏科文

漳平职业中专学校：李丽贞、林昌盛

十一、宁德市（11 人）

屏南职业中专学校：陈智

周宁职业中专学校：陈晓明、阮巧鸯

福安职业技术学校：林英、蔡水林、陈辉

闽东卫生学校：缪建荣

柘荣职业技术学校：吴彬彬、林利珠

福鼎职业中专学校：李建华、周洪

十二、平潭综合实验区（1 人）

平潭职业中专学校：许香玉

（摘编：康明辉）

福建省群众文化系列研究馆员任职资格

2017年4月28日福建省人力资源和社会保障厅下发《关于批准确认池小霞同志群众文化系列研究馆员任职资格的通知》（闽人社批复〔2017〕196号）：经研究，批准确认福州市群众艺术馆池小霞同志群众文化系列研究馆员的任职资格，任职资格确认时间为2017年4月28日。

（摘编：郭　虹）

福建省物博物系列高级职务任职资格名单

2017年6月28日福建省人力资源和社会保障厅下发《关于批准确认傅永和等26人文物博物系列高级专业技术职务任职资格的通知》（闽人社批复〔2017〕257号）：经研究，批准确认2016年度福建省文物博物专业高级职务任职资格评审委员会评审通过的傅永和等26人文物博物系列高级职务的任职资格。任职资格确认时间为2017年6月28日，现予公布，任职资格名单如下：

一、研究馆员（6人）

（一）省文化厅（3人）

福建博物院：傅永和、赵芳、羊泽林

（二）福州市（1人）

福州市文物考古工作队：张勇

（三）厦门市（1人）

厦门市博物馆：彭维斌

（四）泉州市（1人）

泉州海外交通史博物馆：费利华

二、副研究馆员（20人）

（一）省文化厅（7人）

福建博物院：邱新宇、张宝英、曾凌颂、蓝东阳、方晴筠、苏佳、卢羽

（二）福州市（4人）

1. 福州市博物馆：林敏
2. 福州市文物考古工作队：李福生
3. 福州市林则徐纪念馆：林深
4. 鼓楼区博物馆：林声哲

（三）泉州市（3人）

1. 泉州市博物馆：张红兴
2. 晋江市博物馆：林清哲
3. 泉州市南建筑博物馆筹建办：林珊娜

（四）漳州市（1人）

平和县博物馆：杨征

（五）龙岩市（2人）

1. 连城县博物馆：杨芳
2. 才溪纪念馆：黄春开

（六）宁德市（3人）

1. 闽东中华畲族宫（闽东畲族文物馆）：钟章贤
2. 古田县博物馆：林丽金
3. 屏南县博物馆：张世带

（摘编：游学荣）

福建省高级卫生专业技术职务任职资格人员名单

2017年11月20日福建省人力资源和社会保障厅下发《关于批准确认林陈鑫等666名同志高级卫生专业技术职务任职资格的通知》（闽人社批复〔2017〕482号），经研究，批准确认由省卫生专业技术人员高级职务任职资格评审委员会评审通过的林陈鑫等666名同志高级卫生专业技术职务任职资格。任职资格确认时间为2017年11月20日，请予公布，任职资格人员名单如下：

一、福建省卫生计生委（20人）

主任医师：林陈鑫、陈铁晖、林春芳

主任技师：陈路瑶、徐海滨

副主任医师：王晓欢、李晓庆、林志强、王金章、黄少芬、郑武雄、吴韶彬、卢翠英、林本翔、林勋、魏淑贞、曾垂焕

副主任药师：洪茵

副主任技师：吴珍红、涂东晋

二、厦门大学（3人）

主任医师：蔡仲达

副主任医师：谢尚锦、沈理良

三、中国海峡人才市场（7人）

副主任医师：夏印、黄银兴、郑宏华、李艳敏、李晓霞

副主任护师：金艳军、肖惠珍

四、福建省交通运输厅（1人）

副主任医师：吴冬

五、福建农林大学（1人）

副主任技师：叶启健

六、福建师范大学（2人）

副主任医师：徐岩菊、吴炳洲

七、福建省能源集团有限责任公司（5人）

副主任医师：戴梅蓉、张业钊

中西医结合副主任医师：乔瑞英

副主任护师：陈　虹、陈灵嫣

八、福州市（28人）

主任医师：吴鸿念、柯敏、杨之怡、林卫、房涛、许景强、周凡、江波、黄志胜、郑竑、陈琴、章德昆、林晖、江典存、郑彩霞、黄以録、张宗祥、郭重坚、陈皓、张发意

中医主任医师：张民

中西医结合主任医师：程荔榕

主任技师：黄春文

主任护师：林巧玲

副主任医师：王云鹏、张春侠

副主任护师：谢海英、黄蕤

九、厦门市（93人）

主任医师：陈兵、陈滟珊、高海鹰、郭拥军、黄正接、李剑鹏、李伟、李永红、林刚曦、蔺际、刘长勤、石秀林、吴旭红、薛秀兰、杨宏毅、杨华凌、杨沛彦、易志刚、赵金涛、赵敏、周敏、朱宏伟、陈立刚、洪素庄、林全阳、罗汉暄、王夏虹、吴炜新、闫峰、叶震世、余明强、林鹭平、林育毅、吴雪梅、杨水法、曹艳花、雷建林、孙竞群、王王莹、吴彬、张向东、蔡彬妮、郭晋村、周章军、邓燕、叶辉、郭久冰、曾明亮、黄利坚、颜艺慧、贾晓燕、李红、王力涛、叶进湖、苏成豪、颜志平、李晓峰、毛祖红、陈珊娜、李锋、程坚、于威威、袁优成、黄英彦*、黄郁杰*、吴昌腾*、詹胜杰*、钟文宏*

中医主任医师：刘碧娟、欧荣福、刘萍萍、肖志鸿、顾冲、洪启东

主任药师：陈耀宙、顾海滨、黎碧云、黄惠琼、吴宏伟

中药主任药师：杨世昇、陈惠玲

主任技师：黄朝阳、徐和平、林劲

主任护师：陈秋月、王冬梅、张冬玲、邓玉瓶、孙瑞莲、徐秀瑛、颜素卿、骆淑惠*

副主任医师：江益锋

十、漳州市（47人）

主任医师：蔡志明、方艺聪、郭银枞、林文祥、林雅、陆志红、钟嵘、黄聪曦、张文文、张小琴、杨志强、林慧川、姚建有、蔡瑞旺、林聪旭、沈汉杰、尤志山

中医主任医师：杭金玉、陈晖、郭进财、李允辉、高天辉、张晨耀、游春木

主任护师：庄沁红、李花英

副主任医师：曹宁、郑美莲、张洪辉、许海波、胡小坤、郑彩慧、郑加祥、蔡长源、陈秋怀、林亚全、林幼美、张志扬、吴三来

中医副主任医师：涂舜福

中西医结合副主任医师：谢铠鹏

副主任药师：许可珍、邱国强、王庆芬

中药副主任药师：黄南龙、蔡莹珠、林汉钦

十一、泉州市（34人）

主任医师：李嘉宏、叶志荣、黄婉玲、徐坚、陈雅红、王育红、何伦德、郑敬阳、苟晓明、洪黎清、李树荣、童寿明、何天票、柯遵斌、张进辉、许一兵、廖亚华、梁尚明、郑志刚、吴奕真

中医主任医师：姚自力、吴昭克、刘原龙

中西医结合主任医师：林惠琴

主任技师：张志珊、吴一波、陈跃祖、吴端宗、卢文添、何卫东

主任护师：刘志霞、黄清延、陈兴娣

副主任医师：陈晋

十二、莆田市（49人）

主任医师：金清东、王智勇、张益明、陈伟、林文霖、吴荔辉、翁振、陈珉、何荔琼、鲍志强、陈黎仙、姚丽菁、陈志强、林仁芳、吴雪雷、蒋羽、肖琳琳、张春元、吴素莺、李黎洪、薛章委、许学杰、蔡志福、黄迢华、徐海山、陈洪、蔡金明、陈鸿武、蔡奋忠、杨岚、阮梅红、郑永坚、郭丽霞、李正全、陈麟

中医主任医师：郑建鹏、陈金辉、王金树、方建熙

主任护师：徐雪英、黄佩卿、甘香

副主任医师：郑合勇、朱剑仙

副主任药师：李秀霞、陈友伟、蔡耀、崔国通、喻志勇

十三、三明市（106人）

主任医师：陈丽玉、林丽芳、廖尚范、连豫苞、郭益红、王鹏、卢仁荣、张朝晖、李涛、林美明、严希宽、洪卫民、黄梓平、林鸿浮、黄员福、邓桂辉、张金艳、张淑珍、袁俊芳、赵宏、张云、黄起基、钟永泉、黄少敏、陈忠、何利勇、吴文金、张玖福、钟六根、温才金、杨英德

中医主任医师：丁建兴、朱道斌

主任药师：杨翠琳

主任技师：余喜然、李勇、洪兴金

主任护师：邓冬英、邱小雪、江桃红

副主任医师：林少敏、杨静、李伟、黄利、俞永隆、袁清虹、乐桂花、陈明升、邱志宏、傅丽华、王清联、黄坤茂、陈延军、邱小凤、郭存银、许碧鸿、魏春平、童樱、翁文升、肖增宪、李洋淑、刘闻通、傅良飞、杨帆、张义森、宁艳艳、花旺春、罗秀贞、罗新、谭陆中、曾杰、吴秀英、张光发、蔡军利、高起恒、徐定国、黄美花、江玉霞、郑冬学、张桂珍、邱志强、吴秀清

副主任药师：巫建群、肖先存、李光明、黄书柯、陈贤权、周翠晴、何丽珠、魏秀香、罗承昌

中药副主任药师：张爱群、陈海燕、杨云凤、张标胜

副主任技师：罗桂华、谢美华、陈敬、林金兰、苏秀梅、吴小青、林忠兰、陈火姬、张立佑、杨秀华、廖长云

十四、南平市（115人）

主任医师：吴艳晴、张旭、罗年丰、陶宏、苏爱玉、周巍、郭铭辉、钟文慧、陈丽云、许小鹏、易自生、许太明、赵秀英、饶朝晖、江向洁、郑建文、葛绍华、杜松强、安宏建、张诚毅、严文荣、邹晖、叶少兵、周林强、邱萍、宋克明、彭忠意、彭兰英、黄世熙

中医主任医师：陈香妹

主任药师：魏远明、游家飞、郑明、赖晓云

主任技师：陈萍

主任护师：姜金花、陈碧珠、郑金莲、李云凤

副主任医师：黄欢、宋琼芳、黄洁、庄凌芳、杨磊、陈华樑、张红娟、黄秀红、翁昌梅、林萍、程丽珊、黄继标、叶学武、汪学美、范丽珍、洪强、马慧冰、黄静洁、张丽英、陈登良、张伟、甘隆莺、杨奎、黎旭万、陈伟、张恕良、徐道辉、张传夫、邱红英、胡晓燕、张宗红、谢莉萍、俞建玉、胡强、刘桂英、邹靓萍、林雪梅、张瑞芳、葛慧华、叶丹蓉、徐信方、林连峰、史云芳、唐卫国、杨红美、徐昔英、汤礼芬、余文武、李旭华、欧阳松、李兆春、陈建新、黄智清

副主任药师：陈莉、陈丽娟、叶福荣、黄秀华

中药副主任药师：黄贝莉、余荼花、卢爱莲、季资虎、袁冬妹、程珊

副主任技师：陈晓燕、邱立阳、骆跃兴、张余兵、陈涛、黄火寿、李玉燕、高杨、陈琼、黄文娟、林建雄、徐华玲

副主任护师：邱绍珍

十五、宁德市（68 人）

主任医师：林厚雄、黄辉、谢宝辉、李承宁、黄建军、焦雪峰、张招德、魏日富、夏巧清、袁涛、陈茂玉、蒋润年、李林立、林姬、林孙枝、许名远、刘兆云、张茂清、吴岩灼、马周、郑鸣辉、池善新、陈有恩、林敏

中医主任医师：王晓露、林金财、曾荣、李顺灵

主任药师：游翠芳、许江涛、黄晓斌

副主任医师：余铮、何观文、卜川、阮云、谢薇薇、彭晓澜、黄清存、刘聪聪、张秉贤、施建伟、黄庆伟、林春、林志英、刘朝雄、上官修齐、易东晓、汤小松、殷苗、陈必励、徐忠、刘永春、宋畅、郭文龙、曹然、方永恩

副主任药师：林敏华、王方盛、李爱桂、林王椿、罗灵灵、兰敏瑜、谢连梅、王丽珍

副主任技师：杨晓冬、刘成信、袁珲、肖峰

十六、龙岩市（79 人）

主任医师：陈海生、黄建清、肖惠琴、陈钦棋、黄敏红、温裕庆、吴木振、杨永东、张丽华、范卫英、林胜阳、卢海川、石添元、陈荣、张环照、简垣材、徐清、陈庆平、傅其添、邓宇春、陈启富、廖广宇、王越平、曾昭良、唐洪鸿、谢永渊、李玉俊、高振文

中医主任医师：邱蕊、李胜、钟和祥、谢建谋、范文东、赖伟强

主任药师：卢海燕

主任技师：苏文芳

主任护师：廖柏兰、詹笑春

副主任医师：黄冰、陈晶玲、陈净华、倪晓雷、肖纪南、苏勇、江千珍、张良荣、赖肇达、罗祯、华恩文、钟文荣、刘长富、林城、谢军、王马腾、陈盛荣、赖惟吉

副主任药师：饶志辉、钟录平、林建红、张鹰庆、罗艳萍、林建漳、黄崇标

中药副主任药师：林光斌、汪福生、刘俩赐

副主任技师：张金珍、郑艳斌、邱小婷、郭惠彬、江秀全、杨艳云、廖贞金、李庆和、曹春远、高文清、王柳溪、曹祥辉、许春水

十七、平潭综合实验区管委会（8 人）

副主任医师：吴昊、胡苇、林宝芳、魏朱玲、施友宁

中医副主任医师：林圣兴

副主任技师：陈华杰

副主任护师：颜华荣

注：打“*”的为台籍人员。

（摘编：张海生）

福建省基层高级卫生专业技术职务任职资格人员名单

2017年11月20日福建省人力资源和社会保障厅下发《关于批准确认薛锋等171名同志基层高级卫生专业技术职务任职资格的通知》（闽人社批复〔2017〕483号）：经研究，批准确认由省卫生专业技术人员高级职务任职资格评审委员会评审通过的薛锋等171名同志基层高级卫生专业技术职务。任职资格确认时间为2017年11月20日，现予公布，任职资格人员名单如下：

一、福州市（13人）

基层主任医师：薛锋、林文、陈霞、林志云、王华明、林民忠、林玉娜、周子左、蔡理岱、林真、薛爱琴

基层中医主任医师：林海瑞

基层主任护师：陈秀清

二、厦门市（7人）

基层主任医师：邱达泰、戴建国、姜汉祥、纪雪娇、白青梅

基层中医主任医师：陈崇华

基层主任药师：吕美春

三、漳州市（24人）

基层主任医师：陈琴妹、杨国强、杨跃潭、朱桂英、黄腾聪、赖德才、吴培强、吴钦泉、周晓淳、曾振观、林鸿城、张荣桂

基层中医主任医师：孙忠良、方克恒、林勤武

基层主任护师：卢芬芳

基层副主任医师：周丽珍、黄春兰、汤凤英

基层副主任药师：李燕芬、施华东

基层中药副主任药师：冯建溪、徐秀梅

基层副主任技师：林颖

四、泉州市（15人）

基层主任医师：叶建全、洪顺发、陈联丰、黄培昆、陈钊雄、庄惠蓉、张建川、陈秀良、陈爱珠、黄永煌

基层中医主任医师：林先量、陈国玺、刘云翔

基层中西医结合主任医师：黄晓清

基层主任护师：罗春芹

五、莆田市（3人）

基层主任医师：吴秀萍、许国开

基层中药副主任药师：林丽娥

六、三明市（27人）

基层主任医师：张英才、吴玉兰、谢显金、黄至方、黄仍辉、陈学群、魏炳林、范盛郁、蔡菁、荚鹏辉、邓强、罗海华

基层中医主任医师：张旗

基层中西医结合主任医师：卢中飞

基层主任药师：潘建芳

基层主任护师：刘才妹

基层副主任医师：杨春兰、李东英、郑卫平、应戈

基层副主任药师：陈丽娟、郑荣苏

基层中药副主任药师：魏文华、张少华

基层副主任技师：谢隆胜、曹寿福、林水晶

七、南平市（35人）

基层主任医师：陈仕团、张祖星、吕旭桦、游力、王辉、刘德讯、谢旺荣、高聚元、钮红兵、罗年孙、吴聪、徐小松、吴忠意、孟虹、陈松旺、何绍全、杨桂芳、曹启良、林荣照

基层中医主任医师：朱斌兵、郑秋英、黄代旺

基层主任护师：伊政英、游爱珠

基层副主任医师：刘晓波、吴鑫明、陈承立、江学锋、姜贤坤、徐丽、汤梅、吴玉英

基层副主任药师：陈永红、丁跃全

基层副主任技师：杨焰钦

八、宁德市（23 人）

基层主任医师：谢秀玲

基层中医主任医师：黄光锐、沈明钟、吴祖林、张丽国、黄祖杰

基层副主任医师：黄光辉、王新汉、徐庆文、张少林、张义稀、缪宋光、袁玲、章碧琴、邓昌扇、林光德、林彬、毕亚敏、兰景星

基层中药副主任药师：林以云、张奕、郑宝振

基层副主任技师：丁义

九、龙岩市（23 人）

基层主任医师：赖芳平、王寿联、江志斌、王永福、罗涵伟、戴克、张鹏亮、黄建飚、华卫平、陈春美、陈绍平

基层中医主任医师：饶伟英、邓建辉、罗连炎、赖选魁

基层主任护师：曾月秀、赖玉凤

基层副主任医师：童金华、陈万龙

基层副主任药师：谢雪花

基层副主任技师：陈廷秋、刘惠英、李春

十、平潭综合实验区管委会（1 人）

基层主任医师：念家恩

（摘编：苏建平）

福建省国家级教练员职务任职资格人员名单

2017年6月21日福建省人力资源和社会保障厅下发《关于批准确认王克勤同志国家级教练员职务任职资格的通知》（闽人社批复〔2017〕245号）：根据《体育总局关于2016年度国家级教练任职条件审定结果的通知》（体人字〔2017〕222号），经研究，批准确认福建省重竞技运动管理中心王克勤同志国家级教练员职务任职资格（摔跤专业），任职资格确认时间为2017年6月21日。

（摘编：黄万良）

福建省高级教练员职务任职资格人员名单

2017年1月18日福建省人力资源和社会保障厅下发《关于批准确认高传卫等12位同志高级教练员职务任职资格的通知》（闽人社批复〔2017〕39号）：经研究，批准确认由省体育教练员高级职务任职资格评审委员会评审通过的高传卫等12位同志高级教练员职务任职资格，任职资格确认时间为2017年1月18日，现予公布，人员名单如下：

省体育局（4名）：高传卫、江林春、林忠仔、刘朝旭

厦门市（2名）：陈清爽、张亚杰

三明市（1名）：范生华

南平市（1名）：吴媛艳

龙岩市（3名）：曾观金、林勇生、罗建华

宁德市（1名）：邹　敏

（摘编：王诗诚）

图书在版编目(CIP)数据

2018 福建社会发展年鉴 / 福建社会发展年鉴编委会编 .—福州：福建科学技术出版社，2018.12
ISBN 978-7-5335-5769-0

Ⅰ .① 2… Ⅱ .①福… Ⅲ .①社会发展－福建－2018 －年鉴 Ⅳ .① D675.7-54

中国版本图书馆 CIP 数据核字（2018）第 287507 号

书　　名 2018福建社会发展年鉴
编　　者 福建社会发展年鉴编委会
协　　编 福建省海峡数据信息中心
福建省产业经济发展促进会
出版发行 福建科学技术出版社
社　　址 福州市东水路76号（邮编350001）
网　　址 www.fjstp.com
经　　销 福建新华发行（集团）有限责任公司
印　　刷 福州力人彩印有限公司
开　　本 889毫米×1194毫米　1/16
印　　张 50.5
图　　文 808码
版　　次 2018年12月第1版
印　　次 2018年12月第1次印刷
书　　号 ISBN 978-7-5335-5769-0
定　　价 493.00元